域外漢籍珍本文庫編纂出版委員會

域外漢籍珍本文庫

第一輯

集部

西南師範大學出版社
人民出版社

中國社會科學院中國歷史研究所
中國人民大學國學院
主持編纂

域外漢籍珍本文庫編纂出版委員會

漢籍之路

——《域外漢籍珍本文庫》序言

中國歷史上的對外文化交流有兩條道路：一條是絲綢之路，傳播中國的物質文化；一條是漢籍之路，傳播中國的精神文化。

絲綢之路主要是中外物質文化交流的道路，這是舉世公認的。絲綢之路（silkroad）的概念，是十九世紀後期由德國學者提出的。各國研究者接受了這一概念，並習慣用它來解釋古代中外文化交流的歷史。但是，現在看來，這一概念有一定的局限。首先，中外文化交流不僅僅是物質互換，還有精神的溝通。絲綢之路概念的緣起，是對東西方商貿交流的研究，對精神文化的關注稍顯薄弱。其次，中外交流不完全是中國與西方的交流，也包括與東方其他各國的交流。儘管到了今天，絲綢之路的概念經過開拓，形成沙漠絲路、草原絲路、海上絲路三個部分，可是仍然無法包容中国與東亞、東南亞諸國交流的內容。再次，中外文化交流與經濟商貿交流的線路，也不完全相同，在歷史時間上也有較大的差異。所有這些，便是我們提出漢籍之路（bookroad）的原因。

漢籍是中國精神文化的載體，漢籍之路是中外精神文化交流的道路。沿著漢籍傳播的軌跡，尋找中外精神文化交流的道路，應該是當代學者和出版人的責任。這些年，有志於此的學者，做了很多工作；有的學者就提出用書籍之路的概念，來研究中日文化交流。但是仔細想來，書籍之路的提法不如漢籍之路明確，探究的範圍也不應該局限在兩國之間，應該把漢籍之路作為打開古代中外精神文化交流史的鑰匙。

漢籍之路的概念發萌於《域外漢籍珍本文庫》叢書的編纂工作。在海外漢籍的版本調查、珍稀文獻的收集整理過程中，我們逐漸認識到漢籍文獻流傳海外的一些特點。一般來說，漢字文化是中國民族文化的結晶，浸潤了

東亞與東南亞文化圈。在古代，漢籍的傳播是主動的、發散性的；傳播的途徑點面結合。在近代，漢籍的傳播是被動的、線性的，珍貴的文獻被不平等交易或戰爭掠奪到海外。毫無疑問，漢籍傳播的形式與道路，無法與傳統意義上的絲綢之路重合，而這方面的工作又是研究中外文化交流的主要內容。這樣，突破絲綢之路的傳統思路，構建研究中國文化傳播與交流新的理論模式，也就成為必然要求。絲綢之路是一條商貿的道路，漢籍之路是一條文化的道路。區別這兩條道路，對於釐清我們概念的誤會，拓展研究的視野，將會有一定的意義。當然，這還有待於學術界的研究，有待於學者們的認同，有待於我們更多的共識。

《域外漢籍珍本文庫》叢書是國家『十一五』重大文化出版工程項目，寫入《國家『十一五』文化發展綱要》之中。域外漢籍珍本是指國外圖書館、研究機構和個人收藏的、國內不見或少見的漢文古籍文獻，內容有三：其一指我國歷史上流失到海外的漢文著述；其二指域外翻刻、整理、注釋的漢文著作（如和刻本、高麗刻本、安南刻本等）；其三指原採用漢字的國家與地區學人用漢文撰寫的、與漢文化有關的著述。這些文獻內容豐富，涉及中國經學、史學、佛學、道學、民間宗教、通關檔案、傳記、文學、政制、雜記等各個方面，彌足珍貴，是研究中國傳統文化的重要資料，是研究中外文化交流的核心資料，同時是研究歷史上東亞漢語言文化圈的基本資料，是中華文化的珍貴遺產。

胡錦濤同志在黨的十七大報告中，強調了『做好文化典籍整理工作』對『弘揚中華文化，建設中華民族共有精神家園』的重要性。當前，隨著我國經濟的迅速發展，我國政府與民間有多個斥重金回購流失文物的舉措，但是對佚散海外的漢文古籍的回購、複製、整理工作重視並不夠。域外漢籍珍本是中華文化的寶貴財富，更應該引起我們的重視。

《域外漢籍珍本文庫》叢書計劃出版一套影印古籍，共計八百本，囊括兩千餘種珍稀典籍，應該是當代中國最輝煌的出版工程之一。從某種意義上說，對流失國外珍稀文獻的搜尋整理，不是一項簡單的文化活動，更主要的

目的是通過這項活動，妥善保存中華文化遺產，豐富中華文化內涵，熔鑄中華文化精神，從而強化中華民族的尊嚴，提升國家的形象。同時，佚散在海外的漢籍文獻，由於各個國家重視程度的不同、保護手段的差異，文獻的品相也各有不同，因此，儘快地刊印無法再生的域外漢籍珍本，應該是迫在眉睫的重大出版任務。

改革開放以來，我國對外交往日益頻繁，與許許多多國家互結友好，以漢字為特質的中華文化也得到世界各國文化學術界的重視，整理域外漢籍不僅是國內學者的呼籲，也是國外學者的倡議。在這種良好的條件下，我們經過反復論證，決定在學界鼎力襄助下，編纂出版《域外漢籍珍本文庫》，以留下前人超越時空的智慧和豐富多彩的文化典籍。

毋庸諱言，《域外漢籍珍本文庫》叢書的編纂，也將給中外文化交流史研究積累豐富的學術資料，給漢籍之路的理論注入更深厚的文化內涵，流失在海外的漢文古籍便是『漢籍之路』閃亮的標識。我國的出版工作者應該弘揚漢籍之路理論，推動漢籍收集出版工作，使中華文化的價值進一步得到世界的認同。

《域外漢籍珍本文庫》資料搜集與編纂已進行多年，版本調查、編目、複製、出版等各項工作進展有序。作爲成果的《文庫》將由西南師範大學出版社、人民出版社共同出版。今年，本叢書第一輯將與學者、讀者見面，特應編者與出版者之邀而為序，茲綴數語，以表心志。

戊子仲秋　柳斌杰

編纂凡例

甲　本叢書所收著作為海內外各機構或個人收藏之域外漢籍善本、孤本、稀見本。

乙　本叢書收書，大致包含三類：

一、中國歷史上流失到海外的漢文著述。

二、域外鈔錄、翻刻、整理、注釋的漢文著作（如和刻本、高麗刻本、安南刻本等）。

三、原採用漢字的國家與地區學人用漢文撰寫的、與漢文化有關的著述。

此外，近數百年來歐美來華傳教士用漢字或雙語撰寫的、與漢文化有關的著述，作爲附類也酌情收入。

丙　漢籍域外刻本、鈔本與域外漢文著作常帶有其本民族語言符號，如和刻本中常有日文訓讀標記，高麗刻本、安南刻本也有類似或其他標記。這類刻本因其記錄了漢籍全文或片斷，間接地反映漢籍古貌，故有其獨到版本價值，茲一併納入叢書之中。

丁　本叢書均為影印，原版舛誤，均不修飾，以存其真。

戊　本叢書均製成上下欄之統一格式，簡約版面，便宜閱讀。

己　本叢書按四部分類法，分爲經、史、子、集四部，各部之下再分數類，同類文獻均按作者生年編次。作者年代無可考者置於年代可考者之後。此外，各類若有域外學人漢文著述，則統一置於最後，亦按作者生年編次。

庚　本叢書所收每種古籍，均撰寫提要，為讀者提供有關此文獻之基本學術線索。

辛　本叢書對於同一種古籍之不同版本，若均為稀善者，則兼收並蓄。

域外漢籍珍本文庫編纂出版委員會

二〇〇八年九月一日

集部目次

第一冊

第二冊

第三冊

第四冊

李嶠雜詠

提要

《李嶠雜詠》二卷，唐李嶠撰，清光緒八年（一八八二年）佚存叢書（日本林衡輯）木活字本。每半葉十行二十字，四周單邊，單魚尾，白口。前有張庭芳『故中書令鄭國公李嶠雜詠百二十首序』。是書又名《百廿詠》，收李嶠詠物詩一百二十首，分乾象、坤儀、芳草、嘉樹、靈禽、祥獸、居處、服玩、文物、武器、音樂、玉帛等十二部，每部十首。自風雲月露，飛動植礦，乃至服章器用之類，無所不包。李嶠，字巨山，趙州贊皇人。

故中書令鄭國公李嶠雜詠百二十首序

登仕郎守信安郡博士張庭芳撰

嘗覽賢德敘能述古不作竊所企慕情發于中顧有闕於慎言誠見貽於尤悔者矣然夫禁雞雖謬周鼠徒珍猶遇兼金以答豈獨胡盧致哂頃尋繹故中書令鄭國李公百二十詠藻麗詞清調諧律雅宏溢逾於靈運密緻掩於延年特茂霜松孤懸皓月高標凜凜千載仰其清芬明鏡亭亭萬象含其朗耀味夫純粹罕測端倪故燕公刺異詞曰新詩冠宇宙斯言不佞信而有徵於是欲罷不能研章摘句輒因註述思鬱文繁庶有補於琢磨俾無至於凝滯且欲啓諸童稚焉敢貽於後賢于時巨唐天寶六載龍集強圉之所述也

李嶠雜詠百二十首上目録

李嶠雜詠

乾象部十首

日

日出扶桑路遥昇若木枝雲間五色滿霞際九光披
東陸蒼龍駕南郊赤羽馳傾心比葵藿朝夕奉堯曦

月

桂生三五夕蓂開二八時分暉度鵲鏡流影入蛾眉
皎潔臨疏牖玲瓏鑒薄帷願陪北堂宴長賦西園詩

星

蜀郡靈槎轉豐城寶氣新將軍臨北塞天子入西秦

未作三台輔寧爲五老臣今宵潁川曲誰識聚賢人

風

落日正沈沈微風生北林帶花疑鳳舞向竹似龍吟
月影臨秋扇松聲入夜琴若至蘭臺下還拂楚王襟

雲

大梁白雲起氛氳殊未歇錦文觸石來蓋影凌天發
煙熅萬年樹掩映三秋月會入大風歌從龍起金闕

煙

瑞氣凌丹閣空濛上翠微迴浮雙闕路遥拂九仙衣
桑柘凝寒色松篁暗晚暉還當紫霄上時接白雲飛

露

滴瀝明花苑葳蕤泫竹叢玉垂丹棘下珠湛綠荷中
夜警千年鶴朝晞八月風願凝仙掌内長奉未央宮

霧

曹公之夢澤漢帝出平城別有丹山霧玲瓏素月明
類煙迷更重方雨散還輕儻入飛熊夢寧思玄豹情

雨

西北雲膚起東南雨足來靈童出海見神女向山迴
斜影風前合圓文水上開十旬無破塊九土信康哉

雪

瑞雪驚千里從風暗九霄地疑明月夜山似白雲朝
逐舞花光散臨歌扇影飄大周天闕路今日海神朝

坤儀部十首

山

仙嶺鬱氤氳峨峨上翠氛泉飛一道帶峯出半天雲
古壁丹青色新花錦繡文已開封禪處希謁聖明君

石

宗子維城固將軍飲羽威巖花鏡裏發雲葉錦中飛
入宋星初落過湘燕早歸儻因持補極寧復想支機

原

王粲銷憂日江淹起恨年帶川遥綺錯分隰迥阡眠
膴膴横周甸莓莓開晉田方知急難響長在鶺鴒篇
野
鳳去秦郊迥鶉飛楚塞空蒼梧雲影去涿鹿霧光通
草暗平原緑花明春徑紅誰言版築士獨在傅巖中
田
貢禹懷書日張衡作賦晨杏花開鳳軫菖葉布龍鱗
瑞麥兩岐秀嘉禾九穗新寧知帝王力擊壤自安貧
道
銅馳分鞏洛劒閣抵臨邛紫微三千里青樓十二重

玉關塵似雪金穴馬如龍今日中衢士堯樽更可逢
海
習坎疏丹壑朝宗合紫微三山巨鼇踊萬里大鵬飛
樓寫春雲色珠含明月輝會當添霧露方遂衆川歸
江
日夕三江望靈潮萬里迴霞津錦浪動月浦練光開
瀨似黄牛去濤如白馬來英靈已傑士誰識卿雲才
河
河出崑崙中長波接漢空桃花生馬頰竹箭入龍宮
德水千年變榮光五色通若披蘭葉檢還沐上皇風

洛
九洛韶光媚三川物候新花明珠鳳浦日映玉雞津
元禮期仙客陳王覿麗人玄龜方錫瑞緑字佇來臻
芳草部十首
蘭
虚室重招尋忘言契斷金英浮漢家酒雪麗楚王琴
廣殿輕香發高臺晚吹吟汾河應擢秀誰肯訪山陰
菊
玉律三秋暮金精九日開榮舒洛媛浦香泛野人杯
靃靡寒潭側茸茸曉岸隈黄花今日晚無復白衣來

竹
高幹楚江濆蕭條含曙氛白花搖鳳影青節動龍文
葉拂東南日枝捎西北雲誰知湘水上流淚獨思君
藤
吐葉依松磴舒苗長石臺神農嘗藥罷質子寄書來
色映蒲萄架花浮竹葉杯金堤不相識玉潤幾年開
萱
屣步尋芳草忘憂自結叢葉舒春夏緑花吐淺深紅
色湛仙人露香傳少女風含貞北堂下曹植動文雄
萍

二月虹初見三清蟣正浮青蘋含吹轉紫葉映波流
屢逐明神薦頻隨旅客遊旣能甜似蜜還冀就王舟

菱

鉅野昭光媚東平春溜通影搖江浦月香引棹歌風
日色翻池上潭花發鏡中五湖多賞樂千里望難窮

瓜

欲識東陵味青門五色瓜龍蹄遠珠履女臂動金花
六字方呈瑞三仙實可嘉終期奉絺綌謁帝佇非賒

茅

楚國供王日衡陽入貢年麏苞青野外鴟嘯綺楹前

堯帝成茨罷殷陽祭雨旋方期大君錫不懼小巫捐

荷

新溜滿澄陂圓荷影若規風來香氣遠日落蓋陰移
魚戲排緗葉龜浮見綠池魏朝難接影楚服且同枝

嘉樹部十首

松

鬱鬱高山表森森幽澗垂鶴栖君子樹風拂大夫枝
百尺條陰合千年蓋影披歲寒終不改勁節幸君知

桂

未殖銀宮裏寧移玉殿幽枝生無限月光滿自然秋
俠客條爲馬仙人葉作舟願君期道術攀折可淹留

槐

暮律移寒火春宮長舊栽葉生馳道側花落鳳庭隈
烈士懷忠至鴻儒訪道來何當赤墀下疎幹擬三台

柳

楊柳正氤氳含煙總翠氛檐前花似雪樓際葉如雲
星夜浮龍影春池寫鳳文短簫何以奏攀折爲思君

桐

孤秀嶧陽岑亭亭出衆林春花雜鳳影秋葉弄珪陰
忽被夜風激遂逢霜露侵不因將入爨誰爲作鳴琴

桃

獨有成蹊處紅桃發井傍含風如笑臉把露似啼粧

李

隱士顏應改仙人路漸長還欣上林苑千歲奉君王
潘岳閑居暇王戎戲陌晨蝶來芳徑馥鶯囀合枝新
葉暗青房晚花明玉井春方知有靈幹特用表眞人

梨

擅美玄光側傳芳瀚海中鳳文疎蜀郡花影麗新豐
春暮條應紫秋來葉早紅若今逢漢主還冀識張公

梅

院樹斂寒光梅花獨早芳雪含朝暝色風引去來香
舞袖迴春徑歌塵起畫梁若能長止渴何暇泛瓊漿

橘

萬里盤根植千株布葉繁既榮潘子賦方曉陸生言
玉螣含霜動金衣逐吹翻願隨潮水曲長茂上林園

靈禽部十首

鳳

有鳥自丹穴其名曰鳳凰九苞應靈瑞五色成文章
屢向秦樓側頻過洛水傍鳴岐今已見阿閣佇來翔

鶴

黃鶴遠聯翩從鸞下紫煙翺翔一萬里來去幾千年
已憩青田側來遊紫禁前莫言空警露猶冀一聞天

烏

日路朝飛急霜臺夕影寒聯翩依月樹迢遞繞風竿
白首何年改青琴此夜彈靈臺如可託千里向長安

鵲

不分荊山抵甘從石印飛危巢畏風急遶樹覺星稀
喜逐行人至愁隨織女歸儻遊明鏡裏朝夕奉光暉

鴈

春暉滿朔方歸鴈發衡陽望月驚弦影排雲結陣行
往還倦南北朝夕苦風霜寄語能鳴侶相隨入帝鄉

鳧

颯沓睢陽涘浮遊漢渚隈錢飛出井見鶴引入琴哀
李陵賦詩罷王喬曳舄來何當歸太液翔集動成雷

鶯

芳樹雜花紅群鶯亂曉空吟分折柳吹韻叶落梅風
寫囀清歌裏含啼妙管中遷喬苦可冀幽谷響還通

雀

大廈將成日嘉賓集杏梁銜書表周瑞入幕應王祥
暮宿空城裏朝遊渼水傍願齊鴻鵠志希逐鳳凰翔

雉

白雉振朝聲飛來表太平楚郊疑鳳出陳寶若雞鳴
童子懷仁至中郎作賦成幸君看飲啄耿介獨含情

燕

天女伺辰至玄衣澹碧空差池沐時雨颻颺舞春風
相賀雕楹側雙飛翠幙中莫驚留不去猶冀識吳宮

祥獸部十首

龍

銜燭耀幽都含章擬鳳雛西秦飲渭水東落薦河圖
帶火移星陸騰雲出鼎湖希逢聖人步庭闕奉晨趨

麟
漢時應祥開魯郊西狩𢌞寄音中鐘呂成角喻英才
畫象臨仙閣藏書入帝臺莫驚今吐哺爲覩鳳凰來

象
鬱林開郡畢睢陽作貢初萬推方演夢惠子正焚書
執燧奔吳域量舟入魏墟六牙行致遠千葉奉髙居

馬
天馬來從東嘶驚御史驄蒼龍遙逐日紫燕𢌞追風
明月承鞍上浮雲落蓋中得隨穆天子何暇唐成公

牛

商歌初入相燕陣早横功欲向桃林下先過梓樹中
在吳頻喘月奔楚屢驚風不降五丁士如何九折通

豹
車法肇隆周䖍文闡大猷還將君子變來蘊太公謀
委質超羊鞹飛名列虎侯若今逢霧露長隱南山幽

熊
導洛宜陽石乘春別館前昭儀匡漢日太傅翊周年
列射三侯滿興師七步旋莫言舒紫褥猶冀飲清泉

鹿
涿野開中冀秦原闢帝圻柰花開舊苑萍葉吐前詩
道士乘仙日先生折角時方懷丈夫志抗手別心期

羊
跪飲懲澆俗行驅夢逸材仙人擁石去童子馭車來
夜玉含星動晨毛映雪開莫言鴻漸力長牧上林隈

兔
上蔡鷹初擊平岡兔不稀目隨槐葉長形逐桂條飛
漢月澄秋色梁園映雪暉唯當感純孝郛郭引兵威

百二十詠卷上

李嶠雜詠百二十首下目錄

李嶠雜詠百二十首下目錄終

李嶠雜詠

居處十首

城

四塞稱天府三河建洛都飛雲滿城闕白日麗牆隅
獨下仙人鳳群驚御史烏何辭一萬里邊檄把匈奴

門

赫赫彤闈斂煌煌紫禁隈阿房萬戶列閶闔九重開
疏廣遺榮去于公待詔來誰知金馬路方朔有奇才

市

闤闠開三市旗亭起百尋漸離初擊筑司馬正彈琴
細柳龍鱗照長槐兔目陰徒知觀衛玉誰肯挹秦金

井

玉甃談仙客銅臺賞魏君蜀都宵映火杞國旦生雲
向日蓮花淨含風李樹薰已開千里國還協五星文

宅

寂寂蓬蒿徑喧喧湫隘廬屢逢長者轍時引故人車
孟母卜鄰罷將軍辭第初誰憐草玄處獨對一牀書

池

□落子泉暮煙虛習池靜鏡潭明月輝錦磧流霞景
花搖仙鳳色雲浮翟龍影欲識江湖心秋來賦潘省

樓

百尺重城際千尋大道隈落星臨畫閣井幹起高臺
舞隨綠珠去簫將弄玉來銷憂乘暇日誰識仲宣才

橋

烏鵲塡應滿黃公去不歸色疑虹始見形似鴈初飛
巧作七星影能圖半月輝郎今滄海晏無復白雲威

舟

征棹三江暮連檣萬里廻相烏風處轉畫鷁浪前開
羽客乘霞至仙人弄月來方今同傳說飛檝巨川隈

車

天子馭金根蒲輪闢四門五神趨雪路雙轍似雷奔
丹鳳栖金轄飛熊載寶軒無階忝虛左先乘奉王言

服玩部十首

牀

傳聞有象牀疇昔薦君王璹瑁千金起珊瑚七寶裝
桂筵含栢馥蘭籍拂沈香願奉羅帷夜長承秋月光

席

避坐承宣父重趨揖戴公桂香浮半月蘭氣襲同風
舞拂丹霞上歌清白雪中佇將文綺色舒卷帝王宮

帷

久閉先生戶高褰太守車羅將翡翠合錦逐鳳凰舒
明月彈琴夜清風入幌初方知決勝策黃石遺兵書

簾

曉風清竹殿初日映秦樓暧暧籠珠綱纖纖上玉鉤
窗中月影入戶外水精浮巧作盤龍勢長從飛燕遊

屏

洞徹琉璃皦威紆屈膝廻錦中雲母列霞上織成開
山水含春動遊仙倒景來修身行竭節誰辨作銘才

被

桂友尋東閤蘭交聚北堂象筵分錦繡羅薦合鴛鴦

桃李同歡密塵泥別恨長孔懷欣共寢花萼幾含芳

鏡

明鏡拂塵埃含情朗魏臺月中烏鵲至花裏鳳凰來
玉彩疑冰徹金輝似日開方知樂彥輔自有鑒人才

扇

翟羽舊傳名蒲葵實曉清花輕不隔面羅薄障誰聲
逐暑含風轉臨秋帶月明還取同心契特表合歡情

燭

兔月清光隱龍盤畫燭新三星花入夜四序玉調辰
吐翠依羅幌浮香帀綺茵若逢燕相國特用舉賢人

酒

孔坐洽良儔陳筵幾獻酬臨風竹葉滿湛月桂香浮
甁接高陽宴屢陪河朔遊會從玄石飲高卧出圓邱

文物部十首

經

漢室鴻儒盛鄒堂大義明五千道德闡三百禮儀成
青紫方拾芥黃金徒滿籯誰知懷逸辨重席挫羣英

史

馬記天官設班圖地理新談玄方亹亹文質乃彬彬
方朔初還漢荊軻昔向秦正辭堪載筆終冀作良臣

詩

都尉雙鳧遠梁王駟馬來扇中紈素裂機上錦文迴
天子三章傳陳王七步才緇衣行擅美祖德信悠哉

賦

布義孫卿子登高楚屈平銅臺初下筆樂正始纓
乍有凌雲氣時聞擲地聲造端恆體物無復大夫名

書

削簡龍文見臨池鳥跡舒河圖八卦出洛字九疇初
垂露春花滿崩雲骨氣餘請君看入木一寸信非虛

檄

羽檄本宣明由來徵木聲聯翩遁漢國迢遞入燕營
毛義奉書去張儀韜璧征頭風雖覺愈陳草未知名

紙

妙跡蔡侯施芳名古伯馳雲飛錦綺落花發縹紅披
舒卷隨幽顯廉方合軌儀莫驚反覆手當取葛洪規

筆

握管門庭側含毫山水隈霜輝簡上發錦色夢中開
鸚鵡摛文至麒麟絕句來何當遇良史左右振奇才

硯

左思裁賦日王充作論年光隨錦文散形帶石巖圓
積潤修毫裏開冰小學前君苗徒見爇誰識士衡篇

墨

長安分石炭上黨作松心繞畫蠅初落含滋綬更深
素絲光易染皁疊映逾沉別有張芝學書池幸見臨

武器部十首

劍

我有昆吾劍來趨天子庭白虹時切玉紫氣早干星
鍔上蓮花動匣中霜雪明倚天持報國畫地取雄名

刀

列辟鳴鑾至惟良佩犢旋帶環疑寫月引鏡似含泉

割錦紅鮮裏含毫彩筆前莫驚開百練輒擬定三邊

弓

桃文稱避惡桑質表初生婉轉琱鞬際還如半月明空彎落鴈影虛引怯猿聲徒切烏號思攀龍遂不成

箭

漢郊初飲羽燕城忽解圍影隨流水急光帶落星飛夏列三成軌堯沈九日暉斷蛟雲夢澤希爲識忌歸

弩

挺質本軒皇申威振遠方銅牙流曉液玉彩耀星芒高鴈行應盡玄猿坐見傷蘇秦六百步持此說韓王

旌

告善樓臺側求賢市肆中擁旄分彩雉持節曳丹虹影麗天山雪光搖朔塞風方知美周政懸旆閱車攻

旗

桂影承宵月虹輝接曙雲縱橫齊八陣舒卷列三軍日蕩蛟龍影風翻鳥獸文誰知懷勇志盤地幾繽紛

戈

富父舂喉日殷辛泛杵年曉霜白含刃落影駐琱鋋夕儐金門側朝提玉塞前願隨龍影度橫陣彗雲邊

鼓

舜日諧鼗響堯年韻士聲向樓疑吹擊震谷似雷驚仙鶴排門起靈鼉帶水鳴樂云行已奏禮也冀相成

鐘

俠客遨相望佳遊滿帝鄉共持蘇合彈來此傍垂楊金落疑星影珠流似月光莫欣黃雀至須憚微軀傷

音樂部十首

琴

名士竹林隈鳴琴寶匣開風前中散至月下步兵來淮海多爲室梁岷舊作臺子期如可聽山水響餘哀

瑟

伏羲初制法素女昔傳名流水潛魚聽叢臺舞鳳驚嘉賓歡未極君子樂相并儻入邱之戶應知由也情

琵琶

裁規勢漸圓鑠質本多端半月分絃出叢花拂面安將軍曾入賞司馬屢飛觀唯有胡中曲希君馬上彈

箏

蒙恬芳軌設遊楚清音列形通天地規絃寫陰陽節鄭音既寥亮秦聲復悽切君聽陌上桑爲辨羅敷潔

鐘

既接南鄰磬還隨北里笙平陵通曙響長樂驚宵聲

秋至含霜動春歸應律鳴欲知恆待扣金簴有餘鏗

簫

虞舜調清管王褒賦雅音參差橫鳳翼搜索動猿吟
靈鶴時來致仙人幸見尋爲聽楊柳曲行役幾傷心

笛

羌笛寫龍聲長吟入夜清關山孤月下來向隴頭鳴
逐吹梅花落含春柳色驚行觀向子賦坐憶鄰人情

笙

懸匏曲沃上孤篠汶陽隈形寫歌鸞翼聲隨舞鳳哀
歡娛自北里純孝即南陔今日虞音奏蹌蹌鳥獸來

歌

漢帝臨汾水周仙去洛濱郢中吟白雪梁上繞飛塵
歌發行雲駐聲嬌子夜新願君聽扣角當自識賢臣

舞

妙妓遊金谷佳人滿石城霞衣席上轉花袖雪前明
儀鳳諧清曲迴鸞應雅聲非君一顧重誰賞素腰輕

玉帛部十首

珠

粲爛金琪側玲瓏玉殿隈昆池明月滿合浦夜光開
彩逐靈蛇轉形隨舞鳳來誰憐被褐者懷寶自多才

玉

映廡先過魏連城欲向秦洛京連勝友燕趙類佳人
芳圻晴虹媚常山瑞馬新徒爲卞和識不遇楚王珍

金

南楚標前貢西秦識舊城祭天封漢氏擲地響孫聲
向日披沙淨含風振鐸鳴方同揚伯起獨有四知名

銀

思婦屏輝掩遊人燭影長玉壺新下箭桐井舊安牀
色帶長河色光浮滿月光靈山有珍甕仙闕薦明王

錢

漢日五銖建姚年九府流天龍帶泉寶地馬列金溝
趙壹囊初乏何曾箸欲收金門應入論玉井冀來求

錦

漢使巾車送河陽步障新雲浮仙石曉霞滿蜀江春
色美迴文妾花輕綰墨賓若逢朱太守不作夜遊人

羅

妙舞隨裙動嬌歌入扇清蓮花依帳發秋月鑒帷明
雲薄衣初卷蟬飛翼轉輕若珍三代服同擅綺紈名

綾

金縷通秦國爲裘值漢君落花遙寫霧飛鶴近圖雲

色帶冰綃影光含霜雪文何當畫秦女煙霧出氛氳

素

濯手天津女纖腰洛浦妃魚腸遠方至鴈足上林飛
碪杵調風響綾紈寫月暉䒺君下山路誰賞故人機

布

潔績創羲皇緇冠表素王瀑泉飛掛鶴浣火有餘光
孫被登三相劉衣闢四方佇因春斗粟來穆採花芳

百二十詠卷下

李嶠百詠跋

李鄭公雜詠二卷或稱百詠或稱百二十詠 皇朝中葉甚喜此詩家絃戸誦至使童蒙受句讀者亦必熟背焉以故諸家傳本不一而足在彼中則其詩雖散見諸類書各門而單行本後世蓋佚矣及康熙中編全唐詩而雜詠亦列乎其中然佚數句者甚多豈掇拾諸書所載以裒錄者歟唐書藝文志云李嶠雜詠十二卷十字疑有誤宋史藝文志作李嶠新詠一卷其已識其非舊矣新字恐是雜字因形似譌耳予所覽數本而唯此本最係古騰其爲此時監本不容疑焉故校而傳之己未小重陽日天瀑識

張庭芳序撰於作註時朗詠集註往往引百詠註而今已亡爰據原本仍冠其序於首宋志載庭芳註哀江南賦而不及此註則逸亡之久可知焉天瀑又識

寒山子詩集

提要

《寒山子詩集》二卷，唐釋寒山撰，朝鮮刻本，唐詩僧寒山子（亦稱寒山）之詩集。每半葉十行十六字，四周單邊，雙魚尾，共存詩三百餘首，並附豐幹、拾得詩及慈受擬寒山詩。寒山子、豐幹、拾得，皆貞觀中臺州僧。是書為臺州刺史閭邱允（胤）令寺僧道翹所蒐輯。前有唐臺州刺史閭丘胤撰《寒山子詩集序》，清雍正帝撰《御制序》。

寒山子詩集序

朝議大夫使持節台州諸軍事守刺史上柱國賜緋魚袋閭丘胤撰

詳夫寒山子者不知何許人也自古老見之皆謂貧人風狂之士隱居天台唐興縣西七十里號為寒巖每於茲地時還國清寺寺有拾得知食堂尋常收貯餘殘菜滓於竹筒內寒山子若來即負而去或長廊徐行叫喚快活獨言獨笑時僧遂捉罵打趁乃駐立撫掌呵呵大笑良久而去且狀如貧子形貌枯悴一言一話理合其意沈而思之隱況道情九所啓言洞該玄默乃樺皮為冠布裘破弊木屐履地是故至人遯迹同類化物或長廊唱詠唯言咄哉咄哉三界輪迴或於村墅與牧牛子而歌笑或逆或順自樂其性非哲者安可識之矣胤頃受丹丘薄宦臨途之日乃縈頭痛遂召日者醫治轉重乃遇一禪師名豐干言從天台山國清寺來特此相訪乃命救疾師乃舒容而笑曰身居四大病從幻生若欲除之應須淨水乃持淨水上師師噀之須臾祛殄乃謂胤曰台州海島嵐毒到日必須保護胤乃問曰未審彼地當有何賢堪為師仰師曰見之不識識之不見若欲見之不得取相乃可見之寒山文殊遁迹國清拾得普賢狀如貧子又似風狂或去或來在國清寺庫院走使廚中著火言訖辭去胤乃進途至任台州不忘其事到任三日後親往寺院躬問禪宿果合師言乃令勘唐興縣有寒山拾得是否時縣申稱當縣界西七十里內有一巖巖中古老見有貧士頻往國清寺止宿寺庫中有一行者名曰拾得胤乃特往禮拜到國清寺乃問寺眾此寺先有豐干禪師院在何處并拾得寒山子見在何處時僧道翹答曰豐干禪師院在經藏後即今無人住得每有一虎時來此吼寒山拾得二人見在廚中僧引胤至豐干禪師院乃開房唯見虎跡乃問僧寶德道翹禪師在日有何行業僧曰豐干在日唯攻舂米供養夜乃唱歌自樂遂至廚中竈前見二人向火大笑胤便

禮拜二人連聲喝𢈔自相把手呵呵大笑叫喚乃云豐干饒舌饒舌彌陀不識禮我何爲僧徒奔集遞相驚訝何故尊官禮二貧士時二人乃把手走出寺乃令逐之急走而去即歸寒巖𢈔乃重問僧曰此二人肯止此寺否乃令覔房喚歸寺安置𢈔乃歸郡遂製淨衣二對香藥等特送供養時二人更不返寺使乃就巖送上而見寒山子乃高聲喝曰賊賊退入巖穴乃云報汝諸人各各努力入穴而去其穴自合莫可追之其拾得迹沉無所乃令僧道翹尋其往日行狀唯於竹木石壁書詩并村墅人家廳壁上所書文句三百餘首及拾得於土地堂壁上書言偈並纂集成卷但𢈔棲心佛理幸逢道人乃爲讚曰

菩薩遯迹示同貧士獨居寒山自樂其志貌悴形枯布裘弊止出言成章諦實至理凡人不測謂風狂子時來天台入國清寺徐步長廊呵呵撫指或走或立喃喃獨語所食廚中殘飯菜滓吟偈悲哀僧俗咄捶都不動搖時人自耻作用自在凡愚難值即出一言頓祛塵累是故國清圖寫儀軌來劫供養長爲弟子昔居寒山時來兹地稽首文殊寒山之士南無普賢拾得定是聊申讚歎願超生死

寒山詩

五言

九讀我詩者心中須護淨慳貪繼日廉諂曲登時正驅遣除惡業歸依受真性今日得佛身急急如律令

重巖我卜居鳥道絕人迹庭際何所有白雲抱幽石住茲凡幾年屢見春冬易寄語鐘鼎家虛名定無益

可笑寒山道而無車馬蹤聯谿難記曲疊嶂不知重泣露千般草吟風一樣松此時迷徑處形問影何從

吾家好隱淪居處絕囂塵踐草成三徑瞻雲作四鄰助歌聲有鳥問法語無人今日娑婆樹幾年為一春

琴書須自隨祿位用何為投輦從賢婦巾車有孝兒風吹暴麥地水溢沃魚池常念鷦鷯鳥安身在一枝

弟兄同五郡父子本三州欲驗飛鳧集須旌白兔遊靈瓜夢裏受神橘座中收鄉國何迢遞同魚寄水流

一為書劍客三遇聖明君東守文不賞西征武不勳學文兼學武學武兼學文今日既老矣餘生不足云

莊子說送終天地為棺槨吾歸此有時唯須一番箔死將餧青蠅吊不勞白鶴餓著首陽山生廉死亦樂

人問寒山道寒山路不通夏天冰未釋日出霧朦朧似我何由屆與君心不同君心若似我還得到其中

天生百尺樹翦作長條木可惜棟梁材拋之在幽谷年多心尚勁日久皮漸禿識者取將來猶堪柱馬屋

驅馬度荒城荒城動客情高低舊雉堞大小古墳塋自振孤蓬影長凝拱木聲所嗟皆俗骨仙史更無名

鸚鵡宅西國虞羅捕得歸美人朝夕弄出入在庭幃賜以金籠貯扃哉損羽衣不如鴻與鶴颻颺入雲飛

玉堂掛珠簾中有嬋娟子其貌勝神仙容華若桃李東家春霧合西舍秋風起更過

三十年還成甘蕉滓
城中蛾眉女珠珮珂珊珊鸚鵡花前弄琵
琶月下彈長歌三月響短舞萬人看未必
長如此芙蓉不耐寒
父母續經多田園不羨他婦搖機軋軋兒
弄口喎喎拍手催花舞搘頤聽鳥歌誰當
來嘆賀樵客累經過
家住綠叢下庭蕪更不芟新藤垂繚繞古
石竪巉嵒山果獼猴摘池魚白鷺啣仙書
一兩卷樹下讀喃喃

四時無止息年去又年來萬物有代謝九
天無朽摧東明又西暗花落復花開唯有
黃泉客冥冥去不回
歲去換愁年春來物色鮮山花笑綠水巖
樹舞青煙蜂蝶自云樂禽魚更可憐朋遊
情未已徹曉不能眠
手筆太縱橫身才極瓌瑋生爲有限身死
作無名鬼自古如此多君今爭奈何可來
白雲裏教爾紫芝歌
欲得安身處寒山可長保微風吹幽松近

聽聲愈好下有斑白人喃喃讀黃老十年
歸不得忘却來時道
俊傑馬上郎揮鞭指柳楊謂言無死日終
不作梯航四運花自好一朝成萎黃醍醐
與石蜜至死不能嘗
有一餐霞子其居諱俗遊論時實蕭爽在
夏亦如秋幽澗常歷瀝高松風颼颼其中
半日坐忘却百年愁
妾在邯鄲住歌聲亦抑揚賴我安居處此
曲舊來長既醉莫言歸留連日未央兒家

寢宿處綉被蒲銀床
快撈三翼卅善乘千里馬莫能造我家謂
言最幽野巖岫深嶂中雲雷竟日下自非
孔丘公無能相救者
智者君拋我愚者我拋君非愚亦非智從
此斷相聞入夜歌明月侵晨舞白雲焉能
住口手端坐鬢紛紛
有鳥五色文棲桐食竹實徐動合禮儀和
鳴中音律昨來何以至爲吾暫時出儻聞
絃歌聲作舞欣今日

茅棟野人居門前車馬踈林幽偏聚鳥谿闊本藏魚山果攜兒摘臯田共婦鋤家中何所有唯有一床書

登陟寒山道寒山路不窮谿長石磊磊澗闊草濛濛苔滑非関雨松鳴不假風誰能超世累共坐白雲中

六極常擾困九維徒自論有才遺草澤無藝閉蓬門日上巖猶暗煙消谷尚昏其中長者子箇箇揔無褌

白雲高嵯峨綠水蕩潭波此處聞漁父時時鼓棹歌聲聲不可聽令我愁思多誰謂雀無角其如穿屋何

杳杳寒山道落落冷澗濱啾啾常有鳥寂寂更無人淅淅風吹面紛紛雪積身朝朝不見日歲歲不知春

少年何所愁愁見鬢毛白白更何所愁愁見日逼迫移向東岱居配守北邙宅何忍出此言此言傷老客

聞道愁難遣斯言謂不真昨朝曾趂却今日又纏身月盡愁難盡年新愁更新誰知席帽下元是昔愁人

兩龜乘犢車驀出路頭戲一蠆從傍來苦死欲求寄不載爽人情始載被沉累彈指不可論行恩却遭刺

三月蠶猶小女人來採花隈牆弄蝴蝶臨水擲蝦蟆羅袖盛梅子金篦挑笋芽鬪論多物色此地勝余家

東家一老婆富來三五年昔日貧於我今笑我無錢渠笑我在後我笑渠在前相笑儻不止東邊復西邊

富兒多鞅掌觸事難祗承倉米已赫赤不貸人斗升轉懷鉤距意買絹先揀綾若至臨終日吊客有蒼蠅

白鶴銜苦桃千里作一息欲往蓬萊山將此充粮食未達毛摧落離羣心慘惻却歸舊來巢妻子不相識

慣居幽隱處乍向國清中時訪豐干老仍來看拾翁獨廻上寒巖無人話合同尋究無源水源窮水不窮

生前太愚癡不爲今日悟今日如許貧總

是前生做今日又不修來生還如故兩岸
各無船渺渺難濟渡
璨璨盧家女舊來名莫愁貪乘摘花馬樂
撈摝蓮舟膝坐綠態帶身披青鳳裘哀傷
百年內不免歸山丘
氏眼娜公妻邯鄲杜生母二人同老少一
種好面首昨日會客場惡衣排在後私為
著破裙與他殘麩麩
獨臥重巖下烝雲晝不消室中雖臟髮心
裏絕喧囂夢去遊金闕魂歸度石橋拋除

閙我者歷歷樹間鬭
夫物有所用用之各有宜用之若失所一
鬭後一虧圓鑿而方枘悲哉空爾爲驊騮
將捕鼠不及跛猫兒
誰家長不死死事舊來均始憶八尺漢俄
成一聚壟黃泉無曉日青草有時春行到
傷心處松風愁殺人
騮馬珊瑚鞭驅馳洛陽道自矜美少年不
信有衰老白髮會應生紅顏豈長保但看
北邙山箇是蓬萊島

竟日常如醉流年不暫停埋著蓬蒿下曉
月何冥冥骨肉消散盡魂魄幾凋零遮莫
鼔鐵口無因讀老經
一向寒山坐淹留三十年昨來訪親友太
半入黃泉漸減如殘燭長流似逝川今朝
對孤影不覺淚雙懸
相喚採芙蓉可憐清江裏游戲不覺暮屢
見狂風起浪棒鴛鴦兒波搖鸂鶒子此時
居舟楫浩蕩情無已
吾心似秋月碧潭清皎潔無物堪比倫教

我如何說
垂柳暗如煙飛花飄似霰夫居離婦州婦
住思夫縣各在天一涯何時得相見寄語
明月樓莫貯雙飛鷰
有酒相招飲有肉相呼喫黃泉前後人少
壯須努力玉帶暫時華金釵非久飾張翁
與鄭婆一去無消息
可憐好丈夫身體極稜稜春秋未三十才
藝百般能金羈逐俠客玉饌集良朋唯有
一般惡不傳無盡燈

挑花欲經夏風月催不待訪覓漢時人能
無一箇在朝朝花迁落歲歲人移改今日
揚塵起昔時爲大海

我見東家女年可十有八西舍競來問願
姻夫妻倍熹羊競聚命棄頭作婬殺含笑
樂呵呵啼哭受殃決

田舍多桑園牛犢滿廐轍肯信有因果頑
皮早晚裂眼看消磨盡當頭各自活紙襖
死作褌到頭凍餓殺

我見百十狗箇箇毛鬇鬡臥者渠自臥行
者渠自行投之一塊骨相與啀喍爭良由
爲骨少狗多分不平

極目兮長望白雲四茫茫鵶鵶飽腥膄鸞
鳳飢徬徨駿馬放石磧蹇驢能至堂天高
不可問鷦鷯在滄浪

洛陽多女兒春日逞華麗共折路邊花各
持插高髻髻高花匼匝人見皆睥睨別求
醱醱憐將歸見夫壻

春女衒容儀相將南陌陲看花愁日晚隱
樹怕風吹年少從傍來白馬黃金羈何須
久相弄兒家夫壻知

羣女戲夕陽風來滿路香綴裙金蛺蝶插
髻玉鴛鴦角婢紅羅縝閹奴紫錦裳爲觀
失道者鬢白心惶惶

若人逢鬼魅第一莫驚懅捺硬莫采渠呼
名自當去燒香請佛力禮拜求僧助蚊子
釘鐵牛無渠下觜處

浩浩黃河水東流長不息悠悠不見清人
人壽有極苟欲乘白雲曷由生羽翼唯當
鬢髮時行住須努力

乘茲朽木船采彼紅婆子行至大海中波
濤復不止唯齎一宿糧去岸三千里煩惱
從何生愁哉緣苦起

默默家無言後生何所述隱居在林藪智
境何由出枯槁非堅衛風霜成天疾土牛
耕石田未有得稻日

山中何太冷自古非今年沓嶂恒凝雪幽
林每吐煙草生芒種後葉落立秋前此有
沈迷客窺窺不見天

山客心悄悄常嗟歲序迁辛勤采芝朮搜

斥詛戌仙庭廊窦初巻林明月正圓不歸
何所爲徒樹相留連
有人坐山陘雲卷兮霞纓秉芳兮欲寄路
漫兮難征心惆悵狐疑年老已無成衆嗟
咿斯蹇獨立兮忠貞
猪喫死人肉人喫死猪腸猪不嫌人臭人
逐道猪香猪死擲水内人死掘土藏彼此
莫相啾蓮花生沸湯
快哉混沌身不飯使不尿遭得雜鑚鑿因
茲立九竅朝朝爲衣食歲歲愁租調千箇

爭一錢聚頭亡命叫
啼哭緣何事淚如珠子顆應當有別離稄
是遭喪禍所爲在貧窮未能了因果冢間
膽死屍六道不干我
婦女慵經織男夫懶耨田輕浮耽挾彈跕
躧拈抹絃凍骨衣應急充腸食在先今誰
念於汝苦痛哭蒼天
不行真正道隨邪號行婆口慙神佛少心
懷嫉妬多背後噇魚肉人前念佛陁如此
脩身處應難避奈河

世有一等愚茫茫恰似驢還解人言語貪
婚狀若猪險巇難可測實語却成虛 誰能
共伊語令教莫此居
有漢姓傲慢名貪字不廉一身無所解百
事被他嫌死惡黄連苦生憐白蜜甜喫魚
猶未止食肉更無猒
縱你居犀角饒君帶虎睛桃枝將碎穢蘇
殻取爲瓔暖腹茱萸酒空心枸杞羹終歸
不免死浪自覔長生
下擇幽居地天台更莫言猿啼谿霧冷獄

色草門連折葉覆松室開池引澗泉已甘
休萬事採蕨度殘年
益者益其精可名爲有益易者易其形是
名爲有易能益復能易當得上仙籍無益
復無易終不免死厄
徒勞說三史浪自看五經泊老檢黄籍依
前注白丁笙遭迍蹇卦生主虛危星不及
河邊樹年年一度青
碧澗泉水清寒山月華白默知神自明覩
空境逾寂

我今有一襦非羅復非綺借問作何色不
紅亦不紫夏天將作衫冬天將作被冬夏
遞互用長年秖這是
白拂栴檀柄馨香竟日聞柔和如卷霧搖
拽似行雲禮奉宜當暑高提復去塵時時
方丈內將用指迷人
多少般數人百計求名利心貪覓榮華經
營圖富貴心未片時歇奔突如煙氣家眷
寶團圓一呼百諾至不過七十年冰銷瓦
解置死了萬事休誰人承後嗣水浸泥彈

九方知無意智
貪人好聚財恰如梟愛子子大而食母財
多還害己散之即福生聚之即禍起無財
亦無禍鼓翼青雲裏
去家一萬里提劍擊匈奴得利渠即死失
利汝即殂渠命既不惜汝命有何辜教汝
百勝術不貪為上謀
瞋是心中火能燒功德林欲行菩薩道忍
辱護真心
惡趣甚茫茫冥冥無日光人間八百歲未

抵半宵長此等諸癡子論情甚可傷勸君
求出離認取法中王
世有多解人愚癡徒苦辛不求當來善唯
知造惡因五逆十惡輩三毒以為親一死
入地獄長如鎮庫銀
天高高不窮地厚厚無極動物在其中憑
茲造化力爭頭覓飽暖作計相噉食因果
都未詳盲兒問乳色
天下幾種人論時色數有賈婆如許夫黃
老元無婦衛氏兒可憐鍾家女極醜渠若

向西行我便東邊走
賢士不貪婪癡人好鑪冶麥地占他家竹
園皆我著努膊覓錢財切齒驅奴馬須看
郭門外壘壘松柏下
噴噴買魚肉擔歸餧妻子何須殺他命將
來活汝已此非天堂緣純是地獄滓徐六
語破堆始知沒道理
有人把椿樹喚作白栴檀學道多沙數幾
箇得泥洹棄金却擔草謾他亦自謾似聚
沙一處成團也大難

烝砂擬作飯臨渴始掘井用力磨甎甎那
堪將作鏡佛說元平等揔有真如性但自
審思量不用閑爭競
推尋世間事子細揔皆知凡事莫容易盡
愛討便宜護即弊成好毀即是成非故知
雜濫口背面揔由伊冷暖我自量不信奴
唇皮
蹭蹬諸貧士飢寒成至極閑居好作詩札
札用心力賤人言孰采勸君休歎息題安
餬餅上乞狗也不喫

欲識生死譬且將冰水比水結即成冰冰
銷返成水已死必應生出生還復死冰水
不相傷生死還雙美
尋思少年日遊獵向平陵國使職非願神
仙未足稱聯翩騎白馬喝兔放蒼鷹不覺
大流落皤皤誰見矜
偃息深林下從生是農夫立身既質直出
語無諂諛保我不鑒璧信君方得珠焉能
同汎灩極目波上鳧
富兒會高堂華燈何煒煌此時無燭者心

願處其傍不意遭排遣還歸暗處藏益人
明詎損頻訝惜餘光
世有聰明士勤苦探幽文三端自孤立六
藝越諸君神氣卓然異精彩超衆群不識
箇中意逐境亂紛紛
層層山水秀煙霞鎖翠微嵐拂紗巾濕露
霑蓑草衣足躡遊方屐手執古藤枝更觀
塵世外夢境復何為
滿卷才子詩溢壺聖人酒行愛觀牛犢坐
不離左右霜露入茅檐月華明甕牖此時

吸兩甌吟詩三兩首
施家有兩兒以藝干齊楚文武各自備託
身為得所孟公問其術我子親教汝秦衛
兩不成失時成齟齬
止宿鴛鴦鳥一雄兼一雌銜花相共食刷
羽每相隨戲入煙霄裏宿歸沙岸湄自憐
生處樂不奪鳳凰池
或有衒行人才藝過周孔見罷頭兀兀看
時身侗侗繩牽未肯行錐刺猶不動恰似
羊公鶴可憐生氃氋

少小帶經鋤本將兒共居緣遭他輩責剩
被自妻疎拋絕紅塵境常遊好閱書誰能
借斗水活取轍中魚
變化計無窮生死竟不止三途烏雀身五
嶽龍魚已世濁作親羺時清爲騾驢前迴
是富兒今度成貧士
書判全非弱嫌身不得官銓曾被拗折洗
垢覓瘡瘢必也閑天命今年更試看盲兒
射雀目偶中亦非難
貧驢欠一尺富狗剩三寸若分貧不平中
半富與困始取驢飽足却令狗飢頓爲汝
熟思量令我也愁悶
柳郎八十二藍嫂一十八夫妻共百年相
憐情狡猾弄璋字烏醜擲尾名婠妠屢見
枯楊荑常遭青女殺
大有飢寒客生將獸魚殊長存廟石下時
哭路邊隅屢日空思飯終冬不識襦唯賚
一束草并帶五升麩
赫赫誰顯肆其酒甚濃厚可憐高幡幟極
目平升斗何意訝不售其家多猛狗童子
欲來沽狗齩便是走
吁嗟濁濫處羅刹共賢人謂是等流類焉
知道不親狐假師子勢詐妄却稱珍鉛礦
入鑪冶方知金不眞
田家避暑月斗酒共誰歡雜雜排山果疎
疎圍酒樽蘆莦將代席蕉葉且充盤醉後
搘頤坐須彌小彈丸
箇是何措大時來省南院年可三十餘曾
經四五選囊裏無青袟篋中有黃卷行到
食店前不敢暫迴面
爲人常喫用愛意須慳惜老去不自由漸
被他排斥送向荒山頭一生願屢擲亡羊
罷補牢失意終無極
浪造凌霄閣虛登百尺樓養生仍天命誘
讀詎封侯不用從黃口何須厭白頭未能
端似箭且莫曲如鈎
富貴踈親聚秖爲多錢米貧賤骨肉離非
閑少兄弟急須歸去來招賢閣未啓浪行
朱雀街踏破皮鞋底
我見一癡漢仍居三兩婦養得八九兒總

是隨宜手丁力是新差資財非舊有黃糵
作驢馱始知苦在後
新穀尚未熟舊穀今已無就貸一斗許門
外立踟躕夫出教問婦婦出遣問夫慳惜
不救乏財多爲累㬎
大有好笑事畧陳三五箇張公富奢華孟
子貧轗軻祇取侏儒飽不憐方朔餓巴歌
唱者多白雪無人和
老翁娶少婦髮白婦不耐老婆嫁少夫面
黃夫不愛老翁娶老婆一一無棄背少婦
嫁少夫兩兩相憐態
雍容羨少年博覽諸經史盡號曰先生皆
稱爲學士未嘗得官職不解秉耒耜冬披
破布衫蓋是書誤已
鳥語情不堪其時臥草庵櫻桃紅爍爍楊
柳正毿毿旭日銜青嶂晴雲洗綠潭誰知
出塵俗馭上寒山南
昨日何悠悠場中可憐許上爲桃李徑下
作蘭蓀渚復有綺羅人舍中翠毛羽相逢
欲相喚脉脉不能語

丈夫莫守困無錢須經紀養得一牸牛生
得五犢子犢子又生兒積數無窮已寄語
陶朱公富與君相似
之子何惶惶卜居須自審南方瘴癘多北
地風霜甚荒陬不可居毒川難可飲魂兮
歸去來食我家園葚
昨夜夢還家見婦機中織駐梭如有思擎
梭似無力呼之迴面視況復不相識應是
別多年鬢毛非舊色
人生不滿百常懷千載憂自身病始可又
爲子孫愁下視禾根下上看桑樹頭秤鎚
落東海到底始知休
世有一等流悠悠似木頭出語無知解云
我百不憂問道道不會問佛佛不求子細
推尋著茫然一場愁
董郎年少時出入帝京裏衫作嫩鵝黃容
儀畫相似常騎踏雪馬拂拂紅塵起觀者
滿路傍箇是誰家子
箇是誰家子爲人大被憎癡心常憒憒肉
眼醉瞢瞢見佛不禮佛逢僧不施僧唯知

打大齋除此百無能
人以身爲本本以心爲柄本在心莫邪心
邪喪本命未能免此殃何言懶照鏡不念
金剛經却令善薩病
城比仲家翁渠家多酒肉仲翁婦死時吊
客滿堂屋仲翁自身亡能無一人哭喫他
盃醆者何太冷心腹
下愚讀我詩不解却嗤誚中庸讀我詩思
量云甚要上賢讀我詩把著滿面笑楊脩
見幼婦一覽便知妙

自有慳惜人我非慳惜輩衣單爲舞穿酒
盡緑歌睟當取一腹飽莫令兩脚儸逢高
鑽髑髏此日君應悔
我行經古墳淚盡嗟存沒冢破壓黃腸棺
穿露白骨散斜有蔑餅振撥無贅芻風至
攪其中灰塵亂埻埻
夕陽下西山草木光曄曄復有朦朧月松
蘿相連接此中多伏虎見我奮迅鬣手中
無寸刃爭不懼懾懾
出身既擾擾世事非一狀未能捨流俗所

以相追訪昨吊徐五死今送劉三葬白日
不得閑爲此心悽愴
有樂且須樂時哉不可失雖云一百年豈
滿三萬日寄世是須臾論錢莫啾唧孝經
末後章委曲陳情畢
獨坐常忽忽情懷何悠悠山腰雲漫漫谷
口風颼颼猿來樹嫋嫋鳥入林啾啾時催
鬢颯颯歲盡老惆惆
一人好頭肚六藝盡皆通南見驅歸北西
逢趁向東長漂如汎萍不息似飛蓬問是

何等色姓貧名曰窮
他賢君即受不賢君莫與君賢他見容不
賢他亦拒嘉善矜不能仁徒方得所勸遜
子張言抛却卜商語
俗薄真成薄人心箇不同殺翁笑柳老柳
老笑殺翁何故兩相笑俱行謟諛中喪車
競嵽嵲翻載各瀧涑
是我有錢日恒爲汝貸將汝今既飽暖見
我不分張須憶汝欲得似我今承望有無
更代事勸汝熟思量

人生一百年佛說十二部慈悲如野鹿瞋
忿似家狗家狗趁不去野鹿常好走欲伏
獼猴心須聽獅子吼
教汝數般事思量知我賢極貧忍賣屋繞
富須買田空腹不得走枕頭須莫眠此言
期衆見掛在日東邊
寒山多幽奇登者皆恒懾月照水澄澄風
吹草獵獵凋梅雪作花杌木雲充葉觸雨
轉鮮靈非晴不可涉
有樹先林生計年逾一倍根遭陵谷變葉
被風霜改咸笑外凋零不憐內紋絲皮膚
脫落盡唯有貞實在
寒山有躶蟲身白而頭黑手把兩卷書一
道將一德任不安釜竈行不齎衣裓常持
智慧劒擬破煩惱賊
有人畏白首不肯捨朱紱來藥空求仙根
苗亂挑掘數年無効驗癡意瞋怫鬱獵師
披袈裟元非汝使物
昔時可可貧今朝最貧凍作事不諧和觸
途成倥偬行泥屢腳屈坐社頻腹痛失却

斑猫見老鼠圍飯瓮
我見世間人堂堂好儀相不報父母恩方
寸底模様欠負他人錢蹄穿始惆悵箇箇
惜妻兒爺娘不供養兄弟似冤家心中常
悵怏憶昔少年時求神願成長今爲不孝
子世間多此樣買肉自家噇抹嘴道我暢
自逞說嘍囉聰明無益當牛頭努目嗔出
去始時鄉擇佛燒好香揀僧歸供養羅漢
門前乞趁却閑和尚不悟無爲人從來無
相狀封疏請名僧䞋錢兩三樣雲光好法
師安角在頭上汝無平等心聖賢俱不降
凡聖皆混然勸君休取相我法妙難思天
龍盡迴向
身著空花衣足躡龜毛履手把兔角弓擬
射無明鬼
可貴天然物獨一無伴侶覓他不可見出
入無門戶促之在方寸延之一切處你若
不信受相逢不相遇
余家有一窟窟中無一物清潔空堂堂光
華明日日蔬食養微軀布裘遮幻質任你

千聖現我有天真佛
男兒大丈夫作事莫莽鹵勁挺鐵石心直
取菩提路邪路不用行行之枉辛若不要
求佛果識取心王主
粵自居寒山曾經幾萬載任運遯林泉棲
遲觀自在寒巖人不到白雲常靉靆細草
作臥褥青天爲被蓋快活枕石頭天地任
變改
可重是寒山白雲常自閑猿啼暢道內虎
嘯出人間獨步石可履孤吟藤好攀松風
清颯颯鳥語聲喧喧
閑自訪高僧煙山萬萬層師親指歸路月
掛一輪燈
閑遊華頂上日朗晝光輝四顧晴空裏白
雲同鶴飛
世有多事人廣學諸知見不識本真性與
道轉懸遠若能明實相豈用陳虛願一念
了自心開佛之知見
寒山有一宅宅中無闌隔六門左右通堂
中見天碧房房虛索索東壁打西壁其中
一物無免被人來借寒到燒輭火飢來煮
菜喫不學田舍翁廣置牛莊宅盡作地獄
業一入何曾極好好善思量思量知軌則
儂家暫下山入到城隍裏逢見一羣女端
正容貌美頭戴蜀樣花臙脂塗粉膩金釧
鏤銀朶羅衣緋紅紫朱顏類神仙香帶氛
氳氣時人皆顧盼癡愛染心意謂言世無
雙魂影隨他去狗齩枯骨頭虛自舐唇齒
不解返思量與畜何曾異今成白髮婆老
陋若精魅無始由狗心不超解脫地
一自遯寒山養命餐山果平生何所憂此
世隨緣過日月如逝川光陰石中火任你
天地移我暢巖中坐
我見世間人茫茫走路塵不知此中事將
何爲去津榮華能幾日眷屬片時親縱有
千斤金不如林下貧
自聞梁朝日四依諸賢士寶誌萬廻師四
仙傅大士顯揚一代教作持如來使建造
僧伽藍信心歸佛理雖乃得如斯有爲多
患累與道殊懸遠拆西補東爾不達無爲

功損多益少矣有聲而無形至今何處是
吁嗟貧復病爲人絕友親甕裏長無飯甑
中屢生塵蓬菴不免雨漏榻劣容身莫怪
今顦顇多愁定損人
養女畏太多已生須訓誘捺頭遣小心鞭
背令緘口未解乘機杼那堪事箕帚張婆
語驢駒汝大不如母
秉志不可卷須知我匪席浪造山林中獨
卧盤陀石辯士來勸余速令受金璧鑿牆
植蓬蒿若此非有益

以我棲遲處幽深難可論無風蘿自動不
霧竹長昏澗水緣誰咽山雲忽自屯午時
庵内坐始覺日頭暾
憶昔過逢處人間逐勝遊樂山登萬仞愛
水泛千舟送客琵琶谷攜琴鸚鵡洲焉知
松樹下抱膝冷颼颼
報汝修道者進求虛勞神人有精靈物無
字復無文呼時歷歷應隱處不居存叮嚀
善保護勿令有點痕
去年春鳥鳴此時思弟兄今年秋菊爛此

時思發生綠水千場咽黃雲四面平哀哉
百年内腸斷憶咸京
多少天台人不識寒山子莫知真意度喚
作閑言語
可惜百年屋左倒右復傾墻壁分散盡木
植亂差橫甎瓦片片落朽爛不堪停狂風
吹驀塌再竪卒難成
精神殊爽爽形貌極堂堂能射穿七扎讀
書覽五行經眠虎頭枕昔坐象牙床若無
阿堵物不啻冷如霜

笑我田舍兒頭頰底蹇澁巾子未曾高腰
帶長時急非是不及時無錢趂不及一日
有錢財浮圖頂上立
買肉血灑灑買魚跳鱍鱍君身招罪累妻
子成快活纔死渠便嫁他人誰敢遏一朝
如破床兩箇當頭脫
客難寒山子君詩無道理吾觀乎古人貧
賤不爲恥應之笑此言談何疎闊矣願君
似今日錢是急事爾
從生不往來至死無仁義言既有枝葉心

懷便險詖若其閙小道緣此生大僞詐誑
造雲梯削之成棘刺
一餅鑄金成一餅埏泥出二餅任君看那
箇餅牢實欲知餅有二須知業非一辦此
驗生因修行在今日
摧殘荒草廬其中煙火蔚借問羣小兒生
來凡幾日門外有三車迎之不肯出飽食
腹膨脝箇是癡頑物
有身與無身是我復非我如此審思量遷
延倚巖坐足間青草生頂上紅塵墮已見
俗中人靈牀施酒果
昨見河邊樹摧殘不可論二三餘幹在千
萬斧刀痕霜凋萎疎葉波衝枯朽根生處
當如此何用怨乾坤
憐底衆生病餐嘗略不猒蒸豚搵蒜醬炙
鴨點椒鹽去骨鮮魚膾兼皮熟肉臉不知
他命苦秖取自家甜
讀書豈免死讀書豈免貧何以好識字識
字勝他人丈夫不識字無處可安身黃連
搵蒜醬忘計是苦辛

我見謾人漢如籃盛水走一氣將歸家籃
裏何曾有我見被人謾一似園中韭日日
被刀傷天生還自有
不見朝垂露日爍自消除人身亦如此閻
浮是寄居切莫因循過且令三毒袪菩提
即煩惱盡令無有餘
水清澄澄瑩徹底自然見心中無一事萬
境不能轉心既不妄起永劫無改變若能
如是知是知無背面
說食終不飽說衣不免寒飽喫須是飯著
衣右免寒不解審思量秖道求佛難迴心
即是佛莫向外頭看
可畏輪迴苦往復似翻塵蟻巡環未息六
道亂紛紛改頭換面孔不離舊時人速了
黑暗獄無令心性昏
可畏三界輪念念未曾息纔始似出頭又
卻遭沉溺假使非非想蓋緣多福力爭似
識真源一得即永得
昨日遊峯頂下窺千尺崖臨危一株樹風
擺兩枝開雨漂即零落日曬作塵埃嗟見

此茂秀今為一聚灰
自古多少聖叮嚀教自信人根性不等高下有利鈍眞佛不肯認置力枉受困不知清淨心便是法王印
我聞天台山山中有琪樹永言欲攀之莫曉石橋路緣此生悲歎幸居將已暮今日觀鏡中颯颯鬢垂素
養子不經師不及都亭鼠何曾見好人豈聞長者語為染在薰蕕應須擇朋侶五月販鮮魚莫教人笑汝

徒閉蓬門坐頻經石火遷唯聞人作鬼不見鶴成仙念此那堪説隨緣須自憐迴瞻郊郭外古墓犁為田
時人見寒山各謂是風顛貌不起人目身唯布裘纏我語他不會他語我不言為報往來者可來向寒山
自在白雲閑從來非買山下危須策杖上險捉藤攀澗底松常翠谿邊石自斑友朋雖阻絶春至鳥喧喧
我在村中住衆推無比方昨日到城下仍

被狗形相或嫌袴太窄或説衫少長撑刼鷂子眼雀兒舞堂堂
死生元有命富貴本由天此是古人語吾今非謬傳聰明好短命癡騃却長年鈍物豐財寶惺惺漢無錢
國以人為本猶如樹因地地厚樹扶疎地薄樹憔悴不得露其根枝枯子先墜決陂以取魚是求一朝利
衆生不可説何意許顛邪面上兩惡鳥心中三毒蛇是渠作障礙使你事煩拏舉手高彈指南無佛陁耶
自樂平生道煙蘿石洞閒野情多放曠長伴白雲閑有路不通世無心孰可攀石牀孤夜坐圓月上寒山
大海水無邊魚龍萬萬千遞互相食噉冗冗癡肉團為心不了絶妄想起如煙性月澄澄朗廓爾照無邊
目見天台頂孤高出衆群風搖松竹韻月見海潮頻下望山青際談玄有白雲野情便山水本志慕道倫

三五癡後生作事不眞實未讀十卷書強
把雌黃筆將他儒行篇喚作賊盜律脫體
似蟫蟲齩破他書帙
心高如山嶽人我不伏人解講韋陁典能
談三教文心中無慚愧破戒違律文自言
上人法稱爲第一人愚者皆讚歎智者拊
掌笑陽燄虛空花豈得免生老不如百不
解靜坐絕憂惱
如許多寶貝海中乘壞舸前頭失却柂後
頭又無柂宛轉任風吹高低隨浪擻如何

得到岸努力莫端坐
我見凡愚人多畜資財穀飲酒食生命謂
言我富足莫知地獄深唯求上天福罪業
如毗富豈得免災毒財主忽然死爭共當
頭哭供僧讀文疏空是鬼神祿福田一箇
無虛設一群禿不如早覺悟莫作黑暗獄
狂風不動樹心眞無罪福寄語冗冗人叮
嚀再三讀
勸你三界子莫作勿道理理短被他欺理
長不奈你世間濁濫人恰似鼠黏子不見

無事人獨脫無能比早須返本源三界任
緣起清淨入如流莫飲無明水
三界人蠢蠢六道人茫茫貪財愛婬欲心
惡若豺狼地獄箭射極苦若爲當兀兀過
朝夕都不別賢良好惡總不識猶如豬及
羊共語如木石嫉妬似顛狂不自見己過
如豬在圈臥不知自償債却笑牛牽磨
人生在塵蒙却似盆中蟲終日行遶遶不
離其盆中神仙不可得煩惱計無窮歲月
如流水須臾作老翁

寒山出此語復似顛狂漢有事對面說所
以足人怨心眞出語直直心無背面臨死
度奈何誰是嘍囉漢冥冥泉臺路被業相
拘絆
我見多知漢終日用心神岐路逞嘍囉欺
謾一切人唯作地獄滓不修正直因忽然
無常至定知亂紛紛
寄語諸仁者復以何爲懷達道見自性自
性即如來天眞元具足修證轉差迴棄本
却逐末祇守一場獃

世有一般人不惡又不善不識主人公隨客處處轉因循過時光渾是癡肉䐟雖有一靈臺如同客作漢

常聞釋迦佛先受燃燈記燃燈與釋迦秖論前後智前後體非殊異中無有異一佛一切佛心是如來地

常聞國大臣朱紫簪纓祿富貴百千般貪榮不知辱奴馬滿宅舍金銀盈帑屋癡福暫時扶埋頭作地獄忽死萬事休男女當頭哭不知有禍殃前路何疾速家破冷颼颼食無一粒粟凍餓苦悽悽良由不覺觸

上人心猛利一聞便知妙中流心清淨審思云甚要下士鈍暗癡頑皮最難裂直得血淋頭始知自摧滅看取開眼賊鬧市集人決死屍棄如塵此時向誰說男兒大丈夫一刀兩段截人面禽獸心造作何時歇

我有六兄弟就中一箇惡打伊又不得罵伊又不著處處無奈何耽財好婬殺見好埋頭愛貪心過羅刹阿爺惡見伊阿娘嫌不悅昨被我捉得惡罵恣情掣趁向無人處一一向伊說汝今須改行覆車須改轍若也不信受共汝惡合殺汝受我調伏我共汝覓活從此盡和同如今過菩薩學業攻鑪冶鍊盡三山鐵至今靜恬恬衆人皆讚說

昔日極貧苦夜夜數他寶今日審思量自家須營造掘得一寶藏純是水晶珠大有碧眼胡密擬買將去余即報渠言此珠無價數

一生慵懶作憎重秖便輕他家學事業余持一卷經無心裝標軸來去省人擎應病則說藥方便度衆生但自心無事何處不惺惺

我見出家人不入出家學欲知真出家心淨無繩索澄澄絕玄妙如如無倚託三界任縱橫四生不可泊無爲無事人逍遙實快樂

昨到雲霞觀忽見仙尊士星冠月帔橫盡云居山水余問神仙術云道若爲比謂言靈無上妙藥必神秘守死待鶴來皆道乘

魚去余乃返窮之推尋勿道理但看箭射
空須臾還墜地饒你得仙人恰似守屍鬼
心月自精明萬像何能比欲知仙丹術身
内元神是莫學黄巾公握愚自守擬
余鄉有一宅其宅無正主地生一寸草水
垂一滴露火燒六箇賊風吹黑雲雨子細
尋本人布裹真珠爾
傳語諸公子聽說石齊奴僮僕八百人水
碓三十區舍下養魚鳥樓上吹笙竽伸頭
臨白刃癡心爲緑珠

何以長惆悵人生似朝菌那堪數十年新
舊凋落盡以此思自哀哀情不可忍奈何
當奈何託體歸山隱
纔縱閑前莽莫訶今日身若言由家墓箇
是極癡人到頭君作鬼豈令男女貧皎然
易解事作麼無精神
我見黄河水九經幾度清水流如急箭人
世若浮萍癡屬根本業無明煩惱坑輪迴
幾許劫秖爲造迷盲
二儀旣開闢人乃居其中迷汝即吐霧醒

汝即吹風借汝即富貴奪汝即貧窮碌碌
群漢子萬事由天公
余勸諸稚子急離火宅中三車在門外載
你免飄蓬露地四衢坐當天萬事空十方
無上下來去任西東若得箇中意縱橫處
處通
可歎浮生人悠悠何日了朝朝無閑時年
年不覺老總爲求衣食令心生煩惱擾擾
百千年去來三惡道
時人尋雲路雲路杳無蹤山高多險峻澗

闊少玲瓏碧嶂前兼後白雲西復東欲知
雲路處雲路在虛空
寒山棲隱處絶得雜人過時逢林内鳥相
共唱山歌瑞草聯谿谷老松枕嵯峩可觀
無事客憩歇在巖阿
五嶽俱成粉須彌一寸山大海一滴水吸
入其心田生長菩提子徧蓋天中天語汝
慕道者愼莫繞十纏
無衣自訪覓莫共狐謀裘無食自采取莫
共羊謀羞借皮兼借肉懷歎復懷愁皆緣

義失所衣食常不周
自恣山間樂逍遙無倚托逐日養殘軀閑
思無所作時披古佛書往往登石閣下窺
千尺崖上有雲傍礴寒月冷颼颼身似孤
飛鶴
我見轉輪王千子常圍遶十善化四天莊
嚴多七寶七寶鎮隨身莊嚴甚妙好一朝
福報盡猶若棲蘆鳥還作牛領蟲六趣受
業道況復諸凡夫無常豈長保生死如旋
火輪廻似麻稻不解早覺悟爲人枉虛老

平野水寬闊丹丘連四明仙都最高秀羣
峯聳翠屏遠遠望何極矹矹勢相迎獨標
海隅外處處播嘉名
可貴一名山七寶何能比松月颼颼冷雲
霞片片起杳帀幾重山迴還多少里谿澗
靜澄澄快活無窮已
我見世間人生而還復死昨朝猶二八壯
氣胷襟士如今七十過力困形憔悴恰似
春日花朝開夜落爾
迥聳霄漢外雲裏路岧嶢瀑布千丈流如

鋪練一條下有棲心窟橫安定命橋雄雄
鎮世界天台名獨超
盤陁石上坐谿澗冷淒淒靜玩偏嘉麗虛
巖蒙霧迷怡然憩歇處日斜樹影低我自
觀心地蓮花出淤泥
隱士遁人間多向山中眠青蘿疎麓麓碧
澗響聯聯騰騰且安樂悠悠自清閑免有
染世事心靜如白蓮
寄語食肉漢食時無逗遛今生過去種未
來今日修秖取今日美不畏來生憂老鼠

入飯甕雖飽難出頭
自從出家後漸得養生趣伸縮四肢全勤
聽六根具褐衣隨春冬糲食供朝暮今日
懇懇修願與佛相遇
世事繞悠悠貪生未肯休研盡大地石何
時得歇頭四時周變易八節急如流爲報
火宅主露地騎白牛
可笑五陰窟四蛇同共居黑暗無明燭三
毒遞相驅伴黨六箇賊劫掠法財珠斬却
魔軍輩安泰湛如蘇

常聞漢武帝愛及秦始皇俱好神仙術延
年竟不長金臺既摧折沙丘遂滅亡茂陵
與驪嶽今日草芊芊
憶得二十年徐步國清歸國清寺中人盡
道寒山癡癡人何用疑疑不解尋思我尚
自不識是伊爭得知低頭不用問問得復
何爲有人來罵我分明了了知雖然不應
對却是得便宜
語你出家輩何名爲出家奢華求養活繼
綴族姓家美舌甜唇諂曲心鉤加終日

禮道場持經置功課鑪燒神佛香打鐘高
聲和六時學客舂晝夜不得卧秖爲愛錢
財心中不脫灑見他高道人却嫌誹謗罵
驢屎比麝香苦哉佛陀耶
又見出家兒有力及無力上上高節者鬼
神欽道德君王分輦坐諸侯拜迎逆堪爲
世福田世人須保惜下下低愚者詐見多
求覓濁濫即可知愚癡愛財色著却福田
衣種田討衣食作債稅牛犂爲事不忠直
朝朝行弊惡往往痛臀脊不解善思量地

獄苦無極一朝著病纏三年卧床席亦有
眞佛性翻作無明賊南無佛陀耶遠遠求
彌勒
寒巖深更好無人行此道白雲高岫閑青
嶂孤猿嘯我更何所親暢志自宜老形容
寒暑遷心珠甚可保
巖前獨靜坐圓月當天耀萬象影現中一
輪本無照廓然神自清含虛洞玄妙因指
見其月月是心樞要
本志慕道倫道倫常獲親時逢杜源客每

接話禪賓談玄明月夜探理日臨晨萬機
俱泯迹方識本來人
元非隱逸士自號山林人仕魯蒙幘帛且
愛裹疎巾道有巢許操恥爲堯舜臣獼猴
罩帽子學人避風塵
自古諸哲人不見有長存生而還復死盡
變作灰塵積骨如毗富別淚成海津唯有
空名在豈免生死輪
今日巖前坐坐久煙雲收一道清谿冷千
尋碧嶂頭白雲朝影靜明月夜光浮身上

無塵垢心中那更憂
千雲萬水間中有一閑士白日遊青山夜
歸巖下睡倏爾過春秋寂然無塵累快哉
何所依靜若秋江水
勸你休去來莫惱他閻老失脚入三途粉
骨遭千擣長為地獄人永隔今生道勉你
信余言識取衣中寶
世間一等流誠堪為人笑出家弊已身誑
俗將為道雖著離塵衣衣中多蓑蚤不如
歸去來識取心王好

高高峯頂上四顧極無邊獨坐無人知孤
月照寒泉泉中且無月月自在青天吟此
一曲歌歌中不是禪
有箇王秀才笑我詩多失云不識蜂腰仍
不會鶴膝平側不解壓凡言取次出我笑
你作詩如盲徒詠日
我住在村鄉無爺亦無娘無名無姓第人
喚作張王並無人教我貧賤也尋常自憐
心的實堅固等金剛
寒山出此語此語無人信蜜甜足人嘗黃

蘗苦難近順情生喜悅逆意多瞋恨但看
木傀儡弄了一場困
我見人轉經依他言語會口轉心不轉心
口相違背心真無委曲不作諸纏蓋但且
自省躬莫覓他替代可中作得主是知無
內外
寒山唯白雲寂寂絕挨塵草座山家有孤
燈明月輪石牀臨碧沼虎鹿每為鄰自羨
幽居樂長為象外人
鹿生深林中飲水而食草伸脚樹下眠可

憐無煩惱繫之在華堂餚饍極肥好終日
不肯嘗形容轉枯槁
花上黃鸎子喧喧聲可憐美人顏似玉對
此弄鳴絃玩之能不足眷戀在韶年花飛
鳥亦散灑淚秋風前
棲遲寒巖下偏訝最幽奇攜籃采山茹挈
籠摘果歸蔬齋敷茅坐啜啄食紫芝清沼
濯瓢缽雜和煑稠稀當陽擁裘坐閑讀古
人詩
昔日經行處今復七十年故人無來往埋

在古冢間余今頭已白猶守片雲山爲報
後來子何不讀古言
欲向東巖去于今無量年昨來攀葛上半
路困風煙徑窄衣難進苔黏履不前住兹
丹桂下且枕白雲眠
我見利智人觀者便知意不假尋文字直
入如來地心不逐諸緣意根不妄起心意
不生時内外無餘事
我今稽首禮無上法中王慈悲大喜捨名
稱滿十方衆生作依怙智慧身金剛頂禮
無所著我師大法王
君看葉裏花能得幾時好今日畏人攀明
朝待誰掃可憐嬌豔情年多轉成老將世
比於花紅顔豈長保
畫棟非吾宅青林是我家一生俄爾過萬
事莫言賒濟渡不造筏漂淪爲采花善根
今未種何日見生芽
出生三十年嘗遊千萬里行江青草合入
塞紅塵起鍊藥空求仙讀書兼詠史今日
歸寒山枕流兼洗耳

寒山無漏巖其巖甚濟要八風吹不動萬
古人傳妙寂寂好安居空空離譏誚孤月
夜長明圓日常來照虎丘兼虎谿不用相
呼召世間有王傅莫把同周召我自遯寒
岩快活長歌笑
沙門不持戒道士不服藥自古多少賢盡
在青山脚
有人笑我詩我詩合典雅不須鄭氏箋豈
用毛公解不恨會人稀秖爲知音寡若遣
趁宮商余病莫能罷忽遇明眼人即自流
天下
五言五百篇七字七十九三字二十一都
來六百首一例書岩石自誇云好手若能
會我詩真是如來母
七字
余曾昔覩聰明士博達英靈無比倫一選
嘉名喧宇宙五言詩句越諸人爲官治化
超先輩直爲無能繼後塵忽然富貴貪財
色瓦解冰銷不可陳
貪愛有人求快活不知禍在百年身但看

陽燄浮漚水便覺無常敗壞人丈夫志氣
直如鐵無曲心中道自真行密節高霜下
竹方知不枉用心神
汝謂埋頭癡兀兀愛向無明羅刹窟再三
勸你早修行是你頑癡心恍惚不肯信受
寒山語轉轉倍加業汩汩直待斬首你兩
段方知自身奴賊物
雲山疊疊連天碧路僻林深無客遊遠望
孤蟾明皎皎近聞羣鳥語啾啾老夫獨坐
棲青嶂少室閑居任白頭可歎往年與今

日無心還似水東流
一住寒山萬事休更無雜念掛心頭閑於
石壁題詩句任運還同不繫舟
余見僧繇性希奇巧妙間生梁朝時道子
飄然爲殊特二公善繪手毫揮逞畫圖眞
意氣異龍行鬼走神巍巍饒貌虛空寫塵
跡無因畫得志公師
久住寒山凡幾秋獨吟歌曲絕無憂蓬扉
不掩常幽寂泉涌甘漿長自流石室地爐
砂鼎沸松黃柏茗乳香甌飢餐一粒伽陀

藥心地調和倚石頭
千生萬死何時已生死來去轉迷盲不識
心中無價寶猶似盲驢信脚行
老病殘年百有餘面黃頭白好山居布裘
擁質隨緣過豈羨人間巧樣模心神用盡
爲名利百種貪婪進己軀浮生幻化如燈
燼家内埋身是有無
世間何事最堪嗟盡是三途造罪楂不學
白雲巖下客一條寒衲是生涯秋到任他
林落葉春來從你樹開花三界橫眠閑無

事明月清風是我家
昔年曾到大海遊爲采摩尼誓懇求直到
龍宮深密處金關鎖斷主神愁龍王守護
安耳裏劍客星揮無處搜賈客却歸門内
去明珠元在我心頭
衆星羅列夜明深岩點孤燈月未沉圓滿
光華不磨瑩掛在青天是我心
千年石上古人蹤萬丈巖前一點空明月
照時常皎潔不勞尋討問西東
寒山頂上月輪孤照見晴空一物無可貴

天然無價寶埋在五陰溺身軀
我向前谿照碧流或向巖邊坐盤石心似
孤雲無所依悠悠世事何須覓
我家本住在寒山石岩棲息離煩緣泯時
萬象無痕跡舒處周流徧大千光影騰輝
照心地無有一法當現前方知摩尼一顆
珠解用無方處處圓
世人何事可吁嗟苦樂交煎勿底涯生死
往來多少劫東西南北是誰家張王李趙
權時姓六道三途事似麻秖爲主人不了
絕遂招邀謝遂迷邪
余家本住在天台雲路煙深絕客來千仞
岩巒深可遯萬重谿澗石樓臺樺巾木屐
沿流步布裘藜杖繞山迴自覺浮生幻化
事逍遙快樂實善哉
丹丘迥聳與雲齊空裏五峯遙望低鴈塔
高排出青嶂禪林古殿入虹蜺風搖松葉
赤城秀霧吐中岩仙路迷碧落千山萬仞
現藤蘿相接次連谿
自從到此天台境經今早度幾冬春山水
不移人自老見却多少後生人

三字

寒山道無人到若能行稱十号有蟬鳴無
鴉噪黄葉落白雲掃石磊磊山隩隩我獨
居名善導子細看何相好
寒山寒冰鎖石藏山青現雪白日出照一
時釋從茲暖養老客
我居山勿人識白雲中常寂寂
寒山深稱我心純白石勿黄金泉聲響撫
伯琴有子期辨此音
重岩中足清風扇不搖涼氣通明月照白
雲籠獨自坐一老翁
寒山子長如是獨自居不生死
不須攻人惡何用伐己善行之則可行卷
之則可卷祿厚憂貴大言深慮交淺闇茲
若念茲小兒當自見

寒山詩終

杭州錢塘門裏車橋南大街郭宅紙鋪印行

豐干禪師録

道者豐干未窮根裔古老見之居于天台山國清寺翦髮齊眉麤裘擁質緇素問掬乃云隨時貌悴昂藏恢端七尺唯攻舂米供僧夜則扃房吟詠自樂郡縣諳知咸謂風僧或發一言異於常流忽爾一日騎虎松徑來入國清巡廊唱道衆皆驚訝怕懼恒然並欽其德昔京輦與胤救疾到任丹丘跡無追訪賢人隱遯示化東甌唯於房中壁上書曰

余自來天台凡經幾萬迴一身如雲水悠悠任去來逍遙絶無鬧忘機隆佛道世途岐路心衆生多煩惱兀兀沈浪海漂漂輪三界可惜一靈物無始被境埋電光瞥然起生死紛塵埃寒山特相訪拾得罕期來論心話明月太虛廓無礙法界即無邊一法普徧該

本來無一物亦無塵可拂若能了達此不用坐兀兀

拾得録

豐干禪師寒山拾得著在唐太宗貞觀年中相次垂跡於國清寺拾得者豐干禪師因遊松徑徐步於赤城道路側偶而聞啼乃尋其由見一子可言十歲初謂彼村牧牛之子委問逗遛云我無舍無姓遂引至寺付庫院俟人來認數旬之間絶其親鞫乃令事知庫僧靈熠經于三祀頗會人言令知食堂香燈供養忽於一日與像對坐佛盤同餐復于聖僧前云小果之位喃喃呵俚而言傷哉熠謂老宿等此子心風無令下供乃令厨內洗濾器物每澄食滓而以筒盛寒山子來負之而去或發一言我有一珠理在陰中無人别者衆謂癡子寺內山王僧常祭奉及下供養香燈等務食物多被烏所耗忽一夜僧衆同夢見山王云拾得打我瞋云汝是神道守護伽藍更受沙門祭奉供養既有靈驗何以食被烏殘今後不要僧祭奉供養至旦僧衆上堂各說所夢皆無一差靈熠亦然喧喧未止熠下供養忽見山王身上而有杖痕所損

熠乃報衆衆皆奔看各云夜夢斯事乃知
拾得不是凡間之子一寺紛紜具狀申州
報縣符下賢士避跡菩薩化身宜令號爲
拾得賢士（自此後當齋人直香火飯餒）又於莊頭牧牛歌詠叫
天又因半月布薩衆僧說戒法事合時拾
得驅牛至堂前倚門而立拊掌微笑曰悠
悠哉聚頭作相這箇如何老宿律德怒而
呵云下人風狂破於說戒拾得笑而言曰
無嗔即是戒心淨即出家我性與汝合一
切法無差尊宿出堂打趁拾得令驅牛出

去拾得言我不放牛也此群牛皆是前生
大德知事人咸有法號喚者皆認時拾得
一一喚牛云前生律師弘靖出時一白牛
作聲而過又喚前生典座光超出時一黑
牛作聲而過又喚直歲靖本出時一牯牛
作聲而出又喚云前生知事法忠出時一
牯牛作聲而出乃獨牽謂牛曰前生不持
戒人面而畜心汝今招此咎怨恨於何人
佛力雖然大汝辜於佛恩大衆驚訝忙然
因茲又報州縣使令入州不赴召命盡代

人仰因茲顯現寺衆徬徨咸歎菩薩來於
人世聊纂實錄貴不墜爾兼於土地堂壁
上書語数聯貴示後人乃集語曰
東洋海水清水清復見底靈源涌法泉斫
水無刀痕我見頑嚚士燈心拄須彌寸樵
煑大海甲抹大地石烝砂豈成飯磨甎將
作鏡說食終不飽直須著力行恢恢大丈
夫堂堂六尺士枉死埋冢間可惜孤標物
不見日光明照耀於天下太清廓落洞明
月可縣貴余本住無方磅礴無爲理時陟

涅槃山徐步香林裏左手握驪珠右手搖
摩尼莫邪來足刃智劍斬六賊般若酒清
泠飲呀澄神思余閑來天台尋人人不至
寒山同爲侶松風水月間何事最幽邃唯
有遯居人悠悠三界主古佛路凄凄無人
行至此爭跡誰不躡旋機滯凡累可畏生
死輪輪之未曾息嗟彼六趣中迭荏諸迷
子人懷天真佛大寶心珠秘迷盲沈沈流
汨沒何時出
拾得自閭丘太守拜後同寒山子把手走

出寺跡隱後因國淸僧登南峯采薪遇一
僧似梵儀持錫入岩挑鎖子骨而去乃謂
僧曰取拾得舍利僧遂白寺衆衆方委拾
得在此岩入滅乃號爲拾得岩在寺東南
隅登山二里餘地聊錄如前貴示後人矣

拾得詩

諸佛留藏經秖爲人難化不唯賢與愚箇
箇心構架造業大如山豈解懷憂怕那箇
細尋思日夜懷姦詐
嗟見世間人箇箇愛喫肉椀楪不曾乾長
時道不足昨日設箇齋今朝宰六畜都緣
業使牽非干情所欲一度造天堂百度造
地獄閻羅使來追合家盡啼哭鑪子邊向
火鑊子裏澡浴更得出頭時換却汝衣服
出家要淸閑淸閑即爲貴如何塵外人却
入塵埃裏一向迷本心終朝役名利名利
得到身形容已顦顇況復不遂者虛用平
生志可憐無事人未能笑得爾
養兒與取妻養女求媒娉重重皆是業更
殺衆生命聚集會親情總來看盤飣目下
雖稱心罪簿先注定
得此分叚身可笑好形質面貌似銀盤心
中黑如漆烹猪又宰羊誇道甜如蜜死後
受波吒更莫稱冤屈
佛哀三界子揔是親男女恐沉黑暗坑示
儀垂化度盡登無上道俱證菩提路教汝
癡衆生慧心勤覺悟
佛捨尊榮樂爲愍諸癡子早願悟無生辦
集無上事後來出家者多緣無業次不能
得衣食頭鑽入於寺
嗟見世間人永劫在迷津不省這箇意修
行徒苦辛
我詩也是詩有人喚作偈詩偈揔一般讀
時須子細縷縷細披尋不得生容易依此
學修行大有可笑事
有偈有千萬卒急述應難若要相知者但
入天台山岩中深匴坐說理及談玄共我
不相見對面似千山
世間億萬人面孔不相似借問何因緣致
令遣如此各執一般見互說非兼是但自

修已身不要言他已
男女為婚嫁俗務是常儀自量其事力何
用廣張施取債誇人我論情入骨癡殺他
雞犬命身死墮阿鼻
世上一種人出性常多事終日傍衙衙不
離諸酒肆為他作保見替他說道理一朝
有乖張過咎全歸你
我勸出家輩須知教法深專心求出離輙
莫染貪婬大有俗中士知非不愛金故知
君子志任運聽浮沉

寒山自寒山拾得自拾得凡愚豈見知豐
干却相識見時不可見覓時何處覓借問
有何緣向道無為力
從來是拾得不是偶然稱別無親眷屬寒
山是我兄兩人心相似誰能徇俗情若問
年多少黃河幾度清
若解捉老鼠不在五白貓若能悟理性那
由錦繡包真珠入席袋沸性止蓬茅一羣
取相漢用意總無交
運心常寬廣此則名為布蠲已惠於人方

可名為施後來人不知焉能會此義未設
一庸僧早擬望富貴
獼猴尚教得人何不憤發前車既落坑後
車須改轍若也不知此恐君惡合殺比來
是夜叉變則成菩薩
君不見三界之中紛擾擾秖為無明不了
絕一念不生心澄然無去無來不生滅
故林又斬新剗源谿上人天姥峽關嶺通
同次海津灣深曲島間淼淼水雲雲借問
高禪客日輪何處瞰

自笑老夫筋力敗偏戀松巖愛獨遊可嘆
往年至今日任運還同不繫舟
一入雙谿不計春鍊暴黃精幾許斤鑪竈
石鍋頻煑沸土甑久烝氣味珍誰來幽谷
餐仙食獨向雲泉更勿人延齡壽盡招手
石此棲終不出山門
躑躅一羣羊沿山又入谷看人貪竹篴且
遭豺狼逐元不出孳生便將充白腹從頭
喫至尾飽飽無餘肉
銀星釘秤衡綠絲作秤紐買人推向前賣

人推向後不顧他心　怨唯言我好手死去
見閻王背後揷掃帚
閑門私造罪準擬免災殃設他惡部童抄
得報閻王縱不入鑊湯亦須臥鐵床不許
雇人替自作自身當
悠悠塵裏人常樂塵中趣我見塵中人心
多生戀顧何哉戀此流念彼塵中苦
無去無來本湛然不居內外及中間一顆
水晶絕瑕翳光明透滿出人天
少年學書劍叱馭到荊州聞伐匈奴盡婆
娑無處遊歸來尋岩下撩草枕清流壯士
志未絃獅猴騎土牛
三界如轉輪浮生若流水蠢蠢諸品類貪
生不覺死沒看朝垂露能得幾時子
閑入天台洞訪人人不知寒山為伴侶松
下噉靈芝每談今古事嗟見世愚癡箇箇
入地獄那得出頭時
古佛路淒淒愚人到卻迷祇緣前業重所
以不能知欲識無為理心中不掛絲生生
勤苦學必定覩吾師

各有天真佛號之為寶王珠光日夜照玄
妙卒難量青人常兀兀那肯怕災殃唯貪
婬佚業此輩實堪傷
出家求出離哀念苦眾生助佛為揚化令
教選路行何曾解救苦恣意亂縱橫一時
同受溺俱落大深坑
常飲三毒酒昏昏都不知將錢作夢事夢
事成鐵圍以苦欲捨苦捨苦無出期應須
早覺悟覺悟自歸依
雲山疊疊幾千重幽谷路深絕人蹤碧澗
清流多勝境時來鳥語合人心
後來出家子論情入骨癡本來求解脫卻
見受驅馳終朝遊俗舍禮念作威儀博錢
沽酒喫翻成客作兒
若論常快活唯有隱居人林花長似錦四
季色常新或向岩間坐旋瞻丹桂輪雖然
身暢逸卻念世間人
我見出家人總愛喫酒肉此合上天堂卻
沉歸地獄念得兩卷經欺他市鄽俗豈知
鄽俗士大有根性熟

我見頑鈍人燈心拄須彌蟻子齧大樹焉
知氣力微學𢿘兩莖菜言與祖師齊火急
求懺悔從今輙莫迷
君見月光明照燭四天下圓輝掛太虛瑩
淨能蕭洒人道有虧盈我見無衰謝狀似
摩尼珠光明無晝夜
余住無方所磅礴無為理時陟涅槃山或
玩香林寺尋常秖是閑言不干名利東海
變桑田我心誰管你
左手握驪珠右手執慧劒先破無明賊被
珠自吐𩡶傷嗟愚癡人貪愛那生猒一墮
三途間始覺前程險
般若酒泠泠飲多人易醒余住天台山凡
愚那見形常遊深谷洞終不逐時情無思
亦無慮無辱也無榮此下與寒山詩大同小異語意相涉
自從到此天台寺經今早已幾冬春山水
不移人自老見却多少後生人
平生何所憂此世隨緣過日月如逝波光
陰石中火任他天地移我暢巖中坐
嗟見多知漢終日枉用心岐路逞嘍囉欺

謾一切人唯作地獄滓不修來世因忽爾
無常到定知亂紛紛
迢迢山徑峻萬仞險隘危石橋莓苔綠時
見白雲飛瀑布懸如練月影落潭暉更登
華頂上猶待孤鶴期
松月冷颼颼片片雲霞起匼市幾重山縱
目千万里谿潭水澄澄徹底鏡相似可貴
靈臺物七寶莫能比
世有多解人愚癡學閑文不憂當來果唯
知造惡因見佛不解禮覩僧倿生瞋五逆
十惡輩三毒以為鄰死去入地獄未有出
頭辰
人生浮世中箇箇願富貴高堂車馬多一
呼百諾至吞併他田宅準擬承後嗣未逾
七十秋冰銷瓦解去
水浸泥彈丸思量無道理浮漚夢幻身百
年能幾幾不解細思惟將言長不死誅剝
壘千金留將與妻子
雲林最幽棲傍澗枕月谿松拂盤陀石甘
泉涌淒淒靜坐偏佳麗虛巖朦露迷怡然侶恬地日斜掛影低

可笑是林泉數里勿人煙雲從巖起嶂瀑布水潺潺猿啼暢道曲虎嘯滿山間松風清颯颯鳥語聲閑閑獨步繞石澗孤陟上峯巒時坐盤陁石偃仰攀蘿沿遊望城隍處唯聞鬧喧喧

我見世間人箇箇爭意氣一朝忽然死秖得一片地闊四尺長丈二汝若會出來爭意氣我與汝立碑記

家有寒山詩勝汝看經卷書放屛風上時時看一徧

閑自訪高僧青山與白雲東家一稚子西舍衆峯峯五峯聳雲漢碧落水澄澄師指令歸去日下一輪燈

拾得詩卷終

天台山國清禪寺三隱集記

豐干禪師唐正觀初居天台國清寺剪髮齊眉衣布裘人或問佛理止荅隨時二字常唱道乘虎出入衆僧驚畏無誰語有寒山子拾得者亦不知其氏族時謂風狂子獨與師相親寒居止唐興縣西七十里寒岩以是得名拾因師至赤城道側聞兒啼聲問之云孤棄于此乃名拾得攜至寺付庫院後庫僧靈熠令知食堂香燈忽登座與佛像對盤而餐復於聖僧前呼曰小果熠告尊宿等易令厨內滌器常日齋畢澄濾殘食菜滓以筩盛之寒來即負之而去寒容貌枯悴布襦零落以樺皮爲冠曳大木屐時至寺或廊下徐行或厨内執爨或混厠童牧或時叫噪望空慢罵云咄哉咄哉三界輪迴僧以杖逼逐即拊掌大笑一日問師古鏡不磨如何照燭曰冰壺無影像猿猴探水月曰此是不照燭也更請師道曰萬德不將來教我道甚麼寒拾俱作禮師謂寒曰汝與我遊五臺即我同流若

不與我去非我同流曰我不去師曰汝不是我同流寒問汝去五臺作甚麽曰我去禮文殊曰汝不是我同流師尋獨入五臺逢一老翁問莫是文殊否曰豈有二文殊及作禮忽不見後回天台而化寒因衆僧炙茄以茄串打僧背一下僧回首寒持串云是甚麽僧云這風顛漢寒示傍僧曰你道這箇師僧費却多少鹽醬趙州到天台行見牛迹寒曰上坐還識牛麽此是五百羅漢遊山州曰既是羅漢為甚麽作牛去寒曰蒼天蒼天州呵呵大笑寒曰笑作甚麽州曰蒼天蒼天寒曰這小厮兒却有大人之作溈山來寺受戒與拾往松門夾道作虎吼三聲溈無對寒曰自從靈山一別迄至于今還相記麽溈亦無對拾拈拄杖曰老兄喚這箇作甚麽溈又無對寒曰休休不用問他自從別後已三生作國王來總忘却也拾掃地寺主問姓箇甚麽住何處拾置箒叉手而立主罔測寒槌胷曰蒼天蒼天拾問汝作甚麽寒曰豈不見道東

家人死西家助哀因作舞笑哭而出又於莊舍牧牛歌詠叫天曰我有一珠埋在陰中無人別者衆僧說戒拾驅牛至倚門拊掌微笑曰悠悠哉聚頭作相這箇如何僧怒呵云下人風狂破我說戒拾笑曰無瞋即是戒心淨即出家我性與汝合一切法無差驅牛出乃呼前世僧名牛即應聲而過復曰前生不持戒人面而畜心汝今招此咎怨恨於何人佛力雖然大汝辜於佛恩護伽藍神僧厨下食每每為烏所耗拾杖挟之曰汝食不能護安能護伽藍乎神附夢于合寺僧曰拾得打我詰旦說夢一一無差覩神像果有所損驚異牒申郡縣郡謂賢士遯迹菩薩應身號拾得賢士初閭丘胤將牧丹丘頭疾醫莫能愈遇禪師名豐干言自天台來謁使君告之病師曰身居四大病從幻生若欲除之應須淨水索器呪水噀之立愈閭丘異之乞言示此去安危之兆師曰記謁文殊普賢此二菩薩見之不識識之不見若欲見之不得取

相國清寺執爨滌器寒山拾得是也閭丘到任三日至國清問此寺有豐干禪師否寒山拾得復是何人僧道翹對曰豐干舊址在經藏後今関無人矣寒山拾得尚廚僧廚閭丘入師房止見虎迹復問在此作何行業翹曰唯事負舂供僧閑則諷詠入廚尋訪寒拾見於竈前向火拊掌大笑閭丘致拜二人連聲呵叱執手復大笑曰豐干饒舌饒舌彌陀不識禮我何為相攜出松門自此不復入寺閭丘歸郡送淨衣香藥到岩寒高聲喝曰賊賊遂入岩石縫中且曰報汝諸人各各努力石縫忽合後有僧採薪南峯距寺東南二里遇一梵儀持錫入岩挑鎖子骨曰取拾得舍利乃知入滅于此因號岩為拾得閭丘俾道翹尋訪遺跡於林間葉上得寒所書辭頌及村墅人家三百餘首拾亦有詩數十首題石壁間云按舊序二人呵叱自執手大笑閭丘歸郡遣送衣藥與夫挑鎖子骨等語乃知寒山不執閭丘手閭丘未嘗至寒岩拾得亦出寺門二里許入滅今傳燈所錄誤矣因筆及此以俟百世君子淳熙十六年歲次己酉孟春十有九日住山禹穴沙門志南

謹記

錄陸放翁與明老帖

有人兮山陘雲卷兮霞瓔秉芳兮欲寄路漫兮難征心惆悵兮狐疑蹇獨立兮忠貞

此寒山子所作楚辭也今亦在集中妄人竄改附益至不可讀放翁書寄　天封明公或以刻之山中也

婠妠上烏刮切下女刮切小兒肥皃齎將西切巇尺念切礦古猛切售常又切肓切竹及切燹
郜上奧谷切下路子切毹蘇甘切頤將從切瞢莫登切誚才笑切嗤昌夷切啐切倉待切儽
力非切掁直庚切埻蒲沒切鬅蒲蒙切喧古兒切蟄陟立切澁切古末切鏺切蝶諗
詖上盧鈐切下彼寄切諂佞也懸遠切壠切以㨿嵽山嵲上徒結切下五結切並山高皃嶢
上徒卿切下五腰切並山高皃嗷他吊切出皃綫分勿切瀧涷上盧紅切下都紅切紝婆子上士言切舊引
佛經謂西國若樹子根
夜俱若嘴眾生之聚也𥳑行若相磨

比丘可立募眾刊行

慈受深和尚擬寒山詩

慈受叟　懷深　述

寒山拾得迺文殊普賢也有詩三百餘首流布世間莫不丁寧苦口警悟世人種種過失至於幼女艾婦之姿態惡少偷兒之性情斗秤欺瞞是非品藻靡不言之其間稠疊言之者誡殺生也詩云寄語食肉輩食時無逗留今生過去種未來今日修秪取今日美不慮來生憂老鼠入飰瓮雖飽難出頭又云人與死猪肉猪與死人腸猪不道人臭人反道猪香猪死拋水裏人死掘地藏彼此莫相食蓮花生沸湯嗚呼聖人出現混迹塵中身為貧士歌笑清狂小偈長詩書石題壁欲其易曉而深誡也經云若不去殺斷一切慈悲種慈悲者仁也余因老病結茅洞庭終日無事或水邊林下坐石攀條歌寒山詩哦拾得偈適與意會遂擬其體成一百四十八首雖言語拙惡之於文彩庶廣先聖慈悲之意建炎四年二月望日序

我愛寒山子身貧心自如吟詩無韻度燒
火有工夫弊垢衣幮洗鬅鬙髮懶梳相逢
但長嘯肉眼豈知渠
拾得詩清苦風騷道自存看雲欹怪石步
月出松門識取心中佛休磨鏡上痕時時
多漏泄塵世少知恩
寒山三百篇言淡而有味論心無隱情警
世多逆耳下士聞之嗔上士讀之喜翻笑
老閭丘對面如千里
吾詩少風騷急欲治人病譬如萬靈丸服
者無不應良藥多苦口忠言須逆聽勸君
勉強服生死殊不定
佛以真實口說法無處謬人天常誦持龍
神知護祐施食放生命決定報長壽過酒
與僧尼後世必無手
在家聞見熟意謂合食肉一蟻不忍殺何
況烹六畜願君青眼開試將黃卷讀要聞
知見香熏汝腥羶腹
世上多殺生遂有刀兵劫負命殺汝身欠
財焚汝宅離散汝妻子曾破他巢穴影響

各相似洗耳聽佛說
偶然家計富享用便過度猪獸思食羊魚
獸思食兔朝昏但醉飽錐刀圖積聚不畋
鶉在穴[illegible]井此理早須悟
何曾食萬錢顏子飲一瓢賢者心念道愚
人志在庖賢愚趣不同何啻雲泥遙豢養
恐非福可信如昭昭
世間一等人諂事諸神鬼殺命欲邀福皇
天無此理種蘇不生禾身曲影難直孔子
有箴誡可信如金石
人生平為福有餘返為害莊周獨理明可
作貪者戒富漢喜食肉貧家多喫菜喫菜
比食肉且無身後債
漁者不能獵獵者不能漁楞伽經云為利故殺生以錢網諸肉二俱為殺生死墮號呌獄貴人錢為網水陸皆可圖
畜生肉嘗遍諸佛心轉疎黃泉途路滑失
脚恐難扶
富人聚族多魚肉論秤買腥羶衆口分朶
業一身載既失慈悲心恣情為殺害忽然
死到來去還畜生債

祝壽作生日親朋互相慶未燒一爐香且殺百箇命奴僕各醉飽歌舞亂觀聽如此望長年為汝慚諸聖

日食半斤肉十年一百秤且限六十年不知幾箇命肉堆高如山業坑深似井前路黑漫漫勸君宜猛省

有酒方開顏無肉不舉筯顛倒自戕賊擬將血肉補棄却囊中金反收路傍土不見富貴家未死神先去

人生稍富足著意營口腹買魚尋鱖魚買肉要羊肉諦觀異類身無非親眷屬正當舉筯時仁人宜自燭

忽聞賊殺人吞聲眉已皺不知盃中羹甘肥自何有汝身既怕死物命亦愛壽彼此莫相殺且要無身後

忍人喜啖膾砧几膏血灑想見臯痛時正似人遭咼咀嚼稱珍奇惻隱略無也影響恐非遥不在九泉下

肉食未必珍蔬食未必惡若知妄想根始笑舌頭錯此身喻行厠臭穢相句絡打破飯袋子光明常爍爍

豬狗喫人糞人喫豬狗肉臭穢都不知熏蒸境界熟身口既不淨諸天多努目自新宜早為況是光陰速

買肉須要肥買魚須要活買酒須要美買田須要闊買婢須要俏買奴須要黠若教買香燒一毛不肯拔

美食意生貪麄食心起怒喃喃嗜飽蒲珠不知來處人生一飯間貪嗔癡悉具智者善思惟莫為餔啜俱

人生貴無求樂善而知足安步以當車晚食以當肉藜羹傲鼎食草茵欺綉褥須知高明家鬼神瞰其屋

有箇聰明漢家中五慾全喫得肉已飽來尋僧説禪心口自違背佛祖望齊肩不知有底急平白要瞞天

吟笑富家翁營生忙似鑽囤裏米生虫庫中錢爛貫白日把秤稱夜間點燈筭形骸如傀儡莫教麻線斷

一翁生七兒各房納一婦親賓常有歡携

鶉殺無數不覺子孫生婚嫁未曾住閑門
造婬殺也好思量取
福輕似鴻毛禍重如厚地避禍而修福百
中無一二黃雀死彈丸錦鱗喪香餌箴誡
甚分明願君宜早計
大富長者家具足諸煩惱福多作業多福
少作業少爭如貧道人一衮一紙襖也不
怕死生也不憂賊盜
我口常喫菜你腹常飽肉看你肥如瓠
我瘦如竹我瘦且無冤汝肥恐非福斯言

雖逆耳請君徐徐讀
好生惡死心人畜無差別刀砧纔見前愁
苦不容說鶉詩頗哀鳴梁元帝太師嘗食鶉子羹庖人常養之於籠日取烹之一夕夢鵪鶉飛至座前乃作人語具道識殺意遂賦詩一首以乞命云食君數粒粟作君羹內肉一羹九纓命下餚稍不足勸君慎勿食禍福相反覆豪公遂徹鶉羹一味不悟詩中之意牛拜彌慘切梁孝元帝在江州時有人為望蔡縣令經劉敬躬亂縣廨舍被焚寄寺而住民將牛酒作禮縣令以牛繫設屏除像設鋪陳牀座於堂上接賓客未殺之頃牛解徑來音下而拜令大笑令左右殺之飲啖醉飽便臥簷下及醒即覺體癢爬搔隱疹因成癩十許年方死出顏氏家訓亦載太平廣記
嗟吁人不悟一至身殂滅

刀上有少蜜小兒爭欲舐花底藏毒蛇老
翁不瞥地割舌與傷身皆從貪愛起世上
聰明人往往皆如是
有人好臧否信口亂比況張三小有才李
四大無當終日品藻人不知是虛誑自己
一靈物抛在糞堆上
人生萍託水流轉諸愛河鼓激無明風出
入生死波一念若知歇諸魔必倒戈急須
登覺岸勸子莫蹉跎
肥魚死砧机過在貪香餌蚌蛤不吞鉤亦

遭人所嗜有身則有苦無身則無累跳出
業波瀾始到安樂地
人生貪愛重所欲未嘗周一飯飽足矣萬
鍾心未休黑業埋頭做紅裙判命求鬢毛
已侵雪猶自不知羞
一朝失一朝一瞬老一瞬去生漸漸遠去
死漸漸近願君倒指數光陰有幾寸驀被
死魔牽前頭多悶悶
黃犬被人殺哀號告訴人汝不辨犬語犬
必怨汝身惡根今日種苦果異時新酬償

恐未已早以戒昏熏
黄犬見人喜未喚先掉尾長年護汝家深
夜不敢睡無罪忽見烹此理恐未是細推
犬有功却歎人無義
因果耳不聞說話多差錯畜生若不殺世
上無更着此語乃魔語謗人入鼎鑊不知
羊與人互換相酬酢
今生你殺羊後世羊殺你兩角還兩角一
尾償一尾假使百千劫影響無差理見你
氣崢嶸無人敢啓齒

君看砧上魚忍痛不能語身雖遭斬斫心
猶念男女人既有妻兒魚豈無子母君懷
這箇心如何可下筯
貴人惜性命奉養欲長生空心鹿茸酒補
氣腰子羹湯藥不離口畢濕豈敢行饒君
善將理難與死魔爭
人生貴無業不貴多伎能伎能人看好業
能災汝形文章妙天下氣宇吞滄溟此身
若一失六趣且飄零
猪羊養一群鷄鵝不知數準擬賓客來旋

殺供盤筯烹羊猪已驚劊鷄鵝已懼從頭
喫至尾不知何以故
嗟乎崔道紀酒狂啖龍子天網信不漏響
應若彈指既失黑頭相便作黄泉鬼矜君
學仲尼曾無子產志唐前進士崔道紀為人狂卒喜談莊老及第後遊江淮閒遇酒醉甚或于客館中没水有一魚随捕而上僕者異之以告道紀乃喜曰魚羹能醒酒可速烹之既食良久有黄衣使者自天而下立於庭中連呼道紀道紀使人執捉宣勅罷曰崔道紀下土小民敢殺龍子宮合至宰相壽合至七十並除言訖昇天而去夜道紀暴卒時年三十五出異聞記
貧民餓欲倒富漢米不糶米爛化為虫猶

嫌價利小價利更若高溝壑皆餓殍人生
萌此心鬼神暗竊笑
世人無智慧區區營口體啜茶伯損脾食
蔬恐耗氣二毛今半百千金買一醉筭來
賒是癡嗟君開眼睡
老翁急營生貪饕不可化一載已入土百
事放不下經卷無暇看數珠未曾把死去
見閻王必定遭唾罵
貧賤關前業休嗟命未亨田園不種樹花
果何由生升沉兩條路看你如何行願君

牢着脚前面有深坑

人生如春花能得幾時好朝吹與暮洗朱顔變枯槁花落有時生人老不復少萬事只今休莫惹閑煩惱

富漢欺貧漢南隣瞞北隣斗秤有兩様言語無一真大秤買他物小斗糶與人眼下得便宜暗中多鬼神

人生重道德不重多金銀金銀潤汝屋道德光汝身金銀生盜賊道德息貪嗔尋思富漢子不如貧道人

徤啖衆生肉癡心要作過白髮五六十紅裙七八箇歌舞中笑談錦繡中坐臥苦海前頭深莫教船子破

天高聽甚卑神幽察甚厚（神幽即陰司也）埋蚕蚕變尸燒蟻蟻成漏呵吹一氣間冷暖各成就惡從汝心生還從汝心受（蜀郡大慈寺僧脩準雖云齋戒性甚漏躁庭前植竹多蟻緣欄檻準怒伐去竹盡取蟻子棄灰火中準後患齋瘡遍於頭面不勝其痛苦醫者云蟻漏竟終此病出微誠錄唐咸通庚寅歲洛師大飢穀價騰貴民有菜色至蚕月桑爲虫食葉甚貴有村民王公直有桑百餘株與妻謀曰蚕尚未知有得失以我計者莫若棄蚕乘貴賣葉可獲錢百千而蓄一月之糧則接麥矣妻曰善即携鍬掘地卷蚕數箔埋焉明日夌晨荷葉鬻得錢數千買肉餅餌以歸至徽安門門吏見囊中滴血既摟之得人左臂若新斬者遂送至所司考之其款云某埋蚕賣葉買肉以歸實不殺人監令就發其坑果得一死人關其左臂府尹曰王公直款無殺人之辜且有埋蚕之咎法亦可怒情罪難容況蚕天地靈虫綿帛爲本敢加剿絶與殺人同當寘嚴刑遂命於市殺之王公直既死冊驗埋蚕皆爲齎虫出三水水犢記）

池中養却魚岸上養却鴨瘦者餵教肥肥者便要殺不思身債重只要口甘滑臘月三十日看你成恓怛

世上聰明人必欲聞其過不知是業牽却云合恁麼因果鏡中容容豈非是我陰報最分明不論官職大

口如無底谷餔啖何時足力未能長蔬心且戒四肉（四肉者自殺見殺聞殺或至親舊之家事爲我殺）腥羶念有間慈悲種漸熟人生彈指間少恣無明腹

世人黠是癡忘身多爲口拚命喫河魨忍臭餐石首年年江浙間藥殺十八九自云直一死佛亦不可救

自能持不殺隨處多放生如人犯刑憲墮

落枷鑊坑忽然身得脫驚喜且悲鳴含生皆怕死何欲苦相烹

前世殺害多今報夭折苦方矜面如花已見身歸土哭倒白頭親怨殺朱唇婦因果鏡中形毫髮無差悮

人間官法中畜生殺無罪朝烹與暮割恬然不知悔世法雖不理冤債何時已不見遂安公五犬逼而死（唐交州遂安公李壽好獵殺鄰家犬餵鷹公因疾見五犬索命公曰殺你者奴之過也非我罪也犬曰奴豈得自由是你使之我等既不盜你之食自於門首過奴殺我終不休也公請罪請為追福四犬許之一白犬曰既無罪殺我我氣未絕生割我肉臠臠苦痛吾思此毒何可放也有頃少選遂患偏風支體不遂雖為犬追福公竟疾不差出冥報記）

前世食肉多今報疾病苦針艾遍支體呻吟徹朝暮良醫雖有術夙業豈能去願君祈懺摩剋心聽佛語

守口要如缾語言當自保多知多是非少出少煩惱東平樂為善（東平王蒼顯宗弟顯宗問御在家以何事最樂蒼云為善最樂帝歎之）司馬只稱好（後漢司馬徽口不談人之短與人語無問好惡皆言好有人問安否答曰好有人自陳子死答曰好妻責之曰人以君有德故問何故聞人子死亦言好徽曰卿言亦大好也）相逢但寒溫萬事皆默了

浮生類俳優但可付一笑做人復做馬驢飯今與草當貴變貧窮醜陋都美好不識主人公去來三惡道

人云我聰明識盡天下理逐日弄精魂長年鑽故紙自家一箇心殊不知落地及乎死到來看你無巴鼻

世人怕說死說着死便諱及期死到來老眼光垂淚戀妻復戀兒見神并見鬼不入祖師門癡迷直到底

六十休造屋七十莫置花縱然得受用能得幾多時身心要早歇準擬與死期正如人遠出預辦者便宜

野鹿貪青草忽中獵師箭老鼠翻飯盆已落狸奴便禍從貪上起苦自愛中現貪愛若不生災害自然遠

道力與福力平時似亂真福力有盛衰道力無富貧人生不學道只種輪迴因君看天福盡蒲眼生埃塵

不貪以為寶日用無欠少一裘聊禦寒百

味無過飽堪嗟塵世人經營長擾擾衣底
摩尼珠光明都昧了
善惡生汝心汝心宜早哉鵝烹語告人狗
死寃猶泣警誡甚分明愚耳終不入苦果
一朝熟恐君悔不及唐何澤者容州人嘗攝四會縣令性豪横唯以飲啖爲事尤嗜鵞鄉胥里正常令供細日加烹殺只有一子形貌秀整愛憐特甚嘗一日烹鵞變湯以待沸鵞忽依人語曰我四回爲鵞皆遭知縣殺之向如更延我數月之命庖人驚許以告澤澤親問之鵞亦如前語澤曰只此一回後次不務沒也遂烹之其子似有鬼物裸置鑊中舉家驚仕就出之則與鵞俱爛臭出勸善録唐貞觀間盩厔鄭縣界有果數者每有客來必置犬以設餧衛士家有十犬前後買盡其最後一犬煮未熟果殺對客坐遂聞婦人哭聲意疑其事向家看之不見哭至廳前再見妻不哭如此者數四後再向家即聞哭聲於門外若門外即聞哭声在門内其客大驚坐不安席仍聞哭聲云男女生十箇盡被果殺哀盡皇天厚地豈不憫我客聞之數遍了了分明果報因此得病苦痛累月而終長安共傳出法苑珠林
老翁死却兒晝夜搥胷哭痛心徹骨髓叫
云我孤獨何不返思量恣啖豬羊肉羊豈
不思兒猶亦有眷屬
惡人罵善人善人揔不對善人若還罵彼
此無智慧不對心清凉罵者口熱沸正如
人唾天還從己身墜

莫憂家未富家富鬼神惡莫憂官未穹官
穹朝市妬多求災禍根知足安樂處君看
權勢家晝夜如騎虎
一日日知衰一年年覺老唯有貪愛心頑
然如壯少臨行念子孫垂死顧財寶世間
此等人可哀不可吊
衆生方寸間貪量如海闊保持一箇身擬
作千年活金玉已滿堂更欲相攙奪至死
少一官令人冷笑發
小人妬君子百計求全毀自已醜惡聲不
知滿人耳譬如蜣蜋蟲輥臭爲香美却笑
鸞與鳳不與已爲類
人身如假借其勢豈能久涅槃經云人身如假借物豈能久歐
鏡中兒時面轉眄成老醜安得開日月
與人鬪棊酒不能求放心處處隨物走
人身有一疾呻吟徹眠夢買藥與呼醫告
佛仍設供諸佛雖不語愍汝顛倒重殺羊
食其心何不念他痛法進禪師開皇中蜀王臨益州以妃患心痛命醫方士符呪無効乃請進進辭曰某住山今八十歲與木石等願報大王不及出也王再三請進堅不行王遂怒欲斬之既見進王不竟身顫汗下遂同心曰妃病

心痛日夕呻吟誠不忍聞願師慈悲救此苦進曰大王每日殺羊食心豈不[illegible]一切衆生皆是佛子何因此虵生此徧愛王懺悔謝進曰請王先行進隨入虵一見師汗流因你便愈土與虵見師足離地四五寸出高僧傳

世人無慈悲恣情爲殺害喫肉如大蟲唯誇牙齒快不念衆生苦餳我箇皮袋皮袋暫時肥須臾却敗壞

丗事多不平平者唯有死死若更不平貧漢何時已朱樓高挿雲金帶光照地無常一日來閻王誰管你

若以諍止諍其諍轉不已唯忍能止諍是法中尊貴不見老瞿曇妙相三十二魔軍刀劍來只以無心對

富甚足憂煩貧甚多飢餓要於貧富間知足隨緣過人生不知足貪財是貪禍黑暗功德天尋常一處坐

嗔火焚和氣令人相貌惡脩羅纔現前菩薩都走却養就三毒軀恣爲五慾樂智者善思惟早服慈悲藥

心王不自明便被六賊擾見色巳昏迷聞香即顛倒功德與法財盡底遭刼了只因無慧力貧窮三惡道

世人皮底黥肚裏沒頭癡只取眼前樂不憂身後非眼前樂不久身後苦多時願君早爲計後悔恐難追

求名趨於朝求利入於市古今朝市間相爭如鼎沸不如歸山林指磨自心地心地若分明名利如唾涕

人身苟無業生死何足疑生也不須戀死亦不須悲一身真逆旅萬事皆兒嬉請來綠巖畔與君歌紫芝

因果如影響毫髮無差錯喫炙僧腸穿有人逐羊奔寺比丘遂指示之乃殺以炙喫比丘食只炙遍於皮下走穿腹而卒出辨正錄指能熊臂落有樵夫入山值大雪極寒有熊似知人意遂引入窟至雪霽樵夫下山見獵人乃指示其熊窟處擧手指之即時臂落出經異相論獸面心有仁人面心有惡天地終不容立見身消爍

靜看營巢燕銜泥日千轉一樓貧家梁一宿王者殿寄托暫時間何暇分貴賤人生達此理沒齒無欣怨

貴人何所憂所憂唯是老既老何所憂憂

見無常到逢人問方術閑門弄舟竈此心
若不歇至死亦顛倒
可畏是輪廻念念無停住纔見出頭來又
見翻然去換面與吹頭爲男或作女不識
主人翁來去多辛苦
蚕忙貪作繭蜂忙貪作蜜繭成自已寒蜜
就別人食世上憂家翁辛苦無暫息也似
二虫癡於身無所得
三四小孩兒爭拈百草嬉懷中有梨栗衣
上汙塵泥也似年高者貪迷聲色時世間

無老少總是一般癡
貪嗔沒鑊湯愚癡沒地獄劍樹及刀山沒
心皆具足要以智慧水洗此無明毒凡聖
路無多正如手翻覆
譬如臨明鏡面目各相對好者黙自欣醜
者黙自媿唯鏡兩無情光明常一體若人
心似鏡成佛在彈指
厚葬非孝心死者必遭辱君看離亂時何
墓不伐斸黃金衆賊分白日孤鬼哭最愛
老莊周天地爲棺木

屋可蔽風雨何苦鬬華麗堯舜乃聖君光
宅天下被茅茨未嘗剪土階亦不砌不知
爾何人鱗鱗居大第
出家要省緣省緣易入道如何無事人攖
攪閑煩惱奔走富貴門莊嚴旁舍好不知
被物使區區真到老
傷嗟富貴家殺害無虛日食羊割𦚢膀（京師之笄旁殺羊方取乳一二片貴人多食之爲近也）烙鱉呼卒律（以熱尖箭活刺鱉身內在筋上呼爲鱉卒律其人因病有小鱉無數自鬬中出累年方死）
物有千般痛汝無一念恤福力忽然終黃

連猶是蜜
浮生七十歲二萬五千日睡眠與疾病光
陰強半失火急便回頭寸陰誠可惜嗟吁
世上人班白猶放逸
世上貪饕漢因財日夜煎天公借與汝看
守七十年譬如良田穀春種秋方圓不見
張車子生來便有錢（昔人貧日告上天以求富盛遂感天帝見之令借張車子錢十萬貫與之待十年却還後至十年其人欲移居以避天帝遣錢之語以車數十乘載其所畜至中路僕夫姓張妻在車下生子小字日車子車子既生生計日盛其人遂家）

有福莫享盡福盡身貧窮有勢莫使盡勢盡冤相逢福兮常自惜勢兮常自恭人生驕與侈有始多無終

自料七十歲可期不可期況今五六十形骸日漸衰正如春暮後青多紅少時去往呼吸間佛言真不欺

我者被人罵佯聾不分說譬如火燒空不救自然滅嗔火亦如是有物遭他奪我心等虛空聽你皷唇舌

四大是假合何況四大外假者是色身外者是財賄可憐世上人說與終不會相爭一文錢費却多少氣

人生被愛使奔走如奴僕愛官被官牽愛財被財畜晝夜不曾閑身心無暫足佛云恩愛奴斯言真可録

世人多放逸極力事侈靡樂極悲哀來福盡貧窮至天福尚有盡世福豈無巳人多議論乖享得是我底

在人貪積財受盡種種苦求時多辛勤守時足憂怖散時哭不休死時戀不去輪迴六趣中只因爲物悞（涅槃經云衆生於財色四種怖四種者王賊水火也）

有恩念念報報則合天道有冤念念解解則無煩惱一身類浮雲百年同過鳥若以冤報冤萬刼無由了

名湯并利火古今燒殺人只貪炙手熱應笑甑生塵虎口都忘嶮龍鱗不怕嗔利名心未足衰老已及身

可憐一等人不善又不惡一邊說參禪一邊取娛樂貴得生死間都不受寂寞此云癡種子要覓揚州鶴

人如食蘗蟲通身總是苦喫苦尚不休抵死鑽頭做古人知此味念念求退步樂道山林間榮枯誰管汝

有求皆是苦衆生須要求因名忘性命爲利起戈矛不足無時足知休直下休死生呼吸至無人替汝愁

在上聰明公癡心自蔽蒙步步常行有口口只說空既空無嗜慾既空無窮通因何臨財色身心如轉蓬

衆生黠是癡積惡望無過譬如顛倒人尋
覓無熱火火則決定熱惡則必招禍勸君
愼所積（傳云善不積無以成名惡不積無以滅身）有花終結果
一念染心生撞入胞胎去父精與母血妄
認爲住處種子既不淨臭氣相薰污業風
吹出來萬苦從頭做
出家要清閑却被人使喚門徒數百家追
陪日忙亂施利得十千人情費七貫彼此
沒便宜他年難打筭
更有一般僧因果殊不顧心裏似暑沽口

中呵佛祖心口不相應佛祖豈容侮孜子
與趙州肯踏名利路
池中一土墩（又名魚千里俗呼遯鮒臺）魚日遠墪轉人
觀咫尺間魚謂千里遠正如躁進人分寸
變眉面要在張三前還落李四便
勸君莫嗜酒嗜酒多過咎不唯損汝福亦
乃夭汝壽獨飲醉一夫共飯飽十口（諺云一醉之資可飽十口）
人生福幾何飢貧恐在後
世間一等漢做盡百家冤雠刀爭利祿尺
寸竟田園在上若無死塵中應更喧勸君

衣帶上分明書此言
僧家乃野人何苦事迎逐佛法變人情真
實成虛假不見老趙州禪床猶懶下但願
大王知誰管都衙罵
區區求富貴求得一何用前遮并後擁假
合成臧弄正如夢内柯妄認位貌重忽然
睡眼醒始笑乾陪奉
勸汝諦觀身此身真可惡上下九箇孔臭
穢常流注内外四條蛇輕躁不停住奢者
善恩惟莫被皮囊悞

女色多瞞人人惑總不見龍麝暗薰衣脂
粉厚塗面人呼爲牡丹佛說是花箭射人
入骨髓死而不知怨
人生如下棊機巧未嘗已劫劫只圖生忙
忙惟怕死路頭既錯了心眼亦虛棄不薦
這一着對面若千里
白日閙喧喧夜間靜悄悄夜間與白日且
道誰欠少飢時覓飯喫困便尋床倒不省
這箇意區區直到老
往事莫追尋未來莫希望見在休執着自

然心坦蕩有心終不堪無念以為上君看
太虛空何嘗有遮障
莫嫌門戶小轉富轉心勞夜怕奸偷至時
防風火燒名高招謗重財積致讒饒外物
多為累令人思許巢
麝為香而死龜以靈故焦既為世所用憂
患無門逃名高謗之本財聚禍之苗三怨
粗能免世無孫叔敖
日暮片雲愁邊廷戰未休萬人齊拚命一
將獨封侯孫武子兵法田將軍火牛筭來

成底事揔是百冤頭
合嗔不須嗔合喜不須喜喜時風自吹嗔
時火自熾風火非外來皆從自心起不見
四禪天三災都不至
不栽一株桑不種一粒粟口體每輕肥倉
庫常滿足蓬門漏不蔽你居大華屋常懷
知愧心少慾無明慾
一鼠變蝙蝠群鼠相慶賀飛鳴覺身輕自
喜脫猫禍日中不見物夜裏長忍餓不如
做鼠時窟裏飽眠卧

貪窮難作福富貴易造罪有力無道心有
心無財賄有福有道心百中無一二不見
老瞿曇福慧二嚴美
佛為大醫王留經治衆病衆生雖讀經展
轉不相應病是貪嗔癡掃除愛淨盡貪嗔
癡不除無緣了真性
貪夫如撲滿（俗呼為藏錢）不慮滿時禍未盈猶
可存已滿終歸破君看石齊奴不義畜財
貨喫劍為綠珠至死不知過
奸漢瞞淳漢淳漢戀不知奸漢作驢子却

被淳漢騎當時誇好手今日落便宜圖他
些子利披却畜生皮
君看轉輪王七寶光中坐一朝福力盡頭
上花冠破正如箭射空勢盡還退墮升沉
無數刼只因迷著箇
不必揚人惡切忌伐己善行人口似碑好
醜悉皆見祿厚恐禍生言深慮交淺不如
省事休彼此無欣怨
君看草頭露日出還消去也似世間人闇
浮暫時住愚人尚不知紛爭求貴富只應

明眼人未能笑得汝
人生不滿百常懷千歲憂猶嫌金玉少更
爲子孫求白日曉還黑綠楊春復秋無過
富與貴不柰水東流
入寺設僧齋先且問客食一味不可口蒲
座皆啾唧回顧憍陳如鉢盂未嘗濕恁麼
說齋僧有名而無實
辛苦置田園歲收五千斛死了付兒孫兒
孫享其福忌辰飰十僧紙錢燒一束人生
爲子孫所得何纖粟

一年五千斛十年計五萬不知十年間所
作何事辦羞珍天物多也好自思算福若
不消磨除君是鐵漢
人人要便宜箇箇覓小利所爭能幾何失
卻大人體饒人福自來瞞人禍自至此理
甚分明尚猶不瞥地
傳大士種瓜瓜熟人偷竊以籃投園中與
偷便提挈偷兒感此情再拜心服悅無爭
與莫爭盡向慈門攝
慈受和尚誡殺偈十首

利刀活斫當腰斷前脚猶能跳躑行看著
衆生如是苦異時果報不多爭
蝦蟆蚵蚾形模醜咂笑爭蛆臭穢多說卻
娘生清淨口只應笑倒老維摩
蜆子師螺街市食小人咀嚼遶臺盤近來
豪貴尊榮者嗜好成風總一般
吳人信向更無加可惜時中善願差手招
數珠忙念佛一邊叫喚買魚蝦
聞說刀兵已皺眉貪生畏死是人知如何
不恤他身苦斬斫烹炮無猒時

大施主金劝金兩主
施主斷俗寺住持戒澄
禪伯雄暹
智海　德云
戒道　淳玉
惠暹　信灯
信暉
竹連
校證山衲智熙
幹善山人定菴
梅軒

余昔庚午秋自關東行脚至金剛山之正陽菴得斯集於隱溪禪翁如對聖賢欽詠不斁足見三聖人風彩正如清風明月之照一天雖片言半句照人耳目銷鎔鄙悋鑠昏蒙頓獲清涼於熱惱之中可謂救世醫王家上靈丹也慈受叟賡歌於其後推衍三聖人愍物之心而諄諄之慈益深且切使頑懦之儔感發良心所謂將此深心奉塵刹是則名為報佛恩余既得之不可私秘亦因隱溪禪宿之獎命工鋟梓以壽其傳所冀諸上善人偕嘗法藥辨惑疼痾革凡成聖上致一人於堯舜之上下招三有於安養之中至盡未來法輪常轉者矣時甲戌秋七月有吉誰月軒人玉峰謹跋

寒山拾得詩一卷載諸讀書敏求記此從宋
刻摹寫余向收一精鈔本似與遵王所藏
本類當亦宋刻摹寫者也惜首尾略有殘
闕耳後五柳主人自都中寄一本示余楮
墨古雅甚為可愛細視之乃係外洋版
刻惜通體覆背俱用字紙殊不耐觀頃
命工重裝知有失去半葉者共四處以洋
本補之復取向所收者核其文理始信〻本
互異詩之序次有先後分七言于五言之
外洋版所獨此拾得詩雲林最幽棲一首
內日斜掛影低句精抄本日字下俱缺此外
皆不可考矣故兹所失四半葉無從補全而
二本版心彼題寒山子詩此題三隱後又云
深詩本不相類也惜遵王所記但云傳世絕
少豈知宋刻摹寫之外尚有他刻流傳于
世耶此刻似係洋版然寒山詩後有一條云
杭州錢塘門裏車橋南大街郭宅□鋪印行
則又不知此刻〻果為何地本矣俟與藏書
家諗〻
嘉慶丁卯春三月二十有五日復翁黄丕烈識

李太白文集

提要

《李太白文集》三十卷，唐李白撰，宋敏求編，曾鞏編次，日本靜嘉堂文庫藏宋蜀刻大字本。每半葉十一行，左右雙邊，單魚尾，白口。宋治平元年（一〇六四年），宋敏求得王溥家藏李白詩集上下二帖，發現其中有樂史編《李翰林集》闕者一百零四篇。熙甯元年（一〇六八年），又得唐魏萬所編《李翰林集》二卷，其中有樂史本闕者四十四篇。又搜集唐類詩諸編、刻石所傳、別集所載得七十七篇，加上樂史本原有的七百七十六篇，合計一千零一篇。他以樂史本為基礎，『沿舊目而厘正其匯次，使各相從。以《別集》附於後，凡賦表序碑頌記銘贊文六十五篇，合為三十卷』。（宋敏求《李太白文集後序》）宋敏求既以類廣李白詩，而未考次其作之先後，後來曾鞏得其書，『乃考其先後而次第之』。（曾鞏《李太白文集後序》）元豐三年（一〇八〇年），蘇州太守晏知止將此書交毛漸校正刊行，世稱蘇本。北宋年間，又有據蘇本翻刻的蜀本。蘇本今不傳。

李太白文集目錄

第一卷

第二卷

第三卷

第四卷

東海有勇婦　黄葛篇

第五卷

歌詩五十六首 樂府三

白馬篇　鳳笙篇
怨歌行　塞下曲六首
來日大難　塞上曲
王階怨　襄陽曲
大堤曲　宮中行樂詞
清平調詞　鼓吹入朝曲
秦女休行　秦女卷衣
東武吟　邯鄲才人嫁爲廝養卒婦

出自薊北門行　洛陽陌
北上行　短歌行
空城雀　發白馬
陌上桑　枯魚過河泣
丁都護歌　相逢行
千里思　樹中草
君馬黄　擬古
折楊柳　鳳凰曲
少年子　紫騮馬
少年行　白鼻騧
豫章行　沐浴子

第六卷

歌詩三十三首 樂府四

高句驪　靜夜思
淥水曲　鳳臺曲
猛虎行　從軍行
秋思　春思
秋思　子夜吳歌四首
春　夏
秋　冬
對酒　估客樂
少年行　擣衣篇

去婦詞　長歌行
長相思　襄陽歌
南都行　江上吟
侍從宜春苑奉詔賦歌
王壺吟　笑歌行
悲歌行　幽歌行
雲臺歌　元丹丘歌
豪士歌　燭照山水壁畫歌
白毫子歌

第七卷

歌詩六十八首 歌吟下

梁園吟　鳴臯歌
鳴臯歌餞從翁清　僧伽歌
白雲歌　金陵歌
勞勞亭歌　横江詞
西樓月下吟　東山吟
秋浦歌　粉圖山水歌
永王東巡歌　上皇西巡南京歌
峨眉山月歌　峨眉山月歌送蜀僧
赤壁歌　江夏行
懷仙歌　王眞仙人詞
清溪行　五雲裘歌

臨路歌　壯士勸將軍名思齊歌
草書歌行　古意
山鷓鴣詞　和通塘曲

第八卷

歌詩四十一首　贈一

贈孟浩然　贈從兄浩
贈張公　淮海對雪
贈徐安宜　贈任城簿
早秋贈裴十七　贈范金鄉
贈王少府　東魯見狄博通
見京兆韋參軍　贈周處士

王眞公主別館苦雨　贈韋祕書
贈韋侍御　贈薛校書
贈何七判官　讀諸葛武侯傳書懷
贈郭將軍　駕去温泉宮後贈楊山人
温泉侍從歸逢故人　贈裴十四
贈崔侍御　上李邕
述德兼陳情　雪讒贈友人　四言
贈參寥子　贈張司戶
贈清漳明府姪　贈臨洛縣令
贈郭季鷹　贈王大勸入山隱居
贈王司士　贈盧徵君

贈新平少年　贈崔侍御
贈獨孤駙馬

第九卷

歌詩三十四首　贈二

贈焦鍊師　贈陽僧君
秋日鑷白髮贈元六兄
書情贈蔡舍人　憶舊遊贈馬少府
對雪獻從兄　訪道安陵遇蓋寰
雜言用投丹陽知己　贈崔郎中
贈崔諮議　贈昇州王使君
贈別從甥高五　贈裴司馬

第十卷

歌詩二十九首 贈三

第十一卷

歌詩三十二首 贈四

寄上

第十二卷

歌詩四十首　寄下

第十三卷

歌詩三十六首

別

第十四卷

歌詩三十五首

送上

第十五卷

歌詩四十八首

送中

第十六卷

歌詩三十八首

送下

酬答上

第十七卷

歌詩三十首

酬答下

遊宴上

尋魯城北范居士失道
魯東門汎舟　秋獵孟諸夜歸東樓觀妓
遊太上　秋夜汎宴喜亭池
携妓登梁王棲霞山　觀魚潭

第十八卷

歌詩四十首

遊宴下

與從姪遊天竺寺　同友人遊台越
下終南山　朝下過盧郎中
侍從遊宿温泉　南亭觀妓
春遊羅敷潭　春陪裴使君遊石娥溪

陪從祖汎鵲山湖　春日陪諸官宴北湖
宴鄭參卿山池　遊謝氏山亭
把酒問月　同族姪遊昌禪師山池
金陵鳳凰臺置酒　秋浦雪夜對酒
與周剛王鏡潭宴別　遊秋浦白笴陂
宴陶家亭子　韋司馬樓船觀妓
流夜郎至江夏宴興德寺南閣
汎沔州城南郎官湖　陪侍郎叔遊洞庭醉後
夜汎洞庭尋裴侍御清酌
陪族叔及賈舍人遊洞庭
宴楊執戟治樓　銅官山醉後絶句

遊五松山　宣城青溪
遊涇川陵巖寺　遊水西
九日登山　九日
〻日龍山嶺　九月十日即事
陪族叔遊化城寺

第十九卷

歌詩三十六首

登覽

登錦城散花樓　登峨眉山
大庭庫　登單父半月臺
天台曉望　早望海霞邊

焦香山望松寥山　杜陵絶句
登太白峯　登邯鄲洪波臺
登廣武古戰場　登新平樓
謁老君廟　秋日登揚州西靈塔
登金陵冶城西北謝安墩
登瓦官閣　登梅岡望金陵
登金陵鳳皇臺　望廬山瀑布
望廬山五老峯　江上望皖公山
望黄鶴樓　鸚鵡洲
九日登巴陵置酒望洞庭水草
秋登巴陵望洞庭　登岳陽樓

第二十卷

歌詩六十一首

行役

懷古

姑熟十詠

第二十一卷

歌詩四十七首

閑適

第二十四卷

歌詩六十二首

李目　卅九

李太白文集目錄卷終

李目　卌

李太白文集卷第一

草堂集序　宣州當塗縣令李陽冰

李白字太白隴西成紀人涼武昭王暠九世孫蟬聯珪組世爲顯著中葉非罪謫居條支易姓爲名然自窮蟬至舜七世爲庶累世不大曜亦可歎焉神龍之始逃歸于蜀復指李樹而生伯陽驚姜之夕長庚入夢故生而名白以太白字之世稱太白之精得之矣不讀非聖之書恥爲鄭衛之作故其言多似天仙之辭凡所著述言多諷興自三代已來風騷之後馳驅屈宋鞭撻揚馬千載獨步唯公一人故王公趨風列岳結軌羣賢翕習如鳥歸鳳盧黃門云陳拾遺橫制

頹波天下質文翕然一變至今朝詩體尚有梁陳宮掖之風至公大變掃地併盡今古文集遏而不行唯公文章橫被六合可謂力敵造化歟天寶中皇祖下詔徵就金馬降輦步迎如見綺皓以七寶床賜食御手調羹以飯之謂曰卿是布衣名爲朕知非素畜道義何以及此置于金鑾殿出入翰林中問以國政潛草詔誥人無知者醜正同列害能成謗格言不入帝用疎之公乃浪跡縱酒以自昏穢詠歌之際屢稱東山又與賀知章崔宗之等自爲八仙之遊謂公謫仙人朝列賦謫仙之歌凡數百首多言公之不得意天子知其不可留乃賜金歸之遂就從祖陳留採訪大

使彥允請北海高天師授道籙於齊州紫極宮將東歸蓬萊仍羽人駕丹丘耳陽冰試弦歌於當塗心非所好公遐不棄我扁舟而相歡臨當挂冠公又疾亟草藁萬卷手集未修枕上授簡俾余爲序論關雎之義始愧卜商明春秋之辭終慚杜預自中原有事公避地八年當時著述十喪其九今所存者皆得之他人焉時寶應元年十一月乙酉也

李翰林集序　前進士魏顥

自盤古劃天地天地之氣艮于西南劒門上斷橫江下絕岷峨之曲別爲錦川蜀之人無聞則已聞則傑出是生相如君平王褒揚雄降有陳子昂李白皆五

百年矣白本隴西乃放形因家於綿身既生蜀則江山英秀伏羲造書契後文章濫觴者六經六經糟粕離騷離騷糠粃建安七子七子至白中有蘭芳情理宛約詞句妍麗白與古人爭長三字九言鬼出神入瞠若乎後耳白久居峨眉與丹丘因持盈法師達白亦因之入翰林名動京師大鵬賦時家藏一本故賓客賀公奇白風骨呼爲謫仙子由是朝廷作歌數百篇上皇豫游召白白時爲貴門邀飲比至半醉令製出師詔不草而成許中書舍人以張垍讒逐游海岱間年五十餘尚無祿位祿位拘常人橫海鯤負天鵬豈池籠榮之顥始名萬次名炎萬之日不遠命駕江

東訪白游天台還廣陵見之眸子烱然哆如餓虎或
時束帶風流醖藉曾受道籙于齊有青綺冠帔一副
少任俠手刄數人與友自荊徂揚路亡權窆囘棹方
暑亡友糜潰白收其骨江路而舟又長揖韓荊州荊
州延飲白慢拜韓讓之白曰酒以成禮荊州大悅白
始娶于許生一女二男曰明月奴女既嫁而卒又合
于劉劉訣次合于魯一婦人生子曰頗黎終娶于宋
間攜昭陽金陵之妓迹類謝康樂世号爲李東山駿
馬美妾所適二千石郊迎飲數斗醉則奴丹砂撫青
海波滿堂不樂白宰酒則樂顯平生自負人或爲狂
白相見泯合有贈之作謂余亦後必著大名於天下

無忘老夫與明月奴因盡出其文命顥爲集顥今登
第豈符言耶解携明年四海大盜宗室有潭者白陷
焉謫居夜郎罪不至此屢經昭洗朝廷忍白久爲長
沙汨羅之儔路遠不存否極則泰白宜自寬吾觀白
之文義有濟代命然千鈞之弩魏王大瓠用之有時
議者柰何以白有叔夜之短黨黃祖過禰晉帝罪阮
古無其賢所謂仲尼不假蓋於子夏經亂離白章句
蕩盡上元末顥於絳偶然得之況吟累年一字不下
今日懷舊援筆成序用以貽顥作顥訓白詩不忘故
人也次以大鵬賦古樂府諸篇積薪而録文有差互
者兩舉之白未絶筆吾其再刊付男平津子掌其他

事跡存於後序

李翰林別集序

朝散大夫行尚書職方員外郎直史館上
柱國樂史

李翰林歌詩李陽冰纂爲草堂集十卷史又別收歌
詩十卷與草堂集互有得失因校勘排爲二十卷號
曰李翰林集今於三館中得李白賦序表讚書頌等
亦排爲十卷號曰李翰林別集翰林在唐天寶中賀
秘監聞於明皇帝召見金鑾殿降步輦迎如見綺皓
草和蕃書思若懸河帝嘉之七寶方丈賜食於前御
手調羹於是置之金鑾殿出入翰林中其諸事跡草

堂集序范傳正撰新墓碑亦略而詳矣史又撰李白
傳一卷事又稍周然有三事近方得之開元中禁中
初重木芍藥即今牡丹也（開元天寶花木記云禁中呼木芍藥爲牡丹）得
四本紅紫淺紅通白者上因移植於興慶池東沉香
亭前會花方繁開上乘照夜車太真妃以步輦從詔
選梨園弟子中尤者得樂一十六色李龜年以歌擅
時之名手捧檀板押衆樂前將欲歌之上曰賞名
花對妃子焉用舊樂辭爲遽命龜年持金花牋宣賜
翰林供奉李白立進清平調詞三章白欣然承詔旨
由若宿醒未解因援筆賦之其一曰雲想衣裳花想
容春風拂檻露華濃若非群玉山頭見會向瑤臺月

下逢其三日一枝紅艷露凝香雲雨巫山枉斷腸借問漢宮誰得似可憐飛燕倚新粧其三日名花傾國兩相歡長得君王帶笑看解釋春風無限恨沉香亭北倚闌干龜年以歌辭進上命梨園弟子略約調撫絲竹遂促龜年以歌之太真妃持頗梨七寶杯酌西凉州蒲萄酒笑領歌辭意甚厚上因調玉笛以倚曲每曲徧將換則遲其聲以媚之太真妃飲罷斂繡巾重拜上自是顧李翰林尤異於諸學士會高力士終以脫靴為深恥異日太真妃重吟前辭力士曰始為妃子怨李白深入骨髓何翻拳拳如是耶太真妃因驚曰何翰林學士能辱人如斯力士曰以飛燕指

妃子賤之甚矣太真妃頗深然之上嘗三欲命李白官卒為宮中所捍而止白嘗有知鑒客并州識汾陽王郭子儀於行伍間為脫其刑責而獎重之及翰林坐永王之事汾陽功成請以官爵贖翰林上許之因而免誅翰林之知人如此汾陽之報德如彼白之從弟令問常目白曰兄心肝五臟皆錦繡耶不然何開口成文揮翰霧散耳傳中漏此三事今書於序中白有歌云吟詩作賦北窗裏萬言不及一杯水蓋歎乎有其時而無其位嗚呼以翰林之才名遇玄宗之知見而乃飄零如是宋中丞薦於聖真云一命不霑四海稱屈誠非命歟白居易贈劉禹錫詩云詩稱國手徒為爾命壓人頭不奈何斯言不虛矣凢百有位無自輕焉撰集之次聊存梗槩而已時在饒霅州中咸平元年三月三日序

故翰林學士李君墓誌 并序　李　華

嗚呼姑孰東南青山北址有唐高士李白之墓嗚呼哀哉夫仁以安物公其懋焉義以濟難公其志焉識以辯理公其博焉文以宣志公其懿焉宜其上為王師下為伯友年六十有二不偶賦臨終歌而卒悲夫聖以立德賢以立言道以恒世言以經俗雖曰死矣吾不謂其亡矣也有子曰伯禽天然長能持幼能辯數梯公之德必將大其名也已矣銘曰

立德謂聖立言謂賢嗟君之道奇於人而侔於天哀哉

唐故翰林學士李君碣記

尚書膳部員外郎劉全白撰

朝議郎行當塗縣令顧遊秦建

君名白廣漢人性倜儻好縱橫術善賦詩才調逸邁往往興會屬詞恐古之善詩者亦不逮九工古歌少任俠不事產業名聞京師天寶初玄宗辟翰林待詔因為和蕃書并上宣唐鴻猷一篇上重之欲以綸誥之任委之同列者所謗詔令歸山遂浪跡天下以詩酒自適又志尚道術謂神仙可致不求小官以當世之務自負流離轗軻竟無所成名有子名伯禽偶遊至

此遂以疾終因葬於此文集亦無定巻家家有之代
宗登極廣拔淹瘁時君亦拜拾遺聞命之後君亦逝
矣嗚呼與其才不與其命悲夫全白幼則以詩爲君
所知及此投弔荒墳將毀追想音容悲不能止邑有
賢尹顧公遊秦志好爲詩亦常慕效李君氣調因嗟
盛才冥寞遂表墓式墳乃題貞石庶傳於往來也貞
元六年四月七日記沙門領文書增去墓記一百二
十步

唐左拾遺翰林學士李公新墓碑　并序

宣歙池等州觀察使范傳正

騏驥筋力成意在萬里外歷塊一蹶斃於空谷唯餘

李　七

駿骨價重千金大鵬丹翼張勢欲摩穹昊天風不來
海波不起塌翅別島空留大名人亦有之故左拾遺
翰林學士李公之謂矣公名白字太白其先隴西成
紀人絕嗣之家難求譜諜公之孫女搜於箱篋中得
公之亡子伯禽手疏十數行紙壞字缺不能詳備約
而計之凉武昭王九代孫也隋末多難一房被竄于
碎葉流離散落隱易姓名故自國朝已來漏於屬籍
神龍初潛還廣漢因僑爲郡人父客以逋其邑遂以
客爲名高臥雲林不求禄仕公之生也先府君指天
枝以復姓先夫人夢長庚而告祥名之與字咸所取
象受五行之剛氣叔夜心高挺三蜀之雄才相如文

逸瓌奇宏廓拔俗無類少以俠自任而門多長者車
常欲一鳴驚人一飛冲天彼漸陸遷喬皆不能也由
是慷慨自負不拘常調器度弘大聲聞于天天寶初
召見於金鑾殿玄宗明皇帝降輦步迎如見園綺論
當世務草荅蕃書辯如懸河筆不停綴玄宗嘉之以
寶牀方丈賜食於前御手和羹德音褒美褐衣恩遇
前無比儔遂直翰林專掌密命將處司言之任多陪
侍從之遊他日泛白蓮池公不在宴皇歡既洽召公
作序時公已被酒於翰苑中仍命高將軍扶以登舟
優寵如是既而上疏請還舊山玄宗甚愛其才或慮
乘醉出入省中不能不言温室樹恐掇後患惜而遂

李　八　三

之公以爲千鈞之弩一發不中則當摧撞折牙而永
息機用安能傚碌碌者蘇而復上哉脫屣軒冕釋羈
韁鎖因肆情性大放宇宙間飲酒非嗜其酣樂取其
昏以自富作詩非事於文律取其吟以自適好神仙
非慕其輕舉將不可求之事求之欲耗壯心遺餘年
也在長安時秘書監賀知章號公爲謫仙人吟公烏
棲曲云此詩可以哭鬼神矣時人又以公及賀監汝
陽王崔宗之裴周南等八人爲酒中八仙朝列賦謫
仙歌百餘首[illegible]遠身海上往來於斗牛
之分[illegible]一日千里或遇勝境終年
不移[illegible]長江遠山一泉一石無往而不自得也晚歲

渡牛渚磯至姑熟悅謝家青山有終焉之志盤桓利
居竟卒於此其心也聖朝之高士其往也當塗之旅
人代宗之初搜羅俊逸拜公左拾遺制下於彤庭禮
降於玄壤生不及祿歿而稱官嗚呼命歟傳正生唐
代甲子相懸常於先大夫文字中見與公有潯陽之
宴詩則知與公有通家之舊早於人間得公遺篇逸
句吟詠在口無何叨蒙恩獎廉問宣池按圖得公之
墳墓在當塗邑因令禁樵採備灑掃訪公之子孫故
申慰薦凡三四年乃獲孫女二人一爲陳雲之室一
乃劉勸之妻皆編戶甿也因召至郡庭相見與語衣
服村落形容朴對而進退閑雅應對詳諦且祖德如

在儒風宛然問其所以則曰父伯禽以貞元八年不
祿而卒有兄一人出遊一十二年不知所在父存無
官父歿爲民有兄不相保爲天下之窮人無桑以自
蠶非不知機杼無田以自力非不知稼穡況婦人不
任布裙糲食何所仰給儷于農夫救死而已久不敢
聞於縣官懼辱祖考鄉閭逼迫忍恥來告言訖淚下
余亦對之泣然因云先祖志在青山遺言宅兆頃屬
多故殯於龍山東麓地近而非本意墳高三尺日益
摧圮力且不及知如之何聞之憫然將遂其請因當
塗令諸葛縱會計在州得諭其事縱亦好事者學爲
歌詩樂聞其語便道還縣躬相地形卜新宅于青山

之陽以元和十二年正月二十三日遷神于此遂公
之志也西去舊墳六里南抵驛路三百步北倚謝公
山即青山也天寶十二載勅改名焉因告二女將改
適於士族皆曰夫妻之道命也亦分也在孤窮既失
身於下俚仗威力乃求援於他門生縱偷安死何面
目見大父於地下欲敗其類所不忍聞余亦嘉之不
奪其志復井稅免徭役而已今士大夫之葬必誌於
墓有勳庸道德之家兼樹碑于道余才術貧虛不能
兩致今作新墓銘輒刊二石一寘于泉扃一表于道
路亦峴首漢川之義也庶芳聲之不泯焉文集二
十卷或得之於時之文士或得之於宗族編緝斷簡

以行于代銘曰
嵩嶽降神是生輔臣蓬萊謫真斯爲逸人晉有七賢
唐稱八仙應彼星象唯公一焉晦以麴蘖暢於文篇
萬象奔走乎筆端萬慮泯滅乎罇前卧必酒甕行惟
酒船吟風詠月席地幕天但貴乎適其所適不知夫
所以然而然至今尚疑其醉在千日寧審乎壽終百
年謝家山兮李公墓異代詩流同此路舊墳卑庳風
雨侵新宅爽塏松柏林故鄉萬里且無嗣二女從民
永於此倚與琢石爲二碑一藏幽隧一臨岐岸深谷
高變化時一存一毀各不虧

翰林學士李公墓碑

前守秘書省校書郎裴敬

李翰林名白字太白以詩著名召入翰林世稱才名占得翰林他人不復爭先其後以脅從得罪既免遂放浪江南死宣城葬當塗青山下李陽冰序詩集粗具行止敬嘗遊江表過其墓下愛其才壯其氣味其嗜酒知其取適作碑於墓且曰先生得天地秀氣耶不然何異於常之人耶或曰太白之精下降故字太白故賀監號爲謫仙不其然乎故爲詩格高旨遠若在天上物外神仙會集雲行鶴駕想見飄然之狀視塵中屑屑米粒蟲睫紛擾菌蠢羈絏蹻躅之比又嘗有知鑒客并州識郭汾陽於行伍間爲免脫其刑責

而獎重之後汾陽以功成官爵請贖翰林上許之因免誅其報也又常心許劍舞裴將軍予曾叔祖也嘗投書曰如白願出將軍門下其文高其氣雄世稱其本懼失其傳故序傳之大和初文宗皇帝命翰林學士爲三絕贊公之詩歌與將軍劍舞伯張旭長史草書爲三絕夫天付上才必同靈氣賢傑相投龍虎而合可爲知者言非常人所知也夫古以名德稱占其官謚者甚夥前以詩稱者若謝吏部何水部陶彭澤鮑參軍之類唐朝以詩稱若王江寧宋考功韋蘇州王右丞杜員外之類以文稱者若陳拾遺蘇司業元容州蕭功曹韓吏部之類以德行稱者元魯山陽道州以直稱者魏文貞狄梁公以忠烈稱者顏魯公段太尉以武稱者李衛公英公以學行文翰俱稱者虞秘監居之得人於斯爲盛翰林其以詩稱之一也予嘗過當塗訪翰林舊宅又於浮圖寺化城之僧得翰林自寫訪賀監不遇詩云東山無賀老却棹酒船回味之不足重之爲寶用獻知者又於歷陽郡得翰林與劉尊師書一紙思高筆逸又嘗遊上元蔣山寺見翰林讚志公云水中之月了不可取刀齊尺量扇迷陳語文簡事備誠爲作者附於此云會昌三年二月中敬自洪水草堂南遊江左過公墓下四過青山而發途口徘徊不忍去與前濮州鄄城縣尉李劭同以

公服拜其墓問其墓左人畢元宥實備洒掃留縣帛具酒饌祭公知公無孫有孫女二人一娶劉勸一娶陳雲皆農夫也且曰二孫女不拜墓已五六年矣因告邑宰李君都傑請免畢元宥力役俾專洒掃事嘻享名甚高後事何薄謝公舊井新墓角落青山白雲共爲蕭索巨竹拱墓如公卓犖天長地久其名不朽此爲祭文寫授元宥又爲碑曰

貴盡皆然名存則難故予重名不重官作李翰林碑十五字而已

李翰林文集卷第一

歌詩五十九首

古風上

古風五十九首

大雅久不作吾衰竟誰陳王風委蔓草戰國多荆榛
龍虎相啖食兵戈逮狂秦正聲何微茫哀怨起騷人
揚馬激頽波開流蕩無垠廢興雖萬變憲章亦已淪
自從（一作[illegible]）建安來綺麗不足珍聖代復元古垂衣貴清
真羣才屬休明乘運共躍鱗文質相炳煥衆星羅秋
旻我志在删述重輝映千春希聖如有立絶筆於獲
麟

蟾蜍薄太清蝕此瑤臺月圓光虧中天金魄遂淪没
螮蝀入紫微大明夷朝暉浮雲隔兩曜萬象昏陰霏
蕭蕭長門宮昔是今已非桂蠹花不實天霜下嚴威
沉歎終永夕感我涕沾衣

秦皇掃六合虎視何雄哉揮劍決浮雲諸侯盡西來
明斷自天啓（一作雄圖發英斷）大略駕羣才收兵鑄金人函谷
正東開銘功會稽嶺騁望琅邪臺刑徒七十萬起土
驪山隈尚採不死藥茫然使心哀（一作人哀）連弩射海魚長
鯨正崔嵬額鼻象五嶽揚波噴雲雷（[illegible]）鬐鬣蔽青天何
由覩蓬萊徐氏載秦女樓船幾時回但見三泉下金
棺葬寒灰

鳳飛九千仞五章備綵珍銜書且虚歸空入周與秦
横絶歷四海所居未得鄰吾營紫河車千載落風塵
藥物祕海嶽採鉛青溪濱時登大樓山舉首望仙真
羽駕滅去影飆車絶回輪尚恐丹液遲志願不及申
徒霜鏡中髮羞彼鶴上人桃李何處開此花非我春
唯應清都境長與韓衆親

太白何蒼蒼星辰上森列去天三百里邈爾與世絶
中有緑髮翁披雲（一作千春）卧松雪不笑亦不語冥棲在
巖穴我來逢真人長跪問寶訣粲然忽自哂（一作啓玉齒）授
以鍊藥說銘骨傳其語竦身已電滅仰望不可及蒼
然五情熱吾將營丹砂永與世人別

代馬不思越越禽不戀燕情性有所習土風固其然
昔別鴈門關今戍龍庭前驚沙亂海日飛雪迷胡天
蟣蝨生虎鶡心魂逐旌旃苦戰功不賞忠誠難可宣
誰憐李飛將白首没三邊

客有鶴上仙飛飛凌太清揚言碧雲裏自道安期名
兩兩白玉童雙吹紫鸞笙去影忽不見回風送天聲
舉首遠望之（一作我欲一問之）飄然若流星願餐金光草壽與
天齊傾（[illegible]）

莊周夢胡蝶胡蝶為莊周一體更變易萬事良悠悠
乃知（一作[illegible]）蓬萊水復作清淺流青門種瓜人舊日東陵

侯富貴固（一作苟）如此營營何所求
齊有倜儻生魯連特高妙明月出海底一朝開光曜（曜）
卻秦振英聲後世仰末照意輕千金贈顧向平原笑
吾亦澹蕩人拂衣可同調
黃河走東溟白日落西海逝川與流光飄忽不相待
春容捨我去秋髮已衰改人生非寒松年皃（一作顏色）豈長
在吾當乘雲螭吸景駐光彩（一作誰能學天飛三秀與君採）
松柏本孤直難為桃李顏昭昭嚴子陵垂釣滄波間
身將客星隱心與浮雲閑長揖萬乘君還歸富春山
清風灑六合邈然不可攀使我長歎息冥棲巖石間
君平既棄世世亦棄君平觀變窮太易探元（一作玄）化羣

李一　三

生寂寞綴道論（一作真道）空簾閉幽情（一作情）騶虞不虛（一作復）來
鸑鷟有時鳴安知天漢上白日懸高名海客去已久
誰人（一作誰）測沉冥
胡關饒風沙蕭索（一作瑟）竟終古歲落秋草黃登高望戎
虜荒城空大漠邊邑無遺堵白骨橫千霜嵯峨蔽榛
莽借問誰陵虐天驕毒威武赫怒我聖皇勞師事鼙
鼓陽和變殺氣發卒騷中土三十六萬人哀哀淚如
雨且悲就行役安得營農圃不見征戍兒豈知關山
苦（[illegible]）李牧今不在（一作今不在 一作[illegible]）
邊人飼豺虎
燕趙延郭隗遂築黃金臺劇辛方趙至（一作從）鄒衍復齊

來奈何青雲士棄我如塵埃珠玉買歌笑糟糠養賢
才方知黃鶴舉千里獨徘徊
金華牧羊兒乃是紫煙客我願從之遊未去髮已白
不知繁華（一作朱顏）子擾擾何所迫崑山採瓊蕊（一作蘂）可以鍊
精魄
天津三月時千門桃與李朝為斷腸花暮逐東流水
前水復（一作非）後水古今相續流新（一作今）人非舊人年年橋
上遊雞鳴海色動謁帝羅公侯月落西上陽（一作上陽西）餘
輝半城樓衣冠照雲日朝下散皇州鞍馬如飛龍黃
金絡馬頭行人皆闢易志氣橫嵩丘入門上高堂列
鼎錯珍羞香風引趙舞清管隨齊謳七十紫鴛鴦雙

李一　四

雙戲庭幽行樂爭晝夜自言度千秋功成身不退自
古多（衍）愆尤黃犬空歎息綠珠成釁讎何如鴟夷子散
髮棹（一作弄）扁舟
西上（一作[illegible]）蓮花山迢迢見明星素手把芙蓉虛步躡太
清霓裳曳廣帶飄拂昇天行邀我登雲臺高揖衛叔
卿恍恍與之去駕鴻凌紫冥俯視洛陽川茫茫走胡
兵流血塗野草豺狼盡冠纓
昔我遊齊都登華不注峯茲山何峻秀綠翠如芙蓉
蕭颯古仙人了知是赤松借予一白鹿自挾兩青龍
含笑凌倒景欣然願相從
泣與親友別欲語再三咽勗君青松心努力保霜雪

世路多險艱白日欺紅顏分首各千里去去何時還
在世復幾時倏如飄風度空聞紫金經白首愁相誤
撫己忽自笑沉吟爲誰故名利徒煎熬安得閒余步
終留赤玉舄東上蓬山（一作萊）路秦帝如我求蒼蒼但煙
霧
郢客吟白雪遺響飛青天徒勞歌此曲舉世誰爲傳
試爲巴人唱和者乃數千呑聲何足道歎息空悽然
秦水別隴首幽咽多悲聲胡馬顧朔雪躞蹀長嘶鳴
感物動我心緬然含歸情昔視秋蛾飛今見春蠶生
嫋嫋桑枯（一作結）葉萋萋柳垂榮急節謝流水羈心摇懸
旌揮涕且復去惻愴何時平

秋露白如玉團團下庭綠我行忽見之寒早悲歲促
生猶鳥過目胡乃自結束景公一何愚牛山淚相續
物苦不知足登（一作得）隴又望蜀人心若波瀾世路有（一作多）
屈曲三萬六千日夜夜當秉燭
大車揚飛塵亭午暗阡陌中貴多黃金連雲開甲宅
路逢鬬雞者冠蓋何輝赫鼻息干虹蜺行人皆怵惕
世無洗耳翁誰知堯與跖
世道日交喪澆風散淳源不采芳桂枝反棲惡木根
所以桃李樹吐花竟不言大運有興沒羣動爭飛奔
歸來廣成子去入無窮門
碧荷生幽泉朝日豔且鮮秋花冒綠水密葉羅青煙
秀色空絕世馨香誰爲傳坐看飛霜滿凋此紅芳年
結根未得所願託華池邊
燕趙有秀色綺樹青雲端眉目豔皎月一笑傾城歡
常恐碧草晚坐泣秋風寒纖手怨玉琴清晨起長歎
焉得偶君子共乘雙飛鸞
容顏若飛電時景如飄風草綠霜已白日西月復東
華鬢不耐秋颯然成衰蓬古來賢聖人一一誰成功
君子變猿鶴小人爲沙蟲不及廣成子乘雲駕輕鴻
三季分戰國七雄成亂麻王風何怨怒世道終紛拏
至人洞元象高舉凌紫霞仲尼亦（一作歎）浮海吾祖之流
沙聖賢共淪沒臨歧胡咄嗟

玄風變太古道喪無時還擾擾季葉（一作市井）人雞鳴趨四
關但識金馬門誰（一作寧）知蓬萊山白首死羅綺笑歌無
休（一作騎）闃淥酒哂丹液青娥凋素顏（一作[illegible]）大儒揮
金椎琢之（一作發冢）詩禮間蒼蒼三珠樹冥目焉能攀
鄭客西入關行行未能已白馬華山君相逢平原里
璧遺鎬池公明年祖龍死秦人相謂曰吾屬可去矣
一往桃花源千春隔流水
聲收肅金氣西陸弦海月秋蟬號階軒感物憂不歇
良辰竟何許大運有淪忽天寒悲風生夜久衆星沒
惻惻不忍言哀歌達明發
北溟有巨魚身長數千里仰噴三山雪橫呑百川水

憑陵隨海運烜赫因風起吾觀摩天飛九萬方未已
羽檄如流星虎符合專城喧呼救邊急群鳥皆夜鳴
白日曜紫微三公運權衡天地皆得一澹然四海清
借問此何爲答言楚徵兵(一作征兵)渡瀘及五月將赴雲
南征怯卒非戰士炎方難遠行長號別嚴親日月慘
光晶泣盡繼以血心摧兩無聲困獸當猛虎窮魚餌
奔鯨千去不一回投軀豈全生如何舞干戚一使有
苗平

醜女來效顰還家驚四鄰壽陵失本步笑殺邯鄲人
一曲(一作東郊)斐然子雕蟲喪天真棘刺造沐猴三年費精
神功成無所用楚楚且華(一作粲)身大雅思文王頌聲久

崩淪安得郢中質一揮成斧斤(一作郢匠運斤風)

抱玉入楚國見疑古所聞良寶終見棄徒勞三獻君
直木忌先伐芳蘭哀自焚盈滿天所損沉冥道爲群
東海汎碧水(一作流)西關乘紫雲魯連及柱史可以躡清芬

燕臣昔慟哭五月飛秋霜庶女號蒼天震風擊齊堂
精誠有所感造化爲悲傷(一本此下有而我竟何辜遠身金殿旁)浮雲蔽紫
闥白日難回光群沙穢明珠眾草凌孤芳古來共歎
息流淚空沾裳

孤蘭生幽園眾草共蕪沒雖照陽春暉復悲高秋月
飛霜早淅瀝綠豔恐休歇若無清風吹香氣爲誰發

登高望四海天地何漫漫霜被群物秋風飄大荒寒
榮華東流水萬事皆波瀾白日掩徂輝浮雲無定端
梧桐巢燕雀枳棘棲鴛鸞且復歸去來劍歌行(一作路)路
難(一本自梧桐以下云殺氣落喬木浮雲蔽層巒孤鳳鳴天倪遺聲何辛酸遊人悲舊國撫心亦盤桓倚劍歌所思曲終涕泗瀾)

鳳飢不啄粟所食唯琅玕焉能與群雞刺蹙(一作促)爭一
餐朝鳴崑丘樹夕飲砥柱湍歸飛海路遠獨宿天霜
寒幸遇王子晉結交青雲端懷恩未得報感別空長
歎

朝弄紫泥海(一作桐鶴蒼鸞去)夕披丹霞裳揮手折若木拂此
西日光雲臥(一作)遊八極玉顏已千霜飄飄入無倪稽
首祈上皇呼我遊太素玉杯賜瓊漿一餐歷萬歲何

用還故鄉永隨長風去天外恣飄揚

搖裔雙白鷗鳴飛滄江流宜與海人狎豈伊雲鶴儔
寄影宿沙月沿芳戲春洲吾亦洗心者忘機從爾遊

周穆八荒意漢皇萬乘尊淫樂心不極雄豪安足論
西海宴王母北宮邀上元瑤水聞遺歌玉杯竟空言
靈跡成蔓草徒悲千載魂

綠蘿紛葳蕤繚繞松柏枝草木有所託歲寒尚不移
奈何夭桃色坐歎葑菲詩玉顏艷紅彩雲髮非素絲
君子恩已畢賤妾將何爲

八荒馳驚飆萬物盡凋落浮雲蔽頹陽洪波振大壑
龍鳳脫罔罟飄颻將安託去去乘白駒空山詠場藿

一百四十年國容何赫然隱隱五鳳樓峨峨橫三川
王侯象星月賓客如雲煙（一本首六句云帝京信佳麗國容何赫然劍戟擁九衢歌鍾沸三川蓬萊象天闕珠翠誇雲仙）闕雞金宮（一作城）裏蹴踘瑤臺邊（一作走馬蘭臺邊）舉動搖白日指揮回青天當塗何翕忽失
路長棄捐獨有楊執戟閉關草太玄
桃花開東園含笑誇白日偶蒙春風榮生（一作矜）此豔陽
質豈無佳人色但恐花不實宛轉龍火飛零落早相
失詎知南山松獨立自蕭颸
秦皇按寶劍赫怒振威神逐日巡海右驅石架滄津
徵卒空九寓作橋傷萬人但求蓬島藥豈思農鳸春
力盡功不贍千載為悲辛

美人出南國灼灼芙蓉姿皓齒終不發芳心空自持
由來紫宮女共妒青蛾眉歸去瀟湘沚沉吟何足悲
宋國梧臺東野人得燕石（一作宋人捐千金去國買燕石）誇作天下珍
却哂趙王璧趙璧無緇磷燕石非貞真流俗多錯誤
豈知玉與珉
郢后亂天紀楚懷亦已昏夷羊滿中野綠葹盈高門
比干諫而死屈平竄湘源虎口何婉孌女顔空嬋娟
彭城久淪沒此意與誰論
青春流驚湍朱明（一作火）驟回薄不忍看秋蓬飄揚竟何
託光風滅蘭蕙白露灑葵藿（一作委蕭藿）美人不我期草木
日零落

戰國何紛紛兵戈亂浮雲趙倚兩虎鬬晉為六卿分
姦臣欲竊位樹黨自相羣果然田成子一旦殺齊君
倚劍登高臺悠悠送春目蒼榛蔽層丘瓊草隱深谷
鳳皇鳴西海欲集無珍木鷽斯得匹（一作所）居（一作槙）蒿下盈
萬族晉風日已頹窮途方慟哭（一本首四句以下云鶴鳴東鳥飛翔在珍木羣花不便娟榮耀非一族歸來悄途窮日暮還慟哭）
齊瑟彈（一作揮）東吟秦絃弄西音慷慨動頹魄使人成荒
淫彼女佞邪子婉孌來相尋一笑雙白璧再歌千黃
金珍色不貴道詎惜飛光沉安識紫霞客瑤臺鳴玉
琴（一作素）
越客採明珠提攜出南隅清輝照海月美價傾鴻（一作皇）
都獻君君按劍懷寶空長吁魚目復相哂寸心增煩
紆

羽族稟萬化小大各有依周周亦何辜六翮掩不揮
願銜眾禽翼一向黃河飛飛者莫我顧歎息將安歸
我行巫山渚尋古登陽臺天空綵雲滅地遠清風來
神女去已久襄王安在哉荒淫竟淪沒樵牧徒悲哀
惻惻泣路岐哀哀悲素絲路岐有南北素絲無（一作易）變
移（一本下添萬事固如此人生無定期田竇相傾奪賓客互盈虧世途多翻覆交道方嶮巇斗酒[illegible]下）
（同）谷風刺輕薄交道方嶮巇斗酒強然諾寸心終自
疑張陳竟火滅蕭朱亦星離衆鳥集榮柯窮魚守空
池（一作沼）嘆嗟失權客勤問何所規（一作悲又以問何所窺）卷終

李太白文集卷第三

歌詩三十一首

樂府一

遠別離

遠別離古有黄英之二女乃在洞庭之南瀟湘之浦
海水直下萬里深誰人不言此離苦日慘慘兮雲冥冥
猩猩啼煙兮鬼嘯雨我縱言之將何補皇穹竊恐
不照余之忠誠雷憑憑兮欲吼怒堯舜當之亦禪禹
君失臣兮龍爲魚權歸臣兮鼠變虎或云堯幽囚舜
野死九疑聯綿皆相似重瞳孤墳竟何是帝子泣兮
綠雲間隨風波兮去無還慟哭兮遠望見蒼梧之深
山蒼梧山崩湘水絕竹上之淚乃可滅

公無渡河

黄河西來決崑崙咆哮萬里觸龍門波滔天堯咨嗟
大禹理百川兒啼不窺家殺湍堙洪水九州始蠶麻
其害乃去茫然風沙被髮之叟狂而癡清晨徑一作臨流
欲奚爲旁人不惜妻止之公無渡河苦渡之虎可搏
河難憑公果溺死流海湄有長鯨白齒若雪山公乎
公乎挂骨於其間箜篌所悲竟不還

蜀道難 諷章仇兼瓊也

噫吁戲危乎高哉蜀道之難難於上青天蠶叢及魚
鳧開國何茫然爾來四萬八千歲不一作乃與秦塞通人
煙西當太白有鳥道何一作可以橫絕峨眉巔地崩山摧
壯士死然後天梯石棧方一作相鉤連上有六龍回日之
高標一作橫河斷海之浮雲下有衝波逆折之回川黄鶴之飛尚
不得一作過猿猱欲度愁攀緣一作牽青泥何盤盤百步九折
縈巖巒捫參歷井仰脅息以手撫膺坐長歎問君西
遊何時還畏途巉巖不可攀但見悲鳥號古木雄飛
雌從遶林間又聞子規啼夜月愁空山蜀道之難難
於上青天使人聽此凋朱顏連峯去天不盈尺一作入煙幾千
尺枯松倒挂倚絕壁飛湍瀑流爭喧豗砯崖轉石萬
壑雷其險也若此嗟爾遠道之人胡爲乎來哉劍閣
崢嶸而崔嵬一夫當關萬人一作夫莫開所守或匪親一作人
化爲狼與豺朝避猛虎夕避長蛇磨牙吮血殺人如
麻錦城雖云樂不如早還家蜀道之難難於上青天
側身西望長咨嗟一作令人嗟

梁甫吟

長嘯梁甫吟何時見陽春君不見朝歌屠叟辭棘津
八十西來釣渭濱寧羞白髮照淥水逢時壯一作吐氣思
經綸廣張三千六百釣一作鈞風期暗與文王親大賢虎
變愚不測當年頗似尋常人君不見高陽酒徒起草
中長揖山東隆準公入門開說一作開游說騁雄辯兩女輟
洗來趨風東下齊城七十二指麾楚漢如旋蓬狂客一作生
落拓尚如此何況壯士當群雄我欲攀龍見明主

雷公砰訇震天鼓帝旁投壺多玉女三時大笑開電光倏爍晦冥起風雨閶闔九門不可通以額叩關閽者怒白日不照吾精誠杞國無事憂天傾猰㺄磨牙競人肉騶虞不折生草莖手接飛猱搏彫虎側足焦原未言苦智者可卷愚者豪世人見我輕鴻毛力排南山三壯士齊相殺之費二桃吳楚弄兵無劇孟亞夫咍爾爲徒勞梁甫吟聲正悲張公兩龍劍神物合有時風雲感會起屠釣大人嵲屼當安之

烏夜啼

黃雲城邊烏欲棲歸飛啞啞枝上啼機中織錦秦川女（一作閨中織婦秦家女）碧紗如煙隔窗語停梭悵然（一作悵然望）憶遠人（一作問人舊故夫）獨宿孤房（一作獨宿空堂 一作知在流沙）淚如雨（一作停梭向人問故夫知在關西淚如雨）

烏棲曲

姑蘇臺上烏棲時吳王宮裏醉西施吳歌楚舞歡未畢青山猶銜半邊日銀箭金壺（一作金壺丁丁）漏水多起看秋月墜江波東方漸高奈樂何（一作奈爾何）

戰城南

去年戰桑乾源今年戰葱河道洗兵條支海上波放馬天山雪中草萬里長征戰三軍盡衰老匈奴以殺戮爲耕作古來唯見白骨黃沙田秦家築城備胡處漢家還有烽火然烽火然不息征戰（一作戰征）無已時野戰格鬭死敗馬號鳴向天悲烏鳶啄人腸銜飛上挂枯樹枝（一作上枯枝）士卒塗草莽將軍空爾爲乃知兵者是凶器聖人（一作君）不得已而用之

將進酒（一作惜空樽酒）

君不見黃河之水天上來奔流到海不復回君不見高堂明鏡悲白髮朝如青絲暮成（一作如）雪人生得意須盡歡莫使金樽空對月天生我材必有用（一作開 又云天生我身必有財 又作天生吾徒有俊材）千金（一作黃金）散盡還復來烹羊宰牛且爲樂會須一飲三百杯岑夫子丹丘生進酒君莫停（一作將進酒杯莫停）與君歌一曲請君爲我傾耳聽鐘鼓饌玉不足貴（一作鐘鼓玉帛豈足貴）但願長醉不用（一作復）醒古來聖賢皆寂寞（一作死盡）唯有飲者留其名陳王昔時（一作時）宴平樂斗酒十千恣歡謔主人何爲言少錢徑須沽取對君酌（一作且須沽酒共君酌）五花馬千金裘呼兒將出換美酒與爾同銷萬古愁

行行且遊獵篇

邊城兒生年不讀一字書但知遊獵誇輕趫（一作輕趫）胡馬秋肥宜白草騎來躡影何矜驕（一作何矜驕）金鞭拂雪揮鳴鞭半酣呼鷹出遠郊弓彎（一作弦）滿月不虛發雙鶬迸落連飛鞚海邊觀者皆辟易猛氣英風振沙磧儒生不及遊俠人白首下帷復何益

飛龍引二首

黃帝鑄鼎於荊山鍊丹砂丹砂成黃金騎龍飛上太

上家雲愁海思令人嗟宮中綵女顏如花飄然揮手
凌紫霞從風縱體登鸞一作龍車登鸞車侍軒轅遨遊青
天中其樂不可言
鼎湖流水清且閑軒轅去時有弓劍古人傳道留其
間後宮嬋娟多花顏乘鸞飛煙亦不還騎龍攀天造
天關造天關聞天語屯雲河車載玉女載玉女過紫
皇紫皇乃賜白兔所擣之藥方後天而老凋三光下
視瑤池見王母蛾眉蕭颯如秋霜

天馬歌

天馬來出月支窟背為虎文龍翼骨嘶青雲振綠髮
蘭筋權奇走滅沒騰崑崙歷西極四足無一蹶雞鳴

刷燕晡秣越神行電邁躡恍惚天馬呼飛龍一作黃趨日
明長庚臆雙鳧尾如流星首渴烏口噴紅光汗溝朱
曾陪時龍躡天衢羈金絡月照皇一作星都逸氣稜稜凌
九區白璧如山誰敢沽回頭笑紫燕但覺爾輩愚天
馬奔戀君軒駷躍驚矯浮雲翻萬里足躑躅遙瞻閶
闔門不逢寒風子誰採逸景孫白雲在青天丘陵遠
崔嵬鹽車上峻坂倒行逆施畏日晚伯樂剪拂中道
遺少盡其力老棄之願逢田子方惻然為我思一作悲雖
有玉山禾不能療苦一作我飢嚴霜五月凋桂枝伏櫪銜
冤摧兩眉請君贖獻穆天子猶堪弄影舞瑤池

行路難三首樂府古辭第三首一

金樽清酒斗十千玉盤珍羞直萬錢停盃投筯不能
食拔劍四顧心茫然欲渡黃河冰塞川將登太行雪
暗天一作滿山閑來垂釣坐一作碧溪上忽復乘舟夢日邊行路
難行路難多岐路今安在長風破浪會有時直挂雲
帆濟滄海
天道如青天我獨不得出羞逐長安社中兒赤雞白
狗一作雉賭梨栗彈劍作歌奏苦聲曳裾王門不稱情淮
陰市井笑韓信漢朝公卿忌賈生君不見昔時燕家
重郭隗擁篲折節無嫌猜劇辛樂毅感恩分輸肝剖
膽效英一作雄才昭王白骨縈蔓草誰人更掃黃金臺行
路難歸去來

有耳莫洗潁川水有口莫食首陽蕨含光混世貴無
名何用孤高比雲月吾觀自古賢達人功成不退皆
殞身子胥既棄吳江上屈原終投湘水濱陸機雄才
豈自保李斯稅駕苦不早華亭鶴唳詎可聞上蔡蒼
鷹何足道君不見吳中張翰稱一作號達生秋風忽憶江
東行且樂生前一杯酒何須身後千載名

長相思

長相思在長安絡緯秋啼金井闌微一作凝霜淒淒簟色
寒孤燈不明一作明又作眠思欲絕卷帷望月空長歎美人如
花一作佳期迢迢隔雲端上有青冥之高天下有淥水之波瀾
天長路遠魂飛苦夢魂不到關山難長相思摧心肝

上留田

行至上留田孤墳何崢嶸積此萬古恨春草不復生悲風四邊來腸斷白楊聲借問誰家地埋沒蒿里塋古老向余言言是上留田蓬科馬鬣今已平昔之弟死兄不葬他人於此舉銘旌一鳥死百鳥鳴一獸走百獸驚桓(一作常)山之禽別離苦欲去回翔不能征田氏倉卒骨肉分青天白日摧紫荊交讓之木本同形東枝顦顇西枝榮無心之物尚如此參商胡乃尋天兵孤竹延陵讓國揚名高風緬邈頹波激清尺布之謠塞耳不能聽

春日行

深宮高樓入紫清金作蛟龍盤繡楹(一作盤)佳人當窗弄白日絃將手語彈鳴箏春風吹落君王耳此曲乃是昇天行因出天池泛蓬瀛樓船蹙沓波浪驚三千雙蛾獻歌笑撾鐘考鼓宮殿傾萬姓聚舞歌太平我無為人自寧三十六帝欲相迎仙人飄翩下雲輧帝不去留鎬京安能為軒轅獨往入窅冥小臣拜獻南山壽陛下萬古垂鴻名

前有樽酒行二首

春風東來忽相過金樽淥酒生微波落花紛紛稍覺多美人欲醉朱顏酡青軒桃李能幾何流光欺人忽蹉跎君起舞日西(一作欲)夕當年意氣不肯傾白髮如絲(一作白首垂絲)歎何益

琴奏龍門之綠桐玉壺美酒清若空催絃拂柱與君飲看朱成碧顏始紅(一作眼白看朱顏色紅)胡姬貌如花當壚笑春風笑春風舞羅衣君今不醉欲安歸

夜坐吟

冬夜夜寒覺夜長沉吟久坐坐北堂冰合井泉月入閨金缸青凝照悲啼金缸滅啼轉多掩妾淚聽君歌歌有聲妾有情情聲合兩無違一語不入意從君萬曲梁塵飛

野田黃雀行

遊莫逐炎洲翠棲莫近吳宮燕吳宮火起焚爾窠炎洲逐翠遭網羅蕭條兩翅蓬蒿下鷹鸇奈若(一作爾)何

箜篌謠(擬古詞亦曰引)

攀天莫登龍走山莫騎虎貴賤結交心不移唯有嚴陵及光武周公稱大聖管蔡寧相容漢謠一斗粟不與淮南春兄弟尚路人(一作行路)吾心安所從他人方寸間山海幾千重輕言託朋友對面九疑峯多花必早落桃李不如松管鮑久已死何人繼其蹤

雉朝飛(一首)

麥隴青青三月時白雉朝飛挾兩雌錦衣綺翼何離褷犢牧採薪感之悲春天和白日暖啄食飲泉勇氣

滿爭雄鬭死繡頸斷雉子班奏急管絃心傾美酒盡
玉椀枯楊枯楊爾生荑我獨七十而孤棲彈絃寫恨
意不盡瞑目歸黃泥

上雲樂（老胡文康詞或云范雲及周捨所作今擬之）

金天之西白日所没康老胡雛生彼月窟巉巖容儀
戌削風骨碧玉炅炅（一作[illegible]）雙目瞳黃金拳拳兩鬢紅（一作[illegible]）
華蓋垂下睫嵩岳臨上脣不覩譎詭貌豈知造化神
大道是文康之嚴父元氣乃文康之老親撫頂弄盤
古推車轉天輪云見日月初生時鑄冶火精與水銀
陽烏未出谷顧兔半藏身女媧戲黃土團作愚下人
散在六合間濛濛若沙塵生死了不盡誰明此胡是

仙真西海栽若木東溟植扶桑別來幾多時枝葉萬
里長中國有七聖半路頹鴻荒陛下應運起龍飛入
咸陽赤眉立盆子白水興漢光叱咤四海動洪濤爲
簸揚舉足蹋紫微天關自開張老胡感至德東來進
仙倡五色師子九苞鳳皇是老胡雞犬鳴舞飛帝鄉
淋漓颯沓進退成行能胡歌獻漢酒跪雙膝竝兩肘
散花指天舉素手拜龍顏獻聖壽北斗戾南山摧天
子九九八十一萬歲長傾萬歲（一作年）杯

夷則格上白鳩拂舞辭

鏗鳴鐘考朗鼓歌白鳩引拂舞白鳩之白誰與鄰霜
衣雪襟誠可珍含哺七子能平均食不噎性安馴（一作[illegible]）
首農政爲陽春天子刻玉杖鏤形賜耆人白鷺（一作[illegible]）亦
白非純真外潔其色心匪仁闕五德無司晨胡爲啄
我葭下之紫鱗鷹鸇鵰鶚貪而好殺鳳皇雖大聖不
願以爲臣

日出入行

日出東方隈似從地底來歷天又復入西海六龍所
舍安在哉其始與終古不息（一作其行終古不休息）人非元氣安
得與之久徘徊草不謝榮於春風木不怨落於秋天
誰揮鞭策驅四運萬物興歇皆自然羲和羲和汝奚
汩没於荒淫之波魯陽何德駐景揮戈逆道違天矯
誣實多吾將囊括大塊浩然與溟涬同科

胡無人

嚴風吹霜海草凋筋幹精堅胡馬驕漢家戰士三十
萬將軍兼領（一作[illegible]）霍嫖姚流星白羽腰間插劍花秋蓮
光出匣天兵照雪下玉關虜箭如沙射金甲雲龍風
虎盡（一作竟）交回太白入月敵可摧敵可摧旄頭滅履胡
之腸涉胡血懸胡青天上埋胡紫塞旁胡無人漢道
昌陛下之壽三千霜但歌大風雲飛揚安用猛士兮
守四方

北風行

燭龍棲寒門光耀猶旦開日月照之何不及此（一作日月之照）
（一作不及）唯有北風號怒天上來燕山雪花大如席片片吹

落軒轅臺幽州思婦十二月停歌罷笑雙蛾摧倚門
望行人念君長城苦寒良可哀別時提劒救邊去遺
此虎文金鞞靫中有一雙白羽箭蜘蛛結網生塵埃
箭空在人今戰死不復回不忍見此物焚之已成(一作以為)
灰黃河捧土尚可塞北風雨雪恨難裁(一作哉)

俠客行

趙客縵胡纓吳鈎霜雪明銀鞍照白馬颯沓如流星
十步殺一人千里不留行事了拂衣去深藏身與名
閑過信陵飲脫劒膝前(一作上)横將炙啖朱亥持觴勸侯
嬴三杯吐然諾五嶽倒為輕眼花耳熱後意氣素霓
生救趙揮金鎚邯鄲先震驚千秋二壯士烜赫大梁
城縱死俠骨香不慚世上英誰能書閣下白首太玄經

關山月

明月出天山蒼茫雲海間長風幾萬里吹度玉門關
漢下白登道胡窺青海灣由來征戰地不見有人還
戍客望邊色(一作邑)思歸多苦顏高樓當此夜歎息未應
閑(一作還)

李太白文集卷第三

李太白文集卷第四

歌詩四十首

樂府二

獨漉篇

獨漉水中泥水濁不見月不見月尚可水深行人沒
越鳥從南來胡鴈亦北度我欲彎弓向天射惜其中
道失歸路落葉別樹飄零隨風客無所託悲與此同
羅帷舒卷似有人開明月直入無心可猜雄劒挂壁
時時龍鳴不斷犀象莓苔生國恥未雪何由成名
神鷹夢澤不顧鴟鳶為君一擊摶鵬九天

登高丘而望遠海

登高丘望遠海六鼇骨已霜三山流安在扶桑半摧
折白日沉光彩銀臺金闕如夢中秦皇漢武空相待
精衛費木石黿鼉無所憑君不見驪山茂陵盡灰滅
牧羊之子來攀登盜賊劫寶玉精靈竟何能窮兵黷
武令如此鼎湖飛龍安可乘

陽春歌

長安白日照春空綠楊結煙桑(一作垂)裊風披香殿前花
始紅流芳發色繡戶中繡戶中相經過飛燕皇后輕
身舞紫宮夫人絕世歌聖君三萬六千日歲歲年年
奈樂何

陽叛兒

君歌陽叛兒妾勸新豐酒旬詩最關人烏啼白門柳
烏啼隱楊花君醉留妾家博山鑪中沈香火雙烟一
氣凌紫霞

雙燕離

雙燕復雙燕雙飛令人羨玉樓珠閣不獨棲金窗繡
户長相見柏梁失火去因入吳王宮吳宮又焚蕩雛
盡巢亦空憔悴一身在孀雌憶故雄雙飛難再得傷
我寸心中

山人勸酒

蒼蒼雲松落落綺皓春風爾來爲阿誰胡蝶忽然滿
芳草秀眉霜雪桃花顏青髓綠髮長美好稱是秦時

避世人勸酒相歡不知老各守兕(一作麋)鹿志恥隨龍虎
爭歘起佐(一作安)太子漢皇乃復驚顧謂戚夫人彼翁羽
翼成歸來商山下泛若雲無情舉觴酹巢由洗耳何
獨(一作太)清浩歌望嵩嶽意氣還(一作遥)相傾

于闐採花

于闐採花人自言花相似明妃一朝西入胡胡中美
女多羞死乃知漢地多名姝胡中無花可方比丹青
能令醜者妍無鹽翻在深宮裏自古妬蛾眉胡沙埋
皓齒

鞠歌行

玉不自言如桃李魚目笑之卞和恥楚國青蠅何太
多連城白璧遭讒毀荆山長號泣血人忠臣死爲劇
辰鬼聽曲知寗戚夷吾因小妻秦穆五羊皮買死百
里奚洗拂青雲上當時賤如泥朝歌鼓刀叟虎變磻
溪中一舉釣六合遂荒營丘東平生渭水曲誰識(一作知)
此老翁奈何今之人雙目送飛鴻

幽澗泉

拂彼白石彈吾素琴幽澗愀兮流泉深善手明徽高
張清心寂歷似千古松颼飀兮萬尋中見愁猨吊影
而危處兮叫秋木而長吟客有哀時失志而聽者淚
淋浪以沾襟乃緝商綴羽潺湲成音吾但寫聲發憤
於妙指殊不知此曲之古今幽澗泉鳴深林

王昭君二首(一作昭君)

漢家秦地月流影照(一作送)明妃一上玉關道天涯去不
歸漢月還從東海(一作方)出明妃西嫁無來日燕支長寒
雪作花蛾眉憔悴沒胡沙生乏黃金枉圖畫死留青
冢使人嗟

昭君拂玉鞍上馬啼紅頰今日漢宮人明朝胡地妾

中山孺子妾歌(漢賜中山靖王寵孺子妾及若子已了歌四篇)

中山孺子妾特以色見珍雖不如延年妹亦是當時
絕世人桃李出深井花艷驚上春一貴復一賤關天
豈由身芙蓉老秋霜團扇羞網塵戚姬髡翦入舂市
萬古共悲辛

荊州歌

白帝城邊足風波瞿塘五月誰敢過荊州麥熟繭成蛾繰絲憶君頭緒多撥穀飛鳴奈妾何

設辟邪伎鼓吹雉子班曲辭

辟邪伎作鼓吹驚雉子班之奏曲成喔咿振迅欲飛鳴扇錦翼雄風生雙雌同飲啄趫悍誰能爭乍向草中耿介死不求黃金籠下生天地至廣大何惜遂物情善卷讓天子務光亦逃名所貴曠士懷朗然合太清

相逢行

相逢紅塵內高揖黃金鞭萬戶垂楊裏君家阿那邊

古有所思

我思仙（一作佳）人乃在碧海之東隅海寒多天風白波連山（一作云）倒蓬壺長鯨噴湧不可涉撫心茫茫淚如珠西來青鳥東飛去願寄一書謝麻姑

久別離

別來幾春未還家玉窗五見櫻桃花況有錦字書開緘使（一作令）人嗟此腸斷彼心絕雲鬟綠鬢罷攬結愁如回飆亂白雪去年寄書報陽臺今年寄書重相催胡為乎東風為我吹行雲使西來待來竟不來落花寂寂委青苔

採蓮曲

若耶溪傍採蓮女笑隔荷花共人語日照新妝水底明風飄香袖空中舉岸上誰家遊冶郎三三五五映垂楊紫騮嘶入落花去見此踟躕空斷腸

白頭吟（又一篇與此異今兩存）

錦水東北流波蕩雙鴛鴦雄巢漢宮樹雌弄秦草芳寧同萬死碎綺翼不忍雲間兩分張此時阿嬌正嬌妒獨坐長門愁日暮但願君恩顧妾深豈惜黃金買詞賦相如作賦得黃金丈夫好新多異心一朝將娉茂陵女文君因贈（一作賦）白頭吟東流不作西歸水落花辭條羞故林兔絲故無情隨風任傾倒誰使女蘿枝而來強縈抱兩草猶一心人心不如草莫卷龍鬚席

從他生網絲且留琥珀枕或有夢來時覆水再收豈滿杯棄妾已去難重回古時得意不相負祇今惟見青陵臺

錦水東流碧波蕩雙鴛鴦雄巢漢宮樹雌弄秦草芳相如去蜀謁武帝赤車駟馬生輝光一朝再覽大人作萬乘忽欲凌雲翔聞道阿嬌失恩寵千金買賦要君王相如不憶貧賤日官高金多聘私室茂陵姝子皆見求文君歎息從此畢淚如雙泉水行墮紫羅襟五起雞三唱清晨白頭吟長吁不整綠雲鬢仰訴青天哀怨深城崩杞梁妻誰道土無心東流不作西歸水落花辭枝羞故林頭上玉燕釵是妾嫁時物贈還

教相恩寵袖幸時拂莫卷龍鬚席從他生網絲且留
琥珀枕還有夢來時鷫鸘裘在錦屏上自君一挂無
由人（一作）披妾有秦樓鏡照心勝照井願持照新人雙對
可憐影覆水卻收不滿杯相如還謝文君回古來得
意不相負秖今唯有青陵臺

臨江王節士歌

洞庭白波木葉稀燕鴈始入吳雲飛吳雲寒燕鴈苦
風號沙宿瀟湘浦節士感秋淚如雨白日當天心照
之可以事明主壯士（一作烈士）憤雄風生安得倚天劍跨
海斬長鯨

司馬將軍歌（代隴上健兒陳安）

狂風吹古月竊弄章華臺北落明星動光彩南征猛
將如雲雷（一作南方有事將軍來）手中電曳（一作電戟）倚天劍直斬長鯨
海水開我見樓船壯心目頗似龍驤下三蜀揚兵習
戰張虎旗江中白浪如銀屋身居玉帳臨河魁紫髯
若戟冠崔嵬細柳開營揖天子始知霸上為嬰孩羌
笛橫吹阿嚲回向月樓中吹落梅將軍自起舞長劍
壯士呼聲動九垓功成獻凱見明主丹青畫像麒麟
臺

君道曲（梁之雅歌有五篇今作一章）

大君若天覆廣運無不至軒后爪牙常先大山稽如
心之使臂小白鴻翼於夷吾劉葛魚水本無二土扶

可成牆積德為厚地

結襪子

燕南壯士吳門豪筑中置鉛魚隱刀感君恩重許君
命太山一擲輕鴻毛

結客少年場行

紫燕黃金瞳啾啾（一作搖搖）搖綠鬉平明相馳逐結客洛門
東少年學劍術凌轢白猿公珠袍曳錦帶匕首插吳
鴻由來萬夫勇挾此英雄風託交從劇孟買醉入新
豐笑盡一杯酒殺人都市中羞道易水寒從（一作徒）令日
貫虹燕丹事不立虛沒秦帝宮武陽死灰人安可與
成功

長干行二首

妾髮初覆額折花門前劇郎騎竹馬來遶牀弄青梅
同居長干里兩小無嫌猜十四為君婦羞顏未嘗開
低頭向暗壁千喚不一回十五始展眉願同塵與灰
常存抱柱信豈（一作）上望夫臺十六君遠行瞿塘灧澦
堆五月不可觸猿聲天上哀門前遲（一作舊）行跡一一生
綠（一作蒼）苔苔深不能掃落葉秋風早八月蝴蝶來（一作黃）雙
飛西園草感此傷妾心坐愁紅顏老早晚下三巴預
將書報家相迎不道遠直至長風沙
憶妾（一作昔）深閨裏煙塵不曾識嫁與長干人沙頭候風
色五月南風興思君下巴陵八月西風起想君發揚

子去來悲如何見少別離多湘潭幾日到妾夢越風
波昨夜狂風度吹折江頭樹淼淼暗無邊行人在何
處北客至（一作貢）王公朱衣滿汀（一作江）中（一作北客浮雲驛道過新市中）日暮
來投宿數朝不肯東自憐十五餘顏色桃李紅那作
商人婦愁水復愁風

古朗月行

小時不識月呼作白玉盤又疑瑤臺鏡飛在青雲端
仙人垂兩足桂樹作（一作何）團團白兔擣藥成問言與誰
飡蟾蜍蝕圓影天（一作大）明夜已殘羿昔落九烏天人清
且安陰精此淪惑去去不足觀憂來其如何悽愴摧
心肝

上之回

三十六離宮樓臺與天通閣道步行月美人愁煙空
恩疏寵不及桃李傷春風淫樂意何極金輿向回中
萬乘出黃道千旗揚彩紅前軍細柳北後騎甘泉東
豈問渭川老寧邀襄野童但慕（一作眷）瑤池宴歸來樂未
窮

獨不見

白馬誰家子黃龍邊塞兒天山三丈雪豈是遠行時
春蕙忽秋草莎雞鳴曲池風催寒梭響月入霜閨悲
憶與君別年種桃齊蛾眉桃今百餘尺花落成枯枝
終然獨不見流淚空自知

白紵辭三首

揚清歌（一作音）發皓齒北方佳人東鄰子且吟白紵停綠
水長袖拂面為君起寒雲夜卷霜海空胡風吹天飄
塞鴻玉（一作碧）顏滿堂樂未終
館娃日落歌吹深月寒江清夜沉沉美人一笑千黃
金垂羅舞縠揚哀音郢中白雪且莫吟子夜吳歌動
君心動君心冀（一作貴）君賞願作天池雙鴛鴦一朝飛去青
雲上
吳刀（一作刃）剪綵（一作綺）縫舞衣明妝麗服奪春暉揚眉轉袖若
雪飛傾城獨立世所稀激楚結風醉忘歸高堂月落
燭已微玉釵掛纓君莫違

鳴鴈行

胡鴈鳴辭燕山昨發委羽朝度關一一銜蘆枝南飛
散落天地間連行接翼往復還客居煙波寄湘吳
凌霜觸雪毛體枯畏逢矰繳驚相呼聞弦虛墜良可吁
君更彈射何為乎

妾薄命

漢帝重（一作寵）阿嬌貯之黃金屋咳唾落九天隨風生珠
玉寵極愛還歇妒深情却疏長門一步地不肯暫回
車雨落不上天水覆重難收（一作覆水重收）君情（一作恩）與妾意各
自東西流昔日芙蓉花今成斷根草（一作斷腸草）以色事他
人能得幾時好

幽州胡馬客歌

幽州胡馬客綠眼虎皮冠笑拂兩隻箭萬人不可干彎弓若轉月白鴈落雲端雙雙掉鞭行遊獵向樓蘭出門不顧後報國死何難天驕五單于狼戾好凶殘牛馬散北海割鮮若虎餐雖居燕支山不道朔雪寒婦女馬上笑顏如頳玉盤翻飛射鳥獸花月醉雕鞍旄頭四光芒爭戰如蜂攢白刃灑赤血流沙為之丹名將古誰是疲兵良可歎何時天狼滅父子得閑安

門有車馬客行

門有車馬賓（一作客）金鞍曜朱輪謂從丹（一作鬪）霄落乃是故鄉親呼兒掃中堂坐客論悲辛對酒兩不飲停觴淚盈巾歎我萬里遊飄颻三十春空談霸王略紫綬不挂身雄劍藏玉匣陰符生素塵廓落無所合流離湘水濱借問宗黨間多為泉下人生苦百戰役死託萬鬼鄰北風揚胡沙埋翳周與秦大運且如此蒼穹寧匪仁惻愴竟何道存亡任天鈞

君子有所思行

紫閣連終南青冥天倪色憑崖望咸陽宮闕羅北極萬井驚畫出九衢如絃直渭水清銀河橫天流不息朝野盛文物衣冠何翕赩廄馬散連山軍容威絕域伊臯運元化衛霍輸筋力歌鐘樂未休榮去老還逼圓光過滿缺太陽移中昃不散東海金何爭西輝匿

無作牛山悲惻淚沾臆

東海有勇婦（代關中有貞女又作賢）

梁山感杞妻慟哭為之傾金石忽暫開都由激深情東海有勇婦何慚蘇子卿學劍越處子超騰若流星捐軀報夫讎萬死不顧生白刃曜素雪蒼天感精誠十步兩躩（一作跳）躍三呼一交兵斬首掉國門蹴踏五藏行豁此伉儷憤粲然大義明北海李史君飛章奏天庭捨罪警風俗流芳播滄瀛志在列女籍竹帛已光榮淳于免詔獄漢主為緹縈津妾一棹歌脫父於嚴刑十子若不肖不如一女英豫讓斬空衣有心竟無成要離殺慶忌壯夫素所輕妻子亦何辜焚之買虛聲豈如東海婦事立獨揚名

黃葛篇

黃葛生洛溪黃花自綿冪青煙蔓長條繚繞幾百尺閨人費素手采緝作絺綌縫為絕國衣遠寄日南客蒼梧大火落暑服莫輕擲此物雖過時是妾手中跡

李太白文集卷第四

李太白文集卷第五

歌詩五十六首

樂府三

白馬篇

龍馬花雪毛金鞍五陵豪秋霜切玉劍落日明珠袍鬬雞事萬乘軒蓋一何高弓摧宜山虎手接太山猱酒後競風彩三杯弄寶刀殺人如翦草劇孟同遊遨發憤去函谷從軍向臨洮叱咤經百戰（一作萬場）匈奴盡波濤（一作逃）歸來使酒氣未肯拜（一作下）蕭曹羞入原憲室荒淫隱蓬蒿

鳳笙篇

仙人十五愛吹笙學得崑丘彩鳳鳴始聞鍊氣餐金液復道朝天赴玉京玉京迢迢幾千里鳳笙去去無窮已欲歎離聲發絳脣更嗟別調流纖指此時惜別詎堪聞此地相看未忍分重吟真曲和清吹卻奏仙歌響綠雲綠雲紫氣向函關訪道應尋緱氏山莫學吹笙王子晉一遇浮丘斷不還

怨歌行（一作長安見內人出嫁令予代爲作歌行）

十五入漢宮花顏笑（一作如）春紅君王選玉色侍寢金（一作錦）屛中薦枕嬌夕月卷衣戀春（一作香）風寧知趙飛鷰奪寵恨無窮沉憂能傷人綠鬢成霜蓬一朝不得意世事徒（一作信）爲空鷫鸘換美酒舞衣罷雕龍寒苦不忍言爲君奏絲桐腸斷絃亦絕悲心夜忡忡

塞下曲六首

五月天山雪無花祇有寒笛中聞折柳春色未曾看曉戰隨金鼓宵眠抱玉鞍願將腰下劍直爲斬樓蘭

天兵下北荒胡馬欲南飲橫戈從百戰直爲銜恩甚握雪海上餐拂沙隴頭寢何當破月氏然後方高枕

駿馬如風飈鳴鞭出渭橋彎弓辭漢月插羽破天驕陣解星芒盡營空海霧銷功成畫麟閣獨有霍嫖姚

白馬黃金塞雲砂繞夢思那堪愁苦節遠憶邊城兒螢飛秋窗滿月度霜閨遲摧殘梧桐葉蕭颯沙棠枝無時獨不見淚流空自知

塞虜乘秋下天兵出漢家將軍分虎竹戰士卧龍沙邊月隨弓影胡霜拂劍花玉關殊未入少婦莫長嗟

烽火動沙漠連照甘泉雲漢皇按劍起還召李將軍兵（一作兵）氣天上合鼓聲隴底聞橫行負勇氣一戰靜妖氛

來日大難

來日一身攜糧負薪道長食盡苦口焦脣今日醉飽樂過千春仙人相存誘我遠學海凌三山陸憩五嶽乘龍上三天飛目瞻兩角授以神藥金丹滿握蟪蛄蒙恩深愧短促思塡東海強銜一木道重天地軒師廣成蟬翼九五以求長生下士大笑如蒼蠅聲

塞上曲

大漢無中策匈奴犯渭橋五原秋草綠胡馬一何驕
命將征西極橫行陰山側燕支落漢家婦女無花色
轉戰渡黃河休兵樂事多蕭條清萬里瀚海寂無波

玉階怨

玉階生白露夜久侵羅襪却下水精簾玲瓏望秋月

襄陽曲四首

襄陽行樂處歌舞白銅鞮江城回淥水花月使人迷
山公醉酒時酩酊襄一作高陽下頭上白接䍠倒著還騎
馬
峴山臨漢江水淥沙如雪一作如霜雪上有墮淚碑青苔
久磨滅
且醉習家池莫看墮淚碑山公欲上馬笑殺襄陽兒

大堤曲

漢水臨一作橫襄陽花開大堤暖佳期大堤下淚向南雲
滿春風復無情吹我夢魂散不見眼中人天長音信
斷

宮中行樂詞八首 奉詔作五言

小小生金屋盈盈在紫微山花插寶髻石竹繡羅衣
每出深宮裏常隨步輦歸只愁歌舞散一作罷化作綵雲
飛
柳色黃金嫩梨花白雪香玉樓巢一作關翡翠珠一作金殿鎖
鴛鴦選妓隨雕一作鳳輦徵歌出洞房宮中誰第一飛鷰
在昭陽
盧橘為秦樹蒲桃出一作是漢宮煙花宜落日絲管醉春
風笛奏龍鳴一作吟水簫吟一作鳴鳳下空君王多樂事何必
向一作右回中一作還與萬古同
玉樹一作殿春歸日一作好金宮樂事多後庭朝未入輕輦夜
相過笑出花間語嬌來燭下歌莫教明月去留著醉
姮娥
繡戶香風暖紗窗曙色新宮花爭笑日池草暗生春
綠樹聞歌鳥青樓見舞人昭陽桃李月羅綺自一作坐相
親
今日明光裏還須結伴遊春風開紫殿天樂下珠樓
豔舞全知巧嬌歌半欲羞更憐花月夜宮女笑藏鉤
寒雪梅中盡春風柳上歸宮鶯嬌欲醉簷鷰語還飛
遲日明歌席新花豔舞衣晚來移綵仗行樂好光輝
水綠南薰殿花紅北闕樓鶯歌聞太液鳳吹遶瀛洲
素女鳴珠佩天人弄綵毬今朝風日好宜入未央遊

清平調詞三首

雲想衣裳花想容春風拂檻露華濃若非羣玉山頭
見會向瑤臺月下逢
一枝紅豔露凝香雲雨巫山枉斷腸借問漢宮誰得
似可憐飛鷰倚新粧

名花傾國兩相歡長得君王帶笑看解釋春風無限
恨沉香亭北倚闌干

鼓吹入朝曲

金陵控海浦渌水帶吳京鐃歌列騎吹颯沓引公卿
槌鐘速嚴妝伐鼓啓重城天子憑玉案劍履若雲行
日出照萬戶簪裾爛明星朝罷沐浴閑遨遊閬風亭
濟濟雙闕下歡娛樂恩榮

秦女休行 古詞魏朝協律都尉左延年所作今擬之

西門秦氏女秀色如瓊花手揮白楊刀清晝殺讎家
羅袖灑赤血英聲凌紫霞直上西山去關吏相邀遮
壻為燕國王身被詔獄加犯刑若履虎不畏落爪牙
素頸未及斷摧眉伏泥沙金雞忽放赦大辟得寬赊
何慚聶政姊萬古共驚嗟

秦女卷衣

天子居未央妾來卷衣裳顧無紫宮寵敢拂黃金牀
水至亦不去熊來尚可當微身奉日月飄若螢火光
願君采葑菲無以下體妨

東武吟 一作出金門後書懷留別翰林諸公

好古笑流俗素聞賢達風方希佐明主長揖辭成功
白日在高天回光燭微躬恭承鳳凰詔欻起雲蘿中
清切紫霄迥優遊丹禁通君王賜顏色聲價凌煙虹
乘輿擁翠蓋扈從金城東寶馬麗絕景錦衣入新豐
倚巖望松雪對酒鳴絲桐因學揚子雲獻賦甘泉宮
天書美片善清芬播無窮歸來入咸陽談笑皆王公
一朝去金馬飄落成飛蓬賓友日疎散玉樽亦已空
才力猶可倚一作恃不慚世上雄閑作東武吟曲盡情未
終書此謝知己吾尋黃綺翁一作扁舟尋釣翁

邯鄲才人嫁為廝養卒婦

妾本叢臺女揚蛾入丹闕自倚顏如花寧知有凋歇
一辭玉階下去若朝雲沒每憶邯鄲城深宮夢秋月
君王不可見惆悵至明發

出自薊北門行

虜陣橫北荒胡星曜精芒羽書速驚電烽火晝連光
虎竹救邊急戎車森已行明主不安席按劍心飛揚
推轂出猛將連旗登戰場兵威衝絕漠殺氣凌穹蒼
列卒赤山下開營紫塞傍孟冬風沙緊旌旗颯颯
凋傷畫角悲海月征衣卷天霜揮刃斬樓蘭彎弓射
賢王單于一平蕩種落自奔亡收功報天子行歌一作
歸咸陽

洛陽陌

白玉誰家郎回車渡天津看花東陌上驚動洛陽人

北上行

北上何所苦北上緣太行磴道盤且峻巉巖凌穹蒼
馬足蹶側石車輪摧高岡沙塵接幽州烽火連胡方

殺氣毒劍戟嚴風裂衣裳奔鯨夾黃河鑿齒屯洛陽
前行無歸日返顧思舊鄉慘戚冰雪裏悲號絕中腸
尺布不掩體皮膚劇枯桑汲水澗谷阻採薪隴坂長
猛虎又掉尾磨牙皓秋霜草木不可食飢飲零露漿
歎此北上苦停驂為之傷何日王道平開顏覩天光

短歌行

白日何短短百年苦易滿蒼穹浩浩茫萬劫太極長
麻姑垂兩鬢一半已成霜天公見玉女大笑億千場
吾欲攬六龍回車挂扶桑北斗酌美酒勸龍各一觴
富貴非所願為一作與人駐頹一作顏又作流光

空城雀

嗷嗷空城雀身計何戚促本與鷦鷯羣不隨鳳凰族
提攜四黃口飲乳未嘗足食君糠粃餘常恐烏鳶逐
恥涉太行險羞營覆車粟天命有定端守分絕所欲

發白馬

將軍發白馬旌節度黃河簫鼓聒川嶽滄溟湧濤一作浪
波武安有震瓦易水無寒歌鐵騎若雪山飲流涸滹
沱揚兵獵月窟轉戰略朝那倚劍登燕然邊烽列嵯
峨蕭條萬里外耕作五原多一掃清大漠包虎戢金
戈

陌上桑

美女渭橋東一作美女緗綺衣又作豔妝春還一作還春事蠶作五馬如飛
花一作如花又作如飛龍青絲結金絡不知誰家子調笑來相謔
妾本秦羅敷玉顏豔名都綠條映素手採桑向城隅
使君且不顧況復論秋胡寒螿愛碧草鳴鳳棲青梧
託心自有處但怪旁人愚徒令白日暮高駕空踟躕

枯魚過河泣

白龍改常服偶被豫且制誰使爾為魚徒為許天帝
作書報鯨鯢勿恃風濤勢濤落歸泥沙翻遭螻蟻噬
萬乘慎出入柏人以為誡一作識

丁都護一作督護歌

雲陽上征去兩岸饒商賈吳牛喘月時拖船一何苦
水濁不可飲壺漿半成土一唱都護歌心摧淚如雨

萬人鑿盤石無由達江滸君看石芒碭掩淚悲千古

相逢行一云有贈

胡驕五花馬謁帝出銀臺秀色誰家子雲車一作中珠箔
開金鞭遙指點玉勒近遲回夾轂相借問疑如一作從天
上來一本更添愁腸欲斷斜日復相催下車何輕盈飄颻似落梅蹙入青綺門當歌
共銜盃一作嬌鶯初解語笑共銜匝銜杯映歌扇似月雲中見相
見不得相一作親不如不相見相見情已深未語可知
心胡為守空閨孤眠愁錦衾錦衾與羅幃纏綿會有
時春風正澹蕩暮雨來何遲一作春風工紉怨青鳥來何遲願因三
青鳥更報長相思光景不待人須臾髮成絲當年失
行樂老去徒傷悲持此道密意無令曠佳期

千里思（一作千里思）

李陵没胡沙，蘇武還漢家。迢迢五原關，朔雪亂邊花（一作雪如花）。一去隔絶國，思歸但長嗟。鴻鴈向西北，因（一作悲見）（一作隨）書報天涯。

樹中草

鳥銜野田草，誤入枯桑裏。客土植危根，逢春猶不死。草木雖無情，因依尚可生。如何同枝葉，各自有枯榮。

君馬黃

君馬黃，我馬白。馬色雖不同，人心本無隔。共作遊冶盤，雙行洛陽陌。長劍既照曜，高冠何絶赫。各有千金裘，俱爲五侯客。猛虎落陷穽，壯夫時屈厄。相知在急難，獨好亦（一作知）何益。

擬古

融融白玉輝，映我青蛾眉。寶鏡似空水，落花如風吹。出門望同子，蕩漾不可期。安得黃鶴羽，一報佳人知。

折楊柳

垂楊（一作楊柳）拂淥水，搖艷（一作蕩）東風年。花明玉關雪，葉暖金窻煙。美人結長想，對此心悽然。攀條折春色，遠寄龍庭前（一作沙邊）（一作龍）。

鳳凰曲

嬴女吹玉簫，吟弄天上春。青鸞不獨去，更有攜手人。影滅綵雲斷，遺聲落西秦。

少年子

青雲少年子，挾彈章臺左（一作左）。鞍馬四邊開，突如流星過。金丸落飛鳥，夜入瓊樓臥（一作臥）。夷齊是何人，獨守西山餓。

紫騮馬

紫騮行且（一作且行）嘶，雙翻碧玉蹄。臨流不肯渡，似惜錦障泥。白雪關山（一作城）遠，黃雲海戍迷。揮鞭萬里去，安（一作何）得念（一作戀）春閨。

少年行二首（後一首亦作小放歌行）

擊筑飲美酒，劍歌易水湄。經過燕太子，結託并州兒。少年負壯氣，奮烈自有時。因聲魯句踐，爭情（一作博）勿相欺。

五陵年少金市東，銀鞍白馬度春風。落花踏盡遊何處，笑入胡姬酒肆中。

白鼻騧

銀（一作金）鞍白鼻騧，綠地障泥錦。細雨春風花落時（一作春風細雨落花時），揮鞭直就胡姬飲。

豫章行

胡風吹代馬（一作胡人），北擁魯陽關。吳兵照海雪，西討何時還。半渡上遼津，黃雲慘無顏。老母與子別，呼天野草間。白馬（一作白鳥）繞旌旗，悲鳴相追攀。白楊秋月苦，早落豫章山。本爲休明人，斬虜素不閑。豈惜戰鬬死，爲君掃凶頑。精感石没羽，豈云憚艱險。樓船若鯨飛

波蕩落星灣此曲不可奏三軍鬢成斑
沐浴子
沐芳莫彈冠浴蘭莫振衣處世忌太潔志至一作人貴藏
暉滄浪有釣叟吾與爾同歸
李太白文集卷第五

李太白文集卷第六
歌詩三十三首
樂府四
高句驪
金花折風帽白馬小遲回翩翩舞廣袖似鳥海東來
靜夜思
牀前[illegible]光疑是地上霜舉頭望山月低頭思故鄉

淥水明秋日南湖採白蘋荷花嬌欲語愁殺蕩舟人
鳳臺曲
嘗聞秦帝女傳得鳳皇聲是日逢仙子當時別有情
人吹彩簫去天借綠雲迎心曲一作在身不返空餘弄玉
名

猛虎行一作吟
朝作猛虎行暮作猛虎吟一作行亦猛虎吟坐亦猛虎吟腸斷非關隴
頭水淚下不為雍門琴旌旗一作旗旗繽紛兩河道戰鼓驚
山欲傾倒秦人半作燕地囚胡馬翻銜洛陽草一輸
一失關下兵朝降夕叛幽薊城巨鼇未斬海水動魚
龍奔走安得寧頗似楚漢時翻覆無定止朝過博浪
沙暮入淮陰市張良未遇韓信貧劉項存亡在兩臣
暫到下邳受兵略來投漂母作主人賢哲棲棲古如
此今時亦棄青雲士有策不敢犯龍鱗竄身南國避

胡塵寶書玉劍挂高閣金鞍駿馬散故人昨日方爲
宣城客掣鈴交通二千石有時六博快壯心(一作快心)遶
牀三匝呼一擲楚人每道張旭奇心藏風雲世莫知
三吳邦伯皆(一作多)顧眄四海雄俠兩追隨(一作皆相推)蕭曹曾
作沛中吏攀龍附鳳當有時溧陽酒樓三月春楊花
茫茫(一作漠漠)愁殺人胡鶵綠眼吹玉笛吳歌白紵飛梁塵
丈夫相見(一作到處)且爲樂槌牛撾鼓會衆賓我從此去釣
東海得魚笑寄情相親

從軍行

從軍玉門道逐虜金微山笛奏梅花曲刀開明月環
鼓聲鳴海上兵氣擁雲間願斬單于首長驅靜鐵關

秋思

春陽如昨日碧樹鳴黃鸝蕪然蕙草暮颯爾涼風吹
天秋木葉下月冷莎雞悲坐愁羣芳歇白露凋華滋

春思

燕草如碧絲秦桑低綠枝當君懷歸日是妾斷腸時
春風不相識何事入羅帷

秋思

閼氏黃葉落妾望白登臺海上(一作月出)碧雲斷單于(一作蟬聲)秋
色來胡兵沙塞合漢使玉關回征客無歸日空悲蕙
草摧

子夜吳歌 春夏秋冬

秦地羅敷女採桑綠水邊素手青條上紅粧白日鮮
蠶飢妾欲去五馬莫留連

春

鏡湖三百里菡萏發荷花五月西施採人看隘若耶
回舟不待月歸去越王家

夏

長安一片月萬戶擣衣聲秋風吹不盡總是玉關情
何日平胡虜良人罷遠征

秋

明朝驛使發一夜絮征袍素手抽鍼冷那堪把剪刀
裁縫寄遠道幾日到臨洮

冬

對酒

松子棲金華安期入蓬海此人古之仙羽化竟何在
浮生速流電倏忽變光彩天地無凋換容顏有遷改
對酒不肯飲含情欲誰待

估客樂

海客乘天風將船遠行役譬如雲中鳥一去無蹤跡

少年行

君不見淮南少年游俠客白日毬獵夜擁擲呼盧百
萬終不惜報讎千里如咫尺少年遊俠好經過渾身
裝束皆綺羅蘭蕙相隨喧妓女風光去處滿笙歌處

矜自言不可有俠士堂中養來久好鞍好馬乞與人
十千五千旋沽酒赤心用盡爲知己黃金不惜栽桃
李桃李栽來幾度春一回花落一回新府縣盡爲門
下客王侯皆是平交人男兒百年且樂命何須徇書
受貧病男兒百年且榮身何須徇節甘風塵衣冠半
是征戰士窮儒浪作林泉民遮莫枝根長百丈不如
當代多還往遮莫親姻連帝城不如當身自簪纓看
取富貴眼前者何用悠悠身後名

擣衣篇

閨裏佳人年十餘顰蛾對影恨離居忽逢江上春歸
燕銜得雲中尺素書玉手開緘長歎息狂夫猶戍交

河北萬里交河水北流願爲雙鳥泛中洲君邊雲擁
青絲騎妾處苔生紅粉樓樓上春風日將歇誰能攬
鏡看愁鬢曉吹員管隨落花夜擣戎衣向明月明月
高高刻漏長真珠簾箔掩蘭堂橫垂寶幄同心結半
拂瓊筵蘇合香瓊筵寶幄連枝錦燈燭熒熒照孤寢
有使憑將金剪刀爲君留下相思枕摘盡庭蘭不見
君紅巾拭淚坐氤氳明年更若征邊塞願作陽臺一
段雲

去婦詞

古來有棄婦棄婦有歸處今日妾辭君辭君遣何去
本家零落盡慟哭來時路憶昔未嫁君聞君却周旋

綺羅錦繡段有贈黃金千十五許嫁君二十移所天
自從結髮日未幾離君緬山川家家盡歡喜孤妾長
自憐幽閨多怨思盛色無十年相思若循環枕席生
流泉流泉咽不掃獨夢關山道及此見君歸君歸妾
已老物華惡衰賤新寵方妍好掩淚出故房傷心劇
秋草自妾爲君妻君東妾在西羅幃到曉恨玉貌一
生啼自從離別久不覺塵埃厚常嫌玳瑁孤猶羨鴛
鴦偶歲華逐霜霰賤妾何能久寒沼落芙蓉秋風散
楊柳以此顦顇顏空持舊物還餘生欲何寄誰肯相
牽攀君恩既斷絕相見何年月悔傾連理杯虛作同
心結女蘿附青松貴欲相依投浮萍失綠水教作若

爲流不歎君棄妻自歎妾緣業憶昔初嫁君小姑纔
倚牀今日妾辭君小姑如妾長回頭語小姑莫嫁如
兄夫

長歌行

桃李得日開榮華照當年東風動百物草木盡欲言
枯枝無醜葉涸水吐清泉大力運天地羲和無停鞭
功名不早著竹帛將何宣桃李務青春誰能貫白日
富貴與神仙蹉跎成兩失金石猶銷鑠風霜無久質
畏落日月後強歡歌與酒秋霜不惜人倏忽侵蒲柳

長相思

日色色盡花含煙月明欲素秋不眠趙瑟初停鳳凰

桂蜀琴欲奏鴛鴦絃此曲有意無人傳願隨春風寄
燕然憶君迢迢隔青天昔時橫波目今為流淚泉不
信妾腸斷歸來看取明鏡前

歌吟上

襄陽歌（襄陽）

落日欲沒峴山西倒著接籬（一作䍦）花下迷襄陽小兒
齊拍手攔街爭唱白銅鞮傍人借問笑何事笑殺山
公醉似泥鸕鷀杓鸚鵡盃百年三萬六千日一日須
傾三百盃遙看漢水鴨頭綠恰似蒲萄初醱醅此江
若變作春酒壘麴便築糟丘臺千金駿馬換少妾醉
坐雕鞍歌落梅車傍側挂一壺酒鳳笙龍管行相催
咸陽市中歎黃犬何如月下傾金罍君不見晉朝羊
公一片古碑材龜頭剝落生莓苔淚亦不能為之墮
心亦不能為之哀誰能憂彼身後事金鳧銀鴨葬死
灰清風朗月不用一錢買玉山自倒非人推舒州杓
力士鐺（一作黃金爵白玉瓶）李白（一作與）與爾同死生襄王雲雨今安
在江水東流猿夜聲

南都行

南都信佳麗武關橫西關白水真人居萬商羅鄽闠
高樓對紫陌甲第連青山此地多英豪邈然不可攀
陶朱與五羖名播天壤間麗華秀玉色漢女嬌朱顏
清歌遏流雲艷舞有餘閑遨遊盛宛洛冠蓋隨風還

走馬紅陽城呼鷹白河灣誰識臥龍客長吟愁鬢斑

江上吟（一作江上遊）

木蘭之枻沙棠舟玉簫金管坐兩頭美酒樽（一作尊）中置
千斛載妓隨波任去流仙人有待乘黃鶴海客無心
隨（一作狎）白鷗屈平詞賦懸日月楚王臺榭空山丘興酣
落筆搖五岳詩成笑傲凌滄洲功名富貴若長在漢
水亦應西北流

侍從宜春苑奉詔賦龍池柳色初青聽新鶯

百囀歌（長安）

東風已綠瀛洲草紫殿紅樓覺春好池南柳色半青
青縈煙裊娜拂綺城垂絲百尺挂雕楹上有好鳥相
和鳴間關早得春風情春風卷入碧雲去千門萬户
皆春聲是時君王在鎬京五雲垂暉耀紫清仗出金
宮隨日轉天回玉輦繞花行始向蓬萊看舞鶴還過
茝若聽新鶯新鶯飛繞上林苑願入簫韶雜鳳笙

玉壺吟

烈士擊玉壺壯心惜暮年三盃拂劍舞秋月忽然高
詠涕泗漣（一作秋月忽高歌）鳳凰初下紫泥詔謁帝稱觴登御
筵揄揚九重萬乘主謔浪赤墀青瑣賢朝天數換飛
龍馬敕賜珊瑚白玉鞭世人不識東方朔大隱金門
是謫仙西施宜笑復宜顰醜女效之徒累身君王雖
愛蛾眉好無奈宮中妒殺人

笑歌行

笑矣乎笑矣乎君不見曲如鉤古人知爾封公侯君不見直如絃古人知爾死道邊張儀所以只掉三寸舌蘇秦所以不墾二頃田笑矣乎笑矣乎君不見滄浪老人歌一曲還道滄浪濯吾足平生不解謀此身底作離騷遣人讀笑矣乎笑矣乎趙有豫讓楚屈平賣身買得千年名巢由洗耳有何益夷齊餓死終無成君愛身後名我愛眼前酒飲酒眼前樂虛名何處有男兒窮通當有時曲腰向君君不知猛虎不看机上肉洪爐不鑄囊中錐笑矣乎笑矣乎甯武子朱買臣叩角行歌背負薪今日逢君君不識豈得不如佯狂人

悲歌行

悲來乎悲來乎主人有酒且莫斟聽我一曲悲來吟悲來不吟還不笑天下無人知我心君有數斗酒我有三尺琴琴鳴酒樂兩相得一杯不啻千鈞金悲來乎悲來乎天雖長地雖久金玉滿堂應不守富貴百年能幾何死生一度人皆有孤猿坐啼墳上月且須一盡杯中酒悲來乎悲來乎鳳鳥不至河無圖微子去之箕子奴漢帝不憶李將軍楚王放却屈大夫悲來乎悲來乎秦家李斯早追悔虛名撥向身之外范子何曾愛五湖功成名遂身自退劍是一夫用書能

知姓名惠施不肯千萬乘卜式未必窮一經還須與頭取方伯莫謾白首爲儒生

豳歌行上新平長史兄粲(洪西)

豳谷稍稍振庭柯涇水浩浩揚湍波哀鴻酸嘶暮聲急愁雲蒼慘寒氣多憶昨去家此爲客荷花初紅柳條碧中宵出飲三百盃明朝歸揖二千石寧知流寓變光輝胡霜蕭颯繞客衣寒灰寂寞竟誰䘏落葉飄揚何處歸吾兄行樂窮曛旭滿堂有美顏如玉趙女長歌入彩雲燕姬醉舞嬌紅燭狐裘獸炭酌流霞壯士悲吟寧見嗟前榮後枯相飜覆何惜餘光及棣華

西岳雲臺歌送丹丘子

西岳崢嶸何壯哉黃河如絲天際來黃河萬里觸山動盤渦轂(一作谷)轉秦地雷榮光休氣紛五彩千年一清聖人在巨靈咆哮擘兩山洪波噴流射東海(一作箭射流東海)三峯却立如欲摧翠崖丹谷高掌開白帝金精運元氣石作蓮花雲作臺雲臺閣道連窈冥(一作人不到)中有不死丹丘生明星玉女備灑掃麻姑搔背指爪輕我皇手把天地戶丹丘談天與天語九重出入生光輝東求蓬萊復西歸玉漿儻惠故人飲騎二茅龍上天飛

元丹丘歌

元丹丘愛(一作好)神仙朝飲潁川(一作水)之清流暮還嵩岑之紫煙三十六峯長周旋長周旋躡星虹(一作上)身騎飛龍耳

生風横河跨海與天通我知爾游心無窮

扶風豪士歌

洛陽三月飛胡沙洛陽城中人怨嗟天津流水波赤血白骨相撑如亂麻我亦東奔向吴國（一作來奔粟溪上）浮雲四塞道路賒東方日出啼早鵶城門人開掃落花梧桐楊柳拂金井來醉扶風豪士家扶風豪士天下奇意氣相傾山可移作人不倚將軍勢飲酒豈顧尚書期雕盤綺食會衆客吴歌趙舞香風吹原嘗春陵六國時開心寫意君所知堂中各有三千士明日報恩知是誰撫長劍一揚眉清水白石何離離脫吾帽向君笑飲君酒爲君吟張良未逐赤松去橋邊黃石知我心

同族弟金城尉叔（一作外）卿燭照山水壁畫歌

高堂粉壁圖蓬瀛燭前一見滄洲清洪波洶湧山崢嶸皎若丹丘隔海望赤城光中乍喜嵐氣滅謂逢山陰晴後雪迴谿碧流寂無喧又如秦人月下窺花源了然不覺清心魂秖將疊嶂鳴秋猿與君對此歡未歇放歌行吟達明發却顧海客揚雲帆便欲因之向溟渤

白毫子歌

淮南小山白毫子乃在淮南小山裏夜卧松下雲朝飡石中髓小山連（一作聯）緜向江開碧峯巉巖淥水迴余飛白毫子獨酌流霞杯拂花弄琴坐青苔綠蘿樹下春風來南窻蕭颯松聲起憑崖一聽清心耳可得見未（一作不）得親八公攜手五雲去空餘桂樹愁殺人

李太白文集卷第六

李太白文集卷第七

歌詩六十八首

歌吟下

梁園吟（一作梁園醉歌梁宋）

我浮（一作東）黃河（一作雲）去京闕挂席欲進（一作往）波連山天長水闊厭遠涉訪古始及平臺間平臺為客憂思多對酒（一作聊歌）遂作梁園歌却憶蓬池阮公詠因吟淥水揚洪波洪波浩蕩迷（一作失）舊國路遠西歸安（一作焉）可得人生達命豈假愁且飲美酒（一作登高樓）平頭奴子搖大扇五月不熱疑（一作行）清秋三（一作素）盤楊（一作青）梅為君設吳鹽如花皎白（一作如）雪持鹽把酒但飲之莫學夷齊事高（一作高）潔（一作向月孤高）昔人豪（一作書）貴（一作遊）信陵君今人耕種信陵墳荒城虛照碧山月古木盡入蒼梧雲梁王宮闕（一作賓客）今安在枚馬先歸不相待舞影歌聲散淥池空餘汴水東流海沉吟此事淚滿衣黃金買醉未能（一作莫言）歸連呼五白行（一作投）六博分曹賭酒酣（一作看）馳暉（一作看馳）暉歌且謠意方遠東山高臥時（一作又作還）起來欲濟蒼生未應晚

鳴皐歌送岑徵君（時梁園三尺雪在清泠池作）

若有人兮思鳴皐阻積雪兮心煩勞洪河淩兢不可以徑度冰龍（一作龍）鱗兮難容舸邈仙山（一作神仙之山）之峻極兮聞天籟之嘈嘈霜崖縞皓以合沓兮若長風（一作如）扇海湧滄溟之波濤玄猿綠羆舔舕岌（一作岌）危柯振石駭膽慄魄羣呼而相號峰崢嶸以路絕挂星辰於巖嶅送君之歸兮動鳴皐之新作交鼓吹兮彈絲觴清泠之池閣君不行兮何待若返顧之黃鶴掃梁園之羣英振大雅於東洛巾征軒兮歷阻折尋幽居兮越巘崿盤白石兮坐素月琴松風兮寂（一作萬）萬壑望不見兮心氛氳蘿冥冥兮霰紛紛水橫洞以下淥波小聲而上聞虎嘯谷而生風龍藏谿而吐雲冥（一作寡）鶴清唳飢鼯嚬呻塊獨處此幽默兮愀（一作儵）空山而（一作兮）愁人雞聚族以爭食鳳孤飛而無鄰蝘蜓嘲龍魚目混珍嫫母衣錦西施負薪若使巢由桎梏於軒冕兮亦奚異乎夔龍蹩躠於風塵哭何苦而救楚笑何誇而却秦吾誠不能學二子沽名矯節以耀世兮固將棄天地而遺身白鷗兮飛來長與君兮相親

鳴皐歌奉餞從翁清歸五崖山居

昨宵（一作夜）鳴皐夢裏還手弄素月清潭間覺時枕席非碧山側身西望阻秦關麒麟閣上春還早著書却憶伊陽好青松來風吹石道綠蘿飛花覆煙草我家仙公愛清真才雄草聖淩古人欲臥鳴皐絕世塵鳴皐微茫在何處五崖峽（一作映）水橫樵路身披翠雲裘袖拂紫煙（一作雲）去去時應過嵩少間相思為折三花樹

僧伽歌

真僧法號號僧伽有時與我論三車問言誦咒幾千

偏口道恒河沙復沙此僧本住南天竺為法頭陀來
此國戒得長天秋月明心如世上青蓮色意清淨貌
稜稜亦不減亦不增瓶裏千年舍利骨手中萬歲胡
孫藤嗟予落泊江淮久罕遇真僧說空有一言散盡
波羅夷再禮渾除犯輕垢

白雲歌送劉十六歸山

楚山秦山皆白雲白雲處處長隨君長隨君君入楚
山裏雲亦隨君渡湘水湘水上女蘿衣白雲堪臥君
早歸

金陵歌送別范宣 金陵

石頭巉巖如虎踞凌波欲過滄江去鍾山龍盤走勢
來秀色橫分歷陽樹四十餘帝三百秋功名事跡隨
東流白馬小兒誰家子泰清之歲來關囚（一作白馬金鞍誰家子吹
脣虎嘯鳳皇樓）金陵昔時何壯哉席卷英豪天下來冠蓋散
為煙霧盡金輿玉座成寒灰扣劍悲吟空咄嗟梁陳
白骨亂如麻天子龍沉景陽井誰歌玉樹後庭花此
地傷心不能道目（一作日）下離離長春草送爾長江萬里
心他年來訪南山皓

勞勞亭歌（在江寧縣南十五里古送別之所一名臨滄觀）

金陵勞勞送客堂蔓草離離生道傍古情不盡東流
水此地悲風愁白楊我乘素舸同康樂朗詠清川飛
夜霜昔聞牛渚吟五章今來何謝袁家郎苦竹寒聲

動秋月獨宿空簾歸夢長

橫江詞六首

人言橫江好儂道橫江惡一風三日吹倒山（一作猛風吹倒天門山）
白浪高於瓦官閣
海潮南去過潯陽牛渚由來險馬當橫江欲渡風波
惡一水牽愁萬里長
橫江西望阻西秦漢水東連（一作連水東流）揚子津白浪如
山那可渡狂風愁殺峭帆人
海神來過惡風迴浪打天門石壁開浙江八月何如
此濤似連山噴雪來
橫江館前津吏迎向余東指海雲生郎今欲渡緣何
事如此風波不可行
月暈天風霧不開海鯨東蹙百（一作眾）川迴驚波一起三
山動公無（一作莫）渡河歸去來

金陵城西樓月下吟

金陵夜寂（一作靜）涼風發獨上高（一作西）樓望吳越白雲映水
搖空（一作秋）城白露垂珠滴秋月（一作素秋月）（一作沾衣）月下沉（一作長）吟久
不歸古來（一作今）相接眼中稀解道澄江淨如練令人長
（一作還）憶謝玄暉

東山吟（去江寧城二十五里晉謝安攜妓之所一云酔過謝安東山）

攜妓東土山悵然悲謝安我妓今朝如花月他妓古
墳荒草寒白雞夢後五（一作三）百歲酒澆君同所懽酣

來自作青每舉秋風吹落紫綺冠彼亦一時此亦一
時浩浩洪流之詠何必奇

秋浦歌十七首 秋浦

秋浦長似秋蕭條使人愁客愁不可渡行上東大樓
正西望長安下見江水流寄言向江水汝意憶儂不
遥傳一掬淚爲我達揚州
秋浦猿夜愁黃山堪白頭青溪非隴水翻作斷腸流
欲去不得去薄遊成久遊何年是歸日雨淚下孤舟
秋浦錦駝鳥人間天上稀山雞羞淥水不敢照毛衣
兩鬢入秋浦一朝颯已衰猿聲催白髮長短盡成絲
秋浦多白猿超騰若飛雪牽引條上兒飲弄水中月

愁作秋浦客曲一作強看秋浦花山川如剡縣風日似長沙
醉上山公馬寒歌甯戚牛空吟白石爛淚滿黑貂裘
秋浦千重嶺水車嶺一作人行路最奇天傾欲墮石水拂寄
生枝
江祖一片石青天掃畫屏題詩留萬古綠字錦苔生
千千石楠樹萬萬女貞林山山白鷺一作鷳滿澗澗白猿
吟君莫向秋浦猿聲碎客心
邏人橫鳥道江祖出魚梁水急客舟疾山花拂面香
水如一匹練此地即平天耐可乘明月看花上酒船
淥水淨素月月明白鷺飛郎聽采菱女一道夜歌歸
爐火照天地紅星亂紫煙赧郎明月夜歌曲動寒川

白髮三千丈緣愁似箇長不知明鏡裏何處得秋霜
秋浦田舍翁採魚水中宿妻子張白鷴結罝映深竹
桃波一步地了了語聲聞闇與山僧別低頭禮白雲

當塗趙炎少府粉圖山水歌

峨眉高出西極天羅浮直與南溟連名工繹思揮彩
筆驅山走海置眼前滿堂空翠如可掃赤城霞氣蒼
梧煙洞庭瀟湘意渺綿三江七澤情洄沿驚濤洶湧
向何處孤舟一去迷歸年征帆不動亦不旋飄如隨
風落天邊心搖目斷興難盡幾時可到三山巔西峯
崢嶸噴流泉橫石蹙水波潺湲東崖合沓蔽輕霧深
林雜樹空芊綿此中冥昧失晝夜隱机寂聽無鳴蟬

長松之下列羽客對坐不語南昌仙南昌仙人趙夫
子妙年歷落青雲士訟庭無事羅衆賓杳然如在丹
青畫一作裏五色粉圖安足珍真山可以全吾身若待功
成拂衣去武陵桃花笑殺人

永王東巡歌十一首 永王軍中

永王正月東出師天子遥分龍虎旗樓船一舉風波
靜江漢翻爲鴈鶩池
三川北虜亂如麻四海南奔似永嘉但用東山謝安
石爲君談笑靜胡沙
雷鼓嘈嘈喧武昌雲旗獵獵過尋陽秋毫不犯三吳
悦春日遥看五色光

龍盤虎踞帝王州帝子金陵訪古丘春風試暖昭陽
殿明月還過鳷鵲樓
二帝巡遊俱未迴五陵松柏使人哀諸侯不救河南
地更喜賢王遠道來
丹陽北固是吳關畫出樓臺雲水間千巖烽火連滄
海兩岸旌旗繞碧山
王出三江按五湖樓船跨海次揚都戰艦森森羅虎
士征帆一一引龍駒
長風挂席勢難迴海動山傾古月摧君看帝子浮江
日何似龍驤出峽來
祖龍浮海不成橋漢武尋陽空射蛟我王樓艦輕秦

漢却似天皇欲渡遼
帝寵賢王入楚關掃清江漢始應還初從雲夢開朱
邸更取金陵作小山
試借君王玉馬鞭指麾戎虜坐瓊筵南風一掃胡塵
靜西入長安到日邊

上皇西巡南京歌十首

胡塵輕拂建章臺聖主西巡蜀道來劍壁門高五千
尺石為樓閣九天開
九天開出一成都萬戶千門入畫圖草樹雲山如錦
繡秦川得及此間無
德陽春樹似新豐行入新都若舊宮柳色未饒秦地
綠花光不減上林紅
誰道君王行路難六龍西幸萬人歡地轉錦江成渭
水天迴玉壘作長安
萬國同風共一時錦江何謝曲江池石鏡更明天上
月後宮親(一作新)得照蛾眉
濯錦清江萬里流雲帆龍舸下揚州北地雖誇上林
苑南京還有散花樓
錦水東流繞錦城星橋北挂象天星四海此中朝聖
主我眉山上(一作下)列仙庭
秦開蜀道置金牛漢水元通星漢流天子一行遺聖
跡錦城長作帝王州

水淥天青不起塵風光和暖勝三秦萬國煙花隨玉
輦西來添作錦江春
劍閣重關蜀北門上皇歸馬若雲屯少帝長安開紫
極雙懸日月照乾坤

峨眉山月歌 峽路

峨眉山月半輪秋影入平羌江水流夜發清溪向三
峽思君不見下渝州

峨眉山月歌送蜀僧晏入中京

我在巴東三峽時西看明月憶峨眉月出峨眉(一作峨眉山月)照
滄海與人萬里長相隨黃鶴樓前月華白此中忽
見峨眉客峨眉山月還送君風吹西到長安陌長安

大道橫九天峨眉山月照秦川黃金師子承高座白玉麈尾談重玄我似浮雲滯吳越君逢聖主遊丹闕一振高名滿帝都歸時一作來還弄峨眉月

赤壁歌送別 一作江夏

二龍爭戰決雌雄赤壁樓船掃地空烈火張天照雲海周瑜於此破曹公君去滄江望一作弄澄碧鯨鯢唐突留餘跡一一書來報故人我欲因一作覩之壯心魄

江夏行

憶昔嬌小姿春心亦自持為言嫁夫婿得免長相思誰知嫁商一作賈令人却愁苦自從為夫妻何曾在鄉土去年下揚州相送黃鶴樓眼看帆去遠心逐江水流只言期一載誰謂歷三秋使妾腸欲斷恨君情悠悠東家西舍同時發北去南來不逾月未知行李遊何方作箇音書能斷絕適來往南浦欲問西江船正見當壚女紅妝二八年一種為人妻獨自多悲悽對鏡便垂淚逢人只欲啼不如輕薄兒旦暮長追隨悔作商人婦青春長別離如今正好同歡樂君去容華誰得知

懷仙歌

一鶴東飛過滄海放心散漫知何在仙人浩歌望我來應攀玉樹長相待堯舜之事不足驚自餘囂囂直可輕巨鼇莫戴三山去吾一作我欲蓬萊頂上行

玉真仙人詞

玉真之真一作仙人時往一作上太華峯清晨鳴天鼓飆欻騰雙龍弄電不輟手行雲本無蹤幾時入少室王母應相逢

清溪行 一作宣州青溪

清溪清我心水色異諸水借問新安江見底何如此人行明鏡中鳥度屏風裏向晚猩猩啼空悲遠遊子

酬殷佐明見贈五雲裘歌 謝朓宅在書一作青山下

我吟謝朓詩上語朔風颯颯吹飛雨謝朓已沒青山空後來繼之有殷公粉圖珍裘五雲色曄如晴天散綵虹文章彪炳光陸離應是素娥玉女之所為輕如松花落金粉濃似苔錦含碧滋遠山積翠橫海島殘霞飛丹映江草凝毫采掇花露容幾年功成奪天造故人贈我我不違著令山水含清暉一作含清輝頓驚謝康樂詩興生我衣襟前林壑斂暝色袖上煙霞收夕霏群仙長歎驚此物千崖萬嶺相縈鬱身騎白鹿行飄颻手翳紫芝笑披拂相如不足誇鷫鸘王恭鶴氅安可方瑤臺雪花數千點片片吹落春風香為君持此凌蒼蒼上朝三十六玉皇下窺夫子不可及矯手相思空斷腸

臨路歌

大鵬飛兮振八裔中天摧兮力不濟餘風激兮萬世

遊扶桑兮挂石袂後人得之傳此仲尼亡乎誰爲出涕

壓陽壯士勤将軍名思齊歌 井序

壓陽壯士勤将軍神力出於百夫則天太后召見奇之授游擊将軍賜錦袍玉帶朝野榮之後拜横南将軍大臣慕義結十友即燕公張説館陶公郭元振爲首余壯之遂作詩

太古歷陽郡化爲洪川在江山猶鬱盤龍虎秘光彩蓄洩數千載風雲何霮䨴特生勤将軍神力百夫倍

草書歌行

少年上人號懷素草書天下稱獨步墨池飛出北溟魚筆鋒殺盡中山兎八月九月天氣凉酒徒辭客滿

高堂牋麻素絹排數箱宣州石硯墨色光吾師醉後倚繩牀須臾掃盡數千張飄風驟雨驚颯颯落花飛雪何茫茫起來向筆不停手一行數字大如斗怳怳如聞神鬼驚時時只見龍蛇走左盤右蹙如驚電狀同楚漢相攻戰湖南七郡凡幾家家家屏障書題編王逸少張伯英古來幾許浪得名張顛老死不足數我師此義不師古古來萬事貴天生何必要公孫大娘渾脫舞

古意

君爲女蘿草妾作兎絲花輕條不自引爲逐春風斜百丈託遠松纏綿成一家誰言會面易各在青山崖女蘿發馨香兎絲斷人腸枝枝相糾結葉葉竟飄揚生子不知根因誰共芬芳中巢雙翡翠上宿紫鴛鴦若識二草心海潮亦可量

山鷓鴣詞

苦竹嶺頭秋月輝苦竹南枝鷓鴣飛嫁得燕山胡鴈壻欲銜我向鴈門歸山雞翟雉來相勸南禽多被北禽欺紫塞嚴霜如劍戟蒼梧欲巢難背違我心誓死不能去哀鳴驚叫淚霑衣

和盧侍御通塘曲

君誇通塘好通塘勝耶溪通塘在何處宛在尋陽西青蘿嫋嫋拂煙樹白鷴處處聚沙堤石門中斷平湖

出百丈金潭照雲日何處滄浪垂釣翁鼓棹漁歌趣非一相逢不相識出没繞通塘浦邊清水明素足別有浣紗吳女郎行盡淥潭潭轉幽疑是武陵春碧流秦人雞犬桃花裏將此通塘渠見蓄通塘不忍別十去九遲迴偶逢佳境心已醉忽有一鳥從天來月出青山送行子四邊苦竹秋聲起長吟白雪望星河雙垂兩足揚素波梁鴻德耀會稽日寧知此中樂無多

李太白文集卷第七

李太白文集卷第八

歌詩四十一首

贈一

贈孟浩然（襄陽）

吾愛孟夫子，風流天下聞。紅顏棄軒冕，白首卧松雲。醉月頻中聖，迷花不事君。高山安可仰，從此揖清芬。

贈從兄襄陽少府皓（一作暠）

結髮未識事，所交盡豪雄。却秦不受賞，擊晉（一作救趙）寧爲功。託身白刃裏，殺人紅塵中。當朝揖高義，舉世欽英風。小節豈足言，退耕舂陵東。歸來無産業，生事如轉蓬。一朝狐（一作烏）裘弊，百鎰黄金空。彈劍徒激昂，出門悲路窮。吾兄青雲士，然諾聞諸公。所以陳片言，片言貴情通。棣華儻不接，甘與秋草同。

贈張公洲革處士

列子居鄭圃，不將衆庶分。革侯遁南浦，常恐楚人聞。抱甕灌秋蔬，心閑遊天雲。每將瓜田叟，耕種漢水濱（一作…）。時登張公洲，入獸不亂羣。井無桔槔事，門絶刺繡文。長揖二千石，遠辭百里君。斯爲眞隱者，吾黨慕清芬。

淮海對雪贈傅靄（一作淮南對雪贈孟浩然）

朔雪落吳天（一作吳湖），從風渡溟渤。海樹（一作樹木）成陽春，江沙皓明月。飄颻四荒外，想像千花發。瑤草生階墀，玉塵散庭闕。興從剡溪起，思繞梁山發。寄君郢中歌，曲罷心斷絶（一云劇談與空在郢路歌未斷絶）。

贈徐安宜

白田見楚老，歌詠徐安宜。製錦不擇地，操刀良在茲。清風動百里，惠化聞京師。浮人若雲歸，耕種滿郊岐。川光淨麥隴，日色明桑枝。訟息但長嘯，賓來或解頤。青槐拂户牖，白（一作碧）水流園池。遊子滯安邑，懷恩未忍辭。翳君樹桃李，歲晚託深期。

贈任城盧主簿潛（魯中）

海鳥知天風，竄身魯門東。臨觴不能飲，矯翼思凌空。鍾鼓不爲樂，煙霜誰與同。歸飛未忍去，流淚謝鴛鴻。

早秋贈裴十七仲堪

遠海動風色，吹愁（一作秋）落天涯。南星變大火，熱氣餘丹霞。光景不可迴，六龍轉天車。荆人泣美玉，魯叟悲匏瓜。功業若夢裏（一作中），撫（一作推）琴發長嗟。裴生信（一作實）英邁，屈起多才華。歷抵海岱豪，結交魯朱家（一作壓遂趙理豪結交列如兩）。良圖竟未展，意欲飛丹砂。破産（因）救人，遺身不爲家。復攜兩少女（一作妾），豔色驚荷花。雙（一作…）謁入青雲，但惜白日斜。窮溟（一作滄）出寶貝，大澤饒龍蛇。明主儻（一作倘）見收，煙霄路非賒。知飛萬里道，勿使歲寒嗟（一作時命若有會鶴丹砂）。

贈范金鄉二首

君子枉清盼，不知東走迷。離家未幾月，絡緯鳴中閨。桃李君不言，攀花願成蹊。那能吐芳信，惠好相招攜。

我有結綠珍久藏濁水泥時人棄此物乃與燕珉砆
齊拂拭欲贈之中肯路無梯遼東慙白豕楚客羞山
雞徒有獻芹心終流泣三血(一作啼)祗應自索莫留舌示
山妻

范宰不買名絃歌對前楹為邦默自化日覺冰壺清
百里雞大靜千廬機杼鳴浮人少蕩析愛客多逢迎
遊子覩嘉政因之聽頌聲

贈瑕丘王少府

皎皎鸞鳳姿飄飄神仙氣梅生亦何事來作南昌尉
清風佐鳴琴寂寞道為貴(一作爲雅貴)一見過所聞操持難
與羣毫揮魯邑訟目送瀛洲雲我隱屠釣下爾當王

石分無由接高論空此仰清芬

東魯見狄博通

去年別我向何處有人傳道游江東謂言挂席度滄
海却來應是無長風

見京兆韋參軍量移東陽二首(吳中)

潮水還歸海流人却到吳相逢問愁苦淚盡日南珠
聞說金華渡東連五百灘全勝若耶好莫道此行難
猿嘯千谿合松風五月寒他年一攜手搖艇入新安

贈丹陽橫山周處士惟長

周子橫山隱開門臨城隅連峯入戶牖勝槩凌方壺
時枉白紵詞放歌丹陽湖水色傲溟渤川光秀菰蒲

當其得意時心與天壤俱閑雲隨舒卷安識身有無
抱石恥獻玉沉泉笑探珠羽化如可作相攜上清都
(一作攜手上清都)

玉真公主別館苦雨贈衛尉張卿二首(長安)

秋坐金張館繁陰晝不開空煙送雨色蕭颯望中來
翳翳昏墊苦沉沉憂恨催清秋何以慰白酒盈吾杯
吟詠思管樂此人已成灰獨酌聊自勉誰貴經綸才
彈劍謝公子無魚良可哀

苦雨思白日浮雲何由卷稷卨和天人陰陽乃驕蹇
秋霖劇倒井昏霧橫絕巘欲往咫尺塗遂成山川限
㴖㴖奔溜瀉浩浩驚波轉泥沙塞中途牛馬不可辨

飢從漂母食閑綴羽林(一作嘆)簡園家逢秋蔬藜藿不滿眼
蟏蛸結思幽蟋蟀傷褊淺廚竈無青煙刀机生綠蘚
投箸解鷫鸘換酒醉北堂丹徒布衣者慷慨未可量
何時黃金盤一斛薦檳榔功成拂衣去搖曳滄洲旁

贈韋祕書子春

谷口鄭子真躬耕在巖石高名動京師天下皆藉藉
其人竟不起雲卧從所適苟無濟代心獨善亦何益
惟君家世者偃息逢休明談天信浩蕩說劍紛縱橫
謝公不徒然起來為蒼生祕書何寂寂無乃羈豪英
且復歸碧山安能戀金闕舊宅樵漁地蓬蒿已應沒
却顧女几峯胡顏見雲月徒為風塵苦一官已白髮

氣同萬里合訪我來瓊都披雲覩青天捫蝨話良圖
留侯將綺季出處未云殊終與安社稷功成去五湖

贈韋侍御黄裳二首

太華生長松亭亭凌霜雪天與百尺高豈爲微飈折
桃李賣陽艷路人行且迷春光掃地盡碧葉成黄泥
願君學長松愼勿作桃李受屈不改心然後知君子
見君乘驄馬知上太山道此地果摧輪全身以爲寶
我如豐年玉棄置秋田草但勗冰壺心無爲歎衰老

贈薛校書

我有吴趨曲無人知此音姑蘇成蔓草麋鹿空悲吟
未誇觀濤作空鬱釣鼇心舉手謝東海虛行歸故林

李八　五

贈何七判官昌浩

有時忽惆悵匡坐至夜分平明空嘯咤思欲解世紛
心隨長風去吹散萬里雲羞作濟南生九十誦古文
不然拂劍起沙漠收奇勳老死田陌間何因揚清芬
夫子今管樂英才冠三軍終與同出處豈將沮溺羣

讀諸葛武侯傳書懷贈長安崔少府叔封昆季

漢道昔云季羣雄方戰爭覇圖各未立割據資豪英
赤伏起頹運臥龍得孔明當其南陽時隴畝躬自耕
魚水三顧合風雲四海生武侯立岷蜀壯士吞咸京
何人先見許但有崔州平余亦草間人一作士頗懷拯物
情晚途值子玉華髮同衰榮託意在經濟結交爲弟

兄無令管與鮑千載獨知名

贈郭將軍

將軍少年出武威一作少年出武威一作胄入掌銀臺護紫微平明
拂劍朝天去薄暮垂鞭醉酒歸愛子臨風吹玉笛美
人騰一作向又作臨月舞羅衣疇昔雄豪如夢裏相逢且欲醉
春輝一云今日相逢但安路何年須上弄春暉

駕去温泉宮後贈楊山人

少年落托楚漢間風塵蕭瑟多苦顏自言介蠆一作胄竟
誰許長吁莫錯還閉關一朝君王垂拂拭剖心輸丹
雪胸臆忽蒙白日迴景光直上青雲生羽翼幸陪鸞
輦出鴻都身騎飛龍天馬駒王公大人借顏色金章

李八　六

紫綬來相趨當時結交何紛紛片言道合唯有君待
吾盡節報明主然後相攜一作與君同臥白雲

温泉侍從歸逢故人

漢帝長楊苑誇胡羽獵歸子雲叨侍從獻賦有光輝
激賞搖天筆承恩賜御衣逢君奏明主他日共翻飛

贈裴十四

朝見裴叔則朗如行玉山黄河落天走東海萬里寫
入胸懷間身騎白鼉不敢度金高南山買君顧徘徊
六合無相知飄若浮雲且西去

贈崔侍御

黄河三尺鯉本在孟津居點額不成龍歸來伴一作作凡

魚故人東海客一見借吹噓鳳壽儻相因更欲凌崑
墟何當赤草使再往召相如

上李邕

大鵬一日同風起摶搖直上九萬里假令風歇時下
來猶能𢷬却滄溟水世人見我恒殊調見余大言皆
冷笑宣公猶能畏後生丈夫未可輕年少

述德兼陳情上哥舒大夫

天為國家孕英才森森矛戟擁靈臺浩蕩深謀噴江
海縱橫逸氣走風雷丈夫立身有如此一呼三軍皆
披靡衛青漫作大將軍白起真成一豎子

雪讒詩贈友人 四言

嗟余沉迷猖獗已久五十知非古人常有立言補過
庶存不朽苞荒匿瑕蓄此頑醜月出致譏貽愧皓首
感悟遂晚事往日遷白璧何辜青蠅屢前羣輕折軸
下沉黃泉衆毛飛骨上陵青天萋菲暗成貝錦粲然
泥沙聚埃珠玉不鮮洪焱爍山發自纖煙滄波蕩日
起乎微涓交亂四國播于八埏拾塵掇蜂疑聖猜賢
哀哉悲夫誰察余之貞堅彼婦人之猖狂不如鵲之
彊彊彼婦人之淫昏不如鶉之奔奔坦蕩一作蕩君子無
悅簧言擢髮贖罪罪乃孔多傾海流惡惡無以過人
生實難逢此織羅積毀銷金沉憂作歌天未喪文其
如余何妲已滅紂褒女惑周天維蕩覆職此之由漢
祖呂氏食其在傍寵皇太子毒亦婬荒螮蝀作昏遂
掩太陽萬乘尚爾匹夫何傷辭殫意窮心切理直如
或妄談昊天是殛子野善聽離婁至明神靡遁響鬼
無逃形不我遐棄庶昭忠誠

贈參寥子

白鶴飛天書南荊訪高士五雲在峴山果得參寥子
肮髒辭故園昂藏入君門天子分玉帛百官接話言
毫墨時灑落探元有奇作著論窮天人千春祕麟閣
長揖不受官拂衣歸林巒余亦去金馬藤蘿同所歡
相思在何處桂樹青雲端

贈饒陽張司戶璲 燕[illegible]太宗

朝飲蒼梧泉夕棲碧海煙寧知鸞鳳意遠託椅桐前
慕藺豈曩古攀嵇是當年愧非黃石老安識子房賢
功業嗟落日容華棄徂川一語已道意三山期著鞭
蹉跎人間世寥落壺中天獨見遊物祖探元窮化先
何當共攜手相與排冥一作罝筌

贈清漳明府姪

我李百萬葉柯條布中州天開青雲器日為蒼生憂
小邑且割雞大刀竹烹牛雷聲動四境惠與清漳流
絃歌詠唐堯脫落隱簪組心和得天真風俗由一作猶太
古牛羊散阡陌夜寢不扃戶問此何以然賢人宰吾
土舉邑樹桃李垂陰亦流芬河堤繞綠水桑柘連青

雲趙女不治容提籠畫成羣繰絲鳴機杼百里聲相
聞訟息烏下階高卧披道帙蒲鞭挂簷枝示恥無撲
抶琴清月當戶人寂風入室長嘯無一言陶然上皇
逸白玉壺冰水壺中見底清清光洞毫髮皎潔照羣
情趙北美佳政燕南播高名過客覽行謠因之頌德
聲一作傳聲

贈臨洺縣令皓弟時被訟停官

陶令去彭澤茫然元古心大　成曲但奏無弦琴
釣水路非遠連鼇意何深終期龍伯國與余相招尋

贈郭季鷹

河東郭有道於世若浮雲盛德無我位清光獨映君
恥將雞並食長與鳳為羣一擊九千仞相期凌紫氛

鄴中贈王大勸入高鳳石門山幽居

一身竟無託遠與孤蓬征千里失所依復將落葉并
中途偶良朋問我將何行欲獻濟時策此心誰見明
君王制六合海塞無交兵壯士伏草間沉憂亂縱橫
飄飄不得意昨發南都城紫一作□□札上嘶青萍匣中鳴
投軀寄天下長嘯尋豪英恥學琅邪人龍蟠事躬耕
富貴吾自取建功及春榮我願執爾手爾方達我情
相知同一己豈惟弟與兄抱子弄白雲琴歌發清聲
臨別意難盡各希存令名

贈華州王司士改西

淮水不絕波瀾高盛德未泯生英髦知君先負廟堂
器今日還須贈寶刀

贈盧徵君昆弟

明主訪賢逸雲泉今已空二盧竟不起萬乘高其風
河上喜相得壺中趣每同滄洲即此地觀化遊無窮
水落海水清鼇背睹方蓬與君弄倒影攜手凌星虹

贈新平一作豐少年

韓信在淮陰少年相欺凌屈體若無骨壯心有所憑
一遭龍顏君嘯吒從此興千金答漂母萬古共嗟稱
而我竟胡一作何為寒苦坐相仍長風入短袂內一作兩手如
懷冰故友不相恤新交寧見矜摧殘檻中虎羈紲韝
上鷹何時騰風雲搏擊申所能

贈崔侍御

長劍一杯酒男兒方寸心洛陽因劇孟託一作訪宿話胷
襟但仰山嶽秀不知江海深長安復攜手再顧重千
金君乃輶軒佐余叨翰墨林高風摧秀木驚彈落虛
禽不取回舟興而來命駕尋扶搖應借便一作力桃李願
成陰笑吐張儀舌愁為莊舄吟誰憐明月夜腸斷聽
秋砧

走筆贈獨孤駙馬

都尉朝天躍馬歸香風吹人花亂飛銀鞍紫鞚照雲
日左顧右盼生光輝是時僕在金門裏待詔公車謁

天子長揖蒙垂國士恩壯心剖出酬知己一別蹉跎
朝市間青雲之交不可攀儻其公子重迴顧何必侯
嬴長抱關

李太白文集卷第八

李太白文集卷第九

歌詩三十四首

贈二

贈嵩山焦鍊師 并序 洛陽

嵩丘有神人焦鍊師者不知何許婦人也又云生於
齊梁時其年貌可稱五六十常胎息絶穀居少室廬
遊行若飛倏忽萬里世或傳其入東海登蓬萊竟不
能測其往也余訪道少室盡登三十六峯聞風有寄
灑翰遙贈

二室凌(一作倚)青天三花含(一作明)紫(一作翠)煙中有蓬海客宛疑
麻姑仙道在喧莫染跡高想已縣時餐金鵝蘂(一作金蛾蘂)
屢讀青苔篇八極恣遊遨九垓長周旋下瓢酌潁水
舞鶴來伊川還歸空山上獨拂秋霞眠蘿月挂朝鏡
松風鳴夜絃潛光隱嵩嶽鍊魄棲雲幄霓衣何飄颻
(一作蕭材)鳳吹(一作君為)轉綿邈顧同西王母下顧東方朔紫書儻
可傳寘(一作置)骨誓相學

口號贈陽徵君 此公時被徵

陶令辭彭澤梁鴻入會稽我尋高士傳君與古人齊
雲臥留丹壑天書降紫泥不知楊伯起早晚向關西

秋日鍊藥院鑷白髮贈元六兄林宗

木落識歲秋瓶水知天寒桂枝日已緑拂雪凌雲端
弱齡接光景矯翼攀鴻鸞投分三十載榮枯同所懽

長吁望青雲鑷白坐相看秋顏入曉鏡壯髮凋危冠
窮與飽生貴飢從漂母飡時來極天人道在豈吟歎
樂毅方適趙蘇秦初説韓卷舒固在我何事空摧殘
書情贈蔡舍人雄 梁宋
嘗高謝太傅（一作嘗聞謝安石）攜妓東山門楚舞醉碧雲吴歌
斷清猿𨖚因蒼生起談笑安黎元余亦愛此人丹霄
冀飛翻遭逢聖明主敢進興亡言娥眉積讒妬魚目
嗤璵璠白璧竟何辜（一作本無瑕）青蠅遂成冤一朝去京國
十載客梁園猛犬吠九關殺人憤精魂皇穹雪天枉
白日開氛昏太階得夔龍桃李滿中原倒海索明月
淩山採芳蓀愧無橫草功虛負雨露恩跡謝雲臺閣

李九　二

心隨天馬轅夫子王佐才而今復誰論曾𦐑振六翮
不日思騰騫我縱五湖棹煙濤恣崩奔夢釣子陵湍
英氣緬猶存徒希客星隱弱植不足援千里一迴首
萬里一長歌黃鶴不復來清風奈愁何舟浮瀟湘月
（一作江横翠削石）山倒洞庭波投汨笑古人臨濠得天和閑時
田畝中搔背牧雞鵝別離解相訪應在武陵多
憶襄陽舊遊贈濟陰馬少府巨
昔為大堤客曾上山公樓開窗碧嶂滿拂鏡滄江流
高冠佩雄劍長揖韓荊州此地別夫子今來思舊遊
朱顏君未老白髮我先秋壯志恐蹉跎功名若雲浮
（一作有意未得古讀賢者況復）歸心結遠夢落日懸春愁空思羊叔子

墮淚峴山頭（一作何時共携手更醉峴山頭）
對雪獻從兄虞城宰
昨夜梁園雪弟寒兄不知庭前看玉樹腸斷憶連枝
訪道安陵遇蓋寰為予造真籙臨別留贈
清水見白石仙人識青童安陵蓋夫子十歲與天通
懸河與微言談論安可窮能令二千石撫背驚神聰
揮毫贈新詩高價掩山東至今平原客感激慕清風
學道北海仙傳書蘂珠宮丹田了玉闕白日思雲空
為我草真籙天人慚妙工七元洞豁落八角輝星虹
三災蕩璇璣蛟龍翼微躬舉手謝天地虛無齊始終
黃金獻高堂荅荷難克充下笑世上事沉魂北羅酆

李九　三

昔日萬乘墳今成一科蓬贈言若可重實此輕華嵩
雜言用投丹陽知己兼奉宣慰判官
客從崑崙來遺我雙玉璞云是古之得道者西王母
食之餘食之可以淩太虛愛之頗謂絶今昔求識紅
淮人猶乎比石如今雖在下和手　正憔悴了了
知之亦何益恭聞士有調相如始從鎬京還復欲鎬
京去能上秦王殿何時迴光一相眄欲投君保君年
幸君持取無棄捐無棄捐服之與君俱神仙
贈崔郎中宗之 金陵
胡鷹（一作鴈）拂海翼翔翔鳴素秋驚雲辭沙朔飄蕩迷河
洲（一作胡鷹度日邊兩龍天地秋哀鳴沙塞寒風雪迷河洲）有（一作乃）如飛蓬人去逐（一作…）

萬里遊登高望浮雲驕歸如舊丘日從海旁沒水向
天邊流長嘯倚孤劍目極心悠悠歲晏歸去來富貴
安所求仲尼七十說歷聘莫見收魯連逃千金珪組
豈可一作不足酬時哉苟不會草木為我儔希君同攜手長
往南山幽

贈崔諮議

綠驥本天馬素非伏櫪駒長嘶向一作與清風倏忽凌九
區何言西北至却是東南隅世道有翻覆前期一作經又作論
難預圖希君一一作前又作相翦拂一作拂使猶可騁中衢

贈昇州王使君忠臣

六代帝王國三吳佳麗城賢人當重寄天子借高名
巨海一邊靜長江萬里清應須救趙策未肯棄侯嬴

李九

贈別從甥高五

魚目高太山不如一璵璠賢甥即明月聲價動天門
能成五宅相不減魏陽元自顧寡籌略功名安所存
五木思一擲如繩繫窮猿櫪中駿馬空堂上醉人喧
黃金久已罄為報故交恩聞君隴西行使我驚心魂
與爾共飄颻雪天各飛翻江水流或卷此心難具論
貧家羞好客語拙覺辭繁三朝空錯莫對飯却慚冤
自笑我非夫生事多契闊蓄積萬古憤向誰得開豁
天地一浮雲此身乃毫末忽見無端倪太虛可包括
去去何足道臨岐空復愁肝膽不楚越山河亦含[illegible]

雲龍若相從明主會見收成功解相訪溪水桃花流

贈裴司馬

翡翠黃金縷繡成歌舞衣若無雲間月誰可比光輝
秀色一如此多為衆女譏君恩移昔愛失寵秋風歸
愁苦不窺鄰泣上流黃機天寒素手冷夜長燭復微
十日不滿匹鬢蓬亂若絲猶是可憐人容華世中稀
向君發皓齒顧我莫相違

敘舊贈江陽宰陸調

太伯讓天下仲雍揚波濤清風蕩萬古跡與星辰高
開吳食東溟陸氏世英髦多君秉古節嶽立冠人曹
風流少年時京洛事遊遨腰間延陵劍玉帶明珠袍

李九　五

我昔鬬雞徒連延五陵豪邀遮相組織呵嚇來煎熬
君開萬叢人鞍馬皆辟易告急清憲臺脫余北門厄
閒宰江陽邑剪棘樹蘭芳一本自陸氏世英髦以下云夫子時峻李岳立冠人曾風流少年時京洛事遊遨驟知陽鶯五劍明朱遊一諾許他人千金雙錯刀滿堂青雲士望美期丹霄我昔北門厄摧如一枝蒿虎挾雞徒連延五陵豪邀遮來組織呵嚇相煎熬君披萬人叢脫我如[illegible]牢此身竟未酬且食綏山桃非天雨文章所祖記風騷蓬蒿老壯髮長策未逢遭別君幾何時君無相思否鳴琴坐高樓承水淨塵慵政成聞雅頌人吏皆樂手投刀有餘地廻東嚮江陽錯雜非易理先威遂豪墜下與此同
城門何蕭條五月飛秋霜好鳥集珍木高才
列華堂時從府中歸絲管儼成行但苦隔遠道無由
共銜觴江北荷花開江南楊梅熟正好飲酒時懷賢
在心目挂席候海色當風下長川多酤新豐醁滿載

集部　第一冊

刻溪船中途不遇人直到爾門前大笑同一醉取樂平生年

贈從孫義興宰銘 亞相李公重之以籍政中丞李公勉罷以節官

天子思茂宰天枝得英才朗然清秋月獨出映吳臺落筆生綺繡操刀振風雷螻屈雖百里鵬騫望三台退食無外事琴堂向山開綠水寂以閑白雲有時來河陽富奇藻彭澤縱名杯所恨不見之猶如仰昭回元惡昔滔天疲人散幽草驚川無活鱗舉邑罕遺老誓雪會稽恥將奔宛陵道亞相素所重投刃應桑林獨坐傷激楊神融一開襟絃歌欣再理和樂醉人心蠹政除害馬傾巢有歸禽壺漿候君來聚舞共謳吟

農夫棄蓑笠蠶女墮纓簪歡笑相拜賀則知惠愛深歷職吾所聞稱賢尚為最化洽一邦上名馳三江外峻節冠雲霄通方堪遠大能文變風俗好客留軒蓋他日一來遊因之嚴光瀨

草創大還贈柳官迪

天地為橐籥周流行太易造化合元符交構騰精魄自然成妙用孰知其指的羅絡四季間綿微一無隙日月更出沒雙光豈云隻姹女乘河車黃金充轅軛執樞相管轄摧伏傷羽翮朱鳥張炎威白虎守本宅相煎成苦老消鑠凝津液髣髴明窗塵死灰同至寂鑄冶入赤色十二周律曆赫然稱大還與道本無隔白日可撫弄清都在咫尺北酆落死名南斗上生籍抑予是何者身在方士格才術信縱橫世途自輕擲吾求仙棄俗君曉損勝益不向金闕遊思為玉皇客鸞車速風電龍騎無鞭策一舉上九天相攜同所適

贈崔司戶文昆季

雙珠出海底俱是連城珍明月兩特達餘輝照傍人英聲振名都高價動殊鄰豈伊箕山故特以風期親惟昔不自媒擔簦西入秦攀龍九天上別忝歲星臣布衣侍丹墀密勿草絲綸才微惠渥重讒巧生緇磷一去已十年今來復盈旬清霜入曉鬢白露生衣巾側見綠水亭開門列華茵千金散義士四座無凡賓

欲折月中桂持為寒者薪路傍已竊笑天路將何因垂恩儻丘山報德有微身

贈溧陽宋少府陟

李斯未相秦且逐東門兔宋玉事襄王能為高唐賦常聞綠水曲忽此相逢遇掃灑青天開豁然披雲霧鳳縱紫鸞鳥巢在昆山樹驚風西北吹飛落南溟去早懷經濟策特受龍顏顧白王棲青蠅君臣忽行路人生感分義貴欲呈丹素何日清中原相期廓天步

戲贈鄭溧陽

陶令日日醉不如五柳春素琴本無絃漉酒用葛巾清風北窗下自謂羲皇人何時到栗里一見平生親

贈僧崖公

昔在朗陵東學禪白眉空大地了鏡徹迴旋寄輪風攬彼造化力持爲我神通晚謁太山君親見日沒雲中夜卧山月（一作夜卧山上月）拂衣逃人羣授余金仙道曠劫未始聞冥機發天光獨朗謝垢氛虛舟不繫物觀化遊江濆江濆遇同聲道崖乃僧英說法動海嶽遊方化公卿手秉玉麈尾如登白樓亭微言注百川亹亹信可聽一風鼓羣有萬籟各自鳴啓開七窻牖託宿掣雷霆自云歷天台搏壁躡翠屏凌兢石橋去恍惚入青冥昔往今來歸絕景無不經何日更攜手乘杯向蓬瀛

遊溧陽北湖亭望瓦屋山懷古贈同旅（一作孟浩然）

朝登北湖亭遙望瓦屋山天清白露下始覺（一作知）秋風還遊子託主人仰觀眉睫間日（一作目）色送飛鴻邈然不可攀長吁相勸勉何事來吳關聞有貞義女振窮溧水灣清光了在眼白日如披顏高墳五六墩崒兀棲猛虎遺跡翳九泉芳名動千古子胥昔乞食此女傾壺漿運開展宿憤入楚鞭平王凜冽天地間聞名若懷霜壯夫或未達十步九太行與君拂衣去萬里同翱翔

鄴中贈王大勸入高鳳

烏上湖逢拂爲難客中相見喜中[illegible]

正値傾家無酒錢江東風光不借人枉殺落花空自春黃金逐手快意盡昨日破產今朝貧丈夫何事空嘯傲不如燒却頭上巾君爲進士不得進我被秋霜生旅鬢時清不及英豪人三尺童兒唾廉藺匣中盤劍裝鱔魚閑在腰間未用渠且將換酒與君醉醉歸託宿吳專諸

贈秋浦柳少府

秋浦舊蕭索公庭人吏稀因君樹桃李此地忽芳菲搖筆望白雲開簾當翠微時來引山月縱酒酣清輝而我愛夫子淹留未忍歸

贈崔秋浦三首

吾愛崔秋浦宛然陶令風門前五（一作栽）楊柳井上二（一作夾）梧桐山鳥下聽事簷花落酒中懷君未忍去惆悵意無窮

崔令學陶令（一作君似陶彭澤）北窗常晝眠抱琴時弄月（一作待秋月）取意任無絃見客但傾酒爲官不愛錢東皋多種黍勸爾早耕田（一作東皋春事起種黍早歸田）

河陽花作縣秋浦玉爲人地逐名賢好風隨惠化春水從天漢落山逼畫屏新應念金門客投沙弔楚臣

望九華山贈青陽韋仲堪

昔在九江上遙望（一作觀）九華峯天河挂綠水秀出（一作山）九芙蓉我欲一揮手誰人可相從君爲東道主於此卧

雲松

贈柳圓

竹實滿秋浦鳳來何苦飢還同月下鵲三繞未安枝
夫子即瓊樹傾柯拂羽儀懷君戀明德歸去日相思

聞謝楊兒吟猛虎詞因有此贈

同州隔秋浦聞吟猛虎詞晨朝來借問知是謝楊兒

宿清溪主人

夜到清溪宿主人碧巖裏簷楹挂星斗枕席響風水
月落西山時啾啾夜猿起

贈王判官時余歸隱居廬山屏風疊尋陽

昔別黃鶴樓蹉跎淮海秋俱飄零落葉各散洞庭流
中年不相見蹭蹬遊吳越何處我思君天台綠蘿月
會稽風月好卻遶剡溪迴雲山海上出人物鏡中來
一度浙江北十年醉楚臺荊門倒屈宋梁苑傾鄒枚
苦笑我誇誕知音安在哉大盜割鴻溝如風掃秋葉
吾非濟代人且隱屏風疊中望天中望憶君思見君
明朝拂衣去永與海鷗羣

在水軍宴贈幕府諸侍御永王軍中

月化五白一作百龍飜飛凌九天胡沙驚北海電掃洛陽
川虜箭兩宮闕皇輿成播遷英王受廟略秉鉞清南
邊雲旗卷海雪金戟羅江煙聚散百萬人弛張在一
賢霜臺降羣彥水國奉戎旃繡服開宴語天人借樓

船如登黃金臺遙謁紫霞仙卷身編蓬下冥機四十
年寧知草間人腰下有龍泉浮雲在一決誓欲清幽
燕願與四座公靜談金匱篇齊心戴朝恩不惜微軀
捐所冀旄頭滅功成追魯連

贈潘侍御論錢少陽

繡衣柱史何昂藏鐵冠白筆橫秋霜三軍論事多引
納階前虎士羅千將雖無二十五老者且有一翁錢
少陽眉如松雪齊四皓調笑可以安儲皇君能禮此
最下士九州拭目瞻清光

贈武十七諤并序

門人武諤深於義一作誼者也質木沉悍慕要離之風潛
鈎川海不數數於世間事聞中原作難西來訪余余
愛子伯禽在魯許將冒胡兵以致之酒酣感激援筆
而贈

馬如一匹練明日過吳門乃是要離客西來欲報恩
笑開燕匕首拂拭竟無言狄犬吠清洛天津成塞垣
愛子隔東魯空悲斷腸猨林回棄白璧千里阻同奔
君為我致之輕齎涉淮源精誠合天道不愧遠遊魂一作斂魂

李太白文集卷第九

李太白文集卷第十

歌詩二十九首

贈三

贈張相鎬二首（時逃難病在宿松山作。後一首亦作書懷重寄張相公）

神器難竊弄，天狼窺紫宸。六龍遷（一作鸞）白日，四海（一作九洛）暗胡塵。昊穹降元宰，君子方經綸。澹然養浩氣，歘起持天鈞。秀骨象山嶽，英謀合鬼神。佐漢解鴻門，興唐（一作功成）思退身（一作生唐爲後身）。擁旄秉金鉞，伐鼓乘朱輪。虎將如雷霆（一作電），擁戎向東巡。諸侯拜馬首，猛士騎鯨鱗。澤被魚鳥悅，令行草木春。聖智（一作賢）不失時，建功及良辰。醜虜安足紀，可貽幗與巾。倒瀉溟海珠，盡爲入幕珍。馮異獻赤伏，鄧生歘來臻。庶同昆陽舉，再覩漢儀新。昔爲管將鮑，中奔吳隔秦。一生欲報主，百代期榮親。其事竟不就，哀哉難重陳。臥病古松滋，蒼山空四鄰。風雲激壯志，枯槁驚常倫。聞君自天來，目張氣益振。亞夫得劇孟，敵（一作七）國空（一作定）無人。捫蝨對桓公，願得論悲辛。大塊方噫氣，何辭鼓青蘋。斯言儻不合，歸老漢江濱。

本家（一作家本）隴西人，先爲漢邊將。功略蓋天地，名飛青雲上。苦戰竟不侯，當年頗惆悵。世傳崆峒勇，氣激金風壯。英烈遺厥孫，伯代神猶王。十五觀奇書，作賦凌相如。龍顏惠殊寵，麟閣憑天居（一作待詔承明廬）。晚途未云已，蹭蹬遭讒毀。想像晉末時，崩騰胡塵起。衣冠陷鋒鏑，戎

虜盈頗市（一作生荊棘）。石勒窺神州，劉聰劫天子。撫劍夜吟嘯，雄心日千里。誓欲斬鯨鯢，澄清洛陽水。六合（一作三台）灑霖雨，萬物（一作六合）無凋枯。我揮一杯水，自笑何區區。因人耶成事，貴欲決良圖。滅虜不言功，飄然陟（一作向）蓬壺。唯有安期舄，留之滄海隅。

贈閭丘宿松

阮籍爲太守，乘驢上東平。剖竹十日間，一朝風化清。偶來拂衣去，誰測主人情。夫子理宿松，浮雲知古城。掃地物莽然，秋來百草生。飛鳥還舊巢，遷人返躬耕。何慚宓子賤，不減陶淵明。吾知千載後，却掩二賢名。

獄中上崔相渙（尋陽）

胡馬渡洛水，血流征戰場。千門閉秋景，萬姓危朝霜。賢相燮元氣，再欣海縣康。台庭有夔龍，列宿粲成行。羽翼三元聖，發輝兩太陽。應念覆盆下，雪泣拜天光。

繫尋陽上崔相渙三首

邯鄲四十萬，同日陷長平。能迴造化筆，或冀一人生。

毛遂不墮井，曾參寧（一作不）殺人。虛言誤公子，投杼惑慈親。白璧雙明月，方知一玉真。

盧傳一片雨，枉作陽臺神。縱爲夢裏相隨去，不是襄王傾國人。（此一首非上崔相）

中丞宋公以吳兵三千赴河南，軍次尋陽，脫余之囚，參謀幕府，因贈之

猶坐清天下專征出海隅九江皆渡虎三郡盡還珠
組練明秋浦樓船入郢都風高初選將月滿欲平胡
殺氣橫千里軍聲動九區白猿慚劍術黃石借兵符
戎虜行當翦鯨鯢立可誅自非劉孟何以佐良圖

流夜郎贈辛判官（流夜郎）

昔在長安醉花柳五侯七貴同杯酒氣岸遙凌豪士
前風流肯落他（一作諸又作）人後夫子紅顏我少年章臺走
馬著金鞭文章獻納麒麟殿歌舞淹留玳瑁筵與君
自謂長如此寧知草動風塵起函谷忽驚胡馬來秦
宮桃李向胡開我愁遠謫夜郎去何日金雞放赦迴

贈劉都使

東平劉公幹南國秀餘芳一鳴即朱紱五十佩銀章
飲冰事戎幕衣錦華水鄉銅官幾萬人諍訟清玉堂
吐言貴珠玉落筆迴風霜而我謝明主銜哀投夜郎
歸家酒債多門客粲成行高談滿四座一日傾千觴
所求竟無緒裘馬欲摧藏主人若不顧明發釣滄浪

贈常侍御

安石在東山無心濟天下一起振橫流功成復瀟灑
大賢有舒卷季葉輕風雅匡復屬何人君爲知音者
傳聞武安將氣振長平瓦燕趙期洗清周秦保宗社
登朝若有言爲訪南遷賈

贈易秀才

少年解長劍投贈即分離何不斷犀象精光暗往時
蹉跎君自惜竄逐我因誰地遠虞翻老秋深宋玉悲
空摧芳桂色不屈古松姿感激平生意勞歌寄此辭

經亂離後天恩流夜郎憶舊遊書懷贈江夏韋太守良宰

天上白玉京十二樓五城仙人撫我頂結髮受長生
誤逐世間樂頗窮理亂情九十六聖君浮雲掛空名
天地賭一擲未能忘戰爭試涉霸王略將期軒冕榮
時命乃大謬棄之海上行學劍翻自哂爲文竟何成
劍非萬人敵文竊四海聲兒戲不足道五噫出西京
臨當欲去時慷慨淚沾纓歎君倜儻才標舉冠群英

開筵引祖帳慰此遠徂征鞍馬若浮雲送余騁邊亭
歌鐘不盡意白日落昆明十月到幽州戈鋋若羅星
君王棄北海掃地借長鯨呼吸走百川燕然可摧傾
心知不得意（一作語）却欲棲蓬瀛彎弧懼天狼挾矢不敢
張攬涕黃金臺呼天哭昭王無人貴駿骨綠耳空騰
驤樂毅儻再生于今亦奔亡蹉跎（一作）不得意驅馬過
貴鄉逢君聽絃歌肅穆坐華堂百里獨太古陶然臥
羲皇徵樂昌樂館開筵列壺觴賢豪間青娥對燭儼
成行醉舞紛綺席清歌繞飛梁歡娛未終朝秩滿（一作）
歸咸陽祖道擁萬人供帳遙相望一別隔千里榮枯
異炎涼炎涼幾度改九土中橫潰漢甲連胡兵沙塵

暗雲海草木摇殺氣星辰無光彩白骨成丘山蒼生
竟何罪函關壯帝居國命懸哥舒長戟三十萬開門
納兇渠公卿奴犬羊忠讜醢與葅二聖出遊豫兩京
遂丘墟帝子許專征秉旄控強楚節制非桓文軍師
擁熊虎人心失去就賊勢騰風雨惟君固房陵誠節
冠終古僕臥香鑪頂飡霞漱瑤泉門開九江轉枕下
五湖連半夜水軍來尋陽滿旌旃空名適自誤迫脅
上樓船徒賜五百金棄之若浮煙辭官不受賞翻謫
夜郎天夜郎萬里道西上令人老掃蕩六合清仍爲
負霜草日月無偏照何由訴蒼昊良牧稱神明深仁
恤交道一忝青雲客三登黃鶴樓顧慚禰處士虛對

鸚鵡洲芳一作葉山覇氣盡寥落天地秋一作形括冠白簡照氣凌清秋江
帶峨眉雪横穿三峽流萬舸此中來連帆過揚州送
此萬里目曠然散我一作顏愁紗窗倚天開水樹綠如髮一作水綠樹如髮
窺日一作光畏銜山促酒喜見月吳娃與越豔窈
窕誇鉛紅呼來上雲梯含笑出簾櫳對客小垂手羅
衣舞春風賓跪請休息主人情未極覽君荆山作江
鮑堪動色清水出芙蓉天然去雕飾逸興横素襟無
時不招尋朱門一作旄擁虎士列戟何森森剪鑿竹石開
縈流漲清深登樓一作臺坐一作入水閣吐論多英一作奇音片辭
貴白璧一諾輕黃金謂我不媿君青鳥一作鸞明丹心五
色雲間鵲飛鳴天上來傳聞赦書至却放夜郎迴暖

氣變寒谷炎煙生死灰君登鳳池去勿棄賈生才桀
犬尚吠堯匈奴笑千秋中夜四五歎常爲大國憂旌
旆夾兩山黃河當中流連雞不得進飲馬空夷猶安
得羿善射一箭落旄頭

江夏使君叔席上贈史郎中

鳳凰丹禁裏銜出紫泥書昔放三湘去今還萬死餘
仙郎久爲別客舍問何如涸轍思流水浮雲失舊居
多慙華省貴不以逐臣疎復如竹林下而陪芳宴初
希君生羽翼一化北溟魚

流夜郎半道承恩放還兼欣剋復之美書懷
示息秀才

黃口爲人羅白龍乃魚服得罪豈怨天以愚陷網目
鯨鯢未剪滅豺狼屢翻覆悲作楚地囚何由秦庭哭
遭逢二明主前後兩遷逐去國愁夜郎投身竄荒谷
半道雪屯蒙曠如鳥出籠遥欣剋復美光武安可同
天子巡劍閣儲皇守扶風揚袂正北辰開襟攬羣雄
胡兵出月窟雷破關之東左掃因右拂旋收洛陽宮
迴輿入咸京席卷六合通叱咤開帝業一作宇手成天地
功大駕還長安兩日忽再中一朝讓寶位劍璽傳無
窮媿無秋毫力誰念矍鑠翁弋者何所慕高飛仰冥
鴻棄劍學丹砂臨鑪雙玉童寄言息夫子歲晚陟方
蓬

巴陵贈賈舍人

賈生西望憶京華湘浦南遷莫怨嗟聖主恩深漢文帝憐君不遣到長沙

博平鄭太守自廬山千里相尋入江夏北門見訪却之武陵立馬贈別

大梁貴公子氣蓋蒼梧雲若無三千客誰道信陵君救趙復存魏英威天下聞邯鄲能屈節訪博從毛薛夷門得隱淪而與侯生親仍要鼓刀者乃是袖鎚人好士不盡心何能保其身多君重然諾意氣遙相許五馬入市門金鞍照城郭都忘虎竹貴且與荷衣樂去去桃花源何時見歸軒相思無終極腸斷朗江一作陵猨

江上贈竇長史

漢求季布魯朱家楚逐伍胥去章華萬里南遷夜郎國三年歸及長風沙聞道青雲貴公子錦帆遊弄西江水人疑天上坐樓船水淨霞明兩重綺相約相期何太深棹歌搖艇月中尋不同珠履三千客別欲論交一片心

贈王漢陽

天落白玉棺一作天上墜玉棺　王喬辭葉縣一去未十年漢陽復相見猶乘飛鳧舄尚識仙人面鬢髮何青青童顏皎如練吾曾弄海水清淺嗟三變果愜麻姑言時光速流電與君數杯酒可以窮歡宴白雲歸去來何事坐交戰

贈漢陽輔錄事二首

聞君罷官意我抱漢川湄借問久疎索何如聽訟時天清江月白心靜海鷗知應念投沙客空餘弔屈悲

鸚鵡洲橫漢陽渡水引寒煙沒江樹南浦登樓不見君君今罷官在何處漢口雙魚白錦鱗令傳尺素報情人其中字數無多少秖是相思秋復春

江夏贈韋南陵冰

胡驕馬驚沙塵起胡雛飲馬天津水君為張掖近酒泉我竄三巴九千里天地再新法令寬夜郎遷客帶霜寒西憶故人不可見東風吹夢到長安寧期此地忽相遇驚喜茫如墮煙霧玉簫金管喧四筵苦心不得申一一作長句昨日繡衣傾綠樽病如桃李竟何言昔騎天子大宛馬今乘款段諸侯門　賴遇南平豁方寸復兼夫子持清論有似山開萬里雲四望青天解人悶　人悶還心悶苦辛長苦辛愁來飲酒二千石寒灰重暖生陽春山公醉後能騎馬別是風流賢主人頭陀雲月多僧氣山水何曾稱人意不然一作鳴鳴笳按鼓戲滄流呼取江南女兒歌棹謳我且為君槌碎黃鶴樓君亦為吾倒却鸚鵡洲赤壁爭雄如夢裏且須歌舞寬離憂

贈別舍人弟臺卿之江南
去國客行遠還山秋夢長梧桐落金井一葉飛銀牀
覺罷把朝鏡鬢毛颯已霜良圖委蔓草古貌成枯桑
欲道心下事時人疑夜光因爲洞庭葉飄落之瀟湘
一作流浪至瀟湘令弟經濟士一作才謫居我何傷一作出門見我傷潛虬隱
尺一作斗水著論談興亡玄遇王子喬口傳不死方入洞
過天地登真朝玉皇吾將撫爾背揮手遂翱翔一作攜手登蓬萊

贈盧司戶
秋色無遠近出門盡寒山白雲遙相識待我蒼梧間
借問盧躭鶴西飛幾歲還

贈從弟南平太守之遙二首時因飲酒過度貶武陵後詩故贈

少年不作意落拓無安居願隨任公子欲釣吞舟魚
常時飲酒逐風景壯心遂與功名疎蘭生谷底人不
鋤雲在高山空卷舒漢家天子馳駟馬赤車蜀道迎
相如天門九重謁聖人龍顏一解四海春彤庭左右
呼萬歲拜賀明主收沉淪翰林秉筆迴英眄麟閣崢
嶸誰可見承恩初入銀臺門一作承恩侍從甘泉宮著書獨在金
鑾殿龍駒雕鐙白玉鞍象牀綺食一作席黃金盤當時笑
我微賤者卻來請謁爲交歡一朝謝病遊江海疇昔
相知幾人在前門長揖後門關今日結交明日改愛
君山嶽心不移隨君雲霧迷所爲夢得池塘生春草
使我長價登樓詩別後遙傳臨海作可見羊何共和之

東平與南平今古兩步兵素心愛美酒不是顧專城
謫官桃源去尋花幾處行秦人如舊識出戶笑相迎

醉後贈王歷陽歷陽
書禿千兔毫詩裁兩牛腰筆蹤起龍虎舞袖拂雲霄
雙歌一作寄二胡姬更奏一作唱遠清朝舉酒挑朔雪從君不
相饒

贈歷陽褚司馬時此公爲稚子舞
北堂千萬壽侍奉有光輝先同稚子舞更著老萊衣
因爲小兒啼醉倒月下歸人間無此樂此樂世中希

對雪醉後贈王歷陽
有身莫犯飛龍鱗有手莫辮猛虎鬚君看昔日汝南

市白頭仙人隱玉壺子猷聞風動窻竹相邀共醉杯
中淥歷陽何異山陰時白雪飛花亂人目君家有酒
我何愁客多樂酣秉燭遊謝尚自能鴝鵒舞相如免
脫鷫鸘裘清晨興罷一作盡過江去他日西看卻月樓一作千里相思
明月樓

李太白文集卷第十

李太白文集卷第十一

歌詩三十二首

贈四

贈宣城宇文太守兼呈崔侍御　宣城

白若白鷺鮮清如清唳蟬受氣有本性不爲外物遷
飲水箕山上食雪首陽巔迴車避朝歌掩口去盜泉
岧嶤廣成子倜儻魯仲連卓絕二公外丹心無間然
昔攀六龍飛今作百鍊鉛懷恩欲報主投佩向北燕
彎弓綠絃開滿月不憚堅閑騎駿馬獵一射兩虎穿
回旋若流光轉背落雙鳶胡虜三歎息兼知五兵權
鏦鎗突雲將却掩我之妍多逢勦絕兒先著祖生鞭

據鞍空矍鑠壯志竟誰宣蹉跎復來歸憂恨坐相煎
無風難破浪失計長江邊危苦惜頹光金波忽三圓
時遊敬亭上閑聽松風眠或弄宛溪月虛舟信洄沿
顔公三十萬盡付酒家錢興發每取之聊向醉中仙
過此無一事靜談秋水篇君從九卿來水國有豐年
魚鹽滿市井布帛如雲煙下馬不作威冰壺照清川
霜眉邑中叟皆美太守賢時時慰風俗往往出東田
竹馬數小兒拜迎白鹿前含笑問使君日（一作早）晚可迴
旋遶（一作還）歸池上酌掩抑清風絃曾標橫浮雲（一作雲高）下
撫謝朓肩樓高碧海出樹古青蘿縣光祿紫霞杯伊
昔忝相傳良圖掃沙漠別夢繞旌旃富貴日成疎願

言杳無緣登龍有直道倚玉阻芳筵敢獻繞朝策思
同郭泰船何言一水淺似隔九重天崔生何傲岸縱
酒復談玄身爲名公子英才苦迍邅鳴鳳託高梧凌
風何翩翩安知慕羣客彈劍拂秋（一作青）蓮

贈宣城趙太守悅

趙得寶符盛山河功業存三千堂上客出入擁平原
六國揚清風英聲何喧喧大賢茂遠業虎竹光南藩
錯落千丈松虬龍盤古根枝下無俗草所植唯蘭蓀
憶在南陽時始承國士恩公爲柱下史脫繡歸田園
伊昔簪白筆幽都逐遊魂持斧佐三軍霜清天北門
差池宰兩邑鶚立重飛翻焚香入蘭臺起草多芳言

夔龍一顧重矯翼凌翔鵷赤縣揚雷聲強項聞至尊
驚飈摧秀木跡屈道彌敦出牧歷三郡所居猛獸奔
遷人同衛鶴謬上懿公軒自笑東郭履側慚狐白溫
閑吟步竹石精義忘朝昏顑頷成醜士風雲何足論
獼猴騎土牛羸馬夾雙轅願借羲皇景爲人照覆盆
溟海不震蕩何由縱鵬鯤所期要津日倜儻假騰騫

贈從弟宣州長史昭

淮南（一作西）望江南千里碧山對我行（一作盡）過之半落青
天外宗英佐雄郡水陸相控帶長川豁中流千里瀉
吳會君心亦如此包納無小大搖筆起風霜推誠結
仁愛訟庭垂桃李賓館羅軒蓋何意蒼梧雲飄然忽

相會才將聖不偶命與時俱背獨立山海間空老聖
明代知音不易得撫劍增感槩當結九萬期中途莫
先退

書懷贈南陵常贊府

歲星入漢年方朔見明主調笑當時人中天謝雲雨
一去麒麟閣遂將朝市乖故交不過門秋草日上堦
當時何特達獨與我心諧置酒凌敲臺歡娛未曾歇
歌動白紵山舞迴天門月問我心中事爲君前致辭
君看我才能何似魯仲尼大聖猶不遇小儒安足悲
雲南五月中頻喪渡瀘師毒草殺漢馬張兵奪秦旗
至今西二河流血擁僵屍將無七擒略魯女惜園葵

咸陽天地樞累歲人不足雖有數斗玉不如一盤粟
賴得契宰衡持鈞慰風俗自顧無所用辭家方未歸
霜驚壯士髮淚滿逐臣衣以此不安席蹉跎身世違
終當滅衞謗不受魯人譏

於五松山贈南陵常贊府

爲草當作蘭爲木當作松蘭秋香風遠松寒不改容
松蘭相因依蕭艾徒丰茸雞與雞並食鸞與鸞同枝
揀珠去沙礫但有珠相隨遠客投名賢眞堪寫懷抱
若惜方寸心待誰可傾倒虞卿棄趙相便與魏齊行
海上五百人同日死田横當時不好賢豈傳千古名
願君同心人於我少留情寂寂還寂寂出門迷所適

長劍歸乎來（歸來一作歌）秋風思歸客

自梁園至敬亭山見會公談陵陽山水兼期
同遊因有此贈（一作宣州）

我隨秋風來瑶草恐衰歇中途寡名山安得弄雲月
渡江如昨日黃葉向人飛敬亭愜素尚弭棹流清輝
冰谷明且秀陵巒抱江城粲粲吴與史衣冠耀天京
水國饒英奇潛光卧幽草會公眞名僧所在即爲寶
開堂振白拂高論横青雲雪山掃粉壁墨客多新文
爲余話幽棲且述陵陽美天開白龍潭月映清秋水
黃山望石柱突兀誰開張（一作白柱擎星嵩高崖誰開張）黃鶴久不來
子安在蒼茫東南焉可窮山鳥絕飛處（絕一作行處一作緩敵）稠

疊千萬峯相連入雲去聞此期振策歸來空閑蹋相
思如明月可望不可攀何當移白足早晚凌蒼山且
寄一書札令余解愁顏

贈友人三首

蘭生不當戶別是閑庭草夙被霜露欺紅榮已先老
謬接瑶華枝結根君王池顧無馨香美叨沐清風吹
餘芳若可佩卒歲長相隨

袖中趙匕首買自徐夫人玉匣閉霜雪經燕復歷秦
其事竟不捷淪落歸沙塵持此願投贈與君同急難
（一作歲寒）荆卿一去後壯士多摧殘長號易水上爲我揚波
瀾鑿井當及泉張帆當濟川廉夫唯重義駿馬不勞

數人生貴相知何必金與錢
慢世薄功業非無胸中書謔浪萬古賢以為兒童劇
立產如廣費匡君懷長策但苦山北寒誰知道南宅
歲酒上逐風霜鬢兩邊白蜀主思孔明晉家望安石
時來列五鼎談笑期一擲虎伏避胡塵漁歌遊海濱
弊裘恥妻嫂長劍託交親夫子秉家義群公難與鄰
莫持西江水空許東溟臣他日青雲去黃金報主人

陳情贈友人

延陵有寶劍價重千黃金觀風歷上國暗許故人深
歸來挂墳松萬古知其心懦夫感達節壯氣激素衿
鮑生薦夷吾一舉致齊相斯人無良朋豈有青雲望

臨財不苟取推分固辭讓後世稱其賢英風邈難尚
論交但若此有道孰云喪多君騁逸藻掩映當時人
舒文振頹波秉德冠彝倫卜居乃此地共井為比鄰
清琴弄雲月美酒娛冬春薄德中見捐忽之如遺塵
英豪未豹變自古多艱辛他人縱以疏君意宜獨親
奈何成離居相去復幾許飄風吹雲霓蔽目不得語
投珠冀有報按劍恐相拒所思采芳蘭欲贈隔荊
渚沉憂心若醉積恨淚如雨願假東壁輝餘光照貧女

贈從弟冽

楚人不識鳳重（一作高）價求山雞獻主昔云是今來方覺
迷自居漆園北久別咸陽西風飄落日去節變流鶯

啼桃李寒未開幽關豈來蹊逢君發花萼若與青雲
齊及此桑葉綠春蠶起中閨日出布穀鳴田家擁鋤
犂顧余乏尺土東作誰相攜傅說降霖雨公輸造雲
梯羌戎事未息君子悲塗泥報國有長策成功羞執
珪無由謁明主杖策還蓬藜他年爾相訪知我在磻溪

贈閭丘處士

賢人有素業乃在沙塘陂竹影掃秋月荷衣落古池
閑讀山海經散帙臥遙帷且耽田家樂遂曠（一作失）林中期
野酌勸芳酒園蔬烹露葵如能樹桃李為我結茅茨

贈錢徵君少陽（一作趙雲卿）

白玉一杯酒綠楊三月時春風餘幾日兩鬢各成絲

秉燭唯須飲投竿也未遲如逢渭水獵猶可帝王師

贈宣州靈源寺沖濬公

敬亭白雲氣秀色連蒼梧下映雙溪水如天落鏡湖
此中積龍象獨許濬公殊風韻逸江左文章動海隅
觀（一作了）心同水月解領得明珠今日逢支遁高談出有無

贈僧朝美

水客凌洪波長鯨湧溟海百川隨龍舟噓噏竟安在
中有不死者探得明月珠高價傾宇宙餘輝照江湖
苞卷金縷褐蕭然若空無誰人識此寶竊笑有狂夫
了心何言說各勉黃金軀

贈僧行融

梁日湯惠休常從鮑照遊峨眉史懷一獨映陳公出
卓絕二道人結交鳳與麟行融亦俊發吾知有英骨
海若不隱珠驪龍吐明月大海乘虛舟隨波任安流
詩賦旃檀閣縱酒鸚鵡洲待我適東越相攜上白樓

贈黄山胡公求白鷴并序

聞黄山胡公有雙白鷴蓋是家雞所伏自小馴狎了
無驚猜以其名呼之皆就掌取食然此鳥耿介尤難
畜之余平生酷好竟莫能致而胡公輟贈於我唯求
一詩聞之欣然適會宿意因援筆三叫文不加點以
贈之
請以雙白璧買君雙白鷴白鷴白如錦白雪恥容顏
照影玉潭裏刷毛琪樹間夜棲寒月靜朝步落花閑
我願得此鳥翫之坐碧山胡公能輟贈籠寄野人還

登敬亭山南望懷古贈竇主簿

敬亭一迴首目盡天南端仙者五六人常聞此遊盤
溪流琴高水石聳麻姑壇白龍降陵陽黄鶴呼子安
羽化騎日月雲行翼鴛鸞下視宇宙間四溟皆波瀾
汲絕目下事從之復何難百歲落半途前期浩漫漫
強食不成味清晨起長歎願隨子明去鍊火燒金丹

贈汪倫白遊涇縣桃花潭村人汪倫常醞美酒以待白倫之裔孫至今寶其詩

李白乘舟將欲行忽聞岸上踏歌聲桃花潭水深千
尺不及汪倫送我情

經亂後將避地剡中留贈崔宣城

雙鵝飛洛陽五馬渡江徼何意上東門胡雛更長嘯
中原走豺虎烈火焚宗廟太白晝經天頹陽掩餘照
王城皆蕩覆世路成奔峭四海望長安嚬眉寡西笑
蒼生疑落葉白骨空相弔連兵似雪山破敵誰能料
我垂北溟翼且學南山豹崔子賢主人歡娛每相召
胡床紫玉笛却坐清雲叫楊花滿州城置酒同臨眺
忽思剡溪去水石遠清妙雪晝天地明風開湖山貌
悶為洛生詠醉發吳越調赤霞動金光日足森海嶠
獨散萬古意閑垂一溪釣猿近天上啼人移月邊棹
無以墨綬苦來求丹砂要華髮長折腰將貽陶公誚

獻從叔當塗宰陽冰當塗

金鏡霾六國亡秦亂天經焉知高光起自有羽翼生
蕭曹安屼屼耿賈摧欃槍吾家有季父傑出聖代英
雖無三台位不借四豪名激昂風雲氣終協龍虎精
弱冠燕趙來賢彥多逢迎魯連擅談笑季布折公卿
遥知禮數絕常恐不合并惕想結宵夢素心久已冥
顧慙青雲器謬奉玉樽傾山陽五百年綠竹忽再榮
高歌振林木大笑喧雷霆落筆灑篆文崩雲使人驚
吐辭又炳煥五色羅華星秀句滿江國高才掞天庭
宰邑艱難時浮雲空古城居人若薙草掃地無纖莖
惠澤及飛走農夫盡歸耕廣漢水萬里長流三琴盤

稚頌播吳越還如太階平小子別金陵來時白下亭
羣鳳憐客鳥差池相哀鳴各拔五色毛意重太山輕
贈微所費廣斗水澆長鯨彈劍歌苦寒嚴風起前楹
月銜天門曉霜落牛渚清長歎即歸路臨川空屏營

寄上

安陸白兆山桃花巖寄劉侍御綰（一作安陸下作桃花巖詩）

雲臥三十年好閑復愛仙蓬壺雖冥絕鸞鶴心悠然
歸來桃花巖得憩雲窗眠（一本云……）對嶺人共語飲潭猿相連時昇翠
微上邈若羅浮巔兩岑抱東壑一嶂橫西天樹雜日

易隱崖傾月難圓芳草換野色飛蘿搖春煙入遠構
石室選幽開山田獨此林下意杳無區中緣永辭霜
臺客（一作）千載方來旋

淮南臥病書懷寄蜀中趙徵君蕤 淮南

吳會一浮雲飄如遠行客（一作人 一作……）功業莫從
就歲光屢奔迫良圖俄棄捐衰疾乃綿劇古琴藏虛
匣長劍挂空壁楚懷奏鍾儀越吟比莊舄（一作……）
國門遙天外鄉路遠山隔朝憶相如臺夜夢子
雲宅旅情初結緝（一作……）秋氣方寂歷風入松下清
露出草間白故人不在此（一作……）而我誰與適（一作……）
寄書西飛鴻贈爾慰離析

寄弄月溪吳山人

嘗聞龐德公家住洞湖水終身栖鹿門不入襄陽市
夫君弄明月滅景清淮裏高蹤邈難追可與古人比
清陽杳莫覩白雲空望美待罷辭人間攜手訪松子

秋山寄衛尉張卿及王徵君 會稽

何以折相贈白花青桂枝月華若夜雪見此令人思
雖然剡溪興不異山陰時明發懷二子空吟招隱詩

望終南山寄紫閣隱者 長安

出門見南山引領意無限秀色難為名蒼翠日在眼
有時白雲起天際自舒卷心中與之然託興每不淺
何當造幽人滅跡棲絕巘

夕霽杜陵登樓寄韋繇

浮陽滅霽景萬物生秋容登樓送遠目伏檻觀羣峯
原野曠超緬關河紛錯重清輝映竹日（一作月）翠色明
雲松蹈海寄遐想還山迷舊蹤徒然迫晚暮未果諧
心胸結桂空佇立折麻恨莫從（一作……）思君
達永夜長樂聞疏鍾

秋夜宿龍門香山寺奉寄王方城十七丈奉
國瑩上人從弟幼成令問 洛陽

朝發汝海東暮棲龍門中水寒夕波急木落秋山空
望極九霄迥賞幽萬壑通目皓沙上月心清松下（一作）
風玉斗生（一作橫）網戶銀河耿花宮興在趣方逸歡

餘情未終（一作尺幽盡萬微真盡歌）鳳駕憶王子虎溪懷遠公
桂枝坐蕭瑟（一作鮮歇）棣華不復同流恨（一作淚）寄伊水盈
盈焉可窮

春日獨坐寄鄭明府

燕麥青青遊子悲河堤弱柳鬱金枝長條一拂春風
去盡日飄揚無定時我在河南別離久那堪對此當
窗牖情人道來竟不來何人共醉新豐酒

寄淮南友人

紅顏悲舊國青歲歇芳洲不待金門詔空持寶劍遊
海雲迷驛道江月隱鄉樓復作淮南客因逢桂樹留

沙丘城下寄杜甫（齊魯）

我來竟何事高臥沙丘城城邊有古樹日夕連秋聲
魯酒不可醉齊歌空復情思君若汶水浩蕩寄南征

聞丹丘子於城北山營石門幽居中有高鳳
遺跡僕離羣遠懷亦有棲遁之志因敘舊以
寄之

春華（一作弄）滄江月秋色碧海雲離居盈寒暑對此長
思君思君楚水南望君淮山北夢魂雖飛來會面不
可得疇昔在嵩陽同衾臥羲皇綠蘿笑簪紱丹壑賤
巖廊晚途各分析乘興任所適僕在鴈門關君為峨
眉客心懸萬里外影滯兩鄉隔長劍復歸來相逢洛
陽陌陌上何喧喧都令心意煩迷津覺路失託勢隨

風翻以茲謝朝列長嘯歸故園故園恣閑逸求古散
縹帙久欲入（一作事）名山婚娶殊未畢人生信多故世
事豈惟一念此憂如焚悵然若有失聞君臥石門宿
昔契彌敦方從桂樹隱不羨桃花源高鳳起遐曠幽
人跡復存松風清瑤瑟溪月湛芳樽安居偶佳賞丹
心期此論

李太白文集卷第十一

李太白文集卷第十二

歌詩四十首

寄下

淮陰書懷寄王宗成一首 一作王宗成宿淮陰

沙墩至梁苑二十五長亭大舶夾雙櫓中流鵝鸛鳴雲天掃空碧川岳涵餘清飛鳧從西來適與佳興并眷言王喬舄婉孌故人情復此親懿會而增交道榮沿洄且不定飄忽悵徂征暝投淮陰宿欣得漂母迎斗酒烹黃雞一餐感素誠予為楚壯士不是魯諸生有德必報之千金恥為輕緬書羇孤意遠寄棹歌聲

聞王昌齡左遷龍標遙有此寄

楊州花落一作楊花落盡子規啼聞道龍標過五溪我寄愁心與明月隨君直到夜郎西

寄王屋山人孟大融

我昔東海上勞山餐紫霞親見安期公食棗大如瓜中年謁漢主不愜還歸家朱顏謝春暉白髮見生涯所期就金液飛步登雲車願隨夫子天壇上閑與仙人掃落花

憶舊遊寄譙郡元參軍 金吾

憶昔洛陽董糟丘為余天津橋南造酒樓黃金白璧買歌笑一醉累月輕王侯海內賢豪青雲客就中與君一作與君一見心莫逆迴山轉海不作難傾情倒意無所

惜我向淮南攀桂枝君留洛北愁夢思不忍別還相隨相隨迢迢訪仙城三十六曲水迴縈一溪初入千花明萬壑度盡松風聲銀鞍金絡到平地漢東太守來相迎紫陽之真人邀我吹玉笙餐霞樓上動仙樂嘈然宛似鸞鳳鳴袖長管催欲輕舉漢中太守醉起舞一作漢東太守醉歌舞手持錦袍覆我身我醉橫眠枕其股當筵意氣凌九霄星離雨散不終朝分飛楚關山水遙余既還山尋故巢君亦歸家度渭橋君家嚴君勇貔虎作尹并州遏戎虜五月相呼度太行摧輪不道羊腸苦行來北涼歲月深感君貴義輕黃金瓊杯綺食青玉案使我醉飽無歸心時時出向城西曲晉祠流水如碧玉浮舟弄水簫鼓鳴微波龍鱗莎草綠興來攜妓恣經過其若楊花似雪何紅一作粧欲醉宜斜日花一作落如百尺清潭寫翠娥翠娥嬋娟初月輝美人更唱舞羅衣清風吹歌入空去歌曲自繞行雲飛此時行樂一作樂難再遇西遊因獻長楊賦北闕青雲不可期東山白首還一作歸去渭橋南頭一作水橋南一遇君酇臺之北又離群問余別恨今多少落花春暮爭紛紛一作飛花落何紛紛言一作言情亦不可盡情一作亦不可極呼兒長跪緘此辭寄君千里遙相憶

月夜江行寄崔員外宗之

飄飄江風起蕭颯海樹秋登艫美清夜挂席移輕舟

月隨碧山轉水合青天流杳如一作然星河上但覺雲
林幽歸路方浩浩徂川去悠悠徒悲蕙草歇復聽菱
歌愁岸曲迷後浦沙明瞰前洲懷君不可見望遠增
離憂

宿白鷺洲寄楊江寧

朝別朱雀門暮棲白鷺洲波一作沙光搖海月星影入
城樓望美金陵宰如思瓊樹憂徒令魂作夢翻覺夜
成秋綠水解人意為余西北流因聲玉琴裏蕩漾寄
君愁

新林浦阻風寄友人一本金陵阻風雪書懷寄楊江寧

潮水定可信天風難與期清晨西北轉薄暮東南吹
以此難挂席佳期益相思一本云以此難挂席[illegible]願逢曾索金陵書又明
[illegible]海月破圓一作團景菰蔣生綠池昨
日北湖梅開花已滿枝一作花初開未滿枝一作昨日北湖今朝一作有白
門柳夾道垂青絲歲物忽如此我來定一作復幾時紛
紛江上雪草草客中悲明發新林浦一作[illegible]浦反空吟謝
朓詩

寄[illegible]南渡水舍江上[illegible]與訪之過[illegible]頭尚書

[illegible]

南船正東風北船來自緣江上相逢借問君語笑一作
留未了風吹斷聞君攜妓訪情人應為尚書不顧身
堂上三千珠履客甕中百斛金陵春恨我阻此樂淹

留楚一作此江濱月色醉遠客山花開欲燃春風狂殺
人一日劇三年乘興嫌太遲焚却子猷船夢見五柳
枝已堪挂馬鞭何日到彭澤長一作狂歌陶令前

題情深樹寄象公

腸斷枝上猨淚添山下樽白雲見我去亦為我飛翻

北山獨酌寄韋六

巢父將許由未聞買山隱猶存跡自高何憚去人近
紛吾下茲嶺地閑喧亦泯門橫羣岫開水鑿衆泉引
屏高而在雲竇深莫能準川光晝昏凝林氣夕凄緊
於焉摘朱果兼得養玄牝坐月觀寶書拂霜弄瑤軫
傾壺事幽酌顧影還獨盡念君風塵遊傲爾令自哂
一作安知世上人名利空蠢蠢

寄當塗趙少府炎

晚登高樓望木落雙江清寒山饒積翠秀色連州城
目送楚雲盡心悲胡鴈聲相思不可見迴首故人情

寄東魯二稚子在金陵作

吳地桑葉綠吳蠶已三眠我家寄東魯誰種龜陰田
春事已不及江行復茫然南風吹歸心飛墮酒樓前
樓東一株桃枝葉拂青煙此樹我所種別來向三年
桃今與樓齊我行尚未旋嬌女字平陽折花倚桃邊
折花不見我淚下如流泉小兒名伯禽與姊亦齊肩
雙行桃樹下撫背復誰憐念此失次第肝腸日憂煎

翠素寫遠意因之汶陽川

獨酌清溪江石上寄權昭夷

我攜一樽酒獨上江祖石自從天地開更長幾千尺
舉杯向天笑天迴日西照永願坐此石長垂嚴陵釣
寄謝山中人可與爾同調

禪房懷友人岑倫南遊羅浮兼泛桂海自春徂秋不返僕旅江外書情寄之

嬋娟羅浮月搖豔桂水雲美人竟獨往而我安能羣
一朝語笑隔萬里歡情分沉吟綵霞沒夢寐瑤芳歇
歸鴻度三湘遊子仕百越邊塵染衣劍白日凋華髮
春氣變楚關秋聲落吳山草木結悲緒風沙淒苦顏
朅來已永久頹思如循環飄颻限江裔想像空留滯
離憂每醉心別淚徒盈袂坐愁青天末出望黃雲蔽
目極何悠悠梅花南嶺頭空長滅征鳥水闊無還舟
寶劍終難託金囊非易求歸來儻有問桂樹山之幽

廬山謠寄盧侍御虛舟

我本楚狂人鳳歌笑（一作）孔丘手持綠玉杖（一作杖）朝
別黃鶴樓五嶽尋仙不辭遠一生好入名山遊廬山
秀出南斗傍屏風九疊雲錦張影落明湖青黛光金
闕前開二峰長銀河倒挂（一作掛）三石梁香爐瀑布遙
相望迴崖沓嶂凌（一作何）蒼蒼翠影紅霞映朝日（一作暉）
鳥飛不到吳天長登高壯觀天地間大江茫茫去不
還黃雲萬里動風色白波九道流雪山好為廬山謠
興因廬山發閑窺石鏡清我心謝公行處蒼苔沒（一作……）早服還丹無世情琴心三疊道初成遙見
仙人綵雲裏手把芙蓉朝玉京先期汗漫九垓上願
接盧敖遊太清

下尋陽城泛彭蠡寄黃判官

浪動灌嬰井尋陽（一作……）江上風開帆入天鏡直向彭
湖東落景轉疎雨晴雲散遠空名山發佳興（一作景）清賞亦何窮石鏡挂遙月香爐滅彩
虹（……）相思俱對此舉目與君同

書情寄從弟邠州長史昭

自笑客行久我行定幾時綠楊已可折攀取最長枝（一作）
翩翩弄春色延佇寄相思誰言貴此物意願重
瓊蕤昨夢見惠連朝吟謝公詩東風引碧草不
覺生華池臨玩忽云夕杜鵑夜鳴悲懷君芳歲歇庭
樹落紅滋

寄上吳王三首

淮王愛八公攜手綠雲中小子忝枝葉亦攀丹桂叢
謬以詞賦重而將枚馬同何日背淮水東之觀上風
坐嘯廬江靜閑聞進玉觴去時無一物東壁挂胡床
英明廬江守聲譽廣平籍灑掃黃金臺招邀青雲客
客曾與天通出入清禁中襄王憐宋玉願入蘭臺宮

寄王漢陽

南湖秋月白王宰夜相邀錦帳郎官醉羅衣舞女嬌笛聲喧沔鄂歌曲上雲霄別後空愁我相思一水遥

春日歸山寄孟六浩然

朱紱遺塵境青山謁梵筵金繩開覺路寶筏度迷川嶺樹攢飛栱巖花覆谷泉塔形標海日樓勢出江煙香氣三天下鍾聲萬壑連荷秋珠已滿松密蓋初圓鳥聚疑聞法龍參若護禪愧非流水韻叨入伯牙絃

流夜郎永華寺寄潯陽羣官

朝別凌煙樓賢豪滿行舟暝投永華寺賓散予獨醉願結九江流添成萬行淚寫意寄廬嶽何當來此地天命有所懸安得苦愁思

以之ヨ 江上西塞驛寄裴隱 上世

揚帆借天風水驛苦不緩平明及西塞已先投沙伴回峯轉巒巘隱山斷脉衝萬壑會滄溟百川滿龍怪潛溟波候時救炎旱我行望雷雨安得霑枯散鳥去天路長人悲春光短空將澤畔吟寄爾江南管

自漢陽病酒歸寄王明府 回江夏

去歲左遷夜郎道琉璃硯水長枯槁今年敕放巫山陽蛟龍筆翰生輝光聖主還聽子虛賦相如却欲論文章願掃鸚鵡洲與君醉百場嘯起白雲飛七澤歌吟綠水動三湘莫惜連船沽美酒千金一擲買春芳

望漢陽柳色寄王宰

漢陽江上柳望客引東枝樹樹花如雪紛紛亂若絲春風傳我意草木度前知一作草木發前枝寄謝弦歌宰西來定未遲

江夏寄漢陽輔錄事

誰道此水廣狹如一匹練江夏黃鶴樓青山漢陽縣大語猶可聞故人難可見君草陳琳檄我書魯連箭報國有壯心龍顏不迴眷西飛精衛鳥東海何由填鼓角徒悲鳴樓船習征戰抽劍步霜月夜行空庭徧長呼結浮雲埋沒顧榮扇他日觀軍容投壺接高宴

早春寄王漢陽

聞道春還未相識走傍寒梅訪消息昨夜東風入武陽昌一作陌頭楊柳黃金色碧水浩浩雲茫茫美人不來空斷腸預拂青山一片石與君連日醉壺觴

江上寄巴東故人

漢水波浪遠巫山雲雨飛東風吹客夢西落此中時覺後思白帝佳人與我違瞿塘饒賈客音信莫令稀

江上寄元六林宗

霜落江始寒楓葉綠未脫客行悲清秋永路苦不達滄波眇川汜白日隱天末停棹依林巒驚猿相叫聒夜分河漢轉起視溟漲闊涼風何蕭蕭流水鳴活活浦沙淨如洗海月明可掇蘭交空懷思瓊樹詎解渴

易哉滄州心歲晚不爾賞頗自得興遠與誰論

寄從弟宣州長史昭

爾佐宣城郡守官清且閑常誇雲月好邀我敬亭山五落洞庭葉三江遊未還相思不可見歎息損朱顏

涇溪東亭寄鄭少府諤 宣城

我遊東亭不見君沙上行將白鷺羣白鷺行時散飛去又如雪點青山雲欲往涇溪不辭遠龍門蹙波虎眼轉杜鵑花開春已闌歸向陵陽釣魚晚

宣城九日聞崔四侍御與宇文太守遊敬亭余時登響山不同此賞醉後寄崔侍御二首

九日茱萸熟插鬢傷早白登高望山海滿目悲古昔遠訪投沙人因為逃名客故交竟誰在獨有崔亭伯重陽不相知載酒任所適手持一枝菊調笑二千石日暮岸幘歸傳呼隘阡陌彤襜雙白鹿賓從何輝赫夫子在其間遂成雲霄隔良辰與美景兩地方虛擲晚從南峰歸蘿月下水壁却登郡樓望松色寒轉碧咫尺一作手不可親棄我如遺舄

九卿天上落五馬道傍來列戟朱門曉褰帷碧嶂開登高望遠海召客得英才紫綬歡情洽黃花逸興催山從圖上見溪即一作向鏡中迴遙羨重陽作應過戲馬臺

寄崔侍御

宛溪霜夜聽猿愁去國長為不繫舟獨憐一雁飛南海卻羨雙溪解北流高人屢解陳蕃榻過客難登謝脁樓此處別離同落葉朝朝分散敬亭秋

涇溪南藍山下有落星潭可以卜築余泊舟石上寄何判官昌浩

藍岑竦天壁突兀如鯨額奔蹙橫澄潭勢若落星石沙帶秋月明水搖寒山碧佳境宜緩棹清輝能留客恨君阻歡遊使我自驚惕所期俱卜築結茅鍊金液

早過漆林渡寄萬巨

西經大藍山南來漆林渡水色倒空青林煙橫積素漏流昔吞翕沓浪競奔注潭落天上星龍開水中霧嶢巖注公栅突兀陳焦墓嶺峭紛上干川明屢迴顧因思萬夫子解渴同瓊樹何日覩清光相歡詠佳句

遊敬亭寄崔侍御

我家敬亭下輒繼謝公作一作……相去數百年風期宛如昨一作……登高素秋月一作……下望青山郭俯視鴛鷺羣飲啄自鳴躍夫子雖蹭蹬瑤臺雪中鶴獨立窺浮雲其心在寥廓時來一顧我笑飯葵與藿一作……世路如秋風相逢盡蕭索腰間玉具劍意許無遺諾一作……壯士不可輕一作……相期在雲閣

三山望金陵寄殷淑

三山懷謝朓水澹（一作綠水）望長安與沒河陽縣秋江正
共看廬龍霜氣冷鳷鵲月光寒耿耿憶瓊樹天涯寄
一歡

自金陵泝流過白壁山玩月達天門寄句容
王主簿

滄江泝流歸白壁見秋月秋月照白壁皓如山陰雪
幽人停宵征賈客忘早發進帆天門山迴首牛渚沒
川長信風來日出宿霧歇故人在咫尺新賞成胡越
寄君青蘭花惠好庶不絕

李太白文集卷第十二

李太白文集卷第十三

歌詩三十六首

別

秋日魯郡堯祠亭上宴別杜補闕范侍御（中書）

我覺秋興逸誰云秋興悲山將落日去水與晴空宜
魯酒白玉壺送行駐金羈歇鞍憩古木解帶挂橫枝
歌鼓川上亭曲度神飆吹（一本云歌鼓川上亭曲度郢客奏調見清飆以急凉白雲飛鳴逸逸一曲嗟此數多棄懷三嘆）雲歸碧海夕鴈
沒青天時相失各萬里茫然空爾思

留別魯頌

誰道太山高下却魯連節誰云秦軍衆摧却魯連舌
獨立天地間清風灑蘭雪夫子還倜儻攻文繼前烈
錯落石上松無爲秋霜折贈言鏤寶刀千歲庶不滅

別中都明府兄

吾兄詩酒繼陶君試宰中都天下聞東樓喜奉連枝
會南陌還爲落葉分城隅（一作江城）渌水明秋日海上青
山隔暮雲取醉不辭留夜月鴈行中斷惜離羣

夢遊天姥吟留別（一作別東魯諸公）

海客談瀛洲煙濤微茫（一作波）信難求越人語（一作道）天
姥雲霓明滅或（一作安）可覩天姥連天向天橫勢拔（一作技）五岳掩赤城天台四萬八千丈對此欲（一作倒）東
南傾我欲因之（一作從之）夢吳越一夜飛度鏡湖月湖月

照我影送我至剡谿謝公宿處今尚在淥水蕩漾清猿啼脚著謝公屐身登青雲梯半壁見海日空中聞天雞千巖萬轉路不定迷花倚石忽已暝熊咆龍吟殷巖泉慄深林兮驚層巔雲（一作）青青兮欲雨水澹澹兮生煙列缺霹靂丘巒崩摧洞天石扇（一作扉）訇然中（一作而）開青冥浩蕩不見底日月照耀金銀臺霓為衣兮鳳為馬雲之君兮紛紛而來下虎鼓瑟兮鸞回車仙之人兮列如麻忽魂悸以魄動怳驚起而長嗟惟覺時之枕席失向來之煙霞世間行樂亦如此古來萬事東流水別君去兮何時還且放白鹿青崖間須行即騎訪名山安能摧眉折腰事權貴使我不得開心顔

留別曹南羣官之江南

我昔釣白龍放龍溪水傍道成本欲去揮手凌蒼蒼時來不關人談笑遊軒皇獻納少成事歸休辭建章十年罷西笑覽鏡如秋霜閉劒琉璃匣鍊丹紫翠房身佩豁落圖腰垂虎盤囊仙人借綵鳳志在窮遐荒戀子四五人徘徊未翱翔東流送白日驟歌蘭蕙芳仙宮兩無從人間久摧藏范蠡說勾踐屈平去懷王飄颻紫霞心流浪憶江鄉愁為萬里別復此一銜觴淥水帝王州金陵繞丹陽樓臺照海色衣馬搖川光及此北望君相思淚成行朝雲落夢渚瑤草空高堂

帝子隔洞庭青楓滿瀟湘懷歸路綿邈覽古情淒涼登岳眺百川杳然萬恨長知戀峨眉去弄景偶騎羊

留別于十一兄逖裴十三遊塞垣

太公渭川水李斯上蔡門釣周獵秦安黎元小魚鮍兔何足言天張雲卷有時節吾徒莫歎羝觸藩于公白首大梁野使人悵望何可論既知朱亥為壯士且願束心秋毫裏秦趙虎爭血中原當去抱關救公子裴生覽千古龍鸞炳天章悲（高一作）吟雨雪動林木放書輟劍思（悲一作）高堂勸爾一杯酒拂爾裘上霜爾為我楚舞吾為爾楚歌且探虎穴向沙漠鳴鞭走馬凌黃河恥作易水別臨岐淚滂沱

留別王司馬嵩

魯連賣談笑豈是顧千金陶朱雖相越本有五湖心余亦南陽子時為梁甫吟蒼山容偃蹇白日惜頹侵願一佐明主功成還舊林西來何所為孤劍託知音鳥愛碧山遠（一作碧山相親）魚遊滄海深呼鷹過上蔡賣畚向嵩岑他日閑相訪丘中有素琴

還山留別金門知己（一本云出金門後書懷留別翰林諸公）

好古笑流俗素聞賢達風方希佐明主長揖辭成功白日在青天迴光燭（一作照）微躬恭承鳳凰詔欻起雲羅（一作蘿）中清切紫霄迴優遊丹禁通君王賜顏色聲價凌煙虹乘輿擁翠蓋扈從金城東寶馬驪（一作[illegible]）

景錦衣人新豐何嶷崒松雪對酒鳴絲桐方（一作田）學
揚子雲獻賦甘泉宮天書美片善清芬（一作芳）播無窮
歸來入咸陽譚笑皆王公一朝去金馬飄落成飛蓬
賓友（一作客）日疎散玉樽亦（一作尊）已空長才（一作才力）猶可
倚不慚世上雄閑來東武吟曲盡情未終書此謝知
己扁舟（一作滄波）尋釣翁

夜別張五

吾多張公子別酌酣高堂聽歌舞銀燭把酒輕羅霜
橫笛弄秋月琵琶彈陌桑龍泉解錦帶為爾傾千觴

魏郡別蘇少府因（北游）

魏都接燕趙美女誇芙蓉淇水流碧玉舟車日奔衝

青樓夾兩岸萬室喧歌鍾天下稱豪貴（一作貴遊）遊此
（一作此中）每相逢洛陽蘇季子劍戟森詞鋒六印雖未佩
（一作金盡）（一作軒遠）軒車若飛龍黃金數百鎰白璧有幾雙散
盡空掉臂高歌賦還（一作邁）邛合從又連橫其意未可
封落拓乃如此何（一作誰）人不相從遠別隔兩河雲山
杳千重（一作崇岑一作雲天）何時更杯酒再得論心胸

留別西河劉少府

秋髮（一作鬢）已種種所為竟無成閑傾魯壺酒笑對劉
公榮謂我是方朔人間落歲星白衣千萬乘何事去
天庭君亦不得意高歌羨鵷冥世人若醯雞安可識
梅生雖為刀筆吏緬懷在赤城余亦如流萍隨波樂
休明自有兩少妻（一作雙）驂駿馬行東山春酒綠歸隱謝
浮名

穎陽別元丹丘之淮陽（河南）

吾將元夫子異姓為天倫本無軒裳契素以煙霞親
嘗恨迫世網銘意俱未伸松柏雖寒苦羞逐桃李春
悠悠市朝間玉顏日緇磷所共重山岳所得輕埃塵
精魄漸蕪穢衰老相憑因我有錦囊訣可以持君身
當餐黃金藥去為紫陽賓萬事難並立百年猶崇晨
別爾東南去悠悠多悲辛前志庶不易遠途期所遵
已矣歸去來白雲飛天津

留別廣陵諸公（淮南一作留別邯鄲故人）

憶昔作少年結交趙與燕金羈絡駿馬錦帶橫龍泉
寸心無疑事所向非徒然晚節覺此疎獵精草太玄
空名束壯士薄俗棄高賢中迴聖明顧揮翰凌雲煙
騎虎不敢下攀龍忽墮天還家守清真孤潔勵秋蟬
練丹費火石採藥窮山川臥海不關人租稅遼東田
乘興忽復起棹我谿中船臨醉謝葛強山公欲倒鞭
狂歌自此別垂釣滄浪前

廣陵贈別

玉瓶沽美酒數里送君還繫馬垂楊下銜杯大道間
天邊看綠水海上見青山興罷各分袂何須醉別顏

感時留別從兄徐王延年（一作延平）從弟延陵

天維參差璿衡大塊吹立元氣爰生萬物紫氣何遊蒼
冒於七葉連皇化千齡老木枝仙鳳生循□大雅歌
金司諸王若藩翰報別藩鎮□元錫才三□式合
業滋九卿領徐方七步繼陳思伊昔念咸日維喪亂
京師焚闕朝鳳翔樓船侍龍池獻鐘出朱邸金璽照
丹冊君王一顧盼選色重賢良列戟十八年未曾輒
遷易大臣小音鳴蒲夏天南垂長沙不足舞貝錦且
成詩佐郡浙江西病閑絕趨馳階軒日昔蘇爲雀羅
蓬橫地時乘平肩輿出入見人知比宅卿偃遊蠻愉悅
樂賞羨言笑魁廸組綵服尾花元弟八九人吳秦各
分離大賢荏繼北豈獨應安危小子謝騷闌府行不

肩聞令弟子延陵鳳毛出天姿清英神仙骨芬馥茝
蘭蕤夢得春草句將非惠連誰深心紫河車與我特
相宜金膏猶罔象玉液尚磷緇伏枕寄賓館宛同清
漳湄藥物多見饋珍羞亦兼之誰道溟渤深猶言淺
恩慈鳥將游于京從縱企麟阿駕陽何大溟海水縱
龍鍾百川盡凋枯舟楫閣中流策馬□渡月□宵出
郊歧近別目眷春傷心步遲遲願言保明德王室仁
清夷擢法何所道授毫投此辭

別儲邕之剡中

借問剡中道東南指越鄉舟從廣陵去水入會稽長
竹色溪下綠荷花鏡裏香辭君向天姥拂石臥秋霜

留別金陵諸公　金陵

海水昔飛動三龍紛戰爭鍾山危波瀾傾側駭奔鯨
黃旗一掃蕩割壤開吳京六代更霸王遺跡見都城
一作空城　至今秦淮間禮樂秀羣英地扇鄒魯學詩
騰顏謝名五月金陵西祖余白下亭欲尋廬峯頂先
繞漢水行香爐紫煙滅瀑布落太清若攀星辰去揮
手緬含情

口號

食出野田美酒臨遠水傾東流若未盡應見別離情

金陵酒肆留別

白門柳花滿店香一作風吹吳姬壓酒喚客嘗金陵子弟

來相送欲行不行各盡觴請君問取東流水別意與
之誰短長

金陵白下亭留別

驛亭三楊樹正當白下門吳煙暝長條漢水齧古根
向來送行處迴首阻笑言別後若見之爲余一攀翻

別東林寺僧

東林送客處月出白猿啼笑別廬山遠何煩過虎谿

竄夜郎於烏江留別宗十六璟　親字誤一作烏江及

君家全盛日台鼎何陸離斬鼇翼媧皇鍊石補天維
一迴日月顧三入鳳凰池失勢青門傍種瓜復幾時
猶會眾賓客三千光路岐皇恩雪憤濊松柏含榮滋

我非東牀人令婣忝齊眉浪迹未出世空名動京師
適遭雲羅解翻謫（遺）（作）夜郎悲拙妻莫邪劒及此二
龍隨慙君湍波苦千里遠從之白帝曉猿斷黃牛過
客遲遙瞻明月峽西去益相思

留別龔處士

龔子棲閑地都無人世喧柳深陶令宅竹暗辟疆園
我去黃牛峽遙愁白帝猿贈君卷施草心斷竟何言

贈別鄭判官

竄逐勿復哀慙君問寒灰浮雲無本意吹落章華臺
遠別淚空盡長愁心已摧三年吟澤畔顦顇幾時迴

黃鶴樓送孟浩然之廣陵（江夏　岳陽）

故人西辭黃鶴樓煙花三月下揚州孤帆遠影（一作）
碧山盡（唯）見長江天際流

將遊衡岳過漢陽雙松亭留別族弟浮屠談皓

秦欺趙氏璧却入邯鄲宮本是楚家玉還來荊山中
丹彩照滄溟精輝凌白虹青蠅一相點流落此時同
卓絕道門秀談玄乃支公延蘿結幽居剪竹繞芳叢
涼花拂戶牖天籟發（一作）鳴虛空憶我初來時蒲萄開
景風今茲大火落秋葉黃梧桐水色夢沅湘長沙去
何窮寄書訪衡嶠但與南飛鴻

江夏別宋之悌

楚水清若空遙將碧海通人分千里外興在一盃中
谷鳥吟晴日江猿嘯晚風平生不下淚於此泣無窮

留別賈舍人至二首

大梁白雲起飄颻來南洲徘徊蒼梧野十見羅浮秋
鼇抃山海傾四溟揚洪流意欲託孤鳳從之摩天遊
鳳苦道路難翱翔還崑丘不肯銜我去哀鳴慙不周
遠客謝主人明珠難暗投拂拭倚天劒西登岳陽樓
長嘯萬里風掃清胷中憂誰念劉越石化爲繞指柔
秋風吹胡霜凋此簷下芳折芳怨歲晚離別悽以傷
謬攀青瑣賢延我於此堂君爲長沙客我獨之夜郎
勸此一盃酒豈唯道路長割珠兩分贈寸心貴不忘
何必兒女仁相看淚成行

渡荊門送別（荊州）

渡遠荊門外來從楚國遊山隨平野盡江入大荒流
月下飛天鏡雲生結海樓仍憐故鄉水萬里送行舟

聞李太尉大舉秦兵百萬出征東南懦夫請
纓冀申一割之用半道病還留別金陵崔侍
御十九韻（懷至金陵）

秦出天下兵蹴踏燕趙傾黃河飲馬竭赤羽連天明
太尉杖旄鉞雲旗繞彭城三軍受號令千里肅雷霆
函谷絕飛鳥武關擁連營意在斬巨鼇何論鱠長鯨
（一作與霜鬘）恨無左車略多愧魯連生拂劒照嚴霜彫戈
鬘胡纓願雪會稽恥將期報恩榮半道謝病還無因

白一作京甫征亞夫未見顏劇孟阻先行天奪壯士心
長吁別吳京金陵遇太守倒屣欣相一作逢迎羣公咸
祖餞四座羅朝英初發臨滄觀醉栖征虜亭舊國見
秋月長江流寒聲帝車居一作信迴轉河漢縱復橫孤
鳳向西海飛鴻辭北溟因之出寥廓揮手謝公卿

別韋少府宣洲

西出蒼龍門南登白鹿原欲尋商一作山皓猶戀漢
皇恩水國遠行邁仙經深討論洗心向溪月清耳敬
亭猿築室在人境閉關無世諠多君枉高駕贈我以
微言交乃意氣合道因風雅存別離有相思瑤瑟與
金樽

南陵別兒童入京一云古意

白酒新初一作熟山中歸黃雞啄黍秋正肥呼童烹雞
酌白酒兒女歌笑牽人衣高歌取醉欲自慰起舞落
日爭光輝遊說萬乘苦不早著鞭跨馬涉遠道會稽
愚婦輕買臣余亦辭家西方一作入秦仰天大笑出門
去我輩豈是蓬蒿人

南陵五松山別荀七

六卽潁水荀　慙許郡賓相逢太史奏應是聚賢人
玉隱且在石蘭枯還見春俄成萬里別立德貴清真

別山僧一作孫作

何處名僧到水西乘舟玩一作弄月宿涇溪平明別我
上山去手攜金策踏雲梯騰身轉覺三天近舉足迴
看萬嶺低謔浪肯居支遁下風流還與遠公齊此度
別離何日見相思一夜暝猿啼

贈別王山人歸布山

王子析道論微言破秋毫還歸布山隱興入天雲高
爾去安可遲瑤草恐衰歇我心亦懷歸屢夢松上月
傲然遂獨往長嘯開巖扉林壑久已蕪石道生薔薇
願言弄笙鶴歲晚來相依

李太白文集卷第十三

李太白文集卷第十四

歌詩三十五首

送上

南陽送客 楚漢

斗酒勿與薄寸心貴不忘坐惜故人去偏令遊子傷
離顏怨芳草春思結垂楊揮手再三別臨岐空斷腸

送張舍人之江東 淮南

張翰江東去正值秋風時天清 晴一作 一鴈遠海闊孤
帆遲白日行欲暮滄波杳難期 一作白日行已晚欲暮杳難期 吳洲
好 如一作 見月千里幸相思

送王屋山人魏萬還王屋 附魏萬詩

王屋山人魏萬云自嵩宋沿吳相送數千里不遇乘
興遊台越經永嘉觀謝公石門後於廣陵相見美其
愛文好古浪跡方外因述其行而贈是詩 一作見王屋山魏萬
去自嵩歷兗遊梁入吳計程三千里相訪不遇因下江東尋諸名山往復百餘後於廣陵一面遂乘興共
過金陵美此公愛奇好古獨往物表因述其行李送有此贈
仙人東方生浩蕩弄雲海沛然乘天遊獨往失所在
一作東方不辭家獨訪紫陽海晴人少相逢往往失所在 魏侯繼大名本家聊攝
城卷舒入元化 一作仙隱 雜跡與古賢并十三弄文史揮
筆如振綺辯折田巴生心齊魯連子西涉清洛源頗
驚人世諠採秀卧王屋因窺洞天門揭來遊嵩峯羽
客何雙雙朝攜月光子暮宿玉女牕鬼谷上窈窕龍

潭下奔潨東浮汴河水訪我三千里逸興滿吳雲飄
颻浙江汜揮手杭越間樟亭望潮還濤卷海門石雲
橫天際山白馬走素車雷奔駭心顏遙聞會稽美一
弄 一作叫夏 耶溪水萬壑與千巖崢嶸鏡湖裏秀色不可
名清輝滿江城人遊月邊去舟在空中行此中久延
佇入剡尋王許笑讀曹娥碑沉吟黃絹語天台連四
明日入向國清五峯轉月色百里行松聲靈溪恣沿
越華頂殊超忽石梁橫青天側足履半月眷 一作戀 然
思永嘉不憚海路賒挂席歷海嶠迴瞻赤城霞赤城
漸微沒孤嶼前嶢兀水續萬古流亭空千霜月縉雲
川谷難石門最可觀瀑布挂北斗莫窮此水端噴壁
灑素雪空濛生晝寒却思惡溪去寧懼惡溪惡咆哮
七十灘水石相噴薄路創李北海 李公邕昔為括州開此嶺路 巖
開謝康樂 惡溪有謝康樂題詩嶺路始此每巖詩題康樂 一作 松風和猿聲
搜索連洞壑徑出 一作岸接 梅花橋雙溪納歸潮落帆金
華岸赤松若可招沈約八詠樓城西孤岧嶤岧嶤四
荒外曠望羣川會雲卷天地開波連浙西大亂流新
安口北指嚴光瀨釣臺碧雲中邈與蒼梧對稍稍來
吳都徘徊上姑蘇煙綿橫九疑漭蕩 一作盡濟 見五湖目
極心更遠悲歌但長吁迴橈楚江濱揮策揚子津身
著日本裘 裘則朝卿所贈日本布為之 昂藏出風塵五月造我語
知非儓儗人相逢樂無限水石日在眼徒干五諸侯

不致百金產吾友揚子雲弦歌播清芬雖爲江寧宰
好與山公羣乘輿但一行且知我愛君君來竣何捋
仙臺雖有期東嶺綠玉樹定長三五枝至今天壇
人當笑爾歸遲我苦惜遠別茫然使心悲　黃河
若不斷白首長相思

金陵酬翰林謫仙子

王屋山人魏萬

君抱碧海珠我懷藍田玉各稱希代寶萬里遥相燭
長卿慕藺久子猷意已深平生風雲人暗合江海心
去秋忽乘興命駕來東土謫仙遊梁園愛子在鄒魯
二處一不見拂衣向江東五兩挂淮月扁舟隨海風
南遊吳越徧高揖二千石雪上天台山春逢翰林伯
宣父敬項託林宗重黃生一長復一少相看如弟兄
惕然意不盡更逐西南去同舟入秦淮建業龍盤處
楚歌對吳酒借問承恩初宮買長門賦天迎駟馬車
才高世難容道廢可推命安石重攜妓子房空謝病
金陵百萬戶六代帝王都虎石踞西江鍾山臨北湖
湖山信爲美王屋人相待應爲此路多不知歲寒在
君遊早晚還勿久風塵間此別未遠別秋期到仙山

送當塗趙少府赴長蘆

我來揚都市送客回輕舠因誇吳太子便觀廣陵濤
仙尉趙家玉英風凌四豪維舟至長蘆目送煙雲高

搖彩對酒樓持杖把蟹螯前途儻相思登嶽一長謠

送友人尋越中山水

聞道稽山去偏宜謝客才千巖泉灑落萬壑樹縈迴
東海橫秦望西陵遶越臺湖清霜鏡曉濤白雪山來
八月枚乘筆三吳張翰盃此中多逸興早晚向天台

送族弟凝之滁求婚崔氏

與爾情不淺忘筌已得魚玉臺挂寶鏡持此意何如
坦腹東牀下由來志氣疎遥知向前路擲果定盈車

送友人遊梅湖

送君遊梅湖應見梅花發有使寄我來無令紅芳歇
暫行新林浦定醉金陵月莫惜一鴈書音塵坐胡越

送崔十二遊天竺寺

還聞天竺寺夢想懷東越每年海樹霜桂子落秋月
送君遊此地已屬流芳歇待我來歲行相隨浮溟渤

送楊山人歸天台

客有思天台東行路超忽濤落浙江秋沙明浦陽月
今遊方厭楚昨夢先歸越且盡秉燭歡無辭凌晨發
我家小阮賢剖竹赤城邊詩人多見重官燭未曾然
興引登山屐情催泛海船石橋如可度攜手弄雲煙

送溫處士歸黃山白鵝峯舊居

黃山四千仞三十二蓮峯丹崖夾石柱菡萏金芙蓉
伊昔昇絕頂下窺天目松仙人鍊玉處羽化留餘蹤

亦聞溫伯雪(一作)獨往今相逢採秀辭五嶽攀巖歷萬
重歸休白鵝嶺渴飲丹沙井鳳吹我時來雲車爾當
整去去陵陽東行行芳桂叢迴谿十六度碧嶂盡晴
空他日還相訪乘橋躡綵虹

送方士趙叟之東平

長桑曉洞視五藏無全牛趙叟得秘訣還從方士遊
西過獲麟臺為我弔孔丘念別復懷古潸然空淚流

送韓準裴政(一作)孔巢父還山(魯中)

獵客張兔罝不能挂龍虎所以青雲人高歌(一作)在巖
戶韓生信英(一作)彥裴子含清真孔侯復秀出俱與雲
霞親峻節凌遠松同衾臥盤石斧冰漱寒泉三子同

五

所(一作)二屐時時或乘興往往(一作去去)雲無心出山揖牧伯長
揖輕衣簪昨宵夢裏還云弄竹溪月今辰魯東門帳
飲與君別雲崖滑去馬蘿逕迷歸人相思若煙草歷
亂無冬春

送楊少府赴選

大國置衡鏡準平天地心群賢無邪人朗鑒窮清深
吾君詠南風袞冕彈鳴琴時泰多美士京國會纓簪
山苗落澗底幽松出高岑夫子有盛才主司得球琳
流水非鄭曲(一作)行遇知音衣工剪綺繡一誤傷千金
何惜刀尺餘不裁寒女衾我非彈冠者感別但開襟
空谷無白駒賢人豈悲吟大道安弃物時來或招尋

爾見山吏部當應無陸沉

對雪奉餞任城六父秩滿歸京

龍虎謝鞭策鵷鸞不司晨君看海上鶴何以籠中鶉
獨用天地心浮雲乃吾身雖將簪組狎若與煙霞親
季父有英風白眉超常倫一官即夢寐脫屣歸西秦
竇公敞華筵墨客盡來臻燕歌落胡鴈郢曲迴陽春
征馬百度嘶遊車動行塵躊躇未忍去戀此四座人
餞離駐高駕惜別空殷勤何時竹林下更與步兵鄰

魯郡堯祠送吳五之琅琊

堯沒三千歲青松古廟存送行奠桂酒拜舞清心魂
日色促歸人連歌倒芳樽馬嘶俱醉起分首更何言

六

魯郡堯祠送竇明府薄華還西京(時久病初起作)

朝策犁眉騧舉鞭力不堪強扶愁疾向何處角巾微
服(一作步)堯祠南長楊掃地不見日石門噴作金沙潭笑
誇故人(一作[illegible])指絕境山光水色青於藍廟中往往來
擊鼓堯本無心爾何苦門前長跪雙石人有女如花
日歌舞銀鞍繡轂往復迴簸林蹶石鳴風雷遠煙空
翠時明滅白鷗歷亂長飛雪紅泥亭子赤(一作)欄干碧
流環轉青錦湍深沉百丈洞海底那知不有蛟龍盤
君不見綠珠潭水流東海綠珠紅粉沉光(一作白首同歸[illegible])
彩綠珠樓下花滿園今日曾無一枝在昨夜秋聲閶
闔來洞庭木落騷人哀遂將三五少年輩登高送遠

遙一作遠形神開生前一笑輕九鼎魏武何悲銅雀臺我歌
白雲倚牕牖一作大開口爾聞其聲但揮手長風吹月渡海
來遙勸仙人一杯酒酒中樂酣宵向分舉觴酹堯堯
可聞何不令皋繇一作陶擁篲橫八極直上青天揮一作掃浮
雲高陽小飲真瑣瑣山公酩酊何如我竹林七子去
道賒蘭亭雄筆安足誇堯祠笑殺五一作鏡湖水至今憔
悴空荷花爾向西秦我東越暫向瀛洲訪金闕藍田
太白若可期為余掃灑石上月

送韋八之西京

客自長安來還歸長安去狂一作秋風吹我心西挂咸陽
樹此情不可道一作論此別何時遇望望不見君連山起
煙霧

送薛九被讒去魯

宋人不辨玉魯賤東家丘我笑薛夫子一作笑夫子胡為一作而我
兩地遊黃金消眾口白璧竟難投梧桐生蒺藜綠竹
乏佳實鳳凰宿誰家遂與羣雞匹田一作方家養老馬窮
士歸其門蛾眉笑躄者賓客去平原却斬美人首三
千還駿奔毛公一挺劍楚趙兩相存孟嘗習一作挽狡兔
三窟頼馮諼信陵奪兵符為用侯生言一作魏郡為侯生感信
春申一何愚刎首為李園賢哉四公子撫掌黃泉
裏借問笑何人笑人不好士爾去且勿諠一作論桃花竟
何言沙丘無漂母誰肯飯王孫

單父東樓秋夜送族弟況之秦一作京時凝弟在
席

爾從咸陽來問我何勞苦沐猴而冠不足言身騎土
牛滯東魯況弟欲行凝弟留孤飛一鴈秦雲秋坐來
黃葉落四五北斗已一作稍挂西城樓絲桐感人絃亦一作已
絕滿堂送客皆惜別卷簾見月清興來疑是山陰夜
中雪明日斗酒別惆悵清路塵遙望長安日不見長
安人長安宮闕九天上此地曾經為近臣一朝復一
朝白髮心不改屈平顦顇滯江潭亭伯流離放遼海
折翮翻飛隨轉蓬一作隨鸞鳳舉天聞弦虛墜下霜空聖
朝久棄青雲士他日誰憐張長公一作誰肯相張長公

送族弟凝至宴堌單父三十里

雪滿原野白戎裝出盤遊揮鞭布獵騎四顧登高丘
兔起馬足間蒼鷹下平疇喧呼相馳逐取樂銷人憂
捨此戒禽荒微聲列齊謳鳴雞發宴堌別鴈驚涼溝
西行有東音寄與長河流

魯城北郭曲腰桑下送張子還嵩陽

送別枯桑下凋葉落半空我行懵道遠爾獨知天風
誰念張仲蔚還依蒿與蓬何時一盃酒更與李膺同

送魯郡劉長史遷弘農長史

魯國一杯水難容橫海鱗仲尼且不敬況乃尋常人
白玉換斗粟黃金買尺薪閉門木葉下始覺秋非春

聞君向西遷地即鼎湖鄰寶鏡匣蒼蘚丹經埋素塵
軒后上天時攀龍遺（一作雖）小臣及此留惠愛庶幾風化
淳魯縞如白煙五縑不成束臨行贈貧交一尺重山
岳相國齊晏子贈行不及言託陰當樹李忘憂當樹
萱他日見張祿綈袍懷舊恩

送族弟單父主簿凝攝宋城主簿至郭南月
橋却迴棲霞山留飲贈之

吾家青萍劍操割有餘閑䟦來糾二邑此去何時還
鞍馬月橋南光輝岐路間賢豪相追餞却到棲霞山
羣花散芳園斗酒開離顏樂酣相顧起征馬無由攀

魯郡東石門送杜二甫

醉別復幾日登臨徧池臺何言石門路（一作下）重有金樽
開秋波落泗水海色明徂徠飛蓬各自遠且盡林中
盃

魯郡堯祠送張十四遊河北

猛虎伏尺草雖藏難蔽身有如張公子骯髒在風塵
豈無橫腰劒屈彼淮陰人擊筑向北燕燕歌易水濱
歸來太山上當與爾為鄰

杭州送裴大擇時赴廬州長史（缺中）

西江天柱遠東越海門深去割辭親戀行憂報國心
好風吹落日流水引長吟五月披裘者應知不取金

灞陵行送別（長史）

送君灞陵亭灞水流浩浩上有無花之古樹下有傷
心之春草我向秦人問路岐云是王粲南登之古道
古道連綿走西京紫闕落日浮雲生正當今夕斷腸
處驪歌愁絕不忍聽

送賀監歸四明應制

久辭榮祿遂初衣曾向長生說息機真訣自從茅氏
得恩波寧阻洞庭歸瑤臺含霧星辰滿仙嶠浮空島
嶼微借問欲棲珠樹鶴何年却向帝城飛

送竇司馬貶宜春

天馬白銀鞍親承明主歡鬬雞金宮（一作）裏射鴈碧雲
端堂上羅中貴歌鍾清夜闌何言謫南國拂劍坐（一作）長
歎趙璧為誰點隋珠枉被彈聖朝多雨露莫厭此行難

送羽林陶將軍

將軍出使擁樓船江上旌旗拂紫煙萬里橫戈探虎
穴三杯拔劍舞龍泉莫道詞人無膽氣臨行將贈繞
朝鞭

送程劉二侍御兼獨孤判官赴安西幕府

安西幕府多才雄喧喧唯道三數公繡衣貂裘明積
雪飛書走檄如飄風朝辭明主出紫宮銀鞍送別金
城空天外飛霜下葱海火旗雲馬生光彩胡塞塵清
計日歸漢家草綠遙相待

送姪良攜二妓赴會稽戲有此贈

攜妓東山去春光半道催遥看二桃李雙入鏡中開

送賀賓客歸越

鏡湖流水漾清波（一作蕩波）狂客歸舟逸興多山陰道士
如相見應寫黃庭換白鵝

送張遥之壽陽幕府

壽陽信天險天險橫荆關苻堅百萬衆遥阻八公山
不假築長城大賢在其間戰夫若熊虎破敵有餘閑
張子勇且英少輕衛霍孱投軀紫髯將千里望風顔
勗爾効才略功成衣錦還

李太白文集卷第十四

李十四　十一

李太白文集卷第十五

歌詩四十八首

送中

送裴十八圖南歸嵩山二首

何處可爲別長安青綺門胡姬招素手延（一作醉）客醉金
樽臨當上馬時我獨（一作因）與君言風吹（一作動）芳蘭折日沒
鳥雀喧舉手指飛鴻此情難具論同歸無早晚潁水
有清源

君思潁水綠忽復歸嵩岑歸時莫洗耳爲我洗其心
洗心得真情洗耳徒買名謝公終一起相與濟蒼生

同王昌齡送族弟襄歸桂陽二首（昌齡一作同王昌齡崔國）

秦地見碧草楚謡對清樽把酒爾何思鷓鴣啼南園
余欲羅浮隱猶懷明主恩躊躇紫宮戀孤負滄洲言
終然無心雲海上同飛翻相期乃不淺幽桂有芳根

尔家何在瀟湘川青莎白石長江邊昨夢江花照江
日幾枝正發東窗前覺來欲往心悠然魂隨越鳥飛
南天秦雲連山海相接桂水橫煙不可涉送君此去
令人愁風帆茫茫隔河洲春潭瓊草綠可折西寄長
安明月樓

送外甥鄭灌從軍三首

六博爭雄好彩來金盤一擲萬人開丈夫賭命報天

李十五　一

子當斬胡頭衣錦迴
丈八蛇矛出隴西彎弧拂箭白猿啼破胡必用龍韜
策積甲應將熊耳齊
月蝕西方破敵時及瓜歸日未應遲斬胡血變黃河
水梟首當懸白鵲旗

送于十八應四子舉落第還嵩山

吾祖吹橐籥天人信森羅歸根復太素羣動熙元和
炎炎四真人摛辯若濤波交流無時寂楊墨日成科
夫子聞洛誦誇才才故多為金好踴躍久客方蹉跎
道可束賣之五寶溢山河勸君還嵩丘開酌盼庭柯
三花如未落乘興一來過

送別

尋陽五溪水沿洄直入巫山裏勝境由來人共傳君
到南中自稱美送君別有八月秋颯颯蘆花復益愁
雲帆望遠不相見日暮長江空自流

送族弟綰一作琯從軍安西

漢家兵馬乘北風鼓行而一作向西破犬戎爾隨漢將一作
錦鞍驕驄出門去剪虜若草收奇功君王按劍望邊色旄
頭已落胡天空匈奴繫頸數應盡明年應一作入蒲桃
宮

送梁公昌從信安王北征

入幕推英選捐書事遠戎高談百戰術鬱作萬夫雄

起舞蓮華劍行歌明月弓將飛天地陣兵出塞垣通
祖席留丹景征麾拂綵虹旋應獻凱入麟閣佇深功

送白利從金吾董將軍西征 長史

西羌延國討白起佐軍威劍決浮雲氣弓彎明月輝
馬行邊草綠旌卷曙霜飛抗手凛相顧寒風生鐵衣

送張秀才從軍

六駮食猛虎恥從駑馬羣一朝長鳴去矯若龍行雲
壯士懷遠略志存解世紛周粟猶不顧齊珪安肯分
抱劍辭高堂將投崔冠軍長策擁河洛寧親歸汝墳
當令千古後麟閣著奇勳

送崔度還吳度故人禮部員外國輔之子

幽燕沙雪地萬里盡黃雲朝吹歸秋鴈南飛日幾羣
中有孤鳳雛哀鳴九天聞我乃重此鳥綵章五色分
胡為雜凡禽雛鶩輕賤君舉手捧爾足疾心若火焚
拂羽淚滿面送之吳江濆去影忽不見躊躇日將曛

送祝八之江東賦得浣紗石

西施越溪女明豔光雲海未一作來入吳王宮殿時浣紗
古石一作石古今猶在桃李新開映古一作杳查菖蒲猶短出平
沙昔時紅粉照流水今日青苔覆落花君去西秦適
東越碧山青江幾超忽若到天涯思故人浣紗石上
窺明月

送侯十一

朱亥已擊晉侯竄尚隱身時無魏公子豈貴抱關人
余亦不火食遊梁同在陳空餘湛盧劍贈爾託交親
魯中送二從弟赴舉之西京（一作再至魯中送十一族弟錍）
魯客向西笑君門若夢中霜凋逐臣髮日憶明光宮
復羨二龍去才華冠世雄平衢騁高足逸翰凌長風
舞袖拂秋月歌筵開早鴻送君日千里良會何由同
奉餞高尊師如貴道士傳道籙畢歸北海（一作齊州）
道隱不可見靈書藏洞天吾師四萬劫歷世遞相傳
別杖留青竹行歌躡紫煙離心無遠近長在玉京懸
金陵送張十一再遊東吳（一作金陵）
張翰黃花句風流五百年誰人今繼作夫子世稱賢

李十五　四

再動遊吳棹還浮入海船春光白門柳霞色赤城天
去國難爲別思歸各未旋空餘賈生淚相顧共悽然
送紀秀才遊越
海水不滿眼觀濤難稱心即知蓬萊石却是巨鼇簪
送爾遊華頂令余發舄吟仙人居射的道士住山陰
禹穴尋溪入雲門隔嶺深綠蘿秋月夜相憶在鳴琴
送長沙陳太守二首
長沙陳太守逸氣凌青松英主賜五馬本是天池龍
湘水迴九曲衡山望五峯榮君按節去不及（一作得）遠相
從
七郡長沙國南連湘水濱定王垂舞袖地窄不迴身

莫小二千石當安遠俗人洞庭鄉路遠遙羨錦衣春
送楊燕之東魯
關西楊伯起漢日舊稱賢四代五公族清風播人天
夫子華陰居開門對玉蓮何事歷衡霍雲帆今始還
君坐稍解顏爲我（一作君）歌此篇我固侯門士謬登聖主
筵一辭金華殿蹭蹬長江邊二子魯門東別來已經
年因君此中去不覺淚如泉
送蔡山人
我本不棄世世人自棄我一乘無倪舟八極縱遠舵
燕客期躍馬唐生安敢譏採珠勿驚龍大道可暗歸
故山有松月遲爾翫清暉

李十五　五

送蕭三十一之魯中兼問稚子伯禽
六月南風（一作）吹白沙吳牛喘月氣成霞水國鬱（一作[illegible]）蒸不
可處時炎道遠無行車夫子如何涉江路雲帆嫋嫋
金陵去高堂倚門望伯魚魯中正是趨庭處我家寄
在沙丘傍三年不歸空斷腸君行既識伯禽子應駕
小車騎白羊
送楊山人歸嵩山
我有萬古宅嵩陽玉女峯長留一片月挂在東溪松
爾去掇仙草菖蒲花紫茸（一作君行到此峯餐霞駐衰容）歲晚或相訪
青天騎白龍
送郄敞三首

海水不可解連江夜爲潮俄然浦嶼闊岸去酒船遥惜別耐取醉鳴榔且長謡天明爾當去應有便風飄
白鷺洲前月天明送客迴青龍山後日早出海雲來流水無情去征帆逐吹開相看不忍別更進手中盃
痛飲龍節下燈青月復寒醉歌驚白鷺半夜起沙灘

送岑徵君歸鳴皐山

岑公相門子雅望歸安石弈世皆夔龍中台竟一作有三拆至人達機兆高揖九州伯奈何天地間而作隱淪客貴道皆一作全真潛輝卧幽鄰一作藥探元入窅默觀化遊無垠光武有天下嚴陵爲故人雖登洛陽殿不屈巢由身余亦謝明主今稱偃蹇臣登高覽萬古思與廣成鄰蹈海寧受賞還山非問津西來一作[illegible]一搖扇共拂元規塵

送范山人歸太山

魯客抱白雞一作鶴別余往太山初行若片雪一作雲杳在青崖間高高至天門海日一作日觀近可攀雲生望不及此去何時還

送韓侍御之廣德令

昔日繡衣何足榮今宵貰酒與君傾暫就東山賒月色酣歌一夜送泉明

白雲歌送友人

楚山秦山多白雲白雲處處長隨君君今還入楚山裏雲亦隨君渡湘水水上女蘿衣白雲早卧早行君早起

送通禪師還南陵隱靜寺

我聞隱靜寺山水多奇蹤巖種朗公橘門深杯渡松道人制猛虎振錫還孤峯他日南陵下相期谷口逢

送友人

青山横北郭白水遶東城此地一爲別孤蓬萬里征浮雲遊子意落日故人情揮手自兹去蕭蕭班馬鳴

送別

斗酒渭城邊壚頭醉不眠梨花千樹雪楊葉萬條煙惜別傾壺醑臨分贈馬鞭看君潁上去新月到家圓

江上送女道士褚三清遊南嶽

吳江女道士頭戴蓮花巾霓裳不濕雨特異陽臺神足下遠遊履凌波生素塵尋仙向南嶽應見魏夫人

送友人入蜀

見說蠶叢路崎嶇不易行山從人面起雲傍馬頭生芳樹籠秦棧春流遶蜀城升沉應已定不必訪君平

送趙雲卿

白玉一杯酒綠楊三月時春風餘幾日兩鬢各成絲秉燭唯須飲投竿也未遲如逢渭川獵猶可帝王師

送李青歸華陽川

伯陽仙家子容色如青春日月秘靈洞雲霞辭世人

化心養精魄隱几窅天真莫作千年別歸來城郭新

送舍弟

吾家白額駒遠別臨東道他日相思一夢君應得池
塘生春草

送別（得書字）

水色南天遠舟行若在虛遷人發佳興吾子訪閑居
日落看歸鳥潭澄羨躍（一作躍）魚聖朝思賈誼應降紫泥
書

送麴十少府

試發清秋興因爲吳會吟碧雲斂海色流水折江心
我有延陵劍君無陸賈金艱難此爲別惆悵一何深

送張秀才謁高中丞（并序）

余時繫尋陽獄中正讀留侯傳秀才張孟熊蘊滅胡
之策將之廣陵謁高中丞余嘉子房之風感激於斯
人因作是詩以送之
秦帝淪玉鏡（[illegible]）留侯降氛氳感激黃石老經過
滄海君壯士揮金槌報讎六合聞智勇冠終古蕭陳
難與群兩龍爭鬭時天地動風雲酒酣（[illegible]）舞長劍蒼
卒解漢紛宇宙初倒懸鴻溝勢將分英謀信奇絕夫
子揚清芬（[illegible]）胡月入紫微三光亂天文高
公鎮淮海談笑卻妖氛採爾幕中畫戡難光殊勳我
無燕霜感玉石俱燒焚但灑一行淚臨岐竟何云

尋陽送弟昌峒鄱陽司馬作

桑落洲渚連滄江無雲煙尋陽非剡水忽見子猷船
了見欲相近來遲杳若仙人乘海上月帆落湖中天
一觀無二諾朝懽更勝昨爾則吾惠連吾非爾康樂
朱紱白銀章上官佐鄱陽松門拂中道石鏡迴清光
搖扇及于越水亭風氣涼與爾期此亭期在秋月滿
時過或未來兩鄉心已斷吳山對楚岸彭蠡當中州
相思定如此有窮盡年愁

送[illegible]

少年費白日歌笑矜朱顏不知忽已老喜見春風還
惜別且爲歡徘徊桃李間看花飲美酒聽鳥臨晴山
向晚竹林寂無人空閉關

送王孝廉覲省（廬江）

彭蠡將天合姑蘇在日邊寧親候海色欲動孟嘗船
窈窕晴江轉參差遠岫連相思無晝夜東泣似長川

同吳王送杜秀芝赴舉入京

秀才何翩翩王許回也賢暫別廬江守將遊京兆天
秋山宜落日秀水出寒煙欲折一枝桂還來雁沼前

李太白文集卷第十五

李太白文集卷第十六

歌詩三十八首

送下

洞庭醉後送絳州呂使君杲流澧州 江夏

昔別若夢中天涯忽相逢洞庭破秋月縱酒開愁容
贈劍刻玉字延平兩蛟龍送君不盡意書及雁回峯

與諸公送陳郎將歸衡陽 并序

仲尼旅人文王明夷苟非其時聖賢低屈況僕之不
肖者而遷逐枯槁固非其宜朝心不開暮髮盡白而
登高送遠使人增愁陳郎將義風凛然英思逸發來
下專城之榻去邀才子之詩動清興於中流送衆波

而經去諸公仰望不及連章祖之序懿起予輒冠名
賢之首作者嗤我乃爲撫掌之資乎
衡山蒼蒼入紫冥下看南極老人星迴飆吹散五峯
雪往往飛花落洞庭氣清嶽秀有如此郎將一家拖
金紫門前食客亂浮雲世人皆比孟嘗君江上送行
無白璧臨岐惆悵若爲分

江夏送倩公歸漢東 并序

謝安四十卧白雲於東山桓公累徵爲蒼生而一起
常與支公遊賞貴而不移大人君子神冥契合正可
乃爾僕與倩公面不忝古人言歸漢東使我心悔夫
漢東之國聖人所出神農之後季良爲大賢爾來寂
寞無一物可紀有唐中興始生紫陽先生先生六十
而隱化若繼跡而起者惟倩公爲蓄壯志而未就娛
老成於他日且能傾産重諾好賢攻文即惠休上人
與江鮑往復各一時也僕平生述作罄其草而授之
思親遂行流涕惜別今聖朝已舍季布當徵賈生開
顏洗目一見白日冀相視而笑於新松之山耶作小
詩絶句以寫別李白辭
彼美漢東國川藏明月輝寧知喪亂後更有一珠歸

送趙判官赴黔府中丞叔幕

廓落青雲心結交黃金盡富貴翻相忘令人忽自哂
蹭蹬鬢毛斑盛時難再還巨源咄石生何事馬蹄間

綠蘿長不厭却欲還東山君爲魯曾子拜揖高堂裏
叔繼趙平原偏承明主恩風霜推一作斷獨坐旌節鎮雄
藩虎士秉金鉞蛾眉開玉樽才高幕下去義重林中
言水宿五溪月霜啼三峽猿東風春草綠江上候歸
軒

送陸判官往琵琶峽

水國秋風夜殊非遠別時長安如夢裏何日是歸期

送梁四歸東平

玉壺挈美酒送別強爲歡大火南星月長郊北路難
殷王期負鼎汶水起垂竿莫學東山卧參差老謝安

江夏送友人

雪點翠雲裘送君黃鶴樓黃鶴振玉羽西飛帝王州
鳳無琅玕實何以贈遠遊徘徊相顧影淚下漢江流

送郗昂謫巴中

瑤草寒不死移植滄江濱東風灑雨露會入天地一作此春
子若洞庭葉隨波送逐臣思歸未可得書此謝情人

江夏送張丞

欲別心不忍臨行情更親酒傾無限月客醉幾重春
藉草依流水攀花贈遠人送君從此去迴首泣迷津

賦得白鷺鷥送宋少府入三峽

白鷺拳一足月明秋水寒人驚遠飛去直向使君灘

送二季之江東

初發強中作題詩與惠連多慙一日長不及二龍賢
西塞當中路南風欲進船雲峯出遠海帆影挂清川
禹穴藏書地匡山種杏田此行俱有適遲爾早歸旋

江西送友人之羅浮 南昌

桂水分五嶺衡山朝九疑鄉關眇安西流浪將何之
素色愁明湖秋渚晦寒姿疇昔紫芳意已過黃髮期
君王縱疏散雲壑屢巢夷爾去之羅浮我還憩峨眉
中闊道萬里霞月遙相思如尋楚狂子瓊樹有芳枝

宣州謝脁樓餞別校書叔雲 一作陪侍御叔華登樓歌

棄我去者昨日之日不可留亂我心者今日之日多
煩憂長風萬里送秋鴈對此可以酣高樓蓬萊文章

建安骨中間小謝又清發俱懷逸興壯思飛欲上青
天一作攬覽明月抽刀斷水水更流舉杯消愁愁更一作復愁
人生一作覺在世不稱意明朝散髮弄扁舟一作還[illegible]

宣城送劉副使入秦

君即劉越石雄豪冠當時淒清橫吹曲慷慨扶風詞
虎嘯俟騰躍雞鳴遭亂離千金市駿馬萬里逐王師
結交樓煩將侍從羽林兒統兵捍吳越豺虎不敢窺
大勳竟莫敘已過秋風吹秉鉞有季公凜然負英姿
寄深且戎幕望重必台司感激一然諾縱橫兩無疑
伏奏歸北闕鳴騶忽西馳列將咸出祖英寮惜分離
斗酒滿四筵歌笑宛溪湄君攜東山妓我詠北門詩
貴賤交不易恐傷中園葵昔贈紫騮駒今傾白玉卮
同歡萬斛酒未足解相思此別又千里一作此別千里秦吳
眇天涯月明關山苦水劇隴頭悲借問幾時還春風
入黃池無令長相思折斷綠楊枝

涇川送族弟錞 時盧校書草亭錞侍御為詩

涇川三百里若耶羞見之錦石照碧山兩邊白鷺鷥
佳境千萬曲客行無歇時上有琴高水下有陵陽祠
仙人不見我明月空相知問我何事來盧敖結幽期
蓬山振雄筆繡服揮清詞江湖發秀色草木含榮滋
置酒送惠連吾家稱白眉愧無海嶠作敢闕河梁詩
見爾復幾朝俄然告將離中流漾綵鷁列岸叢金羈

嘆息蒼梧鳳分棲瓊樹枝清晨各飛去飄落天南垂
望極落日盡秋深暝猨悲寄情與流水但有長相思

五松山送殷淑

秀色發江左風流奈若何仲文了不還獨立揚清波
載酒五松山頹然白雲歌中天度落月萬里遥相過
撫酒惜此月流光畏蹉跎明日別離去連峯鬱嵯峨

送崔氏昆季之金陵（一作秋夜崔八丈水亭送崔二）

放（一作夜）歌倚東樓行子期曉發秋風渡江來吹落山上
月主人出美酒滅燭延清光二崔向金陵安得不盡
觴水客弄歸棹雲帆卷輕霜扁舟敬亭下五兩先飄
揚峽石入水花碧流日更長思君無歲月西笑阻（□□）

卷十六　五

梁

登黃山陵歊臺（□）送族弟溧陽尉濟充（一作）汎舟

赴華陰（當塗）

鸞乃鳳之族翱翔紫雲霓文章輝（一作耀）五色雙在瓊樹
棲一朝各飛去鳳與鸞俱啼炎赫五月中朱曦爍河
堤爾從汎舟役使我心魂悽秦地無草木南雲喧鼓
鼙君王減玉膳早起思鳴雞漕引救關輔疲人免塗
泥宰相作霖雨農夫得耕犁靜者伏草間羣才滿金
閨空手無壯士窮居使人低送君登黃山長嘯倚（一作上）
天梯小舟若鳧鴈大舟若鯨鯢開帆散長風舒卷與
雲齊日入牛渚晦蒼然夕煙迷相思在何所（一作何許）杳

在洛陽西

送儲邕之武昌

黃鶴西樓月長江萬里情春風三十度空憶武昌城
送爾難爲別銜杯惜未傾湖連張樂地山逐汎舟行
諾謂楚人重詩傳謝朓清滄浪吾有曲寄入棹歌聲

詶荅上

詶談少府（襄漢）

一尉居倏忽梅生有仙骨三事或可羞匈奴哂千秋
壯心屈黃綬浪跡寄滄洲昨觀荊峴作如從雲漢遊
老夫當暮矣蹀足懼驊騮

詶宇文少府見贈桃竹書筒

桃竹書筒綺繡文良工巧妙稱絕羣靈心圓映三江
月彩質疊成五色雲中藏寶訣峨眉去千里提攜長
憶君

卷十六　六

五月東魯行荅汶上翁（□□）

五月梅始黃（一作□□）蠶凋桑柘空魯人重織作機杼鳴
簾櫳顧余不及仕學劒來山東舉鞭訪前塗獲笑汶
上翁下愚（一作闇）忽壯士未足論窮通我以一箭書能取
聊城功終然不受賞羞與時人同西歸去直道落日
昏陰虹此（一作我）去爾勿言甘心如轉蓬

早秋單父南樓詶竇公衡

白露見日滅紅顏隨霜凋別君若俯仰春芳辭秋條

太山嵳峩夏雲在疑是白波漲東海散為飛雨川上
來遥帷却卷清浮埃知君獨坐青軒下此時結念同
懷若我閉南樓看道書幽簾清寂在仙居曾無好事
來相訪賴爾高文一起予

山中荅俗人一云荅問

問余何意一作事棲碧山笑而不荅一作語心自閑桃花流水
窅然一作宛然去別有天地非人間

荅友人贈烏紗帽

領得烏紗帽全勝白接䍦山人不照鏡稚子道相宜

酬張司馬贈墨吳中

上黨碧松煙夷陵丹砂末蘭麝凝珍墨精光乃堪掇

李十六　七

黃頭奴子雙鴉鬟錦囊養之懷袖間今日贈余蘭亭
去興來灑筆會稽山

荅湖州迦葉司馬問白是何人

青蓮居士謫仙人酒肆藏名三十春湖州司馬何須
問金粟如來是後身

荅長安崔少府叔封遊終南翠微寺太宗皇
帝金沙泉見寄長安

河伯見海若傲然誇秋水小物昧遠圖寧知通方士
一作達方者多君紫霄意獨往蒼山裏地古寒雲一作深深巖
高長風起初登翠微嶺復憩金沙泉踐苔朝霜滑弄
波夕月圓飲彼石下流一作溪結蘿宿溪煙鼎湖夢淥水
龍駕空茫然早行子午關却登山路遠
拂琴聽霜猿滅燭乃星飯人煙無明異鳥
道絕往返攀崖倒青天一作青山下視白日晚既過一作遇石
門隱還唱石潭歌一作曲涉雪搴紫芳一作紫芝濯纓想一作清
波此人不可見此地君自過為余謝風泉其如幽
意何

贈李十二一云司郎中崔宗之

涼秋八九月白露空園庭耿耿意不暢捎捎一作捎捎風葉
聲思見雄俊士共話今古情李侯忽來儀把袂苦不
早清論既抵掌玄談又絕倒分明楚漢事歷歷王霸
道擔囊無俗物訪古千里餘袖有匕首劍懷中茂陵

李十六　八

書雙眸光照人詞賦凌子虛酌酒絃素琴霜氣正凝
潔平生心中事今日為君說我家有別業寄在嵩之
陽明月出高岑清溪澄素光雲散窗戶靜風吹松桂
香子若同斯遊千載不相忘

酬崔五郎中崔詩

朔雲橫高天萬里起秋色壯士心飛揚落日空歎息
長嘯出原野凜然寒風生幸遭聖明時功業猶未成
奈何懷良圖鬱悒獨愁坐一作獨坐一作空杖策尋英豪立談乃
知我崔公生人秀緬邈青雲姿制作參造化託諷含
神祇海嶽尚可傾吐諾終不移是時霜飆寒逸興臨
華池起舞拂長劍四座皆揚眉因得窮歡情贈我以

新詩又結汗漫期九垓遠相待與身隨蓬瀛還是吾
滄海從此一別景一去無時還朝遊明光宮暮入
閶闔但得長把袂何必嵩丘山

以詩代書答元丹丘

青鳥一作鳥海上來今朝發何處口銜雲錦字與我忽
飛去鳥去凌紫煙書留綺窗前開緘方一作一笑乃是
故人傳故人深相勗憶我勞心曲離居在咸陽三見
秦草綠置書雙袂間引領不暫閑長望一作答難見浮
雲橫遠山

金門答蘇秀才

君還石門日朱火始改木春草如有情山中尚含綠

李十六

折芳愧遙憶永路當自勗遠見故人心平生以此足
巨海納百川麟閣多才賢獻書入金闕酌醴奉瓊筵
屢忝白雲唱恭聞黃竹篇恩光照拙薄雲漢希騰遷
銘鼎儻云遂扁舟方渺然我留在金門君去臥丹壑
未果三山期遙欣一丘樂玄珠寄罔象赤水非寥廓
願狎東海鷗共營西山藥棲巖君寂滅處世余龍蠖
良辰不同賞永日應閉居鳥吟簷間樹花落窗下書
緣谿見綠筱隔岫窺紅蕖採薇行笑歌眷我情何已
月出石鏡間松鳴風琴裏得心自虛妙外物空頹靡
身世如兩忘從君老煙水

酬坊州王司馬與閻正字對雪見贈

遊子東南來自宛適京國飄然無心雲倏忽復西北
訪戴昔未偶尋嵇此相得愁顏發新歡終宴敘前識
閻公漢庭舊沉鬱富才力價重銅龍樓聲高重門側
寧期此相遇華館陪遊息積雪明遠峰寒城鋪春色
主人蒼生望假我青雲翼風水如見資投竿佐皇極

酬中都小吏攜斗酒雙魚於逆旅見贈

魯酒若琥珀一作虎魄汶魚紫錦鱗山東豪吏有俊氣手
攜此物贈遠人意氣相傾兩相顧斗酒雙魚表情
素酒來我飲之鱠作別離處雙鰓呀呷鰭鬣張蹳剌
銀盤欲飛去呼兒拂機霜刃揮紅肥花落白雪霏
微下筯一餐飽一作醉著金鞍上一作上馬歸

李十六　十

酬張卿夜宿南陵見贈

月出魯城東明如天上雪魯女驚莎雞鳴機應秋節
當君相思夜火落金風高河漢掛戶牖欲濟無輕舸
我昔辭林丘雲龍忽相見客星動太微朝去洛陽殿
爾來[illegible]仕漢餘身為下邳客家有圮橋書
傅說未夢時終當起巖野萬古騎辰星光輝照天下
與君各未遇長策委蒿萊寶刀隱玉匣鏽澀空莓苔
遂令世上愚輕我土與灰一朝攀龍去蛙黽安在哉
故山定有酒與爾傾金罍

酬岑勛見尋就元丹丘對酒相待以詩見招

黃鶴東南來寄書寫心曲倚松開其緘憶我腸斷續

不以千里遙命駕來相招中逢元丹丘登嶺宴碧霄
對酒忽思我長嘯臨清飈蹇余未相知茫茫緑雲垂
俄然素書及解此長渴飢策馬望山月途窮造階墀
喜茲一會面若覩瓊樹枝憶君我遠來我歡方速至
開顏酌一云酒樂極忽成醉我情既不淺君意方亦深
相知兩相得一顧輕千金且向山客笑與君論素心

荅從弟幼成過西園見贈

一身自瀟灑萬物何囂喧拙薄謝明時棲閑歸故園
二季過舊壑四鄰馳華軒衣劍照松宇賓徒光石門
山童薦珍果野老開芳樽上陳樵漁事下敘農圃言
昨來荷花滿今見蘭苕繁一笑復一歌不知夕景昏

醉罷同所樂此情難具論

酬王補闕惠翼莊廟宋丞泚贈別

學道三十春自言羲和人軒蓋宛若夢雲松長相親
偶將二公合復與三山鄰喜結海上契自為天外賓
鸞翮我先鍛龍性君莫馴朴散不尚古時訛皆失真
勿踏荒溪波朅來浩然津薜帶何辭楚桃源堪避秦
世迫且離別心在期隱淪酬贈非炯誡永言銘佩紳

李太白文集卷第十六

李太白文集卷第十七

歌詩三十首

酬荅下

荅王十二寒夜獨酌有懷尋入吳中

昨夜吳中雪子猷佳興發萬里浮雲卷碧山青天中
道流孤月孤月蒼浪一作滄浪河漢清北斗錯落長庚明懷
余對酒夜霜白玉床金井氷崢嶸人生飄忽百年內
且須酣暢萬古情君不能狸膏金距學鬬雞坐令鼻
息吹虹霓君不能學哥舒橫行青海夜帶刀西屠石
堡取紫袍吟詩作賦北窗裏萬言不直一杯水世人
聞此一作之皆掉頭有如東風射馬耳魚目亦笑我請一作謂

與明月同驊騮拳跼不能食蹇驢得志鳴春風折揚
黃花合流俗晉君聽琴枉清角巴一作斷人誰肯和陽春
楚地猶來賤奇璞黃金散盡交不成白首為儒身被
輕一談一笑失顏色蒼蠅貝錦喧謗聲曾參豈是殺
人者讒言三及慈母驚與君論心握君手榮辱於余
亦何有孔聖猶聞傷鳳麟董龍更是何雞狗一生傲
岸苦不諧恩疏媒勞志多乖嚴陵高揖漢天子何必
長劍拄頤事玉階達亦不足貴窮亦不足悲韓信羞
將絳灌比禰衡恥逐屠沽兒君不見李北海英風豪
氣今何在君不見裴尚書土墳三尺蒿棘一作下居少年
早欲五湖去見此彌將鍾鼎疏

酬殷侍御對雨感時見贈 金陵

雨色秋來一作風嚴清江爽孤高繡衣人蕭灑青霞賞
平生多感激忠義非外奬禍連積怨生事及徂川往
楚邦有壯士鄢郢翻掃蕩申包哭秦庭泣血將安仰
鞭屍辱已及堂上羅宿莽頗似今之人蟊賊陷忠讜
渺然一水隔何由稅歸鞅日夕聽猿愁懷賢盈夢想

贈李十二攝監察御史崔成甫

我是瀟湘放逐臣君辭明主漢江濱天外常求太白
老金陵捉得酒仙人

酬崔侍御 崔詩附

嚴陵不從萬乘遊歸臥空山釣碧流自是客星辭帝
座元非太白醉揚州

二

翫月金陵城西孫楚酒樓達曙歌吹日晚乘
醉著紫綺裘烏紗巾與酒客數人棹歌秦淮
往石頭訪崔四侍御

昨晚西城月青天垂玉鈎朝沽金陵酒歌吹孫楚樓
忽憶繡衣人乘船往石頭草裹烏紗巾倒被紫綺裘
兩岸拍手笑疑是王子猷酒客十數公崩騰醉中流
謔浪棹海客喧呼傲陽侯半道逢吳姬卷簾出揶揄
我憶君到此不知狂與羞月下一見君三杯便迴橈
捨舟共連袂行上南渡橋興發歌淥水秦客為之搖
謳一作雞鳴復相招清宴逸雲霄贈我數百字字字凌風
飈繫之衣裘上相憶每長謠

江上答崔宣城

太華三芙蓉明星玉女峯尋仙下西岳陶令忽相逢
問我將何事湍波歷幾重貂裘非季子鶴氅似王恭
謬忝燕臺召而陪郭隗蹤水流知入海雲去或從龍
樹繞蘆洲月山鳴鵲鎮鐘還期如可訪台嶺蔭長松

答族姪僧中孚贈玉泉仙人掌茶 并序

余聞荊州玉泉寺近清溪諸山山洞往往有乳窟窟
中多玉泉交流中有一作見白蝙蝠大如鴉按仙經蝙蝠
一名仙鼠千歲之後體白如雪一作銀棲則倒懸蓋飲乳
水而長生也其水邊處處有茗草羅生枝葉如碧玉
惟玉泉真公常采而飲之年八十餘歲顏色如桃花
而此茗清香滑熟異於他者所以能還童振枯壯一作扶
人壽也余遊金陵見宗僧中孚示余茶數十片拳然
重疊其狀如手號為仙人掌茶蓋新出乎玉泉之山
曠古未覿因持之見遺兼贈詩要余答之遂有此作
後之高僧大隱知仙人掌茶發乎中孚禪子及青蓮
居士李白也

三

常聞玉泉山山洞多乳窟一作仙鼠如白鴉倒懸深溪一作谿
月茗生此中石玉泉流不歇根柯灑芳津採服潤肌
骨楚老卷綠葉枝枝相接連曝成仙人掌似拍洪崖
肩舉世未見之其名定誰傳宗英乃禪伯投贈有佳

爲清鏡燭無鹽顧慙西子妍朝坐有餘興長吟播諸天

酬裴侍御留岫師彈琴見寄

君同鮑明遠邀彼休上人鼓琴亂白雪秋變江上春瑤草綠未衰攀翻寄情親相思兩不見流淚空盈巾

張相公出鎮荊州尋除太子詹事余時流夜郎行至江夏與張公相去千里公因太府丞王昔使車寄羅衣二事及五月五日贈余詩余荅以此詩（一作江夏）

張衡殊不樂應有四愁詩慙君錦繡段贈我慰相思鴻鵠復矯翼鳳皇憶故池榮樂一如此商山老紫芝

醉後荅丁十八以詩譏予搥碎黃鶴樓

黃鶴高樓已搥碎黃鶴仙人無所依黃鶴上天訴玉帝卻放黃鶴江南歸神明太守再雕飾新圖粉壁還芳菲一州笑我爲狂客少年往往來相譏君平簾下誰家子云是遼東丁令威作詩調我驚逸興白雲遶筆窗前飛待取明朝酒醒罷與君爛熳尋春暉

荅裴侍御先行至石頭驛以書見招期月滿泛洞庭

君至石頭驛寄書黃鶴樓開緘識遠意速此南行舟風水無定準湍波或（一作）滯留憶昨新（一作）月生西簷若瓊鉤今來何所似破鏡懸清秋恨不三五明平湖泛

盆流此歡在茲寞狂殺王子猷已後定誰[illegible]人姿

荅高山人兼呈權顧二侯

虹霓掩天光哲后起康濟應運生夔龍開元掃氛翳太微廓金鏡端拱清遐裔輕塵集嵩岳虛點盛明意謬揮紫泥詔獻納青雲際讒惑英主心恩疏佞臣計彷徨庭闕下歎息光陰逝未作仲宣詩先流賈生涕挂帆秋江上不爲雲羅制山海向東傾百川無盡勢我於鴟夷子相去千餘歲運闊英達稀同風遙執袂登艫望遠水忽見滄浪枻高士何處來虛舟渺安係衣貌本淳古文章多佳麗延引故鄉人風義未淪替顧侯達語默權子識通蔽曾是無心雲俱爲此留滯雙萍易飄轉獨鶴思凌厲明晨去瀟湘共謁蒼梧帝

荅杜秀才五松山見贈

昔獻長楊賦天開雲雨歡當時待詔承明裏皆道揚雄才可觀勑賜飛龍二天馬黃金絡頭白玉鞍浮雲蔽日去不返總爲秋風摧紫蘭角巾東出商山道採秀行歌詠芝草路逢園綺笑向人兩君解來一何好聞道金陵龍虎盤還同謝朓望長安千峯夾水向秋浦五松名山當夏寒銅井炎爐歊九天赫如鑄鼎荊山前陶公矍鑠呵赤電回祿睢盱揚紫烟此山豈是久留處便欲燒丹從列仙愛聽松風且高臥颼颼吹

盡炎氛過登崖獨立望九州暢吞欲奏誰相和聞君
往年遊錦城章仇尚書倒屣迎飛騰緒羅奏明主天
書降問迴恩榮歌髒不能就珪組至今空揚高道名
夫子工文絕世奇五松新作天下推吾非謝尚邀彥
伯異代風流各一時一時相逢樂在今袖拂白雲開
素琴彈為三峽流泉音從茲一別武陵去去後桃花
春水深

至陵陽山登天柱石酬韓侍御見招隱黃山

韓眾騎白鹿西往華山中玉女千餘人相隨在雲空
見我傳秘訣精誠與天通何意到陵陽遊目送飛鴻
天子昔避狄與君亦乘驄擁兵五陵下長策遏胡戎
時泰解繡衣脫身若飛蓬鸞鳳翻羽翼啄粟坐樊籠
海鶴一笑之思歸向遼東黃山過石柱巘崿上攢叢
因巢翠玉樹忽見浮丘公又引王子喬吹笙舞松風
朗詠紫霞篇請開蕊珠宮步綱繡碧落倚樹招青童
何日可攜手遺形入無窮

酬崔十五見招

爾有鳥跡書相招琴溪飲手跡尺素中如天落雲錦
讀罷向空笑疑君在我前長吟字不滅懷袖且三年

遊宴上

遊南陽白水登石激作

朝涉白水源暫與人俗疏島嶼佳境色江天涵清虛

目送去海雲心閑遊川魚長歌盡落日乘月歸田廬
惜彼落日暮愛此寒泉清西耀逐水流蕩漾遊子情
空歌望雲月曲盡長松聲

遊南陽清泠泉

尋魯城北范居士失道落蒼耳中見范置酒
摘蒼耳作 魯中

雁度秋色遠日靜無雲時客心不自得浩漫將何之
忽憶范野人閑園養幽姿茫然起逸興但恐行來遲
城壕失往路馬首迷荒陂不惜翠雲裘遂為蒼耳欺
入門且一笑把臂君為誰酒客愛秋蔬山盤薦霜梨
他筵不下箸此席忘朝飢酸棗垂北郭寒瓜蔓東籬
還傾四五酌自詠猛虎詞近作十日歡遠為千載期
風流自簸蕩謔浪偏相宜酣來上馬去卻笑高陽池

魯東門泛舟二首

日落沙明天倒開波搖石動水縈迴輕舟泛月尋溪
轉疑是山陰雪後來
水作青龍盤石堤桃花夾岸魯門西若教月下乘舟
去何啻風流到剡溪

秋獵孟諸夜歸置酒單父東樓觀妓

傾暉速短炬走海無停川冀餐圓丘草欲以還頹年
此事不可得微生若浮煙駿發跨名駒雕弓控鳥絃
鷹豪魯草白狐兔多肥鮮邀遮相馳逐遂出城東田

一掃四野空喧呼鞍馬前歸來獻所獲炮炙宜霜天
出舞兩美人飄颻若雲仙留歡不知疲清曉方來旋

遊太山六首 一作天寶元年四月從故御道上太山

四月上太山石平御道開六龍過萬壑澗谷隨縈迴
馬跡遶碧峯于今滿青苔飛流灑絕巘水急一作松聲哀
北眺崿嶂奇傾崖向東摧洞門閉石扇地底興雲雷
登高望蓬瀛想象金銀臺天門一長嘯萬里清風來
玉女四五人飄颻下九垓含笑引素手遺我流霞盃
稽首再拜之自愧非仙才曠然小宇宙棄世何悠哉
清曉騎白鹿直上天門山山際逢羽人方瞳好容顏
捫蘿欲就語却掩青雲關遺我鳥跡書飄然落巖間

其字乃上古讀之了不閑感此三嘆息從師方未還
平明登日觀舉手開雲關精神四飛揚如出天地間
黃河從西來窈窕入遠山憑崖覽八極目盡長空閑
偶然值青童綠髮雙雲鬟笑我晚學仙蹉跎凋朱顏
躊躇忽不見浩蕩難追攀
清齋三千日裂素寫道經吟誦有所得衆神衛我形
雲行信長風颯若羽翼生攀崖上日觀伏檻窺東溟
海色動遠山天雞已先鳴銀臺出倒景白浪翻長鯨
安得不死藥高飛向蓬瀛
日觀東北傾兩崖夾雙石海水落眼前天光遥空碧
千峯爭攢聚萬壑絕凌歷緬彼鶴上仙去無雲中跡

長松入霄漢遠望不盈尺山花異人間五月雪中白
終當遇安期於此鍊玉液
朝飲王母池瞑投天門關獨抱綠綺琴夜行青山月
山明月露白夜靜松風歇仙人遊碧峯處處笙歌發
寂靜娛清暉玉真連翠微想象鸞鳳舞飄颻龍虎衣
捫天摘匏瓜恍惚不憶歸舉手弄清淺誤攀織女機
明晨坐相失但見五雲飛

秋夜與劉碭山泛宴喜亭池

明宰試舟楫張燈宴華池文招梁苑客歌動郢中兒
月色望不盡空天交相宜令人欲泛海只待長風吹

攜妓登梁王棲霞山孟氏桃園中

碧草已滿地柳與梅爭春謝公自有東山妓金屏笑
坐如花人今日非昨日明日還復來白髮對綠酒強
歌心已摧君不見梁王池上月昔照梁王樽酒中梁
王已去明月在黃鸝愁醉啼春風分明感激眼前事
莫惜醉臥桃園東

觀魚潭

觀魚碧潭上木落潭水清日暮紫鱗躍圓波處處生
涼烟浮竹盡秋月照沙明何必滄浪去茲焉可濯纓

李太白文集卷第十七

李太白文集卷第十八

歌詩四十六首

遊宴下

與從姪杭州刺史良遊天竺寺 吳下

挂席凌蓬丘觀濤憩樟樓三山動逸興五馬同邀遊
天竺森在眼松門颯驚秋覽雲測變化弄水窮清幽
疊嶂隔遙海當軒寫歸流詩成傲雲月佳趣滿吳洲

同友人舟行遊台越作

楚臣傷江楓謝客拾海月懷沙去瀟湘挂席泛溟渤
蹇予訪前跡獨往造窮髮古人不可攀去若浮雲沒
願言弄倒景從此鍊真骨華頂窺絕溟蓬壺望超忽
不知青春度但怪綠芳歇空持釣鼇心從此謝魏闕

下終南山過斛斯山人宿置酒 長安

暮從碧山下山月隨人歸卻顧所來徑蒼蒼橫翠微
相攜及田家童稚一作稚子開荊扉綠竹入幽徑青蘿拂行
衣歡言得所憩美酒聊共揮長歌吟松風曲盡河星
稀我醉君復樂陶然共忘機

朝下過盧郎中敘舊遊

君登金華省我入銀臺門幸遇聖明主俱承雲雨恩
復此休浣時閑為疇昔言卻話山海事宛然林壑存
明湖思曉月疊嶂憶青猿何由返初服田野醉芳樽

侍從遊宿溫泉宮作

羽林十二將羅列應星文霜仗懸秋月蜺旌卷夜雲
嚴更千戶肅清樂九天聞日出瞻佳氣蔥蔥繞聖君

邯鄲南亭觀妓 燕趙

歌鼓一作妓燕趙兒魏姝弄鳴絲粉色豔月彩舞袖一作衫拂
花枝把酒顧一作顏美人請歌邯鄲詞清箏何繚繞度曲
綠雲垂平原君安在科斗生古池座客三千人于今
知有誰我輩不作樂但為後代悲

春遊羅敷潭

行歌入谷口路盡無人躋攀崖度絕壑弄水尋迴溪
雲從石上起客到花間迷淹留未盡興日落羣峯西

春陪商州裴使君遊石娥溪 時欲東遊遂有此贈

裴公有仙標拔俗數千丈澹蕩滄洲雲飄颻紫霞想
剖竹商洛間政成心已閑蕭條出世表冥寂閉玄關
我來屬芳節解榻時相悅褰帷對雲峰揚袂指松雪
暫出東城邊遂遊西巖前橫天聳翠壁噴壑鳴紅泉
尋幽殊未歇愛此春光發溪傍饒名花石上有好月
命駕歸去來露華生綠苔淹留昔將晚復聽清猿哀
清猿斷人腸遊子思故鄉明發首東路此歡焉可忘

陪從祖濟南太守泛鵲山湖三首 齊州

初謂鵲山近寧知湖水遙此行殊訪戴自可緩歸橈
湖闊數千里湖光搖碧山湖西正有月獨送李膺還
水入北湖去舟從南浦迴遙看鵲山轉卻似送人來

春日陪楊江寧及諸官宴北湖感古作

昔聞顔光祿攀龍宴京一作宴湖樓船入天鏡帳殿開
雲衢君王歌大風如樂豐沛都延年獻佳作邈與詩
人俱我來不及此獨立鍾山孤楊宰穆清風芳聲
騰海隅英寮滿四座粲若瓊林敷鷁首弄倒景蛾眉
綴明珠新絃采一作綵梨園古舞嬌吳歈曲度繞雲一作漢
聽者皆歡娛雞棲何嘈嘈沿江一作月沸笙竽古之帝宮
苑今乃人蓬蒿感此勸一觴願君覆瓢壺榮盛一作當
作樂無令後賢吁

宴鄭參卿山池

爾恐碧草晚我畏朱顔移愁看楊花飛置酒正相宜
歡聲送落日舞影迴清池今夕不盡杯留歡更邀誰

遊謝氏山亭

淪老臥江海再歡天地清病閑久寂寞歲物徒芬榮
借君西池遊聊以散我情掃塵松下去捫蘿石道行
謝公池塘上春草颯一作已生花枝拂人來山鳥向我
鳴田家有美酒落日與之傾醉罷弄歸月遙欣稚子
迎

把酒問月 故人賈淳令余問之

青天有月來幾時我今停杯一問之人攀明月不可
得月行却與人相隨皎如飛鏡臨丹闕綠煙滅盡清
輝發但見宵從海上來寧知曉向雲間沒白兔搗藥

秋復春姮娥孤棲與誰鄰今人不見古時月今月曾
經照古人古人今人若流水共看明月皆如此唯願
當歌對酒時月光長照金樽裏

同族姪一作評事黯遊昌禪師山池二首

遠公愛康樂為我開禪關蕭然松石下何異清涼山
花將色不染水與心俱閑一坐度小劫觀空天地間
客來花雨際秋水落金池片石寒青錦疏楊挂綠絲
高僧拂玉柄童子獻霜梨惜去愛佳景煙蘿欲暝時

金陵鳳凰臺置酒

置酒延落景金陵鳳凰臺長波寫萬古心與雲俱開
借問往昔時鳳凰為誰來鳳凰去已久正當今日迴

明君越羲軒天老坐三台豪士無所用彈絃醉金罍
東風吹山花安可不盡杯六帝沒幽草深宮冥綠苔
置酒勿復道歌鐘但相催

秋浦清溪雪夜對酒客有唱鷓鴣者

披君貂襜褕對君白玉壺雪花酒上滅頓覺夜寒
無客有桂陽至能吟山鷓鴣清風動窗竹越鳥起相
呼持此足為樂何煩笙與竽

與周剛清溪玉鏡潭宴別 潭在秋浦桃樹陂下余新名此潭

康樂上官去永嘉遊石門江亭有孤嶼千載跡猶存
我來遊秋浦三入桃陂源千峯照積雪萬壑盡啼
猿興與謝公合文因周子論掃崖去落葉席月開清

鑄溪當大樓南溪水正南奔廻作玉鏡潭澄明洗心
魂此中得佳境可以絕囂喧清夜方歸來酣（一作）歌出
平原別後經此地爲子謝蘭蓀

遊秋浦白笴陂二首

何處夜行好月明白笴陂山光搖積雪猿影挂寒枝
但恐佳景晚小令歸棹移人來有清興及此有相思
白笴夜長嘯爽然溪谷寒魚龍動陂水處處生波瀾
天借一明月飛來碧雲端故鄉不可見腸斷正西看

宴陶家亭子（尋陽）

曲巷幽人宅高門大士家池開照膽鏡林吐破顏花
綠水藏春日青軒秘晚霞若聞絃管妙金谷不能誇

在水軍宴韋司馬樓船觀妓（永王軍中）

搖曳帆在空清流（一作川）順歸風詩因鼓吹發酒爲劍歌
雄對舞青樓妓雙鞭白玉童行雲且莫去留醉楚王
宮

沭君郎至江夏陪長史叔及薛明府宴興德
寺南閣（江夏）

紺殿橫江上青山落鏡中岸廻沙不盡日映水成空
天樂流（一作斷）香閣蓮舟颺晚風恭陪竹林宴留醉與陶
公

泛沔州城南郎官湖（并序）

乾元歲秋八月白遷於夜郎遇故人尚書郎張謂出
使夏口沔州牧杜公漢陽宰王公觴于江城之南湖
樂天下之再平也方夜水月如練清光可掇張公殊
有勝槩四望超然乃顧白曰此湖古來賢豪遊者非
一而枉踐佳景寂寥無聞夫子可爲我標之嘉名以
傳不朽白因舉酒酹水号之曰郎官湖亦由鄭圃之
有僕射陂也席上文士輔翼岑靜以爲知言乃命賦
詩紀事刻石湖側將與大別山共相磨滅焉

張公多逸興共汎沔城隅當時秋月好不減武昌都
四坐醉清光爲歡古來無郎官愛此水因号郎官湖
風流若未滅名與此山俱

陪侍郎叔遊洞庭醉後三首

今日竹林宴我家賢侍郎三盃容小阮醉後發清狂
船上齊橈樂湖心泛月歸白鷗閑不去爭拂酒筵飛
剗却君山好平鋪湘水流巴陵無限酒醉殺洞庭秋

夜泛洞庭尋裴侍御清酌

日晚湘水綠孤舟無端倪明湖漲秋月獨泛巴陵西
遇憩裴逸人巖居陵丹梯抱琴出深竹爲我彈鵾雞
曲盡酒亦傾北窗醉如泥人生且行樂何必組與珪

陪族叔刑部侍郎曄及中書賈舍人至遊洞
庭五首

洞庭西望楚江分水盡南天不見雲日落長沙秋色
遠不知何處弔湘君

南湖秋水夜無煙耐可乘流直上天且就洞庭賒月
色將船買酒白雲邊
洛陽才子謫湘川元禮同舟月下仙記得長安還欲
笑不知何處是西天
洞庭湖西秋月輝瀟湘江北早鴻飛醉客滿船歌白
紵不知霜露入秋衣
帝子瀟湘去不還空餘秋草洞庭間淡掃明湖開玉
鏡丹青畫出是君山

楚江黃龍磯南宴楊執戟治樓 荊楚

五月分五洲碧山對青樓故人楊執戟春賞楚江流
一見醉漂月三杯歌棹謳桂枝攀不盡他日更相求

銅官山醉後絕句 宣城

我愛銅官樂千年未擬還要須迴舞袖拂盡五松山

與南陵常贊府遊五松山 五松山在南陵銅井西五里有古精舍

安石泛溟渤獨嘯長風還逸韻動海上高情出人間
靈異可並跡澹然與世閑我來五松下置酒窮躋攀
徵古絕遺老因名五松山五松何清幽勝境美沃洲
蕭颯鳴洞壑終年風雨秋響入百泉去聽如三峽流
剪竹掃天花且從傲吏遊龍堂若可憩吾欲歸精脩

宣城清溪 一作入青溪山

青溪勝桐廬水木有佳色山兒日高古石容天傾側
綵鳥昔未名白猿初相識不見同懷人對之空歎息

與謝良輔遊涇川陵巖寺

乘君素舸泛涇西宛似雲門對若溪且從康樂尋山
水何必東遊入會稽

遊水西簡鄭明府

天宮水西寺雲錦照東郭清湍鳴迴溪綠竹遶飛閣
涼風日瀟洒幽客時憩泊五月思貂裘謂言秋霜落
石蘿引古蔓岸筍開新籜吟翫空復情相思兩佳作
鄭公詩人秀逸韻宏寥廓何當一來遊愜我雪山諾

九日登山

淵明歸去來不與世相逐為無杯中物遂偶本州牧
因招白衣人笑酌黃花菊我來不得意虛過重陽時

題輿何俊發遂結城南期築土接響山俯臨宛水湄
胡人叫玉笛越女彈霜絲自作英王胄斯樂不可窺
赤鯉涌琴高白龜道冰夷靈仙如彷彿奠酹遙相知
古來登高人今復幾人在滄洲違宿諾明日猶可待
連山似驚波合沓出溟海揚袂揮四座酩酊安所如
齊歌送清觴起舞亂參差賓隨落帽逐風吹
別後登此臺願言長相思

九日

今日雲景好水綠秋山明攜壺酌流霞搴菊泛寒榮
地遠松石古風揚絲管清窺觴照歡顏獨笑還自傾
落帽醉山月空歌懷友生

九日龍山飲 當塗

九日龍山飲黄花笑逐臣醉看風落帽舞愛月留人

九月十日即事

昨日登高罷今朝更舉觴菊花何太苦遭此兩重陽

陪族叔當塗宰遊化城寺升公清風亭

化城若化出金牓天宫開疑是海上雲飛空結樓臺
外公湖上一作秀粲然有辯才濟人不利已立俗無嫌
猜了見水中月青蓮出塵埃閑居清風亭左右清風
來當暑陰廣殿太陽爲徘徊茗酌待幽客珍盤薦彫
梅飛文何灑落萬象爲之摧季父擁鳴琴德聲布雲
雷雖遊道林室亦一作不舉陶潛盃清樂動諸天長松自
吟哀留歡若可盡劫石乃成灰

李太白文集卷第十八

李太白文集卷第十九

歌詩三十六首

登覽

登錦城散花樓 蜀中

日照錦城頭朝光散花樓金牕夾繡户珠箔懸瓊鉤
飛梯綠雲中極目散我憂一作愁暮雨向三峽春江繞雙
流今來一登望如上九天遊

登峨眉山

蜀國多仙山峨眉邈難匹周流試登覽絶怪安可悉
青冥倚天開彩錯疑畫出泠然紫霞賞果得錦囊術
雲間吟瓊簫石上弄寶瑟平生有微尚歡笑自此畢

煙容如在顔塵累忽相失儻逢騎羊子攜手凌白日

大庭庫 魯中

朝登大庭庫雲物何蒼然莫辨一作辯陳鄭火空霜鄒魯烟
我來尋梓慎觀化入寥天古 朔氣多松風如五絃
帝圖終冥没歎息滿山川

登單父陶少府半月臺

陶公有逸興不與常人俱築臺像半月迴向一作出高城
隅置酒望白雲商一作高飈起寒梧秋山入遠海桑柘羅
平蕪水色綠且明青一作令人思鏡湖終常過江去愛此
暫踟蹰

天台曉望 吴中

天台隣四明華頂高百越門標赤城霞樓聳滄島月
憑高遠登覽直下見溟渤雲垂大鵬翻波動巨鼇没
風潮爭洶湧神怪何翕忽觀奇跡無倪好道心不歇
攀條摘朱實服藥鍊金骨安得生羽毛千春卧蓬闕

早望海霞邊

四明三千里朝起赤城霞日出紅光散分輝照雪崖
一餐嚥瓊液五内發金沙舉手何所待青龍白虎車

焦山杳望松寥山

石壁望松寥宛然在碧霄安得五綵虹架天作長橋
仙人如愛我舉手來相招

杜陵絕句 長安

南登杜陵上北望五陵間秋水明落日流光滅遠山

登太白峯

西上太白峯夕陽窮登攀太白與我語為我開天關
願乘泠風去直出浮雲間舉手可近月前行若無山
一別武公去何時復更還

登邯鄲洪波臺置酒觀發兵 [illegible]

我把兩赤羽來遊燕趙間天狼正可射感激無時閑
觀兵洪波臺倚劍望玉關請纓不繫越且向燕然山
風引龍虎旗歌鐘昔（一作懷）追攀擊筑落高月投壺破愁
顏遥知百戰勝定掃鬼方還

登廣武古戰場懷古

秦鹿奔野草逐之若飛蓬項王氣蓋世紫電明雙瞳
呼吸八千人橫行起江東赤精斬白帝叱咤入關中
兩龍不並躍五緯與天同楚滅無英圖漢興有來功
按劍清八極歸酣歌大風伊昔臨廣武連兵決雌雄
分我一杯羹太皇乃汝翁戰爭有古跡壁壘頹層穹
猛虎吟洞壑飢鷹鳴秋空翔雲列曉陣殺氣赫長虹
撥亂屬豪聖俗儒安可通沉湎呼豎子狂言非至公
撫掌黄河曲嗤嗤阮嗣宗

登新平樓 長安

去國登茲樓懷歸傷暮秋天長落日遠水淨寒波流
秦雲起嶺樹胡鴈飛沙洲蒼蒼幾萬里目極令人愁

謁老君廟 [illegible]

先君懷聖德靈廟肅神心草合人蹤斷塵濃鳥跡深
流沙丹竈滅關路紫烟沉獨傷千載後空餘松柏林

秋日登揚州西靈塔 淮南

寶塔凌蒼蒼登攀覽四荒頂高元氣合標出海雲長
萬象分空界三天接畫梁水搖金剎影日動火珠光
鳥拂瓊簷度霞連繡栱張目隨征路斷心逐去帆揚
露浩梧楸白風催橘柚黄玉毫如可見於此照迷方

登金陵冶城西北謝安墩 此墩即晉太傅謝安與右軍王羲之同登超然有高世之志余將營園其上故作是詩金陵

晉室昔橫潰永嘉遂南奔沙塵何茫茫龍虎鬬朝昏

胡馬風漠草天驕壓中原哲匠感頹運雲鵬忽飛翻
組練照楚國旌旗連海門西秦百萬衆戈甲如雲屯
投鞭可填江一掃不足論一作投鞭可江一朝我呑皇運有返
正醜虜無遺魂談笑遏横流蒼生望斯存冶城訪古
跡一作冶城階至今猶有謝安墩憑覽周地險高標絶人喧
想像東山姿緬懷右軍言梧桐識佳樹蕙草留芳根
白鷺映春洲青龍見朝暾地古雲物在臺傾禾黍繁
我來酌清波於此樹名園功成拂衣去歸入一作歸武陵
源

登瓦官閣

晨登瓦官閣極眺金陵城鍾山對北户淮水入南榮

漫漫雨花落嘈嘈天樂鳴兩廊振法鼓四角吟一作吟風
箏香出霄漢上仰攀日月行山空霸氣滅地古寒陰
生寥廓雲海晚蒼茫宮觀平門餘閶闔字樓識鳳皇
名雷作百山動神扶萬栱傾靈光何足貴長此鎮吳京

登梅岡望金陵贈族姪高座寺僧中孚

鍾山抱金陵霸氣昔騰發天一作神開帝王居海色照宮
闕羣峯如逐鹿奔走相馳突江水九道來雲端遥明
没時遷大運去龍虎勢休歇我來屬天清登覽窮楚
越吾宗挺禪伯特秀鸞鳳骨一作吾宗隨羽秀特異鸞鳳骨星羅
青天朗若獨有月貞居順生理草木不剪伐煙窻引
薔薇石壁老野蕨吳風謝安屐白足傲履襪幾宿一

下山一作下山來蕭然忘干謁談經演金偈降鶴舞海雪時
聞天香來了與世事絶佳遊不可得春去惜遠別賦
詩留巖屏千載庶不滅

登金陵鳳皇臺

鳳皇臺上鳳皇遊鳳去臺空江自流吳宮一作時花草埋
幽徑晉代一作國衣冠成古丘三山半落青天外一水一作二水
中分白鷺洲總爲一作爲當浮雲能蔽日長安不見使人愁

望廬山瀑布二首 尋陽

西登香爐峯南見瀑布水挂流三百丈一作三千匹噴壑
數十里欻如飛電一作雷來隱若白虹起初驚河漢一作銀河落
半灑雲天裏一作半灑金潭裏仰觀勢轉雄壯哉造化功海風

吹不斷江一作山月照還空空中亂潨射左右洗青壁飛
珠散輕霞流沫沸穹石而我遊名山對之心益閑無
論漱瓊液且得洗塵顔且諧宿所好永願辭人間一作集書宿所好永不歸人間
日照香爐生紫煙遥看瀑布挂長川飛流直下三千
尺疑是銀河落九一作半天一本題云望廬山香爐峯布日廬山上與星斗連日照香爐生紫烟下雨分月

望廬山五老峯

廬山東南五老峯青天削出金芙蓉九江秀色可攬
結吾將此地巢雲松

江上望皖公山 宿松

奇峯出奇雲秀木含秀氣嘗宴皖公山巉絶稱人意
獨遊滄江上終日淡無味但愛茲嶺高何由討靈異
默然遙相許欲往心莫遂待吾還丹成投跡歸此地

望黃鶴樓江夏岳陽

東望黃鶴山雄雄半空出四面生白雲中峯倚紅日
巖巒行穹跨峯嶂亦冥密頗聞列仙人於此學飛術
朝向蓬海千載空石室金竈生烟埃王潭祕清謐
地古遺草木庭寒老芝木蹇余羨攀躋因欲保閑逸
觀奇徧諸嶽茲嶺不可匹結心寄青松永悟客情畢

鸚鵡洲

鸚鵡來過吳江水江上洲傳鸚鵡名鸚鵡西飛隴山
去芳洲之樹何青青烟開蘭葉香風暖岸夾桃花錦
浪生遷客此時徒極目長洲孤月向誰明

[illegible]登巴陵置酒望洞庭水軍[illegible]

九日天氣清登高無秋雲造化闢川岳了然楚漢分
長風鼓橫波合沓蹙龍文憶昔傳遊豫樓船壯橫汾
今茲討鯨鯢旌旆何繽紛白羽落酒樽洞庭羅三軍
黃花不掇手戰鼓遥相聞劒舞轉頹陽當時日停曛
酣歌激壯士可以摧妖氛齷齪東籬下淵明不足羣

秋登巴陵望洞庭

清晨登巴陵周覽無不極明湖映天光徹底見秋色
秋色何蒼然際海俱澄鮮山青滅遠樹水綠無寒煙

來帆出江中去鳥向日邊風濤長沙浦霜空雲夢田
瞻光惜頹髮閱水悲徂年北渚既蕩漾東流自潺湲
郢人唱白雪越女歌采蓮聽此更腸斷憑崖淚如泉

與夏十二登岳陽樓

樓觀岳陽盡川迥洞庭開鴈引愁心去一作秋江去鴈別山
銜好月來雲間連下榻天上接行杯醉後涼風起吹
人舞袖迴

登巴陵開元寺西閣贈衡岳僧方外

衡岳有開士五峯秀真骨見君萬里心海水照秋月
大臣南溟去問道皆請謁灑明甘露言清涼潤肌髮
明湖落天鏡香閣凌銀闕登眺餐惠風新花期啓發

與賈舍人於龍興寺剪落梧桐枝望㴩湖

剪落青梧枝㴩湖坐可窺雨洗秋山淨林光澹碧滋
水閑明鏡轉雲繞畫屏移千古風流事名賢共此時

掛席上待月有懷

待月月未出望江江自流倏忽城西郭青天懸玉鉤
素華雖可攬清景不同遊耿耿金波裏空瞻鳷鵲樓

金陵望漢江

漢江迴萬里派作九龍盤橫潰豁中國崔嵬飛迅湍
六帝淪亡後三吳不足觀我君混區宇垂拱衆流安
今日任公子滄浪罷釣竿

秋登宣城謝脁北樓宣城

江城如畫裏山晚望晴空兩水夾明鏡雙橋落彩虹
人煙寒一作空橘柚秋色老梧桐誰念北樓上臨風懷謝
公

望天門山 當塗

天門中斷楚江開碧水東流直北迴兩岸青山相對
出孤帆一片日邊來

望木瓜山

早起見日出暮看棲鳥還客心自酸楚況對木瓜山

登敬亭北二小山余時客逢崔侍御並登此地

送客謝亭北逢君縱酒還屈盤戲白馬大笑上青山
迴鞭指長安西日落秦關帝鄉三千里杳在碧雲間

過崔八丈水亭

高閣橫秀氣清幽並在君簷飛宛溪水窗落敬亭雲
猿嘯風中斷漁歌月裏聞閒隨白鷗去沙上自為羣

李太白文集卷第十九

李太白文集卷第二十

歌詩六十一首

行役

安州應城玉女湯作 安州

神女歿幽境湯池流大川陰陽結炎炭造化開靈泉
地底爍朱火沙傍歊素煙沸珠躍晴月皎鏡涵空天
氣浮蘭芳滿色漲桃李然精覽萬殊入潛行七澤連
愈疾功莫尚變盈道乃全濯纓掬清泚晞髮弄潺湲
散下楚王國分澆宋玉田可以奉巡幸奈何隔窮偏
獨隨朝宗水赴海輸微涓

之廣陵宿常二南郭幽居 淮南

綠水接柴門有如桃李源忘憂或假草滿院羅叢萱
暝色湖上來微雨飛南軒故人宿茅宇夕鳥歸楊園
還惜詩酒別深為江海言明朝廣陵道獨憶此傾樽

夜下征虜亭

船下廣陵去月明征虜亭山花如繡頰江火似流螢

下途歸石門舊居 吳中

吳山高越水清握手無言傷別情將欲辭君挂帆去
離魂不散煙郊樹此心鬱悵誰能論有愧叨承國士
恩雲物共傾三月酒歲時同餞五侯門羨君素書嘗
滿按含丹照白霞色爛余嘗學道窮冥筌夢中往往
遊仙山何當脫屣謝時去壺中別有日月天俛仰人

間易凋朽鍊金玉雲在軒牖惜别愁窺玉女牕歸來
笑把洪崖手隱居寺隱居山陶公鍊液棲其間靈神
閉氣昔登攀恬然但覺心緒閑數人不知幾甲子昨
來猶帶冰霜顔我離雖則歲物改如今了然識所在
别君莫道不盡歡懸知樂客遥相待石門流水徧桃
花我亦曾到秦人家不知何處得雞豕就中仍見繁
桑麻翻覺塵機與世事間裝鸞駕鶴又復何必長從
七貴遊勞生徒聚萬金産挹君去長相思雲遊雨散從
此辭欲知悵别心易苦向暮春風楊柳絲

客中作

蘭陵美酒鬱金香玉椀盛來琥珀光但使主人能醉
客不知何處是他鄉

太原早秋（并州）

歲落衆芳歇時當大火流霜威出塞早雲色渡河秋
夢遶邊城月心飛故國樓思歸若汾水無日不悠悠

奔亡道中五首（江東）

蘇武天山上田横海島邊萬重關塞斷何日是歸年
亭伯去安在李陵降未歸愁容變海色短服改胡衣
談笑三軍却交遊七貴疎仍留一隻箭未射魯連書
函谷如玉關幾時可生還洛川爲易水嵩岳是燕山
俗變羌胡語人多沙塞顔申包惟慟哭七日鬢毛斑
淼淼望湖水青青蘆葉齊歸心落何處日没大江西
歇馬傍春草欲行遠道迷誰忍子規鳥連聲向我啼

郢門秋懷（荆州江夏岳陽）

郢門一爲客巴月三成弦朔風正搖落行子愁歸旋
杳杳山外日茫茫江上天人迷洞庭水鴈度瀟湘烟
清曠諧宿好緇磷及此年百齡何蕩漾萬化相推遷
空謁蒼梧帝徒尋溟海仙已聞蓬岳淺豈見三桃圓
倚劍增浩歎捫襟還自憐終當遊五湖濯足滄浪泉

至鴨欄驛上白馬磯贈裴侍御

側疊萬古石横爲白馬磯亂流若電轉舉棹揚珠輝
臨驛卷緹幕升堂接繡衣情親不避馬爲我解霜威

荆門浮舟望蜀江

春水月峽來浮舟望安極正見桃花流依然錦江色
江色緑且明茫茫與天平逶迤巴山盡搖曳楚雲行
雪照聚沙鴈花飛出谷鶯芳洲却已轉碧樹森森迎
流目浦煙夕揚帆海月生江陵識遥火應到渚宫城

上三峽

巫山夾青天巴水流若兹巴水忽可盡青天無到時
三朝上黄牛三暮行太遲三朝又三暮不覺鬢成絲

自巴東舟行經瞿唐峽登巫山最高峯晚還題壁

江行幾千里海月十五圓始經瞿唐峽遂步巫山巓
巫山高不窮巴國盡所歷日邊攀垂蘿霞外倚穹石

飛步凌絕頂極目無纖煙却顧失丹壑仰觀臨青天
青天若可捫銀漢去安在望雲知蒼梧記水辨瀛海
周遊孤光晚歷覽幽意多積雪照空谷悲風鳴森柯
歸途行欲曛佳趣尚未歇江寒早啼猿松暝已吐月
月色何悠悠清猿響啾啾辭山不忍聽揮策還孤舟

早發白帝城 一作白帝下江陵

朝辭白帝彩雲間千里江陵一日還兩岸猿聲啼不
盡輕舟已過萬重山 一作須臾過卻萬重山

秋下荊門

霜落荊門江樹空布帆無恙挂秋風此行不為鱸魚
鱠自愛名山入剡中

江行寄遠

刳木出吳楚危槎百餘尺疾風吹片帆日暮千里隔
別時酒猶在已為異鄉客思君不可得愁見江水碧

宿五松山下荀媼家 宣州

我宿五松下寂寥無所歡田家秋作苦鄰女夜舂寒
跪進雕胡飯月光明素盤令人慚漂母三謝不能餐

下涇縣陵陽溪至澀灘

澀灘鳴嘈嘈兩山足猿猱白波若卷雪側石不容舠
漁人與舟人撐折萬張篙

下陵陽沿高溪三門六剌灘

三門橫峻灘六剌走波瀾石驚虎伏起水狀龍縈盤

何慙七里瀨使我欲垂竿

夜泊黃山聞殷十四吳吟

昨夜誰為吳會吟風生萬壑振空林龍驚不敢水中
臥猿嘯時聞巖下音我宿黃山碧溪月聽之却罷松
間琴朝來果是滄洲逸酤酒提盤飯霜栗半酣更發
江海聲客愁頓向杯中失

宿鰕湖

雞鳴發黃山暝投鰕湖宿白雨映寒山森森似銀竹
提攜採鉛客結荷水邊沐半夜四天開星河爛人目
明晨大樓去岡隴多屈伏當與持斧翁前溪伐雲木

懷古

西施 吳越

西施越溪女出自苧蘿山秀色掩今古荷花羞玉顏
浣紗弄碧水自與清波閑皓齒信難開沉吟碧雲間
勾踐徵絕艷揚蛾入吳關提攜館娃宮杳渺詎可攀
一破夫差國千秋竟不還

王右軍

右軍本清真瀟灑在風塵山陰遇羽客要此好鵝賓
掃素寫道經筆精妙入神書罷籠鵝去何曾別主人

上元夫人

上元誰夫人偏得王母嬌嵯峨三角髻餘髮散垂腰
裘披青毛錦身著赤霜袍手提嬴女兒閑與鳳吹簫

眉語兩自笑忽然隨風飄

蘇臺覽古

舊苑荒臺楊柳新菱歌春唱不勝春只今惟有江西月曾照吳王宮裏人

越中覽古

越王勾踐破吳歸義士還家盡錦衣宮女如花滿春殿只今惟有鷓鴣飛

商山四皓

白髮四老人昂藏南山側偃臥松雪間冥翳不可識雲窻拂青靄石壁橫翠色龍虎方戰爭於焉自休息秦人失金鏡漢祖昇紫極陰虹濁太陽前星遂淪匿

一行佐明兩欻起生羽翼功成身不居舒卷在胸臆窅冥合元化茫昧信難測飛聲塞天衢萬古仰遺迹

過四皓墓

我行至商洛幽獨訪神仙園綺複安在雲蘿尚宛然荒涼千古跡蕪沒四墳連伊昔鍊金鼎何言閉玉泉隴寒惟有月松古漸無烟木魅風號去山精雨嘯旋紫芝高詠罷青史舊名傳今日併如此哀哉信可憐

峴山懷古

訪古登峴首憑高眺襄中天清遠峯出水落寒沙空弄珠見遊女醉酒懷山公一作月感歎發秋興長松鳴一作夜風

自廣平乘醉走馬六十里至邯鄲登城樓覽古書懷燕趙

醉騎白花馬一作駒西走邯鄲城揚鞭動柳色一寫鞚春風生入郡登高樓山川與雲平深宮翳綠草一作半古墓萬事傷人情相如章華巔猛氣折秦嬴兩虎不可鬬廉公終負荊提攜袴中兒杵臼及程嬰空孤獻白刃一作立孤就白刃必死耀丹誠平原三千客談笑盡豪英毛君能穎脫二國且同盟皆為黃泉土使我涕縱橫磊磊石子崗蕭蕭白楊聲諸賢一作賢豪沒此地碑版有殘銘太古共今時由來互衰榮傷哉何足道感激仰空一作空臺名趙俗愛長劒文儒少逢迎閑從博陵一作徒遊帳飲雪朝醒

一作雪中醒歌酣易水動鼓震叢臺傾日落把燭歸凌晨向燕京方陳五餌策一使胡塵清

蘇武

蘇武在匈奴十年持漢節白鴈上林飛空傳一書札牧羊邊地苦落日歸心絕渴飲月窟冰飢餐天上雪東還沙塞遠北愴河梁別泣把李陵衣相看淚成血

經下邳圯橋懷張子房淮泗

子房未虎嘯破產不為家滄海得壯士椎秦博浪沙報韓雖不成天地皆振動潛匿遊下邳豈曰非智勇我來圯橋上懷古欽英風唯見碧流水曾無黃石公歎息此人去蕭條徐泗空

月夜金陵懷古 金陵

蒼蒼金陵月空懸帝王州天文列宿在霸一作氣業大江流淥水絕馳道青松摧古丘臺傾鳷鵲觀宮沒鳳皇樓別殿悲清暑芳園罷樂遊一聞歌玉樹蕭瑟後庭秋一作千古不勝愁

金陵三首

晉家南渡日此地舊一作即長安地即帝王宅山爲龍虎盤一作碧宇樓臺滿青山龍虎盤金陵空壯觀天塹一作江寨淨波瀾醉客迴橈去吳歌且自歡一作行路難

地擁金陵勢城迴江一作江漢水流當時百萬戶夾道起朱樓亡國生春草離宮沒古丘空餘後湖月波上對瀛洲

六代興亡國三杯爲爾歌苑方秦地少一作小山似洛陽多古殿吳花草深宮晉綺羅併隨人事滅東逝與一作只滄波

秋夜板橋浦汎月獨酌懷謝朓

天上何所有迢迢白玉繩斜低建章闕耿耿對金陵漢水舊如練霜江夜清澄長川瀉落月洲渚曉寒凝獨酌板橋浦古人誰可徵玄暉難再得灑酒氣填膺

金陵新亭

金陵風景好豪士集新亭舉目山河異偏傷周顗情四坐楚囚悲不憂社稷傾王公何慷慨千載仰雄名

過彭蠡湖 尋陽

謝公入彭蠡因此遊松門余方窺石鏡兼得窮江源前賞逾可見後來道空存而欲繼風雅豈唯清心魂雲海方助興波濤何足論青嶂憶遙月綠蘿鳴愁猿水碧或可採金膏祕莫言余將振衣去羽化出囂煩

入彭蠡經松門觀石鏡緬懷謝康樂題詩書遊覽之志 二篇或同或異故并錄之

謝公之彭蠡因此遊松門余方窺石鏡兼得窮江源將欲繼風雅豈徒清心魂前賞逾所見後來道空存況屬臨泛美而無洲渚喧漾水向東去漳流直南奔空蒙三川夕迴合千里昏青桂隱遙月綠楓鳴愁猿水碧或可采金精祕莫論吾將學仙去冀與琴高言

廬江主人婦 宿松

孔雀東飛何處棲廬江小吏仲卿妻爲客裁縫石自見城烏獨宿夜空啼

陪宋中丞武昌夜飲懷古 江夏

清景南樓夜風流在武昌庾公愛秋月乘興坐胡林龍笛吟寒水天河落曉霜我心還不淺懷古一作留客醉餘觴

望鸚鵡洲悲禰衡

魏帝營八極蟻觀一禰衡黃祖斗筲人殺之受惡名吳江賦鸚鵡落筆超羣英鏘鏘振金玉句句欲飛鳴

鸑鷟啄孤鳳千春傷我情五岳起方寸隱然詎可平
才高竟何施寡識冒天刑至今芳洲上蘭蕙不忍生

宿巫山下 巫峽

昨夜巫山下猿聲夢裏長桃花飛綠水三月下瞿塘
雨色風吹去南行拂楚王高丘懷宋玉訪古一霑裳

金陵白楊十字巷

白楊十字巷北夾湖溝道不見吳時人空生唐年草
天地有反覆宮城盡傾倒六帝餘古丘樵蘇泣遺老

謝公亭 蓋謝朓范雲之所遊

謝亭離別處風景每生愁客散青天月山空碧水流
池花春映日窗竹夜鳴秋今古一相接長歌懷舊遊

十

紀南陵題五松山 一作南陵五松山感時贈別山人銅坑井五里

聖達有去就潛光愚其德魚與龍同池龍去魚不測
當時版築輩豈知傅說情一朝和羹一作殷人光氣為
列星伊尹生空桑捐庖佐皇極桐宮放太甲攝政無
愧色三年帝道明委質終輔翼曠哉至人心萬古可
為則時命或大繆仲尼將一作其奈何鸞鳳忽覆巢麒
麟不來過龜山蔽魯國有斧且無柯歸去來歸去來
一作歸來歸去來宵濟越洪波

夜泊牛渚懷古 此地即謝尚聞袁宏詠史處

牛渚西江夜青天無片雲登舟望秋月空憶謝將軍
余亦能高詠斯人不可聞明朝挂帆席一作去楓葉落

一作紛紛

姑熟十詠

姑熟谿

愛此溪水閑乘流興無極漾楫怕鷗驚垂竿待魚食
波翻曉霞影岸疊春山色何處浣紗人紅顏未相識

丹陽湖

湖與元氣連風波浩難止天外賈客歸雲間片帆起
龜遊蓮葉上鳥宿蘆花裏少女棹輕舟歌聲逐流水

謝公宅

青山日將暝寂寞謝公宅竹裏無人聲池中虛月白
荒庭衰草徧廢井蒼苔積唯有清風閑時時起泉石

十一

陵歊臺

曠望登古臺臺高極人目疊嶂列遠空雜花間平陸
閑雲入窗牖野翠生松竹欲覽碑上文苔侵豈堪讀

桓公井

桓公名已古廢井曾未竭石甃冷蒼苔寒泉湛孤月
秋來桐暫落春至桃還發路遠人罕窺誰能見清徹

慈姥竹

野竹攢石生含烟映江島翠色落波深虛聲帶寒早
龍吟曾未聽鳳曲吹應好不學蒲柳凋貞心常自保

望夫山

顒望臨碧空怨情感離別江草不知愁巖花但爭發

雲山萬重隔音信千里絶春去秋復來相思幾時歇

牛渚磯

絶壁臨巨川連峯勢相向亂石流洑間迴波自成浪
但驚羣木秀莫測精靈狀更聽猿夜啼憂心醉江上

望黃山

丁令辭世人拂衣向仙路伏煉九丹成方隨五雲去
松蘿蔽幽洞桃杏深隱處不知曾化鶴遼海歸幾度

天門山

迥出江上山雙峯自相對岸映松色寒石分浪花碎
參差遠天際縹緲晴霞外落日舟去遙迴首沈青靄

李太白文集卷第二十

李太白文集卷第二十一

歌詩四十七首

閑適

與元丹丘方城寺談玄作 一作獨中一作溫山寺

茫茫大夢中惟我獨先覺騰轉風火來假合作容貌
滅除昏疑盡領略入精要澄慮觀此身因得通寂照
朗悟前後際始知金仙妙幸逢禪居人酌玉坐相召
彼我俱若喪雲山豈殊調清風生虛空明月見談笑
怡然青蓮宮永願恣游眺

尋高鳳石門山中元丹丘 楚漢

尋幽無前期乘興不覺遠蒼崖渺難涉白日忽欲晚

未窮三四山已歷千萬轉寂寂聞猿愁行行見雲收
高松上好月空谷宜清秋谿深古雪在石斷寒泉流
峯巒秀中天登眺不可盡丹丘遙相呼顧我忽而哂
遂造窮谷間始知靜者閑留歡達永夜清曉方言還

安州般若寺水閣納涼喜遇薛員外乂 安州

翛然金園賞遠近含晴光樓臺成海氣草木皆天香
忽逢青雲士共解丹霞裳水退池上熱風生松下涼
吞討破萬象搴窺臨眾芳而我遺有漏與君用無方
心垢都已滅永言題禪房

魯中都東樓醉起作 魯中

昨日東樓醉一作城飲還應一作歸來倒接䍦阿誰扶上馬不

省下樓詩

對酒醉題屈突明府廳 天中

陶令八十日長歌歸去來故人建昌宰借問幾時迴風落吳江雪紛紛入酒杯山翁今已醉舞袖為君開

月下獨酌四首 長安

花間（下一作）一壺酒獨酌無相親舉盃邀明月對影成三人月既不解飲影徒隨我身暫伴月將影行樂須及春我歌月徘徊我舞影凌亂醒時同交歡醉後各分散永結無情遊相期邈雲漢

天若不愛酒酒星不在天地若不愛酒地應無酒泉天地既愛酒愛酒不愧天已聞清比聖復道濁如賢賢聖既已飲何必求神仙三盃通大道一斗合自然但得醉中趣勿為醒者傳

三月咸陽時（一作城）千花晝如錦（一作好鳥吟清風落花散如霰）誰能春獨愁對此徑須飲窮通與脩短造化夙所稟一樽齊死生萬事固難審醉後失天地兀然就孤枕不知有吾身此樂最為甚

窮愁千萬端（一作緒）美酒三百杯（一作盃）愁多酒雖（一作雖）少酒傾愁不來所以知酒聖（一作賢）酒酣心自開辭粟臥首陽（一作伯夷）屢空飢顏回（一作飢顏）當代不樂飲虛名安用哉蟹螯即金液糟丘是蓬萊且須飲美酒乘月醉高臺

春歸終南山松龍舊隱

我來南山陽事事不異昔却尋溪中水還望巖下石薔薇緣東牕女蘿遶北壁別來能幾日草木長數尺且復命酒樽獨酌陶永夕

冬夜醉宿龍門覺起言志 洛陽

醉來脫寶劍旅憩高堂眠中夜忽驚覺起立明燈前開軒聊直望曉雪河冰壯哀哀歌苦寒鬱鬱獨惆悵傅說板築臣李斯鷹犬人欻起匡社稷寧復長艱辛而我胡為者歎息龍門下富貴未可期殷憂向誰寫去去淚滿襟舉聲梁甫吟青雲當自致何必求知音

尋山僧不遇作 金陵

石徑入丹壑松門閉青苔閑階有鳥跡禪室無人開窺牕見白拂挂壁生塵埃使我空歎息欲去仍排徊香雲徧山起花雨從天來已有空樂好況聞青猿哀了然絕世事此地方悠哉

過汪氏別業二首

遊山誰可遊子明與浮丘疊嶺礙河漢連峯橫斗牛汪生面北阜池館清且幽我來感意氣搥炰列珍羞掃石待歸月開池漲寒流酒酣益爽氣為樂不知秋

疇昔未識君知君好賢才隨山起館宇鑿石營池臺大火五月中景風從南來數枝石榴發一丈荷花開恨不當此時相過醉金罍我行植木落月苦青猿哀

永夜達五更吴歈送瓊盃酒酣欲起舞四座歌相催
日出䧫海明軒車且徘徊更遊龍潭去枕石拂莓苔

待酒不至

玉壺繫青絲沽酒來何遲山花向我笑正好銜盃時
晩酌東牕下流鶯復在兹春風與醉客今日乃相宜

獨酌

春草如有意羅生玉堂陰東風吹愁來白髮坐相侵
獨酌勸孤影閑歌面芳林長松爾何知一作本蕭瑟
爲誰吟手舞石上月膝橫花間琴過此一壺外悠悠
非我心一本云春草綠野新鶯有佳音落日不盡歌愁爲愁所侵獨酌勸孤影閑歌面芳林清風[illegible]下事與其琴手舞石上月膝此一壺外悠悠非我心

友人會宿

滌蕩千古愁留連百壺飲良宵宜清談皓月一作未
能寢醉來臥空山天地即衾枕

春日獨酌二首

東風扇淑氣水木榮春暉白日照綠草落花散且飛
孤雲還空山衆鳥各已歸彼物皆有託吾生獨無依
對此石上月長歌醉芳菲

我有紫霞想緬懷滄洲間且對一壺酒澹然萬事閑
橫琴倚高松把酒望遠山長空去鳥沒落日孤雲還
但悲光景晩宿昔成秋顔

金陵江上遇蓬池隱者時以落星石上以紫綺裘換酒爲歡

心愛名山遊身隨名山遠羅浮麻姑臺此去或未返
遇君蓬池隱就我石上飯空言不成歡強笑惜日晩
綠水向鴈關黃雲蔽龍山歎息兩客鳥徘徊吳越間
一語一執手留連夜將久解我紫綺裘且換金陵酒
酒來笑復歌興酣樂事多水影弄月色清光奈愁何
明晨挂帆席離恨滿滄波

月夜聽盧子順彈琴

閑夜坐明月幽人彈素琴忽聞悲風調宛若寒松吟
白雪亂纖手綠水清虛心鍾期久已歿世上無知音

青溪半夜聞笛秋浦

羌笛梅花引吳溪隴水清一作情寒山秋浦月一作山空
腸斷玉關情一作聲

日夕山中忽然有懷廬山

久臥名青一作山雲遂爲名青一作山客山深春一作雲更
好賞弄終日夕月銜樓間峯泉漱階下石素心自此
得眞趣非外借聽啼猿方秋風滅籟歸寂緬思洪崖
術欲往滄海島一作間雲車來何遲撫已空歎息

夏日山中

嬾搖白羽扇裸袒青林中脫巾挂石壁露頂灑松風

山中與幽人對酌

兩人對酌山花開一盃一盃復一盃我醉欲眠卿且
去明朝有意抱琴來

春日醉起言志
處世若大夢胡爲勞其生所以終日醉頹然卧前楹
覺來眄庭前一鳥花間鳴借問此何時春風語流鶯
感之欲歎息對酒還自傾浩歌待明月曲盡已忘情
廬山東林寺夜懷
我尋青蓮宇獨往謝城闕霜清東林鍾水白虎溪月
天香生虛空天樂鳴不歇宴坐寂不動大千入毫髮
湛然冥眞心曠劫斷出没
尋雍尊師隱居
羣峭碧摩天逍遥不記年撥雲尋古道倚樹聽流泉
花暖青牛卧松高白鶴眠語來江色暮獨自下寒煙
與史郎中欽聽黄鶴樓上吹笛 江夏
一爲遷客去長沙西望長安不見家黄鶴樓中吹玉
笛江城五月落梅花
對酒
勸君莫拒盃春風笑人來桃李如舊識傾花向我開
流鶯啼碧樹明月窺金罍昨來朱顏子今日白髮催
棘生石虎殿鹿走姑蘇臺自古帝王宅城闕閉黄埃
君若不飲酒昔人安在哉
醉題王漢陽廳
我似鷓鴣鳥南遷嬾北飛時尋漢陽令取醉月中歸
嘲王歷陽不肯飲酒 歷陽

地白風色寒雪花大如手笑殺陶淵明不飲盃中酒
浪撫一張琴虛栽五株柳空負頭上巾吾於爾何有
獨坐敬亭山 宣城
衆鳥高飛盡孤雲獨去閑相看兩不厭只有敬亭山
自遣
對酒不覺瞑落花盈我衣醉起步溪月鳥還人亦稀
訪戴天山道士不遇
犬吠水聲中桃花帶露濃樹深時見鹿溪午不聞鍾
野竹分青靄飛泉挂碧峯無人知所去愁倚兩三松
秋日與張少府楚城韋公藏書高齋作
日下空亭暮城荒古迹餘地形連海盡天影落江虛
舊賞人雖隔新知樂未疏彩雲思作賦丹壁間藏書
查擁隨流葉萍開出水魚夕來秋興滿回首意何如
懷恩
秋夜獨坐懷故山 去長安後
小隱慕安石遠遊學子平天書訪江海雲卧起咸京
入侍瑶池宴出陪玉輦行誇胡新賦作諫獵短書成
但奉紫霄顧非邀青史名莊周空說劍墨翟恥論兵
拙薄遂疎絶歸閑事耦耕顧無蒼生望空愛紫芝榮
寥落暝霞色微茫舊壑情秋山緑蘿月今夕爲誰明
憶崔郎中宗之遊南陽遺吾孔子琴撫之潸
然感舊

昔在南陽城唯餐獨山蕨憶與崔宗之白水弄素月
時過菊潭上縱酒無休歇汎此黃金花頹然清歌發
一朝摧玉樹生死殊飄忽留我孔子琴琴存人已没
誰傳廣陵散但哭邛山骨泉户何時明長歸狐兎窟

憶東山二首

不向東山久薔薇幾度花白雲他自散明月落誰家
我今攜謝妓長嘯絶人羣欲報東山客開關掃白雲

望月有懷

清泉映疎松不知幾千古寒月搖輕波流光入窓户
對此空長吟思君意何深無因見安道興盡愁人心

對酒憶賀監二首 并序

太子賓客賀公於長安紫極宮一見余呼余爲謫仙人因解金龜換酒爲樂沒後對酒悵然有懷而作是詩

四明有狂客風流一作貢衣賀季真長安一相見呼我謫
仙人昔好盃中物翻一作今爲松下塵金龜換酒處却
憶淚沾巾

狂客歸四明山陰道士迎敕賜鏡湖水爲君臺沼榮
人亡餘故宅空有荷花生念此杳如夢凄然傷我情

重憶一首

欲向江東去定將誰舉杯稽山無賀老却棹酒船回

春滯沅湘有懷山中

沅湘春色還風暖煙草綠古之傷心人於此腸斷續
予非懷沙客但美採菱曲所願歸東山寸心於此足

落日憶山中

雨後烟景綠晴天散餘霞東風隨春歸發我枝上花
花落時欲暮見此令人嗟願遊名山去學道飛丹砂

憶秋浦桃花舊遊時竄夜郎

桃花春水生白石今出没搖蕩女蘿枝半挂青天月
不知舊行徑初拳幾枝蕨三載夜郎還於茲鍊金骨

李太白集卷第二十

歌詩四十五首

感遇

越中秋懷

越水繞碧山周迴數千里乃是天鏡中分明畫相似（一本首四句云越海思仲連遊山慕康樂攀雲窮千峯弄水游萬壑下同）愛此從冥搜永懷臨湍遊（湍一作悠）一爲滄波客十見紅蕖秋觀濤壯天險望海令人愁路遐迫西照歲晚悲東流何必探禹穴逝將歸蓬丘不然五湖上亦可乘扁舟

效古二首

朝入天苑中謁帝蓬萊宮青山映輦道碧樹搖煙空謬題金閨籍得與銀臺通待詔奉明主抽毫頌清風歸時落日晚躞蹀浮雲驄人馬本無意飛馳自豪雄入門紫鴛鴦金井雙梧桐清歌弦古曲美酒沽新豐快意且爲樂列筵坐羣公光景不可留生世如轉蓬早達勝晚遇羞比垂釣翁

自古有秀色西施與東鄰蛾眉不可妬況乃効其顰所以尹婕妤羞見邢夫人低頭不出氣塞默少精神寄語無鹽子如君何足珍

感寓二首

寶劍雙蛟龍雪花照芙蓉精光射天地雷騰不可衝一去別金匣飛沉失相從風胡殁已久（殁已久一作嬰人）所以潛其鋒吳水深萬丈楚山邈千重雌雄終不隔神物會當逢

咸陽二三月百鳥鳴花枝（一作宮柳黃金枝）玉劍誰家子西秦豪俠兒（一作綠幘誰家子賣珠輕薄兒）日暮醉酒歸白馬驕且馳意氣人所仰（一作）遊冶方及時子雲不曉事晚獻長楊詞賦達身已老草玄鬢若絲投閣良可歎但爲此輩嗤

擬古十二首

青天何歷歷明星白如石黃姑與織女相去不盈尺銀河無鵲橋非時將安適閨人理紈素遊子悲行役瓶冰知冬寒霜露欺遠客客似秋葉飛飄颻不言歸別後羅帶長愁寬去時衣乘月託宵夢因之寄金徽

高樓入青天下有白玉堂明月看欲墮當窗懸清光遙夜一美人羅衣霑秋霜含情弄柔瑟彈作陌上桑弦聲何激烈風卷繞飛梁行人皆躑躅棲鳥去回翔但寫妾意苦莫辭此曲傷願逢同心者飛作紫鴛鴦

長繩難繫日自古共悲辛黃金高北斗不惜買陽春石火無留光還如世中人即事已如夢後來我誰身提壺莫辭貧取酒會四鄰仙人殊恍惚未若醉中真

清都綠玉樹灼爍瑤臺春攀花弄秀色遠贈天仙人香風送紫蘂直到扶桑津取掇世上豔所貴心之珍相思傳一笑聊欲示情親

今日風日好明日恐不如春風笑於人何乃愁自居
吹簫舞彩鳳酌醴鱠神魚千金買一醉取樂不求餘
達士遺天地東門有二疏愚夫同瓦石有才知卷舒
無事坐悲苦塊然涸轍魚
運速天地閉胡風結飛霜百草死冬月六龍頹西荒
太白出東方彗星揚精光鴛鴦非越鳥何爲眷南翔
惟昔鷹將犬今爲侯與王得水成蛟龍爭池奪鳳皇
北斗不酌酒南箕空簸揚
世路今太行迴車竟何託萬族皆凋枯遂無少可樂
曠野多白骨幽魂共銷鑠榮貴當及時春華宜照灼
人非崑山玉安得長璀錯身沒期不朽榮名在麟閣

月色不可掃客愁不可道玉露生秋衣流螢飛百草
日月終銷毁天地同枯槁蟪蛄啼青松安見此樹老
金丹寧誤俗昧者難精討爾非千歲翁多恨去世早
飲酒入玉壺藏身以爲寶
生者爲過客死者爲歸人天地一逆旅同悲萬古塵
月兔空搗藥扶桑已成薪白骨寂無言青松豈
知春前後更歎息浮榮何足珍
仙人騎綵鳳昨下閬風岑海水三清淺桃源一見尋
遺我綠玉盃兼之紫瓊琴盃以傾美酒琴以閑素心
二物非世有何論珠與金琴彈松裏風盃勸天上月
風月長相知世人何倏忽

涉江弄秋水愛此荷花鮮攀荷弄其珠蕩漾不成圓
佳期綵雲重欲贈隔遠天相思無由見悵望涼風前
去去復去去辭君還憶君漢水既殊流楚山亦此分
人生難稱意豈得長爲羣越鷰喜海日燕鴻思朔雲
別久容華晚琅玕不能飯日落知天昏夢長覺道遠
望天登高山化石竟不返

感興八首

瑤姬天帝女精彩化朝雲宛轉入夢宵無心向楚君
錦衾抱秋月綺席空蘭芬茫昧竟誰測虛傳宋玉文
洛浦有宓妃飄颻雪爭飛輕雲拂素月了可見清輝
解珮欲西去含情詎相違香塵動羅襪淥水不沾衣

陳王徒作賦神女豈同歸好色傷大雅多爲世所譏
裂素持作書將寄萬里懷眷眷待遠信竟歲無人來
征鴻務從陽又不爲我棲委之在深篋蠹魚壞其題
何如投火中流落他人開不惜他人開但恐生是非
芙蓉嬌綠波桃李誇白日偶蒙春風榮生此豔陽質
豈無佳人色但恐花不實宛轉龍火飛零落互相失
詎知凌霜松千載長守一
十五遊神仙仙遊未曾歇吹笙吟松風汎瑟窺海月
西山玉童子使我鍊金骨欲逐黃鶴飛相呼向蓬闕
西國有美女結樓青雲端蛾眉豔曉月一笑傾城歡
高節奪明主炯心如凝丹常恐彩色晚不爲人所觀

安得配君子共成雙飛鸞

楊朱荆山客誰爲珉玉分良寶絶見弃虛持三獻君
直木忌先伐芬蘭哀自焚盈滿天所損沉冥道所羣
東海有碧水西山多白雲魯連及夷齊可以躡清芬

嘉穀隱豐草草深苗且稀農夫既不異孤穟將安歸
常恐委疇隴忽與秋蓬飛烏得薦宗廟爲君生光輝

寓言三首

周公負斧扆成王何夔夔武王昔不豫翦爪投河湄
賢聖遇讒慝不免人君疑天風拔大木禾黍咸傷萎
管蔡扇蒼蠅公賦鴟鴞詩金縢若不啓忠信誰明之

搖裔雙彩鳳婉孌三青禽往還瑤臺裏鳴舞玉山岑
以歡秦娥意復得王母心區區精衛鳥銜木空哀吟

長安春色歸先入青門道綠楊不自持從風欲傾倒
海燕還秦宮雙飛入簾櫳相思不可見託夢遼城東

秋夕旅懷

涼風度秋海吹我鄉思飛連山去無際流水何時歸
日夕浮雲色心斷明月暉芳草歇柔艷白露催寒衣
夢長銀漢落覺罷天星稀含歎想舊國泣下誰能揮

感遇四首

吾愛王子晉得道伊洛濱金骨既不毀玉顔長自春
可憐浮丘公猗靡與情親舉手白日間分明謝時人
二仙去已遠夢想空殷勤

可歎東籬菊莖疎葉且微雖言異蘭蕙亦自有芳菲
未泛盈樽酒徒沾清露輝當榮君不採飄落欲何依

昔余聞嫦娥竊藥駐雲髮不自嬌玉顔方希鍊金骨
飛去身莫返含笑坐明月紫宮誇蛾眉隨手會凋歇

宋玉事楚王立身本高潔巫山賦綵雲郢路歌白雪
舉國莫能和巴人皆卷舌一感登徒言恩情遂中絶

寓懷

翰林讀書言懷呈集賢院內諸學士 [illegible]

晨趨紫禁中夕待金門詔觀書散遺帙探古窮至妙
片言苟會心掩卷忽而笑青蠅易相點白雪難同調
本是疎散人屢貽褊促誚雲天屬清朗林壑憶遊眺

或時清風來閒倚欄下嘯嚴光桐廬溪謝客臨海嶠
功成謝人君從此一投釣

尋陽紫極宮感秋作

何處聞秋聲翛翛北窻竹迴薄萬古心攬之不盈掬
靜坐觀衆妙浩然媚幽獨白雲南山來就我簷下宿
懶從唐生決羞訪季主卜四十九年非一往不可復
野情轉蕭散世道有翻覆陶令歸去來田家酒應熟

江上秋懷

餐霞臥舊壑散髮謝遠遊山蟬號枯桑始復知天秋
朔雁別海裔越燕辭江樓颯颯風卷沙茫茫霧縈洲
黃雲結暮色白水揚寒流惻愴心自悲潺湲淚難收

薄蘭方蘭瑟長歎令人歎

秋夕書懷（一作秋日書懷）

北風吹海鴈南度落寒聲感此瀟湘客懷其洪浪情

海懷結滄洲（一作飛蓬）霞想（一作遠心）遠（一作高）赤城始探蓬壺

事（一作遊一作趣）旅覺天地暇然吟（一作思）高秋閑臥瞻太

清蘿月掩（一作隱）空幕松霜皓（一作雲）前滅見息羣動觀

微窮至精桃花有源水可以保吾生

避地司空原言懷　舒州

南風昔不競豪聖思經綸劉琨與祖逖起舞鷄鳴晨

雖有匡濟心終爲樂禍人我則異於是潛光皖水濱

卜築司空原北將天柱鄰雪齋萬里月雲開九江春

李十二　七

俟乎太階平然後託微身傾家事金鼎年貌何長新

所願得此道終然保清真弄景奔日馭攀星戲河津

一隨王喬去長年玉天賓

南奔書懷（一作自丹陽南奔道中作）

遙夜何漫漫（一作何悠悠）空歌白石爛寧戚未匡齊陳平終

佐漢攙搶掃河洛直割鴻溝半歷數方未遷雲雷

（一作屯）多難天人秉旄鉞虎竹光藩翰侍筆黃金臺傳觴

青玉案不因秋風起自有思歸歎主將動讒疑王師

忽離叛自來白沙上（一作渡江上）鼓譟丹陽岸賓御如

浮雲從風各消散舟中指可掬城上骸爭爨草草出

近關行行昧前算南奔劇星火北寇無涯畔顧之七

寶鞭留連道路翫太白夜食昴長虹日中貫秦趙興

天兵茫茫九州亂感遇（一作遇）明主恩頭高祖從言過江

誓流水志在清中原拔劍擊前柱悲歌難重論

上崔相百憂章（四言　時在尋陽獄）

共工赫怒天維中摧鯤鯨噴蕩揚濤起雷魚龍陷人

成此禍胎火焚昆山玉石相磓仰希霖雨灑寶炎煨

箭發石開戈揮日迴鄒衍慟哭燕霜颯來微誠不感

猶繫（一作縶）夏臺蒼鷹搏攫丹棘崔嵬豪聖凋枯王風傷

哀斯文未喪東岳豈頹穆逃楚難鄒脫吳災見機苦

遲二公所咍驥不驟進麟何來哉星離一門草擲二

孩萬憤結緝憂從中摧金瑟玉壺盡爲愁媒舉酒

李十三　八

太息泣血盈杯台星再朗天網重恢屈法申恩棄瑕

取材冶長非罪尼父無猜覆盆儻舉應照寒灰

萬憤詞投魏郎中

海水渤潏人罹鯨鯢蓊胡沙而四塞始滔天於燕齊

何六龍之浩蕩遷白日於秦西九土星分嗷嗷悽悽

南冠君子呼天而啼戀高堂而掩泣淚血地而成泥

獄戶春而不草獨幽怨而沉迷兄九江兮弟三峽悲

羽化之齊秦隔陸闕北愁愛子豫章天南漂老妻一

門骨肉散百草遇難不復相提攜樹榛拔桂囚鸞寵

雞舜昔授禹伯成耕犁德自此衰吾將安棲好我者

恤我不好我者何忍臨危而相擠子胥鴟夷彭越醢

鑒自古豪烈胡爲此緊蒼蒼之天高乎視低如其聽
卑脫我牢狴黨辨美玉君收白珪

荆州賊亂臨洞庭言懷作

修蛇橫洞庭吞象臨江島積骨成巴陵遺言聞楚老
水窮三苗國地窄三湘道歲晏天崢嶸時危人枯槁
思歸阻喪亂去國傷懷抱郢路方丘墟章華亦傾倒
風悲猿嘯苦木落鴻飛早日隱西赤沙月明東城草
關河望已絕氛霧行當掃長叫天可聞吾將問蒼昊

覽鏡書懷

得道無古今失道還衰老自笑鏡中人白髮如霜草
捫心空歎息問影何枯槁桃李竟何言終成南山皓

田園言懷

賈誼三年謫班超萬里侯何如牽白犢飲水對清流

江南春懷

青春幾何時黃鳥鳴不歇天涯失鄉（一作）路江外老華
髮心飛秦塞雲影滯楚關月身世殊爛漫田園久蕪
沒歲晏何所從長歌謝金闕

李太白文集卷第二十二

李太白文集卷第二十三

歌詩五十三首

詠物

聽蜀僧濬彈琴（蜀中）

蜀僧抱綠綺西下峨眉峯爲我一揮手如聽萬壑松
客心洗流水餘響入霜鐘不覺碧山暮秋雲暗幾重

魯東門觀刈蒲（魯中）

魯國寒事早初霜刈渚蒲揮鐮若轉月拂水生連珠
此草最可珍何必貴龍鬚織作玉牀席欣承清夜娛
羅衣能再拂不畏素塵蕪

詠鄰女東窗海石榴

魯女東窗下海榴世所稀珊瑚映綠水未足比光輝
清香隨風發落日好鳥歸願爲東南枝低舉拂羅衣
無由一攀折引領望金扉

南軒松

南軒有孤松柯葉自綿冪清風無閑時蕭灑終日夕
陰生古苔綠色染秋煙碧何當凌雲霄直上數千尺

詠山樽二首（前一首一作詠少府山癭木樽）

蟠木不雕飾且將斤斧疏樽成山岳勢材是棟梁餘
外與金罍並中涵玉醴虛慚君垂拂拭遂忝玳筵居
擁腫寒山木嵌空成酒樽懸無江海量偃蹇在君門

初出金門尋王侍御不遇詠壁上鸚鵡（一作勅放）

初出金門尋王侍御不遇詠壁上鸚鵡
落羽辭金殿孤鳴託繡衣能言終見棄還向隴山飛

紫藤樹
紫藤挂雲木花蔓宜陽春密葉隱歌鳥香風留美人

觀放白鷹二首
八月邊風高胡鷹白錦毛孤飛一片雪百里見秋毫
寒冬十二月蒼鷹八九毛寄言燕雀莫相啅自有雲霄萬里高

觀博平王志安少府山水粉圖
粉壁為空天丹青狀江海游雲不知歸日見白鷗在博平真人王志安沉吟至此願挂冠松溪石磴帶秋色愁客思歸坐曉寒

題雍丘崔明府丹竈
美人為政本忘機服藥求仙事不違葉縣已泥丹竈畢瀛州當伴赤松歸先師有訣神將助大聖無心火自飛九轉但能生羽翼雙鳧忽去定何依

觀元丹丘坐巫山屏風
昔遊三峽見巫山見畫巫山宛相似疑是天邊十二峯飛入君家綵屏裏寒松蕭颯如有聲陽臺微茫如有情錦衾瑤席何寂寂楚王神女徒盈盈高咫尺如千里翠屏丹崖粲如綺蒼蒼遠樹圍荊門歷歷行舟汎巴水水石潺湲萬壑分煙光草色俱氛氳溪花笑日何年發江客聽猿幾歲聞使人對此心緬邈疑入嵩丘夢綵雲

求崔山人百丈崖瀑布圖
百丈素崖裂四山丹壁開龍潭中噴射晝夜生風雷但見瀑泉落如潈雲漢來聞君寫真圖島嶼備縈迴石黛刷幽草曾青澤古苔幽緘儻相傳何必向天台

見野草中有名白頭翁者
醉入田家去行歌荒野中如何青草裏亦有白頭翁折取對明鏡宛將衰鬢同微芳似相誚留恨向東風

流夜郎題葵葉
慚君能衛足歎我遠移根白日如分照還歸守故園

瑩禪師房觀山海圖
真僧閉精宇滅跡含達觀列嶂圖雲山攢峯入霄漢丹崖森在目清晝疑卷幔蓬壺來軒窗瀛海入几案煙濤爭噴薄島嶼相凌亂征帆飄空中瀑水灑天半崢嶸若可陟想像徒盈歎杳與真心冥遂諧靜者玩如登赤城裏揭涉滄洲畔即事能娛人從茲得蕭散

白鷺鷥
白鷺下秋水孤飛如墜霜心閑且未去獨立沙洲傍

詠桂二首
園花笑芳年池草豔春色猶不如槿花嬋娟玉階側芬榮何天促零落在瞬息豈若瓊樹枝終歲長翕赩

世人種桃李多在金張門攀折爭捷徑及此春風暄
一朝天霜下榮耀難久存安知南山桂綠葉垂芳根
清陰亦可託何惜樹君園

白胡桃

紅羅袖裏分明見白玉盤中看卻無疑是老僧休念
誦腕前推下水精珠

巫山枕障

巫山枕障畫高丘白帝城邊樹色秋朝雲夜入無行
處巴水橫天更不流

庭前晚開花

西王母桃種我家三千陽春始一花結實苦遲爲人
笑攀折唧唧長咨嗟

宣城長史弟昭贈余琴谿中雙舞鶴詩以見志

令弟佐宣城贈余琴溪鶴謂言天涯雪忽向窗前落
白玉爲毛衣黃金不肯博當風振六翮對舞臨山閣
顧我如有情長鳴似相託何當駕此物與爾騰寥廓

題詠

題隨州紫陽先生壁

神農好長生風俗久已成復聞紫陽客早署丹臺名
喘息餐妙氣步虛吟真聲道與古仙合心將元化并
樓疑出蓬海鶴似飛玉京松雪窗外曉池水階下明
忽躭笙歌樂頗失軒冕情終願惠金液提攜凌太清

題元丹丘山居

故人棲東山自愛丘壑美青春臥空林白日猶不起
松風清襟袖石潭洗心耳羨君無紛喧高枕碧霞裏

題元丹丘潁陽山居 并序

丹丘家于潁陽新卜別業其地北倚馬嶺連峯嵩丘
南瞻鹿臺極目汝海雲巖映鬱有佳致焉白從之遊
故有此作

仙遊渡潁水訪隱同元君忽遺蒼生望獨與洪崖羣
卜地初晦跡興言且成文卻顧北山斷前瞻南嶺分
遙通汝海月不隔嵩丘雲之子合逸趣而我欽清芬
舉跡倚松石談笑迷朝曛終願狎青鳥拂衣棲江濆

題瓜洲新河餞族叔舍人賁

齊公鑿新河萬古流不絕豐功利生人天地同朽滅
兩橋對雙閣芳樹有行列愛此如甘棠誰云敢攀折
吳關倚此固天險自茲設海水落斗門湖平見沙汭
我行送季父弭棹徒流悅楊花滿江來疑是龍山雪
惜此林下興愴爲山陽別瞻望清路塵歸來空寂蔑

洗腳亭

白道向姑蘇洪亭臨道旁前有昊時井下有五丈牀
樵女洗素足行人歇金裝西望白鳥洲蘆花似朝霜
送君此時去回首淚成行

勞勞亭

天下傷心處勞勞送客亭春風知別苦不遣柳條青

題金陵王處士水亭 此亭蓋齊朝南苑又是陸機故宅

王子[illegible]言[illegible]在門好鵝尋道士愛竹嘯名園
樹色[illegible]荒[illegible]湯華軒此堂見明月更憶陸平
原掃[illegible]青玉[illegible]置金樽醉罷一作後欲歸去花枝宿
鳥喧何時復[illegible]一作更得洗囂煩

題嵩山逸人元丹丘山居 并序

白久在[illegible]遊嵩山故交深情出處無間巖
信頻及許為主人[illegible]然適會本意當冀長往不返欲
便舉家就之[illegible]遊因有此贈

家本紫[illegible]淪落況懷丹丘志沖賞歸寂寞
朅來遊[illegible]
憑雷躡天窗[illegible]霞閣且欣登眺美頗愜隱淪諾
三山[illegible]幽期四岳聊所託故人契嵩穎高義炳丹[illegible]
臧跡遺紛囂[illegible]本峯壑自矜林端好不羨市朝樂
偶與真意并[illegible]覺世情薄[illegible]能折芳桂吾亦採蘭若
拙妻好乘鸞嬌女愛飛鶴攜[illegible]訪神仙從此鍊金藥

題江夏修靜寺 此寺是李北海宅

我家北海宅作寺南江濱空庭無玉樹高殿坐幽人
書帶留青草琴堂一作臺冪素塵平生種桃李寂滅不成春

改九子山為九華山聯句 并序

青陽縣南有九子山山[illegible]

六

按圖徵名無所依據太史公南遊略而不書事絕古
老之口復闕名賢之紀雖靈仙往復而賦詠罕聞予
乃削其舊號加以九華之目時訪道江漢憩於夏侯
迴之堂開簷岸幘坐眺松雪因與二三子聯句傳之
將來

妙有分二氣靈山開九華 李白 層標遏遲日半壁明朝
霞 高霽 積雪曜陰壑飛流歘陽崖 韋權輿 青熒玉樹色
縹緲羽人家 李白

題宛谿館

吾憐宛谿好百尺照心明 一作心明久照 何謝新安水千尋
見底清白沙留月色綠竹助秋聲却笑嚴湍上于今
獨擅名

七

題東谿公幽居

杜陵賢人清且廉東谿卜築歲將淹宅近青山同謝
眺門垂碧柳似陶潛好鳥迎春歌後院飛花送酒舞
前簷客到但知留一醉盤中秖有水精鹽

雜詠

嘲魯儒

魯叟談五經白髮死章句問以經濟策茫如墜煙霧
足著遠遊履首戴方頭巾緩步從直道未行先起塵
秦家丞相府不重褒衣人君非叔孫通與我本殊倫
時事且未達歸耕汶水濱

怨詞

二姚發三十許假鬢如霜泉女姬蛾眉雙花錯春芳
娥姁信鄭袖袖裙對懷王一惑巧言子朱顏成死（一作）
傷行將泣團扇戚戚愁人腸

觀獵

太守耀清威乘閑弄晚暉江沙橫獵騎山火繞行圍
箭逐雲鴻落鷹隨月兔飛不知白日暮歡賞夜方歸

觀胡人吹笛

胡人吹玉笛一半是秦聲十月吳山曉梅花落敬亭
愁聞出塞曲淚滿逐臣纓卻望長安道空懷戀主情

軍行

騮馬新跨（一作）白玉鞍戰罷沙場月色寒城頭鐵鼓聲
猶震匣裏金刀血未乾

卷二十三　八

從軍行

百戰沙場碎鐵衣城南已合數重圍突營射殺呼延
將獨領殘兵千騎歸

平虜將軍妻

平虜將軍婦入門二十年君心自不悅妾寵豈能專
出解牀前帳行吟道上篇古人不唾井莫忘昔纏緜

春夜洛城聞笛

誰家玉笛暗飛聲散入春風滿洛城此夜曲中聞折
柳何人不起故園情

嵩山採菖蒲者

神人多古貌雙耳下垂肩嵩嶽逢漢武疑是九疑仙
我來採菖蒲服食可延年言終忽不見滅影入雲煙
喻帝竟莫悟終歸茂陵田

金陵聽韓侍御吹笛

韓公吹玉笛倜儻流英音風吹繞鍾山萬壑皆龍吟
王子停鳳管師襄掩瑤琴餘響度江去天涯安可尋

流夜郎聞酺不預

北闕聖人歌太康南冠君子竄遐荒漢酺聞奏鈞天
樂願得風吹到夜郎

放後遇恩不霑

天作雲與雷霈然德澤開東風日本至白雉越裳來
獨棄長沙國三年未許回何時入宣室更問洛陽才

卷二十三　九

宣城見杜鵑花

蜀國曾聞子規鳥宣城還見杜鵑花一叫一迴腸一
斷三春三月憶三巴

白田馬上聞鶯

黃鸝啄紫椹五月鳴桑枝我行不記日誤作陽春時
蠶老客未歸白田已繰絲（一作吳人欲繰絲）驅馬又前去捫心
空自悲（一作出）

暖酒

熱暖將來賓鐵文暫時不動聚白雲撥卻白雲見青

天掇頭裏許便乘仙

三五七言

秋風淸秋月明落葉聚還散寒烏栖復驚相思相見知何日此時此夜難爲情

雜詩

白日與明月晝夜尚一作不閑況爾悠悠人安得久世間傳聞海水上乃有蓬萊山玉樹生綠葉靈仙每登攀一食駐玄髮再食留紅顏吾欲從此去去之無時還

李太白文集卷第二十三

李二十三　十

李太白文集卷第二十四

歌詩六十二首

閨情

寄遠十二首

三鳥別王母銜書來見過腸斷若剪絃其如愁思何
遙知玉窗裏纖手弄雲和奏曲有深意青松交女蘿
寫水落井中同泉豈殊波秦心與楚恨皎皎爲誰多
青樓何所在乃在碧雲中寶鏡挂秋水一作月羅衣輕春風新妝坐落日悵望金一作屏空念此一作送短書願因一作同雙飛鴻
本作一行書殷勤道相憶一行復一行滿紙情何極
瑤臺有黃鶴爲報青樓人朱顏凋落盡白髮一何新自知未應還一作離居一作經三春桃李今若爲當窗發光彩莫使香風飄留與一作紅芳待
玉箸落春鏡一作坐愁湖陽水聞一作與陰麗華風煙接鄰里青春已復過白日忽相催但恐荷一作花晚令人意已摧相思不惜夢日夜向陽臺
遠憶巫山陽花明淥江暖躊躇未得往淚向南雲滿春風復無情吹我夢魂斷不見眼中人天長音信短
陽臺隔楚水春草生黃河一作陰雲隔楚水轉蓬落渭河相思無日夜浩蕩若流波流波向海去欲見終無因一作[illegible]將一點淚遠寄如花人

李二十四　一

昔在（一作在昔）春陵東，君居漢江島。百里望花光，往來成白道。（一作日日採蘼蕪，上山成白道）一爲雲雨別，此地生秋草。秋草秋蛾飛，相思愁落暉。何由一相見，滅燭解羅衣。（一本此下添昔時攜手去，今時淚還歸。遙知不得意，玉筯點羅衣）

憶昨東園桃李紅碧枝，與君此時初別離。金瓶落井無消息，令人行歎復坐思。坐思行歎成楚越，春風玉顏畏銷歇。碧窗紛紛下落花，青樓寂寂空明月。兩不見，但相思。空留錦字表心素，至今緘愁不忍窺。

長短春草綠，緣門如有情。卷施心獨苦，抽却死還生。覩物知妾意，希君種後庭。閑時當採掇，念此莫相輕。

魯縞如玉霜，筆（一作剪）題月支書。寄書白鸚鵡，西海慰離居。行數雖不多，字字有委曲。天末如見之，開緘淚相續。千里若在眼，萬里若在心。相思千萬里，一書直千金。

美人在時花滿堂，美人去後餘空牀。牀中繡被卷不寢（一作更不寐），至今三載聞餘香（一作猶聞香）。香亦竟不滅，人亦竟不來。相思黃葉盡（一作落），白露濕（一作點）青苔。（此首一作贈遠）

愛君芙蓉嬋娟之豔色，若可餐兮難再得。憐君冰玉清迥之明心，情不極兮意已深。朝共琅玕之綺食，夜同鴛鴦之錦衾。恩情婉孌忽爲別，使人莫錯亂愁心。亂愁心，涕如雪。寒燈厭夢魂欲絕，覺來相思生白髮。盈盈漢水若可越，可惜凌波步羅襪。美人美人兮歸去來，莫作朝雲飛陽臺。

長信宮

月皎昭陽殿，霜清長信宮。天行乘玉輦，飛燕與君同。更有歡娛處（一作別有留寵處），承恩樂未窮。誰憐團扇妾，獨坐怨秋風。

長門怨二首

天回北斗挂西樓，金屋無人螢火流。月光欲到長門殿，別作深宮一段愁。

桂殿長愁不記春，黃金四屋起秋塵。夜懸明鏡青天上，獨照長門宮裏人。

春怨

白馬金羈遼海東，羅帷繡被臥春風。落月低軒窺燭盡，飛花入戶笑牀空。

代贈遠（一作寄遠）

妾本洛陽人，狂夫幽燕客。渴飲易水波，由來多感激。胡馬西北馳，香鬃搖綠絲。鳴鞭從此去，逐虜蕩邊陲。昔去有好言，不言久離別。燕支多美女，走馬輕風雪。見此不記人，恩情雲雨絕。啼流玉筯盡，坐恨金閨切。織錦作短書，腸隨回紋結。相思欲有寄，恐君不見察。焚之揚其灰，手跡自此滅。

陌上贈美人（一云小放歌行一首在第三，此是第二篇）

駿馬驕行踏落花，垂鞭直拂五雲車。美人一笑褰珠箔，遙指紅樓是妾家。

閨情

流水去絶國浮雲辭故關水或戀前浦雲猶歸舊山恨君流（一作龍）沙去棄妾漁陽間玉筯夜垂流（一作日夜）雙雙落朱顔黄鳥坐相悲緑楊誰更攀織錦心草草挑燈淚斑斑窺鏡不自識況乃狂夫還

代別情人

清水本不動桃花發岸傍桃花弄水色波蕩摇春光我悦子容艶子傾我文章鳳吹綠琴去曲度紫鴛鴦昔作一水魚今成兩枝鳥哀哀長雞鳴夜夜達五曉起折相思樹歸贈知寸心覆水不可收行雲難重尋天涯有度鳥莫絶瑤華音

代秋情

幾日相別離門前生穭葵寒蟬聒梧桐日夕長鳴悲白露濕螢火清霜凌兔絲空掩紫羅袂（一作空悲羅袂）長啼無盡時

對酒

蒲萄酒金叵羅吳姬十五細馬䭾青黛畫眉紅錦靴道字不正嬌唱歌玳瑁筵中懷裏醉芙蓉帳底奈君何

怨情

新人如花雖可寵故人似玉猶來重花性飄揚不自持玉心皎潔終不移故人昔新今尚故還見新人有故時請看陳后黄金屋寂寂珠簾生網絲

湖邊採蓮婦

小姑織白紵未解將人語大嫂採芙蓉溪湖千萬重長兄行不在莫使外人逢願學秋胡婦貞心比古松

怨情

美人卷珠簾深坐嚬蛾眉但見淚痕濕不知心恨誰

代寄情人楚詞體

君不來兮徒蓄怨積思而孤吟雲陽一去以遠隔巫山綠水之沉沉留餘香兮染繡被夜欲寢兮愁人心朝馳余馬於青樓恍若空而夷猶浮雲深兮不得語却惆悵而懷憂使青鳥兮銜書恨獨宿兮傷離居何無情而兩絶夢雖往而交疎横流涕而長嗟折芳洲之瑤華送飛鳥以極目怨夕陽之西斜願為連根同死之秋草不作飛空之落花

學古思邊

銜悲上隴首腸斷不見君流水若有情幽哀從此分蒼茫愁邊色惆悵落日曛山外接遠天天際復有雲白雁從中來飛鳴苦難聞足繫一書札寄言難離羣離羣心斷絶十見花成雪胡地無春暉征人行不歸相思杳如夢珠淚濕羅衣

思邊（一作春怨）

去年何時君別妾南園綠草飛蝴蝶今歲何時妾憶君

西山白雪暗秦雲玉關去此三千里欲寄音書那可聞

口號吳王美人半醉

風動荷花水殿香姑蘇臺上宴吳王西施醉舞嬌無力笑倚東牕白玉牀

折荷有贈

涉江翫秋水愛此紅蕖鮮攀荷弄其珠蕩漾不成圓佳人綵雲裏欲贈隔遠天相思無因見悵望涼風前

代美人愁鏡二首

明明金鵲鏡了了玉臺前拂拭皎冰月光輝何清圓紅顏老昨日白髮多去年鉛粉坐相誤照來空悽然

美人贈此盤龍之寶鏡燭我金縷之羅衣時將紅袖拂明月爲惜普照之餘輝影中金鵲飛不滅臺下青鸞思獨絕稾砧一別若箭弦去有日來無年狂風吹卻妾心斷玉筯并墮菱花前

贈段七娘

羅襪凌波生網塵那能得計訪情親千盃綠酒何辭醉一面紅粧惱殺人

別內赴徵三首

王命三徵去未還明朝離別出吳關白玉高樓看不見相思須上望夫山

出門妻子強牽衣問我西行幾日歸來時儻佩黃金印莫見蘇秦不下機

翡翠爲一作高樓金作梯誰人獨宿倚門啼一作[illegible]夜坐寒燈連曉月行行淚盡楚關西

秋浦寄內

我今尋陽去辭家千里餘結荷見水宿知寄大雷書雖不同辛苦愴離各自居我自入秋浦三年北信踈紅顏愁落盡白髮不能除有客自梁苑手攜五色魚開魚得錦字歸問我何如江山雖道阻意合不爲殊

自代內贈

寶刀截流水無有斷絕時妾意逐君行纏綿亦如之別來門前草春盡秋轉碧掃盡還更生萋萋滿行跡鳴鳳始相得雄驚雌各飛遊雲落何山一往不見歸估客發大樓一作漸知君在秋浦梁苑空錦衾陽臺夢行雨妾家三作相失勢去西秦猶有舊歌管淒清聞四鄰曲度入紫雲啼無眼中人妾似井底桃開花向誰笑君如天上月不肯一回照窺鏡不自識別多憔悴深安得秦吉了爲人道寸心

秋浦感主人歸燕寄內

霜朽楚關木始知殺氣嚴寥寥金天廓婉婉綠紅潛胡燕別主人雙雙語前簷三飛四回顧欲去復相瞻豈不戀華屋終然謝珠簾我不及此鳥遠行歲已淹寄書道中數淚下不能緘

送內尋廬山女道士李騰空二首

君尋騰空子應到碧山家水舂雲母碓風掃石楠花
若戀幽居好相邀弄紫霞
多君相門女學道愛神仙素手掬青靄羅衣曳紫煙
一往屏風疊乘鸞着玉鞭一作不着鞭

贈內

三百六十日日日醉如泥雖爲李白婦何異太常妻

在尋陽非所寄內

聞難知慟哭行啼入府中多君同蔡琰流淚請曹公
知登吳章嶺昔與死無分崎嶇行石道外折入青雲
相見若悲歎哀聲那可聞

南流夜郎寄內

夜郎天外怨離居明月樓中音信疎北鴈春歸看欲
盡南來不得豫章書

越女詞五首

長干吳兒女眉目艷星月屐上足如霜不著鵶頭襪
吳兒多白皙好爲蕩舟劇賣眼擲春心折花調行客
耶溪採蓮女見客棹歌迴笑入荷花去佯羞不肯來
東陽素足女會稽素舸郎相看月未墮白地斷肝腸
鏡湖水如月耶溪女如雪新粧蕩新波光景兩奇絕

浣紗石上女

玉面耶溪女青蛾紅粉粧一雙金齒屐兩足白如霜

示金陵子 一作金陵子詞

金陵城東誰家子一作金陵子竊聽琴聲碧一作碧紗牕裏落花一
片天上來隨人直渡西江水楚歌吳語嬌不成似能
未能最有情謝公正要東山妓攜手林泉處處行

出妓金陵子呈盧六 四首

安石東山三十春傲然攜妓出風塵樓中見我金陵
子何似陽臺雲雨人
南國新豐酒東山小妓歌對君君不樂花月奈愁何
東道煙霞主西江詩酒筵相逢不覺醉日墮歷陽川
小妓金陵歌楚聲家僮丹砂學鳳鳴我亦爲君飲清
酒君心不肯向人傾

巴女詞

巴水急如箭巴船去若飛十月三千里郎行幾歲歸

哀傷

哭晁卿衡

日本晁卿辭帝都征帆一片遶蓬壺明月不歸沉碧
海白雲愁色滿蒼梧

自溧水道哭王炎三首 宣州作

白楊雙行行白馬悲路傍晨興見曉月更似發雲陽
溧水通吳關逝川去未央故人萬化盡閉骨茅山岡
天上墜玉棺泉中掩龍章名飛日月上義與風雲翔
逸氣竟莫展英圖俄夭傷楚國一老人來嗟龔勝亡
有言不可道雪泣憶蘭芳

王公希代寶棄世一何早弔死不及哀殯宮已秋草
悲來欲脫劍挂向何枝哭向茅山雖未摧一生淚
盡丹陽道

王家碧瑶樹一樹忽先摧海内故人泣天涯弔鶴來
未成霖雨用先天濟川材一罷廣陵散鳴琴更不開

哭宣城善釀紀叟

紀叟黃泉裏還應釀老春夜臺無曉日沽酒與何人
一作題戴老酒店云戴老黃泉下還應釀大春夜臺無李白沽酒與何人

宣城哭蔣徵君華

敬亭埋玉樹知是蔣徵君安得相如草仍餘封禪文
池臺空有月詞賦舊凌雲獨挂延陵劍千秋在古墳

李太白文集卷第二十四

李太白文集卷第二十五

古賦

明堂賦并序　大獵賦并序
大鵬賦并序　劍閣賦
擬恨賦　惜餘春賦
愁陽春賦　悲清秋賦

明堂賦并序

昔在天皇告成岱宗改元乾封經始明堂年紀總章
時締構之未集痛威靈之遐邁天后繼作中宗成之
因兆人之子來崇萬祀之丕業蓋天皇先天中宗奉
天累聖纂就鴻勳克宣臣白美頌恭惟述焉辭曰

伊皇唐之革天創元也我高祖乃仗大順赫然雷發
以首之於是橫八荒漂九陽掃叛換開混茫景星耀
而太階平虹蜺滅而日月張欽若太宗繼明重光廓
區宇以立極綴蒼昊之頹綱淳風沕穆鴻恩滂洋武
義烜赫於有截仁聲馺騞乎無疆若乃高宗紹興祐
統錫羨神休旁臻瑞物咸薦元符剖兮地珍見既應
天以順人遂登封而降禪將欲考有洛崇明堂惟厥
功之未輯兮乘白雲於帝鄉天后勤勞輔政兮中宗
以欽明克昌遵先軌以繼作兮揚列聖之耿光則使
軒轅草圖羲和練日經之營之不綵不質因子來於
四方豈殫稅於萬室乃準水臬攢雲樑[illegible]玉石於階

坂空瓌材於瀟湘巧奪神鬼高窮昊穹君聽天語之察
察擬帝居之鏘鏘雖暫勞而永固兮始聖謨於我皇
觀夫明堂之宏壯也則突兀曨曨乍明乍蒙大古元
氣之結空巃嵸頹沓若嵬若嶫似天闕地門之開闔
豁乃劃岸巔以巘立郁穹崇而鴻紛冠百王而垂勳
燭萬像而騰文寧惚恍以洞啓呼嵌嵓而傍分又比
乎崑山之天柱矗九霄而垂雲於是結構乎黃道岧
嶢乎紫微絡勾陳以繚垣闢閶闔而啓扉崢嶸嶒嶷
鬱乎宙兮光輝崔嵬赫奕張天地之神威夫其背泓
黃河垠瀨清洛太行却立通谷前鄭遠則標熊耳以
作揭豁龍門以開關點翠綵於洪荒洞清陰乎羣山

二

及乎煙雲卷舒忽出乍沒崇嵩噴伊倚日薄月雷霆
之所鼓蕩星斗之所徑抗架金龍之蟠蜿柱天珠之
碑硯勢拔五嶽形張四維乾地軸以盤根摩天倪而
創規模臺崛屼以奔附城闕崟岑而蔽虧珍樹翠草
含蘤揚蕤目瑶井之熒熒拖玉繩之離離撇華蓋以
儀潒仰太微之參差擁以禁扃横以武庫獻房心以
開鑿瞻少陽而舉措採舜制酌夏步雜以代室重屋
之名括以辰次火木之數壯不及奢麗不及素層巖
屹其霞矯廣厦鬱以雲布掩日道遏風路陽烏轉影
而翻飛大鵬横霄而側度近則萬木森下千宫對出
熠乎光碧之堂炅乎瓊華之室錦爛霞駮星錯波沏

颯蕭寥以颼飂窅陰鬱以嶾窊含佳氣之青葱吐祥
煙之鬱律九室窈窕五闈聯綿飛檐磊砢走栱崔縈
雲楣立岌以横綺絲桷攢欒而仰天鴎壁畫則朱黃
晴鮮赫欄各落偃蹇霄漢翠楹迴合蟬聯汗漫沓萋
穹之絶垠跨皇居之太半遠而望之赫煌煌以輝煌
怳天旋而雲昏迫而察一蔡炳煥以照爛倏山訛而
晷换茂蓬壺之海樓吞岱宗之日觀猛虎失道潛蚪
蟠樛經通天而直上俯長河而下低玉女攀星於網
戶金娥納月於璇題藻井絲錯以舒遵天竇擁翼而
衡霓扶櫟川而圍足據跟桂而羅嬋娟要離欽雎而外
嫂蕭視冰背而斗迷亘以複道接乎宮掖墍入西牆

三

塞崑崙前承後巘正儀蹈以出入九夷五狄順方
面而來奔其左右也則丹陛崿崿形庭煌煌列寶鼎
歛金光流辟雍之滔滔像環海之湯湯闢青陽啓總
章廓明臺而布玄堂儼以太廟處乎中央發號施令
采時順方其闈闕也三十六戶七十二牖度延列位
西八東九白虎列序而蹲踞青龍承隅而蚴蟉其深
沉奥密也則赤標掌火招拒司金靈威制陽叶光推
陰坤斗主土據乎其心若乃熠燿五色張皇萬殊人
物禽獸奇形異模勢若飛動瞪眡睢盱明君暗主忠
臣烈夫感政興滅表賢示愚於是天正孟月朝陽登
曦天子乃旒蒼玉鑾蒼螭臨乎青陽左个方御瑶瑟

而遥鳴絲展乎國容煇乎皇儀傍瞻神臺順觀雲之
軌俯對清廟崇配天之規欽若昭事惟清緝熙崇牙
樹羽熒煌葳蕤納六服之貢受萬邦之籍張龍旂與
虹旌攢金戟與玉戚延五更進百辟奉珪瓚獻犧尊
顒昂俯僂儼容舉跡乃絜俎醢修粢盛奠三犧薦五
牲享于神靈太祝正辭庶官精誠鼓大武之隱轔張
鈞天之鏗訇孤竹合奏空桑和鳴盡六變齊九成羣
神來兮降明庭蓋聖主之所以孝治天下而享祀窅
冥也然後臨辟雍宴群后陰陽為庖造化為宰餐元
氣灑太和千里鼓舞百寮賡歌于斯之時雲油雨霈
恩鴻溶兮澤汪濊四海歸兮八荒會喧聒乎區寓駢

闐乎闤外羣臣醉德揖讓而退而聖主猶夕惕若厲
懼人未安乃目極于天耳下于泉飛聰馳明無遠不
察考鬼神之奧推陰陽之荒下明詔班舊章振窮乏
散敖倉毀玉沉珠卑宮頹牆使山澤無間往來相望
帝躬乎天田后親於郊桑棄末反本人和時康建翠
華兮萋萋鳴玉鑾之鉠鉠遊乎昇平之囿總乎穆清
之室天欣欣兮瑞穰穰巡陵於鶉首之野講武於驪
山之旁封岱宗兮祀后土掩栗陸而苞陶唐遂邀崆
峒之禮汾水之陽吸沆瀣之精黜滋味而貴理國其
若夢華胥之故鄉於是元元澹然不知所在若群雲
從龍衆水奔海此真所謂我大君登明堂之政化也

豈比夫秦趙吳楚爭高競奢結阿房與叢臺建姑蘇
及章華非享祀與嚴配徒掩月而凌霞由此觀之不
足稱也況瑤臺之巨麗復安可以語哉敢揚國美遂
作辭曰
穹崇明堂倚天開兮巃嵸鴻濛構瑰材兮偃蹇嵬峩
巍崔嵬兮周流辟雍岌靈臺兮赫弈日躔風雷宗祀
肸蠁王化弘恢鎮八荒通九垓四門啓兮萬國來考
休徵兮進賢才儼若皇居而作固窮千祀兮悠哉

大獵賦并序

白以為賦者古詩之流辭欲壯麗義歸博達不然何
以光贊盛美感天動神而相如子雲競誇辭賦歷代

以為文雄莫敢詆訐臣謂語其略竊或褊其用心子
虛所言楚國不過千里夢澤居其太半而齊徒吞若
八九三農及禽獸無息肩之地非諸侯禁淫述職之
義也上林云左蒼梧右西極考其實地周袤纔經數
百長楊誇胡設網為周阹放麋鹿其中以搏攫充樂
羽獵於靈臺之囿圍經百里而開殿門當時以為窮
壯極麗迨今觀之何齷齪之甚也但王者以四海為
家萬姓為子則天下之山林禽獸豈與衆庶異之而
臣以為不能以大道匡君示物周博平文論苑之小
竊為微臣之不取也今聖朝園池遐荒殫窮六合以
孟冬十月大獵於秦亦將曜威講武掃天蕩野豈淫

荒伐雁北三驅之意耶臣臼作頌折中厥美其辭曰
粤若皇唐之契天地而襲氣毋兮粲五葉之葳蕤兮
開元廓祈寓而運斗極兮掩六聖之光興誕金德之
淳粹兮秉玉露之華滋文章森乎七曜兮制作參乎
兩儀枯衆妙而爲師明無幽而不燭兮澤無遠而不
施莫往昔之三驅兮順生殺於四時若乃嚴冬慘切
寒氣凜冽不周來風玄冥掌雪木脫葉草解節土囊
煙陰火井冰閉是月也天子處乎玄堂之中食八水
兮休百工兮王制兮遵國風樂農人之閑隙兮因校
獵而講戎乃使神兵出於九關天仗羅於四野徵水
衡與林麓辨土物之衆寡千騎飈埽萬乘雷奔稍扶

六

桑而拂雲兮劃月窟而搜寒門赫壯觀於今古蔑
搖蕩於乾坤此其大略也而内以中華爲天心外以
窮髮爲海口駱咽喉以洞開吞荒裔以盡取大宜校
步以來往夸父振策而奔走尺跡乎日月之所通囊
括乎陰陽之末有君王於是撞鴻鐘發鑾音出鳳闕
開宸襟駕玉輅之飛龍歷神州之層岑遊五柞兮瞰
三危挾細柳兮過上林攢高牙以纓緌兮駐華蓋之
森森於是攉倚天之劍彎落月之弓崑崙叱兮可倒
宇宙噫兮增雄河漢爲之却流川嶽爲之生風羽旄
揚兮九天絳獵火燃兮千山紅乃召蚩尤之徒聚長
戟羅廣澤呵雨師走風伯稜威曜乎雷霆烜赫震於

蠻貊陋梁都之體制鄙靈囿之規格而南以衡霍作
襟北以岱常作枕夾東海而爲塹兮掩西溟而流滓
壓九川之珍禽兮迥千羣以坌入聮八荒之奇獸兮
屯萬族而來居張羅高天網密布罝罘縣原峭格掩
路蛾蟻過而猶礙蟭螟飛而不度彼層霄與殊禁
翔鳥與伏兎從營合牧彌寰被崗金戈森行洗晴野
之寒霜虹旗電掣捲長空之飛雪兵驂走練宛馬蹀
血縈衆山之聮縣隔遠水之明滅使五丁摧峯一夫
秋木下整高顛深平險谷擺椿括開榛叢皇皇呷呷
晝奔突於場中而田強古冶之疇烏獲中黃之黨鐵
呼嘷獵奔倉喑呼哮嘯風旋電往虓文豹之皮拉玄

七

熊之掌批狻手探挾三犂兩犧徒搏以角力又揮鐵
而爭先行翹號以鶚睨兮氣赫火而敵烟奉封豨引
巨蜒象羊麋叱以斃踣貔貅亡精而墜巔或碎腦以
祈脊或斷髓以飛涎窮遐荒蕩林藪拖土狛殪天狗
脫角犀項採牙象口掃封狐於千里抵雄虺之九首
咋騰蛇而仰吞拖奔兕以却走君王於是義通天靡
星旃奔雷鼓揮霜鞭觀壯士之効獲剿三軍而欣然
曰夫何神彼鬼慓之駭人也又命建鼓鼓劇武卒雖
躪躒之已多猶拗怒而未歇集赤羽兮照日張烏號
兮滿月戎車轞轞以陸離轂騎煌煌而奮發鷹犬之
所騰捷飛走之所踐蹂攫麋麚之咆哮蹴豺貉以拄

格膏鋒淙鍔嗔巖掩窟龜殊梓輿蹏碎尚揮霍以出没別有白貙飛駮窮奇貙貐牙若錯劍鬣如叢竿口吞叉鋋目極槍櫓碎琅弧攢玉弩射猛蛇透奔虎金鏃一發旁疊四五雖鑿齒磨牙而致俛誰謂南山白額之足觀摠八校搜四隅聯專諸走都盧攀喬林轍絕壁杪獮猢猻攬貊貙囚鼬鼯於崚崖顛穀玃於穹石發由基箭奇肱飛車巧騁更嬴妙彈捕且墜鵷鳩於青雲落鴻鵬於紫虛捎鶴鶚探鸑鷟彈鷃鷯與神居斬飛廉於日域殲大鳳於天墟龍伯釣其靈鼇任公獲其巨魚窮造化之譎詭何神怪之有餘所以噴血流川飛毛灑雪狀若乎高天雨獸上墜於大荒又似

乎蹟禽為山下崩於林穴陽烏沮色於朝日陰兔喪精於明月思騰裝上獵於太清所恨穹昊於路絕而忽也莫不海晏天空萬方來同雖秦皇與漢武兮復何足以爭雄俄而君王茫然改容愀然有失於安忍危防微戒逸斯馳騁以狂發非至理之弘術且夫人君以端拱為尊玄妙為寶暴殄天物是謂不道乃命去三面之網示六合之仁已殺者皆其犯命未傷者全其天真歸翦毛而不獻豈割鮮以悖輪解鳳皇與鸑鷟子放騶虞與麒麟復天寶於陳倉載非熊於渭濱於是享徒封勞苦軒行庖騎酌醽醁歠兵戈火網罷然後登九霄之臺宴八紘之岡閒日月之扃闢陰靈之戶聖人作而萬物覩覽蒐教與符武何宣城之足數西穆王之荒誕歌白雲之西母焉若餉人以淡泊之味醉時以淳和之觴鼓之以雷霆舞之以陰陽虞乎神明和於道德張無外以為罝務大朴以為杙頓天網以掩之獵賢俊以御極若此之狩固有不亢使天人宴安草木蕃植六宮斥其珠玉百姓樂於耕織寢鄭衛之聲却靡曼之色天老掌圖風后侍側是三階砥平而皇猷允塞豈比夫子虛上林長楊羽獵計麋鹿之多少誇苑囿之大小哉方與延榮光於後昆軼玄風於遂古擴嘉瑞臻元符登封於太山篆德於社首豈與乎七十二帝同條而共貫哉君王於是

迴蜺旌反鑾輅訪廣成於至道問大隗之幽居使罔象掇玄珠於赤水天下不知其所如也

大鵬賦 并序

余昔於江陵見天台司馬子微謂余有仙風道骨可與神遊八極之表因著大鵬遇希有鳥賦以自廣此賦已傳于世往往人間見之悔其少作未窮宏達之旨中年棄之及讀晉書覩阮宣子大鵬讚鄙心陋之遂更記憶多將舊本不同今腹存手集豈敢傳諸作者庶可示之子弟而已其辭曰

南華老仙發天機於漆園吐崢嶸之高論開浩蕩之奇言徵至怪於齊諧談北溟之有魚吾不知幾

千里其名曰鯤化成大鵬質凝肧渾脫鬐鬣於海島
張羽毛於天門刷渤澥之春流晞扶桑之朝暾烜赫
于宇宙憑陵乎崑崙一鼓一舞煙朦沙昏五嶽爲之
震蕩百川爲之崩奔乃蹶厚地揭太清亙層霄突重
溟激三千以崛起向九萬而迅征背嶪大山一作壹之崔
嵬翼舉長雲之縱橫左迴右旋倏陰忽明歷汗漫以
夭矯羾閶闔之崢嶸簸鴻濛扇雷霆斗轉而天動山
搖而海傾怒無所搏雄無所爭固可想像其勢髣髴
其形若乃足縈虹蜺目耀日月連軒沓拖揮霍翕忽
噴氣則六合生雲灑毛則千里飛雪邈彼北荒將窮
南圖運逸翰以傍擊鼓奔飆而長驅燭龍銜光以照

李二十五　　十

物列缺施鞭而啓途塊視三山杯觀一作看五湖其動也
神應其行也道俱任公見之而罷釣有窮不敢以彎
弧莫不投竿失鏃仰之長吁爾其雄姿壯觀坱軋河
漢上摩蒼蒼下覆漫漫盤古開天而直視羲和倚日
而旁歎繽紛乎八荒之間掩映乎四海之半當胷臆
之掩晝若混茫之未判忽騰覆以迴轉則霞廓而霧
散然後六月一息至于海湄翳景以橫翥逆高天
而下垂憩乎泱漭之野入乎汪湟之池猛勢所射餘
風所吹溟漲沸渭巖巒紛披天吳爲之怵慄海若爲
之躨跜巨鰲冠山而卻走長鯨騰海而下馳縮殼挫
鬣莫之敢窺吾亦不測其神怪之若此蓋乃造化之

所爲豈比夫蓬萊之黃鵠誇金衣與菊裳恥蒼梧之
玄鳳耀綵質與錦章既服御于靈仙久馴擾於池隍
精衛勤苦於銜木鶢鶋悲愁乎薦觴天雞警曙于蟠
桃踆烏晰耀於太陽不曠蕩而縱適何拘攣而守常
未若茲鵬之逍遙無厥類乎比方不矜大而暴猛每
順時而行藏參玄根以比壽飲元氣以充腸戲暘谷
而徘徊馮炎洲而抑揚俄而希有鳥見謂之曰偉哉
鵬乎此之樂也吾右翼掩乎西極左翼蔽乎東荒跨
躡地絡周旋天綱以恍惚爲巢以虛無爲場我呼爾
遊爾同我翔于是乎大鵬許之欣然相隨此二禽已
登於寥廓而尺鷃之輩空見笑於藩籬

李二十五　　十一

劍閣賦 送友人王炎入蜀

咸陽之南直望五千里見雲峯之崔嵬前有劍閣橫
斷倚青天而中開上則松風蕭颯瑟飀有巴猿兮相
哀旁則飛湍走壑灑石噴閣洶湧而驚雷送佳人兮
此去復何時兮歸來望夫君兮安極我沉吟兮歎息
視滄波之東注悲白日之西匿鴻別燕兮秋聲雲愁
秦而暝色若明月出於劍閣兮與君兩鄉對酒而相
憶

擬恨賦

晨登大山一望萬里松楸骨寒草宿墳毀浮生可嗟
大運同此於是僕本壯夫慷慨不歆仰思前賢飲恨

而歿昔如漢祖龍躍群雄競奔提劍叱咤指麾中原東馳渤澥西漂崑崙斷蛇奮怒掃清國步握瑤圖而條升登紫壇而雄顧一朝長辭天下縞素若乃項王虎鬭白日爭輝拔山力盡蓋世心違聞楚歌之四合知漢卒之重圍帳中劍舞泣挫雄威騅兮不逝喑嗚何歸至如荊卿入秦直度易水長虹貫日寒風颯起遠讎始皇擬報太子奇謀不成憤惋而死若夫陳后失寵長門掩扉日冷金殿霜淒錦衣春草罷綠秋螢亂飛恨桃李之委絕思君王之有違昔者屈原既放遷於湘流心死舊楚魂飛長楸聽江楓之嫋嫋聞嶺狖之啾啾永埋骨於淥水怨懷王之不收及夫李斯

受戮神氣黯然左右垂泣精魂動天執愛子以長別歎黃犬之無緣或有從軍永逝去國長違天涯遷客海外思歸此人忽見愁雲蔽日目斷心飛莫不攢眉痛骨枕血霑衣若乃錯繡轂塡金門煙塵曉沓歌鐘晝諠亦復星沉電滅閉影潛魂已矣哉桂華滿兮明月輝扶桑曉兮白日飛玉顏減兮螻蟻聚碧臺空兮歌舞稀與天道兮共盡莫不委骨而同歸

惜餘春賦

天之何爲令北斗而知春兮迴指於東方水蕩漾兮碧色蘭葳蕤兮紅芳試登高而望遠極雲海之微茫魂一去兮欲斷淚流頰兮成行吟清風而詠滄浪懷洞庭兮悲瀟湘何余心之縹緲兮與春風而飄揚飄揚兮思無限念佳期兮莫展平原萋兮綺色愛芳草兮如翦惜餘春之將闌每爲恨兮不淺漢之曲兮江之潭把瑤草兮思何堪想遊女於峴北愁帝子於湘南恨無極兮心氳氳目眇眇兮憂紛紛披衛情於淇水結楚夢於陽雲春每歸兮花開花已闌兮春改歎長河之流春送馳波於東海春不留兮時已失老衰颯兮逾疾恨不得掛長繩於青天繫此西飛之白日若有人兮情相親去南國兮往西秦見遊絲之橫路網春輝以留人沉吟兮哀歌躑躅兮傷別送行子之將遠看征鴻之稍滅醉愁心於垂楊隨柔條以糾結

望夫君兮咨嗟橫涕淚兮怨春華遙寄影於明月送夫君於天涯

愁陽春賦

東風歸來見碧草而知春蕩漾惚恍何垂揚旖旎之愁人天光青而妍和海氣綠而芳新野綵翠兮芊蔚雲飄颻而相鮮演漾兮夤緣窺青一作苔之生泉縹緲兮翩綿見遊絲之縈煙魂與此兮俱斷醉一作風光兮淒然若乃隴水秦聲江猿巴吟明妃玉塞楚客楓林試登高而望遠痛切骨一作膚而傷心春心蕩兮如波春愁亂兮如雪兼萬情之悲歡茲一感於芳節若有一人一作[illegible]兮湘水濱隔雲霓而見無因灑別淚於尺

波寄東流於情瀾若使春光可攬而花成兮吾欲贈
天涯之佳人

悲清秋賦

登九疑兮望清川見三湘之潺湲水流寒以歸海雲
橫秋而蔽天余以鳥道計於故鄉兮不知去荊吳之
幾千于時西陽半規映島欲沒澄湖練明遙海上月念
佳期之浩蕩渺懷燕而望越荷花落兮江色秋風嫋
嫋兮夜悠悠臨窮溟以有羨思釣鰲於滄洲無脩竿
以一舉撫洪波而增憂歸去來兮人間不可以託此
吾將採藥於蓬丘

李太白文集卷第二十五

李太白文集卷第二十六

學士贈右拾遺李　白

表

書

爲吳王謝責赴行在遲滯表

臣某言伏蒙聖恩追赴行在臣誠惶誠恐頓首臣聞
胡馬猶首嘶北風以踊顚越禽歸飛戀南枝而刷羽
所以流波思其舊浦落葉墜於本根在物尚然別於
臣子臣位叨盤石幸負明時才闕撫戎謬當強寇驚
拙有素天實知之伏惟陛下重紐乾綱再清國步熟
臣不逮賜臣生全歸見白日死無遺恨然臣年過耳
順風疾日加餘鏑殘骸分有餘喘雖決力上道而心
與願違貴舍尺寸之程轉增犬馬之戀非有他故以
疾淹留今大舉天兵掃除戎羯所在郵驛徵發交馳

[illegible]使水行難於陸遊瞻望丹闕心魂若飛戀望屢
[illegible]近收喜遺籙之再御不勝涕戀屏營之至

為宋中丞請都金陵表

臣某言臣誠惶誠恐頓首頓首臣聞社稷無常奉明
行之君臣[illegible]定位闇者失之所以父作子述重光
纘天表[illegible]惟戴唐以功德厚薄運數有偷
劫高而頹[illegible]德薄而政教崩理三后之姓於
為庶非一朝[illegible]也伏惟陛下欽六聖之光訓擁千載
[illegible]滿休[illegible]群生屬望寡白羽兩光岐之陽昔
周大王之興發跡於此天啟有熊豈人事歟自朝
五十年金革不作逆胡竊號亂中原雖千萬之

卷二十六　二

[illegible]洛不足以固石城之險骨決洪河麗泰雍不足
以[illegible]大羊之[illegible]世凌風宇潰盈宮是此乃猛士奮
劍之秋謀臣運籌之日太不拯橫流何以彰聖德不
斷臣猾無以興神功于亂佐周而克昌四凶及虞而
乃去去元兇者非陛下而誰且道有興廢代有中季
濩當三十六葉亦為災赤伏再起不業終光非陛下
至神至聖安能勃然中興乎以臣料人事伏生敢獻
疑於陛下臣竊望愚夫千慮或與一得何者賊臣禍
國忠蔽塞天聰[illegible]割黎庶女弟席寵傾國弄權九土
泉貨盡歸其室怨氣上激水旱荐臻重罹兵亂百姓
力屈即欲平殄蠻賊恐難應期臣竊萬全之計以成

一戰之策今自河以北為胡所凌自河之南孤城四
壘大盜蠶食割為洪溝宇宙崩析昭然可覩臣伏見
金陵舊都地稱天險龍盤虎踞開扃自然六代皇居
五福斯在雄圖霸跡隱軫由存咽喉控帶縈錯如繡
天下衣冠士庶避地東吳永嘉南遷未盛於此臣又
聞湯及盤庚五遷其邑[illegible]訓誥不以為非衛文從
楚[illegible]丘風人歌詠伏惟陛下因萬人之蕩析乘六合
之謀張去扶風蕞有一危之近邦就金陵太山必安
之成策[illegible]物斷在[illegible]橫華羽毛之所生楩
柟豫章之所出元龜大貝充物其中銀坑鐵冶連鑿
錫為軍資[illegible]金穴[illegible]海水為鹽山以征則兵強以

卷二十六　三

守則國富擒制人[illegible]克復兩京俗富東蘇之[illegible]人多
復后之望陛下西以咸函為壁壘東以滄海為溝池
守海陵之倉[illegible]長洲之苑[illegible]上林五柞復何加焉上
皇居天帝運昌之都儲精元一之境有虞則北閉劍
閣南[illegible]瞿塘[illegible]其工五丘真同一聖萬抗人何憂
哉飛章問安往復四城朝發白帝暮宿江陵首尾相
應率然之舉不勝屏營[illegible]之至

為宋中丞自薦表

臣某聞天地閉而賢人隱雲雷屯而君子用臣伏見
前翰林供奉李白年五十有七天寶初五府交辟不
求聞達亦由子眞谷口名動京師上皇聞而悅之召

入禁掖旣潤色於鴻業或間草於王言雍容揄揚特
見襃賞爲賊臣詐詭遂放歸山閑居製作言盈數萬
屬逆胡暴亂避地廬山遇永王東巡脅行中道奔走
却至彭澤具已陳首前後經宣慰大使崔 及臣推
覆清雪尋經奏聞臣聞古之諸侯進賢受上賞蔽賢
受明戮若三適稱美必九錫先榮垂之典謨永以爲
訓臣所薦李白實審無辜懷經濟之才抗巢由之節
文可以變風俗學可以究天人一命不霑四海稱屈
伏惟陛下大明廣運至道無偏收其希世之英以爲
清朝之寶昔四皓遭高皇而不起翼惠帝而方來君
臣離合亦各有數豈使此人名揚宇宙而枯槁當年
傳曰舉逸人而天下歸心伏惟陛下廻太陽之高暉
流覆盆之下照特請拜一京官獻可替否以光朝列
則四海豪俊引領知歸不勝懇懇之至敢陳薦以聞

代壽山答孟少府移文書

淮南小壽山謹使東峯金衣雙鶴銜飛雲錦書于維
陽孟公足下曰僕包大塊之氣生洪荒之間連翼軫
之分野控荆衡之遠勢盤薄萬古邈然星河憑天霓
以結峯倚斗極而横嶂頗能攢吸霞雨隱居靈仙產
隋侯之明珠蓄卞氏之光寶罄宇宙之美殫造化之
奇方與崑崙抗行閬風接境何人間巫廬台霍之足
陋耶一昨於山人李白處見吾子移文責僕以多
奇示僕以特秀而盛談三山五嶽之美謂僕小山無
名無德而稱焉觀乎斯言何太謬之甚也吾子豈不
聞乎無名爲天地之始有名爲萬物之母假令登封
禋祀曷足以大道譏耶然能損人費物庖殺致祭暴
殄草木鐫刻金石使載圖典亦未足爲貴乎且達人
莊生常有餘論以爲尺鷃不羨於鵬鳥秋毫可並於
太山由斯而談何小大之殊也又怪於諸山藏國寶
隱國賢使吾君膀道燒山披訪不獲非通談也夫皇
王登極瑞物昭至蒲萄翡翠以納貢河圖洛書以應
符設天網而掩賢窮月竁以率職天不祕寶地不藏
珍風威百蠻春養萬物王道無外何英賢珍玉而能
伏匿於巖穴耶所謂膀道燒山此則王者之德未廣
矣昔太公大賢傅說明德棲渭川之水藏虞虢之巖
卒能形諸兆朕感乎夢想此則天道闇合豈勞乎搜
訪哉果投竿詣麾捨築作相佐周文讚武丁捴而論
之山亦何罪乃知巖穴爲養賢之域林泉非祕寶之
區則僕之諸山亦何負於國家矣近者逸人李白自
峨眉而來爾其天爲容道爲貌不屈已不干人巢由
以來一人而已乃虯蟠龜息遁乎此山僕嘗弄之以
綠綺臥之以碧雲漱之以瓊液餌之以金砂旣而童
顏益春眞氣愈茂將欲倚劍天外挂弓扶桑浮四海
横八荒出宇宙之寥廓登雲天之渺茫俄而李公仰

天長吁謂其友人曰吾未可去也吾與爾達則兼濟天下窮則獨善一身安能餐君紫霞蔭君青松乘君鸞鶴駕君虬龍一朝飛騰為方丈蓬萊之人耳此方未可也乃相與卷其丹書匣其瑶瑟申管晏之談謀帝王之術奮其智能願為輔弼使寰區大定海縣清一事君之道成榮親之義畢然後與陶朱留侯浮五湖戲滄洲不足為難矣即僕林下之所隱容豈不大哉少能資其聰明輔以正氣借之以物色發之以文章雖煙花中貧没齒無恨其有山精木魅雄虺猛獸以驅之四荒磔裂原野使影跡絶滅不干戶庭亦遺清風掃門明月侍坐此乃養賢之心實亦勤矣孟子

孟子無見深責耶明年青春求我於此巖也

上安州李長史書

白嶔崎歷落可笑人也雖然頗嘗覽千載觀百家至於聖賢相似厥衆則有若似仲尼紀信似於高祖牢之似於無忌宋玉似於屈原而遥觀君侯竊疑魏洽便欲趨就臨然舉鞭遲疑之間未及迴避且理有疑誤而成過事有形似而類真惟大雅含弘方能恕之也白少頗周慎忝聞義方入暗室而無欺屬昏行而不變今小人履疑誤形似之迹君侯流愷悌矜恕之恩戢秋霜之威布冬日之愛睟容有穆怒顏不章雖將軍息恨於長孫一作穉之前比無以德司空愛損於

元淑之際彼未為賢一言見寬九死非謝白孤劍誰託悲歌自憐迫於恓惶席不暇暖寄絶國而何仰若浮雲而無依南徙莫從北遊失路言容汝海近還郢城昨遇故人飲以狂藥一酌一笑陶然樂酣困河朔之清觴飫中山之醇酎屬早日初眩晨霾未收乏離朱之明射王戎之視青白其眼瞢而前行亦何異抗莊公之輪怒螗螂之臂御者趨召明其是非入門鞠躬精魄飛散昔徐邈緣醉而賞魏王却以為賢無鹽因醜而獲齊君待之逾厚白妄人也安能比之上挂國風相鼠之譏下懷周易履虎之懼銜以固陋禮而遺之幸容寬越之辜深荷王公之德銘刻心骨退思

狂愆五情氷炭罔知所措畫愧於影夜慚於魄啓處不遑戰跼無地伏惟君侯明奪秋月和均韶風掃塵辭場振發文雅陸機作太康之傑士未可比肩曹植為建安之雄才惟堪捧駕天下豪俊翕然趨風白之不敏竊慕餘論何圖叔夜潦倒不切於事情正平猖狂自貽於恥辱一忤容色終身厚顏敢昧負荊請罪門下儻免以訓責恤其愚蒙如能伏劍結纓謝君侯之德敢一竭力撰春遊救苦寺詩一首十韻石巖寺詩一首八韻上楊都尉詩一首三十韻辭旨狂野貴露下情輕干視聽幸乞詳覽

與賈少公書

宿昔惟清勝白綠疾疲赤夫期恬退才微識淺無足
濟時雖中原橫潰將何以救之王命崇重大撫元戎
辟書三至人輕禮重嚴期迫切難以固辭扶力一行
前觀進退且殷源廬嶽十載時人觀其起與不起以
卜江左興亡謝安高卧東山蒼生屬望白不樹矯抗
之跡恥振玄邈之風混迹漁商隱不絕俗豈徒販賣
雲壑要射虛名方之二子實有慙德徒塵忝幕府終
無能為唯當報國薦賢持以自免斯言若謬天實殛
之以足下深知具申中款惠子知我夫何間然勿當
小事但增悚惕

爲趙城與楊右相

李廿六　八

某啓辭違積年伏戀軒屏首冬初寒伏惟相公尊體
起居萬福某蒙恩寸朽鈍邁徒延聖日少忝末吏本
乏遠圖中年廢缺分歸園壑昔相公秉國憲之日一拔
九霄拂刷前恥昇騰晚官恩貸稠疊寶戴丘山落羽
再振枯鱗旋躍運以大風之舉假以摩天之翔衣繡
晝錦含香華省宰劇慙強項之名酬負礪清心之節
三典列郡寂無成功但宣布王澤式酬天獎伏惟相
公[illegible]張[illegible]弼亮天地入夔龍之室持造化之權安
石蒼生是仰某鳶躍無已剪拂因人銀章朱紱
[illegible][illegible]言遂身荷宸眷目識龍顏既齊飛於鵷鷺復寄
跡於翔館皆相公大造之力也而鐘鳴漏盡夜行不

息止足之分實媿古人犬馬戀主迫於西汜所冀枯
松晚歲無改節於風霜老驥餘年猶盡力於跬足上
荅明主下報相公懷懷之誠屛息於此伏惟相公收
遺簪於少昊念亡弓於楚澤哀當益壯結草知歸瞻
望恩光無忘銘刻

與韓荊州書

白聞天下談士相聚而言曰生不用萬戶侯但願一
識韓荊州何令人之景慕一至於此耶豈不以有周
公之風躬吐握之事使海內豪俊奔走而歸之一登
龍門則聲譽十倍所以龍盤鳳逸之士皆欲收名定
價於君侯願君侯不以富貴而驕之寒賤而忽之則

李二十六　六

三千賓中有毛遂使白得穎脫而出即其人焉白隴
西布衣流落楚漢十五好劍術偏干諸侯二十成文
章歷抵卿相雖長不滿七尺而心雄萬夫王公大人
許與氣義此疇曩心跡安敢不盡於君侯爲君侯制
作侔神明德行動天地筆參造化學究天人幸
願開張心顏不以長揖見拒必若接之以高宴縱之
以清談請日試萬言倚馬可待今天下以君侯為文
章之司命人物之權衡一經品題便作佳士而君侯
何惜階前盈尺之地不使白揚眉吐氣激昂青雲耶
昔王子師為豫章未下車即辟荀慈明既下車又辟
孔文舉山濤作冀州甄拔三十餘人或為侍中尚書

先代所美而君侯亦薦一嚴協律入爲秘書郎中間
崔宗之房習祖黎昕許瑩之徒或以才名見知或以
清白見賞白每觀其銜恩撫躬忠義奮發白以此感
激知君侯推赤心於諸賢腹中所以不歸他人而願
委身國士儻急難有用敢効微軀且人非堯舜誰能
盡善白謨猷籌畫安能盡矜至於制作積成卷軸則
欲塵穢視聽恐雕蟲小伎不合大人若賜觀芻蕘請
給以紙墨兼人書之然後退歸閑軒繕寫呈上庶青
萍結綠長價於薛卞之門幸惟下流之開獎飾惟君
侯圖之

上安州裴長史書

白聞天不言而四時行地不語而百物生白人焉非
天地也安得不言而知乎敢剖心析肝論舉身之事
便當談笑以明其心而粗陳其大綱一快憤懣惟君
侯察焉白本家金陵世爲右姓遭沮渠蒙遜難奔流
咸秦因官寓家少長江漢五歲誦六甲十歲觀百家
軒轅以來頗得聞矣常橫經籍書制作不倦迄于今
三十春矣以爲士生則桑弧蓬矢射乎四方故知大
丈夫必有四方之志乃杖劍去國辭親遠遊南窮蒼
梧東涉溟海見鄉人相如大誇雲夢之事云楚有七
澤遂來觀焉而許相公家見招妻以孫女便憩跡於此
至移三霜焉曩昔東遊維揚不逾一年散金三十餘
萬有落魄公子悉皆濟之此則是白之輕財好施也
又昔與蜀中友人吳指南同遊於楚指南死於洞庭
之上白禫服慟哭若喪天倫炎月伏屍泣盡而繼之
以血行路聞者悉皆傷心猛虎前臨堅守不動遂權
殯於湖側便之金陵數年來觀筋骨尚在白雪泣持
刃躬申洗削裹骨徒步負之而趨寢興攜持無輟身
手遂丐貸營葬於鄂城之東故鄉路遙魂魄無主禮
以遷窆式昭明情此則是白存交重義也又昔與逸
人東嚴子隱於岷山之陽白巢居數年不跡城市養
奇禽千計呼皆就掌取食了無驚猜廣漢太守聞而
異之詣廬親覩因舉二人以有道並不起此則白養

高忘機不屈之跡也又前禮部尚書蘇公出爲益州
長史白於路中投刺待以布衣之禮因謂羣寮曰此
子天才英麗下筆不休雖風力未成且見專車之骨
若廣之以學可以相如比肩也四海明識具知此談
前此郡督馬公朝野豪彥一見禮許爲奇才因謂長
史李京之曰諸人之文猶山無煙霞春無草樹李白
之文清雄奔放名章俊語絡繹間起光明洞澈句句
動人此則故交元丹親接斯議若蘇馬二公愚人也
復何足盡陳儻賢賢也白有可尚夫唐虞之際於斯
爲盛有婦人焉九人而已是知才難不可多得白野
人也頗工於文惟君侯顧之無按劍也伏惟君侯貴

而且賢豪攜虎蒞藍若編貝膚如凝脂昭昭乎若玉
山上行朗然映人也而高義重諾名飛天京四方諸
侯聞風暗許倚劒慷慨氣干虹蜺月費千金日宴群
客出躍駿馬入羅紅顏所在之處賓朋成市故時節
歌曰賓朋何喧喧日夜裴公門願得裴公之一言不
須驅馬將華軒白不知君侯何以得此聲於天壤之
間豈不由重諾好賢謙以得也而晚節改操棲情翰
林天才超然度越作者屈佐鄖國時惟清哉稜威雄
雄下懾羣物白竊慕高義已經十年雲山間之造謁
無路今也運會得拜末塵承顏接辭八九度矣常欲
一雪心跡崎嶇未便何圖謗詈忽生衆口攢毀將欲

投杼下客震於嚴威然自明無辜何憂悔恪孔子曰
畏天命畏大人畏聖人之言過此三者鬼神不害君
使事得其實罪當其身則將浴蘭沐芳自屏於烹鮮
之地惟君侯死生不然投山竄海轉死溝壑豈能明
目張膽託書自陳耶昔王東海問犯夜者曰何所從
來荅曰從師受學不覺日晚王曰吾豈可鞭撻甯越
以立威名想君侯通人必不爾也願君侯惠以大遇
洞開心顏終乎前恩再辱英盻白必能使精誠動天
長虹貫日直度易水不以為寒若赫然作威加以大
怒不許門下逐之長途白即膝行於前再拜而去西
入秦海一觀國風永辭君侯黃鵠舉矣何王公大人
之門不可以彈長劒乎

李太白文集卷第二十六

李太白文集卷第二十七

暮春江夏送張祖監丞之東都序

吁咄哉僕書室坐愁亦已久矣每思欲遐登蓬萊極目四海手弄白日頂摩青穹揮斥幽憤不可得也而金骨未變玉顔已緇何常不捫松傷心撫鶴歎息誤學書劍薄遊人間紫微九重碧山萬里有才無命甘於後時劉表不用於禰衡暫來江夏賀循喜逢於張翰且樂船中達人張侯大雅君子統泛舟之役在清川之湄談玄賦詩連興數月醉盡花柳賞窮江山國祖有程告以行邁煙景晚色慘爲愁容繫飛帆於半天泛淥水於遥海欲去不忍更開芳樽樂雖寰中趣逸天半平生酣暢未若此筵至於清談皓歌雄筆麗藻笑飲醁酒醉揮素琴余實不愧於古人也揚袂遠別何時歸來想洛陽之秋風將膾魚以相待詩可贈遠無乃闕乎

奉餞十七翁二十四翁尋桃花源序

昔祖龍滅古凶燄熾天煎熬生人若墜大火三墳五典散爲寒灰築長城建阿房并諸侯殺豪俊自謂功高羲皇國可萬世思欲凌雲氣求仙人登封太山風雨暴作雖五松受職草木有知而萬象乖度禮刑將

施則綺皓不得不遁於南山魯連不得不蹈於東海則桃源之避世者可謂超外先覺夫指歷之儔連頭而同死非吾黨之謂乎二翁既老氏之言繼少卿之作文以述大雅道以通至精卷舒天地之心脫落神仙之境武陵遺跡可得而窺焉聞津利往水引魚者花藏仙谿春風不知從來落英何許流出石洞來入晨光盡開有良田名池竹果森列三十六洞別為一天耶今扁舟而行然笑謝人出阡陌未必古人依然曰雲何時而歸來青山一去而誰往諸公賦桃源以美之

夏日奉陪司馬武公與羣賢宴姑孰亭序

通驛公館南有水亭焉四甍翬飛巉絕浦嶼蓋有前攝令河東薛公棟而宇之今宰隴西李公明化開物成務又橫其梁而閣之晝鳴閒琴夕酌清月蓋為接輶軒祖遠客之佳境也製置既久莫知何名司馬武公長材博古獨映方外因據胡牀岸幘嘯詠而謂前長史李公及諸公曰此亭跨姑孰之水可稱為姑孰亭焉嘉名勝槩自我作也且夫曹官紱冕大賢處之若遊青山卧白雲逍遙偃傲何適不可小才居之窘而自拘悄若桎梏則清風朗月河英嶽秀皆為棄物安得稱焉所以司馬[illegible][illegible]高文章之旗鼓翰林客卿揮辭鋒以戰勝名教樂地無非得俊之場也千載

一時言詩紀志

江夏送林公上人遊衡嶽序

江南之仙山黃鶴之爽氣偶得英僧後生俊人林公世為豪家此土之秀落髮歸道專精律儀白月在天朗然獨出既灑落於彩翰亦諷詩於金口閑雲無心與化偕往欲將振五樓之金策浮三湘之碧波乘杯泝流考室名嶽瞰其宜登陟諸[illegible]登祝融之峯巒望長沙之煙火遙謝舊國誓遺歸蹤百千開士稀有此者余所以歎其峻節揚其清波龍像先輩迴眺[illegible]觀此大沮泥沙者相去如牛之一毛昔智者安禪於台山遠公託志於廬嶽高標勝槩斯亦嚮慕哉紫霄搖心青楓夾岸自斷川上送君此行羣公臨流賦詩以贈

金陵與諸賢送權十一序

斯高柄秦嬴世不二三傑伏草與漢並出恭[illegible]朱暉耿鄧乃起自古英達未必盡用於當年去就之理在大運爾我君六葉繼聖熙乎玄風三清垂拱穆然紫極天人其一哉所以青雲豪士散在商釣四坐明哲皆清朝旅人吾希風廣成蕩漾浮世素受寶訣為三十六帝之外臣即四明逸老賀知章呼余為謫仙人蓋實錄耳而嘗採姹女於江華收河車於清溪與天水權招夷服勤爐火之業久矣之子也沖恬淵[illegible]

十峻發白每一篇一扎首照夷之所撫吁拾我而逆若折羽翼時歲律寒苦天風枯聲雲帆涉漢附若終雷峯目四顧霜天崢嶸銜杯敘離羣子賦詩以出餞酒仙翁李白辭

春於姑熟送趙四流炎方序

白以鄒魯多鴻儒燕趙饒壯士蓋風土之然乎趙少翁才貌瓌雅志氣豪烈以黃綬作尉泥蟠當塗亦維棲鶴籠不足以窘東鸞鳳耳以疾惡抵法遷于炎方辭高堂而墜心指絕國以搖恨天與水遠雲連山長借光景於頃刻開壺觴於洲渚黃鶴曉別愁聞命子之聲青楓暝色盡是傷心之樹然自吳瞻秦日見喜上當攫玉弩催狼狐洗清天地雷雨必作與白日照丹心可明巴陵半道坐見還吳之棹今雪解而松栢振色氣和而蘭蕙開芳僕西登天門望子於西江之上吾賢可流水其道浮雲其身通方大適何往不可何戚戚於路歧哉

秋於敬亭送從姪耑遊廬山序

余小時大人令誦子虛賦私心慕之及長南遊雲夢覽七澤之壯觀酒隱安陸蹉跎十年初嘉興季父謫長沙西遷時往拜見預飲林下耑乃稚子嬉遊在傍今來有成鬱負秀氣吾衰久矣見爾慰心申悲導舊破沖爲笑方告我遠涉西登香爐長山橫蹙九江却轉瀑布天落半與銀河爭流騰虹奔電潨射萬壑此宇宙之奇詭也其上有方湖石井不可得而窺焉羨君此行撫鶴長嘯恨丹液未就白龍來遲使秦人著鞭先往桃花之水孤負夙願慙歸名山終期後來攜手五嶽情以送遠詩寧闕乎

送黃鍾之鄱陽謁張使君序

東南之美者有江夏黃公焉白切飲風流嘗接談笑亦有杭都王立光輝凹然氣高時英辯折天口道可濟物志棲無垠鄱陽張公朝野榮望愛客接士耶原嘗春陵之亞焉欽其辭華懸榻見往而黃公因訪古跡便從貴遊乃儒裝攜行去國遐陟諸子銜酒惜別脫巾贈分沈醉烟夕惆悵涼月天南迴以夔夏火西飛而獻秋汀葭颯然海草微落夫子行邁我心若何毋金玉爾音而有遐心湖水悠湯勖哉是待共賦武昌釣臺篇以慰別情耳

早春於江夏送蔡十還家雲夢序

吾觀蔡侯奇人也爾其才高氣遠有四方之志不然何周流宇宙太多耶白遐窮冥搜亦以早矣海草三綠不歸國門又更逢春再結鄉思一見夫子冥心道存窮朝晚以作宴驅烟霞以輔賞朗笑明月時眠落花斯遊無何尋告睽索求暫觀我去還愁人乃浮漢陽入雲夢鄉杜云叩歸魂亦飛且青山綠楓累道相

按過勝因賞利君前行既非遠離曷足多歎秋七月
結遊鏡湖無愆我期先子而往勖慎好去終當早來
無使耶川白雲不得復弄爾鄉中廖公及諸才子爲
詩略謝之

秋日於太原南柵餞陽曲王贊公賈少公石艾尹少公應舉赴上都序

天王三京北都居一其風俗遠蓋陶唐氏之人歟襟
四塞之要衝控五原之都邑雄藩劇鎮非賢莫居則
陽曲丞王公神仙之冑也爾其學鏡千古知周萬殊
又若少府賈公以述作之雄也鼇弄筆海虎攫辭場
又若石艾尹少公廊廟之器口折黃馬手揮青萍咸
道貫於人倫名飛於日下實難沉迹永懷青[illegible]

隱而氣衝七星珠雖潛而光照萬壑今[illegible]皇帝有
事千畝湛恩八埏大搜羣才以緝邦政而王公以令
宰見舉賈公以王霸昇聞海激行乎三千天飛期於
六月必有以也豈徒然哉有從兄太原主簿舒才華
動時規謀匠物乃獸翠幕筵虹梁瓊肴霞開羽觴雷
舉然後抗目遠覽凴軒高吟汾河鏡開[illegible]之氣
色晉山屏列横碉塞之郊原屏俗事於煩襟結清歡
於落景俄而皓月生海來窺醉容苗雲出關半起秋
色數君乃轍酌爲歡援心促裝望丹闕而非遙[illegible]
義而且去已止不敢先鳴[illegible]
酣醼之餘請各探韻賦詩能行

江夏送倩公歸漢東序

昔謝安四十卧白雲於東山桓公素徵爲蒼生而一
起常與支公遊賞貴而不移大人君子神貝契合正
可乃爾僕與倩公一面不忝古人言歸漢東使我心
蒻夫漢東之國聖人所出神農之後季良爲大賢爾
來寂寂無一物可紀有唐中興始生紫陽先生先生
六十而隱化若繼跡而起者惟倩公焉蓄壯志而未
就期老成於他日且能傾產重諾好賢士文即惠休
上人與江鮑往復各一時也僕平生述作蘚其草而
授之思親遂行流涕惜別今聖朝已捨季布當徵賈
生開顏洗目一見白日冀相視而笑於新松之山耶

作小詩絕句以寫別意
彼美漢東國川藏明月輝寧知喪亂後更有一珠歸

餞李副使藏用移軍廣陵序

夫功未足以蓋世威不可以震主必挾此者持之安
歸所以彭越醢於前韓信誅於後况權位不及於此
者虛生危疑而潛苞禍心小拒王命是以謀臣將咲
以節鉞誘而烹之亦由借鴻濤於奔鯨鍸生人於崢
虎呼吸江海横流百川放縈右拂于有餘郡國計未
及誰當其鋒我副使李公勇冠三軍衆無一旅横倚
天之劍揮駐日之戈吟嘯四顧熊羆雨集蒙輪扛鼎
之士杖干將而星羅上可以决天雲下可以絕地維

角振虎旅赫張王師退如山立進若雷霆驍戳百萬貔兒盆川木齊於滄溟陸血於京野一掃瓦解洗清全安可謂萬里長城橫斷楚塞不然五嶺之北盡餌於脩蛇勢盤地發不可圖也而功大用小天高路遐社稷雖定於劉亭封侯未施於李廣使慷慨之士長吁青冥且移軍廣陵恭揖後命絕練照雪樓船乘風簫鼓沸而三山動旌旗揚而九天轉良收出祖烈將登茲歌酬易水之風氣振武安之瓦海日夜色雲河中流除闕賦詩以壯三軍之專白也筆已老矣月何能爲

澤畔吟序

澤畔吟者逐臣崔公之所作也公代業文宗早茂才秀起家校書蓬山再尉關輔中佐于憲車因貶湘陰從官二十有八載而官未登於郎署何遇時而不偶耶所謂大名難居碩果不食流離乎沅湘摧頹於草莽同時併作數十人或才長命天覆巢蕩室崔公忠憤義形于清辭慟哭澤畔哀形翰墨猶風雅之什焉之若無帶觀之者作鏡書所感遇總二十章之目澤畔吟雖斯經之精帶韜之以所能醒吏歌至則蔽之於名山前後數四蠹傷卷軸觀其遺氣榮挫英風激揚橫波遺流騰薄萬古至於微而章婉而疑下一代與成他人豈不大怨者之流乎余覽之愴

然後著揮濡爲之序云

夏日諸從弟登汾州龍興閣序

夫桂棠芳園蟬噪於木蓋紀乎南火之月也可以厲臺榭尼高明吾之友于順此意也遂下精勝得乎龍興留賞焉於門外步金梯於閣上漸出軒戶遐瞻雲天闊山曠遼而四合暮江碧流而一色屈指鄉路還疑若春去佳日曠若空外嗚呼屈宋長逝無堪與言歟于者誰得我二三子當揮翰鳳藻搜乎而能與白雲老兒俱莫負古人也

秋夜於安府送孟贊府兄還都序

夫士有飾兌冠佩長劍揭府吐諾激昂青雲者咸諧炫意氣許交王侯若告之急難乃十失八九我義兄孟子則不然聯道合而襟期暗親志乖而肝膽楚越鴻騫鳳立不偶常流孔明披書每觀於大略少君讀易時作於小文四方賢豪許歎景慕雖長不過七尺而心雄萬夫至於酒情中酣天機俊發則談笑滿席風雲動天非嵩丘隱情何以及此以弱植早飲香名況親承光輝思其華譽他鄉此別誰無恨耶游林風吹霜散下秋草海雁嘶月孤飛朔雲驚魂動首曼瑟落漢抗手紹滿傷如之何且各賦詩以寵岐路

春夜宴從弟桃花園序

夫天地者萬物之逆旅也光陰者百代之過客也而

浮生若夢爲歡幾何古人秉燭夜遊良有以也況陽
春召我以烟景大塊假我以文章會桃花之芳園序
天倫之樂事羣季俊秀皆爲惠連吾人詠歌獨慙康
樂幽賞未已高談轉清開瓊筵以坐花飛羽觴而醉
月不有佳詠何伸雅懷如詩不成罰依金谷酒斗數

冬夜於隨州紫陽先生湌霞樓送烟子元
演隱仙城山序

吾與霞子元丹烟子元演氣激道合結神仙交殊身
同心誓老雲海不可奪也歷可天下周求名山入神
農之故鄉得胡公之精術胡公身揭日月心飛蓬萊
起湌霞之孤樓鍊吸景之精氣延我數子高談混元

金書玉訣盡在此矣白乃語及形勝紫陽因大誇仙
城元侯聞之乘興將往別酒寒酌醉青田而少留夢
魂曉飛度淥水以先去吾不滯於物與時推移出則
以平交王侯遁則以俯視巢許朱紱狎我綠蘿未歸
恨不得同棲烟林對坐松月有所款然銘契潭石乘
春當來且抱琴卧花高枕相待詩以寵別賦而贈之

送戴十五歸衡嶽序

白上探玄古中觀人世下察交道海內豪俊相識如
浮雲自謂德參夷顏才亞孔墨莫不名由口進實從
事退而風義可合者厥惟戴侯寓居長沙家衡嶽之
黑少長或洛寬衡王之圖精微可以入神謐事可以

崇德謨猷可以尊主文藻可以成化兼以五材統以
四美何往而不濟也其二三諸昆皆以才秀擢用許
幹炳發昇聞天朝而此君獨潛光隱世以期大用甑
海未躍鵬霄悠然不遠千里訪余以道邦國之秀有
廉侯爲人倫精鑒天下獨立每延以宴謔許爲道人
獨孤有鄰及薛諸公咸亦以爲信然矣屬明主未夢
且歸衡陽憩祝融之雲峯弄茱萸之湍水軒騎糾合
相於魏公之林亭笙歌鳴秋劍舞增氣況江葉墜綠
沙鴻冥飛登高送遠使人心辭見周張二子爲論平
生雖泰之期當速趨也

早夏於江將軍叔宅與諸昆季送傅八之江
南序

易曰觀乎人文以化成天下窮此道者其惟傅侯耶
侯篇章驚新海內稱善五言之作妙絕當時陶公愧
田園之能謝客慙山水之美佳句籍籍人爲美談前
許州司馬宋公蘊冰清之姿重傅侯玉潤之德妻以
其子鳳皇于飛海陽之好斯爲睦矣僕不佞也忝于
芳塵宴同一筵心契千古清酌連曉玄談入微歡擒
無何旋告睽析將軍叔英略蓋古英明洞神天王貴
宗誕有賢子八龍增秀以列次五色相輝而有文含
言高樂曉餞金門洗德絃觴怡然朱明草木已盛且
江嶂若畫賞盈前途自然屏間坐遊鏡裏數行到霞月

千里足供文章之用哉征帆空懸落日在逕二季揮翰詩其贈焉

冬日於龍門送從弟京兆參軍令問之淮南覲省序

紫雲仙季有英風焉吾家見之若衆星之有月貴則天王之令弟寶則海嶽之奇精遊者所謂風生玉林清明蕭灑真不虛也常醉目吾曰兄心肝五藏皆錦繡耶不然何開口成文揮翰霧散吾因撫掌大笑揚眉當之使王澄再聞亦復絕倒觀夫筆走羣象思通神明龍章炳然可得而見歲十二月拜省于淮南思白華之長吟眺黃雲之晚色目斷心盡情懸高堂傾蘭醑而送行赫金鞍而照地錯轂蹲野朝英滿筵非才名動時何以及此日落酒罷前山陰煙殷勤惠言吾道東坐想洛橋春色先到淮城見千條之綠楊折一枝以相贈則離夢情在手無恨焉羣公賦詩以光榮餞

李太白文集卷第二十七

李太白文集卷第二十八

讚　學士贈右拾遺李白

當塗李宰君畫讚　金陵名僧顯公粉圖慈親讚

李居士讚　安吉崔少府翰畫讚

宣城吳錄事畫　壁畫蒼鷹詩

方城張少公廳畫師猛讚

羽林范將軍畫讚　金銀泥畫西方淨土變相讚

江寧楊利物畫讚　金鄉薛少府廳畫鶴讚

誌公畫讚　琴讚

朱虛侯讚　觀佽飛斬蛟圖讚

地藏菩薩讚　會郡崇和尚讚

當塗李宰君畫讚

天垂元精嶽降粹靈應期命世大賢乃生吐奇獻策敷聞王庭帝用休之揚光泰清濫觴百里涵量八溟縉雲飛聲當塗政成雅頌一變江山再榮舉邑抃舞式圖丹青眉秀華蓋目朗明星鶴矯閬風麟騰玉京若揭日月昭然運行窮神闡化永世作程

金陵名僧顯公粉圖慈親讚

神妙不死惜生此身託體明淑而歸䜭親粉為造化筆寫天真貌古松雪心空世塵丈伯之母可以為都

李居士讚

至人之心如鏡中影揮斤萬變動不離靜彼質我斤

揮風是騁了物無二皆為匠郢吾族賢老名宣寫真
貌圖粉繪二一罔垢塵從白得爽與天為鄰默然不滅
長存此身

安吉崔少府翰畫讚

齊表巨海吳興大風崔為令族出自太公克生奇才
骨秀神聰炳若秋月驚然雲鴻爰圖伊人聳沙真宰
卓立欲語謂行而在清晨一覩爽氣十倍張之座隅
仰止光彩

宣城吳錄事畫讚

大名之家昭彰日月生此髦士風霜秀骨圖真像賢
傳容寫髮束帶嶽立如朝天闕巖巖兮謂四方之則
成澹澹兮申五湖之澄明武庫肅穆辯嵩峯崢嶸大辯
若訥大音希聲默然不語終為國禎

壁畫蒼鷹讚 讚主人

突兀枯樹傍無寸枝上有蒼鷹獨立若秋胡之攢眉
凝金天之殺氣凜粉壁之雄姿觜銛劍戟爪握刀錐
群賓失席以愕眙未悟丹青之所為吾嘗恐出戶牖
以飛去何意終年而在斯

方城張少公廳畫師猛讚

張公之堂華壁照雲師猛在圖雄姿奮發森竦一作眼眉
目颯灑毛骨鋸牙銜霜鉤爪抱一作把月掣蹲胡以震怒
謂有可以之堯機永觀厥容神駭不歇

羽林范將軍畫讚

羽林列衛壁壘南垣四十五星光輝至尊范公拜將
遙承主恩位寵虎臣封傳鴈門瞻天蹈舞踊躍精靈
逐逐鷹視昂昂鴻騫心豪祖逖氣爽劉琨名震大國
威揚列蕃麟閣之階粉圖華軒胡兵百萬横行縱吞
爪牙帝室功業長存

金銀泥畫西方淨土變相讚 并序

我聞金天之西日沒之所去中華十萬億剎有極樂
世界焉彼國之佛身長六十萬億恒沙由旬眉間白
毫向右宛轉如五須彌山目光清白若四海水端坐說
法湛然常存沼明金沙岸列珍樹欄楯彌覆羅網周

張車渠瑠璃為樓殿之飾頗黎碼碯耀階砌之榮皆
諸佛所證無虛言者金銀泥畫西方淨土變相蓋馮
翊郡秦夫人奉為亡夫湖州刺史韋公之所建也夫
人蘊冰玉之清敷聖善之訓以抗覆大義希拯拔於
幽塗父子恩深用重脩於景福誓捨珍物構求名工圖
金創端繪銀設像八法功德波動青蓮之池七寶香
花光映黃金之地清風所拂如生五音百千妙樂咸
疑動作若已發願未及發願若已當生未及當生精
念七日必生其國功德罔極酌而難名讚曰
向西日沒處遙瞻大悲顏目淨四海水身光紫金山
勤念必往生是故稱極樂珠網珍寶樹天花散香閣

圖遺了在眼願託彼道場以此功德海冥祐爲舟梁
八十一劫罪如風掃輕雲無觀無量壽長願玉毫光

江寧楊利物畫贊

太華高嶽三峯倚天洪河經海百代生賢爲夔爲龍
郎士濟川趙城開國王樹宏禮筆參元化形分自然
明珠獨轉秋月孤懸作寶作程摧剛挫堅德合窮冥
聲播蘭荃鴻漸麟閣英圖可傳

金鄉薛少府廳畫鶴贊

高堂閑軒兮雖聽訟而不擾圖蓬山之奇禽想瀛海
之縹緲紫頂煙赩丹眸星皎昂昂欲飛（一作昂昂）霍若驚矯
形留座隅勢出天表謂長唳於風霄終寂立於露曉

凝翫益古俯察逾妍舞疑傾市聽似聞絃僕感至精
以神變可弄影而浮煙

誌公畫贊

水中之月了不可取虛空其心（一作身）寥廓無主錦幪烏
爪獨行（一作步）絕侶刀齊尺梁扇迷陳語丹青聖容何住
（一作在）何所

琴贊

嶧陽孤桐石聳天骨根老冰泉葉苦霜月斲爲綠綺
徽聲粲發秋風入松萬古奇絕

朱虛侯贊

漢氏穢德金精摧傷綦虛克穫炎風飛揚赤龍登天
白日昇光陰虹賊虐諸呂竊權朱虛來歸會酎高堂
雄劍奮擊太后震惶炎劉允復大運乃昌功冠帝室
于今不亡

觀佽飛斬蛟龍圖贊

佽飛斬長蛟遺圖畫中見登舟既虎嘯激水方龍戰
驚波動連山拔劍曳雷電鱗摧白刃下血染滄江變
感此壯古人千秋（一作載）若對面

地藏菩薩贊　并序

大雄掩照日月崩落惟佛智慧大而光生死雪賴假
普慈力能救無邊苦獨出曠劫導開橫流則地藏菩
薩爲當仁矣弟子扶風竇滔少以英氣逕遁結交王

侯清風豪俠極樂生疾乃得惠劍於真宰湛本心於
虛空願圖聖容以祈景福庶冥力潛助而厥苦有瘳
爰命小才式贊其事贊曰
本心若虛空清淨無一物焚蕩淫怒癡圓寂了見佛
五綵圖聖像悟真非妄傳掃雪萬病盡爽然清涼天
讚此功德海永爲曠代宣

魯郡葉和尚贊

海英嶽靈誕彼開士了身皆空觀月在水如薪傳火
朗徹生死如雲開天廓然萬里寂滅爲樂江海而閑
逆旅形內虛舟世間邈彼昆閬誰云可攀

李太白文集卷第二十八

李太白文集卷第二十九

頌　　學士贈右拾遺李白

趙公西候亭頌　崇明寺佛頂尊勝陁羅尼幢頌

銘

化城寺大鐘銘并序　天門山銘

記

任城縣廳壁記

趙公西候新亭頌

惟十有四載皇帝以歲之驕陽秋五不稔乃慎擇明牧恤南方凋枯伊四月孟夏自淮陰遷我天水趙公作藩于宛陵祗明命也惟公代秉天憲作殿南臺洪柯大本萃生懿德宜乎哉横風霜之秀氣鬱王霸之奇略礿以鐵冠白筆佐我燕京威雄振肅虜不敢視而後鳴琴二邦天下取則起草三省朝端有聲天子識而宰衡動聽㐮南山之雷剖赤縣之劇强項不屈三州所居大化[illegible]列碑頌至於是邦也酌古以訓俗[illegible]風以布和平心理人兵鎮唯靜畫一千里時無秀[illegible][illegible]之形[illegible]眺原隰以此郡東塹巨海西襟長江咽三吴扼五嶺輶軒錯出無自時而息焉出自西郊[illegible]於古道[illegible][illegible]樹行無清陰至有[illegible][illegible][illegible][illegible]征馳[illegible]暑炎景[illegible]野秋霖灌途馬逗倒於谷口人局蹐於山頂亭候靡設逢迎[illegible]如自唐有天下作牧百數因

循齷齪罔恢永圖及公來思大革前弊實相此土陟降觀之壯其迴崗龍盤沓嶺波起勝勢交至可以有作乃農之隙廓如是營掾鎚崖坦堙卑驅石剪棘削汙壞増高隅以門以墉乃棟乃宇儉則不陋麗而不奢森沉閈閎燥濕有庇若冕之勇如鵬斯騫縈流鏡轉涵映池底納遠海之餘清瀉蓮峰之積翠信一方雄勝之郊五馬踟躕之地也長史齊公光乂人倫之師表司馬武公幼成衣冠之髦彦録事參軍吴鎮宣城令崔欽令德之後良材間生縱風教之樂地出人倫之高格卓絶映古清明在躬僉諧僝功不日而就總是役也伊二公之力歟過客沉吟以稱嘆邦人聚舞以相賀僉曰我趙公之亭也群寮獻議請因謡頌以名之則必與謝公北亭同不朽矣白以為謝公德不及後世亭不留要衝無勿拜之言鮮登高之賦方之今日我則過矣敢詢耆老而作頌曰

耽耽高亭趙公所營如鼇背突兀於太清如鵬翼開張而欲行趙公之宇千載有覩必恭必敬爰遊爰處瞻而思之罔敢大語趙公來翔有禮有章煌煌鏘鏘如文翁之堂清風洋洋永世不忘

崇明寺佛頂尊勝陁羅尼幢頌并序

共工不觸山媧皇不補天其洪波汩汩流伯禹不治水萬人其魚乎禮樂大壞仲尼不作王道其昏乎而

有功包陰陽力接造化首出[illegible]聖真希夫[illegible]德二[illegible]
之不足徵矣弟有非有之[illegible]傳之理[illegible]功力[illegible]
步碎[illegible]之重皆教於不動甚而常存使[illegible]
尤之疲疑山滅之見之外[illegible]倚天地置之[illegible]日
或陰神通自在了其傳[illegible]東郡崇明寺南門佛頂尊
勝陀羅尼石幢者蓋此都之壯觀昔[illegible]生天子及千
大天陸千國又與天女[illegible]受[illegible]快樂即於夜分
中聞有聲曰善住天子七日當後當生七反[illegible]生之
身於是如來授之吉祥真經[illegible]說諸苦蓋之天[illegible]為
大法印不可得而聞也我唐高宗時有[illegible]賓[illegible]
入中土續日藏大寶清閑虛空擅金[illegible]影人皆[illegible]見

所以山東開士[illegible]國而[illegible]六時有萬商投珍士女[illegible]
會衆布以[illegible]如[illegible]文石於他山登高標於列肆[illegible]
琱錯[illegible]為飾[illegible]夫人海[illegible]若吼若語貝葉金言刊
其上荷花水如形壯[illegible]良工草萊[illegible]技而去聖君延
撰南面稱[illegible]而居大明[illegible]無幽不燭以天下所立
茲幢多為諸雄亭[illegible]隨本非經行網繞之所乃
頼下明詔令移於寶坊[illegible]自尺中[illegible]若雲斷[illegible]
若[illegible]因流[illegible]伊龍象[illegible]嗟仰瞻[illegible]地[illegible]可嘆也我
大守[illegible]武伯隴西李公先名[illegible]泰詔書改為[illegible]
政也[illegible]而[illegible]仁而東五[illegible]方收聲聞于天帝乃加[illegible]
[illegible]于[illegible]然可[illegible]方將和陰陽於太階致君於

堯[illegible]言[illegible]明[illegible]化[illegible]鹽二千[illegible]乃[illegible]崇威功[illegible]
家教於是與長史[illegible]公司馬李公等[illegible]明[illegible]公[illegible]
[illegible]有[illegible]大國之寶鐘元精之和[illegible]十[illegible]道光列
[illegible]于武文而用小識無微而有通政其有經談豈更
僕有律師道宗[illegible]群[illegible]量[illegible]大千日何瑩而常明
天不言而自運識岸[illegible]注玄機清發每口演金偈舌
[illegible]光開[illegible]敵[illegible]有當者由萬[illegible]同號於一[illegible]衆
[illegible]俱納於溟海者乃嚴飾佛事規矩梵天法堂[illegible]以
[illegible]開[illegible]峙皆我公之締構也以天寶八載
[illegible]月一日示滅大寺百[illegible]號天四衆泣血焚香款[illegible]
[illegible]仙鶴數十飛鳴中[illegible]非至德動天深仁感

物者[illegible]能[illegible]此乎二綱等皆論[illegible]天[illegible]清
月傳千[illegible]了萬法於真空不謀同心克樹聖
跡太官李公乃命門於南垣廟通衢[illegible]舊規[illegible]構
餘百壯士加勇力作伐山[illegible]擊鼓以雷作[illegible]而
電掣千人[illegible]萬夫[illegible]横梁[illegible]環合而無際
帝六合之振動[illegible]九霄之[illegible]非鬼神功[illegible]以[illegible]
況其清[illegible]獨物香風動[illegible]群形所[illegible]積苦[illegible]
夜而曾輝往文字而不滅雖[illegible]家金[illegible]伏[illegible]銅柱[illegible]
[illegible]洒矣或日月圓滿方檀散華清心諷持諸佛稱贊
夫如是亦可以從一天至一天開天宮之門見群聖
之頭巍巍功德不可量也其録事参軍六曹英[illegible]

十一縣官屬有宏才碩德含香繡衣者皆列名碑陰
此不具載郡人都水使者宣道先生孫太沖得真人
紫藥玉笈之書能令太一神自成還丹以獻于帝帝
服之萬壽與天同休功成身退謝病而去不謂古之
玄通微妙之士歟乃謂白曰昔王文考覩藝於魯騁
雄辭於靈光陸佐公知名在吳銘雙闕於盤石吾子
盍可美盛德揚中和恭承話言敢不惟命遂作頌曰
揭高標兮表天宮巋獨出兮凌星虹神撥撥兮來空
佗扶傾兮蒼穹西方大聖稱大雄横絕苦海舟群蒙
陀羅尼藏萬法宗善住天子獲厥功明明李君牧東
魯再新頹規扶殘苦如大雲王注法雨邦人清凉喜
衆聲揚颺名兮振海浦銘豐碑兮昭萬古

化城寺大鐘銘 并序

噫天以震雷鼓群動佛以鴻鐘警大夢而能發揮沉
潛開覺昏蠢則鐘之取象其義博哉夫揚音大千所
以清真心警俗慮協鄉黨所以達元氣彰天聲銘
勳皇宮所以旌豐功昭茂德莫不酌美金鼎增煇寶
坊仍事作制豈徒然也粵有唐宣城郡當塗縣化城
寺大鐘者董爾千盈蓋邑宰李公之所刱也公名有
則系玄元之英姿茂列聖之天枝生于公族貴而秀
出少蘊才略壯而有成西逾流沙立功絕域帝疇乎
厥庸始與古從政歷宰鄴白聲聞于天天書褒榮煇

之簡牘稽首三復子孫其天寶之初爲琴此邦不言
而治日計之無近功歲計之有大利物不知化潛臻
小康神明其道威不可尚方入于禪關觀天宮崢嶸
聞鐘聲殞肩乃詢諸龍象曰盍不建大法鼓樹之層
臺使群聾六腑自所歸仰不亦美乎於是發一言以
先賢擧百里而咸應秋毫不挫人多子來崇朝而
山積工不日而雲會乃採鳧氏擬鳴鐘大天地之鑪
扇陰陽之炭回禄奮怒飛廉震驚金精誡潛以融熠
銅液星發而熸爍光噴日道氣激天維紅雲點於太
虛坤垠轟於遐海桓稱宇宙功侔鬼神瑩而察之呀
駭人也爾其龍質炳發虎形蹲踞麋金索以上縣

寶樓而迭擊傍振萬壑高聞九天聲動山以隱嗢轟
奔電而閴闐赦湯鑊於幽途息劍輪於苦海景福暗
豐被于人天非李公好謀而成弘濟群有孰能興於
此乎丞尉等並衣冠之龜龍人物之標準大雅君子
同僚盡心開善賈勇贊成厥美寺主昇朝開心古寮
英骨秀氣灑落襟素謙柔受言海受水而皆納鏡無
形而不照直道妙用乃如是然常蓄懷忘情絮已利
物是人行空教不動如如來有若上座靈隱都維那
明舒名僧日昭岑虛常因調護賢哲大開十方闡入
萬法深入禪奧精修律儀將傳我以文章求我以述
作功倣大海酌而斟之遂與六曹豪英敷揚德迄乃

緇乃黃皂爍其庭請搨华君之海美古昔不侍從備
于黯以恭承御音敢闡清風之頌其辭曰
雄雄滿鎔研隱天雷鼓霆擊藍言大千合一號坦燃聲無
疊攡毀貺招魔仙傍極六道極九泉劍輪輟苦期
息肖湯鑊猛火停熾燃愷悌賢宰人父母興功利物
信可久德方金鐘永不朽

天門山銘

梁山博望關扃其濱丈據洪流寔爲吳津兩坐錯落
如鯨張鱗惟海有若惟川有神牛渚怪物目困南輪
光射幽嵠氣凌星辰卷沙揚濤溺馬殺人國朝呈瑞
時詭返珍開則九紅納錫閉則五嶽飛塵天險之地

無安匪親

任城縣廳壁記

風姓之後國爲任城蓋古之秦縣也在禹貢則南徐
之分當周成王東分之邦自伯禽到于順公三十二
代遭楚蕩滅因屬於焉炎漢之後更爲郡縣隋開皇
三年廢高平郡移任城於舊居邑乃屢遷井則不改
魯境七百里郡有十一縣任城其衝要東盤琅邪西
控鉅野北走厥國南馳互鄉青帝太昊之遺墟白衣
尚書之舊里土俗古遠風流清高賢良間生權映天
下地博厚川疎明漢則名王分茅魏則天人列土所
以代變豪俊家傳文章君子以才雄自高小人則鄙

朴難台況其城池爽塏邑屋豐潤香閣倚日凌丹霄
而欲飛石橋橫波驚彩虹而不去其雄麗坱圠有如
此焉故萬商往來四海綿歷實泉貨之豪所爲英髦
之咽喉故資大賢以主東道制我美錦不易其人今
鄉二十六戶一萬三千三百七十一帝擇明德以賀
公宰之公溫恭克修儼實有立季野備四時之氣士
元非百里之才撥煩彌閑剖劇無滯鎬百發克戕於
楊葉刀一鼓必合於桑林寬猛相濟弦韋適中一之
歲肅而教之二之歲惠而安之三之歲富而樂之然
後青衿向訓黃髮履禮耒耜就役農無游手之夫杼
軸和鳴機罕頻蛾之女物不知化陶然自春權豪鋤

縱暴之心黠吏返淳和之性行者讓於道路任者并
於輕重扶老攜幼尊尊親親千載百年再復魯道非
神明博遠孰能契於此乎白探奇東蒙竊聽輿論輒
記於壁垂之將來俾後賢之操刀知賀公之絕跡者
也

李太白文集卷第二十九

李太白文集卷第三十

翰林學士贈右拾遺李白

碑

比干碑

天長節使鄂州刺史韋公德政碑 并序

溧陽瀨水貞義女碑銘 并序

武昌宰韓君去思碑 并序

虞城縣令李公去思頌碑 并序

文

為竇氏小師祭璿和尚文

為宋中丞祭九江文

比干碑

太宗文皇帝既一海内明君臣之義貞觀十九年征
島夷師次新墟乃詔贈少師比干為太師謚曰忠烈
公遣大臣持節弔祭申命郡縣封墓葺祠置守冢以
少牢時享著於甲令刻於金石故比干之忠益彰臣
子得述其志昔商王受毒痛於四海悖于三正肆厥
淫虐下罔敢諍於是微子去之箕子囚之而公獨死
之非夫捐生之難處死之難故不可死而死是輕其
生非孝也可死而不死是重其死非忠也曰叔父
親其至焉國之元臣位莫崇焉親不可以觀其危既
不可以忘其祖則我臣之業將墜于泉商王之命將
絕于天整扶其顛遂諫而死剖心非痛亡殷為痛公
之忠烈其若是焉故能獨立危邦横抗興運周武以
三分之業有諸侯之師寳其十亂之謀揔其一心之
衆當公之存也乃戢彼四土及公之喪也乃覿乎孟
津公存而殷存公喪而殷喪興亡兩繫豈不重歟且
聖人立教懲惡勸善而已矣人倫大統父子君臣而
已矣少師存則垂其統歿則垂其教奮乎千古之上
行乎百王之末俾夫淫者懼佞者慙義者思忠者勸
其為戒也不亦大哉而夫子稱殷有三仁是豈無微
百[illegible]八噴之曰存其身存其宗亦仁矣存其名存其
[illegible]仁矣亡[illegible]國其國亦仁矣若進死者退生者
[illegible]之士將奔走之變[illegible]死者寘安之人將寘

力焉故同歸諸仁各順其志殊途一[illegible]異行而齊
致但[illegible]而自得焉蓋春秋微婉之義必將達
皇極立彝倫闢在三之門垂不二之訓以明知于世
則夫人臣者既移孝於親而致之於君焉有闚親失
而不諍親危而不救從容安地而自得甚哉不然矣
夫孝於其親人之親皆欲其子忠於其主人之主皆
欲其臣故歷代帝王皆欲精顯周武下車而封其墓
魏武南還而創其祠我太宗有天下徑百神盛其禮
追贈太師謚曰忠烈申命郡縣封墳葺祠置守冢五
家以少牢時享著于甲令刻于金石於戲哀傷列辟
主君封德正與神明祑視郡王身威而榮益大世絕

而祀宜矣然後知忠烈之道激天感人深矣天寶十
祀余尉于衛拜首祠堂愧感情動一廟在鄴邑官非
式閭斷石紀表以誌不烈銘曰
糜軀非仁所難非智死於其死然後為義忠無二軀
烈有餘氣正直聰明至今猛視咨爾來代為目不易

大長節使鄂州刺史韋　德政碑并序

太虛既張惟天之長所以白帝真人當高秋八月五
日降西方之金精採天長為名將傳之無窮紀聖誕
之節也我高祖創業太宗成之三后繼統王猷如一
大盜間起開元中興力倍造化功包天地不然何能
還犧農之頹波返淳朴於太古雖軒后至道由聞崆

光之師今網漏吞舟而胡虜起於轂下先天文武孝
感皇帝栽在明兩揔戎扶風正帝車於北斗拯橫流
於鯨口迴日轡於西山拂蒙塵於帝顏呼吸而收兩
京坦嫩而安六合歷列辟而罕匹顧將來而無倫太
陽重輪合耀並出宇宙合精變草木增榮一醒而靜妖
氣成功不宰五讓而傳鈿璽德洽樂推於戲昔舜乃
舜禹守無二宰審曆數去已終大寶假人節讓以成
千載之美未若以文明鴻業受之元良與天同休相
繼統傳祀則我唐至公而無私越三聖而殊軌勝萬人
之喜氣爛八極之祥雲上自思汾陽而高陷箱自重
於吾君能事斯畢與人更始乃展祀郊廟望秩山川

方擒戮於河洛爭人於幽燕但誅元兇不問小罪嗟
大塊之氣歆炎漢之風雲滂洋雨注滌濯澤除瑕
纇削平國步以號乾元至矣哉其雄圖景命有如此
者我邦伯韋公大彭之洪胤扶陽之貴族雄略邁古
高文變風運當一賢十堪三事歷職剖虜能聲旁流
衣繡而白筆標霜分符而形綰入境聲者來王以天
人救蝕東逃無名利劍承喉以脅從壯心堅守而不
動房陵之俗安於太山休弈列郡去若始至帝召岐
下深嘉直誠移鎮夏口救時覺弊慎厥職康乃人減
兵歸農除害自暴大水滅郭洪霖注川人見憂於魚
鼈岸不辨於牛馬公乃抗辭正色言于城隍曰若一

日雨不歇吾當伐喬木焚清祠精心感動其應如響
無何中使銜命常祈名山藏御牲牢聯旗致祭公又
盱衡而獨曰今主上明聖懷於百靈此唐昏之鬼不
載祀典若煩國禮是黃亞風其秉心達識皆此類也
物不知化如登春臺有若立夏縣令辭公捐回□□之
風當百里之寄幹蠱有立合章可貞遵之也禮御度
於和樂政其成也臻於小康中京重御於漢儀列邦
還聞於舜樂選鄂之勝帳于東門乃從而歌擊土鼓
祀蒼牧迎田祖招撫廻而大火乃落閉塞啓而涼風
心將作等和籥之音象星辰而進奏吳楚巴渝之曲
亦土風而備陳禮容有極殺笏列守羅衣城眉立守

武筵之上班劒虎士森乎翠幕之前千變百戲分曹
賈勇蘭子跳劒迭躍流星之輝都盧尋橦倒挂浮雲
之影百川繞郡落天鏡於江城四山入牖照霜空之
海色驌驦醉於晚景舞袖紛於廣庭鶴髮之吏厯序
而進曰恭聞天子無戲言恐轉公以大用老父不畏
死願留公以上聞悦坐棠而養風庶刻石以賞美白
觀樂入楚聞韶在齊採諸行謠遂作頌曰
爽朗太白雄光下射崆峨金天華嶽旁連降精騰氣
赫矣昭然誕聖五曰垂休萬年尊胡挺災大人有作
雷下挺揚攙搶乃落九服交泰五雲縈薄橘雪屯蒙
沙消塞廓軒后訪道來登峨嵋上皇西去異代同時

六龍轉駕兩曜迴規重遭唐三更舊漢儀肅肅羣公
大邦之翰秀骨嶽立英謀電斷宣風樹聲遠威逆亂
不長不極樂奏爭觀九劒揮霍魚龍屈盤東迴舞袖
西笑長安頌聲載路豐碑是刊

溧陽瀨水貞義女碑銘

皇唐葉有六聖衔造入極鏡照萬方幽明咸熙天秩
有禮自太古及今君君臣臣烈士貞女采其名節尤
彰可激清頹俗皆旨歸此而祠之蘭蒸報獎歲祀罔
缺而茲邑貞義女光靈黯然埋貝古遠琬琰不刻豈
前脩褒賢者爲邦之意乎貞義女者溧陽黃山里史
氏之女也以家溧陽史闕書之歲三十弗移天于人

清英潔白事母純孝手柔荑而不龜身擊漂以自業
當楚平王時平王虐忠䢦讒奇虐厥政芟於尚斬於
奢血流于胡赤族伍氏怨毒於人何其深哉子胥始
東奔勾吳月涉星遁或七日不火傷弓于飛逼迫於
昭關銷劍於瀨踏捨車而徒告窮此女目色以臆授
之壺漿全人自沉形與口滅卓絶千古聲凌浮雲激
節必報之讎雪誠無疑之地難乎哉借如曹娥潛波
理貫於孝道聶姊殞肆事動於天倫皆蛇棄子以却
三軍之眾漂母進飯没受千金之恩方之於此彼或
易爾乃使伍君開張闔閭傾蕩鄢郢吳師鞭屍於楚
國申胥泣血於秦庭我亡爾存亦各壯志張英風於

古今雪大憤於天地微此女之力曷云爲之士焉能
咆哮炟赫施於後世也望其溺所愴然低迴而不能
去海風號吳天月苦荊水響像如在精魂可悲惜其
投金有泉而刻石無主哀哉邑宰榮陽鄭公名晏家
康成之學世子產之才琴清心閑百里大化有若主
簿扶風竇嘉賓縣尉廣平宋陟丹陽李濟南閬陳然
清河張昭皆有卿才霸略同事相協紀英淑勒銘
道周雖陵頹海竭文或不死其辭曰
粲粲貞女孤生寒門上無所天下報母恩春風三十
花落無言乃如之人激漂清源碧流素手縈彼浮沙
求思不可乘節而存伍胥東奔乞食於此女分壺漿

[illegible]口而死聲動列國義形壯士入郢鞭屍還吳雪恥投金瀨沚報德稱美明明千秋如月在水

武昌宰韓君去思頌碑

仲尼大聖也宰中都而四方取則子賤大賢也宰單父人到于今而思之乃知德之休明不在位之高下其或繼之者得非韓君乎君名仲卿南陽人也昔延陵知晉國之政必分於韓獻子雖不能遏屠岸之誅存孤嗣趙太史公稱天下陰德也其賢才羅生列侯十世不亦宜哉七代祖茂後魏尚書令安定王五代祖鈞金部尚書曾祖晙銀青光祿大夫雍州刺史祖泰曹州司馬考睿素朝散大夫桂州都督府長史分

茅納言剖符佐郡奕葉明德休有烈光君乃長史之元子也妣有吳錢氏及長史即世夫人早孀弘聖善之規成名四子文伯孟軻二母之儔歟少卿當塗縣丞感槩重諾死節於義雲卿文章冠世拜監察御史朝廷呼為子房紳卿尉高郵才名振耀幼負美譽君自潞州銅鞮尉調補武昌令未下車人懼之既下車人悅之惠如春風三月大化姦吏束手豪宗側目有爨玉者三江之巨橫白額且去清風高張兼操刀永興二邑同化時鑿齒磨牙而兩京未城易子而炊骨吳楚轉輸蒼生熬然而此邦晏如襁負雲集居未二載戶口三倍其初銅鐵曾青未擇地而出大冶鼓鑄如天降神既烹且烊害盜萬億公私其賴之官絕請託之求吏無秋毫之犯本道採訪大使皇甫公侁明而賢之擢佐輶軒多所弘益尚書右丞崔公禹稱之於朝相國崔公渙特奏授鄱陽令兼攝數縣所謂投刃而皆虛爲其政而則理成去若始至人多懷恩新宰王公名庭璘嚴毅太華浼然洪河含章可貞幹蠱有立[illegible]氏以能紀歌謠聲服美前政聞諸耆老與邑中賢者胡思泰一十五人及諸寮吏式歌且舞願揚韓公之遺美白於採訪刻石而作頌曰

峨峨楚山浩浩漢水黃金之產以貢天子盛王鼎據寔爲符宰[illegible]遺人滂注王澤猶鴻得春和風潛暢惠化如神刻石萬古永思清塵

虞城縣令李公去思頌碑 并序

王者立國君人聚散六合咸土以百里雷其威聲華其俗而風之漁其人而涵之其猶衆鱗洋洋樂化在水波而動之則變掉尾之刺作爲徐而清之則安頌首之頌興焉物非大賢孰可育物而能光昭紀歌卓立振古則有虞城宰公焉公名錫字元勳隴西成紀人也高祖揩隋上大將軍縣益原三州刺史封汝陽公曾祖騰雲皇朝鄜茂二州都督鄜武伯祖立節起家韓王府記室參軍襲鄜武伯父消鄧海潘虔五

州刺史會郡都督賛平太守龔武伯皆納忠王庭名
鏗鏘鼎侯伯繼跡故可略而言焉公即龔武伯之元
子也年十九拜北海壽光尉心不挂細務口不言人
非尋吏守測望風龔憚秩滿轉右武衛倉曹參軍次
任趙郡昭慶縣令奉詔修建初營還二陂捴徒五郡
支用二萬貫舉築雷野不鞭一人功成餘八千貫其
幹能之聲大振乎齊趙矣時名御巡按陵有黃赤氣
上衝太微散為慶雲數千處蓋精勤動天地也如此
因紛圖奏名編入國史天寶四載拜虞城令而天章
寵榮御金玉王度冏若七耀昭回堂隅於戲欹之哉
寖盛臨穎作訓以理其俗魯而□舒而徐急則很戾

綏則鳥散公酌以鈞道和之琴心于是安四人數五
教敷必觸食行惟單車觀其紛而吏斂御其欹而俗
讓激直士之素節揚廉夫之清波三月政成鄰境取
則因行春見枯骸于路隅惻然□懷出俸而葬由是
百里掩骸四封歸仁有居喪行號城市者習以成俗
公歎之親鄰厄以凶事而鰥寡惸獨衆所賴焉可謂
變其頹風小錫兩類先時邑中有豪黨横猾若賈惟
二恥之旋裂百家焉公訓為純人易其里曰大忠正
之里此說黎丘之古鬼焉或醉父以刃其子自公到
職皆開為從宫宅舊井水清而味苦人下車寄之荒
爾而笑曰既苦且清足以符吾志也遂汲用不改變

為甘泉蠡丘館東有三柳焉公往來憩之飲水則去
行路勿剪比于甘棠鄉人因樹而習頌四十有六章
惟公志氣寒乎天地德音發乎聲容穆乎若寒崖之
霜淇乎若清川之月彈琴雪善速若箭飛尤能筆工
新文口吐雅論天下英士多從之遊非汝陽三公三
伯之積德則何以生此邑之賢老劉楚瓌等乃相謂
曰我李公以神明之化大賴于虞人虞人陶然歌詠
其德官則歌去則思山川鬼神猶懷之況于人乎乃
咨嗟賽與去思之頌縣丞王君遲負分张魏陟主簿
李説縣尉李向趙濟盧榮等同德比義好謀而成相
與務其瓖瑰茂行俾刻石篆美無清風令名芳乎百

世之上其詞曰
激揚之水兮白石有鑿李公之來兮雪虞人之惡歟
德孔昭折獄既清五教大行殷雲雷之聲既父其父
又子其子春之以風化成草靡乃影我崗乃雨我田
陽無驕愆四載有年人戴公之賢猶百里之天棄余
往矣茫如墜川哀要惠傳揚路仁深苦若甘蘇兒人
易心三柳勿剪永思清音
為曾氏小師祭璿和尚文
年月日某謹以齋蔬之奠敢昭告于和尚之靈伏惟
和尚降靈自天体化游世角□獨出□生知亂風
開九包之纂□□□□之□□□□□□□因□

騐以從師遺龍象以蹴蹋為天人之羽儀紹釋風於西域廻佛日於東維若大塊之噫氣鼓和風而一吹熱惱清灑道李繁滋走矣楚以宗仰將掃地而歸之嗚呼來無所從去復何適水還火歸蕭然本宅寶舟輟棹禪月掩魄痛一往而無蹤愴雙林之變白某早承訓誨偏荷恩慈忝參屏以法侶旋落蔭於禪衣號無繫響泣有餘悲手撰茗藥精誠嚴思冀神道之昭格庶明靈而饗之

為宋中丞祭九江文

謹以三牲之奠敬祭于長源公之靈惟神包括乾坤平準天地劃三峽以中斷疏九道以爭奔綱紀南維朝宗東海牲玉有禮祀典無虧今萬乘蒙塵五陵榛翳蒼生晃爲白骨赤血流於紫宮宇宙倒懸攙搶未滅含識結憤思剪元兇若思等列雄藩各當重寄遵奉天命大舉天兵照海色於旌旗肅軍威於原野而洪濤渤潏狂飈振驚惟神使陽侯卷波羲和奉命樓船先濟士馬無虞掃妖孽於幽燕斬鯨鯢於河洛惟神祐我降休于民敬陳精誠庶垂歆饗

李太白文集卷第三十

李太白文集後序

唐李陽冰序李白草堂集十卷云當時著述十喪其九咸平中樂史別得白歌詩十卷合爲李翰林集二十卷凡七百七十六篇史又纂雜著爲別集十卷治平元年得王文獻公溥家藏白詩集上中二帙凡廣二百四篇惜遺其下帙熙寧元年得唐魏萬所纂白詩集二卷凡廣四十四篇因裒唐類詩諸編洎刻石所傳別集所載者又得七十七篇無慮千篇沿舊目而釐正其彚次使各相從以別集附於後凡賦表書序碑頌記銘讚文六十五篇合爲三十卷同舍呂縉叔出漢東紫陽先生碑而殘缺間□能辨不復收云

夏五月晦常山宋敏求題

李白集三十卷舊歌詩七百七十六篇今千有一篇雜著六十五篇者知制誥常山宋敏求字次道之所廣也次道既以類廣白詩自爲序而未考次其作之先後余得其書乃考其先後而次第之蓋白蜀郡人初隱岷山出居襄漢之間南游江淮至楚觀雲夢雲夢許氏者高宗時宰相圉師之家也以女妻白因留雲夢者三年去之齊魯居徂來山竹溪入吳至長安明皇聞其名召見以爲翰林供奉頃之不合去北抵趙魏燕晉西涉岐邠歷商於至洛陽游梁最久復之齊魯南游淮泗再入吳轉徙金陵上秋浦尋陽天寶

十四載安祿山反明年明皇在蜀永王璘節度東南
白時臥廬山璘迫致之璘軍敗丹陽白奔亡至宿松
坐繫尋陽獄宣撫大使崔渙與御史中丞宋若思驗
治白以爲罪薄宜貰而若思軍赴河南遂釋白囚使
謀其軍事上書肅宗薦白才可用不報是時白年五
十有七矣乾元元年終以汙璘事長流夜郎遂泛洞
庭上峽江至巫山以赦得釋憩岳陽江夏久之復如
尋陽過金陵徘徊於歷陽宣城二郡其族人陽冰爲
當塗令白過之以病卒年六十有四是時寶應元年
也其始終所更涉如此此白之詩書所自叙可考者
也范傳正爲白墓誌稱白偶乘扁舟一日千里或遇

勝景終年不移則見於白之自叙者蓋亦其略也舊
史稱白山東人爲翰林待詔又稱永王璘節度揚州
白在宣城謁見遂辟爲從事而新書又稱白流夜郎
還尋陽坐事下獄宋若思釋之者皆不合於白之自
叙蓋史誤也白之詩連類引義雖中於法度者寡然
其辭閎肆雋偉殆騷人所不及近世所未有也舊史
稱白有逸才志氣宏放飄然有超世之心余以爲實
録而新書不著其語故録之使覽者得詳焉南豐曾
鞏序

臨川晏公知止字處善守蘇之明年政成暇日出李翰
林詩以授於漸曰白之詩歷世浸久所傳之集率多
訛缺子得此本最爲完善將欲鋟板以廣其傳漸切
謂李詩爲人所尚以宋人編類之勤而曾公考次之
詳世雖甚好不可得而悉見今晏公又能鋟板以傳
使李詩復顯於世寔三公相與成始而成終也元豐
三年夏四月信安毛漸校正謹題

重校添注音辯唐柳先生文集

提　要

《重校添注音辯唐柳先生文集》殘一卷，唐柳宗元撰，日本東京大學東洋文化研究所藏宋刊本。每半葉九行十六字，左右雙邊，單魚尾，白口。注文小字雙行，多以『孫曰』、『韓曰』開頭。原為四十五卷，現存第九卷殘。本書實為『鄭定本』。宋鄭定於甯宗嘉定年間，在嘉興刊行。書中對前人注文，都保留原注者姓氏。凡自己新校或增注的文字，則以『重校』或『添注』標明。

軍司馬裴冕迎太子治兵于朔方登賢爲輔讓子以續公賁冊書亦捧瑞玉孫曰七月玄宗至晉安琯以憲部侍郎來謁見即日以琯同平章事是日太子即位于靈武八月己亥玄宗命琯奉傳國寶玉冊詣靈武傳位聖人神人天地咸若子孝臣忠元臣踊躍命師中軍謀殲羿浞孫曰十月加琯持節招討西京兼防禦蒲潼兩關兵馬節度等使辛丑琯以中軍北軍及安祿山之衆戰于陳濤斜敗績人咸有言志屈道行公曰不可屈則佞生柄不在公象昏曀明退師儲宮出守函谷孫曰二載五月罷琯爲太子少師入爲尚書正色謇諤

孫曰貞元元年四月以琯爲禮部尚書又剌汾澮遂臨彭濮孫曰琯累出爲晉州刺史八月改爲漢州刺史何負而東何負而西公受挫抑邦人悽悽帝懷明德俾不我迷徵拜秋官僉曰休哉孫曰寶應二年薨殂閬中孫曰廣德元年八月四日卒於閬州僧舍年六十七琯國瘁人哀孫曰詩人之云亡邦國殄瘁喬嶽隕蹟輔星昏霾天子涕追崇上台孫曰追贈太尉巖巖岱宗瞻其峻極赫赫房公尊其盛德昔撫宜春列郡是式孫曰天寶五載殺括蒼郡太守韋堅琯坐與堅善貶宜春太守建銘江濱以慰南國

唐相國房公德銘之陰德銘見上

天子之三公稱公王者之後稱公補註公羊傳文諸侯之入爲王卿士亦曰公有土封其臣稱之曰公尊其道而師之稱曰公楚之僭凡爲縣者皆曰公與一作爲古之人通謂年之長老曰公故言三公若周公召公補註公羊傳三公者何天子之相也天子之相則何以三自陝而東周公主之自陝而西召公主之一相處乎內王者之後若宋公韓曰史記微子開者商帝乙之首子而紂之庶兄也周公既承成王

命誅武庚殺管叔放蔡叔乃命微子開代商後作微子之命以申之國于宋微子開卒立其弟衍是爲微仲微仲卒宋公稽立爲王卿士若衛武公虢文公鄭桓公補註詩淇澳美衛武公能入相于周緇衣美鄭武公父子並爲司徒鄭武公父即桓公也左氏宮之奇諫曰虢仲虢叔王季之子也爲文王卿士勳在王室藏於盟府其臣稱之則列國皆然師之尊若太公楚之爲縣者若葉公白公韓曰史記楚世家惠王二年子西召故平王太子建之子勝於吳以爲巢大夫號曰白公服虔曰白邑名楚邑大夫皆稱公葉公子高也葉亦楚邑名○葉於涉切年之長老若毛公申公涪公孫曰漢儒林傳毛公趙人申公魯人又云公於魯則申培公培字音陪今此作涪公未詳涪音浮而大臣罕能以姓配公者雖近有之然不能著也唐之大臣以姓配公最著者曰房公房公相玄宗有勞于蜀人咸服其節相肅宗作訓於岐孫曰至德元載九月肅宗次順化郡琯自蜀至爲相如故遂同至鳳翔鳳翔即岐山也人咸尊其道惟正直慈愛以成於德用是進退所居而事理辯所去而人哀號理表人表人不勝其懷二表字它本並作遠爲文士趙郡李華銘公之德亂故不克立今刺史太原王涯韓曰涯以左拾遺爲翰林學士進起居舍人元和初其甥皇甫湜以賢良對策忤宰相涯坐避嫌罷學士再貶虢州司馬徙爲袁州刺史嘉公之道猶在乎人人不忘公之道○重校一本作哀人不忘公之道爲之刻石且曰州之南有亭曰需宴亭公之爲也人之思也乃增飾棟宇即而立焉州人大悦咸會隕涕言曰昔公以周召之德微子之仁有土封以爲卿士道爲三公德爲國師年爲元老嘗爲縣縣懷其化至于州州濡其澤童曰說文濡霑濕也○濡音儒凡我子孫○重校我一作公罔不戴慕盛德之詞文而不刻一作列吏刺史數十莫克興起乃卒歸於王公王公嘗以機密匡天子于禁中遵公之道遵一作承刺於我邦承公之承字一本作理由又一作序又能尊公之德起遺文以昭前烈則其入爲卿士三公也孰曰不宜吾懼其去我也遽願書于銘之陰用永表於邦之良政

國子司業陽城遺愛碣

韓曰陽城字亢宗定州北平人後徙陝州夏縣新史列之卓行傳公爲集賢殿正字作此碣集又有與太學諸生書論城事亦甚悉

四年五月皇帝以璽印赤紱即隱所起陽公爲諫議大夫（孫曰貞元四年六月以陝虢觀察使李泌平章事泌薦城可用爲諫議大夫賜緋衣銀魚袋）後七年延評懇至累日不解（孫曰十一年四月裴延齡誣宰相陸贄等贄坐貶忠州將厲帝怒甚無敢言者城即率拾遺王仲舒等數人守延英門上疏論延齡姦佞贄等無罪德宗怒將加城等罪良久乃解七月下遷城國子司業）帝尤嘉異遷爲國子司業旌直優賢道光師儒又四年九月己巳出拜道州刺史（孫曰有太學生薛約者嘗學於城十四年以言事得罪謫連州吏捕迹得之城家城坐吏於門與約飲決別涕泣送之郊外帝聞以爲黨罪人九月出城爲道州刺史韓曰按城貶在十四年逆數之則上所云四年者當作三年字誤）太學生魯君李儻盧江何蕃等百六十人（孫曰或云二百七十人）投業奔走稽首闕下叫閽籲天（籲呼也張曰書無辜籲天○籲音裕）願乞復舊朝廷重更其事如己巳詔翌日會徒壯鄉如初行至延喜門公使追奪其章遮道願罷遂不果獻生徒噭噭（音叫）相眄徘徊（童曰眄說文云邪視也音沔）昔公之來仁風扇揚暴慠革面（慠音傲）柔轜有立（轜乳兗切一作儒又作㦨）聽聞嘉言樂甚鍾鼓瞻仰德宇高逾嵩岱（上音崧下音岱）及公當職

施政示人準程良士勇善僞夫去飾隳者益勸誕者益恭沉酗腆酒（張曰說文酗酒醟也腆多也酗吁句切腆他典切亦作酗）斥逐郊遂違親三歲罷退鄉黨令未及下乞歸就養者二十餘人（童曰城爲司業引諸生告之曰凡學所以學爲忠與孝也諸生有久不省其親者乎明日謁城以歸養者二十有餘人有三年不歸侍者斥之）禮順克彰孝悌以興則又講貫經籍俾達奧義簡習孝秀俾極儒業（童曰城又簡秀才德行升堂上沉酗不率教者皆罷躬講經籍生徒斥斥皆有法度）冠屨裳衣由公而嚴進退揖讓由公而儀公征甚遐（孫曰謂城爲道州其行甚遠也）吾黨誰師遂相與洛度署吏布告諸儒願立貞珉俾高狀明乃訪于學古之士紀公名字垂憲于後公名城字亢宗家于北平隱于條山惟公端粹沖和高嶷懿醇（嶷魚力切又魚其切）道德仁明孝愛友悌（韓曰城初隱中條山與弟堦域常易衣出年長不肯娶以爲既娶則間外姓雖共處而益疎）薰襲里閈布聞天下守節貞固患難不能遷其心怡性坦厚榮位不足動其神爲司諫義震于周行爲司業愛加于生徒（一作均○重校加）宜乎立石儷

後是憲其辭曰

惟茲陽公履道葆醇爰初隱聲覆蕢基仁（孫曰孔子曰譬如平地雖覆一簣進吾往也簣盛土之器覆平按切簣音匱）德充而形乃作諫臣抗志勵義直道是陳帝求師儒貳我成均開朗蒙滯宣明德教大和潛布玄機密照羣生闓禮後學知孝進退作則動言是傚匪公之軌（○重校軌一作軌）人用奚蹈（○重校奚一作）爰靡厲貪凌（靡倉明切）待公順之欺僞譎詐待公信之少年申申咸適其宜榎楚廢弛尊嚴而威（張曰禮記榎楚二物收其威也又曰師嚴然後道尊）公褒其良俾升于堂癯者既肥（孫曰韓非子子夏始癯而後肥有問之者子夏曰吾戰勝人問曰何爲戰勝子夏曰吾入見夫子之義則榮之出見富貴又榮之二者戰於胷臆故臞今見夫子之義勝故肥也癯音衢）榮如袞衣公棄不用懲咎内訟既訟于内猶公之誨匪仁孰親匪德孰尊今公于征孰表儒門生徒上言稽首帝閽謂天蓋高曾莫我聞青衿涕濡塡街盈衢遠送于南望慕踟躕（上音馳下音廚）立石書德用揚懿則嗚呼斯文遺愛罔極

唐故給事中皇太子侍讀陸文通先生墓表

（韓曰陸先生名質本名淳字元冲其後避憲宗諱改賜名質公集有荅元饒州論春秋書云宗元出邵州不克卒業於陸先生之門書末又謂始至是州作陸文通先生墓表今以奉獻與宣英讀之此表作於邵州明矣）

孔子作春秋千五百年以名爲傳者五家（孫曰漢書藝文志春秋左氏傳三十卷公羊傳穀梁傳鄒氏傳夾氏傳各一十卷鄒氏夾氏有録無書○夾音頰）今用其三焉（左氏公羊穀梁三傳）秉觚牘（上音孤下音讀）焦思慮以爲論註疏說者百千人矣攻訐很怒（韓曰說文云訐相斥罪相告訐也很不聽從一曰盭也○訐居謁切很下懇切）以辭氣相擊排冒没者其爲書處則充棟宇出則汗牛馬或合而隱或乖而顯後之學者窮老盡氣左視右顧（視字一本作覗）莫得而本則專其所學以訾其所異（訾說文毀也音紫又即支切）黨枯竹護朽骨以至於父子傷夷（孫曰漢宣帝時詔劉向受穀梁春秋及其子歆校祕書見左氏傳大好之數以難向向不能非閒也然猶自持其穀梁義）君臣詆悖者前世多有之甚矣聖人之難知

也有吳郡人陸先生質與其師友天水啖助孫曰助字叔佐趙州人後徙關中天寶末爲台州臨海縣主簿上元二年集三傳釋春秋至大曆五年而畢號集傳。啖塗亢切洎趙匡孫曰匡字伯淳河東人歷淮南節度判官洋州刺史能知聖人之旨故春秋之言及是
而光明使庸人小童皆可積學以入聖人之
道傳聖人之教是其德豈不侈大矣哉先生
字某見題註既讀書得制作之本而獲其師友
於是合古今散同異聯之以言累之以文蓋
講道者二十年書而志之者又十餘年其事

大備爲春秋集注十篇辯疑七篇微指二篇
明章大中發露公器其道以生人爲主以堯
舜爲的苞羅旁魄旁魄混同孫曰封禪書云旁魄四塞魄字唯此音步角切唐韻除匹陌切外別音託註史記落託貧無家集韻又作薄音白各切註云聲也歐陽尚書火流于王屋爲鵶其聲魄韻中音義於此不通今依封禪書音步角切亦作旁礴。添註魄音薄荀子雜能旁魄而無用註旁魄廣博也前漢旁魄四塞注廣被也膠
轕下上膠轕驅馳也張曰膠或作轇亦音膠轕音葛說文長遠貌一曰車馬喧雜
而不出於正其法以文武爲首以周公爲翼
揖讓升降好惡喜怒而不過乎物童曰禮記仁人不過乎物孝子不過乎物既成以授世之聰明之士使陳而
明之故其書出焉而先生爲巨儒用是爲天
子爭臣童曰天子有爭臣七人孫曰質佐淮南節度陳少遊幕府少遊薦之朝授左拾遺尚書郎國子博士給事中皇太子侍讀
孫曰貞元二十一年四月自給事中爲太子侍讀皆得其道刺二州
守人知仁孫曰質歷台州二州刺史永貞年孫曰是歲改爲永貞元年
侍東宮言其所學爲古君臣圖以獻而道達
乎上是歲嗣天子踐祚而理孫曰謂憲宗即位也尊優
師儒先生以疾聞臨問加禮某月日終于京

字懋功與季弟淩生同日（孫曰淩字恭履）不周月而孤伯兄憑（孫曰憑字虛受一字嗣仁）翦髮爲童家居于吳太夫人母道尊愛教飭謹備君之昆弟孝敬出於其性禮範奉于其舊克有成德輯其休光（童曰輯斂也書曰輯五瑞○輯音集）東薄海岱南極衡巫文學者皆知誦其詞而以爲模準進修者率用歌其行而有所矜式君既舉進士（韓曰大暦三年凝舉進士第）以校書郎爲書記（孫曰興元元年正月以樊澤爲山南東道節度使凝自秘書省校書郎爲其府掌書記）毗贊元侯于漢之陰

式從荆州（孫曰貞元三年閏五月澤徙荆南節度使凝隨府遷○添註式詩曰而式弘大箋云式用也）由協律郎三轉御史元戎出師（童曰元戎元帥也詩元戎十乘以先啓行）用顯厥謀遂入王庭爲起居郎書法不回著垂國典又爲尚書司封員外郎革正封邑申明嫡媵（送女從嫁曰媵以嫡丁歷切媵證切）事連權右斥退勿憚直聲彰聞仍參選部（孫曰隋改吏部爲選部凝爲吏部員外郎）以馭羣吏姦臣席勢（童曰席勢乘勢也）威福自己他人求附離而不可得者（離音麗）公則却之私以胥史求署一皆罷遣曰吾

不以三尺法爲己利害居喪致哀（童曰孔子曰喪致乎哀而止）内盡其志外盡其物而無有不得於心者服除爲右司郎中危言直己以致其誠然卒中於詖辭（童曰孟子詖辭知其所蔽○詖險詖也字音賁）不得朝請以檢校吏部郎中爲宣武軍節度判官（韓曰貞元十二年八月凝自左司郎中爲檢校吏部郎中汴宋亳潁等州觀察判官）亳人鈌守往蒞其政孤老撫安強猾戮死墾鑿墝鹵（張曰墝山之多石者鹵鹹也○墝丘交切鹵音魯）葽艾榛荒作爰田（孫曰僖十五年左傳作爰田爰易也如周禮一易再易之田也）以贍人食

濬洪潢汗築復堤防爲落渠以定水禍理不半歲利垂千祀會朝復命次于汴郊帥喪卒亂不可以入孫曰十四年冬凝朝正京師十五年春還汴二月節度使董晉卒汴軍亂凝走還京師遂西走闕下璽書迎門勞徠甚備以疾居家三年復登于朝韓曰八年凝起家爲兵部郎中遐邇咏歌仍遇痼疾天子致問于三月不賜告孫曰漢律有賜告賜告者病滿三月當免天子復賜其告使得帶印綬將官屬歸家治其病幸其愈而用之遂卒天下文行之士爲之悲哀嗚呼君有深淳之行有强毅之志内

以和於親戚正於族屬外以信於朋友施於政事故身之進退人之喜戚繫焉凡其昆弟申明于朝制書咸曰孝友君子謂楊氏其仁義之府君之文若干什皆可以傳於世韓曰凝有文二十卷權德輿爲之序云若某者以姻舊獲愛韓曰公憑之婿見弘農楊氏誌不腆之文君實知之惟車馬幣玉無可以稱其德用君之所以知者酬焉

故御史周君碣

周子諒也孫曰按公此碣子諒當是柳州人

有唐貞臣汝南周氏諱某字某以諫死葬于某貞元十二年柳宗元立碣于其墓左在天寶年有以謟諛至相位韓曰開元二十四年十一月以牛仙客爲工部尚書同中書門下三品○謟丑琰切諛音腴賢臣放退韓曰二十四年十一月侍中裴耀卿爲尚書左丞相中書令張九齡爲尚書右丞相並罷知政事公爲御史抗言以白其事得死于墀下童曰釋文墀塗地也丹漆地故稱丹墀孫曰開元二十五年四月子諒以監察御史彈牛仙客非才引讖書爲證上怒甚親加詰問命左右撲於殿庭絶而復蘇仍杖之朝堂流瀼州至藍田而死此云天寶誤也補註晁氏讀書志曰温公考異辨之矣史臣書之公之

死而佞者始畏公議於虖古之不得其死者衆矣若公之死志匡王國氣震姦佞動獲其所斯蓋得其死者歟公之德之才洽於傳聞卒以不試而獨申其節猶能奮百代之上以爲世軌一有者也二字第令生於定哀之間則孔子不曰未見剛者出於秦楚之後則漢祖不曰安得猛士而存不及興王之用没不遭聖人之歎誠立志者之所悼也故爲之銘銘曰

忠爲美道是履諫而死佞者止史之志石以

紀爲臣軌兮（一無兮字）

唐故衡州刺史東平呂君誄

（孫曰呂君名溫字化光一字和叔河中人年四十卒周禮小史掌卿大夫之喪讀誄謂生時行迹者也）

維唐元和六年八月日衡州刺史東平呂君卒爰用十月二十四日藁葬于江陵之野（藁音杲）嗚呼君有智勇孝仁惟其能可用康天下惟其志可用經百世（重校經一作康）不克而死世亦無由知焉君由道州（韓曰元和三年貶道州刺史）以陟爲衡州（韓曰五年以政聞改衡州）君之卒二州之人哭者逾月湖南人重社飲酒是月上戊（韓曰六年八月八日戊子）不酒去樂會哭于神所而歸余居永州在二州中間其哀聲交于北南舟船之下上必呱呱然（童曰呱呱泣聲書啓呱呱而泣○呱音孤）蓋嘗聞于古而覩于今也（覩一作觀）君之志與能不施于生人知之者又不過十人世徒讀君之文章歌君之理行不知二者之於君其末也嗚呼君之文章宜端於百世今其存者非君之極言也

獨其詞耳君之理行宜極於天下今其聞者非君之盡力也獨其跡耳萬不試而一出焉猶爲當世甚重若使幸得出其什二三則巍然爲偉人與世無窮其可涯也君所居官爲第三品宜得謚于太常余懼州吏之逸其辭也（州吏一作刺史）私爲之誄以志其行其辭曰

麟死魯郊（孫曰春秋哀十四年西狩獲麟）其靈不施濯濯夫子故絜其儀（孫曰言如麟之復出也○重校故一作胡）冠仁服義干櫓書詩（孫曰干櫓盾也禮記禮義以爲干櫓此則言以書詩爲干櫓也○櫓音魯）忠貞繼佩智勇承綦（綦履飾音渠之切）踔騰商周（騰音滕）堯舜是師道不勝禍天固余欺鬼神齊怒（○重校齊一作不）妖孽咸疑（孽魚列切）何付之德而奪其時嗚呼哀哉命姓惟呂勤唐以力輔寧萬邦受胙爾國（孫曰史記齊太公呂尚其先爲四岳佐禹平水土有功封於呂國語有曰胙四岳國命爲侯伯賜姓曰姜氏曰有呂胙報也）維師元聖（孫曰詩維師尚父書聿求元聖）周以降德世征五侯（孫曰僖四年左氏管仲曰昔召康公命我先君太公曰五侯九伯女實征之以夾輔周室）伊祖之則嗣濟厥武前書其式至于化光爰耀其特春

秋之元儒者感慼君達其道卓爲孔直聖人有心由我而得韓曰溫從陸質治春秋敷施變化動無不克推理惟工舒文以翼宣于事業與古同極道不苟用資仕乃揚進于禮司韓曰試禮部也奮藻含章决科聯中孫曰貞元十四年尚書左丞顧少連知禮部貢舉溫中第休問用張署鏁百氏孫曰鏁校也溫爲秘書省校書郎錯綜逾光超都課列孫曰溫與王叔文韋執誼善再遷左拾遺屢皂其囊補注袁崧漢制叢錄云漢官儀凡章奏皆啓封其言密事乃用皂囊東方朔言文帝集書囊爲殿帷又言文帝飾帷帳於皂囊者指此其後靈帝詔蔡邕指陳政

柳文卷九

要具對經術以皂囊封上遵前制也帝殊爾能人服其智戎悔厥禍欵邊求侍童曰戎謂吐蕃欵叩也求侍者遣子入侍盛選邦良難乎始使君登御史贊命承事孫曰二十年六月以秘書監張薦爲吐蕃弔祭使溫以工部郎中副之轉侍御史風動海壖童曰說文云壖城下田也而宣切皇威以致來揔征賦甲茲郎吏韓曰元和九年使還溫遷戶部員外郎制用經邦時推重器諸臣之復一作後非周官匪易孫曰周禮宰夫之職掌諸臣之復萬民之逆注云復報也反也反報於王漢課戕奏鮮云能備韓曰後漢左雄奏請自今孝廉年不滿四十不得察舉皆先詣公府諸生試家法文吏課戕奏君

自他曹載出其技其一作於筆削自任羣儒革議正郎司刑孫曰溫自戶部員外郎遷司封員外郎刑部郎中邦憲爲貳貳副也韓曰質舉爲御史中丞請溫爲知雜故云邦憲爲貳也紏逖伊肅孫曰左傳糾逖王慝注云逖遠也慝者糾而遠之一本作糾安肅邪有諂諛具畏一作邪語具畏遷理于道韓曰三年宰相李吉甫以疾在第召醫人陳登診視夜宿于安宿里第溫問知之詰旦令吏捕登詰問之又劾奏吉甫交通術士憲宗異之召登而訊其事皆虛十月再貶溫道州刺史民服休嘉恩踈若昵惕邇如遐實閉其閤韓曰汲黯爲東郡太守臥閤不出歲餘東海大治而撫于家載其愉樂申以舞歌賦無吏迫

柳文卷九

威不刑加浩然順風從令無譁繇蠶外邑重○校繇韓作絲章藉云繇字遙胄由三音據文繇蠶外邑恐字誤我繭盈車雜耕隣邦我黍之華既字其畜亦藝其麻鼛鼓斯屏童曰說文云鼛大鼓也音皐屏必郢切人喜則多始富中教韓曰論語子適衛冉有僕子曰庶矣哉冉有曰既庶矣又何加焉曰富之曰既富矣又何加焉曰教之興良廢邪考績既成王用興嗟陟于嶽濱孫曰溫自道州遷衡州刺史嶽濱衡嶽之濱也言進其律韓曰禮記王制諸侯有功德於民者加地進律號呼南踊謳謠北溢欺吏悍民先聲如失逋租匿役歸誠自出兼弃

既息寵嬴乃逸惟昔舉善盜奔于隣（孫曰文十六年左氏晉士會爲太傅晉國之盜逃奔于秦）今我興仁化爲齊人惟昔富人或賑之粟（韓曰左傳文十六年宋公子鮑禮於國人宋飢竭其粟而貸之又襄二十九年鄭飢而未及麥民病子皮以子產之命餼國人粟戶一鍾）今我厚生不竭而足邦思其弼人戴惟父善胡召災仁胡罹咎俾民伊祜而君不壽矯矯貪凌乃康乃茂嗚呼哀哉廪不餘食藏無積帛（藏才浪切）內厚族姻外賙賓客恒是懸罄（孫曰國語齊孝公謂魯人曰室如懸罄野無青苗何恃而不懼）逮茲易簀（韓曰禮記曾子寢疾病曾元易簀注簀謂牀第易簀音亦責）僮無凶服葬非舊陌嗚呼哀哉君昔與余講德討儒時中之奧（孫曰禮記君子之中庸也君子而時中）希聖爲徒志存致君笑詠唐虞揭茲日月（孫曰莊子昭昭乎若揭日月而行）以耀羣愚疑生所怪怒起特殊齒舌嗷嗷（童曰說文嗷衆口愁也嗷牛刀切）畱動風驅良辰不偶卒與禍俱直道莫試嘉言罔敷佐王之器窮以郡符秩在三品宜謚王都諸生羣吏尚擁良圖故友咨懷累行陳墓是旌是告永永不渝嗚呼哀哉

唐故尚書户部郎中魏府君墓誌

（韓曰魏府君弘簡史無傳公謂居又同聞故哀而銘之按公世系其先河東人父鎮後徙於吳則府君亦吳人矣）

魏氏世墓于某縣某原唐興有聞士諱之遏者（遏他歷切又音狄）與子及孫咸舉進士嗣爲儒家綿州涪城尉諱全珽（珽與瓚同）魏州臨黃主簿諱欽慈太常主簿諱緄（音衮）尚書膳部員外郎兼江陵少尹諱萬成凡五代名高而不浮於行才具而不得其祿江陵府君益之以閎達之量經緯之謀故豪士賢大夫痛慕加厚生郎中府君諱弘簡字曰裕之以文行知名既冠而德禮聞於鄉黨既仕而法制立於官政溫柔發乎外見而人莫不親直方存乎內久而人莫不敬由進士策賢良連居科首（孫曰建中元年弘簡中進士第貞元元年又中賢良）授太子校書歷桂管江西福建宣歙四府爲判官副使累授協律郎大理評事三爲御史（諸本多無三爲兩字）賜緋魚袋在州六年而人樂之廉使崔衎曰吾敢專天下之

士獨惠茲人乎（孫曰貞元十二年八月衍自虢州刺史爲宣歙池觀察使辟弘簡爲副）遂獻于天子拜度支員外轉戶部郎中邦賦克舉人望逾重年四十七貞元二十年九月三十日不疾而歿震悼之聲遐邇一辭（一作一同一作同辭）且曰斯人也而不得爲善之利中人其怠乎君嘗三娶而卒無主婦庭無倚廬（韓曰戰國策曰王孫賈母謂賈曰汝朝出而晚來則吾倚門而望暮出而不還則吾倚廬而望孫曰倚廬服舍倚木爲之故名）堂無抱孤有令兄弟以主其喪有孝女以守其祀故哭于客位弔于殯東者咸加哀焉凡爲部從事府喪而當其位者三州缺而居其守者二皆得其理君之先再世貧不得葬故以祿仕遊於諸侯薄衣食損車馬凡十有餘祀卒獲于厥心其族屬之羸主後者皆位於墓婦姪之無歸從者咸會于家由是處約以終其世既斂家宰庀其政（童曰家宰家之老者庀治也具也○庀匹婢切）視廩唯釜鍾（孫曰昭三年左氏齊舊四量豆區釜鍾四升爲豆各自其四以登於釜釜十則鍾是四升爲豆四豆爲區四區爲釜釜六斗四升也四釜爲鍾鍾六斛四斗也視廩唯釜鍾言其家無餘財）

視藏唯束帛無餘積焉十有一月遣車歸于洛師（孫曰周禮巾車云大喪飾遣車遣車送死者之車說文遣祖奠也書朝至于洛師洛師洛陽○遣詰戰切）某日祔于墓監察御史柳宗元聞其道而覩其文也久居又同閈（閈里門也音翰）故哀而銘之其辭曰

郎中之道惟直是保淳泊坦厚溫恭孝友郎中之文惟孝是宣溥暢周流炳蔚紛綸爲周賢能（韓曰周禮鄉大夫之職三年則大比考其德行道藝而興賢者能者）爲漢賢良（韓曰漢史武帝詔丞相御史列侯中二千石二千石諸侯相舉賢良方正直言極諫之士）始任讎校篇籍有光仍授使檄討謨用揚（孫曰詩訏謨定命訏大也）二居郎位征賦以理休聲載起顯命伊始生而不壽孰知其止歿而不嗣孰濟其美有翩其旗爰舉裳帷行道遲遲望墓而歸象物是宜（孫曰象物明器）卜筮孔時里人作銘不愧于辭

唐故朝散大夫永州刺史崔公墓誌

（韓曰公集又有祭崔史君敏文即永州公也文謂某等咸以罪竄謫茲南方誌云以某年月日歸葬某縣則此誌作於永州）

維元和五年九月十五日壬子永州刺史崔公薨于位享年六十八乙未殯于路寢孫曰莊三十一年公羊傳云薨于路寢路寢者何正寢也注天子諸侯皆有三寢一高寢二路寢三小寢景寅遷神于舟以某年某月日歸葬于某縣某原祔于皇考吏部侍郎贈戶部尚書府君之墓尚書諱漪於宜切玄宗南巡內禪聖嗣禪音擅府君以謀畫定命起一旅以復天下孫曰左氏有衆一旅旅五百人厥功載焉韓曰天寶十五載六月玄宗狩蜀留太子討賊太子次平涼朔方節度判官崔漪迎太子治兵于朔方七月甲子太子即皇帝位是

爲肅宗俗本作崔猗字誤尚書之先曰貴鄉丞贈太常少卿府君諱子美太常之先曰楊州江都丞府君諱道禎陟盈切行高位卑華冠士族公諱某諱敏字某承世德之清源浚之以蠲潔蠲亦潔也音圭淵切以端其志采羣言之枝葉植之以茂實以脩其能始由右千牛備身佐環衛孫曰武德五年改隋左右備身府曰左右府顯慶五年改左右府曰左右千牛府韓曰唐百官志左右千牛衛上將軍各一人掌侍衛及供御兵仗以千牛備身左右執弓箭宿衛又云千牛備身備身左右各十二人掌執御刀更盩厔三原藍田尉童曰盩厔隸鳳翔藍田三原隸京兆皆縣名盩音輈厔音窒仍有大故三徙同位童曰言三徙皆爲尉也繼授許州臨潁汝州龍興令推以直道二邑齊風哥舒曜尹河南孫曰曜字子明興元元年自東都鐵汝節度使遷河南尹鯨冠猾驁黎人播越表公尉河南糗糧芻茭韓曰書峙乃糗糧無敢不逮峙乃芻茭無敢不多糗熬米麥也茭乾芻。糗去久切又丘救切戎備畢給版圖田洫孫曰周禮聽閭里以版圖版戶籍圖地圖洫溝洫也應邵云溝廣四尺深四尺洫廣深倍於溝洫許域切民事時又遷楊州錄事參軍實吳楚之大都會也童曰都會者謂一都之會政令煩拏汝加切貢奉叢

沓一日不萺張曰觀文意萺當是葺字轉寫作萺耳諸韻無此字唯吳本楚辭中有如此書者今從葺葺音七入切鐫譙四至譙責讓韓曰鐫譙言鐫伐誚讓之也。鐫遵全切譙才笑切譙亦作誚公爲之優游有裕長史司徒杜公與之揖讓異於賓僚孫曰貞元元年十二月以杜佑爲楊州長史淮南節度使佑奏敏爲州參軍異字一本作莫入爲太子司議郎拜歸州刺史巖險湍悍人類鳥獸古號難理公克有聲遷永州刺史朝散大夫惟是南楚風浮俗鬼童曰其俗尚鬼也尸爲胥徒家有禳梗孫曰禳梗皆除殃之祭梗音梗謂梗禦未至之害。重校梗一作禬梗字

諸韻並無疑是梗字周禮女祝掌以時招梗禬禳之事大者虐鰥孤以
盜邦賦毆愚蒙以神訛言悖于政經莫有禁
禦公於是修整部吏黜侵凌牟漁者數百人
牟取也以付信于下而征貢用集擒戮妖師毀
焄蒿淫昏者千餘室孫曰禮記焄蒿悽愴焄蒿香臭之氣淫昏左氏
所謂淫昏之鬼也○焄音薰以舉正群枉而田閭克和寬
以容物直以率下邦人方安其理搢紳猶讋
其望體魄遽降孫曰禮運體魄則降志氣在上哀何有窮嗚
呼公前夫人徐州參軍滎陽鄭鉅女有子曰

義和早夭後夫人萬年尉范陽盧彤女嘉淑
之德繼聞宗族有子曰貽哲貽儉克承于家
洎公之兄子曰勵曰禮誠願志于墓無忘公
之德銘曰
孰爲德門清河濬源童曰崔氏清河郡人其流沄沄童曰
沄沄說文轉流也一本作遠哉沄沄世有顯懿揚其清芬煥炳
增華昭于後昆惟魴與鯉韓曰詩豈其食魚必河之魴豈其食
魚必河之鯉裴氏清河人故以魴鯉喻之言世有顯德也○魴音防舊史是尊
孰爲茂功尚書清風孫曰滴爲戶部尚書藹其有融勃

焉而興童曰左傳禹湯罪己其興也勃焉披草從龍童曰易雲從龍
孫曰此言滴從肅宗起靈武也布令諸夏敷和六戎赫矣太
陽克昇于中孰爲惠政公嗣餘慶形于謠詠
小程其功大遂其性黠吏是省黠下八切妖風以
正于邑于邦一作施于邑邦克揚休命孰爲遺愛公
去昭代邦人斯痗孫曰詩使我心痗痗病也痗莫佩切始焉是
賴今也何戴孰葬我公于洛之會何以銘之
徽音不昧徽美也

故永州刺史流配驩州崔君權厝誌

博陵崔君韓曰崔氏出自齊丁公呂伋食邑於崔因以爲氏後分清河博陵二
劉曰崔君名簡字子敬
望由進士入山南西道節度府孫曰貞元五年簡中進士
第始掌書記孫曰山南西道節度使辟爲掌書記至府留後凡
五徙職六增官至刑部員外郎出刺連永兩
州未至永而連之人愬君愬音訴御史按章
具獄坐流驩州幼弟訟諸朝天子黜連帥孫曰
連帥河南觀察使也罷御史小吏咸死投之荒外而君
不克復元和七年正月二十六日卒孤處道

洎守訥奉君之喪踰海水不幸遇暴風二孫溺死七月某日柩至于永州童曰時公爲永州司馬八月甲子藁葬于社壝之北四百步○重校社下有壝字崔氏世嗣文章君又益工博知古今事給數敏辯善謀畫南敗蜀虜孫曰嚴礪屢破劉闢之師西過戎師其慮皆君之自出後餌五石童曰五石丹砂之屬病瘍且亂韓曰說文云瘍創癰也音陽又音易一本即作易非是故不承于初今尚有五丈夫子夫人河東柳氏童曰簡要公之姊德碩行淑先崔君十年卒童曰公有柳氏誌其

葬在長安東南少陵北君以竄沒家又有海禍力不克祔三年將復故葬也徒志其一二大者云

鯢爲祖畢爲父世文儒積彌厚孫曰簡五世祖太師子挹國子祭酒挹子湜爲平章事湜子鯢鯢子畢司直畢子簡○重校畢一作畢簡其名子敬字它本皆作字敬守年五十增以二葬湘澨韓曰說文云澨水涯也澨音筮非其地後三年辭當備

唐故萬年令裴府君墓碣

韓曰裴府君葬在元和十三年碣蓋是時作

公諱墐字封叔河東聞喜人童曰聞喜絳州縣太尉公諱行儉童曰行儉字守約實高祖侍中公諱光庭童曰光庭字連城玄宗侍中實曾祖刑部員外郎府君諱稹童曰稹以蔭仕累遷起居郎祠部員外郎稹字一本作楨非實祖大理卿府君諱儆實父公由進士上第孫曰貞元三年墐中進士校書崇文館孫曰崇文有校書郎二人掌校理書籍飭館事修整左春坊由是立署局孫曰貞元八年隸左春坊後參京兆軍事按覆校巡大尹恒得以取直爲太常主簿孫曰唐太常寺主簿二人從七品上搜逖疑互逖他歷切採

抉遯隱抉音决遯音鈍宿工老師不得伏匿皆來會堂下耆股肱役喉喙以集樂事作坐立二部伎圖卿奇其績奏超以爲丞孫曰太常寺卿一人丞二人司空杜公聯奉崇陵豐陵禮儀再以爲佐孫曰貞元二十一年正月德宗崩七月以太常卿士杜黃裳平章事爲禮儀使十月葬崇陵元和九年正月順宗崩仍以杜黃裳爲使七月葬豐陵黃裳再辟墐爲判官離紛尨尨雜貌導滯塞闢百執事條直顯遂司空拱手以成自開元制禮諱去國恤章孫曰高宗顯慶三年正月長孫無忌等上所修新禮詔中外行之時許敬宗李義甫用事所損益多希旨學者非之

太常博士蕭楚材等以爲預備凶事非臣子所宜言遂焚國恤一篇由是凶禮遂闕至開元二十年九月新禮成遂因之不改累聖陵寢皆因事擘綴擘音覽綴抹衛切取一切乃已有司卒無所徵公乃撰二陵集禮韓曰公集有裴君豊崇二陵集禮後序藏之南閣轉殿中侍御史仍拜尚書比部員外郎會校成要孫曰比部員外郎掌勾會內外賦斂經費之事會大計也周禮聽出入比其要會注云要會計最之簿書月計曰要歲計曰會朞歲畢具刺金州決高弛隉說文云弛弓解也隉阬塞也弛賞是切隉迮逆切張曰隉當作隙音丘戟切公集隙字皆作隉檢韻並無隉惟有勦音巢縣名也去人水禍渚茭原茅闕成稻粱陟萬年今叢劇辨肅談宴終日人視之若居冗官然會金州猾吏來揚言恐喝以煩藙事藙音眉曰不得三十萬吾能爲禍公大怒召罵之恣所爲吏巧以聞御史按章具獄再謫道州循州爲佐掾會赦量移吉州長史元和十二年秋七月日病痁泄卒痁詩廉切泄音薛始公以唯諾聞長安中奔人危急輕出財力如索水火性開蕩進交大官不視齒類挾同列收下輩細大畢歡喜博弈知聲音飲酒甚少而工於糺謫謠舞擊咢孫曰咢亦歌也詩或歌或咢纖屑促密皆曲中節度而終身不以酒氣加人晝接人事夜讀書考禮收掊策牘掊拾也音俱詠切未嘗釋手以是重諸公間初娶范陽盧氏無子後夫人柳氏柳氏即公之姊德爲九族冠生三男子喪其二焉貞元十六年某月日卒祔于長安御宿之北原孫曰御宿長安地名漢書亦作御羞冢子銑蘇典切或添洎永二字奉柩以明年月日克葬于墓銑以文書來柳州告其叔舅宗元願碣于墓左則涕爲之銘其辭曰

有欝其馨惟裴之卿孫曰墐父敬爲大理卿世服大僚孫曰書有服在大僚謂世爲大僚也仍耀烈名封叔申之申重也實惟其英讎書宮闈孫曰謂校書崇文館佐職于京韓曰謂爲京兆府參軍太常命吏以能增秩相儀考禮大弁斯畢童曰書率循大卞大卞大法也弁與卞同鳧工展伇孫曰謂作坐立二部伇圖爰備聲律或圖或書藏之府室史于柱下韓曰史記老子傳周守藏室之史也索隱曰藏室史乃周藏書室之史又張易傳老子爲柱下史即藏室之柱下因以爲官名補注墐爲殿中侍御史故云史于柱下也

郎於會司韓曰周禮司會之職以參互考日成以月要攷月成以歲會考歲成以周知四國之治補注墐爲比部員外郎故云郎于會司○會古外切徵循以周大比是宜作牧于金金人允懷溝防漢滸孫曰漢滸漢水之滸滸水際也金州臨漢故云漢滸墊沃卒移韓曰書下民昏墊墊都念切增我歲食易其芋魁游手閭民童曰周禮閭民無職事者閭音閑相顧聚來徵爲萬年治劇于都百務叙成談宴以娛誰恤誰恃不忍悍吏胡巧其辭按章以遂由道斥循施施三年施余支切更赦進資廬陵是遷人曰丗德宜慶于延又曰良能宜力之宣朝有大賚童曰語曰周有大賚善人是富孫曰賚賜也期賜其還一作環鬼神不享命殞在前孫曰元和十二年十月平吳元濟十二年正月大赦而殣以十二年七月辛故云殞命在前也長原有墓高曾祖父淑靈是附孫曰淑靈謂柳氏也封叔爰歸左右惟具孤銑磨石祈辭海陬補注公時爲永州刺史爲作此碣遂升其趺于道之周

重校添註音辯唐柳先生文集卷第九

樊川文集夾註

提要

《樊川文集夾註》四卷，《外集夾註》一卷，唐杜牧撰，宋元間佚名注，明正統五年（一四四〇年）朝鮮全羅道錦山刻本。每半葉八行十七字，左右雙邊，白口，單魚尾。本書為唐代著名詩人杜牧詩集最早注本，實為《樊川文集》卷一至四《樊川外集》。注者為宋末元初間人。書中以小字雙行夾註，多引《樊川文集》。注文引用大量今已失佚的古籍。

樊川文集卷第一　　夾註

中書舍人杜　牧　字牧之

新唐書本傳曰杜牧字牧之善屬文第進士沈傳師表為江西團練府巡官又為牛僧孺淮南節度府掌書記擢監察御史移疾分司東都以弟顗病棄官復為宣州團練判官拜殿中侍御史內供奉遷左補闕史館歷黃池睦三州刺史入為司勳員外郎常兼史職改吏部復乞為湖州刺史踰年以考功郎中知制誥遷中書舍人牧與李甘李中敏宋邧善其通古今善處甘等不及也牧亦以疏直時無右援從兄悰更歷將相而牧困躓不自振頗不平卒年五十[illegible]為文章樊之牧於詩情致豪邁人號為少杜以別老杜云

賦三首

古詩二十八首

阿房宮賦

史記始皇本紀始皇以為咸陽人多先王之宮廷小吾聞周文王都豐武王都鎬豐鎬之間帝王之都也乃營作朝宮渭南上林苑中先作前殿阿房東西五百步南北五十丈上可以坐萬人下可以建五丈旗周馳為閣道自殿下直抵南山表南山之顛以為闕雍錄華清宮圖秦為阿房宮漢為溫泉宮及天寶五載因阿房遺址廣溫泉舊制為華清宮本集啓宮歷大起宮室廣聲色故作阿房宮賦

六王畢四海一史記始皇本紀武威旁暢振動四極擒滅六王闡并天下過秦論云及至始皇奮六世之餘烈振長策而御宇內吞二周而亡諸侯履至尊而制六合執敲朴以鞭笞天下威振四海西京賦並為疆國者有六註[illegible]然而四海同宅西秦豈不詭哉註初秦穆公覽然後六國竟滅秦果并而居蜀山兀阿房出覆壓三百餘里隔離天日驪山北構而西折直走咸陽前漢書註驪山在新豐南頓氏曰故驪戎國也通典雍州理長安秦孝公作為咸陽築冀闕徙都之秦川亦曰關中漢書註[illegible]是也二川溶溶流入宮牆按清華宮圖一東繡嶺出流入東牆一川自西繡嶺出歷芙蓉園流入西繚墻二川合流於望仙樓下南入于渭五步一樓十步一閣廊腰縵迴簷牙高啄各抱地勢鉤心鬬角盤盤焉囷囷焉蜂房淮南子蜂房不容鵠卵註房巢也水渦烏禾切水坳也矗矗初六切直見不知乎幾千萬落選註落居也巷屋之類詠史千村萬落生荆杞長橋臥波未雲何龍左傳凡祀啓蟄而郊龍見而雩洪駒父詩話杜牧阿房宮賦長橋臥波未雩何龍世皆謂牧之誤用龍見而雩事牧之不應爾鮑慎由欽止謂予言古本是未雩何龍當

以此為是又見沈括筆談複道行一作横空不霽何虹史記始皇複道向阿房宮渡渭屬之咸陽以象天極閣道絕漢高低冥迷不知東西歌臺暖響春光融融舞殿冷袖風雨淒淒一日之內一宮之間而氣候不齊妃嬪媵嬙王子皇孫辭樓下殿輦來于秦朝歌夜絃為秦宮人史記始皇本紀秦每破諸侯寫放其宮室作之咸陽北坂上南臨渭自雍門以東至涇渭殿屋複道周閣相屬所得諸侯美人鍾鼓以充入之明星熒熒開粧鏡也綠雲擾擾梳曉鬟也渭流漲膩

棄脂水也煙斜霧橫焚椒蘭也雷霆乍驚宮迴也輾䡝車音若雷轆轆盧谷切或從录車聲也遠聽杳不知其所之也一肌一容盡態極妍縵立遠視而望幸焉司馬相如封禪文秦山梁父設壇場望幸有不見者三十六年史記始皇本紀始皇享國三十七年葬驪邑燕趙之收藏淮南子四時者春生夏長秋收冬藏韓魏之經營詩經之營之齊楚之精英江賦金精玉英幾世幾年摽掠其人倚疊如山一旦有不能輸來其間鼎鐺玉石金塊珠礫

棄擲邐迤上輦介切下演爾切邐迤連延也秦人視之亦不甚惜嗟乎一人之心千萬人之心也秦愛紛奢人亦念其家奈何取之盡錙銖用之如泥沙礼記分国如錙銖註八兩為錙銖權分十黍之重使負棟之柱多於南畝之農夫架梁之椽多於機上之工女漢書酈食其傳農夫叙耒紅女下機註紅讀曰工釘頭磷磷多於在庾之粟粒沈休文詩豈若乘舟去俯映石磷磷註磷磷水中石見瓦縫房用切衣會也參差多於周身之帛縷直欄橫檻

於九土之城郭国語展禽曰共工氏之右后能平九土韋昭曰九土九州之土管絃嘔啞多於市人之言語嘔烏侯切啞於加切嘔啞小兒學言使天下之人不敢言而敢怒獨夫之心日益驕固書獨夫紂戍卒叫函谷舉漢書秦二世元年發閭左戍漁陽九百人陳勝吳廣皆為屯長行至蘄會天大雨失期勝廣乃謀舉大計云云勝乃立為王號張楚於是諸郡縣若秦吏暴皆殺其長吏以應勝過秦論秦以區區之地百有餘年然後以六合為家殽函為宮一夫作難而七廟隳又見始皇本紀漢書註今桃林縣南有洪溜澗水即古所謂函谷也其水北流入河夾河之岸尚有舊關餘跡焉楚

人一炬可憐焦土漢書項羽傳羽西屠咸陽殺秦降王子嬰燒其宮室火三月不滅滅六國者六國也非秦也族秦者秦也非天下也漢書高紀秦苛法久矣誹謗者族註族謂誅及其族也嗟乎使六國各愛其人則足以拒秦使秦復愛六國之人則遞三世可至萬世而為君誰得而族滅也史記始皇本紀朕為始皇帝後世以計數二世三世至于万世傳之無窮秦人不暇自哀而後人哀之後人哀之而不鑑之亦使後人而復哀後人也撫言崔[illegible]侍郎[illegible]

命於東都試舉人三署公卿皆祖於長樂舍冠蓋之盛罕有加也時吳武陵任大學博士策蹇而至郾聞其來微訝之迺離席與言武陵曰侍郎以峻德偉望為明天子選才後武陵敢不薄施塵露向者偶見大學生數十輩揚眉抵掌讀一卷文書就而觀之迺進士杜牧阿房宮賦若其人真王佐才也侍郎官重必恐未暇披覽於是搢笏朗宣一遍郾大奇之武陵曰請侍郎與狀頭郾曰已有人曰不得已即第五人郾未遑對武陵曰不爾却請此賦郾應聲曰敬依所教既即席白諸公曰適吳大學以第五人見惠或曰為誰曰杜牧衆中有以牧不拘細行問之者郾曰已許吳君矣牧雖屠沽不能易也

望故園賦本集上知已啓有廬於南山下嘗有耕田嘗書志故作望故園

賦

余固秦人兮故園秦地念歸途之幾里誶余心之未歸兮雖繫日而安至李白惜餘春賦恨不得掛長繩於青天繫此西飛之白日既操心之大謬欲當時之晏技技固薄兮豈易售矧將來之歲幾人固有尚球金印節劉熙釋名印信也所以封物為驗也亦言因也封物相因付也漢書高紀註節以毛為之上下相重取象竹節因以為名將命者持之以為信人固有為背憎面悅擊短扶長曲邀橫結吐片言

千口莫窮觸一機而百關俱發淮南子[illegible]之也若發[illegible]註機弩機開言其疾也嗟小人之顒蒙兮揚子侄侗顓蒙註顓蒙頑愚也尚何念於逸越余之思歸兮走杜陵之西道前漢書地理志杜陵屬長安京兆尹巖曲天深地平木老隴雲秦樹風高霜早周墓漢園斜陽暮草寒四望蜀峯聯嶂蔥蘢氣佳後漢光武紀論望氣者蘇伯阿為王莽使進望見春陵郭曰氣佳哉鬱鬱蔥蔥然蟠聯地壯繚粉堞於綺城直矗未央於天上漢高紀七年蕭何治未央宮月出東

山苔靡向閑長煙苒惹寒水汪瀠遠林雞犬兮樵夫夕還織有桑兮耕有土昆令季强兮卿黨附悵余心兮捨兹而何去憂豈無念念至謂何一魏文帝與吳質書每一念至何時可言憤慍悽悄顧我則多萬世在上兮百世居後中有一生兮䟫為壽夭見下何者為彭殤註生既不足以紉女鄰切佩兮屈平離騷紉秋蘭以為佩註紉結也言己修身清潔採香草以為服飾也顧他務之纖小賦言歸兮詩言告言做余之志世徒

兮紛擾

晚晴賦并序

秋日晚晴樊川子三秦記長安正南曰秦嶺嶺下水北流為秦川一名樊川目于郊園見大者小者有狀類者故書賦云雨晴秋容新沐兮欣遶園而細履面平池之清空兮紫閣青橫遠來照水原化紀終南山紫閣峯去長安城七十里如高堂之上見羅幕兮垂乎鏡裏梁簡文帝鏡銘詩精金成器懸鏡在高堂苑木勢黨伍兮行戶郎切者

如迎偃者如醉高者如達低者如跂去智切足也又舉足也一松數十株切切交峙如冠劍大臣國有急難違立而議竹林外裹兮千萬丈夫甲刃摐摐音窗打鐘鼓也密陣而環侍豈負軍令之不敢囂兮何意氣之嚴毅復引舟于深灣忽八九之紅芰姹然如婦斂然如女墮蘂黦於歇切色疵也又紆勿切黃色也顏似見放棄白鷺潛來兮邈風標之公子窺此美人兮如慕悅其容媚雖

毫於岸側兮綠綠黃紫搖頭色賤兮或妾宦婢閒草甚多叢者束兮靡者杳兮仰風獵日如立如笑兮千千萬萬之狀容兮不可得而狀也若予者則為何如倒冠落佩兮與世闊疎敖敖休休兮爾雅敖敖傲也註傲慢賢者又曰休休儉也註良士節儉真徇其愚而隱居者乎

感懷詩本註時用兵之時

高文會隋季唐書高祖紀贊高祖之興三百可謂盛哉豈非人厭隋亂

而蒙德澤繼以大宗之理制度紀綱云云大宗贊盛哉大宗之烈也其除隋之亂比迹湯武致治之美庶幾成康自古功德兼隆由漢以來未之有也謚曰文提劍徇天意史記高祖曰吾以布衣提三尺劍取天下扶持萬代人步驟三皇白虎通三皇步五帝驟三王馳五霸騖聖云繼之神神仍用文治太宗本紀天宝十二載上尊号為文武大聖大廣孝皇帝玄宗本紀開元二十七年二月己巳群臣上尊号開元聖文神武皇帝憲宗本紀史臣曰憲宗嗣位之初讀列聖實録見貞觀開元故事竦慕不能叙卷淮謂丞相曰大宗之制業如此玄宗之致理如此既覽国史乃知萬倍不如先聖德澤酌生靈沉酣

髓列子楊朱曰人肖天地之類懷五常之性有生之最灵者也旄頭騎箕尾史記旄頭胡星也晉書旄頭黃道之所經也大而數尽動若跳躍者胡兵大起莊子傳説乘東維騎箕尾而比於列星詩史旄頭彗紫微註喻祿山乱中原陷長安也風塵薊門起通典漁陽郡今薊門漢書終軍傳過境有風塵之警臣宜被堅執鋭當矢石啓前行唐書安祿山柳城胡人也為范陽節度使天宝十四載反部郭子儀東討胡兵殺漢兵屍滿咸陽市新唐書天宝十五載六月辛卯蕃將火拔歸仁執哥舒翰叛降于祿山遂陷潼關己亥祿山陷京師宣皇走豪傑新唐書肅宗文明武德大聖大宣孝皇帝諱亨玄宗第三子也開元二十五年皇太子瑛

廢死明年立為皇太子天宝十五載玄宗避賊行至馬嵬父老遮道請留太子討賊玄宗許之七月壬戌裴冕等請太子即皇帝位甲子即皇帝位于灵武尊皇帝曰上皇天帝十一月郭子儀率回紇從安祿山戰于河上敗之淮南子智過万人者謂之英千人者俊百人者豪十人者傑談笑開中否左太冲詠史詩吾慕魯仲連談笑却秦軍詩史述懷詩漢運初中興註凡王室中否而再興謂之中興如周之宣王漢之光武唐之中宗是也蟠聯兩河間地理志蔡州汝南郡淄青齊海等十五州為河南道鎮州常山郡幽州范陽郡等屬河北道兩雍兩河間白魏州盡首終不弭士合切息也號為精兵處齊蔡燕趙魏史記

為鉅鹿守辭於淮陰侯淮陰侯曰公之所居天下精兵処也合環千里疆爭為一家事逆子嫁虜孫西鄰聘東里急熱同手足唱和如宮徵法制自作爲禮文爭僭擬擬字當作儗漢書賈誼傳諸侯王僭儗註儗比也上比於天子儗音擬階螭闕角畫屋龍交尾署紙日替名分財賞稱賜劉隍感呼南切貪欲也萬尋孟子註八尺為尋繚垣疊千雉西京賦繚垣緜聯四百餘里左傳都城過百雉國之害也註方丈曰堵三堵曰雉誓將付孱孫孱士山切劣也又士連切不肖也血縊然方已

本集上刘司徒書約在子與孫孫與子血絕而已九廟仗神靈唐書要開

元十一年玄宗立九廟追尊宣皇帝為獻祖光皇帝為懿祖以備九室四海為

輸委海賊長為委輸註長為委輸言衆水皆委輸送而入于海輸去聲如何

七十年汗赩含羞恥七十年見李集罪言赩迄力切大赤也韓

彭不再生韓信彭越英衛皆為鬼唐書近代称名將者英衛二公

謂英国公李勣衛国公李靖凶門介牙纛淮南子凡国有難君自宮召將

詔之曰社稷之命在將軍耳主親操鉞授將軍曰從此上至天者將軍制之辭而行乃爪

鑿設明衣鑿凶門而出註凶門北出衞之門也詩祈父予王之爪牙乔褰如兒

戲漢書周亞夫為將軍軍細柳以備胡上自勞軍曰嗟乎此真將軍矣曩者霸上棘門

如兒戲耳累聖但日吁閫外將誰寄漢書馮唐傳上古王者遣

將跪而推轂曰閫以內寡人制之閫以外將軍制之屯田數千萬馮續事鑑

始公田曰屯田凡轉運不給則設屯田以益儲隄防常瀦潴淮南子循行国

邑周視原野修理隄防道通溝瀆潴之灒切則也潴之曬切夏則也急征赴軍

須詩史軍須遠筭緜註軍須師旅之費也厚賦資凶器老子兵者凶器

聖人不得已而用之矣因隨畫一法漢書曹參傳蕭何為法講若畫一註

畫一言整齊也且逐隨時利流品極泰雇網羅衛雅

弛夷狄日開張黎元愈𤊾悴楚辭漁父篇顏色憔悴邈

矣遠大平簫然畫頻費至于貞元末鄭侯家傳德宗

初設改元帝謂李泌曰本朝之盛無如貞觀開元各取一字改号貞元風流恣

綺靡文賦詩緣情而綺靡注精妙也艱極泰循來元和聖天

子元和聖天子唐會要憲宗元和十四年七月又上尊号曰圣文神武皇

帝英明湯武上茅茨覆宮殿墨子堯舜堂高三尺土階三等

茅茨不翦采椽不斵漢書註屋蓋曰茨茅茨以茅覆屋也封章縫帷帳漢書

東方朔傳集上書囊以為殿帷縫直莧切說文衣縫解也伍旅拔雄兒雄解

古今註伍一伍之伍五人為伍伍長一曰伍左傳有田一成有衆一旅注五百人為一旅

夢卜庸眞相書高宗夢得說使百工營求諸野得諸傅岩史記太公望呂尚

者東海上人盖嘗窮困年老矣以漁釣干周西伯西伯將出獵卜之曰所獲非龍非彲非

虎非羆所獲霸王之輔於是西伯獵果遇太公於渭之陽與語大說曰自吾先君太公望

子久矣故号之曰太公望載與俱歸立為師勃雲走轟漢武内傳雲氣

勃鬱詩如雷如霆河南一平盪見上蟠聯兩河間註唐書憲宗紀元和九

年淮西節度使吳少陽卒子元濟匿喪自總兵柄朝廷遣使弔祭拒而不納以山南節度

使嚴綬為充申光蔡等州招撫使十年正月嚴綬師師次蔡川界制削奪元濟在身官爵

裴度傳元和十二年李愬李光顏屢奏破賊然國家聚兵淮右四年度支供餉不勝其敝
上亦病之宰相等以勞師敝賦意欲罷兵見上互陳利害度獨無言宰相等出獨留度謂
曰卿能為朕行乎度曰臣誓不與賊偕全臣昨見元濟乞降表料此亦賊勢窮蹙若臣
自赴行營破賊必矣上然之詔度充彰義軍節度申光蔡觀察等使十三年八月度赴淮
西度名雖宣慰其實行元帥事仍以郾城為理所至郾城巡撫諸軍宣達上旨士皆賈勇
十月十一日唐鄧節度李愬襲破懸瓠城擒元濟度自蔡州入朝本集罪言元和中牽天
下兵誅蔡誅齊頓之五年後漢書梁統傳高祖受命誅暴平盪天下繼于長慶
初燕趙終舁襁長慶穆宗年號盡四新唐書紀元和十五年正月穆宗即

皇帝位十月成德軍觀察支使王承元以鎮趙深冀四州歸于有司長慶元年二月劉總
以盧龍軍八州歸于有司八州幽涿檀順瀛莫營平也舁音余對舉也襁居兩切負兒衣
也攜妻負子來北闕爭頓顙故老無兒孫爾
生今有望茹鯁古杏切魚骨也又刺在喉喉尚隘負重力
未壯坐幄無奇兵孫武兵法奇正還相生如環之無端張景陽詩何必
操干戈堂上有奇兵吞舟漏疏網漢書酷吏傳漢興破觚為圜斲琱為樸号
為網漏吞舟之魚註言其疏也鹽鐵論曰明王茂其德教而緩其刑罰網疏吞舟之魚
骨添薊垣沙見上門註薊血濺滹沲山海經大戲之山滹

沲之水出焉在代州繁時縣東秖云徒有征淮南王上書天子之兵有征無
戰莫敢校之安能問無狀漢書劉德傳起居無狀註無狀無善狀也一
日五諸侯奔走如鳥往見本集罪言取之難梯天
失之易反掌枚叔諫吳王書危於累卵難於上天又曰易於反掌安於泰山
蒼然太行路十道志河南道路州有太行山翦翦還榛莽榛木
叢生也莽草深曰莽關西賤男子漢書蕭育傳蕭育杜陵男子也誓肉
虜杯羹漢書項羽傳羽軍廣武相守乃為高俎置大公其上告漢王曰今不急下
吾烹太公漢王曰吾與若俱北面受命懷王約為兄弟吾翁即汝翁必欲烹乃翁幸分我

一杯羹請數係虜事見下賈生註誰其為我聽蕩蕩
乾坤大漢書礼樂志大海蕩蕩註蕩蕩廣大皃曈曈日月明叱
起文武業可以豁洪溟安得封域內長有扈
苗征書啓與有扈戰于甘之野又曰苗民逆命帝乃誕敷文德舞干羽于兩階七旬
有苗格七十里百里孟子以德行仁者王王不待大湯以七十里文王以
百里彼亦何常爭往往念所至得醉愁蘇醒韜
舌辱壯心叫閽無助聲思玄賦叫帝閽使闢扉聊書感
懷韻焚之遺賈生漢書賈誼雒陽人也年十八能誦詩書屬文稱於郡

中文帝召為傳王是時匈奴强侵過天下初定制度踈闊諸侯王僭儗地過古制淮南濟北王皆為逆謀誼數上疏陳政事多所欲匡建其大略曰夫臣竊料匈奴之衆不過漢一大縣以天下之大困於一縣之衆甚為執事者羞之陛下何不試以臣為屬國之官以主匈奴行臣之計請必繫單于之頸而制其命

杜秋娘詩 并序

杜秋金陵女也十道志潤州舊名京口即楚之金陵建業也晉為丹徒隋為潤州東有潤浦故名之吳改為石頭晉諱業改為建康年十五為李錡妾後錡叛滅新唐書李錡淄川王孝同五世孫遷潤州刺史多積奇寶歲時奉獻德宗昵之錡因恃恩驁橫憲宗即位徵王錡為請道行營兵馬使自宜抗信三州進詔錡敗送京師腰斬籍之入宮有寵於景陵景陵憲宗葬穆宗即位命秋為皇子傅姆漢侯切女師也皇子壯封漳王鄭注用事誣丞相欲去已者指王為根王被罪廢削唐書穆宗子懷懿太子湊少雅裕有尋知長慶元年始王漳文宗即位疾王守澄顧狼引支黨撓國謀盡殺之密引宰相宋申錫使為計守澄客鄭注伺知之以告乃誅先事殺申錫又以王賢有中外望因欲株連大臣族夷之乃令神策虞侯豆盧著上飛變且言宮車晏駕則宋訓與申錫邪吏王師文圖不軌訓嘗言上多疾太子幼若冗終第及必漳王立申錫險以金帛王而王亦以珍服厚荅即捕訓等繫神策獄搒掠定其辭誅官群伏閤極言出獄外雜治註等俱事淺乃請下詔貶王帝未之悟因黜湊為巢縣公時大和五年也唐書宋申錫字慶臣擢進士第文宗即位再轉中書舍人復為翰林學士帝惡宦官擅寵震主再致宮禁之變王守澄典禁兵恣放肆欲剗除本根思可與決大義者察申錫忠厚因召對俾與朝臣謀去守澄等且倚以執政申錫頓首謝未幾拜尚書右丞踰月進同中書門下平章事乃除王璠京兆尹密諭帝旨璠漏言而守澄黨鄭注得其謀大和五年遣軍侯豆盧著誣告申錫與漳王謀叛守澄持奏浴堂特遣騎二百屠申錫家官馬存亮爭曰謀反者帥申錫耳當召南司會議不然京師足亂矣守澄不能對乃召三省官御史中丞大理卿京兆尹會中書集賢院雜鞫申錫反狀昱日召宰相群官悉入初議抵著與申京兆尹崔琯大理卿王正雅請出著與申錫劾正情狀帝悟乃貶申錫開州司馬從而頗死者數十百人天下以為冤秋因賜歸故鄉予過金陵感其窮且老為之賦詩

京江水清滑生女白如脂十道志潤州有京江其間杜秋者不勞朱粉施宋玉好色賦東鄰之子施朱則太赤施粉則太白老濞即山鑄漢書吳王濞高祖兄仲之子也故去鼂錯說上曰吳王不改過自新迎盜驕恣公即山鑄錢煮海為鹽誘天下亡人謀作亂逆後庭千雙眉

吳志孫權步夫人以美麗得幸寵冠後庭秋持玉斝醉與唱金縷衣本註勸君莫惜金縷衣勸君須惜少年時花開堪折直須折莫待無花空折枝李錡長唱此辭濞既白首叛秋亦紅淚滋吳江落日渡灞岸綠楊垂唐志關內道灞水註灞水出藍田北入渭聯裾見天子盼眄上疋辨切美目也下莫見切斜視也獨依依椒壁懸錦幕後漢書註椒房者皇后所居以椒泥塗也鏡奩離鹽切盛鏡物匣也蟠蛟螭低鬟認新寵窈嫋復融怡月上白璧門三輔黃圖未央宮正門曰璧門飾以玉璧桂影涼參差金階露新

重開捻乃結乃協二切按也紫簫吹本註晉書盜開涼州張駿塚得紫玉簫莓苔夾城路玄宗紀開元二十年廣花萼樓築夾城至芙蓉園南苑雁初飛詩史哀江頭憶昔霓旌下南苑註唐曲池坊南有南宮紅粉羽林仗古詩娥娥紅粉粧漢宣帝紀羽林孤兒註天有羽林星林諭若林木之盛羽翼鷙擊之意故以名武官焉又百官表取從軍死事者之子弟羽林官教以五兵號曰羽林孤兒少壯令從軍獨賜辟邪旗吳淑錦賦辟邪天馬之奇後漢靈帝紀註辟邪獸名歸來煑豹胎六韜武王伐紂得二大夫而問之曰殷國將有妖乎對曰有殺君陳玉杯[illegible]象箸不盛菽藿之羹必[illegible]豹胎[illegible]不

能飴沈括筆談杜牧杜秋娘詩饜飫不能飴飴乃餳耳若作飲食當音飤拾遺記燕昭王即位二年廣延國來獻善舞者二人一名旋娟一名提漢昭王處以單綃華幄飲以瑞珉之膏飴以珊泉之粟咸池昇日慶淮南子日出暘谷浴于咸池拂于扶桑是謂晨明詩如日之昇銅雀分香悲魏志武帝紀建安十五年冬作銅雀臺遺令曰吾婕妤伎人皆著銅雀臺於其臺堂上施六尺牀張繐帳朝晡設晡糒之屬月朝十五日輒向帳作伎汝等時時登銅雀臺望吾西陵墓田餘香可分与諸夫人雷音後車遠事往落花時燕禖得皇子禮記玄鳥至之日以大牢祠于高禖註玄鳥燕也燕以施生時來巢堂宇而孚乳嫁娶之象也媒氏之官

以為候高辛氏之世玄鳥遺卵娀簡吞之而生契後王以為媒官嘉祥而立其祠焉變媒言禖神之也禖說文祭也古者求子祠高禖壯髮綠緌緌漢書趙皇后傳額上有壯髮類孝元皇帝註壯髮當額前侵下而生今俗呼為圭頭者是也集音綏垂也畫堂授傅姆漢書成帝紀孝成皇帝元帝太子母曰王皇后元帝在太子宮生甲觀畫堂天人親捧持虎睛珠絡褓補抱切說文小兒衣也金盤犀鎮帷西京雜記昭陽殿錦綺為帝犀璩為鎮天寶遺事開元二年冬至交趾國進犀一株色黃金使者請以金盤置於殿中溫溫然有暖氣襲人上問其故使者對曰此辟寒犀也長楊射熊羆長楊賦序上將大誇胡人以多

禽獸秋命右扶風發民入南山張羅網置罘捕熊羆豪猪虎豹狖玃狐兎麋鹿載以檻車
輸長楊射熊館令胡人手搏之自取其獲上親臨觀焉武帳弄啞咿漢書
汲黯傳上嘗坐武帳註武帳織成帳為武士象也啞烏雅切笑聲也咿於夷切喔伊強笑
漸抛竹馬劇續博物志王元長曰小兒五歲日鳩車之戲七歲日竹馬之遊
稍出舞鷄奇異苑魏武時南方獻山鷄帝欲其鳴舞而無由公子蒼舒取大
鏡著其前鷄鑑形而舞不知止遂至死嶄广銜含切嶄岩高也鳌冠珮侍
宴坐瑶池神仙拾遺周穆王滿昭王子也少好神仙嘗欲使車轍馬迹遍於天
下以從黃帝焉乘八駿之馬又觴西王母於瑶池之上眉宇儼圖畫教乘

七發陽氣見於眉宇之間神秀射朝暉一尺桐偶人江充
知自欺漢書江充傳從上甘泉逢太子家使乘車馬行馳道中充以屬吏遂白奏
後上幸甘泉疾病充見上年老恐晏駕後為太子所誅因是為姦奏言上疾祟在巫蠱於
是上以充為使者治巫蠱充將胡巫掘地求偶人遂掘蠱於太子宮得桐木人太子惧不
能自明收充自臨斬之太子由是發後武帝知充有詐夷充三族王幽茅土
削尚書緯天子社東方青南方赤西方白北方黑上冐以黄土將封諸侯各取方土苴
以白茅以為社漢雜事漢興唯皇子封為王者得茅土其他臣以戶賦租入為節不受茅
土不立社秋旋旆鄉歸觚稜拂斗極西都賦上觚稜而棲金爵

註觚稜闕角也註觚八觚有隅者也音孤說文稜柧也柧與觚同迴首尚遲
遲孟子孔子去魯曰遲遲吾行也去父母国之道也四朝三十載唐書
帝紀憲宗在位十五年穆宗四年敬宗二年文宗十四年共四朝三十五年似夢
復疑非潼關識舊吏十道志關內道華州有潼關吏驗已
知緣却嗅吳江渡舟人那得知歸來四鄰改
茂苑草菲菲十道志淮南道茂苑註吳王所作清血灑不盡
仰天知問誰寒衣一疋素夜借鄰人機杼
金陵過閭之謂歔欷漢書張良傳感夫人歔欷流涕自古昔

一貫變化安能推夏姬滅兩國逃作巫臣姬
左傳楚之討陳夏氏也莊王欲納夏姬申公巫臣曰不可君召諸侯以討罪也今納夏姬
貪其色也王乃止子反欲取之巫臣曰是不祥人也是夭子蠻殺御叔弒靈侯戮夏南出
孔儀喪陳国何不祥如是子反乃止王以予連尹襄老襄老死於邲不獲其尸其子黑要
烝焉巫臣使道焉曰歸吾聘女又使自鄭召之曰尸可得也必來逆之姬以告王王問諸
屈巫對曰其信王遣夏姬歸將行謂送者曰不得尸吾不反矣巫臣聘諸鄭鄭伯許之
及共王即位將為陽橋之役使屈巫聘于齊且告師期巫臣盡室以行申叔跪從其父將
適郢遇之曰異哉夫子有三軍之懼而又有桑中之喜宜將竊妻以逃者也及鄭使介反

辭而以夏姬行西子下姑蘇一舸逐鴟夷春秋後語吳王夫差取越越進西施請退軍吳王許之既得西施甚寵之為築姑蘇臺以珠玉飾之初吳王用子胥而霸天下及得西施長遊姑蘇臺宴樂少見子胥子胥諫曰臣恐姑蘇不久為麋鹿之遊王不聽遂賜子胥死越王果與范蠡將兵三千一夜西渡至明當吳中軍下營列陣吳王不意大敗之蘇子瞻水龍吟詞五湖聞道扁舟歸去仍攜西子註世說范蠡既相越平吳之後因取西子遂乘扁舟泛五湖而去史記范蠡既雪會稽之恥適齊為鴟夷子皮織室魏豹俘芳符切說文云軍所獲也作漢太平基漢書高祖薄姬文帝母也父吳人秦時與故魏王宗女魏媼通生薄姬及諸侯畔秦魏豹立為王而

魏媼納其女於魏宮許負相薄姬當生天子豹初與漢擊楚及聞許負言心喜因背漢而中立與楚連和漢使曹參等虜魏王豹而薄姬輸織室豹已死漢王入織室見薄姬有詔納後宮遂幸有身歲中生文帝漢書文帝紀贊專務以德化民是以海內殷富興於禮義誤置代籍中兩朝尊母儀漢書孝文竇皇后景帝母也呂太后時以良家子選入宮太后出宮人以賜諸王各五人竇姬與在行中家在清河願如趙近家請其主遣宦者吏必置我籍趙之伍中宦者忘之誤置籍代伍中籍奏詔可竇姬至代代王獨幸竇姬生女嫖孝惠七年生景帝代王王后生四男先代王未入立為帝而王后卒及代王為帝後王后所生四男更病死文帝立數月公卿請立太子而竇姬男最長立

為太子竇姬為皇后女為館陶長公主光武紹高祖本係生唐兒後漢紀世祖光武皇帝高祖九世之孫也出自景帝生長沙定王發發生舂陵節侯買買生鬱林太守外外生鉅鹿都尉回回生南頓令欽欽生光武史記五宗世家長沙定王發之母唐姬故程姬侍者景帝召程姬程姬有所辟不願進而飾侍者唐兒使夜進上醉不知以為程姬而幸之遂有身已乃覺非程姬也及生子因名曰發珊瑚破高齊作婢舂黃糜北史齊后妃傳馮淑妃名小憐大穆后從婢穆后愛衰以五月五日進之號續命慧黠能彈琵琶工歌舞後主惑之坐則同席出則並馬願得生死一處周師之取平陽帝獵於三堆晉州亟告急帝奔鄴復以淑妃奔青州後主至

長安請周武帝乞淑妃帝曰朕示天下如脫屣一老嫗豈與公惜也仍以賜之及帝遇害以淑妃賜代王達甚嬖之達妃為淑妃所譖幾致於死隋文帝將賜達妃兄李詢令著布裙配舂詢母逼令自殺齊本紀齊高祖姓高氏諱歡鷄跖集馮淑妃小字珊瑚蕭后去揚州突厥為閼氏北史隋煬帝蕭皇后梁明帝巋之女也煬帝甚寵敬焉及帝嗣位立為皇后及帝幸江都臣下離二宇文化及之亂隋軍至聊城化及敗沒於竇建德建德妻曹氏妬悍煬帝妃嬪美人並使出家并后置於武強縣是時突厥處羅可汗方盛遣使迎后建德不敢留遂入於虜庭貞觀四年破突厥以禮致之歸于京師二十一年殂詔以皇后禮於揚州合葬於煬帝陵漢元帝紀竟寧元年春正月匈

奴呼韓邪單于來朝賜單于王嬙為閼氏註王嬙王氏女名嬙字昭君蘇林曰閼氏音焉
支如漢皇后也女子固不定去秋亦難期射鉤後仲
父齊語桓公自莒返至于齊使鮑叔為宰辭曰臣不若夷吾桓公曰夫管夷吾射寡人
中鉤是以濱於死鮑叔曰夫為其君動也君若宥而反之夫猶是也桓公使請諸魯魯公
使束縛以予齊使齊使受而以退比至三釁三浴之桓公親逆之于郊管子桓公謂管仲
曰請致仲父註父者尊於老有德之稱桓公欲尊事管仲故以仲父之号致也釣翁
王者師見上夢卜註肅眞相無國要孟子史記孟子鄒人也受業於
子思之門人道既通游事齊宣王齊宣王不能用適梁梁惠王不果所言則見以為迂遠

而闗於事情當是之時秦用商君富國強兵楚魏用吳起戰勝弱敵齊威王宣王用孫子
田起之徒而諸侯東面朝齊天下方務於合從連衡以攻伐為賢而孟軻乃述唐虞三代
之德是以所好者不合退而与萬章之徒序詩書述仲尼之意作孟子七篇有人
毀仲尼論語叔孫武叔毀仲尼子貢曰無以為也仲尼不可毀也他人之賢者丘
陵也猶可踰也仲尼日月也無得而踰焉人雖欲自絶其何傷於日月乎多見其不知量
也秦因逐客令柄歸丞相斯史記李斯楚上蔡人也西說秦
王拜為客卿會韓人鄭国來間秦以作溉渠已而詐覺秦之大臣皆言秦王曰諸侯人來
使秦者大抵為其主遊間耳請一切逐客斯議在逐中乃上書秦王乃除逐客之令復斯官

後始皇為皇帝以斯為丞相安知魏齊首見斷簀中屍史記
范雎者魏人也字叔游說諸侯欲事魏王家貧無以自資乃先事魏中大夫須賈須賈為
魏昭王使於齊范雎從留數月未得報齊襄王聞雎辯口乃使人賜雎金十斤及牛酒雎
辭謝不敢受須賈知之大怒以為雎知魏國陰事告齊故得此饋令雎受其牛酒還其金
既歸以告魏相魏齊魏齊大怒使舍人笞擊雎折脅摺齒雎佯死即卷以簀置廁中賓客
飲者醉更溺雎故僇辱以懲後令無妄言者雎從簀中謂守者曰公能出我我必厚謝公
守者請出弃簀中死人魏齊醉曰可矣范雎得出亡伏匿更姓名曰張祿秦封范雎以應
号為應侯范雎既相秦秦号曰張祿而魏不知以為范雎已死久矣魏聞秦且東伐韓魏

魏使須賈於秦范雎坐須賈於堂下置莝豆其前令兩黥徒夾而馬食之數曰為我告魏
王持魏齊頭來不然者我且屠六梁魏齊自剄趙王取其頭予秦簀音責床簀也給
喪覽張華廊廟冠義危漢書周勃以織薄曲為生常以吹簫給喪
事高祖初起勃以中涓從文帝即位以勃為右丞相邑萬戶前漢書申屠嘉以材官蹶張
從高祖擊項籍遷為隊率文帝時以御史大夫為丞相封侯珥貂七葉貴
何妨戎虜支漢書金日磾傳贊金日磾夷狄亡国羈虜漢庭而以篤敬寤主
忠信自著勒功上將傳国後嗣世名忠孝七世內侍何其盛也左太冲詠史詩金張籍舊
業七葉珥漢貂註珥插也蘇武却生返漢書蘇武字子卿武帝遣武以中郎

將使持節送匈奴單于欲降之乃幽武大窖中絕不飲食天雨雪武卧嚙雪与旃毛并咽之數日不死匈奴以為神乃徙武北海上使牧羝羝乳乃得歸武杖節牧羊卧起操持節旄盡落昭帝立匈奴与漢和親漢求武等匈奴詭言武死常恵教使者謂單于言天子射上林中得鴈足有係帛書言在某澤中云云武以始元六年春至京師拜為典屬國武留匈奴凡十九歲始以強壯出及還鬚髮盡白鄧通終死飢漢書鄧通以擢船為黃頭郎文帝尊幸之上使善相者相通曰當貧餓死上曰能富通者在我何說貧於是賜通蜀嚴道銅山得自鑄錢鄧氏錢布天下其富如此及文帝崩景帝立通免家居居無何人有告通盜出徼外鑄錢下吏驗主張問頗有遂竟不得名一錢寄死人家

既難測莊子天其運乎孰主張是翻覆亦其宜廣絕交論榮悴富貧存亡約泰循環翻覆迅若波瀾地蓋有何物天外復何之指何為而挺足何為而馳耳何為而聽目何為而窺已身不自曉此外何思惟因傾一樽酒題作杜秋詩愁來獨長詠聊可以自貽

郡齋獨酌黄州作

前年鬢生雪今年鬚帶霜時節序鱗次遞四氣忽鱗次古今同鴈行禮記兄之齒鴈行甘英窮西海四萬

到洛陽後漢西域傳永元九年班超遣掾甘英窮臨西海而還史臣論甘英乃抵條支而歷安息臨西海以望大秦距玉門陽關者四萬餘里靡不周盡焉東南我所見北可計幽荒中晝一萬國角角棊布方博弈論所志不出一枰之上所務不過方罫之間註枰棊局線道也罫線之間方目也吳都賦解署棊布註如棊分布也地頑壓不完天迴老不僵後漢書左迴天屈指百萬世過如霹靂忙人生落其內何者為彭殤莊子天下莫大於秋毫之末而大山為小莫壽於殤子而彭祖為夭天地与我並生而万物与我為一促束自繫縛儒衣寬且

長旗亭雪中過西京賦旗亭五重俯察百隧註旗亭市樓也敢問當壚娘漢書相如之臨邛盡賣車騎買酒舍乃令文君當壚註賣酒之処累土為壚以居酒瓮四边隆起其一面高形如鍛壚故名壚耳而俗之學者皆謂當壚為對溫酒火盧失其義矣我愛李侍中摽摽摽必小切七尺強唐書李光顏字光遠葛旃少穀以騎射無歎其天資粟健已所不逮長從河東軍為裨將元和九年討蔡以陳州刺史充忠武軍都知兵馬使踰月擢本軍節度使詔以其軍當一面光顏乃壁殷水明年大破賊時曲初時晨壓其營以陣衆不得出光顏毀其柵將數騎突入賊中返往一再衆識光顏矢集其身如蝟子攪馬觀諫無深入光顏挺刃叱之於是士爭奮賊

乃潰兆當此時諸鎮兵環蔡十餘屯相顧不肯前惟光顏先敗賊始裴度宣慰諸軍還為憲宗言光顏勇而義必立功十一年屢困賊遂拔凌雲柵捷奏入帝大悅厚賚其使進檢校尚書左僕射十二年四月敗賊於郾城去云裴度築赫連城於沱口率輕騎觀之賊以奇兵自五溝至大呼薄戰城為震度危甚光顏力戰却之先是光顏策賊必至密遣田布伏精騎溝下扼其歸賊敗奔騎去顛死溝中者千餘由是賊恐銳士當光顏而李愬得乘虛入蔡矣光顏躍馬入賊營大呼衆萬餘人投甲請命賊平加檢校司空入朝召對麟德殿賜与蕃渥命宴其第穆宗立召還贈開化里第加同中書門下平章事還軍進兼侍中敬宗初直拜司徒寶曆二年卒年六十六贈大尉謚曰忠 白羽八札弓

鮑明遠擬古詩留我一白羽註白羽矢名左傳券由基蹲甲射之徹七札列女傳晉平公使工入為弓三年乃成射不穿一札公怒將殺工其妻見公曰妾之夫造此弓勞矣幹生大山之阿一日三覩陽傳以燕牛之角纏以荊麋之筋附以河魚之膠此四者天下之選也不穿一札是君不能射也而反欲殺妾之夫不亦謬乎妾聞射之道左手如拒右手如附枝右手發之左手不知此射之道也公以其言為儀而穿七札工得出賜金三鎰註云札鎧札也燕角善楚筋細河膠黏 壁歷綠檀槍看道甲開山圖河東有跡頭山多青檀可以為良弓 風前略橫陣紫髯分兩傍三国志張遼問吳降人向有紫髯將軍長上而短下便馬善射是誰降人曰是孫會稽仲謀也注

西萬虎士怒目不敢當見上李侍中註又見韓公平淮西碑 功成賜宴麟德殿韓文李愬墓銘元和十三年公與忠武軍節度使司空光顏俱來朝上為之燕三殿張百戲公卿侍臣咸與 猿超鶻掠廣毬場西京賦臨迥望之廣場程角觝之修戲 三千宮女側頭看後漢書皇后紀論自武元之後世增淫費至乃掖庭三千增級十四 相排蹴碎雙明璫洛神賦獻江南之明璫註耳珠曰璫 旌竿標標旗燿燿意氣橫鞭故鄉我愛朱處士謂朱道靈三卷有贈詩後漢書劉寬傳註處士有道藝而在家者 三吳當中央十道志蘇州註秦始皇二十五

年以越并吳丹陽吳興三郡是為三吳 罷亞本註稻名 百頃稻西風吹半黃尚可活鄉里豈唯滿囷倉後嶺翠撲撲普朴切拂著也 前溪碧泱泱詩瞻彼洛矣維水泱泱 霧曉起皂鴈日晚下牛羊詩日之夕矣牛羊下來 叔舅欲飲我社甕爾來嘗伯姊子欲歸彼亦有壺漿西阡下柳塢東陌繞荷塘姻親骨肉舍煙火遥相望太守政如水漢書郡守秦官掌理其郡秩二千石景帝中元二年更名郡守為太守詩史政化平如水 長官貪似狼語林以縣令為長官以縣丞為

賛府漢書項羽傳猛如虎狠如羊貪如狼強不可令者皆斬征輸一云畢
任爾自存王我昔造其室羽儀鸞鶴翔揚鴻漸干
陸其羽可用為儀幽通賦皇紀而鴻漸兮有羽儀於上京十交橫碧流上
竹映琴書牀出語無近俗堯舜禹武湯問今
天子少唐書文宗本紀文宗元聖昭憲孝皇帝諱昂穆宗第二子元和四年十月
十日生長慶元年封江王寶曆二年十二月八日敬宗遇害乙巳即位于宣政殿開成五
年正月上崩於大明宮之大和殿享壽三十三誰人為棟梁晉書庾敳見和
嶠而歎曰森森如千丈松施之大廈有棟梁之用我曰天子聖晉公

提紀綱聯兵數十萬附海正誅滄舊唐書文宗紀大和
四年九月壬午以守司徒平章事晉国公裴度守司徒兼侍中充山南東道節度
使裴度傳滄景節度使李全略卒其子同捷竊弄兵柄以求繼襲度請行誅伐踰年而同
捷誅因拜疏上陳調兵食非宰相事請俟諸有司詔從之謂言大義小不
義取易席卷如探囊漢書高紀樂毅石建傳卷三秦莊子胠篋探囊
犀甲吳兵鬪弓弩周礼冬官函人為甲犀甲七屬兕甲六屬合甲五屬
犀甲壽百年兕甲壽二百年合甲壽三百年虵矛燕騎馳錚鏦晉書
載記晉將陳安與劉曜力戰敗道山谷間雅從人斬之隴上人歌曰隴上壯士曰陳安軀

幹雖小腹中寬愛養壯士同心肝文八蛇矛左右盤七尺刀奮如湍豈知三載
凡百戰本集罪言昨日誅滄頓之三年漢書武安君百戰百勝鉤車不
得望其牆毛萇詩傳夏后氏曰鉤車先正也殷曰寅車先疾也周曰元戎先良也
也鄭玄云鉤鉤衍曲直有正也般縈答云此山外有事同胡羌
誰將國伐叛話與釣魚郎溪南重迴首一逕
出脩篁爾來十三歲按本集大和四年陪沈公自江西幕移鎮宣城
會昌二年七月出守黃州自會昌二年逆數至大和四年十三歲矣斯人未曾
忘往往自撫已淩下神蒼茫御史詔分洛唐書

本傳擢監察御史分司東都舉趾何倡狂左傳舉趾高心不固矣闕
下諫官業拜疏無文章尋僧解幽夢乞酒緩
愁腸豈為妻子計未去山林藏平生五色線
願補舜衣裳易皇帝堯舜垂衣裳而天下治詩袞職有闕惟仲山甫補之
絃歌教燕趙論語子之武城聞絃歌之声莞爾而笑曰割雞焉用牛刀蘭
芷浴河湟楚詞浴蘭湯兮沐芳華又曰蘭芷変而不芳兮新唐書吐蕃
本西羌屬蓋百有五十種散処河湟江岷間賛曰吐蕃贊普迴鶻号強雄為中國害最久
賛普遂盜河湟盡腥羶一掃洒嵇康絕交書漫之羶腥註羶亦腥也又羊

羊見也音尸連切兕很皆披攘曹子建責躬詩朱旗所拂九土披攘注披攘猶披靡也生人但眠食壽域富農桑漢書王吉上疏陛下驅一世之民躋仁壽之域則俗何以不若成康壽何以不若高宗也孤吟志在此自亦笑荒唐莊子天下篇荒唐之說叙文謂荒唐廣大無域畔也江郡雨初霽刀好截秋光池邊成獨酌擁鼻菊枝香醺酣更唱太平曲仁聖天子壽無疆唐書武宗紀會昌二年四月乙丑太子太保牛僧孺等上章請加尊号曰仁聖文武至神大孝

皇帝

張好好詩并序

牧大和三年佐故吏部沈公江西幕唐書沈傳師字子言材行有餘貞元末宰進士從登制科授太子校書郎召入翰林為学士改中書舍人出為湖南觀察使宝曆二年入拜尚書左丞復出江西觀察使徙宣州入為吏部侍郎卒年五十九贈尚書傳師性夷粹無競更二鎮十年無書賄入權家初拜官宰相欲以姻私托幕府者傳師固拒曰誠爾願罷所授其僚佐如李景讓蕭寘杜牧極當時選故好好年十三始以善歌來樂籍中後一歲公移鎮宣城復置好好於宣城籍中後二歲為沈著作述師以雙鬟納之後二歲於洛陽東城重覩好好感舊傷懷故題詩贈之

君為豫章姝新唐書地理志江南道洪州有豫章郡領內南昌縣本豫章武德五年析置鍾陵縣十三纔有餘翠茁測劣止律二切草生兒鳳生尾丹葉蓮含跗甫無切足也高閣倚天半新唐書王勃字子安道出鍾陵九月九日都督大宴滕王閣宿命其婿作序以夸客因出紙筆徧請客莫敢當至勃沉然不辭公又據言王勃著滕王閣序時年十四都督閻公不之信勃雖在坐而閣公意屬子婿孟学士者為之已宿搆矣及以紙墨巡讓賓客至勃略不辭讓

公大怒拂衣而起專令人伺其下筆第一報云南昌故郡洪都新府公曰亦是老生常談又報云星分翼軫地接衡廬公聞之沉吟不言又云落霞与孤鶩齊飛秋水共長天一色公矍然而起曰此真天才矣遂亟請宴所極歡而罷章江聯碧虛十道志江南道洪州有豫章江註江連九江此地試君唱特使華筵鋪主公顧四座始訝來踟躕吳娃起引贊刻詞林吳都賦註吳俗謂好女為娃低徊映長裾雙鬟可高下纔過青羅襦梁王僧孺寵姬詩玉釵時可掛羅襦詎難解盼盼乍垂袖一聲離鳳呼繁絃迸關紐塞管裂圓蘆漢書切茄

者胡人卷蘆葉吹之作樂李延年因胡曲更造新聲以為武樂有出塞入塞之曲衆

音不能逐裊裊穿雲徧玉公再三嘆謂言天

下殊贈之天馬錦見上碑卯旗注副以水犀梳韓昭越語犀狀似豕而大今徼外所送有山犀有水犀兩陽雜紐碎壓犀為簪梳塵不著髮龍

沙看秋浪廣記許真君傳豫章有龍沙洲明月遊東湖自此

每相見三日已為疎玉質隨月滿拾遺記蜀先主甘后生於賤微里中相者云此女後貴位極宮掖乃后長而體貌特異至十八玉質柔肌態媚容冶先主召入綃帳中於戶外理者如月下聚雪豔態逐春舒絳脣

漸輕巧蕪城賦東都妙姬南國佳人蕙心紈質玉兒絳脣雲鬟轉虛

徐爾雅其麗其徐威儀容止也旌旆忽東下晚公移鎮宣城笙歌

隨舳艫漢書武記舳艫千里注舳後持拖處也艫舡前頭刺櫂處也霜凋

謝樓樹李翰林集有秋夜登宣城謝朓北樓詩沙暖句溪蒲李翰林集宣州別事少府詩洗心句溪月清耳敬亭猨身外任塵土鐏前

極權娛飄然集仙客本註著作嘗任集賢校理廣記陶洪景率姓輕塵飄飄然桓有雲間興唐六典開元十三年召學士張說等宴於集仙殿於是改名集賢殿

諷賦欺相如陽子法言或曰賦可以諷乎曰諷則已不已吾恐不免於勸也如孔氏之門用賦也則賈誼升堂相如入室漢書相如事景帝帝不好詞賦因病免遊梁乃著子虛賦上讀子虛賦而善之相如曰此乃諸侯之事未足觀請為天子遊獵之賦其卒章歸之於節儉因以風諫騁之碧瑤珮載以紫雲車

漢武內傳王母乘紫雲車駕九色斑麟洞閑水聲遠月高蟾影

孤五經通義月中有兔與蟾蜍何月陰也蟾蜍陽也而與兔並明陰係於陽也爾

來未幾歲散盡高陽徒史記酈生傳沛公至高陽傳舍使人召酈生酈生曰吾高陽酒徒也非儒人也洛城重相見婥婥昌若切美兒

為當壚註見上怪我苦何事少年垂白鬢朋遊

今在否落拓更能無廣記杜子春落拓不事產業門館慟

哭後舊唐書文宗本紀大和九年四月吏部侍郎沈傳師卒晉書謝安傳羊曇者大山人知名士也為安所愛重安薨後輟樂彌年行不由西州路嘗因石頭大醉扶路唱樂不覺至州門左右白曰此西州門曇悲感不已以馬策扣扉誦曹子建詩曰生存華屋處零落歸山丘因慟哭而去水雲秋景初斜日樹褭褭涼風

坐歷隅灑盡彌衿淚短歌聊一書

冬至日寄小姪阿宜詩

小姪名阿宜未得三尺長頭圓筋骨緊[illegible]臉

明且光去年學官人竹馬遶四廊竹馬上註見指
揮群兒輩意氣何堅剛今年始讀書下口三
五行隨兄且夕去斂手整衣裳去歲冬至日
拜我立我旁祝爾願爾貴仍且壽命長今年
我江外今日生一陽易復卦䟽冬至一陽生憶爾不可
見祝爾傾一觴陽德比君子初生甚微茫排
陰出九地孫子善守者藏於九地之下善攻者動於九天之上萬物隨
開張一似小兒學日就復月將詩日就月將勤勤

不自已二十能文章仕官至公相致君作堯
湯我家公相家劍珮嘗丁當舊第開朱門長
安城中央第中無一物萬卷書滿堂家集二
百編唐書杜佑字君卿佑貧嗜學雖貴猶夜分讀書先是刘秩撫百家倣周六官法
為政典三十五篇房琯孫才過刘向佑以為未尽因廣其闕參益新礼為二百篇自号通
典上下馳皇王多是撫州寫今來五紀強孔安國尚書傳十二年曰紀尚可與爾讀助爾為賢良經書
刮根本史書閱興亡高摘屈宋艷濃薰班馬

香謝靈運傳論屈平宋玉導清源於前賈誼相如振芳塵於後自兹以降情志愈廣王
褒刘向揚班崔蔡之徒異軌同奔遞相師祖李杜泛浩浩韓柳摩
蒼蒼近者四君子與古爭强梁老子強梁者不得其死
願爾一祝後讀書日日忙一日讀十紙一月
讀一箱朝廷用文治大開官職場願爾出門
去取官如驅羊晋紀揔論擾天下如驅群羊註驅群羊言易也吾兄
苦好古學問不可量晝居府中治夜歸書滿
牀後貴有金玉必不為爾藏新唐書杜佑子式方式方子杜

悰式方孫從御子杜牧旧唐書悰以蔭三任太子司議郎元和九年選尚公主召見于麟
德殿尋尚岐陽公主加殿中少監駙馬都尉岐陽憲宗長女會昌中拜中書侍郎同中書
門下平章事尋加左僕射大中初出鎮西川徵復入相加司空繼加司徒歷鎮重藩至是
加大傅郊国公崔昭生崔芸李兼生窟郎唐書齊映傳李兼為
江西獻六尺銀瓶堆錢一百屋破散何披猖蛍良切猖狂也
韓公詩說怪相披猖今雖未即死餓凍幾欲僵參軍與
縣尉塵土驚劻勷上音匡下洪羊劻勷遑迫兒一語不中
治笞箠身滿瘡遯齋閒覽參軍簿尉管杜甫詩云脫身簿尉中始与箠

楚辭韓愈云判司卑官不敢說未免捶楚塵埃間杜牧云參軍而縣尉塵土驚劻勸一語不中治苦筵身蒲磨以此知唐之參軍簿尉有過即受笞杖之刑猶今胥吏官罷得絲髮唐書張柬之傳於國家無絲髮之利好買百樹桑稅錢未輸足得米不敢嘗願爾聞我語懽喜入心腸大明帝宮闕唐會要貞觀八年營永安宮至九年改名大明宮以備太上皇清暑咸亨元年改為含元殿長安元年又改為大明宮杜曲我池塘詩史杜曲幸有桑麻田註杜曲在長安俗云城南韋杜去天尺五言近京我若自潦倒嵇康書曰足下舊知吾潦倒麤疏不切事情看汝爭翱翔

語諸少道此詩不可忘晉書王羲之字逸少司徒導之從子也深為從伯敦導所器重敦嘗謂羲之曰汝是吾家佳子弟阮裕目羲之與王承王悅為王氏三少時太尉郗鑒使門生求女婿於導導令就東廂遍看子弟門生歸謂鑒曰王氏諸少並佳然聞信至咸自矜持唯一人在東床坦腹食獨若不聞鑒曰正此佳婿也訪之乃羲之也遂以女妻之

李甘詩唐書李甘字和鼎長慶末第進士舉賢良方正異等累擢侍御史鄭[illegible]註[illegible]中求宰相朝廷譁言將用之甘倡曰[illegible]相代天治物者當先德望後文[illegible]何[illegible]得宰相白麻出必壞之既[illegible]乃[illegible]適僧為鄭坊節度使甘坐輕

肆貶封州司馬而李訓內亦惡註繇是註卒不相甘終于貶大和八九年文宗年號盡九年訓注極虓虎[illegible]鄭註始以藥術遊長安元和中李愬為襄陽節度使註往依之愬得其藥力因厚遇之從愬移鎮徐用又為戎事註詭辯陰狡善探人意旨與愬籌謀未嘗不中其意軍政可否與之參決然挾邪任數專作威福時王守澄監徐軍深惡註白于愬愬曰彼奇才也將軍試與之語及見註與語恨見之晚也及守澄入知樞密投註通王府司馬神策判官中外騷歎文宗召註對浴堂門賜錦綵召劉之乂彗出東方長三尺光輝甚緊尋遷工部尚書翰林侍講學士李訓已在禁廷兩奸合從天子益[illegible]其說李訓者進士擢第形貌魁梧神情灑落辭敏智捷

善揣人意李逢吉訓之從父也逢吉為河南尹思復為宰相且深惡裴度訓揣知其意即以奇計動之自言與鄭註善逢吉以為然遺訓金帛珍寶數百萬令持入長安以賂註註得賂甚悅因薦于中尉王守澄乃以注之藥術訓之易道合薦于文宗帝見甚奇之俄遷翰林侍講學士兩省諫官伏閤切諫言訓姦邪不宜令侍宸扆文宗終不聽訓在翰林講易之際語及巷伯之事則再三憤歎以動上心上謀於訓註自是二人寵幸言無不從俄授訓禮部侍郎平章事訓既秉權即謀誅內豎中官陳弘慶自元和末負弒逆之名時為襄陽監軍召而杖殺於青泥驛復酖殺王守澄訓愈[illegible]天下之人有望訓以致大平者不[illegible]其言訓雖為鄭註引用勢不兩立[illegible]翔節度使[illegible]內堅即兼

圖註乃以郭行餘為邠寧節度使王播為大原節度使羅立言知京兆尹事韓約為金吾事翼行餘王播未赴鎮間廣令召募豪俠及金吾臺府之從者俾集其事二十一日帝御紫宸韓約奏金吾左仗院宅石榴樹夜來自有甘露李訓奏請親幸左仗觀之班退上乘軟輿出紫宸門昇含元殿令內臣先往視之中尉樞密至左仗聞幕下有兵声驚恐走出迎帝入內訓攀輦呼曰陛下不得入內帝瞋目叱訓內官郗志榮奮拳擊訓胷即仆於地須臾內官率禁兵露刃出閤門遇人即殺宰相王涯賈餗舒元輿聞難走出訓單騎入終南山投僧宗密乃趨鳳翔欲依鄭註為盩厔鎮將所得械送京師訓恐受搒掠乃謂兵士曰所在有兵得我者即富貴不如持我首行乃斬訓行註聞訓事發自鳳翔率兵五百餘人赴闕至扶風聞訓死乃還監軍使已得密詔斬註傳首京師籍沒其家財得絹一百萬疋他貨稱是王涯賈餗舒元輿王播等並族誅涯等十一家資貨並為軍士所分昭義軍節度使劉從諫上三章求示涯等三相辠名仇士良頗懷憂恐宦官等兇焰稍息士人賴之詩蓋厥武臣闞如虓虎潛身九地底九地已出上轉上青天去四海鏡澄清千官雲片縷公私各閑暇追遊日相伍豈知禍亂根枝葉潛滋茂九年夏四月天誡若言語烈風駕地震獰雷驅猛雨夜於正殿階拔去千年樹新唐文宗紀大和九年四月辛丑大風拔

木落含元殿鴟尾壞門觀吾君不省覺二宄日威武李訓鄭註操持北斗柄開閉天關路後漢書李固待詔曰令陛下之有尚書猶天之有北斗也斗為天之喉舌尚書亦為陛下喉舌斗斟酌元氣運平四時尚書出納王命賦政四海韓公詩譬相北斗柄兩手自相接森森明廷士縮縮循牆鼠左傳夫鼠晝伏夜動不穴於寢廟畏人故也柳子鶻說鼠不穴寢廟循牆而走平生負名節一旦如奴虜指名為錮黨後漢書有黨錮傳狀跡誰告訴喜無李杜誅後漢書靈帝紀建寧二年中常侍侯覽諷有司奏捕前司空虞放大僕杜密長樂少府李膺等皆為鉤黨下獄死者百餘人妻子徙邊諸附從者錮及五屬杜密傳密迁河南尹轉大僕黨事起免歸本郡与李膺俱坐而名行相次故時人亦稱李杜焉敢憚髡鉗苦史記季布楚人也項籍使將兵數窘漢王及項羽滅高祖求布千金季布匿濮陽周氏周氏迺髡鉗布衣葛衣并与其家僮數十人之魯朱家所賣之朱家心知是季布迺買而置之田朱家之洛陽見汝陰侯滕公謂曰季布何大罪而上求之急也臣各為其主用季布為項籍用職耳項氏臣可盡誅耶滕公待閒果言如朱家指上迺赦布時當秋夜月日直日庚午喑喑傳言明晨相登涖予時與和鼎官班各持斧漢書百官公卿表侍御史有繡衣直指出討姦

猾儁不疑傳暴勝之為直指使者衣繡衣持斧逐捕盜賊督課郡国本集大和九年為監察御史和鼎顧予云我死有處所左傳其友謂狼瞫曰盍死瞫曰吾未獲死所當逹掣詔書退立須鼎俎天官內饔王舉則陳其鼎俎以牲体實之註於鑊以實鼎取於鼎以實俎取君門曉日開諸案横霞布儼雅千官容昔靈光殿賦儼雅不動皃註勃欝吾纍怒風賦勃煩冤揚雄反離騷敘予楚之湘纍又曰陵陽侯之素波兮豈適屬吾纍之獨見許註諸不以罪死曰纍荀息仇牧皆是屈原赴湘死故曰湘纍命鄜將唐書文宗紀大和九年八月甲申以左神策軍大將軍魏仲卿為鄜坊節度使昨之傳者誤明日詔書下謫佇南荒去夜登青泥坂郡国志與州青泥嶺懸崖萬仞上多雲雨屢成泥淖遂以為名墜車傷左股病妻尚在牀稚子初離乳幽蘭思楚澤楚辭結幽蘭兮延佇恨水啼湘渚史記屈原投汨羅以死賈誼弔屈原文造託湘流兮敬弔先生註汨羅水流入湘川李白行路難屈原終投湘水濱怳怳三閭魂西都賦魂怳怳以失度楚辭漁父篇屈原既放江潭行吟澤畔顔色憔悴形容枯槁漁父見而問之曰子非三閭大夫歟何故至於斯註三閭大夫屈原故官悠悠一千古其冬二鳬敗滄浮開湯罟易汭汗其

大號史記成湯出見野張網四面祝曰自天下四方皆入吾網湯曰嘻盡之矣乃去其三面祝曰欲左左欲右右賢者須喪亡讒人尚誰諸予於後四年諫官事明主本集啓文宗改号開成初年為御史分察東都至二年聞顗病眼告滿自東下見病弟于揚州其年秋末自揚州入宣州幕至三年冬除補闕四年二月兆渡赴官帝欲雪幽冤於時一禪補拜章豈艱難冀膽薄多憂懼原化記人有勇怯必由膽氣膽氣盛自無所顧可謂丈夫如何千斗氣晉書張華傳斗牛之間常有紫氣華聞雷煥妙達緯象問之煥曰寶劍之精在豫章豐城即補煥豐城令到縣掘獄屋基得一石函光氣非常中有双劍送一劍與華留一劍自佩華得劍報煥曰詳觀劍文乃干將也莫邪何復不至雖然神物終當合耳竟作炎荒土題此涕滋筆以代投湘賦漢書賈誼傳天子以誼為長沙王大傅誼既以謫去意不自得乃渡湘水為賦以弔屈原

洛中送冀處士東遊詩

處士有儒術走可挾車輈左傳公孫閼與潁考叔爭車潁考叔挾輈以走註輈車轅也壇宇寬柗柗荀子儒効君子言有壇宇行有方表註累土為壇宇屋邊也言有壇宇謂有所尊高也行有方表謂有所準也

靜也符彩高酋酋蜀都賦符彩彪炳暉麗灼爍詩史符彩高無敵聰明達所為酋自秋切長也不愛事耕稼不樂干王侯四十餘
年中超超為浪遊元和五六歲客于幽魏州
幽魏多壯士意氣相淹留劉濟頗跪履唐書刘济
傳貞元五年還左僕射充幽州節度使時烏桓鮮卑數寇边刘濟師軍擊走之深入千餘里
虜獲不可勝記東北晏然漢書張良遊下邳圯上有一老父衣褐至良所直墮其履圯下
顧謂良曰孺子下取履良愕然欲毆之為其老乃強忍下取履因跪進父以足受之笑去
里所復還曰孺子可教矣田興請肄詩唐書憲宗紀七年魏博節度使田季

安卒其子懷諫自稱知軍府事季安之將田興以六州歸于有司季安本傳立其子懷諫
最幼不能事政決於私奴蔣士則數易置諸將軍中怒取田興為留後唐書肄籌过樓
處士拱兩手笑之但掉頭詩史巢父掉頭不肯住自此
南走越漢書季布傳北走胡南走越尋山入羅浮羅浮山記山高
三千丈長八百里舊說浮山從會稽來傅于羅山故稱傅羅今羅浮山上獨有東方草木
日南志羅浮山本蓬萊山一峯也有瑶房瑶室七十二所顧學不死藥世說
蓬萊有群仙及不死之藥粗知其來由都於童頂上蕭蕭
玄鬓抽謝惠連詩各勉玄鬓歡無貽白首歎我作八品吏通典監察

御史從八品洛中如繫囚事見上諫官明主註忽遭冥處士
谿若登高樓拂褐與之坐十日語不休論今
星璨璨考古寒飕飕治亂搖根本蔓延去聲相
牽鉤寡婦賦顧葛藟之蔓延武事何駿壯文理何優柔
顏回捧俎豆項羽橫戈矛祥雲繞毛髮高浪
開咽喉但可感鬼神安能為獻酬好入天子
夢刻像來爾求見上夢卜甫真相註胡為去吳會魏文帝雜
詩吳會非我鄉安能久留滯詩史輕舟下吳會註都會之會也謂當全吳都會之地欲

浮滄海舟贈以蜀馬鞭雍端公以馬鞭贈送鄭州裴巡官詩採鞭
曾上蜀山遙斷斷雲根下石橋副之胡蜀褒爾雅麓蜀也郭璞曰毛麓所以
為蜀舍人曰麓謂毛蜀也胡人績毛作衣文蜀西胡毳布音居例切餞酒載三
斗東郊黃葉稠我感有淚下君唱高歌謂萬
山高萬尺洛水流千秋十道志河南道洛州有洛水嵩高山往
事不可問天地空悠悠四百年炎漢歷代統記東西
兩漢自高祖盡獻帝通王莽合二十四帝四百二十六年東觀漢記亭漢以炎精布耀或
幽而光三十代宗周左傳成王定鼎于郟鄏卜世三十卜年七百天所命

也詩赫赫宗周二三里遺堵八九所高丘人生一世
內何必多悲愁歌闋張良傳高祖謂數闋解攜去信非
吾輩流

送沈處士赴蘇州李中丞招以詩贈行

山城樹葉紅下有碧溪水溪橋向吳路酒旗
誇酒美下馬此送君高歌為君醉念君包材
能百工在城壘空山三十年鹿裘挂窓睡漢書
司馬遷傳夏日葛衣冬日鹿裘自言隴西公飄然我知己史記
晏嬰傳君子伸於知己屈於不知己舉酒屬吳門令朝為君起
懸弓三百斤東觀漢記蓋延彎弓三百斤囊書數萬紙戰
賊即戰賊為吏即為吏盡我所有無惟公之
指使予曰隴西公滔滔大君子楚辭註滔滔盛皃常
思掄群材新序子貢曰獨不聞子產相鄭乎掄材推賢抑惡揚善一為
國家治譬如匠見木礙眼皆不弃大者麤十
圍漢書枚乘傳十圍之木始生如蘖小者細一指楷擑與楝
梁揩先結切限也擑其月切門𨷲也施之皆有極怨然豎明

堂孝經援神契明堂者天子布政之宫一揮立能致予亦何為
者史記項羽本紀樊噲瞋目視項王頭髮上指目眦盡裂項王按劒跪曰客何為者張
良曰沛公驂乘樊噲者也亦受公恩紀曹植表廢恩紀之違甚於路人註恩
紀謂應有恩情相紀錄処皆如路人也處士常有言殘虜為犬
豕常恨兩手空不得一馬箠令依隴西公如
虎搏兩翅東京賦虣氏搏獸擇肉西邑李善註虣秦魏也周書無為虎搏翼將
飛入邑擇人而食也搏翼謂若翼也搏與附同公非刺史材堂堂嚴
廊地漢書董仲舒傳遊於岩廊之上註堂邊廡嵓廊嵓峻之廊也處士鬼
奇姿必展平生志東吳饒風光翠巘多名寺
踈煙疊疊秋無匪切美皃獨酌平生思因書問故
人能忘批疋迷切紙尾公或憶姓名為說都憔
悴

長安送友人遊湖南

子性劇弘和愚衷深褊狷上方緬切急也陝也下古縣切褊急
也相捨嚬誂中吾過何由鮮楚南饒風煙湘
岸苦縈宛山密夕陽多人稀芳草遠青梅鬱

枝低班筍新梢短莫哭葬魚人楚詞漁父篇屈原曰寧赴湘流葬於江魚腹中安能以皓皓之白蒙世俗之塵埃乎酒醒且眠飯

皇風

仁聖天子神且武見上仁聖天子壽無疆註内興文教外披攘詩車攻宣王復古也宣王能内修政事外攘夷狄復文武之境土以德化人漢文帝見上作漢大平基註側身修道周宣王詩雲漢仍叔美宣王也宣王承厲王之烈内有撥亂之志遇烖而懼側身修行欲銷去之天下喜於王化復行远音剛蹊巢穴盡空塞西[illegible]獸

徑也杜塞也禮樂刑政皆弛張礼張而不弛文武不能也何當提筆待巡狩東坡詩史補註李斯曰丈夫見提筆鼓吻取富貴易若舉杯盂子巡狩者巡於守也前驅白旆弔河湟前漢司馬相如至蜀太守已下郊迎縣令負弩矢先驅詩織文鳥章白旆央央河湟已出上

雪中書懷

臘雪一尺厚雲凍寒頑癡狐城大澤畔人踈煙火微憤悱欲誰語論語不憤不啓不悱不發憂慍不能持天子號仁聖任賢如事師[illegible]治具漢書

法令者治之具大小無不施明達開廣敞才俊受羈維如日月恒升詩如月之恒如日之升若鸞鳳葳蕤景福駐流羽毛之葳蕤註葳蕤毛羽美貌人才自朽下棄去亦其宜北虜壞亭障開屯千里師牽連久不解他盜恐旁窺史記始皇乃使蒙恬發兵三十万人北擊胡畧取河南地城河上為塞又使蒙恬渡河取高闕陶山北假中築亭障舊唐書武宗紀會昌二年八月廻鶻烏介可汗過天德至把頭峯北俘掠雲朔北川詔刘沔出師守鴈門諸關三年二月刘沔奏昨率諸道之師至大同軍遣石雄襲迴鶻牙帳雄大敗廻鶻於殺胡山烏介可汗被創而走迎得

大和公主至雲州是日御宣政殿百寮稱賀本集上李司徒論用兵書以某愚見不言刈積慾不能取貴欲速擒免生他患昨者北虜才畢穫生上黨賴相公廟筭深遠北虜即日敗上倘使北虜至今尚存蹤迹猶須轉戰迴鶻上黨豈能討天下雖言無事若上黨又不能爵別生患難此亦非難自古皆因攻伐未辭旁有他變從孫子曰兵聞拙速未睹巧之知也漢書高紀吾入開封府庫臣待將軍所以守開者備他盜也實有長策彼可徐鞭笞如蒙一召議食肉寢其皮左傳襄公二十一年知起中行喜州綽邢蒯出奔齊晉大夫齊莊公朝指殖綽郭最曰是寡人之雄也州綽曰君以為雄誰敢不雄然臣不敏平陰之役先二子鳴莊公為勇爵殖綽郭最与

馬州綽曰東閭之役臣左驂迫還於門中識
其枚數其可以與於此乎公曰子為晉君也
對曰臣為隸新然二子者譬於禽獸臣食其肉而寢處其皮矣 斯乃廟堂事
淮南子運籌於廟堂之上而決勝乎千里之外通典明堂者明諸侯之尊卑東曰青陽南
曰明堂西曰總章北曰玄堂中央曰大廟 爾微非爾知向來躐等
語 戴礼學不躐等 長作陷身機 燕太子丹西質於秦秦王不礼丹乃求歸
秦王曰待烏頭白馬生角當放子歎太子仰天而歎烏為之白頭馬為之生角秦王大驚
乃遣丹故秦王使人為機發之橋欲陷丹丹過而橋不發橋下乃有二龍負之丹遂得歸
行當臘欲破酒齊 去声 不可遲 周禮酒正辨五齊之名一曰泛
齊二曰醴齊三曰盎齊四曰醍齊五曰沈齊 且想春候暖甕間傾

一危

雨中作

賤子本幽慵 漢書王邑請召賓邑稱賤子 多為儁賢侮得
州荒僻中更值連江雨一榻擁秋寒小窗侵
竹塢濁醪氣色嚴皤腹瓶罌 左傳皤其腹 酣酣
天地寬悅悅嵇劉伍 嵇康劉伶 但為適性情豈是
藏鱗羽 後漢書逸民傳曰陳留老父者不知何許人也桓帝世黨錮事起太息言
曰夫龍不隱鱗鳳不藏羽網羅高懸去將安所 一世一萬朝 論語註三十年
曰世 朝朝醉中去

偶遊石盎僧舍 宣州作

敬岑草浮光 宣城郡圖經敬亭山在宣城縣北十里 句沚水解
脈 見上句溪註 盎鬱乍怡融凝嚴忽頹坼梅顏 力對
切綵節也 暖眠酣風緒和無力鳬浴漲汪汪 烏光切停
水也又水深廣大也 鴉嬌村羃羃 莫狄切文選注羃覆也 [illegible]
基輕煙飾阡陌瀲淥古津 [illegible]
謂漢陵人 漢陵杜陵 來作江汀客載筆念無能 謝朓
詩載筆陪旌棨註載用也 捧籌慙所畫 漢書高紀運籌帷幄之中決勝千里
之外吾不如子房 任纏偶追閒逢幽果遭適僧語淡
如雲塵事繁堪織今古幾輩人而我何能息

赴京初入汴口曉景即事先寄吳中李郎
中

清淮控隋漕 通典隋煬帝開引黃河水以通江淮漕運兼引汴水即浪宕渠
也 北走長安道檣形櫛櫛斜浪態迤迤 待他切

好趁旭紅可染明河澹如掃澤闊鳥來遲村
飢人語早露蔓蟲緣多風蒲鶖鶵老秋思高
蕭蕭客愁長裊裊因懷京洛間宦遊何戚草
什伍持漳粱漢書刑法志連其什伍居処同樂死喪同憂注五人為伍伍伍為什須湧爭追討翦便去聲詎可尋幾秘安能考
小人之馨香左傳修明德以薦馨香上下將何禱論語禱爾于上下神祇唯有君子心顯豁知幽抱

獨酌

長空碧杳杳萬古一飛鳥生前酒伴閑愁醉
閑多少煙深隋家寺殷乙山切赤黑色也葉暗相照
獨佩一壺遊秋毫泰山小見上何者為彭殤註

惜春

春半年已除其餘強為有即此醉殘花便同
嘗臘酒悵望送春盃殷勤掃花帚誰為駐東
流年年長在手

題安州浮雲寺樓寄湖州張郎中

去夏踈雨餘同倚朱欄語當時樓下水今日
到何處恨如春草多事與孤鴻去楚岸柳何
窮十道志淮南道有安州註戰国時入楚別愁紛若絮

過驪山作

始皇東遊出周鼎史記大立社土而鼎没於泗水彭城下始皇過彭城齋戒禱祠欲出周鼎使千人入水求之不得劉項縱觀皆引頸漢書高紀縱觀秦皇帝縱放也天子出行放人令觀觀音土喚切喟然大息曰嗟乎大丈夫當如此矣史項羽夲紀秦始皇遊會稽渡浙江梁與籍俱觀籍曰彼可取而代也削平
天下實辛勤却為道旁窮百姓黔首不愚爾
益愚史記秦始皇紀更名民曰黔首大史公曰廢先王之道焚百家之書以愚黔首
千里函關因獨夫漢書張良曰關中沃野千里又曰金城千里天府之國函關獨夫見上牧童火入九泉底燒作灰時猶未
枯三輔黃圖秦始皇葬驪山六年之間為項籍所發牧兒放羊而墮羊冢中燃火求羊燒其藏槨西都賦貫三光而洞九泉李善註燕太子丹懷恨入於九泉

池州送孟遲先輩

昔子來陵陽十道志宣州有陵陽山時當苦炎熱我雖

在金臺按李集開成三年復為宣州幕團練判官新語燕王噲為齊所殺昭王立迺謂左右日安得賢士與之同心以報先王之耻郭隗日誠欲致士請從隗始隗且見事况賢於隗者乎昭王於是為隗築臺於碣石山前以金玉飾之号日黄金臺以尊郭隗而師之樂毅自魏往鄒衍自齊往劇辛自趙往士爭赴燕頭角長垂折奉披塵意鷩立語平生谿寺樓最鶩軒坐送飛鳥沒一罇中夜酒半破前峯月韓公詩新月憐半破煙院松飄蕭風廊竹交戞古八切措也書戞擊鳴球時步郭西南繚遶苕圓折尸子凡水方折者有玉圓折者有珠好烏鸞

丁丁小溪光汃汃詩伐木丁丁音八切水灯兒汃籬落兒娉婷張繹之出塞行驟裊青綠騎娉婷紅粉䊶機絲弄啞軋煙濕樹娑嬌雨餘山態活仲秋往歷陽十道志淮南道和州歷陽註漢縣同上牛磯歌十道志宣州有牛渚山大江吞天去一練横坤抹千帆羡蕭風曉日殺鮮血歷陽裴大守襟韻苦超越鞔鼓畫騏驎看君擊狂節魏略主朗答大祖曰雖由永宗之日撫掌擊御齒袖颭職玦切動物也風應勞恨粉啼遮咽明年乔諫官見上諫官非明主註綠樹

秦川闊見上晚晴賦序子提健筆來詩史健步鸚鵡筆勢若夸父渴列子夸父不量力欲追日影逐之於嵎谷之際渴欲得飲赴飲河渭河渭不足將走北飲大澤未至道渴而死九衢林馬撾十道志長安有六街九陌左傳繞朝贈之以策杜預云馬撾也穎篇箠撾同音張瓜切箠也千門織軍撒秦臺破心膽西京雜記高祖初入咸陽宮其左鷩異者有方鏡廣四尺高五尺九寸表裏有明人直來照之影則倒見以手捫心而來則見腸胃五藏歷然死疾人有疾病在內掩而照之則知病之所在又女子有邪心則膽張心動始皇帝以照宮人膽張心動者殺之驃陣鷩毛鬃漢書驃布傳布叛上自將擊布布兵敗

上乃壁庸城望布軍置陣如項籍軍上惡之子既屈一鳴史記淳于髡曰此鳥不飛則已一飛冲天不鳴則已一鳴驚人余固宜三刖韓非子楚人和氏得玉璞於荊山中獻之厲王使玉人相之曰石也王以和為誑而刖其左足及武王即位又獻之王使玉人相之又曰石也王又刖其右足文王即位和抱其璧而哭於楚山之下三日三夜泣盡而繼之以血王乃使人理其璞而得寶焉遂命和氏之璧慵憂長者來漢書陳平少時家貧然門外多長者車轍韓子曰重厚自尊謂之長者病慟長街唱何葛切呼也僧爐風雪夜相對眠一褐暖灰重擁瓶曉粥還分鉢音雲馬生角史記

須賈謂范雎曰不意君自致青雲之上楊雄
解嘲當塗者升青雲失路者委溝渠馬生角
已出上黃州使持節唐書本傳曰歷黃池睦三州剌史徙乞為湖州剌史
唐會要武德元年詔諸州摠管加号使持節秦嶺望樊川見上晚晴賦序
註祇得四頭別商山四皓祠漢書漢興有東園公綺里季夏
黃公角里先生當秦之時避世入商洛深山以待天下之定十道志商州高車山註高士
傳山上有四皓碑又有祠皆惠帝所立高后使張良詣此迎四皓因名之心與樗
蒲說樗蒲見藝文類聚大澤蒹葭風孤城狐兔窟且
復考詩書無因見簪笏古訓屹如山古風冷

刮骨周鼎列瓶甖周鼎已出上剕壁橫抛擬剕壁已出
上下音薩抹擬也力盡不可取忽忽狂歌發司馬子長書居
則忽忽註忽忽慈亂皃三年未為苦兩郡非不達秋浦
倚吳江通典秋浦縣今池州分宣州置去樴飛青鶻溪山好
圖畫洞壑深闉闥竹岡森羽林花塢團宮纈
胡結切帛染為花也景物非不佳獨坐如鞲紲上古侯切射鞲
臂捍也下私列切系也李白詩鞲紲鞲上鷹丹鶻東飛來拾遺記周成王
時塗脩國獻丹鵲一雄一雌孟夏取翅為扇一名條翮一名素影西京雜記陸賈曰乾鵲

噪而行人至蜘蛛集而百事喜豚齊閒覽南人喜鵲聲而惡鴉聲吉凶不常鵲声吉多凶
少故俗号鵲声吉所謂乾鵲是也喃喃女咸切送君扎呼兒旋
去声供衽走門空踏繼士發切說文足衣也手把一枝物
桂花香帶雪庾有吾詩苑桂恒留雪天花不待春喜極至無言
笑餘翻不悅人生直作百歲翁亦是萬古一
瞬中我欲東召龍伯翁列子龍伯之国有大人舉足不盈數步而
暨五山之所一釣而連六鼇合負而趣故其国灼其骨以數焉帝憑怒侵減龍伯之国使
阨侵小龍伯之民使短至伏羲神農時其国人猶數十丈上天揭取北斗

柄見上操北斗柄註持蓬萊頂上斡海水水盡到底看
海空續神仙傳蓬萊隔弱水三萬里非舟楫可行非飛仙無以到月於何
處去日於何處來跳丸相趁走不住韓公詩日月如
跳丸堯舜禹湯文武周孔皆為灰酌此一盃酒
與君狂且歌離別豈足更關意衰老相隨可
奈何

又重送一首

手撚金僕姑左傳乘丘之役公以金僕姑射南宮長万註金僕姑矢名腰

提　侍

懸玉轆轤藝文類聚羅敷行腰中鹿盧劍價直千万餘晉灼漢書註古長劍首以玉作井鹿盧形上刻木作山形如蓮花初生未敷時今大劍木首其狀似此杷頭峯北正好去見上聞屯千里師註唐書李德裕傳迴鶻進逼振武保大柵杷頭峯以畧朔川轉戰雲川德裕曰杷頭峯北皆大磧利用騎不可以步當之係取可汗鉗作奴唐書可汗若王孫也汗音河干切漢高紀田叔孟舒等自髠鉗為王家奴六宮雖念相如賦周礼註皇后正寢一燕寢五是為六宮也長門賦序孝武皇帝陳皇后時得幸頗妬別在長門宮愁悶悲思聞蜀郡司馬相如天下工為文奉黃金百斤為相如文君取酒因于解悲愁之辭而相如為文以悟主上皇后復得幸其那防邊重武夫那乃可切何也又乃介切奈也詩糾糾武夫

題池州弄水亭

弄水亭前溪颭灧上凝冉切清風日颭下音焰水波動皃翠綃舞綺席草芊芊音千草盛皃紫嵐峯伍伍螭蟠得形勢翬飛如軒戶詩如翬斯飛一鏡奩曲提萬丸跳猛雨檻前燕鴈棲枕上巴帆去叢篁待脩廊密蕙媚幽圃杉樹碧為幢花駢紅作堵停

樽遲去呼曉月咽咽上幽渚客舟耿孤燈萬里人夜語漫流罥苔槎飢鳥曬雪羽玄絲落鉤餌吳都賦鉤餌縱橫註鉤餌鉤也置食者氷鱗看吞吐斷霓天帔垂狂燒失照切放火也漢旗怒漢書高紀贊漢旗幟上赤協于火德曠朗半秋曉張景陽七命野曠朗而無塵註曠遠朗明也蕭瑟好風露宋玉九辯悲哉秋之為氣也蕭瑟兮草木搖落而變衰註蕭瑟秋風皃光潔凝可攬欲以襟懷貯幽抱吟九歌楚辭昔楚南郢之邑沅湘之間其俗信鬼而好祠屈原放逐竄伏其域愁思怫鬱出見俗人祭祀之礼歌

舞之樂其詞鄙野因為作九歌之曲羈情思湘浦四時皆異狀終日為良遇應德璉詩良遇不可值伸眉路何階小山浸石稜撐舟入幽處孤歌倚桂巖曉酒眠松塢紆餘帶竹村上林賦紆餘逶迤註屈曲皃蠶鄉足砧杵塍神陵切田塍也泉落環珮畦苗差纂組漢書景帝紀錦繡纂組害女紅者也註纂亦組也風俗知所尚豪強恥孤侮鄰喪不相舂礼鄰有喪舂不相註所以助哀也相謂以音声相勸公租無詣負農時貴伏臘揚惲書田家作苦歲時伏臘烹羊炰羔斗酒自勞簮頊

事禮賂鄉校富華扎征行産强弩不能自紲
去但愧來何暮後漢書廉范爲蜀郡太守舊制禁民夜作以防其火災范乃毁削先令但嚴儲水百姓爲歌曰廉叔度來何暮不禁火民安堵平生無襦今五袴
故園漢上林十道志關內道雍州上林苑註武帝建元元年貫丘壽王奏置方三百里信美非吾土王仲宣登樓賦雖信美而非吾土兮曾何足以少留
題宣州開元寺本註寺置於東晉時
南朝謝朓城建康實録始自吳起漢興平元年終于陳禎明三年吳四帝東晉十一帝而禪于宋宋帝八而禪于齊齊七帝而禪于梁梁五帝而入于陳陳五帝立隋開皇九年南朝六代四十帝三百三十一年南史謝朓字玄暉爲宣城太守東吳
最深處吳都賦東吳王孫驩然而咍亡國去如鴻遺寺藏
煙塢樓飛九十尺廊環四百柱高下高下中吳語今王既变鯀禹之功而高高下下以罷民於姑蘇註高高起臺榭下下深汙池也
風繞松桂樹青苔照朱閣白鳥兩相語溪聲
入僧夢月色暉粉堵閑㬌無旦夕凭欄有今
古留我一鐏酒前山看春雨
大雨行本註開成三年宣州開元寺作

東垠黑風駕海水海底卷上天中央三吳六
月忽悽慘晩後點滴來蒼茫錚稜任限切竹木之車曰棧
雷車軸轍壯矯躩蛟龍爪尾長神鞭鬼馭
載陰帝來往噴灑何顛狂四面崩騰玉京仗
萬里橫牙羽林槍顔語陽秋詩人比雨如絲如霰之類甚多杜牧乃以羽林槍爲比恐未盡其形似余昔遊詩云分明㶕㶕羽林槍大雨行云四面崩騰玉京仗萬里橫牙羽林槍豈去国妻斷之晴不能忘鵝鶵豹尾中邪雲纏風束亂
敲磕黃帝未勝蚩尤强史記黃帝本紀蚩尤作亂不用帝命於是黃帝乃徵師諸侯与蚩尤戰于涿鹿之野遂禽殺蚩尤而諸侯咸尊軒轅爲天子百川
氣勢若豪俊坤關密鏁愁開張大和六年亦
如此本集郡君墓誌牧大和初李進士第後六年牧於宣州事吏部沈公我時
壯氣神洋洋東樓聳首看不足恨無羽翼高
飛翔盡召邑中豪健者闊展朱盤開酒場奔
觥槌鼓助聲勢眼底不顧纖腰娘思玄賦舒眇婧之纖腰註眇婧纖腰皃今年闒茸鬢已白漢書賈誼賦闒茸尊顯兮讒諛得志註闒茸下材不肖之人也上吐盍切下人勇切奇遊壯觀唯深藏

吳都賦則夫之所眺觀也人景物不盡人自老誰知前事堪悲傷

自宣州赴官入京路逢裴坦判官歸宣州因題贈李集啓開成三年自宣州幕除補闕四年二月赴官

敬亭山下百頃竹謝道志宣州敬亭山註齊脁為宣城守於此賞嘉雨而賦詩山有神祠中有詩人小謝城城高跨樓滿金碧下聽一溪寒水聲梅花落逕香繚繞雪白玉璫花下行縈風酒旆掛朱闌半醉遊人聞弄笙我初到此未三十大和四年年二十九陪沈公自江西幕移鎮宣城頭腦釤思廉切利也利筋骨輕畫堂檀板秋拍碎李白後序李龜年以歌擅一時之名手捧檀板押衆樂前將欲歌之一引有時聽十漢書引滿舉白詩史一李頻十觴觥音老閑腰下丈二組淮南王曰方寸之印丈二之組塵土高懸千載名晉書陳郭泓曰若雖不見晁錯紀信名如日月懸空誰可掩敝重遊鬢白事皆改見上我雖在金臺詩唯見東流春水平對酒不敢把逢君還眼明雲罍看人捧詩我姑酌彼金罍韻會說文龜目酒樽刻木作雲雷之象沈括筆談據禮書言罍畫雲雷之象然莫知雷作何狀今祭器中畫雷有作鬼神伐鼓之象此甚不經予嘗得一古銅罍環其腹背有畫正如人間屋梁所畫曲水細觀之是乃雲雷相間為飾如入者古雲字也象雲氣之形如◎者雷字也古文為雷象回旋之声其銅罍之飾皆一入一◎相間乃所謂雲雷之象也今俗書罍字畾盂古人以此飾罍後世自失傳耳波臉任他橫舞賦目流睇而橫波臉九儉切眼瞼也一醉六十日古來聞阮生晉書阮籍傳籍本有濟世志屬魏晉之際天下多故名士少有全者籍由是不與世事遂酣飲為常文帝求婚於籍醉六十日不得言而止是非離別際始得醉中[illegible]晉書桓溫問孟嘉曰酒有何好而卿嗜之嘉曰公未得酒中趣耳今日送君話前事高歌引劍還一傾江湖醉伴如相問終老烟波不計程

贈宣州元處士

陵陽北郭隱陵陽已出上身世兩忘者李白答蘇秀才詩身世如兩忘君老煙水從蓬蒿三畝居三輔決錄張仲蔚平陵人隱身不仕所居蓬蒿沒人淮南子任之能不足以治三畝之宅也一人寬於一天下樽酒對不酌默與玄相話人生自不足愛嘆

遭逢寡

村行

春半南陽西通典南陽鄧州柔桑過村塢娉娉普丁切垂柳風點點迴塘雨蓑唱牧羊兒籬窺蒨此見切青蔥之皃裙女半濕解征衫主人饋鷄黍論語子路遇丈人以杖荷蓧子路問曰子見夫子丈人曰四体不勤五穀不分孰為夫子植其杖而芸子路拱而立止子路宿殺鷄為黍而食之

史將軍二首

長鋏周都尉閑如秋嶺雲取蝥弧登壘左傳公會齊侯鄭伯伐許潁考叔取鄭伯之旗蝥弧以先登註蝥弧旗名以騂鄰翼軍百戰百勝價漢書武安君百戰百勝河南河北聞今遇太平日老去誰憐君

壯氣蓋燕趙漢書項羽曰力拔山兮氣蓋世選詩燕趙多壯士耽耽魁傑人易虎視耽耽彎弓五百步閑居賦谿子巨黍李善註史記蘇秦說韓王曰谿子巨黍者皆射六百步之外許慎曰南方谿子蠻夷柘弩孫卿子曰繁弱巨黍古之良弓長戟八十斤魏志典韋陳留己吾人也形皃魁梧有志節大祖拜韋都尉引置左右將親兵數百人常遶大帳韋既壯武每戰鬪常先登陷陣大祖壯之韋好持大雙戟與長刀軍中為之語曰帳下壯士有典君提一雙戟八十斤河湟非內地安史有遺塵安祿山史思明何日武臺坐漢書李陵傳陵召見武臺註未央宮有武臺殿兵符授虎臣史記侯嬴謂魏公子無忌曰嬴聞晉鄙之兵符常在魏王臥內而如姬出入臥內力能竊之

樊川文集卷第一 夾註

添註

阿房宮賦武漁隱叢話潘子真詩話云前輩豈先生曾子固言阿房宮賦鼎鐺玉石金瑰珠礫奔擲邐迤秦人視之亦不甚惜瑰當作瓌蓋言秦人視珠玉如土塊瓦礫也又言杜牧賦宏壯巨麗馳騁上下累數百言至楚人一炬可憐焦土其論盛衰之變判於此矣

晚晴賦武漁隱叢話隱居詩話云杜牧晚晴賦忽引舟于深灣望八九之紅芰姹然知婦婉然如女芰也妝乃指為荷花

張好好詩一聲離鳳呼詩話總龜杜牧張好好詩聲同離鳳呼

寄阿宜詩多是撫州寫文粹杜佑遺愛碑乃為撫州刺史

遊石盎僧舍詩載筆念無能禮記史載筆士載言

沈處士赴蘇州詩酒旗誇酒美酒譜韓非子宋人酤酒懸幟甚高酒市有旗始見於此或謂之帘

江口曉景

即事沈休文鍾山詩即事既多美李善註即事即此山中之事列子曰周之尹氏有老役夫晝即呻吟即事夜則昏憊熟寐

自宣州赴官入京路逢裴坦判官歸宣州詩中有詩人小謝城日氏集有詠小謝紅藥當階翻詩按文選紅藥當階翻謝朓直中書省詩也

樊川文集卷第二　夾註

中書舍人杜　牧

律詩六十七首

華清宮三十韻唐書房琯傳天寶五載玄宗有逸志數巡幸廣溫泉為華清宮環宮所置百司區署以琯資機算詔總經度驪山疏巖剔藪為天子遊觀方士子華傳華清井水之叢華也

繡嶺明珠殿倦遊錄古華清宮在繡嶺之下按脣叔華清宮圖有東西繡嶺上有明珠殿層巒下繚墻見一卷二川溶溶流入宮墻註西都賦繚以周墻四百餘里註繚繞也

仰窺雕檻影猶想赭袍光昔帝登封後唐書玄宗記開元十三年封泰山漢書元封元年四月癸卯上還登封泰山應昭註王者功成治定告成功於天封代宗者助天高也刻石紀號有金策石函金泥玉檢之封也白虎通王者受命必封禪封者增高也禪者廣厚也皆刻石紀号著己之功續以自効也天以高為尊地以厚為德故增泰山之高以視報天禪梁甫之地以報地也

中原自古強一千年際會拾遺記黃河一千年一清聖人之大瑞也運命論黃河清而聖人生三萬里農桑几席延堯舜東京賦度堂以筵度室以几註筵席也几俎也室中度以几堂上度以筵皆取几筵為准

軒

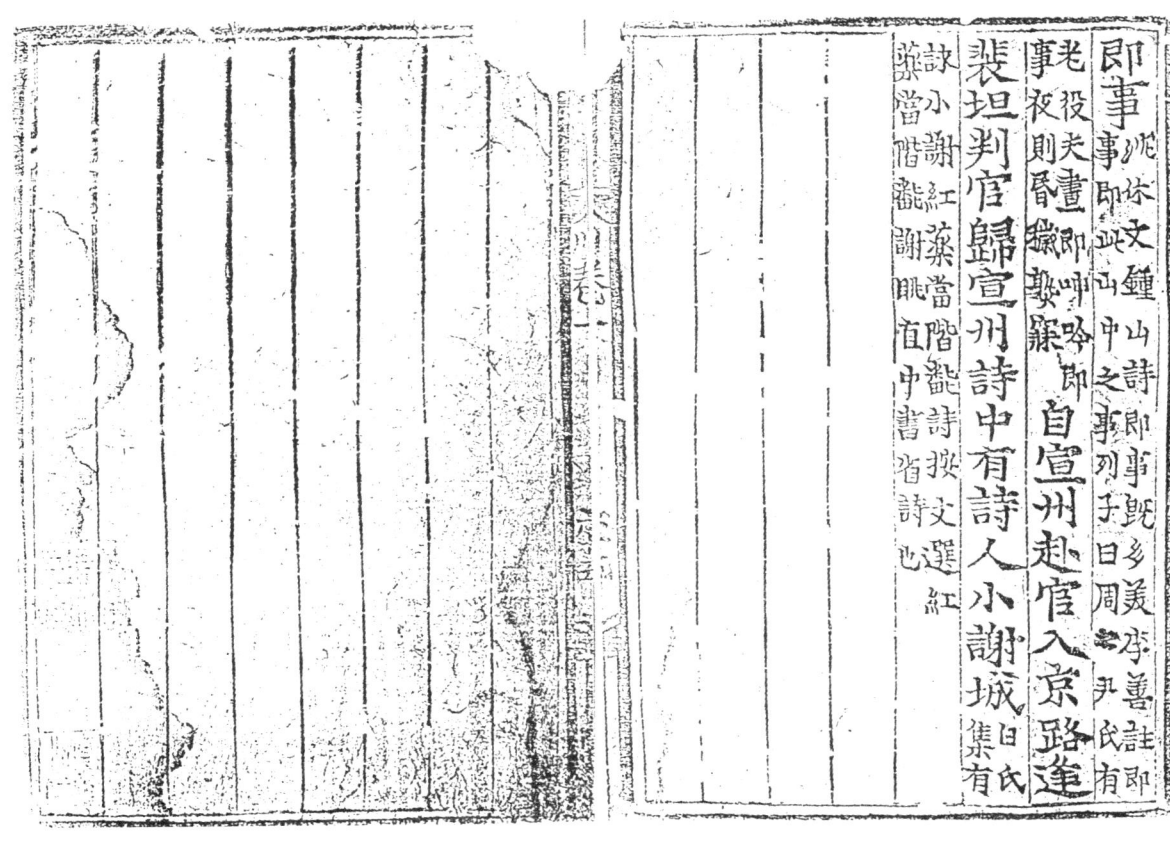

西開之誤閑字言不

壻立禹湯雷霆驅號令後漢書郎顗傳雷者号令星斗燦
文章釣築乘時用見一卷夢卜庸真相註孟子傳說舉於板築之間
芝蘭在處芳家語芝蘭生於深林不以無人而不芳君子修道立德不為困
窮而改節北扉閑木索李白詩告急清憲臺脫余北門厄司馬子長書其次
閑木索被箠楚受辱註閑木索杻械索繩也拘縳也南面當循良論語舜何
為哉恭已正南面而已史書有循吏良吏傳至道思玄圃神仙傳廣成子
者古之仙人也居崆峒山黃帝聞而造焉曰敢問至道之要漢書郊祀志註崑崙玄圃五
城十二樓仙人所居也平居厭未央未央已出一卷鈎陳襄巖

谷西都賦周以鈎陳之位衛以嚴更之署註鈎陳後宮也甘泉宮賦註紫宮外營鈎陳
星也然王者亦法之文陛壓青蒼前漢書梅福傳願一登文石之陛涉赤墀
之塗歌吹千秋節樓臺八月涼通載開元十七年群臣表請八
月五日上降誕日為千秋節從之神仙高縹緲海賦神仙縹緲餐玉清涯
環珮碎丁當泉暖涵窗鏡雲嬌惹粉囊嫩嵐
滋翠葆上林賦建翠華之旗註以翠羽葆也郭璞曰華葆也晴渭照紅
粧恬泰生靈壽懽娛歲序長月閑仙曲調霓
作舞衣裳逸史羅公遠中秋侍明皇宮中翫月曰陛下要至月宮否以杖投向

空擲之化為銀橋與帝升橋寒氣侵人遂至大城曰此月宮也見仙女數百素練霓衣舞
于廣庭上問曲名曰霓裳羽衣也上記其音調故作霓裳羽衣曲雨露偏金
穴後漢書光武郭皇后弟況為大鴻臚數賞賜金錢京師号況為金穴也乾坤
入醉鄉唐王績作醉鄉記玩兵師漢武荀悅漢記武皇帝窮兵黷
武百姓窮竭萬民罷敝當此之時下騷然海內無聊孝文之業廢矣天迴手倒
干將前漢書倒持太阿授楚其柄吳越春秋干將者吳人造劍二枚一曰干將二曰
莫耶莫耶干將劍名鯨鯢掀東海王褒劍頌斷斬乱之領項斬漏網之鯨鯢
杜預左傳註鯨鯢以喻不義之人吞食小国也胡牙揭上陽唐書安祿山柳

城胡人也兵書牙將軍之旗通載天寶十五載祿山僭雄武皇帝于東京国号燕唐書東
都上陽宮在宮城之西南隅南臨洛水北距穀水東則宮城北連禁苑喧呼馬
嵬血零落羽林槍翰府名談玄宗遺錄玄宗一日坐朝聞宮中奏霓裳
曲聽之甚久已而俛首不適者右刻朝起頓近侍取筆私書於殿柱又命取紙副其上意
不欲人見也高力士跪膝前請曰晨侍立帝右帝所宮樂何聖顏不治之甚也又宸翰親
書後搵副以外封不使人見臣竊之是以敢有請也帝御面長吁曰非汝所知也上謂
力士曰朕所書殿柱乃半月後當有叛者而志之也事纏大禍理在不祓朕早来所宮樂
知之也吾夏边且之將叛天下之將乱也力士曰日近甚諫結有封章言漁陽事陛下尚

未处置豈非此乎上曰天下精兵所聚無如漁陽朕旦暮疾懷久事以朕固無計可解力士曰禄山吐蕃奴也無奇謀遠略其所以叛者臣知之矣上曰汝無再言令人憤然不樂翌日漁陽叛書至帝及御前殿詔高力士議六宮意留貴妃守宮力士奏曰陛下留貴妃消患乎天下謂之如何也帝許貴妃從駕由承天門西去至馬嵬前鋒不進六師廻合侍衛周旋帝欲攬轡近侍奏曰帝且待之恐生不測力士前曰外議籍籍皆曰楊国忠久盜天機持国柄結患边臣幾傾神器致天步西遊蒙塵萬里皆国忠一門之所致也是以六軍不進請誅之俄頃有持国忠首奏曰国忠謀叛以軍法誅之帝曰国忠非叛也力士還蹕帝尼曰軍情萬変不可有此言帝悟顧左右曰国忠族矣不久国忠弟妹少長皆為所

殺帝曰一門死矣軍尚不進何為也力士奏曰軍中皆言禍胎尚在行宮帝曰朕不惜一人以謝天下但恐後世之垢譏後宮也神衛軍揮使侯元吉前奏願斬貴妃首懸之于大白旗以令諸軍帝怒叱元吉曰妃子后宮之貴人位亞元后之尊古者投鼠尚忌器何必懸首而軍中方知也但令之死則可矣力士曰此西有古佛廟諸軍之所由路也願令妃子死其中貴諸軍知也汝引妃子從他路去死使我見而悲戚也力士曰陛下不見左右不知未為便也願陛下面賜妃子死貴左右知而慰衆軍之心也帝可其奏貴妃泣曰吾一門冨貴傾天下今以死謝又何恨也遂索朝服見帝曰夫上帝之尊其勢豈不能庇一婦人使之生乎一門俱族而及臣妾得死甚乎且妾居处深宮事陛下未嘗有過失外家

事妾則不知也帝曰萬口一辭牢不可破国忠等雖死軍師猶未發備子死以塞天下之謗妃子曰願得帝送妾數步妾死死憾左右引妃子去帝起立送之如不可步而九反顧帝涕下交頤左右擁妃子行速由軍中過至古寺妃子取擁頂羅掩面大慟以其羅付力士曰將此進帝左右以帛縊之陳其尸於寺門乃解其帛俄而氣復来其喘綿綿遂用帛縊之乃絶揮使侯元吉大呼於軍中曰賊本以死吾屬無患矣於是鳴鼓揮旗大軍以進力士廻奏以妃子擁頂羅上進視其泪痕皆若淡血帝不勝其悲曰古者情恨之感悉有所應舜妃泣竹而為班妃子擁羅而成血異矣夫前軍作樂帝不樂欲止之力士曰不可今日之理且順人情羽林出一卷

傾國留無路漢書孝武李夫人以倡進兄延年知音善歌舞延年侍上起舞曰北方有佳人絶世而獨立一顧傾人城再顧傾人国寧不知傾城與傾国佳人難再得

還魂恣有香漢武內傳聚窟洲中有反魂樹採其根於釜中以水煑候成汁方去滓重火煉之如漆候凝則香成也西国使云其香名有六一名返魂一名驚精一名回生一名震壇一名人馬精一名卻死香燒之一豆許凡有疫死者聞香再活故曰返魂香也

蜀峯橫慘澹秦樹遠微茫鼎重山難轉天扶業更昌左傳楚子伐陸渾之戎遂至于雒觀兵于周疆定王使王孫滿勞楚子楚子問鼎之大小輕重焉對曰在德不在鼎昔夏之方有德也遠方圖物貢金九牧鑄金象物百物為之備使人知神姦故民入川澤

山林不逢不若魑魅魍魎莫能逢旃協于上下以承天休繇有昏德鼎遷于商載祀六百
商紂暴虐鼎遷于周成王定鼎于郟鄏卜世三十卜年七百天所命也周德雖衰天命未
改鼎之大小未可問也 望賢餘故老 通鑑至德二載復京師至自靈武遣
大師韋見素入蜀奉迎上皇至咸陽上備法駕迎於望賢之宮咸陽上備法駕迎於望賢
宮 花萼舊池塘 唐會要開元二年以興慶里舊邸為興慶宮初上在藩邸
与宋王等同居于興慶里時人号曰五王子宅至慶龍末宅內有龍池涌出日以浸廣望
氣者云有天子氣中宗數行其地命泛舟以驅象蹋氣以厭之至是為宮焉後於西南置
樓西面題曰花萼相輝之樓南題曰勤政務本之樓 往事人誰問幽襟

淚獨傷碧巖斜送日殺葉半凋霜迸水傾瑤
砌疎風罅 呼嫁切破裂也 玉房 陸士衡序魏武帝文部窈窕於玉房 塵
埃羯鼓索 羯鼓録羯鼓出外夷樂以戎羯之鼓故曰羯鼓其音主大簇一均龜
茲部高昌部疎勒部天竺部皆用之次在都曇答臘鼓之下雞婁鼓之上鏇如添桶下以
牙床承之擊用兩杖其聲焦殺鳴烈尤宜促急曲破作戰伏連碎之聲又宜高樓曉景明
月清風碎空透遠極異衆樂又曰明皇尤愛羯鼓玉笛云八音之袖春雨始晴景色明麗
帝曰對此景物豈可不与他判斷之乎命取羯鼓臨軒縱擊曲名曰春光好迴顧柳杏皆
以徵折上笑曰此一事不喚我作天公可乎通典羯鼓正如添桶兩頭俱擊以出羯中故

号羯鼓亦謂之兩杖鼓 片段荔枝筐 本草荔枝子生嶺南及巴中二廣州
郡皆有之五六月盛熱時彼方皆為燕會其下以賞之唐書貴妃嗜荔枝必生致之乃置
騎傳送走數千里味未變至京 烏啄摧寒木蝸涎蠹畫梁孤
煙知客恨遙起泰陵傍 唐書玄宗葬大陵

長安雜題長句六首

觚稜金碧照山高 觚稜已出一卷 萬國珪璋捧赭袍
舐筆和鉛欺賈馬 莊子舐筆和墨文選序荀宋表之於前賈馬繼於後
讚功論道鄙蕭曹 西都賦左右庭中朝堂百僚之位蕭曹魏邴謨謀在

其上註朝廷百僚之位即有丞相蕭何曹參魏相邴吉等為謀謨 東南樓日
珠簾卷 拾遺紀石虎起四十丈樓結珠為簾垂五色玉珮 西北天宛
玉厄豪 本註詩曰鞗革金厄蓋小[illegible]漢書初天子發書易曰神馬當從西北来得
烏極馬号日天馬及得宛汗血馬更名烏孫馬西極馬号宛馬日天馬註發書易謂發易
書情卜 四海一家 漢高紀天子以四海為家 無一事將軍携鏡
泣霜毛
晴雲似絮惹低空紫陌微微弄袖風韓嫣金
丸莎覆綠 西京雜記韓嫣好俠彈常以金為九有所失者十餘長安為之語曰

若飢寒逐金丸京師兒童每聞嫣出彈輒隨往望丸所落而拾之許公韉汗
杏黏紅許公韉見添註初學記郭泥郭汗亦日登汗鹽鐵論曰夅汗煙生
竇寮深東第遷魯靈光殿賦曰洞房竇寮而郵遂漢書司馬相如傳居列東
第註東第甲第居帝城之東故東第也輪檻流蘇下北宮吳都賦張
組帷搆流蘇註流蘇五色羽飾帷而垂之軒門也倦遊録流蘇乃是四角繫盤綫絲繡之
毬五色同心而下垂者流蘇帳者古人繫帳之四隅以為飾耳漢書霍光傳註北宮在未
央宮北自笑苦無妻護智漢書婁護字君卿為京兆吏甚得名譽是
時王氏方盛賓客滿門五侯爭召其客各有所厚不得左右唯護盡入其門咸得歡心與

谷永俱為五侯上客長安語曰谷子雲筆札婁君卿唇舌言其見信用也可憐鈆
槧竟何功西京雜記揚雄懷鈆提槧從計吏訪四方語作方言
雨晴九陌鋪江練十道志惠帝逐長安城城中作九陌謝眺詩澄江靜
如練嵐嫩千峯疊海濤南苑草芳眠錦雉南苑矣出一
卷藩岳射雉賦毛佇雄落霍若破錦夾城雲暖下霓旄夾城出一卷
少年羈絡青文玉遊女花簪紫蔕桃江碧椰
深人盡醉一瓢顏巷日空高論語子曰賢哉回也一簞食一
瓢飲在陋巷人不堪其憂回也不改其樂賢哉回也東帶謬趁文石陛

論語子曰赤也東帶立於朝可使與賓客言也文石陛已出上有章曾拜皂
囊封後漢蔡邕傳詔曰具對經術以皂囊封上註漢官儀日凡章表皆啟封其言密
事得皂囊也期嚴無奈睡留癖勢窘猶為酒泥傭
泥怒註切泥脩不通也偷釣侯家池上雨韓公獨釣詩侯家林館勝
偶入垂卒得醉吟隋寺日沉鐘九原可作吾誰與
礼記趙文子與叔譽觀乎九原文子曰死者如可作也吾誰與歸叔譽曰其陽處父乎註
作也起師友瑯琊邴曼容孫卿子人必將求賢師而事之擇良友而
友之漢書瑯琊邴漢兄子曼容亦養志自脩為官不肯過六百石輒自免去其名過出於

漢佈井傳瑯琊所丹字曼容著清名
洪河清渭天池濬西都賦帶洪河涇渭之流註洪大河也涇渭二水名
西征賦北有清渭濁莊子南溟者天池也太白終南地軸橫唐六典關
內道古雍州之境其名山有太白山太一白山在京兆武功縣西京賦於前則終南太一引
五經要義曰太一名終南山在扶風武功縣終南山山之摠名太一山之別号也漢賦又
似地軸挺拔而爭迴註河圖括地象曰地下有四柱廣十万里有三千六百軸祥雲
光暉映漢宮紫春光繡畫秦川明草妬佳人鈿
朵色風迴公子玉銜聲六飛南幸芙蓉苑漢書

汞盍傳騕六飛註六馬之疾若飛也傳記京師芙蓉園者本名曲江園隋文帝以曲名不正改之**十里飄香入夾城**唐書楊貴妃傳每十月帝幸華清宮五宅車騎皆從國忠導以劍南旗節遺鈿墮舄娘籍于道香聞數十里梁王韶詠羅詩笑態仟金勒衣香十里傳**豐貂長組金帳韋駟馬文衣許史家**曲略刘貞曰豐貂之尾綴侍目之續帳正見豔歌執二戟追丹地豐貂入建章長組見一卷要下文執二細漢書四暗捺芝歌四馬高盖其貴甚大漢書上紬許史之屬下無金帳之記應在曰許伯宣帝皇后文史高宣帝外家也武帝日碑也張張安世也郎古曰許氏史氏晉丹屬之恩金

氏自說在於近狎也左大沖詠史詩朝集金帳郎莫宿許史家云云**白鹿原頭迴獵騎**通典晉穆帝永和十年桓溫討苻健於今京兆府萬年縣白鹿原戰敗去**紫雲樓下醉江花**松窓錄曲江池本秦時隑州唐開元中疏鑿為勝景南則紫雲樓芙蓉院北則杏園慈恩寺**九重樹影連清漢**楚詞君之門以九重**萬壽山光學翠華**詩如南山之壽不騫不崩南都賦望翠華之葳註華盖也**翠誰識大君謙讓德**本註聖王不受藏籍田賦大君庋止註大君天子也云云**一毫名利闘蠹蟇**漢武帝元鼎五年秋蠹蝦蟇闘註蠹黽也似蝦蟇而長脚其色青音下蝸反蝦音遐蟇音麻音莫霞反

河湟見一卷蘭並浴河湟

元載相公曾借箸新唐書元載傳代宗立進拜中書侍郎許昌縣子與王瑨請以河中為東都褒關輔河東十州稅奉京師選兵五万屯中都鎮禦四方抄秋行李上春還可以避羌戎患李少良上書詆其醜狀帝積怒遣左金吾大將軍吴湊收載及王瑨分捕親吏諸子並賜死漢書張良傳臣請借前箸以籌之**憲宗皇帝亦留神**舊唐書憲宗紀史臣曰中外咸理紀律拜張果能剪削亂階誅除群盜睿謀英斷近古空僑唐室中興章武而已又宣宗紀初以河湟收復百寮請加徽号帝曰河湟收復繼成先志朕欲追尊祖宗以昭功烈云云宣宗憲宗第七王子**旋見衣冠**

就東市衛宏漢書仮東市稱屬京兆尹漢書晁錯潁川人也遷為御史大夫請諸侯之罪過削其支郡呉楚二国俱反以誅錯為名乃使中尉召錯紿載行市錯衣朝衣斬東市**忽遺弓劍不西巡**詩史宣帝弓劍遠往黃帝葬於橋山南空棺無尸唯劍舄存漢書郊祀志黃帝採首山銅鑄鼎於荊山下鼎既成有龍垂胡髯下迎黃帝帝上騎群臣後宮從上者十余人龍乃上去余小臣不得上乃悉持龍髯拔墮黃帝之弓百姓仰望黃帝既上乃抱其弓与龍髯號故後世因名其處曰鼎湖其弓曰烏號**牧羊馳馬雖戎服白髮丹心盡漢臣**漢書張良曰顧上不能致者四人四人年老皆以上嫚侮士故逃匿山中義不為漢臣也**唯有涼州歌**

舞曲十道志隴右有涼州楊妃外傳上皇居南内夜登勤政樓凭月滿日閭里中隱如歌舞声顧力士曰得非梨園舊人乎明日力士潜召同去果梨園弟子其夜上皇与妃侍者紅桃歌妃所製涼州詞上因廣其曲今涼州流傳者益加焉傳載曰天宝中樂章多以边地為名若涼州伊州之類是也流傳天下樂閑人

二許七侍御弃官東歸蕭灑北山移文蕭灑出塵之態江

三南頫聞自適高秋企望題詩寄贈十韻

天子縛衣吏見一卷官各持斧註班東吳羡退居有園

同庾信詩史梅雨詩註庾信小園賦曰穿漏兮茅茨遊事學相如漢書嚴助傳司馬相如帝召稱疾避亭蘭畹清香嫩離騷經既滋蘭之九畹李善註十二畝曰畹十筠溪翠影疎江山九秋後風月

六朝餘梁康實錄吳晉宋齊梁陳並都金陵是為六朝錦肆閑詩軸珠林傳曹公曰吾昔使人至蜀買錦於錦肆青囊結道書漢書郭璞字景純璞好經術博學有高才妙於陰陽筭歷有郭公者居河東精於卜筮璞從之受業公以青囊中書九卷與之由是遂洞五行天文卜筮之術攘災轉禍通致無方雖京房管輅不能過也璞門人趙載嘗竊青囊書未及讀而為火所焚霜巖紅江淹是采蒻詞王逸註薜荔香草露沼白芙蕖爾雅荷芙蕖註江東呼荷華為芙蕖醺

雨高梧露落碁燈小閣虛凍醪元亮秫晉書陶潛字元亮為彭澤令在縣公田悉令種秫穀曰令吾常醉於酒足矣世本小康作秫酒寒鱠季鷹魚晉書張翰字季鷹吳郡人有清才縱任不拘時人号為江東步兵齊王冏辟為大司東曹掾謂顧榮曰吾本山林人無望於時因見秋風起乃思吳中蓴羹鱸魚鱠遂命駕而歸歷歷意逢今古雲情識卷舒他年雪中棹晉書王子猷居山陰夜雪乘舟訪戴安道既至造門不前而返人問其故曰乘興而來興盡而返何必見安道也陽羨訪吾廬李註於義興縣近有水掛後漢書註陽羨古城在今常州義興縣南陶潛詩吾亦愛吾廬

李給事詩二首唐書李中敏字藏之元和中擢進士第性剛悄与杜牧李甘善其文辭氣節大抵相上下沈傳師觀察江西辟為判官入拜侍御史鄭註誣逐宰相宋申錫天下以目大和六年大旱文宗内憂詔詢所以致雨者中敏時以司門員外郎上言雨不時降夏陽驕悠苗稿陛下夏勤降德音俾下得盡言臣聞昔東海誤殺一孝婦大旱三年臣頃為御史臺推因誤並封而殺良家子三人陛下叔封而死然三人者亦陛下之赤子也神策士李秀殺平民法當死以禁衛刑止流宋申錫位宰相生平餉致一不受其道勁正姦人忌之陷不測之辜獄不參驗銜恨而没天下之士皆指目鄭註臣知數凶必刑詐上帝天之降灾殆有由然漢武帝因用

空竭桑弘羊與競權之利然卜式請烹以致雨况由錫之狂天下知之何惜鄧一註以快忠臣之寃則天且雨矣帝不省中敏以病告蒲敀潁陽註誅以司勳員外郎召累迁諫議大夫為理匭使建言上書者哆納於匭有司先審其副有不可輒卻之臣謂匭出禁中暮而入為下開公達之路尊聰明直枉結若有司先裁可否恐事不重密并窮塞得自申意請一裁諸上詔可迁給事中仇士良以開府階蔭其子中敏曰内謁者監安得有子士良慙恚繇是復弃官去開成末為婺杭二州刺史卒于官

一章緘拜皂囊中皂囊出上慄慄力乙切戰慄也朝廷有

古風元禮去歸緱氏學本註李膺退罷敀緱氏教授生徒給事論

鄭註告蒲敀潁陽後唐書李膺字元礼初舉孝廉為司徒胡廣所辟舉高第再迁青州刺史轉烏桓校尉以公事免官迁居緱氏教授常千人註緱氏縣属潁川郡故城今陽城縣也

江充來見犬臺宮本註鄭註於給室漢書江充傳趙国邯鄲人也本名齊有女弟善鼓琴嫁之趙太子丹齊得幸於敬肅王為上客久之太子疑齊以己陰私告王与齊忤使吏逐捕齊遂亡西入關更名充詣闕告太子丹与同産姊及后宮姦乱初充召見犬臺宮

紛紜白晝驚千古鈇鑕朱殷幾一

空公羊傳不忍加之鈇鑕註腰斬之刑也左傳左輪朱殷殷烏閑切赤黑色也顔語陽秋杜牧之集有李給事詩二首其中有紛紜白晝驚千古鈇鑕朱殷幾一空之句謂鄭註

甘露之事也又有可憐刘校尉曾訟石中書之句牧之自註云給事曾忤仇士良人遂以為給事者李石也余嘗考之李石雖嘗為給事然効鄭註之事史所不載雖載諸言悞仇士良然亦在石拜相之后石既拜相則牧之詩題不應以給事為称其非李石明矣當時唯有李中敏与牧之厚善嘗因旱欲乞斬註以申宋申錫之冤帝不省遂以病告敀潁陽今牧之詩有元礼去敀緱氏學之句牧自註云因論鄭註告敀潁陽又史云註誅迁給事其後仇士良以開府蔭其子中敏曰内謁者安得有子士良慙恚由是復弃官去由是診之則是中敏無疑矣

曲突徙薪人不會漢書霍光傳人為徐生上書曰臣聞客有過主人者見其竈直突傍有積薪客謂主人更為曲突遠徙其薪不者且有火

患主人黙然不應俄而家果失火鄰里共救之幸而得息於是殺牛置酒謝其鄰人灼爛者在於上行餘客以功次坐而不録言曲突者人曰鄉使聽客之言不費牛酒終亡火患今論功而請賓曲突徙薪者忘恩澤焦頭爛額者為上客耶主人乃悟而請之

海邉

今作釣魚翁

晚鬢閒還梳憶君秋醉餘可憐劉校尉曾訟

石中書本註給事因悞仇軍容弃官東敀漢書刘向字子叔本名更生元帝初即位大傅蕭望之少傅周堪皆領尚書事甚見尊任更生年少於望之堪然二人重之薦更生擢為散騎宗正給事中与侍中金敞拾遺於左右四人同心補政患若外戚許史在位

放縱而中書官官弘恭石顯弄權望之堪更
生議欲白罷退之未白而語泄遂為許史及
恭顯所譖懃堪更生下獄及望
之皆兼官又曰向為中壘校尉
消長雖殊事
周易否卦小人
道長君子道消
仁賢每見如
文字親疏係乎
勢利不係乎不
肖與仁賢也西征
賦貴道德與仁賢
因看晉褒論何處是吾廬
晉書魯褒字元道南陽人也好學多聞以貧
素自任元康之后綱紀大壞褒傷時之貪鄙
乃隱姓名而著錢神論以刺之其畧曰錢之
為体有乾坤之象內則其方外則其圓其積
如山其流如風動靜有時行藏有節市井便
易不患耗折故能長久為世神宝親之如子
字曰孔方失之則貧弱得之則富昌無翼而
飛無足而走解嚴毅之顏開難發之口錢多

者居前錢少者居後處前者為君長在後者
為臣僕君長者豐衍而有餘臣僕者窮竭而
不足錢之為言泉也無遠不往無幽不至京
邑衣冠疲勞講肄厭聞談談對之睡寐見錢
家兄莫不驚視錢之所祐吉
無不利何必讀書然後富貴

題京兆西平王宅大尉愬院六韻
唐書李晟字良
器鍚弟未眾里封鳳翔隴右節度使行營
副元帥從王西平郡貞元三年帝坐宣政
殿引見晟備册礼進拜大
尉中書令愬晟第三子

天下無雙將關西第一雄授符黄石老
漢書張良
傳良嘗遊下邳圯上有一老父至良所出一
編書曰讀是為王者師后十年興三十年孺

子見我濟北穀城山下黄石即我已
遂去不見但示其書乃太公兵法
學劍白
猿翁
吳越春秋越王問范蠡手戰之術范蠡
荅曰臣聞越有処女国人稱之願王請
問手戰之道於是王乃請女女將北見王道
逢老人自稱袁公問女曰聞子善為劍願得
一觀之処女曰妾不敢隱有所也唯公所試
公即挽林內之竹以拮槁末折墮地女接取
其末袁公操其本而刺処女処女應即入之
三入因舉杖擊袁公袁公則飛上樹化為白
猿女去見越王王命五校之高
才習之當此之時皆稱越女劍
矯矯雲長勇
高祖功臣頌矯矯三雄註矯矯雄勇蜀志
開羽字雲長王命奔涿郡先主於鄉里合
徒衆而羽與張飛為之禦侮羽聞馬超來降
羽書與諸葛亮問超人才可誰比類亮曰孟

起貧兼文虎雄烈過人一世之傑猶未及翳
之絕倫逸群也羽美鬚髯故亮謂之髯評曰
關羽張飛皆稱萬
人之敵為世武臣
恂恂郤縠風
漢書李廣傳
贊恂恂如鄙
人註恂恂誠謹皃左傳晉侯作三軍謀元帥
趙襄曰郤縠可臣亟聞其言說礼樂而敦詩
書詩書義之府也礼樂德之則
也君其試之乃以郤縠將中軍
家呼小大尉
國號大梁公
本註大尉李愬司徒听亦封梁
国公唐書愬字元直有籌略善
騎射進拯校尚書左僕射封梁国公實封
五百賜一子五品官帝方經略隴右故從愬
節度鳳翔李四十孔贈大尉愬行己倹約其
昆弟賴家勳貴餙輿馬矜室庐唯愬所処乃
父時故院撫所增廣始晟克京師市不改肆
愬平蔡亦如之功名之奇近世所未有又曰

季弟昕字正思以功封涼國公卒年六十一贈司徒**半夜龍驤去**旧唐書李愬傳將襲蔡州取吳元濟也愬自帥中軍三千至懸瓠城夜半雪愈甚賊恃吳房朗山之固安然無一人知者黎明雪止愬入止元濟外宅田進誠焚子城南門元濟城上請罪進誠梯而下之乃檻送京師晉書王濬為龍驤將軍**中原虎穴空**吳志呂蒙從軍毋止之蒙曰不探虎穴安得虎子**隴山兵十萬**通典汧陽郡隴州領縣汧原有隴山一日隴城**嗣子握琱弓**本註今鳳翔李尚書大尉長子孫殉子天子琱弓諸侯彤弓大夫黑弓

東兵長句十韻

上黨爭為天下脊通典潞州今治上黨郡春秋時初為黎国后狄人奪其地為晉所滅其地盡屬焉戰国時為韓之別都以遠韓近趙后卒降趙史記張儀傳席卷常山之險必折天下之脊**邯鄲四十萬秦坑**史記趙軍長平秦使武安君白起為上將軍趙將軍趙括出銳卒自搏戰秦軍射殺趙括括軍敗卒四十萬人降武安君武安君乃挾詐而盡坑殺之通典邯鄲戰国時趙国所都**狂童何者欲專地**舊唐書武宗本紀會昌三年四月昭義軍節度使刘從諫卒三軍以從諫姪稹為兵馬留后上表請授節鉞尋遣使賫詔潞府令稹護從諫之喪婦洛陽稹拒朝旨詔中書門下兩省御史臺會議刘稹可誅可宥之狀以聞九月制削昭義軍節度使刘稹官

居海岱营列爪牙屬師道阻兵王師問罪三面開網四境離心乘此危機遂能斂命憲宗嘉其誠欵授以南燕穆宗待以腹心委之上黨招致死士固護一方迨于末年已虧臣節刘從諫生稟豪氣幼習乱風固跋扈之資以專封疆恃綱紀之力以襲兵符猶駐將盡之魂恣行邪僻之志因弍舊校自樹於童逆節甚明人神共弃其贈官父先所授官爵并稹在身官爵宜並削奪集成德軍節度使王元逵北面招討澤潞使以陳許節度王宰充澤潞南面招討使以晉降副招討石雄為澤潞西面招討潞州大將郭誼遣人至王宰請殺稹以自贖王宰以聞乃詔石雄率軍七千入潞州誼斬稹首以迎雄澤潞五州平王宰傳稹首與大將郭誼等一百五十人露布獻於京師上御安福門受俘百寮樓前稱賀又見李

集賢石澤潞啓**聖主無私豈玩兵**聖主謂聖宗**玄象森羅搖北落**晉書謝安傳仰模玄象合体辰極而使無勞惡晉書志北落師門一星在羽林西南北者宿在北方也落天之藩落也以長安城北門曰北落門以象此也主非常以使兵**詩入章句詠東征**詩東山周公東征也周公東征三年而敀勞敀士大夫美之故作是詩也**雄如馬武皆彈鋏**後漢書馬武字子張南陽湖陽人也吳漢陳右傳論藏宮馬武之徒撫鳴鋏抵掌志馳於伊吳之北矣**少似終軍亦請纓**漢書軍自請願受長纓必羈南越王而致之闕下軍死年二十余故謂之終童**屈指廟堂無失策垂衣堯舜待昇平**

羽林東下雷霆怒詩采芑宣王南征也戎車嘽嘽嘽嘽焞焞如雷如霆
顯允方叔征伐玁狁蠻荆來威註嘽嘽衆也
焞焞盛也箋云言戎車既衆盛其威又如雷
霆方叔先与吉甫征伐玁狁今將往伐蠻
荆皆使來服於宣王之威美其功之多也楚
甲南來組練明左傳楚子重伐吳為簡之師克鳩茲至于衡山使鄧廖帥
組甲三百被練三千以侵吳註組甲被練
皆戰備也組甲漆甲成組文被練練之袍郎
墨龍文光照曜史記燕使樂毅破齊田單走東保即墨燕既盡降齊城唯
獨莒即墨未下燕引兵圍即墨田單乃取城
中得千餘牛為絳繒衣畫五彩龍文束兵刃
於其角而灌脂束葦於尾燒其端鑿城數十
穴夜縱牛壯士五千人隨其后牛尾熱怒而
奔燕軍燕軍夜大驚牛尾炬火光照炫耀軍視之皆龍文所觸尽死傷常山蛇
陣勢縱橫孫子善用兵者如率然率然者常山之蛇也擊其首則尾至擊其尾
則首至擊其中則首尾俱至落鵰都尉萬人敵北史斛律金子見一
大禽射之正中其頸形如車輪而下乃鵰也州子高嘆曰此射鵰手也人号為落鵰都督
漢書項羽曰學萬人敵耳黑矟將軍一鳥輕後魏書于栗磾棐壘於河
上刘裕憚之遺栗磾書題書曰黑矟公麾下栗磾以聞大宗大宗因授黑矟將軍栗磾常
用黑矟敌刘裕有此呼詩史身輕一鳥過槍急萬人呼漸見長圍雲欲
合南史齊廢帝東昏侯喜遊獵時人以其所圍処号為長圍可憐窮壘帶

猶縈陽給事誅翳翳窮壘寂嗷群飛陳孔章書黑子之守縈蕃為垣凱歌應
是新年唱周訓大軍獻功則鼓其凱樂便逐春風浩浩聲
過勤政樓見上花萼舊池塘註
千秋佳節名空在承露絲囊世已無隋宣帝詔八月
五日明皇生辰号千秋節王公戚里進金鏡綬帶士庶結承露絲囊以相遺問續齊諧紀
弘農鄧紹八月旦入華山採藥見一童子執五綵練囊盛栢葉上露露皆如珠滿囊中紹
問之答曰赤松先生取明眼言終失所在唯有紫苔偏稱意沈休文詩
賓階綠錢滿客位紫苔生年年因雨上金鋪長門賦擠玉户以撼金鋪
註撼搖也金鋪扉上有金花花中作鈕環以貫鏁
題魏文貞唐書魏徵字玄成貞觀三年以秘書監叅預朝政帝嘆曰今大
亂之後其難治乎徵曰大亂之易治譬飢人之易食也帝曰古不云善人為邦百年
然後勝殘去殺耶答曰此不為聖哲論也聖哲之治其應如響朞月而可蓋不其難
封德彝曰不然三代之後澆詭日滋秦任法律漢雜霸道皆欲治不能非能治不欲
徵書生好虛論徒亂國家不可聽徵曰五帝三王不易民以教行帝道而帝行王道
而王顧所行如何爾黃帝逐蚩尤七十戰而勝其亂因致死為九黎害德顓頊征之
已克而治桀為亂成湯放之紂無道武王伐之湯武身及大平若人漸澆詭不復返

朴今當為鬼為魅尚安得而依哉德彝亦
能對然心以為不可帝納之不疑至是天
下大治蠻夷君長襲衣冠帶刀宿衛東
薄海南踰嶺户闔不閉行旅不齎粮取給
於道帝謂群臣曰此徵勸我行仁義既効
矣惜不令封德彝見之他日宴群臣帝曰
貞觀以前從我定天下間關草昧玄齡功
也貞觀之後納忠諫正朕違為国家長利
徵而已雖古名臣亦何以加親
解佩刀以賜二人謚曰文貞
蟪蛄寧與雪霜期注子蟪蛄不知春秋賢哲難教俗士
知可憐貞觀太平後天且不留封德彝唐書封倫
字德彝

早春閤下寓直蕭九舍人亦直内署因寄
書懷四韻
御水初銷凍宮花尚怯寒千峯横紫翠雙闕
凭欄干選結客少年場行双闕似雲浮西都賦重軒三階註重軒謂重欄干玉
漏輕風順張衡漏水轉渾天儀制銅以為器再疊差置上具以清水下各開孔
以玉虬吐水入兩壺右為夜左為晝金莖淡日殘三輔故事漢武以銅作承
露盤高二十丈上有仙人掌承露和玉屑飲之將以求仙西都賦抗仙掌与承露擢双立
之金莖註金莖銅柱也玉喬在何處仙傳拾遺王喬河東人也漢顯宗時

為鄴縣令有神術每月朔望常詣京朝帝怪
其來數而不見車騎密令大史伺望之言臨
至必有双鳧從南飛来於是候鳧至舉羅張
之但得一舄焉乃四年時所賜尚書官属履
也每常朝時鄴縣門下鼓不擊自鳴聞於京師清漢正驂鸞別賦駕鸞騰天
註張僧鑒豫章記曰洪井西有鸞岡舊說云洪崖先生乘鸞所憩処也
秋晚與沈十七舍人期遊樊川不至
邀侶以官解泛然成獨遊川光初媚日山色
正矜秋野竹疎還密巖泉咽復流杜村連瀲
水杜村杜陵十道志八水註水自長安界流入涇渭灞滻澇潏灃滈晚步見

垂釣
念昔遊三首
十載飄然繩檢外本集上刑部崔尚書狀十年為幕府吏每促束於簿
書宴遊間樽前自獻自為酬秋山春雨閑吟處倚
遍江南寺寺樓
雲門寺越州外逢猛雨林黑山高雨腳長曾奉
郊宮為近侍詩雲漢篇不殄禋祀自郊徂宮上下奠瘞靡神不宗箋言宗廟
也為旱故絜祀不絕從郊而至宗廟奠瘞天地之神无不齊肅而尊敬之言偏至也分

明攫攫蜀勇雙誦二切孰也羽林槍見一卷万里横羽羽林槍註

李白題詩水西寺南宣州涇縣古木迴巖樓閣風

半醒半醉遊三日紅白花開山雨中

今皇帝陛下蔡邕獨斷陛下者群臣與至尊言不敢指斥天子故呼在陛下者而告之因卑達尊之意也一詔徵兵不日功集河

湟關郡次第歸降臣獲覩聖功輒獻歌詠舊唐書宣宗本紀制朕猥荷丕畜思弘景運憂勤庶政四載于茲每念河湟士疆綿亙遐闊洎天寶末犬戎因我多難無乃禁㪅遂縱腥羶不遠京邑事更十葉時近百年收復無由今者天地儲祥祖宗垂祐左衽輸款边壘連降制耻建功所謀必克寔樞衡妙筭將帥雄稜莫大之休指期而就況將士等櫛沐風雨暴露郊原披荊棘而刀斗夜嚴逐豺狼而窮庐聽破動皆知意古無与京念此誠勤宜加寵賞

捷書皆應睿謀期張景陽七命三軍告捷註捷克勝之名十萬

曾無一鏃遺過秦論秦無亡矢遺鏃之費漢武慚誇朔方

地漢書武帝紀定越地為南海郡北置朔方等五郡宣王休道太原

師詩六月宣王北伐也薄伐玁狁至于大原威加塞外寒來早漢高祖大風歌威加海內兮歸故鄉恩入河源凍合遲漢書張騫窮河源

取蒲城歌舞曲涼州聲韻喜參差見上涼州歌舞註

奉和白相公唐書宣宗紀大中元年以兵部侍郎白敏中守本官同中書門下平章事聖德和平致茲休運歲終功就合

詠盛明呈上三相公長句四韻

行看臘破好年光萬壽南山對未央黠戛可

汗修職貢舊唐書宣宗紀大中元年黠戛斯王子為英武誠明可汗又見一卷條取可汗鬪作奴註文思天子復河湟新唐書宣宗本紀大中二年群臣上尊號曰聖敬文思和武元孝皇帝復河湟出上應須日御西巡

狩左傳天子有日御諸侯有日官書五載一巡狩孟子巡狩者巡所守也不假

星弧北射狼楚詞李長矢兮射天狼王逸云天狼星以喻貪殘思玄賦彎威弧之拔剌射踆䖵之狼奢註威弧星名也封吉甫裁詩歌盛業一

篇江漢美宣王詩江漢尹吉甫美宣王也能興衰撥亂命召公平淮夷

過華清宮絕句三首漢上題襟長句兩韻謂七言絕句也

長安迴望繡成堆山頂千門次第開一騎紅

塵妃子笑無人知是荔枝來遯齋閑覽杜牧華清宮詩云云尤膾炙人口按唐紀明皇以十月幸驪山即還宮是未嘗六月在驪山也然荔枝盛暑方

熟詞意雖美而失事实又按廣記陳鴻長恨傳玉妃曰昔天宝十載侍輦避暑于驪山宮

新豐綠樹起黃埃前漢地理志新豐註高祖七年置應邵曰上皇思東歸於是高祖改築城市街里以象豐徙豐民以实之故号新豐數騎漁陽探

使迴本註帝使中使輔璆琳探祿山反否璆琳受祿山金言不反霓裳一

曲千峯上見上霓作舞衣裳註舞破中原始下來

萬國笙歌醉太平倚天樓殿月分明雲中亂

拍祿山舞楊妃外傳安祿山晚年益肥自稱重三百五十斤於上前旋舞如風

風過重巒下笑聲

登樂遊原西京雜記樂遊園漢宣帝所立

長空澹澹孤鳥沒萬古銷沉向此中看取漢

家何似葉五陵無樹起秋風前漢書遊使傳郡國諸豪及長安五陵諸為氣節者皆歸慕之註五陵謂長陵安陵陽陵茂陵平陵也

聞慶州趙縱使君與党項戰中箭身死長

句十道志關內道有慶州隋書党項姜者三苗之后也其種有宕昌白狼皆自稱獼猴種東接臨洮西平西距葍護南北數千里処山谷間每姓別為部落大者五千余騎小者千余騎

將軍獨乘鐵驄馬榆溪戰中金僕姑通典關內道榆林郡勝州春秋戎狄之地漢為雲中五原郡地所謂榆溪塞註今郡南界金僕姑見一卷手撚金僕姑註死綏却是古來有司馬法將軍死綏註綏却也有前一尺死却一寸左傳註古名退軍為綏驕將自驚今日無通典秦末項梁起兵吳中北至定陶再破秦軍項羽等又斬三川守李由益輕秦有驕色宋義諫曰戰勝而將驕卒惰者必敗青史文章爭點筆江文通上建平王書俱啓丹冊並圖青史註青史子古史官朱門歌舞笑狷軀郭景純遊仙詩日朱門何足榮白馬篇日捐軀赴国難視死忽如歸誰知我亦輕生者不

得君王丈二殳詩伯兮伯也執殳為王前驅註殳長丈二而無刃

送容州中承赴鎮十道志嶺南道有容州

交趾同星座十道志安南都護府有交趾古句漏縣後漢書舘陶公主為子求郎明帝又許而賜錢千万謂群臣曰郎官上應列宿出宰百里苟非其人則民受其殃是以雖之矣龍泉佩斗文越絕書楚王召風胡子將使鑄劍三枚一日龍泉前漢書淬以龍泉註龍泉在西平界其水可用淬劍持堅利古龍泉之劍蓋就於此也吳越春秋伍子胥過江解劍与漁父日此劍中有七星北斗文其直百金燒香

翠羽帳西京賦帳甲乙而襲翠被註甲乙帳名襲用也謂用翡翠看舞鬱詩

金裙李商隱詩招腰爭舞鬱金裙鷁首衝瀧浪瀧踈江切水名在嶺南淮南子龍舟鷁首註鷁大鳥也畫其象著舡首揚雄方言江東呼舡頭為飛間或曰鷁首今舟前所作青雀是也鷁五歷切水鳥也西京賦浮鷁首翳雲芝薛綜云舡頭畫鷁首以壓水神犀渠拂嶺雲吳都賦家有鶴膝戶有犀渠註鶴膝犀渠皆楯名莫教銅柱北空說馬將軍後漢書馬援為伏波將軍征蠻於安南道立銅柱以為漢界南蠻懾伏不敢侵漢封

夏州崔常侍自少常亞列出領麾幢十韻三十道志開內道有夏州

帝命詩書將壇登禮樂卿見上恂恂部穀風註漢書漢王擇日齋戒設壇場迎韓信為大將三邊要高枕漢書地理志武帝廣開三边右漢靈帝紀鮮卑冠三边註謂東西与北过曹子建表誅士未得高枕者萬里得長城史記蒙恬傳秦平天下使恬將三十萬衆北逐戎狄收河南築長城起臨洮至遼東万餘里新唐書李績治并州十六年以威肅聞大宗嘗曰隋煬帝不擇人守边勞中国築長城以備虜今我用李績守并突厥不敢南顧於長城遠矣對客猶襃博漢書儁不疑傳褒衣博帶盛服至門師古曰褒大裾也言著褒大之衣廣博之帶也而說者乃以為朝服無褒之衣非也墳門已旆旌漢書鄭莊傳賓客墳門註墳蒲也腰間五綬貴東觀漢記馬防為頴陽侯特以前参醫藥勤勞綬定西羌以襄城羌亭一千二百户開防身帶三綬寵貴至盛朱叔元書身帶三綬戰典大邪註言寵身帶三官天下一家榮野水差新鷰詩燕燕于飛差池其羽芳郊吁夏鸎別風嘶玉勒殘日望金莖金莖見上榆塞孤煙媚上見揄溪註銀川綠草明十道志開內道有銀川通典銀川郡今銀州戈矛㩁虎士詩闞如㩁虎弓箭落鵰兵見上落鵰都尉註魏絳言堪採晉語悼公五年無終子嘉父使孟樂因魏莊子納虎豹之皮以和諸戎公曰戎狄無親而好得不若伐之魏絳曰勞師於戎而失諸華雖有功猶得獸而失人也安用之且夫戎狄荐居貴貨而易土与之貨而獲其土其利一也边鄙耕農不儆其利二也戎狄事晉而四隣莫不震動其利三也君其图之公說故使魏絳撫諸戎於是乎遂伯註莊子魏絳也陳湯事偶成漢書陳湯傳郅支單于數困辱漢使不肯奉詔湯与延壽出西域与延壽謀曰郅支所在絕遠无金城強弩之守如發屯田吏士直指其城下千載之功可一朝而成也延壽欲奏之湯曰国家与公卿議大策非凡所見事必不從延壽入病湯獨矯詔發兵延壽聞之驚起欲湯蕩怒按劍叱延壽曰大衆已集豎子欲沮衆延壽從之部勒行陳益置揚威白虎合騎之校即日引軍分行斬單于首於是延壽湯上跡曰臣聞天下之大義當混為一昔

有唐虞今有強漢匈奴呼韓邪已稱北藩唯郅支單于叛逆未伏其辜臣延壽湯將義兵行天誅賴陛下神靈陷陳克敵斬郅支首及名王以下宜懸頭稾街以示万里明犯強漢者雖遠必誅若須垂竹帛墨子以其所獲書於竹帛傳遺後世子孫靜勝是功名老子噪勝寒靜勝熱清靜為天下正

街西長句

碧池新漲浴嬌鵶分鏁長安富貴家遊騎偶同人鬪酒名園相倚杏交花銀鞦騕褭斷宛馬鞦音秋車馬鞦也瑞應圖騰黃騕褭皆為神馬也宛馬見上下西北天宛王厄豪註

繡鞅璁瓏走鈿車左傳韅靷鞅靽註在背曰韅在胷曰靷在腹曰鞅在後曰靽璁倉紅切石似玉瓏盧紅切璁瓏玉声韓悰公子行開珊走鈿車一曲將軍何處笛晉書桓伊字叔夏以功封永脩縣侯進号右軍將軍伊善一時之妙有蔡邕柯亭笛常自吹之王徽之赴召京師泊舟青溪側素不与徽之相識伊於岸上過舟中客稱伊小子曰此桓野王也徽之便令人謂伊曰聞君善吹笛試為我一奏伊是時已貴顯素聞徽之名便下車踞胡休為作三調弄畢便上車去客主不交一言連雲

芳樹日初斜

春申君史記春申君者楚人也名歇姓黃氏楚考烈王元年以黃歇為相封為春申君是時齊有孟嘗君趙有平原君魏有信陵君方爭下士招致賓客以相傾奪輔国持權平原君使人於春申君春申君舍之上舍趙使欲誇楚為玳瑁簪刀劍室以珠玉飾之請命春申君客春申君客三千餘人其上客皆躡珠履以見趙使趙使大慚考烈王無子春申君患之求婦人宜子者進之甚衆卒無子趙人李園持其女弟欲進之楚王聞其不宜子恐久毋寵李園求事春申君為舍人於是乃進其女弟則幸於春申君知其有身李園乃与其女弟謀承間以說春申君曰今君相楚二十餘年而王無子今妾自知有身而人莫知誠以君之重而進妾於楚王王必幸妾妾賴天有子男則是君之子為王也春申君大然之乃出李園女弟謹舍而言之楚王楚王召入幸之遂生子男立為太子以李園女弟為王后楚王貴李園園用事恐春申君語泄陰養死士欲殺春申君以滅口而国人頗有知之者考烈王卒李園果先入伏死士於棘門之內春申君入棘門園死士夾刺春申君斬其頭投之棘門外

烈士思酬國士恩史記豫讓晉人也欲為智伯報讎襄子當出讓伏於所當過之橋下襄子至橋馬驚襄子曰必是豫讓也使人問之果豫讓也襄子數讓曰子不嘗事范中行氏乎智伯滅之而子不為報讎而反臣於智伯智伯亦已死矣何報讎深也讓曰范中行氏衆人遇我我故衆人報之至於智伯国士遇我我故国士報之春申誰與快寃魂三千賓客揔珠履欲使何人

殺李園韻語陽秋杜牧張祜皆有春申君絶句杜牧云刎士思酬国士恩春申誰
與快冤魂三千賓客揔珠履欲使何人殺李
園張祜云薄俗何心議感恩諂容卑迹賴君
門春申還有三千客寂寞無人殺李園二詩
語意相似嗚呼朱英之言尽矣而春申不能
必用李園之計巧矣而春申不能預防春申
之客衆矣而無一人為春申殺李園者所以
起二子之論也

奉陵宮人本註之任黄州日作

相如死後無詞客見一卷六宮雖念相如賦註延壽亡來
絶畫工西京雜記元帝后宮既多不得相見使畫工圖其形按圖召幸之諸宮人
皆賂畫工多者十万少者亦不减五万獨王
嬙不肯遂不得見後匈奴入朝求美人為閼
氏於是上按圖以昭君行及去召見貌為后
宮第一善應對擧止閑雅帝悔之而名籍已
足帝重失信於外國故不復更人乃窮按其
事畫工皆弃市籍其家資皆巨万畫工杜陵
毛延壽為人形好醜考正得其貞王顏不是黄金少古詩無趙多住
人美者顏如玉又見一卷六宮雖念相如賦註淚濕秋山入壽宮楚詞
曰蹇將憺入壽宮王逸註云壽宮供神処也祠祀宮

讀韓杜集南郊所旅冠家關死生寄書長不忝巩乃求休兵在役御弁來陽縣杜牧之帶覧其集有詩

杜詩韓筆愁來讀似倩麻姑癢処抓神仙傳三王方
過吳晋門往蔡經家召麻姑至麻姑手爪似
鳥經見之心中念曰背大癢時得此爪以爬
背當佳也天外鳳凰誰得髓無人解合續絃膠東方
朔十洲記鳳麟洲上多鳳麟數万為群一家
煮鳳喙麟角合煎作膠名之為集絃膠一名
連金泥此物能連屬弓弩断絃及断折之金
傳物志漢武帝時西海有獻膠者以注断名
曰續絃膠

春日言懐寄虢州李常侍十韻十道志河南有虢州

岸蘚生紅藥廣志空室無人行則生苔蘚或青或紫一名圓蘚一名綠錢謝
玄暉直省詩紅藥當階翻巖泉漲碧塘地分蓮岳秀山海經太
華之山削成而四方之高千仞其廣千里華
山記山頂有池池中生千葉蓮華服之羽化
草接鼎原芳通典弘農郡虢州須縣湖城註故曰湖漢武更名湖縣有荊山
黄帝鑄鼎於荊山其下曰鼎湖則此也詩史虢畧鼎湖傍註虢有湖乃鼎湖雨派
潨音叢淙峥江反急風畦芷若香織蓬眠舴艋上音
陟格反下音莫杏反艋小舟驚夢起鴛鴦論吐開氷室李白
詩吐論多英音詩鑿氷沖沖納于凌陰註凌陰氷室也通典立春之日祭司寒啓氷室
詩陳曝錦張南史鮑照曰顏延年詩若鋪錦列繡亦彫繢滿眼貂簪

荊玉潤漢宮儀秦置散騎又置中常侍皆銀璫附蟬為文貂尾為飾謂之貂璫華
輿服志金取堅剛百鍊不耗蟬取高居歛清貂取內外溫潤詩史荊玉簪頭冷荊玉見一
卷余固宜三刖註丹穴鳳毛光本註帝子新登甲科山海經丹穴之山有
鳥焉其狀如雞五彩而文曰鳳南史會稽大守靈運子鳳坐靈運徙嶺南早卒鳳子超宗
隨父鳳嶺南無嘉未得还遷補新安王子鸞国常侍王母殷淑儀卒超宗作誄奏之帝大
嗟賞謂謝莊曰超宗殊有鳳毛今日還珠守後漢書孟嘗為合浦太守郡無
耕稼所貨唯珠寶郡民取之以供衣食前郡守多貪採求珠遂涉於交阯郡界后孟嘗到
官華易前敝曾未喻歲去珠復還何年執戟郎曹子建與楊德祖書揚子
雲先朝執戟之臣耳註揚雄為郎執戟宿衛且嬉遊書短古詩曰書短苦
夜長何不秉燭遊莫問積薪場前漢汲黯傳陛下用群臣如積薪耳後来
者居上無計披清裁後漢書范滂清裁猶以利刃齒腐朽晉書王羲之傳
庾亮稱羲之清貴有鑒裁音才代切唯持祝壽觴陽閒居賦稱萬壽以獻觴
願公如衛武百歲尚康強国語昔衛武公年九十有五箴於国
曰苟在朝者無謂我老而捨我也必恭恪於朝夕以警我聞一二之言志誦納之以訓道
李侍郎於陽羨里富有泉石某亦於陽羨
粗有薄產見上陽羨訪吾廬註叙舊述懷因獻長句

四韻

冥鴻不下非無意揚子鴻飛冥冥弋者何篡焉註篡字諸本或為慕篡取
也塞馬歸來是偶然淮南子隶入好善父子俱視塞上有善術者馬
無故亡入胡其父曰何遽不為福乎數月馬歸父曰何遽不為福乎其子好騎墮而折髀
人弔之父曰何遽不為福乎居一年胡人入塞丁壯引絃而戰死者十九獨以跛故父子
相保紫綬公卿今放曠東觀漢記漢制公侯金印紫綬叔夜聽放曠乎
人間之世註死拘束白頭郎吏尚留連荀紱漢紀曰馮唐白首居於郎
署終南山下拋泉洞本集落終南山下有旧序類有水樹陽羨
溪中買釣舡欲與明公攜履杖後漢書蔡琰字文姬謂曹
公曰明公厩有萬馬虎士成林何惜疾足一騎濟垂死之命乎詩史明公御妙年註明公
相尊美之稱願聞休去是何年

贈李處士長句四韻

玉函怪牒鎖靈篆直兗切史籀造篆書以篆漢書註書有大篆小篆
紫洞香風吹碧桃尹喜傳曰老子西遊大真王母共食碧桃百老
翁四目牙介利擲火萬里精神高靈寶度人經獨火万
里流八鈴衡註嚴東曰左右流金火鈴一擲万里流光燦爛交錯八衝充汤盪空之中消

魔滅鬼也又薛尚摠曰擲火流鈴者流金火鈴也擲之有声聞乎大極光振千里故徽万里以交爍達八方以衝擊則真人常持之以御魔精藹藹祥雲隨步武老子内傳太上老君姓李氏名耳字伯陽常有五色雲繞其形謝宣遠詩趾行安步武註武迹也纍纍秋塚沒蓬蒿張孟陽七哀詩北邙何壘壘高陵有四五借問誰家墳皆云漢世主續搜神記遼東城門華表柱有白鶴來集人欲射之鶴於空中歌曰有鳥有鳥丁令威去家千載今始歸城郭猶是人民非胡不學仙塚纍纍三山朝去應非久博物志蒼海之中有蓬萊方丈瀛洲三神山姹女當窗織羽袍姹陟嫁切美女也後漢書姹女工數錢前漢郊祀志註羽人以鳥羽為衣取其神仙飛翔之意

送國棊王逢

玉子紋楸一路饒鷄跖集曰本国王子求唐人圍棊上勅待詔顧師言敵著出如楸玉局冷暖棊子本国有手譚池池中出玉子不須制度自然黑白冬温夏冷御前棊譜曰饒一路勝一路最宜簷雨竹蕭蕭羸形暗去春泉濺猛勢橫來野火燒守道還如周伏柱史記老子者周守藏室之史也修道德其學以自隱無名為務居周久之見周之衰遂去王琚詩伯夷窮首陽老聃伏柱史鏖兵不羨霍嫖姚前漢書霍去病為嫖姚校尉元狩二年將万騎出隴西戰戰六日過焉支山千有餘里合短兵殪皋蘭下註鏖謂苦戰而多殺也皋蘭山名也言苦戰於皋蘭山下而殺虜也鏖於求切得年七十更萬日與子期於局上銷

重送絕句

絕藝如君天下少閑人似我世間無別後竹窗風雪夜一燈明暗覆吳圖魏志王粲字仲宣觀人圍棊局壞粲為覆之棊者不信以帊蓋局使更以他局為之用相比較不誤一道棊譜有吳越戰陣圖

少年行沈烱少年行長安好少年驄馬鐵連錢陳王裝腦勒晉后鑄金鞭

連環羈玉聲光碎西京雜記武帝時身毒国獻連環羈皆以白玉作之綠錦蔽泥虬卷高西京雜記武帝時長安始盛飾鞍馬競加雕鏤或一馬之飾直百金以綠地五色錦為蔽泥后稍以熊羆皮為之熊毛有綠光皆長三尺者直百金春風細雨走馬去珠落璀璀白罽袍璀取猥切玉光罽袍見一卷剮之胡罽來註

奉和門下相公送西川相公兼領相印出鎮全蜀

盛業冠伊唐帝王世記堯姓伊耆氏詩含神霧曰慶都生伊堯孔安國書傳
曰堯以唐侯外為天子也台階翊戴光後漢書郎顗曰三公上應三台楮洞
碑外禪台階註黃帝泰階六符經曰泰階者天之三階也上階為天子中階為諸侯公卿
大夫下階為元士庶人前漢書晁錯傳並建豪英以為官師為諫諍補天子之闕而翼戴
筆宗也詩史宮禁絲綸密台階翊戴全無私天雨露有截舜衣
裳詩海外有截鄭玄四海之外率服截爾整齊蜀轍新衡鏡韓子鏡執
清而無事美惡從而比焉衡執正而無事輕重從而載焉夫搖鏡則不得為明搖衡則不
得正法之謂也池留舊鳳凰晉書荀勗傳以勗守尚書令久在中書專管機

事及失之甚惆悵或有賀之者勗曰奪我鳳凰池諸公賀我同心真石
友潘岳寄石崇詩投分寄石友白首同所歸前漢書韓信傳與漢王為金石友註孫全
石者取堅固也鴻根蔑河梁李陵與蘇武詩曰携手上河梁遊子暮何之註
河梁橋也虎騎搖風旆貂冠韻水蒼礼記天子佩白玉公侯佩
山玄玉大夫佩水蒼玉彤弓隨武庫書賚爾彤弓彤矢註諸侯大功賜弓
矢然後專征伐晉書杜預字元凱博學多通明興衰之道又明於籌略公家之事知無不
為凡所興造必考度始終鮮有敗事朝野稱美號曰杜武庫言其無所不有晉書裴頠弘
雅有遠識周弼見而嘆曰頠若武庫五兵縱橫一時之傑金印逐文房衛宏

漢舊儀丞相將軍黃金印南史趙知禮蔡景曆為陳武帝經綸之日居文房書記之任
棧壓嘉陵咽漢書高祖王漢中張良辭故韓漢王送至褒中良因說漢王燒
絕棧道以備諸侯十道志劍南道開州有嘉陵江九城畜嘉州有嘉陵江水汾流蜀界
峯橫劍閣長張孟陽劍閣銘惟蜀之門作固作鎮是曰劍閣壁立千仞鄭元
水經註小劍北去大劍三十里連山險絕飛閣相通故謂之劍閣也前驅二星
去前驅見一卷前馳白旆弔河湟註後漢書曰和帝分遣使者二人各至州郡觀採風
謠二人當到益部投館吏李郃郃曰二君發京師時知朝廷遣二使使問何以知之郃
云前有二星向益州分野開險五丁忙華陽国志周顯王三十二年蜀使使

朝秦秦惠王數以美女進蜀王蜀王感之故朝焉惠王知蜀王好色許嫁五女於蜀蜀遣
五丁迎之還到梓潼見一蛇入穴中一人攬其尾曳之不禁至五人相助大呼拔蛇山崩
同時壓殺五丁及秦五女而山分為五嶺唐書陳子昂曰蜀昔時不通中国秦惠王用張
儀計飾美女譎金牛因間以啖蜀侯蜀侯果貪其利使五丁力士鑿通谷棧褒斜置道於
秦自是險阻不開山谷不閑張儀躡踵乘便縱兵大破之蜀侯誅實邑威至今蜀為中州
迴首崢嶸盡連天草樹芳丹心懸魏闕莊子中山
公子牟謂瞻子曰身在江湖之上心居魏闕之下往事憶甘棠詩蔽芾甘
棠勿剪勿伐召伯所茇箋云召伯所男女之訟不重煩勞百姓止舍小棠之下而聽斷焉

〔国人被其德詠其化思其人蔽其樹〕治化輕諸葛〔蜀志諸葛亮与先主共圖成都成都平以亮為軍師将軍署左将軍府事先主外出亮常鎮守成都足食足兵建兴元年又領益州牧政事无巨細咸決於亮〕威聲懾夜郎〔通典珠州古蠻夷之地真觀七年置珠州或為夜郎郡〕君平數說卦〔漢書蜀有嚴君平卜筮於成都市以為卜筮者賤業而可以惠衆人有邪惡非正之問則依蓍龜為言利害日閱數人得百錢足自養則閉肆下簾而授老子〕犬子召升堂〔漢書司馬相如字長卿蜀郡成都人也少時好讀書学擊劍名犬子相如既学慕藺相如之為人也更名相如論語子曰由也升堂矣未入於室也〕塞接西山雪〔成都記西山上有積雪經〕

〔不叓消〕橋維萬里橋〔十道志釼南道益州万里橋註云蜀使費禕聘呉葛亮餞之於此橋上揖曰万里之路於此為始〕奪霞紅錦爛〔譙周益州志成都織錦既成濯於江水其文分明勝於初成他水濯之不如江水故曰錦水〕撲地酒壚香〔見一卷敢問當壚即註〕忝遂三千客〔上見春申君註〕曾依數仞牆〔論語夫子之墻數仞不得其門而入不見宗廟之美百官之富得其門者或寡矣〕滯頑堪白屋〔漢書蕭望之傳註白屋謂白盖之屋以茅覆之賤人所居〕攀附亦周行〔揚子法言攀龍鱗附鳳翼詩實彼周行〕肉管伶倫曲〔前漢律曆志黃帝使伶倫自大夏之西取竹解谷生其竅厚均者斷兩節〕

〔之間而吹之以為黃鍾之宫制十二筩以听鳳之鳴其雄鳴為六雌鳴亦六比黃鍾之宫而皆可以生之是為律本註云大夏西戎之国也解谷谷名晋灼曰取谷中之竹生而肉孔外肉厚薄自然均截者以為筩大東切師古曰晋說是也〕簫韶清廟章〔樂緯舜與簫韶註韶繼也舜繼堯之後循行道故曰簫韶詩頌清廟祀文王也於穆清廟肅雝顯相〕唱高知和寡〔宋玉對問宋玉曰客有歌於郢中其為陽春白雪国中屬而和者數十人而已引商刻羽雜以流徵国中屬而和者不過數人是以其曲旅高其和旅寡〕小子斐然狂〔論語子在陳曰歸歟歸歟吾黨之小子狂簡斐然成章不知所以裁之〕

朱坡〔唐書杜佑傳朱坡樊川頗治亭觀与賓客置酒為樂子弟皆奉朝請貴盛為一時冠〕下杜鄉園古〔前漢宣帝紀下杜注在長安南師古曰下杜即今之杜城〕泉聲繞舍啼靜思長憐切薄宦與乖睽北闕千門外〔西京賦北闕甲第當道直啓西都賦張千門而立万戶〕南山午谷西〔前漢書註今京城直南山有谷通梁漢道名字午谷也〕倚川紅葉嶺連寺綠楊堤迴野翹霜鶴〔舞鶴賦疊霜毛而弄影〕澄潭舞錦雞濤驚雉萬岫珂急轉千溪眉點疊牙

嫩風條柳幄迷岸藤捎所交切摶推揣挖搖捎也虺尾沙
渚印麑蹄火燎緗桃塢西京雜記漢脩上林苑群臣遠方各獻名
果有緗核桃紫文桃波光碧綪畦日痕絙翠巘陂影蹟
晴霓蝸篆壁斕班蘚銀涎荳蔻泥本草圖紅荳蔻生南海今
嶺南皆有之花生穗嫩葉卷而生初如芙蓉穗頭深紅色葉漸展花漸出而漸淡亦有黃
白色者洞雲生斥段苔逕繚嵩伭偃蹇松公老
吳錄丁固為尚書令夢松生其腹上意甚惡之友人趙直解之曰松字十八公君十八年
後為公乎果如其言森巖竹陣齊見一卷曉晴賦小蓮娃欲語
李白綠水曲荷花嬌欲語愁殺蕩舟人劉淵林吳都賦註吳俗謂美女為娃幽筍
稚相攜冷齋夜話老杜詩筍根稚子無人見沙上鳧雛傍母眠世未解稚子無人
見何等語唐人食筍詩曰稚子脫錦繃駢頭玉香滑則稚子為筍明矣漢館留
餘趾周臺接故蹊見一卷故園賦蟠蛟岡隱隱西京賦隱
隱展展註隱展相連屬皃斑雉草萋萋楚詞春草生兮萋萋樹老蘿
紆組巖深石啓闈侵窗紫桂茂拂面翠禽棲
有計冠終挂後漢書逢萌字子康時王莽殺其子宇萌謂友人曰王綱絕矣
不去禍將及人即解冠挂東都城門歸將家屬浮海客於遼東無才筆謾提

見一卷何當提筆待巡狩註自塵何大甚休笑觸藩羝易羝
羊觸藩羸其角不能退不能遂無攸利
早春寄岳州李使君李善基愛酒情地閑
雅通典江南西道巴陵郡岳州
城高倚峭巘地勝足樓臺朔漠暖鴻去後漢書永
安傳朔漠既定管子桓公曰夫鳴鴈春北而秋南不失其時瀟湘春水來
零陵記蕭水湘水在永州二水合流謂之瀟湘縈盈幾多思掩抑若
為裁返照三聲角纂要日西落光返照於東謂反景寒香一
樹樾烏林芳草遠赤壁健帆開後漢獻帝紀建安十三年
曹操自為丞相南征劉表表卒小子琮立以荊州降操以舟師伐孫權將周瑜敗之於
烏林赤壁魏志孫權與周瑜劉備等并力擊曹公大與公軍於赤壁通典岳州領縣巴陵
有赤壁山即曹公敗處往事空遺恨東流豈不迴分符
潁川政漢書文帝紀註與郡守為符者謂各分其半右留京師左以與之也唐六
典銅魚符所以起軍旅易守長兩京留守若諸州諸軍折衝府諸處捉兵鎮守之所及宮
總監皆銅魚符漢書黃霸字次公為潁川大守秩比二千石後有詔歸潁川太守官以八
百石居治如其前前後八年郡中愈治承歷洛陽才見一卷贊之遺賈生

註西征賦終童山東之英妙賈生洛陽之才子拂匣調珠柱別賦玉柱而横霅軾註瑟有柱以玉為之謝靈運詩殷勤訴危柱李善云危柱琴也磨鉛勘玉公漢書董仲舒傳仲舒所著皆明經術之意本及上疏條教乃百二十三篇而說春秋事得失聞舉玉杯蕃露清明竹林之屬復數十篇十餘万言皆傳於後世綦翻小窟勢棊譜有大兔窟小兔窟勢鑪撥凍醪醅本註詩以為此春酒以介眉壽註凍醪此興予非薄何時得奉陪

送王侍御赴夏口座主幕十道志江南道鄂州有夏口鎮

君為珠履三千客見上春申君註我是青衿七十徒詩青青子衿毛萇傳曰青衿青領也學子之服史記孔子以詩書礼樂教子弟蓋三千焉身通六藝者七十有二人禮數全優知隠始見一卷我在金臺註雖詩論常見念回愚孔安国尚書序討論墳典論語孔子曰吾与回言終日不違如愚退而省其私亦足以發回也不愚黄鶴樓前春水闊十道志鄂州今江夏郡有黄鶴山述傳前拜字叔緯譖攝却粒曾東遊憩江夏黄鶴樓上望西南有物飄然降自霄漢俄頃已至乃駕鶴之賓也鶴止戶側偏者就席羽衣霓裳賓客歡對已而辭去跨鶴空渺然烟滅崔顥黄鶴樓詩曰黄鶴一去不復返白雲千載空悠悠註云黄鶴人名也乃一去還憶故人無

自貽

杜陵蕭次君遷少去宮頻漢書蕭育字次君望之子為人嚴猛尚威居官數免稀遷望之東海蘭陵人也徙杜陵寂寞憐吾道依俙似古人歸心無彩繢到骨是風塵自嫌如匹素刀尺不由身郭泰機荅傅咸詩皦皦白素絲織為寒女衣寒女雖巧妙不得秉杼機衣工秉刀尺弃我忽若遺

自遣黄州

四十已云老況逢憂窘餘且抽持板手却展少年書嗜酒狂嫌阮見一卷一醉六十日古來聞阮生註知非晩笑蘧淮南子曰蘧白玉年五十而有四十九年非註今年所行是也則还顧知去年之所行非也歲歲悔之以至於死故有四十九年非也聞流寧嘆吒礼儒行聞流言不信其行吒音陟嫁切嘆吒二怒也待俗下親疎遇事知裁剪操心識卷舒還稱二千石前漢書循吏傳宣帝嘗曰庶民所以安其田里亡歎息愁恨之心者政平訟理也与我共此者其唯良二千石乎師古曰謂郡守諸侯相也唐會要二千石者今之刺史也於我意何如

題桐葉

去年桐落故溪上把菜因題歸鸞詩江樓令
日送歸鸞正是去年桐落時菜落鸞歸真可
惜東流玄鬢且無期見一卷蕭蕭玄鬢抽註笑筵歌席
反惆悵朗月清風見別離晋書刘惔字真長夜在簡文座愁然
歎曰清風朗月根無玄度許詢字玄度莊叟彭殤同在夢見一卷
何者為彭殤註陶潛身世兩相遺陶潛故去来辭世与我而相遺復駕
言兮焉求一丸五色誠虛語魏文帝詩西山一何高高高殊未極上有
兩仚童不飲亦不食與我一丸藥光耀有五色服之四五日身体生羽翼石爛松

薪更莫疑三齊略記甯戚候桓公出扣牛角歌曰南山粲兮白石爛生不逢堯
與舜短布單衣才至骭黃昏飯牛到夜半長夜漫漫何時旦牛兮牛兮努力食大豆細草
在汝側吾當与汝相齊国桓公聞之遂用為相古詩古墓犂為田松柏摧為薪咳尺也
切後不勞文似錦詩萋兮斐兮成是貝錦註萋斐文章相錯也貝錦錦
文也箋云錦文者文如餘泉餘蚳之貝文也只者喻讒人集作已過以成於罪猶女工之
集采色以成錦文也哆兮侈兮成是南箕云箕星哆然踵狹而舌廣今讒人之因寺人
之近嫌而成言其罪猶因箕星之哆而又侈大之謝靈運詩白珪尚可磨斯言易為緇雖
抱中孚交猶勞貝錦詩進趨何必利如錐廣絶交論趨錐刀之末註

趨其小利晋書鍾推語祖士言我汝頴之士利如錐錙燕代之士鈍如槌祖日以我缺槌
打爾利錐鍾日自有神錐不可得而打祖日既有神錐亦有神槌錢神任爾
知無敵見上因看魯褒論註酒聖於吾亦庶幾魏略大祖時禁
酒而人竊飲之故難言酒以白酒為賢人清酒為聖人醉鄉日月日九酒以色清味重而
飴為聖色如金而味醇且苦者為賢色黑而酸醨若為愚江畔秋光蟾閣
鏡郭子横洞冥記望蟾閣上有青金鏡廣四尺元光中波低国南此青金鏡照見魑
魅百鬼不敢隱形檻前山翠茂陵眉西京雜記文君眉色不加黛飾
如望遠山臉際常若芙蓉肌膚如脂漢書相如傳相如病免家居茂陵罇香輕

遠　擬　雜碎　同潛

泛數枝菊簷影斜侵半局碁休指官遊論巧
拙閑居賦字岳嘗讀汲黯傳至司馬安四至九卿而良史題之以巧宦之目未嘗不慨
然發書而歎曰嗟乎巧誠有之拙亦宜然賦日雖吾顏之云厚猶內愧於寧有道吾不仕
無道吾不愚何巧智之不足而拙艱之有餘也只將愚直禱神祇見一
卷上下將何禱註三吳煙水平生念三吳已出一卷寧向閑
人道所之
一
沈下賢李商隱擬沈下賢詩千二百輕鸞春衫瘦著寬倚風行稍急含雪語
二
態寒帶火遺金斗烌熨礁玉盤河陽看花去曾不尚澄安

斯人清唱何人和草逕苔蕪不可尋一夕敷山下夢水如環珮月如襟

李和鼎見一卷李甘詩註

鵩鳥飛來庚子直賈誼鵩鳥賦序誼為長沙王傅三年有鵩鳥飛入誼舍止于坐隅鵩似鴞乃不祥鳥也誼以謫居長沙卑濕誼自傷悼以為壽不得長乃為賦以自廣其詞曰單閼之歲四月孟夏庚子之日斜鵩集余舍謫去日蝕辛卯年由來枉死賢才事消長相持勢自然韻語陽秋杜牧之作李和鼎詩曰鵩鳥飛來庚子直謫去日蝕辛卯年由來枉死賢才事消長相持勢自然蓋序鄭註事也方是時和鼎論枉不可為相旋致貶責故牧之作詩痛之如此說者謂辛卯年在憲宗之時而憲宗未嘗謫李甘甘仕文宗之時而文宗之時元辛卯豈牧之誤乎余謂牧之所云非謂實庚子辛卯也鵩鳥集于舍班固書庚子之日日有蝕之詩人有辛卯之詠借其事以明李甘之寃爾前漢書劉向上封事云云幽厲之際朝廷不和轉相非惡衆小在位而從邪說歙歙相是而背君子君子獨處守正不橈衆枉勉強以從王事則反見憎毒讒愬當是之時日月薄蝕而無光其詩曰朔日辛卯日有蝕之亦孔之醜註周之十月夏之八月朔日辛卯日月交會而日見蝕之陰侵於陽辛金日也卯木辰也以卯侵金則臣侵君故甚惡之消長已出上

贈沈學士張歌人見一卷張好好詩序

拖袖持當年郎教唱客前斷時輕裂玉收處遠繰煙繰蘇刀切給火繭取絲也孤直絙雲定光明滴水圓泥去声情遷急管流恨咽長絃吳苑春風起十道志江南道常州有長洲苑註苑有姑蘇臺吳王所立河橋酒旆懸憑君更一醉家在杜陵邊杜陵已出二卷

憶遊朱坡四韻

秋草樊川路見一卷晚晴賦註斜陽覆盎門前漢書王嘉傳董賢起官寺上林中為賢治大第開門鄉北闕引王渠灌園池註渠在城東覆盎門外獵逢韓嫣騎前漢書韓嫣字王孫弓高候頹當之孫也武帝為膠東王時嫣与上學書相愛及上為太子愈益親嫣嫣善騎射上即位欲事伐胡而嫣先習兵以故益尊貴官至上大夫始時嫣常与上共卧起江都王入朝從上獵上林中天子車駕超通未行先使嫣乘副車從數十百騎馳視獸江都王望見以為天子避從者伏謁道傍樹識館陶園前漢書初帝姑館陶公主号竇大主爰叔謂董偃曰足下何不白主獻長門園如淳曰竇大主園在長門長門在長安城東南園可以為宿館也所以獻之文主曰願陛下臨妾山林[illegible]下應邵日公主園中有山[illegible]

竹村如今歸不得自戴望天盆司馬子長書僕以爲戴盆何以望天註云戴盆則不見天

朱坡絶句三首

故國池塘倚御渠江城三詔擾魚書唐書杜牧傳歷黃池睦三州刺史本集上高尚書狀三守僻左七換星霜唐書大曆十二年詔淮戎諸州刺史替代及別追皆降魚書然後離任賈生辭賦恨流落祇向長沙住歲餘本註文帝歲餘思賈生前漢書賈誼以能誦詩書屬文稱於郡中超遷歲中至大中大夫天子後疏之以誼爲長沙王大傅歲餘文帝思誼而徵之

煙深苔巷唱樵兒花落寒輕倦客歸藤岸竹洲相掩映滿池春雨鸊鵜飛方言野鳧甚小好沒水中南楚人謂之鸊鵜

乳肥春洞生鵝管本草陶隱名云石鍾乳出始興而江陵東境名山石江亦皆有通中輕薄如鵝翎管碎之如爪甲中無鴈齒光明者善沼避迴巖勢犬牙漢書廣封連城犬牙相錯師古曰錯雜也言其地相交雜也自笑卷懷頭角縮歸盤煙磴恰如蝸古禾切蝸牛論語孔子曰君子哉蘧伯玉邦有道則仕邦無道則可卷而懷之

出宮人二首

閑吹玉殿昭華管西京雜記高祖初入咸陽宮有玉管長二尺三寸二十六孔吹之則見車馬山林隱轔相次吹息亦未復見銘曰昭華之管尚書大傳堯致舜天下贈以昭華之玉醉折梨園縹蔕花譚賓錄天宝中玄宗命宮女數百人爲梨園弟子皆居宜春北院上素曉音律時有馬仙期李龜年賀懷智皆洞知律度安祿山自范陽入覲亦獻白玉簫管數百事皆陳於梨園自是音響殆不類人間十年一夢歸人世絳縷猶封繫臂紗晉書晉武帝多選良家子女以充內職自擇其美者以絳紗繫臂

平陽拊背穿馳道漢書孝武衛皇后字子夫生微也其家号曰衛氏出平陽侯邑子夫爲平陽主謳者武帝即位無子平陽主求良家女飾置家帝拔霸上還過平陽主主見所侍美人帝不悅既飲謳者進帝獨悅子夫帝起更衣子夫侍尚衣軒中得幸还坐歡甚賜平陽主金千斤主因奏子夫送入宮子夫上車主拊其背曰行矣強飯勉之即貴願無相忘前漢書成帝記上嘗急召太子出龍樓門不敢絶馳道註馳道天子所行道也若今之中道註絶橫道也銅雀分香下壁門銅雀臺壁門並出卷一幾向綴珠深殿裏妬拋羞態臥黃昏

長安秋望

樓倚霜樹外鏡天無一毫南山與秋色氣勢兩相高

獨酌

窻外正風雪擁鑪開酒缸何如釣船雨蓬底睡秋江

醉眠

秋醪雨中熟寒齋落葉中幽人本多睡更酌一樽空

不飲贈酒

細算人生事彭殤共一籌彭殤已出一卷與愁爭底事要爾作戈矛

昔事文皇帝三十二韻自池州移守睦州時作

昔事文皇帝叨官在諫垣見一卷諫官事明主奏章為得地齚齕齚鋤陌切齕齧也齧王結切齕也負明恩金虎知難動東京賦周燃之末不能厥政政用多僻始於宫鄰卒於金虎李善註應卲漢官儀曰不制之臣相与比周比周者宫鄰金虎也宫鄰金小人在位比周相与君為鄰貪求之德堅若金讒之言惡若虎也訪毛氅亦恥言西京賦遊䣭辯論之士街談巷議彈射臧否析毫氂擘肌分理撩頭雖欲吐到口却成吞照膽常懸鏡見一卷秦臺破心膽註窺天自戴盆見上自戴望天盆註周鍾既寵鏉左傳昭公二十一年春天王将鑄無射泠州鳩曰其王以心疾死乎夫音樂天子之職也夫音樂之輿也而鍾音之器也天子省風以作樂器以鍾之輿以行之小者不窕大者不槬則和於物物和則嘉成故和聲入於耳而藏於心心億則樂窕則不咸槬則不容心是以感實生疾今鍾槬矣王心不堪其能久乎窕他了切

瓠戶化切蔵戶暗切黥陣亦癥痕上步官切痞瘂也下戶恩切癥痕也黥陣出一卷鳳闕觚稜影關中記建章宮圓闕臨北道鳳在上曰鳳闕觚稜也一卷仙盤曉日暾見上金莖淡日殘註雨晴文石滑風暖戟衣韜無慮彌無告孟子鰥寡孤獨此四者天下之窮民而無告者長憂駭不存相如諫獵書同軼才之獸駭不存之地隨行戶郎切唯跼蹐詩謂天蓋高不敢不跼謂地蓋厚不敢不蹐謝玄暉詩勅躬每跼蹐跼梁王切踡曲也蹐子亦切小步也出語但寒暄晉書王獻之字子敬小有盛名而高邁不羈嘗与兄徽之操之俱詣謝安二兄多言俗事獻之寒暄而已宫省嚥

集部　第一冊

喉任梁諫傳宫省事密莫有知者尚書帝曰龍命汝作納言孔安国曰納言喉舌之官詩出納王命王之喉舌戈矛羽衛屯晋書天文志郎位十五星在帝座東北一曰依烏郎府也周之元士漢之光禄中散諫議諫郎三署郎中是其職也又曰郎主守衛戟林漢中郎将分掌三署郎九節官皆主更直執戟宿衛諸殿門江淹詩羽衛藹流景註羽衛羽葆也護衛天子也光塵皆影附老子和其光同其塵琰大将軍夫人寇氏誄曰英雄景附車馬定西奔一作尽雲奔張駐秦帝按劍諸侯西馳億萬持衡價王子年拾遺記蔡甫陶朱計衡日益億万之利皆擬王家有宝庫千間錙銖挾契論錙銖已出一卷戦国策孟嘗君問門下諸客誰

習會計能為文收債於薛者乎馮諼曰能於是約車治裝載券計而辭問曰債畢收何市而反孟嘗君曰視吾家所寡有者驅而之薛堆時過北斗李白詩黄金高北斗不惜買陽春白樂天勸酒詩身後堆錢拄北斗不如生前一樽酒積處滿西園後漢書崔烈有重名於北州四位九卿靈帝時聞鴻都門牓賣官崔烈時因傅母入錢三百万得為司徒桓範世論漢靈帝置西園之邸賣官号曰礼錢接棹隋河溢見一卷清淮控隋漕註連蹄蜀棧刓漢書張良說漢王燒絶棧道刓五九切圓削也漉空滄海水搜盡卓王孫漢書蜀卓氏之先趙人也用鍾冶冨秦破趙遷卓氏之蜀開祖奴傳臨卬多冨人卓王孫僮客八百人臨

巧切猴雕刺韓子燕王好微巧衛人曰能以棘刺之端為沐猴母燕王說之养以五乘之奉王五誠觀客為棘刺之沐猴曰人主欲觀之必半歲不入宫不飮酒食肉而齊日出視之晏陰之間而棘刺之沐猴乃可見也燕王因养衛人不能視其沐猴誇趫去遥切善走文縁木也索挂跟西京賦突倒投而跟絓譬隕絶而復聯註突然倒投身如将墜足蹤反絓撞上若已絶而復連也說文曰跟足踵也狐威假白額史記狐假虎威戦国策荊宣王問群臣曰吾聞北方之畏昭奚恤也何如群臣莫對江乙對曰虎求百獸而食之得狐狐曰子無敢食我天帝命我長百獸今子食我是逆天命子以我為不信吾為子先行子隨我后觀百獸之畏我虎不知獸之畏己而走也以為

畏其狐也令王之地方五千里帶甲百萬而專屬之於昭奚恤故北方之畏昭奚恤其實畏王之甲兵也猶百獸之畏虎晋書南山有白額虎梟嘯得黄昏烏古尭切說文云食母不孝之鳥柳子鶚說梟鵂晙於晝而神於夜淮南子曰薄於虞泉是謂黄昏也馥馥芝蘭囿見上芝蘭在処芳註蘇武詩馥馥我蘭芳森森枳棘藩西京賦揩枳落突棘藩註左傳註藩籬也落亦籬也吠聲嗾國猘左傳宣公二年傳晋侯飮趙盾酒伏甲将攻之其右提弥明知之趨登曰臣侍君宴過三爵非礼也遂扶公嗾夫獒焉明搏而殺之盾曰弃人用犬雖猛何為責公不恭士而更以天為己用闘且出提弥明死之吠扶廢切詩無使尨也吠吠鳴也嗾蘇走切使犬曰嗾猘

征倒切說文日征火也公議怯應門後漢書李膺字元禮性簡亢無所交接拜司隸校尉時張讓弟朔為野王令貪殘無道至乃殺孕婦聞膺厲威嚴懼罪逃還京師因匿兄讓第舍藏於合柱中膺知其狀率將吏卒破柱取朔付洛陽獄受辭畢即殺之讓訴冤於帝詔膺入殿御親臨軒詰以不先請便加誅辟之意膺對曰昔仲尼為魯司寇七日而誅少正卯今臣到官已積一旬私懼以稽留為愆不意獲速疾之罪誠自知釁責死不旋踵特乞留五日克殄元惡退就鼎鑊始生之願也帝無復言顧謂讓曰此汝弟之罪司隸何愆乃遣出之自此諸黃門常侍皆鞠躬屏氣休沐不敢復出宮省帝怪問其故並叩頭泣曰畏李校尉是時朝廷日亂綱紀頹弛膺獨持風裁以聲名自高士被其容接者名為登龍門註裁才代切竄逐諸丞相蒼茫遠帝閽見唐書文宗本紀一名為吉士誰免吊湘魂見一卷以代投湘賦註閭世英明丞中興道德尊武宗皇帝崑岡燎積炎書火炎崑岡玉石俱焚河漢注清源川口隄防決陰事鬼怪掀許言切舉也重雲開朗照九地雪幽冤九地出卷一我實剛腸者嵇康與山巨源絕交書剛腸疾惡輕肆直言註云剛腸剛志也刑甘短褐髡見一卷敢憚髡鉗苦註淮南子許慎註楚人謂袍為短褐曾經觸蠆尾左傳鄭子產作兵賦國人謗之曰其父死於路已為蠆尾

以今於日將若之何猶得凭熊軒後漢書輿服志公列侯安車朱班輪倚鹿較伏熊軾皂蓋倚鹿較者畫立鹿於車之前兩藩外也伏熊軾者車前橫軾為伏熊之形也杜若芳洲翠屈平九歌采芳洲兮杜若將以遺兮下女註杜若芳草謝朓詩芳洲生杜若嚴光釣瀨喧溪山侵越角封壤盡吳根後漢書嚴光字子陵耕於富春山後人名釣處為嚴陵瀨十道志睦州有嚴子陵釣臺通典新定郡睦州春秋時屬吳後屬越領縣桐廬萇富春縣地有嚴子陵釣臺容根縈春細鄉愁壓愚繫祝堯千萬壽莊子堯觀乎華封人曰嘻聖人請祝聖人使聖人壽再拜揖餘罇集韻揖一入切通作揖揖酌也詩維北有斗不可以挹酒漿註挹剩也手鏡剩音俱酌也

道一大尹存之學士達美學士簡于聖朝自致霄漢皆與舍弟昔年還往投支離窮悴竊於一麾書美歌詩兼自言志因成長句四韻呈上三君子

九金神鼎重丘山見上山雖鼎重轉註五玉諸侯雜佩瑑書輯五瑞既月乃日覲四岳群牧班瑞于群后註五瑞公侯伯子男所執以為瑞信也又曰五禮五玉註五玉即五瑞也道齋閑覽古者五等諸侯皆執玉侯服亦皆佩玉

星座通霄狼鬣暗見上交阯同星座註前漢書天文志狼角变色多盜
賊戍樓吹笛虎牙閑漢書韋丞相子順嗣侯宣帝時以虎牙將軍擊
匈奴斗間紫氣龍埋獄見一卷如何牛斗氣註天上洪爐
帝鑄顏莊子鼓洪炉以燎毛髮揚子或問世言鑄金金可鑄歟曰吾聞覿君子者
問鑄人不問鑄金或曰人可鑄歟曰孔子鑄顏淵矣或人踧爾曰旨哉問鑄金得鑄人
若念西河舊交友李註杜顗基銘大和九年授咸陽尉以疾辭高書禹
貢曰黑水西河惟雍州至秦孝公作為咸陽京兆府今之雍州理長安縣魚符應
許出函開魚符出上函開出一卷

杏園見上紫雲樓下醉江花註
夜來微雨洗芳塵公子驊騮步始均穆天子傳天子
命駕八駿之乘右服華騮而左綠耳淮南子王良造父之御也上車攝轡投足調均莫
恠杏園顦顇去蒲城多少插花人
春晚題韋家亭子
擁鼻侵襟花草香高臺春去恨茫茫蔫於乾切萎
蔫物不鮮也紅半落平池晚曲渚飄成錦一張
過田家宅

安邑南門外誰家板築高奉誠園裏地墻缺
見蓬蒿廣記長安永寧坊東南是金盞地安邑里西是王盞地右永寧為王鍔宅
安邑為馬燧宅後王馬皆進入官王宅累賜韓弘及史憲誠李載義等所謂金盞破而成
馬馬燧為奉誠園所謂王盞破而不完也燧子暢以第中大杏饋竇文場文場以進德宗
德宗未嘗見頗恠暢令中使就封杏樹暢懼進宅發為奉誠園屋木皆折入內
見宋拾遺題名處感而成詩
竄逐窮荒與死期餓唯蒿藿病無醫憐君更
抱重泉恨賈山傳註三泉三重之泉言深也不見崇山謫去

時舜典放驩兜于崇山註崇山南裔
雪晴訪趙嘏街西所居三韻唐宋詩話杜紫薇覧趙渭
南卷早秋詩残星幾點鴈橫塞長笛一声人倚樓吟味不已因目之為趙倚樓贈嘏
詩曰命代風騷將誰登李杜壇灞陵鯨海動翰苑鶴天寒今日訪君还有意三條冰
雪借予着
命代風騷將沈休文謝灵運傳論同祖風騷註風則詩国風也雅騷経序云
騷愁也誰登李杜壇見上壇登礼糸卿註少陵鯨海動于道
志關内道有少陵原註舊名治国原宣帝葬許后俗号曰少陵詩史曰少陵野老吞声哭

註少陵杜陵也翰苑鶴天寒新唐書李白本傳玄宗召見金鑾殿論當世事
有詔供奉翰林李肇翰林志謂登翰苑者為凌玉清溯紫雲今日訪君還
有意三條冰雪獨來者孟郊送豆盧策詩一卷冰雪文避俗常自
攜

將赴吳興登樂遊原一絕通典吳興郡今湖州
清時有味是無能閑愛孤雲靜愛僧欲把一
麾江海去樂遊原上望昭陵唐書本紀大宗葬昭陵漁隱叢
話石林詩話云杜牧詩清時有味是無能閑愛孤雲靜愛僧擬把一麾江海去樂遊原上

望昭陵此蓋不滿於當時故有昭陵之句江補之謫官累年後知夏州謝表有云清時有
味白首無能蔡持正為御史引牧詩為訐以為怨望遂復罷潘子真詩話云顏延年阮始
平詩屢薦不入官一麾乃出守蓋謂山濤三薦咸為吏部郎武帝不能用荀勗一擠之即
左遷始平太守也杜牧清時有味是無能閑愛孤雲靜愛僧乞得一麾江海去樂遊原上
望昭陵山谷云愛閑愛靜未得一麾而去別本作欲抱一麾非是麾之訓即漢嚴助乃招
之不來麾之不去細素雜記云筆談云今人守郡謂之建麾蓋用顏延年詩一麾乃出守
此誤也延年謂一麾者乃指麾之麾如武王左秉白旄以麾之非旌麾之麾也延年為阮
始平詩云屢薦不入官一麾乃出守者謂山濤薦咸為吏部郎三上武帝不用後為荀勗

一擠遂出始平故此句延年被擯以此自托耳自杜牧為登樂遊原詩云擬抱一麾海江
去樂遊原上望昭陵始誤用一麾自此遂為古事允此以上皆存中之語以餘意測之杜
樊川之意則善矣而謂之擬抱則无誤也蓋自作大守而謂之一麾於理无礙但不可以
此言贈人大守耳宋景文公詩云使麾請印腰又云一封通奏領州麾又云乞得一麾行
又云覓獲一麾是真得延年之意未嘗誤用也

樊川文集卷第二

添註

西平王宅大慰愬院詩漁隱叢話潘子真詩話云中人信字文威墓
誌銘云受畜黃石不無師長之心學鈎白猿遂得風雲之氣牧之題李西宅詩云受畜黃
石老學鈎白猿翁亦即旧為新一端李處士詩老翁四十牙爪
利道家北斗天逢吼蒼舌綠臨四目老翁百字目字之誤北史宇文述煬帝嗣位拜大
將軍參掌主官遂事後改封許国公雲定與附會於述數共交遊述素好著奇服炫燿時
人定與為製馬轡於後角上缺方三寸以露白色世輕薄者學倣李之謂為許公缺勢

樊川文集卷第三　　注

中書舍人杜牧

律詩八十八首

洛陽長句二首

草色人心相與閑是非名利有無間橋橫落照虹堪畫唐書地理志東都上陽之西隔穀水有西上陽宮虹梁跨穀行幸往來樹鎖千門鳥自還芝蓋不來雲杳杳西京賦芝蓋九葩註以芝為蓋蓋有九葩之采也仙舟何處水潺潺後漢書郭泰字林宗遊於洛陽始見河南尹李膺膺大奇之遂相友善歸鄉里衣冠諸儒送至河上林宗與李膺同舟而濟衆賓望之以為神仙焉君王謙讓泥金事見二卷昔帝登封註蒼翠空高萬歲山十道志河南道洛州有萬高山前漢武帝元封元年正月行幸緱氏詔曰親登萬高御史乘屬在廟旁吏卒咸聞呼萬歲者三註萬歲山神之稱也

天漢東穿白玉京漢書蕭何傳註天漢河漢也唐書地理志東都洛水貫都有河漢之象史記天上白玉京五城十二樓日華浮動翠光生橋邊遊女珮環委列仙傳江妃二女遊於江濱逢鄭交甫遂解珮與之交甫受珮而去數十步懷中無珮女亦不見波底上陽金碧明上陽出二卷月鎖名園孤鶴唳川酣秋夢鑿龍聲呂氏春秋龍門未開河出孟門東大溢是謂洪水禹鑿龍門洽南流司馬溫公集遊龍門光獻詩旌旆擁憑能逶迤到鑿龍歐陽文忠公黃河詩云太鑿龍時退觚漲潦不分件連昌繡嶺行宮在連昌宮名見元稹連昌宮詞繡嶺見二卷繡嶺明珠殿註玉輦何時父老迎前漢書高紀上還過沛悉召故人父老子弟佐酒

洛中監察病假滿送韋楚老拾遺故朝

洛橋風暖細翻衣春引仙官去玉墀獨鶴初冲太虛日天台賦王喬控鶴以冲天又曰太虛遼廓而無閡九牛新落一毛時司馬子長書假令僕受法伏誅若九牛亡一毛行開教化期君是卧病神祇禱我知十載丈夫堪恥處朱雲猶掉直言旗前漢書朱雲上書求見公卿在前雲曰願賜尚方斬馬劒斷佞臣一人上問誰也對曰安昌侯張禹上大怒御史將雲下雲攀殿檻檻折呼曰臣得下從龍逢比干遊於地下足矣未知聖朝如何耳後漢書聖王立敢諫之旌註爲置敢諫之幡

東都送鄭處誨校書歸上都

悠悠遠水清雨霽洛陽城楊柳初開艷蟬聞第一聲故人容易去白髮等閒生此別無多語期君晦盛名 禮記月令仲夏之月蟬始鳴木槿榮

故洛陽城有感 唐書地理志東都周平王東遷所都也故城在今苑內東北隅自赧王已後及東漢魏文晉武皆都於今故洛城隋大業元年自故洛城西移十八里置新都今都城是也

一片宮牆當道危行人為汝去遲遲篳圭苑裏秋風後 後漢靈帝紀光和三年作篳圭靈昆苑注篳圭苑有二東篳圭苑周一千五百步中有魚梁臺西篳圭苑周三千三百步並在洛陽宣平門外 平樂館前斜日時 西京賦注平樂觀大作樂處也後漢紀注平樂觀在洛陽城西 黨錮豈能留漢鼎 後漢書黨錮傳漢書曰吾丘壽王為光祿大夫汾陰堀得寶鼎群臣皆賀得周鼎壽王獨曰非周鼎上曰朕得周鼎壽王獨以為非何也壽王曰今漢自高祖光昭德行至陛下功業愈盛天祚有德寶鼎自至此乃漢鼎非周鼎因作寶鼎詩稱善 故清談空解識胡兒 晉書王衍字夷甫為太子舍人遷尚書郎出補元城令終日清談而縣務亦理晉書載記石勒字世龍羯人也年十四隨邑人行賊洛陽倚嘯上東門王衍見而異之謂左右曰向者胡雛吾觀其聲視有奇志恐將為天下之患馳遣求之會勒已去長而壯健有膂力雄武好騎射云云及劉元海僭號遣使授勒東平大將軍及元海死云云元帝慮勒南寇使王導討勒東海王越率洛陽之衆討勒越薨于軍衆推大尉王衍為主率衆東下勒追及之執衍殺之云云咸和五年勒僭號趙天王群臣固請勒乃僭即皇帝位自襄國都臨漳勒以成周土中漢晉舊京欲有移都之志乃命洛陽為南都置行臺治書侍御史于洛陽僭位十五年六主共三十四年為晉滅 千燒萬戰坤靈死 西都賦據坤靈之正依 慘慘終年鳥雀悲

揚州三首 通典淮南道廣陵郡今之揚州理江都江陽二縣隋初為揚州置總管府煬帝初府廢又為江都郡後帝徙都而喪因焉大唐初為兗州後又改為揚州為大都督府其後改為廣陵郡

煬帝雷塘土 隋書本紀義寧二年左屯衛將軍宇文化及等以驍果作亂入犯宮闈上崩于溫室蕭后令宮人撤床簀為棺以埋之化及發後右禦衛將軍陳稜奉梓宮於成象殿葬吳公臺下發斂之始容貌若生衆咸異之大唐平江南之後改葬雷塘九域圖吳公臺在今揚州廣陵郡界 迷藏有舊樓 隋煬帝南都煙花記帝立迷樓樓上設四寶帳一曰散春愁二曰醉忘歸三曰夜含香四曰迎秋月皆至所成古今

詩話隋煬帝時浙人項升進新宮圖帝愛之
令揚州依圖營建既成幸之曰使真仙遊此
亦自當迷乃名迷樓誰家唱水調隋唐嘉話隋煬帝鑿汴河自制水調歌
明月滿揚州駿馬宜閑出千金好暗遊鮑明遠詞
齊謳秦吹盧女絃千金雇笑買芳年崔駰七依迴顧百萬一笑千金喧闐醉年
少詩史盐丼詩小人若喧闐半脫紫茸裘
秋風放螢苑隋書煬帝記大業十二年上於景華宮徵求螢火得數斛夜出
遊山放之光徧嵓谷春草鬭雞臺郭延生述征記廣陽門北有鬭雞臺未詳
揚州鬭雞臺金絡擊鵰去梁簡文帝西齋行馬詩晨風白金絡桃花紫玉
珂鸞環拾翠來洛神賦或拾翠羽蜀舡江錦重江錦已出
上卷越橐水沉堆漢書陸賈說尉佗佗曰越中無足與語至生來令我日聞
所不聞賜賈橐中裝直千金佗送亦千金處處皆華表淮王奈却
迴錢昭度堠子詩八達街頭土石軀淮王華表識君無思量亦是傷心物十里成雙五
里孤
街垂千步柳霞映雨重城天碧臺閣麗風涼
歌管清纖腰閒長袖玉珮雜縏纓縏蒲官切小囊也
拖軸誠為壯蕪城賦拖以漕渠軸以崑岡注拖引也軸持輪也豪華

不可名自是荒婬罪何妨作帝京
潤州二首十道志江南道潤州註潤州於天文南斗之分舊名京口即楚
之金陵建業也
向吳亭東千里秋李雄作向吳亭詩放歌曾作昔年
遊青苔寺裏無馬跡綠樹橋邊多酒樓大抵
南朝皆曠達見一卷南朝謝朓城註可憐東晉最風流
歷代統記東晉都建業自元帝至于恭帝九十一帝共二百四年是為東晉月明
更想桓伊在一笛聞吹出塞愁桓伊笛見二卷一曲詞軍
何處笛註崔豹古今註漢代鼓角橫吹者始張騫使西域得摩訶兜勒一曲其後李延年
因之增為二十八解若隴頭水赤之揚黃覃子望行人出關入關出塞入塞之曲是也
謝朓詩中佳麗地謝玄暉鼓吹曲序奉隋王教作古入朝曲其詞曰江
南佳麗地金陵帝王州夫差傳裏水犀軍吳語註韋昭曰吳王夫差
泰伯之後闔廬之子姬姓也越語曰今夫差衣水犀之甲者億有三千註言多也城
高鐵甕橫強弩本註潤州城孫權築號為鐵甕柳暗朱樓多
夢雲高唐賦昔者先王嘗遊高唐怠而晝寢夢見一婦人曰願薦枕席王因幸之去
而辭曰妾在巫山之陽旦為朝雲暮為行雨畫角愛飄江北去宋書

角書記所不載武云出羌胡以驚中國馬也武云出吳越炙轂子曰黃帝戰蚩尤涿鹿始造大角形如牛角之形吹象龍吟釣歌長向月中聞揚州壓士試迴首不惜千金借與君史記蘇秦過洛陽散千金以賜宗族朋友

題揚州禪智寺

雨過一蟬噪飄蕭松桂秋青苔滿階砌白鳥故遲留暮靄生深樹斜陽下小樓誰知竹西路歌吹是揚州唐宋詩話淮南維陽有蜀岡者揚州之北岡也或曰執連蜀主岡之南有竹西亭脩竹蹤昇後即禪智寺也

西江懷古

上吞巴漢控瀟湘零陵記瀟水在永州出自道州營道縣九疑山中湘水在永州出自桂林海陽山中經靈渠北流至零陵北與瀟水合二水皆清徹一色高秋八九月雖丈餘可以見底自零陵合流謂之瀟湘怒似連山淨鏡光木玄虛海賦波如連山乍合乍散魏帝縫囊真戲劇魏志武帝紀十六年馬超遂與韓遂楊秋等叛超等屯渭南遣信求割河以西請和公不許九月進軍渡渭註曹瞞傳曰時公軍每渡渭輒為超騎所衝突營不得立地又多沙不可築壘婁子伯說公曰今天寒可起沙為城以水灌之可壹夜而成公從之乃多作縑囊以運水夜渡兵作城比明城立由是公軍盡得渡渭符堅投箠更荒唐晉書符堅北定七州將六舉南伐符融等咸諫止之不聽曰吾百萬之眾投鞭可以濟江既至淝水大為謝玄等所敗見唐出一卷千秋釣舸歌明月萬里沙鷗弄夕陽范蠡清塵何寂寞范蠡見壹卷壹舸逐鴟夷註楚辭聞赤松之清塵好風唯屬往來商

江南懷古

車書混一業無窮禮記子曰今天下車同軌書同文井邑山川今古同戊辰年向金陵過按本集宣宗大中二年戊辰公為睦州刺史時惆悵閑吟憶庾公北史庾信字子山南陽新野人也信雖位望通顯常有鄉關之思乃作哀江南賦以致其意藝文類聚哀江南賦序粤以戊辰之年建亥之月大盜移國金陵瓦解信年始二毛即逢喪亂藐是流離至于暮齒

江南春絕

千里鶯啼綠映紅水村山郭酒旗風南朝四百八十寺詩話總龜建州山水奇秀剏寺落落相望偽唐建安寺三百五十壹建陽二百五十二浦城一百七十八崇安八十五松溪四十一關隸五十二僊十區杜牧

江南絶句云南朝四百八十寺謂是也 多小樓臺烟雨中

三 將赴宣州留題楊州禪智寺

故里溪頭松栢雙雖来時畫日倚松窓杜陵隋

苑已絶國秋晩南遊更渡江

題宣州開元寺水閣閣下宛溪夾溪居人

六朝文物草連空 六朝已出二卷左傳文物以紀之 天澹雲

閑今古同鳥去鳥来山色裏人歌人哭水聲

中深秋簾幕千家雨落日樓臺一笛風惆悵

無因見范蠡參差烟樹五湖東 范蠡五湖出一卷見吳五

湖在吳都吳興晋陵三縣

宣州送裴坦判官往徐州時甚欲赴官歸

京

日暖泥融雪半銷行人芳草馬聲驕九華山

路雲遮寺 九華山銘峯巒異狀其數有九故号曰九子山李白更号九華 清

弋江頭柳拂橋 十道志宣州有清弋地 君意如鴻高的

的我心懸旆正搖搖 史記心搖搖如懸旆 同來不得同

歸去故國逢春一寂寥 感定録杜牧自宣城幕除官入京有詩留

別云同來不得同歸去故国逢春一寂寥其後二十餘年連典四郡後自湖州刺史拜中

書舍人題作河云自嫌流落西歸疾不見春風二月時自郡守入為舍人未為流落至京

果卒

句溪夏日送盧霈秀才歸王屋山將欲赴

舉 十道志濟州有王屋山

野店正紛泊 蜀都賦羽旄紛泊註紛泊飛揚也 繭蠶初引絲

行人碧溪渡繫馬綠楊枝苒苒跡始去 選註苒苒

漸進見 悠悠心所期 詩曰悠悠我心 秋山念君別惆悵

桂花時

自宣城赴官上京

瀟灑江湖十過秋酒盃無日不遲留謝公城

畔溪驚夢 見一卷南朝謝朓城詩註 蘇小門前柳拂頭 長慶

集註蘇小小本錢塘妓人也 千里雲山何處好幾人襟韻

一生休塵冠掛却知閑事 見二卷有計冠終掛註 終把

蹉跎訪舊遊 晋書周處曰欲有修而年已蹉跎

春末題池州弄水亭

使君四十四兩佩左銅魚見二卷分符潁川政註自黃州移守池州為吏非循吏論書讀底書晚花紅豔靜高樹綠陰初亭宇清無比溪山畫不如嘉賓能嘯詠官妓巧妝梳逐日愁皆碎隨時醉有餘偃須求五鼎前漢書主父偃傳丈夫生不五鼎食死則五鼎烹耳陶祇愛吾廬見二卷陽羨訪吾廬註趣尚人皆異賢豪莫笑渠集韻渠通作渠求於切吳人呼彼稱

登池州九峯樓寄張祜本集云池州前刺史李方玄城東南隅樹九峯樓

百感中來不自由魏武帝短歌行憂從中來不可斷絕註中謂中心也角聲孤起夕陽樓碧山終日思無盡芳草何年恨即休睫音接目傍毛也在眼前長不見道非身外更何求誰人得似張公子博物志公子王孫皆古人相推敬之辭也千首詩輕萬戶侯漢書張良曰今以三寸舌為帝師封萬戶位列侯此布衣之極於良足矣廣記白居易初為杭州刺史令訪牧丹花獨開元寺僧惠澄遊於京師得之始植於庭欄圍甚密他處未之有也時春景方深惠澄設油幕覆其上牧丹自此東越分而種之也會徐凝自富春來未識白先題詩曰此花南地知難種慚媿僧閑用意栽海鷰解憐頻睥睨胡蜂未識更徘徊虛生芍藥徒勞妬羞殺玫瑰不敢開讒璁碧段唯有數苞紅幅在含芳只待舍人來白尋到寺看花乃命徐同醉而歸時張祜榜舟而至甚若疏誕然張徐二生未之習隱各希首薦焉白曰二君論文若廉白之鬬鼠穴勝負在於一戰也遂試長劍倚天外賦餘霞散成綺詩試訖解送以疑為元祜次耳張曰祜詩有地勢遙尊岳河流側讓關多士以陳後主日月光天德山川壯帝居此徒有前名矣又祜題金山寺詩曰樹影中流見鍾聲兩岸聞推蔡母潛云塔影挂青漢鍾聲和白雲此句未為佳也白又以祜宮詞四句之中皆數對何足奇乎然無徐生云今古長如白練飛壹條解破青山色祜歎曰榮辱紛紛亦何常也遂行歌而邁疑亦鼓枻而歸自是二生終身偃仰不隨鄉賦矣先是李林宗杜牧與白輩下較文具言元白詩體舛雜而為清苦者見嗤因茲有恨白為河南尹李為河南令道上相遇尹乃乘馬令則肩輿似乖趨事之礼李嘗謂白為囁嚅公聞者皆笑樂天之名稍減矣白曰李頁木字悰吾之鞠子也其辭不可當後杜牧守秋浦與張祜為詩酒之交酷吟祜宮詞亦知錢塘之歲白有非祜之論常不平之乃為詩二首以高之曰誰人得似張公子千首詩輕萬戶侯又云如何故國三千里虛唱歌詞滿六宮張詩曰故國三千里深宮二十年一聲河滿子雙淚落君前此為

祜得意之語也李祜已下盛言其美者欲以矜異於白而曲成於張也故救又著論言近有元白者喜為淫言妖語鼓扇浮囂吾恨方在下位未能以法治之斯亦穀佐於祜耳

齊安郡晚秋十道志齊安荆州之域楚地隋開皇三年以齊安為黃州

柳岸風來影漸疎使君家似野人居雲容水態還堪賞嘯志歌懷亦自如漢書李廣傳廣意氣自如註自如猶言如舊雨暗殘燈棊散後酒醒孤枕鴈來初可憐赤壁爭雄渡見二卷赤壁健帆開註李白詩曰赤壁爭雄如夢裏唯有蓑翁坐釣魚

九日齊山登高九日登高見荆楚歲時記

江涵秋影鴈初飛與客攜壺上翠微蜀都賦鬱葐蒀以翠微註翠微山氣之輕縹也塵世難逢開口笑莊子人壽百歲中壽八十下壽六十除病瘦死喪憂患其中開口而笑者一月之中不過四五日而已矣菊花須插滿頭歸但將酩酊酬佳節不用登臨恨落暉古往今來只如此牛山何必獨霑衣晏子春秋景公遊於牛山北臨其國流涕曰若何去此而死乎史孔梁丘據皆泣唯晏子獨笑公收涕而問之晏子曰使賢者常守則太公桓公有之使勇者常守則莊公靈公有之吾君安得有此而流涕是不仁也見不仁之君一諂諛之臣二所以獨笑也

池州春送前進士蒯希逸

芳草復芳草斷腸還斷腸自然堪下淚何必更殘陽楚岸千萬里燕鴻三兩行有家歸不得況舉別君觴

齊安郡中偶題二首

兩竿落日溪橋上南齊書日三竿黃色赤竿半縷輕煙柳影中多少綠荷相倚恨一時迴首背西風

秋聲無不攪離心夢澤蒹葭楚雨深相如賦楚有七澤嘗見其一名曰雲夢張揖曰在南郡華容縣自滴階前大梧葉干君何事動哀吟

齊安郡後池絕句

菱透浮萍綠錦池夏鶯千囀弄薔薇盡日無人看微雨鴛鴦相對浴紅衣

題齊安城樓

嗚軋江樓角一聲微陽瀲瀲落寒汀不用憑

欄若迴首故鄉七十五長亭漢書註秦法十里一長亭五里壹短亭

池州李使君没後十一日處州新命始到後見歸妓感而成詩

縉雲新命詔初行十道志處州縉雲山皇帝遊於此遂於此鍊丹通典唐改為處州改為縉雲郡纔是孤魂壽器成東觀漢記梁商傳商薨賜東園轜車朱壽器黃壤不知新雨露范曄後漢書趙容將終告其故吏朱紙蒲達等曰薄斂素棺籍以黃壤欲令速朽早歸后土粉書空換舊銘旌禮記銘明旌也註神明之旌司馬書及喪義銘旌以絳帛為之廣終幅三品已上長九尺五品已上八尺六品已下七尺書曰某人之柩以竹為之淮銘旌置屋西階上巨卿哭處雲一作魂空斷後漢書曰范式字巨卿與汝南張劭為友劭字元伯式受見元伯呼曰巨卿吾以其日死當以其時葬子未我忘豈能相及式怳然覺寤便服朋友之服馳往赴之式未及到而喪已發引既至壙將窆而柩未肯進既至哭喪因執紼而引柩於是乃前式遂留塚次為修墳樹然後乃去阿鶩歸來月正明多小四年遺愛事鄭世家子曰子産古之遺愛也註見愛有古人遺風也晉扶風王司馬駿督涼州諸軍事薨後吏人為立遺愛碑長老見之無不拜鄉閭生子李為名東觀漢記廉范為蜀郡大守時生子者皆以廉為名者數千江祚別傳曰祚為一安南大守人思其德生子以江為名

見劉秀才與池州妓別國史補進士為時所尚久矣其都會謂之舉場通稱謂之秀才文選註秀才者言其人知草木之發華秀見者處之

遠風南浦萬重波別賦送君南浦傷如之何註南浦送別之處未似生離根別多楚管能吹柳花怨吳姬爭唱竹枝歌傳子曰郝素善彈箏雖伯牙妙手吳媚奇声何以加之唐書劉禹錫傳錫貶郎州司馬州接夜郎諸夷風俗陋甚家喜巫覡每祠歌竹枝鼓吹俳佪其声傖佇禹錫謂屈原居沅湘間作九歌使楚人以迎送神乃倚其声作竹枝詞十余篇於是武陵夷俚悉歌之金釵橫處綠雲墮韓公詩金釵半醉座上添春陳鴻長恨傳得弘農楊氏女既笑綠雲生鬢白雪凝膚笑玉筯凝時紅粉和梁簡文楚妃歎金簪鬢下垂玉筯衣前滴待得枚皋相見日漢書枚乘孽子皋字少孺乘在梁時取皋母為小妻乘之東歸也皋母不肯隨乘乘怒分皋數千錢留與母居云云皋至長安上書北闕自陳枚乘之子上得大喜召見待詔皋因賦殿中詔使賦平樂館善之拜為郎皋不通經術詼笑類俳倡為賦頌好嫚戲以故得媟黷貴幸比東方朔郭舍人自應粧鏡笑蹉跎蹉跎已出上

池州廢林泉寺新唐書武宗紀會昌五年八月大毀佛寺復僧尼為民

廢寺碧溪上頹垣倚亂峰看棲歸樹鳥猶想過山鍾石路尋僧去此生應不逢

憶齊安郡

平生睡足處雲夢澤南州雲夢澤已出上一夜風欺竹連江雨送秋格卑常汩汩力學強悠悠終掉塵中手瀟湘釣漫流

池州青溪十道志池州有青溪水

弄溪終日到黃昏照數秋來白髮根何物賴君千遍洗筆頭塵土漸無痕

遊池州林泉寺金碧洞

袖拂霜林下石稜潺湲聲斷滿溪冰携茶臘月遊金碧合有文章病茂陵史記相如既病免家居茂陵天子曰相如病甚可往從悉取其書不然後失之矣使所忠往而相如已死家無書問其妻對曰長卿未死時為一卷書曰有使者來求書奏之無他書其遺札書言封禪事

即事黃州作

因思上黨三年戰見二卷狂童何著欲專地註閑詠周公七月詩詩七月陳王業也周公遭變故陳后稷先公風化之所由致王業之艱難也竹帛未開書死節竹帛已出二卷史項王本紀項王死楚地皆降漢獨魯不下漢引兵欲屠之為其守禮義為主死節乃持項王頭示魯魯父兄乃降丹青空見畫靈旗前漢書郊祀志為伐南越告禱泰一以牡荊畫幡日月北斗登龍以象泰一三星為泰一鋒旗命曰灵旗為兵禱則大史奉以指所伐国蕭條井邑如魚尾詩魴魚赬尾早晚干戈識虎皮禮記武王克殷反商政倒載干戈包之以虎皮莫笑一麾東下計牧守池州滿江秋浪碧參差

贈李秀才是上公孫子初學記漢末位在三公上崇號為上公

骨清年少眼如冰鳳羽參差五色層帝王世紀黃帝坐于玄扈有大鳥其狀如鶴觧被五色三文首文日順德背文日順義膺文日仁智蓋鳳也天上麒麟時一下人間不獨有徐陵三国典畧徐陵年數歲家人攜見寶誌上人誌以其手摩其頂上日天上石麒麟也

寄李起居四韻

楚女梅簪白雪姿前溪碧水凍醪時雲罍心凸徒結切高皃知難捧鳳管簧舒安道詩音義簧管中金薄葉寒不受吹南國劍眸能盼眄曹植詩南国多佳人韓公詩清眸剌劍戟侍臣香袖愛僛垂欠其反詩屢舞僛僛註醉舞皃自憐窮律窮途客雪賦玄律窮嚴氣升註玄律窮十二月也晉書阮籍時率意獨駕不由徑路車跡所窮輒慟哭而返正怯孤燈一局棊

題池州貴池亭

勢比凌歊宋武臺許渾凌歊臺詩註臺在當塗縣西宋高祖所築分明百里遠帆開蜀江雪浪西江滿強半春寒去却來

一蘭溪本註在蘄州西詩話總龜蘭溪自黃州麻城出東南流入大江水極清冷杜牧之詩蘭溪春盡碧泱泱是也

蘭溪春盡碧泱泱映水蘭花雨發香楚國大夫憔悴日見一卷怳怳三閭隗註應尋此路到蕭湘

睦州四韻

州在釣臺邊見二卷嚴光釣瀨喧註溪山實可憐有家皆掩映無處不潺湲好樹鳴幽鳥晴樓入野煙殘春杜陵客中酒落花前漢書樊噲傳軍士中酒張晏曰酒酣也師古曰飲酒之中也不醉不醒故謂中中音竹仲反吳都賦鄱陽暴謔中酒而作註中酒為半酣也

秋晚早發新定通典新定今睦州

解印書千軸晉書陶潛為彭澤令素簡貴不私事上官遣督郵至縣吏白應束帶見之歎曰吾不能為五斗米折腰拳拳事鄉里小人解印綬去縣乃賦歸去來重陽酒百缸魏文帝書歲往月來忽逢九月九日九為陽數兩日月並應故曰重陽涼風滿紅樹曉月下秋江巖壑會歸去塵埃終不降懸纓未敢濯楚辭漁父曰滄浪之水清兮可以濯我纓嚴瀨碧淙淙士江反水流皃

除官歸京睦州雨霽漢書音義如淳曰凡言除者除故官就新官也沈括筆談去除拜官職謂除其舊籍不然也除猶易也以新易舊曰除如新舊歲之交謂之歲除易除戒器戒不虞以新易敝所以備不虞也皆謂之除者自下而上亦更易之義

秋半吳天霽清凝萬里光水聲侵笑語嵐翠撲衣裳遠樹疑羅帳孤雲認粉囊溪山侵兩越吳都賦闔閭註李善云閩越名也秦并天下以其地為閩中郡班固述兩越傳曰悠悠外宇閩越東甌湡東禺時節到重陽顧我能甘賤無由得自強誤𩀌公觸尾見二卷𩀌經觸蠆尾註漢書註公謂顯然為之不敢夜循牆見一卷縮縮循牆鼠註豈意籠飛鳥还為錦帳郎蔡質漢官儀尚書郎入直臺中官供新青縑白綾被錦帳帷畫通中枕卧殫得冬夏隨時改易綢今開傳變後漢傳變傳未詳開綢事書旧識

黃香本註曾在史官四年後漢書黃香字文綱元和元年肅宗詔香詣東觀讀所未曾見書姹女真虛語靈樞經扁鵲註曰化靈為姹女之胞十月分胎狀如紫金上赤下黑左青右白其中央黃号紫金丹漢魏真人參同契曰河上姹女靈為最神得火則飛不染塵垢註云河上則是真汞也又參同契曰丹砂未精得金乃漢真人大丹訣曰姹女隱在丹砂中註姹女汞也以二書考之則姹女非神仙人也飢兒欲一行淺深須揭厲詩深則厲淺則揭休更學張綱後漢書張綱字文紀少明經學漢選八使詢行風俗餘人受命之部綱獨埋車輪於洛陽都亭曰豺狼當路安問狐狸

夜泊桐廬先寄蘇臺盧郎中

水檻桐廬館通典睦州有桐廬縣歸舟繫石根笛吹孤戍月犬吠隔溪村十載違清裁見二卷無計投清裁註幽懷未一論蘇臺菊花節青箱雜記蘇有姑蘇臺故号蘇臺相有銅雀臺故号相臺滑有側景臺故号滑臺何處與開罇

新轉南曹未敘朝散初秋暑退出守吳興書此篇以自見志本集自撰墓誌轉吏部貟外郎以弟病乞守吳興戢林曰吏部貟外郎二曬先南曹次廢置

捧詔汀洲去全家羽翼飛喜拋新錦帳見上錦帳郎註榮借舊朱衣書叙指南著緋曰朱衣魚章唐書開元八年始令都督刺史品卑者借緋魚袋且免材為累莊子弟子問莊子曰昨日山中之木以不材得終其天年今主人之鴈以不材死先生將何処莊周笑曰吾將処夫才与不才之間才与不才之間似之非也故未免乎累何妨拙有機宋株聊自守韓子宋有耕者田中有株兎走觸之折脛而死因釋耒而守株冀復得兎為宋国笑魯酒怕旁圍淮南子楚會諸侯魯趙皆獻酒於楚王主酒吏求酒於趙趙不酒与吏怒乃以趙厚酒易魯薄者奏之楚王以趙酒薄遂圍邯鄲故曰魯酒薄邯鄲圍清

尚寧無素（晉書李重與李毅同為吏部郎重以清尚見稱毅淹通有智識雖二人操異然俱處要職）光陰亦未晞（見題下註）及一盃寬幕席（劉伶酒德頌幕天席地縱意所如）五字弄珠璣（鍾記室詩評序夏歌曰鬱陶乎予心楚辭曰名予者正則雖詩騷未全然略是五言之濫觴逮漢李陵始著五言之目矣又曰陶公詠貧之製惠連擣衣之作斯皆五言之警策所謂篇章之珠澤文彩之鄧林乎）越浦黃柑嫩吳溪紫蟹肥平生江海志佩得左魚歸（見上兩帆左銅魚註）

題白蘋洲（白樂天白蘋洲五亭記湖州城東南二百步抵霅溪連汀洲一名白蘋梁吳興守柳惲於此賦詩云汀洲採白蘋因以為名）

山鳥飛紅帶亭薇折紫花溪光初透徹秋色正清華靜處知生樂喧中見死誇無多珪組累（江淹雜詩圭組賢君晦青紫明主恩）終不負煙霞

題茶山（茶譜湖州有顧渚山出紫笋茶唐陸羽置園於其下歲收茶租）

山實東吳秀茶稱瑞草魁（帝王世記蓂莢壹名靈莢一名瑞草）剖符雖俗吏（見二卷分符潁川政註王子淵聖主得賢臣頌剖符錫壤註剖分也）脩貢亦仙才（東都賦寶鼎詩嶽修貢川效珍）溪盡停蠻棹旗張阜翠苔柳村穿窈窕（陶淵明歸去來辭既窈窕以尋壑註窈窕長深皃）松澗渡喧豗（海賦磊匒匌以相豗註相豗相擊也豗呼迴切李白蜀道難飛湍瀑流相喧豗）等級雲峯峻寬平洞府開拂天聞笑語特地見樓臺泉嫩黃金湧（本註山有金沙泉修貢出罷貢即絕茶譜湖州長城縣啄木嶺金沙泉即每歲造茶之所也湖常二郡接境於此厥土有境會亭每茶節二牧皆至焉斯泉也處沙之中居常無水將造茶太守具儀註拜勅祭泉頃之發源其夕清溢造供御者畢水即微減供堂者畢水已半之太守造畢即涸矣太守或還旅稽期則示風雷之變或見鷙獸毒蛇木魅焉）牙香紫壁裁（陸羽茶經紫者上綠者次笋者上牙者次茶譜曰遠州之界橋其名甚著不若湖州之研膏紫笋）拜章期浹日（浹盖祓字之誤漢書武帝祓灞上註祓除於水上自祓除今三月上巳祓也韓詩鄭俗三月上巳於溱洧兩水上秉蘭招魂續魄祓除不祥也）輕騎疾奔雷舞袖嵐侵潤歌聲谷答迴磬音藏葉鳥雪豔照潭梅好是全家到兼為奉詔來樹陰香作帳花逕落成堆景物殘三月登臨愴一盃重遊難自尅（若得切必也）俛首入塵埃

茶山下作

春風最窈窕日晚柳村西嬌雲光占岫徤水
鳴分溪燎岩野花遠戛瑟幽鳥啼把酒坐芳
草亦有佳人攜漢武帝秋風詞攜佳人兮不能忘

入茶山下題水口草市絶句

倚溪侵嶺多高樹誇酒書旗有小樓驚起鴛
鴦豈無恨一雙飛去却迴頭

春日茶山病不飲酒因呈賓客

笙歌登畫舡十日清明前禮記三月之節日在婁註清明為三
月節山秀白雲膩溪光紅粉鮮欲開未開花半
陰半晴天誰知病太守猶得作茶仙茶譜蜀之雅州有蒙山山有五頂頂有茶園其中頂曰上清峯昔有僧病冷且久嘗遇一老父謂曰蒙山之中頂茶以春分之先後多搆人力俟雷之發聲併手採摘三日而止若獲一兩以本處水煎服即能祛宿疾二兩當眼前無疾三兩固以換骨四兩即為地仙矣

不飲贈官妓

芳草正得意汀洲日欲西無端千樹柳更拂
一條溪幾朶梅堪折何人手好攜誰憐佳麗
地春恨却萋萋

早春贈軍事薛判官

雪後新正半春來四刻長晴梅朱粉艷嫩水
碧羅光絃管開雙調花鈿坐兩行唯君莫惜
醉認取少年腸

代吳興妓春初寄薛軍事

霧冷侵紅粉春陰撲翠鈿自悲臨曉鏡誰與
惜流年柳暗霏微雨花愁黯淡天金釵有幾
隻抽當丁郎中也酒家錢李白詩顧公三十萬盡付酒家錢南史顏延之與陶潛情款每往必酣飲致醉臨去留二萬錢與潛潛悉送酒家稍就取酒

八月十三日得替後移居霅溪館因題長
句四韻十道志湖州有霅溪

萬家相慶喜秋成處處樓臺歌板聲千歲鶴
歸猶有恨見二卷纍纍秋塚漢蓬蒿註一年人住豈無情公本傳歷黃池睦三州刺史入為司勳員外郎改吏部復乞為湖州刺史踰年以考功員外遷中書舍人
夜涼溪館留僧語風定蘇潭看月生

景物登臨閑始見願為閑客此閑行

初冬夜飲

淮陽多病偶求權（史記汲黯傳黯為東海大守治官理民好清靜擇丞史而任之其治責大指而已黯多病臥閨閣內不出歲餘東海大治云云會更五銖錢民多盜鑄錢楚地尤甚上以為淮陽楚地之郊乃召拜黯為淮陽太守黯伏謝不受印詔數強予然後奉詔上曰君薄淮陽耶吾徒得君之重臥而治之）客袖侵霜與燭盤（周庾信燭賦還却灯檠下燭盤）砌下梨花一堆雪明年誰此凭欄干

栽竹

本因遮日種却似為溪移歷歷羽林影疎疎煙露姿蕭騷寒雨夜敲刮（客八反）曉風時故國何年到塵冠挂一枝

梅

輕盈照溪水掩斂下瑤臺（楚辭望瑤臺之偃蹇見有娀之佚女陸士衡前緩聲歌曰遊山聚靈族高會曾城阿北徵瑤臺女南要湘川娥大容畫高絃洪崖發清歌獻酬既已周輕舉乘紫霞）妬雪聊相比欺春不逐來

偶同佳客見似為凍醪開若在秦樓畔堪為弄玉媒（仙傳拾遺簫史善吹簫作鸞鳳之響秦穆公有女名弄玉善吹簫公以弄玉妻之遂教弄玉吹簫作鳳鳴居十數年吹簫似鳳声鳳凰來止其屋公為作鳳臺夫婦止其上不飲不食不下數年一旦弄玉乘鳳簫史乘龍昇天而去）

山石榴（周景式廬山記峯頭有盤石垂生山石榴三月中作花色似石榴而小淺紅敷紫萼煒曄可愛）

似火山榴映小山繁中能薄豔中閑一朵佳人玉釵上秪疑燒却翠雲鬟

柳長句

日落水流西復東春光不盡柳何窮巫娥廟裏低含雨（唐高唐序妾在巫山之陽高丘之岨旦為朝雲暮為行雨朝朝暮暮陽臺之下旦朝視之如言故立廟号日朝雲）宋玉宅前斜帶風（庾信哀江南賦誅茅宋玉之宅宋玉作風賦）莫將榆莢共爭翠深感杏花相映紅灞上漢南千萬樹幾人遊宦別離中（天宝遺事長安東灞陵有橋來迎去送皆至此橋為離別之地）

隋堤柳（隋書煬帝役天下萬姓鑿渭河入汴河通淮長安千里兩岸築堤栽）

柳

夾岸垂楊三百里秖應圖畫最相宜自嫌流
落西歸疾不見東風二月時見上故国進春一寂寥註

柳絶句

數樹新開翠影齊倚風情態被春迷依依故
國樊川恨半掩村橋半拂溪

獨柳

含煙一株柳拂地搖風久佳人不忍折悵望

迴纖手

早鴈

金河秋畔虜絃開通典單于大都護府領縣有金河有李陵臺昭君墓
雲外驚飛四散哀仙掌月明孤影過見二卷金莖淡
明殘註長門燈暗數聲來見一卷六宮雖念相如賦註須知
胡騎紛紛在豈逐春風一一迴莫厭瀟湘少
人處水多菰米岸莓苔
鵁鶄爾雅鵁鶄似鳧脚高毛冠江東人家養之以壓火災博物志鵁鶄巢於高
樹生子在窠中未能飛皆銜其翼飛也
芝莖抽紺趾鸂鶒賦紺趾丹觜清唳擲金梭日翅開
張錦簡文帝鵁鶄賦似金沙盧之符表同錦質之報章風池去胥羅靜
眠依翠荇日暖戲折高荷山陰豈無爾蘭字換
群鵝晋書山陰有道士好養鵝羲之往觀之意甚悦因求之道士曰為寫道德經當
舉羣相贈羲之欣然寫畢籠鵝而去法書要録王羲之遊山陰之蘭亭與大原孫統等四
十有一人修祓禊之礼揮毫製序興樂而書用蠶繭紙鼠鬚筆遒媚勁健絶代更無

鸂鶒

華堂日漸高雕檻繫紅綃他刀切織綵為綃故國隴
山樹禰衡鸚鵡賦序惟西域之灵鳥李善註西域謂隴坻出此鳥也美人金
剪刀况天圖衛夫人作剪刀避籠交翠尾罅嘴靜新毛
不念三緘事家語孔子觀周入大祖后稷廟堂左階之前有金人三緘其口
而銘其背曰古之慎言人也世途皆爾曹

鸛

清音迎曉月愁思立寒蒲丹頂西施頰鶴賦精含
丹而星曜頂凝紫而煙華西施見一卷西子下姑蘇註霜毛四皓鬚白長鶴賦

疊霜毛而弄影漢書張良傳四人年老鬚眉皓白註謂之四皓也 碧雲行止
躁白鷺性靈麤麤終日無群伴溪邊弄影孤 謝玄
嗶瑋隋王感弔影赫留註形影相弔也

鵶

爾雅純黑而返哺者烏小而不返者鵶

擾擾復翩翩黃昏颺 弋亮切風所飛颺也 冷煙毛欺皇
后鬟 史記漢武帝衛皇后字子夫漢武故事曰子夫得幸因頭髮解沐上見其髮美
悅之後生三女一男時人語曰生男無喜生女無怒獨不見衛子夫 聲感楚姬
絃蔓疊盤風下霜林接翅眠秖如西旅揲 書西

旅厎貢厥獒 頭白豈無緣 見一卷馬生角註齊書高帝時有獻白烏帝問此何瑞荒雲位竹前對曰臣聞王者敬宗廟則白烏至

鷺鷥

雪衣雪髮青玉觜群捕魚兒溪影中驚飛遠
映碧山去一樹梨花落晚風

村舍鷺

漢宮一百四十五 西京賦郡國宮館百四十五三輔故事云秦始皇上林苑中作離宮別館一百四十五所 多下珠簾閉瑣窓 後漢梁冀傳窓
牖皆有綺疏青瑣註牖小窓也綺疏謂鏤為綺紋青瑣謂刻為瑣文而以青飾之 何
處營巢夏將半茅簷煙裏語雙雙 李白寄內詩胡鷺別主人雙雙語前簷

歸鷰

畫堂歌舞喧喧地社去社來人不看 左傳玄鳥司分註春分來秋分去禮記八月白露之日鴻鴈來後五日玄鳥故春分後戊日為社秋分前戊日為社
長是江樓使君伴黃昏猶待倚欄干 欄干
出二卷

傷徠

獨折南園一朵梅重尋幽坎已生苔無端晚
吹驚高樹似鳥初長枝欲下來

還俗老僧

雪髮不長寸秋寒力更微獨尋一徑葉猶挈 詰結切懸持也 衲殘衣日暮千峯裏不知何處歸

斫竹

寺廢 見上寺註 竹色死官家寧爾留 蓋寬饒傳又別譯冈

易傳言五帝官天下三王家天下家以傳子官以傳賢若四時之運功成者去矣霜根
漸隨斧風王尚敲秋江南苦吟客何處送悠
悠爾雅悠悠思也註憂思也

將赴湖州留題亭菊

陶菊手自種潯陽記陶潛九日坐菊叢中摘菊盈把刺史王弘令白衣人送
酒楚蘭心有期見初春幽思楚澤註蘭遙知渡江日正
是擷胡結切採取也芳時

折菊

籬東菊逕深陶潛詩採菊東籬下悠然見南山折得自孤吟
雨中衣半濕擁鼻自知心

雲

盡日看雲首不迴無心都大似無才陶潛歸去來辭雲無心以出岫可憐光彩一片玉萬里晴天何處來

醉後題僧院

離心忽忽復悽悽雨晦傾瓶取醉泥可羨高
僧共心語一如携稺往東西

題禪院廣記牛僧孺鎮揚州辟杜牧為掌書記牧唯以宴遊為事自以年漸衰暮嘗追賦感舊詩云云

舩缸一棹百分空十歲青春不負公今日鬢
絲禪榻畔茶煙輕颺落花風

哭李給事中敏

陽陵郭門外坡陁丈五墳坡普何切陁徒何切楚辭待坡陁些叔文不平也前漢書朱雲年七十餘終於家病不呼醫飲藥遺言以身服斂棺周於身土周於槨為丈五墳葬平陵東郭外九泉如結㳄漢書玩璃七哀詩冥冥九泉室漫漫長夜臺此地好埋君李註朱雲葬陽陵郭外

黃州竹徑

竹岡蟠小徑屈折鬬蛇來三年得歸去知遠
幾千迴

題敬愛寺樓

暮景千山雪春寒百尺樓獨登還獨下誰會
我悠悠

送劉秀才歸江陵漢書註江陵郎今之荊州江陵縣

綵服鮮華覲渚宮孝子傳老萊子年七十父母猶在萊子常服斑斕衣為嬰兒戲十道志江陵有渚宮左傳王在渚宮註小洲曰渚鱸魚新熟別江東見二卷寒鱠李膺魚註

贈劉郎浦夜侵舡月十道志江陵有劉郎浦按江陵圖經則郎浦在石首縣宋玉亭前弄袖風韓公在江陵時贈張功曹詩云宋玉亭址不見人落落精神終有立天台山賦蔭落落之長松註落落高皃飄飄才思杳無窮前漢書相如傳相如既奏大人賦天子大悅飄飄有陵雲氣游天地之間意誰人世上為金口法言仲尼駕說者也如將復駕其所說則莫如使諸儒金口而木舌借取明

時一薦雄前漢書楊雄字子雲孝成帝時客有薦雄文似相如者

見吳秀才與池州妓別因成絕句

紅燭短時羌笛怨謝霍將軍詩羌笛隴頭鳴註沈約宋書有胡箎舊箏笛錄有曲不記所出長笛賦近世雙笛從羌起清歌咽處蜀絃高謝月西城詩蜀琴抽白雪李善註相如工琴而處蜀故曰蜀琴萬里分飛兩行淚滿江寒雨正蕭騷

湖南正初招李郢秀才

行樂及時時已晚前漢楊惲傳田彼南山蕪穢不理種一頃豆落而為其人生行樂耳須富貴何時對酒當歌歌不成魏武帝短歌行對酒當歌人生幾何千里暮山重疊翠一溪寒水淺深清高人以飲為忙事浮世除詩盡強名看著白蘋牙欲吐雪舟相訪勝閑行見二卷他年雪中棹註

贈朱道靈

劉根丹篆三千字神仙傳劉根字君安京兆長安人也少明五經以漢孝成帝綏和二年舉孝廉除郎中後棄世學道入嵩高山石室冬夏不衣毛長一二尺其顏色如十四五歲人郭璞青囊兩卷書見二卷青囊結道書註牛渚磯南謝山北十道志宣州有牛渚山通典宣州屬縣當塗李白五雲歌本註謝朓宅在當塗青山下歌曰謝朓已沒青山空白雲深處有巖居

屏風絕句

屏風周昉畫纖腰畫斷唐周昉字景玄京兆人也節制之後好屬學畫窮丹青之妙遊卿相間貴公子也畫子女為古今之冠其畫佛像真仙人物子女皆神也唯鞍馬鳥獸竹石草木不窮其狀也歲久丹青色半銷斜倚玉窗鸞髮女拂塵猶自妬嬌嬈

哭韓綽

平明送葬上都門前漢書音義都門長安東郭城北頭第一門也紼紼

翣交橫逐去魂禮記送葬者執紼紼靷索也又曰天子八翣諸侯六翣大夫四翣翣所甲反形如扇歸來冷笑悲身事喚婦呼兒索

酒盆

新定途中通典新定郡睦州唐書地理志江南道有睦州

無端偶効張文紀鍾岏良士傳張綱字文紀為廣陵大守時賊張嬰等攻殺守宰徐揚積十年綱之郡嬰率所部妻子面縛朝廷嘉美及徵授位嬰等上書乞留下杜鄉園別五秋下杜出二卷詒黃池二州五年間更移睦州故云重過江南更千里萬山深處一孤舟

題新定八松院小石

雨滴珠璣碎苔生紫翠重故關何日到初學記卷地東有函谷關前漢武帝記元鼎三年徙函谷關於新定以故關為弘農縣十道志河南道有虢州通典弘農郡虢州且看小三峯十道志關內道華州有華山華山紀云其上有三峯東坡註宋援云三峯謂蓮華松檜毛女也

樊川文集卷第三　　添注

楊州詩處處皆華表淮王奈却迴選懷舊賦叢豔双表李善註崔豹古今註曰高設誹謗之木今之華表也以橫木交柱頭古人亦施之於墓漢書淮南王劉安為人好書招致賓客數千人云太神仙傳劉安仙去時餘藥器在中庭鷄犬舐之盡得升天林泉寺詩雅勢參猶月遊金碧合有文章病茂陵見四卷文園終病渴註

樊川文集卷第四　夾註

中書舍人杜　牧

律詩八十五首

往年隨故府吳興公姓氏部沈姓出吳興郡夜泊蕪湖口今赴官西去再宿蕪湖感舊傷懷因成十六韻見一卷張好好詩序故吏部沈公江西幕註通典宣城郡之當塗縣有蕪湖斗渚圻亦謂之採石也

南指陵陽路陵陽已出一卷東流似昔年重恩山未答曹植表身輕蟬翼恩重山丘雙鬢雪飄然韓公詩兩鬢雪白趨埃塵數仞慙投跡數仞見二卷羣公愧拍肩郭景純遊仙詩右把浮丘袖左拍洪崖肩駑駘蒙錦繡史記楚莊王有所愛馬衣以文繡置華屋之下詩史駑駘怕錦幪塵土浴潺湲郭隗黃金峻黃金臺出二卷虞卿白璧鮮史記虞卿躡蹻擔簦說趙一成王一見賜黃金百鎰白璧一雙再見為趙上卿故号為虞卿貔貅環玉帳礼記前有摯獸則載貔貅東坡集註玉帳將軍帳也古有玉帳經而李杜皆用李白司馬將軍歌身居玉帳臨河魁杜甫詩將軍玉帳剌翠氣鸚鵡破蠻戕後漢禰衡傳江夏太守黃祖長子射為章陵大守元善於衡射時大會賓客人有獻鸚鵡者射舉卮於衡曰願先生賦之以娛佳賓衡攬筆而作文無加點辭采甚麗極浦沈碑會晉書杜預傳預好為後世名常言高岸為谷深谷為陵刻石為二碑紀其勳績一沈萬山之下一立峴山之上曰焉知此後不為陵谷乎秋花落帽筵潘岳詩時菊耀秋華註礼記季秋菊有黃華晉書孟嘉為桓温參軍九月九日温遊龍山僚屬畢集風吹嘉帽落不覺如廁孫盛時在座温授紙筆命嘲之者嘉坐處嘉还見之笑請紙作荅了不容思旌旗明迥野冠珮照神仙籌畫言何補晉紀捴論籌畫軍国嘉謀屢中優容道實全謳謠人撲地雞犬樹連天紫鳳超如電見三卷堪為弄玉旗註青衿散似煙見二卷我是青衿七十徒註詩史黎園弟子散似煙蒼生未經濟晉書謝安字安石安雖放情丘壑然每遊賞必以妓女從大將軍桓温請為司馬將發新亭朝士咸送中丞高崧戲之曰卿屢違朝旨高卧東山諸人每相与言安石不肯出將如蒼生何今亦將如卿何墳草已芊緜礼記曾子曰朋友之墓有宿草而不哭焉李白務論山水歌深林雜樹空芊緜往事唯沙月孤燈但客舡峴山雲影畔十道志山南道襄州有峴山註羊祜与主簿鄒湛登山垂泣曰自有宇宙便有此山由來賢士登此遠望者多矣皆湮滅無聞使人悲傷也棠葉水聲前見二卷往

亭隂甘棠註二故國還歸去浮生亦可憐高歌一曲掩明日夕陽邊

懷鍾陵舊遊四首見一卷君為豫章姝註本集李府君鉉大和二年事沈公於鍾陵宣城為幕吏兩部九五年間

一謂征南最少年通典征南將軍註漢兇武建武二年置以馮異為之亦以犂鼓為大將軍舊唐書沈傳師傳尚書右丞出為洪州刺史江南西道觀察使轉宣州刺史入為吏部侍郎有子摳詢皆登進士第唐書杜牧傳沈傳師表為江西團練巡軍

虞卿雙璧截肪鮮虞卿見上註魏文帝与鍾瑤書吳王白如截肪肪音方緒脂也歌謠千里春長暖絲管高樓月正圓玉帳軍籌羅俊彥玉帳已出上絳帷環珮立神仙後漢書馬融才高傳洽為世通儒教養諸生常有千數盧植鄭玄皆其徒也居宇器服多存侈飾常坐高堂施絳紗帳前授生徒陸公餘德機雲在晉書陸機吳郡人也祖遜吳丞相父抗吳大司馬機年二十而吳滅至大康末与弟雲俱入洛如我酬恩合執鞭孔便論語孔子曰富而可求也雖執鞭之士吾亦為之史記太史公曰假令晏子而在余雖為執鞭所欣慕焉

滕閣中春綺席開新唐書滕王元嬰貞觀十三年始王又見一卷高閣倚天半註綺席已出第一卷拓枝鼉鼓殷晴雷遯齋閑覽拓枝舞本後魏拓技氏之戲後人鄙之易拓以拓易技以技通典四方樂云南蠻二国扶南天竺扶南樂舞二人朝霞衣隋代全用天竺樂今其存者有羯鼓都曇鼓毛貟鼓詩殷其雷註云殷雷声也於謹切壓樓萬幕青雲合破浪千帆陣馬來未搖雙龍牛斗氣見一卷牛斗氣註如何高懸一榻棟梁材後漢徐穉字孺子豫章南昌人也家貧常自耕稼非其力不食恭儉義讓所居服其德屢辟公府不起時陳蕃為大守以礼請署功曹穉不免之既謁而退蕃在郡不接賓客唯穉來特設一榻去則懸之棟梁已出一卷連巴控越知何有珠翠沉檀處處堆

十頃平湖堤柳合岸秋蘭芷綠纖纖一聲明月採蓮女宋書江南可採蓮古辭江南可採蓮蓮葉何田田南史羊侃性豪侈善音律自造採蓮棹歌兩曲甚有新致李白採蓮曲若耶溪傍採蓮女笑隔荷花共人語四面朱樓卷畫簾白鷺煙分光的的淮南子的的者獲註明為衆所見故獲微漣風定翠湉湉漣音連漣猗風動水皃湉徒廉切湉湉安流皃斜暉更落西山影千步虹橋氣象兼周処風土記陽羨縣前有大橋南北七十二丈橋高起有似虹形

控壓平江十萬家秋来江靜鏡新磨城頭晩鼓雷霆後橋上遊人笑語多日落汀痕千里色月當樓午一聲歌昔年行樂穠桃伴詩何彼穠矣華如桃李醉與龍沙揀蜀羅見一卷龍沙看秋浪註

臺城曲二首南史陳後主張貴妃名麗華性聰慧才辯強記善候人主顏色薦諸宮女後宮咸德之又工厭魅之術以惑後主後主怠於政事百司啓奏並因宦者蔡臨兒李善度進請後主倚隱囊置張貴妃於膝上共決之李蔡所不能記者貴妃並為疏條無所遺脫因參訪外事人間有一言一事貴妃必先知白之由是益加寵異言無不听內外交結賄賂公行賞罰無常綱紀瞀亂矣及隋軍剋臺城貴妃與後主俱入井隋軍出之晉王廣命斬之於青溪之中

鼕鼕傳斜斜隋旗簇晩沙黃帝出軍決始立牙之日吉氣來應旗旄指敵或從風而來金鐸之聲揚以清鼓鞞之音婉而鳴是謂堂堂之陣鼕鼕之旗此大勝之徵也門外韓擒虎樓頭張麗華誰憐容足地郄羨井中鼃運曆啚陳後主名叔寶宣帝長子荒于酒色於昭光殿前起臨春結綺望仙三閣窮極奢麗微風一至香聞十里与尚書令江總及文士十人同張麗華等貴嬪八人侍座号曰狎客八婦人製詩子客繼和遲則罰酒使歌玉樹後庭花君

臣酣飲終夕達晝不恤政事不虞外難刑酷罰重中外離心隋文帝發八十總管兵五十一萬來伐命晉王廣為元帥高熲為謀主降重書暴後主二十惡隋亟臨江沈客卿等御而不奏但奏妓縱酒作詩不輟隋將賀若弼韓擒虎濟江襲採石取之陳以蕭摩訶為都督以拒隋軍賀若弼敗陳師於蔣山擒虎進師入建鄴後主與張孔二貴嬪逃於井獲之莊子陷井之蛙謂東海之鼈曰跳梁乎井幹之上入休於缺甃之崖莫吾能若也

王頒兵勢急隋書王頒字景彥父僧辯大尉頒以倜儻有文武幹略其父平侯景晉頒質於荊州遇元帝為周師所陷頒因入關聞其父為陳武帝所殺號慟而絕食頃乃蘇周明帝嘉之召授左侍上士開皇初以平蠻功加開府封蛇丘縣公獻取陳之策上覽而異之及大舉伐陳頒自請行率徒數百人從韓擒虎先鋒夜濟力戰及陳滅頒密召父時士卒得千餘人對之涕泣其間壯士或問頒曰郎君來破陳國滅其社稷讎恥已雪而悲哀不止者將為霸先早死不得手刃之耶請發其丘壟掘櫬焚骨亦可申孝心矣於是夜發其陵部棺見陳武帝鬚並不落其本皆出自骨中頒遂焚骨取其灰投水而飲之

鼓下坐蠻奴左傳襄公十八年傳晉侯伐齊晉州綽射殖綽中肩兩矢夾脰曰止將為三軍獲不止將取其衷顛曰為私誓州綽曰有如日乃弛弓而自後縛之其右具丙亦舍兵而縛郭最皆衿甲面縛坐于中軍之鼓下隋書開皇初高祖大舉伐陳以韓擒虎為先鋒任蠻奴為賀若弼所敗棄軍降於擒虎擒虎以精騎五百入朱雀門陳

人欲戰蠻奴揭之曰老夫尚降諸軍何事叫皆散走瀲灩倪塘水倪塘見註
註海艇溯濟瀲灩浮天無岸乂牙出骨鬚見上須註王乾盧一
炬火迴首是平蕪
江上雨寄崔碣
春半平江雨圓文破蜀羅聲眠蓬底客寒濕
釣來蓑暗澹遮山遠空濛署柳多此時懷一
恨相望意如何
罷鍾陵幕吏十三年來泊湓浦感舊爲詩

十道志江南道江州有湓浦
青梅雨中熟檣倚酒旗邊故國殘春夢孤舟
一褐眠搖搖遠堤柳暗暗十程煙南奏奏進也
鍾陵道無因似昔年
商山麻澗通典上洛郡商州領縣上洛有商山丹水
雲光嵐彩四面合柔桑垂柳十餘家雉飛鹿
過芳草遠牛巷雞塒詩雞棲于塒註鑿墻而棲曰塒春日斜
秀眉老父對樽酒後漢郭玄秀眉明目容儀溫雅蒨袖女兒

簪野花征車自念塵土計惆悵溪邊書細沙
商山富水驛本註明本名與陽諫議同姓名因此改爲富水驛舊唐書
陽城字元宗北平人也云云遷諫議大夫時德宗欲相延齡城曰脫以延齡爲相城
當取白麻壞之竟坐延齡事改國子司業既至國子乃召諸生告之曰凡學者所以
學爲忠與孝也諸生有久不省親者手明日告城故養者二十餘人有薛約者嘗
學於城性狂躁以言事得罪徙連州客寄無根蔕臺吏以蹤迹求得之於城家城坐
臺吏於門與約飲酒訣別涕泣送之郊外德宗聞之以城黨罪人出爲道州刺史大
學生魯郡季償等二百七十人詣闕乞留經數日吏遮止之疏不得上在道州以家

人法待吏人宜罰者罰之宜賞者賞之不以簿書介意云云順宗即位詔徵之而城
己卒士君子惜之
益贛惑猶來未覺賢終須南去弔湘川見一卷以代投湘賦註
當時物議朱雲小見三卷朱雲猶撣直言旗註後代
聲華白日懸陳書郭泝曰若華不見晁錯紀信名如日月懸空誰可掩蔽
邪佞每思當面唾廣記婁師德溫恭謹慎未嘗與人有毫髮之隙弟授
代州刺史戒云吾甚憂汝與人相競弟曰人唾面自拭之而去師德曰只此不了凡人唾
面其必怒也拭之是逆其心也何不待其自乾清貧長欠一盃錢驛

名不合輕移改留蹔朝天者惕然他歷切林惕憂也

丹水見上商山麻澗註

何事苦縈迴離腸不自裁司馬遷書腸一日而九迴恨聲隨夢去春態逐雲來沉定藍光澈喧盤粉浪開翠巖三百尺誰作子陵臺見二卷嚴光釣瀨喧註

題武關漢書註武關秦南關也十道志山南道商州有武關

碧溪留我武關東一笑懷王跡自窮史記懷王与秦昭王會屈原曰秦虎狼之国不如無行鄭袖王不听入武關為秦所留竟死於秦嬌饒酣似醉史記楚世家靳尚得事懷王寵姬鄭袖所言無不從屈原憔悴去如蓬見一卷汎汎三閭魂註山墻谷塹依然在弱吐強吞盡已空今日聖神家四海戍旗長卷夕陽中

除官赴闕商山道中絶句見三卷除官赴京註

水疊鳴珂樹如帳長楊春殿九門珂漢宮名有長楊宮楚辭註天門九有九重白虎通九馬飾曰珂我來惆悵不自決欲去欲住終如何

漢江通典山南東道襄州領縣襄陽有漢水

溶溶漾漾白鷗飛綠淨春深好染衣南去北來人自老夕陽長送釣船歸

襄陽雪夜有懷

往事起獨念飄然自不勝前灘急夜響密雪映春燈的的三年夢迢迢一綫絙綫私箭切細絲也明朝楚山上莫上最高層

詠歌聖德追懷天寶因題閑亭長句四韻天寶玄宗年号

聖敬文思業太平見二卷文思天子彼河湟註宣宗本紀史臣曰帝道皇猷始終無缺雖漢之文景不足過也贊河隴故地湘漠消歸到今遺老歌詠明君海寰天下唱歌行秋來氣勢洪河壯見二卷洪河清渭天池潛註霜後精神泰華獰西山經太華之山削成而四方其高五千仞其廣十里尼耕切獰惡也廣德者強朝萬國淮南子禹知天下之叛施之以德海外賓服四夷納貢合諸侯於塗山執玉帛者萬国用賢無敵是長城見二卷萬里得長城註君王若悟治安論安史

祿山思明何人敢弄兵

途中作一

綠樹南陽道通典南陽鄧州千峯勢遠隨碧溪風澹態芳樹雨餘姿野渡雲初暖征人袖半垂殘花不一醉行樂是何時見三卷行祭及時晴已晩詩

重到襄陽哭亡友韋壽朋

故人墳樹立秋風伯道無兒跡更空晉書鄧攸字伯道石擔其兒又攸乃斫壞車以牛馬負妻子而逃又遇賊掠其牛馬步走擔過泗水其弟子綏度不能兩全乃謂其妻曰吾弟早亡唯有一息理不可絕止應自棄我兒耳幸而得存我後當有子妻泣而從之乃棄其子朝棄而暮及明日攸繫之於樹而去攸棄子之後妻不復孕過江納妾甚寵之訊其家屬乃攸之甥攸聞之感恨遂不復畜妾卒以無嗣時人義而哀之為之語曰天道無知使鄧伯道無兒重到筵歌分散地隔江吹笛月明中向子期思舊賦序余少與嵆康呂安居止接近其人並有不羈之才各以事見法嵆博綜技藝於絲竹特妙臨當就命顧琴而彈之逝將西邁經其舊廬鄰人有吹笛者發聲寥亮追想襄昔遊讌之好感音而歎故作賦云

赤壁

折戟沉沙鐵未銷自將磨洗認前朝東風不與周郎便見二卷赤壁徒懷開註銅雀春深鎖二才喬銅雀已出一卷

雲夢澤已出三卷

日旗龍旆想飄風揚一索功高縛楚王史記陳平傳漢六年人有上書告楚王韓信反高帝問陳平陳平曰古者天子巡狩會諸侯南方有雲夢陛下第出偽遊雲夢會諸侯於陳陳楚之西界信聞天子以好出遊其勢必無事而郊迎謁而陛下因禽之此特一力士之事耳帝以為然乃發使告諸侯會陳吾將南遊雲夢上因隨以行楚王信果郊迎道中帝預具武士見信至即執縛之載後車直是超然五湖客淮南子超然絺立卓然離世群於俗見一卷一舸逐鴟夷註不未如終始郭汾陽唐書郭子儀字子儀進封汾陽郡王代宗不名呼為大臣以身為天下安危者二十年校中書令富貴壽考哀榮終始人臣之道无缺焉

除官行至昭應聞友人出官因寄通典京兆府今雍州領縣昭應

賊子來千里賊子已出一卷明公去一麾明公一麾並出二卷不能休痛淚豈獨感恩知草木秋風後山川

落照時如何望故國驅馬却遲遲

寄浙東韓八文事

一笑五雲溪上舟（越州若耶溪一名五雲溪）跳丸日月十經秋（韓公詩日月如跳丸）鬢衰酒減欲誰泥（怒計切滯陷不通也）（亦云）跡辱魂慙好自尤夢寐幾迷胡蛺蝶（莊子昔者莊周夢為胡蝶不知周之夢為胡蝶歟胡蝶之夢為莊周歟）（切）文章應解伴牢愁（漢書揚雄傳雄怪屈原文過相如至不容作離騷自投江而死悲其文讀之未嘗不流涕也乃作書往往摭離騷文而反之又旁惜誦以下至懷沙一卷名曰畔牢愁註畔離也牢聊也与君相離愁而無聊也）

無窮塵土無聊事（漢書廣川王越傳居無聊註聊賴也李陵書与子別後益復無聊）不得清言解不休（晉書殷仲堪能清言每云三日不讀道德論便覺舌本強）

泊秦淮（孫盛晉陽秋秦始皇東遊望氣者云五百年後金陵有天子氣於是始皇於方山掘流西入江亦曰淮今在閏州江寧縣士俗亦号曰秦淮詩話摠龜杜牧綽有詩名縱情雅逸罘分寄名郡罷任於金陵艤舟間倡樓歌声有詩云云風雅編綴不可勝紀與杜甫齊名時人呼為大杜小杜）

煙籠寒水月籠沙夜泊秦淮近酒家商女不知亡國恨隔江猶唱後庭花（見上接頭張麗華註）

秋浦途中

蕭蕭山路窮秋雨淅淅溪風一岸蒲（謝靈運詩淅淅振條風）為問寒沙新到鴈來時還下杜陵無

題桃花夫人廟（本註即息夫人）

細腰宮裏露桃新（後語楚王負芻好細腰美人乃起宮常与美人宴樂不修国政秦始皇伐之虜楚王）脉脉無言度幾春（古詩迢迢牽牛星皎皎河漢女盈盈一水間脉脉不得語註脉脉自矜持皃漢書李廣傳桃李無言下自成蹊）

至竟息亡緣底事（左傳蔡哀侯娶于陳息侯亦娶焉息媯將歸過蔡蔡侯曰吾姨也止而見之弗賓息侯聞之怒使謂楚文王曰伐我吾求救於蔡而伐之楚子從之敗蔡師于莘以蔡侯獻舞歸云云蔡侯為莘故繩息媯以語楚子楚子如息以食入享遂滅息以息媯歸生堵敖及成王焉未言楚子問之對曰吾一婦人而事二夫縱不能死其又奚言楚子以蔡侯滅息遂伐蔡）可憐金谷墮樓人（晉書石崇字季倫有妓曰綠珠美而豔善吹笛孫秀使人求之崇時在金谷別館方登涼臺臨清流婦人侍側使者以告崇盡出其婦妾數十人以示之皆蘊蘭麝被羅縠曰在所擇使者曰君侯服御麗則麗矣然本受命指索綠珠不識孰是崇勃然曰綠珠吾所愛不可得也使

者曰君侯博古知今察遠炤通願可三思崇曰不然使者出而又反崇竟不許秀怒勸倫誅崇秀矯詔收崇崇正宴於樓上介士到門崇謂綠珠曰我今爲爾得罪綠珠泣曰當效死於官前因自投於樓下而死崇曰吾不過流徙交廣耳及車載詣東市崇乃歎曰奴輩利吾家財收者答曰知財致害何不早散之崇不能答

初春有感寄歙州邢員外

雪溺前溪水啼聲已繞灘梅衰未減態春嫩不禁寒跡去夢一覺年來事百般聞君亦多感何處倚欄干

書懷寄中朝往還

平生自許少塵埃爲吏塵中勢自迴朱紱久慙官借與劉孝標辯命論見長桓之朱紱李善云礼記諸侯佩山玄玉而朱組綬蒼頭篇曰綬紱也白髭還歎老將來須知世路難輕進豈是君門不大開霄漢幾多同學伴可憐頭角盡卿材左傳晉卿不如楚其大夫則賢皆卿材也如杞梓皮革自楚往也

寄崔鈞

繳書報子玉後漢書崔瑗字子玉爲我謝平津前漢書公孫弘爲丞相封平津侯自愧掃門士前漢高士傳魏勃少時欲求見齊相曹參家貧無以自達乃常早起掃齊相舍人門外地舍人怪而問之曰願見相君無因故爲子掃門於是爲勃通參因得見以爲舍人誰爲乞火人前漢書蒯通范陽人也註通本燕人後游於齊故高祖云齊辯士蒯通至齊悼惠王時曹參爲相礼下賢人請通爲客初齊王田榮怨項羽謀舉兵畔之劫齊士不與者死齊處士東郭先生梁石君在劫中強從及田榮敗二人醜之相與入深山隱居客謂通曰先生之於曹相國拾遺舉過顯賢進能齊國莫若先生者先生知梁石君東郭先生世俗所不及何不進之於相國乎通曰諾臣之里婦與里之諸母相善也里婦夜亡肉姑以爲盜怒而逐之婦晨去過所善諸母語以事而謝之里母曰女安行我今令而家追女矣即束縕請火於亡肉家曰昨暮夜犬得肉爭鬭相殺請火治之亡肉家遽追呼其婦故里母非談說之士也束縕乞火非還婦之道也然物有感事有適可臣請乞火於曹相國迺見相國曰婦人有夫死三日而嫁者有寡居守寡不出門者足下即欲求婦何取曰取不嫁者通曰然則求臣亦猶是也彼東郭先生梁石君齊之俊士也隱居不嫁未嘗卑節下意以求仕也願足下使人礼之曹相國曰敬受命皆以爲上賓詞臣陪羽獵羽獵賦序孝成帝時羽獵雄從註羽獵也言使士卒負箭而獵從謂從成帝也戰將[illegible]

訑恨註左傳何敢訑訑不醉一訑江汀醉送君

初春雨中舟次和州橫江裴使君見迎李趙二秀才同來因書四韻兼寄江南許渾先輩

芳草渡頭微雨時萬株楊柳拂波垂蒲根水暖鴈初浴梅逕香寒蜂未知辭客倚風吟暗淡使君迴馬濕旌旗江南仲蔚多情調見一卷注蒿三畝居註悵望春陰幾首詩

和州絕句

江湖醉度十年春牛渚山邊六問津牛渚已出三卷史記孔子使子路問津鄭玄云津濟渡処也歷陽前事知虛實高位紛紛見陷人淮南子歷陽有老嫗常行仁義有二生過之曰此国當沒為湖視東城門閫有血便走上北山勿顧也自此往視閫者問之嫗具以告其暮門吏故殺雞血塗門閫嫗見血上山一夕国沒為湖十道志和州歷陽湖註淮南子歷陽之地一夕化為湖湖中有明府魚姮魚左思詩世胄躡高位英俊沉下僚

題烏江亭通典和州之烏江縣註本烏江亭

勝敗兵家事不期包羞忍耻是男兒江東子弟多才俊史記項王軍壁垓下兵少食盡漢軍及諸侯兵圍之數重項王夜潰圍南出欲東渡烏江烏江亭長艤舟待謂項王曰江東雖小地方千里衆數十萬人亦足王也願大王急渡項王笑曰籍與江東子弟八千人渡江而西今無一人還縱江東父兄憐而王我我何面目見之卷土重來未可知詩史虎狼窺中原東晙禘註徐廣曰今虎狼革窺覘中原不可不備一旦或聚衆而起卷土歸矣

題橫江館李白橫江詞橫江館前津吏迴吳地記魏大祖曰孤願越橫江之津與孫將軍遊姑蘇之臺上襟長州之苑吾志足矣

孫家兄弟晉龍驤驤馬馳也功名業帝王吳志孫堅字文臺吳郡富春人盖孫武之後也堅四子策權翊匡權既称尊号追堅曰武烈皇帝策字伯符評曰孫堅勇摯剛毅孤微發迹有忠壯之烈策氣猛銳冠世覽奇取異志陵中夏然皆輕佻果躁隕身致敗且割據江東策之基兆也吳主傳孫權字仲謀兄策既定諸郡時權年十五以為陽羨長郡察孝廉州舉茂才行奉義校尉漢以策遠修職貢遣使劉琬加錫命琬語人曰吾觀孫氏兄弟雖各才秀明達然皆祿祚不終惟中弟孝廉形貌奇偉骨體不恒有大貴之表又最壽爾試識之又吳志曹公表策為討逆將軍封為吳侯是時袁紹方彊而策并江東曹公力未能逞且欲撫之乃以弟女配策弟策殺吳郡太守許貢貢客

子與客乏匿江边棄單騎出卒與客遇客擊傷策劍甚請長昭等謂曰中国方亂天以吳越之衆三江之固足以觀成敗公等善相吾弟呼權佩以印綬謂曰舉江東之衆決機於兩陳之間與天下爭衡卿不如我舉賢任能各盡其心以保江東我不如卿至夜卒年二十六晉書苻堅字永固一名文玉母苟氏嘗游漳水祈子於西門豹祠其夜夢与神交因而有孕十二月而生堅焉有神光自天燭其庭背有赤文隱起成字曰艸付臣又土王咸陽洪奇而愛之名曰堅頭年七歲聰敏侍洪側輒量洪舉措取與不失機候洪曰此兒姿貌環偉質性過人非常相也高平徐統有知人之鑒遇堅於路異之謂左右曰此兒有霸王之相左右怪之統曰非而所及也後又遇之統下車屏人密謂之曰苻郎骨相不恒後當大貴但僕不見如何夢天神遣使者朱衣赤冠命拜堅為龍驤將軍健泣謂堅曰汝祖昔受此号今汝復為神明所命可不勉之堅揮劍捶馬志氣感厲士卒莫不憚服焉及苻生嗣偽位大原薛讃略陽權翼說堅曰今主上昏虐天下離心有德者昌無德者受殃天之道也神器業重不可令他人取之願君王行湯武之事以順天人之心堅深然之遂弒生以偽位讓其兄法法自以庶孽不敢當堅及母苟氏並還衆心未服難居大位群僚固請乃從之以升平元年僭稱大秦天王

至竟江山誰是主苔磯空屬釣魚郎

寄澧洲張舍人笛

髮均肉好生春嶺見二卷肉管伶倫曲註截玉鑽星寄使君檀的梁時痕半月落梅飄處響穿雲樂府雜録笛兒樂也古曲有落梅花樓中威鳳傾冠聽前漢書宣帝記神爵元年南郡獲威鳳晉灼曰威之有鳳仪者也尚書鳳凰来仪同意顧愷之鳳雉朱冠赫以雙趣沙上驚鴻掠水分遥想紫泥封詔罷龍右記武都紫水有泥其色赤而黏貢之用封璽書故詔有紫泥之美夜深遥隔禁墻開

寄楊州韓綽判官

青山隱隱水遥遥西京賦隱隱展展註隱展相連屬兒秋盡江南草木凋二十四橋明月夜玉人何處教吹簫晉書裴淑則風神高迈容仪俊美博涉群書特精義理時人見謂之玉人吹簫已出三卷

送李群玉赴擧

故人別來面如雪一榻拂雲秋影中玉白花紅三百首五陵誰唱與春風五陵已出二卷

送薛種遊湖南

買傳松醪酒詩史松醪酒熟傍者醉東坡補註謝敷曰山家松醪酒熟者不能飲傍坐者子醉秋來美更香憐君片雲思一棹去

瀟湘

題壽安縣甘棠館御溝十道志河南道洛州有壽安註漢宜陽縣後魏名新安甘棠縣在函谷城屬新安郡

一渠東注芳華苑苑鎖池塘百歲空水殿半傾蟾口澁魏略明帝青龍三年於芳林園中起陂池楫棹越歌又於列殿之北立八坊諸才人以次序処其中通引穀水過九龍前為玉井綺欄蟾蜍含受神龍吐水水殿百戲九龍殿名為誰流下蓼花中

汴河懷古見三卷隋堤柳註

錦纜龍舟隋煬帝大業記煬帝幸江都所乘龍舟錦帆錦纜平臺複道漢梁王十道志河南道汴州註戰国時為魏都漢封皇子武為梁王都大梁中史記梁孝王廣睢陽城七十里大治宮室為複道自宮連屬於平臺四十餘里註睢陽有平臺里遊人閑起前朝念折柳孤吟斷殺腸

汴河阻凍

千里長河初凍時玉珂瑤珮響參差浮生恰似氷底水日夜東流人不知

酬張祜處士見寄長句四韻

七子論詩誰似公魏文帝典論今之文人魯国孔融廣陵陳琳山陽王粲北海徐幹陳留阮瑀汝南應瑒東平刘禎斯七子者於学無所遺於辞無所假曹劉須在指揮中鍾嶸詩評詩上品魏陳思王曹植魏文学刘禎薦衡昔日知文舉本註令狐相公曾表薦處士後漢書孔融字文舉薦禰衡乞火無人作蒯通已出上北極樓臺長挂夢西江波浪遠吞空可憐故國三千里虛唱歌辭滿六宮見三卷千首詩萬户侯註

寄宣州鄭諫議

大夫官重醉江東瀟灑名儒振古風文石陛前辭聖主文石陛已出二卷碧雲天外作冥鴻冥鴻已出二卷五言寧謝顏光祿鍾嶸詩評序謝客為元嘉之雄顏延年為輔此皆五言之冠冕文詞之命世也又評曰宋光祿顏延年字延之百歲須齊衛武公武公已出二卷再拜宜同丈人行前漢書蘇武傳天漢元年且提侯單于初立恐漢襲之乃曰漢天子我丈人行也註丈人尊老之稱行胡浪切過

遅交分有無同論語鯉趨而過庭吳志周瑜与孫策為交升堂拜母有無通共

題元處士高亭宣州

水接西江天外聲小齋松影拂雲平何人教我吹長笛與倚春風弄月明馬融作長笛賦

一 鄭瓘協律本註廣文孫子

廣文遺韻留攄散新唐書鄭虔天寶中為廣文館學士善畫山水好書嘗自寫其詩并畫以獻帝大署其尾曰鄭虔三絕文賦採千載之遺韻註遺韻謂古人遺而未用者收而採之攄丑居切舒張散布也雞犬圖書共一舸江自說江湖不歸事阻風中酒過年年中酒已出三卷

題籌筆驛本註在蜀路孔明籌畫於此山水最秀

野人殷潛

一之

江東斡割據吳志周瑜傳初孫堅興義兵討董卓堅子策與瑜友善策薨權統事瑜將兵赴喪遂留吳瑜曰將軍以神武雄才兼叔父兄之烈割據江東地方數千里兵精足用英雄樂業又見上孫家兄弟註鄴下棄孤發通典鄴郡相州魏武王建都於此註魏氏都在鄴縣魏志太祖武皇帝沛国譙人也姓曹諱操字孟德漢相參之後晉書載記石勒曰大丈夫行事當磊磊落落如日月皎然終不能如曹孟德司馬仲達父子欺他孤兒寡婦狐媚以取天下也發力之切說文曰撫夫也霸略非匡漢宏圖欲佐誰奏書辭後主仗劍出全師蜀志先主姓刘諱備字玄德涿郡涿縣人漢景帝子中山靖王勝之後也後主禪字公嗣先主子也蜀志諸葛亮傳建興五年率諸軍北駐漢中臨發上疏曰先帝創業未半而中道崩殂今天下三分益州疲敝此誠危急存亡之秋也侍中尚書長史參軍此悉貞亮死節之臣也願陛下親之信之則漢室之隆可計日而待也今南方已定甲兵已足當帥將三軍北定中原庶竭駑鈍攘除姦兇興復漢室还于旧都此臣之所以報先帝而忠陛下之職分也註中原謂魏也姦兇謂曹丕也備中山王後故云興復漢室也旧都謂雍洛二州兩漢所都也又疏曰願陛下託臣以討賊興復之効則治臣之罪以告先帝之霊漢書陳平傳平仗劍土渡河前漢書趙充国行必戰止必坐壁全師保勝云重襲褒斜路春秋釋例輕行掩其不備曰襲蜀志建興六年春揚聲由斜谷道取郿使趙雲鄧芝為疑軍據箕谷十二年春亮悉大衆由斜谷出以流馬運據武功五丈原与司馬宣王對於渭南相持百餘日梁州記曰萬石城沂漢上七里有褒谷口南口曰褒北口曰斜懸開反正旗前漢書礼樂志漢興撥乱反正註發去乱俗而还於正道也欲將苞有截有截已出二卷必使舉無遺沉慮經謀

際揮毫決勝時月賦揮毫進牘圖觚當分畫漢書酷吏傳漢與破觚為圜斲琱為璞註觚方也去嚴刑而從簡易拗巧偽而務敦厚也琱謂刻鏤也字與彫同通曆表紹之為人也志大而智小兵多而分畫不明前筯比操持前筯見二卷山秀扶英氣川流入妙思筭成功在轂莊子遊於羿之轂中中央者中地也然而不中者命也運去事終虧命屈天方猒左傳郑伯曰天而既猒周德矣人亡國自隨詩人之云亡邦国殄瘁艱難推舊姓見上霸略非匡漢註開創極初基東都賦周公初基其繩則直萇弘魏舒是郭是極註書曰周公初基作新大邑于東

国極致也惣歎曾過地寧探作教資吾歸新曆數論語天之曆數在爾躬誰復顧衰危見上霸略非匡漢註報德無明道長留識者知

和野人般潛之題籌筆驛十四韻

三吳裂婺女三吳已見一卷吳都賦婺女寄其曜翼軫寓其精註婺女星越之分野軫星楚之分其地並為吳所吞則其星之精曜若客寄於吳九錫獄孤兒後漢獻帝紀十八年曹操自立為魏公加九錫註按礼含文嘉曰九錫謂一曰車馬二曰衣服三曰樂器四曰朱戶五曰納陛六曰虎賁士百人七曰斧鉞八曰弓矢九

日秬鬯孤兒見上孤發註霸主業未半本朝心是誰見上霸畧非匡漢註永安宮受詔十道志山南夔州永安宮註刘備作此在豐溪南備居於此蜀志諸葛亮傳章武二年春先主於永安病篤召亮於成都屬以後事謂曰君才十倍曹丕必能安国終定大事若嗣子可輔輔之如其不才君可自取亮涕泣曰臣敢竭股肱之力効忠貞之節繼之以死籌筆驛沉思驛見上籌筆本註畫地乾坤在濡毫勝負知艱難同草創見兩漢高光本紀得失計毫氂金海筭法十忽為絲十絲為毫十毫為氂十氂為分十分為寸寂默經千慮分明渾一期川流縈智思山

聳助扶持慷慨匡時略從容問罪師蜀志建吳元年南中諸郡並皆叛亂三年春亮率衆征之其秋悉平襄中秋鼓角前漢高紀漢王送至褒中註即今梁州之褒縣也旧曰褒中言居褒谷之中謂曲晚旌旗見一卷直走咸陽註仗義懸無敵孟子無敵於天下者天吏也鳴攻固有辭論語子曰非吾徒也小子鳴鼓而攻之可也註鳴鼓声其罪而責之春秋桓公十年傳冬齊衛鄭来戰于郎我有辭也註不称侵伐而以戰為文明魯直諸候曲故言我有辭若非天奪去左傳刘康公曰原叔有大咎天奪之魄矣豈復慮能支子夜星纔落晉陽秋有星赤而芒角自東北西南流投

于亮營三投再還徙大還小飯而亮卒青箱
雜記夭白有子夜歌行崒絢乃以子夜為五
夜之數或有謂之午夜者鴻毛鼎便移燕册
謂夜半時如日之午也子舺
軻謂太子曰死有重於泰山有輕御亭世自
於鴻毛見二卷鼎重山雖轉註
撥御于求切說文境上行書舍或作郵白日事長垂見上後代声華白日
懸註何處躬耕者猶題殄瘁詩殄瘁見上註一

重題絕句一首

郵亭寄人世人諜寄郵亭何如白髮詩麼鳴
路有宜冥冥鴻已出二卷

送陸傍郎中弃官東歸

少微星動照春雲隋書天文志少微四星在大微西士大夫之位一名處士星
魏闕衡門路自分魏闕已出二卷詩衡門之下可以棲遲
倏去忽來應有意世間塵土謾疑君

寄張笛與字文舍人

調高銀字聲還側樂府雜録觱篥本龜茲国樂德宗朝有尉遲青善此
技幽州有王麻奴河北推為第一手麻奴即
往定優劣青席地令坐取銀字管於平般涉
調自吹之麻奴汗謝曰今日幸聞天樂物比
方悟前非乃碎樂器自此不復吹也

柯亭韻校奇後漢書蔡邕傳註張騭文士傳邕告吳人曰吾昔嘗經會稽高
遷亭見屋東間第十六椽竹可以為笛取用
果有異声伏滔長笛賦序柯亭之觀以竹為
椽邕取為笛奇声彿絕寄與玉人天上去玉人見上桓將軍
見不教吹見二卷一曲將軍何處笛註一
乙寄內兄和州崔員外十二韻儀礼舅之子鄭玄云內兄
一第也
歷陽崔大守何日不含情恩義同鍾李李本註李膺
鍾瑾中外兄弟少相友善塤篪實弟兄詩伯氏吹塤仲氏吹篪註土曰塤竹
日篪義古伯仲喻兄弟也我与
海恩如兄弟其相應和如塤篪光塵能混合
光塵見二卷擘畫最分明臺閣仁賢譽閭門孝友
聲西方像教毀法住經佛告阿難我涅般後正法一千年由女人出家故
減五百年像法一千年末法一萬年釰玄像
似也有教有行似正法時則證果者鮮矣若
末法時空有教無修行者新唐書武宗紀
會昌五年八月大毀佛寺復僧尼為民南
海繡衣行李註為嶺南班寺副使繡衣見一卷金橐寧迴顧見三
卷越橐永
沉雎註珠簟背月一振直庚切觸也左傳越圍吳晋趙歎使楚隆
告于王曰今君在難死恤不敢憚勞非晋国
之所能及也王曰寡人不能事越以為大夫

一憂拜命之辱與之簞珠註簞小笥紙冝裁密詔何自取專城
潘安仁馬汧督誄剖符專城紆青拖黑李善云漢書比六百石以上銅印黑綬云剖符專
城則青黑是也進退無非道徊翔必有名好風初婉
軟離思苦縈盈金馬舊遊貴漢書揚雄解嘲曰今子幸得遭
明盛之世與群賢同行歷金門上玉堂有日矣註金門金馬門也漢書註武帝時相馬者
東門京作銅馬法獻之立馬於魯班門外更名魯班門為金馬門祠廬春水
生見二卷嚴光釣瀨喧註雨侵寒牖夢梅引凍醪傾共
祝中興主高歌唱大平

遣興

鏡弄白髭鬚如何作老夫浮生長勿勿兒小
且嗚嗚青箱雜記顏氏家訓云世中書翰多稱勿勿相承如此不知所由或有妄
言此忽忽之殊缺耳按說文勿者州里所建之旗象其柄有三斿雜帛幅半異所以趣民
事故忽遽者稱為勿勿故樊川詩云浮生長勿勿兒小且嗚嗚宋景文公云軍中勿勿所
慮萬端皆其義也忍過事堪喜泰來憂勝無治平心
逕欵不違有窮途窮途已出三卷

早秋

蹊雨洗空曠秋標驚意新大熱去酷吏有史記酷
吏傳清風來故人古詩請風如君子觸如解人意罇酒酌未酌
曉花嚬不嚬毗寅切笑皃嘁眉也銖秤與縷雪誰覺老
陳陳前漢書食貨志大倉之粟陳陳相因

秋思

熱去解鉗釱漢書陳咸傳註鉗在頸釱在足皆以鐵為之鉗其炎切釱音弟
飄蕭秋半時微雨池塘見好風襟袖無驕短
梳未足挽涼開且歌平生分過此何事不參
老

途中一絕郡閣雅談杜牧舍人罷任衡西郡道中有詩云

鏡中絲髮悲來慣衣上塵痕拂漸難惆悵江
湖釣竿手却遮西日向長安

春盡途中

田園不事來遊宦前漢書陳平傳平貧不事事註不事產業之事故
國誰教爾別離獨倚閑亭還把酒一年春盡

送春詩

題村舍

三樹稚桑春未刓音各切別也扶牀乳女午啼飢

潜銷暗鑠歸何處萬指侯家自不知史記貨殖傳云手指千註古者無空手遊口皆有作務作務須手指故曰手指以別牛馬蹄角也註手指謂有巧技者指千則人百也

代人寄遠 六言

河橋酒旆風軟侯館梅花雪嬌周禮侯館有積又曰五十里有市又有侯館宛陵樓上瞪目通典宣州領縣宣城漢宛陵縣瞪澄應切直視皃

我郎何處情饒繡領任垂蓬鬢丁香

閑結春梢詩史江頭五詠丁香体柔弱乱結枝猶墊細葉帶浮毛踈花披素艷深栽小齋後庶近幽人古晚墮蘭麝中休懷紛身念往丁香結実則墮於蘭麝問而有務身之患也

膹肯新年歸否膹神證切增益曰膹江南綠草迢迢刘安招隱士王孫遊兮不歸春草生兮萋萋

閨情 二

娟娟却月眉天宝傳歌録貴妃嘗作十眉新樣宮中多効之曰連頭曰八字曰走山曰倒暈曰横雲曰驚翠曰新月曰却月曰柳葉曰娟眉新顰學鵰飛

暗砌均檀粉晴窗畫袂衣袖紅垂寂寞眉黛

斂依稀還向長陵去十道志開内道長陵註云高祖陵又見下小市長陵往註今宵歸不歸 二

舊遊

閑吟芍藥詩詩溱洧維士與女伊其相謔贈之以芍藥註芍藥香草士女相與往觀洧水之上戲謔行夫婦之事別則送女以芍藥結恩情也悵望久嚬

眉盼眄迴眸遠織衫三整鬢遲重尋春畫夢笑

把残花枝小市長陵住前漢外戚傳孝景王皇后武帝母也嫁為金王孫婦生一女矣集金氏乃内太子宮文帝崩景帝即位立為皇后生武帝帝即位為皇太后初皇太后微時所為金王孫生女名俗在民間蓋諱之也武帝始立韓嫣白之帝曰何為不早言乃車駕自往迎之其家在長陵小市直至其門使左右入求之家人驚恐女逃匿扶将出拜帝下車立曰大姊何藏之深也載至長楽宮与俱謁太后太后垂涕女亦悲泣非郎誰得知

二 寄遠

隻影隨鸞鴈單棲鎖畫籠向春羅袖薄誰

念舞基臺風十道志洛州有歌舞臺

簾

徒云蓬蓽剝豈謂見編裝鳳節輕雕日〔西京雜記漢諸陵寢皆以竹為簾皆為水文及龍鳳象〕鸞花薄飾香閒弄何屈曲〔見添註〕憐帳解周防〔見添註二〕下清〔前賜切浸洒潤漬也〕金階露斜分碧瓦霜沉沉伴春夢〔前漢陳勝傳註沉沉宮室深邃之皃〕寂寂侍華堂誰見昭陽殿真珠十二行〔西京雜記昭陽殿織珠為簾風至則鳴〕

寄趙甘露寺北軒〔唐宋詩話京口甘露寺俠予大江蹈其崇俯大江路崇岡天下絕致也二〕

曾上蓬萊宮裏行〔蓬萊已出一卷〕北軒欄檻最留情孤高堪弄桓伊笛〔已出二卷〕縹緲宜聞子晉笙〔列仙傳王子喬者周之靈王太子晉也好吹笙作鳳凰鳴〕天接海門秋水色〔廣記伍子胥死投尸於江自海門山湖頭洶湧高數百尺越錢塘漁浦〕煙籠隋苑暮鍾聲〔見外集隋苑註〕他年會著荷衣去〔楚辭製芰荷以為衣〕不向山僧道姓名

題青雲館

虬蟠千仞劇羊腸〔呂氏春秋天地之間上有九山曰大行羊腸高誘云大行山在河內野王縣北羊腸山盤紆如羊腸在大原晉陽北坂〕天府由來百二強〔前漢婁敬傳夫秦地被山帶河四塞以為固卒然有急百万之衆可具因秦之故資甚美膏腴之地此所謂天府註聚也萬物所聚高紀秦形勝之国帶河阻山懸隔千里持戟百萬秦得百二焉註百二得百中之二三万人也秦地險固二万人足當諸侯百万人〕四皓有芝輕漢祖〔皇甫謐高士傳四皓見秦政虐逃入藍田山作歌曰漠漠高山深谷逶迤曄曄紫芝可以療飢唐虞世遠吾將安歸駟馬高蓋其憂甚大富貴之畏人不如貧賤而肆志張良傳頋上不能致者四人四人年老皆以上嫚侮士故逃匿山中義不為漢臣〕張儀無地與懷王〔史記張仪往相楚楚懷王聞張儀來虛上舍而自館之曰此僻陋之国子何以教之儀說楚王曰大王誠能聽臣閉關絕約於齊臣請獻商於之地六百里楚王大說而許之於是遂閉關絕約於齊使一將軍隨張儀儀謂楚使者曰臣奉邑六里願以獻大王左右楚使者曰臣受命於王以商於之地六百里不聞六里还報楚王楚王大怒發兵以攻秦〕雲連帳影蘿陰合枕遶泉聲客夢涼深處會容高尚者〔易不事王侯高尚其事〕水苗三頃百株桑

郡中有懷寄上睦州員外十三兄〔歙州刺史邢郡〕

城枕溪流淺更斜麗譙連帶邑入家前漢陳勝傳註譙門謂門上為高樓以望者耳樓一名譙故謂美麗之樓為麗譙經冬野菜青青色未臘山梅樹樹花雖免瘴雲生嶺上永無京信到天涯如今歲晏從羈滯心喜彈冠事不賒前漢書王吉字子陽与貢禹為友世称王陽在位貢公彈冠註彈冠者且入仕也賒式車切遠也

正初奉酬

翠巖千尺倚溪斜曾得嚴光作釣家越嶂遠分丁字水臘梅遲直利切待也見二年花明時刀尺君須用刀尺見二卷幽處田園我有涯一壑風煙陽羡里前漢叙傳班嗣報桓生書曰若夫嚴子者漁釣於一壑則萬物不干其志栖遲於一丘則天下不易其樂陽羡見二卷解龜休去路非賒謝靈運去郡詩牵絲及元興解龜在景平註牵絲謂牵王如絲之言而仕也元興晉安帝年号解龜謂去所佩龜印也景平宋少帝年号言投官於元興謝職於景平新唐書志天授二年改佩魚皆為龜其後三品以上龜袋飾以金四品以銀五品以銅中宗初罷龜袋復給以魚

江上偶見絕句

楚鄉寒食橘花時荊楚歲時記去冬節一百五日即有疾風甚雨謂之寒食野渡臨風駐綵旗草色連雲人去住水紋如縠鷺鷥差池見二卷野水差新鷺鷥註

題木蘭廟

彎弓征戰作男兒古樂府木蘭詩促織何唧唧木蘭當户織不聞機杼聲但聞女歎息問女何所思問女何所憶女亦無所憶昨夜見兵帖可汗但點兵兵書十二卷卷中有爺名阿爺無大兒木蘭無長兄願為市鞍馬從此替爺征旦辭爺娘去暮宿黃河過不聞爺娘喚女聲但聞黃河水濺濺旦辭黃河去暮宿燕山頭不聞爺娘喚女声但聞胡馬鳴啾啾万里赴戎機開山渡若飛朔氣傳金鼓寒光照鐵衣將軍百戰死壯士十年皈皈来見天子天子坐明堂策勳十二轉賜物百千強可汗問所欲木蘭不願尚書郎願馳千里足送兒还故鄉爺娘聞女来出郭相扶將阿姊聞妹来當户理紅粧小弟聞姊来磨刀霍霍向猪羊開我東閣門坐我西閣牀脫我戰時袍著我旧時裳當窓理雲鬢對鏡貼花黃出門看火伴火伴皆驚忙同行十二年不知木蘭是女郎雄兔脚撲朔雌兔眼迷離兩兔傍地走鳥能知我是雄雌夢裏曾經變盡眉幾度思歸還把酒拂雲堆上祝明妃十道志關內道勝州有拂雲堆樂府解題

舊史王嬙字昭君漢元帝時匈奴入朝詔以
嬙配之号胡閼氏晉文王諱昭故晉人改為
明君

入商山十道志商州有商山註四皓河內
軹人隱此山一名楚山山有兩源
分流四
皓廟東

早入商山百里雲藍溪橋下水聲分三秦記
藍田有
洲方三十里其水
北流出玉銅鐵石流水舊聲人舊耳此迴嗚
咽不堪聞

偶題

甘羅昔作秦丞相史記甘羅者甘茂孫也茂
既死後甘羅年十二事秦
相文信侯呂不韋始皇召見使甘羅於趙趙
襄王郊迎甘羅甘羅說趙王曰趙王立自割
五城以廣河間秦啟燕太子趙攻燕得上谷
三十城令秦有十二甘羅還報秦乃封甘羅
以為上卿復以
甘茂田宅賜之子政曾為漢輦郎前漢劉向
字子政本
名更生年十二以父德任為
輦郎注而今引御輦郎也千載更逢王侍
讀當時還道有文章唐書王記字舉之長慶
元年遷禮部侍郎其年
錢徽掌貢士為朝臣請託人以為濫詔遂代
徽為禮部侍郎掌貢二年得士尤精以注格
太子登儲欲令儒者授經乃兼太子侍讀起
前後四典貢部所選皆當代詞藝之士有名

於時人皆
賞其精鑒

送盧秀才一絕

春瀨與煙遠送君孤棹開潺湲如不改愁
更釣魚來

醉題

金鑷泥輒切鑷子
也說文箝也洗霜鬢銀觥古橫切角為
酒器受七升
有過者一
奉而盡敵露桃醉頭扶不起三丈日還高

題商山四皓廟一絕

呂氏強梁嗣子柔強梁已
出一卷我於天性豈恩讎
孝經曰父子
之道天性也南軍不袒左邊袒四老安劉是
滅劉漢書高后紀高皇后呂氏生惠帝佐高
祖定天下父兄及高祖而侯者三人惠
帝即位尊呂后為太后太后立帝姊魯元公
主女為皇后無子取後宮美人子為太子惠
帝崩太子立為皇帝年幼大后臨朝稱制大
赦天下迺立兄子呂台產祿台子通四人為
王封諸呂六人為列侯四年夏少帝自知非
皇后子出怨言皇大后幽之永巷詔曰云云
今皇帝疾久不已迺失惑昏亂不能繼嗣奉
宗廟守祭祀不可屬天下其議代之群臣皆
曰皇大后為天下計所以安宗廟社稷甚深
頓首奉詔五月立恒山王弘注惠帝子為皇

帝八年七月皇太后崩于未央宮遺詔大赦天下上將軍祿相國產顓兵秉政自知背高皇帝約註非劉氏而王非有功而侯恐為大臣諸侯王所誅因謀作亂時齊悼惠王子朱虛侯章在京師以祿女為婦知其謀乃使人告兄齊王令發兵西章欲與太尉勃丞相平為內應以誅諸呂齊王遂發兵又詐琅邪王擇發其國兵并將而西產祿等遣大將軍灌嬰將兵擊之嬰至滎陽使人諭齊王與連和待呂氏變而誅之太尉勃與丞相平謀以曲周侯酈商子寄與祿善使人劫商令寄紿說祿曰高帝與呂后共定天下劉氏所立九王呂氏所立三王皆大臣之議事已布告諸侯王諸侯以為宜今太后崩帝少足下不急之國守藩乃為上將將兵留此為大臣諸侯所疑何不速歸將軍印以兵屬太尉請梁王亦歸相國印與大臣盟而之國齊兵必罷大臣得安足下高枕而王千里此萬世之利也祿然其計使人報產及諸呂老人或以為不便計猶豫未有所決祿信寄與俱出游過其姑呂嬃嬃怒曰汝為將而棄軍呂氏今無處矣八月平陽侯窋行御史大夫事見相國產計事郎中令賈壽使從齊來因數產曰王不早之國今雖欲行尚可得邪具以灌嬰與齊楚合從狀告產平陽侯窋聞其語馳告丞相平太尉勃勃欲入北軍不得入襄平侯紀通尚持節乃令持節矯內勃北軍勃復令酈寄典客劉揭說祿曰帝使太尉守北軍欲令足下之國急歸將軍印辭去不然禍且起祿遂解印屬典客而呂右文以字兵授太尉勃勃入軍門行令軍中曰為呂氏右袒為劉氏左袒軍皆左袒勃遂將北軍然尚有南軍丞相平

召朱虛侯章佐勃勃令章監軍門令平陽侯告衛尉毋內相國產殿門產不知祿已去北軍入未央宮欲為亂殿門弗內徘徊往來平陽侯馳告太尉勃勃乃謂朱虛侯章曰急入宮衛帝章入未央宮掖門見產廷中遂產殺之帝令謁者持節勞章章欲奪節謁者不肯章乃從與載因節信馳斬長樂衛尉呂更始還入北軍復告太尉勃勃起拜賀章曰所患獨產產今已誅天下定矣斬呂祿笞呂嬃分部悉捕諸呂男女無少長皆斬之大臣相與陰謀以為少帝及三弟為王者皆非孝惠子復共誅之尊立文帝史記高祖欲廢太子立戚夫人子趙王如意呂后用留侯計使人迎此四人及燕太子侍四人從太子年皆八十有餘鬚眉皓白衣冠甚偉上怪問之四人前對各言名姓上乃大驚曰煩公幸卒調護太子四人為壽已畢趨去上目送之召戚夫人曰彼四人輔之羽翼已成難以動矣

送隱者一絕

無媒逕路草蕭蕭自古雲林遠市朝公道世間唯白髮貴人頭上不曾饒詩史日月不相饒東坡稱註王敬之覽鏡見白髮顧兒童曰日月不相饒矜對之人二毛須摧矣子等阿圾圾為覓寸陰過而不可復得也

遊張處士山莊一絕

好鳥疑敲磬風蟬認軋箏脩篁與嘉樹偏倚

半巖生

二　有懷重送斛斯判官

蒼蒼煙月滿川亭我有勞歌一為聽將取離魂隨白騎三台星裏拜文星晉書志三台六星兩兩而居起文昌列抵太微一曰天柱三公之任也在人曰三公在天曰三台又曰三台為天階天一躡以上下一曰泰階黃帝泰階六府經曰泰階者天之三階也上階為天子中階為諸侯公卿大夫下階為庶人又志東壁二星主文章

贈別二首

娉娉裊裊十三餘謝靈運詩白楊信裊裊奴了切裊裊弱皃荳蔻梢頭二月初荳蔻見二卷春風十里揚州過卷上珠簾揔不如

多情却似揔無情唯覺樽前笑不成蠟燭有心還惜別替他計切代也人垂淚到天明

寄遠

前山極遠碧雲合江文通擬惠休怨別詩曰暮碧雲合佳人殊未來清夜一聲白雪微琴譜琴曲有幽蘭白雪欲寄相思千里月月賦佳人邁兮音塵闕隔千里兮共明月溪邊殘照雨霏霏

九日見三卷重陽酒百缸註

金英繁亂拂欄香梁王筠摘園菊詩菊花偏可喜碧葉媚金英明府辭官酒滿缸晉書陶潛為彭澤令素簡貴不私事上官郡遣督郵至縣吏白應束帶見之潛歎曰吾不以五斗米折腰拳拳事鄉里小人解印綬去縣乃賦歸去來辭去携幼入室有酒盈樽後漢書張湛傳明府註郡所居曰府明府尊高之稱鄭氏註綺縣令子男明宰明府宰君還有玉樓輕薄女笑他寒鷰一雙雙

寄牛相公

漢水橫衝蜀浪分危樓點的拂孤雲六年仁政謳歌去柳遠春堤處處聞

為人題贈二首

我乏青雲稱青雲見一卷君無買笑金見三卷千金好暗遊註虛傳南國貌曹子建詩南国多佳人容華若桃李爭乃五陵心五陵見二卷桂席塵瑤珮齊陸厥李夫人歌別事挂席塵貌尾各經滅瓊爐燼水沉凝魂空薦夢見三卷柳暗朱樓多夢雲註

倦珥乃志切飾撲也耳悔聽琴前漢書相如傳臨邛令迎相如相如不得已而強往一座盡傾酒酣臨邛令前奏琴曰竊聞長卿好之願以自娛相如辭謝為鼓一再行是時卓王孫有女文君新寡好音故相如以琴心挑之及飲卓氏弄琴文君竊從戶窺心悅而好之恐不得當也既罷相如乃使人重賜文君侍者通殷勤文君夜亡奔相如相如與馳歸成都月落珠簾卷春寒錦幕深誰家樓上笛何處月明砧蘭逕飛蝴蝶鸚籠語翠襟禰衡鸚鵡賦綠衣翠襟和簪拋鳳髻長馮鑑續事始燧人氏束髮為髻髻者結也言女子必繫於人也至周文王於髻上加珠翠翹花傳上鉛粉其髻高稱名為鳳髻

將淚入鴛衾古詩客從遠方來遺我一端綺紋綵雙鴛鴦裁為合歡被廣記封陟傳月到瑤階愁莫聽其鳳管蟲吟粉壁恨不寐於鴛衾的的新添恨迢迢絕好音文園終病渴休詠白頭吟相如傳相如口吃而善著書嘗有消渴病与卓氏婚饒於財故其事官未嘗肯与公卿国家之事嘗稱疾間居不慕官爵拜為文園令西京雜記相如將聘茂陵女為妾文君作白頭吟以自絕相如乃止綠樹鶯鶯語平江鸞鸞飛枕前聞鴈去樓上送春歸半月縆雙臉凝腰素一圍選好色賦腰如束素

西墻苔漠漠南浦夢依依別賦送君南浦傷如之何註南浦送之別處有恨簪花懶無憀音聊賴也鬪草稀荊楚歲時記五月五日四人並蹈百草故有鬪百草之戲雕籠長慘澹鸚鵡賦閉以雕籠翦其翅羽云云長吟遠慕哀鳴感類聞之者悲傷見之者隕涙放臣為之屢歎弃妻為之歔欷蘭畹謾芳菲鏡斂青蛾黛燈挑皓腕肌美女篇攘袖見素手皓腕約金環腕烏段切手腕也避人勻逆淚拖袖倚殘暉有貌雖桃李單棲是非雲軿旁經切說文輧車也載馭去寒夜看裁衣

少年行

官為駿馬監前漢書傳介子以從軍為官先是龜茲樓蘭皆殺漢使者至元鳳中介子以駿馬監求使大宛上迺下詔曰樓蘭王安故常為匈奴間候遮漢使者發兵殺略甚逆天理平樂監傳介子持節使誅斬樓蘭王安故首懸之北闕以直報怨職帥羽林兒羽林見一卷兩綬藏不見前漢書朱買臣傳上拜買臣會稽大守上謂買臣曰富貴不歸故鄉如衣錦夜行初買臣免待詔常從會稽守邸者寄居飯食拜為大守買臣衣故衣懷其印綬步歸郡邸入室中守邸尚共食食且飽小見其綬守邸怪之前引其綬視其印會稽大守章也守邸驚出語上計掾吏皆醉大呼曰子

女誕耳其故人素輕買臣者入視之还走疾呼曰实然坐中驚駭白守丞相推排陳列庭中拜謁西都駐降尊就卑漢印藏綬註玄紱綬也落花何處期獵敵

白玉鐙周王褒謝賚馬啓黃金作勒足度西河白王為鐙方傳南国怒袖

紫金椎史記朱亥袖四十斤鐵椎椎殺晉鄙田竇長留醉前漢田蚡孝景王古同母弟也竇嬰已為大將軍方盛蚡為諸曹郎未貴往來時酒嬰所起如子姪及孝景晩節蚡益貴幸為中大夫武帝初即位蚡以舅封為武安侯竇嬰字王孫孝文皇后從兄子喜賓客孝景三年拜嬰為大安軍蘇辛曲讓岐漢書贊秦漢已來山東出相山西出將漢興杜陵蘇建蘇武俗道辛武賢慶忌皆以勇武顯聞蘇辛父子著節此其孫列者也可豪持出塞節見一卷蘇武却生返註笑別

遠山眉趙后外傳合德為薄晋号遠山黛見二卷武陵旧註捷報雲臺

賀公卿拜壽巵詩豈敢定居一月三捷後漢二十八將傳於圖畫二十八將於南宮雲臺司馬子長書李陵提步卒不蒲五千深踐戎馬之地足歷王庭垂餌虎口横挑彊胡仰億万之師与單于連戰千有餘日陵未没時使有來報漢公卿王侯皆奉觴上壽註有使報漢謂報勊捷也而群臣皆喜陵之切敌賀天子奉觴上壽謂喜宴上天子酒也

盆池

鑿破蒼苔地偷他一片天白雲生鏡裏明月落階前

有寄

雲闊煙深樹江澄水浴秋美人何處在明月萬山頭

樊川文集卷第四

樊川外集　國夾註　中書舍人杜　牧

律詩一百二十四首

班竹筒簟吳都賦揖箭射筒註皆竹名射筒竹細小通長丈餘亦無節可以為射筒筒竹出交趾

血染班班成錦紋，昔年遺恨至今存。分明知是湘妃泣，何忍將身臥淚痕。李白閨情曰挑竹淚班班帝王世紀舜巡狩死於蒼梧之野二妃哭向湘江之上洒淚染竹成班竹張華博物志舜二妃淚下染竹即班妃死為湘水神故曰湘妃竹

和嚴惲秀才落花

共惜流年留不得，且環流水醉流杯。荊楚歲時記三月三日四人並出水渚為流盃曲水之飲無情紅豔年年盛，不恨凋零却恨開。

倡樓戲贈前漢馮唐傳註倡樂家之女也

細柳橋邊深半春，纈衣簾裏動香塵。無端有寄閑消息，背插金釵笑向人。

初上舡留寄

煙水本好尚，親交何慘悽。況為珠履客見二卷春申君註即泊錦帆堤見四卷錦纜龍舟隋煬帝註沙鴈同舡去，田鴉遶岸啼。此時還有味，必臥日從西。

秋岸

河岸微退落，柳影微凋疎。舡上聽呼稚，堤南趁漉魚。數帆旗去疾，一艇箭迴初。曾入相思夢，因憑附遠書。

過大梁聞河亭方讌贈孫子端大梁見四卷平臺複道漢梁王註

梁園縱玩歸應少，賦雪搜才去必頻。板路豈緣無罰酒，不教客右更添人。西京雜記梁孝王好宮室苑囿之樂作曜華宮築兔園園中有百室之山山上有落猿岩鴈池池間有鶴洲鳧渚又岩木孝王遊忘憂之館集諸遊士使各為賦枚乘為柳賦路喬如為鶴賦公孫詭為文鹿賦鄒陽為酒賦公孫乘為月賦羊勝作屏風賦韓安国作風賦不成鄒陽代之罰酒三勝餘各賜絹十匹謝惠連雪賦梁王不悅遊於兔園迺置旨酒命賓友召鄒生迎枚叟相如末至

居客之右，俄而微霰零，密雪下。王迺授簡於司馬大夫曰：抽子秘思，騁子妍辭，為寡人賦之。

題吳興消暑樓十二韻

晴日登攀好，危樓物像饒。一溪通四境，萬岫遶層霄。鳥翼舒華屋，曹子建詩：生存華屋處。魚鱗棹短橈。浪花機乍織，雲葉匠新彫。臺榭羅嘉卉，西京賦：嘉卉灌叢，蔚若鄧林。城池敞麗譙。見四卷。麗譙，帶邑人家。註。連蟾蜍來有鑑。五經通義：月中有兔與蟾蜍。春秋演孔圖：蟾蜍，月精也。古樂府：……今何在？山上復有山。何當大刀頭，破鏡飛上天。云。螮蝀引成橋。爾雅：螮蝀，虹也。虹橋已出四卷。鷺任隨秋葉，人空集早潮。楚鴻行畫直，沙鷺立偏翹。暮角樓遊旅，清歌發泬寥。泬，呼決切；寥，空皃。宋玉九辯：泬寥兮天高而氣清。註：泬寥，曠蕩皃。云云。景齊遊目困，楚辭：忽反顧而遊目。愁託酒腸銷。遠吹流松韻，殘陽渡柳郊。時陪庾公賞，晉書：庾亮在武昌，諸佐吏殷浩之徒乘秋夜共登南樓，俄而不覺亮至，諸人將避之。亮徐曰：諸君可住，老子於此處興復不淺。便據胡床與浩等談詠，竟夕。其坦率如此。還揖脫頭貂。

奉送中丞姊夫儔自大理卿出鎮江西敘事書懷因成十二韻

惟帝憂南紀，詩：滔滔江漢，南國之紀。云。搜賢與大藩。梅先調茨驟，先，仙字之誤，見添註。庾亮拂櫜鞬。晉書：庾亮乃求外鎮，出為持節都督豫州揚州之江西宣城諸軍事。左傳：右屬櫜鞬。新唐書：李愬既入蔡州，裴度至，愬以櫜鞬見，度將避之。愬曰：此方廢上下之分久矣，請因示之。度以宰相禮受愬謁，蔡人聳觀。一室何勞掃，後漢書：陳蕃字仲舉，年十五，嘗閑處一室，而庭宇蕪穢。父友同郡薛勤來候之，謂蕃曰：孺子何不灑掃以待賓客？蕃曰：大丈夫處世，當掃除天下，安事一室乎？勤知其有清世志，甚奇之。三章自不冤。漢書高紀：吾與諸侯約，先入關者王之，吾當王關中。與父老約法三章耳：殺人者死，傷人及盜抵罪。不冤，見下註。精明如定國，漢書：于定國字曼倩，為廷尉，民自以不冤。定國飲酒至數石不亂，冬月治請讞，師古曰：讞，平議也。飲酒益精明。為廷尉十八歲，遷御史大夫。孤峻似陳蕃。後漢書：陳蕃為豫章太守，性方峻，不接賓客，士民亦畏其高。云。灞岸秋猶嫩，藍橋水始喧。見一卷灞岸綠揚註。紅旓所交切，旗旒也。罥古賁切，罥也。石壁黑䝔斷雲根。黑䝔已出二卷。閣冊霄倚，見一卷高閣倚天半註。章江碧玉奔。章江已出一卷。

柳宗元詩破額山前碧玉流一聲仙妓唱千里暮江痕私

好初童稚官榮見子孫流年休掛念萬事至

無言玉輦君頻過馮唐將未論籍田賦天子御玉輦駿華

蓋前漢書馮唐本傳唐為郎中署長事文帝帝輦過問唐曰父老何自為郎家安在具以實言帝曰吾居代時吾尚食監高祛數為我言趙將李齊之賢戰於鉅鹿下吾每飲食意未嘗不在鉅鹿也父老知之乎唐對曰齊尚不如廉頗李牧之為將也上曰何已唐曰臣大父在趙時為官帥將善李牧臣父故為代相善李齊知其為人也上既聞廉頗李牧為人良說迺附髀曰嗟呼吾獨不得廉頗李牧為將豈憂匈奴哉唐曰陛下雖有廉頗李牧不能用也上怒起入禁中良久召唐讓曰公衆辱我獨無間處乎唐謝曰鄙人不知忌諱

傭書醻萬債吳志闞澤家貧好學傭書以供紙筆所寫既畢究覽墳典位至中書令醻音酬醻報也竹塢閉樊村

中丞葉深韜略志在功名再奉長句一篇

兼有諮勸大公六韜篇第一霸典文論第二文師主論第三龍韜主將第四虎韜偏裨第五豹韜校尉第六犬韜司馬龍韜云虎王曰吾欲令三軍之衆親其將如父母聞金聲而怒聞鼓聲而喜為之柰何

猶似鄧林江拍天列子夸父欲追日影未至道渴而死弃其杖尸膏肉所浸生鄧林彌廣數千里越香巴錦萬千千本集詩越嘉水沉堆異聞集東城父老傳江淮綺縠巴蜀錦繡

滕王閣上柘枝鼓見四卷滕閣中春綺席開柘枝畫鼓設晴雷註

徐孺亭西鐵軸舡江十道志洪州有徐孺子墓註大守夏侯嵩於塚側立思賢亭又有徐孺子陵註有徐孺子宅吏信賦鐵軸牙檣

八郡元侯非不貴唐書地理志江南西道觀察使治洪州管洪饒吉江袁信虔撫等州韓公滕王閣記曰大原王公自御史中丞觀察江南西道洪江饒虔吉信撫袁等八州悉屬治所

萬人師長豈無權前漢書董仲舒傳今之郡守縣令民之師帥

要君嚴重踈歡樂猶有河湟可下便本註時妝河湟華且止三州七開

和裴傑秀才新櫻桃本草櫻桃味甘主調中益脾氣令人好顏色美志氣

新菓真瓊液廣記女仙傳冊有主胎瓊液之膏李白書漱之以瓊液餌之以金砂

來應宴紫蘭漢武內傳武帝忽見青衣女子曰七月七日王母暫來帝問東方朔此何人朔曰西王母紫蘭宮王女常傳使命

圓疑竊龍頷莊子河上有家貧恃緯蕭而食者其子沒於淵得千金之珠其父謂其子曰取石來鍛之夫千金之珠必在九重之淵驪龍頷下子能得珠者必遭其睡也

色已奪鷄冠

韓詩外傳夫雞頭戴冠文也魏太子曹丕與鍾繇書美玉赤若鷄冠遠火微辨繁星歷歷看古詩曰玉衡指孟冬衆星何歷歷古詩曰天上何所有歷歷白榆星茂先知味好晉書張華字茂先著博物志十篇行於世曼倩恨偷難前漢書東方朔字曼倩漢武故事東郡獻短人帝呼東方朔朔至短人指朔謂上曰王母種桃三千歲一結子此子不良已三過偷之矣忍用烹騂駱侯鯖錄櫻桃薦酪註杜牧之櫻桃詩太忍用烹騂酪從將玩玉盤唐人已用櫻桃薦酪矣從將翫玉盤流年如可駐何必九華丹廣記李真多者神仙李朓妹也朓居僞金堂山龍橋峯下修道蜀人歷代見之約其往來八百餘年因號李八百焉初以周穆王時來居廣漢棲玄山合九華丹成去遊五岳十洞二百餘年於海上遇飛陽君授水玉之道還歛此山鍊之蒸成又去數百年或隱或显遊於市朝又登龍橋峯作金鼎九丹丹成已八百年三於此山李道故世人号此山為三李山鷄跖集中茅山司命君埋西胡丹砂六千斤於此山下泉小赤歛之益人魏左慈時就司命乞丹砂得十二斤合九華丹是也

○春思

豈君心的的嗟我淚涓涓綠羽啼來久詩綠蠻黃鳥止于丘何錦鱗書未傳古詩客從遠方來遺我雙鯉魚呼兒烹鯉魚中有尺素書云云猒爐凝冷豔羅幕蔽晴煙自是求佳夢何須訝五嫁切嗟訝晝眠

○代人作

樓高春日早屛東霽煙堆盼眄凝魂別依俙。夢雨來夢雨已出三卷綠鬟羞妥嚲紅頰思夭偎闘草櫒香蕙闘草已出四卷簪花問雪梅戍遼雖咽切別賦邊郡未和負羽從軍遼水無極鴈山參雲遊蜀亦遲迴漢書司馬相如蜀郡成都人也見下琴心月滿臺註及四卷低珥梅所琴註錦字按懸壁別賦織錦曲兮泣已盡迴文詩兮影彿傷李善註織錦迴文詩序曰竇韜秦州被徙沙漠其妻蘇氏秦州臨去別蘇誓不更娶至沙漠便娶婦蘇氏織錦端中作此迴文詩以贈之又見晉書晉書陶侃少時漁于雷澤嘗網得一織梭以掛于壁有頃雷雨自化龍而去琴心月滿臺見四卷低珥梅所琴註十道志益州琴臺註相如與文君居成都以鷫鸘裘貫酒与文君為歡後魏伐蜀軍人鑿此臺下有大甕三十餘口以響琴也今海公寺有琴臺笑逆凝貝啓眠笴曉珠開郭景純遊仙詩灵妃顧我笑粲然啓玉齒選註司馬彪曰啓齒臘笑也東方朔傳目若懸珠齒如編貝也云月破征車動袍襟對淚裁

偶題二首

勞勞千事身梁元帝送西歸內人詩昔時憔悴應至今日勞勞長別人襟袂滿行塵深夜懸雙淚短亭思遠人短亭出三卷蒼江程未息黑水夢何頻書華陽黑水惟梁州明月輕橈去唯應釣赤鱗

有恨秋來極無端別後知夜闌終耿耿詩耿耿不寐如有隱憂明發竟遲遲詩明發不寐有懷二人信已憑鴻去見一卷蘇武却生返註歸唯與鷰期詩史秋期燕鷰子涼只應明月見千里兩相思見四卷欲寄相思千里月註

冬至日過京使發寄舍弟舍弟杜顗

遠信初逢雙鯉去見上錦鱗書未傳註他鄉正遇一陽生見一卷冬日生一陽註樽前豈解愁家國輦下唯能憶弟兄旅館夜憂姜被冷後漢書姜肱字伯淮家世名族與二弟仲海季江俱以孝行著聞其友愛天至常共卧起註謝承書曰肱性篤孝事繼母恪勤母既年少又嚴厲肱感凱風之孝兄弟同被而寢不入房室以慰母心也暮江寒覺晏裘輕晏子春秋曰晏子布衣鹿裘以朝公曰夫子之家若此其貧矣衣之惡也竹門風過還惆悵疑是松窓雪打聲

洛下送張曼容赴上黨召

歌闋樽殘恨起偏憑君不用設離筵未趨雉尾隨元老崔豹古今註雉尾扇起於殷世又云障扇且驀莫百切騎也踰也羊腸過少年羊腸已出四卷七葉漢貂真密近見一卷珥貂七葉貴註一枝詵桂亦徒然晉書郤詵遷雍州刺史武帝於東堂會送問詵曰卿自以為何如對曰臣舉賢良對策為天下第一猶桂林之一枝崑山之片玉也羽書正急徵兵地前漢高紀吾以羽檄徵天下兵註檄者以木簡為書長尺二寸用徵召也其有急事則加以鳥羽插之示速疾也須遣頭風處處痊魏志陳琳善書檄南陽張紘友曹公使琳作檄文成時曹患頭風見琳檄讀之曰差我頭風也

宣州留贈

紅鉛濕盡半羅裙洛神賦芳澤無加鉛華不御李善云鉛華粉也博物志燒鉛成胡粉洞府人間手欲分滿面風流雖似玉四年夫壻恰如雲當春離恨盃長滿倚柱關情日漸曛為報眼波須穩當見一卷波驗任他橫註五

陵遊宕徒浪切莫知聞張景陽七命流宕百罹之疇註流宕謂遠遊

寄題宣州開元寺

松寺曾同一鶴棲夜深臺殿月高低何人為倚東樓柱正是千山雪漲溪

贈張祜

詩韻一逢君平生稱所聞粉毫唯畫月瓊尺只裁雲縣陣人人懾縣陣已出一卷秋聲歷歷分見上繁星歷歷看註數篇留別我羞殺李將軍李少卿與蘇武詩三首註漢書曰李陵字少卿善射愛人謙讓下士甚得名譽為騎都尉与蘇武善武將使匈奴故贈此詩五言詩自陵始也

殘春獨來南亭因寄張祜

暖雲如粉草如茵獨步長堤不見人一嶺桃花紅錦黦半溪山水碧羅新高枝百舌猶欺鳥易通卦驗百舌者反舌鳥也能反覆其口隨百鳥之音帶葉梨花獨送春仲蔚欲知何處在見一卷蓬蒿三畝居註苦吟林下拂詩塵

宣州開元寺南樓

小樓纔受一床橫終日看山酒滿傾可惜和風夜來雨醉中虛度打窗聲

寄遠人

終日求人卜迴迴道好音那時離別後入夢到如今

別沈處士

舊事參差夢新程邐迤秋故人如見憶時到寺東樓

留贈

舞韡應任閒人看笑臉還須待我開不用鏡前空有淚薔薇花謝即歸來

奉和僕射相公春澤稍愆聖君軫慮嘉雪忽降品彙昭蘇禮記蟄虫昭蘇鄭玄昭曉也蟄虫以發出為曉更息曰蘇即事書成四韻白相国

飄來雞樹鳳池邊郭頒魏晉世語劉放孫資共典樞要夏侯獻曹肇心

內不平殿中有雞棲樹二人相謂此亦久矣其能復幾指謂中書監劉放中書令孫資鳳
池已出二卷漸歷瓊枝凍碧連銀闕雙高銀漢裏
神仙藍采和踏歌長景明暉在空際金銀宮闕高嵯峨曺子建結客少年場行双闕似雲
浮六帖天河謂之銀漢玉山橫列玉墀前昭陽殿下風
迴急漢宮有昭陽殿承露盤中月彩圓見二卷金莖淺日殘註
上相抽毫歌帝德漢書陸賈傳賈謂陳平曰足下位為上相食三万户
侯一篇風雅美豐年雪賦盈尺則呈瑞於豐年

寄李播評事

子列光殊價本集杭州南亭紀李子列播立朝名人也明時忍自
高寧無好舟楫不汎惡風濤大翼終難戢奇
鋒且自韜他刀切藏也春來煙渚上幾淨雪霜毫

送牛相出鎮襄州本集牛公墓誌檢校司空平章事襄州節度使

出都門賜黃彝鏄龍杓詔曰精金古器用以比況君子非無意也
盛時常注意前漢書陸賈傳天下安註意相天下危註意將南雍暫
分茅雍委勇切通典襄陽郡襄州禹貢荊河州之南境春秋以来楚地東晉僑置雍
州宋文帝割荊州置雍州西魏改曰襄州隋復後為襄陽郡大唐因之分茅已出一卷

紫殿辭明主巖廊別舊交岩廊已出一卷危幢侵碧
霧寒旆獵紅旂德業懸秦鏡見一卷秦臺彼心膽註威
聲隱楚郊後漢吳漢傳隱若一敵國註隱威重之皃拜塵先灑淚
晉書潘岳性輕躁趨世利與石崇等諂事賈謐每候其出與崇等輒望塵而拜成廈
昔容巢淮南子大廈成而燕雀相賀湯沐具而蟣虱相弔遙仰沉碑
會沉碑已出四卷鴛鴦呈珮敲梁書伏挺傳揖此薛蘿出從鴛鷺詩史鴛
鷺切雲閣註古詩須跡鴛鷺行謂侍從列也

送薛邽二首邽崩哇切

可憐走馬騎驢漢豈有風光肯占伊只有三
張最惆悵晉書張載字孟陽性閑雅博學有文章弟協字景陽少有俊才與載
齊名弟亢字季陽才不逮二昆亦有屬綴又解音樂伎術時人謂載協亢機雲曰二陸
三張史臣曰二陸入洛三張減價杜氏三兄弟遊牧覲見本集求湖州第二啓下山
迴馬尚遲遲
小捷風流已俊才晉書王衍樂廣宅心事外見重於時天下言風流者
推王樂為首便將紅粉作金臺金臺已出一卷明年未去
池陽郡池陽池州更乞春時却重來

見穆三十宅中遊海榴花謝
矜紅掩素似多才不待櫻桃不逐梅櫻桃見上裴深秀才新櫻桃註梅詩義疏梅杏類也樹及葉皆如杏而黑耳西京雜記漢初修上林苑群臣各献名菓有侯梅朱梅紫花梅同心梅紫蔕梅與物志揚梅似彈丸五月熟春到
未曾逢宴賞雨餘爭解免低佪巧窮南國千
般豔趁得東風二月開堪恨王孫浪遊去王孫
已出三卷落英狼藉始歸來
留論曹師等詩曹師牧長子見本集自撰墓誌

萬物有醜好各一姿狀分唯人即不爾學與
不學論學非探其花要自撥其根孝友與誠
實而不忘爾言根本既深實柯葉自滋繁念
爾無忽此忽忘也輕也期以慶吾門
洛陽
文爭武戰就神功時似開元天寶中並唐玄宗年号
已立玄戈收相土西京賦建玄樹招搖李善云玄戈北斗第八星名為矛頭主胡兵今鹵簿中畫之於旗樹之以前驅書洛誥周公大相東土應迴翠

帽過離宮西京賦戴翠帽倚金較李善云以翠羽為車盖唐書地理志東都禁苑在都城之西苑内離宮亭觀一十四所侯門草滿置寒兎洛浦
沙深下塞鴻北山移文開鳫吹於洛浦凝有女娥西望處西京賦女娥坐而長歌李善云女娥娥皇女英上陽煙樹正秋風上陽
已出二卷
寄唐州李玭蒲賓切尚書十道志河南道有唐州
累代功勳照世光奚胡聞道死心降北狄傳奚東胡種為匈奴所破保烏丸山漢曹操斬其帥蹋頓盖其後也詩我心則降攻書筆

虎三千管晉書王羲之傳制曰雖禿千兎之翰聚無一毫之筋窮万穀之皮斂無半分之骨領節門排十六雙先揖耿弇古南邦含二切
聲籍籍後漢書耿弇字伯昭弇聞光武在盧奴乃馳北上謁光武留署門下吏因說曰以義征伐發号響應天下傳檄而定天下至重不可令它姓得之光武大悅乃拜弇為大將軍論曰弇決策河北定計南陽亦見光武之業成矣令看黄霸事
摐摐見一卷分符潁川政註時人欲識胷襟否彭蠡秋
連萬里江十道志江南道江州有彭蠡州
南陵道中十道志嶺南道南陵郡今春州

南陵水面漫悠悠風緊雲輕欲變秋正是客心孤迥處誰家紅袖凭江樓

登九峯樓

晴江灩灩含淺沙高低遠郭帶秋花牛酒漁笛山月上漢書霍光傳不費牛酒鷺渚鶖梁溪日斜詩有鶖在梁為郡異鄉徒泥酒杜陵芳草豈無家白頭騷殺倚柱遍歸棹何時聞軋鵶

別家

初歲嬌兒未識爺以遮切俗呼父也別爺不拜手吒叉孔叢子叉手服從掐頭一別三千里何日迎門却到家

歸家

稚子牽衣問魏文帝見挽船士兄弟辭別詩捨我故鄉客將適萬里道妻子牽衣袂落淚霑懷抱歸來何大遲共誰爭歲月贏得鬢邊絲贏以成切前漢書貨殖傳贏得註所獲贏餘

雨

連雲接塞添迢遞灑幕侵燈送寂寥一夜不眠孤客耳主人窓外有芭蕉

送人

鴛鴦帳裏暖芙蓉廣記寶曆二年淛東貢舞女二人一日飛鸞二日輕鳳每夜歌舞一發如鸞鳳之音百鳥莫不翔集其上及於庭際舞態艷逸非人間所有每歌罷上令內人藏之金屋寶帳由是宮中語曰寶帳香重重一雙紅芙蓉低泣關山幾萬重明鑑半邊釵一股孟啓本事詩情感篇陳太子舍人徐德言之妻後主叔寶之妹封樂昌公主才色冠絕時陳政方亂知不相保謂其妻曰以君之才容国亡必入權豪之家斯永絶矣倘情緣未斷猶冀相見宜有以信之迺破一鏡分執其半約日他日必以正月望日賣於都市我當在側以是日訪之及陳亡其妻果入越公揚素之家嬖寵殊厚德言流離辛苦僅能至京遂以正月望日訪於都市有蒼頭賣半鏡者大高其價人皆笑之德言直引至其居設食具言其故出半鏡以合之仍題詩曰鏡與人俱去鏡歸人不歸無復常娥影空留明月輝陳氏得詩涕泣不食素知之愴然改容即召德言還其妻仍厚遺之聞者莫不感歎乃與德言陳氏皆飲令陳氏為詩曰今日何遷次新官對旧官笑啼俱不敢方驗作人難遂與德言歸江南竟以終老神異記昔有夫婦將別破一鑑分執之以為信其妻後通難破鑑化為鵲飛至夫前故後人鑄鑑因

為鵲安背上（楊妃外傳方士楊通幽自云有李老君之術上皇命致貴妃神出天界沒地府求之不見東絕大海跨蓬壺有洞戶署其門曰玉妃太真院碧衣侍女詰其所從來方士稱天子使者迎入妃出冠金蓮帔紫綃曳鳳舄問帝安否取金釵鈿合折其半曰尋旧好也）此生何處不相逢

遣懷

道泰時還泰時來命不來何當離城市高臥
博山隈（西京雜記長安巧工丁緩作九層博山香爐鏤以奇禽怪獸窮諸灵異皆能自然運動）

醉贈薛道封

飲酒論文四百刻（說文漏以銅盛水刻節晝夜百刻）水分雲
隔二三年男兒事業知公有貴與明君直幾
錢（漢書灌夫傳毀程不識不直一錢）

歙州盧中丞見惠名醞

誰憐賤子啓窮途太守封來酒一壺攻破是
非渾似夢削平身世有如無醺醺（說文醉也）若借
嵇康懶（選嵇康与山巨源絕交書性復疏懶）兀兀仍添甯武愚

（白樂天對酒所以刘阮輩終年醉兀兀論語甯武子邦有道則智邦無道則愚）猶念
悲秋更分賜（選宋玉九辨悲哉秋之為氣也）夾溪紅蓼映風
蒲

詠襪

鈿尺裁量減四分纖纖玉笋裹輕雲五陵年
少欺他醉（詩史東坡詩註陳苑曰青春風物雅好沛根不得馳逐五陵年少嗟呀又之）笑把花前出畫裙

宮詞二首

蟬翼輕綃傳體紅（魏文帝詩綃綃白如雪輕華比蟬翼）玉膚如
醉向春風深宮鎖閉猶疑惑更取丹砂試辟
宮（漢書東方朔傳置守宮盂下注守宮虫名也術家云以器養之食以丹砂滿七斤擣治萬杵以點女子肸終身不滅若有房室之事則滅矣可以防閑淫逸故謂之守宮今俗呼為辟宮辟亦禦扞之義耳盂食器也）監宮引出暫開門隨例
須朝不是恩銀鑰却收金鎖合月明花落又
黃昏

月

三十六宮秋夜深西都賦離宮別館三十六所註三輔黃圖上林有建章承光等一十一宮平樂有䴏觀等二十五九三十六所昭陽歌斷信沉沉見四卷沉沉徘春夢註唯應獨伴陳皇后照見長門望幸心見一卷六宮雖念相如賦註

忍死晋別獻鹽鐵裴相公二十叔

賢相輔明主蒼生壽域開壽域已出一卷青春辭白日幽壤作黃埃豈是無多士偏蒙不棄才孤墳一尺土誰可為栽培

悲吴王城十道志蘇州有古吴大城

二月春色江上來水精波動碎樓臺述異記闔閭造水精宮吴王宮殿柳含翠蘇小宅房花正開蘇小已出三卷解舞細腰何處往細腰已出四卷能歌姹女逐誰迴姹女已出二卷千秋萬古無消息國作荒原人作灰

閨情代作

梧桐葉落鴈初歸迢遞無因寄遠衣月照石泉金點冷鳳酣簫管玉聲微帝王世紀黃帝時鳳巢阿閣其飲食也少自歌舞音如簫笙風俗通乘作簫其形參差以像鳳翼佳人方杵秋風外蕩子從征夢寐稀古詩蕩子行不歸空床難獨守遥望戍樓天欲曉滿城鼕鼓徒宗切鼓聲也白雲飛續事始開鼓貞觀十年馬周置而罷傳呼俗因其聲號曰鼕鼕鼓

寄沈襄秀才

晴河萬里色如刀處處浮雲卧碧桃碧桃已出二卷仙桂茂時金鏡曉虞喜安天論俗傳月中有仙人桂樹今見其初生見仙人之足漸已成形桂樹後生焉又見上蟾蜍來有鑑註洛波飛處玉容高曹子建洛神賦動無常則若危若安進止難期若往若還轉眄流精光潤玉顏雄如寶劍衝牛斗見一卷如何牛斗氣註麗似鴛鴦養羽毛琴操王昭君作怨曠思惟之歌有鳥處山集于苞桑養育毛羽形容生光他日憶君何處望九天香藹碧蕭騷楚辭註天圜而九重誰營度而知之乎

入關

東西南北數衢通曾取江西徑過東李渟兆傳御衣

為江西團練府巡官又爲牛僧孺淮南節度掌書記又見張好好詩序今日更

尋南去路未秋應有北歸鴻管子夫鴻鵠有時而南有時而北禮記孟春鴻鴈來鄭玄曰鴈自南方來將北反其居也又見一卷蘇武却生返註

及第後寄長安故人唐宋時話大和二年崔郾侍郎東都放牓西都過堂杜紫微第五人及第有詩云云

東都放牓未花開三十三人走馬迴秦地少年多辦一作醲酒已將春色入關來

偶作

才子風流詠曉霞風流出上倚樓吟住日初斜驚殺東鄰繡床女錯將黃暈壓檀花

贈終南蘭若僧要覽梵云阿蘭若四分律云空靜處本事詩杜牧弱冠成名當年制策登科名振京師嘗與一二同年城南遊覽至文公寺有禪僧擁褐跌坐與之語其玄言妙旨咸出意表問杜姓字俱以對之又言修何業傍人以累捷誇之顧而笑曰皆不知也杜歎訝因題詩曰家在城南杜曲旁兩枝仙桂一時芳老僧都不知名姓始覺空門氣味長

北闕南山是故鄉兩枝仙桂一時芳休公都不知名姓南史徐湛之傳時有沙門釋惠休善屬文湛之甚厚孝武使還俗本姓湯位至揚州從事始覺禪門氣味長

遣懷

落魄江南載酒行前漢書酈食其好讀書家貧落魄無衣食業註落魄失業無次也楚腰腸斷掌中輕見四卷細腰宮裏露桃新註拾遺記飛燕体輕能於掌上舞十年一作三年一覺揚州夢占一作贏得青樓薄行名贏得已出上柳莊刘生曲廣陌通朱邸大路起青樓晉書司馬彪篤學不倦好色薄行廣記中書舍人杜牧少有逸才下筆成詠弱冠擢進士第復捷制科牧少儁性疎野放蕩雖爲撿刻而不能自禁會丞相牛僧孺出鎮揚州辟節度掌書記牧供職之外唯以宴遊爲事揚州勝地也每重城向夕倡樓之上常有絳紗燈萬數輝羅耀列空中九里三十步街珠翠塡咽邈若仙境牧常出沒馳逐其間無虛夕復有街卒三十人易服隨後潛護之僧孺之密敎也而牧自謂得計人不知之所至成歡無不會意如是且數年及徵拜侍御史僧孺於中堂餞之因戒之曰以侍御氣槩遠馭固當自極夷塗然常慮風情不節或致尊体乖和牧因謬曰某幸常自撿守不至貽尊憂耳僧孺笑而不荅即命侍兒取一小書簏對牧發之乃街卒之密報也凡數十百悉曰某夕杜書記過某家無恙某夕宴某家亦如之牧對之大慙因泣拜致謝而終身感焉故僧孺之薨

牧爲之誌而拯言其義執所知也牧既爲御史分務洛陽時李司徒以罷鎮閒居聲妓豪華爲當時第一洛中名士咸謁見之李乃大開宴席當時朝客高流無不臻赴以牧持憲不敢邀置牧遣座客達意願與斯會李不得已馳書方對酒獨酌亦已酣暢聞命遽來時會中已飲酒女妓百餘人皆絶藝殊色牧獨坐南行瞪目注視引滿三巵問李太聞有紫雲者孰是李指示之牧凝睇良久曰名不虛得宜以見惠李俯而笑諸妓亦皆迴首破顔牧又自飲三爵朗吟而起曰華堂今日綺筵開誰喚分司御史來忽發狂言驚滿坐三行紛面一時迴意氣閑逸旁若無人後三年押遊詩曰落魄江湖載酒行楚腰纖細掌中情三年一覺揚州夢贏得青樓薄倖名

秋感

金風萬里思何盡玉樹一窓秋影寒 揚雄甘泉宮賦翠玉樹之青葱 獨掩柴門明月下淚流香袂倚欄干

贈漁父

蘆花深澤靜垂綸月夕煙朝幾十春自說孤舟寒水畔不曾逢著獨醒人 楚辭漁父篇屈原曰衆人皆醉唯我獨醒

歎花 廣記唐中書舍人杜牧少俊踈野放蕩遊恔聞湖州風物妍好且多奇色遂往遊焉刺史張水嬉觀者如堵於叢人中見鵶頭女年十余牧視之曰眞国色也因使告其母曰吾不十年必守此郡十年不來乃從所適母許諾因以重幣結之而別牧故朝以湖州爲念秩卑不得尋拜黄州又移池州睦州皆非意也大中五年始授湖州刺史比至郡已十四年矣所約者已從人而生二子因題詩自傷曰自是尋春去校遲不須惆悵怨芳時狂風落盡深紅色緑葉成陰子滿枝

自恨尋芳到已遲往年曾見未開時如今風擺花狼籍緑葉成陰子滿枝

題劉秀才新竹

數莖幽玉色曉夕翠煙分聲破寒窓夢根穿緑蘚紋漸籠當檻日欲礙入簾雲不是山陰客何人愛此君 晉書王徽之字子猷嘗居山陰又日子猷嘗寄居空宅中便令種竹聞聲嘯詠指竹曰不可一日無此君

山行

遠上寒山石徑斜白雲生處有人家停車坐愛楓林晚霜葉紅於二月花

書懷

蒲眼青山未得過鏡中無那乃个切語助也鬢絲何
秪言旋老轉無事欲到中年事更多

紫微花

曉迎秋露一枝新不占園中最上春江淹別賦羅綺兮嬌上春桃李無言又何在桃李無言已出四卷向風偏
笑豔陽人鮑明遠詠雪詩玆辰自爲美當避豔陽人豔陽桃李節皎潔不成妍註豔陽春也

醉後呈崔大夫

謝傳秋涼閑管絃晉書謝安捅遷東山以總統功進封大保薨贈大傅
徒教賤子侍華筵溪頭正雨歸不得辜負南
牕一覺眠李少卿答蘇武書辜負陵心又曰陵雖孤恩漢亦負德

和宣州沈大夫登北樓書懷沈傳師

兵符嚴重辭金馬兵符出一卷金馬出四卷星座尤芒射
斗牛見二卷交趾同星座註又見一卷如何牛斗氣註筆落青山飄
古韻悵開紅旆照高秋香連日彩浮緗幕溪
逐歌聲遶畫樓可惜登臨佳麗地羽儀須去
鳳池遊羽儀已出一卷鳳池已出二卷

夜雨

九月三十日雨聲如別秋無端滿階葉共白
幾人頭點滴侵寒夢蕭騷著淡愁漁歌聽下
唱蓑湿棹迴舟

方響類說樂府雜錄方響註胡部無方響緣直撥聲不應諸調大宗內庫別收壹片鐵有方響應二十八調足箏只有宮商角徵四調臨時移柱應二十八調通典方響以鐵爲之脩九寸廣二寸圓上方下架如磬而不設業倚於架上以代鍾磬人間所用者總三四寸

數條秋水掛琅玕玉手丁當怕夜寒曲盡連
敲三四下恐驚珠淚落金盤

將出關宿層峯驛却寄李諫議

孤驛在重阻雲根掩柴扉數聲暮禽切萬壑
秋意歸心馳碧泉洞目斷青瑣闈西都賦青瑣丹墀註漢書曰赤壁青瑣音義曰以青畫戶邊鏤中衛宏漢旧儀曰黃門郎屬黃門令日暮入對青瑣闈拜名夕郎爾雅宮中門謂之闈明日武關外見四卷題武關註

夢魂勞遠飛

使迴往唐州崔司馬書無寄四韻因和

清晨候吏把書來十載離憂得暫開癡叔去時還讀易晉書王湛傳湛字處沖司徒渾之弟也少有識度身長七尺八寸龍顙大鼻少言語有隱德人莫能知兄弟宗族皆以為癡其父昶獨異焉遭父喪居于墓次服闋闔門守靜不交當世兄子濟嘗詣湛見床頭有周易問曰叔父何用此為湛曰體中不佳時脫復看耳武帝亦以湛為癡每見濟輒調之曰卿家癡叔死未濟無以答帝又問如初濟曰臣叔殊不癡帝曰誰比濟曰山濤以下魏舒以上仲容多與索銜盃晉書阮咸字仲容任達不拘与叔父為竹林之遊諸阮皆飲酒咸至宗人間共集不用盃觴斟酌以大盆盛酒飲之人心計日殷勤望馬首隨雲早晚迴莫為霜臺愁歲暮漢官書御史府有霜臺至柏臺烏臺唐書職官志漢武元光五年分天下置十三州分統諸郡每州遣使者一人督察官吏清濁謂之十三州刺史後漢遂以名官為刺史專州郡之政仍置別駕治中諸曹掾屬号曰外臺晉書陳頵曰昔刺史御命因之外臺潛龍須待一聲雷魏都賦春雷發響而驚蟄飛競潛龍浮景而幽泉高鏡注李善云春雷發響驚蟄紛然而靈飛龍躍幽泉從然而照也呂氏春秋聞春始雷則蟄虫動矣

郡齋秋夜即事寄斛斯處士許秀才

有客誰人肯夜過獨憐風景奈愁何邊鴻怨處迷霜久遊樹空來見月多故國杳無千里信繁弦時伴一聲歌馳心秖待城烏曉左傳叔向曰城上有烏齊師其遁幾對虛簷望白河詩史不勞朱戶閉自待白河沉

同趙二十二訪張明府郊居聯句明府已出四卷

陶潛官罷酒缾空見四卷明府辭官酒蒲缸註門掩楊花一夜風[illegible]古調詩吟山色裏無絃琴在月明中[illegible]晉書陶潛不解音而畜素琴一張絃徽不具每朋酒之會撫而歌曰但取琴中趣何勞絃上聲遠簷高樹宜幽鳥出岫孤雲逐晚虹[illegible]見三卷無心都大似無才註別後東籬數枝菊不知開醉與誰同[illegible]

早春題真上人院本註生天寶初

清羸已近百年身古寺風煙又一春寒海自成戎馬地唯師曾是太平人

對花微疾不飲呈座中諸公

花前雖病亦提壺刘伶酒德頌挈榼提壺數調持觴興有無盡日臨風美人醉雪香空伴白髭鬚

酬王秀才桃花園見寄

桃滿西園淑景催幾多紅豔淺深開此花不逐溪流出晉客無因入洞來陶潛桃源記晉大康中武陵人黃真捕魚為業沿溪行忘路之遠近忽逢桃花林芳華鮮美落英繽紛林盡得一山山有小口初極使行數十步豁然開朗屋舍儼然雞犬相聞男女衣著悉如外人見漁父大驚為設酒食云先世避秦乱率妻子来問今是何世不知有漢無論魏晉既出詣大守說如此大守遣人往尋迷不復得路

走筆送杜十三歸京

煙鴻上漢聲聲遠逸驥尋雲步步高應笑內兄年六十內兄已出四卷郡城閑坐養霜毛

送王十至襃中因寄尚書通典山南西道漢中郡今之梁州領縣襃城漢襃中縣有襃水襃谷

闕下經年別人間兩地情壇場新漢將見二卷壇登禮樂卿註煙月古隋城渾天帝王圖隋高祖文帝都龍首山亦號長安城又通典東都註今都城則隋煬帝大業元年所築鴈去梁山遠漢中郡領縣南鄭有梁山梁州記梁州縣界有鴈山傳云此山有大池水鴈捿集之故因名曰鴈塞雲高楚岫明君家荷藕好緘恨寄遙程

後池泛舟送王十

相送西郊暮景和青蒼竹外遶寒波為君蘸莊陷切以物沒水也甲十分飲樂天詩十分蘸甲酌應見離心一倍多

重送王十

分袂還應立馬看向來離思始知難鴈飛不見行塵滅景下山遙極目寒

洛陽秋夕

泠泠寒水帶霜風更在天橋夜景中唐書洛陽有天津橋清禁漏閑煙樹寂月輪移在上陽宮

贈獵騎

已落雙鵰血尚新見二卷落鵰都尉万人敵註鳴鞭走馬

又翻身憑君莫射南來鴈恐有家書寄遠人見一卷蘇武却生返註

懷吳中馮秀才

長洲苑外草蕭蕭通典吳郡蘇州領縣長洲有吳之長洲苑因以為名却筭遊程歲月遙唯有別時今不忘暮煙秋雨過楓橋楓橋東坡蘇州姚氏三瑞堂詩楓橋三瑞皆自見

寄東林僧

初月微明漏白煙碧松梢外掛青天西風靜起傳深葉應送愁吟又夜蟬秋興賦蟬嘒嘒以寒吟

秋夕

紅燭秋光冷畫屏輕羅小扇撲普木切拂著也流螢瑤階夜色涼如水坐看牽牛織女星吳筠續齊諧記桂陽城武丁有仙道忽謂其弟曰七月七日織女當渡河弟問織女何事渡河答曰暫詣牽牛世人至今云織女嫁牽牛是也長恨歌傳秋七月七日牽牛織女相見之夕秦人風俗是夜張錦繡陳飲食焚香于庭号為乞巧宮掖間尤尚之也曹植九詠註牽牛為夫織女為婦織女牽牛之星各處一方七月七日得一會同矣

瑤瑟

玉仙瑤瑟夜珊珊月過樓西桂燭殘桂燭已出三卷風景人間不知此動搖湘水徹明寒楚詞使湘靈鼓瑟兮令宓妃舞

送故人歸山

三清洞裏無端別靈寶度人經功蒲德就飛外上清註擬龍蹻經四梵以上次有三清太清十二天九仝之居上清十一天九真所居王清十二天九聖所居三十六天並不拔之境又拂塵衣欲卧雲遊曰辭粟首陽拂衣高謝看著掛冠遂處所掛冠已出一卷北山蘿月在移文北山移文秋桂遣風春蘿罷月

聞角

見三卷畫角愛飄江北去註

曉樓煙檻出雲霄景下林塘已寂寥城角為秋悲更遠護霜雲破海天遙

押兵甲發谷口寄呈諸公

曉澗青青桂色孤神農本草桂葉冬夏常青不枯楚人隨玉上天衢見一卷荊攬攙撥註壁水辭谷口山寒少今日

風頭接暖無

和令狐侍御賞蕙草

尋常詩思巧如春又喜幽亭蕙草新本是馨香比君子（屈原離騷經樹蕙之百畝李善云樹種也言已雖見放流猶種蒔衆香修行仁義勤身自勉朝暮不倦）遶欄今更為何人

偶題

道在人間或可傳小還輕變已多年（淮南子日出暘谷浴于咸池拂于扶桑是謂晨明登于扶桑是謂朏明至于曲阿是謂且明至于衡陽是謂禺中至于昆吾是謂正中至于鳥次是謂小還至于悲谷是謂餔時至于女紀是謂大還至于淵虞是謂高春至于連石是謂下春至于虞淵是謂黃昏至于蒙谷是謂定昏）今來海上昇高望不到蓬萊不是仙

三川驛伏覽座主舍人留題（座主舍人見阿房宮註）

舊跡依然已十秋雪山當面照銀鉤（李白詩雪山掃粉壁墨客多新文晉書索靖字幼安草書之狀婉若銀鉤細珠集纖點銀鉤點欲堅直如纖鉤欲活而有力如銀）懷恩淚盡霜天曉一片餘霞映驛樓（謝朓詩餘霞散成綺）

陝州醉贈裴四同年（通典河南道有陝州史記召公世家在成王時召公為三公自陝以西召公主之自陝以東周公主之）

淒風洛下同羈思（見上及第後寄長安故人註）遲日棠陰得醉歌（見二卷往事槍甘棠註）自笑與君三歲別頭銜依舊鬢絲多（李白詩春風餘幾日兩鬢各成絲）

破鏡

佳人失手鏡初分何日團圓再會君（見上明鑑半过釵一股注）今朝萬里秋風起山北山南一片雲

長安雪後

秦陵漢苑參差雪北闕南山次第春車馬蕭城原上去豈知惆悵有閑人

華清宮（見二卷華清宮註）

零葉翻江萬樹霜玉蓮開蘂暖泉香（天寶遺事華清宮御湯中有玉蓮湯泉湧以成池常與貴妃施鈿鏤小舟戲玩於其間）行雲不下朝元閣（行雲已出三卷青瑣高設驪山華清宮毀廢已久朝元閣在北嶺之上）一曲淋鈴淚數行（明皇雜錄上初入斜谷屬霖雨涉旬於棧道聞）

鈴聲與山相應上悼念貴妃因採其聲為雨淋鈴曲以寄恨焉

冬日題智門寺北樓

滿懷多少是恩讎未見功名已白頭不為尋幽試筋力豈能寒上背雲樓

別王十後遣京使累路附書

重開曉度宿雲寒羸馬緣知步步難此信的應中路見亂山何處拆書看

許秀才至辱李蘄州絕句聞斷酒之情因寄

有客南來話所思故人遙枉醉中詩暫因微疾須防酒不是歡情減舊時

送張判官歸兼謁鄂州大夫

處士聞名早遊秦獻疏迴腹中書萬卷世說郝隆字佐治七月七日日中仰卧於中庭人問其故答日我曬腹中書耳身外酒千盃江雨春波闊園林客夢催今君拜旌戟漢魏已來諸郡守門施棨戟凜凜近霜臺見上莫為霜臺愁歲暮註

宿長慶寺

南行步步遠浮塵更近青山作夜鄰高鐸數聲秋撼玉霽河千里曉橫銀紅蕖集韻蕖通作渠永於切影落前池淨晚一作綠稻香來野逕頻終日官閑無一事不妨長醉是遊人一作不妨長是靜遊人

望小華三首東京賦西登小華註西園中有小華山

身隨白日看將老心與青雲自有期見一卷青雲焉生角註今對晴峰無十里世緣多累暗生悲

文字波中去不還物情初與是非間時名竟是無端事羞對靈山道愛山

眼看雲鶴不相隨莊子厭世上去乘彼白雲至于帝鄉見三卷歸鶴初仲大日註匡何看塵中事作為好伴羽人深洞去楚詞仍羽人於丹丘留不死之舊鄉月前秋聽玉參差樂府雜錄笙女媧造也象鳳翼一名參差

登澧州驛樓寄京兆韋尹本註尹曾典此郡通典澧陽郡澧州今理澧陽縣

一話涔陽舊使君本集為堂兄造求澧州啓授以涔陽活於閭門無不感源郡人迴首望青雲政聲長與江聲在自到津樓日夜聞

長安晴望

翠屏山對鳳城開天台山賦搏壁立之翠屏碧落搖光霽後來靈寶度人經昔於始青天中碧落空歌註旣天蒼氣青則碧霞廓落故云碧落迴識六龍巡幸處淮南子乘車駕以六龍飛煙閑繞望春臺飛非字之誤見添註

歲月朝迴口号

星河猶在整朝衣遠望天門再拜歸笑向春風初五十敢言知命且知非論語子曰五十而知天命見二卷知非晚笑蘧註

驌驦坂左傳唐成公有兩驌驦馬

瑤池罷遊宴見一卷侍宴坐瑤池注良藥委塵沙呂氏春秋古之善相馬者若趙之王良秦之白樂尤盡其妙也淮南子王良造父之御也上車攝轡投足調均勞佚若一遭遇不遭遇劉越石詩亭縣驥倚輈於虞坂鳴於良藥知與不知也百里奚非愚於虞而智於秦遇与不遇也監車與鼓車戰国策汗明見春申君曰夫驥之齒至矣伏監車上大行中坂迁延負轅不能上伯樂遭之下車攀而哭之解紵衣而冪之於是俯而噴仰而鳴聲造於天彼伯樂知己也後漢循吏傳初光武長於民間頗達情偽建武十三年異国有獻名馬者日行千里又進宝劍價兼百金詔以馬駕鼓車劍賜騎士

龍丘途中通典江南道衢州領縣龍丘

漢苑殘花別吳江盛夏來唯看萬樹合不見一枝開水色饒湘浦零陵記湘水在永州灘聲怯建溪通典建安郡今建州大唐至德四年置建州以建溪為名溪流迴月上可得更猿啼荊州記巴東三峽猿聲哀啼至三聲聞者垂泪

宮人塚

盡是離宮院中女苑牆城外塚纍纍見二卷纍又秋塚漢蓬蒿注少年入內教歌舞不識君王到死時

寄浙西李判官

燕臺上客意何如見一卷我蜼在金臺註四五年來漸漸跡直道莫抛男子業遭時還與故人書青

雲滿眼應驕我白髮渾頭小根渠誰念賢哉
崔大讓可憐無事不歌魚（史記馮驩聞孟嘗君好客躡蹻而見之孟嘗君置傳舍驩彈其劍而歌曰長鋏歸來乎食無魚）

寄杜子二首

不識長楊事北胡（見一卷長楊射熊羆註）且教紅袖醉
來扶狂風烈焰雖千尺豁得平生俊氣無
武卒閑吏應相笑箇底年年往復來若問使
君何處去為言相憶首長迴

盧秀才將出王屋高步名場江南相逢贈
別

王屋山人有古文（王屋山出三卷）欲攀青桂弄氛氳（神仙李記楚伯十上落第七月七日欲高洛山中惆悵日月中一枝如何折兮胡憶手落第其夜夢一人青冠青衣來曰汝有命分必可折桂日如何對曰翌日晨曦初曉下溪行有青冠人急騎之翌日行溪过果逢一人青冠則騎之青冠人外雲乃覩之青身五色龍也入月中下之上一黃金窟有桂樹二十一枝伯乃折甲枝復騎外雲下來洛人謂之曰甲枝即登第矣）將攜健筆干明主莫向山壇問白雲

馳逐寧教爭處讓是非偏忌眾中分交遊話
我憑君道除却鱸魚更不聞（見二卷寒鱠季膺魚註）

送劉三復郎中赴闕

橫溪辭寂寞金馬去追遊（金馬已出四卷）好是鴛鴦
侶（見上鴛鴦玉珮敲註）正逢霄漢秋玉珂聲瑣瑣（見三卷金絡擊雕去註）錦帳夢悠悠（錦帳已出三卷）微笑知今是（陶潛歸去來辭覺今是而昨非又見莊子）因風謝鈞舫

羊欄浦夜陪宴會

戈檻營中夜未央雨露雲惹侍襄王（見三卷巫娥廟裏低含雨註）毬來香袖依俙暖酒凸觥心泯灧光
紅絃高緊聲聲急（尚書大傳大琴朱絃）珠唱鋪圓裊裊長（禮記歌者纍纍乎端如貫珠）自比諸生最無取（漢書叔孫通傳臣願徵魯諸生與臣弟子共起）不知何處亦升堂（見三卷太子召升堂註）

送杜顗赴潤州幕（新唐書李德裕傳裕為撿校尚書左僕射潤州刺史鎮海軍節度蘇常杭潤觀察等使本集杜顗墓銘李丞相德裕出為鎮海軍節

度辟召試協律郎為巡官

少年才俊赴知音魏志王粲傳昔者伯牙絕絃於鍾期痛知音之難遇

丞相門欄不覺深直道事人男子業異鄉加

飯弟兄心古詩弃捐勿復道努力加餐飯註努力加餐飯自勉之詞還須

整理韋弦佩韓非子西門豹之性急故佩韋以緩己董安于之心緩故佩絃以自急故以餘補不足以長續短謂之明主莫獨矜誇玳瑁簪見二卷春申君註

若去上元懷古去十道志潤州有上元註楚滅越置以金陵邑秦始皇恐氣改秣陵晉大康二年改為江寧今為上元謝安墳下與

沉吟

有感

宛溪垂柳最長枝宛溪見三卷宣州開元寺水閣詩註曾被春

風盡日吹不堪攀折猶堪看陌上少年來自

遲

書懷寄盧州盧當作廬

謝山南畔州見三卷牛渚磯南謝山北註風物最宜秋太

守懸金印佳人敵畫樓凝釭古双切釭燈也暗醉夕

殘月上汀洲可惜當年騎來門不得遊

賀崔大夫崔正字

內舉無慚古所難左傳祁大夫外舉不弃讎內舉不失親燕臺

遙想拂塵冠燕臺已出一卷登龍有路水不峻見二卷公設法門註

一鴈背飛天正寒別夜酒餘紅燭短

映山帆去碧霞殘謝公樓下潺湲響謝樓已出一卷

離恨詩情添幾般

江南送左師

江南為客正悲秋更送吾師古渡頭惆悵不

同塵土別水雲蹤跡去悠悠

寢夜

蛩唱如波咽更深似水寒露華驚敝褐燈影

掛塵冠故國初離夢前溪更下灘紛紛毫髮

事多從官遊難

十九兄郡樓有宴病不赴

十二層樓敵畫簷十洲記崑崙山有十二玉樓鮑照詩鳳樓十二重

遏雲歌盡草纖纖列子秦青撫節悲歌聲振林木響遏行雲空堂

病怯堦前月鶯子嗔垂一桁簾桁下浪切衣拖也

愁

聚散竟無形迴腸自結成見四卷迴腸不自裁註古今

留不得離別又潛生降虜將軍恩漢書李陵天漢二年

陵率五千人出塞與匈奴戰力屈乃降匈奴中窮秋遠客情何人更

憔悴落第泣秦京

隋苑通典淮南道廣陵郡今之揚州理江都江陽二縣隋初為揚州置總管府

煬帝初又為江都郡後帝從都而喪國焉

紅霞一抹廣陵春定子當筵睡臉新本註一去定字

千相小青却笑丘墟隋煬帝破家亡國為誰人

芭蕉

芭蕉為雨移故向窓前種憐渠點滴聲留得

歸鄉夢夢遠莫歸鄉覺來一翻動

汴水舟行答張祜見四卷汴河依古註

千里長河共使船聽君詩句倍愴然春風野

岸名花發一道帆檣畫柳烟

牧陪昭應盧郎中在江西宣州佐令吏

部沈公幕見一卷張好好詩序及註罷府周歲公宰昭

應見四卷除官至昭應府註行牧在淮南縻職叙舊

成二十韻用以投寄唐書杜牧傳牛僧孺淮南節度府掌

記

燕鴈下揚州見上隋苑註涼風柳陌秋可憐千里

夢還是一年愁宛水環朱檻見三卷宣州開元寺水閣詩題註

下宛溪夾居人章江敵碧流十道志曰洪州有豫章江註江連九江謬

陪吾益友論語曰益者三友友直友諒友多聞益矣袛事我賢侯

韓公詩五管歷編無賢侯印組縈光馬鋒鏡着解牛莊子庖丁

為文惠君解牛三年之後未嘗見其全牛也井閭安樂易傳毛詩豈弟

樂易以強教之樂易以說安之冠蓋煙依投政簡稀開閣漢書

公孫弘傳弘為丞相封平津侯起客館開東閣以迎賢人功成每運籌見一

卷捧籌所畫註憩送春經野塢遲日上高樓玉[illegible]歌

聲斷霞飄舞帶收泥猾斜拂印劍臉小[illegible]頭

日晚花枝爛釭凝粉彩稠未曾孤酩酊剩肯篗淹留重德俄徵寵舊唐書文宗本紀大和七年以傳師為吏部侍郎諸生若宦遊分途之絕國灑淚拜行輀聚散真漂梗詩史漂梗無安地註用民如榛梗飄泊不遑寧処也光陰極轉郵孟子德之流行速於置郵而傳命銘心徒歷歷屈指信悠悠君作烹鮮用老子治大国若烹小鮮誰膺仄席求漢書朕思望直士側席異聞祐表曰側席求賢不遺幽賤卷懷能憤悱見二卷卷依頭角縮註論語不悱不憤卒歲且優游孔子家語優哉游哉聊以卒歲去矣時難遇漢書蒯通說韓信曰夫功者難成而易敗時者難值而易失時時不再來乎沽哉價莫酬論語子貢曰有美玉於此韞匵而藏諸求善賈而沽諸子曰沽之哉沽之哉我待賈者也潚枝為鼓吹蔡邕曰鼓吹歌軍樂也裹甲避戈矛左傳曰楚人裹甲註甲在衣中後漢書董卓傳李蕭以戟刺之卓裹甲不入註施鎧於衣中隋帝宮荒草見上隋苑註妝在淮南糜戟故云秦王土一丘史紀秦二世而土盧郎中筆昭應故云相逢好大笑除此總雲浮論語子曰於我如浮雲

樊川外集　夾註

添註

斑竹筒簟詩血染斑斑成錦紋述異記湘水去岸三十里許有相思宮望帝基昔舜南巡而葬於蒼梧之野堯之二女娥皇女英追之不及相与慟哭淚下沾竹竹紋悲為之斑斑然秋岸詩一艇箭迴初見四卷添註赤壁詩東風不與周郎便註送張曼容詩七葉漢貂真密近吳語密爾於天子註密比也通近也贈裴同年詩頭銜依旧驂續綵多語林官銜之名近代選遣補授先具旧官於前次書擬官於後新旧相銜故曰官銜亦曰頭銜如人口銜物取其連續之意又如馬之有銜以制其首古人謂之銜尾相續即其義也梅仙唐書地理志江南道洪州領縣南昌云云江南西道觀察使理洪州漢書梅福九江壽春人補南昌尉後去官敗壽春王莽顓政一朝棄妻子去九江至今傳以為仙其後有人見福於會稽者變名姓為吳市門卒非煙史記若烟非煙若雲非雲郁郁紛紛蕭索輪囷是謂卿雲卿雲喜氣也

正統五年六月　日全羅道錦山開刊

小杜詩古稱可法而善本甚罕世所有者字多魚魯學者病之今監司權公克和與經歷李君蓄議之符下知錦山郡事李君賴令詳校前本之訛謬而刊之始於庚申三月歷數月而告成公之嘉惠學者其可量哉前通政大夫成均大司成知製　教鄭坤跋

觀察黜陟使通政大夫兼監倉安集轉輸勸農管學事提調刑獄兵馬公事權克和

經歷朝散大夫　李蓄

知郡事奉列大夫兼勸農兵馬團練副使李賴

校正通仕郎儒學教導　孔碩

監考前宣務郎增若道驛丞　趙宗

書寫成均幼學　[illegible]漢

宋景文公集

提要

《宋景文公集》殘本，（宋）宋祁撰，清光緒八年（一八八二年）佚存叢書（日本林衡輯）木活字本。清人輯有《宋景文集》，又稱《景文集》、《宋景文公集》或《景文宋公集》。每半葉十行二十字，四周單邊，白口，單魚尾。尚存卷十六（原本缺第一葉）至卷三十二，卷八十一（原本缺第一頁）至卷八十五，卷九十六（原本缺第一頁）至卷九十九，卷一百單一至卷一百單二，卷一百單七，卷一百十八（原本缺三頁）至卷一百二十五。宋祁，北宋文學家、史學家，字子京，開封雍丘人。

景文宋公集卷第十六

律詩

官舍二首

南榮坐炙野人脂官謗心知鶴有軒畫餅竊名眞不食銜枚邀寵更無言楚辭云鳳銜枚以無言常被君之渥洽稽齋書簏吹塵度蔣徑賓綦暈蘚班事國愛君情未已此生踈躋負邱園

病骨支離釜粟豐卧看曒采照墻東不材天與山中養飽食人嗤杜下工大府翩翩慙奏記閑齋咄咄厭書空儵然慵態知難[illegible]孜鳴弦目送鴻

試秩秘書省

綠底封書罨露光試名仙局藹芸香因慙衛國乘軒寵猶勝唐家脫腕郎

景陵乾明院湖亭

東眺湖波十里平竹椽疏舍瞰澄瀛山花暗落談經地水鳥時聞念佛聲薺樹繞天春色晚稽雲垂地夕凉生後車官冷曾過此祇得幽人笑縛纓

江上阻風

百尺危檣倚瞩穴古祠簫鼓隔丹楓誰將一隻仙人箭換作樵溪旦暮風

公齋植竹

對植同奇樹扶踈對近軒舊經梁苑賦初結太山根就簡供書刻乘秋爽些魂鳶風朝作籟鶴露夜留痕招隱宜先柱忘憂可並萱會當充鳳食薦實帝家園

中園殖叢蘆

我慙散質山中養君結孤根江上來相對中園兩無用菰蘆何處有奇才

樹柳

爲愛當年濯濯姿動春搖霧不勝垂係供越絕千絲綢葉闗章臺半額眉[illegible]柔榆悲日晚寧同枳橘過江移待君合抱相看歲宄足金城洒涕時

答安陸龐掾

囊文嘗奏衛軍事此忝卿庭隘升堂友鄉榮乞墅甥清言飄塵毳愼疾搴芝英談幄尸官久煩襟怯報瓊

郡將夜醼分既齋酎

殊庭夜醼肅眞儀奏罷雲章月已低自笑談賓眞俗骨不齋猶得醉如泥

春霽

一雨初晴小霧披海天羊胛報晨暉寒消艷雪沈樓唱暖入重簾減妓衣柳外輕黃紛漠漠梅梢殘白悵

微微煙皐笑電無窮樂行御摯牙逐錦翬

黄注昆仲赴舉

君家日下有高名驥子雙馳嗣世靈滄海賦毫多媿白南山書紙偏蒸青縣歌酒醻儺鳴鹿學舍鍊寒散亂螢昆玉林枝期帝問差有唱第邐堯蓂

俊上人遊山

股錫飄然指上方翠微巖腹掩膺房江山極睇才多助竿木投機戲有場麝墨洗餘池溜變玉礎清極著華香秋風莫負重來約淨社霜蓮徧碧塘

州將病免檄黍郡亭

郡將移書卧閤頻假提千騎出班春校中寧免時髦誚欲作宣明面向人

晚思

吏上重門籥樓喧疊鼓樾翠沉遙嶺樹紅斂暝藂花杍促蟲聲急眉拖月魄斜煩心銷熱盡不待鎮嘉瓜

祗役道中二首

濩落無容物欹碕可笑人唯當荷農笠不稱薦華紳宦味眞轠轆生涯累水薪窮途計安出祗是有沾巾

絮亂東風急花飛雜樹稠離家王粲恨贈婦彥先愁樵浦連檣度旗亭數蓋留癡人了官事歸約誤楂頭

鄰郡移書覆獄

堀堁征塵弊客裾曉枅貪飯啓人蔬多年養病先黄老豈辨司空城旦書

郡界閔雨州將率官屬禳禬

劭農方狎野熯旱暵焦原六幕沈雲族千箱害稼孫都人望天漢國相閉陽門盛怒風生穴汙邪祝有豚征徒休道槹汲缶涸中囿米價高何許癡人遂不言

自詠

誤懷手版應弓招汩汩塵容葆鬢凋循拙本無鄉曲譽稽鴛偏恃母兄驕雨畦菘葉晨羞薄風竈茶煙午睡銷縱到北山堪自笑春蘿秋桂久寥寥

詠史

一馬浮江擁瑞圖青規羣彥掎長裾本緣獻替居門下不爲江蝦與鱟魚

過安陸舊居鄰里相送

綠楊枝外斗欄干出客雞鳴過近關豈有車徒休汝上暫同隣里到方山離魂正對春波苦羈思猶隨勸鳥還多謝滄浪送征棹更需餘沫洗衰顏

泌陽王介夫

上笏蘭臺彥能文江漢靈貪持御史劾不顧大夫醒

詆毀眞銷骨嫌疑畏殺青投冠集烏署解紱墮鳶溟
毛脫荷囊筆塵昏寶帶釘書空寧咄咄避弋更冥冥
校尉貪厨釀臨川集貝經光華覆盆日哆侈譏人星
生計依江枳年芳老砌萱無人舉幡赦揮涕望明庭

兵部學士移鎮昭潭

檣拂南雲艤帛蘭再麾湖外嘆違顏封君比籍千頭
橘瑞祝標祠九向山迎吏出郊驅弩簇齊兵下席掩
刀環漢條緩布衮書降後乘燕青幾兩還

孫景隨侍赴舉

蠟鳳當筵占美名文齋大被集時英人同穎水將車
樂賦待尚書給筆成鄉酒出郊浮蟻醑故林馳霧瞑
猿驚省會唱第褰雲幄歸夢因君到斗城

早濟江步

南浦招招子中途靡靡心歸舟一葉小秋水兩崖深
露鶴凄仍斷風蜩細欲沉桂華翻落月榆影送橫參
壯志時逢晚窮愁日已侵霜摧過江枳鏡眩避風禽
薄宦眞蓬梗歸期問藁砧惟餘搖落意天寓共登臨

夏日

六幕風輕晝刻長地形卑溼近南方人揮羽翣依林
樾綆續金瓶下井牀雲路飛鳶愁跕跕玉繳流水怨
湯湯尸官盛府中乾甚久飲臺冰未覺凉

晚春至白襄陽

刀頭歸約月殘時棐几流塵蒲兎枝陰地雨蛙欺鼓
吹後園煙茗老槍旗風回曲榭花英聚泉潰坳堂蘚
暈移卧看屋梁周粟飽不嫌五管號支離

題僧惠昇壁

何年飛虎錫此地鏁鷹房水入禪心定花飄供祓香
高談犀飾麈清啜茗成槍千騎嘗留此籠紗照屋梁

累政郡牧李留詩筆

漢南州將按行江涘以見寄

側帽風輕過大隄水村驕馬惜鄣泥前驅夾道旗開
隼合宴傳飧帳繞犀。淨練寒江供望闊赤萍圓日對
吟低輕歌駋驛傳清唱知在春煙幾曲溪

南亭獨矚在景陵

宇下雄風細細凉客眸凝絕此回腸絡頭騎過羅敷
陌播尾烏喧丈子牆流水清渾迷別浦碧雲高下送
殘陽懷人撫物愁何盡試借蘭城萬斛量

州將按行隄上

十萬隄封限迅流騰裝清曉徑春疇駐車楚老漿盈
野勸築睢陽杵有謳梅暖晚香薰宿館雪天零霰犯

輕裘桑梓苑日迎歸旆遙認驪駒最上頭

楊初歸九江

方領思歸集鶴庭樵風千里漾舟舲歌翻桃岸雙飛鵠夢繞天鄣九疊屏上苑昔游賦飄雪故林良友望賢星遲聞乙奏藜雲幄紫桂宵窊襲袂馨

挾彈林下

挾柘行吟涉庾圃鵲枝驚繞栗林寒幕中病客殊眞俠虛費游童逐彈丸

楊備永嘉市征

漢祀壇邊望晝衣故人杯酒怨歌驪幾枝北道梅傳信一器南方桂補嬴役雨燕青貽素業舊塘生草繼妍辭他年第頌歸何役名應唐家十二時

羈思

三年官牒託東侯旌蕩危心斛貯愁一命鴻毛徒許國單身螢火若驚秋

州舉俊氏以藝中鄕爲詩馳賀

曾聯郡將著鄕書目見函關賁出符奏頌一揮雲落帋賜袍三浴蕙飄鑪高軒並照連乾鵲飲膳分頒蓮菁厨病幕日期迎晝繡塵容廿預努前驅

聞新牓恩除異等輒成自詠

蘭署曾叨異等名當年不與賦天庭塵容此際支離極慙見唐家千佛經

溪亭

規日平空晚澄波極望鮮簾飛故闌瓦梁負會稽椽戰綠低寒杜漂紅泊晚蓮黃昏無限意江月對娟娟

悼祚禪師二首

兩服飛神錫千金供佛園吹毛曾有問得髓更無言蘭紫恩袍貴（今上駙馬李公素所推重故賜紫衣）蓮香社侶繁雙林今奄忽淚目送風幡

雷擊傳心要浮漚厭世喧一牀空病室五葉織諸孫風慘萎花墜塵流雙履昏導師寧怛化緇侶自銷魂

獻外臺王侍御。

濫陪坐諾已三年始望霜威紺努前舊業久辭南郡帳深恩獨戴故人天頭欹解散慙星弁（南史王儉髻名解散）腹飽侏儒費月錢欲託牙琴憩眞賞流塵無奈晦么絃

祇役鄰郡道中曉發

故園回眼隔雲蘿野馬征塵拂袂過息景有時悲惡木回車無暇避朝歌風號萬響天顱籟山矗千頭佛國螺遊子行行歸計晚庾心一寸奈愁何

七夕

烏鵲橋頭羽蓋移秋風長有隔年期七襄終日難成報不是星娥織作遲

送常熟尉錢訪

儁譽高鄉品仙姿竝國游新恩紺綸綬遺社酎金侯賦閣諸傖筆塞緇倦客裘半明催櫂鷁幾信候潮鰌下鼓尊縈箸持螯酒溢甌江南三月草爲子剩離憂

送楊偕太傅知淮陽軍

下拜親膺一札書隋河風柂送行艫曉辭漢署茅留蕝暮聽廉歌袴換襦方志貢珍傳磬錯客庖羞品盛魚腴雙旌引入柔桑陌少駐驂驔捋笑鬚

送楊子奇赴辟潭淵

老避嘲師書不眠。喜聞書辟冠初筵車陪魏館鳴笳路食對何侯下箸錢使驛馬歸催露檄學帷饘墮晦餘編知君此舉伸知己寧似他人有一天

送貴溪尉周懿文先輩

幾日銓符給訃程賜袍如草滯僚英大言久廢三千奏倦曲難終一再行吳蟹沈波秋稻富海魚藏穴夜潮平待君削牘登文石梅福爲南昌尉上書願一登文石之陛趣與淵雲繼頌聲

送蒙城薄謝雎先輩

會第飄飄賦仍勞冉冉趨嘆時三嗅雉倦別一飛鳧勾簿虛公几迎漿溢里壺異時齋閤閱明陟在丹塗

送江陰簿江楚材先輩

釁舍久過從清言伏阿戎半綸人結綬一箭水分風行稻鮮原緑搴花雜樹紅羨君談有助新論得王充

送史溫虞部佐郡四明

外署清郎出佐州嘲辭不畏土山頭天中倦目迷雲闕江上歸帆避石郵設席自隨賓早晏還書寧畏渚沈浮畯田趨鎛農知勸時伴春旗按綠疇

直舍飲餞楊子奇

霞杯三酹客顏酡明日離魂伴玉珂我爲有人輕狗曲同君不敢唱驪歌。

寄鄭天休天休兩賜手問會迫暇事不獲修答

翹車交辟滯東南盤礴多年歎賜衫千日醉醒孤共酌一書開閉遂空函怨歸定對王孫草無恙應隨散騎帆傾聽囊帖奏嘉頌清時寧忌絆侯讒

聞後苑錫宴

漢家殿幄紫雲連萬品仙葩帀賜筵露藥半晞仙掌外斗杓長在帝車前液池粹鳥樓連蘂鉤盾祥蕤徧弄田病客無階陪鎬飲除因斷夢到鈞天

反舌

默默過桃園穿條疊葉翻夫君猶舌在時晏便無言

故文節公哀辭三解

早傳黃石系未伴赤松游暴疹驚浮蟻深恩賜養牛
谿璜俄碎玉川檝遂藏舟蕭相今無嗣夫人紹鄧侯
順宋思忠蓋宣謀嘆巧勞憖遺無一老投弔剩三號
撤奠哀笳引追榮斂衮褒欲知馮厚慶第覽得傳刀
霜露才嬰疾龍蛇已喪賢神騎尾星夊家託寢邱田
長樂中君弔東堂罷禊筵佳城白日掩從此即千年

景文宋公集卷第十六

景文宋公集卷第十七

律詩

送姚尉顧洵美先輩

蓬葆已蕭蕭從官越絕遥山圖禹穴辿濤氣伍神驕
卧帳藏新論行舟問故樵寄聲時謝我江上足蘭苕

章判官就越吳興幕

素領潘郎滯進階東南淼牒得䣊材隋河鼓棹波成
箭越驛蒸衣雨是梅客詠南風蒲萄勝食無寒具畫
廚開政餘底處邀賓賞洲上風蘋若下醅

辯才少白師歸天台

壞色擁行肩南方有應緣歸艎素車浪寶戺赤城天
宴樹春圃密談花畫。祕鮮憑師無閣習呵默二宗禪
自南北異宗學者多封師授以褒衽意惟仁者當圓成一味耳

孫沆從事宰吳興邑

舭尾東銜鳥羽輕滄浪餘沫恣需纓尚沉幕府千人
俊邦勸膠田二耦耕蓮有豔歌邀夕泛蔗留佳境拆
朝酲行行正及吳蠶叫脃盡商絃別曲聲

程密學知益州

墀塗畫對別堯蓂細札芝泥襲綬香三獨舊臺呼韗
寵十連新府夢刀靈雲梯霽日明鉤棧雨閣蒼苔蝕

劒銘只恐廉襦歌未厭熒煌歸應六符星

寄獻潭淵太傅

使旆高翻西北雲舟梁橫過九河濆文書吏樂輕車
府表幟人知大樹軍引溉劭農渠雨猶感涼邀會帳
霞醺温問車子能歌地樂職聲詩日夕聞

張屯田知兗州當按察僉縣

漢家關内使騶來廣魯風旗畫隼開地得股肱雄近
輔書留筋骨冠中臺儒宮劃壁巖祠豆督府均羊盛
宴蠻應望仙閣舊車道倚天嫣石篆昭回

同年梅鼎臣赴鳳翔幕兼省覲時丹家學士鎮分陝

酪和盤纓舊宴空鳳岐新辟逐旌弓坐陪府幄談成
藪邀問家庭史有公。春犖促浮萍葉紫夜章催刻密
枝紅青袍玉骨英游盛上路爭看側帽風

王子野學士同理蘇臺

姑蘇奧絶冠東南才子臨州奉詔函賜被襆歸廳久
冰去樵風分迤舳相銜菰畦菖葉耕刀利溢釀梨花
醉易攙一水貫都無悍遠錦鱗雙尾待來鍼

中山公損疾二首

自有西京七發才蠲痾不待更延枚摐金厲樂迷魂
寤薇月飛雲病膜開宫鼠晦鬚拋賜琯蓬魚霏縷强

魚計早嘗

對菊有感

吹菊佳辰念物華顔生不飲重爲嗟故園舊種猶存
否露損風搖著幾花

元處宗女化簿

車府沉千奏邊城佐一同鄉書黄耳遠客爨厖尨空
怨曙羌笳月嘶寒代馬風未應期會急平日廢談叢

晏寢

栩栩莊園夢正酣曙霞分已照東南門門更費當關
報已是嵇康一不堪王康書七不堪其一卧喜晚起

中山公鎮洲上

長鬣牛麾滿帳前甘。棠載憩示優賢蕩函握節中軍
府奎字成銅寶閣天丹匕去尋鴻苑錄佛花來供淨
名禪朝家入有三公拜未信東山得久眠

黄泌昆仲歸江西

爨樵殫楚桂蚤掖厭京塵別路雙黄鵠還家兩玉人
書圖飄竹紛鄉樹老梨津電韻盈歸褚中州賞有眞

同年吳穀尉烏程

鼕鼕報曙天歸趂越人船閩月長留夢吳門自是僊
湊書多汗竹圭祀有名田剩著淩雲賦囊帷待奏篇

晨杯何人過問維摩室定有文殊作禮來（公深究淨名示疾之典故疾間有讀維摩經詩三闋中其妙旨）

懇避嚴廬十拜章一麾重許出東方批成詔鳳多焚草戲入仙禽不亂行麗正書編爭投笥荊州象笏別持囊絳帷有客悲秋早預怯臨流奉祖觴（時公有肥川之命）

同年譚綜掾江陵

鄉樹湘雲外行轅楚塞東不辭淹拔萃聊欲辨無同瞑紫生寒岫疎丹點暮楓登樓有歸訊爲附北歸鴻

了淨歸天竺寺

曉原霜重俊鷹肥一席歸風路不迷林下會徒從霧合海邊停梵見潮低露華烹茗尋前圃雨屐粘苔認故溪知有詩魔來降伏安休日在碧雲西

九日食餻有詠

颸館輕霜拂曙袍糗餈花飲鬬分曹劉郎不敢題餻字虛負詩中一世豪（夢得嘗作九日詩欲用餻字思五經中無之輟不復爲又白樂天呼爲詩豪）

龍圖蔡學士鎮高密（兼過鄉墅）

厭直坡鑾引郡章玉虬移刻對清廂留符懇避離宮籥（公先有西洛保釐之命以親養懇乞東藩）懷綬貪過白晝鄉書閣迴巢雙鳳羽詔泥殘和五芝房追鋒只恐歸期迫胥蟹腴

智成上人奉陪中山公赴淝上

宗工方出守大士此相親不肯今平叔難酬彼上人（昔文殊讚云彼上人者難爲酬對）氈毹連榻具笥脯對盂珍別後臨川偈同翻貝葉新

送蕭山宰劉寺丞

秋江九月鷺濤平楚客征檣拂縣星射的初過若耶渚禊林重訪永和亭畏蛟俗富風移古飛鷲天長目際冥幾帙異書藏卧帳肯容傖客廣蒸青

同年王聖源南都講授（聖源嘗以事免職）

刻意悲愁鬢末華詣曹頻費杜陵嗟歌緣郢客高難和璧是秦人誤指瑕緣底恩書褒振滯烏衣羣從慶還家離宮萬戶經庠盛邦對諸生坐絳紗

送同年孫錫句簿巢縣

千牘公車與願違卻懷黃綬去江湄中都食酪憂蓴老要路編苫笑錦遲酒幟亭長離帟罷淚花風穩暝帆移驚秋感別俱成恨瘦盡森森瓊樹枝

冬日野外三首

霜郊堪極目萬籟共騷騷遠水無窮綠寒雲自不高候鴈差入渚田雀短翔蒿歲稔期民阜中田饁凍醪野迴人來少天平鳥去長漁梁四寸罟樵市五家漿

谷轉留寒霧霞休罷夕陽不須教目極郎是到回腸

朔吹低凝野層陰迴帀天葉飄霜外栟煙出雨餘田畹晼流芳後崢嶸急景前平生魚鳥志寧免爲留連

直舍讎理律書呈同舍二首

舊文新札儼成行柏爇徽開帙氣香天下書多殊未見顏生應笑下雌黃

經筵敢倦刀刊梓國典將追鼎鑄書靜對闕疑還閣筆不知三古字爲魚

楊都官日嚴赴鄆州

連年三換左朱輪（丐二年中自襄陽領郡上由汶得鄆）正用臺郎第一人殿幄程書清刻永家牀添笏賜袍新（君便道上都陛對日賜五品章服）潤波仍跨洪河曲敏政將肥瘠魯民趨引前旂向桑野漢皇恩詔重方春

廢鄭河（民間呼此名古日鄭古清水河蕪塞惟春夏汙潦所集）

當年食溱洧（案鄭國語主芣騩而食溱洧）此地抗長津卻見爲陵日難尋病涉人落霞遙送鶩薦草暗留麐代往詩風變田渠數般春

家居

賃廡接中林迷途感慨深窮年不材木提月退飛禽官字昬投版私囊利挫針病呻無用怪不是顯時吟

民壓

衰翁好藏密移病此僑居白眼慵迎客青泥勸僕書風侵殘畫網煙鎖暗春楞惟有伊蒲士相從樂飯蔬

舒鳩

莊周悲殺鳩卞爲不能鳴寧識山陰誤能鳴亦就烹

邑居

跧蹏貂裘病骨輕荚簪窮伏廢將迎庖人投刃喧羊肆（賃廡既邇市道暑相尤雜）溪子擊牙近禁營（囿距亦多連營正值仁安關居賦中）雲破日痕組巘道雨殘烟腳媚黃英傳聞內史輕租契（時都城例減民租）私約吾農對耦耕

早春近野

紫苞如細綴榆繁春意愔愔偏近原壽嶺浮煙含縹翠泮渠新溜變清渾

玉玫瑰

瑤渚鏤空濛冰銷卷重疊寒光欲衝斗迴秀難藏葉誰碎辟邪香氤氳飛作蝶

黃薔薇

剉櫱染新鵝插鈿成密房仙人文玉字宮女道家裝聞說藥間露能令肌骨香

千葉牡丹

濯水錦窠豔頳雲仙髻繁全欹碧槲葉獨占紫球欄
誰謂萼華極芳心多隱桓

酴醿

來自蠶叢國香傳弱水神折醒疑破鼻併豔欲留春
勿以媚蘭味奚露韓壽巾

金雀

疊葉倚風綻翩翾凌霧排齊名仙母使寫樣漢宮釵
俗眼未應茹勿憂珠彈來

眞珠龍栢

彼美夜光喻盍之新甫名纍纍雲際豔皎皎月中英
勿誚素爲絢相期儷德聲

四季

羣葩各分榮此獨貫時序聊披淺深豔不易冬春慮
眞宰竟何言予將造形悟

木蘭

吳王宮裏樹看晚紫房開秀比華夷重香蒙菌桂猜（本草云葉氣味辛香不及桂）無輕衆芳喻曾照女郞來

棠棣

潘賦幽芳在周詩榮萼傳佛輪千輻細公帶萬釘圓
何當擷珍蘂聊助額中妍

玉蘂

唐昌觀中樹曾降九天人鑾駕香何許雪英如舊春
豈無遺佩者來效捧心顰

荼蘼花

媚叢無奈密柔蔓不勝長非隣粉自白似俠骨中香
不分櫻桃豔名先播樂章（近世民間雜曲始有荼蘼花者）

送保定張員外

傾座仙風冠頴奇枳鸞移調位猶卑蘭藁夕膳三杯案（君榮侍二親而行）草如春袍一朶緋煙戍星殘低序鴈隴
天雲斷送歌驪報成結果行堪待慰薦連章達帝帷

晴雲

春空無際碧雲意靜悠悠蘦日隨風斂迎昏抱月鉤
正宜銜迴隴强欲蔽層樓宋野何須問鴻濛正掉頭

春埜勸農事

茂氣回鮮野寒姿換故林敗防溪響急新畊耒痕深
乳犢嬉原隩（乳）牛下浦陰吾廬堪學稼將老有初心

隴西都尉禪會圖

宴塲禪集盛霜蝠曾毫工竺社同開葉嵇姿宛送鴻
法身寧滯相世眼願瞻風廚鑰方傳寶非專巖壑中

訪李生野墅

風物澹蕭辰陵阿訪隱倫野畦栽度馬深路劣生塵
認菊知陶宅觀禾識晉園林皐偏樂我莊子云山林歟皐壤歟使我欣欣而樂歟魚鳥似留人山霽巘妍露林虛衆籟新長沮
亟相語非敢問迷津

南齊二首

隱有山林願閑非江海身孔書罕言命莊意闇同人
敢衒能鳴鴈須慙不獵鶉緣何無麗句多病極漳濱
曩宦緣三釜今歸分一邱栖棬非柳性塗尾是龜謀
薪意矜來仕瓜名託故侯况無桑下計蠶妾詎相尤

道中見問津者

欲問迷津意都緣别徑多亡羊曾自此老馬欲如何
旁午晨車邁間關夕蓋過不須貪遠客危恨寄風波

讀張巡故事

叛將闞華日英臣死節年城當勁兵處人甚綴旒然
直木摧貪隧長隄制盜泉胡塵難覆馬不汚沛南天

抒歎

寒日不我駐歲陰生事微孤懷百感萃雙鬢二毛稀
樵突沉燹桂塵編擁故幃况無安邑累身託故山薇

月中嘲鵲

月馭初明露掌西翩翩猶伴夜烏啼架巢樹兮空三
而卻是鳴鳩得穩棲

景文宋公集卷第十七

景文宋公集卷第十八

律詩

游魚

游魚川上樂映藻復依蒲須防裁密網莫獨畏鵜鶘

鷺鷗

漁拽亂溪來白鷗驚已屢不應畏機心郤下滄波去

司徒侍中宣獻公挽辭三首

斯文推舊德憂國變華顛夙夜勞三事東西止百年温辭聯冊祕（中宮冊文公實爲之時稱名筆）良史大都傳（三朝□□公參撰）戈日賢臣壟心知望圃田

美疹交明晦浮齡詎控摶宗盟一箇弱（公與伯氏同參宰政一時頗有兩宋）人贖百身難賜斂榮稀袞臨哀䖍玉鑾欲知桃李愛朝絨共洗瀾

順諫長樂朝奮庸明辟始功名一不處愛直兩遺美空厥侍中貂遂失尚書履不朽在德言古來皆有死

皇帝狩近郊（并狀）

臣伏覩今月十七日幸楊村打圍皇帝親射麞兔甚多至未刻還宮者歲始孟冬駕云行狩除地近縣先置廻場詔七萃以景從按六龍而行健皇帝陛下躬御武節俯從前禽兩驂亟馳一發如破禽入給鮮之不暇君庖課獲以旣盈幔省中休衢鐏徧錫取不殫物姑薦宗廟之新民傒其來喜見羽旄之美八而振旅日未靡旆臣猥挈荷囊預從豹乘親逢盛事難默悴音謹撰成皇帝狩近郊詩一章五言二十韻繕寫隨狀上進輕浼呈覽伏用震惶

講事當農隙于畋法健行百神奔漢蹕萬騎扈軒營彍弩先驅肅彫戈後隊明雲羅垂列岳虎落壓裨瀛掠野毛羣萃搜林羽族并熊羆兆中見鵞鸛陣前成疊中星弧妙連飛月箭輕（皇帝親射先白指禽命中）鴈窮書併墜兎盡窟兼平俊鶻夯拳擊寒鷹厲吻鳴舞驂均耳耳鞲犬鬭令令示祝仍開網招虞不用旌才聞大綏下已見獲車盈行在移鑾仗中塗集幔城壽觴稱帝酒恩膳徧君羹霧日曈曨暖霜原澶漫清長楊卷哀葉敦葦拉枯莖羽獵何煩諷車攻遂合賡寧專乾豆薦要閱建章兵風入旗常影天含鼓吹聲九街猶未晚堯屋已還衡

皇帝邇英閣講畢五經（并序）

臣伏見今月十四日講畢毛詩皇帝陛下即祚以來及茲二紀五經皆已徧講而天縱上聖日新大猷觀文稽古㴩健靡息粉澤百度充格九圍臣學陋識淺

無以周知盛德輒撰成皇帝講畢五經詩一章五言
十韻繕寫上進干冒清覽無任戰汗待罪之至
太極洪樞暇西清祕閣開（延曦邇英二閣並在崇政殿西廂）文從壁
府降輦自殿中來（上聽政罷方幸講筵）捧帙諸儒進紬經寶思
該書留孔子宅（講尚書）禮識漢家臺（講禮記）詁傳風兼頌
（講毛詩）陽秋富並裁（講春秋）觀圖龍天矯（講周易）啟柙鳳毰
毸遂使民胥效咸知上育材星鉤參婉曲天漢助昭
回章甫慚無狀華光信濫陪願因稽古日拜手頌明
哉

和人禁中作

前殿朧曈晝鼓賒對論兵食近袍紗此時刻意言頗
牧不爲雲中首級差（東詩云可能頗牧不重生）

和王君貺禁中寓直

長樂疎鐘斷昆池夕照收晚風生似雨仙霧爽如秋
（禁中晚夕氣甚寒爽）鈎曲來深殿宮花出御溝雲天正如畫璧
月在西樓

大禮慶成（并序）

臣向緣法從祇覩慶儀自六飛之健行訖萬靈之合
享事皆如震官靡告勞瑞雨灑途而即收陽旭騰空
而可愛士無瘴苦民溢歡謳此皆皇帝陛下明發有
懷小心臨事馨香肆於霄極虔恭格乎神心介福蕃
釐交騰於百順震聲飛響洞接於九閽大眚惟新含
生胥抃臣飲和云舊逢吉自多輒呻畢以考言均奏
篇而叶韻謹抒陽郊慶成五言詩一章十六韻干冒
宸聽無任震惶謹繕寫隨狀上進以聞謹進
上帝懷明德圜壇展盛儀南城七里路三歲一郊時
豫動森華蓋乾行儼絳螭山河對旒冕辰象倚旂旗
禰祏前增謚皇靈下告慈密都俄奠玉清廟徧嘗粢
田燭紛先置軒營肅左移禮行誌景晏恩厚覺寒遲
紫宙天鴻洞京柴燎陸離合祛聯祭秸妥侑判純犧
啜食千華炬陪祠萬翠緌開天浮協氣亙海受洪釐
愛日兼祥至隨風與令馳羣心樂更始徽冊况顓辭
堯舜文章煥淵雲頌嘆疲無階効論報敢告日孜孜

車駕出獵和丁學士

九扈聊清野三驅比出畋紫雲華蓋上玉斗帝車前
藻衛羅長薄星槍畧晚壓旗開龍對舞（新製黄龍旗以標物在）
驂合鴈相聯魚貫圍中隊鳳毛仗裏天寒熊批怒掌
飢鶻下蒼拳困獸開仁網良禽獻廟鮮（上射中禽即先薦宗廟）
賜庖飛騎促勞飲醑烽傳歷覽黄圖迴徘徊翠帽旋
貴台將盛美吉日繼王篇

早夏集公會亭飲餞金華道卿內翰守澶淵得符字

早夏乘休沐離襟屬餞壺欣同佩荷橐恨及唱驪駒感戀陪雲篼（道卿留預乾元上壽乃行）翩飛別帝梧勝裝照魚服行帳繞犀株暫去班中詔寧容滯左符唯應九里潤蒙福在京都

同年毛洵句簿新建

鸛衣冬集罷鷁首曉帆催枳棘非鸞處膏腴得鳳才澄江限天闕孤鶩透霞來此地留清賞誰同恥宴罍

同年李宗太平法掾

俊名紊吏敞掾事補編堂盡取黃金酒重紆碧鶴裳佐庖鮭稟厚束帙蠹侵香認得公庭步鬑鬑白皙郎

隱几

書齋隱几度流光濩落由來我所長枉許是非同喻馬不知書簺兩亡羊空名更甚浮雲薄代事都無半捶強心誓前賢六百石異時初服返東崗

貴溪周懿文寄建茶偶成長句代謝

茗篋緘香自武夷陸生家果最相宜烹憐畫鼎花浮構採憶春山露滿旗品絕不同漿與酪啜清須要玉爲磁茂陵渴肺銷無幾爭奈還書苦思遲

長兄冬夕遞宿偶成長句上寄

絳幘雞人唱夜籌宿廬遙忖道山頭夢思圖吏成霧況書掩宛家倦對醼雨閣氣昏蓮帶井燭簾光動蒜條鉤孤吟一夕懷康樂廣陌黎明望紫騮

同年成楷濰州理掾

東風鸎友舊聯飛彫歲鶤弦此愴離路怨亭皋長續短客嗟京邑素爲緇且欣便道還家近未厭長途得掾卑漢殿有人能夜誦君才不減子虛辭

學舍諸生罕至或累旬倚席不講愧而成詠

直舍沉沉掩迴廊（學官直舍列於兩廡）古壇槐柳對蒼涼一囊

有客愁飢死三尺無人問喙長權據槁梧眞用拙東歸高閣且深藏日斜廣陌驅歸鞅更似笭箵作漫郎

送同年葉文卿尉高郵

檜檝檥河滑東南再命新還家倦游客隱市謫仙人驛舍霜梅早鄉壺蟻酎醽（時君復過苕下家墅）疏林搖落盡持底贈蕭辰

送同年張孝孫句簿潁陰

雪序繁雲掠苑回行人此地一銜杯東西溝上歌流水南北枝頭怨贈梅緜竹誦篇沈秘幄堵波題字晦輕埃莫辭縣枳淹鸞翮密啟天官佇薦才

李國博齋中小山作 君郎文靖公子

觀閣幽期勝窗扉列岫連千巖狀稽嶺一石記平泉
迴接仙湖境低圍醉幕天休論眞假意同是到忘筌

新月

幾宵開北寢始見映西樓曲篆臨鉤誤殘橫映額羞
桂稀山自令珠淺蚌兼愁巧作纖纖句纔能喻兩頭

殘月

餘光隨落宿有意待潮陽暈缺灰餘影潮平鷺息狂
殘兵驕子國隱語大刀郎此夜方諸淚寧能滅數行

晚歸僦廡

驅車廣陌陰極望散煩襟霞破天逾淨煙生樹始深
摻喧侵暝鼓練急向寒砧卻入顏生巷窮棲似故林

晚秋客廡

涼葉日幡幡西風振旅魂客來聊解榻童小未應門
蟬噪專林響蝸移亂壁痕缺然禽鹿性持底報君恩

賦成中丞臨川侍郎西園雜題十首

雙假山 在庭廡左右相對

佛螺雙髻矗層嵐雲穴呀空蘚暈銜異日圭公求肖
像居然認得傳巖

煙竹

煙梢露葉貫冬榮高出危牆近覆亭聞道蘭臺有圖
籍故留春粉助蒸青

栢樹

昔託孤根百仞溪何言移植對芳蹊雲巖烈麝相思
久悵望清香未滿臍

牡丹

上國名園買地栽試知韓令是雄猜香根斷蕊成何
事不識騷人託諷才 楚人以香草喻君子朗牡丹亦香草之一也

酴醾架 園陰婁婆公嘗列坐榻其下

媚條無力倚風長架作圓陰覆坐涼露蘂一春清襲
袂有人知是令君香

小池

細溜沙渠逗曲池碧潯餘潤漬蠙衣風休浪靜圓如
鑑時有文禽照影飛

李樹

曾見繁英出標牆更將朱實奉華堂蹊桃得地偏相
映莫損清陰欲代僵

小桃

春香搖曳夏陰繁蹊曲愔愔靜可攀不是山園三食
霸何緣盡核到人間

柳

散漫飛緜阿娜枝家家眺賞霽霜威盡將煙葉偷眉
膴不爲章街走馬歸

射堋

樓鴿雲侯迴勢開主人留客侑金罍欲知謝尙風流
極賭得將軍鼓吹來

觀上朝

鬱蔥佳氣護天臺銜尾茸題隘路槐金箭忽鳴衡漏
盡火城爭撲相車來黃人日映仙盤上金鼎香騰禁
籥開規地凝深誰得見渚鸞離鷺自翺陪

歲晚家居自勉

朝陽濃澹雪雲垂湯沐餘閒似標枝藥有不龜聊擊
絮管無窺豹任爭碁垣陰剝紫迷寒蘚池溜含光結
晚凘飮取醇醪作佳士莫因蒿目强憂時

小雪

低雲淡河界零霰集天涯樹亂三眠絮叢迷五出花
舞風都擬重入隙故成斜密瓦平將半前山暝欲遮
漸堪迷淨練併欲誤疏麻粉出房陵水鹽飛海岸沙
舟來戴逵宅客過孝王家此日長安酒旗高未易賒

送荆湖北漕張職方

賜對雲籬幾刻留東南公利入牙籌方船萬粟浮江
下封府三錢出地流驛路塵清迎弩密省臺薰歇護
衣愁不妨徧歷騷人國金橘丹楓互占秋

庠局觀書偶呈同舍

蠹簡時披落暗塵晝窗風冷凍蟾津不須浪嘆夫差
事恐有鄰房儳和人

送黃昱秘校太平理掾（兼簡法掾李伯元）

中銓覆擬下燕宸又作東西補掾人去國雖逢零霰
暮過江未失雜花春西山氣爽聊持板白紵袍餘且
製巾星貫久稀堪樂事聯曹鮑照藻辭新（伯元富於藻思至止）

（必並驅辭陣矣）

學舍石榴（太學中石榴數十株少佗雜木然其樹率多蟠蠧）

曾見芳英上舞裙緣何此地寄輪囷煙滋黛葉千條
困露裂星房百子勻未羨扶南收作釀前經騎省賦
爲珍（安仁閑居賦云石榴蒲萄之珍）須知博望來時晚莫促幽芳趂
暮春

張伯起自蜀還臺簾對既訖以有司奉祠蜡方
旣削齋復引入升太常爲博士

殿城塗丹九齒長珠簾伏奏近天香已傳樂職來西
蜀更就淸齋得太常夕燎烘庭思結佩曉蘭薰俗滯

華陽心信五日歸來路共舉鮭珍醻賀觴

歲除

彤節眞如借艮宵此向闌家儲宿歲酒鄉送大儺寒
舊卉回新物來情續往歡悤悤餘幾刻催具五辛盤

謝都官監治建州

初得中臺滿歲遷七閩猶貳左魚權雞香盡晦華尾
闘虎眼波迎下瀨船幾種珍鮭資晝膳萬槍芳茗蔽
春壓行行正及掏嘉月溪樹烘霞荔子鮮

早春

鶊雪銷平苑鳥風易迴竿暖容侵柳動寒意向梅殘
雲薄來無定天晴望更寬杯霞莫惚醉朝野日多歡

元夜觀正陽錫宴

雲端堯闕下呼鞭綵樹遙分坐殿前山戲百層平樂
地佛輪千影瑞旐天祥風入助銀花麗寶月來供雉
扇圜獻歲承平多樂事擊靴誰美唱唐年

上元景燈紀事

泛膏聞舊典秉燭嗣芳辰霞破初迎月寒休卽讓春
鈞天移帝樂北斗下城闉市地沈香燎浮空羅襪塵
並珂馳寶校分幰□彫輪□去騰夷路還來競要津
酒胡矜酎美梅額衒粧新誰見甘泉畤昏祠遂至晨

聞中山公泚上家園新成秘奉閣輒抒拙詩寄

獻

爲樂東平得再麾公兩鎮泚上別營層閣駐經幃溢囊秘
簡青皆汗著榜宸毫白正飛公嘗創奏於上求飛白題榜俄蒙允賜罇
喜客來銜酒數畫疑仙去啟廚稀門前卽枕春溪路
幾曲歌成使觕歸

龐祕校掾九江兼歸汝南迎侍

長亭愁不淺征袂拂殘梅潘御家園近毛欣府檄來
晨羞魚尾絜春溜鴨頭催拄頰談無對參卿掾有才
城隅山疊映樓戶月弦開廨樹藏環感因君寄九回

先君昔掾九江予與伯氏皆生於廨舍舊老今猶識之

送客野外始見春物萌動

苑路高高雪作泥始知春信到芳蹊綠波水暖魚爭
聚縹色陂長麥首齊萬里碧雲隨望合半規紅日有
情低榆牙柳目相看數枉是回觴付解攜

傷和靖林先生君復二首

清瀨巖生國艮田仲子居姬姜生不娶封禪死無書君復臨終賦詩其亂章云茂陵異日求遺稾猶喜曾無封禪書好事者多傳之竈冷丹何去
廚封畫已虛詔函加美謚不及裹輪車
筆精傳禊帖句賞儷汀蘋道勝吾忘我賢嗟歲在辰

風愁靑桂瞑露泣紫芝春一束生芻贈門無雜弔賓

春晏病體少悰退卧北齋有寄

少有負薪疾早成憔悴姿無人來迓跛賴酒與扶衰

樸斵知材短腥膻厭革卑西山一丸藥何忍獨相遺

春夕

捲幔星河近嚴城鐘漏遲飛蟲集暗牖棲鵲怨明枝

弱柳兼風困高花戰露危回腸正無賴仍此卧遙帷

有懷舊隱

官事未易了家園胡不歸煙原射雉罧春椮養魚肥

葉密成巖幄蘿長代石衣無爲落吾事坐老故山薇

自詠

上都頻見歲華陰偃息由來本茂林醉若有鄉須裂地吏如逢隱即投簪予閩南方山水殊勝常有遊宦之願以歲限未滿不敢陳請

衛無竇數知容穴病似支離亦挫針況自疏家兄弟約他年擱鼈故溪潯伯氏尤樂靜退嘗有讓戒予云擱鼈故溪潯

晝寢

靜拂藜牀藉蠹書曲肱聊與古爲徒夢柯尙費論榮辱訟鹿何煩競有無庭下細光風泛蕙隙中斜影日低梧窣牆不堪嵇胞轉穿覺人間有異途

桓伊傳

上前猶笸串奴髯自倚哀箏詠刺讒太傅一聞流涕久使君於此信非凡

房陵舊第

謫去房陵席尙温回看北第已銷魂宿時賀厦翩翩者今日張羅不過門

景文宋公集卷第十八

景文宋公集卷第十九

律詩

孫景赴懷寧尉

一行爲吏日千里背淮人蘭助朝昏膳絲垂宛轉輪
雲容侵驛曉江態引帆春靜治龍舒邑麄生盜向秦

寄題眉州孫氏書樓

緗簡多年屋壁藏始營翬棘瞰堂黄縣廚四币香防
蠹鏤槧千題縹製囊定與鄉人評月旦何妨婢子誦
靈光良辰更此邀清賞談樹交陰雋永長

寄天休學士時還宿館中

春暝蓬山直知君思緒多玉蟾吟瀉滴朱幕卧生波
談塵飄無幾書刀削久訛魚沉江上夢難聽汝南歌
落帶燈煤暗雙盤露蘂和煙浮溫室樹雲澹客星河
牟首傳清戚章溝疊迫鼂子雲惟寂寞尙自柰嘲何

重懷和靖林逋

高士非求死于教隕少微雲疑隱居在猶傍嶺頭歸

房陵舊第股引蔡水養魚於池敗日或有塞其

水竇魚多涸矣

後園平日引春渠浴鳳翔鴛兩自如一旦繡衣來簿
責餘災猶得及池魚

偶作

隼被鶡姿知有累豹驚羊質固非眞謾誇魯國多儒
士敢到君門止一人

柳絮

萬縷金長暖絮縈雪乾雲困偏春城衝風力盡飛應
懶試與鴻毛校重輕

送張問南游

草遠花明溝水頭同居此地併離愁旣餘瓮酒沉三
賦合作盤鯖厭五侯覺在他鄉應有夢信非吾士少
登樓登樓賦云雖信美而非吾之土楚山不見西江遠莫返騷文剩
駐留

汴堤閒望

虹度長橋箭激流夾隄春樹翠陰稠誰知晝夜滔滔
意不是沉舟即載舟

送李公佐

有客改南轅春郊駐祖筵餳寒禁火國風暖浴沂天
茂草平無際殘花慘更妍鹿鳴借計近簪盍約初年

送段秘丞同理金陵自審刑赴相幕之辟

賴丹濡筆獄無冤佐守初依鳳沼蓮南士出藩中伯
寵辟書爲首嗣宗賢蟠龍運厭山圍國燬角宵涼水

際天哲輔定知三入相期君同赴渭濱畋

寒食夜偶題

前庭露氣壓輕埃風漾花陰聚復開苦恨浮雲心不
淨月中時汙太清來

閏月晦日

春物都成晚歡遊一倍慵輕風生樹態暖日淡雲容
小閣時翻蠹閒花更少蜂幽禖眞䕶落所得是無悰

落花

前溪夜雨錦張紅墜萼殘英繞暗叢已與吹開復吹
謝無情畢竟是春風

送張淸臣學士隨侍金陵

仙閣三休紫霧平期門試罷得蒸靑同時第賦留宸
幄他日聞詩戀相庭逗箭夕流催檜楫賜花春豫憶
雲屏吳天此夜瞻台座併是荀家父子星

喜楊德華見過感舊成詠

曾見烏衣賭佩囊再逢何遽二毛郞病姿故有靈光
在壯齒翻隨屈產長河裏笛聲頻感慨江南花樹剩
凄涼酒爐便有生平隔已濯華纓未易狂

寄南郡直講王聖源

良辰酒所獨持杯目極南雲首重回榮路久嗟冠一
免（聖源之百以公累去官）經筵貪愛擿三催多年道勝胸中戰郞
席人推客右才深詔糊名求異等佇君揮筆映天臺

金陵相公赴鎭二首

代邸横庚佐商巖夢弼才蕭公左右手軒老上中台
利見攀龍後重明捧日來聊持樞柄旋運一陶坯
師石兼爲礪形鹽本和梅樹容他語答車問少陽回
丕績推時乃宸歌續喜哉陳平安注意鄧禹退無籍（花晏詩鄧云進退用兩下無情）
蕭社南邦重輕裘太府開舍裝寧
晩計行復坐公槐
慈宸念方國上宰輟謨明郎拜三公府還爲萬里城
松姿終自直鼎意未嘗輕戀結雲簾對恩頒玉節榮
一經傳介子雙璧聘材卿鷁汎江南棹犀羅帳下兵
台輔凝晝繞仙袂赤松迎粟脫賓筵飯羊均宴豆羹
吳農觀稼水無壤嘆糊頳此日東山詠惟公繼頌聲

內閣孫侍郎生辰紀德

鳳館疑姑律奎鈎誕佐臣祥標六逄矢家盛十朱輪
變道齊成魯端朝甫及申禁中朝夕誨帝右老成人
徧讀蘭圖字多陪豹尾塵桓榮師自許石建謹無倫
振鷺飛逾結緇衣久更新鑄賢今是冶播物晩爲鈞
胡廣潭留菊蒙莊樹有椿奉公爲壽禱山立輔昌辰

送芄才長吉還天台

歸袱捲蘭牙城標拂曙霞溪行虎避錫巖供鳥銜花翠柰經園密荇莓渡彴斜暮雲他日合相望在天涯

送鞏漢卿同年赴五原理掾

再赴天官調仍還多士鄉華陰餘霧散光祿故垣長春柳侵湖綠秋雲際幕黃片言民訟息編美冠州堂

送王鼎同年尉榮陽

氈毫聯署榜蘭酒悵離杯作吏緇衣國工吟白社才浮涼御風至澄翠溢榮來盜息連殊課章交刺史臺

送齊殿丞監緡雲軍

幾信南風轉曙烏殿欄歸思結丹塗曳朱恩借魚須笏假節人同虎刻符裳綵親闈稱雅壽弩蘭鄉縣壯前驅飛霜郡閔遺文麗更得韓陵共語無故翰林南陽公出牧縉雲日庭飛霜閣自爲記刻文庾子山云惟韓陵一石可共語

送楊告虞部知池陽

新年卧錦直南宮露紱歸來使寄雄祕地鏘鑾辭夜燎離亭贈扇有仁風梅根大冶兼金富楊葉芳洲雜藕紅倉楚俗移恩詔奚班春聊隱軾前熊

學舍晝上

颭射長廊雪絮春經筵無客有流塵捫心自問何功德五管支離治獮人

晚春有感

試上高臺望綠蕪一春芳意向人疎殘花半落紅無幾新筍爭長綠有餘底處流霞殘別酌即時油壁欠來車不須更向昆池去使有胡僧話劫初

寄藥山長老省賢

南方有尊者卓錫戀林邱演法三千界多聞第一流爐檀薰定几筍脯供齋甌社約慙成負霜蓮落幾秋

次韻和朱少府苦雨

滯潦連春晦層陰接夜分驕壺惟發電愁棟但生雲里突居無爨官蛙坐厭聞遙知霖唱罷客思轉相紛

遊小圃

初陽未熱樹陰輕中圃留連底有情春草抽心終不死夏禽反舌已無聲轆轤半上畦泉逗薔薇初休隴雨晴紫蓼青葵正堪掇於陵何必是逃名

盛諫議赴維陽

漢家規地徧青蒲繡扆恩深拜命初未晝車轓頻出守仙移院額別修書貢圖星橘兼苞柚宴筯金虀和鱠魚奉計不應三滿歲荷囊法許從雕輿

送滸海勾稽高洎

豪錐殘試墨綸綬照恩裳汾牒天官調承家爻任郎
曲長溪舫遠宴密酒螯香得助江山國仍縫古錦囊

葉司封知宣州 封目畋三品服

歲久中臺鵠領垂牢盆罷計擁藩麾新知綬艾天香
襲密對簾鬚禁刻移青舸信潮隨早暮赤幡靈雨徧
公私樹猶如此成前感重蔭當年蔽芾枝 司封昔監此郡距今一紀矣

葉道卿監太平州

堵波題墨素塵昏扉棹橫江重黯魂束帙乍抛三鐵
檣將軍兼映兩朱輪 道卿先侍司封之莅宣城而後赴當塗 淋漓鷺下
秋濤潤蹀躞檻狂宴鼓喧速報政成歸待詔鑄金雙
夾魯班門

送丁殿直郴陽監軍

渠浪撼殘星飄然颺彩舫懷人送歸客短候續長亭
望寺癸垂組還書待殺青無妨軍壘隙壺栢侑賓醽

學舍直歸晚霽二首

驟雨挫炎威歸軒廣陌西渠聲流作瀑日脚側成霓
換錦龍媒埒淹花燕子泥比來巾角墊李郭定相攜
雨罷殘陽在風微酷暑收餘昏淡雲斂聚沫泛河流
挑簟雙紋展盤瓜五色浮潘郎最多感庭樹莫先愁

聞蟬

秋風日夕驚庭樹唱蟬聲哀意先鶗鴂繁音伴沸螗
斜陽掛高柳落月淡遙城此際君懷苦非徒俗子情

胡同年恢信州弋陽簿

籠櫻沉醲宴津鼓愴離尋道出東南水心留西北雲
秋田供醞劑練幅換書裙慓鬭方呼俊歸來趁獻文

唐詔監簿池陽市征

五鼓歇津亭風帆去斗城美材王國秀獨木縣官征
莽密浮罌劑蓴絲雜釜羹袁郎秋詠苦江月對盈盈

王君瑞秘丞同理青社 君瑞昔爲三州從事

詔押平明出未央便隨公府汎牙檣郎時趨坐多留
幘幾夕登樓共据牀勝國遺官沉雪霧從軍舊沼認
蓮房翹材宴隙還家早紫葉叢萱映壽觴

偶作

薄暮歌鐘宴平樂黎明車騎過宜春身長六尺飢將
死唯是平原厭次人

僦舍西齋小圃竹樹森植秋日搖落對之脩然
因作長句盡道所見

避事長卿志閒居郎將流無心嬰外物有興爲高秋
僦舍餘三畝畸人代一邱園空樹色歪日淡暝煙浮

紺葉繁江蓼丹鬚亞海榴青松七鬣嫩黃菊萬釘稠
露泣梨津熟風乾芰扇愁小池圓寫鏡臥石側盤虬
愛竹惟慙賦逢萱卽忘憂信非吾土美聊並小山留
勝託三餘暇幽尋五日休沼蛙觀聿役簷雀聽啁啾
心有冥鴻件歌煩警鶴酬茲焉爲樂地時事判悠悠

送呂太初法曹之許田（時相國彭城公鎮許田）

秋涯檥客艫潘頷不勝梳去決卿軍事還親城旦書
驛鷄啼月早庖鯉躍冰餘白晳公筵步麤材首曳裾

秋夕

秋物向搖落客心眞悄然高風已涼夜澹月始晴天
拂幌單練怯凝塵故扇捐露華休早滴羇鵠不曾眠

筆次

菱花照鬢感流年始覺空名盡偶然十擲成韆寧是
拙一丸求藥浪圖仙位卑司敗無言責事少當關許
晏眠正此窶官堪自劾下煩公掾更平鐫

累夕大風

乘秋萬竅怒拂野恣離披祭鳥東門酒鳴鳶上將旗
有誰樵日暮無客賦雄雌何用呼號甚枯桑了不知

曹景宗傳

快馬如龍度埒塵射麏留飲藉汀蘋鼻頭出火風生
耳寧願杨州作貴人

庭石

嗟爾一拳質塊生天地中柱雲蒸作潤山溜滴成空
松蓋何年化星槎此路窮無邀十襲裹近出宋臺東

西齋冬夕

四海共搖落居然彫歲深林疎縱風怒天慘趣雲陰
冰沼留寒鶩燈簷射宿禽懷人感衰鬢自此不勝簪

學舍直歸

衣滿天街車馬塵學廬番下已迎曛敝裘欹帽驢羸
馬官長多能罵廣文

觀太學釋奠（時中冬月天府舉公陪位）

鄉盛菁莪選邦崇奠菜儀涓辰大昕啟持節少牢犧
粉袞瞻凝睟銀袍豫攝齋芼羹分澗沚鬱鬯泛罇彝
壁水回輿影經槐墮曉枝幸觀三獻罷共荷百朋騎

善惠大師禪齋

丈室傳心地安閑歲臘除水能涵寶月風解去萎花
鵠焰紗圍短牛香篆引斜化城無憚遠門外即三車

對雪二首

風過龍山萬里沙密霙疎霰渺無涯臺疑穆滿都成
壁樹憶黃奴併是花曾許輕姿饒白羽解將寒力減

流霞粱士不悦鄒枚老同坐雖圓念歳華
縈叢蓍樹半蕭蕭皓氣姸華混泬寥爲倚流風偏解
舞故藏朝晛未成銷玉繩四徹仙峯迴銀界三千佛
國遥向曙紛紛殊未巳九門知有謝莊朝（時至日拜使朝會）

楊都官知隨陽（君自蜀守爲施倅除而出都）

棧道回忠馭牢盆斡計貲文書三署草兄弟五常眉
遽爾分符竹欣然捧詔芝疾驅關外傳奉引漢東旗
夕月同離恨春膏偏我私他年五君詠應記阮咸麾

迎春曲三闋

青陸斗杓回河内動新灰冰際消文綻雲邊鶴影來

漢宫行慶罷花樹剪刀催
東郊風飀輕嚴署漏籌添柳拂將軍壁梅飄公主奩
舞衣裁幾許新八解織縑
荔逵陽膏動冰解水紋融天華四面碧日氣幾竿紅
不言雙鷁晩爲嘆玉箱空

奉和長兄歳晏抒懷

天暮雪雲繁相將客兔園老從星髪見歳伴日車翻
別葉晴猶舞征鴻暝更喧事君纔寸禄知我是空言
競進家争璧同聲伯有塤重吟抒臆句更酌一壺温

送胡宿同年主合淝簿

歸路青袍雜綵裳何言縣枳滯鸞翔恨無旨酒邀枚
叟愁聽班騅送陸郎四剖楚萍資夕膳一弦淮月望
春艎鈴齋坐鎮儒林丈密啟行聞達上方（君本出中山門下今復在部中）

崔氏道遥堂

戚里封侯舊家園絺宇初據梧人化蝶坐石客焚魚
砌草交垂帶窗筠就刻書欲知眞趣盛長者數回車

答連生見寄兼簡同邑胡希元

京華倦游客顧我損文鱗道覺窮方勝交緣淡更親
句成池草夕訊到隴梅春欲答雙盤恨清才彼有人

景文宋公集卷第十九

景文宋公集卷第二十

律詩

寄會稽天休學士

鼂乙天遥水驛長車篹食貳會稽章風從射的迎仙舸水自山陰作禊堂鈴閣宴盤留薤白書林官筆爍雌黄庾郎於此情非淺應許諸人共据牀

都街見緣橦技感而成詠二闋

廻望場中百尺竿趫材飛捷過跳丸垂堂亦有千金子不敢中衢徙倚看

孑孑危橦夾倒投負材驕壓漢場優如何日到危身地只丏旁人一笑休

送高記室廣州幕（荆渚高氏孫）

楚國王孫後梁臺賦客賢貪磨盾鼻撤重冠珥簪筵去路南溟地離魂北斗天庾鮭三種嫩虞璧一雙鮮颶影風爭怒珠胎月對圓愼持齋疾意密敂佇詳延

寒夜與伯氏宴坐

對擁圓爐坐蕭然念變衰樹鳴餘葉亂燈戰暗花危罇酒伯仲雅圍荆兄弟枝陶陶且相樂低月半遥帷

同舍置酒

苑樹凄風蓟蓟寒休時一笑慈醺顏已浮山簡酒池上更沒書牖杯案間主有哨壺聊慶馬客同温玉任頹山夯官未及付書對欵段相將畢景還

觀獵

黄山横鶩曉成圍後騎蕭蕭彍弩隨當路豺狼宜一發不須回首問狐狸

除夕二闋

曆尾無餘日更籌促曙雞持愁勝殘歲將老入新年

一杯芳酒夜分天萬慮勞勞耿不眠明日新春到何處菱花影裏二毛邊

哭公孫子正

窮愁四十鬢華侵尉卧垂楊感慨深遺墨未乾圜弔札悲弦長絶獻之琴（子正之伯氏瀚謝裁數月而子正長往）嗟賢有夢龍占苦對臆無言鵩坐陰三步過車縣酹薄死生從此隔朋簪

喜樂山賢師見過

鳳林曾語別壬舍此相逢淨月常涵水孤雲易去峯供緣賓閣飮（師與清源參寥頗忘言之契）耳界帝城鐘卻舉當年話無言促麈松

王秀才贄賦乞詩爲別歸毗陵

矩步黴長裾清漳訪病夫得交欣鳳舉賞賦怯霓呼

道勝稽論秀人遐亟去都一篷江上雨歸思滿菰蘆

劉立德同年赴泗州幕

春牓連題千佛經雨蕭交辟滯弓旌幕中仍是紅蓮客門下今爲玉筍生君再擢第郎今中山公門下林逗楚風披醉袵浪搖淮月漬離纓歸來上賦趨行在足繼西豪貴弟兄

西齋夜思

蕭宇齊空夜景深長康勉力効長吟池風過處琴遺韻牆月斜時樹倒陰几隱厚緗同木槁書䌷故網有魚侵漏壺漸促星榆轉獨背篝燈擁薄衾

太學建講殿割王第西偏營置

王家賜第曾開府天子營宮此嚮儒壞壁有經還闕里廢臺無鹿嘆姑蘇泉疑自涌供池溜柱欲飛來荷棟桴獻歲成功觀盛禮願陪希瑟趂風雩

覽從兄感劒池編

競爽吾宗屬伶翹凌雲辭氣剩飄飄十年綿思輕傖賦一骨評風壓楚謠縱玩畫窗迷野馬長吟秋社續寒蜩夫君自有何郞恨枉使東陽臂肉銷

隣亭眞

藥館何年記舊封宴亭此日駐憑熊佛螺近作臨窗岫仙馭遙添拂袵風談樹憩棠交結蔭飛翬賀雀併翻空使君邀勝留千騎可在秦樓更向東

僧園牡丹并序

予暮春行樂僧舍涉其中圃見牡丹數十本華淺葉攤雜處叢薈浸灌闕焉封殖頹焉芒夫蕘豎蹈踐侵侮嗟夫託匪其地俾妍成蚩雖拱璧夜光不能抗按劒之患况斯者乎作詩以傷之

朽壤眞非託奇葩惜見捐根深惟自庇香酷索誰憐晚蘤仍睎日斜柯但倚煙有人同寂寞無地與回旋不預甘棠愛羞將惡木連數奇飛將恨形槁屈生賢

已失南梅早仍憂北枳遷蔭雲今讓棘生於此饒蓮鋤轂排朝露雕欄悵夜天馱金會見斸唐李長吉壯草一云走馬馱金斸金草無事苦憔妍

送炳宗巢簿

世德封胡後英游終賈年塵緇去郡客木落渡淮天揖吏貪持簿勞歌勸倚弦無憂親釜薄新復古圭田

僑屋覩燕葺舊巢因贈

窮檐雙越燕一再共年華巢戶差眠尾泥痕燥哺花惜無文杏庇猶免翠簾遮所賴同雞德新豐遂識家

閑謫

度日絕賓履自然成閉關無謀慙適野藏疾願依山
莊周固有處材與不材間

楊太尉後園假山

韜戟巖中府碣星寫翠岑嵐分一軒翠雲護半庭陰
谷響迎壺柘叢光射㸃金時平非聚米綏帶恣幽尋

春晦寓目二首

春序倏云晚高臺芳意多花成風地纈鳥作瞑林歌
樹氣薰繁幄池文疊細波夾城歸騎散煙絮徧銅駞
春意都無幾還持歡緒歸游蜂抱蘂去驚燕失泥飛
風下幡幡影霞留瞑瞑霏遥知瑶席恨不減欲沾衣

挑燈杖

處膏非自潤在寸敢矜長試用鄗家暗廻爲隣壁光
覽聶長殢蘄春罷歸舟中詩筆
姑山羽客冰爲骨金掌仙人露代餐化作妙辭真扣
玉寫成初稿剩鸞鸞心隨零雨濛濛密恨過青溪曲
曲寒此秘東陽誇未睹靈均千歲有餘歎

送四舅朱掾赴英州

拗柳亭臯晚攀梅嶺露長北辭媽鵲月南冒鷓鴣霜
越蠹催征候珍鮭奉慶觴片言氐訟息歸計竝林光

送余秀才

風鵰摧高羽雲鷃慘別弦勸隨東郭履歸養豫樟年
客信遥梅隴鄉歙伴月舡君謀適不用虛贈繞朝鞭

歲晏私感

已嗟官落魄更值歲崢嶸一絓區中累千慙谷口耕
休文偏恨瘦夷甫太鍾情借問長安米侏儒有底榮

送萬池秀才

有客梲征輪羇懷慰蓼辛來乘訪戴雪歸趁浴沂春
酒所留飛盞談餘換爨新異時更月品知冠汝南人

覩隣人賣餅大售

初日闠門照上旗芬肴無算客庖盈本源漸大囊錢
足不復還家唱渭城昔有窮人常歌渭城自樂後本源既大心計轉麤不復唱渭城矣

僑廡

瞿曇少病否司寇正歸歟不鑿牆坯遁猶煩里旅居
飯春霜稜去聲京師以田遠近爲稜稜　粟羹糝雪畦蔬願受爲氓
籍開披種樹書

詠史

古有庸庸稱人譏齪齪員生貪巧作奏死戒直如弦
欲重高門地非論媚竈天詩書大儒冢絲竹後堂旃
東閤翻芻馬西園竊㸒錢道謀誰執咎戶選不因賢

朱鼓成巨日羌鴞（音芬）入賀年須防反室詔終取闔門憐異日纔成錦先時默似蟬空貽後人嘆流涕掩青編

食兔

脫兔馳崗地飢鷹厲吻天爲煩麋狗顧遂給獸人鮮狂目兼槐落驚毫共月捐可嗟多狡窟歸肉助庖羶

讀絕交論

嫌隙蕭朱末盈虛田竇間言雖甘若醴心定險於山後轍何能救頹波遂不還居然孝標論抵几若爲删

蓬池作二首

大道夾中縣餘糧徧近原狙林朝芧隕幽屋晝茅喧短日方催暮低雲屢向繁我憂寧易寫惟有悄無言

天形垂流漭原勢帶紆餘社久熏無鼠淵澄察見魚駉駉開牧廏蹇蹇度柴車卻望斜陽市行人掉臂初

雪夕

恩華綿帝寓（時天燎後教書俱出）花出瑞王年陰魄交光地風霙雜下天鹽波熬巨浸縞頃界中田有客方愁卧先時履欲穿

答書

欒欒餘病骨踽踽本孤臣夷餓懷餐粟輖居憶徙鄰

（予方嬰艱之痛）舊圍寬脇帶銚刻暗書鈞親見楊雄者容儀不動人

林鵶

林鵶泊泊飛剩欲送斜規城頭八九子月中三币枝嚮晨常自警鄰暝不應移王孫無巧彈此夜正羇雌

和鑒宗游南禪別墅

塵園開別墅牛駕此囘輪花識莊嚴界林容宴坐八遠煙時谼晚静塢若遺春共照前溪水煩師洗六塵

隴州魚龍川石魚

纖鱗藏介石物化自何年無復西江水長依東海田苔紋堪代藻雲葉郎成蓮琥珀藏蚊影佳名共此傳

陳奉禮宰四明

天庭聯袂拱英華龍鳳馳名在一家鴈塔影痕鴒繼序桂林春色棣交花袍薰茂草萋萋遠橋豎歸風櫛櫛斜靈櫬弦歌昔勝踐遞賡清思賦餘霞

送梅摯廷評宰上元

子虛誦入漢皇帷給筆當年掞藻奇賜罷春袍兼彩服對餘崑玉照林枝郎時酒所歌驪闋幾日江南瑞雉隨建業清溪無盡曲爲賡姸唱繞遺詞

送梅密學赴并州

連年橐筆侍天臺始見東方畫隼開路避晚風峭外轉人瞻冬日絳中來笳簫後隊聯幽俠璧馬中軍聘楚材自昔河東股肱地不應歸節嘆淹徊

江休復踣掾

君家能賦別釋軟重悽然客袂移緇素離杯並聖賢坐曹煩折獄奏牘詑懷鉛十載青袍困須饒草色鮮

送葉蘇州

卧錦褶郎種種緐爲邦獨愛阮咸麾中臺給契魚初剖外閫升車雉尚隨風沐雜花飄夕棹雨吳芳樹隱春旗爲尋劉白高吟地酒熟鳌香左右持

和郭六玉津上巳宴罷見寄

式燕靈琨臉蕙時祓蘭浮棗惜春暉回驂並躍都門道誰識顏王曲水歸

九日

商館焉高爽氣濃露萸千穗亞枝紅餅餐交遺嘉籩上蘂菊爭吹壽斝中擊隼厲威平隰闊戲駿沉響故臺空何人盛繼龍山集醉帽須防㲉鬱風

偶思桓景登高故事

桓景全家遂得仙佩萸吹菊對陶然汝南雞犬緣何事不似淮王許上天

籍田禮畢因成七言

青旗斜倚耕壇霧膏壤遙迎御耦春三步不應踰舊禮天心自欲勸蒸民

送惟正歸錢塘

客艑高檣冒楚霏月嵓叢桂老春枝一杯來應伊蒲供八法歸刊斗藪碑（師承院記於相國長城公今茲絕筆將刊翠琰）鱠岸風生涼汐滿蜃天霞破暝樓危學該內外皆圓法卻要聲聞是總持

送無錫主簿王庾

莫嘆東南遠須榮試吏才客從梁苑至家侍太邱來木脫洲程迥風長檣意催蟬知醪稻熟鱠記海潮回訟矢閒鄉犴糖鳌佐壽杯牛刀宜自愛無及武城咍

還故里有感（明道癸酉）

自昔去先閈乃今還故廬隴桑濡露外嵓桂遺風餘稍識烏衣巷相過栗里輿感存橫涕數道舊惣杯徐水涸淡容耗林殘野氣疎烏喧晴處陌煙宿暝時墟彭澤期歸去臨邛喜第如擊鮮無久恩趁局畏官書

馬上逢雪

馬上逢飛雪都城觸望新天如不礙暝樹欲頓成春霰急初爲瓦塗輕自壓塵灑遙先映璐飄闕欲藏銀

婉轉口歌麗徘徊逼舞眞熬鹽拂波亂飛萊點星勻
密影俄飛蓋乾花看鈿輪無煩溼潘鬢今是二毛人

漣水軍豹隱堂（今趙集賢槩未第名日嘗處于此及決科始以今名榜其堂不五年集賢出守軍政）

當年齊楊豫章才自領驂驔五馬迴庭下書鈞多舊
刻檐間賀燕是重來吟池墨久將成溜坐石星殘欲
徧苔郡閣從今傳盛事更留寒霧記嵓隈

李秘校省覲畢郤赴乘氏

謝遏香囊奕思餘短亭暾景駕驪駒各盤飫嗜豐年
蹠仙舄歸飛伴兩鳧官柳搖搖縈早絮縣花的的照
晴跌東陽玉骨春偏瘦省對霞朝憶上都

蘭皐亭（張學士充別墅）

信美蘭皐地疏構椽迴軒山林閒處樂溪瀨靜中喧
春桂開前塢秋菘接後園舟來無盡曲客到不空罇
夕月生帷鑒晴雲抱棟痕主人貪紬績未暇答鷩猿

明州慈溪尉（胡寅）

久困天官調東南亦第如客篙新溜急春樹雜花餘
越雁豐池鴨吳袍競庫綀還音與歸夢併附淛江魚

古意

博妖齊詐取侯封褒貶都歸竹帛中三虎有無空遑
辯一狐埋猾妄貪功輪囷自許先枯木首鼠何曾忌
禿翁堪笑雲羅彌藪澤不知天外有冥鴻

景文宋公集卷第二十

景文宋公集卷第二十六 元本卷首三頁佚

律詩

初除直講獻內閣馮學士孫侍郎

圓海崇遺教中陵育茂材霧從仙市合風向舞雩來
寶篆侔東壁儒篇訪曲臺泮芹參上俎燕箠擁輕埃
鼓篋華冠聚邱山縹帙開蟲形浮壂沼鼠耳綻經槐
有客緣承乏無庸愧濫陪難重漢家席易眩魯門杯
學困青箱廣書愁皓首催空塵博士議不稱洛陽才
高閣連雲㬌層城枕斗魁惟應仲尼冶未惜鑄顏回

寒食野外書所見

一雨初回逗曉涼近郊連帟儼相望乞漿易醉播間
客孰養初閑竈下郎。暖吹未休緣迴野低煙不散傷
垂楊家家鐘鼓爭行樂肯信龍蛇是怨章

送客不及

祖帟難留十里筵亭皐衰柳但長煙班騅不及來時
路黃鵠空驚去後絃曾是松心同歲晚忍無梅信發
春前南樓謾作憑高計望盡天涯更有天

旬休

散帶家居首任蓬閉關窮巷避雌風官非言責知餘
裕流在儒家覺少功慢態已成書几積黠姿無尘畫
廚空此尘信有天年樂堪置蒙莊大社中

直舍

南榮曝腹飫黃粱卧看春暉上縹牆有位乘軒慚野
鶴出錢邀沐羨山郎神交自愛蘧蘧適怪事非論咄
咄狂瓠竅不穿樗質散只應何用是吾鄉

東晉

倉卒浮江日昇明建號初羣臣讓禁臠上宰製單練
氣銳燒桁戰心歡折屐書纖兒競撞壞不念好家居

送澶淵李太傅

左契銅魚照綬囊上頭車騎冠東方三交薦杖中軍
戲一割牛心右客嘗烽靜塞垣宵燐滅橋橫河曲暮
虹長歸來競病喧笳。鼓不畏休文賦韻彊

張生南歸

謁舍修容倦刺毛紛紛朱紫笑銀袍吳天破月愁歸
晚楚俗傷春忌唱高江步挐舟雙打槳酒亭橫幟一
持螯平臺鄒馬英游盛霏霰連天待賦毫

黃孝基歸上饒

街徼曙鼕喧行人岸艤船杓星背城隱泮日過江圓
霧晦書囊竹塵昏劍室蓮宅時漢庭用未減賈生年

送長士安同年赴上元尉

千名聯唱第一尉滯徒勞山入黃旗國江浮白鷺濤
苑無兼日晚官樹共秋高少賦思歸恨潘才足二毛

直講周歲

本自悲涼葆髮多何緣未至濫中阿馬肝不食非論
味狗曲猶輕枉爲歌舊學空疎緣病廢壯情牢落伴
年過終然野鹿江魚性長在雲林與素波

得楊棣州書

四郡連翩擁使旗多年不聽汝南雞宴開河朔千人
帳書用黎陽一襆泥水曲箭波喧夜櫓原田絲雨勸
春犁可嗟未預元規論坐據胡牀送月低

長寧節紀聖

沙麓披祥牒金刀襲裔昆嬪虞冠嬀汭生子首姜嫄
自昔儀椒壼乘時正翟軒禕褕躬象服黃老好名言
慈蔭天同廣柔風律並暄靈光流月姊秘緯應星黿
嗣統開横兆遵遺奉壽原愛親周道始加太漢儀尊
參務絲言慎臨朝玉色溫從容携日月指顧靜乾坤
盡散脂田邑親繅繭館盆記功彤管史貽訓濯龍門
寶稼興東戶佳兵戢左韃萬靈翔氣辨五始帀春元
夜隕西方雨神清積石源良時標曆鳳延祝動庭鴛
繅玉虹光射絲囊露采翻齋科藥珠館供會佛家園

薦壽超千刼同寅望九閽南風來助曲北斗下臨鐏
瑞鑑紅搖旭香罌碧裊昏欽承子道至奉養母儀敦
雉翣横霏霧仙盤灔瑞暾紫雲回幄影銀蒜動鉤痕
我有吹笙宴勦均湛露恩仟圖邁明辟雜霸掩曾孫
東帛需犂后張爐答樹悖思賢君子行循法大夫繁
賚貝南浮海邦圖北際鯤此時歸寶算仙石奉綿存

慈聖閣秋橙結實　上名宗室同觀

昔預穰俟貢今移漢掖旁帝憐秋實茂天許本根彊
媚葉重重密幽花裊裊香包垂列星緯味變九霞漿
薰軫分風近仙盤飼露涼和羹並梅蘖連葉讓芝房

舜日晨烘霧堯雲夕護霜不隋江北化思助廟中嘗
盧橘非同種安榴肯競芳榮觀聳麟族賦筆助荷囊

春夕聞鴈

聲繁知併塞陣急想斜分臆飽江南稻身隨代北雲
足書爲遠寄箭道怯虛聞口噤悲黃鵠相望不及羣

天街縱轡晚望

爽道宮槐鼠耳長碧簷千步對飛廊虹橋不礙天河
水虎落遥遮禁苑牆柳密試應勝暖吹樓高都擬爲
殘陽塵輕霧重黃昏恨半屬翩翩馬上郎

早春出近郊

迴望三條接上闌野霏山秀似堪餐冰翻斷影回魚
暖雲作輕陰借鴈寒郎席縹清宜玉斝何人蘇合費
金丸風長麥淺如阜路雉子班班錦羽翰

兄長有詩省之命

長簡蓬山藏婆娑試滿年頻書對命芴長負出休錢
運復光華旦恩回咫尺天罷披窮石訴入佐計臺員
近對塗丹密相趨委佩聯太官供餌美三服賜袍鮮
平進眞如砥孤飛舊惡弦猶勝廣文客摧擿獵塵編

肅簡燕魯公挽歌四首

拂世謨謀盛端朝載采熙上前推汲直天下詠曹隨
密啟多焚草加餐厭嗜口不圖霜霧疾奄忽喪元龜
震邸陪翔鳳天壇侍祭牲參謀大丞相別對小延英
上棟方隆國穨山遽奠極武公年不至輔德似功名
憂國神無爽呼醫體寖羸人憂一台拆帝遣兩騶扶
臨視回襄御遺言人舜謨七兵榮賻冊沉礎賁龜趺
密勿千齡旦生平三命恭承家男得鳳擇婿女乘龍
鄭邑窮遺產邢山卜素封空餘弔客淚傾海望長松

休沐

出休連日似山邸坐有螢氈沐有湯飪面酒華隨日
轉琴中泓韻共風長官卑寧爲今無巧愚極曾聞古

是狂自厭支離與尸祿襆歸囊被亦何妨

春晚寫望

不覺春芳晏翻成客望勞草平天一色風暖燕雙高
擊轄爭輕幰書旗衒縹醪隨宜歌白紵都士半雲袍

休日

病粟支離月有儲漢家湯沐許家居材同曲杜眞無
用拙比河陽恐有餘半夜羇魂隨鶴駕九秋斷腹共
蟬虛誰言舐痔非長策卻得君王五乘車

昭文王相公出鎮青社

西漢無雙彥中興第一流二篇應商夢七聖首軒游
昔會光華旦時當物色求從容賜官筆都穆潤緹油
芝押兼泥熟鼇峯駕浪浮（公在先朝歷兩外制）捫天陪累礙敲
鼎識掊鉤（代出汾二鼎公皆法從）帝欲中階正公參九廟謀危言
天下事坐勝幄中籌斤斤宣嘉績巖巖樹壯猷異時
思大洽此日詠崇邸承弼圖勳盛蕃宣席寵優（上自參知
出鎮南都）均勞九州伯亞序富民侯（公再入遂正台席）眞廟方憑
几祗宮奉委裘扶天人柱正披日五雲收堯后除凶
代周王訪落秋蕭歸千里馬無復少陽牛熙緯官咸
事端朝茹不柔兇烽開塞警財餌撫夷酋再侍欽柴
祭（公兩侍聖上郊丘）仍賡藥瓠謳（頃歲塞河成功）奉承湯恤祀力贊

禹勤溝洫賴蕭公畫言無趙孟偷深恩及行葦和氣藹鳴球幾欲辭名遂何嘗爲智憂屢居移病苦連賜上尊醅敦免深慈扆猗違動鑾旋坐槐聊罷府剖竹更爲州晝錦貪過屯晨裝趣戒騶邳垠訪祠石稷下按行楸列第令容驅橫川本是舟娛賓羅鼎食坐閤便巾構故事南宫在渢歌北海流人祈衛武歲三入對王休

抒懷呈同舍

本自出茅賤非貪筭斗名客心摧似檜官謗沸如羹晝役回腸數秋扶病體輕長年書轉忽多路涕先橫已分嘲楊吃頻遭詈楚傖矜毗兩蝸角榮辱一棋枰越蟹丹螯美吳蓴紫線縈他年五斗米猶足代寒耕

自訟二首

有八多病卧遙帷誤捨寒耕失故畦每畏賓朋嘲乘鴈寧教子弟愛家雞淹中學廢心都塞轅下鳴餘耳更低自顧上恩無一報何顏歲晚望金閨

坐氈無客棟鴟愁談樹蕭然兩見秋執戟不知身寂寞寫書猶得罪風流官閒無日憩軒鶴機盡多年謝海鷗借問殿科能脫否杜陵男子有耕疇

抒懷上南京常山公

緇帷悵別倏經年榮露心危重惘然寧死道邊終自直狂歌河上欲誰憐魂隨夜蝶星垂地信斷秋鱗水接天早晚承明慶三入願持雲漢續遺篇

南方未臘梅花已開北土雖春未有秀者因懷昔時賞玩成憶梅詠

江南寒意薄未臘見梅芳爲有輕盈態都無淺俗香（香方六甲煎淺俗）倚風斜夕臉呵雪襟晨妝刀尺憑皴拶比鄰託粉牆高枝籠遠驛側影照回塘曠望黄昏月憔奸半夜霜一身來上國三載別炎方不見南枝早方驚北道長當時猶引領此際旋回腸涙盡羌人笛魂銷越使鄉危樓難極目恨酒怯盈觴未到盧家第終虛白玉堂

喜得當途葉學士手筆

隨岸秋風慘別袪崢嶸歲晏得雙魚定因南浦傳能賦卻到西河問索居夜月連江金液動曉山圍國鈿螺疎端倪欲報懷人恨滴盡瑶蟾倘有餘

勸客

貂裘做盡飲瓢空身滯平臺勸客中蓬落本依莊櫟社飄飄誤閉隴鸚籠心緣遠別長依旆髮近窮年已付蓬素願祿儲過六百雲羅天外有冥鴻

懷故里偶成

先疇少失杏花耕十載窮塵困縛纓山上有山成久
客吏中非吏得空名吟塘碧草他年廢霧驛哀猿此
夜驚何日謝歸聊望里况無車騎避鄉評

景文宋公集卷第二十六

景文宋公集卷第二十七

律詩

詔復制科有謂予應詔者

漢幄思賢尺詔飛不材充賦諒非宜就令能奏三千
牘未免長安欲死飢

代賦後園賞花釣魚

春豫凝蒼陸天旋駐翠華黃圖包漢制靈沼象周家
風助千人唱神移萬品花韶音清感鳳騶節妙論豝
宴露晞臣藿需天灑酒霞侍臣均式燕羲馭重西斜

應詔內苑牡丹三首

千葉

一豫凝皇覽千英薦瑞葩壓枝高下錦斜蘂淺深霞
疊朵晞陽媚鮮苞照露斜九莖休衒葉五出泿言花
郁郁雲柯覆葱葱氣瓣嘉孳心識天意成數佐皇家

雙頭

化工懸協氣花品効尤祥旖旎雙苞艷氤氳一種香
參差迎夕露左右傃朝陽有意同緗幹無言並絳房
萬靈天會帝三月史書王故此呈繁卉還將助樂康

三花

九城蕃瑞殖三出儼英蕤巽朵昭天造同心奉帝嬉

繁疑交書影重欲亞晴枝恩露方均泣王風亦徧吹併柯由內附紛豔表重熙幸覿由庚瑞慙陪可嬉嗣

代賦後苑賞花釣魚

黄屋宸襟豫靈琨苑制雄釣天回帝所太液近唐中瑞旭搖紅藕丹葩雜紺叢王魚多在藻君鵠鎮迎弓式燕睎陽露徒歌屬大風此時慈惠洽共樂夏渠豐

冬夕酌酒

艾夜更壺幾沸殘尙持杯酒爲餘寒半分沉令傷多㛮數刻劉郞惜暫歡天外月痕迷倦鵲庭中霜氣伴衰蘭接䍦不倒糟難藉半見丹煤委燭盤

送王庚

倦客衣空化求知刺欲漫孤飛回鴟路別淚溢鮫盤待舉秋槐老承顔夏枕安新篇時寄我魚信接長瀾

皇帝幸南園觀刈麥

農扈方迎夏宮田首告秋臣謹按物成熟者爲秋取麥熟之義故謂四月爲麥秋嘉生擁瑤縣蕃穗徧天㽿肅雨津莖浹薰風獵穎浮登成告田畯省斂傒王游紫宙凝神暇丹書訪道休天行九五健歲取十千求洪洞開金狄連蜷接玉虬塵清屬車豹槍密羽林騶芝覆俄丹旭旌門倚綠疇先驅護綿野後騎臨長楸滌圃初開地腰鐮競勸

收田趨晨帝耒塍錯夏王溝㚸粟攢周甸芟粱屬舜畊𥞃長包囷虎箱重載星牛九扈開靈囿三辰駐采斿勞豐差有賜置酒酌言酬鳴爵知年稔爲魚告夢優雲雷一日澤鐘鼓萬人謳帝醉鈞天闋仙歸紫氣留明粢資寢廟足食煥緹油

再送王庚

突甑殘炊黍津航促扣舷雲迷孝王苑星忍太邱纏破瑟弦鵾舞吟囊錦獸鮮晚淮他夜月離思共娟娟

送孫皐

江邊瑤草闊袍靑所樂從軍得四明新水一篙催泛

鷁故林三月乃聞鷽羽書無警揮毫熟談𡷊多歡醉弁傾我亦中都厭羊酪爲傳秋思與蓴羹

送河中司馬待制

從祀天壇歇翠薰西門征轍愴離羣暫違冊府三重閣先過樓船一曲汾賓炙擊魚開左席戲壺爭馬宴中軍鸛樓西北懷都思盡日憑高不礙雲

同兄長賦朝雞

雕籠擢羽就羇栖心識斯朝候不迷羣鶴在軒皆有祿夫君何事獨先啼

雞答

君園稻富非爭食省樹枝深未許棲但得齊蠅無亂響不辭風雨五更啼

送鄭天休

春鎖燕銜摘鋒摧剡奏飄然別上臺投簡客驚枚乘去探書人繼史公來爆桐度曲離筵慘樵斧分風使棹催千萬禊觴傳妙序永和三月有流盃

偶作二首

去國日云久寥寥雙鬢衰長安舉頭近漳浦鼠身危沫蛈窮觚煦春非墜葉知一壓先畝在扶耒有歸期

衰翁好藏密移病此僑居白眼慵迎客青泥勸襆書

風侵殘晝網煙鎖蔽春櫺惟有伊蒲士相從樂飯蔬

柳

濯濯索春饒依依帶暝搖楚宮皆餓死無計學纖腰

翰長再有北門之拜

病褫荷囊避禁闈彌年專氣養瓊枝仙郎去後桃尋熟溫室重來樹更滋宮月舊蟾涵靜滴紫泥前札燥殘芝寶釘賜帶輝腰組何苦春來幾眼移

賦得敗荷

僞結秋荷恨故來溝水西魚驚一蓋缺龜落半巢低細暗嬋娟渚香乾勃窣隄莖枯縈藕緒盤側漏鮫啼

自此空瑤席他年問濁泥那堪塘上雨點點共凄迷

題阮步兵祠二首

濟世非無策迷邦詎可求昏酣酒壚卧蕭散竹林遊俗眼嗟人廢窮途遂涕流何公真禮法寧免疾如讎

幽懷八十首鬱鬱寄蓬池屋壁留南巷鄉人奉種祠乘驢非宦巧逃麴厭流卑三沃椒漿酹誰論飲過差稱康謂步兵惟飲酒過差爾

家居

鬱鬱行何適肩肩體寖臞安仁非善宦寧子是真愚北化隨江枳東遊謝海桴何須命私駕危涕避窮途

寒夜

孤客傷時晏遙帷對夜分虛輪抱初月側陣捲歸雲霜蕙披寒穎陂梟叫暝羣村砧與營柝不寐最先聞

惠民河隄晚矚

遠水同縈帶聯隄類築垣行舟壓天底卧木擁沙痕魴鱮逃空罶梟鷺泊迴村層波真可羨山此到都門

再逢成上人

上都初見赤髭年並在兩州絳帳前予識師於中山公坐上每師常隨中山公之灤上及公捐館師還上都與文殊同問疾不知靈運還生天淮山永憶吟無社梁苑重來供有緣依問升堂

諸弟子餓思周粟賦歸田

有感

車轍無聲巷𠔥開畸人愁卧鬢毛班月囊罷食侏儒米歲計深依畏壘山風薄迴林秋帶老天闉荒堞暝烏還擧頭卻望長安日已在浮雲流漭間

寄弋陽王學士

新年給札漢家臺衆仗枚皐受詔才偃蹇不隨虞弁進棲遲翻逐阮鹿來倡優技拙飛觴淺寒具盤空秘晝開早暮傳車趨一節敝冠猶望振窮埃

過朱亥墓

屠門遺舊隱鎚袖凛餘風兵下邯鄲壁軀捐嚄唶公種祠羣望亞樵禁九原中異世同樗墓東西夾漢宮

蓬池寫望

曠望蓬池上池平失素波鴟鳶貌閒暇樗櫟意婆娑霧日垂金埒煙峯晦鈿螺回瞻百常闕非爲五噫歌

訪僧舍

近郭一牛鳴金園界寶繩衆花天作雨千焰佛傳燈碧柰垂園老青蓮雜漏凝病衿多俗物時此訪南能

讀退之集

素琵朱家古韻長有誰流水辨湯湯東家學嗜蒲葅

昧蹙頻三年試敢嘗

古邑二首

古邑蓬池上私居市道隣初抛三釜粟來作一廛民乞火黔薪突繙經振隙塵何從復何去更欲問圓神墜雨離邦遠編蓬僦廡卑八非一國敵家乏萬錢貲貢禹自云家貲不滿萬錢江海嗟漂蕩乾坤惜變衰此時看落葉斂翅長年悲

迴堞

迴堞巑岏極長天蒼莽中遠溪寒不浪高木暝餘風棱層休王馬槍壘隔苑熊殘霞牽望眼時到夕陽東

僑居

抱病苦幽憂都城困勌游身抛禿翁版言入稗家流世路風波惡天涯日月遒危心正無泊持底喻窮愁

野望

皐壤一搖落年華此向闌雪雲從北暝霜日帶西寒漿酒喧神鼓風毛送獵鞍去邦猶未遠差認漢宮盤

觀相國長城公留題藥師院壁

擁節趨瑤縣同輿禮梵仙望雲催覲日零雨記歸年惠露霏毫潤尼珠入句圓斯人具瞻地二絕貢金田

晚秋月夕

萬里冰輪轉斗城薄帷開望暝寒輕金從佛國初移
地玉與仙家便作京乾鵲繞枝經下苑漢刀持夜發
連營謝郎莫惱修然意欲把纖雲點太清

答書

經樀摧無幾書刀削未休胡能反招隱更欲旁牢愁
斷硯寒餘滴挑燈暝映籌子威銷骨盡何相得封侯
翟子威傳小吏有封侯骨

送客

西出都門路横參送客鞍低雲能作暝輕吹不成寒
天勢高無極原姿秀可餐長年傷別甚作惡巨能歡

送蔣御史漕江南

拄後峨冠久未還江南行府使旗鮮陳陳洪庾催輸
粟往往吳山即鑄錢暝月早霞千里國廢樓殘社六
朝天時清憲筆無彈劾供助騷人藻思妍

萬秀才園齋

仁里樂邱園芟茅構廻軒檻風叢篠密畦雨晚菘繁
列岫非戈境疏流即故源彥倫回駕日于此愧驚猿

送范希文

日夕朋簪遠空成咄咄嗟危言猶在口飛語已磨牙
室救鴟鴞毀庭喧獬豸邪青蒲空頓首白簡遂爲瑕
身歷千金險頭經一夕華使應過楚澤何異向長沙
贅士障河捆園葵望日賒盡焚温室草向得使君車
勝壤堪懷古扁舟復載家此時能痛飲努力詠餘霞

詠史四首

肆威矜逐逐索黨恣猜猜盜跖真知道餘財欲汗人
青松獨受命停雪待陽春一遇樵人斧同成樸樕薪
虎嘯雲巖下風生林樾隅須防威可假慎勿逐城狐
持鷸蚌謀壯貪蟬鵲意深漁人一拱手彈者笑愔愔

送梅堯臣

祖帝都門路秋風滿客衣臺舟三翼駛宦鳥兩鳧飛
鄉思臨波遠離憂傍酒微不應緣事事平日廢談圍

朱雲傳

朱游英氣凜生風瀕死危言悞帝聰殿檻不修旌直
諫安昌依舊漢三公

送陳勳之

綈帙拋蓬觀軍牙佐柳屯伏熊均軾寵睡貉襲裘温
雎苑寒雲隔漁樞暝鼓喧帛書無厭數知有鴈爲門

結課

結課天官礉悲秋騎省孫崢嶸遒歲籥骯髒別都門
餞蓋紛寒野征檣拂曉暾縣齋豐醉秫無厭數持樽

送潘祕校赴潁上簿

捧檄去三銓招招客叩船勸游驚密雪離思著么絃
淮月開帆暝京塵減綬鮮枳鸞非久息刷羽竝來旋

送馬房

百五天長甚雨回祀筵離意冷於灰騁辭睢苑繁雲
散拄頰西山晴氣來草色不須爭去袂花光正欲傍
迎醉相君卧鎮華英集一府翹然用楚材

送明學士赴益州漕

帝念西南重頻年輟俊翹還臨二星野催駕一封軺
地出褒中險梯連劒外遥蹲鴟蔽川沃流馬餉軍饒

檄去方移蜀書成遂薦譙客燈薰露夕官錦濯霞朝
卓市醪華美渝僮舞勢驕省闈聊罷幄亭柳重攀條
煩使貧游刃歸懷極本朝前知宣布曲郎日徧歡謠

和晏相公乘輿宿殿致齋日巡仗遇雪

天京飛雪灑車裝九九清塵御路長斜影不迷宣曲
騎薄花才點羽林槍觀邊麗色含鳷鵲蓋外輕陰亞
鳳凰誰識憲驄巡逴盛賜袍衝霰入林光

和晏相公青城

連天華蓋竦南端畫角吟龍疊鼓喧按曲已休雕輦
入五營斜日亞旗竿

和晏相公祀畢城馬上口占

七里城南紫霧霏注旄叢髦蔽晨暉風驅萬騎甘泉
近雲捧雙龍夏后歸鐃鼓和歌扶輦道箭囊傳契敞
端闈乘輿至門勘箭乃入都盧技簉雞竿下共望中天赦鵲飛國朝律敕日每雞竿才豎百隸權歡輩謁稱爭上捧雞歡躁然後敕出

和晏相公夜歸遇雪

孝王臺下糝花飛草草歸驂騄碧蹄斗作暝寒凌冒
絮更回餘舞拂鄗泥城連迴闕迷蒼鳳人度長橋壓
素蜺頹玉正酣天模靜不妨清思入新題

景文宋公集卷第二十七

景文宋公集卷第二十八

律詩

將還都寄獻臣

茂陵移病再窮年尙省長安在日邊生意不隨枯樹盡危心兩伴死灰燃秋雲壓苑檀欒近夕斗橫臺睥睨連側注舊冠塵滿屋定須彈拂故人前

早發

征客懷周道飄然望日幾天開閶闔近星隱建章微王囿芻蕘往騊原騋牝歸詎能同野鳥朝夕向臺飛

送王識游洛陽

上京漫客刺西道慘離裾天倚呼嵩外川橫闕穀餘敝褌琴晦軫行笈簡聯書卻見槐花候期君促計車

臘後書所見

北斗邊城春柄回閏年飄穀占餘灰鼓聲催徧江南草驛路傳殘隴首梅寒日已高猶沆漭薄雲無待故徘徊何郎素意慙杯杓強欲乘閑撥凍醅

和御製皇太后恭謝太廟

柔極深慈冠古先謝成宗祏奉齋牷欲知太姒嗣音盛親見周王作雅年

有感

力守高皇約（高祖云非有功不侯）祈還司隸章翻身去殿檻忍死出繼囊豕突埋輪路豺驕擇肉塲霜毫墨猶溼迢遞囑遐方

莊獻明肅皇太后哀挽應制二首

寶慈垂母訓一紀御璿除地有占沙口天仍補石餘軒星淪夕緯翟幹去宸居異日金縢啟方知復辟書（太后上僊後皇帝於巾箱中得明辟詔草）

旰仄身無憚寒暄疾有加災生織女口魂斷濯龍車歐翣浮辰旭邊簫咽瞑霞唯留長樂注刊美在皇家

莊懿皇太后哀挽應制二首

國啟重雍祚天推太極尊夏祠今化石堯時舊題門不待寒泉養空流渭水恩烝哉王者孝別廟奉姜嫄

遺餞行將徹哀笳咽不前風驚長樂樹月苦鮒隅天恤典褘章備神塗魄駕聯故奩脂澤具留待上陵年

送梁著作宰興平

班馬蕭蕭祖帳闌曉參橫影送征鞍春歸花樹排初齊天廢關泥落舊丸乳雉羣飛郊柘密祕魚雙合省芸乾霸陵草色無深淺試爲南登一望看

癸酉六月奉詔修籍田記十一月訖罷

三時受詔擁緹油曲筆無功苦思抽不得成書而太

史須知罪我異春秋空言自合因人廢殘稿猶應蓋瓿留（記草纖悉　以送史院）歸卧私庭深閉筆飽嘗雞膳太悠悠

送張元安肅知軍

星關幾罷日薰衣萬里題封換使麾都外鳴夷催載酒塞南楊柳望春旗中軍尺檄開飛羽前隊鳴髇列素支競病不須貪賦韻路人笳鼓記歸時

偶成

不用眞如鼠胡瞻亦有鶉田園未歸客天地一畸人京邑風霜苦江鄉薇蕨春可能逃鬼笑長送左宋輪

予始職以來得餞同舍秀州趙鄭葵州子野撲州伯垂鄭州仲潛凡四五人矣

晚春

露花裛裛開還徧風絮飛飛去不休春解無情春亦老欲將寥落與誰愁

送祝熙載

昔誓纏仍在今行綬已新春鶯得遷友夜鶴怨歸人（君便道家山　故效蘇句）倦枕低潮月征帆截渚蘋清時偏樂職寒鼈佐吳醅

送魚太傅通判漢州

緜野喜相依長亭亟解攜寒銷雲棧北春徧錦城西邛醬傳芳蒟嵩祠頌縹雞時平通守貴千騎鬭鞹泥

奉和御製後苑賞花釣魚應制

清蹕披蘭路雕輿脊蕙辰漢池平浴日温樹暗留春樂石來威鳳恩魚上翠鱗成文傳席唱賡曲徧華紳

莊惠皇太后挽歌應制二首

嫣嬪柔明訓堯闈保護賢別居長樂寢讓給水衡錢愼疾方加膳收神亟去仙宸襟增服紀追報煥終天

昔帝推嬪則吾君賴母慈陪陵漢家葬異室閟宮祠露暗星軒隱天愁月御移翟車參享路無復廟中期

和石學士直舍晨興

高閣休璣暝層梁逼早暾芳風萬年樹殘月九華門

枕欹淵魚夢裘貪睡豸温星杓壓城角天漢落河源肅唱千廬寂傳開萬戶喧煙浮紫黎觀春著翠梧園有客方岑寂紬書滯討論新年居右席此地到西崑硯瀉含毫滴刀餘削柹痕談高白馬度頌罷碧雞翻幸接雌黃几同歡清白罇（古樂府有清白各異罇）不因窺麗句誰刮翳瞳昏

仲微相過把酒有感

故人當立酒今夕喜銜杯事與宋顏改年將素領來鹿車君連蹇鶴祿我徘徊紬史餘三擿爲郎媿一臺洛吟眞可效傖賦久成咍平日雩風悉塵襟爲試開

偶作

人蹇言都廢身閒道轉迂是非纔一馬多少但雙梟學稼慙農老還山笑客逋斷蟬何所謂相伴掾庭梧

詠葵

纖草無人愛緣葵一生私意竟誰知須防白日傾心處自是中園衛足時

和音

危弦度曲汎孤鉤一世知音未易求直把將雛為陌上主人猶復自搖頭

馬比部赴兩浙提刑

兩漢為郎選南方奉使材書隨星火落帆拂斗牛開月破濤收鷺天低雨暗梅卻緣持節重無客對銜杯

郭仲微見過問疾

薄宦真何補居然滯拙艱無心圖作佛予素不喜浮圖常以此戲誚世人有疾願藏山臂率愁肌減毛驚鬢領班未能吳客問誰恨越人彎學倦書刀廢呼慵博雉閑寧慙局轅下為恥醉播間直道朝論枉空言分合刪蒼蠅徒擾擾狂猘自狦狦上客迂飛蓋窮閻悶閉關餘光照徒壁高辯破連環感激排非聖棲遲觸怒頑十年休賦蜀二始欲希顏予屢乞郡守而未遂昔有彈冠進今將襆被還春休晴絮白日入暝霞般舊產千臺側新田潁水灣予世有田數頃在陽翟郡潁水之陽吾游如不遂巖樾冀重攀

楊柳詞四解

垂楊無態不堪誇猶有餘情解作花三月紛紛飛似雪白門啼殺叛兒鴉

天幕風和果雨餘翠輕黃淺亞春衢不知張緒當年日似得長條濯濯無

苑路黃黃隔翠霏三眠初熟倚春暉枝枝柔曼皆堪愛不分羌人拗折歸

玉樹森森拂曉空子雲辛苦賦青葱不知萬弱當君意卻就長楊使作宮

館中郎事呈郭仲微

仙山對敞直廬屏繙緗緹油素傾垂鴛乘空陪天驥尾爵禽不集帝梧枝雲連帝閣朝暾早花咽宮渠夕溜遲何事夫君弄刀筆五年猶似雁門踦仲微五年間再作郎諸侯一為絳州不拜今亦無劇職如余之不偶

李德林

內史兵機是所長東師飛度取降王誰知一夕讒言入不得文皇七寶裝

夏日舊疾間發

老至非無素憂來詎一源河魚眞得疾牀蝨誤成喧
哎咀供晨匕蹣跚逗夕軒何宜忝蓬觀祇合令文園
霜挫顚毛禿雲添眼膜昏問天寧有禱依佛即忘言
燕麥搖風砌蠙苔壓雨垣冒榮難自効三粟戀君恩

鄭天休舍人言中丞晏尙書西園見憶

聞道青雲友曾過廣武廬中園玩蕭寂嘉樹日扶疎
塢靜蟬鳴急花翻鳥集餘賦成誰見憶唯是沈尙書

送黃灝

橫步文休二十春華顚初得半通綸江邊又濯滄浪
水堂上寧招骯髒人未分塵纓慙帳蕙不緣羊酪弃

羹蓴思家夕夢還都信併附秋波六六鱗

覽中丞尙書譙陳二郡新詩

自頃辭台路陪京擁使珂遺音追正始新韻僃中和
賦答劉公數登臨叔子多腸回初有漢耳熱遂成歌
警夢春塘早歡顏雪席酡拍殘吳子夜唱裂楚陽阿
勝氣籠雲沆清懷貯月波無妨爍顏謝莫獨與羊何
譙里鳴騶入陳郊露冕過二邦留雅詠棠樹共婆娑

自詠

四十爲郎信倦游虛名韁鎖太悠悠危心正似葵傾
日衰質先於柳望秋要路風塵疲驥足故潭煙雨廢

查頭頹灘漸報耕疇熟終乞閒身守一邱

答客

十年通籍向蒼龍孤直何緣免諱窮欲識深心似魚
鳥不將山海換池龍

秋日詠庭樹

庭樹報秋歸蕭然芳意衰露危陰處葉風勁暝前枝
嘒嘒蟬嘶早梢梢鵲定遲江潭正搖落司馬不無悲

桔樹賦引桓司馬事云今日搖落悽愴江潭

病興早朝

萬轡冬瓏鳳闕西病興重喜趁朝閨初霞稍上巖廊

戟落月催傳衞士雞溫樹未凋風力薄仙杯已滿露
華低明光一對清光罷昏目猶慚眩轉迷

送殿院張奎漕京東

霜栢輕寒警曙烏使臺東道亞風旗人瞻御史乘驄
貴錢續司農朽貫餘睢苑千門聊按節齊官三服罷
移書此行須信褒恩美新詔黃金飾佩魚

和中丞晏尙書憶譙渦二首

輕幰行艫破練光題鞭舊岸接回塘使君幾作臨波
醉猶有當時問葛強

春波漫處轉他浦晚潦清時見故洲使舸思歸心賞

罷後來風浪但驚鷗

西園晚秋見寄

中園秋物曉清玩日無窮暝篠深留翠寒花淺作紅
鶴鳴殘滴露蜩噪已涼風誰伴調絲管心知憶戴崇

九月十五日恩賜禁中所種稻二把米一囊

中天銅雀長鳴罷清籞滮池告稔初刈斂方從弄田
出頒分更自尊官餘霜莖矗秀紆宸玩玉粒凝甘剩
禁儲慚愧有年君賜厚等閒散枕夢維魚詩人夢魚爲(豐)年之
占

和晏尚書詠芙蓉金菊

千疊綃紅抱蘂乾一番金雨映趺攢比來醉筆賡新
曲簡上飛霜不擬寒

雨中罷直

禁樹連天雨送秋千門寒氣襲輕裘優旃不用誇諧
辯陛楯諸郎已得休

和梅侍讀給事秋雪

朔氣迎秋晏因成糅雪飄圜賓驚早賦郢曲愛新調
雜霰鳴寒葉紛花混晚苔光含闕邊鳳溫借省中貂
縞頃纔供望鹽波已屢銷金華屬清思旻寓共寥寥

當直偶題所見

凜序閑緹籥輕寒著黼帷仙盤迎日早溫樹得霜遲
風觸趨朝珮霞纏放仗旗殿廊聊暴背誰許子雲窺
柏君山與楊子雲奏事坐白虎殿廊下以寒故背暴

禘祠宿太常院聞翰林兄長內當

碧天霜氣夜稜稜人在鼇山第幾層靜極禁關聞下
鍵暝深連閣見通燈蕙薰浮篆才餘火酒滴供研自
不冰無柰此時懷共被各分臺署擁青綾

李仲令挽詞二首

家賜齊侯履人推郤縠文結婚榮外館謀帥得中軍
盛集追圍蓋遒章託隴雲不图星渚畔更作死生分

贈密充幽隧鳴簫翼素輪山邱華屋遠桃李故蹊春
使幕披愁霧談犀委暗塵須知悟生滅終得法爲身

出城寫望因侍祠出宿

驅車南陌道物色喜春還水暖初成浦雲晴不抱山
原姿平澶漫禽哢巧間關此適非謀野祠官只在閑

禁門待漏

破月餘光淡禁街駐車聊候九門開雙蟠曙闕蒼龍
動斜倚春城北斗回漏箭急傳催疊鼓酒壚爭擁賣
寒醅元規塵影眞堪畏已傍游人要路來

寄葉道卿

懇乞東南節貪榮綵繡衣禁中嚴助往江上子牟歸
併覺秋蓴美時驚夜鶴飛遙知具雞黍日與故人揮

和中丞晏尚書春陰

輕寒剪剪著春旗樓外晨光已暗移小霧不還添柳
弱餘寒未去惱花遲么弦促柱愁成曲遠水迎船巧
作漪誰在河橋望歸客莫將雷響誤輕輜

海棠

萬蕚霞乾照曙空向來心賞已多同未如此日家園
樂數徧繁枝滾滾紅

小桃二首

絳蘂迎春五出齊開時未識早鶯啼不應書占游人
賞留取餘芳付李蹊。
爲就東君得早紅年年開趁落梅風凌寒拂曉相看
意爭合罇中放酒空

海棠

西域流根遠中都屬賞偏初無可並色竟不許勝妍
薄暝霞烘爛平明露濯鮮長衾繡作地密帳錦爲天吳人每花覆爲帳天
溪影才欹檻橫柯欲照簁愁心隨落遞醉
眼著繁邊的的誇粧靚番番恃笑嫣何嘗見蘭媚要
是掩櫻然豔足非宅譽香輕且近傳所嗟名後出遺

載楚臣篇

與獻臣希深伯中源叔景純會飲城東小園

共到東園把酒巵邀歡只畏酒行遲向書有對何能
顧況自尙書無對期
林間曉日靜暉暉判共山公倒接離不信佳人唱花
落試尋欄畔有空枝

清明値雨

有滄輿芳序餘寒借慘悽遶山沈向蓋雜樹望先迷
天闊都成暝雲昏本自低漂灰禁餘火浮棗祓殘溪
檻篠風爭亞汀鳧夜不棲篷聲攢釣渚蓑滴擁煙畦
積潤侵重襺長巖壓曉鼙游人盤馬路獨濺逐春泥

和三司晏尙書。漫成

日烈花休樹結陰紅牙貪調萬黃金伯松不學陳遵
飲爲識鴟夷是酒箴

扈從至奉先寺回

寶刹虹蟠藪曙霞中天凝蹕轉雲車不妨歸路王城
遠滿袖飛花雜雨花

乾元節錫慶院燕

盛節推慈治宴觴千官不拜儼分行搊彈併給梨園
部曼衍爭趨角觝場傳炙濯罍紛絡繹神仙綵樹五

低昂名酋面內子背樂歡譯遥通戴斗香

皇太子誕慶

軒祏深叢祐文支此挺生重輪當月滿一索應乾成
瑞睟昌綿緒天弧仗左縈海雖分幼潤星已慶前名
綏帶葵心洽吹銅順氣迎歡觴交秘幄曲赦徧離京
漢祝昭禖覝周篇記路聲從玆詣翼承斯萬見承平

三司晏尚書西園玩菊

涉園求勝賞時菊豔秋光散漫仙潭餌離褷瑞鵠裳
酒熏吹晚蘂蜂令抱殘香公意同盈感留杯盡夕陽

送郭太保知相州

螭階看引羽林兵君典軍頭司予修注記故日相見於殿中罷直還家得
使旌繡帳三雲清曉別錦鄣千騎上頭迎鶯沈故瓦
秋煙闕鳳下長河夕照平誰伴燕休同把酒嘈嘈歌
鼓亞夫營

和三司晏尚書秋詠

溪滑水淨蓮莖倒林杪風乾栗罅開迴眺獨吟俄夕
景畢逋鵶尾過牆來
霜縈天白鴈行單灌莽梢梢蠹早寒正是河山搖落
處莫輕離思欲憑欄尚書詩有莫憑高樓伸遠目之句

王沂公挽詞三首

謚竦辭當國均勞得偃藩幄中留秘畫天下滿危言
日企還三事寧圖閟九原誰將河海淚一灑問乾坤
下閤成憂疾飛郵走詔醫遵鴻徒望渚浴鳳不歸池
宣室君期館翹車客涕垂正應廊廟上畫一奉蕭規
翣路風號野松阡水溢滎滕居今見日傅魄上騎星
詥訓金籯滿圖功籀史青空嗟令君坐千古掩餘馨

送靜照大師歸餘杭

旁行經葉振餘埃社侶欣聞錫股回林鳥拾花迎擁
衲江龍停浪送浮杯它年應共銷香飯幾夕飛談辯
劫灰漸次南征知有為化成今在故巖隈

翠樾亭

茂樹交軒地不塵江光野氣望中新客來魚鳥皆知
樂夢罷池塘併得春煙竹有痕時拂戶風花無意自
飄人當年慕客今追恨不共山公岸醉巾

屬疾

腐肉塡鴟紫華軒載鶴身閒關吾有訓當路彼何人
帶眼移仍數顚毛變愈新惟無公幹學它味似漳濱

景文宋公集卷第二十八

景文宋公集卷第二十九

律詩

馬上見殘月

娟娟天外月正見上朝人老桂欹藏樹纖鉤側抱輪氣清仍泛露光淡即迎晨尚作徘徊意西樓對結隣

聞蛙二首

蛙聲眞可厭聒耳橫相干怒氣何關勇私鳴不為官膨脝枵怒腹日夕沸溪干犖響何容罷時無牡菊官

祇答晏尚書懷寄之什

赤白邊書費坐籌尚餘清暇寄冥搜知公摘句多精意慮憶盧諶唱和流

早秋二首

斜規脈脈霞底去早涼蕭蕭林際歸年華搖落適誰怨伯勞燕子東西飛

離騷何苦怨鶗鴂鶗鴂本因搖落鳴寒蟬警鶴亦無謂要是愁人聞自驚

冒雨晚歸馬上口占

滿蓋繁聲結暝涼獨驅歸馬向閑坊歸塵暫息非無意半作銜泥汙錦鄣

下直

殿樓傳鼓報歸鞍槐道逶迤出九闕雨罷浮雲留北闕朝來爽氣偏西山倏逢行幰排輈度稍見晴鵐接翅還疑計未容官事了只驚潘鬢颯然斑

宣獻宋公挽辭三首

斯文推舊德燮國[illegible]夙夜勞三事東西止百年温辭掛冊秘（[illegible]）國史大都傳（二朝中史皆公參撰）弋日賢臣壟心知望圃田

美疢交明晦浮齡詎控摶宗盟一簡弱人贖百身難賜斂榮稀衮臨歌駐玉鑾欲知桃李變朝紱共汍瀾

順諫長樂朝奮庸明辟始功名一不處變直兩遺美空廠侍中貂遂失尚書履不朽在公言古來皆有死

春雪寄鄭府尹

風御憑空攪玉塵急飄斜舞碎飛匀九重闕裏都無夜五出花前自作春臘借薄寒添臈夕強留餘晦靄驚晨須知柳絮紛紛態迷殺章臺便面人

和三司晏尚書西園暇日

陰陰嘉樹雜花殘下晚行吟靜更歡草葉參差聊藉帶竹皮紛墮即為冠餘杯更辨浮冰耐小衽初思御月紈公有吾廬無限愛海圖周傳不同看（陶淵明詩有吾亦愛吾廬之語又曰汎覽周王傳流觀山海圖）

旬休二首

薄澣還私室陶嘉屬小園筍餘林響密花後果初繁
燕口啣泥重蜂銜釀蜜喧此時蕭散意都欲忘乘軒
待詔官非急還家體不勤里無休汝騎窗有上羲人
密樹稍迎夏晚花猶及春幽懷誰與晤杯酒强相親

禁中垂柳

曼線長枝不自收天姿濯濯與風流已隨曉珮拖三
殺更伴春旗亞九斿盡日斜殘芳吹在此時眠熟瞑
煙留宮中二月多行樂爲掃清塵待翠虬

元會詩六首

寶典叢三朔中閽闢九闈羣臣森拱著列仗儼屯門
輦出東房秘辰居北極尊熊羆連案負日月傍旗飜
亨運樂斯逢多儀絮云屣雜襲置蘿圖顒卬瞻邃冕
沕碱履行進分墀珮聲轉賓極自成恭歡餘還作抃
惟新兹首祚傾祝乃祈年光華無輟旦先後不違天
賀牘紛陳几祥圖竊奏篇南金照廡麗塗玉截昉鮮
穆穆集華甤煌煌開燕席壽薦萬年觴音諧四廂石
右秉鬳文羽左軒揚武戚再飯人屬厭三行酒温克
陽秋履端月象魏佈和辰解辮穹廬使吹笙苹野賓
帝畢仍接晝皇澤共成春盛禮年年覩祥禋日日新

自昔君無勞有言朝不夕遥聞索扇上已見歸輿飭
千門詔解嚴萬官均詠德愧以斐然章無裨從臣職

和宮師陳相公

公餅四輔貴纔營三畝園來詩有城中三畝宅之句此地山林樂
當年廊廟尊庭藹有新複郊禽無近翻熟喻治窮僻
乃符蕭相言

和晏太尉

紫宸賜宴

戴斗迎歡瑞節來新年共飲萬年杯宮花雜珥天心
悅併覺春從殿裏回

寄君玉學士

雞檄防邊未得休又停歡酌爲前籌良辰併賞何憂
晚屯日三公尚黑頭

和致政燕侍郎舟中寄晏尚書

異時仙閣對三休頓首辭榮動邃旒疏廣故僚供祖
帳鴟夷盡室付歸舟側堦生玉懷歡宴燕壁圖山代
遠游新句漸高塵累少紫芝巖曲要相求

和晏太尉懷寄燕侍郎

賜車高掛得長閑猶寄南宮事下官招隱新看無怨
鶴趨朝舊路記翔鸞滄浪濯罷垂纓懶礧磈澆餘著

酒寬行到昔人知足地羨君容膝易爲安

和晏太尉三月十三日錫慶院二首

紺宇傳香鷺序回南趨別館宴庭開正應恩厚心先醉不待君王常滿杯

酒中優場下調喧（漢震鼓與下調笛合奏如今鼓吹曲來詩有之故及此）連天震鼓舞行翻看終白雪青山技不覺斜光上縹垣

和晏太尉西園晚春

北平心許盡紅牙五日雕鞍暮到家林下覓春春已晚綠楊枝暗不通鵶

風觴幡幡續去條一朝歡盡負霞朝人間賦筆如公少借問離愁著底澆

渦曲攀花泥酒卮（來詩有懷渦曲此亦及之）西園春去一凝思謝公今後蒼生望無復東山携妓時

旬休

火雲疊影抱炎曦霑沐身閑與勝宜卷葉初開芰荷沼輕房半倸石榴枝茶槍早舉吟魂適蔗境餘佳渴肺知汗馬屬韃非我事到頭攘臂是支離

門依北郭最閑坊休令歸來白晝長司馬苦消非避事次公無酒是眞狂午雞初下緊陰合夢蝶徐翻倦枕涼自笑此生疲挾筴不知呼塞亦亡羊

送越州陸學士

梅天霞破候旗乾鄉樹依然越絕間挾筴當年縫掖去懷章此地繡衣還亭餘內史浮觴水路入仙人取箭山牛酒盛夸先壟宴不妨春晝得親班

和天休龍圖經旬署懷舊憶道卿舍人并見寄

帝梧春早二鸞飛翳羽孤翻得樹遲今日併巢阿閣畔依然同識舊棲枝

諷書小史非新至比舍名郎半昔游君算青雲多少地三年來作北平侯

送福州通判陳鑄

州閣紆新綬鄉枌歷故壥先驅長卿貴隨子大家賢桂蠹閩君貢刀耕越俗田春郵有歸信正待早梅傳

戲招君況舍人

紅白戎葵相間繁含情盡日對書軒夫君太恃西垣貴只愛當階藥樹翻

答道卿舍人桐竹之嘲

桐竹連雲阿閣西修莖濃葉蔽璇題本來鸑鷟徊翔地正恐鷦鷯不借棲

馬上遇雨

萬瓦涼聲挫暑威輕風斜溼看茸題禁溝花咽先聞

溜馳道沙平久未泥拂水有紋飛燕下翻珠不定弱荷低城陰霧密千門掩更恐歸驂五里迷

送黃秘校

妙齡看試牘共嘆俊聲喧十載重來調猶參軍事煩吳艎沿迅溜京衆伴芳罇東觀戈年選當求江夏孫

送承制劉兼濟知原州

假節分州郡掄才出將門還提射聲旅上以禁卒千人爲君帳下并破護羌屯君兼涇原路都監尺詔方臨遣新書得細論旃酋陪獵帳戍校接歡罇後伍鏈囊密前驅鼓吹喧隴笳梅落怨虜陣月殘奔赤白猶傳警先零久負恩行

期雪家恥三捷奏天閽

郎事

中伏飜無暑斜陽未即曛暫光風處葉餘黑雨殘雲圃埒繁蔬甲堂坳疊蘚文巾幬殊不喜詩酒半離羣

對月

月華眞可愛堂上共徘徊白露方徐汎清風適共來蟾津隨照滿烏鵲爲啼開萬慮方岑寂愁看雲漢回

喜仲微學士直右史

殿棟洪紛冒紫霏新聞再拜上丹墀左右史初到職必再拜乃升殿日高中禁仙香馥輦度橫街鞘傘移寶杖對呈天廄

馬輕兵看閱羽林兒因君此際磨坳墨偏憶當年第二螭

行香

朱華通奏見晨暉內寺傳薰得早歸私舍不應勞薄澣天花仍在淨名衣

和晏太尉晚夏

炎威不可度永晝坐南軒蟻過占雨蠅來自厭樊林披衆果熟池靜數荷翻早晚鞲鷹習乘秋擊迴原

和王龍圖七夕直宿

二星秋早駕雲車此夕聞君寓直廬月在宮中穿線

處香傳樓下曝衣餘橋烏徑度明河近巢鳳歸翻瞑閣虛寂寞潛郎誰晤語只應藜燭伴讎書

和道卿舍人奉祀太一齋宮

素秋來藥館瑞祝達霄晨蔬薦祠無飶樓居地不塵擲波琴鯉樂傍畤漢雞馴此際清懷極盈杯流瀣津塵氛不可到深駐五城樓素瑟少今韻仙椿無俗秋晨杯三秀潔夜檠九光流順報通霄極紛綸瑞福遒地占叢霄勝人持禁囊來詩長清夜徧祀罷素秋回爽籟天中發虛弦月際開無容以風解身自到蓬萊

和道卿舍人承祀出郊過西苑馬上有作

西郊一超忽祠節暫踟躕天迴歆臨野河長側貫都
飛廉披苑路南斗抱城隅填塹時休獵棲糧戸免租
虎歸仍習圈鳳下稍依梧池岸斜聯籞宮楹上集胡
愼齋雖有屬勝踐未云孤霧裏過仙市輪邊認佛圖
樫楊閒對偃鶬䴉靜相呼牧罷林將暝樵歸徑自紆
有懷摛鏤管何苦促驪駒壯志飄然發知君顏謝徒

皇子封建詩

睟表岐姿茂皇基慶祚融玉圭先啓國銀榜後題宮
茅襲封壇舊金頒瑞節雄恩添少海潤歡激小山風
抱拜殊藏紐敭言異戲桐燕詒光祖烈調護切宸衷

育德吾君子庸親天下公異時瞻出閤緜瓞頌無窮

比日

比日投簪隱孟峯列舍椽値巖因作漏仍磵即疏泉
斧爛仙棋路花飛佛雨天諫帷他夜夢猶在翠微巔

宿直

三重仙閤道家山寓直由來愿素餐漏近章溝先報
暝樹連温省未知寒蘭釭靜對朱花結芒帙閒披白
蠹乾前膝正宜無夜名賈生衰鬢僅勝冠

晩秋集晏太尉西園

邂逅翹材客乘秋共涉園淺葩歡所媚寒日醉中暄

目遠鴻堪送林深鵲自翻長年無所嗜惟有不空罇
造適銜杯酯情來念物華喬柯寒自籟荒菊晩猶花
滾滾飄談塵焞焞下日車歸騶侵暝鼓無復避堤沙

監中會雨禁諸公飲餞吳舍人梁正言富修撰

葉龍圖以計省不赴作詩見寄

殊庭詔蹕斗車回學省歌驪宴豆開孺子㰞開同放
筆景山鐺暖不停杯橋門細溜生寒沼經市斜光落
晩槐捉麈知君非興淺柱教華劇計籌催

和待制龎學士寄獻宮師陳相公

溢榮清溜接家田白首辭榮鉉席賢直使斯人歌晝

法復容吾黨記歸年五禽習戲探仙術萬法觀空證
佛緣閒道巖谿春更好許誰飛蓋奉周旋

次韻和宮師相公因待制龎學士賢年二韻易

川然兩字

龍樓一品亞台聯佚老歸來帝養賢商皓嶺芝追隱
伴胡公潭菊得高年客盤梅熟經調鼎宴渚舟横舊
濟川延閣裁章紆和曲玉音風馭共泠然

屢乞近郡詔不許

避賢求假左朱輪衡石通章觸罷頻十駕似駑寧取
道五能如鼠不藏身危心事國區區在短領侵年種

種新君惠轉深無報日長教猿鶴怨歸人

次韻和宮師相公南游舊山還及闕下二首

丙御蕭蕭上翠微故林泉石共光輝曉猨夜鶴知無怨得見山中宰相歸

武當宴席揮金罷鄭圃聯章驛霧成莫獨名山藏秘本別須留副在華京

答天台梵才吉公寄茶并長句

山中啼鳥報春歸陰閬陽墟翠已滋初筍一槍知採候亂花三沸記烹時（陸氏烹茶每以三沸爲法）佛天甘露流珍遠帝輦仙漿待汲遲（上都惟乏嘉泉故茶味差減）飲罷修然誦清句赤城霞外想幽期

和晏太尉三月望日

東南郊日上團紅浩蕩天區望始窮獨變暖雲如擘絮紛紛無事映晴空

和晏平尉早夏

寂春寥藹盡岑蔚夏陰稠舌反禽稀弄頭昂麥併秋直宜處臺榭稍欲厭巾幬可待蒲葵直思從謝傅游

晨赴書局

上直蓬山遠輕軒截九逵曉光銜睥睨秋色靜罘罳漸覺蘇裘做行嗟潘鬢衰鵷鶵自有志不羨帝梧枝

送謝處士南歸

歲晏心無著時清遁更肥江蓴縈箸滑海鳥傍帆飛鄉思生閩霧吟懷入楚霏趨庭多令子綵服間荷衣

和樞密晏太尉元日雪

寒雲萬里送殘宵釀得祥霙集歲朝繁影未能藏夜燎薄花仍欲伴春椒光含象闕蒼龍舞跡印鴻泥早馬驕豐兆歡歌誰不爾百官兼放五門朝

送連庶

之子遠參卿勞勞千里行萊衣因客變華髮著秋生遇鯉頻傳信逢蓴試作羹塵埃半通綬何地免將迎

景文宋公集卷第二十九

景文宋公集卷第三十

律詩

出潁上唐公張集仙相勞

去郎成悵悵喜見眼中人共東西崑帙（唐公與予同書局又相次）得郡（小字）來爲左虎隣年華衰意早酒所故情親後日孤舟遠離懷怯重陳

過肥口二首（郎晉師破苻堅處）

肥水縈如帶淮山崪似雲此時聞鶴唳無復畏官軍

氐醜矜凶甚臨流列萬幢由來不出項何苦欲浮江

初到郡齋

專城四十外（予行年四十有四矣）中石二千餘（予帶內閣故月稟實泉）曠日慙良術班春賴細書學慵前志怠身遠故人踈姑俟天藏疾雌堂日燕居

省分由來拙操心本自危十年今得調三币此逢枝攘臂貪豐粟裝懷倦許辭竹林誰見憶迢遞始平麾

行樂二首（五言七言）

行樂迢城闉仍逢搖落辰塢風焦栗罅園露飽梨津遠水多成浦高雲自作鱗匕丹無復得魂斷小山人

日烘霞底未成昏拊物驚年併慘魂李樹已僵生意苦秋蟲何忍食桃根

中秋夜不見月二首

天上浮雲不肯歸憑軒坐惜桂華西一年此夕無窮恨只是城鴉得穩棲

萬里重陰晦玉輪兔孤蟾遠託宵垠世間未必皆同恨亦有居心不靜人

木芙蓉盛開四解

木末芙蓉語當時不謂眞今來木末見愁煞擬騷人（楚詞搴芙蓉兮木末蓋指芙蓉以爲喻爾）

麴塵輕抱蘂宮纈巧粧叢青女由來妬憑君淺作紅

浩露津細蘸尖風獵釋英繁霜不可拒愼勿愛空名（俗號名拒霜花其實逢霜即悴矣）

千繞青叢外攜觴只自留晚花兼素髮同是一悲秋

仲冬二日使到頒翠毛錦旋襴

翠裘翢罷轉斯霞（皇帝十月一日禦衣襖中外頒賜衣襖）頒服諸方走使車泥和五芝中出詔錦裁雙獸織成花（錦作花地雙戲獸文）官叨侍橐恩加等（侍制官在京賜紫羅出外賜錦）例及和門賜有差（郡并賜在城諸軍校）坐襲餘溫身更寵不慙多病帶鐶賒

立春前二日獲雪

佳雪春前降層陰臘外留日昏霏霰集風定銲花稠皓氣皚皚徧繁光滚滚流灑林初亂塢拂瓦暗平溝

洞靈三雲仗山迎萬玉侯客車羊作駕仙鼇鶴供羞
只有歌堪和都無色可伴險堆憐傍砌斜逕愛侵疇
飄漾成遲落繽紛不頓休粉塘連北渚緗頃接西疇
興往惟思戴賓來但憶鄒絮痕侵柳動鹽影看波浮
宿莽攢瑤草長堤卧素虬正緣先畢雨伴欲潤天麰
應禱驅民疹前遣採屬致禱南嶽冬夏茲應呈祥滋里謳長人嘗帝
力歡酌仕言疇

聞歸鴈

故歲東南客新來西北飛聲迷江月老陣入寒雲稀
遠恨拋書素餘音付玉徽行人落君後擬首未成歸

薛道衡有人歸落鴈後之句

一百五日官舍作

晉歌本自傳幽憤楚俗緣何作勝游宴豆雕文誇瀹
卵俠場星影鬪飛毬光翻蘋吹都無力暖著花煙不
肯流擣杏沃餳紛節物更慙多病怯寒甌

書齋前栢八株森植翠茂

總總長柯上離離翠實疎休誇冒霜雪僅得守門閭
古語松柏爲百木長而守門閭

已落牡丹

世間最有不勝妍愁對韶華欲暮天已被風開又風
落要爲人羨卽人憐

淮山

不見當年叢桂枝空山崔崒但麏羣眠看春草萋萋
徧身是王孫未得歸

郡圃

側曲豔歌閑送日晚花初葉暗留春舞狂風蝶時過
樹啼熟林鸎不避人

小荷

濯雨拳紅展擎煙側鈿微才勝漢臣橐未辨楚人衣
矗矗間攢沼差差靜隱磯游防靈蔡重戲怯孺魚肥

莖弱從風嚲珠成恐淚揮文鴛不肯去始得蔽斜暉

池上

晚矚西池上池清暑氣微雲煙互明滅蒲荇雨因依
戲鰋來無定眠鳧久自飛紛吾刀筆慮逢此憎忘歸

淮祠謝雨

雨罷天披霧杓回夜向晨煙蕪出郊路燈火侍祠人
破月斜銜桂傾河淡掃銀三時此修報慙負駕崧輪

晚夏高齋看雨

雲族窮天雨足垂繁聲涼陣挫炎威圓荷萬蓋翻珠
琲綠稻千畦灑佛衣迎浪孺魚銜藻擲迎風雛燕入

樓飛原田潤浹吾農樂甕笠紛紛晚未歸

題挽鄧亭（亭學士楊彥所修既成而楊被名故僚屬共名之）

鄧守挽不任眷予番久留決非人所挽胡不理歸舟

到官朞月病益損樂職感懷

天與疎慵地人無榮進心死灰差免溺（奴弔反）棄杖卽成林主諾固多暇避賢懷所欽難邀潁川鳳敢望漢臺金（漢時太守增秩賜金）倚酒狂雖在前衰歲已侵恭聞容考績緣此未投簪

苦熱二首

夜火雖中氣未清篷頻練倦若爲情峯雲不動林煙

熱正爲蜩螗作沸羹

秋陽晝長不可度身被單葛如重裘何當急雨洗天地坐使清風還九州

七夕

開秋七日到佳辰里俗爭誇節物新烏鵲橋頭已凉夜黃姑渚畔暫歸人徘徊月御斜光斂婉轉蛛絲巧意眞卜肆沉冥誰復問年年槎路上天津

秋夕不寐

倦枕回尤數東方不肯明只將無睡耳終夜聽蛩聲

木芙蓉

芙蓉本作樹花葉兩相宜愼勿迷童子分明立券辭（齊時童謠云千金買藥園中有芙蓉樹正指此木芙蓉耳）

一作淮南守再逢霜豔新花前今日酒卻是去年人（予去秋已有木芙蓉酬曲故有是句）

酒[illegible]

誰刻優胡象來爲飲席珍不因君屢指幾（音洎）作獨醒人

觀舞

蹀躞趂繁會婆娑無定姸心知吾地廣長袖得回旋

峽石寺

滾滾上層巔飛空寶構聯山林楚遺塞樓閣佛諸天午殺中峯影晨香衆壑煙龠淪一水注開闢二崖穿旭日生巖鋒歸雲宿橑邊吾游常草草慙對社師蓮

寄獻楊州

平昔懷親友銷魂重遠辭于今急難地那復別離時脫木乾坤晚窮途日月衰憂餘曾得愠涅罷返無淄楚分多連澤淮居止雜夷持罇相望意不減見瓊枝

過惠崇舊居（崇工詩有名于世）

人往名長在欽風愍故居社殘連卽老園廢奈仍疎塵憶清談外雲經暮合餘徘徊視齋壁行草暗殘書

師善行草齋字多自題寫

雖昧平生契懷賢要可傷（予爲郡之年師之去世已一紀矣）生涯與薪盡法意共燈長遺畫空觀貌殘詩皝補亡（本院惟有師舊詩稿數軸）神則通一語無乃困津梁

哭郭仲微三首

倉卒聞攖疾何辜遂沒身哭筵同産子（仲微無兒唯丙猶子義當主祀）聞訃悵友人冢有邢山舊（仲微先塋在新鄭）天爲京兆隣想君齋志恨不使白楊春

我作魚符守君司鳳詔文（予出壽陽時仲微新掌誥）宅時談笑罷今日死生分怨涕翻縈淚悲魂引鄭雲山陽懷舊笛

腸斷不堪聞

謝氏雖多女（仲微有三女）中郎竟乏兒人生忽至此天道果難知一代英才在千篇故稿遺生平同翰墨不及鏤豐碑（予解郡時仲微已襄葬內相吳春卿爲作誌銘）

讀賈誼新書

誰謂賈生學兼之文帝朝死憂王墜馬生賦鵩如鴞被召宣溫密矜功繹灌驕勤勤論五餌史筆未机饒（班固嗤五餌以爲疏蓋不見賈生之功成耳）

讀史

昔事堪追咎斯人亦寡謀藏倉君側毀趙孟死前偷直筆空料理忠臣遂隱憂只應貽後世三歎廢縕油

讀巷伯章

孤節區區是愛君危言未達已危身豺牙虎爪銛於劍不爲詩人食譖人

對白髮自感寄揚州

四十還添四顛華鑷更新應從多病日遂作始衰人毀積方銷骨經窮先腐脣竟誰憐種種由此到諄諄軒冕間關路風波蹭蹬身兄今又過二何術耐蕭辰（揚州又大二歲其衰可驗）

偶書

遠作分符守猶爲持槖官易漂非待煦自栗不須寒鬢變屯年鬒心餘朗日丹過門休骯髒逢路定洸瀾忌刻殊忠告蘧施足面謾直緣蜚語入正恨飲章難墜後仍加石驚初更避丸讒箕元有舌僞玉獨無瘢任拔終傾藿雖憎亦佩蘭隴雲平莽莽林露夜團團且欲排孤憤還應覓暫歡兩岐行處恰五醆食時盤地善人差逸天高網儘寬戀軒嗟棄馬巢閣羨歸鸞楚嶂橫朝塞淮波漱暮灘空將西望眼隨日到長安

思歸

心悸眞摧櫓年衰逼異粻西征何日賦東走向炎狂

遂隔丞明謁虛稱建禮郎去都魂黯黯思悵涙漣漣見蔑慙紆綬逢荷誤索囊醒無經宿酒死畏乃存香前席初延問煩言已中傷修身曾久鍊繞指詎容鋼事隱或投杼根危任困楊陰收主父草幾務黨人章霧露淮天遥亭皐楚塞長平時猶有感爾日固回腸溪潦掩蒲牒洲風捲藥房旖區晴外遠山疊暝前蒼毒虺寒猶螫飢豺晝不藏若爲貪坐閣自此戒垂堂淪骨深恩在雕蟲緒業荒身孤惟夕夢時到黻帷傍

守歲

已覺新杓動猶聞促漏餘夜寒窮臘尾春色倂年初事往成追計身羇況索居明朝爲壽酒無奈故人疎

得故人楊備書

款款南雲信相存安穩不比年常厲疾茲地幸爲州浩蕩親知隔奔騰日月遒暴公初有刺孫叔竟無謀黑白蠅間變嫌疑李下求側身忘夙夜回首得沈浮士節何嘗屈君恩叵計酬洴封不龜手知罪一春秋言命由來罕逢辭敢辯庚紛吾常用拙焉往不離憂重詛勞三物揚芬避十猶虛弦落驚鴈眞月喘疲牛谷口輸誰隱周南愧自留延殘千騎長形勝二山繚寡術驅秦盜彌旬錄楚囚巫風那肯化祠鼓詎曾休

安取龔黃最□堪趙魏優闊然宣布曲直爾伴牢愁今子身東望思同智北游攄懷弄杯杓對帙理墳邱眷眷餘青眼蕭蕭共白頭姑營裘與葛隨度臘兼膢樠櫟人寧顧遺簪上或收狂言非所恧君乃惠施儔

詠懷二首

榮願日云暮安論輕且肥嵇慵元抱病蘧晚況知非餌落愁魚觖巢成羨鳥歸吾生江海志終不與心違

盡信書奚信難言命敢言竟誰成簡冊無客問乾坤値狩麟猶泣遭苻鶴乃軒滔滔千古事惟有付芳樽

聞蟬

勞君驚暮節助我思流年嘒若橫吹管繁如未破弦城殘斷外月林暝噪餘煙塊坐秋風裏潘郎鬢颯然

有懷寄同舍

不爲秋歸人未歸淮南又見葉丹時漢皇好少身先老楚客愁醒毀始酺夕棧長風驚代馬曉天團露怨江蘺夫君去我猶千里萬慮勞勞欲語誰

述懷感事寄子明中丞

久玷三雲從仍叨千石榮羸驅付多病怯計會無成出守非嚴助何年名御萌風摧向陽藿霜變度江橙晝閣勤聽訟春疇力勸耕遂慚循吏術姑促縣官征

害馬眞宜去勞魚實恐賴人心久忘戰朝議近論兵
戍鎖關南數邊烽隴右明將機猶嚄嘖賊膽尚縱橫
說士爭操牘（闕下獻方略者蓋千計）謀臣屈請纓已聞疲轉粟
安得但櫻城且急和戎利重尋澆酒盟安危繫公等
指授盡時英幸有千金募須容八陣精待衰曹劌鼓
長揖亞夫營刷憤宜修德時巡況作京（詔以大名府爲北京）天
方射幡冢力欲斬長鯨憲紙言常壓王塗日以清恐
心前席重直指佞人驚仗下霜餘凜班回珮倚鳴早
調黃鉉鼎催獻惡葛羹顧我摧飛語于茲類倒行鬼
神慚賈誼唇舌避君卿直道今寥落狂辭先猥并椎

妣莫邪鈍倀若小冠盲秦俗矜車甲周詩賦旆旌會
當須橐筆歌詠二邊平

景文宋公集卷第三十

景文宋公集卷第三十一

律詩

秋興三首

天地西風徧亭皐哀意生寒雲終不雨危葉自多聲
晚蟪猶嘶樹啼鴉忽度城默然孤客思年序共崢嶸
遙夕何曾寐孤懷有爲憂謀多眞逗撓師老但誅求
涮霧摩邊壘羌風殷戰枹吾生誠用寡歎罷只搔頭
先日二毛生秋來無復驚南風隨楚俗北斗望都城
塢栗霜開罅池蓮雨折莖停觴問大意何適付枯榮

不寐

風裊危檣浪泊船三更殘月下空弦離鴻過盡啼烏
困猶自愁人不得眠

送張司勳福建轉運使

晚花吹酒送行人迢遞風煙上七閩江海身孤雖戀
闕豺狼路靜不埋輪陽林擷露茶腴早側樹烘霞荔
子新毛竹乾魚仙祀古請君尋徧武夷春

舅氏自壽陽由京師歸安陸

道舊欣來駕銷魂遽遠離顚毛同白日（舅年大予一紀然予今已
要白）俗眼皆青時客飯稽留數（古詩趨令耕粗飯慎勿使稽留）齊醪酩
酊遲風波須畏險老大共餘悲楚莽先春動梁雲向

雪垂還家存別墅乞曾看圍碁

尹學士自濠梁移倅秦州

于役三年遠（君自經略西事出入三年矣）論兵兩鬢斑不憿征虜
辟（君再入部幕下）要作破羌還楯鼻應圖熟堠烽報未
閑浮舸背淮服盤馬入秦關遂闊雛書筆仍餘聚米
山憶昔乞勺恨遙向隴雲間

送蘭殿丞赴闕

共治清淮北面州（壽陽當日淮南貴治淮北下蔡）何言分袂悵夷猶
君還南闕雙龍下我駐東方千騎頭未落林花延別
酌無窮堤草伴行舟懷人想見勞勞意自此相牽更
倚樓

送黃寺丞謫濠梁

間關羈絆遠跌宕壯心違倦逐淮禽去欣同塞馬歸
時來宜且貴事往是耶非姑共春清酘徐徐遣世機

重陽前二日喜雨答泗洲郭從事

晚秋嘉澍潤焦原楚老相歡萬井喧須信甘膏皆帝
力使君虛凭黑熊軒（予下車六旬而蒙甘雨非百里隨軒之應明矣）
雨洗淮天旱氣摧正堪遐遠上高臺萸津菊潤齊醅
熟共助重陽辟惡杯

得杭州鄭資政書

誤拋荷橐別雲裘天賜疎慵臥治州轅下已疲猶戀
主道邊寧死不爲鉤風波路惡驚危涕蓬葆年侵變
黑頭獨喜故人恩契厚冷灰遺甑遠相求

答宿州王紫都官

當年弛鐙避清塵此地聯鑣喜故人豕角去冠休觸
佞虎頭分綬且行春謗銷不復投親杼官拙猶須讓
後薪酬酒爲君賡一曲江邊收得子牟身

答戶部何院王學士泊滄陵見寄

帩颿風罷到淮瀕草草停橈一問津大小山前懷古
地短長亭下未歸人林姿暗淡吞霞尾浪疊光芒受
月輪尙憶乞年故傳在襞牋題作郢中春

寄宿州王都官

倦把菱花照病容蕭蕭斑鬢作衰翁虞翻到骨終無
媚阮籍逢途但有窮敢望君恩收墜屨決須私計付
冥鴻銜杯後會何能定萬里驚飆一轉蓬

和資政諫議六章

初到郡齋三首

暫解樞機任來從江海閒浮雲富貴外一馬是非間
月朗生潮浦風香墮桂山蒼生雖係望要作治城還
我里誠云樂公今況釋勞秋尊不下鼓霜蟹恣持螯

林靜來晨蟪江喧入夜濤功成奮嘉藻寧欲傍離騷
温省綢繆罷鄉州偃息時鶴情歸不怨鳳德老無衰
月樹供園蒔仙囊續宴卮自慚淮守薄千里與言詩

東亭

左圃魚鱗闢前軒翟翅開虹將一雨罷潮送萬艘來
山淨秋妍露林虛晚籟回此時蕭散樂誰奉醉言杯

秋日西望

晚襟清曠屬層樓搖落乾坤共作秋正爲中山存闕
意得無平子側身愁

東亭

櫺檻餘涼日未斜海天相合碧無涯樵風不動檣烏
靜時見孤煙伴落霞

柔上人（年出八十夜讀細字）

行年踰八十安坐布金園指栢仍餘樹栽桐遂見孫
巖泉晨自濯經葉夜能翻顧我生多病勞師默遣言

奉和宮師相公流杯亭詩并太傅相公樞密太
尉和章次韻

築巖春脈下飛泉林閣留賓斂慶筵流水環階智者
樂醽醪飲吏相君權（曹參爲漢相吏有欲言事者參飲以醇醪使不得開說）和
歌遠屬鈞樞舊禊帖閒存爵里賢此地勝遊誰復見

醉波深映六符天

憶舊言懷寄江寧道卿龍圖

下蔡行差近金陵路更東切切成念遠咄咄但書空
恩厚容藏疾時亨遂諱窮祿慙千石守老謝一錢翁
憶昨趨陪日仍緣班序同（君始入閣掖予升內閣每兩朝同班）我生眞
寡合君量自旁通散袠疑皆瑩忘疲宴屢終聯驂屬
車後數會未央中禁樹排頭碧衙旗曳尾紅籠街接
騶士賜管鏤宮工慈亙分堯篚歌雲識沛風斯文誠
有屬吾道豈常隆秦市俄驚虎鈞天亟駭熊塵埃忽
蒙白桃李併來蟲貧次橫長舌飈輪走轉蓬歇芳間
鸜鵒縶灘問芎藭可笑矜疎節私憐抱朴忠望霄嗟
墜雨斂翼避虛弓尙忝銀符密貪誇隼旟雄玉魚供
晝啜（淮魚味甘色如白玉）珠米報秋豐（州貢米有陽羅光粒粒如珠）病久衰
還早身閒意愈冲虧全從月蜯喜怒任狙公急景沉
歡緒長波隔訊筒南飛俱似鵲北嚮未如鴻二閣懷
趨走（道頫直龍圖予侍都天章）重闈限鬱蔥惟應心報國丹赤鬬
江楓

喜連君錫過郡

稍稍客引去依依君見過胡爲困重趼正欲問無屯（古者屯爲人患每相見問無屯否）
飪黍驚方熟談犀省舊銚感餘祇

懶悅裒罷有蹉跎直取憂襟解聊從醉舁俄䅵行清
白酒隨意短長歌阜壤星霜晏纓壤塵垢多且應留
具僕同賞二山阿

答李從著作

身是雞翹侍從流單車淮上老爲州全生正似婆娑
樹不死翻成轂觫牛今日空名同地餅晚年歸計有
瓜疇慙君遠寄相思句不啻三逢採艾秋

答客

𧾷+遂子空虛甚何煩跪自陳攏藏不鳴鴈拱迮後來薪
櫛短三秋髮逰奔四海塵安能得所欲况是數奇人

和延州龐龍圖見寄

交戟多年著皁衣乞州初逐阮咸麾驚殘烏翮虛弓
笑傾盡葵心白日知偕莽騷人傳麗賦女蘿山鬼賽
叢祠千慙念舊殊非計正是朋游掉臂時

再寄

鈴下呼兒破錦鱗新篇遺我故情親鍛鸞遂有翻飛
日行葦應無踐履人讒毒未銷須刮骨上恩難報止
沾巾夫君何事材爲累短後征衣擁塞塵

次韻宮師相丞答太傅相公秋書

巖樹蕭蕭秋與歸師臣仍此襯朝衣羽觴聊欲同賓
壽玉體何曾待戰肥風補薄寒浮醉衽雨榮新浪撼
漁磯清篇自有夔龍舊方外相從屏世機

次韻罷相游故園

戟燦嚴門第鐶金倦帶圍如公三事老從古幾人歸

憶與唐公西湖

紅鮮高下照横溪勃窣含情欲上隄手攬緗莖那忍
折戲魚長在葉東西
荷花深處放舟行棹觸花珠碎又成與道使君迷醉
曲分明仍是採蓮聲時席上唱漁家傲予省是臨川公荷花曲又古樂府有採蓮曲使君迷

九日憑高有感

把酒憑高念歲華此身流滯屬天涯故園叢菊無人
賞露壓風欺只自花

望仙亭置酒看雪

雪壓春期蔽曙空憑高把酒思無窮光侵病鬢都成
白寒著酡顏久未紅淮滸亂迷珠鏬月柳園狂設絮
時風使君醉筆慙妍唱半落巴人下里中

望仙亭晚眺

日晏來憑檻要知刀筆休晚雲山曲崿曬飯客稽留
未覺清言減猶堪大白浮狂歌誰擊節只是自搔頭

九日置酒

秋晚佳辰重物華高臺帳飲駐鳴笳邀歡任落風前帽促席爭吹酒上花溪色澄明初畢雨日痕清淡不成霞白頭太守眞愚甚滿插茱萸望辟邪

清明日集西園

日日西園春思催攜觴結客上高臺正緣從事青州至更許書生洛下來（時州釀既美又命座客賦詩）早葉已成花半落新巢未定燕千回芳辰物物皆堪愛併作高陽倒載媒

峽石乘舟晚歸

晚棹乘餘興平川不駛流山來疑逼岸林度省移舟郭迴花仍繞嵓寒槎自留鼓聲風處疊驅影浪間浮候吏緣溪彴迎旗駭浦鷗嚮時天際遠還有望歸不

望仙亭書所見二首

危軒冠層堞永日付登臨寒鴈猶能陣喬柯自不林溪流橫趣鳴樵路側依岑西北雖堪望浮雲易作陰

南國冬無雪居然氣候迷柔蔬傲霜甲幽鳥逆春啼神鼓聲無歇樵歌韻不齊舉頭看白日還過大山西

冬日城樓駐望

城上危欄徙倚頻山來荊楚歲時新樂塘酒釅能留客晴塢梅花解笑人客鴈參差仍向渚貪魚撥刺不空鰭憑高更盡三吹角坐見霞霏爪半輪

西園

日涉中園路昌昌春意深鳥新無能囀雲暖不常陰秀色平連野芳姿細著林歡言挈齋酒值興即徐斟

二月十四日西園晚眺

弱柳濛濛密新花滾滾繁貪尋芳徑遠遂到落霞昏亭橑衘山藹池波撼月痕惜春還語客愼勿訴餘罇

齊雲亭晚矚

山暝日頻落天清風寖和樹花紅暗淡城草綠坡陁歸艇划煙去昏梟接翅過年華無限樂判作楚狂歌

西園三月十一日

春園來繼日疊葉暗東西蔭樹都成幄尋花旋作蹊沼魚銜尾戲林鳥合聲嚎寧暇并州問山公醉自迷

小酌感春邀坐客並賦

林下復池邊其如春暮天花仍無數落柳亦第三眠強飲非能劇狂歌不取妍流芳何與事只是自怊然

出城暫憩林下

下馬清林下翛然忘俗情山禽不辨種溪草卻無名露筍披斑籜風葩杌紫莖徘徊瀨巖溜未忍濯塵纓

晚夏西園二首

道樾陰陰衛畦泉活活流梨成津向潤瓜熟子相鉤

日晏坐中園清襟注迴軒輕颸逢葉動小雨得荷喧

望仙亭北軒晚思

北顧吾廬安在哉天涯望眼到天回碧雲向晚無情

合思殺離人未肯開

齊雲亭憑高有感

憑高極目意茫然坐對淮南搖落天空把歸心同客

鴈遂將緘口伴寒蟬一鐏醒醉黄花外萬事蕭條白

髮前誰取長弓射烏翼休教西日送凋年

晚眺

危欄眞可凭極目盡高原雙堠驛邊道孤煙山下村

高風生樹響寒水落溪痕坐見斜陽盡歸鴉滿翅昏

晚秋西園

西園來最數要是使君開塢有常眠石臺無未識山

池光兼日動楓影帶林殷鳥沒蒼茫外天垂搖落間

歸雲高杳杳晚菊正斑斑幸有齋中熟無嫌向晦還

景文宋公集卷第三十一

景文宋公集卷第三十二

律詩

有詔换淮陽

比出淮上守今移寶内州眞無弱翁治只是茂陵求

换節矜新假循襟釋故愁桑榆知未晚前失庶能收

閏九月晦日登舟二首

淮平舟未進遺緒悵依依勿訝王孫怨先如春草歸

二山皆在眼未忍去淮津三宿寧無戀況非桑下人

去州三宿入公山宛然在望

山長如不去三宿趁行舟未必緣人意祗能攪客愁

勸程方浩蕩回首更夷猶獨有相思恨因之東北流

同張子春淮上作

南風今日好歸棹上淮津川迴舟如葉山遥草似人

波光篙底動沙壘漲餘新誰信機心少溪鷗伴此身

道中二首

故歲南趨壽今茲北向陳淹留桂枝客還入玉關人

鬢髮都成葆纓瓖幸濯塵心知來往數不敢問迷津

檥船清穎岸岸豁見高原桑柘興煙路牛羊落日村

扣舷漁艇集爭食渚鳧喧去去風波事逢人未易言

晚發二首

候鼓遥喧岸行舟逆上湍輕煙著波面斜月罷林端
颯沓鳧鷖亂蒼茫葭葦寒使君何所憚便道許之官
曉瀨雖能迅寒流不復狂林聲散棲鳥隄影度風檣
茲歲方云暮吾行未渠央病身非汲黯安敢薄淮陽

宛邱作

宛邱眞善地承詔幸班春鈴下聽無訟日邊來有人
吟餘多感客睡足未慵身蟣蝨休相賀吾今湯沐頻

喜雨

險霞襲曉混屛翳雨勢連天決決垂溦火正投寒食
日催耕併及杏花時波生客清揚舲遠潤逼漁檝作

櫂遲把酒命賓聊一笑吾農喜罷及吾私

春晚官舍呈幕中

萬點飛花拂路塵行春罷後惜殘春雨催萵葉全成
甲風播榆錢不算緡多病已慚官綬束長年惟共酒
杯親坐題吏諾君何怪只是漣漪素食人

一百五日作二首

雨龍飛花徧緘愁對晚杯客心將煬竈同是一寒灰
客舍已蕭寂況逢龍忌辰何煩用火禁自有不黔人

滁州趙學士重修懷山松樓

丞相懷松罷因之名郡樓使君嗟久廢華棟鬱重修

人世興衰換山川久遠留落成今日宴感舊向來愁
西北天垠曠東南地脈浮雲生蘭葉橑月近蒜條鉤
樹雜猿呼瞑風長鴈送秋此時如極目歸思恐難收

暮冬城上晚眺

城外斜光角已催城頭倦客首空回星霜半落凋年
往天地蒼茫暝色來千尾昏鴉愁迴成幾蹄征馬思
窮埃使君與罷唯無緒不是登高能賦才

按務東橋駐望

岸峻雙旌駐橋橫一水長凍舟眞欲住低鴈正成行
發發天含籟稜稜野雨霜停驂重回首直北是吾鄉

行春野外

綠野陽膏動春旗出曉衢川長羅後乘林轉隱前驅
早蘂紅黏杏輕苞紫綴榆桑郊不敢問直爲使君愚

登清思堂寫望

迢遞陟城隅飛軒浩氣扶春容來迴野天腳入平蕪
暖吹時披拂晴煙乍有無耨痕經雨徧村逕值林迂
長序初休馬荒陴稍集烏水生蒲澤滿林缺弩臺孤
客思紛難泊愁襟愧自拘久之成悵望西北認皇都

寄公序資政給事

再分銅虎濟侯藩別後兼聞素領繁契闊不成歡

馬急難空念脊鴒原壯心干莫年作鈍世路風波滾
滾翻轞鎖虛名應只爾早同嵇鶴老邱樊

答翰林蘇學士

間顏忽見故人書作得雕章念索居自是儀尊饒清
水敢將吾笠望卿車流年遂往蹉蛇在末路雖還連
蹇餘彈飾舊冠猶有愧別來蒼鬢不勝梳

喜翟頴先輩至有感

門下客逾落胡爲君見從墜餘仍顧甑寒罷始知松
休計流光邁聊欣此地逢已甘漂似梗寧止啞如鐘
仕路惟希退鄉評幸見容病偷它日壯衰作長年慵
世態同波蕩交情敵酒濃好堅歸去約相伴老三封

原本此下至卷末皆佚

景文宋公集卷第三十二

景文宋公集卷第八十一 原本卷首第一頁佚

表

代鄆州王資政謝上表

臣某言奉違帝幄甫涖价藩切三輔以聯圻長萬夫
而督政感隨戀結榮與愧并 中謝 切念臣本以中材
弗期膴仕先帝拔之凡庸飭以榮寵赦夫用拙之艱
許其效智之實與聞國論參服臣鄰自爾叨食寖浮
沾恩逾厚越逢下武丕荷隆基垂念舊人之庸俾行
丞相之事時惟物議謙有未遑介于兩宮政亦多故
而臣荷知人於眞聖念在耳之緒言冀罄朴忠歸報
明辟執據典刑之重傳會幾微之宜一心事君朝廷
尤恐千慮期得夙夜所強守無媒孽之乘果從災異
之免六更年籥三易守符嚮沐召歸再加拔拭始由
樞省俄正台司臣亦知遺簪蒙顧之餘鳴雞失旦之
役方且擇典之令保節之甘慎獨閑邪誠明遠悔歷
榱虞棟幹之撓折足畏鼎飪之羞漸冀協恭□□同
底其如窮陰難恍槁質易衰病目眩於臨文蹇步疲
於拱著三吏者彌綸庶采外朝者景式辟工苟容具
臣焉謂彼相輒啟還於魁柄謀退保於餘年危悃上
聞費辭貽瀆敢謂尊號皇帝陛下納之大度惠以有

終延聽聽於蓋高寒煩言之先入時推麗澤用獎告勞升冠採階崇兼禁職擇濟漯之津奧距齊魯之富壤垂許輿州漸令佚老前贈天邑無勤象闕之思右晛鄉疇易及角巾之計由成至此大造難酬伏况幵測屢空稼茨其稔室盈杼軸無乏於二東吏勸農桑明宣於一札願覽幵爪冀力循艮邇邇綴以方遙注孤情而奚極臣無任

生日謝生餼表

臣某言門弧蓬笥私誌於始生牢餼坊尊旅需於蕃錫感親懷之不逮媿君貺以無從登受以還臏榮罔寘中謝 切念臣代惟羇齒才本拘儒乏于內之美獻與惟幾之秘甕幽而當黜日儆於攸箴求不爲瑕上脉於大度然而拙牽其分志奪於衰始蒙晏晏之風寖介庸庸之福何圖暮齒彌示矜憐因震夙之有初憫劬勞之永謝特頒多物俯續頹齡鍾庾陳庭餼饔嗣道回望秋之蒲質更使欣榮駐爪日之缶歌仍賚宴喜斯蓋尊號皇帝陛下懋敦邦憲欽待臣鄰因舊體之則然諒孤生之曷稱撫躬銜遇縻踵爲酬臣無任

讓恩表

臣某言欽柴已事湛露函禧叨與祕樞均推渥典席恩徽之累下捫心極之有涯敢援吶辭祇停蕃錫中謝 切念臣久塵幾緈無補纖猷仰就德以日躋罄小心而昭事惟宗秩禮震動殊休歷款先祠而遂見閟宮裒對上靈而升侑文考光華接於旦暮汪濊塞乎天淵內惡衰殘法當侍從禬如進揖等善於魯儀肅若動心但欽於漢瑞獲紆不敏之咎已銜大庇之仁敢冀膺明首褒機管錫之崇號訓以懋功進三品之美階加八柱之榮數靜言匪服祇足增慙且夫禮行於郊孰非展宋勳在于策斯可勒歸苟日罔功率爲不稱矧當三接之地尤寄百度之宜寵既白明勸將何有伏望尊號皇帝陛下矜立志之難奪靡間於匹夫察過令而必收罔論於渙汗再還虛授庸息犖言叩善聽之彌高露危情而偕極期于從欲是免濫官臣無任

代進新稻雙竹詩表

右臣等伏以層城仙籞順動於王游區稻町篁紛函於天施仰邀中召與覿嘉生奉觴飲以屬厭激逢心而感發恭惟皇帝陛下勤勞訓道間豫凝神聯漢氏之離宮有周家之靈囿特伴淲浸臨蘀吞梳務知五

稼之艱式扈九農之勸箭筠其茂雖苑所珍強幹繁敷秀莖歧出本至仁之普氾萃靈物以鋪棻警蹕紆行臣隣拭目樂崇邱之允殖藹折俎以均歡內荷帝慈竊推天意一禾實穎準歲取之且千衆節其苞示世支之維百臣等共慙禱昧適遘亨嘉敢抒賛詞少陳上德慶千齡之累盛維以遂歌恩五降之客彈安能中雅方塵睟覽交集靦顏臣等謹夙夜齋沐各裸成親稼搬新稻儀鳳閣雙竹詩二章干冒宸嚴臣等無任省循狂斐慙懼屏營之至其詩謹繕寫隨狀上進以聞

謝恩表

臣言昨以遺勤歸之慶贋序進之褒尋逃讓封函煩敦詔棠心慮於再瀆君貺難平軍遽拜受以還榮悸參極 中謝 切念臣學纔半古智不兼人參莞斗樞竇周閭籥仰丁至治丕遹舊章恭抗嘉壇肅侑上帝美祥來答繼日月而可書渙號遂行塞天淵而交抃惟茲郵祀之重實與相儀之行早苦病衰僅逃跛倚猥緣近侍亦賓賞科慮塵不借之猷慨罄自知之訊冀還遲縟少息震惶而善聽既高危心終隔固執其介則遑聞命之恭夆忝其榮以圖保往之報然念茂功

匪建美號前加品章表於魏階勳杜隆乎楚級茲爲嶽數曷允師言此蓋 中謝 尊號皇帝陛下能哲有初推仁無貳獎纖塵之益以勸事君法景風之來速其行惠俾夫無狀叨厤懋官誓斷斷於公心答怲怲之私覆無任

代謝進五箴獎諭表

臣某言伏蒙聖慈以臣所進金華五箴并序特賜詔書獎譽者贊言通諷竊抒於危衷善聽作謀猥煩於褒答荷擇焉於乃聖赦斐然之所裁訓獎垂頒榮悸參處 中謝 伏念臣稟生蒙昧典學迂踈亨會相借仕途寖膴早緣佔畢之伎久侍擁經之游天縱睿姿日隮茂德大山盤礎無俟埃壒之增時雨沛流安施浸灌之力悉蛇就綴拱默窮年琑琑者佩璲之長尸官自豨坎坎者河檀之伐浮祿既多因輟講以偃休偶臨文而采獲以爲千慮而得罔間至愚百官攸箴趣無闕政堯仁率俾有謗木之求周道其興存庭燎之戒由是旁緣前誼紬繹費辭宣之使言本由善治之及入告于內終謝斯猷之宜敢謂尊號皇帝陛下綜成務之閑察邇言之陋貸夫淺慮諒乃朴忠收爲瑱之寸長乃均犀璧枉出緡之慈諭迴比日星刻誦楲

罔孤危知免誓雖從於九殞靡忘補於萬分

代張屯田兗州謝上表

臣某言昨蒙恩差臣知兗州軍事兼管內勸農事即於某月某日到任訖初違左城出領東藩千里而遙萬夫爲長即宣寬詔用慰斯民臣某中謝竊念臣門素地寒器楛識褊陶師儒而有漸苦捍格以無成遠事先朝已參著定親逢下武繼被采收有皆短之五能乏至愚之一得滋官未效滿歲輒遷比濫使軺獲提京邑式瞻周道慶在隰之有華祗率漢條期墾田之可問雖希盡瘁寧賦用多合首林沙用懲竊祿詎副尊號皇帝陛下葦然善養豁爾兼容山有疾以務藏日容光而必照黜幽未寘疏遲更優頒禮上臺假麾廣曾伏況量衡所協近經虞后之巡壤賦有差恐載夏家之貢禪闓在望儒洲成風家被復除人知廉愧謹當奉揚成訓昭體至仁舉燭解琴冀動咨於典訓揠苗傷錦敢徼罪於官刑論髓在茲析肝何喻

代石少傅謝恩澤表

臣某言伏蒙聖慈特授臣姪孫某某官者聖澤下頒詔綸有煥慶叢閫閾光動里閭中謝伏念臣退迹煢煢餘年種種向叨儒傳之秋許懷家巷之安養且有仁德將焉謝近綠誕聖之節更陳延賞之求伏蒙尊號皇帝陛下大度包荒至慈及物甫從人欲即霈臺恩孝治方隆許及宗親之末衰容無狀更流枝葉之榮揣分既逾糜軀曷報

代人陳情表

臣某言聞父之於子天性也親才而下無能君之於臣善養也進賢而黜不肖蓋智昧於物必間乎有室之言剝位浮於人曷逭乎爲邦之典所宜知退敢用敷言竊念臣先故蕩微謀獻局隘神宗之啟英彀早玷采收眞聖之御寶圖繼膺進拔與聞外廷之議供奉層禁之中申侯之取不疵本緣君愛隨何之儒既腐寧濟事功會新廟之顧成啟長君之善繼伏遇尊號皇太后陛下寵綏大業慈護孳元參日慎之繁機迓天平之至治俯矜無狀之吏是爲最舊之臣不忍遐遺更加進越勸華光之講每踐禁規非倚相之能曷裨王度居多三陌以自勉庶幾一得而上酬其如槁質早衰窮年多病舊痾每作請告移旬賴天造之好生俾爾齡於末泯罔許乞其骸骨姑復峻其寵章拱著寖隆害盈可畏而臣逮茲歲晏愈覺體尪鬢髮彫殘齒牙缺墮每書笏進對則物物忘遺或踏雞夙

與則岑岑昏眩膝搖多痺目暈有花習靜有若於尸居強飯不知其肉味常慮先犬馬之一旦玷鴛鷺之多儀孤繡扆之詳延傾霜毫之抨劾儻不知止人其謂何重念臣家本力農世居汶上先疇咸在編房未移自東帶立朝去里之情彌結且小人懷土樂生之願茲深迫此桑榆之期願諧符竹之請先朝成例故府可求伏望皇太后陛下推惻怛之至慈憫幽憂之舊物謂少盡其力則藉彼驅馳及老無能爲則終之收恤特垂開可俾即便安然後治將蕪之田爲有歸之地勉茲殘喘奉乃化條稽庚之積損成衰儻諧養療漢人之不死而活敢忘糜捐罄瀝由衷仰希得請

代人乞出表

臣聞物勝於權則衡爲之殆馬竭其力則御速於顛蓋以器循量而易施材過求而難勉是以功名之際惟髦士可居強力之容匪暮年勝任將傾危懇敢援斯言竊念臣本以邱樊託于經術幸逢先烈超備從官服上教之斕文因至愚而取信出入扃禁無所建明履歷藩宣茂聞條教尊號皇太后陛下尊號皇帝陛下奉承謨訓過聽空疎簡服在庭兼容如地雖百度之治咸使與聞每萬機之餘常參勸講七周成歲訖乏寸長惟君知臣足以驗其無用惟國有典不可追於黜幽且臣自知甚明內省尤熟以一介之鄙賤丁千載之會昌邑戶餐錢非祿之不厚高冠大佩非位之不崇同僚皆賢非志之不合處奏多可非言之不從固當勉服攸箴謹修爾職答乃聖之眷遇爲斯文之寵光其如犬馬齒衰桑榆景薄中年則病奪其壯晚節則務傷於神辨色立朝足居多於跛倚書思記命目不辨於馬烏而臣頃自去秋願辭近職上恩不聽寵遲就加逮罷俛以近茲且惷昏而益甚事皆忘誤疾愈厖癃顧四體之已疲宜一辭而後止重念臣之鄉籍世占鄆州既託枌榆薄營產利不勝首邱之志願諧符竹之行庶及餘年聊蘇疲瘵況前朝邢昺本貫曹州亦自禁廬得臨鄉部臣今所請似有前規伏望陛下念舊物之不可遺憫孤生之老且至特垂寬詔俾守先廬諒亦大君進退之間微臣止足之分萬無纖介可貽累於至仁一切便宜尚力思於卧治仰干叡鑒伏俟嚴誅

伏陳州章相公乞致仕第一表

臣聞器有所極強之者必顛志有所安違之者將敗是故智士不窮量以邀受仁君無咈願以責功內顧

危悰敢援茲喻伏念臣姿力駑下術略迂疏蒙幸中人之才待罪宰相之府寵與時進負隨日深謀謨弗良彤彖相踵羌夏有未纓之醜關陝多無聊之人舊盜跳梁聳酋煽結杼軸罄於編戶杼皮蠹於遠方上貽焦勞外讙謗誚咎不臣執罪將孰歸比者荐瀝肝膂願乞骸骨冀蒙不識之竄以贖安用之辜陛下包納荒瑕親喻戒飭須訖郊邱之享乃許印綬之還褒亮所加諄慈兼至臣此時外迫大誼中忘至愚敢偃游以自安輒惶恐而視事然而智慮淺局年鬢頹侵短臂屈長袖之前疲足困新羈之左靦然尸位倏又彌年所賴陛下以百姓為心天下為度捨末爭而納戎帳之款指滯積以撫邊社之和克展上儀遂布鴻度永惟橫目之庶方就覆盂之安臣之及茲可謂天幸過此不止其如罪何雖大度之見容任輿議之難遏抑又聞當退而進者悔必及宜黜而用者傷必多高位乃身殃之媒厚祿為衆怨之府借令臣冒厥明戒苟留上司玷廊廟之儀形被史家之貶戮死有餘咎仁弗忍為伏望察如丹之誠憐指景之暮遂容納政早獲省私亦不必窮喋喋之言乃垂開可惜齪齪之謹妨用浚良虔冀曰俞誓無但已

代石少傅賀南郊禮畢表

臣伏覩今月二十五日南郊禮畢者國祀告竣天行歆至慶騰方夏懽浹綏紳竊惟恤祀以誠有國之大節饗帝為報唯聖之上儀矧三歲以躬行合百神而並職本朝所重縟典攸先恭惟陛下誕受葆圖丕承前憲躬自儉薄政實焦勞百穀已登坐躋仁壽之俗五兵雖用常戒忿鷙之師是以列緯澄霄尤祥駢牒用懷景貺乃講鴻儀申敕庶官駿奔百執款殊庭之祕奧覲清廟之邃嚴遂及郊邱祗奉圭幣儀必及物史皆信辭樂六變以咸和合袛乎天地禮三獻而不怠虔對乎祖宗熙事備成至靈歆感逮彤輿之旋軫坐甓闕以推恩澤與雲翔俾萃元之吏始命先郵速包無外以相歡照洗故疵導迎新祉臣幸還所事繼屬縣痾留滯一纏空羨落梟之遒羽蹣跚三陌但同陽藿之傾心引領私門注情神闕

景文宋公集卷第八十一

景文宋公集卷第八十二

表狀

代南郊乞姪男恩澤表

臣伏覩七月五日御禮以今年十一月十七日有事於南郊者協華之盛茂擁於神祺拜貺之行親紆於詔蹕姑戒嚴而措事先誕告以揚庭發號崇朝均驩有截臣伏惟陛下嗣聲遹駿覃化淵泉躬夏后之勤邦體商家之恤祀會先玉帛之至樂包天地之和紺席圓壇講令芳於百物寒門冶谷交肹蠁於萬靈善制允諧先庚惟謹極承平之巨麗究卓越之盛容頒艷飲和胥勦企澤而臣濫名郎舍繫籍京臺延望玉關之門阻從甘泉之簿尙傾危欵仰託至仁切念臣有親姪某早習義方粗親章句有年及室無祿代耕而臣終鮮銜悲亢宗靡託惜其孤苦勵以進修不勝猶子之情願遂起家之志庶及禮成之日許推世及之恩伏望陛下憫臣以服事四朝哀臣以年踰七十獨玆童孺久漏恩私儻參一命之餘俾紹閭門之慶則臣少盡其力知有報於弊帷死且猶生誓無忘於結草

代謝加恩表

臣昨以虔貢露封讓還渥典吶辭雖達善聽靡回煩深詔以爲言俾斷章而趣受拒恩難瀆拜賜奚勝切念臣稟質至愚逢辰最舊久參宰政訖乏寸長竊竊三歲常郊萬靈介祉翼翼文考推以配天實實閟庭盈而並薦得陪顯相協蕆上儀居謝徐生之容無裨伯始之問何言飲至亦與疇勞內積冒居之慙慮開觖望之隙丐收茂渙用穆彝經而遴布俞音愼行出令廢其悃愊敢以寵靈表雲臺之美名賁巖廊之要望階章魏品之峻勳杜楚官之華參萃于斯爲榮尤至得非寧賞而僭在邦體之則然匪汝爲疵恃君養而無恐輒瘖數錫增激懦衷此蓋陛下斂待臣鄰懋明憲度祿以爲砥冀磨鈍於人賜不踰時示勸能於後遂令緜薄首被慶私惟百慮以勉修期萬分之稱報

代生日謝賜羊酒米麵等表

禮本自生劬勞之常感寵加多物錫予之至慈荷君所之頒分動私門之距躍切念臣系承單素仕遘亨嘉緣朴移忠因儒懦武進貳惟幾之地間闔甚衆之言舛命自嬰親闈見背亟蒙勉詔還攝攸司楚臣離散之魂胡能立事漢后囘容之庇居不爲瑕屬宸肅

之初辰動沈緜之深嘆陔蘭隕露遂無欲報之期門矢生塵長結巳孤之想敢謂陛下俯矜餘息中獎有家雖當惕景之餘亦侈陳庭之賜仰緣滋旨更極擢號收景西山還齡司命不家而食頓荷於扶衰有踵可磨敢忘於陳力苦言增訥感膈奚宣

代陳情乞尋醫表

臣聞周家作誥首誡於瘝官漢氏著儀許從於移病蓋大君寬疾之念推至仁善養之風三最有聞乃嘉其與告千石共治詎可以尸居迫此厄殘所宜引避臣切念臣材姿幺譾系代爵舉之典樂以名家濫諸生而充賦親逢乙覽遂中丙科屬家難之繼鍾逮龍驪之十攺一命尉平南部載調掾於北軍當三輔浩穰之間森乎條教會萬乘齋居之隙多所平反棘署尸丞芝函僭賞升佐鳳岐之郡政俄假叩蜀之使符舉畏亂繩坐虞傷錦伏値陛下丕承在旦渙號均禧擢於六尙之班隸乃一王之局孰何貸責寢舍如地之容極陋揆能終費坎壈之刺庇于大庾及此再麾當江漢之方思得士風之樂甚修方有序論報無階而臣屬自去秋寖嬰末疾卧閤相繼握臂鮮悰髮從白而得衰目視朱而成碧步趨與齊跛之誚沈痼均漳竄之嗟乃至束帶愆儀班春闕政事委丞掾之決食失匕筯之滋每廢忘於臨文專幽憂而玩日曠僚已甚竊祿何顏誠以臣荷寵至深謝生無所身非稱服自速子臧之災少不如人矧迫田光之老豈可机枯株之蕞質叨細札之長人竊飽於太倉之糧據貴於東方之騎汲黯之病甫力卧治莫能楚客之魂久迷些招徒爾輒圖藏密以便養痾欲乞聖慈特聽解所居官許令尋訪醫治伏望陛下曲成在念慘愛凝懷俾得謝於中年且博詢於高手益調名劑丐永餘齡仰特生符苟焄蒿之未泯誓於死節罄精力而仰酬係戀無階震惶惟極

代乞自試表

臣聞能銘能賦古可爲於大夫自衒自媒士或譏於醜行然則被彌文之化咸欲露其中穌赦大言之尤姑議程乎豪俊敢沿茲誼俯導微衷切念臣代系單平藝能空闇曩由鄉品上與計偕親逢正守之明覆實攸司之奏擢於寒目列在秀科禮局補郎方州從辟未操使割舉迷從政之方不穡而禾坐費代耕之廪在寬闈教惟疾是藏幸紓萬坐之刑入會三年之課斷溝枯木宜絕齒於犧罇荒菜槁苗豈望成於嘉

轂然臣自幼承樂逮長從師久剽緒風罔遷異物自恪勤於簿領頗廢忘於緹緗至於洮汰舊疑踐循雅俗足曲歌轅之末細辭呻畢之餘時著于篇未能自黜譬之采綠且無襜匊之盈均乃鳴蛙奚助官私之地伏遇陛下順稽古制駿惠先猷溢衡石以程書交公車而受奏稗家九百實俟從容之求書錄千餘追復文章之盛鴻檄所鑠綿宇嚮風矧惟孤臣久陶上教宜倡先於南闕答厚養於中阿切用連章具存別錄表求自試敢邀過聽之私人不廢言或俟聖謨之擇輕塵皇覽悅集深憂

代轉戸侍充職知廬州謝表

臣伏奉制命特授臣戸部侍郎充龍圖閣學士知廬州軍事兼管內勸農使者寵加無狀願出所崖熯汗不收捫心增腆竊念臣憃煩材品捍格藝文早汗署堂繼持從橐慶親逢之在旦託私蓋以如天既負又乘宜疏而稗書思翱簿絶紀於半勞計過夜分未知其寡悔且復禀生多病中年蚤衰目若眊昏氣多輜結愲愲臂肉計日減分種種頭毛從衰得白或卧廬請告或伏枕彌旬亟昧死以陳章願出藩而寛疾洪惟慘燮終爾倚違如臣至愚自卜已審非不知高門之地邇帝所之凝嚴承明之廬爲仕途之極摯而命奇智困禍過災生跛倚不足以相儀忘誤無容而置對起訖還卧自取晉臣之喑否終弗領誰任義爻之咎罔虞三瀆頻紊四聽祈天必從誓死不朽豈謂伏蒙陛下深仁念舊大度匿瑕收電霽威回春振槁憫以尸居之氣察無它惡之腸更進文昌之貳官尙領河圖之祕禁擇其善地許以再麾本緣偃息之私更遂便蕃之數臣敢不勉修治體徧諭上仁循致樂穌少寛肝昃至於遵宣尼之慎疾訪周氏之全醫冀及平彊再陪訪逮出奉會稽之最非敢告勞歸成麗正之書誓無私恨逢辰論報沒齒爲期

代薛資政謝許住京養疾表

臣近以久疾陳乞外任伏奉批答且令在京就醫藥將治者卧疢彌年未諧有損乞藩上奏冀獲自私狀危懇以下文枉温辭之垂答深仁下濟槁質重蘇切念臣偶藉嘉亨入陪丞弼師師之訓無補官箴兩兩之符屢干台象緣食浮而取謗遂禍過以延災肺腑爲痌腫息交還獲解中樞之任尙叨祕殿之名特免造朝以便藏疾官無三最亟煩予告之恩祿乃百壓居畏無功之責緜跨涼燠常備苦甘前愈未臻後劇

還甚竊謂已疲之馬難望君軒之前遂枯之根決無儀器之望輒祈近服庶續殘齡蓋且不得已而去邦非無情於戀主孤心如隕危涕自零敢謂陛下大惠不貲至誠時克曲矜舊物昭布大言慮下國之既遥之上池而取効俾留神縣庶就嘉醫屈原之魂九升招還有漸魏犨之病三百距躍可期獲延朝菌之餘誓畢夕冰之報

代謝加職任表

祇膺洪霈伏積深憂竊以鑾坡爲侍從之榮天禁居郡國之首唐垂四禁之制謹中命於時幾漢列三輔之圖慎觀風於大衆必咨邦彥始允公言竊念臣材出下中世惟寒素先皇帝識自無聞之伍擢于尤異之科歷玷仕途窺寖王體九德咸事之世叨服上仁下官不職之誅幾煩深刻內惟陋寡姑守樸忠慎夫緇磷之遷安于庖祝之分屬以重明紹纂慈治協宣樂鼂鷔之守成祗循先憲均山藪之藏疾垂采空名入玷星垣預裁芝誥昭昭天采罔禪灝噩之風坎坎河干坐愧淪漣之刺方議免冠之請以懲襮被之風敢謂陛下慎緝邦經佩明官式謂鶴長鳧短難強於姿材而兎極犬疲可矜其悴盡俾條久次推進茂恩升嚴署之重深兼神皐之穰劇永惟二事宜得忝髦詎兹無狀之臣可玷煩能之舉雖祗成命曷弭類言謹當精索隱微勤居夙暮君如堯舜奉丕律以修詞前有趙張按成規而措事庶逃尸監上答睿明

代楊鄆州謝上表

蒙恩授臣知鄆州軍事兼管內勸農事即於今月日到任上訖謬分左契臨長東人提千騎之雍容有六條之森備出麾有幸坐閤增榮切念臣箕斗虛名邱園微介決科僅中論績稍遷遺明辟之纂圖忝望郎而升秩用惟枯木不自先容紉及秋毫罔非帝力但罄如絲之亮曷知媚竈之求終賴洪慈免其大戾甫周一閏更典三藩銜寶藪以見容負支離而竊祿昨緣使道獲遂造朝許留數刻之閑俾與百金之奏俄煩節召改錫袍紋追躋冕之爲榮均解衣而拜賜胡然頑陋縻爾寵光斯蓋伏遇陛下遹駿先猷涵蒙庶品謂乎俎豆之無越矜其丹雘之可塗曾不疵瑕猥從器使伏況汶陽疏壤叅道遺黎昏作屢豐敵罷俾乂雖屬河公之近決不妨田畯之有秋惟冀至仁少寬中戾臣敢不內循丕訓上體寶慈列三壤之埴壚勤修稼政變二東之杼軸底慎邦財黛臻樂職之風

冀贖浮人之刺

太后表

驟違天咫祇率星言趣四牡以載馳戻萬夫而樹政大東之奧剖左爲榮竊念某智木顓蒙數惟奇隻早辱縣官之使遂代上農之耕曾乏所長仰裨乃事支離有素居延受粟之譏樸屬而生久玷能官之詠連更郡寄再覲宸嚴清明會朝與陪於有著好醜必上令盡某所言復加五品之章以示百城之寵洪惟幸會夐絕擬倫斯蓋陛下仁篤好生惠深藏疾扶盧直鑄各盡於有能溢海附山或取其微益俾茲惷野尙玷寵私矧汝上之名藩本魯初之奧壤承平在旦富庶敵風臣敢不律乃羸軀撫茲善俗中庸厥履日夜以思束矢鈞金體欽哉於庶獄杏華菖葉誠勤止於斯民少寬當扆之勞上答包荒之賜

代孫侍郎謝加龍圖閣學士一表

天臺封札忽被於瀶姿神閣置圖俾陪於清綴即支離之病告參汗漫之仙游崇讓無從省躬增愧切念臣材非傑出世本曠僚志安草茅望隔青紫遠串眞考擢備從官預擁橋門之經俄待承明之詔力非稽古陳車服以既多義乃不耕食囷禾而太厚託上仁之兼養匪予取以見疵訖乏寸長以終云補陛下丕承在旦善貸均休念舊物以軫慈由至愚而取信每緣霈洽薦辱進陞出則陪清道之遊入則奉邇言之問龍光所集儒者罕借頃緣匪服之災迭遘負薪之疾氣一交選體不自支涉月卧廬移書請急方將再拜歸道漸露乞骸之求百工咸熙少息瘝官之譏雖私悰內斷會成命已頒謂寶構之凝嚴號文林之極摯青蒲規地近接禁林朱葉藏文居然帝所以原簪之未弃俾龍署以明榮嘉亨允鍾夙暮深計且臣忝識大分久服近班伸於至明詎不徙讓又被寵先帝結犬馬之戀深歸報二宮慮桑榆之日短苟逡巡違命偃蹇懷安上孤圖任之私下取自高之譽臣雖無狀寧昧所歸輒拜貺以自天誓糜軀而有地儻神明之觀未耗而筋力之能可求尙當夜思晝行克守無邪之誠早入晚出懋敦時敏之方展四體以上酬泯百生而後已

皇太后表

華戸病居方累支離之嘆蘭圖祕構忽塵清切之司駭細札之已行躍羸軀而祇受一辭罔遂三省增慙竊念臣學術本疎行能無算起家東鄙玷迹周行紓

眞聖之謨知偕邇臣之旅進淺謀料事無助幄中之
籌直道干時常貸道邊之死計功未效僭賞云多尊
號皇帝陛下察無它腸垂矜舊物忘其遂顓之陋飭
夬犧木之文超狃神深薦陪講勸而臣將身寡術匪
服挺災及此首冬繼成淹卧造朝希闊伏枕纏緜且
念舊章不忘臣則無胡廣之智大事垂問臣則乏仲
舒之才在九罭以不盈去雙鳧而非少宜先引避以
肅懦貪私計未行洪恩俄降罔示汰澄之責更階嚴
近之資臣夙夜自惟揆卜尤審且下之知止蓋一身
之謀上所戀官爲百辟之舉苟日圖大無容後公詎
可違忘先帝之恩近矜小讓之節臣知非是物誰謂
宜用僶俛以拜嘉勉婆娑而陳力冀調醫劑益就平
彊厲乃樸忠絶其吐茹庶追玉堂之污少裨黃髮之
詢一死可留期報恩而不朽三軍能奪誓刻志以無
渝至禮不文感悰奚隱

代張相公乞致仕第二表

近以寖迫衰年敢歸宰政仰紆聖詔中祕俞音抱感
雖叢撫情難隱伏念臣材資素下世系本寒先帝擢
自草茅飾之丹艭不知駑鈍之素與聞政事之宜位
過其涯民胥多謗時屬陛下茂溫文之懿膺匕鬯之
承實參乃僚俾輔成德親奉清明之始已階極近之
聯廪賜日優名器雙假自爾秉旄在外者再當軸居
中者三責任併加謨謀弗稱羣臣之所同悉上心之
所自知遭時治平客得無吝方今邊鄙未靖師旅且
勤吏苦遠餉之勞民罹横調之役上干穹昊延致沴
災辰不用行風終而瞌煩側身於昧旦形罪已於至
言咎靡自它臣任其責當從司敗亟正嚴刑尙沐包
荒趣圖就效然而鐘漏餘景迫已耄之辰蒲柳孱姿
無可勉之狀尙偷安於天秩必取悔於朝儀伏況請
老者禮經之常乞骸者邦典之舊揆臣之齒久已過
期行已之方亦當專事伏唯陛下包全要領賜罷邸
園憫盡力於壯時惠克終於末路至若動危辭任已
寬弗忍之誅得謝推仁方伸不奪之志罄辭翹懇須
可爲祈

代張相公乞致仕第四表

近以罄露乃誠上還所事猥紆深詔卽斷來章情有
未申義無苟默罔逃冒格終冀矜俞切念臣淺器薄
才遠途暮景嚮緣舊物再忝上司負懷感會之華久
孤丞弼之委遂乃延災列象取玷盛辰師積歲以留
屯人餉邊而重困廟議之失實始建明國典所懲自

當先坐而冥煩近識昏耄浮齡但安含垢之容罔慮妨賢之素靜言內訟悦悟前非是以仰丐菟裘之營苟紓石慶之責祈收印綬許罷邱樊外則圖天變之銷內則期台路之穆上全爲國之惠下安知止之常夙夜以惟始終交允且念士無奪志則臣之申請者三禮著引年臣之過期已七危悰僃悉嗟耄幾何伏望陛下寛無狀之徃誅軫必從之今欲俾其納政許以乞身得均請老之流是無奪志之恨必若寶慈未忍可制中留便當輿疾遁歸頓纓狂蹈自捐餘齒或累大恩言瑣喻繁所希開允

代張相公乞致仕第六表

兹者叩閽五請須命再旬畏責任之道悠追退歸之日短未蒙順許始示褒存而言訥無可喻之情忠窮有不奪之介尚餘確控終冀垂矜竊惟就列揆能審於自卜者臣之誼也疏祿養士恩不聽辭者君之仁也推其仁所以穆御邦之要秉其義所以崇視履之方事主保躬二端而已如臣者早緣舊物更踐上司高秩厚封乘時而感會譬言謬策見納於睿明筌宰相期底裏交照至於三揖在下靡猜貳之嫌百度興朝皆聖眞之舊臣雖無狀容可自安但以衰朽之年朝夕難保法當得謝古所引年久尸厥官焉用彼相異日千校人之議煩司敗之歸雖使函海包荒回霜屈憲而臾臣秉誼得無愧知止之明元后推仁且將詒鮮克之悔今兹納政允謂得宜伏望陛下普訪羣謀追觀往則丐全要領俾守邱園紓日昃之深嗟免夜行之明刺亦且萬無纖隙可累於朝猷百爾餘生有終於天造翹心引領用俟俞恩

代乞罷第四表

比以三陳奏牘上納政機願乞槁骸得去公路而中詔垂錫俞音未開切救斷章卽還視事苦情旣暴拙喻已殫不能拂天聽之崇高回帝矜之感惻拒命誠罪奪守愈非竊執愚冥終祈順許恭惟窮其所不能者非用技之善覆其所旣滿者非愛飪之謀矧四海安危萬樞濟否用乂厥辟相惟其人苟器非所堪力不勝任齪齪之量已試而績弗成諄諄之衰日偷而老且至內曠天縡外譁人言借使藏疾之君昧進之士亦不容久于倚注明此宴安况臣雖乏猷爲粗知廉愧以兩朝含育之厚加三事論思之崇儻可勉行敢云顧避蓋念慮昏才盡日索運奇帷幄之計無良邊鄙之饋數屈師拏不解天變仍臻不當持爝火以

冒晨唊腊毒而求飽辱國爲重謀身乃輕是以赴訴膚聽必期徇請輸竭私悃止冀避賢雖知而復知近乎煩而可言不言謂之隱顧臣自揆須聖洞明寧爾煩以致忿不涉隱而蒙上伏望陛下推王者之法据天下之公念孤臣之竭誠免司敗之論咎止全終始直俾罷歸休息殘齡弭除來謗黜㾓用智允穆於朝風斂分收崖并全於介節一諧茲舉兩便乃宜延聽曲從始遑寧舍

謝御筆批表

伏蒙聖慈以臣上表乞罷免重任伏奉今月三日御筆批答候郊禮畢一年後許退不得更上表求罷者事敢情迫業已啟閫恩隆喻至罔垂開允刻誦聖訓傾駭乃衷伏念臣中人之才無善可錄因緣過聽叨冒上司奉承明制而宣之朝什不能五總領羣務而達於上什不能三徒以斷斷朴愚區區慎葸旅進旅退不敢後人公車公言止於寡過若乃調度兵食由匵取豐羇致戎獯化桀爲順靖多辟之俗去無用之官訂正度程變撫樞極則臣之自視性有不能陛下雖欲庇之至仁貸以不死謂惷則可恕謂直則弗疑奈何妨賢之譏讙而弗可解備位之責至而弗敢辭今臣順命則取尤違詔又抵咎稱疾以邀上則詐僞首而還位則懟茲焉危窘匪謂文飾而且寶筆親示金口宣聞既踰歲期仍畢禋禮切却來奏獎卹蕞軀粗識名教之方敢渝君臣之誼恭遵慈敕已默賚詞誓勉不肖之材上酬再造之賜然念年齒頹邁精力耗殘陽雖蒙榮陰或取譴悔常待亢吊止在閭終冀數月之間更續乞骸之請眷深難荷感至無言

景文宋公集卷第八十二

景文宋公集卷第八十三

表

代章集賢讓表

臣某言伏奉制命（云云）者台司亡缺方謹於咨俞恩賛所延躐加於輶短內循能而不稱進卽寵而匪遑敢格褒音徑數危衽（中謝）竊惟鈞柄之總邦綍是毗膺朝夕以告猷一統類而爲職周設三公也惟人而備漢分兩府也待選寔艱至於公孫開陳艮知作相之有體趙平風采稍比治郡而損名盍知重寄撫期同寅責實能哲所以垂惠注意在乎已安詎俾無庸首虛玆授如臣者材駑而底門悴且寒本務自知弗期孟晉第以仕超所願之表用浮有智之涯擢始禁林越陪樞管高門之地常重遂用人輕天下之務惟幾擧煩中覆省私未報引領安歸用惕若以因時幸儀爲而補過不圖欽膺更誤念求僅踰一稔之期遽承三吏之乏賞階暴峻功號頓蕃重書殿之榮賁衍爰疇之實幹王言顯布公路騰咨深惟得失之閒動關休戚之大在易之鼎覆渥戒其攸占觀天之階疏比應而如響詎比貽於身悔實并結於朝譏與其被匪服之辜寧容嬰如慢之責伏望尊號皇帝陛下察至誠之有素惜重器而罔私降采多言追還麗澤啟詢廊廟之懿參熙筌宰之隆特丐衰齡且仍故職布悃辭而近瀆須允報以爲期臣無任（原缺）

代章集賢拜相第二表

臣某言確至上陳危言若訥猥煩敕曉尙閟俞從內省冒陛罔諧寧舍（中謝）臣聞力不勝而強用者僨石益之則蹎視旣勞而猶察者輿薪値之亦昏何則才局於素定之倪效屈於用多之廣早明玆理敢誓同辭伏念臣本自諸生不經遠物雖圖筮仕止望易農嚮緣邇禁之聯遂忝鴻樞之領投軀嬰屢缺之畏躡足微必勝之籌衆不可誣事皆已試寧足越司天宰之柄上憲乾台之華昏于己窮蹎乎強用名器者天下之重師尹者列辟爾瞻濫始于茲下安取法抑又聞宜負而乘小人之盜實招不狩有鶉無功之祿爲剌巧於室者弗令撓而貽壓受其器者非欲滿而就傾如臣所懷擧皆類此况今權綱俾乂憲度交修方當訪弱翁之賢總領衆職資胡廣之問練達朝章無令蕭枕之餘首玷論思之地伏望尊號皇帝陛下念任人之尤重諒省分之足矜貿臣以彼己之言許停贊刻免臣以疾顛之咎俾示曲全者哲在廷俊髦布

列校功而舉謀國必臧瀝危欵以罄聞仰膺音之垂
可
代書請復常膳第二表
臣某等言近以常饔未復纚援舊章溫檢垂頒尚稽
允報征營失措昕夕靡遑臣某等中謝伏惟尊號皇
帝陛下若古宣猷右文敷治克相上帝寵綏下民懼
一物之失宜冀九功之攸敘嚮以歲元肇曆乾緯流
占特刑罪已之詞恭循菲食之變勵翼庶政焦勞聖
懷亟躋格於精裏用振除於餘眚天戚旋屆人情汔
康謂宜即參禮典之中還登牢品之具進嘗珍旨侑
納粹和陛下過執貪恭淹餘旬晦務謹哲王之戒久
隔太官之常伏況體有等威誼無降抑再袠當亾躬
朝夕之甚勤侑樂養恬濟剛健之常久敢緣固請仰
丐俞音願收天保之誠復備君庖之舉庶俾柔嘉玉
食不空惟辟之文闡實陽休更蕃無疆之祉賚詞已
罄須可爲期臣無任
代章集賢謝恩表
臣某言近以誤被制函躐升台府剡章伏省昧死還
恩煩允命以申褒刜攸司而趣拜事移顧始懼集寵
初中謝竊念臣孤遠微生閭閻平進本謀干祿纔望
冗宗然而運有親逢之期朝無不肖之疾遂蒙君養
寖膴仕途伏遇皇帝陛下執競熙圖垂明建極翕受
九德綵叢庶工擢始冗官之聯贊爲名命之重深遷
禁籍進侍經帷拙者於用雖多何嘗云補儒家在要
而寡固亦自知叵言善任之辰居濫升樞之委尚以
三垂撤聳五刃久橐奉行止吏踐之常論思無調發
之遽得容樗質猥貳天機內畏將車之塵方詒踶馬
之泛更叨懋冊超對上司臣雖妄孱粗識涯分蓋三
事非庸庸之忝萬樞倚贊贊之資與道同底者亮采
實毗以聖責愚者取敗尤速徑披素欵薦控膺聰陛
下業已延登亶無中止遂乃出綸之信關乎銷印之
言勿使固辭敦令就職剡以階封並峻職號兩崇叢
鉉席之異儀絢槐朝之華典抱誠終廢順命茲慚敢
不免叩邦猷力敷民藝夙莫之勞是念室隙之智畢
陳但慮俯積謗囂上延災譴彼鄒人焉用之義煩漢
家郎免之文脫收效於涓毫冀紓期於顛殞
代夏尚書讓節制第一表
臣某言伏奉制命授臣節度使檢校太傅云云者朝
綸疏霈閫鉞頒華任匪値能誼無苟進敢淹茂冊仰
訴危悰中謝伏念臣出自孤生厘專樸學嚮圖干祿

正敢代耕先帝擢始下陳俾升近綴及其强力試以方州屬丕后之龍飛齒舊人而魚貫入階峻秩寖服清光超貳乾樞之繁問塵台路之采拙艱自守明睿素知繇久次以出藩歷四期而蒙名還專計扃寶寵使名習見文治之常焉知方略之總不謂中軍謀帥西屏須才過聽妄庸顯膺節制竊實圻而書社叨公傳以視官內循甚愚猶識常分蓋知役非其長則憚任過於力則顛况欲乘華領之早衰勉虛弦之餘怯秉髦制敵跪轂啟行上副萬里之明俯全百勝之決求于宿將庸或為難揆之迂儒孰知其可且勸能莫如責實累國過於災身匪敢自私所虞有悔伏望尊號皇帝陛下普詢公議追止徽章貸格詔之近愆收殿邦之遠計改圖善武趣立茂功昧死申祈俟俞知免

代夏尚書讓節制第二表

臣某言此者仰列需函上還帥節未蒙順許滋極震遑終恃至仁更申前請（中謝）竊以師無常克視律之否臧官不備求惟人之輕重是以楚郎方用鄰席側而靡安漢傑已登中帷坐而論勝故能抗威齊斧躋秩齋壇有臣如茲何賞之遴若臣者本繇儒進偶與仕期躪躪自將之屢斷斷無它之謹或施之刀筆或責以簿書雖曰曠官不過任咎至於顯膺誕告之渥專制中權之雄一失所謀交累而國安得冒顏於授受之始隱情於進退之間僭此負乘假我名器徒使有功罔勸先啟邦人之媮應敵非長方茍史氏之誚拒恩誠罪知分可矜伏望尊號皇帝陛下垂亮苦言即收成命僉求慎將付俾元戎庶當注意之辰弗絓維塵之論懇悰斯極開可為期

代夏尚書加節制謝表

臣某言一昨敢避將旄亟垂恩詔罔誅煩請即俾往諧孤願易遷徽章難拒臣某（中謝）伏念臣出于羇齒弗逮遠猷振蹟先朝被榮華旦淺謀與政孤操奉公顧匪服以叢譏殆多憂而損性氣隨事耗體與年衰徒仰蹈於盛明遂自忘於劾去因浮所食勉宿爾官何言右武之求首被中軍之忝外廷顯告褒冊蕃臻擢一介之懦微冠十聯之雄重矧惟推轂之選本待出師之行而三純以來二垂撒警寢成威械之偃絕覩檀車之勤遂使開幕建牙惟專受祿屬鞬汗馬無所效功今此僉求止圖靜知愈為虛受固願上還至於秩視宗工地分邇輔兼憲司之劇職鎮咸服之要

區雖參寵戎行而更爲身幸此蓋伏遇尊號皇帝陛下念人適乏超刈於調材謂令已行罔收於信賞越交瑞節馳傾故都拜命兹惣省躬思報敢不懋經方略協布教條上體眷懷力期綏撫冀彌愔於老學得從事於新書獲列萬分誓甘九殞

代石資政乞外任表

臣某言臣聞力止所勝是爲知分任適其量迺無敗材故上揆能以命官下揣已而受職有一異此誰不致顛臣之危悰正本兹諭中謝伏念臣禀生卑茶賦性惷冥曩在弱巾即沿仕牒太宗以舊臣之子籍寘朝闈眞宗以斯文之興引內儒閣間膺煩試因用稍遷寧無咨瑕訖賜全護伏遇尊號皇帝陛下繼承在旦清明有初因料羣材并收無似蓋十年不調方冀罷歸而三世爲郎猥爲上識寖司書命采入禁林式金之度無裨不稼之囷奚取越陪機政嘖諫興言果以非人亟嘗賜免尙緣蹐履之念入壓華殿之資臣之親逢未見前比然臣薄祜有底頹齡早侵今春以來卧疾尤數風干腧脉發即眩迷氣還胏膺動多危喘久嘗假急虧奉朝參臣非不知寵難冒居病當劾去上還印綬退伏邱樊奈何聚族苦多治生無素先產耗竭私䊵單虛惟仰俸泉以辦家事是以節爲貧奪愚恃眷忘冒行鍾漏之餘苟圖溝壑之濟洪私再造冇忝無酬兹者羸憊所乘趨步尤梗屏居難久公議必興欲望聖慈許臣知潁州一任爲歸老之漸既緣近輔且便泝流稍入足以亢宗僻左可以藏疾儻蒙從欲是獲更生臣又聞出者以作守爲優處者以入朝爲重事非相戾趣各有殊上哲詳觀物情非遠如臣者結髮從政五十餘年未始一朝輕去雙闕今焉昧死非曰孤恩直以追知分之言畏敗材之辱秋葩離幹理有適然老馬去軒願非獲已伏望陛下好仁本於觀過善始念乎要終開錫俞音就成素願委之卧理敢自比於昔人勉乃奉揚尙力希於循吏抱誠至窘赴訴不文怳日翹懷仰須垂可臣無任

代宰相謝傳宣入伏月令午正歸私第狀

右臣等今月一日中使傳宣自入伏日令臣等午正歸私第者炎隆乘序慈哲推仁以畏日之方陽且揮汗之相屬特容夙退俾便私居仍盡伏金之辰始舉常駿之限仰銜優遇交極感懷况臣等曠位居多計功無補晨趨暮出自有成規趣駕先期猥煩寬詔欽服從人之惠諒無嘗暍之痾共誓交修少圖稱報臣

等無任

代昭文相公乞罷免第一表

臣某言臣聞無能之臣至仁靡畜焉用之佐上聖所譏何則名器有分責任無假從古治亂本三公之非其人累朝罷黜罔宰相之自有體天下公議王者難私老臣至懇君聽宜亮臣某中謝伏念臣生自下國系出單門先帝擢之艸茅華以纓弁歷課刀筆備嘗風波還齒朝著之趨引內文林之選孤根苒苒因得少安弱羽翩翩其如長飄伏遇尊號皇帝陛下運隆闡繹政重持循見矜華傾之餘謂非宅賜之惡越司綸省尋玷玉堂思以中乾而運辭由外重而拙敢圖晩路猥副洪樞文武之略何施負乘之寇滋集末淹再歲俄正中台于時主者見敦不容還讓處士之譏已自沸騰向冀飭橘液以搆材勉契需以致遠旋屬黠羌畔命西鄙宿師餉役繁興保戍係出賊不時定迄玆五年財所當調動且億計縣官空乏之斯人歎愁職居者敗墨狎鬬師行者逗撓相踵以致斗落觀釁須索靡厭璽書撫和猜阻中定此皆輔弼亡狀處置乖方淺慮不可計深局謀不足料遠六翮無助九鼎為輕上遺主憂下速邦侮臣猶知罪人其謂何是以去歲中昧死乞身稽首還政底裏罄露親近具聞所望改詢賢臣翊亮天縡親奉聖訓使須後期適以機省務煩分提劇使久之冢宰病去因冠上司遂復僶俛即恩遷延待罪助經羣務又及一春今狄既中盟戎將悔禍漸期屈伏圖致靖嘉則臣之經綸止極于此臣之引避正合其宜非不知變調陰陽和一統類時應百穀仰澄三光使夷狄莫敢不王臣工各任其職柰何性分有止強勉難成臏脫於扛鼎之前手傷於代斲之側又况年事云耄體力已衰盛憲之憂陰耗於百慮師丹之志顯廢於萬機庸得自寧以斁大事伏望陛下察臣試可之無效憫臣底力之不前赦其空疎賜以停免重惟疆埸尚警水旱相仍帷幄急咨謀之秋廟堂非充位之地早垂矜可庶息謗囂退一罔功則材士胥勸狥一知止則薄俗自敦此物此心明神可質以終以始脣口是憑敢追煩辭止希得請臣無任

第二表

臣某言臣近露奏章乞辭重任奉被訓答不賜開俞蓋言拙者情有不通理迫者義難自憲敢空愚臆再叩謀聰中謝伏念臣資稟無庸志願有底逢辰之盛

爲食所浮既承乏內樞遂待罪宰相昧於牢讓輒爾冒居宰大楹小者何撓之能支綆短泉深者胡汲之云濟叶佐萬務出入七年而政不時經民罔用乂內徵開陳將順之斂外乏總領折衝之猷徒以馴致久安奉行成式力殫而任益重足躓而道愈悠考課無成中外同亮弗能則止從昔以然且臣負責當免有三謀私可歸有二臣聞善宰者使中國尊大四夷賓服民不捐瘠天無災譴雖國罽厥福而身預其榮今夏賊弄兵湟酉丐貸倔強沙漠首鼠邊鄙千里之饋告勤五年之戍不解天誅淹久廟算依違臣之宜免一也內自淮浙旁洎荆閩雜調併科比屋咨嘆輸錢轉幣列郡窮虛京陝之人勞役尤甚去便居擾官濫吏私譸張之盜竊登捉搦之使中出臣之宜免二也寶元之後大變仍臻地震定襄日食九朔白晝而晦經纏失行民食寖艱地寶逾愛害氣未究民言莫懲臣之宜免三也臣齒歷既暮形質早衰晝視文書則昏忘相半夜偃牀簣則呻倦併來牽勉而行僵仆將及臣之可歸一也且臣冠男笄女夭枉相繼擠溝瓿犢悲割屢嬰蓋顯責未加陰譴先及惟一息方幼未能應門百年收骨誰爲臣計臣之可歸二也負三當免之責二必歸之私縱元后至仁且容備位而天下大議於何可逃伏望尊號皇帝陛下念四輔之惟其人憐一介之守其分以量能爲哲以從欲爲仁特沛玉音許能魁柄俾全要領得守邱樊始終之惠兩成公私之計借允兒二垂面內多士獻謀師律漸精治具尤飭方當別咨英輔速就大功明黜叟臣靡妨賢路成命朝出多誇夕銷延素天閽企跂矜遂臣無任

第三表

臣某言伏蒙聖慈以臣再上章乞解重柄特賜批答不允仍斷來章者煩辭薦露中詔報聞仍枉慈音即停後啟荷戴無量涕泗偕零臣某中謝竊以明莫先於自知勇莫近於能恥自古通誼爲臣大方苟渝斯言不可以訓伏念臣材識駑下年力衰殘感慨宸恩婆娑台路惕日三省未夜九回蓋注意於安則百度所修未臻至治試可乃已則七歲之績果於弗成戎醜其心兇邊民勤戍執咎之職匪臣曷歸是以頓首屢陳於前誦言必請於上願還大政以穆具瞻而膂脊見私朝議弗聽抑此孤抱廢爲空文雖易戒三瀆之尤而志矜一介之奪敢煩欽誓更賜裁命臣又念感會之來纖介無憯上則大明垂亮免數辱之虞下

則同僚協濟靡不戚之隙但以彌綸任大僕遯智殫
高能名危亢實貽悔塗遠於日者負將暮之責形分
於鑑者致必窮之哈此皆驗于已然寧待多喻安可
以華皓餘齒更昧自知之明丞弼宗工遂違能恥之
勇伏望尊號皇帝陛下量其盡力推以至公許還樞
機避賢者之路賜全首領敵大君之仁早獲罷歸是
逃罪戾必若砥鉛鈍以嬰劇徒作庖羞竭馬足而泛
車不爲御巧言窮寖拙心迫逾危抑控天聰於聆制
可臣無任

景文宋公集卷第八十三

景文宋公集卷第八十四

表狀

代楊太尉讓加節度使第一表

臣某言伏奉今月某日制命以脩大內了畢加臣某
官落成在旦懋賞均禧由置局之有經枉推恩而異
等罔功已甚拜賜不遑臣某中謝切念臣自闒茸之
中遘亨嘉之會器非適用食乃浮人椎頓少文罔禪
於紀律樸忠自任僅宿於官箴猥蒙大度之容進貳
中樞之職一昨大營層構别建攸司領使以上公之
尊參副於邇臣之列不圖推擇偶及妄庸臣於斯時
罔及崇讓誠以二宮側身之際百役僝功之辰翼率
寸長仰寬旰食其如庶民樂勸百堵並興有茂宰以
建規有勞臣之宣力臣但參陪廟算奉行符攝無黍
累之重無涓壒之勞汔太紫之雄成塞天淵而渙汗
猥紆成命序進寵名錫號以紀庸畀田而衍食本兵
劇職疏社近藩而臣退省其私何力之有掩上之功
則在體不順掠下之美則多謗其與取身之災爲國
深悔而失其道人將謂何伏望尊號皇帝陛下收已
澍之仁據循名之實許還誤賞無俾濫官責其陳力
之微紆之害盈之咎日有三舍或遇戚而必移志在

匹夫信有誠而無奪援天惟切得請是期臣無任

同前上皇太后第一表

臣某言云云 斯干勿亟式壯宸居麗澤遂行首褒樞筦自貪天而冒賞舉蹐地以增憂中謝 切念臣智效有涯親逢爲幸宜疏而稗濡翼于梁倚上聖之兼包遏煩言之舉劾擢於宿衞升在樞衡間屬完復宣溫繕圖輪奐事資專達別建攸司官必有聯用均底績臣始從末至遽二數求冀千慮於參稗希萬分於報稱而寸長自驗任重衆知上則祇稟於謀謨次乃倚成於衆力秩未加而爭勉功不日以慶成千門翬飛

百堵山立而臣委虵在列拱默居官訖乏傳功之能仰稗煩使之任今乃溫辭誕告列位徧聞特移近鎮之崇兼領上公之秩任官密勿衍食豐融曾是冒居疇能安處雖含垢者天道姑務樂成而觖望者衆心無容厭伏伏望尊號皇太后陛下察其退省惠以克終追改命書弗加虛飾必若篤臣隣之分懋功賞之科則陳力有期或容於積日陟明無濫更俟於宣勞臣止乞比類近班例升燕序庶乎不僭以肅無厭願回從欲之仁垂采薄言之訴怔忪于此俞可是期臣無任

代楊讓加節使第二表

臣某言臣近以併塵寵數亟達讓封猥奉訓辭未垂順許夙宵惟念冰谷震惶臣某中謝 臣聞官惟其人愛授存乎實賞不可僭輕重視其功故師錫則勞臣不疑冒居則處士橫議大猷所繫從古而然切念臣一介非夫兩朝善使雖微幹裕絕有忠腸承空乏於樞庭速謗羼於鄰梜法宮雲構偶貳使權麗澤風翔第膺賞級蓋聰謀之抑畏答大儆於高明與物惟新祈天永命如臣無狀爲國具僚慮不先幾事多遺策至仁在宥裁赦已多詎可當憂勞之辰自安過寵昧

廉隅之守以敗偷風取身咎以不辭玷國經而爲惜伏望尊號皇帝陛下酌於舊典斷自清衷俯念藐微追還渥縟示名器之尤重俾顛儕之罔加祇竢俞音用寧危悃臣無任

同前上皇太后第二表

臣某言臣近以崇進寵章輒騰讓奏大言垂答成命未還慙震所并啟處無措中謝 切念臣材委蹇淺地望單平獲對聖明遂階樞柄汲深綆短自審於無能材敗錦傷慮貽於有典伏值國家從周考室嗣禹卑宮獲贊事經亟成丕績惟當陽之引咎因肆眚以翔

仁首眷近班竝推異數鴻私交委危懇匪寧何則密勿之司體均休戚彌縫之任責在臣躬當九重旰食以勵精寧百執宴安於受爵上虧治表俯畏人言伏望尊號皇太后陛下垂照危悰曲全瑣質重名與器罔俾於官邪收綍以綸特從於人欲黨遑易盈之責實銜再造之私臣無任

代楊太尉加節使表

臣某言近以虔奉制恩驟加寵數尋露章而再瀆冀還賞於至公薦枉慈音仍斷來表祈天靡諒拜命知榮中謝切念臣論品下中賦材弱植緣先朝之誤寵敗一介之微勞感會風雲汚塵名器執戈外禦適遭偃兵不期渉汲序升遂竊齋壇之拜總提師律拱衞宸居積日爲慙無勞可紀不圖聖獎擢貳近樞坐席未温營宮勿亟咨宰庭而命使挾戎帥以領徒曾是妄庸亦參經畫逮落成之告始顧居逸以興懷首詔攸司聿陳盛禮應天以實裒對於廟靈與物惟新茂宣於雷解祈年易號集福推恩而臣底績至微備員有素因端闈之第賞廷温檢以開榮視秩本兵建藩維翰益勳臣之殊號增采邑之眞封剏基命預聞邇臣同體上方引咎克謹於盈成下或分功何顔於啟處寵靈踰分震怖裝懷瀝懇固辭成命難寢亟煩褒諭祇益罪尤斯蓋伏蒙尊號皇帝陛下變復在宸寬仁布度姑厚惟平之施勉從寧僭之科臣敢不祗服訓言罄輸忠力防幾事之誠無俾害成佩進思之言更思瘁盡永惟素守用質幽神臣無任

同前謝皇太后表

臣某言近膺制命崇進寵章再瀝冀悰危同悞賞俄枉斷章之旨俾遵踐次之規徇守莫從拜嘉何幸中謝切念臣本由羇齒獲遘亨期頃在先朝已嘗劇職協華繼照圖舊見收擢領干城留參離衞漢臣少贛僅乃過之林父盡忠自知底止偶偕天聿遂貳帝樞親佩疇咨之言與聞甚衆之事營宮度構置使慮功匪伊乏人姑顧宣力而靈臺勿亟斯千落成惟翼翼之小心答高高之深戒肆類霄極抵格廟祧沛爲鴻恩賚及羣品薰至和於有截示昭德之不遲乃眷臣工亟推獎數而臣揆庸最淺進律首加奄土宇之畈章擁器名之烜赫疾顛是懼簿訴輒勑而孤根莫隔於青春幽室遂均於白日循牆罔獲濡沫增慙斯蓋尊號皇太后陛下協暢懿綱輔成至治謂已行之賜寧僭而不收俾無用之臣未勞而先祿敢不力希汝

弼務告斯猷式是柔嘉保乎慎密循孤生而有訖論厚報以無涯臣無任

代讓樞密使第一表

臣某言伏奉今月五日麻制授臣依前官充樞密使餘如故者躐等之恩猥加蕞質本兵之地超次宗工聆誕告以不遑撫危心而如灼中謝切以天人感會之要夙夜宥密之嚴號爲樞衡罔私名器自匪安世之慎林父之忠履無重剛之疑進有九鼎之重必程茲効始勉官居如臣者根柢微材斗筲近器親逢聖旦假歷要塗將將之仁上依於漢度師師之序久玷於堯官中寢告成攸司何力例蒙霈寵改任近藩讓不獲從坐猶未煖旋頒渙號俾正使名總異數以大來匪孤臣之克荷且臣聞之愛官同乎美錦用士異於積薪使人皆學製則百度且虧後而居上則有功不勸而况擢于數臣之末抗乎三事之尊力且未陳進仍無漸伏望尊號皇帝陛下據其器使貸以滿盈追罷徽章許仍故處用勸補過少冀於萬分歷級升階况存於有典庶全邦體恭俟天從臣無任

同前上皇太后第一表

臣某言隆名烜赫異數便蕃辱誕告於王庭俾顯升於樞府鈌然無狀惴若臨淵中謝切以運動三儀本之機軸昭明萬事責在股肱自置使以居中匪得人而莫可况乎下武尤慎曠僚伏念臣系本孤平材微開濟由驂之靳四服於馳駈如山出雲偶邀於期會任圖大事蔑報萬分因考室之微功辱改藩之茂渥號封兼列錫予孔蕃方且澡雪惷冥講求故實俟愚者之一得塞小人之攸譏而成命薦頒榮階逾縟由數臣之後進領上司未三旬之閒再煩大貺顧惟冒處寶速多言且用在材表者有必窮之期賞超功外者無能守之實下取四夷之哂上紊百工之倫祗懼既多害盈可待伏望尊號皇太后陛下諒其悃愊輟乃寵章且延積日之期俾竭寸長之效漸希有補乃議敘升在愛投以爲宜亦等威之不僭儻蒙順許是免顛隮臣無任

代楊太尉讓樞密使第二表

臣某言昨以肅膺茂典進列上樞亟露奏函願還賞典蕞爾之誠無感往哉之訓不移夙夜以思慚懼罔寘中謝竊惟官可以闕不使任非其人邑雖與多無容假之以器何則十手甚衆百度所叢允當則不命其承虛授則浮言胥動况幾微開策左右仰成累苟

及邦身焉賴寵重念臣甫從末至未究大猷猥屬建元例蒙進律已忍慙而冒處冀陳力以少醻寧謂宸衷過私贊書旋降正名宥密之署裁成一二之機內揆妄庸曷先勝處夫棟幹或撓則困於衆材馬力已殫則泛其所駕國之勵政常必由之士有食功亦宜底上伏望尊號皇帝陛下追收允令改命賢能暴剡牘於百工紓賤軀之九殞罄敷危控虔俟俞從臣無任

同前上皇太后第二表

臣某言近膺明制擢拜上司入莅宗臣對執樞柄尋露情於尺奏冀收縟於誤恩答命雖頒俞音爾阻省循于再震越無從（中謝）臣聞善持器者不欲滿而就傾巧度材者不使曲而强直物宜尚爾人理則然故責功者過量乃傷陳力者不能而止敢緣斯喻備述愚衷切念臣處靡經邦官纔宿業獲階近綴未及半朞爵與衆而例加讓蒙恩而弗聽瘝官之誚曷日可逃不圖含垢之仁復舉揚庭之典知小謀大任重道悠國有曠官身餘後咎脫致彝倫之紊寧容一介之誅伏望尊號皇太后陛下體斷斷之能居然筵短察慺慺之請罔俾官邪許停投受之恩實荷平成之賜

代楊太尉謝樞密使表

臣某言昨以叨膺茂典入莞鴻樞伏省戶以陳章丐綈囊之收霈危悰再瀆明制必行懼煩失以致尤輒進思而冒處（中謝）臣聞佐王基命簡在臣鄰秉軸居中本之兵柄非有號令風采爲下所瞻則必愊臆謀謨熙天之載異於玆道孰匪曠官切念臣材散無庸地寒寡援興頗行之下因得累勞陪周衛之中罕嘗進熟見容漢皇之度久總軒師之營貳掌繁機佐經中寢會落成而不日因毖祀以祈年汪濊深仁導迎協氣而臣弗從災異之免更加名器之多寢嘿懷安委蛇就列內循無狀自詭必酬何月律之未淹沐天私而載造擢于末綴遂正近司輒成奏以讓還枉深辭之切敕簿言匪控進拜增羞助百姓之昭明行虞辱國于六符之疏闊舉異談天斯蓋尊號皇帝陛下養以至仁赦其少戇同五帝之親事不及有司俾一介之孤臣無空大位敢不益勤繇力罔伏舊章期有輔於萬分敢自紓於九殞臣無任

同前謝皇太后表

臣某言近叨恩制俾正樞司伏閤上言願還成命斷章催拜再枉於慈音固讓莫諧冒居何幸（中謝）切

念臣液橘林散培塿地卑獲對聖期屢揚劇任敵王
所慨既會於偃兵積日之勞何從而塞責洪惟職覆
深諒由衷斯謀斯猷則罕嘗入告予求予取則不議
汝瑕由先帝之舊人貳禁庭之幾事屬圖考室兼議
儕功燕寢乃安顧成竝享紀年肆貴捨爵計功首膺
無虧之言已換于宣之數僭夫國典布在人言匪謂
天眷謬加寵章尤渥靡論彝序超據上游壅蔽訴於
危心隔蓋高之善聽光華異等震抃裝懷三接諮諏
未識主臣之對萬機處可曷臻密靖之風乘是泰來
鈌然虛授此蓋伏蒙皇太后陛下道敷善養人不備
求貸衛綰之孰何取子顏之薩質特捐厚禮期責寸
長顧懋賞以不貲誓捐軀而有所臣無任

代楊樞密使恩加第一表

臣某言廟藉蕆儀竝修於典業飲勲論至申告於治
朝顧無狀之具臣濫本兵之右職便蕃荷寵慙媿交
顏中謝竊聞賞以功為重輕官用能為次序故公器
者假之于下則伐檀之刺興天秩者授之以庸則緇
衣之風勸上關損益昭見典章如臣者志抱樸忠任
非文敏攀鱗附翼實出親逢壯事老謀驗于已試擢
升宥密未闕歲時蒙含垢之至仁過空餐之橫議亶

惟天幸亟相帝容陪驪乘以清塵從春旗而脤土徧
升七室用礿九農而臣自始屬圖則乏倪寬之建白
逮于相禮則有孟僖之坐慙奉凝蹕之還衛豫温瑜
而升冊曾微千慮少答萬分免戾為多開榮非覬又
況祟階異數衍食陪封即舊以表其新臨懼更延其
寵臣躬雖幸國體謂何儻腊毒以冒居實敗材之行
及伏望尊號皇帝陛下推明有典詢逮羣言用必役
其所長賞不加於非次收還成命昭示倍官弗與鐘
鼓之妖俾綏冰淵之懼探情非飾瀆聖奚逃臣無任

同前上皇太后第一表

臣某言廟筵升祼陽土就耕竝成希闊之儀徧第臣
鄰之賞顧惟輶質猥玷近樞優渥首加震惶罔寘中
謝切念臣器非適用材不及中感會風雲漸除埃𡋯
歷更華劇滋鶩歲時曾不能僶俛宿官從容進議建
明事望練達政宜徒以上麻晏晏之仁中懷齗齗之
謹曲輪直桷有性分之專乘鴈飛梟無盈虛之繫入
司機筦參決謨謀屬以慈極奉先長君勸穡枚枚閟
宇薦一德之馨嘉畇畇大田震九陽之滿肯禮兼今
昔聲塞天淵而臣但荷親逢絕無云補將順其美則
當國之輔在焉屬圖其儀則薦紳之儒戾止安可因

飲至之際遂竊崇階無計功之差例揞采戶使勞臣
觖望多謗沸騰儻貽斁於代天諒胡顏於接晝伏望
尊號皇太后陛下察其知止惠以有終協贊嵩陽垂
收渙汗且夫物過于鑑則照有必窮鼎渥其形則餗
將必覆願回慈護矜允危悰或免戾之可期實捐軀
而知報臣無任

代楊樞密讓邑封第二表

臣某言此者甫屬勞還例蒙進律即憑露奏切冀回
恩嚴詔罔俞危悰無感佇循甚熟啟處若驚中謝臣
聞人食不浮有邦所慎名器爲假先聖必書是以祿
緣德而爲差賞待勞而作勸君臣之際進退至公竊
念臣科自散材本惟近器當有道之日而抱寧生之
愚在諸臣之中而專石建之謹遂邀誤寵入榦鴻樞
大度見容寸長未效三事六府交修之訓亟聞百禮
千儀法從之榮斯極方虞校議貽損國經敢圖捨爵
之辰亦預揚庭之告峻升儀等優食邑租且夫器敗
於盈物衰於盛假令有功可紀尚當遵易退之規況
其何力于時無容取疾顛之咎敢茲再瀆虔俟曲從
伏望尊號皇帝陛下體天極之好生法道先之善貸
保全舊物開可德音儻收已渙之恩是免不濡之刺

同前上皇太后第二表

臣某言近以玷塵褒製虔貢讓函亟辱大言未垂可
報慮食浮之損國彌夕惕以裴懷罔逭有誅更期懕
懇中謝切念臣資微衆驗椎鈍自知覯千載以開榮
蒙二宮之圖舊遂階顯仕或累寸勞未淹緹笎之期
已正黃樞之署洪惟聖旦務講上儀振萬宗祊之中
載耜坻場之左而臣屬當景從內恧寡聞動有昆闈
之迷居無伯始之問睿明垂庇責讓罔加乘此策勳
例蒙席寵盜漢臣之高秩增晉食之爰封所宜拜嘉
以示殊獎其如道路之論僭莫懲嗟犬馬之懷不能
無感儻自安於異數實取紊於彝倫苟玷大猷靡爲
細事伏望尊號皇太后陛下詢謀衆采俯諒丹愚協
議長君賜停前授使器有所極無至於害盈且功在
不疑何煩於惟重獲依慈貸庶克保全

楊樞密使謝第三表

臣某言再違奏函願還明制猥諭已行之命且均寧
僭之科往懟莫伸冒榮何幸中謝切念臣本微風積
偶會盛明科自冗閑迭階華要譬之枯木靡自先容
及乃秋毫罔非帝力遂謹一心之事慎隨異物之遷
發于誠明期貫夷險至於諸葛應敵臣則闕其所長

方叔有猷臣則恧於未壯樞員承乏機務頗叢屬容
典之交修顧建明之匪效庶官強力謹爾奉行百度
森羅居然飾盡實忍懟於無用徒底貿於至明敢冀
勞還首膺第賞寵階凝峻封宇便蕃懼受授之兩虛
控慈威而再瀆冀收成命俯穆大倫寧謂綍靡還絲
之期爵存屬世之本先加無狀庶勸有庸繫治興之
化源匪孤臣之私荷寵光下賁震抃參懷斯蓋伏遇
尊號皇帝陛下普汜翔仁保和樂育業已升於四近
求無備於一夫特假先榮將權後効敢不退求於已
罔伏攸箴持守器於易盈靜長柯於有隧竭情夙莫
歸報涓分臣無任

同前謝上皇太后第三表

臣某言昨以玷塵懋賞祈丐還恩伏省陳章既殫於
所請枉音催拜遂隔於由衷承命若驚省躬銜感中
謝切念臣少緣羈蹇獲對嘉亨出無以蕃扞四方入
不足重輕九鼎但以斷斷之介豸移於忠區區之心
所守惟道兩宮察乎少戇三事悉其無邪遂正右樞
仰參熙緯朝家累盛禮典懋修或恤祀以展牲或勸
耕而育穀親奉至幸法從爲榮曾是蓍煩淺爲職業
漢庭故事僅且奉行魯廟多儀疲於每問外速瘵官
之謗上貽有國之羞切免是宜褒揚絕望敢謂尊號
皇太后陛下慈均丕冒利篤廣生因太寢以還衡告
外廷而席寵進階近列益戶大邦繼昧死以上言冀
課功而責實蓋高莫訴虛授爲慙敢不勵翼謀讖贊
襄戴采戒圜葵之爭利敦皮弁之守官庶詭微功罔
浮厚食誓心有素摩踵爲期臣無任

代人乞存殁臣寮納家集狀

右臣竊周以德之興多文以監二代舜華其協好問
而察邇言爰歷古先咸遵風軌期有裨於治體無容
廢於謦詞輒罄芻微仰裨漏闕伏念臣材惟闒茸職
本掃除服君度之在寬不汝瑕而垂采曩者太宗皇
帝亮其愚訥獎以寵靈命臣充史館書庫都監兼祕
閣供御圖書時屬聖念嚮儒朝猷被世旁求典故備
覽清閑又命臣往江浙搜訪遺書眞宗皇帝繼體丕
承好生善養洗其痕殿秩以冗閑伏遇尊號太后尊
號皇帝陛下祗遹珍圖交修先憲遺簪未弃塗艧再
加又命臣同天章龍圖閣都監臣委質三朝行年八
十鍾漏方盡雖愧於夜行塵露有施敢忘於上報臣
嘗覽祕書目錄伏覩自唐末至五代其間有以文章
取名當世者咸存屬綴列在緹緗載冊府以相輝賁

才簽而有第我國家承百王之末披三代之英師儒挺生名臣輩出或高文大冊爲廊廟之珍或隱居放言樂山林之志從臣抒嘆太史陳詩炳然斯文高軼前代然四部之內編集無聞一王之言規矱安寄使彌文不表則至化弗昭後之視今闕孰爲大臣今欲乞降聖旨下中書取四朝以來存歿臣僚及隱逸之士以文學顯名者各許其人及子孫獻納所著家集乃降下兩制詳定若其深厚温潤可以垂著不朽者具姓名聞奏官爲給紙墨差人繕寫三本付龍圖天章閣太清樓祕閣收藏足使增觀本朝垂榮來籍開元之目大備有司之副可求上以見文思安安堯之稽于古下以見賢士濟濟周之所以寧臣之至愚竊爲深惜且年祀寖遠則亡逸滋多今而不求後亦隨廢異日當使陳農訪舊結馳傳之勞河間購遺軫補亡之慮功相遼矣誰曰不然臣衰疾見乘瞻昧惟素願留餘景期覩大化之成輕率狂言或俟聖人之擇越干程覽伏待誅夷臣無任

景文宋公集卷第八十四

景文宋公集卷第八十五

表

代薛參政乞致仕上皇帝第　表

臣某言臣聞公器至重多取謂之假人福嚮有涯踰量以之招損然則筋力非便誼許其乞骸鍾漏行休禮容於得謝進退之際終始尤難中謝竊念臣門地本寒材姿無算稟生儒武逮長樸忠愼異物以見遷惟斯文之積習偶此諸生之牒遂代上農之耕出入三朝閱歷四紀至乃與聞國議參列禁廬奉屬車之塵法當得從勸華光之講席必爲前接武玉堂之中美食太官之署稽古垂賜爛其私庭任子推恩徧於家姓聯官六卿之重衍食千室之封則假人之譏上所悉矣榮願云獲私釁亦鍾賤息天年貳宗乏事蓋由臣竊位無補尸祿有初腊毒庭殖不能牢讓蔀家職室自取降殃則招損之由驗於前矣且臣少也多病老而寖加頃緣舐犢之哀頓成鬬蟻之悸足膝痠重目瞳眊昏營魂散離強力虧替則乞骸之請臣得所宜鄒人迂疎伏生昏忘兩宮之忍致于理二儀之務好生剗去浮言黨開纖隙禮居既進恩與其終則得謝之文上宜開許伏望尊號皇帝陛下憫孤進之

既耄軫神罰之所加特垂丐於餘辰許上還於所職使臣得生歸里閈護視邱墳安車之齡收骨有所茲爲悃愊長累聖明伏況七十爲致仕之期九三據重剛之厲議年垂及知止在茲儻諧初服於私門是免喪元於昭世援天至切得請爲期

同前代上皇太后第一表

臣某言臣聞任重於才官㳄速乎多謗祿浮於分鬼謀害其常盈謙以盛之必衰均朝暮之理亢而招悔在進退之交將瀝懦衷敢援茲誼中謝竊念臣稟生蔽朴承學陋孤感懷熙辰玷塵清軌自編民而振拔辱累聖之眷求多識舊章絶希於胡廣少知治體敢望於夷吾尺寸未施寵光益契伏遇尊號皇太后陛下翊長君而在宥統先烈以貫行垂念皤皤之年彌寛事事之責獎其舊物擢預講員在博不勤但欽於躋聖據經而對曷足以名家曼歷歲時寖成尸素窮生有底睿賜無涯嘗於去春亟辭近職退藏散地休息煩言人欲未從天私加勞由冒升於寵等更纏疊於身枝臣有次男素辨家事使治菟裘之業久居汶上之田私闌下衰壯年早世臣病瘵旣久悲感見乘結爲惷昏内攻肺腑藐藐孫孺空空室廬薄此遠塗更嬰窮罰安可尚玷承明之祕益重子臧之災罹天薦瘥爲國貽悔願還章綬退老邱樊伏望陛下按得謝之舊規諒知止之深素丐其暮齒許以生歸庶先犬馬之辰不貽溝壑之擠寛髦老於三赦彌服上仁從先故於九原俾無私恨叩閽危苦辭不及文

代參政生日詔書賜牲餼謝表

臣某言伏蒙聖慈以臣生日特降詔書賜臣羊酒米麵者驛使紆騑綈封墜眷旅臻錫品紛照家庭銜惠靡貲捫心知愧中謝竊念臣叨陪宰政再貿歲曆庶務所叢淺謀不輯託包荒於天地未賜罷於邱園載育在辰早孤集感方乃貪緣寵例推衍恩華分頒畜於牧人沾美醪於酒正屑麵珍潔導米粲甘榮所自生私訂衆茵之歎俾于爾艾更蒙全領之慈此蓋伏遇尊號皇帝陛下道茂養賢誼深愛禮忘其愚短假乃褒優佐家食以厲厭闔宗盟而循省誓勤夙夜歸報涓分臣無任感天荷聖激切屏營之至謹奉表稱謝以聞

謝加常山郡開國公表

臣某言十月二十二日進奏院遞到勑誥伏蒙聖恩授臣常山郡開國公加食邑實封者制出中天恩臨

蕞品捫躬匪稱拜命載兢臣某誠榮誠感頓首頓首伏念臣才不適時智非周物坐逢熙序歷踐華塗會國家追講曠代之遺盛修合食之享孝思上格臣職駿奔俯惟守士之拘莫預奉璋之助魂馳龍扆愧集鵷悰敢謂體天法道欽文聰武聖神孝德皇帝陛下凱澤一均至仁四被靡間孱陋例霑寵榮進超列爵之高益厚加田之目涓塵微効夙無補於聖猷穹壤殊私遽併膺於獎典重恩難讓愚悃奚安徒鏤骨以自祈庶粉軀而論報臣無任戴天荷聖激切屏營之至

代昭文相公乞罷第五表

臣某言伏奉批答以臣累上奏函乞解鈞柄頻煩闇報未賜矜俞事却而心愈危言窮而請彌訥是使天無九臯之達日靡三舍之還內蘊孤懷久隔慈聽敢違明命卒布丹愚臣誠憂誠迫頓首頓首臣竊惟操契課功弗效而猶用者不可爲善任竭力奉上已弊而不去者不可爲愛君誠以萬務關諸盛衰四輔本之翼戴統紀一繆誚譟羣興事既驗前理無冒處伏惟體天法道欽文聰武神聖孝德皇帝陛下鋪明聖職躋塞睿功法周文之能官體漢宣之責實擢臣於平進委臣以上司七貿歲纏罄效愚欵若乃戎夷儉猾臣當撫鎮也而西有不羈之酋黎庶生聚臣當親附也而內多失職之俗陰陽者臣所燮治而精祲之變未除州郡者臣所差擇而嘉靖之風弗競民瘥日薦邦枲月朘加以私室生災暮年多病目眩心悸髮禿齒搖哆然一夫曠我三事而陛下雖有善任之德容可獨私老臣雖有愛君之心詎當固位此所以前後四啟本末兩陳亟枉褒言尚欲留輔伏思天意誠有所歸蓋慎始於終則主乎恩退人以禮則示乎漸猗違弗忍孰復見憐然念臣末路徂齡自當必免拙謀謬計舉不容誅伏以國事惟微宗工難曠早祈遂許令獲退休咨擇辰髦協奮丕績於臣蒙知足之分於國表黜幽之宜所執不異前章所干更無它理控天自誓觸死弗渝延聽可音庶寧憂懍臣無任翹衷疊訴懇倒屏營之至謹五奉表陳乞以聞

樂書局謝賜景祐樂髓新經表

臣等伏蒙聖慈各賜臣等景祐樂髓新經一冊者樂教通倫茂昭於廣博常言知選鋪詔於本元藹垂範以坦明亟鏤方而流布頒文胥洎拜賜知榮中謝伏惟尊號皇帝陛下保合在和慎徽布度凝瑞福於羣

品暢蕭勺於九圍惟時右文式克稽古永言六代之制未表五均之微治定在辰財成有屬先比音而立法遂稽器而展聲追乃鏗純革其燋殺乘書程之夜乙問機縡之日孜竝考前經森條奧訓山子及午辨位六同自騶得鶉正名七列討力華之餘韻會祕式之經躔案以旋官配乎嶽祀推阮瑜之管象較上黨之黍圍度量惟精金石乃定爰表新書之號俾賚廣內之傳倬爲章而可瞻不愛道而臨下以聲爲法遂該禹律之精甚德何加方邁韶箾之盛臣等俱緣懵學叨直禁扃窺述作之模但欣游聖賾太常之謚潛誓服膺仰陶監代之風倍激丁辰之幸臣等無任

代謝改官表

臣某言月日進奏院遞到官誥勑牒各一道授臣前件官仍放朝謝者溝壑仆材久從於病免星闈華選尚忝於序升榮寵不貲尫殘萃臧臣某中謝竊念臣禀生菲薄繼代門單以一介之陋生服千齡之聖會擢從士伍寖被朝猷薦叨共理之良蔑有萬分之報貪天善養食士何知而臣自幼纏痾頻年寖劇去夏以攝生寡術積損蛩衰卧漳浦而沉緜踰漢科之假急移書言狀待報去官旋蒙詔綍之頒俾齒京臺之籍優其廪俸便乃家居內結病悰久淪生意敢謂尊號皇帝陛下至仁溥冒橫施豐融謂其犬馬之微常佩虎魚之重拖紳中廢怳日未終因久次以推恩獲外郎而增秩寵生望表位溢智涯魄已散而復還骨將枯而更肉況臣率平強之力尚畏敗官屬影撇之餘何勝誤寵戴邱山之重恩逾泉壤以猶生儻幽錄之未編期麋軀而上報臣無任戴天荷聖激切屏營之至限以官次不獲奔詣闕庭謹奉表稱謝以聞臣某頓首頓首謹言

代石少副賀南郊禮畢表

臣某言伏覩今月二十八日南郊禮畢者陽郊已事邦節有容列位均懽綿區浹慶中謝恭以享帝莫先於聖報本莫隆於天有國所修舊章惟允走四海而來助聿展多儀閱三年而後行舉無違禮屬當盛際昭憲先謀恭惟尊號皇帝陛下天秉粹溫時行剛健紹休謨列之懿同底方隅之寧乘時尚文賁雲章於天極推懷布惠淪膏澤於民心法令詳平吏治修謹遂使休光瑞應同日竝臻式勸讓善之方以飭就陽之典相惟羣后鋪究上儀殊庭左廟之嚴前升乎主瓚厚地皇穹之重合薦乎陶匏敷侑席於層垓煬高

煙於紫宙三靈交感百禮具成且復御象闕以嚮明稽奮雷而肆眚內策勳乎從衞外疇賞乎方州慶賞遂行表裏胥悅臣向叨近侍今退私閭苦蹩躠之不仁陪末行而莫逮閑坊就第但聆於穆之餘法從觀光莫覩猗那之盛欣愉內積距陌無從臣無任

謝復侍讀學士表

臣某言今月十八日馬遞到官誥勑牒各一通授臣依前充翰林侍讀學士仍放朝謝者左符待罪方儆常箴中制疏恩遽還近職祓前尤之詿謬艷來寵之便蕃撫已銜榮無顏容愧臣某誠感誠抃頓首頓首

伏念臣福祚單狹性局惷煩距躍至愚坯陶上教因隨士夫之牒謹修官學之方入直文林進簪侍筆從雞翔之游豫備虎觀之討論薦許爲邦俄蒙納節序隮天掖祗演王綍再忝禋門之游久奉華光之學至於刪定條約豫法家之議者三年整比京司牧縣官之財者萬計止貪云補罔避謗囂仍因摘句之閑嘗逮邇言之訪質當今之謂病利靡敢庾情語前世所以存亡或蒙稱善以孤遠之質荷顒卬之知播於傳聞寧無妬娟何者一金被賞衆口之毀銷寸的取褻企百夫之決拾盛名難處援寡易危矧復因希闊

之儀抵忘誤之禁緣爲飛語遂浼至聰所賴公議原情睿慈含垢憫一眚之失義有相除在三赦之科愚最無害止停嚴直猶屏大藩曾未半朞亟頒成命舉已除之籍復著禁扉慎數易之宜仍留州閣孤心按堵蹇步艮行此蓋尊號皇帝陛下養以至仁納之大度忍令久弃俄與自新冒陳櫪以流膏破幽盆而逗照故綏更飾足追露冕之矜新組交垂遂免寒灰之辱況臣素探前代粗識大方謂事君之盡忠不忘于犯知獲罪之無禱有係在天水雖折而猶東石可磨而弗撓謹當鮮明厥守澣濯爾疵夙夜匪告於勞淄

磷不昧其節河滿日皎有如自誓之言紘勁章柔參服攸聞之戒獲收涓效歸報洪私臣無任

慰皇兄汝南郡王薨表

臣某言得進奏院狀報今月八日皇兄汝南郡王薨謝追封濮王者沴催棣鄂悼結楓宸置訃外聞輿心中怛臣某誠悲誠鯁頓首頓首恭以濮王承華皇籍育德慶源備王禮於三駢首天倫於萬乘表儀側序友悌宗藩當延磐石之封奄速壞梁之釁伏惟體天法道欽文聰武聖神孝德皇帝陛下義深斯痛情篤孔懷賁泉壤以追榮極典章而恤命恩親茲厚尊寵

何加伏蘄理遣深衷道齊達觀割奈何之重愛順有
典之常經臣限守藩符阻趨廷陛臣無任瞻天望聖
慘惻屏營之至

謝曆日表三道

臣某言伏蒙聖慈賜臣詔書一道并皇祐五年崇天
萬年具注歷日一卷者居卿雜候列舍平分定朔啟
元繫時訖歲以財成於太史用分授於庶邦臣某
恭惟尊號皇帝陛下惟古與稽前民致用每當故
禩之末豫謹來茲之常迎步龍躔昭集鶉尾舉十二
中之位氣以叙來列大小餘之差閏隨月見衍候辟
於卦緯竄禨祥於術家本夏人正兼漢時令騰示緜
寓守此共規恭聞言天者必驗諸人惟聖能述明時
者先治于曆俾世弗迷仰誦頒常允謂知本臣叨分
守瑞豫拜賜書啟簡揆辰按文得候示人以信固無
穀管之差告朔有經寧懼餼羊之廢誓勤宣布少答
恩私

謝曆日表二道

今月某日進奏院遞到詔書一道蒙恩賜臣至和三
年崇天萬年具注曆一卷者官惟底日后以授時迎
歲前頒緜區同稟臣某誠感誠幸頓首頓首臣聞惟

古治曆求端在天發斂有常舒散來效恭惟尊號皇
帝陛下作聖於睿與神爲幾每緣班朔之常尤推雜
候之謹預步盈縮參注禨祥叙分至而著之篇條晦
弦而舉其正鏤槧流布馳驛分頒卽日行春固厚長
人之幸異時流火亶無司曆之差臣幸守列邦例蒙
温詔敢忘紬繹以昧初常

謝曆日表第三道

臣某言今月四日進奏院遞到詔書一道賜臣嘉祐
五年曆日一軸者堯曆授人舜璣觀運寅敷時訓謹
示天常叨備守臣幸藏王朔臣某誠惶誠感頓首頓
首恭惟體天法道欽文聰武聖神孝德皇帝陛下撫
臨函極愛育黎元當四氣之環周重五辰之軌順清
臺課察黃道推迎閒翻忽以靡容正閏餘而率定旁
探六家之祕中參一歲之宜雜候畢書道占允驗曲
盡聖神之蘊因知覆幬之心温詔下頒列藩均被臣
方司幾輔獲奉王正拜君命以匪遑審民時而昔得
謹當宣布庶使遵明臣無任

謝乾元節表

臣某言伏以帝出紀乎震方聖生符於里社揭爲亨
會識乃洪休惟丕后克生之辰當正陽幾望之旦萬

靈輪社九寓祝延臣某誠喜誠抃頓首頓首恭惟體天法道欽文聰武聖神孝德皇帝陛下膺赤伏之祥据綠圖之會天付所覆罔有不臣世詒厥謀用侈斯慶掩刑書以幾措斂威械而就櫜物無夭傷俗致仁壽謝生靡所名德無階是用企電樞之期相與狗露囊之典或披藥館或叩金祠括輿地以投誠後璇穹而歸老呼韓薦幣郕拔奉珍雖舊而新常茂居安之業俾萬斯億永無聖算之期臣久服內聯今乘邊候係君門之萬里隔鵷會之九行姑抃昌辰內翹歡素臣無任祈天頌聖激切屏營之至

賀德音表

臣某言今月二十一日馬遞到德音一道以皇祐六年四月一日爲至和元年臣即時集官吏將校宣示幷行下諸縣訖有食之會善曆前知更始之文上聖無憚緣肇題於年紀用普賚於黎元飛驛疾頒多方朋抃中謝臣聞天所以垂戒者寓乎象君所以應變者本諸誠故禹由罪已以興湯稱旋日而感古有茲事今驗所聞伏惟尊號皇帝陛下挺高世之姿撫下武之運于命之不易惟日之與新以不戰屈屬國之羌以重威繆老上之虜足食而教飭法號乎萬務信

蠢億姓滋行屬者步太陽之舍在正月之交言數則非有不用行之占語時則固無自取謫之悔陛下推美弗蒞引咎益虔卑徹常饔朝避正寢大肆多眚復耆首年發積錢勞三邊之屯罔丹筆降庶獄之死臣伏讀聖詔徧覩囊篇雖日主大君時忌孟夏然所次異者厥證從之或分野饑凶或臣下譴負氣兆豫動躔晷昭垂非專一人獨主斯應陛下弗覩災以釋懼弗恃治以忘謙就朔改元因事修政臣又聞神雖在上鑒不遠顏必且畏德還戚轉沴爲祉有因晦不現有當虧而完敢煩有司顧於丕貺臣違去從橐方荷守戈竊誦恩言愈欽盛際臣無任戴天頌聖激切屏營之至

賀日蝕日降雨表

臣某言臣所治定州幷轄下州軍去三月二十九日雲氣晦暗至今月一日五鼓降雨盡酉刻未止及尺以上屬縣告足臣伏尋近降德音以有司豫言朔日日當食有詔避正殿輟膳改元示天下自新引咎太切三靈震動重陰蔽霄日景不見夫不見者與不食同臣某誠喜誠抃頓首頓首伏惟尊號皇帝陛下纂戒四葉憂勞萬方日月祗惕罔有懈怨辰晷回薄大

抵有常今近推變異厚自克責天監在順神佑者謙感無旋日轉禍爲福前此六月不雨麥禾枯悴及茲霈霑遂冀有年天完太陽地茂多稼君道尊安旱災訖息虜使在道親覩感應震畏盛德抑伏姦謀上推古昔今無倫比臣乘邊在遠不獲與羣臣稱慶闕下謹奉表陳賀以聞

慰溫成皇后大葬表

臣某言得進奏院狀報十月七日溫成皇后大葬禮畢者椒壺上賓梓宮永閟恩厚泉穸慘結邦闈臣某誠哽誠咽頓首頓首恭以溫成皇后肖順坤元俔異天表內輔柔教旁翊鴻機大練有以自修彤管不可勝美宜享耄老遽及冥升伏惟體天法道欽文聰武聖神孝德皇帝陛下厚眷賢家追正慈極卜建園寢近負都城匪急而緩者俾守常經弗奢而儉者以成遺志復土斯已納主方初然情與文殫則哀隨日遣望中怛悼彌念粹純儀祕宸嚴飛越心爽臣限總軍務不獲奔赴闕庭臣無任瞻天企聖禱係屏營之至謹差本州都知兵馬使呂從奉表陳慰以聞臣某誠哽誠咽頓首頓首謹言

賀正表

臣某言伏以初建寅辰日纏營室夏正啟序品彙鼎新漢殿受圖華夷輻湊臣某誠懽誠抃頓首頓首恭惟體天法道欽文聰武聖神孝德皇帝陛下紹統熙洽凝神穆清憲泰象以相宜體乾元而適德民歌舜旦世俗堯仁丕丕寶圖衍鴻休而增熾簡簡祕貺乘慶序以叢休臣叨奉邦符恪司藩輔頌南山而拜壽莫參翔鷺之聯企北闕以馳魂徒鬱疲駑之戀臣無任瞻天頌聖激切屏營之至

謝轉左丞表

臣某言三月十八日進奏院遞到官誥勑牒各一道以臣同修唐書成除臣尚書左丞依前充端明殿翰林侍讀龍圖閣等學士集賢殿修撰尋具奏陳讓今月八日奉答詔不允者冒榮而受撫已增慙臣某誠榮誠感頓首頓首伏念臣曩與諸儒共刊舊典襲使在外哀藁自隨十有七年書乃絕筆伏蒙尊號皇帝陛下弗責其緩止錄所勤外嘉終篇例詔增秩臣實無狀輒用固辭而成命已行如汗不返衆力相藉孤讓難從永惟劇司是號中轄臣敢不以疾補拙勉懦爲強一得一酬九殞無憚臣無任戴天荷聖激切屏營之至

代石太尉謝令安州照管表

臣某言八月日安州進奏院遞到中書劄子奉聖旨已令本州常切照管者寬大之命下濟於天光觳觫之軀甫還於釜魄發皷若蟬於龍燭釋憂如出於虎蹊撫績息以幸存奉絲言而增惕臣某誠榮誠抃頓首頓首竊念臣本惟儔昧獲遭會昌乏千里之折衝懵四夷之方略程材六郡獲預於良家待罪伍符詎知於尺籍先帝軫其單賤勗以勤劬靡試弁於外庭遽編名於衛署宣威亭鄣屢分四牡之華弭亂巴賨曾豫一夫之勇未能陳力深懼曠官伏值皇帝陛下蒼震承休珍圖纂業將懋功而致賞方右武以勸能俄辱寵章薦膺渥洽乘軺出使蔑施橫草之功飲至勞旋濫豫策勳之爵自衛奉簡書而祇畏飭師律以申嚴克完犀利之兵上副穆清之寄累勞未驗乃眷益隆尋復盜起坤維妖興玉壘吳蛇薦食竊弄於庫兵泮椹未懷敢稽於天討而臣謬當深詔躬佐下軍受堂上之奇謀制日中之醜虜帝赫斯怒貔貅方議於奮威人得而誅蟣虱已聞於相吊天聲大震月捷繼聞俄申戮於凶渠俾惟新於汙俗集成巨伐皆稟睿謨若專微臣幾誤大事乃至邊陲屢警戎索載嚴鏖兵老上之庭斬級雲中之塞宸旌直指殄幡冢之星狼革輅親征見漢家之武節分屯爪士防過盛秋臣實妄庸獲膺任使敢不深惟一得之慮載施十駕之勤備重耳之艱難謹武侯之節制被堅執銳志竭於寸長斬將搴旗誓當於一隊旋屬穹廬納款左衽通歡挽零罷照於邊烽督亢遄歸於內地肇建和戎之策茂臻偃伯之期遂復第賞靈臺疇庸盟府當陽三接屢榮錫馬之侯列國十連遽杖齋壇之鉞繼頒成命出領大藩而不能恪奉詔條勤修職業畔官離局妄肆於矢言殄行震師果罹於昭憲既具王庭之獄請從蕭斧之誅豈謂天意好生皇明獨斷屈成刑之端議申肆眚之大猷止外竄於遐圻俾俯存於餘喘念一介之賤不忍加誅廓三面之羅與之更始洪推大賚曠絕常均此際仰舜法之大寬荷堯仁之不殺提身萬里甘淪魑魅之區齎志九泉用塞喪元之責未周成歲尋霈鴻私自臨賀之炎陬徙房陵之內郡假青宮之道候給長府之廩錢擢于鉗鈦之中齒乃衣纓之列弃簪之賤特軫於上仁涸轍之波彌涵於麗澤仰繫大度克庇微生敢期再歲之間復降自天之命啟陛環衛徙置方州蟠朽迴春頓茂九陽之

氣幽潛發蟄驟驚百里之音夫何流宥之餘獲覩光華之旦斯蓋陛下阜昌景化丕闡寶慈以臣久在戎行屢持節管冗之見雖無前節之勤犬馬之勞不捨弊帷之報特形隆旨昭示守臣俾自勵於操修且深加於存卹不寒之慄潛釋於冰淵垂暮之年免隮於溝壑事踰初願恩極更生再念臣抱釁已來撫窮至熟誠由爵位太厚尸曠居多失漢臣醖謹之風冒道家干進之忌寵至誰咎器滿則傾果貽折覆之凶上玷清寧之化然而事君無隱靡有於匄腸食肉寡謀薦招於祇悔山物情之靡協致險讒以自貽每念前辜敢忘終食謹當上遵彝訓克勵硒誠用酬覬過之私術致寡尤之地屬桑榆之日索懼螻蟻之命輕雖食祿鶴軒深貸百鍰之贖而裹尸馬革愈堅十死之心臣限以拘留不獲躬詣闕庭臣某無任戴天荷聖激切屏營之至謹奉表稱謝以聞臣誠榮誠抃頓首頓首謹言

代謝加朝請大夫表

臣某言今月十三日進奏院遞到官誥一道勑牒一道蒙恩加臣朝請大夫護軍餘如故仍放朝謝者綠函需澤方均在宥之仁紫素裁書遽被策之勳典祇荷若驚之寵深懷不克之憂臣某誠榮誠抃頓首頓首竊以周命庶官第九儀而詔爵唐徵異數由十二以進階所以褒職業於宗工辨等威於朝著官無速謗乃堂陛之克崇名或假人實負乘之可畏如臣者凝猷素寡治行無聞臨遣大庭蔑著惟良之譽奉揚寬詔頗淹報政之期屬以燔燎告虔星雞肆眚給薪除地曾微扈蹕之勞加律疇庸濫預乘軒之賞紆細札十行之旨兼散官五品之榮天何蕞芮之材亦被厖鴻之賜潁川加秩誠有謝於褒揚宋鼎益恭誓無忘於俯僂庶勵夙宵之志用酬覆幬之私

代謝加勳表

臣某言今月日本州進奏院遞到官誥一通勑牒一道蒙恩加臣上騎都尉餘如故仍放朝謝者神壇三襲肅陳大燎之儀温詔十行誕布王綍之澤渙汗式均於近著策勳爰及於具寮對昊命以知榮循官箴而增惕中謝竊以寘行之寵遠自於周班疏爵之勳近從於唐制皆以增隆命數敘序國章慎庸服以疇勞縻寶賢而分職聿當亨會必副輿僉如臣者尤治無聞曠僚滋久超石牆而展宋貳符守以出藩徒堅斷斷之心未洽優優之政幸屬國家撫重雍之景運

展甚盛之帝客郎大次以告成御琱輿而飲至天閶第賞允示於推仁侯服均禧誤叨於進律顧光華之曲被實俯僂以無從謬玷寵靈彌喧物議敢不劬勤職業率勵典彝夙夜在公謹守舜俞之訓彌縫其闕免招漢冒之譏

代上皇太后謝出外表

霈發旻天澤流巖槁內循亨會罔寘情涯中謝竊念臣一介孤生兩朝誤寵無裨王度有玷官成再蹐架浪之居繼掌隨風之命司馬素遲之思動或淹時倚相能讀之書老而彌忘且以稟生多病仍歲弗支匪服成災瘵官在廬乘霜露之邪隙動冰炭之夙痾結爲沈緜損其強力臣亦上體洪造思致小康經熊鳥以養和觀龜頤而考吉移書請告暫委於攸司賜藥攻中寖成於淹卧迭陳囊敝求假郡麾危心苦言援天非一至仁大度藏疾已多賴祝網之在寬軐鼠璋而終請豈謂伏蒙尊號皇太后陛下蓋高垂聽善貸均慈恕及惷愚罄無底裏許中停於辭禁吏推進於官聯實構清司使符重寄併爲烜赫垂逮尪殘㑭惟此邦臣之舊治周知風土之樂具存條教之規庶盡力於朞年竢有瘥於癃瘵復賭不幸仰謝大恩勉於末死之前奉乃彌文之化私悰所誓淪髓同深原本此下佚

景文宋公集卷第八十五

景文宋公集卷第九十六 原本卷首二頁佚

序

春日同趙侍禁遊白兆山寺序

敦牂紀歲姑洗叶月樹草以樂原田以滋春服既成詠雩風於沂水衆賓咸集修禊事於山陰時則若天水公感節物之鮮榮乘徼巡之暇豫覽朝野歡娛之盛動山水仁智之心精騖幽徑神馳宏域吏且休矣伍符尺籍以無煩神且寧矣綏帶輕裘而自適於是追盛集睠良辰弭節乎平原按轡乎遐路惟兹山之奇挺實列仙之游化瞻言福地鬱有靈蹤由是嘯侶

以登方斬而往歷紆餘之盤道頓岑寂之祗園旁睨崇巖前瞰翠阜九向之勢與宋陵而並驅萬壑之流疑會稽而爭長若其丹崖披壤牝谷凝神鬬澗成渠值林爲苑跳巒崎嶔繚雲而上征飛湧神泉相背而異態固可駭也朱鞬幽茂飛英嶠灑犄禽聲口纖籟悲鳴清颸徐動徘徊於桂椒泄霧未凝瀰漫於壤石又可樂也爾其陟降巖樹嶺步飛楹送眸子於泬寥暢襟靈於閒宴故足蕩胸中之鄙吝究眞際之虛徐發金記之吾聞人毗邪之不二紛華外泯識富貴之儻來韻宇中虛冀神明之攸舍自餘布金結瑤之麗

飛錫浮杯之侶繡栭文楣之纖縟繚垣紺宇之靚深燦然異觀不可殫記斯亦視聽之宏瓌巖藪之魁殊者哉天水公慨眞想之在襟顧翔陽之俄景並徵麗唱以賁靈眗且念登高能賦者賢哲之令猷因物造端者述作之常理紅泉碧澗播康樂之詠歌高樹文禽形應璩之嘆息風情所屬來者難誣某猥辱嘉招偕觀勝槩登崇望遠喜先生之並行進牘含毫愧吾黨之狂簡故非善敘聊用直書天禧二年三月序

送薛嘉魚序

昔東邱第十哲之行及其敘政事則先文學而立科

史班稱西京之賢至于列循吏則先儒林而爲傳乃知決科者必深達國體執政者當輔以經術故黃帝求士無取有名炎漢決獄專傳古義用能使遐邇輸鬻驅躋仁壽之域中外僉屬財成義理之文行之惟艱兼之則寡非夫詳延博達之士精白廉茂之流琦行誕彰凝猷秀出又安可宣深厚之訓明以諭下樹尤異之績轉而上聞者哉河東薛君稟淑茂之姿生孝謹之族粹性中積遒文外發弄翰弱冠乃卓犖而觀書游刃三年遂躋踏而滿志休譽隆洽雋聲流聞既而掞藻紫庭飛英文陛天子嘉危言之榮喜於同

時羣公欽未至之名居之右席乃命以位出彰其材試清秩於芸局奉成規於縣道惟君天資謹厚而敏於吏事政經嚴備而飾以儒雅按讞之際多所平反筆硯之間皆有方略乃至健訟連搆巧詆成姧捕伐紛紜充曹而牣府牒訴倥偬犯慮以裴懷食肉未能遠謀歷政號爲難治加以山澤出納之計米鹽調發之勞抗傲既深詿誤增劇簡書旁午按劾而靡遑薄領相仍沈迷而未決君必發擿囊槖刺取是非思若有神心無留義解盤牙於餘地折臧否於片言吏不敢欺民是以息先是君之任茶陵也故外制陳公以史閣之職領漕運之權益名高材坐鎮雅俗始閙君之治迹深所嘉尙以爲當世之少雙及見君之行事又條于屬郡以爲治行之第一特發山公之密啟以伫漢皇之增秩逮考績於三載且奏課於十銓式奉綵綸之言再莅子男之邑驥子絶足宜顧景於中原鯤魚踢波猶暴鬐於碣石而君深達大觀雅曽不傾增修素風清議益注豈衒鸞千數方朔無自薦之言屬和數人宋玉有珍高之嘆當淹速之由命寧地勢之使然乎秋八月理棹大江揚舲明發諸生供帳賦漢客之驪歌彩服調甘奉魯侯之壽毋施于有政何樂如之姑見夫千室之民將受其賜百城之長拱以蒙成當使蒲邑駐車善三稱而未盡齊人易俗政五目而有成自餘懲明道綱激昂盛世奉行故事袪滕薛之煩坦懷至公無罇俎之越朝有好爵官無費留勉揚令聲用速殊命謹序以爲送

登科記序

眞宗卽位之八年匈奴寇河朔既而邊鄙入保民屋始騷赤白之囊狎至於宰府烽燧之火幾照於甘泉則齊趙北邊蕭然苦兵矣于時帝怒有赫天威遐震矯成周之中策黜覇上之兒戲親紆宸御以見武節至仁由是無敵有嘉于焉折首一戎大定六臝遁去方見鑄劍戟之器以復九農納虎豹之皮講其五利渙焉大號民用胥悅而天子憫黎元之重困懼俊選之猶鬱特詔大河之北別從多士之貢深詔方國妙覈眞儁於是儒多君子賁然來思燕固奇士此焉游處時則有若狀元齊公負卓越之志偶隆美之運亰然舉首揚于王庭天不違顏肅陳其下拜手之所觸竝會於餘地削牘程奏上心嘉歎見主父而何晚擢平津於第一自公而下預選者裁十有三人儒者以是榮之才難不其然矣雖周人謚王國之盛文皇發

吾𡙡之嘆嚋以加之而公美魚汕之得賢蕭芷莪之樂育馨夫感遇形於論著乃亟登科巳來聖製表謝及奏御辭賦諸公詩筆凡若干章總題曰登龍記先之以制詔尊君命也次之以賦頌歸臣美也雜之以表奏思報上也終之以詩筆王澤盛而頌聲作也觀是深旨足以知公之志焉惟公深博有謀惠訓不倦善斷也如竹迎刃而解善教也若草望風而偃平居感慨常自比管樂臨事忠藎必思致堯舜不好延譽自結明主故處身也高明無内熱之誚歷官也私室乏謝恩之所好飭儒雅而斂於吏事不爲章句而得

其體要凡所譔述必究遠大成雖少選沛若緒餘信由夫吳王金錢乃往往有之楚國雲夢特小小者耳夫器之博者無近用義之大者有遺味故公之所著直取其切與夫彫章縟采不周於用者將有間矣議者謂公奮英蕤取殊級探天下之深志訓天下之方動使得其位雖式百辟理乃事可也豈一毫郎可盡其用哉某謬爲公之知爲日已久零丁孤苦辱泣然而見矜倥侗顓蒙已肶乎而在後每勵駑蹇冀酬題齒頃因暇日得公前所著書惜其事美隆乎當時名未白著爰叙本末以冠篇首噫得人爲盛當知天下之奇才垂美方來信是傳中之嘉事博雅君子其有取焉時年月日

送同年吳昌卿之上元序

江南地方數千里士子風流出其間者有吳氏昌卿十三官焉昌卿蚤孤事母以孝聞務時學敏麽大尊爵身在江海名動京師天聖初元掞榮西士歷造鉅公暴其素蘊倒屣握臂一旦在諸生右由是士類欽挹獨映當時時僕亦以先人牛馬走與計南闕旣忝相如之至遂並田蘇之游而朋儔後生往往竊借其名以爲光寵初昌卿少而好賦每私勒十題終朝而

畢及异試之際少選成文欲勇者賈其餘游刃而滿於志俄署太常高第謝主袁之宜春簿甫一歲丁内艱輒去官免服闋還臺會縣官以拔萃之科高選英俊昌卿即及舍里旅閉戶不出而自春涉秋言成數萬猶介士待鼓聲而奮博者臨蒱齒而竦適會有司以考限斷昌卿遂觸報罷再佐邑於昇之上元朝髦野賢咸爲慊歎君方奉檄欣如趨府禮如成虧之間不槩冲氣則細故祗悔胡無自入焉是行也春江溶溶春山蒼蒼羣鸎鳴呀雜花幡舞晨征夕次明晦萬景足以傍三戶之牢愁攄六朝之雜擬古者歌詩必

類輒聲而承之山之陽兮水濱擊吳榜兮行人霞之朝兮露夕隱隙側兮思君愛不見兮搔首江浮天兮共春

慶曆兵録序

世之言兵者本之軒轅時書缺有間矣夏商以來乃能言之緣井田作乘車節鄉爲軍因田爲蒐周法則然外制郡國内強京師兵非虎符不得發漢法則然開府籍軍混兵於農使士皆士著有格死無叛上唐法則然然晚周力分諸侯其弊弱者常分暴者常并故六國相軋而亡漢衰權假強臣其弊勢侔則疑力

寡則隨故僭邦鼎峙而立唐季亂生置帥其弊樂姑息厭法度故羣不逞糜潰而爭由是觀之始未嘗不善而後稍陵遲也宋興劃五姓餘亂一天下之權僭藩納地梗師嬰法經武制衆罔不精明凡軍有四一曰禁兵殿前馬步三司隸焉卒之銳而剽者充之或挽強或蹋張或弋船突騎或投石擊刺故處則衞鎮出則更戍二曰廂兵諸州隸焉卒之力而悍者募之天下已定不甚持兵唯邊蠻夷者時時與禁兵參屯故專於服勞間亦戍更三曰役兵羣有司隸焉人之游而惰者入之若牧置若漕輓若管庫若工技業壹

事專故處而無更凡軍有額居有營有常廩有橫賜四曰民兵農之健而材者籍之視鄉縣大小而爲之數有部曲無營壁闕者輒補歲一閱焉非軍興不得擅行此國家制軍大抵如此然兵無常帥帥無常鎮權不外假力不它分此其所以維萬方懾四夷鼓行無前而對天下者也慶曆五年今參預貳卿濟陽丁公以壯猷宿望進使樞省惟是本兵柄按軍志無不在焉而叢紛凢閡非甚有紀公乃搜次首末鉤考纖微掇其功守戰者爲禁兵民兵録五篇合羣曹所分擿諸條所隱橐而聯之部分班如也離而件之區處

戢如也彌衆而易見愈詳而不繁雖伍符猥并邊鎖曲折歲列廢置月比耗登披文指要坐帷而判蓋簡稽之決要蒐乘之總凡録成乃上於官且俾敘作者之意謹按軍篇之首公各述所由前創後因聖繼神承旣有第矣近衞別録示有尊也餘軍弗載略所緩也文約事明成一王法惟公達練多聞以忠力自結於上處機宥不周歲擢貳鉉台曝誠明翊權綱有德有言天子之寶臣歟

元太守得告南陽襄葬送行序

太守元公以絶俗之姿遘協華之運用鄒魯之經術

始爲筮仕因田孟之長者終以立名遷胄席以聯官剖銖符而出守加以博練前載淵通治體盤蠖封而不跌鉼桑林而中奇陟降丹塗習聞三尺之律臨遣黼座親奉十行之文故公之下車也拯頹綱究雅俗廉問民瘼而豪傑不能擅私矣視原田正經界督課作而稼穡不可勝食矣須寬大之令民咸知於上意削靡密之教吏自飾於儒雅風由上而化下雨我公而及私朞年之間一境不變先是公迫官牒之鞅掌闕宰樹之營卜日月其除寒暑載離企彼南陽之田是有東陂之產由是愴露霈罔極之慼圖雨襄有進之業奉霈頭而誥請因遞傳之載馳精懇上聞俞音遄降越金紊之彤節揭風旂而首路肅四牡以出餞統五鼓以戒晨釃奠旅陳簪紳畢集客有奉觴於公前而言曰聞夫立身以明義事君以展體顯親以盡誠古之道也若公之素風冲和壞意完行鳳覽德以來下鴻漸陸而爲儀藹藹嘉猷式是王國穆穆休問賓厥帝門則身可以謂之全矣敏政勤化首公勵節緝素絲之五緎紮羔裘之三英固幹事而克終經有常而有蓺則公之事君可以稱其至矣赫赫閭里結廷尉之駟森森松檟開京兆之阡東方之騎按道以千餘西京之車會葬者數百有道之碑無愧石君之孝不衰則公之顯親可以言其終矣若乃東漢鬱葱之神壤南都麗康之雄輔晝衣錯繡宴橐揮金楚老壺漿而出迎蜀令弩蘭而前引累茵而坐季由之感無窮望寺而趨張湛之恭斯在萃是衆美爲龍爲光卓哉昌辰仰止者德如斯而已矣逮夫白日馳陸涼飈動天騎竹之童傒細侯之歸鞅熟芝之撿旌黃霸之治功於斯之時然後觀其榮也某恭梓攸託古藉有初庇雲蔭以拈多偃風聲而素久粗訂輿誦深愧不文謹序

相國張公聽普印晰師彈琴詩序

樂家有琴也於古差近釋子悟禪也在法最勝勝法難喻古聲難調二者合以相資此晰師之鼓琴也相國清河公鎮許昌之初載師以領悉言之契有命駕之行問其清靖參以宴坐心照云舊法樂甚歡於是乘艾夜之閑投蘭言之隙思有以音聲佛事蕭散天殘竦神豚流深根寧極者莫尚乎絲桐之樂乃進而御之既一再行相國洒然而喜顧謂四坐曰夫聲緣器至器乃假合和寓聲現聲本虛空若夫據太和以親琴琴也特朽株枯木自解脫而論法法也皆缺月

行舟道要譎然吾聽止矣因爲詩以貺師其亂章有彈意忘琴之句所以逗機爐雪遁迹魚筌彷徉大方脗合眞際師亦躊躇滿志推琴而礙之乞日予與觀焉竊美公以右槐眞宰囘入佛乘徑登之如此又嘉師以安弦軟音動蕩天倪造適之如彼是用叙作者之意以冠其篇云太常博士直史館廣平宋某

淮海叢編集序

詩爲天地緼予常意藏混茫中若有區所人之才者能往取之取多者名無窮少者自高一世顧力至不至爾然造物者吝之其取之無限則輒窮躓其命而怫戾所爲予略記其近者王摩詰顯於盜愁苦僅脫死杜子美客巴蜀人沅湘寒飢不自存李太白踣於貶白樂天偃蹇不得志五十餘分司元微之爲衆排迮終身恨望劉夢得流擯抵老弗見容是皆章章信驗也惟山林方外之人亟索亟用天不能扼其數以資能詩始來京師以高言警章與士大夫相酬謝士大夫爭從之游名徹天子故錫命服師號師亦以寵爲侈遂以南方菴天台凡三十年年愈高學愈精自淛東西山溪鳥魚草木風雲人事法集靈所怪區一物一與聘公之思不能給而告疲焉可謂取其蘊多矣公又挾惠力自在天果不能扼之乎故前後所著踰千篇分目數集所謂淮海雙編其第三集也屬予以叙公之得誦人口貴人紙者固多不待僕贊而顯矣雖然願一言焉公之徒若有辯如淨名者或呵公以外學自鄗公云何而默其何使予釋然云

送丞制劉兼濟知原州詩序

前年黨項羌叛乃今正月穿當路塞刼餘種將十餘萬騎犯高奴入金明於時侍中劉公提卒不萬人徑薄賊壘鏖鋒苦戰所殺過當虜勢蹙欲引去會小吏不肖引師擅還賊乘我虛侍中伏節而殞朝廷赫然憤悛寇之昧惻然憫師臣之亡錄孤廞冊哀顯存殁仲弟寶臣自寵竿戍名入問破賊方畧寶臣頓首雪泣願得自當一隊膽王庭張天聲以復家仇帝偉之即詔以二千石守朝那給上臺千兵光寵帳下寶臣邊事甚悉出入凡三對論兵數十章鋪陳切慤多得要領上未嘗不稱善而寶臣亦自以感遇不世故慷慨而誦言之旣六月引軍而西諸公嘉其行長言以餞又俾僕序所以必類之意以寶臣之才之傑奉廟算攄憤謀與羣帥協力而侍中之靈又且相子彼先

零百年餘運何懼不克邪月捷三馳賦詩者之志也凡若干篇列如左方

崇祀錄序

臣聞遂古之初民神不雜雖有所報未稱禮文及夫黄軒之接萬靈姚虞之類上帝南正火正述乎世官之常祭義祭統表乎諸儒之論國之大事粲然著矣其後馬遷之書封禪班固之志郊祀多儀浸講前載益詳施及歷朝更相祖襲是以歲禱冬賽祠官之領可求經入畡數天子之奉逾廣蓋有道則監之在德叔世則狎而不蠲有唐之衰五代無象嘉生湮鬱祀族僭差極乎亂階啟我亨會於赫太祖以甚武戡難擁監觀之眖饗帝是皇思文太宗以明德保邦謹馨香之治制神不瀆聖上纂大維烈重離有光寶妙道之儉慈域庶物於仁壽忠厚躋格殊尤研隱由是東紘瑱礪除道仙閭右瘞鼎脽敲景雲極帝命攸式天載實通揭盛典以垂縈亙涫烈而長世臣比在冗局頗志舊章伏念三聖相承五紀而遠文物增損百度之品蓋多詔符鱗積一王之範當考且開元之代既爲通禮而韋公肅續譔禮閣新儀王涇又爲郊祀錄補備其事國朝惟有開寶之禮無它譔述誠恐官成抏守年所屢更青紫失傳尊俎潛越願裒王制嗣紀信書亟蒙開可俾加論緝又詔戶部郎中知制誥臣李維太常博士直史館臣姜嶼參相典領未遑卒業自屬爲邦繼以二臣兼總它職畀官之曠編削淹期藁札雖存羣條靡立逮茲開外始復講求於是興建隆之元據開寶之舊先列凡例明常制也次張題部俾從類也篇有引述原乎大本取徑要而易知注有援證包乎先代務觀縷而曲暢至於太僕之牢具司農之蔬膊光祿之脯果醪醢少府之器服圭帛奉常之粢稻太府之薰幣將作燧鑑之給司天日時之告祝史冊信撰工樂章壇壝以等級爲差攢題以位置相準因事示法附義生文比次有倫攟摭無出具實錄之體罔靡尚華采備有司之傳故自成新制輒緣崇祀以冠書名析而第之爲二十卷有以知金玉制定之當黼冕致美之虔多物與稽能事云畢周禮盡在無待太史之觀漢儀可推當留博士之藏臣宋茶有素紬繹罕工絕筆冒聞魂爽震越謹上

景文宋公集卷第九十六

景文宋公集卷第九十七

序

江上宴集序

江山之助本出楚人之多才朝野之歡古有西京之全盛至若愛心兆和柔之感樂地遵名教之宜乘春陽之布和均秋水之至樂伐木釃酒之奠飲舞雩初服之詠歸我有嘉賓茲爲勝集攝提紀歲姑洗協月雨師泛灑女夷鼓歌熙熙若春臺之登湛湛美神祺之布予乃旅食役乘遑安治世煙煤久澡於楯鼻勝帶罕趨於寺門居常竝田蘇之俊游間或追永和之

禊帖況乃茂林修竹之地良辰美景之資風泠泠而析酲天蒼蒼而正色睨沆漭之綿野泝逶迤之曲水馱舒帟幕惟旅肴核則有黍甑多閩之友藻府同官之僚玉趾竝紆鶴蓋相蔭尤揖浮邱之袂狂至高陽之池日車晏溫雲族澄廓敘食劑則蘩萍肉藿餦餭鱠鯉之殊品述樂事則巾角屐齒明瓊多馬之雜進遠睨勢勝則璇淵秀壑峨峨湯湯風雨怪物之馮戾近玩物態則標枝薦草離離鬱鬱陽膏協氣之憤盈終之美康衢之謠迷何力於上帝末亦樂開口之笑歸已分於百年終宴不疲盱豫無悔逮夫山玉頹於既醉弁星俄於屢舞善說史漢何必西雒之朝賢竝坐胡牀未淺南州之老子而諸公惜茲眞賞命誌方游顧急景之將斜襞珍枚而見託河陽思歸之引恨不見有知音大夫登高之游惜未聞於儷賦聊題狂墨攢塵矜時年月日序

宋同年劒池編序

劒池編者宗兄貫之之作也初貫之自七閩西入關才業銳甚皷行英俊中京師諸儒少敢支吾時上新即位至於親程材品謙讓未遑也第覆有司所校臨軒句唱署定其籍君以文中乙科爲吏限牽制調歙

之休寧尉未幾州將或以親致嫌改洪之豐城而君自褫巾仕途間關勤遠晝治夜計推行靡密然未嘗一日不在書研間故其點翰不患操觚率應思風決然言泉沛然如良庖鼓刀羿子彀弓導窾不頓捨矢如破用是四周歲篇所得詩頌贊紀序敘書論若干篇題曰劒池識方游也還都之日裒而見過且以冠篇爲託僕辱君之知舊矣不命其承况勤篤乎原其天分人之能也甚斬而難悉雖有力者不能多取故史家以儒林循吏各自爲傳猶函矢工其一巧盈天饜乎兩施豈若貫之進職其憂則治目吾最退立以

詩則懿文益辨若使力命相會其表褱淫未元張王枝葉未可量也昔年長好學不勧惟聞袁伯每官各爲一集獨有王鈞山是而觀之其有意乎作者之事矣若夫文之妍麗命稡自當觀而發之此不遽數謹序

王參預詩後序

扶風馬蘇仲康與伯氏張建維自弁髦之齡篤嘗踧之愛業成門内名動京壓當時聞人多與游處咸平癸卯歲嘗奉世父官於越絶會今參豫清源公以危言大對克脉上心擢佐著作郎宰邑定海士流嶄鸖

號登龍門時仲康弟兄稚欽公名悉索素蘊振褎衣修矩步以士相見之禮願知於公公一覽其文厚爲嗟挹亟作詩一百四十言自題烏欄以遺之勗其大成許以遠到陽秋一字蓋重袞衣之褒機雲二賢遂結錦囊之顧其後建維以眞宗上封之七年由進士第歷曲臺終博士仲康以今上初元之二年繼升奏籍相望雲漢穆如壎篪信夫東國人倫之不誣高陽才子之無隕者已仲康銜玉音之賜閟鈎婉之蹤且念巾箱久藏雖五經之均愛懷袖勤玩虞三歲而或滅非就山珉之刻易訂家楹之傳謂僕比牒同邦丐辭裁序因歎博士君未終公惠而無祿早世安昌人相岡竝厄洒之歎子夏言詩姑誌師門之舊勉述顚末附之左方

南陽趙叔靈集序

曩予以布衣偕計來京師凡當世有名士必求得其文章盡疏之牘凡數十百家其間南陽趙叔靈詩纔十餘解清整有法度渾焉所得不琢而美無丹雘而釆然恨未見其多嚌醲 啜醇聞雅音不竟曲其嗛於願也後四十年予爲益州於是叔靈之孫抃以殿中侍御史領益路轉運使始盡得叔靈所集疾啟而玩

快然乃大償所槩則詩之外又有文焉其文慨動沈蔚不減於詩然叔靈以詩自名信其好也叔靈名相滈化中貢進士未試而春官已題其警句於都堂之壁俄中第調廬江尉閟棊卒于官生平所蘊未及設張論著不盈志名雖在四方而不徹天子齋恨大宵與化而蟺報享之昧昧使仁鄙一歸於數可勝嘆哉殿中曰君既知吾祖請遂冠篇以信于傳予曰諾大抵近世之詩多師祖前人不丏奇博於少陵蕭散於摩詰則肖貌樂天祖長江而摹寫許昌也故陳言舊辭未讀而先厭若叔靈不旁古不緣今獨行太虛探

出新意其無謝一家者歟惜壽奪其壯不克廣取而究逃寧夫於詩有所嗇乎殿中蹈慶址復有名于時爲天子才臣則叔靈弗大於身而大於後身雖沒其言立古所謂不朽者叔靈尙無憾云

送英州理掾詩序

沛國十四舅再調爲英州理掾過辭於予客有惜其去者私於坐曰子嘗言舅家之才之邵可爲國華代寶今縱未能疏高爵激卬萬乘之君猶當爲三輔高選奚以之萬里而南爲予曰夫所謂德全者得喪喜慍未始入乎胸中彼宴安腊毒皆囿於物者也今夫泰山之雲卷之在膚寸舒之徧天下和氏之玉始之爲廟器捨之倫碔砆當膚寸與砆碔若怒且呼曰我必徧天下爲廟器八方以爲不祥且怪也之人也之德也寧容以道里遠近祿稟薄厚挈然以自辯哉是其爲德也全矣姑見夫辨巖在旦臺閣諸公皆賦詩中贈以見鄭志行矣南方寬柔獄無留事數擊鮮進醕酒休日則陟神區探奇絕彷洋乎天倪之地以放外物之累寧不綽綽有裕哉客曰善宜以序明日遂行

送賢上人歸山序

僧至吳地始于赤烏之年法傳震旦本乎少林之祖曰五葉付於能者一枝出於石頭龍象掎裾多生江漢之域稻麻均衆嗣發海潮之音故南方勝宗禪者稱首矣開士賢公以無礙之辯徧參之學深憫俗界之五濁示現禪那之三輩不待影策蹋蹴天下之駒全提海印吹散雪山之聚天聖三祀駐錫濃陽黑白歸之所在成市難拒有情之請遂唱別行之歌應病與大小之藥隨扣發春容之音淨名遺言眞入法門之不二亢倉與處但覺歲計之有餘衆德普聞一方蘄嚮始師與今參預清源公實領妙契爲忘年之交款茲同風有命駕之適戾止京寺且過敝廬予方欲以道里往來而勞苦之師舉手曰仁者勿作是念誰爲煩惱誰爲菩提舉中則內外成三言法則眞妄有二皆是宴坐皆是道場予聞師言信受珍重撤席未幾俶裝告歸江山白雲巾鉢飛鳥春郊蒼然春流泱然送師者自涯而反師自茲遠矣寧與轞瑣塵諦雜鶩仕途者可希其轍跡哉欽風不忘附贅成說謹序

送張端公轉運兩浙序

國朝析楊州具區之地爲二淛以建行臺北匯三江東引五湖而注之海盡淛分也地殖稻魚山采鉛銅

熬鹽賦莽錯出珍貝飛艫長帆以輸都藏號爲經營天下之半故漕局兼按必難其人歲在庚午夏四月清河張君冠柱後惠文以二千石持節領使東南之利得謐商之初君以粹和文明夷靖强立毅然聲采出諸公間培風覽德遂遵鴻鷺乘傳蜀道也按讞平允除繳繞之禁屬城畏之佐治天邑也精力靡盬遡密靖之風都人宜之話言藝極憂爲沛力堅金所梲而羣躁就制大力所奏而衆蔡洞分惟二宮亦知其能故淑旂亦裳倚君爲重噫君又將推二方之善政化吳粵之細民檢其美沒歐之忠厚底愼財求推明章程福利便民振淹糾慝緩關更賦越息夫家將使一方之人和聲善氣韻爲景風烝爲甘濡予知夫誅求荦権榷譎一切之政自君革焉齋刀啟行朱芾在股行矣强飯企乎令聲公卿有缺予又將見君之入也謹序

送張都官知兗州序

先皇帝既釋涼如之旅夜索會昌之圖震于殊尤詔成希闊鏤肪玉之秘牒上完青於翠顚還坐明堂膺倪寬之壽遂覲東皇會帝姚之巡濟北益獻旁邑之地羣臣皆治朝宿之邸壇墠修飾牛酒和會順祝馳禱使轍相望脯胸既祭縣次傳送於是兗爲巨鎮冠於東方則吏二千石宜其遴柬清河張公以三署郎選爲百城吏師踐楊諸難莫匪嘉績實有成命俾侯于東以公文敏之才條教可紀是式是力有猷有爲則變道之邦易以從事闊畧苛細宣導湮鬱洒其煩言化爲頌聲則徯蘇之民樂於嚮方將使上佽靖嘉下無滅裂桑林經首出庖丁之餘蟬緌范冠爲子皐而化給儲侍貢之藝愼齊疾䮕于神公優爲之朞月而已若乃理狀異等爲吏民嘉美者姑見轉而上聞以續西京循吏云

送刁君績赴蘇臺序

建木百尋不殖培塿明璣千琲必產溟渤賢人君子出於代家冠冑亦猶是焉君績十九郎生於慶門不習紈袴而天與之器道賫之粹弱冠裒文贄諸公諸公或大父行悉倒屣握臂爲之延譽大抵爲文旁礴史漢上下隋唐理參文表氣注言外競於使人不能加也既以父任隨牒參姑蘇戶曹軍事未行而鄉舉秀選君績因褫黃綬衣逢掖與羣英竝游求三物之舉爲攸司裁抑以非是報罷薦芴處士悵然同咨而君績方夷漠不屑以謂非戰之罪近乎命不怨勝已

近乎仁道之苟存更也何恤翌日挐舟東下匄言為贈先時隴西李獻臣為君序字以表其德獻臣文之雄伯士皆蘄羇言所許可重於陽秋而相許於朋盍之間則君之取重足以暴於天下矣矧夕拜沛公為二千石朝之宗工太原王子野闢郡政人之大方是行也君績挾汝南之評据山東之閥輔儒雅之飾以求伸於賢主人譬建瓴走丸不為難矣何徒勞之足累哉僕之妄庸不足若夫復九變之貫宣上德刺六經之道潤吏事有所劘切者第見子野索言之謹序以贈行

張相公御賜飛白書并進歌答詔刻石序

慶曆二年秋八月皇帝御飛白書千歲二字賜大傅鄧國公公既下拜登受即進歌一章發舒懿藻列榮遇之懇翌日有詔所以襃答甚厚公欲侈上賜夸代珍乃索完青以礱以鑴披天倅采與辭偕永又俾愚題序歌右庶得其詳恭惟神筆之兒有似重師臣而光信策歟夫千歲者延紀之盛期為壽之極言雖老彭之養聃史之隱未有過焉者也且賢人之生率五百歲謂之命世及默契至宰感會天人則一遇之罕謂之嘉會皇意若曰公由青宮調護之舊身翊飛龍手披叢雲三為大丞相勖勞王室年艾功成以安車就第齒斂謀謨完為太和扶與陰陽同入難老故因所遇之運而以其數錫公進陪命世超十期頤惟公饗之實帝命之昔史克之頌僖公也其辭曰萬有千歲眉壽無有害口陋藩凉德空言不情猶遒鐸採焉託于聲詩寧若自天子所發為褒祝日珥爛乎家楹星鉤灑於毫端從古以來寵遇始終未有二公者矣至於𪁩委倚縱聖蹟冥符則其素闇知狀足於詠嘆此不申頌云

景文宋公集卷第九十七

景文宋公集卷第九十八

説録題述

鴈奴後説

周官醢人箈菹鴈醢六贄大夫執鴈莊周舍故人家主人殺鴈鴈爲羞品舊矣大江之南陽鳥攸居餘菰稆稻羣翔嘩唼者動數百千計鄉人或夜徑大澤連巨繳而掩之然常苦鴈奴之覺也鄉人說曰鴈奴鴈之最小者性尤機警每羣鴈夜宿鴈奴獨不瞑爲之伺察或微聞人聲必先號鳴羣鴈則雜然相呼引去後鄉人益巧設詭計以中鴈奴之欲於是先視陂藪

鴈所常處者陰布大網多穿土穴於其傍日未入人各持束緼并匿穴中須其夜艾則燎火穴外鴈奴先警急滅其火羣鴈驚視無見復就棲焉如是三燎三滅鴈奴三叫衆鴈三警已而無所見則衆鴈謂奴之無驗也互唼迭擊之又就棲焉少選火復舉鴈奴畏衆擊不敢鳴鄉人聞其無聲乃舉網張之率十獲五而僅有脫者以是江湖之民尤嗜鴈或賤售于人予聞其事不甚諦後有隱民馮生者與予善他日問之而信馮生工屬文嘗爲鴈奴說嘆其以詐相籠以禍相嫁也其言曰奚獨鴈哉人固有之李斯秦之警也趙高詐燎而胡亥擊之國入於漢陳蕃漢之警也曹節詐燎而孝靈擊之家獲於魏由是觀之可不爲之大哀邪予嘗愛其文今馮生遁老訪其書不獲姑掇其切著于篇還以舊名題云

舞熊説

晉有蘭子者獲二孺熊於太行山而飲食之能得其欲爲教蹲舞之技以丐市中先開迴場震之鼗鼓市人項背山立俄以巨梃鞭熊應手皆舞躨跜騰蹋悉中音節佐彈曲闋蘭子放梃四顧躊躇滿志人爭投錢與之旣而自負其能數與優确時眞聖幸汾陰祠

后土曼延奇怪並參侑樂蘭子以熊見行在上奇其劇服賜以鏐器束帛遣之自是蘭子挈賜物嫮驚郡縣頤指裼袒擾熊益甚遠近聞者亦爭玩之於是除地會要趣節亟引心冀技之速屆也每舞一終輒裒金數千是日曲數十終售金數萬蘭子被酒霑醉益有驕色會日暮二熊不時得豢瞪目跋扈不復肯舞蘭子鞭之彌急市人有竊笑者蘭子恥熊之反己因假利兵欲刺之二熊驚躩批蘭子而殺之復旁傷數人突出譙門大譟卒幷力殺之於□周噫獸與人嗜欲不相遠畜之以理猶可屈伏而蘭子見利忘義求

之不已力窮變生反受其咎宜哉昔東野馭馬顏闔曰稷之馬必敗馬力殫矣而猶求焉寧斯人之徒歟

酺說

客問曰朝家設酺宴之令享天下高年實亡古經何禮之處答曰先儒顏籀有言酺之爲言布也王德布於天下而合聚飲食以爲酺然予之所聞似異於是酺爲神名音如步讀本于民里因祀而合飲耳周官大司徒族師春秋祭酺先鄭說酺者爲人物災害之神後鄭謂族師無飲酒之禮因祭酺而與其民以長幼相獻酬焉蓋古之爲民者防過爭端酒禁最重惟祭祀鄉飲得以行禮細民之室不得常御書曰無彝酒此之謂乎漢承秦法於周差近流風遺書頗有存者故漢律三人以上無故羣飲者罰金四兩是則醴醪靡穀廢于私室之間遺飲食合醵繫乎君上之橫賜西京文景武宣之代時有酺賜本之歸於祭酺之禮因餘福而弛酒禁也故武帝太初二年令天下酺五日膢五日且貙膢亦祭名也漢帝以立秋祭獸因以出獵是則祭酺而後民飲酒祭貙而後民搏獸一切之制於義自均今許膢爲祭而廢酺爲神破一體與二說近乎攻異端者矣三鄭之詁周官多況漢法其言酺也乃云有螟蝗之酺人鬼之酺夫三鄭目見漢之有酺祭因令民之會聚酒食也故於族師之詁意悉事詳苟無其端不容憶測客曰然則今之酺今或未思其本耶予曰否酒禁行於古故漢之酺也民財自出得以達夫家酤榷施予今古我之酺也君澤所頒專用寵耆耋禮與世變名隨事易損益之常也何執古禮而處之哉

字說

高祖紀七年春令郎中有罪耐以上請之應劭注曰輕罪不至於髡完其耏鬢故曰耏古耏字從彡髡膚之意也杜林以爲法度之字皆從寸後改如是耐音若能如淳曰耐猶任也任其事也師古曰依應說耏當音而如說則音乃代反其義兩通耏謂頰旁毛也彡毛髮貌予以顏氏之說似不審應音及誤引許愼說文不了其義更有兩通之語且耏無而音止於乃代一音耳案古者能字皆作耐字亦取堪任其事之意後世以鼈三足之能爲能故今人書能無有作耐字者應云耐音若能此能鼈乃三是足能之能能耐自然聲近矣本不爲而音也顏氏云而謂頰旁毛案說文自訓而字爲頰毛耳象毛之形至耏字直釋云

罪不至髡則顏氏謬應意而誤說文其失明矣

王杲卿字說

字之言滋也名之外滋其一稱古君子因用表德焉陽秋大夫褒則書字禮經男子二十冠而字厥惟舊矣瑯琊王君仁旭字杲卿既式是道且欲本而推之以充其誼予辱君請得以文陳旭者日之旦也本君含章自內不待於外也杲者日之出也本君厥修時敏寖升以著也仁聯昆仲之次八慈比也卿同士子之稱勞謙象也凡道不闔休篤實光明章大未有能發乎遠也若君家大門以三公建上將威略折衝爲時長城勳在王府耿乎當世君承德厚之愛孺篚於賞典宗讓下賢不以倨實自安靖恭肅給入服華伍其有意乎緝熙于光明發于事業歟又將不褰其孝謹而念爾祖歟昔君之先代有元長者自比扶桑暘谷今君邈洪源休令聞還以旭杲命之則光輝日新世其家者有待於君矣

錄田父語

歲維孟冬京縣大穰戶既還定鄉無捐瘠室家溱溱厥聲載路於是先生命從者具柴轂適野而觀之汁者滿篝稆者如茨饁者弗仇餉鉏者無德色糴不閉隣輸不爭承欣欣然以盡四友之敏先生乃揖田父進而勞之曰丈人甚苦暴露勤且至矣雖然有秋之時少則百囷大則萬箱或者其天幸然其帝力然田父俯而笑仰而應曰何言之鄙也子未知農事矣夫春膏之烝夏陽之暴我且踦跂竭作楊芟捽屮以趨天澤秋氣含收冬物蓋藏我又州處不遷亟屋除田以復地力今日之穫自我得之胡幸而天也且我俯有拾仰有取合鋤以時衰征以期阜乎財求明乎實利吏不能奪吾時官不能暴吾餘今日樂之自我享之胡力而帝也吾春秋高閱天下事多矣未始見不昏作而邀天幸不強勉以希帝力也遂去不顧先生引車而歸從者曰夫子何讓也我直彼曲請得還辨之先生曰不可淺丈夫悻悻然盜天功以私已力乃自記之矣奚獨父之誅焉

壽州西園重修諸亭錄

州治下蔡八十載天守牙居惟有黃堂便坐與吏民賓客相見無宅觀游庸息我私前人或指是爲傳舍不一二歲且去矣亟我勞而遺人逸乎訖不肯營予友集賢王君子野以景祐三年始來領州陋前之爲不藏其言乃取四偏隙地袤三百弓治而園之破麋

塲蕩虺匽剬蕪藴榛百板以輿嶇然而高於眺望宜則以爲亭奥然而幽於息偃宜則以爲堂析置八區翬棘相望不決沼沱平疏圃畦射焉有堋庇焉有檝取材於官役不逮民春秋以展地主勤之歲月以休公家之勞禮成事時身有餘佚州人駭觀嘆美一辭自是署制劇雄乇邦不若矣當此時子野以治績聞號爲異等由是觀之纖葺燕居果不害於爲政政之不立雖有廷內尙惡乎興慶曆初年秋七月予待罪于茲距子野之遷歲才四舍其間凡五易守而前之胥宇皆士圮木撑階塗缺殘鏬風瀸雨壓焉有漸非

來者不善繼葢不暇已予也幸而暇其明年因得新之壞者支蟣者鮮舊者夷汙者浚潛奇伏姸一日並還庶乎子野之志及予而大備嗚呼人之言吾廉絜是力刀筆是總苟獲濟矣容膝之爲多尙何務爲是舉不知君子之道且先王域民也四惟士以閒宴處之高明輪奐各有宜適仁義之所談教化之所謀體神胖王乃能自力於道兄吏二千石居峻制嚴表的千里偪而無差如等威何予是以見人之言與予野之道得失有間矣初子野落成石君曼卿鑱石紀其詳及予完復亦用史臣之法謹時月文以忠告之詛詔後來云

西州猥藁系 西州詩今分類在此集內

西州者葢也猥雜也藁其未工之辭也始予以嘉祐初來爲州州大務叢日操刀筆坐閤下吏環立聽命必取判乃得去又主勞賓客皆有常處一不可廢會天子促上唐家書遣使者就索傳草經三時乃悉送官凡再朞之間身事事十八以上操楫佐轅使不兩工故於乇論著不遑及也惟覽山川采謠俗觀風雲怪奇草榮木悴歲時故新朋昵判合時寓諸詩詩者探所感于中而出之外者也所以怡性情娛僚賓故

狹章不爲貧積韻不爲廣悼於往弗及哀樂於今弗至流自假守至滿更月裒日次凡得百餘篇雜內褚中命曰猥藁野庖之芹窮緯之蒯自愛而不忍弃也或曰君之詩往往爲邦人寫去柰何不如因出之可見本末予愧不能計卽誘門人邛州從事段繹釋之書而刻之石置大智禪坊之亭噫後之人孰爲我竄其辭削其宂掇所得百分一以備樂府雜家俾知治世之安且樂云廣平宋子京自志

題司空圖詩卷末

唐司空表聖隱虞鄉之王官谷唐亡表聖死無子家

書湮散後百五十三年直宋嘉祐歲己亥武威段繹得書一卷示予曰表聖詩藁也紙用廢漫字正楷凡詩十有二篇此世所傳表聖筆其真不疑繹以亚番治背髹軸錦護首粲然若新其勢不數百年不泯也噫表聖賢者也以其賢故一物一言爲後人愛祕若此寧當時之人舉不及後人之知表聖耶是不然同時者媢異時者慕尙何怪哉繹得於虞鄉尉孫膺膺得于谷口民張張傳之祖祖嘗爲表聖主閽云廣平宋某記

福巖院種杉述

福巖大士嗣居之九年營復仁祠以舍大衆仍山取勝披翳發奇雲征鳥革幾二千室佛事侈大邦人歸嚮坌門生信造壺盆虔牧攝儱戾更爲清靜又命其徒環院且百里廣樹杉焉師之言曰嶽之陬莫杉爲良今視我居水火之不可常堂構之不可忘苟無其備謂吾能外助哉山是日蒔歲營數盈十萬順其陰陽時其上中築而培之灌而澤之賁綠阪險半散巖藪坌之離離卽之牂牂搖風之所偃拂膏雨之所沾溉春緻其理秋勁其膚童而口然黝而惟然牙蘖奮張枚幹夸肆於是大者中梁小者中杙直者爲梲反者爲栟若乃胥宇僝工大匠經始斤斧所度繩墨所習從客口指萬楹可具不丏林衡不誘縣官茲爲長利其可加已先是州將下符爲申厲禁又檄院幹得專護焉已而衆謀丐文俾信於後予聞管仲有言十年之計以木百年之計以德師今爲未來世思患豫防不直十年計也樊仲欲作器先種梓漆人或嗤之後得其用吏從假貸則今之昧者得無嗤師之遠計乎亦且異時從師而求假也師名省賢以傳付密要始處藥山大唱宗旨旋舍石霜黑白不釋之故又居於茲三年道場一用眞諦今予以有爲之績可述之言以美于師是非謗法也哉雖然不謗不足以爲法師其著吾文無介焉州符衆樹杉者之名刊于石背

景文宋公集卷第九十八

景文宋公集卷第九十九

論

有若論

太史公仲尼弟子傳稱孔子既歿弟子思慕有若狀似孔子相與共立爲師他日弟子進問云云謂月離于畢及商瞿年長無子事者有若默然無以應之弟子曰有若避之此非子之坐也予嘗推本其文此殆鄒魯閒野人語耳若夫多能攸縱淵泉博厚與日華天極不可階而踰者此固卓然異稟理絕夷等生人以來未有如之者矣及夫天不憖遺人將安倣服膺之徒悼惘無所則尊其言而奉行之可也數其教而懋明之可也寧待索目皮之肖似席師。訓以咨決摳衣避席北面而事之使弟子皆愚人也則可若其少知一體寧不謂之痛心哉夫蜥蜴似龍不以御天碔砆象玉弗容禮神苹實擬日義仲面之寓木偶焉僕夫云之何則眞假有區甚愚能判狂聖殊品惟材誰強今乃遁道德之實据形髮之僞扳而立之質而逐之是先聖宜被竊玉之誅案陽虎竊寶玉大弓仲尼貌似陽虎項羽可膺降嬀之錫舜重瞳項羽亦重瞳優孟足俾相楚孟似孫叔敖也虎賁亦當佐漢虎賁狀似蔡邕魯多君子一何勃哉是使在三之義永廢於師嚴無服之喪下同於儒戲昔周思召伯猶能愛樹越求范蠡因用鑄金自假物以懷賢非望人而責實較之玆事不以優乎及觀孟子書亦云子夏子張子游以有若似聖人欲以所事孔子事之强曾子曾子不可曰江漢以濯之秋陽以暴之皜皜乎不可尙也已由是而言則始嘗謀之後弗克舉又安有離畢亡應商瞿之對撤坐攘臂事之弗終之論乎古人多失實於傳聞此其驗已

和戎論

客問主人曰蓋聞王者受命繼天作主盡日月之所照以爲臣妾極霜露之所墜以通文軫內撫諸夏外威四夷蕩無與名尊無與上負固不賓者抗大順以肅之恃險與馬者誓六師以夷之上以取侔貴比崇之勲下以定深根固蔕之業此堯舜所以稽古商周所以播憲九伐所以作六籍所以書萬古之同風百王之不易者也今大宋奄承駿命光有中區敷至仁高蹈乎先帝篤洪伐茂對於天下自武祖立極文宗拓統承五代之殘殺屬九州之屠裂孱王僞帝分據州郡游魂之虜當陽有和戎之義綈帛之錫委屬於金繳歲時之饋相望於絕幕寬以愿法若奉驕子意

者殆非聖皇所以操絕瑞垂無窮之意乎夫率烏舉之民不足當一縣之衆驅烏合之卒不能抗八陣之師而執事者不以此時長驅而深入係弱而累老躪冒頓之落寨翕侯之旗方且規規然詢樂成之近議捨慮始之遠謀識一勞之幾害忘久逸之深利此賈生所以請屬國終軍所以求長纓也蒙竊惑焉主人喟然嘆曰客所謂知其一未知其二見其內不識其外也夫持反死之類與論春秋之變則極矣從尺澤之鯢而謀江海之深則乖矣僕常惡聞其說今為子揚確而陳之夫天生五材民之經用守在四夷君之

善敎兵者凶器可戢而不可玩爭者末節可遏而不可召故善師謂之不陣至仁所以無敵子貢足食以去兵為先楚王還師以禁暴為德先諸夏而後夷狄限中外也修文德以來遠人賤爭戰也故聖王能禦大災能捍大患而後舉行一不義殺一不辜而不為討其君除其害救之塗炭毆之仁壽而已故七旬所以格後予所以怨三舍所以降一戎所以定此聖人用兵之大略也夫匈奴之患為日久矣虞書有滑夏之誡禹謨著郎敘之戎以高宗之明不能息鬼方三年之役以宣王之盛不能休太原六月之師高祖困

白登之圍孝文警灞上之戍斯皆當鴻均之代困侵暑之暴驚邊扤士烽舉而燧燔飛芻輓粟雲屬而波委以至甘辭重幣命奉春而和親撫髀擊節思李牧以為將此皆窮聖發憤計深慮遠之謀也是之可以德服不可以兵碎在乎嚴備不在乎深入且匈奴城郭之守廪庾之備羶肉酪漿以適口革笥木薦以便體桀驁相尙遷徙無常厲折膠之威騁新鸛之足嘗犯無皺瘃之疾勝敗無讓救之援輕齎而入則師不宿飽轉粟而前則重不及事得其地幽陰慘殺不可以播殖奪其財荷旃被毳不足以祭祀并其衆被髮

左袵不足以使令靡弊中國以奉絕域非惻隱之人血戰不解勝敗參半非定功之武且秦皇藉破從之勢舉推鋒之師東轉琅琊之粟北收河南之地及其末也天下愁怨民不聊生於是乎始有陳勝之亂漢武據數世之憤矯前代之議築朔方以毀左臂通烏孫以裂右肩及其末也府庫殫竭貳師外叛於是乎始罷輪臺之卒由是觀之力非不足士非不勇其勢然也則李斯謂之非完計嚴尤稱其得下策不其然乎是故聖人知亟戰之勞民則懷之以恩信慮內侵之為患則嚴之以亭障來朝也不徵其玉帛請和也

厚結以盟誓入而寇也禦之以整引而去也縱而不追春秋賜以奇贏之帛關市通其貿遷之貨汎惠以撫之畜力以待之然後可得而制也今子乃欲捨盛際而論爽德徼小利而階宿衅亦以謬矣且往年單于有南牧之患上聖奮濯征之旅輕車突騎分布於寶城斬馘擒俘獻功於行列旬日內戎醜大殲當此時六羸之君賢王之師震怖相視鞮譯押至咸願移珍款塞息軍旅之事放牛休馬爲兄弟之國尺奏既入諸帥會議多以謂虜衆既壞歸路且絕內無抄畧之獲外無求應之援屢挫其銳固有鬬心計者不若陰許之和且懈其志然後詔環衛之士勒兵堅與之上下又命沿邊之郡乘高守險掠其輜重命一上將躬率銳旅以當其中如是則不數日單于之頭可致於麾下矣惟天子獨觀昭曠罷退衆說以謂獲而殺之非勝殘之道遷而處之非順物之性摶之於敗非勇許之而背非信一動而四失附何爲而可哉乃大賚其衆厚荅其意濔以吞舟之網結以刑馬之盟自是已來朔野之民息肩於奔命龍廷之費厥角而請朝因斯以談則來而拒之成湯之甚武也拒而勝之文王之三捷也服而捨之唐堯之至仁也撫而安之宣帝之重威也按六經而校德歷列辟而論功聲明之盛殊尤之代未有若斯者也傳曰王者之師有征無戰語曰如有王者必世而後仁宋德可謂當之矣

客曰然有是言且大雅稱普天之下莫非王土春秋美九州共貫六合同風爰自晉室召戎伊川被髮種落既盛干戈日尋侵伐我邊疆懲淩我畿甸是使先王桑梓爲獸脫之區離石將兵亂可封之俗至乎皇朝誕命疏俗來廷而匈奴尚竊據幽都首竄北鄙先帝念遺黎之困承戰國之餘姑務敉寧未遑弔伐洎我后撫期御曆柔遠懷邇財力雄富朝廷淑清躬行節儉垂二十載禁錢流出倉箱紅腐介士拳勇神兵犀利坐籌之相決勝於內注意之將分命於外加以天休地寶霧集山委古人有言曰日中必彗操刀必割是宜挾符瑞之威并賢能之力大啟土宇以成先志圖上方畧克復內地斯必取之術也又何疑焉

主人曰甚矣客之不知言也夫公劉避狄人而去國周德不以衰孝元棄朱崖而罷戍漢道於是顯貪外虛內君房之格言費十變一子雲之深誡況乎兼絕之域瀉鹵之地黠虜之所處共工之所流得其域不以益廣失其衆不足損威且政莫大於安民禍莫大於

從欲今不忍悁悁之憤而敺元元之衆擠之幽冥之域以攘尺寸之地嫁從欲之禍隳安民之政歲月不返師人流離則禍可勝道哉故曰仁言不如仁聲之深也地利不如人和之愈也古者不居之地不牧之民靡與爭朔安足煩中國是以封甸要服限遠邇之宜義懲貪驕戒兵革之舉過此已往聖人所不論矣方今鴻明之化安若覆盂密清之風高邁垂策今子乃欲秉龢然之成議角無用之虛文勞四海之富復一州之地亦以口矣且子徒惜匈奴之獲我幣帛曾不知懷其部落使遠徙漠北徙見匈奴之竊我土地曾不知羈其王侯使自致闕下謂符瑞之可恃曾不知安必慮危謂將帥之可用曾不知師曲爲老言未卒客降服而謝曰鄙人黙淺泥於聞見牽膠言而踰侈歷執古之醨聽而今而後乃知聖人之事業非匹夫之所知也

蕭望之論

子嘗論望之之爲人也始以經術論議有餘引是非爭大體據位持重有直質而無流心身爲儒宗臨大節而不可奪信乎中興之名臣已然或取名而忌其尙慕古而不適事願已而果於用辯好任而罔能擇人斯亦賢人有所蔽乎春秋不捨許世子之罪世子賢者也君子因可責而責之所以昭判淑慝使後之亂臣賊子無所旁緣以竄其惡曉然知功罪之不得相掩故予竊用論云當地節之初西羌內叛軍興穀貴裁足相給於是張敞建言願令諸有辜非盜受財殺人及犯法不得赦者皆得入穀贖罪務實邊郡賢於橫斂可謂上術矣望之乃援堯桀義利之分天漢盜賊之驗引古自高沮其實效苟以謀不出己快私任情韓延壽治東郡爲天下最代望之爲左馮翊恩信周徧二十四縣莫復以辭訟自言者名出望之遠甚望之因令御史按問延壽在東郡時放散官錢千餘萬延壽亦校望之放廩犧錢百萬于時望之得君由是上不直延壽窮竟所考望之卒以延壽修治車甲三百萬僭上不道以弃市論此則取名忌上之一驗焉奉世奉使西域於時莎車殺漢使劫諸國謀降匈奴奉世策其雄長則西域非復漢有遂節諭諸國發兵誅之威震西海大宛請服可謂敵王所愾厭難未萌矣宣帝美其功議欲封之望之建白以矯制違命不可爲法開後奉使者爲國生事奉世用是不得封耿壽昌奏言糴穀三輔省關東漕卒三萬人令邊

郡皆築倉穀賤則增價而糴貴則抑價而糶權節其用名曰常平望之知其得幸於上不能無少望復言壽昌習於商功分銖之事未足任宜且如故上不聽民果便之此慕古不適事之二驗張敞既爲京兆朝廷大議白處便宜公卿皆服與望之于定國相善元帝即位或言敞名臣宜傅輔太子望之以敞任治煩亂非師傅器廼罷之知丙吉長者上所素重因劾言三公非人許裁隱切亦以過甚此則顯己用辯之三驗孝元之世望之數宴見陳治亂惡石顯之傾反而漏其幾誤鄭朋之譎誑而納其說終之君臣間隙爲便嬖堅合而軋之此則好任不擇人之四驗孟堅稱望之堂堂折而不撓近古社稷臣也斯可尚矣若前之四驗寧所望於蕭傅乎君子是以知材全之難

景文宋公集卷第九十九

景文宋公集卷第一百單一

雜文策題補詞

對太學諸生文

諸生有過臣學舍諗臣曰頃聞縣官清詔修復儒宮伻圖既吉考定之中築登削馮縣見其功順珍坤以營勢憲圓璧而回雝超夏越子與虞同風革有鶚之好音抉兩豆之聾聵蓋有日矣今茲乃詔大匠罷其營理收絲反汗縉紳愕眙廢星盤於九仞止天崧於一簣寧道之遂汚文之將墜廢仁義於黃老謝詩書於佛諦何沒振之甚焉臣揖而喻之曰宸扆聰睿天家謨明協恭大化速建如甑重惜百姓嗅咻孳生今太學歲直其地故縣官避而不營慮陰陽之盭擾損樂獻之洪寧又以庠序體大之事縣官亦欲不亟其成然弗聞其遂廢也諸生悄然曰先生見欺哉大道宰時萬物均利先天後天不恤禁忌有而言之亦祗以異恐先生之迂也臣應之曰上聖不凝滯於物故能與世推移雖神造之脗合懼細黔之無知是以韜先見之遠晷徇昆命之邇詞俯同億兆不顯其幾俟厥祥之歲習遵考室之多儀上取陽秋吳越之誡次驗禮經子卯之譏宜乎昧者不見其堂奧而僅在乎

藩籬也諸生曰然則先生之謂體大之事不亟其成
斯言非是何據於經且夫陶姚勛華商周文質每舉
大物未嘗曠日是以靈臺經始而訖庶民之功桑陰
不移而示聖功之疾又況太學者綜王度之稱首導
天常之自律獨淹久而弗康將寖微乎學術不披其
華焉取其實愚竊疑焉臣答曰諸生可謂拘文牽俗
迷乎大方恃螢爝不知白日之出覗藪澤不識鵾鵬
之翔今將伸子之傴簸子之盲俯陳帝紘槩舉皇綱
竊聞太平之基不九年則不能馘其德故源其浚則
流甚長成之暴則壞自亟虞舜歷試諸難而納大麓

周文匪棘其欲而王西國彼寧樂乎淹鄙哉不得以
已也今縣官丕天之大彌文之緯以絃頌不旬日而
孚習俗不朞月而改故先發號乎首善將定功於四
海使含生飫其祇庸多士薰乎孝愛然後鼓而動於
庠序沛有餘乎方內亦猶樹木者爲計於十年成闓
者歸餘於三載此天道之常倫奚致疑而驢駿況縣
官樂育士類申飭官師講求本本之說丕迪安安之
基雅三而肄雩詠而歸雖暫停乎丕作且不忘經構
之宏規何謂其遂廢哉諸生赧焉汗下逡巡避席曰
鄙人寡聞猶醯雞然微夫子之發覆孰知天地之全

策題三道

問兵之設久矣雖甚盛德之主未有不養威蓄衆以
平亂略制民謀帥以經王事而能保鄣萬寓震疊四
夷乾剛雷聲莫我之禦者也故昔之高才上哲謀臣
猛士度攘兇之隙稽奇正之本著書定策列于家流
祖述相因風烈如在然考其言則煥同蓍蔡質于事
則或若筵楹略舉諸凡且會而要蓋聞萬人之命繫
于擇將之善否則國之安危必取其練韜鈐之謀敦
詩書之奧多識前載弗由中御乃可以克敵制勝尊
主庇民然則絳侯少文功高漢籍成安大儒身糌泜

壘去病不學古法實破匈奴之强趙括能讀父書無
救長平之禍由斯而談則後之習孫吳秘術曉張韓
所次者又奚益哉至若周以卒乘而王仁術也秦以
功首而帝霸事也何車戰遺法墜而不復爵級近賞
行之猶利將姬公聖制泥于遠商君暴政通于今邪
抑又聞之弗教謂之弃民居安不可忘戰故國家內
有五營七萃之衆外有迥屯乘鄣之師時無春秋訓
以鉦鼓因㘽縱偏伍之法爲擊刺坐作之容督責有
程部曲不懈而論者復以爲平居則案圖易習臨敵
則因事難期今欲捨陳迹而弗由則練兵無本蹈前

言而必用又應變或踈質乃武經孰爲彛法今當商
搉前志細發壯猷總文武受任之殊酌古今養生之
便其安也何教而善其用也曷舉而宜上體好問之
心並陳有備之戒熟復條悉遲鷹于朝
問羌賊叛命甚逆天理揚埃轂馬盜掠邊人鳥鈔豨
突輕進易退而疆埸之吏習練未明決者貪功懦者
撓敵出入五載未有成功遂使酋惡游魂自謂得計
虐用部種多罪貫盈兵到其頸晏然未悟朝廷愛重
黎庶不欲窮追止遣師人嚴護亭堡然而餽鑲之費
苦於無涯屯戍之勞未有云訖衆君子講習妙畧發

憤上言故陛下亟詔有司引訪參欲以中口考長冊
俾無遁謀衆君子其定志悉心熟復研究且豐利足
食用兵之本也請先計遺利以佐軍興夫茗𨡓酒稅
榷於縣官矣而賈販告匱歲課不充今將流通轉貿
官司交利如何爲法銅錫冶鑄化爲法錢矣而小屋
儲積官帑爲虛將發出滯留變動萬貨如何爲制賦
車籍馬行師之急也請博詢前古以便當世夫十萬
爲率步騎相參今若舉而出征則輜重馱幕幾何而
足菽粟蒠稈幾何而計風雨暴露何以蔽障營壁屯
置何禁侵掠又如坊牧閑監畜馬以時而官吏不肖

歲賸月削昨緣乏用賈於民間材非閑佶類不堪戰
今將蕃牧奏隴按求唐法則慮爲虜侵宇畜鄉亭遵
用漢制則未救時乏並陳長利無諱攸司至於兵家
之書久應論討地有九種悉載等差之名陣有八法
各陳施設之要能悅禮樂者旣稱謀帥不學孫吳者
亦自立功兩端異蔿并爲詳確博聞該洽升薦諸廟
問大事在戎尙德立武安天下者固不可以忘戰言
聖人者非得已而用兵是以咨之輿論擇之多算伐
謀制勝經武定功今諸生章騰公車身待南闕講聞
方略之日舊矣上使有司廷試問所欲言固當愊臆

感慨條陳科則勿并勿遽明著于篇國朝軍制近沿
五代外籍廂校內列禁屯無歲不踐於吏無日不討
於教指麾部分可謂粲辨然或臨機逗撓違律否臧
且罪隸刑徒漢驅以鬬賈人贅婿秦悉備行未始選
鋒悉能破敵永惟其事頗用致疑何彼之不教而勝
歟吾之豫訓而負歟周魏府兵號爲有法隋唐並用
課效甚明今欲求六馱之舊章倣八杜而參帥詳言
舊制折衷新規夫策待應機軍不中御而曹氏署教
逆料合淝之攻宋祖封函直擒外水之戍盡去陣法
反敗蓮頭之師追復車戰吏訽陳濤之衂法與事戾

一何遠邪且如觸往亡之凶何城實克犯甲子之忌何主實興折麾沈水誰卽破奔飲酒變血孰應擒馘日辰弗驗刑德柰何至於聽同律之聲若爲取驗驅熊羆以陣胡法使然駐隊鋒隊進退之所宜圓陣方陣施設之安在四機行軍之要十利用騎之能夷吾三官必將備物晁錯六地各有便兵承天之邊要奚先王祀之治略疇急欽遲良誨升薦諸朝

補監生牒詞

國家崇飭儒黌招徠國胄厥修典學俾趣大成屬當著錄之辰茂謹程能之式備觀廣業咸序俊名噫申錫百朋既善循於聖域賓興三物將大對於王庭盍各良圖以副褒然之舉也

補進士李孝嗣充州學講書詞

夫子之意藏於經儒先生探出之以授學者使後世懍懍如古聖親炙于前講習之益大哉向學徒言於刺史以君深窮典籍雖白首不衰願爲諸生譚思博喻俾嚌厥味而升諸堂君其無辭宜補州學講書故牒

補鄉貢進士張景純充學錄詞

學舍庶務須雅才領錄之君向已總攝會與計吏偕故虛席不補今君之才未克施有政宜還學官振綱條觀所措置是亦爲政云宜補州學學錄故牒

補鄉貢進士趙肅充州學教授詞

士之入學至大成必因夙儒碩生引而內諸聖賢之域以君博物多識求文章決度今肄業之彥裒然朋來君當示以規模棖闑拂所蒙而先明之得英材教育孟軻所樂也刺史慕焉今補君州學教授

補鄉貢進士劉傑充堂長詞

前日以堂長在學錄右士者言學錄一學事堂長爲諸生首位當在次孔子曰必也正名刺史是以曉有司釐正今補君州學堂長其率諸生典學無忽故牒

景文宋公集卷第一百單一

景文宋公集卷第一百單二

齋醮文

乾元節宰相開啟道場齋文

伏以若水開祥契上聖千年之運祇園修供資能仁衆善之因恭憑無量之福田仰祝延鴻之睿算伏惟皇帝陛下體元行健累洽重熙荷靈命之睠懷迪先謨之懿鑠昭德而誕膺純錫敷文而交舉上儀在璿克集於歲功鳴社爰臨於誕節萬邦咸乂九序惟歌某官翊亮天工協宣皇極率勵同寅之志克申順美之誠當華渚之令辰獻堯封之善祝躬趍寶刹特啟淨筵四事香花羅寶階於兜率六時鍾唄演梵唱於魚山繫勝果之圓成佑鴻基於悠久皇帝伏願宸居樂豫壽域歡康固守位於金輪齊卜年於沙劫法雲溥蔭將德澤以長周慧日揚輝等皇明而久照某官伏願茂膺戩福益顯嘉庸彌宣調鼎之勲上贊垂裳之治然後願寵均朝著恩浸寰區官師咸罄於忠規黎獻竝躋於富庶大包瀛表細及昆蚑仰沐加特同茲饒益

罷散道場齋文

伏以薰風叶序寶月向盈記祥虹華協之期著金鑑露囊之盛虔趨福地大啟眞筵整朝野之歡忻集八天之瑞福恭以皇帝陛下茂膺瑞命祇紹凝圖待旦垂裳肓洪禧於海域彌旬舞羽偃師節於方陲順履佳辰夙標聖旦旋貢琛而展慶鄰叒玉以伸歡某官襄贊大猷翊宣至化欣誕彌之佳節集延祝於羣倫衷對梵仙宣揚祕典光闡佛乘之最上迎天算之遐皇帝伏願湯德逾新堯章增煥九河開與五緯循躔綿周億載之期長奉萬年之慶鋪昭惠命永庇含生某官伏願穆景三階凝和九鼎竝翊帝猷之亮交隆國棟之華然後願鳴玉翠鞾藹藹贊清寧之運游童逸老熙熙樂仁壽之場

乾元節功德疏右語三首

右伏以星樞爍電仰屬聖期龍藏貫花普陳淨供演迦陵之仙韻饋震旦之歡心伏願陛下齊永寶天均華慧日如山委覌拂石迎年曼不算以無垠撫慶圖而增固

右伏以國家寶祚綿長洪基丕固惟正陽幾望之旦乃元后克生之辰列辟投誠百靈薦祉延梵宮之開士集淨會之良因上奉至慈永臻純嘏帝圖累盛益隆百順之祥睿算無疆共罄萬年之頌傾虔懇祝倍

萬當鈞臣某無任
右伏以瑞日流虹茂紀清和之序聖猷躋日允光雍
盛之期率土胥歡從天中祝恭即布金之宇竝啟貫
花之文盛供柔嘉清流滫瀡冀憑妙果祗達虔誠續
惠命以珍靈擁珍圖而俾熾永孚鴻貺臨撫羣元

祝聖醮文

右伏以上聖推仁萬靈蒙賜無能名德況用謝生是
以祗案齋科仰祈仙極發蘂晨之幽薀步璇宿之祕
綱月律一周熙事云集所冀區區之懇上洛於眞游
丕丕之基永隆於宸祚億齡俾熾景化常新無任懇
禱之至

昭憲皇后忌辰讚佛文

伏以仙馭上賓邈靈遊而遂遠星龍綿舍儼遺範以
如存式臨奉諱之辰欽薦無邊之祉伏惟昭憲皇后
歆祥聖武宅順坤儀首基椒極之華參翊蘿圖之永
懿猷茂建柔化丕昭悟眞諦以收神衍慶謨而垂後
今皇帝永懷徽則介助眞詮悵先忌之環經疑孝思
而叢感祓除金地披繹寶文旅華祴以巡香儼珍羞
而侑供冀憑惠果上續勝緣昭憲皇后伏願法露普
流慈雲周蔭晏居淨界常爲十號之證明顧在朝家

彌極九皇之高治今皇帝伏願奉承鴻緒增鞏丕基
絕瑞高符交天人而相答尊名盛德煥日月以常新
四序順成八風和布臺師假戩原稼豐甘然後願磐
石英藩永茂維城之業乾台哲輔益隆燮諧之勳官
師胥叶於忠良黎獻竝躋於仁壽

禳災道場開啟齋文

圓照普臨羣生攸賴顧伉儷之屬疾歷旬月以未寧
用集禪薰載披梵筴所冀滌驅衆咎叢介繁禧俾損
病惱之勤叵爲清淨之報投誠至切垂祐是祈

功德疏右語

右伏以法緣交濟庶彙蒙成方內闈之纏痾匪至慈
而曷禱式延淨侶敷叩靈篇冀緣懺謝之勤併釋咎
殃之惱諸方叵鑒萬倍迎休祈仰所兼祗肅于是

禳謝醮文

臣於慶曆八年被命案視商胡決河於時將議修塞
財用未辦民無聊生臣恐智慮昏愚不克集事默發
心誓仰叩上眞願開發所見冀無迷謬其年遂建議
罷修河口休息兵民朝廷頗以爲便免於罪悔神實
佑之今謹修薄具歸謝靈造冀臣自今以往凡百所
爲每賜警寤無陷非僻無墜咎辜無謬正作回無迷

禍爲福敢因報祀兼達至誠

祈雨醮文

比以蒙常示咎政失有初慮取怨在人或移災於歲
內省云屢遠復逾非用款藥都之庭恭展霄綱之式
晝御三復悉事具成願除貪隧之災且祓帑塵之晦
順氣來應嘉澍滂流蟊螣弗生札癘咸弭惟彼蒼之
垂鑒顧自孽之難逃叢譴尸臣回祐黎庶至誠罄列
眞庇是依

知州蓝醮文

臣荷天子眷委臨撫西人立功賦事多所不逮慮索
智窮日負罪尤丞惟巴益之地生聚百萬臣爲之長
脫一謬悠民受厥愆今者上啟天帝高眞列聖垂臨
下臣矜照危懇俾發痞未通濯祓晤冥使裁處寡悔
措置時當上不誘朝廷之法下得遂黎庶所宜嚮方
遠罪實天之貺

生日設醮文三首

臣蒙朝廷任使提總九州安撫兵農使各就厥緒雖
日夜極慮期副帝心然恐智昏識淺差失輕重不適
事中上詒國羞下取民怨故因始生之日祇禱神靈
懺謝曩愆開發後悟薄品澄酌仰薦至誠昭鑒在下
惟賜裁許臣遭遇盛世名位過分惟始生之日上懷
考妣劬勞無報投誠天晨開佑餘福焜照幽冥超悟
上眞俾臣悉力得免罪悔無任懇禱之至

恭以至仁臨下幽感必通臣丞惟所生不克攸報流
光環及危懇無歸是用案式清塲投誠妙蔭冀聖眞
之臨鑒察怙恃之長違紛委餘禧茂延先烈明威在
上敷訴云依

伏以塵界喧卑人靈紛沉或時屯日厄或鬼觸祟纏
或違攝取痾或妄動成悔沴氣相輔私居不寧仰惟
丕覆之仁下布無垠之蔭敢持丹苦祇叩高眞願垂
營護之慈俯濟危疑之困振除役害涵泳餘祥颺欵
可通誠明茲罄

祈福醮文

伏聞庶品每生有爲皆罪至慈無上自新者容敢據
斯言昧陳危赤伏以臣本乏材力過冒寵名入侍禁
嚴出領藩劇多歷年所未報國恩而智慮昏蒙舉措
違還刑罰弗中賦斂失期咸害至和自取幽罰遂致
疾苦綿跨歲時祝不信辭鬼用牧室撫心內省詒咎
有初今者祗潔清塲廣延上士披拂瑯蘊申啟珠篇
備舉明科祓除餘責臣今願洗濯情府茂對聖眞己

造之非從而知悔將來之殆決不再爲少豒降癘之
來仰幸添齡之旣披宣至誓監照是依臣稟生瘖愚
少小多病十有三歲慈母見損年甫及冠又失父蔭
訓誨弗終志操晚立行年二十有七乃始登科片文
單伎遇天子十有六載擢爲從臣或外領劇州或內
幹繁局邊要帥領皆責便宜每念短謀謬計弗暢人
事輕重失措處置乖方下情壅隔庶務漏餗貪榮冒
祿苟進偷安雖逃邦刑先罹鬼責抱疢沈頓出入三
年寒暑交侵藥石無效誠恐他乃厄會不復永年內
求諸心敢不知罪向者預編條敕兼領史書情淺意
迂斟酌無準識昏學陋褒貶妄加幽明難誣報應俄
至又如獄案繁重軍律峻嚴從權作法臨機制變纖
微有失生死頓乖及茲追咎慘如焚灼伏念訓有改
過法容自新況惟高眞必許悔謝若乃命曆素定安
敢有祈至於生理未終則將自誓已往之咎訖靡再
造未來之惡罔或輒萌履于有常戢其過分見寵思
辱在安念危損怨鋤驕踐言愼獨不敗人成已不掩
短現長捨五欲濁緣去六塵妄念漸臻寡過以贖釁
愆明神在前慈衛如咫有渝茲戒是殛是顚崇降大
厲有如皎日無任懇禱之至

景文宋公集卷第一百單二

景文宋公集卷第一百單七

行狀

馮侍講行狀

馮元字道宗年六十三公之先始平人四代祖官廣
州唐末關輔亂不敢歸而劉氏據南海僞斷士人故
三世食其祿太祖定交廣公之禰本劉氏日御國除
始爲王官授保章正老病免遂占數都内公少嗜學
保章君不欲公疇其業使從故僕射孫宣公授五經
大義又友博士崔頤正逮冠彊立博覽外嗛嗛若不
足中敏力甚自經典故訓祖襲師承穿穴筵楹皆能
駕其說淩弄翰爲詞章默而有沈鬱之思出入服褎
衣習矩步如大賓祭鄉人化其謹至以俚語諺之不
妄交游惟樂安孫質吳陸參譙夏侯圭相友善三人
皆直諒而材故號四友家貧盛冬無薪燎夜輒市瓻
酒與圭對經研榷一再酌以自溫或達旦不瞑眞宗
大中祥符元年由進士調臨江縣尉再朞罷會講員
缺詔令集吏能明經得自言試可公往應令口諫議
大夫謝泌領選精果有風鑒見公儒者嘻笑曰吾聞
古治一經至皓首生能盡善也邪對曰達者一以貫
之可矣謝奇其對因抉經義疑晦者廷問參詰公條
陳詳詣言簡氣愿謝抵掌嗟伏即日聞上授國子監
直講由是名震京師公卿大夫家爭欲屈公授道者
久之遷廷尉平又兼崇文院檢討其八年程覆俊選
公待語殿中帝讀易至泰卦命說其義公既道繇象
云云因本君臣感會所以輔相財成者帝悅賜五品
服稍親近之禁中建龍圖閣度藏祕冊置學士待制
等員爲搢紳譽處時帝用尚書工部郎中李虛己兵
部員外郎李行簡侍制是時公仕資淺故以太子中
允直閣直閣蓋由公始數名入與二李賜請問說易
盡上下經帝嘗稱公誦說通而不泥言外自有餘趣
非專門一經士也俄改三品服天禧元年以諫議大
夫假節使契丹還遷太常丞兼判禮院吏部南曹先
是今上在儲闈帝欲得肅艾長者使之勸學訪於宰
相時太尉文正王公以公對或者謂公年差少罷不
用更用博陵崔遵度四年遵度卒帝乃擢公左正言
兼太子右諭德代其任屯職如舊初文正聞公名而
未之識一日召至第先使諸子質經義密視其人淹
粹亮口乃自見之授其老子宅日令詣府與執政衆
試已而爲帝言數矣故公之顯文正力焉公由孤生
挾儒術進出入十餘年銷玉華綫與諸儒獻歌頌數

得進見兩宮所以褒禮賜予尤渥便蕃光明爲時宗國器當世休之今上嗣位改尚書工部員外郎升爲直學士兼侍講未幾孫宣公亦入靈門執經邇進公得孫同列以爲寵孫得公亦自以知人爲多兩人提衡諷道上益嚮學俄兼會口觀副使知通進銀臺司兼門下封駁事天聖元年判登聞撿院明年判國子監三年禮部郎中五年同知貢舉時天下階計參陪公協力程綜片善必錄雖鉤摭梟平不計其公未幾正爲學士當是時天子念先帝盛烈裁續信書爲一王言故貳卿中山劉公筠今資政殿學士常山宋公

綬丞相潁川陳公同領史事已而丞相爲開封府浩穰劇三輔乃罷史官諸公亟以公請詔從之書閱兩朝論次筆削者衆至是褒懲謹嚴近古風烈矣其十一月燎祭南郊爲鹵簿使七年召入翰林爲學士凡三禁職皆天下選而公兼有且優爲之又判尚書省俄爲三班院歲餘改吏部郎中八年以國書成進諫議大夫充史館修撰九年爲吏部流內銓兼羣牧使明道元年十月既考室謝享宗廟又爲鹵簿使以赦令例遷給事中明年耕籍田使任如廟禮俄爲莊獻莊懿二太后園陵鹵簿使前此莊懿之未祔也攢都

城右郊公嘗假鴻臚護其葬及梓宮之遷斥士沮滏近戚詆公監視亡狀十月解翰林學士及侍講二職出守河陽辭得見上但頓首引咎自請治郡滿三年奉計以報會大學官屬叩丞相府上書留公柄臣悔欲弗遣公固願行到部以清靜稱不作條教今左僕射王沂公自洛帥入覲爲上言馮某東朝舊老不宜以纖介弃外上亦意合即日馳傳詔公景祐二年春二月至自河陽改禮部侍郎兼翰林侍講學士兼知審官院復判太常禮院國子監公既還朝自以羽翼舊人身託勸講宜出入諷議不苟默而已乃獻金華

五箴弼違告猷詞兼婉切上納其戒優詔答之會上留意雅樂閱經文殘缺規創大典夏四月詔公領修樂書俄復爲南郊鹵簿使管祥源觀事明年七月書成上號其書爲景祐廣樂記特遷戶部賞勞也公素有蹠盭不堪趨拜四年春病寖劇告未滿三月會小瘳公自力造朝未幾病復甚氣上逆害言語後四月戊戌終于正寢上聞訃震悼以本曹尚書告其柩賻錢三十萬絹百匹醪米牽具稱之愍眘之所以優加君臣之際深矣公之配夫人周氏封臨汝郡無息以兄之子大理評事諴爲嗣公歿夫人命諴以哀經即

次於殯東會詔到門問公親屬夫人卽表公遺命詔可擢諡衞尉寺丞諡子二人釋褐並爲將作監主簿䘏孤厚終之恩乃如是是其德已侈大哉公自襁巾至捐館進階及勳各六詔爵五封戶五加而再實其食如今著焉志閑素恬於仕進無表襮之飾雖當路諸公率賀弔一與衆往異時不造也門無雜賓惟經生朔望承問及搢紳道義交數人而已接士以禮雖新進後出與之鈞終日談辨惟謹無戲言惰色是以愛詔八主戎客於都亭館由愼恪以得之不呼儕及道士嘗執親喪自括髮至祥練皆案禮變服未始爲世之所爲齋薦者惟卒哭後遇祭日與數門生誦說孝經而已罕語浮屠氏亦不稱言排訾之熏蒿蘘梗可以動氣焰者皆不動近不問家產增狹晝治官事夜還讀書暬御亦簡其面故能多識博練自臺閣文書故新品式叢夥紛厖有所咨訪者咸能記之太學禁閣容巨三局閱二十年仍其任本公不忽不忘故也尤精易及楊雄方部學初公七歲母夫人令授易是夕夢公吞紺蓮夫人旦而撫公曰兒善讀此後必貴顯眞宗果以識拔晚年愈刻志率三日一讀又欲爲子雲諸首作章句且患宋衷陸績范叔明吳惟幹

漫漶舛馳思盡黜之最後得唐王涯註以爲差近先作釋文一篇欲遂因王說而補正之亦終不果公嘗預注先帝集同修鹵簿記校後漢志孟子及律并義疏采獲是正多得其眞同修玉牒分撰國朝會要未克就生平著述無編次家人搜攟得數百篇清緻平粹及在禁署益邇雅務爲溫純而采加焉居三城作詩自餘章推已指物曠而不怨有雅人餘風性寬厚多恕當官下未嘗以罪平鐫吏吏亦畏其明而安其仁樂道人之善好與人爲善每議事不肯自意出大者薦之二府小者與其屬聯請類多不可紀公一無建白者其遠名若此然內剛有守不流於衆初善音者取上黨黍縱累爲尺因裁十二律以獻遂改大樂鍾石以合其私老師宿工者首鼠不敢議後有建言其非者上未有以決遣中人卽太常下舍問公新樂以縱黍定尺寧有非邪公卽擿班固律曆志唐令兩説付中人因對古者橫黍度寸今以縱亂橫其法非是中人馳入明日上坐邇英閣語公曰向考正大樂患其寖高而急今也下而緩二者不得其中失在律卿言是矣因出橫黍新尺示羣臣比縱尺差二寸一分而弱以校衡斗皆不讎當是時微公言幾無發其

謬者假有之果且不能取信於上傳曰仁人之言固博而利歟公前歿三日屬于一二僚執曰吾仕願素足今無一私以干縣官惟是窀穸累諸君已而得遺禮之文諄諄納忠訖無它語用是中外尤痛惜之公友隴西李公淑敕故吏相譓以終事嗚呼公有佐王之材不自顯雖持囊珥筆在省戸爲名命訓辭所出裁十二三使公當其時稍自崖異不難於進益發素蘊幸而十四五且次入衡筆不爲婆娑連蹇如今章章矣雖然命有屈於公公無不慊於道使素槩清埃奮厲無窮薄夫敦夸夫懼百世之後呻簡想風者以輩魯臧文仲漢賈誼董仲舒此彼相易寧有失得問邪某曩以胄筵儀範刋綴音典皆爲公屬及此緒訓又參聞之故公治行之全頗獲詳究今日月有期矣官在三品法當得謚謹用第述上於有司節惠受名請避故實謹狀

孫僕射行狀

孫奭字宗古年七十二歲公之先本樂安望姓後子孫有徙占博平者墳墓託焉遂爲博平人公幼好書術不事產利夙儒太原王徹以五經教授其徒數百人公往從之游及徹卒有從公質正謬惑者公厚謝未答久之爲言其意義據深切人人厭服於是徹門下生悉從公以終業故其鄉之粹然仁者愛之其里之畫然暴者畏之會州將少文憎忌儒服公不見禮違之汶上樂其風土遂貫籍焉頃之吏上計文即借西遣端拱二年擢九經高第釋褐主莒縣之簿代還上言願以本經試最有司言學有師法於是以廷尉平直太學爲講員太宗幸上庠詔說尚書說命三篇動容稱善且嘆曰天以良弼賚商朕顧不得若人邪因賜公緋衣銀魚用是明年切免大丞相以郊禮及眞宗嗣位再除至殿中丞又侍講於諸侯王邸賜三品服會丁內憂敦譬還職是正七經義疏以勞再遷尚書屯田員外它日帝命執政諭公曰朕悉而懿行今欲改任它官具以情上公即對君行制臣行義量能而授君也食焉罔避臣也又敢擇官以奸王誅對奏天子納焉能宮職以都官判太常禮院國子監司農寺先是王郊從祀神無席尊無幂七廟時饗獻神齊福互用一散尊豆無三甄登歌不以雍徹冬至攝祀上帝外陔止十七祠饗先農乃在祈穀之前釋采不備三獻公建言獨恭不裕專菲則薄卹祀媚神稱而後宜有詔從焉自是器備樂完天壇啜食六百八

十九祀農更用辛後吉亥國學獻事不攝祠官重矣與諸儒分集冊府元龜帝將東巡守攬瑞命建元封命公乘馹至塞下諭契丹所以告成之意俄假節以金紫即王庭賜其君長廟飲策勳敘轉職方帝察公守正持重小心謹密練達光明才任公卿明年除工部郎中充龍圖閣待制判登聞鼓院以汾陰詔書改兵部始封瘞二禮希闊于代剌取屬圖公皆參焉尋介岱帝奉冊使還與文元晁公等同主貢條又知通進銀臺司門下封駁事兼三班院時眞宗已封禪則西至蔡上間接萬靈於殊庭大抵名上神靈之封皆

望幸矣六年遂下詔用開元故事款瀬鄉奉大清之祠公上疏引唐明皇以爲言天子雖嘉其意然謂稽古擇善何常之執更爲解疑論以示羣臣始尙書公年耆德茂重去鄉梓公至是上言不勝父子之情願歸田里盡溫清之報詔不許又奏願守一郡以便瞻省制可之乃守高密居部二年拜左諫議大夫罷待制之職還臺糾察在京刑獄祥符之降也始名天慶先天降聖爲盛節詔天下飭齋合燕費且不貲公建宜罷以省浮用書奏不報未幾出知河陽天禧末縣官度用財伪稍稍減郡國祠醮終如公言郊祀恩改

給事中公連年自表以尙書公年九十案禮家不從政据令許解官侍養帝覽奏歎息詔丞相府曰孫某或請急過家及欲近郡則聽之乃就徙兗州明年改元乾興眞宗之後元也其三月今上即位例遷工部侍郎八月譯名公還拜翰林侍講學士俄知審官院仍判國子監復知通進封駁事兼羣牧使會修先朝實錄以公有胥臣多聞羊舌肹春秋之習命參其典領尙書公寢病也朝廷知公孝特許乘傳視疾再宿至汝上實錄成就遷刑部及尙書公齊終公號慕癯毀尋詔奪服公固願終喪上命貴臣敦諭公不得已

還都復舊官頃之兼判太常寺及禮院再知審官院以久次授兵部權吏部流內銓又兼龍圖閣學士貨茶轉貨法久而儆計臣欲捷囊橐榷浮淫實緊參定以興長利初公之勸講也徙辟亂亡臨文始爲諱有可以規益順諷者必諄諄爲上言之掇五經之切治道者爲經典徽言五十卷奏御繪無逸篇爲圖願置便坐爲位宁觀省之助時母闔輔政五日一御事公固言古之帝王朝朝暮夕未有曠日不朝者也陛下春秋鼎盛宜日御前殿見羣臣發揚健粹覽照治本向上方奉養長樂故謙讓未遑也於是公年七十因

請問祈致所事上章者三皇帝與莊獻太后特御承
明殿存論數四公頓首且言勸道無狀以暮日希遠
塗恐不能自還無以塞責乞全首領爲陛下之賜因
泣數行下上亦惻然猶詔公與今龍圖閣學士𣾰公
元講老子三章又命今禮部尚書晏公殊讀唐史是
日各賜帛二百疋後數日制詔報公果不得謝更求
近郡上乃從焉改工部尚書以本職復爲兗州且命
須小會畢乃得辭待禮復數月請行數矣乃宴于太
清樓樂闋上出御飛白書宰府樞臣大字軸各一學
士以下小字軸各二惟公與文元大小兼賜焉朝廷
榮之並詔賦詩述所以優待師臣之意明日詣承明
謝且陳將奉違帷幄上亟命取老子講如前章既罷
仍有具衣釘帶材馬之錫及治行也又宴瑞聖園就
賜御製詩一章復詔近臣爲詩以餞議者謂漢疏受
桓榮烜赫寵光不克過之明年耕籍改禮部公爲政
多惠利嘗奏復濟瀆故道渫其鍾水濟鄆之田儆公
其魚所至興儒學教導不純用法律有足稱者事皆
責丞史椽屬總綱目而已人皆宜之不見爲治之迹
明年以病自乞上知不可奪乃聽還太子少傅歸老
夏五月疾篤戊子移居正寢命子孫曰明日禺中吾
當逝矣且吾在仕塗四十年訖無悔尤乃今奉遺體
終牖下君子其以我爲知命口占遺奏初不以家事
爲言又謂子瑜曰逮吾屬纊當無內姬妾獨若與諸
孫在庶不死于婦人之手己丑如期而薨計聞天子
廢朝震悼以左僕射策書驛告其第延其賞於子及
孫二人焉賵稱贈之士之仁且賢者莫不相弔徽數
介名洎終益榮夫人天水趙氏以平原郡追啟湯沐
三子曰瑤仕歷司虞止員外曰琪止衛尉丞曰瑜今
爲殿中丞息女三長適高平范昭季適昭弟曙仲適
瑯琊王景仲逖卒公於學無不該總精力強記絶人
達甚以其爲禮莫大於祭故受詔次宋興以來郊廟
容典爲崇祀錄祭莫尊於天故本其六名實則一帝
是康成排王肅彷徉千載貫諸儒之論爲南郊奏樂
莫盛於雅故裒羽籥同律爲樂記圖孝莫重乎喪故
援古塞違爲五服制度五經之學章句數十萬後生
佔畢厭苦其說故作五經節解刪去盈辭又請以劉
昭後漢志裨范曄之闕尚書釋古文以檢考今文謂
孟子附㘽立書莊周根道德之論律有學科宜並刊
布又同定論語爾雅義疏皆鏤槧垂久唐明皇删定
月令自竄新意其事淺而不篤公乞復康成舊註還

其篇次議雖中格禮家題之在内閣也眞宗賜歌詩俾之次韻公屢辭不聽乃有賡載集資質詳審進止如有寸尺無儳言遽色接誘士類侃侃如也或以奇衺怵之則玉色山立不得而撓然志尚隱約器服塵素不徼福於神不愧辭於人善推已以恕物不格物以已長讓夷損怨稱爲長者尙書公之疾革也公舐潔其面以代頮御未始就子舍褫衣帶養者以爲難安車之還也日延鄉老道舊爲樂先時邑子或從公家宰貸息錢濟劑券紛紜酒酣公命折而焚之凡散數百萬其推轂士不進不止成就諸儒甚衆而憑公元諫議大夫孔公道輔先顯公爲内閣馮甫從初命入太學不十年抗茵憑侍金華與公同列云至於日月獻納便宜施行者存于有司伏青規秘皁囊則詭辭焚藁外無知者嗚呼公有黄中通理之才服勞累聖發舒事業既光大矣第不登三事謨九德寧天齒公縕而不使謚邪將人匱公賜而弗及庇邪知與不知咸爲公恨卜竁有日節惠在兹敢摭雅行告于有司謹狀

石少師行狀

公諱中立字表臣年十三居僕射喪毁而慕僕射有功於太宗朝數欲倚爲相會薨甚悼痛詔公自褐衣爲西頭供奉官方功臣子飾輿馬衣服相夸詡公獨折節從儒者游稱道六經百家之言年十八獻文于朝換光禄寺丞賜銀緋三遷殿中丞推家貲與諸父一不靳爰後姻屬相鬩恨更引公爲證公辭不答遂以孝讓聞眞宗咸平三年以本官直集賢院與號畧楊億中山劉筠潁川陳越成紀李宗諤相厚善億工文章采縟閎肆橐古今氣象魁然如正元元和以此倡天下而爲之師公與劉陳數公推轂趣和之既乃大變景德祥符間號令彬彬謂之爾雅而五代之氣盡矣朝廷有所論譔公與諸公未嘗不在讎書不妄下朱墨凡秘書更公手者皆爲善本改祠部員外郎判三司理欠憑由案進刑部賜金紫以兵部爲鹽鐵判官以禮部郎中判南曹移戸部句院上郎位遷戸部充史館修撰糾察在京刑獄初公與併肩踵武者後徃往至達官或且物故公獨巋然與新進洽作文書無纖介觖望士論高之天聖四年始以吏部郎中知制誥俄知禮部貢舉歷判集賢知審官院爲契丹國信使坐舉官不如狀罷修撰糾察司數月復糾察轉右諫議大夫給事中知通進銀臺司門下封駁

事景祐元年爲翰林學士判秘閣轉禮部侍郎加承旨兼龍圖閣學士半年擢拜參知政事公於臺閣舊章多所練達性慎密爲上言天下事旣出未嘗緘狂臧否不多取名故稱爲長者明年以戸部侍郎罷爲資政殿學士判尚書省久之轉大學士遷吏部兼提舉祥源觀慶曆四年致所事於天子除太子少傅聽謝皇祐元年轉少師其八月某日薨享年七十八贈太子太傅公精識遠照盡性命之理故未嘗間通塞久遠所至樂善下賢雖非行輩猶與之鈞當功名之地人取我否不爲人所媚疾夫怨悔不貽諸人雖哲人猶病之歷二十官五學士皆以次平除晚節乃參機務其恬於進不斷黨助如此初家產歲入百萬錢公旣好賓客諸有名士與之游盡取爲酒食費略盡稍稍朘減亦不增殖末年所入歲裁二十萬捐館之日家人不能爲喪具當公之病天子憫其貧賜銀三百兩蓋古人所謂清者如公等非邪公之子國子博士從簡以哀死苦次亦世服名教者今葬日薄禮有易名用裒遺懿上之有司謹狀

姜副樞行狀

姜遵字從式年六十八公之先本齊姓漢以豪傑徙天水後葉復貫淄右今爲郡人焉公幼岐嶷長而沈毅初肄儒業治百家之言深博自將文藻足用旣與鄉俊有聲於齊魯間屢挾策干宗司以經濟自任咸平三年眞宗始御軒陛延髦秀公以進士擢第於殿庭明年補登州蓬萊尉治有風力郡將供備庫使水邱隆貪其幹用奏請就補本州理曹掾且參軍事朝廷報可未幾丁內艱去官免喪閥都銓舉充開封府右軍巡院判官京畿浩穰獄市居天下劇爲吏者罕能以課自脫公至則厲辭氣探情僞厥職修舉庭無留事二囚自誣棄市罪獄將具矣公微得冤狀繇其文致先是雪冤有賞公慮傷前主者寢不自列祥符初秩滿判大理寺丞建封恩例改殿中丞出知吉州廬陵縣俍籍數萬氣俗荒獷左言閩貌以久訟爲健公威克明斷摧破姦黨據案一決吏民厭伏汾陽禮畢就改太常博士得代歸闕時前丞相天官王公在西掖熟公治行卽薦公才幹拜察視之任有詔換監察御史八年以勞遷殿中侍御史充開封府判官賜五品服吉州守高惠連誣構公廬陵舊事奏請逮訊公聞命不疚馳往對辨左驗明白訖無汚衊還臺以□□同判延安郡天禧三年召還遷侍御史判三司

戶部句院俄出爲陝梓利夔等路體量安撫先時公舉奏山東大姓姦利事至是皆伏法天子以公建白有狀未復命即拜尚書工部郎中非常例也使還出知邢州今上即位就轉刑部移守於滑俄充東南轉運使天聖元年換京西路不旬日召以本官兼侍御史知雜事加賜金紫受詔詳錄計省逋負之籍科別蠲貸明年遂以本官充三司戶部副使三年改兵部郎中遂歷副度支鹽鐵二使務俄攝太僕卿充北朝正旦國信使四年還節領職如故其冬拜右諫議大夫知永興軍六年春馹召以本官充樞密副使七年遷給事中八年秋感疾請告兩宮馳親使挾太醫相望於道存神省慮形於慰勉九月乙丑車駕親視卧內賜白金三千兩丙寅薨於某坊第之正寢上聞震悼復趣駕臨弔制贈尚書吏部侍郎法賻所須率在優等夫人路氏國子博士從古之女封平陽郡夫人公三子長曰居正舉進士早夭次曰延齡任太常寺太祝三曰餘慶未仕四女長適棣州商河縣主簿王翙次適東頭供奉官閤門祇候宿若虛次夭於室季尚幼孫三人曰承顏試將作監主簿曰正顏齊顏及遺奏之上延齡改大理評事餘慶特授太常寺奉禮郎正顏齊顏並授祕書省校書郎外孫宿拱之授三班奉職哀榮之數存殁之恩篤矣公長昆昭範治春秋經未中第次昆著以公貴載授太子中舍致仕今皆物故公天資方重內孝而外嚴家庭之間有若官府性長於吏事濟之以忠力未嘗阿附當世故所莅必震肅所言多指切前後進用皆上所自知又以感昔人削藁納誨之箴問樹漏言之誡故闔臺奏議樞機密言天下事甚衆世莫得而知云惜乎參基命之司歲律未幾遠猷熙績弗克究公之素寒暑與沴棟梁其萎然可謂雄峻之寶臣黃中之元吉者已節惠易名國有彝典謹次官閥告于有司謹狀

景文宋公集卷第一百單七

景文宋公集卷第一百十八 原本卷首二三頁佚

啟狀

代王相公

漢風隆洽宗臣遂萬物之宜晉道宣臻綿寓無窮人之諺蓋所以懋明職業暉潤典彝俾百度以惟貞靡一夫之不獲然後翊巖廊之景化贊法座之鴻樞寅亮懿綱緝熙醲嘏撫辰凝績冠茂伐於人彝宅揆奮庸飛淑聲於帝臧永言休範宜屬洪鈞恭惟某官日域靈輝天球瑞質睟儀霞舉會筌宰之昌期偉量淵渟稟天人之先覺夙蹈凝嚴之地亟推渥縟之私建竑議以朝熙舒懿文而麗國論恩東序先賈誼以受釐開宴西清化倪寬之上壽自邇獮綸庶務叶贊宗工潤緣詔之溫純參黃扉之宥密出驅元乘纂談笑而卻軍入奏青規用春秋而繩下茂勳畢集景眄荐隆旋以國家上聖凝圖虛皇委覽紫清之誨延密論於眞官緣錯之文委鴻禧於命曆寖尋墜典茂建宏猷追上世之登閎講鴻儀於希闊天擅祕牒檢玉以升中汾曲隆脽瘞縮而報厚申明絕業祗答上靈剏復整仙軿以時巡款覲壇而順拜鬱華之館緬想於道眞藝祖之區誕頒於侯度宣恩羨溢紀瑞殊尤乃至眞馭下臨聖衷登格珠官寶地巖蠖濩之珍祠琨簡雲章薦麗鴻之不構並緊碩畫交展縟儀至於約烏策之舊章紬鴻都之秘記搜遺冢壁大備於討論增絢緹紬動臻於良直裁成大典昭示方來以至按瑞諜之著明測祥源之昜奕上窮眞系慓集珍文賁紫宙之奧符紀翠嫣之元命再刊青簡分秘殊庭斯竝發自訏謨騰爲穆頌鏤于琬琰充八金匏果膺揆路之求荐正星階之位咸事九德掩臯陶之矢謨不出十年邁樂安之故事民瞻式係天眷日躋凡該動植之流盡被陶鎔之化竊念某憃冥有素優仕無聞濫巾綿蕝之司遥乏華纓之列飲冰受命夙畏於簡書越俎代庖敢踰於官守徒以幼屬垂鴻之運長推延世之恩進攫食浮中疲智劾延年斟酌寧有合於當時潘岳拙艱本無裨於巧宦洎膺明命出掌關征策駑筋十駕之勞勵鉛銛一割之用求大夫之仁義方冀飭躬論文學之銅鹽未能卒業旋屬庭闈失養怙恃纏悲對風樹以長號撫垓蘭而永想九回結欷慨無嗣於弓裘十死茹辛幸未先於犬馬逮喪除之云畢復譏賦而是司権貨殖之耗登謹簿書之出納雖復激昂卑惠訂正舊章犯慮裝懷盡分於節目展

體率職無潤於脂膏期王事之有終誓詩人之盡瘁
然念物情素定固耿介以難移吏道寔繁豈婺材之
可學甫終考績粗免曠官劾方溯以上書徒取慨諸
之誚慕子眞而乘傳更懷孤遠之慙重念先君侍郎
早接遊從豫聞風義趨平津之閤款睇有加託趙氏
之孤緒言多在遽遺淪裔上惻鴻私俾餘搆之未墜
實休光而是賴而又質方蓮願祿縻代耕素衣已化
於京塵雪履將穿於車府先疇遷貿曾無平子之田
蕞質支離屢綏休文之帶苟媒衒自逃於醜行則再
三奚決於蒙亨伏望某官鄒律融春傳川借潤辨頑
金之自躍許蟠木之先容特拯迷途俯矜舊物憫周
南之顧託軫江左之流離雖鮪鱓並逃寧虛於漢罭
而牛羊無擇何間於齊仁激波儻化於海淮伏卵庶
求於時夜願著靡捐之効少酬全度之恩過此以還
未知攸措

上江提刑

嬀廷佐治皐陶爰作宥刑周室移風姬旦乃求中典
皆欲裁成經制丕奉珍圖闢熙洽之洪猷賁清寧之
景運是以五刑之宅期至於無刑三刺之文僉同於
羣吏聿垂懿範昭著方來而中代已還澆風不競作
僕區之法始自於諸侯鑄刑鼎之書寖興於叔世重
輕交失抗敝乃多無鈞金束矢之平有絕澗游禽之
刺至乃秦脂凝密窮十失於隆刑漢網恢疎約三章
於憲法颷流既異沿革靡常逮夫王道下衰憲綱增
縟前律後疏漸紊於常經倦令敝民罕躋於鴻化道
無終否聖乃嗣興國家撫五代之遺黎開九皇之眞
系交張治具燮定元基刑屬三千緬追於遐武號居
十二永念於懿綱適底劇之繁文重齋居之移讞湯
網屢祝犯命而乃誅堯屋戴封畫冠而知禁然猶念
綿區之至廣慜昭憲之未孚臨遣信臣按行列郡片
言而折許龔遂之便宜露板以聞用田仁之刺舉導
迎寬政宣布湛恩苟非冠績吏師騰英朝美攬轡負
澄清之志奏刀揚砉騞之聲則何以佐山甫之將明
副重華之欽卹定國之持獄自以不寃宣尼之聽民
可使無訟永言宸睠是屬正人恭惟某官日域凝華
仙莖宅粹六世冠冕盛南國之道風十紀羽儀有西
京之世德英聲煥發懿實流聞早推射策之功亟奉
牽絲之寵優游上列蹈厲凝猷御珍駕以駿奔珝倉
垠而上擊分麾使竹允著於循良掌籍道山載加於
紬繹旋屬近臣慰薦清問疇咨定漢蕝於一王歷周

行於三署問鬼神於前席方慶受釐儆車服於私庭
更旌稽古寵章彌渥嘉績荐凝聽言全楚之區夙重
輶軒之寄賦輿錯出法做於誅求貨殖懋遷俗淪於
呰窳果頼刃地出按簡書揚惻怛之深仁決攘爭之
健訟奉違仙闥即舉詔條一成允極於盡心五月旋
聞於報政以至星罕弛蘥霜隼霽威文無推案之功
飾絕投書之訴民懷格耻罷惡少之探丸吏黜舞文
鞠圓扉之茂草坐清周犴欽輔禹孜弼成議綏之功
實賴神明之化頃者邊氓人保遐障驚師密連篁竹
之酋潛議萑蒲之聚怙茲綿力屢擾齊民乃至虎節

會車牙璋置守出奇謀於堂上視醜虜於目中何笑
餘妖敢稽天討而復親承深詔躬督銳師按炎徼之
舊封塞壺頭之險道戈舡狎至雀軸相望羊祜輕裘
不廢總戎之事馮唐尺籍雅更持節之勞搴旗未暇
於窮追具沐已聞於相弔收鼓銅於駱越浮寶無遺
駕灰乘於零陵前茅截肅克震梟牙之銳式封鯨觀
之誅七旬咸格於苗民五刃並櫜於師節集成茂伐
皆屬全謀果膺進律之恩特舉疇庸之典銘功隆碣
方震於天聲列象哀烏再光於郎位便合速揚上笏
丕迪清衷豫密勿之鴻樞注凝嚴之景眄出參法從

陪翠帽之宸遊入直周廬佩紫荷之仙槖然後賡颺
作頌佐稷陳謨克揚英茂之文欽奉都俞之對永言
茂躅方敀亭衢敢因慕義之辰罄敘由衷之懇切念
某材非楚有士愧燕奇偶游泳於太和遂寖尋於秀
業青衿學校幼參方領之游黃卷聖賢長豫冠章之
列猥屬書同之運不忘時術之功外愧育材中疲燥
吻轅生抗辯過逃城旦之書嚴幹談經終謝太官之
傳勵精雖切底滯居多加以抑寂冥襟希光俊域漱
九流之芳潤搴三代之鞋英得於縹緗之餘致在緹
油之末問劉棻之奇字靡憚咨諏持丁廙之小文方

求潤飾十日敢矜於恃氣三年偶遂於變儒不意天
難匪諶靈根夙殞陽橋陰梓永悼於清暉遠壑隆墀
再充於浩歎憤百身而莫贖濱九死以奚追驟歷炎
涼偶存食息撫心自悼非游吉之亢宗投袂失圖僅
馮生之齋志矧今翹英命秀跅弛與廉遝多士於金
華濬洪源於璧水場駒交縶邸帛旅馳雖天綱大該
盡收於絕足而羲車停午莫照於幽盆蓋舛運之所
纏致青雲而坐隔播精寡効空謝於支離列地無成
自傷於洴澼載念道將時背才與願違采榮而瑜未
掩瑕務進而尋將枉尺執中黃之賤虎志極固窮貫

梁甫之枯魚感深遐慨顧惟蹇薄深懼淪胥此者幸
遇某官恢誕素功鎮寧雅俗敷文華而飾吏用敦厚
以變風比闔里之訓人不忘吾黨類何侯之按部先
見諸生某是敢望履祈通游藩侯進示壺邱之天壤
雖有悖心宗郭泰之龜龍寧忘素志儻或俯矜蕞品
許覿令儀念完士之一言采詩人之下體陽秋借譽
俾陳蔡之及門月旦口評許老韓而同傳稍遂蒙亨
之志誓銘征吉之恩過此以還未知攸措

代回呂相公

顯膺朝冊入冠台司定命前頒至公胥慶恭以某官
禀天正氣蹈道至和親逢聖眞翊贊皇極九德咸事
六府交修亟辭衡鉉之崇迭倚翰垣之重辰階有訖
公袞實歸建三入以調元固萬樞而思乂讓誠雖確
褒制終行卽鵷閣之便辰煥槐庭之盛禮艮哉嗣唱
具爾均瞻佝敦禮於朝風且移書於宰屬永言下綴
方庇洪鈞賡論道之云初佩敷言之彌縟欣悰感緒
并猥于茲

回宮師呂相公

荐拜囊封懇歸藩政安車得請懋冊延褒志遁成功
誼光逸老伏惟某官行爲民表器適時中歷事三朝
勤勞一德公槐弼輔聯周宰之懿猷仙菊侑餐訂漢
台之難老嚮總鉉旄之重聯藉翰垣之行日訖公歸
共熙天載而素懷知止確奏引年激世教之競浮重
宸襟之嘉挹特申冲請用奬宗工冠品官朝燕居京
輔揮金娛日匪直二疏之榮束帶會朝仍亞三公之
著永言茂躅足煥常均某夙庇埏鎔欽懷耆艾第結
冥鴻之慕莫奉赤松之遊猥辱謙懷先貽榮問仰緒
風而增悅衛至誨以忘劬瞻愧歡翹萬一無喻

回大名李相公

光訓制恩榮分師節伏惟慶慰恭以某官地居賢亮
業挺謨明歷相三朝迭蕃四國直躬蹈道種德在民
具爾之瞻實同一哉之心允協比緣巨屏遴擇守臣
果屬吹塵之賢遂寵齋壇之拜使牙肅引幕府宏開
包魏壤之河山粤名都會掩天街之畢昴緊賴撫和
諒此殿邦何稽入輔某幸聆成命參奉贊書方抃私
悰遽窺鈞翰荷巖廊之舊庇銜義府之餘滋感愧所
并文陳罔逮

回夏樞密

光奉制恩復聯機政僉俞惟允欣慰斯符伏惟某官
基德温恭經謀隱濟聖期參遘宥命實司嚮憤諸戎

之騷自請中軍之總由陜而右盡護將屯持旄以西
躬授方略屬邊防之如律且宸眷以洽咨亟走召車
俾歸使節乂天樞之祕劇用遂前勞賁朝冊之光榮
蓋均舊物尙聆謙執末郎欽承方露奏以讓還并移
書而敷述剡惟定命夙告治朝幸廢冲懷早祇蕃渥
慼悰抃素交戢于茲

回狄侍郎謝轉官

茂膺方贊外亞冬卿賞典有光朝言胥允恭惟某官
叅和熙采安節蹈中世咨樹政之良上倚告猷之穆
輟于法從撫是价藩偏愷悌於懷人浹中和於僶曲
職勞騰報增秩許留尙蒙潤於靈波足露華於賜冕
逯煩縢訊數列感悵剡惟公爵之行敢荷歡言之辱
姑欽謙假冀永銘藏

回李太尉

顯奉宸恩就兼戎壘居幕府折衝之任用假鷹揚領
羽林宿衞之兵遙賁胏腑親賢參倚忠毅兼推渥命
霈行榮函首暨閟謙言之敷悉慶使軺之光華其在
欽銘併于誠悃

回王龍圖謝改職

奉承褎擬改陟華聯由漕最之比聞實師輿而有賴
㮚通禁籍就總雄藩參我武之訓嚴慰彼都之翹治
方昭賢業邊枉書辭剡當熙采之辰何損敷言之懿
載惟感緒姑誌深悰

夏太尉

總臨陜服入守雍都師錫所符寵靈茲煥恭以經畧
太尉大猷遠業文事武經忠結本朝功暴羣辟向者
羌酋畔逸軍瑣謹嚴首圖舊人出制師節會風塵之
微擾苦部領之素分邊奏薦聞睿衷旼制亟換高牙
之鎮盡護西方之屯幕府大開屬僚參建決千里之
勝聊假坐籌便一切之宜靡從中覆望高羣帥威憺
殊鄰諒繫方叔之行企賀營平之捷某早膺台眷欽
覩恩章歡素所并賫詞無喻

回夏樞密

肅奉恩函還參謀幄露讓封而確請稽寵冊以彌旬
中詔褎敦薦紳聳洽果緣宸眷遂屈素懷茂涓剛日
之良對越王休之盛寶釘有爛聿將麗服之華閑馬
斯材併侑康侯之錫折衝是賴基宥云初敢冀謙冲
曲詒誨翰署行方箭已抃於懋功申誦書辭益欽於
悅禮載言欣感姑永銘藏

回三舍人

被寵制函聯榮禁掖伏惟慶慰恭以某官機神秀舉
器采詳華自州士以蒸髦逮朝綏而遷羽含章襲美
遂暢於四支大對危言實均於千牘允升清貫茂對
聖期向以星省須才槐庭給簡旅咨宅俊入代出言
曾桑蔭之未移棨綸辭而已屬奏篇上御成命遂行
蹈四戸之凝嚴分六曹之平決何方染紱聿須安吉
之衣武郡封泥式布温純之撿方欽韶德猥辱移書
獲窺摛藻之工兼幸判花之接茲爲欣仰併戢襟悰

回安州范侍郎謝上

肅奉璽章言馳旌馭合符惟謹坐閤云初流美化以
在人雍太和而視履華樞舊望聊均左使之勞細札
寬恩更厚南公之幸敢圖謙裕遠錫誨言咀辭味之
豐腴泳情瀾之霑渥此爲佩戴永誌誠悰素籥蕭辰
黃堂暇景益遵頤實胥副民瞻

回杜樞密

光膺制命升贊樞庭伏惟慶慰恭以某官識略宏深
忠謀鯁亮休有老成之德荐階華近之聯朝夕告猷
濟天人之名學紳緌倚重蔚杜石之良材果被僉俞
入居宥密方露固辭之請且敦難進之風矧邊瑣少
勤帷籌虛詑得賢爲賴崇讓匪宜諒外追於至公必
難諧於素尙敢期謙挹亦示誨言欽俟拜嘉始符翹
祝

回夏宣徽

光膺茂制改建高牙伏惟慶慰恭以某官亮節純深
嘉謀隱濟比煩西略荐莞中樞參盟作礪之山增重
敲雲之鼎方乃上還劇柄懇避成功緣石席之重蓮
遂翰垣之光撫寵深易地任切殿邦尙問需奏之勤
未即齋壇之拜并流餘誨具述冲懷顧成命之既行
匪善辭之能已詑変恩節用慰翹矜感戢于茲名言
罔喻

回杜樞密

肅奉制函進聯機省協于上德佐乃訏謨方安節以
辭隆久稽恩而詑報亟紆敦詔罔遂謙懷式涓休令
之辰茂對延登之典便蕃三接密勿萬樞惟賢路之
有光固公言而交慶尙流榮翰敷致感辭仰欽圖舊
之良參服隆階之懿永言悚抃第戢襟靈

回鄭樞密

顯膺中詔參斡內樞伏惟慶慰恭以某官業總天常
道躋民極育卿材而有蔚序皇器以斯華政緝九畿
利鈞六莞休有丕績簡于上心果陞諫掖之嚴入佐

天機之重紳綏動色慶嘉遇之大來帷幄訏咨本朝
言之師錫側聆謙執未即寵光伏省戶以固辭脊宰
僚而示誨竊商脊倚必有敦褒望回初節之甘遠對
茂恩之縟欣銜企聳併萃于兹

回宋尚書

光膺詔綍參總政機伏惟慶慰恭以某官學際三儀
謀經九德若時佐聖釀格奮庸自命節以歸趨翊帝
樞之宥密終緣民望還貳台司超進七兵之曹增重
王槐之路僉咨素定朝野相觀承尚讓以自陳頗留
恩而引避并垂緒誨式履終謙况敦詔以蕁頒幸雅
懷之無固傾斮對寵併釋翹誠

上皇子賀封建

光奉冊書肇疏藩社伏惟慶慰恭以壽國公太尉衍
齊異稟岐嶷早成席海潤之洪禧擁日躋之休問先
親有典僉議亟揚屬公府以上圖詔治朝而備物壹
茅分土岵承列聖之華開府秉髦聊示中權之寵維
城斯叶洊震云初某幸服邇僚歡聆渥典欽訏介圭
之謁盍昭緜瓞之遐抃慶所叢文陳罔喻

回參政李侍郎

亟上囊封願還機柄伏蒲間請當宁動容緣高節以
重違藹朝言而胥仰磨衿中脊恩數具蕃進通殿籍
之華升貳天卿之峻功名弗處自安利往之常筌宰
相斯彌見親逢之盛流風所泊偷俗為敦敢冀謙懷
俯詒公翰味辭條之敷衍澈心術以銘藏矜式所深
文陳非敘

回晏樞密

奉被制俞冠司機省露騰需奏確布謙懷留渙冊以
淹辰企羣情而戢抃果聆溫詔終屈撝情三接便蕃
趣俟斯猷之告萬樞凝遠式緊同底之和欽覩寵華
方深慶豫荐辱書辭之祝仰御德柄之勤歡感茲并
敷陳罔旣

回韓侍郎

東鈞舊德維枳輔邦嚮緣共治之宜遂倚于宣之重
下車未幾班詔式勤浹嘉頌之歡流藹太和而煬攄
猥詒芳翰敷衍謙懷欽言雋之永長服潤波之霑洽
載惟感緒姑戢煩悰披腊方睽瞻蘄參極

回程左丞

茂將明命近撫奥藩涓日惟良班條云始士風甚樂
聊資造適之宜河潤有餘方訏絣幪之賴敢圖謙損
亟注誨音緬邦範之有儀敷感矜之多緒永言申誦

敢怠中藏獻歲方春趨風末日愼持齋疾用副眷懷

回夏太尉謝男授提刑

治應最條寵加使節士論欽歎臺札布聞惟雋路之翰飛本親庭之愛教克家用裕襲謹不衰方欽騂牡之華兼覲亙箕之盛猥紆緒翰周述謙懷窺覘喻之有條第昭銘而無斁自餘景嚮曷罄名言

渭州王密學

被褒制檢帖職機廷聿奬成勞寖華近綴易藩宣之劇部藉方略於中權憺我天威被于戎落方欣信賞猥示芳銜欽倚辨之在辰枉敷辭而敘感第銜謙意永誌深悰

夏宣徽

榮奉制恩進聯徽省恭惟慶慰伏以某官大猷體遠盛業謨明以文武是憲之資更安危所注之重叛羌阻命謀帥倚成籌制前茅式遏西畧屬邦嚴薄伐帝錄乃勞申撰禁廷之嚴徃增使府之重戎軒務劇聊籌南仲之勤胡落數殫企露營平之捷王綍誕布朝載胥歡某早庇末光欽聆茂渥忝署付行之請阻伸慶謁之儀距躍于茲名言曷罄

李太傅惠先令公碑文

圖昭先烈仰達奏封詔大手以舒文咨健毫而潤石義均峴首名煥京阡裝搨至精布傳彌廣偕沁波而不腐慶貂葉以滋華謂接曩游亦諸副本申復披文之妙周知濟美之勤感戢所叢名言罔喻

回轉運龐待制謝轉官

職勞有狀滿歲當遷眞拜郎闈即襃使府允穆紳綏之論踵增簪橐之華況自陝奥區雄邊列戍令糧大廣擊畝倚勤謀茲進等之階聊旌懋功之漸劇煩敦喻益見多儀銜挹所深銘藏曷已

景文宋公集卷第一百十八

景文宋公集卷第一百十九

啓狀

體量雜端

右某啓伏承祗飭飛軺已臨北道少留使節參整事經方炎旱暘雨之交且行府文書之總雖煩省閲無爽宜譏百吏望風斯人翹首願安道粹仰對宸咨並獲瞻陪尤深欣企

賀曾參政

光膺制命進貳台司伏惟慶慰伏以某官識照幾神體含彥聖所立不倚我思無邪早勸講於金華晚代言於玉署思式方夏寘尹王京懲涵化源裁定民極久儲上帝之賚果躋三事之榮百工傳聞一□□嘆神介于福固正直之是歸君庸作歌信明良之胥契並光熙縡遂正上公某方剖州符阻從賓序乃情叢抃臨翰難文

回王太傅謝高陽關部署

光奉制恩出護屯壘僉擇惟允欣頌兼常某官挺器過人移忠許國肅提千騎之警柰守四方之勤眷惟河間最重戎閫副貳之劇武力是賁果契公言訓定師則何沖懷之徇好眷宅師以移文切仰干城已孚於先甲自然鄰國可假於餘光感著歎愉併萃情府

回李舍人謝知制誥

寵奉制綍進直禁垣除目駛騰公言胥抃恭以某官思經民極迹踐聖藩對于亨期光我王國含章襲美遂暢四支應用觀能不名一器故步青林以文顯持使節以幹聞上簡帝心陰儲士望適以右闈虛坐雅誥須才被名三槐之廷試草五芝之撿程文甫御定命俄頒襃然烝髦式是辭省漆墀冊謝事新染蕞之章宰案聯華尤重判花之體況代言之任歷選甚艱必潤色討論鄭無諸侯之難以深厚爾雅漢同三代之風惟今僉賢訂古無愧必且言參粉澤貢百度而光華筆隱風雷浹四方而鼓動敢圖謙槩謂接明矜推嘉會之所從墜餘音而中眷豪英在選方欽名世之華翰墨相先更篤與游之幸載循欣懌罔喻端倪

代胥舍人謝啓

經星祕掖素號於凝巖瑞鷗神池驟階於機□彼褎函之載郁紆賜紱以增華宿昔自循震悊無措恭以國家財成訓告稽合本元監渾灝於三王討溫純於二漢由綸之出毖慎於始基如天之章昭回而臨下疇咨邦彥進宿官成是必積美弸中高文近雅挺安

于秉筆之操本周興韞櫝之流爲國丹青有古風烈廼符僉論姑免冒楛若某者生本地寒長而祐薄偶易農而顯仕因挾策以觀書能賦能銘未習大夫之事小言小道方齒稗官之流濫貲相於里人預偕來於計物過塵策射旋贊部章歸課上臺玷名仙室佐閱吏曹之實間圖縣野之儀日識之繁墨綬兹叅賓興失實劾免去邦旋蒙三赦之仁追引九門之籍薦膺佐治遂俾出塵弃杖復林寒灰始焰逮終更而來上覲歸報以無期忽被恩符參陪計局籠財權利但苦於沉迷二令辟名未施於鉤校我且記言右史糾讞中都拭玉□□之庭愼修交□握蘭建禮之署再用序遷官謗愈譁績幽自審方期襆被庸警敗材不謂天誘其衷人乘所乏召詣坐槐之府趣程視草之工慕受詔而輒成第欽拙速顧每篇而稱善絶企前修俟訖程觀當從報罷遽荷睿明之養擢升清切之司使驛下臨笥章垂錫恭惟名器至重竹素具存贊內史之出方遂爲定命潤裨諶之謀野必扣大猷分押尚書之章至均政事之食協華在運稽古任艮重念拘攣轤瑣之餘轉側風波之後壯謀奪於多病憯學廢於長年旅翮易驚孤根難殖責高才而或躓先下品以奚堪此蓋伏□某官表燭人彝彌綸□律亮師師之百度已惠庶工開穆穆之四門彌收俊德由暢陵阿之化務安薪櫕之宜遂俾妄庸亦膺柬拔敢不稽參流晷飭式大常絢裘英之五紽奮刀鉛之一割熟芝之裁撿謹敷天下之言絳藥翻階恪愼省中之對庶中尺寸仰副陶埏

代鄭公謝叅政狀

祗荷褒綸擢陪台席承露陳於讓奏枉垂報於敦言趣拜寵靈交深榮胑切念某本緣儒服驟旅朝綏寖持從槖之華架蹈禁門之複茂齋最狀少報上仁方虞且儆之訶復叅數求之錫諫曹茂秩政路崇聯雖薄訴以冒闖猥批章而蒙諭寵非其次將忍終身之慙服不值庸更畏十人之指此蓋某官封殖夙加題評素定因卭卭之訪逮亮斷斷之顓愚助育讜才贊行賞典敢不益摅深志仰叩大猷載驅駕緩之姿或禦負乘之寇冀紓誚議少答恩勤感灼叅懷名言罔敘

回宗室使相賀叅政狀

肅膺褒制升贊宰司祗荷寵靈交深感胑切念某謭材曲學惷慮煩襟輿于悴族之餘玷乃殊科之選薦

塵榮忝取愧英游幸遭山藪之藏弗責斗筲之實獲
紓罪戾寖易歲華不謂台序之員宸私誤獎諫曹上
列政邴崇聯尋昧死以自陳冀回恩而改擇曲煩聖
喻終廢危悰已冒服於官成方震慹於心術敢圖宗
哲先枉書辭紬禮意之謀勤助邦猷之僉錫庶緣外
獎少逭多言佩戢于茲文陳罔旣

代回宗正狀

叨荷易咨入聯台采撰譾材之不稱淹寵策以自陳
願寖誤恩少安公議而詔音垂喻人乏須承已冒服
於寵章方震慹於心術敢圖宗哲助穆邦猷列芳牘
以鋪芬借餘光而收飭庶緣外獎更激懦衷榮感忝
懷書言罔敘

代回皇族狀

近蒙恩制入服台聯嘗敂讓以報聞勉協恭而冒處
慮塵至化方惕危悰敢謂宗英首飭書指借褒言而
煥發助公論之僉宜榮感于茲文陳罔旣

代謝前兩地狀

諫曹上列宰政崇聯併荷寵靈不勝感懼切念某譾
才曲學惷慮煩襟與于悴族之餘玷厥殊科之選薦
塵榮忝取愧英游書命挍垣了無裨於國采愼辭鑾
署始有惕於官箴幸遭山藪之藏弗責斗筲之實獲
紓罪戾寖易歲時不謂台序之員宸心愼舉首須成
命猥及孤生尋昧死以自陳冀賚賢而改擇曲煩聖
諭終廢危誠此蓋某官助穆公言序熙朝緈因爲容
之素定致延遲以繁臻然而三事陪榮萬機訖訪協
承樞極非庸妄之所堪參佩韋弦或箴規之自勉益
圖勤止用副恩斯

代謝外任兩制狀

肅膺褒制外贊宰司祗荷寵靈交深感悸某本緣儒
服寖齒朝纓頃特從橐之華衆蹈禁門之複曾無最
狀可報上恩不謂台序之員宸私誤獎改諍曹之茂
秩躋政弼之崇聯省已甚明控朝希免曲煩聖諭終
廢危悰尋冒服於官成徒震慹於心術曷圖謙槩前
墜慶辭曲敦征橐之情陰與煩言之誚豕惟勗愛敢
怠銘藏清覲未期遙懷匪罄與言感遇抑假夙期尙
丏良箴以終前貺自餘感戢罔旣文陳

代回兩地狀

叨聯宰政尋布感悰雖趣附於星郵或未通於鈴史
敢謂某官曲敦夙契前墜書辭助慨則哲之猷陰與
多言之畏波餘所逮夕惕差安屬私抱之已敷且賚

詞之難再姑藏褒激庸識奬成

代求見書

四藩作牧疏封建自於東周三署爲郎著位近從於西漢盍以奉當陽之瑞節煥列象之珠驪會玉建茅遂荒於侯服薰衣起草彌縟於寵章刱上聖之撫期酌遺文而播憲擇惟艮之守出佩銀符典深詔之廉入持荷槖洪惟慎柬敻絕常均苟非譽冠翹英才優伏奏懿文潤吏振穆若之頌聲茂績揚庭負賭然之刃地則何以高驤上路端遇休辰褰赤帷之裳英風偃俗口雲臺之鼠清識造微將副疇咨必歸全德恭惟某官隆名炳著淑問横飛挺珪璋特達之姿禀松栢後凋之操門施行馬敵立戟之舊屏家有賜書襲傳經之洪胄而自垂蜺雲陛拖玉星藩風生廣漢之才輻湊虞邱之略陪佳人於汾水夙侍賡歌諷子墨於長楊屢承乙牘武帳詳延於體貌翠綏密邇於威顏乃至盤錯求材銅鹽擢利派分毛舉無簿領之沈迷粟腐錢流足縣官之仰給渠注穆清之眷薦頒深厚之條輟閫籍之凝嚴樹方州之景式砌豐興務從龔遂之便宜鐫令移書用薛宣之條教薙蝨蠹擊棠憩有餘固以轉嘉頌而上聞掩前修而高出賜金增秩下絲詔以褒功書笏珥彤趨赤墀而建議發于碩畫布在輿談刱某塊守常爐欽闘殊政陶潛三徑未習於先疇楊子一廛早參於編戶雖復寖尋觴爐薰灼緹油嘆遠崟以屢盈鋪上珍而未聘懷鉛就學局逃倉父之譏燥吻成書終抱壯夫之耻未卒課虛之業遽鍾何怙之悲委昌志於當塗鬱隆忠於雉節凋年驟改散魄甫還故合倜跡亨衢棲情故地琢蠡希古與慢以相成抵几論交垂文而自見然念箕裘可嗣堂構宛存瞻晏子之舊楹曠僚未幾泣范喬之遺硯高矩尚新荷休否而靡傾慮不言而姑失將徵利見用噬嗑亨幸遇某官敦篤道風勸求士類清言格物佇越石之談賓右席臚歡誤當時之篋器是敢躬陳爵里求覿表儀卜虒璆下榻之知無趙壹倚門之嘆雖高冠厚履慚非燕趙之奇而進牘抽毫願處鄒枚之右將披符采預極怔忪

上潘鄧州求見書

晉卿執手然明才止於一言韓牧寓書太白靡榮於萬戶蓋以鋪闓介善遜聽休風肆嘉議以盈庭披瘁襟而嚮道伸於知己按油素以具存垂厥方來屬飈流而有在敢緣斯義罄叙曲衷竊念某實異荊璆利

非楚鐵采藍終日妄希一匊之盈削牘彌年未足三
冬之用幸以時丁魯變運偶堯稽搜屋壁之亡篇集
橋門之盛觀五尺童子耻王道之不談三事大夫美
人材之樂育外被鄉儒之化中勤辨志之功漸暨珥
文寖尋高矩充車聯駟雖力冀於論都毀瓦晝墁終
遠慙於食志倘念世襲相承之緒幼聞獨立之詩策
駑乘以載驅勵族庖而一割毎至雪園授簡月觀齊
章頌聖主之得賢王褒釋蹻感儒林而作傳太史廢
書長嘗不概見萬殊精淨八極辨國異家殊之政窮
王馳霸騖之原誠欲接充賦之珍羣當造庭之清問

森羅三道振穆若之頌聲磅礴九流冠褒然之舉首
至於博求前載明練。庶工論鹽鐵於縣官財成經制
繩春秋於臣下專傳舊章翼景化之猗那躋羣黎於
仁壽見諸行事是乃素心豈謂質以願蓮歲非我與
値所天之早世越散地以無圖塊若尸居窘同匏食
劉楨綿痼促議於鼠身令伯私情永懷於終養僅成
齎志寧暇亢宗擲昌辭而翻類立言委秀句而眞同
長物莊生晦迹惜樗散以難彫邢劭進身恐花狂而
自落永言孤遠益困沈冥儻勇退而自謀必倒行而
逞誚此者幸遇某官褰赤帷而滋政紆文組以班春

泥札十行奉温綸於漢令吏衣三寸革舒緩於齊風
邑罕鳴桴里無喧鵲然猶肝衡獎善撤席登賢徵相
如未至之詞侈談靡偻設文舉不空之酒更僕居多
某是敢撰禮屣以祈通遙宮牆而請見雖滄溟甚廣
集乘鴈以非多而岱巘至高受纖塵而何讓儻或俯
矜茝陋靡閒柴愚許親月旦之評俾覿山庭之表然
後叙長世字甿之術談經天緯地之文質以大中會
之前謀庶使深源雅議落孫盛之塵毛暴勝起迎偉
不疑之攝具將披符采彌積震遑

賈相公生日

宗工挺生名世胥會肇休辰於秋律震佳應於嵩神
恭惟某官百志昭明。九德愔大以經術稽古用文律
緯天載誕甫期祝延眘跂射蓬在戶已符經禮之占
芬菊稱觴共薦期頤之筆永輔王室常冠臣鄰某遠
宿官常阻陪賓慶瞻祈所萃崖略罔宣

留守相公

遠守价藩坐違材館洪鈞播物久依陶育之餘假節
乘鄣仍在訓齊之末揆至和之馮厚擁諸福以便蕃
某官挺世自名與聖胥會輸至忠於王室建丕績於
宰司謀謨上前鼓舞天下留宮牡鑰聊均三事之獨

賢備冊贊書方企九功之圖奮朱䡇順居典謁方遥
伏冀上對倚毗愼調寢饋

回夏宣徽

祇膺槃冊出綂中權視傳席之崇階冠徽庭之茂秩
寵靈優縟中外僉宜恭惟某官精力移忠壯猷經武
綢繆累聖參斡萬樞屬者戎傒尙虞觵書微警逐羌
廬而護塞移戍校以屯邊暫輟機臣往頒師律自天
而下聊示亞夫之行乜計以聞式訖營平之奏眷求
惟允欣賴方深敢冀裒謙遽煩占牘欽啟行之爲盛
顧懋賞以斯隆感慶叢懷名言罔喻

回韓侍郎謝加職

茂膺褒命進貼崇資伏惟慶慰恭惟某官誠本忠純
器包閎遠參斡機衡之重荐倚藩垣之行靜壹政條
妥安民極上心爲觵者範有光亟升規殿之華移總
使符之劇河海之波并潤適寄老成股肱之郡召還
訖階丞弼方深舞歎遽枉緘封味謙意之沖勞聳輿
情之欽愜丞言欣戢倍越等夷

回楊州盛右丞

進肅臺機外觀藩政本緣樞宥之劇重爲揔艾之煩
逮此均勞允昭同體武經文緯聊資作憲之華誇頌

襦歌抑有報成之舊詎期鈞念遐况芳音敷感會之
餘言寫謙沖之深旨薦循雅論切寘勞悰茂氣方升
寬條適布願安和粹仰契眷懷

賀都尉王樞密

光奉制音乁聯樞禁伏惟慶慰恭以某官忠由世濟
寵與時偕地聯右戚之華業總中軍之盛出藩倡治
趨節來朝屬邊燧之少勤藉籌帷之中覆亟僉舊德
參預繁機自成命之揚廷藹羣倫而動色尙聆徹奏
固執勞謙停嘉冊以彌辰墜芳銜而露悃矧惟虛席
已訖告猷幸回崇讓之高時副欽鄰之望自餘欣感

併此懷銘

代回晏樞密讓

光膺制命聯總機廷伏惟慶慰恭以某官器粲宏通
謀猷隱濟函天光於泰定服聖旦於親逢治被寵靈
徧階華劇屬以邊書騰警樞省須才聿圖舊人升幹
中務文經武律參揉庶邦之和書訪夕思佐決萬機
之重敷求惟允僉論攸歸敢謂謙沖特節譸問尙稽
朝渙顯露讓函况成命之已行諒素懷之無遂訖聆
延拜併釋歡翹

代上兩府讓狀

樞帷決策宸亡僉疇過聽㮦疎豫參機要恩霈踰次震悸裝懷切念某學術匪優仕塗茲膴久塵禁職獲奉帝暉姑效螢爝之餘罔裨金玉之度驗于已效奚所取材不圖岩岳之求俾貳本兵之重內循諸已實疎於多言上累而邦敢安於誤寵伏望某官憫其知止惠以有終助推能哲之慈追罷惟行之命儻從至讓是免疾顛惆愊既叢文陳奚喻

代回樞密王太傅

顯奉制恩正司樞務伏惟慶慰恭以某官烝彝世烈盟府茂勳參財坐幄之猷惠底垂橐之化四夷來享賴先計以周知三接同賁服嘉謀之闓合成勞灼敘異數進加蓋積歲以宜遷矧師言之率籲方欽藩獎遽覯善辭諒謙槩之宥光顧王言之既縡幸遵眷倚時荷褒升欽祝感慙萃集誠府

回張副樞讓

光奉命書入參樞省伏惟慶慰恭以某官懿文經遠茂德秉彝服在光華之辰居然王佐之器禁綸經橚冠瑞羽以爲儀褧錦直繩卓孤風而難進上心克厭公論所宗實緣虛席之求進豫前帷之秘此焉亮采副是疇咨遽窺尙讓之文猶鬱懋宮之投美言盈牘姑誌於沖懷成命隨風難淹於盛禮顧回介節即順徽章欽祝于中崖畧非敘

回夏宣徽

轂務中機憺威西畧抗戎旌而信邁按邊瑣以申嚴臨幹不庭藹護諸將師與多務軍次參勞恭惟夙暮之間昭介寤興之祉猥流鈞翰粉飾謙儀欽悅禮以敵風第藏心而戢感留屯訓武當亡倚成行聞月捷之傳歸總天樞之祕瞻懷企祝一一靡宣

景文宋公集卷第一百十九

景文宋公集卷第一百二十

啟狀

上河東轉運

上都摻別俄更上下之弦勞府亭叢罕奉沈浮之訊承便時而署政且馳遽以貽書占授悉周研覃有味矧奉將明命經略奧區錯上賦以慎財邦賓晉糴横大河而繼棹人記虞巡諒茲乘傳之行啟是富民之拜願遵沖攝用副眷求感鏤傾祈度越倫等

渭州戴屯田

芬椒服譽素景於朝髦談樹宿官阻申於私見自辟書之高選監近輔以陪京固有隔於等威矧敢亥於記奏斯者詎謂倅理郎中毀方求合稱物以謙因門子之賓輿謂胄筵之資屬特煩下教罔愛優評九河之潤沾餘頓袪鄙倍兩喜之言溢美奚所克堪願窮褚以珍藏爲乞年之恩紹秋辰適啟時訢是遵邇仙表以在遙佇空函而奚狀

河南資政

護將王樞淹郵祠園幸及便時已終藏事自客轅之暫稅煩使介之繼來申遣英僚就爲供具醪牽紛屬果餌嗣需嘉賜不停行人改觀雖重本朝之常懽亦緣舊物以致懷揆遇匪常撫矜奚報而還衡所迫詣府莫諧擁朝節以亟趨係台光而滋耿望遵沖衛增乂繁祺早正鴻鈞大庇彝品紳綏之願日月以勞

梁相公

藩侯職冗康蜀地卑誠有恨於官儀難數通於私問然結戀公府譬萬類之在鈞而布武賓階乏兩朝之飛肉孤懷坐癰芳歲護遷恭以大觀文相公學士道含至和德包感事光輔丕后懋熙庶工已成輔相之宜遂去功名之地再更巨鎮聊倡四方惟克簡於上心無不在於王室願總諸福普慰羣瞻矧舊物之未捐荷如天之全覆其爲禱係自邇故常

代同樞密王太傅

需奏報聞詔音敦勸已揆惟辰之旦式光往踐之規善舉在茲僉言允穆伏以某官謀經王體武訓師和著慎將之威名擁康侯之蕃錫內叢宥命時叙繁機未滿歲以爲眞本稽賞典惟其人而後備式寵臣鄰榮謗首諂謙誠增懃顧寵靈而伊始積欣感以何言

江南轉運郎中

久伏民塵近還闈籍多難幽憂之後學殖寖荒平時英俊之游書牘殆廢載懷高誼實耿離悰轉運郎中

望秀材林業偕賢運亟樹風於官次治飪聽於聰謀
乆資郎署之賢外駕使軺之傳千艘銜尾大集於中
邦二節追鋒行階於上劵峥嶸歲晏壹鬱人遐願履
常休用紓遥款

知郡國博

齋航便道使閤班條荐煩記室之音垂曉通閨之舊
備聆順禱允集素襟知郡國博風局精強材謀明劭
歷更煩使休有令聲剡薦交於露封眷求簡於中扆
承言劇部比遣薦瘥疇咨吏師撫我民瘵諒以朞年
賦政追西漢之惟良五袴騰謳與南風而同競顯躋

治等歸服近僚願保粹眞下符傾嚮彫年行晚清晤
未期報義素深操觚非叙

魏府太傅

夙以下材久浮詔禄嚮福基之甚庫滯郎署而罔遷
頃以綿章上麻使蔭因薄書之猥幾寘殿科稟符檄
之規偶逃眊事訖于終課復此還臺免三考之去幽
有二天而戴𥦗恭惟知府太傅道孚亮采聲揉列邦
均陝伯之東西閫儀克壯裂星街之南北戎索是疆
暫倚重於偃藩伫入膺於夢賚羣倫注聽介福大來
顧拱著以方初邈遡風而增欷神馳在遠思軋罔宣

薛叅政生日持禮

三階布象下儲名世之賢六矢在門聿記炳靈之旦
恭惟叅政侍郎順咨是采罔伏斯謀負鼒鼎以和梅
坐嚴廊而厚栿歲周慶育月叶清和共延祝於壽祺
益進階於旱撰有少微禮具列別封

陳州胡侍郎問候

淮陽近輔素倚於吏師河曲餘波久蒙於京室遡仰
褰帷之化善移偵觱之風節宣有宜戩穀云嚮訖九
重之圖舊參四近以宣猷揖晤末間傾瞻何極

攀違侍郎狀

克涓令日夙艤行艫順楚泧以揚舲彗淮雲而引旆
祖壺係出朝紱愴違。某比屬緜痾阻陪餞禮銜恩惟
舊銷志無從願安遵渚之行彌保愼齋之訓衣惟愧
戀罔及文陳

代鄭公回夏尚書

祗荷朝綸賜停機柄進肅天臺之務乃參殿廷之華
曠職五朞蒙恩一解榮非所望愧不容顏敢謂某官
敦操有筠推情悅栢絢書辭而垂慶助師錫以中褒
冀訂良箴益紓多悔接緒風而猶邈敷感抱以奚殫

回狀元監丞

比自苫蓋投艱郊壘鏈蹟絶聞代事荐易歲胥祥紀
汔終迷魂爽復早者亦承狀元監丞大孝奄鍾偏罰
歸伏倚廬内抑摧哀顧服調養某適當病力罔及開
知洎得行路之傳已當踰月之外匍匐莫展慙震何
言月初秀才范君過訪蓬蓽伏蒙特垂矜誨曲亮庭
殘始磬述於孝思終惻發而收囪滿中木在詎稱於
緐文河上病同但均於哀款承言心照足厚民風切
聆鑴燧在勤羞膳無爽順變爲大惟疾其憂千萬支
持以副深祝

太尉

近閟私憂甫寧病體久去外朝之著罕修執訊之儀
跡係民壓神馳義府恭惟太尉績宣金石忠貫天淵
總離衞以誰何訓善經而肅給百祥助順彌厚於福
基三接蕃恩永隆於邦翰孤平無似挻鑄攸依

應主侍郎書

數日前入侍郎坐伏蒙以汝陰詩筆一編俾之紬覽
捧戴震汗罔識所寘亦旣返窮無隱危几振衣三薰
正冠一沐然後徐繹篇次寢求指歸暐乎其采也渢
乎其大也若洞庭之奏始聞而懼如章臺之觀三休
乃躋適然得肉以大嚼杳然御風以忘返飄飄凌雲
乃游天地間肅肅入宗廟但見禮樂器不足喻也甚
幸甚幸竊惟吟詠之作神明攸繫内導情性旁通謠
俗造端以諷天下之事變文以憂萬物之蘊音之急
緩隨政之上下大抵三百篇皆有詞爲之非徒爾耳
後雖體判五種時經三變音制彌婉慨裁益緻以浮
聲切響相鎮以彫章縟采相矜然而大方之家往往
披華於沈宋之林收實乎曹王之圃窒其流宕歸之
雅正是以垂虹蜺騎日月而不爲怪礪泰山吞雲夢
而不爲廣矜螓首狀佩玉而不爲麗輿蜩螗比樸樕
而不爲煩道治世語幽國而不爲佞且怨靈均以來
未有不覩斯奧而能垂名不朽者也自唐德有蕩入
文寖微巷委其歌波扇成俗抗古者過堯以入貊狗
今者襲魯而成魚詘忽則咄咄逼人幽憂則呫呫墮
水擿奇則鶩離窮譑詬之索限扃則均折楊皇夸之
誚衰微及國無聞焉耳至於幽人蕊錫遁世長往短
章悴句時時投曲然皆哇咬轂音局趣猿韻不足論
也伏惟侍郎明公稟道至賾爲人允覺慮含蓍蔡之
告言埤金玉之度三入祕禁親逢聖期以席間談笑
經大猷以筆端膚寸潤天下贊累盛之布度操斯文
而主盟而乃念雅頌之淪軫風流之弊渡橋成枳衆

雌靡雄下垂百年者杳默遺響於是倡始多士作爲連章鉤深縮情上薄於粹古促節入律下偶乎當世震枹鼓以竦介士運斗杓以準四時復而不厭茂而有間使味之㮚然駭其理勝覽之壹然恐乎卷盡及夫盛氣注射英辭鼓動思泉流唇雲紅落手諸儒願喙長而不克誦小史懼腕廢而不及書此又精入于神不可得而聞也與夫討錦運之品詫簟袍之奪賦韻競病哎咀膏腴一何區區哉某被蒙憐獎擢厠榮伍不以鞭箠之使俾與杖履之游手探秘笥面命成矩導以眞人之謦咳灑其屯膏之鈍昏徒一孤生而再受大賜其何兄如之且慕有道者折角以効巾愛太傅者掩鼻而成詠況其親接音旨密漱靈潤竊用感發自忘頑愚謹亦捜次舊詩得五十首具藁贄獻昔劉琨遺盧諶以二詩諶不能曉乃以常體酬報斯文之旌無乃類旃輕瀆宗工伏地俟罪

代與李舍人書

某夙以羇單天薄其祐年甫弱冠再銜怙恃之憂獨與李氏某間關出處更相爲命僅荷遺構以及仕途永念我先府君奄弃盛世藁窆都外霜沐露濡七見閏月以時之不易久未厝安夙夜震懼心焉如隕乃今卜於許之陽翟龜噩惟食將以冬十月克襄先妃先君之葬某深惟古君子有天爵道富高明令終者則或傳于史官或銘于鼎彝或誄于攸司川能發聞馨香以昭示來世後雖有不肖愚蒙之嗣猶賴先哲自免於溝隍嗚呼若我先君官限于選條名壅於邦聞儒林循吏之篇莫得采獲近古大夫不世祿家無廟食考父孔悝之器莫知所施故事三品冢始得上尙書以節一惠門生故吏之狀實隔弊制是三者皆以位不配道禮從而汚噫昔人有行高瑾瑜而名滅煨燼者不可稱紀諒有憾於此邪今唯圓石勒銘何微品制之間後裔皆得序餘慶襃前烈勤咨當世之彥炳辭騰實以光寵九京僕誠惷頑擣昧無可比數然世謀忠教何能言之恭惟執事以正幾之才良直之任紆褒爲衮數言成春薦紳代家慼貧善述以信陵谷之後爲無窮計是用忍抽裂之痛以髣髴茂芬潛德泣狀官代稡爲一通敢私布于下執事重念孝子之奉先也無美而稱之是誣有善而弗知不明知而弗傳不仁如先君之純之邵也如彼僕之幸而知之也如此願託沉刻以揚遺懿使小人之責免於不仁不明之地齎志之憤見伸於冥冥之下非仁錫類

其疇閫之委素歸誠幸賜哀許

上許州呂相公書

竊聞古者堯有四伯是爲四嶽實佐文命降宅九州帝庸嘉之故賜姓曰姜命氏曰呂在周宣時有申甫者能左右王室係興周道國人美之爲作崧高之詩道降神之異仲尼掇焉以什于雅在春秋時有齊許者盟會糾慝幹不庭方以大承厥祀有祚在下史世其家爲諸侯選由是言之呂姓之衍於申曼於許不惟舊恭惟相公嶲極天之峻秉蒸民之彝慶叢祥發與聖參會言行而帝釆亮謀奮而天緯和散爲九功宣爲六德沛如淵回湛若陽休勵相丕后十有四祀助薰燎而郊者四導農輅而東者一而鬼神無遺歆戴斗之使歲通戎蠻之賚月來而彊埸無猜侮士之賢者進無能者退邦之不足者與有餘者取而上下無尤逆三辰澄霄百穀靈野佑我丕業格于皇天跡夫威會之隆贊之幽協要可知已有大嶽基其兆有申甫奕其先有齊許蕃其系靈光孫謀是相是鍾天而未忘叔仲之德是故復申之字以陪敦章大啟許之舊以濟美顯庸傳曰惟其有之是以似之公之謂矣某不佞學於舊史氏言吉甫史克之作以事美一時託文見志遂能聲滿天下于今稱誦不知自量謹作嗣崧詩五章章十句美公復國于申也許康詩五章章十二句美公之安乎許也立言之體略細語大故推而上之以及於祖辭欲必頌不容虛美故循而下之復及於公古之賦詩義取卒章其嗣崧之亂曰蒸考是承士大夫之祝也許康之輯曰帝曰還歸邦人之志也雖不足雍容揄揚其義肆而不隘輒因誕日之慶繕寫馳獻侑奉觴之餘歡伏惟一加觀采裁貸其罪

代張問謝解

玷斯士之髦宜從人廢署茂材之等輒以名聞撫才表以自驚刻情涯而罔賓竊以斂材之重歷代尤難漢則令計吏而常偕偃其績食唐則具鄉飲而中送侑以少牢一再之適貢有差造秀之序升咸允若夫王在之邑天下爲樞本英雄之所躔視郡國而爲首挹公車之牘動或三千盛橋門之觀浩然萬計國家丕承聖職善述先猷炳乎人文重我王國乃至慎咨朝彥謹司馬之辨材臨赦貢條俾新書而從事必先所試冀得其眞或内舉之致嫌許別頭而練實洪惟典制高出古先諒非行比師儒譽推鄉曲敏以求於

方策遂際天人默而好於深沈周知統畧則何以言
詩後素用賦升堂一縱一橫析理而歸於正勿并勿
猥射策而著于篇自絜矩以不私膺錫朋而爲盍若
某者𥨊生疏闊累世羇乎幼陶郁郁之風進服青青
之佩杏花芮葉早去先疇鐵擿韋編嵗懷典學櫜緣
方物之選獲參鄉老之書再試宗司率見呵於非是
覆求佔畢徒貽誚於無窮加以多難間纏病悰無賴
罷歸故里頗同馮衍之掃關循陟南陔姑奉詩人之
潔膳奚其爲政是亦素心頃聆深詔於四方內追知
親之一懼臨博而企未能忘懷再鼓必衰猶期決勝

是用齋函鄉郵連纚國游會執事之避親當至公之
適可毫錐若綴銀紵如雲仰异試之謹嚴苦措辭之
澁訥遂終削柹遽迫銜山已忘之步與行自知將歸
旣僨之軍語勇曷足論功方竢報聞卽謀藏密敢言
斷斷之技亦借濟濟之英擢自下流致之上列伏況
瞿圃僅存之士莫匪雅材中興第二之流綽存清議
遽茲忝冒愈𧰼震慙此蓋某官賁皷斯文朱丹至治
樂嘉魚之與共劭乃進賢軫函人之恐傷玆焉瀸疾
因三物賓興之際恢四科進擢之規冰鑑之姸醜洞
分鐵炭之低昂無舛遂令庸懦亦齒題評敢不景止

前修倍勤往載九變貫而知選衆遡本元一飛鳴而
及辰寖偕寥廓庶伸尺寸上荅獎成

安撫雜端

暫違省闥臨撫邊鄙持節戒嚴駐車問俗導下情之
抑鬱宣上意之丁寧易嘆爲歡化劣爲抃顧屬韃之
列帥方負弩以趨風欣企所叢名言罔諭

回井代部署孟都使

序升近職移佐中軍成命有光羣言胥允恭惟某官
沈謀先事美閫映時外提雲壘之雄內董星藩之祕
果疇見劾益峻榮階轂全魏之訓師奄太原而經武

殊鄰歛衽均萬里之干城諸校趨風重九天之下獎
適欽褒進遽枉緘縢識欽悅禮之賢第積裝懷之感
晤陪云遠企詠奚殫

賀廣信軍武六宅

寵正使名茂光戎轄守符未改邊瑣增雄某官英槩
自高沈謀克濟敵倘素慑鷙勇於休績閫有歲月之
淹薦賢交奏章之密果從聖柬進服恩褒列帥慰以
相歡中軍倚而增重攝符無狀卽席是貪竊抃餘音
回符久禱

回提刑

光膺茂渥貳案祥刑差命便時郎親治職某官守兼文武識照幾微雖從上食之優式結帝宸之顧大河而北庶獄號繁允光命擇之嚴自寄澄清之本待人爲盛先令有今惟此屬州克依餘芘載言欣躍曷罄文陳

判府尙書啓

表海報成坐躋樂國申析分理進守留京幕府旣開彼都何幸恭惟尙書助讃熙緯俊德倡元葬幹機樞彌奮忠力而自均國勞任爲天至和靈龜在忠喻馬忘累雖復勉班春而振乏大庇物於屢豐出乃緒餘同人憂樂賞圖尤異聊襲晃以露華地迫鬱悤果錫□□□□□惟泰守之先定非外物之屢遷今茲偃藩

原本下佚

景文宋公集卷第一百二十

景文宋公集卷第一百二十一

啓狀

上晏太尉

比丐郡麾願嘗吏事章留公府身屬君軒雖曰見俞人而被遣罔憚款暑徑浮扁舟開秋之初署事惟謹然壽春故壤東楚劇藩務若亂繩才由短綆益虞速謗敢議課功加以轉側畏塗違離恩館志緣慮怯感以事新鎩羽自驚初無虛矢危涕方墮何待鳴琴尙賴仁人持衡至公禦侮納之德宇審非宅腸幸終大庇之私使無中道之弃淮山千里城闕九霄官箴有常羇恨無訖臨風伏紙言不能宣

回臺直李屯田

近叨細札尋抵劇藩本緣藏疾之恩遂有出麾之請迄茲視事殊匪觀能倚惟聖之在寬冀攸箴而脫謗敢圖夯舊遠賜褒存曾是危心戢餘驚於摧櫓枯然晩歲仰純茂於寒松甫限羇符阻㫺卑抰戀悰感緒參集于衷

提刑轉運制置到任

近祗詔撿已署藩條參省恩榮舉增慙仄伏念某福基庳下心術惷煩曩以丁辰無勞而冒祿頃因多病

未老而逢衰雖忝皂衣之聯久露左魚之請天衷開
可朝議誰差及此守邦居同藏疾然甫巡外牒猥値
劇州國府遞更本爲都之一會農商雜處率放利於
三游處以拙艱慮于墮數所賴化詠明備使範布開
振以宏綱塌其漏目漸冀循良之勉上煩鐫讓之科
企竦於兹名言罕旣

壽州到任謝兩地

東楚地雄左符任劇祇膺朿受舉萃震惶伏念某天
與朴愚仕緣熙泰繫由冗到超備從官嘗用親嫌不
任煩使日費太官之膳坐代上農之耕間不遑居懇
求自試事關三府恩許一麾値劇部之終更果細書
而被選淮肥之奧國府遞更夫井洪繁稻魚豐賤承
邦條之寬大治方俗之樂和雖曰不能漸期學政斯
蓋某官邁兹九德模我彝倫枉善埴以埏和俾薄材
而進哲捫心揆寵念德知歸署吏牘以云初抑車茵
而未日參幷感結拙喻端倪

兩制

近祇恩檢已署郡條滋俗匪能循榮集悸伏念某器
非適用材不踰人筋力之强早爲病奪緹油所學遂
與年侵荷漢橐以無禆乞阮麾而自試嚮緣嘗可獲
此庇身曾是劇藩號爲難治銅鹽轉餉歲溢於商緡
薪粲論輸日交於吏案楚傖俗錯符攝務煩內惟泥
遠之姿必震覆官之咎所賴至公當路明詔在寬審
盧鑄之異宜停韋弦而參企漸圖有政庶服攸箴擁
符榮於一方隔紳綏之三揖永言系戀恨以翰飛

門李團練二首

向忝從官弗經煩使請問求見頓首自陳願遂州符
習知吏課面嘗可制副在宰司僅成數月之留乃有
一麾之授遽兹班詔殆復知榮地跨蠙淮之饒鎮兼
犀節之重茗醝參會魚稻豐饒蒙幸于天酬恩曷日
敢謂某官貸忘疏遠彌篤顧存敍記室以占辭付行
郵而流問神麻在握頓紓遠客之懷秋蔕辭條滋結
故叢之戀左官云始修謁未期善禱泰和式符遐禱

其二

冒榮跨分因病早衰比不自遑願諧外補一麾蒙可
三府見矜獲引壽春之章遽結承明之橐淮山勝秀
秔稻夥饒坐閤省躬實天藏疾縈念間關去國晼晚
驚年危睫涔涔屬傷懷於遠道羇飛跕跕方破膽於
虛弓比職云初趨風未日永言悵戀拙布言詞

陳州楊相公

紆壽春之組紱宛邱之郊緣材閤之未行擁原簪之
舊臧郎趨府上獲侍台光聞郤縠之談彌臻義府規
方叔之政交樹壯猷乃知右輔之安式有長城之寄
且復眷存爵齒崇比上賓拜嘉投榮以不遑始至如
歸之絕擬萬夫歆豔一介光榮迫此飭書之期遂悵
風波之阻乃情知嚮邑日敢忘刻以虛從橐之聯守
左符之遠孤根易仆墜雨可矜惟祈卓馬之亟還入
冠乾樞而作輔大坏兼造孱蹟攸依叢禱于中訥言
安喻

回綦撥發

近蒙恩檢俾領藩麾曾不遑居已茲著事顧異撥煩
之敏實孤共治之求敢謂私英特詔公誨玩書銙之
溢美均汞雋之餘滋方此頒條尙賒接武瞻懷感鏤
一二靡宣

回廬州張學士

棲毫從橐引紱近藩本緣藏疾之仁雅課班春之效
獲茲臥閤益恧空餐方企風華願修鄰好敢謂某官
追書林之舊欣牙壤之交疾走行郵辱垂芳問故情
雅眷甫依東壁之餘美政歡謠益仗南風之競褒存
所至銘款忘勞時籥向衰官箴有限望安介福庸副
遐心

常州知大卿

被十行之眷肅三翼之行少冒秋陽徑浮月液離悰
坐耿凄律遽殘比自半塗常須雙鯉慮封八之未定
報記室以無從恭惟視政以來介祚九盛仁八舊里
太守新藩過家上冢之榮置酒揮金之樂鄉評參慕
仕路罕借諒茲愷悌之孚益助耆明之嚮攸箴異守
接武賒期搦翰遡風乃心惟極

郢州知郡比部

各領州符同邁陛戟我疆差近若御少留復緣庭鯉
之歡頗熟星烏之采終然共治攸爾遂行限北渚以
銷魂悵南雲之礙目潛商驛候當啟齋鈴惟敏政之
有初諒蕃祺之交勞江關歲晏金玉人遐結戀孔多
陳言茲抽

回泗州知州

嚮緣持橐懇乞爲藩蒙大度之包荒俾孤生之從欲
迄茲臥治正謂藏壞敢冀某官推讓下之私布恩勤
之誨侯及疾走畢妙前揮安秋蕭之危懷露寒松之
晚節靜言銘戢何寄等夷一水通流六條異守晤言
未日悁紊增勞

與轉運兵部

光奉寵詔外總行臺除目四騰公言參允恭惟某官含章暢美游聖殆幾自結清衷早諧華仕垂紳紱玦久已賓行觸體投觚舉皆游刃謁祿四牡之選式撫三吳之疆民克用和使還有指末溫台席遽飭漢軺掩三淮之右區趣萬倉之西漕響無停攬遂經登汰之謀貨有餘貲葅調盈虛之算先聲云洎羣望自歸某早締雅游今叨屬部敢恃私於恩舊方稟誨於化條欽偃歡愉叢并心極

回廬州張學士

治壤聯疆行書交舍雖嘗修單訊而比辱報辭屈尊府之稜威厚雅游之褒眷永言隣睦有激世風某官素槩冲猷懿謀嘉話樹聲藩服流美臺閣求福不回雖軫潛郎之嘆保身且哲迴臻大雅之宜今比燕居諒蕃戩穀於帝聕之接晝慶者範之光勤風溜所分遂扶云託瞻懷之素崖略匪宣

回張著作

久塵侍橐懇乞州魚得請中宸爲邦善地宿苦筋骸之疹頓蒙稍廩之豐藏疾于茲銘恩何極敢謂某官發懣其鄙褒溢于言因奮藻之患多遂扶衰而引重

欽膺交照輒用中藏或挽或推迴敦於風節將安將樂有激於頹陵官次坐縻篤言胥阻勉圖良食無重遐心

上集賢相公

阻侍台華稍淹時管列邦地冗罔致进書羈齒心危未嘗寧舍本和鈞之曲賜及藏疾之寬科貸以所窮詭其收報離縱跕翮諒無彈射之虞荏苒孤根或動何萌之望然念朴愚云舊樹立匪宅明有自知越思蓋鮮士無不肖兒嫉艮難追悟昨非幾成夕惕淮壖繁洪楚俗輕剽雖勉循條未知穿悔所賴博陽在位邁陰德以方遐宣父爲師主斯文而未弃踵門雖遠馳悃知歸

韓資政

羇緣多病懇乞爲邦制許一麾事皆三府會尸祿之譏寢叟且得請之文具存因獲左符猥叨劇地蚩氓輕剽囂牒叢紛擢櫓之心甚危詎浼渠決轉粟之蹤未定宕畏乎鑴逦敵台藩闕修試合迄茲少息始用追懟重念早以孱轎厚蒙比數巖廊脫屣營趨而魏之風儒館援毫竊記吁俞之論今茲列壤均浹餘波何圖舊物之微重荷所天之覆亦惟贍賴拙布言詞

驟及歲陰誴安時祉益遵調護上副營求

回昭譚知府言勳

頓首中宸乞庵閑郡上仁兼愛微欲見從留籍雲意之華僅守州家之劇下車班詔案籍觀風乃知雅官之游因占僑郡之貫每欽臺彥輒試星岩敢謂某官顧星斝之聯灑刀毫之訊褒謙過分道舊兼常窮側里以數辭訂疏麻而疑馥永惟銜寫曷寄聲言矧萬里之名沙本一都之作會已聆巽等間於褒章齋疾慎持禱懷參劇

回廬州慎龍圖

偃息大藩妥綏善俗化行已日而集有基謁歡袴於斯人潤靈河於比壤方茲景行將列感懷敢圖宣布之閑曲示諄勤之誨多文博我早欣冊府之聯徽福事君今於簡書之郵佩音有裕數禱奚殫尚苦炎歊願持齊疾

回亳州韓資政

嚮奉畢函獲遂盛府羇懷薄訴詞語無華緣大庇之有初非報章之宜及敢圖鈞抱尙眷鯫儒謂左竹之隣禮均胥命且洪河之浸福有棋幪屈此雄巖裁爲訊敎曲達久轉縣回陽管之春跕羽重蘇併解虛弓之怯永銜存撫還於埏和

柳轉運

就膺恩檢移領行臺署事有初移文交告徧屬城而震竦謁公路以欣愉恭惟某官擢頴士林揚芬世烈早連吏課飪服朝猷峨豸中臺之端危言已屢潛郎華省之舍見効既彰淹久外遷便蕃劇選然而長淮夾右故楚參聯利總南方之強漕爲天下之最尙煩按節聊駐襃帷方論煩使之勞入對淸光之邇某曩披令采今庇餘光企詠瞻依益倍常等

回制置林郎中

改領外臺總經南漕東求至遴詞度寔繁騰制日以四馳洊公言而同允側聆行府將出屬藩追郎舍之締游接朝綏而最舊負簡淸道幸識騶呼之華執板造庭方禀敎條之謹敢期謙損先墜滕封推禮意於降階損使威之異等捧窺窮幅腆駭叢袴顧邇望於末光冀面敷於感緒自餘欣躍曷守言聲

回陳州湯相公

仰企台躔密瞻義府緣參承於下執時通列於尉函位隔等威禮無報復某官弗矜元輔厚禮諸生特遵宜答之常俾作焉依之地富鄰餘燭均蔀屋之餘輝

暄律熙春動枯株之生意永言銜款罔及喻名三輔
奧雄四隣欽眷竊祈順攝用介蕃釐孤冗之情懇勤
兹切

同會學士

名試稪門升華書殿邸音騰示士類欽歎恭惟某官
凝肖天倪叢芳世烈弗從舊食自策俊科允矣丁辰
久而揮照盤桓歲晏飫詠菁莪之風偃蹇郎潛終恥
鏁耶之請嚮由庠冑參講藩房緣碣館之上游趣蘭
臺之賜禮掞辭有蔚第賦尤高亟掌武帳之壁遂直
東廂之奧一辭進對叩漆杝之凝煌三被直廬盛大
官之供擬聿爲彰俊方比頌賢遽辱圓封鋪陳亨會
甚文且敏初無加點之煩將樂而安更揖相先之懿
符魚官冗刀筆務嬰欣腆交中文詩捫喻

上兩地

鴻都四部甫以書聞東觀諸儒亟從差賜嘗預磨研
之末亦霑褒縡之華内手循榮盈顏秉愧切念某晚
參紬續最憊孱虛緣衆目之已成顧殘編而須具猥
由末至僅纂餘功上則咨典領之英下則賴討論之
熟彌年佔畢未知朱紫之分乞日請麾遂弃鉛黄之
習身嬰俗狀分隔文林敢圖祕錄之成普第陳篇之
敏眷言孤偃例等甄揚躐進文階優加勳等爲山而
簣初無就效之勞弗稼而囷卒冒因人之賞斯蓋某
官輔裁丕化斸勗彝倫謂一劃之前施苟寸長而必
取陰爲奬地俾致恩章出守道遐護還天遠姑勉修
於扞格冀云補於陶坯感緒叢臻窮言何喻

景文宋公集卷第一百二十一

景文宋公集卷第一百二十二

啓狀

回呂學士

茂膺褒檢進拜華曹詔目傳頌公言欣允國家丕承列聖大集祕書積爲邱山未判朱黄處置幽藏之舊羽陵紛蠹之餘帙第舛誤題名放失緗縹頌臺禮中委時髦悉探九流彙分四部羣條參列積歲覃思標明七略之凡整比百家之猥欽惟俊選備罄誠明紬績有勞擁牙籤而窮晷討論既具煥芸牒以蒸青迄此奏篇果聆第賞改員省署被奬工緡企商賓之允諧方頌賢而交慶遽詒啓幅敷敘兼期三復滴華但仰斯言之選一函修報莫知吾黨之裁姑戢眷私永敦風誼乃情歡嚮萬一靡宣

回府判魯端公

尸祿蒙訶請藩自試許兼通職俾屏劇州荷山藪之見容專刀筆而爲效歷懷顧俊罔效通書誠以列郡中臺居有重輕之別寒灰秋蔕決非氣焰之求何煩哲人迴敦至奬輟贊籌之餘景絢黙翰之彝儀文吾頹波慰安危蹟迷魂黯黯頓如招些之還末路倀倀更仰餘波之及載言銜竦拙布端倪

回王大卿

祗屏劇州迴遥治閤拙汗書笥之訊長懷卿月之華緹籥更時甫川均帳此者敢圖耆哲遐既緘縢一介奉將八行周諭仍聞易地將及交符來暮去思咨切二邦之仰道冲神暢固叢百福之宜有歎異疆奚階接履伺希良食式對亨期附遣布懷牽文寡述

回廣德比部

懷章之成弭檝過州特緣郎省之同得奉賓棊之接主儀不腆水宿難淹耿此騷離悅爲悁企不圖雅眷迴篤深情中道剡緘因風流問詠椒蘭之馥併紓蕭葛之忠伺審便時方趨治所盍強攝衞垂副詹言

回亳州韓郎中

託藩維枳最密台光特膺遺簪時修書舍剽聞五袴之詠參潤九河之餘景式焉依銘衞知所敢謂其官輟棨廬之暇刻占囊几之圓封申誘當僚顧存弊邑啓縢窮紙内手循矜何三秋之帶兮零煦同蒔藹而萬物之爐故在待若祥金乃知至仁自競高節姑慙鈍訥靡稱褒題文組見縻側階胥遠馳神注想撝翰奚言

回呂贇善

開縈恩檢通守奧藩惟京輔之宣風重吏師之畫諾
選能斯在視政云初顧惟不腆之邦胥遷有鄰之幸
萬馳思緒遠枉芳音荷永好之芳椒動忪悰之悅栢
第銘禮况曷罄言聲

回廬州張學士

亭瓜聯軫㢊驛銜轔每欽治等之高兼切隣光之底
心焉景行日以飛馳敢圖仙室之倌儒參顧邦麾之
病守書鈞灑妙齋醲分甘第三復以忘勞實九回而
紓悒春逵茂暢神祉綏那善治綏居仰符眷擢

上楊太尉

本兵之重作輔有勞參注安危式憲文武膺一八圖
舊之眷恭二節走朝之儀初無辦嚴不俟安駕舞驂
且佶卓馬載華桓玉焜煌趣展當陽之覲彤闈體貌
載延晝日之咨中外傳聞紳綾贍慶某嚮鄰齋社今
覲還旂方依萬類之鈞猥奉八行之諭台光破蔀佹
悃疑歡恨符竹以坐拘望車茵而欣踴

回盧州慎龍圖

捨舟弊邑馳傳樂郊冒涉初炎保寧玉體顧我邦之
密邇緊師節之糾提特辱節書聿崇修睦坐縻符邸
阻屬橐鞬佝聆追尋之勤望勉加餐之變瞻懷感服
滅裂匪宣

回潁州鮑學士

改藩近輔伻道潁州屬玉體未寧犀舟延進道出之
舊殊阻於銜杯地主之儀靡遑於出宿方茲懃悵遽
枉音牘承便嘉時已總仁政首念黔黎遠走使人且
喻勿藥之和彌釋采蕭之戀恭惟清潁奇士儒林文
人還定流庸簡署苛細報成可待覽五月之猶賒均
潤有餘况九里之非遠載惟瞻庇竊用翹忻慎夏持
生乃情深祝

回提刑李都官

光膺朝柬欽按刑章總三淮之列邦擁一封之飛傳
茂涓令日騰署使移屬守瞻風吏股皆抃敢圖提振
之重尚記平鼜之游前墜滕封曲敦獎眷繹尋于再
銘悳相參矧以承平之辰詳讞尤重覈爰書之設謬
糾庶獄之叢紛威節所臨善氣交應自顧庇殘之質
冒占藩劇之州政也無良智有不遂忝託二天之庇
苟逃三黜之幽傾傃前驅想見旗表乃情欣向閒不
容言

回知南京俞給事

多病乞麾蒙恩假守危心積悸劇務間嬰遜聘萬戸

之康都贐致一函之私禮心焉慕嚮日以翹悁不謂某官垂眷下邦遠形芳牘至言抶贖嘉惠嘘枯聿沾齎釀之甘中遣齋刀之熟重爲褒既変積肝膺如聞京室之傳將被節臺之名斯人家稱諒均愛樹之歌哲老還朝遂重歆雲之寶王塗云穆士議載孚望安百順之宜欽副四鄰之符銘銜企願減裂罔宣

上新轉運張郎中

祗奉臺音仍持漕節涓辰視事即日騰書肅使範以先馳藹民言而交慶某官系承世閥材映吏師踐揚薰省之華更奏𨍏刀之熟職思而辨上所自知比膺朱閤之求將從暢轂之任拒縈回讓還秩見俞遂眷三洲之南荐刺白城之劇簿書鈎校聿嚴澇擻之期食貨懋遷還佐大農之職茲爲倚任足示褒蕃某嘗接官聯今叨郡寄其諸多病寘爾不材幸槃庶按之餘容免平鐫之峻歡言企詠參舉于衷

回廬州慎龍圖

欽咨日御肅宸藩儀啟大府之雄蕆副南公之歡踴泰然樂職式是爲邦會坐席之未温遽占書而至喻報成五月𨑨觀齊魯之能修睦四鄰前朕陽秋之懿疆分有守踵見無從姑服眷私內銘膺府盍持齋疾以副悁翹

回李中允

抱疢蚤衰乞州自效向雖開允乃值劇煩簿最闒敦簡書塡諉分爲俗狀絶睨英塵求官以傑出之才膺試可之名旦程奏牘暮直道山耿賢路之光華竦仕途之歆艷發舒感遇騰播牋移已施臺省之英兼顧藩翰之冗鼓詞華鬱彩禮渠勤顧推一飯之先優借百函之睨重惟退墮久去凝巖三費蒙嗤已忘討論之舊九言卻選姑降紬繹之精欽祝翰飛盍據盛業餘光所泉吾黨焉依感竦欣銜𢧐裂非叙

上僕射相公

光膺渙制兼總天樞伏惟慶慰竊以三公之尊古無不統五代多故職乃有歸別咨邇臣以本兵柄部分諸將直出於禁中參決奇兵不關於公府水流寖失革弊在權惟時宗工克對明命某官世基厚德天畀大猷熙載之勞則歌於六府三事寵任之美則詩於嵩高烝民協濟聖功丕冠皇極懿德有垂儆運無常安邊種寒盟羌酋盜塞保障四鄙未使窮追調發千金不無煩費上意尤注時柄難分果屈上公臨判中務擇清明之便日布焜煌之冊書百辟歡聞多布抃

慨方且坐料脆敵陰伐詭謀案邊吏之瑣甚精轉關中之漕相繼漢皇萬里決無不見之明由逆六奇遂倚先幾之勝奮庸有待訂美無倫某適縮州章方遙謁舍詔文布下私慶叢矜

上樞密相公

光膺制命兼秩台司伏惟慶慰恭以某官奧學幾神孤風拂世便蕃懋寵密勿洪機介多福以不回藹昌言而無擇自西氛締惡列戍雄邊六月出師之勞千金調食之急守皆餘力民罔咎歔暴於外朝實我丕績屬并公府之領遂視宰司之柔朱閤傳趨墨麻誕告疇庸所奮示筌宰之一心付任有歸注安危之兩意詔文申下士議并歡某夙齒陶埏側聞贊授魚書有恨鼂藻無從卑情不任

上集賢相公

欽膺茂冊兼領鴻樞伏惟慶慰竊以台宰所司文武參憲號無不統烏得有分況二垂宿師三接論道幃幄制勝樽俎折衝果出吁俞併兹眷委伏惟某官至誠天挺清節世咨輔政六年均邦一體大猷懿德暴中外以徧知確懇沖言讓功名而已屢終不得辭倚而代工復涓外日之良合總中機之密除音四達歡

議交騰方將變伐詭謀增修王度足兵謹備堵西土之繹騷按節撫和取匈奴之要領氏贍護仰丕績佇升某祗佩左符阻陪慶謁埏鎔所泊距躍兼常

陝州到任謝兩地

收蹟遠藩叨庵近屏詔繇入謝道促之官循復寵私叢并歡愧伏念某性惟疏狷仕偶休嘉濫目書林得時從槖綠不材而冒祿名多誇之抵巇大度掩容上司保恕許寬漳濱之疾遂假淮南之章幽績殿科危心疾首謂應罷斥番及采甄內移六輔之雄重居四藩之選府華地奧物衍歲穰擢質早衰顧班春而已彊寒根載茂穿得炎以當然上本曲成實緣僉啟斯蓋某官敷施陰德章叙庶官俾下無失職之嗟使朝收善養之實猥容完士胥泊大鈞冀自力以及摹庶有成而論報析符云恪魏閣猶睎徒爾嚮風恨無飛肉

回潁州鮑學士

泝漕之藩假塗通謁口講鄰邦之好厚修地主之儀宴豆屬厭行囊稇載不遑淹久遽愴騷離前及便時已署州事重以晨雞夜犬近接於餘音富燭貧光再依於雅睨積偽感賴可既名言嚴律向深寬悠多裕

願加頤賓豢介福基

到任上兩制

比膺中詔移守近藩齎入謝以致虔許之官而從便郎因良月祇服郡條循揆上恩猥幷歡慕伏念某天鍾愚直仕忝華亭不喪取災無妄成疾移書賜告動輒旬時請間麾下向蒙開可值淮肥幽㵸望止罷歸敢圖藏疾之憐遷從陪京之屏疫軒戟奮秋旆重跗胡謂泥中蔑有衛人之嘆已爲關内居無漢將之慙此蓋某官推以惡傷刑乃引重先迷弗遠終惠乃長庶陰德之能銘非貌言之索序趨陪尙阻靳向增勦

回通判韓中允

上文南閩奉對西清擢次甲科顯通閨序代家鄉俊忝詔於朝猷仕牒思階例關於郡剌詔除行下公議歡嗟緣感會以敷陳徧儒先而厚謝眷惟孤蹟見謂曩游嘗枉音縢茂將彝禮會夏秋病力牽屬思遲文難倩人書乖宜答久悵慙於閣筆佇遷次而易藩首念晙寮將聆書諾巾車未稅行李已來載窺累幅之華蓋服占辭之敏承侍家府尙須戍期調奉燕安福祿榮衍惟長人之庸儒忝近輔之奧腴兩鬢紛遂一心摧櫓日祈夙駕亟謐善經欽企感藏鹵莽非叙

上程左丞

比膺成命入守近藩願表蒙榮悸餘集幷伏念某性疎乏媚材拙少施早誤剸咨偶塵法從禀生多病移狀亟言間緣䜛語之興遂獲出庵之便而淮肥郡劇獄務事叢日困鞅貫坐需謗讟天誘私望詔俾內遷還江海之遐身訂邱山之大賜然結根苒苒已嘗一枝之危而引吭喈喈敢有再鳴之伺危心漸釋鈞庇有基此蓋某官景式彝倫遹種陰德激波迴涸穿隙逗暉尙令羇蹇之人復賓妥安之地敢忘頌祝還奉耆明伏謁尙遙吮毫奚敘

上許州孫龍圖

解符下蔡換節宛邱便道無口郎官云格祇循思任併集榮慙伏念某學匪逮優悁而近介向叨法從亟避親嫌多病自陳言皆有眹不材遭詆上煩見哀顧淮楚之劇州假圭魚之寵刺甫更年舍方經殿科遽煩綠詔之追入屏黃圖之邇跕波而蓄僵焰重燃天實誘衷人得支壞此蓋某官念嘗僚之舊傾先否之期協導僉疇采收羇債伏况前瞻邵父具有教條北面齊侯又依鄰庇叢兹多幸免恤後艱修謁尙賖抒辭奚狀

回延州通判馬太傅

府奏論才臺恩賜第寵光朝路聲震文林每惟卓越之才早屈藩宣之佐雄邊轉粟屢濟師期削牘論兵頻經帝覽讓寅弗處宣力載虔果旌出類之能不待程文之名擢升俊目對易容司諒嘉尙之有開縱翰飛而叵測敢期謙損遠記褒殘因逢聖以極言及提衡之餘論申研麗采已慙揚秕之先欽祝華階早服持荷之從茲爲欣嘆拙布名言

回陳書記

伏承尊慈以長牋盛集爲貺者中誦以還欽畏交集恭惟記室員外雅材挺楚秀範凛華直取俊科載忝仕牒紆幄中之畫綽有餘香藏天下之辭弗忘柔蘊鋪棻積日搜第盈編方比能於大夫使知裁於吾黨何言無狀獲此偃藩甫揖賓儀遽形文贊研尋縟采震眩昏眸疊額于前雖願嘗於昌歜投人以謫得無辱於夜光匪曰知音要之爲寶輒少留於私橐將偏詫於文林銘悚所叢端倪拙喻

杭州通判劉都官

阻奉雅游漫踰華歲符魚有守風馬非鄰私書闕修悁懷茲極敢圖茂眷迴篤久要粲一紙之丁寧見千里之眉目神麻非匹右袂永藏清覿未辰至和增攄

回亳州韓資政

六枳聯藩三能在望頃嘗奏記俄沐報章冒槪蒸膏燃灰發燎鬱爲叢感方冀嗣緘不謂某官坐閣之餘隱几流問敦深穀幅疾走齋兵下致崦黃之堂垂賁支離之翰湔埃濯蟣可質於褒言弃埴殞金終依於巨冶敢論比壤自是所天願遵頤食之宜忝副維巖之禱光于爵冗尤切翹依

上宣徽王太尉

肅膺成命入鎭近藩伏惟慶慰恭以某官忠貫穹淵勛高河岱夙持齋鉞進莞天樞請動四夷勤勞三事盈虛更踐磷緇靡移向緣載斗之區中奪撓酒之約暫煩卧鎭遽折陰謀二候垂橐一封講好函膺中懇求偃善封朝家重違制可遄報欽惟涑宛密倚畿寰幕府旣開式重條侯之貴雅謠參發允旌南仲之功□□元戎方還王室某幸叨守屏府獲交章榮慶所深筆舌無喻

景文宋公集卷第一百二十二

景文宋公集卷第一百二十三

啓狀

回壽州張侍中

嚮緣易地得遂趍風略接台華遽勤行役守藩云始
進記未口敢詡某官敦好士之風厚交符之契占詞
記室流問行人屈衛霍之雄稜講楚陳之盟好外依
獎眷中激衰孱官有職思書非言盡永惟衛佩姑誌
誕鎔

上兩地謝赴闕

彌年假守有詔代還許訖交章趣令上道榮生望表
抃徼情端伏念某向以塵猲忝班禁近病多告數量
極謗興恩俾典州責深共治雖勉迂儒之學曷揚循
吏之風幽績屢聞殿科輒褫內遷右輔間默煩言適
以元帥勤歸邇藩須屏因蒙名節再服君軒得匕銅
魚之符入趨金馬之籍肉我枯胔植其危根大鈞所
陶沒齒奚報然時支離云舊奔走怵仍兩目眩昏半
頭蒼白收從江海遂安北闕之心行及桑榆敢重東
隅之悔冀趨有日舌訥難宣

上蔡州夏太尉

忝守近藩幸鄰大府飛郵通問踦屨蒙收憫方墜之
禽振其毛羽噓已枯之木奮乃條枚身匪無知恩歸
有所恭惟某官天挺懿德邦洛大猷一其精心乂我
丕載竹筠松鬣迥貫於霜秋蠅點夜脂不口口玉色
故能從容自保間隙莫乘斯文賴安吾君倚相雖作
屏侯甸而乃情王家欽聆朝制之頒爰服乾台之冠
竊商公議莫首茂勳願御太和垂副輿望某方須交
印尚阻造門翹傃所天悁黯無喻

梓州杜學士

自領州魚阻參朝纛緹灰凋歲風馬殊疆徒延脰於
緒音闕修儀於尺訊敢圖英哲申記故常謂五日之
趨每陪於搢帶且一麾之出偕幸於班春但艮晤之
莫諧實遙懷之均悵況聞報政將逮交符詎還左城
之參益重西清之眷載循感企罔不一宣

上昭文呂相公

專總萬樞靡嗇沖用間緣疾作久以告君高手係馳
清衷存喻別詔薰場之啟參逖繁禧初勑黃門之巖
不通讓奏邇臣旅候大事走咨洪惟本朝可謂殊禮
相公方且懇辭柄任將就養頤遁其成功居我丕祉
然斯人善祝亶無愧辭內天棄和康不須日況宣尼
吾禱之久博陽陰德之報所苦至微向惲不已望速

臻於勝愈姑勉奉於讜謀早覗政機亟快摮願承冠
三槐之路均延二老之齡某外滯守麾沮參冢宰載
惟至悃拙布多文

上京東運使陳司勳

假守兩藩初不聞問傃風千里未克泊書姑欽握節
之勢方倚轉芻之餉懦貪儆畏財賦滋豐居然相門
挺有賢嗣敢圖謙下流眷孱羇屈四牡之雄嚴寓一
兩之勒緻服也無斁心焉願銘況聆朝譽之騰方訖
皇僚之峻茲爲企禱固倍等倫

上壽州張侍郎

恪守魚符悵懷鳴閤背款中軍之義府得贍天老之
台華坐邈三洲邈成千里茲者敎謂某官緣漢章之
代損天鉉之崇敕記室以授辭付行郵而亟問大丞
相之亟遂屈移書一馮掖之卑敢煩鈞禮餘波沛潤
豳谷蒙暄諒緣拜賜之階前敀知歸之地感慙交集
拙訥難宣

回李太傅惠御製挽詞石刻

宸章悼往恩煥冥塗孝嗣欽光志垂終古輒忍哀而
灑翰方圖刻以傳家上昭子道之全次記天灋之盛
足揚茂烈參紀無窮某忝預雅游猥辱珍刻퀸叢背

感義服承徽但期屋壁之藏均仰乾文之照自餘伸
罄更俟披承

上承興太尉

稱娖元戎肅開盛府便時有素樹政載和副列辟之
具瞻本明神之攸勞符階相□允纍夾輔之勤臺節
特隆兼寄絣蒙之賴諒孚贖報上叶簡心恨沿牒之
前拘阻飾□而趨侍承惟靳嚮莫喻名言

上知府諫議

官伏攸箴地險惟屏每懷耆德之懿闕洽私書之勤
內耿勞悰漫踰芳歲恭惟某官達猷時並清節世容

轂自疑嚴總臨都輿茂經民紀偃息所以藩君勤喻
上恩宣布由乎業職人和歸美天祿固膺夠乃史企
悁言朝忠雋老第恐進綍之駛名還規地之華願保
寤興適符瞻嚮

回夏太尉

築壇疏寵任屬舊臣跪轂啟行趣開盛府耿存心於
南闕副延首於西人審即令時已觀戎政太和馮厚
繁祉順膺太尉業映九功謀經三術亟躋台路再莞
皇樞父衆志以交修滿公言而無間比從藩棨旧總
計籌愼致民財之豐彌簡此心之眷果緣謀帥遂倚

圖功分虎殿邦剪鶉分擴出于左右由漢后之知人
敦我詩書職晉卿之制勝謀贊成算益僭稜威共欽
歌杖之辰前啟坐槐之拜敢圖攜志遽錫芳音列戚
緒以錦禁味言辭之實至永期銘鏤姑志恩憐贍頌
所叢文陳罕狀

同前

輟務天臺懋恩將閫裂京縈之近壤來建中軍總關
隴之上游別開盛府恭聆善旦參布寬條甫光注賴
之殊允契休嘉之集蠢茲裔種孤我朝恩雖上德包
荒議貸先零之罪而善經防患聊咨細柳之屯佇即
敘於戎疆永折衝於廟算嘉庸所底休運來同某早
荷品題今遙趨伏敢期台造先垂教音均察災之慈
憐重孤生之感槩庶緣舊物終託洪鈞衡篆之叢名
言罔旣

上呂相公

修覲王朝歟麾侯服聳槐庭之舊德八慶具瞻殿星
昴之全封地均夾輔遽飭元戎之御間開尊府之儀
振導天聲威懷斗俗逮此春祺之洽允同邦體之休
然以四嶽炳靈世叢茂伐三階凝象神奇昌符雖道
韻之盎冲顧化鈞之焉往謬茲息偃行復彌綸某早
服餚垣久塵賓閤玷齒牙之餘論訂松栢之晚凋尙
緣禁直之勤或草剛辰之贊茲焉素祝無喻丹悃

上夏太尉

肅持齋鉞出屏奧區總師節於中軍暢天聲於西署
諏辰前定揚政允和惟中外之瞻懷宜神明之禔勞
隱居一面界上國之金湯下若九天失殊鄰之匕箸
重威臨撫丕績益光勳御粹冲上膺欽倚某庇司計
幕阻贊賓綦姑含蟠陛之毫行記星巖之命此焉傾
嚮叵旣敷陳

上呂相公

稱娖元戎肅開大府便時樹政爲國假藩竦列辟之
具瞻宜百祥之順報將驅台釆燕臨南北之街周化
名風更並東西之陝頗符丕眷保御至和益光蒙福
之餘還乂熙庸之載某蹟縻官守心寄門闌濯濯戎
韃莫陪於左纛濛濛零雨企詠於東歸祈嚮所叢文
陳非旣

上西洛宋賓政

茂將中韶出總留符趣周道以少勤冒陬春之餘凜
便時府上宣美化條緜深息以內充嘒繁祺而昭介
矧茲奧洛實號離都蘭錡誰何萦謹千門之衛杳陵

充黍類多三選之繁居守所咨倚成尤重顧答維嚴
之望益孚膽闕之祥某早服恩徽坐搖心極限省闥
之常局隔藩枳之餘陰斬懇蕺并索言安止

上呂相公

易地偃藩秉圭肆覲冠華儀於星落懸犖望於槐朝
錫馬書蕃分麾夕引便剛辰而襲吉即大府以宣風
冲氣內馮繁釐順驚恭惟某官謀含國蔡續譪天旂
翊嬀后之萬機叶商衡之一德保玆撫槩遁我成功
終迫咨俞再倡屏翰胡街漢瑣疏緊鎮御之方鉉路
師壇祭照寵光之盛方均瞻賴忽枉舊封因感會之
餘言借褒存之曲禮敢緣至意益獎愚衷願追零雨
之歌還復洪鈞之賜藏心有素搦翰匪宣

益州轉運明學士

使軺西撫載耿離騷書舍右傳首煩辭誨布諄勤於
言味寫蔡馥於清條隱几孰窺題衿滋感惟岷都之
地沃本漢癸之任雄流馬轉財舉觀盈虛之節明縉
下諭允追宣布之風增御太和工符至眷益簪末日
搦翰奚云

回轉運

邊蓮明晤遒歇歲芳顧支離抱疢之節加謚簡措辭
之短迨馮參訊尤結悁勞恭惟黃圖夾右之區赤藩
刺舉之重澄清所寄自均八使之雄調度攸資足居
千金之仰仰荷最目方冠吏師欽遲追鋒之還進侍
承明之祕秋煒肅布毛澤順成吉膺福祿之蕃式慰
牢騷之素

上呂相公

待罪禁扃攝官選部才隨用乏日與勤俱遜瞻坐府
之尊頗嚳奏記之禮永惟傃戀徙戢精微恭以某官
道格明良感孚樞極暢經謀於空路申耆蕭規挹高
讓於邦風再光周屏蹈中和而弗跆膽戩穀以攸宜
惟是寰封均於潤福介圭來覲固無信次之勞嵩石
具瞻且有僉同之舊但虞息偃難廢延登冬律戒寒
歲芳凋節益儲茂祉入對昌期上刺末從臨風增企

錢大監

懇露沖懷上還所事循道家之知止協禮典之引年
名聳士林眷叵宸極聿奉綸函之命超升蓬觀之華
仍遂燕居永光達槩矧斯風之不競歷邇日以彌偷
固物焚和醜顏冒寵功非叔子靡徇角巾之期才謝
伏波彊取據鞍之賞甘市朝之末利忘進退之大方
果藉耆明追還古烈甫緣謝病確爾布辭緬慕治城

之游近襲鑑湖之躅固以流占藥喜坐復於六和見
勞神聰益增於景算玆爲雅範足應昌辰某早荷殊
私欽聞高舉方期拜伏首枉音題感鏤所叢精徵曷
狀

上魏府任諫議

通籍中臺睎風北道歲無我與坐慨於逍陰庇有君
餘弗忘於歸賴嚮者敢謂某官茂將禮意流錫書音
因子舍之與行訪郎闈而墜貺褒評引重迴同月旦
之更幽處增輝頓若陽秋之暴厭銘膺府庸誌恩憐
欽聞趨節之還前啟在鎔之賜望符眷屬愼嗇粹和

回外任賀冬

天晷迎長歲儀參亞候魯氛於十耀冠周曆於三微
恭惟某官業擅儒先喻高師釆露誠明而膴仕樹風
績以宣方陽序昭臨靈鳌臻嚮寧圖謙槩先示慶辭
敢緣亟祝之褒還奉俾臧之壽永言欣悉叢鏤丹衷

回通判學士

英游云闊年所薦華屬間歲以病多苦臨文而思拙
闕於辭遠寖以慢戚終御景山之高均嘆甫田之遠
茲者敢謂某官寄通有素道舊實勤因鈆史之奏都
隱几囊而占問愛褒參極孰復忘劬鑒覶久之寖識

蒲俎之味冒霜近止決無松鬣之凋冀佩玉音昭銘
遂曲右文在旦顧俊爲先永念譽髦首膺皇器願睹
然於生養副須矣於朋簪欽祝所并選言非述

回知郡主客

嚮膺詔檢郎領郡麾承便道以揚舲尋暑文而坐府
聞風守郎紆想搖旌俗慮所叢郵音未致敢謂曲敦
謙槩追記嘗僚特因計史之西先損書縢之問辭情
並辱固千里而不違毫墨相鮮實一臺而均妙惕爲
珍詠終以銘藏矧惟碩艾之姿久累淹徊之嘆願綏
介福行丐悁言德宇所瞻心微曷序

回邠州夏館使

逖遼侯表悅及歲陰惟使乘之雄邊隔私書之馳舍
永言瞻儀第結沖憂敢謂某官嫺務中軍留情赤牘
因談賓之還調顧儒館以通音占吏敷辭彌驗雅歌
之適降階約禮居欽義府之敦中復至情昭銘中膈
物華腓晏戒索靖和善介蕃祺茂宣爽譽

代人謝改京官

祇膺褒擢伏積震遑竊念某系出單平才惟常短自
褫巾於嘉會繼沿牒於大邦家難中嬰氣幾久耗嚮
屬羣舒之境愼圖榷茗之豐偶玷舉知往專左職月

凡歲要顧商算之有條州攝臺符幸地求之如律傚
司言狀保牘中程不圖敀擬之辰超預剬除之目況
書簽佐局省戶隸名雖改宿官之常要是開榮之序
靜言優獎仰本先容此蓋某官助並養材因雲需潤
念倀倀之昧久困迷津俾種種之疑漸希爽譽得肩
毳乂進冒寵私敢忘士節之甘庸累汝許之愛

回曹琮太尉

促勤封傳還控邊州尋承麾蓋之華坐制金湯之重
營平先計姑養漢尉方叔壯猷寖光周詠日剬公朝
之論載欽賢帥之風中閒敢謂英私遠貽誨翰露教
條而有斐挹謙柄以彌沖走爾心藏闕然時答仰惟
淵度貸此苛文秉羽在辰灌烽徹警盍符神勞拚禱
福綏瞻詠所叢敷題罔愬

回陳泊殿院謝官

被獎恩書聯榮憲寀珥華簪於朝右式聳周行操白
簡於殿中尤資汲直猥辱嘗僚之舊素欽展禮之賢
會此亟襄方深抃愜敢圖謙尙特枉文陳露明好於
私悰屈臺威於公範英辭有末勞府知銘餘倏踵門
更期數社

上徐州扈諫議

伏蒲展覲剖竹求藩輟君雷之數言緣使符之樂職
下車有謐已日其孚徧和氣於東人浹餘波於上國
坐堂乘暇憑几止辭省宮雉之宿官附客魚而流問
仰銜謙槩申佩言章願符愷悌之謡增舍神明之祉
吏師是式愴簡於光趨伏未期文陳叵遂

賀冬

寶典迎長歡儀亞歲本軒箭而鳳應參漢曆以珠聯
某官六德映辰九言貫道紀不庸於王府憲嘉靖於
友邦望與日升福偕時億願契肥陽之復早膺裨衮
之歸訓有宿官禮睽薦慶欣祈所禱一二罔宣

回外任郎官

幸聯郎舍晚盍朋簪間緣客鯉之來厚枉書箋之問
章兼辭篤感與愧并欽惟陵邑之封慎擇星曹之俊
歲成訖報宸獎茲蕃願遵明晦之宜交集康寧之祉
並游未日結想何言

景文宋公集卷第一百二十三

景文宋公集卷第一百二十四

啓狀

上青州相公

材任四隣勲包九序由先朝之威曾佐下武之纘承和江鼎以既平坐左槐而實相胡公練達貫萬事於中庸陳平燮和成四夷之鎮撫曩者長君信黜眞廟顧成巨慝竊權羣邪間釁締惡氛而貫日煽僞象於滔天某官接鳥翼以鸞翔截河流而濟貫發於至榮則金石爲開賦其未萌則匕箸失或投畀豺虎或暴以秋陽援白日而再中遏尾閭之將泄暨湯而有一德式契尹躬爲堯而去四凶遂光虞典永言忠壯蓋絕等夷間復內樞之臣蜚語爲變託此城社構爲鯨鯢駭機潛張異議放肆某官躡足定計膝席建言獖封豕之怒牙羸狠羊之藩角脅從罔治反側之子自安開陳其端震電之刑爲措袁安之府不忍錮人邴吉之庭未嘗按吏坐清亂象迎召太和至於擇典以震國容納誨以輔君德二精陽燎再侍上帝之郊三次造庭兩轂羣髦之譽百穀長懋三光仰澄邊境無忿鷙之師海隅躋仁壽之域故以垂光南簡傳信後昆若乃正色端朝詳言處事不吐不茹梲藝勤於始騷有獻有爲鏈多門之敗政作帝元輔爲天孝侯並昭著於本朝匪妄宣於曲筆一昨上穹見戒靖館延災未託寓於何言敂側身之至德某官繫國休戚爲時慘舒亟引咎以自陳願避賢而塞責遜誠確守惟辟重違聊罷機衡用均勞逸進退之際下蔑間言榮悴所交上無二色仝齊巨鎮維梓先疇有多□以名鄉實高陽之署里揮金而娛逸老釃酒以見故人當代之榮自我奚讓竊詳前代非無鉅公蓋齪齪者遺誚於具員庸庸者本圖於邀寵俛跳謝罪艮昧於知幾惶懼可憐亦顛於臨辜徐防坐災而切免石慶視事於安歸功名難全希曠如此寧若某官奮格天之業避其成功罄靖國之謀訖無纖隙履重剛而不跆訂大蔡而前知冠予三階順經躔於軒老不答十策全大體於漢庭終始弗渝古今絕擬伏望益儲道妙進荷春祺遁几几之碩膚暢冥冥於何慕安石同樂既踐治城之言赤松與游遂抗留侯之志俾儒夫之有立何祇悔之可虞某早託鈞陶阻陪車乘瑞圭出國曾賦崧高之八章參桂非珍猶是藥籠之一物佩台憐而有素書感臆以無慙

回外任賀正

貴舍履端春塗肇始湛椒花而爲壽振金鐸以宣和恭惟某官雅量淵澄清機穎發居洽朝綏之譽出揚使陽之華適啟康年載蕃休祉謙悰有裕慶問見存愧佩所條兼隊奚悉

回余舍人謝知制誥

進直禁垣已中面賀伏以紫薇舍人器涵疏達學貫本元由發策以逢辰久牽思而從官參讎芸帙入服書林恥孟管以干榮每危言而蹈道自結明主數上公車之章失意貴臣遂被長沙之謫閒關歲月轉側風波衆沴雪以青青貫澤河而涖混神明與正聰日咨賢果副朝僉纘躋誠列玉營雖而方貴朱被研而愈丹雙筆升階列誥言於左史一封出塞得要領於東胡揭節未還除書已降甫通辭於綈扆即嚴儤於綸闈吾黨相欣斯文有屬方且繹太常之奧訴渾灝之源言代雷風竦四方之鼓舞文含雲漢助萬物之光明展宋白茲圖溟巨測猥紆謙德肯兄長牋因感激於亨期引切偲之餘論虛名冒忝尚包糠粃之羞榮路趨陪今賴芝蘭之益舞嗟銜戢訥鈍匪宣

回京西呂轉運

榮膺中詔出總外臺伏惟歡慰恭以漢有刺部之權唐專輸漕之職合爲使任必簡朝言惟儒苑之俊髦擁郎曹之清望歷茲繁寄正謂觀能況關輔上腴堤封甚遠賦租錯出轉積無留於緣朱軏之還行被青蕃之召方將剡牘遽荷流音感頌交深底裏奚究

柳侍讀

暫違交戟出擁守符雖卧閤以臻和每側身而懷想恭惟淮壖奧府楚望劇藩多寄重於邇臣賴宣風於樂職化漸襦袴已歆來暮之歌潤浹河流更飫枅欂之福於伊朝夕入總機衡瞻頌所兼一二焉究

回并州明龍圖謝改諫議

延褒制口陞序諫垣伏惟慶慰竊以諮訪甚勤獻替攸重冠七臣而分任均三接以造言惟爵之隆値賢而受恭以某官猷爲交濟名實兼華久縻巨屏之麾仍重東臺之秩甫修函牘仰慶齋鈴尋行舍之前通紆記室而流問宣風屬部且符竹馬之期名對西清即叅槐府之論衿膺可復感頌奚殫

上陳州張相公攀違

得請宸旒出藩京輔即乾台之大任領齋鉞之中權以恩均勞便日趨治乘安流而順泝昌炎序之方隆若御粹沖式符瞻賴某阻陪行旆阻訴離襟悵戀所

并文陳無愉

囘成德軍曾侍制謝上

達交戟之嚴擁左符之寄便時署政已日乃孚眷師壁之所屯控邊關之尤極暫煩卧治欽覩報成何郎席以未安已占辭而流問圖書對峙比蹤接武之游膠漆投堅姑荷同心之契欣慙駢集款鏤奚忘

囘潞州郭觀察謝上

光膺宸綍移領州符飭追尊以無留斂黄堂而坐治通青未暇乘簡載勤承布諮條之寬已孚風化之美然魏邦公子諒存闕以爲心而漢氏侯封迨入朝而拱衞勉調冲用綏集太和引祝于茲遠談奚極

囘河東柳按察

使軺東撫載耿騷離書舍右傳首煩辭誨布諄勤於言味寫綦馥於情條隱几孰窺題襟增感惟音邦之地沃太漢斧之任雄衛軸轉財舉調盈虛之節明緡下諭允追宣布之風益衞太和上符丕眷盍贊未日搦管奚云

上外任兩府賀正

曆謹三朝邦熙百禮舜職畢授時之典周官和佐治之常伏惟某官碩望冠時忠規映國晳均勞於樞鼎方夾輔於藩維願乘歲祚之蕃還嬰階符之重某早銜恩紀甫限官箴睎尊府以馳誠阻歎觴之介壽永言瞻頌拙愉端倪

代囘夏相公

被命漢廷于宣并部抗戎旌而信遒按邊瑣以申嚴坐府有初占書猥及方修謝懇遽覩殊恩台符帥節之華共當注意留鑰太阿之重爾賴同寅誕告以還僉言惟允矧茲舊物夙在洪鈞已欽夾輔之隆冀趣還朝之寵尙期春節獲覩元功佩祝于斯一二非述

囘彭王二舍人謝知制誥

向承茂擢已展慶儀恭以某官甸粹天涯含章聖域親逢千載之運浸露七年之材執奄辰猷雍容公路黄鍾大呂常黙蘊於鏗鏘拱璧天球不外矜於追琢居然難進況也大成果膺給筆之求庸賁摛華之敏言泉注射墨稿紛綸終篇晨達於上方成命暮頒於右省士林嗟舞都紙貴騰絜身魚而飾金錫笏袍而粲黄方且奉循豹式敷繹綵封九變知言賁翠條而玉振十行成禮演定命以風行甫頌得賢遽煩黙翰因亨期之鋪述訓素謁之推先然而平日撫塵幸同歡於方朔乃今覩草固所望於相如

代回彭舍人

近審光奉恩章進升禁職伏惟歡慶竊以乾文彪列上憲於掖垣王命愼思下嚴於簡冊卓爲盛選要値難才恭惟某官日躋亨期珪璋令望書林紬簡早欽宿業之勤仕路牽絲久鬱潛郎之望向還使節入侍螭坳適兹顲俊之辰宜被非常之寵遂諧僉美分掌命書方且丹青聖文皷舞王化視淮南之詔固本於純深奮東皇之辭一歸乎灝噩自兹器任叵測冥升詎意衰殘尙繄存記推之謙柄況以長牋姑謹銘藏罔殫文述

代回王舍人

向審恩章進陞辭省慶儀未展私抃已深恭以某官早智夙成清徽獨映本遺辰而發策久劾智以牽絲敦詩無邪蹈道難進縹囊紬簡恣閱書林之嚴夷玉河圖自是皇居之寶果膺試札入服禁垣易染蕆之珍袍署判花之囊式方且帝猷以之粉澤贊命以之純深雲漢天章金相玉振士焉爲益增涸戸之疑嚴文果在兹進三王之灝噩擢材之美悅栢所均嚴繄明哲之懷向顧衰殘之質飛文見睨約禮竊勤顧謹銘藏永隆風契

上知郡比部

祗守王官貿吏天吏寓辭雙鯉罕逢遠容之歸睎采哀烏邈在太微之後締曲遂於心極庇嘉樹之培封頃以蕊亾誤恩經筵承乏之無勞報國有祿浮人收可棄之腕胲玷惟塗之丹艧夙宵內忖志限已踰敢謂某官挺操徂□□褒魯袞占英辭而濬發敕行李以奉將祗誦選言載求深旨喜不及寢表諳教於師門恩與其□成育才於詩教恨遙趨伏祈保寤與北首孔懷中乾罔敘

上寇給事復官

茂膺明制式敘華資伏惟慶慰恭以某官識際幾神謀經信采光華茲遘力命允偕宣三德以有家暢四支而含美頃自仟圖懷決俾乂塹昏屹巨防以新謀搴長筊而底績清衷攸簡慶賚遂行屬神燎之冠雲包中區而洒澤曰咨上綴式是近藩首申緣詔之溫詞復引黃闈之舊物不失正於進退愈見履基樂相說於昔臣更符邦□方均悅栢倾竚追鋒

代到任謝兩地

龍筦祕曹魯瞻善部併塵東寄增腆情顏竊念某一介拘儒三朝誤寵盡忠無補所食皆浮緣舊齒以見

收玷講筵之黍勸春秋曩止内識於蓬非筋力苶然頻煩於漢告間露乞身之奏冀諧歸老之求當宁示慈秉鈞爲地廢其始願寵以崇資進喉舌之官聯領股肱之使寄寶金充禮因許其過家賜車在庭更慙於稽古此蓋某官全有邦之大體假前席之餘言務穆彝倫罔捐故老伏況左符所治先壤連疇單車就行中宿而至家爲儒里無煩崔篆之班春日稟餐錢足佐廉頗之强飯因茲善養漸及退歸罔謹中外之言實賴埏陶之賜過茲而往未識所圖

回趙舍人

告勞星掖將命州麾當出祖於河梁阻敘違於刺字緬惟共治已協宣和某官才裕氣純志恬履潔靡寘懷於出處方樂職於東南引郡紱以爲榮雖從已欲坐棠陰而決訟行及政成甫此歊炎諒加頤護禱虔瞻切無喻悃誠

回外任賀諫議

備位經筵沾恩宸綍猥由末至例忝敘陞促大比之常規玷邇言之清列寵方躐等得無糠粃之羞祿已浮人更重鶉狟之誚方慙冒竊遽枉緘縢來褒飾之過情第持循而式徽永惟銜戢罔既名言

景文宋公集卷第一百二十四

景文宋公集卷第一百二十五

啓狀

謝大名王相公

光膺帝制兼秩台司聯茂公槐叶維邦杙斯民之望允慰於巖巖上帝之心方咨於㝉㝉亟聆還賞務欲敦風然而襲卜其依明縉素定熊羆崇讓雖形吁异之言箕尾垂精終應營求之賚拜嘉在旦有位相歡何辱撝冲曲貽誨翰荷坯陶而最舊篆肝膈以無忘

鎮府謝諸官相賀啓

近自閑州俾臨劇部旣護諸將并提六州載循慵怯之人不稱藩宣之寄重中顧白圄已自慙馬上辟治若何爲報敢期英俊馳錫題函以髦署之深沉嘗更法從雖鴈門之踦遠猶借褒言嘉惠載隆勞膺永蝛官常有次盍簪末期時億美祥日躋榮寵

狀元學士

屯蹇所鍾支離無幾比緣家難自俘蚳壓託于窞之藏榮塗兩絕𦦨鷰瘥之困生意日銷几閡辨於昭聾啗如忘於故我城闕之事都罔聞知竿牘所交裁施媚黨寧無英茂之眷固有蘄嚮之心柰何扁霧殘骸零丁末路伏苦悗景霜露交摧搦管臨文馬烏迸舛雖勉塵於記室或致誤於空函貽誚上倫曷膺言玷此者恭承狀元大著學士肅膺名節升值書林敷試藻以題篇掩諸公而出右內紓威會進叶賡颺率隆禮之曩規逝向賢之盛遇本施貢近罔及庭癰何言泛梗之微辱墜乃金之問圖封引發五内震慙伏況斷斷謏材欒欒危息鄉曹舊屬隔品朝闈學序壞官絕窺仙室仍玆削跡乃是廢人已隔賀悰重紆訊幅諒以竹林賢巷併牒而開榮遂俾星壁辰髦降階而伸禮仰銜燮惜徒誓珍藏必若獲終升穀之期再與芬蘭之益綏詆訶於黷髮託庇賴於叢雲納之下陳斯爲槖蘊幽憂甫爾崖略匪宣

代外任賀入兩地

比塵台輔尋布威悰雖翹附於星郵或未通於鈴史敢圖恩映前墜書辭助悰則哲之猷爲槩多言之侮波餘所逮夕惕差安屬私抱之已敷且書詞之雖再姑藏褒激庸謝獎成

回賀改待制

近沐宸恩入充禁職寵緣時集愧與榮參猥瞻雲構之崇驟識天光之邇重循至幸甫畏曠僚敢期益著之游前致勤斯之問推先仕路孚協觭言第啣悅栢

之情玆締曲蓬之感自餘欽誦罔旣敷宣

呂相公攀違

肅邀命節還冠乾台戒執馭以駛馳副刻書之進拜
炎暉前盛行道少勤惟帝賚之夙符攀民瞻之介祉
芳槐樹左竝存蕭相之規零雨東來胥慰周人之望
拕修覲贄仰副宸兪某祗守官箴阻伸廷禮永言欣
愧參集悃悰

授待制謝兩府

被奬中宸通班祕禁褒甄匪序榮灼參懐竊念某祐
薄早孤學勤晩就雖謀干祿止辦易農寖被祫於朝
闈間磨鉛於史室自忘其鄙日愼乃修升直殿螭之
坳入贊牢盆之計車。颸鼓鶂能無失性之憂燕麥兎
葵正恨取名之過漸圖寡悔少贖空餐敢冀䦨卬曲
垂眷逮因避親於具爾不緣進於適司眞寘邇聯專
由睿擢在人畏假叨受慙虛矧玆華閣之嚴號爲規
地之密字文成葉雖絢於珍圖奎藝如鈎上儀於寶
宿詎憑完士入備王僚跡夫誤寵之來抑有爲容之
槩此蓋某官助陵敷育因埴埏和謂凫鶴之異宜俾
鎛盧之參使遂容昭世蔑嘆滯才方且疏淪而心靖
恭爾位儆攸箴之所伏戒求服之斯厄庶息煩言歸

酬至鑒祓巾構而偷遠寓筆舌以奚宣

回賀改待制

近蒙褒命進服禁聯祗荷寵榮交深腆懼竊念某志
雖典學賚適逢辰拱著治朝竄名祕館專記言於右
史仍參攉於縣官淺智有涯畏汲深而乏綆長年多
病賴藏疾以如山詎意淸衷垂收冗質因憐孤拙之
效特升華近之班拂豹省之淸塵旋參法從企鳳阿
之層構寖造仙游內揆惷庸處輿觖望敢謂某官樂
聞朝渙助穆邦猷紛鋪題誘之辭外禦浮囂之議餘
光所逮危悃差安永惟謙柄之勞但戢心蓬之感

外任兩地賀正

王朔履新國章和布。湛椒霞而集慶踞鐏虎以陳儀
恭惟某官功映臣鄰德含天粹人告有猷之盛間宣
爲憲之宜茂氣至臻允繄於夾輔明神攸勞彌介於
善祥昭叶壽祺還膺亮采某式勤官守阻望台華欣
祝內并題名罔喻

回盛右丞

近憑小紙冒列悃悰計行舍以來遙枉貽書之垂問
永惟恩紀伏誦誨言噢咻褒存一出少原之舊支離
黯系參慰東山之懷承禴履之茂綏副官師之蘄嚮

併茲欣服罔喻名言春煖寖餘夏□茲敬願綿存於
道味永光弼於王塗趨伏未展瞻馳倍極

梅侍讀問候

畿輔麗東任先作屏露門紬繹香切均賢仰舊學之
敦修謹寬條而靜布民謠叢美天汜臻和沛河海以
蒙需慰纓綏之胥企清和協序飱納攸宜慨巾構陪
晤之餘顧研削寓辭之誚第深鬱嚮曷喻悰靈

回江郎中

睽風茲久參訊良疎近緣子舍之行厚枉書筠之問
意兼辭篤感與愧并欽惟靈澈之封愼懌潛郎之後
歲成於報宸獎惟蕃願遵明晦之宜交集康寧之祉
並游未日結想何言

回王龍圖

肅奉褒恩已伸慶禮竊惟奎文交絢雲構翬營肯宇
中天之嚴參倅冊府訪遺西清之奧益召俊僚譽選
耆髦茂光禁直恭惟某官含章文苑絜矩仕途本難
進以遽躬介不回而取禍縣官食給荐彰煩使之能
當暫借過茲軫潛郎之歎詩間論事造辟蒙知果因
疇俊之辰昭式類能之舉進借嚴助諒無侍棠之勞
榮過東邸親見出圖之盛方深雖詠猥闕兩封忘淹
恤之爲嘆樂嚮儒而抒感餘言垂遠沖意彌悁戢勞
府以永藏搖腐喜而曷敘

賀大名王相公

茂膺恩冊進拜齋壇伏惟慶慰恭以某官上袞宗工
華顛舊德歷相二后交穆萬樞駿詔安安簡上心而
有裕華言諤諤滿天下而閑私久偃藩維頻均賢逸
而北門須屏中宸愼籌猥紆茂宰之命回領元戎之
制疏榮曹社坐鎮魏臺抗大旆之悠悠肅使騑之耳
耳晉卿作帥並推郤縠之賢漢相臨屯益諫呼韓之
畏永言作翰式於銘勳某早庇洪鈞欽聆邇典阻翹
材之伸慶望驅幰以馳魂歡緒愧悰參并無喻

賀安撫夏太尉

易建高牙總臨西服簡緣皇勅美浹朝言恭以某官
爵並天人才兼文武不回不詒則克保於身有猷有
爲則明久厥辟發自至慮奮爲嘉庸六府勸而可歌
九鼎隱而增重比緣醜虜未即靈誅敢謀風塵輕動
疆場亟煩經武荐及扞城大兵入屯諸將難一洪惟
睿算思革舊章特包全陝之區悉受中軍之節入居
都會參建屬僚一切從宜百全制勝陳平盡護漢后
倚而差強充國既行罕羌聞而自潰不建殘憝指景

成擒某夙佩鈞憐欣聞遊東從軍甚樂已隔後車之
行作誦美勤願附清風之末贍顒詠抃併切乃誠

賀資政侍郎

肅奉褒恩榮兼祕職序進春官之亞移撫价藩之雄
寵集朝僉誼諧公論恭惟某官器亞道甫識貫民彝
哉總萬樞懋經一德屬告勞於基命聊倡化於大邦
求幾班條亟聞異等果茲叢渥爰示簡心華幄宣温
之嚴斗宮喉舌之貳黃圖啓輔紫縣聯圻諒繇景福
之蒙滋趨贊書之拜承言慶忺曷喻賛詞

盛右丞問候

均賢樞莞改秩臺機荐選奥藩聿開尊府方春臨境
傾寛大之詔恩卽日餐和乂神明之福祚欽惟耆範
夙係人瞻雖四國于宣聊資於邦殿而六府相比遲
正於乾台由黃霸之治功敬平津之封冊仰祈宴處
務啇粹眞顧舊物之惓惓迦餘風而卯卯乃心攸嚮
黙翰匪宣

回澶州王相公

跡局禁聯地遥材館每懷恩紀之舊罕通記幅之私
恝焉乃心歲聿云暮恭惟某官天挺懿德邦咨大猷
暫輟樞機總臨都會眷茲北道白輔所以具瞻聘彼
大河京邑由乎棠福諒繇綺注克保休嘉益光維屏
之勳還奉疇庸之訪此爲祈嚮罔喻文陳

回楊舍人

比自拜恩已嘗伸慶恭以掖垣之秘參稱於霄垣方
贊之嚴愼司於朝策號爲凝切常仁儁良是以言繹
絲綸暢猷爲於有典筆含雷雨演膏潤於多方果値
上才章光崇東代惟某官氣函先覺道自至和薄三
代以搴英沂九流而質要奏文闕下嘗彼賞於同時
折擿書林弗取資於孟晉參籌喆幕之次磨墨翠坳
之途帝誘乃衷公符斯議試言丞相之府矜不淹時
乙覽向方之帷久之稱善程篇甫訖寵渥俄頒排紫
路以趨翔竦儒紳之歆豔改紆筒綬分署判花固已
兼諶羽而修祠接嚴徐而布武慶雲在上彌增天朵
之鮮瑞鷗來延恣覽德輝之茂適欣籲俊會枉騰書
緣抒頌於丁辰厚爲言於推轂青松云茂信爲寒栢
之榮嘉穀已登愈重前糠之愧第銘謙益徧詫朋方
感懇所叢奇緘安敘

謝兩地兩制問候

稟氣素弱爲客寒所乘薄於腠膚伏在床枕藉轄交
遝嘔霧不分謹湯劑以迭攻啜淖糜而自救洎此旬

日粗獲寤興伏蒙某官屢墜誨言并降親筆惻其羸惙勗以護將荷陰德之敷施撫危軀而三百伏況朝符行下假式甚優曲成便養之私厚作庇殘之地迷魂初復耗力永完須任口右之遨遊罄驢材之謝愧悰感緒萬靡一宣

代回呂舍人

榮被恩章進升辭禁慶儀未展私抃已深恭以某官天稟粹純道資宏博飄纓初筮給牘秀科每沖挹以自安久盤桓而不進豫章美幹茲歷歲以大成韶樂正音非至聰之攸捨果膺試札入掌命書矧惟世職之修尤示朝咨之愜方且雍容矜式冠映士林三代追風鼓斯文於深厚十行視草賁神化於丹青甫頌得賢遽煩黙翰敷陳盛美感慨亨期顧茲鐘漏之餘厚茵紳緌之後雖云閑外尚克銘藏

同岱舍人

寵膺制綍入直書垣借賀者以踵門獲禧如而内謁丁辰逢吉抃吾黨之寵嘉以聖待賢愜至公之頌歎矧粲爔照胥接邇班覲瑞羽以上摶躍春鑫而中極敢圖沖尙專徇彝儀謂揚粃以居先紆壁書而厚謝詞條披秀墨藪騰芬駭豕轢之不窮竊循衿而有逝

且西臺祕地東里俊僚言成世謨意如上出筆端暫下則震若風雷文彩一騰則倬爲雲漢諒匪薄三古之訟襲貫萬物之本元美充於中行飭於外譔注之勞已積疇咨之命惟行乃今値才誠爲妙選徧聆羣議誰不爲然尙歎感遇之繁蓋本撝謙之懿永惟銘戢拙寫端倪

回呂舍人

茂膺制檢進直辭垣伏惟慶慰恭以某官貫道幾深陶天粹美顧九言而祇履綷百行以保躬適時重熙襲慶焉厚殺華若若踵仁者而與游筆語翩翩追大夫之能賦早膺試牘參籍道山春容大音伴奂遐躕屬四戶尙選三浚程能首甄譔次之才俾草温純之命程文且上成命暮頒祓芝之寶以摛文旅藥階而布武綸由絲出甫光王者之言纛與經偕更盛相門之學得賢爲盛有道胥歡敢圖謙冲猥況題攸敘捬壓之舊好衍推轂之餘詞糠粃簸揚久負先登之愧松筠茂悅今同彙進之榮欣感併衍禱徵拙喻

鄭州王相公問候

某謬塵禁籍丕儆常儀再瞻坐府之嚴稍訾奏記之禮永惟傃戀徒戢精微恭以某官道契宸聯敎孚樞

極暢經謀於宰路申著蕭規激高讓於邦風爲光同屏蹈中和而弗蹈膺戩穀以攸冥惟是錫封均於潤福介圭來覲固無信次之勞崑石具瞻況有僉同之舊但虞偃息難廢延登冬律沍寒威芳凋節莅儲茂嘏承對昌期進謁未從臨風增企

河陽夏侍中

某向解州符入陪禁籍鐵羽重奮勞固未安重創始平理當滋慎不時通於奏記恐仰累於所天入而省循乃敢參訊伏自某宮避劇有招收鎮盟津委遠功名鎮息流競內保元吉自存介石之誠彼有褊心弗凝虛舟之觸卓焉高躅冠我羣倫但緣一德之隆終於三能之冠願崇賢老承對眞期

代鄭公回樞密侍郎

祇膺敦勸入對寵靈廢克讓之素懷總樞機之祕務書明茲賴中外相歡恭惟某官節貫淄磷業昭大褒參宰旅惟阿衡之致君聞商道治專仲尼之憤疾太和保御介福叢滋師錫于帝而不謀圖任惟人而最舊冠躋樞禁敷闡內猷綱紀所歸下式瞻於風采老成爽復國方寄於典型辱況書辭增銜謙柄慶右賢之有始剏咨長以焉依抃悚參并交陳罔及

代鄭公回張侍中

光膺帝制出冠侯藩伏惟慶慰恭以某官道格允元業宣寅亮綢繆二后師長百僚封誓著於河山銘誠開於金石入尋樞近備罄謨明阿尹之勤勞王家庭堅之邁種民德功成釐績禮重均勞榮畀牧於多方爰就封於近甸方符僉論忽枉書辭承敦牢讓讓尚鬱疇庸之典冀遵朝旨時奉寵靈欽佩感戢併萃清府

景文宋公集卷第一百二十五

宋景文公詩文典雅而奥博劖削而峭於北宋諸公
中別成一家論者謂好爲艱澀奇險亦未必然本集
或稱百卷或稱百五十卷蓋集非一種而別種已亡
矣近時聞清國亦從大典中採掇纂成六十二卷知
其非完篇也余偶獲宋槧零本稱百五十卷者所載
僅僅數卷不過觀本集原式第以宋人舊帙存
罕今印出以寘叢書函中文化七年庚午
二月天瀑山人識

十

後山詩注

提　要

《後山詩注》十二卷，宋陳師道撰，任淵注，高麗活字本。《後山詩》本六卷。此作十二卷，則任淵作注時每卷釐為二。故所注排比年月，鈎稽事實，多能得作者本意。陳師道，字履常，一字無己，號後山，彭城人。

彭城陳先生集記

門人彭城魏衍撰

先生姓陳諱師道字履常一字無己彭城人幼好學行其所知慕古作者不為進取計也年十六謁南豐先生曾公鞏曾大器之遂業于門元豐四年神宗皇帝命曾典史事且謂脩史最難申敕切至曾薦為其屬朝廷以白衣難之方復請而以憂去遂寢太學又薦其文行乞為學錄不就樞密章公惇髙其義冀来見特薦于朝而終不一往元祐初翰林學士蘇公軾與侍從列薦乃官之俾教授其鄉未幾除太學博士言事者謂先生嘗謁告詣南都見蘇公為私遂罷移潁州教授紹聖初又以餘黨能換江州彭澤令未行丁毋憂寓僧舍人不堪其貧暨外除猶不言仕者凡四年左右圖書日以討論為務盖其志專欲以文學名後世也元符三年除棣州教授隨除秘書省正字將用矣歿於建中靖國元年十二月之二十九日年四十九友人鄒公浩買棺以斂朝廷特賜絹二百匹嘗與往来者共賻之然後得歸初先生學於曾公譽望甚偉及見豫章黄公庭堅詩愛不捨手卒從其學黄亦不讓士或謂先生過之惟自謂不及也先生既歿其子豐登以全稾授衍曰先實知子子為編次而狀其行衍既狀其行矣親録藏於家者今十三年顧未敢當也衍嘗謂唐韓愈文冠當代其傳門人李漢所編衍從先生學者七年所得為多今又受其所遺甲乙丙稾皆先生親筆合而校之得古律詩四百六十五篇文一百四十篇詩曰五七雜以古律文曰千百不分類衍今離詩為六卷類文為十四卷次皆從舊合二十卷目録一卷又手書之竊惟先生之文簡重典雅法度謹嚴詩語精妙盖未嘗無謂而作其志意行事班

班見於其中小不逮意則弃去故家之所留者止此昔漢楊雄作太玄法言箴賦如劉歆號知文始敬之後而短毀謂其必傳者桓譚一人而已先生之文蚤見稱於曾蘇二公世人好之者猶以二公故也令賢士大夫競收藏之則其傳也奚待於衍耶後豈不有得手寫故本以證其誤者則不肖之名因附玆以不朽為幸焉其闕方求而補諸又有解洪範相表闡微彰善詩話叢談各自為集云政和五年十月六日謹記

建中靖國辛巳之冬雲別涪翁於荊州翁曰陳無已天下士也其讀書如禹之治水知天下之脉絡有開有塞至于九川滌源四海會同者也其論事救首救尾如常山之蛇其作文深知古人之關鍵其作詩深得老杜之句法今之詩人不能當也子有意學問不可不往掃斯人之門雲再拜受教明年春至京賢士大夫出涕相吊曰無已亡矣雲驚嘆失聲痛恨無窮洎來彭城求先生詩文且四年僅見一二最後得昌世所集凡六百五篇琮璜珩瑀貫列大備雲曰幸矣至寶不殁乃今有獲因記涪翁之語錄以示昌世自昔名世之士著書立言必賴其徒傳之文中子講道河汾以續六經房魏之倫皆北面受業及登廊廟不能顯傳其書卒以泯絕論者至今惜之昌世先生之高弟操行文章雅善先生之風雖隱約布韋而所立絕人不苟徇合故能蒐拾遺文成一家之言又序先生出處之大節其辭蔚然讀之使人凜凜增慕然先生之道必傳於後世者昌世之力也千載之下可以知其賢矣政和丙申正月甲午元城王雲題

后山詩註目録 年譜附

天社任　淵

讀后山詩大似參曹洞禪不犯正位切忌死語非冥搜旁引莫窺其用意深處此詩註所以作也近時刊本參錯繆誤政和中王雲子飛得后山門人魏衍親授本編次有序歲月可考今悉據依略加緒正詩止六卷益以註卷各釐為上下作之有謂而存之可傳無怍夫詩之少也衍字昌世作后山集記頗能道其出處今置之篇首後有學者得以覽觀焉

第一卷

元豐六年癸亥

妾薄命二首 后山自注曰爲曾南豐作○后山學於南豐曾鞏子固南豐卒於元豐六年此篇必是時所作今以壓卷亦推本其淵源所自

元豐七年甲子 八年乙丑

送外舅郭大夫槩西川提刑 按實録元豐七年五月朝請郎郭槩提點成都府路刑獄此詩未必是時所作姑以除官歲月爲次後多倣此

送内

別三子 右二篇后山妻子從郭槩入蜀時作

寄外舅郭大夫

城南寓居二首 詩有韋杜城南村之句韋曲杜曲屬長安當是后山送其妻子入蜀後遂寄寓闗中或云熙寧間作

憶少子

元祐元年丙寅 是歲后山在京師

絶句 詩有陳州門及蘇禮部之句陳州門在許京時后山旅寓於此其春東坡爲禮部郎中

寄外舅郭大夫 詩有神母仁如堯之句哲宗即位宣仁太后垂簾之明年也

贈蘇二公　南豐先生挽詞二首

暑雨　送江楚州

送江端禮 季共　晁無咎張文潛見過

次韻荅邢居實二首

元祐二年丁卯 春夏后山在京師按實録元祐二年四月乙巳

徐州布衣陳師道充徐州學教授以東坡傳堯俞孫覺之薦也其年赴官

丞相温公挽詞三首司馬温文正公以元祐二年正月葬此詩蓋是時所作

次韻答學者四首

次韻秦觀聽雞聞鴈二首

嘲秦觀

和豫章公黃梅二首黃魯直家於洪州分寧之雙井洪豫章郡此篇編次不倫姑從其舊

答張文潛文潛時爲館職

第二卷

九日寄秦觀

臣野右二篇當是得徐州教授還鄉道中所作

示三子將至徐州作此詩元在晁張見過詩後今遷于此

元祐三年戊辰是歲后山在徐州

嗚呼行

秋懷示黃預

送張支使

送杜侍御紘陝西轉運按實錄元祐二年九月知徐州杜紘權陝西轉運使此詩九月所作

送楊侍御棐寄顏黃二公二首長道魯直

送外舅郭大夫夔路提刑按實錄元祐三年五月知濮州郭槩提點夔州路刑獄此詩蓋此後所作

雪後黃樓寄負山居士張仲連此詩元在秋懷前今遷于此

元祐四年己巳是歲后山在徐州

謝人寄酒詩有厭見春泥之句

從蘇公登後樓元祐四年三月東坡自翰苑出知杭州五月后山自徐州謁公於南都此詩蓋當時所作詩有五月弛無水之句

送蘇公知杭州東坡出知杭州道由南京后山時爲徐州教授告徐守孫覺願往見而覺之不許乃託疾謁告來南京送別同舟東下至宿而歸事見東坡荅陳傳道書及劉安世彈章

送秦觀二首觀字少章少游之弟也從東坡學於杭州黃魯直亦有此詩

和江秀才獻花三首

次韻李節推九日登南山

別貧山居士 張仲連　送趙教授

元祐五年庚午 是歲后山移潁州教授其冬往赴

次韻春懷　黃梅五首

田家

巨野二首 當是移潁州教授時經途所作

別叔父録曹　出清口

泛淮

猴馬 并引 引云楚州紫極宮蓋經途所作

徐氏閑軒 徐氏謂徐大止東坡亦有閑軒詩

寄豫章公三首

元祐六年辛未 是歲后山在潁州

贈秦覯兼簡蘇迨二首 蘇迨字仲豫東坡仲子按實録元祐六年八月東坡自翰林承旨知潁州於時仲豫侍行是歲十月東坡祈雨迎張龍公文云請教授陳師道遣男迨云云

次韻秦少游春江秋野圖　幼嶺

絕句　贈歐陽叔弼

第三卷

觀究文忠公家六一堂圖書

送蘇迨　送黃生兼寄二謝二首

次韻蘇公西湖徙魚三首

次韻蘇公西湖觀月聽琴

次韻蘇公涉潁

再次韻蘇公示兩歐陽

次韻蘇公勸酒與詩

次韻蘇公督兩歐陽詩

次韻蘇公題歐陽叔弼息齋

次韻蘇公竹間亭絕句 以東坡集考之歲晚所作

元在潁詩後今遷于此

寄參寥

元祐七年壬申 是歲后山在潁州

北渚　東禪

八月十日二首

迎新將至漕城莫歸遇雨 按實録元祐七年正月辛亥東坡自潁除知揚州二月辛酉少府監晏知止除知潁州六月甲子以禮部侍郎韓川換知止此言新將當是韓川漢書嚴延年傳注曰新將新爲郡將也

即事　齋居
中秋夜東刹贈仁公　十五夜月
胡士彦挽詞二首 元茂
第四卷
送趙承議 令時令時字德麟爲頴州簽判受代
寄李學士 格非格非字文叔
雪　晚坐
寄晁載之兄弟
寄荅王直方 直方字立之自號歸叟有園亭在京城南書

從蘇黃諸公游
元祐八年癸酉 是歲在頴州右山
寄侍讀蘇尚書 按實錄元祐七年八月蘇公以兵部尚書兼翰林侍讀學士十一月又除端明殿學士兼侍讀守禮部尚書此詩似今年所作蓋有六月西湖之句
寄亳州林待制 希希字子中
卧疾絶句　南軒絶句
獨坐
寄送定州蘇尚書 按實錄元祐八年九月禮部蘇公以侍讀學士知定州
寄荅李方叔 廌
智寳院後樓懷胡元茂 前有胡士彦挽詞即元茂也
紹聖元年甲戌 是歲春初右山當罷頴學而離頴時所作詩反在卷終又有未離頴等詩本如此不欲深加改正亦疑以傳疑之義
元日　放懷
絶句　送伯兄赴吏部改官
寄張文潛舍人　後湖晚坐
春興

次韻回山人贈沈東老二首 前篇屬回山人回即呂洞賓事見東坡詩集
送李孝忠二首 當是其兄傳道之子
以柱杖供仁山主二首
項城道中寄劉令使修溪橋 項城屬陳州
碓磨寨 亦在陳州境内
寄張宣州 按實錄云紹聖元年八月直龍圖閣張耒權知宣州
送倫化主　西湖
别月華嚴

集部　第一冊

送吳先生謁惠州蘇副使（按實錄紹聖元年蘇公貶寧海軍節度副使惠州安置）

別圓澄禪師　別觀音山主

離顏　湖上

舟中二首　覲禪停雲齋

第五卷

紹聖二年乙亥（是歲三月后山丁母夫人憂后山作其母行狀云夫人從其不肖子就食河北舟及鄆之東阿而卒實紹聖二年二月二十九日按實錄紹聖二年三月河北東路提刑郭槩知澶州當是槩未罷使事時后山奉母就食遂遭變故已而槩知曹州七月后山歸徐葬其父母遂寄食於曹有披雲樓記在曹時爲槩作）

答晁以道

病起（詩有須杖起及哀疾之語當是居憂後所作）

九月九日魏衍見過（時在徐州）

別黃徐州（自徐寄食於曹所作）

次韻答晁無斁（無斁時爲曹州教官）

次韻無斁偶作二首　古墨行并序

次韻晁無斁除日述懷

紹聖三年丙子（是歲后山寓曹州有佛指記蓋三年八月所作詩有寄食之語魏衍注云時先生寄婦翁郭槩大夫使宅）

次韻無斁雪後二首

贈魏衍三首（當是自曹暫還徐所作）

贈寇國寶三首　次韻春懷

河上　題柱二首

蠅虎

陶朱公廟（史記曰范蠡變名姓適齊爲鴟夷子皮之陶爲朱公陶即定陶今曹州濟陰縣乃其地也）

次韻晁無斁夏雨　寄無斁

次韻別張芸叟

宿深明閣二首（時往雍丘展龐丞相墓閣在陳留佛寺）

東山謁外大父墓（后山蓋龐丞相籍之外孫司馬溫公作丞相墓誌云葬雍丘東山）

次韻晁無斁冬夜見寄

寒夜有懷晁無斁　除夜

第六卷

紹聖四年丁丑（是歲后山寓曹州既而歸徐）

寄提刑李學士 按實録紹聖三年十月提點永興軍路刑獄李昭玘權提點京東西路刑獄此詩蓋四年所作昭玘字成季濟北人

寄杜擇之　次韻晁無斁春懷

寄晁無斁

別寶講主 以后山佛指記考之重寶蓋曹州上生院主僧

還里 自曹歸徐所作

答魏衍黃預勉予作詩

老栢三首 有序　魏衍見過

次韻螢火　次韻夏日江村

次韻觀月　次韻夏日

夏日有懷　送杜擇之

楊夫人挽詞

桓山 宋司馬桓魋所葬也寰宇記曰桓魋墓在徐州彭城縣北檀公曰昔者夫子居於宋見桓司馬自爲石椁三年而不成

答顏生　送劉主簿 羲仲

觸目　晚望

送高推官　和黃預感秋

和顏生同游南山

僧慧僧和同往南山

粕　謝端硯

捕狼

元符元年戊寅 是歲后山在徐州

和魏衍元夜同登黃樓

和元夜　和魏衍同遊阻風

和魏衍同登快哉亭

登快哉亭　招黃魏二生

第七卷

春夜　和三日

登燕子樓　和魏衍三日二首

答魏衍惠朱櫻　答魏衍聞鸎

和黃生春盡遊南山

揀花　和黃充實榴花

和黃預久雨　和黃預病起

何郎中出示黃公草書四首 魯直魯直嘗有李伯時畫刀鑷工跋尾曰龍眠李伯時爲廬江何琬子温作子温有

遠韻其賞詠古今人詩得其致意處故伯時肯以妙墨予之元祐五年九月已巳黃某題草書蓋亦同時所作也

和黃預感懷

陳留市隱魯直亦有此詩敘其事頗詳后山詩蓋元祐間所作舊本小異而又編次不倫豈后山因何子溫出示魯直草書遂改定舊句附見于此耶

寄恭州曾侍郎肇　答顏生見寄

和黃預七夕　贈鄭户部

九日不出魏衍見過

送魏衍移沛后山作衍母劉縣君墓銘曰元符元年秋從其子衍依沛之石氏

送河間令元注云曾子固甥

次韻何子溫祈晴二首

寄潭州張芸叟二首舜民

送曹秀才

送王元均貶衡州兼寄元龍二首王安國字平甫二子旐字元均斿字元龍按舊録元符元年九月看詳訴理所言宣德郎王斿於元祐中進狀稱先臣冤抑罪名未除不幸不

得出於茲時詔府監江寧府糧料院旋罷京東運判差監衡州酒税

第八卷

杜侍郎挽詞三首據實錄元符元年八月知應天府杜紘卒紘字君章嘗再為刑部侍郎

黃預挽詞四首　秋懷四首

送法寶禪師　贈趙奉議

元符二年已卯是歲后山在徐州

元日雪二首時東坡謫海外三年矣故前篇末句有炎海之語

次韻黃生　答黃生

雪後　送張蘄縣

送何子溫移亳州三首

送詹司業　西郊二首

寄亳州何郎中二首

寄答秦州曾侍郎

送提刑李學士移使東路按實錄元符二年二月提點京東西路刑獄李昭玘徙京東東路

和鄭户部寶集文室二首

元符三年庚辰是歲后山在徐州正月徽宗即位七月除棣州教授其冬徙赴未至聞十一月除秘書省正字

早春　徐僊書三首

寄酬咸平朱宣德智叔

咸平讀書堂　絶句二首

春懷示鄰里　歸鴈二首

和寇十一晚登白門

謝寇十一惠端硯

再和寇十一二首

與寇趙約丁塘看花寇以疾不赴有

詩用其韻

和寇十一同遊南城阻雨還登寺山

三月二十二日榴花盛開戲作絶句

和寇十一雨後登樓

荅寇十一惠朱櫻

雙櫻絶句　謝趙生惠芍藥三絶句

寄隣絶句　寄寇十一

和酬魏衍　觸目絶句

元符三年七月蒙恩復除棣學喜而

成詩

送姚先生歸宜山三絶

上趙使君　送鄭祠部

第十一卷

和寇十一同登寺山

謝孫奉職惠胡德墨

登寺山　荅寄魏衍

拱翠堂　贈田從先

别鄉舊

和李使君九日登戲馬臺

與魏衍寇國寶田從先二姪分韻得

坐字

和黃生出游三絶句

盤馬山　爛石村

别叔父峴山丞

從寇生求茶庫紙絶句

黃樓絶句　酬顏生惠茶庫紙

黃樓　　荅黄生
寒夜　　贈周秀才二首
五子相送至湖陵赴揚州教官時所作詩有風日寒之句蓋冬時也
湖陵與劉生別　　寄滕縣李奉議
住鴈　　寓目
野望　　寄單州呂侍講希哲
寄沛縣姜承議　　寄兖州張龍圖文
潛二首
晚立　　寒食
鴈二絶句　　山口
晚泊　　夜雨
宿合清口　　宿泊口
野望　　宿柴城
潁市阻風二首　　晚坐
寒夜　　絶句
禮武臺坐化僧　　晚與
宿齊河　　別劉郎

趙巖　　雞籠鎮
除官按舊録十一月除秘書省正字
題王平甫帖
第十二卷
建中靖國元年辛巳是歲后山在館中十二月二十九日卒〇見於魏衍所作集記
和李文叔退朝
和謝公定雨行逢賣花
酬王立之二首
送謝朝請赴蘇幕
和謝公定觀秘閣文與可枯木
和饒節詠周昉畫李白真
謝王立之送花
和參寥明發見鄰家花二首
和張奉議贈舅氏龐大夫
和舅氏公退言懷
欽聖憲肅皇后挽詞二首神宗后向氏建中靖國元年五月葬永裕陵

欽慈皇后挽詞二首 金慈皇后陳氏徽考之母建中靖國元年五月陪葬永裕陵

大行皇太后挽詞二首 代人欽聖太后

追尊皇太后挽詞二首 代人欽慈太后

王察院挽詞二首 監察御史王向也元符二年十月與游酢馬涓並命未幾而卒

贈吳氏兄弟三首

和吳子副智海齋集 舅氏新齋

上晁主客 晁端仁堯民也建中靖國元年二月爲主客員外郎

和鮮于大受崇先觀餞別曾元忠 大受名綽

荅王立之 又和過田承君

贈石先生

送晁無咎出守蒲中 建中靖國元年九月吏部郎中晁補之知河中府補之字無咎

題明蓌高軒過圖 王立之詩話云宗室士暕字明發后山作此詩數月間遂卒

送歐陽叔弼知蔡州 棐

送晁堯民守徐 端仁

送王定國通判河南 鞏

后山詩註目録 終

后山詩註卷第一

天社任　淵

妾薄命二首

后山自注曰爲曾南豐作

按漢書許后傳曰奈何妾薄命端遇竟寧前故曹植樂府有妾薄命篇

主家十二樓鮑照煌煌京洛行曰鳳樓十二重按漢書雖有五城十二樓事與此意不同故不援引後倣此一身當三千白樂天詩曰漢宮佳麗三千人三千寵愛在一身后山以五字導之語簡而意盡集中如此甚衆古來妾薄命事主不盡年起舞爲主壽相送南陽阡言樂未畢而哀繼之也劉禹錫詩向來行哭里門道昨夜畫堂歌舞人后山蓋用此意莊子曰可以盡年漢書帝紀曰項伯亦起舞劉禹錫紀邦歌曰願郎千萬壽長作主人翁陶淵明挽歌向來相送人各已歸其家漢書原涉傳涉父爲南陽大守父死涉大治起冢舍買地開道立表署曰南陽阡忍着主衣裳爲人作春妍此句及下篇向來一瓣香敬爲曾南豐之句皆以自表見其不忍更名他師也樂天燕子樓詩曰鈿暈羅衫色似煙一回看著一潸然自從不舞霓裳曲疊在空箱得幾年后山蓋用此意而語尤高古東坡詩云爲人作容姿有聲當徹天有淚當徹泉劉子玄史通載溫子昇永安故事曰愁痛之響上徹青天韓退之詩上呼無時聞滴地淚到泉漢書賈山傳曰下徹三泉死者恐無知家語子貢問孔子曰死者有知乎將無知乎妾身長自憐謝靈運銅雀臺詩曰況乃妾身輕楚詞九辯曰惆悵兮而私自憐李太白去婦詞曰孤妾長自憐世或苦后山之詩非一過可了近於枯淡彼其用意直追騷雅不求合於世俗亦惟恃有東坡山谷之知也自此兩公外政使舉世無領解者渠亦安暇恤哉

又

葉落風不起山空花自紅兩句曲盡丘原淒慘意象文選潘安仁悼亡詩落葉委埏側枯荄帶墳隅南史謝貞詩風定花猶落捐世不待老惠妾無其終左傳曰抑君賜不終注云惠賜不終也一死尚可忍百歲何當窮忍死尚可所死實難詩意謂安得速死以從其主也晉宣帝紀魏明帝曰死乃復可忍吾忍死待君退之詩百年未老不得死天地豈不寬妾身自不容孟郊詩出門即有礙誰謂天地寬莊子云不容身於天下死者如有知殺身以相從向來歌舞地夜雨鳴寒蛩師死而遂背之讀此詩亦少知愧矣南史袁粲曰王子知其祖先神靈所在而不能殺身以從之淵明詩向來相送人老杜詩回首可憐歌舞地爾雅曰蟋蟀蛬

送外舅郭大夫槩西川提刑

丈人東南來復作西南去風俗通曰易云師貞丈人吉非

徒取尊老亦須德行先人也左傳曰杖莫如信言其德可信杖也連年萬里別更覺貧賤苦老杜詩復爲萬里別又云乃知貧賤別更苦王事有期程親年當喜懼上句謂郭以之官不得留下句自謂老母不得去也詩云王事靡盬老杜詩公家有期程喜懼見魯論畏與妻子別已復迫曛暮時后山妻子皆隨郭行迫曛暮謂明日遂當作別老杜詩欲別向曛黑何者最可憐兒生未知父史記孔子世家曰骨何者最大此用其句法盜賊非人情蠻夷正狼顧功名何用多莫作分外慮郭槩爲人顧喜功利二蘇章皆嘗論列故后山每詩多有諷戒盜賊本非人所樂爲必在位者有

以致之蠻夷方懷貳而不以無事鎮之則邊隙開矣前漢食貨志失時不雨民且狼顧注云狼性怯走且還顧晉書王羲之傳遺殷浩書曰若猶以前事爲未工故復求之於分外宇宙雖廣自容何所萬里早歸來九折愼馳鶩九折坂雖用前漢王吉事實戒其行險也老杜詩云早歸來黃土污衣眼易眯又詩遊子愼馳騖嫁女不離家生男已當戶曲逆老不侯知人公豈誤后山以貧故妻子常寄食槩家異乎張負所以期陳平者矣故有曲逆不侯之歎傳玄豫章行云男兒當門戶墮地自生神

送内

麀麌顧其子爾雅鹿牝曰麀其子麛麕牝曰麌其子麆韓非子曰孟孫獵得麑其母隨之而啼燕雀各有隨禮記三年問曰今是大鳥獸則失喪其羣死越月踰時焉則必反巡過其故鄉翔回焉鳴號焉躑躅焉踟躕焉然後乃能去之小者至於燕雀猶有啁噍之頃焉禮記又曰行則有隨立則有序退之詩禍福各有隨與子爲夫婦五年三別離兒女豈不懷母老妹已笄父子各從母可喜亦可悲此語悽然可念後篇又曰吾母亦念我與爾寧相望誦之使人孝愛之心油然而生所謂發乎情止乎禮義者也關河萬里道子去何當歸後漢鄧禹傳論曰關河響動此借用其字老杜詩黃塵翳沙漠念子何當歸三歲不可道白首以爲期選詩努力崇明德皓首以爲期

百畝未爲多數口可無飢吞聲不敢盡欲怨當歸誰莊子太宗師篇子桑曰吾思夫使我至此極者而弗得也父母豈欲吾貧哉天地豈私貧我哉求其爲之而不得也百畝數口用孟子意文選江淹恨賦曰莫不飲恨而吞聲老杜詩吞聲勿復道眞宰意茫茫退之薛君墓銘曰身不得年又將尤誰

別三子

夫婦死同穴大車詩曰穀則異室死則同穴后山雖用此語而其意則謂夫婦生當別離至死方獲同穴此所以可悲也世說郗嘉賓妹曰生縱不得與郗郎同室死寧不同穴父子貧賤離晉書殷浩傳諫顏遠詩曰富貴他

人合貧賤親戚離天下寧有此昔聞今見之後漢伏后傳曹操逼帝廢后獻帝謂郗慮曰郗公天下寧有是耶此事亦夫婦不相保者故后山取其語用之雖使事而無迹餘多做此毋前三子後熟視不得追莊子曰熟視狀皃宵然空然嗟乎胡不仁使我至於斯與上篇欲怨當歸誰同意漢書溝洫志曰皇謂河公兮胡不仁孟子亦曰夫何使我至於此極也有女初束髮韓詩外傳曰夫人爲婦者必全其身體及其束髮屬授明師以成其材已知生離悲家語曰孔子晨興顔回侍側聞哭者之聲甚哀曰此聲非但爲死者而已又爲生別離者子曰回善於知音楚辭曰悲莫悲兮生別離枕我不肯起畏我從此

辭老杜詩嬌兒不離膝畏我却復去大兒學語言拜揖未勝衣老杜詩驥子好男兒前年學語時史記三王世家曰皇子賴天能勝衣趨拜喚爺我欲去此語那可思元稹詩小女呼爺血垂淚南史何點哀樂過人嘗行逢葬者歎曰此哭者之懷豈可思耶悲慟不能禁小兒襁褓間抱負有母慈漢書衛青傳臣青子在襁褓中按宣帝紀注云襁即今之小兒繃也褓小兒被也禮記內則曰子生三日始負子注云負之謂抱之而使鄉前老杜詩家貧仰母慈汝哭猶在耳我懷人得知左氏曰言猶在耳退之詩嬌女未絕乳念之不能忘忽如在我前耳若聞啼聲人得知猶言人那得知也老杜詩彼蒼回斡人得知

寄外舅郭大夫

巴蜀通歸使妻孥且舊居詩曰樂爾妻孥注云孥子也老杜詩得家書詩曰今日得消息他鄉且舊居深知報消息不忍問何如老杜詩反畏消息來寸心亦何有又云道甫問訊今何如字本出禮記文王世子身健何妨遠樂天詩且到來歲期不知身健否情親未肯踈表記曰情疏而貌親在小人則穿窬之盜也歟老杜詩情親獨有君功名歎老病淚盡數行書魯直詩淚盡才難曰韓非子曰卞和泣盡繼之以血

城南寓居二首

游子莫何歸文選李少卿詩攜手上河梁游子暮何之韋杜城南村韋曲杜曲皆在長安之南老杜所謂城南韋杜去天尺五者也秋水深可測挽衣踏行雲老杜詩短衣數挽不掩脛踏行雲謂踏水中雲影猶賈島船壓水中天之句道暗失歸處棲鳥故不喧因棲鳥之喧庶可物色歸路今特不宣以欲相撩此句殊有味選詩路暗光已夕退之詩從此識歸處老杜詩已添無數鳥爭浴故相喧又云鴉輕故不還牛羊閑籬落稚子猶在門黃魯直詩牛羊臥籬落按君子于役詩曰日之夕矣牛羊下來陶淵明歸去來辭云稚子候門

又

潭潭光明殿稽首西方僊華嚴十定品離世間品皆云佛在摩竭提國菩提場中始成正覺普光明殿入剎那際三昧李長者謂是如來大智自果所居之報宅退之詩潭潭府中居平生脩何行步有黃金蓮大論云佛足行時去地四指蓮花捧足傳燈錄云佛初生地湧金蓮華自然捧佛足我豈昔好徑報以履下穿老子曰大道甚夷而民好徑莊子曰衣敝履穿洗足坐道場卒卒此何緣金剛經曰洗足已數座而座法華經曰大通智勝佛十劫坐道場漢書司馬遷書曰卒卒無須史之間

憶幼子

端也早豐下歲晚未可量左氏傳曰穀也食子難也收子穀也豐下必有後於魯國注云食子奉祭祀共養者也豐下蓋面方我老不自食安得如我長漢書韓信傳漂母曰丈夫不能自食吾哀王孫而進食豈望報乎老杜示宗武詩曰假日從時飲明年共我長王臺新詠焦仲卿妻詩曰新婦初來時小姑如我長呱呱棄不子退省未始忘上句見書益稷退省其私用後漢第五倫私其子之意退之詩嬌兒未絕乳念之不能忘吾母亦念我與爾寧相望唐書肅宗張后傳曰端午日肅宗召見山人李唐帝方擁幼女顧唐曰我念之無怪也唐曰太上皇今日亦當念陛下此詩暗用其意相望言各在天一方也老杜詩人事多錯迕與君永相望

絶句

翼翼陳州門萬里遷人道昔人死别處一笑欲絶倒此篇與前篇蓮字韻按舊本乃秋懷十首之二其後刪去而僅存耳此篇全章云翼翼陳州門萬里遷人道兩淚落成血著木木立槁今年蘇禮部馬跡猶未掃昔人死别處一笑欲絶倒元祐初自山來京師寓居陳州門故秋懷詩又有朝暮陳州門悠悠此何爲之句時東坡新自登州召爲禮部郎中復入帝城此后山所喜也老杜云孰知是死别且復傷其寒晉書衛玠談道平子絶倒

寄外舅郭大夫

丈人魯諸生明刑如臯陶漢書叔孫通曰臣願徵魯諸生泮水詩曰淑問如臯陶幸寬右顧憂後漢書寇恂傳鄧禹曰昔高祖任蕭何於關中無復西顧之憂未惜一身遥文選歐陽堅石詩不惜一身死老杜詩天涯涕淚一身遥西南萬里行可以斷繩橋意欲其不勤遠略也老杜詩蜀嶺防秋急繩橋戰勝遲慎勿冠惠文神母仁如堯王子年拾遺記曰有青虹繞神母即覺有娠而生庖犧此引用比宣仁高太后時太后臨朝專務以德化民女主之堯舜也漢書張敞傳張武曰梁國大都吏民彫敝且尚以柱後惠文彈治之耳秦時獄法吏冠柱後惠文武意欲以刑法治梁故云

贈二蘇公

岷峩之山中巴江老杜詩中巴之東巴東山天地開闢流其間桂椒柟櫨楓柞樟青金黃王丹砂良獸皮烏羽不足當退之送廖道士歸衡山序曰其水土之所生神氣之所感白金水銀丹砂石英鍾乳橘柚之包竹箭之美千尋之名材不能獨當奇也意必有魁奇忠信材德之民生其間此篇盡用此意而句法則退之陸渾山火詩也左太冲蜀都賦曰楩楠幽藹於谷底吳都賦曰木則楓柞豫樟異人間出駭四方南史蕭子顯傳曰嘗聞異人間出今日始見知是蕭尚書嚴王陳李司馬揚嚴君平王褒陳子昂李太白司馬相如揚雄皆蜀人王羲之與蜀太守帖云嚴君平司馬相如揚雄皆有後否一翁二季對相望

謂三蘇也言與諸人相望於千載奇寶橫道驥服箱退之薦樊宗師書曰誠不忍奇寶橫棄道側驥服箱用戰國策驥服鹽車事張平子思玄賦曰褺驥裹以服箱誰其識者有歐陽退之琴操曰巫咸上天兮識者其誰歐公作老蘇墓表曰當至和嘉祐之間與其二子軾轍皆至京師翰林學士歐陽脩得其所著書二十二篇獻諸朝既出而公卿士大夫爭傳之其二子舉進士皆在高等亦以文學稱於時眉山在西南數千里外一日父子隱然名動京師而蘇氏文章遂擅天下太科異等固其常東坡兄弟皆應賢良科東坡策入三等謝啓曰誤中久虛之等老杜詩自適固其常小却盛之白玉堂晉人帖中往往用小却字其意猶言少退也南史宋武帝紀帝疾甚召太子戒之曰謝晦數從征伐頗識機變若有同異必此人也小却可以會稽江州處之楚詞劉向九諫曰紫貝闕而白王堂按翰林志日時以登翰苑者謂登王署王堂焉詩意謂纔未大用尚當以詞禁處之典謨雅頌用所長度越周漢登虞唐漢書揚雄傳論曰則必度越諸子矣注云度過也司馬相如難蜀父老辭曰上咸五下登三注云言漢德與五帝皆盛而登於三王之上也選詩亦曰仁固開周義高登漢千載之下有素王杜預左傳序曰說者以爲仲尼自衛反魯修春秋立素王又按漢書董仲舒策曰孔子作春秋先正王而繫以萬事見素王之文焉平陳鄭毛視荒荒言先儒所見之不明也平陳書學鄭毛詩學以終上句典謨雅頌之意前漢書儒林傳曰林尊事歐陽高

爲博士授平當陳翁生由是歐陽尚書有平陳之學又曰毛公治詩爲河間獻王博士後漢鄭玄傳曰玄注易尚書毛詩老杜詩野日荒荒白退之祭文云而視荒荒而髮蒼蒼俗本荒荒作茫茫非是後生不作諸老亡文體變化未可量謂熙豐間新學之弊沈約宋書謝靈運傳論曰自漢至魏四百餘年辭人才子文體三變老杜詩字體變化如浮雲萬口一律如吃羗退之平淮西碑曰萬口和附并爲一談又樊宗師銘曰惟古於詞必已出降而不能乃剽脫後皆指前公相襲由漢迄今用二律妖狐幻人大陸梁說文曰狐妖獸鬼所乘郭氏玄中記曰千歲之狐爲淫婦百歲之狐爲美女張平子西京賦曰怪獸陸梁甘泉賦注云陸梁跳也虎豹却走逢牛

羊虎豹牛羊用魯論何以文爲之意韓詩外傳曰却走而求逮於前人上帝惠顧祓不祥揚雄長楊賦曰上帝眷顧左傳曰君若不忘先君之好惠顧寡人韓詩外傳曰鄭國之俗三月上巳秉蘭草祓除不祥天門夜下龍虎章真誥有八龍雲篆明光章又有玉清神虎章又按黃庭內景經曰黃衣紫帶龍虎章意與真誥異然此詩特取其語爾前驅吴回後炎皇詩曰伯也執殳爲前王驅史記楚世家帝嚳以吳回爲重黎後復居火正爲祝融帝王世記曰炎帝長於姜水以火承木位在南方主夏故謂之炎帝絳旂丹轂朱冠裳從以甲冑萬鬼行揚雄傳曰朱丹其轂乘風縱燎無留藏吳志呂蒙傳取闘艦實以薪草灌油其中乘風

縱之同時發火悉延燒曹公岸上營天高地下日月光禮記樂記日天高地下萬物散殊援公以柄扶病傷漢書梅福曰倒持太阿授楚其柄李廣傳救死扶傷不暇士如稻苗待公秧老杜補稻畦水詩云插秧適云已臨流不度公爲航用傳說作舟楫之意張平子思玄賦曰譬臨河而無航如大醫王治膏肓金光明經日流水長者能益衆生無量壽命汝今真是大醫之王善治衆生無量重病維摩經亦云爲大醫王善療衆病左氏傳晉侯夢疾爲二豎子其一曰居膏之上肓之下若我何注云肓鬲也心下爲膏外證已解中尚強外證已解之語張仲景方書中多有之左氏傳云外強中乾此反而用之探囊一試黃

昬湯一本云願借上古黃昬湯按圖經本草曰合歡夜合也一名合昬韋宙獨行方曾心甲錯是爲肺癰黃昬湯治之取夜合皮掌大一枚水煑服之探囊借用莊子語一洗十年新學腸新學謂王介甫經學也史記扁鵲傳曰湔浣腸胃老生塞口不敢嘗漢書朱博傳曰贛老生不習吏禮侯喜石鼎聯句曰塞口且吞聲魯論曰丘未達不敢嘗向來狂殺今尚狂請公別試囊中方難經曰狂癲之病自高賢也自辯智也故此詩引用黃魯直詩亦云醫得書生自聖老杜詩未試囊中飧玉法又云囊中藥顛末陳

南豐先生挽詞二首

早棄人間事漢書張良傳願棄人間事欲從赤松子遊耳真從地下遊漢書朱雲傳臣得下從龍逢比干遊於地下足矣故白樂天哭劉蕡得詩曰賢豪雖歿精靈在應共從之地下遊丘原無起日禮記檀公趙文子與叔譽觀乎九原文子曰死者如可作也吾誰與歸注云作起也老杜詩參病馬卿無日起江漢有東流此言九原雖不可作而文章之令名常與江漢俱存老杜所謂爾曹身與名俱滅不廢江河萬古流王介甫贈南豐詩曰曾子文章世無有水之江漢星之斗故此引用身世從違裏選詩曰身世兩相棄又淵明歸去來詞曰世與我而相違退之詩觀以彝訓或從違南豐仕官不偶晚得掌誥以憂去遂死蓋從違各半也功言取次休左傳穆叔曰太

上有立德其次有立功其次有立言晉書杜預傳預常言德不可以企及立功立言可庶幾也**不應須禮樂始作後程仇**后山自謂也文中子卷末載魏徵曰大業之際徵也嘗與諸賢侍文中子謂徵及房杜曰先輩雖聰明特達然非董薛程仇之比雖逢明主必愧禮樂按程元仇璋皆文中子高弟后山自謂其材本自不及程仇不行議禮樂而判優劣也

又

精爽回長夜左傳曰心之精爽是謂魂魄王仲宣詩長夜何冥冥**衣冠出廣庭**謂喪事陳衣也**勳庸留琬琰形像付丹青**周禮王功曰勳民功曰庸明皇孝經序曰寫之琬琰庶有補於將來老杜詩形像丹青逼王介甫作蘇才翁挽詞曰音容歸繪畫才業付兒孫**道喪餘篇翰人亡更典刑**老杜詩磨滅余篇翰詩云人之云亡邦國殄瘁又曰雖無老成人尚有典刑**侯芭才一足白首太玄經**亦后山自謂也楊雄傳鉅鹿侯芭常從雄居受其太玄法言呂氏春秋魯哀公問於孔子曰樂正夔一足矣李太白詩誰能書閤下白首太玄經

暑雨

窗雨吹不斷貧居常閉門東溟容有限西極更能存言積雨之甚西極往往漂蕩不能自存西極謂天柱也老杜詩西極柱亦傾按列子湯問曰共工氏與顓頊爭為帝怒而觸不周之山折天柱絕地維故天傾西北地不滿東南注云不周山在西北之極老杜建都詩曰其如西極存又詩移柳更能存**東濕炊懸釜**漢書寗成傳操下急如束濕謂濕薪也韓非子曰智伯圍晉陽城襄子決晉水灌之懸釜而炊**翻床補壞垣**左傳子產壞晉館垣唐人詩穴垣補牆隙**倒身無着處**此老杜床床屋漏無乾處之意退之篝詩倒身甘寑百疾愈東坡詩冗士無處着**呵手不成溫**言為積陰所侵也王維詩旋呵凍手暖髭鬚

送江楚州

濠梁初得意言有所悟入也晉書王坦之傳謝安曰常謂君粗得鄙趣者猶未悟之濠上莊子與惠子游於濠梁之上莊子曰儵魚出遊從容是魚樂也惠子曰子非魚安知魚之樂莊子云子非我安知我不知魚之樂云云莊子又曰荃者所以在魚得魚而忘荃言者所以在意得意而忘言**闕里舊論詩**闕里在今兗州仙源縣漢晉春秋曰闕里者仲尼之故宅也孔子嘗許商賜可與言詩此借用豈后山與楚州皆出南豐之門耶老杜云疇借論詩早**晚歲何多難**老杜云胡羈何多難**經年始一辭**表記云君子三揖而進一辭而退老杜云青瑣陪雙入銅梁阻一辭**淮人飢饉後**王介甫送吳仲純詩久為漢吏知文法當使淮人服教條**良吏拊循時**前漢循吏傳序曰漢世良吏於是為盛蕭何傳曰拊循勉百姓**欲託山陽簿翁歸不受私**后山自注云南豐之子縮為山陽簿前漢尹翁歸拜東海太守過辭

廷尉于定國定國欲屬託邑子兩人終日不敢見曰此賢將汝不任事也又不可干以私爰盎傳申屠嘉曰使君所言公事吾且奏之則私吾不受私語

送江端禮季共魯直跋后山刀工詩曰陳留江季共言行中規矩極似孫莘老少時

正學元非世漢書轅固謂公孫弘曰公孫子務正學以言無曲學以阿世能詩新有聲退之石鼎聯句詩序曰侯喜新有能詩聲諸公交鄭泰後漢鄭泰少有才略交結豪傑名聞山東三國志泰作太多士閑何生退之傳何蕃云蕃閔親之老一日揖諸生歸養于和州諸生不能止乃閉蕃空舍中況愛經過數況愛字見魯論選詩趙李相經過移書底裏傾前漢龔遂傳云移書屬縣後漢竇融傳云自以底裏上露又為淮海別病眼向誰明張籍詩三年病眼今年校

晁無咎張文潛見過

白社雙林去此句后山自言其偶出晉書董京傳常宿白社中傳燈錄傳大士致書于梁高祖曰雙林樹下當來解脫善慧大士後捨宅於松下建寺因雙檮樹名曰雙林后山學佛故以大士自況高軒二妙來此句言晁張見過李賀傳賀七歲能辭章韓愈皇甫湜過其家使賀賦詩援筆輒就自目曰高軒過晉衛瓘傳瓘與索靖俱善草書人號為二妙老杜詩暫往比鄰去空聞二妙歸排門衝鳥雀排門用樊噲排闥字韓偓詩船衝水鳥飛還住袖拂楊花去又來老杜詩柴門鳥雀噪揮壁帶塵埃吳融贈䛒光草書歌曰人家好壁試揮拂瞬目已留三兩行不憚除堂費左傳曰將為予除館于西河前漢孫寶傳張忠欲令寶授子經更為除舍注云除謂修飾掃除也深愁載酒回漢書揚雄傳時有好事者載酒肴從游學太白詩稽山無賀老空棹酒舡回功名付公等老杜詩致君堯舜付公等歸路在蓬萊晁張時在館中故也後漢鄧訓傳學者稱東觀為道家蓬萊山老杜詩指點虛無引歸路

次韻答邢居實二首居實字敦夫邢恕和叔子少有俊聲

漢庭用少公何在樂天詩曰漢庭重少公何在按漢武故事顏駟曰文帝好文而臣好武景帝好老而臣尚少陛下好少而臣已老是以三世不遇也不使群飛接羽翰退之祭柳子厚文云羣飛刺天歐公詩晚得飛翔接羽翰今代貴人須白髮掛冠高處未宜彈邢詩云微意平生在江海塵冠今日為君彈王立之詩話云元祐初多用老成故后山有此句掛冠見後漢逢萌傳彈冠見前漢王吉傳

又

秋來為客意何如千里河山信不疎老杜詩秋

來爲客情李商隱詩比來秋興復何如戰國策吳起曰河山之險信不足保也此言信不疎謂心意相許與不以遠而疎也

昔日老人今則少

戚謂若比當代貴人文呂諸公猶爲少年也樂天詩云猶有詩張少年處時呼張丈喚殷兄

不妨紅葉閉門書

尚書故實曰鄭虔學書而病無紙知慈恩寺有柹葉數屋遂借僧房居止日取紅葉學書李商隱詩守道清秋還寂寞葉丹苔碧閉門時

丞相温公挽詞三首

恭默思良弼

尚書說命恭默思道夢帝賚予良弼哲廟諒闇中以温公爲相故用此事

詩書正百工

言以經術師表百僚也堯典曰允釐百工

百事多違謝傳

晉書謝安出鎮新城疾篤還都自以本志不遂深自慨失既薨贈太傅

天遷奪楊公

唐書楊綰傳綰薨肅宗詔羣臣曰天不使朕致太平何奪綰之速耶

一代風流盡

南史張融哭張緒曰阿兄風流頓盡老杜哭李常侍詩一代風流盡用此事也

三師禮數崇

司馬公薨二聖哭之甚哀贈大師温國公選詩任昉哭范雲曰平生禮數絶李善注引左氏名位不同禮亦異數劉禹錫詩魏闕新知禮數崇

若無天下議

歐公詩云後世苟不公至今無賢聖

羨惡併成空

又

百姓歸周老

孟子曰伯夷太公聞文王作興曰盍歸乎來吾聞西伯善養老者二老老者天下之大老也而歸之是天下之父歸之也天下之父歸之其子焉往東坡作温公行狀曰神宗崩公赴闕臨民遮道呼曰公無歸洛留相天子活百姓所在數千人聚觀之

三年待魯儒

魯論子曰如有用我者朞月而已可也三年有成魯儒見䏻子

時方隨日化

身已要人扶

黃魯直見此句數曰陳三真不可及蓋天不憖遺之悲盡於此矣前漢許后傳曰世俗歲殊時變日化老杜詩此生已愧須人扶樂天詩登山與臨水猶未要人扶攄行狀哲宗初公爲門下侍郎元祐元年正月公始得疾甚上詔公肩輿至内東門子康扶入對小殿九月薨于西府銘詩亦曰爲政一年疾病半之功則多矣百年之思

玉几雖來晚

明堂詎授圖

言温公雖不預顧命而竟輔幼主也尚書顧命皇后憑王几導揚末命禮記曰昔者周公朝諸侯于明堂之位史記外戚世家曰武帝召畫工圖畫周公負成王以賜霍光

心知死諸葛

呂不韋傳子楚心知所謂漢晉春秋云死諸葛走生仲達事見蜀志諸葛亮傳注及晉書宣帝紀

終不羨曹蜍

世說庾道季曰廉頗藺相如雖千載尚懍懍恒有生氣曹蜍李志雖見在厭厭如九泉下人兩句合二事用之如老杜誰王門下客終不愧孫登是也

又

少學真成已

禮記中庸誠者非自成已而已也所以成物也成已仁也成物智也温公平日之學以誠爲本

中年託著書

英宗命公爲編年一

書神宗賜其書名資治通鑑公與王介甫論政不合出知永興軍乞判西京留同御史臺以歸居洛十五年皆以書局自隨史記曰虞卿非窮愁亦不能著書

輟耕扶日月此葉野之事也宋王九辯曰農夫輟耕而容與王介甫作韓魏公挽詩云親扶日轂上天衢起廢極吹噓公既執政士大夫得罪於熙豐者極力薦引兩用之日月吹噓字雖不對而事勢氣象實相等此詩人之妙也柳子厚文有起廢荅按漢書司馬遷傳曰補獘起廢魏志鄭渾曰孔公緒能清談高論噓枯吹生老杜詩唯待吹噓送上天得志寧論晚成功不願餘行狀又曰公自以遭遇聖明言聽計從欲以身徇天下躬親庶務病革不復自覺諄諄然皆朝廷天下大事也以此觀之其汲汲於功業豈肯遺餘力哉文選左太冲詠史詩曰貴足不願餘此借用一爲天下慟不敢愛吾廬東坡祭歐公文曰蓋上爲天下慟而下以哭其私此反而用之言不復哭吾之私也淵明詩曰吾亦愛吾廬此借用其字廬謂吾所託託焉耳老杜詩安得廣廈千萬間大芘天下寒士俱歡顏風雨不動安如山嗚呼何時眼前突兀見此屋吾廬獨破受凍死亦足蓋以天下爲憂而忘其私也後山用此意

次韻荅學者四首

后山自注云黃州何郎兄弟○曾慥詩選云何頡字斯舉黃岡人嘗從蘇黃問學

津津爽氣貫眉目十五男兒萬里身莊子庚桑楚篇老子謂南榮趎曰慾而其中津津乎猶有惡也此借用其字筆下倒傾三峽水老杜詩曰詞源倒流三峽水胷中別作一家春傳燈錄僧問崇信曰羣微迎羅漢意作麼生師曰別是一家春樂天詩云盤下中分兩州界燈前合作一家春

又

黃塵投老得何郎王介甫詩黃塵投老倦匆匆准擬明年共我長老杜詩春來准擬開懷久又示宗武詩曰明年共我長熏沐不爲杯酒汚欲其脩潔不作少年態也國語曰三釁三沐注云釁一作熏漢書司馬遷書曰未嘗銜杯酒接殷勤之歡飛揚未許老夫量老杜贈李太白云飛揚跋扈爲誰雄本借用北史帝紀齊高歡語文選任彥昇作王文憲集序載袁粲與詩云老夫亦何寄之子照清襟

又

暗中摸索不難知國史纂異許敬宗性輕見人多忘之或謂其不聰乃曰卿自難記若遇曹劉沈謝暗中摸索著亦可識眼裏輪囷卻見稀前漢鄒陽傳蟠木根柢輪囷離奇而爲萬乘器者以左右先爲之容也注輪囷離奇委曲盤戾也行地徑須先八駿易坤卦曰牝馬地類行地無疆八駿見穆天子傳刺天終不羨群飛退之祭柳子厚文曰子之視人自以無前一斥不復羣飛刺天

又

太阿無前鋒不缺越絶書楚王召風胡子令之吳越見歐冶子使爲鐵劍三枚一曰龍泉二曰太阿三曰工市莊子説劍曰此劍直之無前漢書賈誼傳曰釋斤斧之用而欲嬰以芒刃臣以爲不缺則折鈆刀不堪供一切後漢班固賓戲曰鈆刀皆能一斷十洲記曰昆吾割玉刀切玉如切土至柔繞指剛則折文選劉琨詩曰何意百煉剛化爲繞指柔老子曰太剛則折善而藏之光奪月莊子庖丁善刀而藏之酉陽雜俎曰李廣琛有劍或風雨夜迸光出室環照方丈李白上李長史書曰明奪秋月

次韻秦觀聽雞聞鴈二首

行斷哀多影不留老杜歸鴈詩行斷不堪聞又孤鴈詩哀多如更聞文選江文通詩寒雞無留影有人中夜攬衣裘選詩憂愁不能寐攬衣起徘徊筆頭細字真堪恨眼裏長檠不解愁哀樂無定隨境而變此寒士貴人同而異趣也退之短檠歌曰太學儒生東魯客三十辭親來射策夜書細字綴語言兩目眵昏頭雪白此時提携當案前看書到曉那能眠一朝富貴還自恣長檠高張照珠翠吁嗟世事無不然墻角君看短檠棄

又

立馬堦除待一鳴何如春夢不聞聲言朝士汲汲不如閑居之適也固知鷄口羞牛後不待鳴群已可驚史記蘇秦傳寧爲鷄口無爲牛後楚世家曰有鳥在於阜三年不鳴鳴必驚人僧祇律曰天地釋化爲羔于鳴羣奐毋

嘲秦觀

觀字少章秦觀少游之弟按王立之詩話少章登第後方娶后山作此詩時猶未娶也故多戲句

長鋏歸來夜帳空史記孟嘗君傳馮驩彈劍而歌曰長鋏歸來乎無以爲家文選孔稚圭北山移文曰蕙帳空兮夜鶴怨衡陽回鴈耳偏聰戲其獨宿無寐也衡山有回鴈峯耳聰用晉書殷仲堪父聞蟻鬪事若爲借與春風看無限珠璣咳唾中杜牧之送李羣玉詩曰玉白花紅三百首五陵誰唱與春風後漢趙壹傳咳唾自成珠

和豫章公黃梅二首

豫章公謂黃魯直魯直蓋豫章人

寒裏一枝春白間千點黃荊州記陸凱寄范曄梅花詩曰江南無所有聊贈一枝春道人不好色行處若爲香梁書蕭詧不好色惡見婦人相去數丈猶聞其臭此句暗用其意豫章戒律甚嚴故有道人之語花香惱人政由愛着愛既忘矣香復奚爲

又

色輕花更艷體弱香自永樂天詩貴妃宛轉侍君側體弱

不勝珠翠繁東坡荼蘼詩不糚艷已絕無風香自遠玉質金作裳棫樸詩金玉其相注相質也文選劉越石表曰玉質幼彰西京雜記上作黃鵠歌曰金爲衣兮菊爲裳山明風弄影選詩山明望松雪王介甫詩陂梅弄影爭先舞按文選舞鶴賦疊霜毛而弄影

答張文潛后山自注曰來詩云欲餉于桑掃問婦食蕈過午尚懸墻

我貧無一錐傳燈錄溈山傳香嚴頌曰去年貧未是貧今年貧始是貧去年貧尚有卓錐之地今年錐也無所向皆四壁漢書司馬相如傳家徒四壁立瀛洲足風露胡不減飢色唐書褚亮傳弘文館學士十八人天下所慕向謂登瀛洲文潛時在館中故用此事列子曰列姑射山在海河洲中山上有神人焉吸風飲露不食五谷又曰子列子窮容皃有飢色老杜詩蓬萊足雲氣昔聞杜氏子翦髻事尊客杜氏子唐王珪母也老杜送王評事詩云我之曾老姑尓之高祖母尓祖未顯時歸爲尚書婦隋朝大業末房杜俱交友長者來在門荒年自糊口家貧無供給客位但箕帚俄頃羞頗珎寂寥人散後入怪鬢髮空吁嗟爲之久自陳翦髻鬟鬻市充盃酒按新唐王珪傳云珪母李氏與杜詩不同或云李杜同出故子美謂李爲姑尊客出曲禮君婦定不然三梳奉巾櫛左氏傳嬴氏謂晉太子圉曰寡君使婢子侍執巾櫛以固子也

后山詩註卷第一

后山詩註卷第二

九日寄秦觀

疾風回雨水明霞老杜詩殘夜水明樓沙步叢祠欲莫鴟柳子厚鐵爐步志曰江之滸凡舟可縻而上下者曰步漢書陳勝傳注云叢祠謂草木岑蔚者九日清樽欺白髮十年為客負黃花老杜詩生逢酒賦欺登高懷遠心如在登高蓋九日故事文選潘岳秋興賦曰登山懷遠而悼近李善注引齊景公遊牛山流涕而歎晏子笑之云云杜牧之九日詩云古往今來只如此牛山何必淚霑衣向老逢辰意有加遇節物而多感老者則然淮海少年天下士史記魯仲連傳吾乃今日知爲天下之士也秦觀漣水軍人在揚州之境故云淮海少年可能無地落烏紗用晉孟嘉落帽事唐令狐楚重陽日登落帽臺詩云貴重近臣光綺席笑談從事落烏紗

巨野

餘力唐虞後沉人海岱西不應容桀黠寧復有青齊山東盜賊以巨野爲淵藪平人多被沉溺詩意謂非神禹留此餘力遺患後人也向使無此澤以受衆流青齊其爲魚矣此與東坡艷澦堆賦同意禹貢曰海岱及淮惟徐州大野既豬東原厎平大野一名鉅野史記貨殖傳曰桀黠奴人之所患也又漢書馮奉世傳曰羌虜桀黠賊害吏民燈火魚成市

帆檣鷁帶泥劉夢得詩漁家燈火明老杜詩藥物楚老漁商市樂府黄淡思日象牙作帆檣老杜詩捩鷁不洗泥十年塵霧底瞽眼怪鳧鷖新自京洛風塵中來故見水鳥而怪歎老杜詩呀坑瞥眼過

示三子時三子已歸自外家

去遠即相忘歸近不可忍胜說載獨孤遐詩曰近家心轉切不敢問來人兒女已在眼眉目略不省言別久不復記憶也選詩薛荔若在眼喜極不得語淚盡方一哂東坡贈朱壽昌詩喜極無言淚如雨老杜詩畏虎不得語了知不是夢華嚴梵行品曰了知境界如幻如夢此反而用之東坡詩如今不是夢真个在廬山忽心未穩前漢王褒傳太子苦忽忽善忘不樂壁峯禪師點胷云某甲這裏未穩在

嗚呼行

去年米賤家賜粟百萬官倉不餘掬元祐初左司諫朱光廷奉使賑濟河北不問民户之等一槩支貸而河北措置司積年物斛九百萬爲之一空此詩所指豈謂是與詩云終朝采綠不盈一掬青錢隨賜費追呼昔日剜創今補肉老杜詩恰有三百青銅錢北夢瑣言載聶夷中詩云二月賣新絲五月糶新穀醫得眼下瘡剜却心頭肉今年

夏旱秋水生江淮轉粟千里行前漢鄒陽傳轉粟流輸千里不絕不應遠水救近渴此俗閒語也韓非子亦有遠水救近火之語空倉四壁雀不鳴益州耆舊傳楊宣爲河内太守行縣有羣雀鳴宣曰前有覆車粟此雀相隨欲往食歐公詩寒雀聚空倉似聞爲政不爲費善政當惠而不費徒惠而不知爲政其可繼乎兩不相傷兩相濟老子曰兩不相傷而德交歸焉此借用十年斂積用一朝驚濤破山風動地言非常之政不可久也老杜詩築塲看斂積莊子曰疾雷破山風振海而不能驚老杜又云東南飄風動地至

秋懷示黄預

竅鳴風歷耳柳子厚夢歸賦云風纚纚以經耳佛書有一歷耳根之語道壞草侵衣老杜詩壞道哀湍瀉月到千家靜老杜詩千家山郭靜朝暉林昏一鳥歸老杜詩日暮歸幾翼北林空自昏又云林昏罷幽磬冥冥塵外趣楊子曰鴻飛冥冥弋人何簒焉此借用稍眼中稀疑用老杜眼前無俗物之意史記平原君傳賓客稍稍引去者過半太白詩古來相接眼中稀送老須公等秋棊未解圍一作小合圍○老杜詩送老白雲邊曹攄圍棊賦曰合圍促陣交相侵伐

送張支使

曠度逢知晚高才處不難文選夏侯湛東方朔畫贊曰遠

心曠度嵇康書云長才廣度無所不淹清秋一鶚上後漢孔融薦禰
衡云鷙鳥累百不如一鶚老杜鵰賦云當九秋之淒清見一鶚直上拭目萬
人看文選楊脩書云觀者駭視而拭目白酒初同醉周禮酒正
注曰昔酒無事而飲也今之酋久白酒所謂舊醳者也樂天詩花時同醉破春愁
黃花已戒寒禮記月令季秋之月曰鞠有黃花國語曰火見而清風戒
寒憑將衰老事一一報長安長安蓋后山舊遊之地前
詩有城南寓居篇即長安所作

送杜侍御純陝西轉運

餽粮千里古無策木牛流馬功不極漢書韓信

傳千里餽粮師不宿飽唐書吏狄傳序劉既謂漢無策蜀諸葛亮以木牛流馬運竟
坐粮不繼不能成功漢書刑法志日兵寢刑措帝王之極功此借用邊頭數
米換黃金老杜詩邊頭公卿仍獨驕莊子曰簡髮而櫛數米而炊晉書劉
翟逼京師米斗金二兩將軍汗馬未伏櫪史記晉世家曰矢石
之難汗馬之勞魏武帝歌曰老驥伏櫪志在千里黠羌人面作胡
語後漢馬援傳曰黠羌旅拒此乃太守事耳漢書匈奴贊曰人面獸心老杜詩云
千歲琵琶作胡語烏鼠貪生爾如許言烏鼠尚知貪生而黠羌
輕生如此晉書王濬傳曰雀鼠貪生苟此一活耳熊虎可避蠡可
驅覆巢熏穴意何如言不必深入窮討也漢書匈奴傳嚴尤曰

視吏狄之侵譬猶蠡之蠹軀之而已禮記曰不覆巢韓詩外傳曰社鼠燻之恐燒木
老杜詩主薄意何如漢虜相當庸可盡選詩漢虜方未和後漢南
匈奴傳窮鳥困獸皆放死況種類繁熾不可單盡又傳論曰漢之疲耗略相當矣
聊城正用一封書史記魯仲連傳燕將保守聊城田單攻之不下
仲連乃爲書約之以矢射城中燕將見書自殺此詩言得人則一書可以弭難何必
窮兵黷武老杜詩自寄一封書今已六月後巧手莫爲無麵餅
誰能留渴須遠井兩句皆善用俗語言治邊不可無人材猶作餅
不可無麵而人材政自有可用者何必遠取如留渴以待井耶杜君自徐就改陝漕
故詩云尒國家有急君得辭漢書陳湯傳曰國家有急君其毋讓

老杜送楊監赴蜀詩云相公鎮梁益軍事無子遺解榻再見今用材復擇誰況君已
高位爲耶得固辭徐人不勞扣關請後漢种暠遷涼州刺史吏
民詣闕請留一年周禮關人注曰扣關猶謁關人也隴上壯士莫捫
舌晉書載記曰隴上壯士有陳安毛詩莫捫朕舌此借用以言壯士得食不復有
喃之憂老杜詩曰運粮繩橋壯士喜河西狂王防係頸河西
狂王謂夏國主也漢書西域傳坐死狂王當誅賈證請必係單于之頸向來
此地幾送迎草間翁仲口不瘖十年兩熟
飽可待一歲四守人何心言徐州數易守臣人必有不安
其生者漢書黃霸傳曰數易長吏送故迎新之費及姦吏緣絕簿書盜財物水經注

（曰鄜南千秋亭壇廟之東挑道有兩石翁仲南北相對又按魏志明帝景初二年鑄銅人二列於司馬門外號曰翁仲東坡罷徐州寄子由詩曰道邊雙石人幾見太守發有知當解笑撫掌冠纓絕則徐州有石人可知后山此詩蓋用東坡意世說和長與問揚右衛何在客曰向來不坐而去）老稚持車車不留（前漢韓延壽傳老稚扶持車轂）歸人不行行轉頭（歸人將須臾未行行即遠矣唐崔塗詩曰自是不歸歸便得即此句法樂天詩萬事轉頭空）關中

正須蕭丞相（漢書蕭何守關中計户轉漕給軍老杜詩關中正留蕭丞相）省內早要富民侯（一本此下又有兩句曰可同一夫在所憫歲晚得無溝壑憂後删去○漢書田千秋爲丞相封富民侯）

送楊侍禁無寄顔黃二公二首（長道魯直）

相逢今已晚同府尚經年衆口不成虎（韓非子曰龐共與太子質於邯鄲謂魏王曰夫市無虎明矣然而三人言成市虎今夫邯鄲去魏遠於市議臣者過三人願王察之）諸公更薦賢（更字作平聲讀）兩親須薄祿（說苑子路曰家貧親老者不擇祿而仕昔者由事二親負米百里之外老杜詩上公有薦者累奏資薄祿）一障欲乘邊（漢書張湯傳武帝謂狄山曰吾使生居一郡能無使虜人盜乎山曰不能居一障間山曰能迺乘障山）往問顔夫子何妨試着鞭（欲令往見顔君以爲道地顔君名復字長道晉書劉琨傳常恐祖生先吾着鞭）

又

多問黃居士終年欠一書（漢書趙廣漢傳曰爲我多謝問趙君元稹詩只是堂前欠一人○君一作人）因人候消息（老杜詩因人問消息）有使報何如（古樂府曰有信數寄書無信長相憶老杜詩欲問平安無使來）向晚逢揚子真堪託後車（文選魏文帝與吳質書曰文學託乘於後車）親年方賴祿不惜借吹噓（阮嗣宗詩寵祿豈足賴此反而用之言以親養之故也家語子貢曰家貧親老不擇祿而仕魏志鄭渾曰孔公緒能清談高論噓枯吹生南史謝朓傳士子聲名未立當共獎成無惜齒牙餘論）

送外舅郭大夫夔路提刑

天險連三峽（易坎卦曰天險不可升也）官曹據上游（老杜詩何當官曹清漢書項羽傳注曰上游水之上流也）百年雙鬢白萬里一身浮（老杜詩百年雙白鬢一別五秋螢莊子曰其生也若浮）可使人無訟（無訟見魯論下句勸其不生事也前詩亦云莫作分外慮晉書王彬傳荊州守文豈能意外行事）寧須意外憂平生晏平仲能費幾狐裘（勸其止足也用晉阮孚一生當著幾兩屐之意禮記檀弓有若曰晏子一狐裘三十年）

雪後黃樓寄負山居士（張仲連）

林廬煙不起老杜詩幾地別林廬城郭歲將窮遲之詩歲窮寒氣驕雲日明松雪選詩雲日相輝映又詩山明望松雪溪山進晚風老杜詩山谷進風京人行圖畫裏鳥度醉吟中太白詩人行明鏡中鳥度屏風裏老杜詩飛閣捲簾圖畫裏唐白樂天自號醉吟先生不盡山陰興天留憶戴公晉書王徽之嘗居山陰夜雪初霽忽憶戴逵逵時在剡溪便夜乘小船詣之經宿方至造門不前而反人問其故徽之曰本乘興而來興盡而反何必見安道耶后山謂興盡則未必相憶寧不爲雪夜之行使有餘興也東坡訪張山人詩萬木鏁雲龍天留與戴公此借用

謝人寄酒

舊香餘味寄黃封黃封謂宮酒以黃羅帕封之東坡詩上尊日日瀉黃封厭見春泥滿眼紅紅泥謂外酒王介甫詩春泥滿眼路嶇嶔此借用其字千乘莫從公子後漢書韓王信傳陳豨慕魏公子招致賓客隨之者千餘乘百壺能為故人東老杜詩不有小舟能盪槳百壺那送酒如泉儀禮聘禮賓之幣唯馬出其餘皆東

從蘇公登後樓

倏作三年別才堪一解顏列子第四篇曰五年之後心更念是非口更念利害老商始一解顏而笑老商氏蓋列子之師也樓孤帶清洛老杜云樓孤屬晚晴元豐中導洛水以爲清汴南都水所過也林缺見巴山東坡蜀人當是時必有望遠思歸之意老杜詩何路出巴山五月池無水張籍詩六月人家井無水夜聞白龍人盡起千年鶴自還續搜神記曰遼東華表柱有鶴集其上曰去家千年今始歸白鷗沒浩蕩愛惜鬢毛班勸公高退以安晚景也老杜詩白鷗沒浩蕩萬里誰能馴又日更憶鬢毛班

送蘇公知杭州

東坡出知杭州道由南京后山時爲徐州教授詣徐守孫覺願往見而覺不之許乃託疾謁告來南京送別同舟東下至宿而歸事見東坡送陳傳道書及劉安世彈章

平生羊荊州追送不作遠羊荊州謂羊祜也以比東坡按晉書羊祜傳督荊州諸軍又按晉書郭奕傳奕字大業爲野王令羊祜嘗過之奕歎曰羊叔子何必減郭大業少選復往又歎曰羊叔子去人遠矣遂送祜出界數百里坐此免官后山既送東坡爲劉安世所彈乞正其罪嘗除太學博士又爲言者以此事論列遂罷此句殆亦詩讖也有客詩云薄言追之注云追送也世說范逵既去陶侃追送不已且百許里文選孫子荊詩傾城遠追送餞我千里道豈不畏簡書言法令不許私出也詩云豈不懷歸畏此簡書劉安世章亦云士於知已不無私恩既郊於官則有法令師道擅去官次陵蔑郡將徇情亂法莫此爲甚放麑誠不忍此句與上句若不相屬而意在言外蓋林所謂活句也按韓非

子孟孫獵得麑使秦西巴載之持歸其母隨之而啼秦西巴弗忍而與之孟孫大怒逐之三月復召以為子傅曰夫不忍麑且忍吾子乎唐陳子昂感寓詩曰吾聞中山相乃屬放麑翁孤獸猶不忍況以奉君終鳴呼觀過可以知仁后山越法出境以送師友亦放麑之類也

一代不數人百年能幾見

后山謝毋授徐州教授落亦日昨緣知舊出守東南念一代之數人而百年之幾見間以重江之阻莫期再歲之逢使一有於先顛為兩途之後悔又謂中山之相仁於放麑亂世之雄疑於食子惟其信之既篤所以行之不疑云云其曰中山之相蓋孫子昂之誤也

昔為馬口銜今為禁門鍵

鮑照詩昔如韝上鷹今作檻中猿老杜詩昔為水上鷗今如罝中兔后山此句頗用其律馬銜猶可脫去禁鍵

不容輙開言官身拘係不可輙出也退之詩歸來得便即遊覽暫以壯馬脫重銜按律宮殿門忘誤不下鍵及毀管鍵而開者皆出罪王逸注楚辭大司命曰大開禁門

一雨五月凉中宵大江滿風帆目力短江空歲年晚

風帆愈遠恨目力不能送之人去江空恍然自失吾之年歲日已遲暮惧其不復再見也其愛賢惜別之意可謂切矣韓詩歲聿其暮薛君曰言君之年歲晚也

送秦觀二首

觀字少章少游之弟也從東坡學於杭州

士有從師樂諸兒却未知欲行天下獨信有俗間疑

柳子厚答韋中立論師道書曰獨韓愈奮不顧流俗抗顏而為師世果羣怪聚罵又曰天下不以非鄭尹而快孫子何哉獨為所不為也漢書陳遵傳曰浮湛俗間

秋入川原秀風連鼓角悲

老杜詩中原鼓角悲

目前豚犬類未必慰親思

子不肖而在親側雖無離憂其志不樂也王脩戒子書曰我老矣所恃汝等皆不在目前意皇皇也晉書列女傳周嵩曰唯阿奴碌碌當在母目下耳吳志孫權傳曹操曰生子當如孫仲謀劉景升兒子豚犬耳

又

師法時難得親年富有餘

荀子曰有師法者人之大寶也北史盧誕傳曰經師易求人師難得漢書齊襄王傳曰皇帝春秋富注云比之於財方未匱竭

端為李君御

後漢李膺傳荀爽嘗謁膺因為其御既還喜曰今日乃得御李公矣

盡得鄴侯書

退之送諸葛覺往隨州讀書詩云鄴侯家多書插架三萬軸

結友真莫逆

史記廉頗傳燕王私握臣手曰願結交莊子曰子桑戶孟子反子琴張三人相視而笑莫逆於心遂相與友

才有不如

終上句意言亦當擇交無友不如己者

補

晉書陶淵明傳吾不能為五斗米折腰拳拳事鄉里小兒退之復志賦曰豈不登名於一科兮曾不補其遺餘此句后山自道也

折腰終不

可但曳長裾

嚴光詩可但步兵偏愛酒漢書鄒陽傳何王之門不可曳長裾詩意謂微官之與布衣其得失相去無幾不必以貧賤依人為羞也

和江秀才獻花三首

風雨東籬冷落看陶淵明詩採菊東籬下悠然見南山清溪水落玉峯寒老杜九日藍田庄詩云藍水遠從千澗落玉山高並兩峯寒酒家不辨當壚賣當壚事見司馬相如傳觀末篇落句江君當是酒家乞與先生種杏壇莊子曰孔子休坐乎杏壇之上台山時爲徐州學官云

又

疎花得雨數枝黄白髮緣愁百尺長老杜丁香詩疎花枝素艶太白詩白髮三千丈緣愁似个長要與老生同一醉故留秋意作重陽

又

江公孤憤不宜秋韓非子有孤憤篇李商隱詩歸夢不宜秋吟作秋虫到白頭東坡詩云吟詩莫作秋虫聲天公怪汝鈎物情使汝未老華髮生過我可爲千日醉博物志曰中山有酒飲者一醉千日從公難作百錢遊詩意謂官居不可放浪也晉書阮脩傳常以百錢掛杖頭至酒店便獨酣暢東坡詩芒鞵青竹杖自掛百錢遊

次韻李節推九日登南山

平林廣野騎臺荒詩曰依彼平林漢書晁錯傳平林廣野此車騎之地文選謝宣遠靈運皆有九日從宋公戲馬臺集送孔令詩李善注云蕭子顯齊書宋武帝爲宋公在彭城九日出項羽戲馬臺至今相承以爲舊準按騎臺即戲馬臺樂史寰宇記曰戲馬臺在徐州彭城縣南三里山寺鳴鐘報夕陽老杜詩人扶報夕陽人事自生今日意寒花只作去年香李後主詩鬢從近日添新白菊是去年依舊黄老杜詩寒花只暫香巾欹更覺霜侵鬢用落帽事語妙何妨石作腸漢書賈捐之傳君房下筆言語妙天下唐皮日休挑花賦序云宋廣平爲相貞姿勁質剛態毅狀疑其鐵腸與石心不解吐婉媚辭然覩其文而有梅花賦清便富麗得南朝徐庾體殊不類其爲人落木無邊江不盡老杜登高詩無邊落木蕭蕭下不盡長江袞袞來此身此日更須忙言節物可念政應行樂尚須汲汲於世故耶

別貿山居士　張仲連

田園相與老此別意何如漢書汲黯傳隱於田園老杜詩此別意茫然又詩主簿意何如更病可無酒言臨分不可不飲縱復病惱猶當勉強也樂天詩欲別能無酒猶寒已自和韓偓詩春陰漠漠土脉潤寒氣微微風意和高名胡未廣後漢許劭傳曰與兄靖俱有高名穀梁曰心志既修而名譽不聞友之過也詩與尚能多老杜詩憶在潼關詩興多退之詩四句意多能沙草東山路猶須一再

過（一再字見司馬相如傳）

送趙教授

東髮相看到白頭丁知公鬢不勝憂（司馬彪續漢書曰卓茂自東髮至白首未嘗與人有過杜牧之公道世間惟白髮貴人頭上不曾饒）可堪親老須三釜（莊子曰曾子再仕而心再化曰吾及親仕三釜而樂）又着儒冠忍一羞（老杜詩儒冠多誤身左氏曰一慙之不忍而終身慙乎）平世功名須晚節向來旬月取封侯（此句用東方朔答客難意熙豐間士大夫進用甚峻今不然也孟子曰禹稷當平世漢書鄒陽傳云晚節末路車千秋傳云旬月取宰相封侯）北州豪傑知誰健（趙君當是北人後漢光武紀北州彊定竇憲傳曰西州豪傑遂復附從老杜詩明年此會知誰健）乞我黃淤十里秋（乞字作去聲讀歐公詩知君欲別西湖去乞我橋南菡萏香又詩換得西湖十頃秋黃淤謂河水所淤之田也漢書溝洫志曰河水有所游盪時至而去則塡淤肥美民耕田之或久無害老杜用塡淤字作平聲東坡亦云楚人種麥滿河淤）

次韻春懷

欲作歸田計有（文選張平子歸田賦）無如二頃何（史記蘇秦傳使我有雒陽負郭田二頃豈能佩六國相印乎）折腰方賴祿（折腰見上注老杜詩上公有薦者累奏資薄祿）拭面未傷和（唐書婁師德傳師德弟守代州辭教之耐事弟曰人有唾面絜之而已師德曰未也絜之是違其怒正使自乾耳公羊傳曰孔子反袂拭面老杜施子詩云與道氣傷和）日下烏聲樂（左傳曰烏烏之聲樂）塵生鳥跡多（世說晉簡文帝爲撫軍時牀上塵不聽拂見鼠行跡視以爲佳后山蓋用此意）渡頭留小揖乘興得相過（乘興見上注文選阮籍詩趙李相經過）

黃梅五首

異色深宜晚（玉臺新詠沈約芳樹詩曰氤氳非一香參差異色）生香故觸人（石曼卿詩樂意相關禽對語生香不斷樹交花樂天繙花詩香塵擬綴坐禪人）不施千點白（玉登徒子好色賦曰著則太白施朱則太赤）別作一家春（一家春見上注）

又

舊鬢千絲白（老杜詩人生不再好鬢髮白成絲）新梅百葉黃（老杜四松詩終然杈撥損得愧千葉黃）留花如有待（退之詩留花不發待郎歸）迷國更須香（言其色自足迷國也尚何須香耶宋玉賦曰嫣然一笑惑陽城迷下蔡）

又

冉冉稍頭綠婷婷花下人（東坡詩冉冉綠霧生人衣杜牧之詩荳蔻梢頭二月春元微之李娃行曰玉顏婷婷街下立）欲傳千里

信暗折一枝春注見上

又

黃裏含真意退之燈花詩黃裏排金粟蓋謂額間花鈿也此借用春
容帶薄寒趙師氏詩委地露花啼曉恨拂堤煙柳弄春容欲知誰
稱面劉禹錫詩綺季衣冠稱鬓面按庾信蕩子賦曰綠葉起衫紅花宜面編
插一枝看

又

花裏重重葉釵頭點點黃秪應報春信故
作着人香玉臺新詠徐君蒨詩草短猶通屧梅香漸着人

田家

雞鳴人當行犬鳴人當歸秋來公事急出
處不待時左傳曰公事有公利孟子日公事畢然後敢治私事昨夜
三尺雨竈下已生泥人言田家樂爾苦人
得知漢書楊惲曰田家作苦歐陽公歸田樂詩曰田家之樂知者誰我獨知之
胡不歸爾苦猶言如許苦也

巨野二首當是後額用教授時所作

紅落芙蕖晚青深蒲稗秋謝靈運詩蒲稗相因依平
湖無過鳥鳴鼓有行舟老杜詩打鼓發船何處郎

又

蒲港侵衣綠蓮塘亂眼紅退之送王塤序云猶航斷港絕
潢老杜竹詩色侵書帙亂宋莒公集梁山泊水無岸行舟多穿菰蒲爲道州人謂之
蒲港此港字恐當作巷將身供世事結纜待回風老杜
詩惟將遲暮供帳病又詩結纜排魚網又詩回風吹早秋

別叔父錄曹

爲吏專刑法漢書薛宣傳吏道以法令爲師成家託弟昆
老杜詩實惟親弟昆三年如昨日一笑更何言三年一笑
用列子事見上注扶老須微祿漢書孔光傳賜太師靈壽杖注扶老
杖也老杜詩耽酒須微祿移官實至恩老杜詩微官近至尊時后山自
徐學移潁王吉傳可謂至恩兩踈元父子何日復東轅
漢書踈廣傳廣謂兄子受曰豈如父子相隨出關歸老故鄉乎遂上䟽乞骸骨公卿
大夫故人邑子設祖道供張東都門外東轅猶左氏所謂南轅反旆

出清口

家世山東飽耕稼孟子曰自耕稼陶漁以至爲帝晚託一
舟順流下爾雅順流而下曰泝游漁溝寒餅不下筯
推柂轉頭更五夜意謂發漁溝時尚未夕食舟行已遲明矣王介
甫詩任村炊米朝食魚日暮滎陽驛中宿與此同意晉何曾傳猶言無下筯處老杜

詩挨拖開頭撻有神漢儀中黃門持五夜平明放溜出清口霜落潮回霧連野歐公詩江城月下夜聞歌淮浦山前朝放溜平淮一夢三十里有日無風神所借撫遺新說王勃自洪州旋舟謝向時所見老叟曰神既借以好風躬修牢酒以報神賜似憐憂患滿人間百孔千瘡容一鑄退之答孟簡書曰羣儒區區修補百孔千瘡隨亂隨失文章末技將自効老杜詩文章眞小技班固幽通賦曰操末技猶必然兮文選任彥昇作王文憲集序曰昉嘗以筆扎見知思以薄技効德漢書蕭望之傳曰爭願自効語不驚人神可嚇后山自謂文章尚不能動人山川之神其可嚇耶老杜詩爲人性僻耽佳句語不驚人死不休莊子曰今予欲以子之梁國而嚇我耶嚇音許嫁反子女玉帛君所餘左傳曰子女玉帛則君有之羽毛齒革則君地生焉其波及晉國者君之餘也按搜神記吳郡太守張公直過廬山其子夢爲廬山君所聘怖而遷發中流船不行下女水中此詩所言子女謂此類也寄聲白鳥煩多謝漢書趙廣漢傳曰寄聲謝我又曰爲我多謝問趙君

泛淮

冬暖仍初日潮回更下風鳥飛雲水裏人語櫓聲中退之進學解曰冬暖而兒號寒杜牧之詩鳥去鳥來山色裏人歌人哭水聲中平野容回顧言望鄉之眼不爲重山所隔老杜詩平野入青徐無山會有終言雖未有可隱之山豈終老於行役而不返故里耶此移顏時所數也易曰君子有終老杜詩人生亦有初此効其律倚樓聊自逸吟嘯不須工晉書王廙倚柂樓長嘯神氣甚逸王導謂庾亮曰世將爲傷時識事亮曰正足舒其逸氣耳又庾氷吟嘯鼓柂泝流而去東坡詩云作詩不須工

猴馬 并引

楚州紫極宮有畫沐猴振索以戲馬頓索以驚圉人不測從後鞭之人言沐猴宜馬而今爲累作詩以導馬意韓鄂四時纂要曰常繫獮猴於馬房內辟惡消百病令馬不着

沐猴自戲馬自驚漢書項籍傳楚人沐猴而冠圉人未解猴馬情周禮圉師掌教圉人養馬猴其天資馬何罪史記商君贊其天資刻薄人也意欲防患猶傷生宋書王泰曰禮雖會性亦以傷生異類相宜亦相失同類相傷非所及非所及猶言非思慮所及也物惡傷其類此理之固然而其間亦有相傷者豈可復以常禮待之耶文選李陵書曰但見異類此借用史記孔子世家曰君子諱傷其類志行萬里困一誤吳志陸遜傳志行萬里不中道而輟足老杜詩當時歷塊誤一蹶委棄非汝能周防吐豆齕茭甘伏櫪

唐李林甫傳曰君等不見立仗馬乎終日無聲而飲三品芻豆一鳴則黜之矣莊子馬蹄篇齕草飲水翹足而陸伏櫪見上注后山自徐學除太學博士以言者罷既而發潁州故有同類相傷與志行萬里誤一困之語

徐氏閑軒　徐氏謂徐大正東坡亦有閑軒詩

倦遊梁楚愛吾廬老寄山林孰與娛漢書司馬相如傳曰客遊梁又曰長卿故倦遊淵明詩吾亦愛吾廬想見杖藜臨過鳥言軒檻之高莊子曰原憲杖藜而應門柳子厚柳州山水記曰乃臨大野飛鳥皆視其背更能赤手縛於菟魯直詩守心如縛虎此用其意言處閑之難也東坡詩當年老使君赤手降於菟左傳曰楚人謂虎於菟君寧

平世輕三釜孟子曰禹稷當平世三釜見上注我亦東原有一區漢書揚雄傳有宅一區擬買嬋娟作歸計可無堆玉斗量珠元微之李娃行曰平常不是堆珠玉難得門前暫徘徊劉禹錫泰娘歌曰路傍忽見停隼旟斗量明珠鳥傳意按嶺表錄異梁氏女有容貌石季倫以真珠三斛買之即綠珠也

寄豫章公三首

后山自注云許官茶未寄○黃魯直家於洪州之雙井洪即古豫章

密雲不雨臥烏龍張舜民小說云熙寧末神廟有旨下建州製密雲龍其品又高於小團周易密雲不雨自我西郊此借用言茶之未破已足人間第一功言未戰而勝睡魔也漢書蕭何功第一無汗馬之勞得諾向來輕季子漢書季布傳楚人諺曰得黃金百不如得季布諾打門何日走周公盧仝謝孟簡惠茶詩曰日高丈五睡正濃將軍打門驚周公蓋用魯論不復夢見周公意后山為學官暗用邊韶事

又

愧無一縷破雙團破團茶法多以線縷解之雙團謂大小團也慣下薑鹽枉肺肝薛能鳥觜茶詩云鹽損添常戒薑宜著更誇東坡和寄茶詩云老妻稚子不知愛一半已入薑鹽煎誓酒不應忘此老晉書劉伶傳伶妻諫伶斷酒伶曰吾不能自禁惟當祝鬼神自誓耳后山持律酒戒甚嚴故有此語論詩寧肯乞麤官薛能謝王彥威寄茶詩曰麤官寄與真抛却賴有詩情合得嘗乞音氣

又

人須百斛買雙鬟百斛見上注玉臺新詠辛延年詩云一鬟五百萬兩鬟千餘萬魯直詩欲買娉婷歌煮茗我無一斛明月珠水截龍章試虎班史記蘇秦傳水截鵠鴈晉書嵇康傳龍章鳳姿此借用其字龍章謂茶虎班謂盞老覺才疎渾不稱自携雲月瀉潺湲樂天詩一別承明三領郡從教人道是粗才老杜詩雲月遞微明此借用其字言建瓷如雲中之月也張平子思玄賦曰亂弱水之潺湲字林曰潺湲流貌湲音爰

亦音侯頑切

贈秦覯兼簡蘇迨二首

两秦並立難爲下史記孟嘗君傳云勢不两立爲雄世說後漢陳寔二子紀字元方諶字季方寔曰元方難爲兄季方難爲弟此句用其事魏略拓鞬妻曰君前在東坐欲擅斬徐州人謂君難爲下今奉爲呂昭屈難爲上也此句用其字萬里長驅在此初成都記萬里橋後主時費禕聘吳諸葛亮祖於此禕曰萬里之行故始於此矣别後未忘三日語唐書陸贄傳張鎰有重名贄往見語三日奇之人來肯作數行書老杜詩相看過半百不寄一行書

又

文章從古不同時言知音未必並世也漢武聞司馬相如賦曰朕獨不得與此人同時哉詩語驚人筆亦奇詩語驚人見上注范曄傳曰謂序論筆勢縱放實天下之奇作柳子厚先友記曰韓會弟愈文益奇過與阿平應絶倒晉書王澄聞魏玠言輙歎息絶倒時人爲之語曰魏玠談道平子絶倒又世說云阿平若在當復絶倒阿平蓋以屬仲豫世間能有幾人知貫休詩云禪客相逢只彈指此心寧有幾人知

次韻秦少遊春江秋野圖后山自注云宗室所畫

翰墨功名裏江山富貴人倦看雙鳥下已負百年身南史梁忠烈世子方等傳云性愛林泉特好散逸嘗著論曰吾不及鳥魚遠矣鳥魚飛浮任其志性吾之進退嘗在掌握若使吾終得與魚鳥同遊則去人間如脫屣耳此宗室事故后山引用蓋舊制宗室在宮有出入之限有不許外交之禁故也老杜詩長爲萬里客有愧百年身

又

江清風偃木霜落鴈橫空老杜詩長林偃風色若箇丹青裏猶須着此翁后山自註曰秦詩云請君添小艇畫我作漁翁○言小游方見用於世非江海之士不當畫之漁舟也晉書顧凱之爲謝鯤象在石巖裏曰此子宜置丘壑中后山蓋反此意着字嘗經東坡用之所謂藏香幼與巖谷裏是也老杜詩秋色彫春草王孫若箇邊黃魯直荅王立之詩曰小詩若能令每篇不苟作須有所屬乃善頃來詩人惟陳無已得此意每令人歎伏之蓋渠勤學不倦味古人語精深非有謂不發於筆端耳觀此詩信魯直之善論也

幼嶺后山自注云外氏有石象山號幼嶺

外家英俊場漢書枚皐傳與英俊并游柳子厚書曰鼓行俊造之場季氏不好弄季氏猶詩所謂伯氏仲氏左傳曰夷吾弱不好弄用意丘壑間頗以石自奉班固序傳班斿曰漁釣於一壑則萬物不奸其志棲遲於一丘則天下不易其樂誰言拳握間後漢張湛

傳拳握之物足富十世意作萬牛重老杜古柏行萬牛回首丘山重
岱宗小天下孟子登太山而小天下不辦一席用東坡
六一泉銘載惠勤語曰西湖蓋歐公几案間一物耳

絕句

斫水水可斷越王勾踐有八劍二名斷水以之指水開即不合續
弦弦可完東方朔十洲記曰煮鳳喙麟角合煎作膠名之為續弦膠兩句
言物理之間合者固有時可斷而斷者寧不可復續耶而客主之交一絕不續亦可
歎矣如何鄭公客不作百年看漢書鄭當時傳兩人中廢
賓主益落故班固作贊引廷尉翟公一死一生乃見交情之語此詩以有謂而作也

贈歐陽叔弼

叔弼名棐六一居士之第三子家於潁州

早知汝潁多能事晉書周顗傳汝潁多奇士能事字出周易汝潁
多奇士本曹操語晚以詩書託下僚選詩英傑沉下僚大
府禮容寬懶慢漢書云敬傳贊再入大府老杜詩自識將軍禮數寬
晉嵇康與山濤書云懶與慢相成故家文物尚嫖姚故家遺俗
見孟子左傳臧哀伯曰文物以紀之此借用漢志景星歌曰五音六律依韋饗昭雜
變丞會雅聲遠姚注云姚嫖姚言飛揚也只將憂患供談笑憂患
字見易係辭王介甫詩已將流景供談笑聊謂知音破鬱陶敢望功言
荅聖朝功言見上注老杜詩未有涓埃荅聖朝歲歷四三仍
此地歲歷四三謂十二年也下篇亦云中年見二子已復歲一終尚書或四三
年此借用其字也家餘五一見今朝歐陽文忠公自號六一居
士作傳曰吾家藏書一萬卷集錄三代以來金石遺文一千卷有琴一張有棊一局
常置酒一壺客曰是謂五一爾何如居士曰以吾一翁老於此五物之間是豈不為
六一乎時居士已薨故曰家餘五一

后山詩註卷第二

后山詩註卷第三

觀兗文忠公家六一堂圖書 歐陽文忠封兗國

生世何用早我已後此翁 柳子厚答衷饒州論陸先生春秋書曰若吾生前距此數十年則不得是學矣今適後之不爲不遇也此句頗用其意且爲下句張本曹子建求自試表曰士之生世入則事父出則事君

頗識門下士 南豐東坡皆六一門下士東坡送曾子固詩曰醉翁門下士雜沓難爲賢

略已聞其風 莊子雜篇曰墨翟禽滑釐聞其風而悅之

中年見二子 晉書王羲之傳謝安曰中年以來傷於哀樂二子謂棐與辯棐字叔弼辯字季默

已復歲一終 左傳晉侯曰十二年是謂一終一星終也

呼我過其廬所得非所蒙 漢書禹貢傳識非草茅愚臣所宜蒙也

先朝群玉殿 范蜀公東齋記嘉祐七年十二月二十三日召近臣天章閣下觀書閣瑞物上親作飛白書令左右摺笏以觀又令王禹王跋尾人賜一紙既而置酒羣玉殿云云歐公有謝賜飛白書詩并序其遊其事長編丙申庚子九丙宴羣玉殿賜書在丙申

冠佩環群公 雲漢詩羣公先正

神文煥王度 仁宗諡號神文聖武明孝皇帝左傳曰思我王度式如玉式如金

喜色見天容 老杜詩天顏有喜近臣知東坡詩天容玉色誰敢畫

御榻誰復登 法書要錄曰唐太宗宴玄武門作飛白書衆臣乘酒競太宗手中相競散騎常侍劉洎登御床引手然後得之

帝書元自工 此言仁宗之書元自工非因瑞而大也下句蓋終此意南史劉穆之傳宋武帝書素拙穆之曰公但縱筆爲大字一字徑尺無嫌大既是有所包其勢亦美帝從之一紙不過六七字便滿故東坡謝賜御書表曰筆縱字大笑宋武之未工

黃綃兩大字 老杜詩鬱鬱三大字蛟龍岌相纏

一覽謾無從 世說王東亭曰一覽而盡禮記孔子曰予惡夫涕之無從

似欲託其子天意人與同 謂英廟曰孟子曰天與子則與子韓魏公作仁宗哀冊敘羣玉賜書事云因疑前會之非常似與羣王之叔訣意當時必有顧託之語也七年八月英宗立爲皇子十二月宴羣王皇子與宴又召韓琦至御榻前賜酒一卮明年三月仁宗崩

歷數況有歸 尚書舜命禹曰天之歷數在汝躬

敢有貪天功 左傳晉侯賞從亡者介之推不言祿曰天未絕晉必將有主主晉祀者非君而誰天實置之而二三子以爲己力不亦誣乎竊人之財猶謂之盜況貪天之功以爲己力乎初元豐三年王堯臣之子同老上書言其父定策之功詔贈太師元祐五年殿中侍御史賈易言堯臣攘韓琦之大勳故此句指其事

集古一千句

明明並群雄 集古目錄跋見居士集

誰爲第一手未有百世公 百世公謂公論也與上羣公韻不相妨南史齊高帝嘗與王僧虔賭書筆帝曰誰爲第一僧虔對曰臣書臣中第一陛下當帝中第一

廟器刻科斗寶樽播華蟲 尚書序疏曰科斗書古文也所謂蒼頡本

體向書注華蟲雉也宗廟彝撙亦以山龍華蟲爲飾此言集古鍾鼎書緬懷
弁髦士酬獻鳴瑽瑢弁髦士謂陪祭諸臣韻書曰瑽瑢佩聲也
文選潘岳西征賦曰想佩聲之遺響若鏗鏘之在耳揷架一萬軸退之
詩鄴侯家多書揷架三萬軸遺子以固窮前漢韋賢傳遺子黃金滿
籯不如教子通一經固窮見魯論素琴久絕絃晉書陶潛傳蓄素琴
一張弦徽不具韓詩外傳鍾子期死伯牙擗琴絕弦綦酒頗闕供自集
古一千卷以下至此已見前卷贈叔瀰詩春明退朝錄曰宗袞嘗言律云可從而違
堪供而闕亞六經之文明皇幸蜀記韋諤曰先無闕擬又恐闕供此借用向來
一瓣香敬爲曾南豐世雖嫡孫行向來見上注諸

方開堂至第三瓣香推本其得法所自則云此一瓣香敬爲某人云云曾鞏子固建
昌南豐人於歐公猶宗門中嫡子而后山又師南豐乃其孫也后山以東坡薦得官
作此詩時東坡政爲郡守終無少貶阿附之意可謂特立之士矣然亦知東坡之大
必能受之也名在惡子中此后山自貶損也前漢尹賞傳賞爲長安
令舉長安中輕薄少年惡子悉籍記之斯人日已遠千歲幸
一逢老杜詩古人日已遠青史字不泯東坡答舒煥書云歐陽公天人也天之
生斯人意其甚難非且使之休息千百年恐未能復生斯人也吾老不可
待草露濕寒螢草露濕寒螢自言哀傷之意寄於詩什如秋蟲之悲
鳴也歐公詩蓋云堪笑區區郊與島螢飛濕露吟秋草老杜詩草露亦多濕

送蘇迨

覓中歷歷着千年北史崔㥄傳鄭伯猷數曰曾中貯千卷書使人
那得不畏服老杜詩歷歷開元事分明在目前傳燈錄智常禪師謂李渤曰使君李
頂放踵如椰子大萬卷書在何處着此詩用着字甚佳筆下源源赴
百川唐蔣渙送魏淄州序云筆海納流於百川詞峯削成於二華孟子注云源
源如流水與源通荀子宥坐篇論水曰其赴千仞之谷不惧似勇謝靈運擬魏太子
詩日百川赴巨海真字飄揚今有種真字多患窘東帷東坡筆
墨超然於楷法之外退之雪詩皮濤何飄揚漢書陳勝傳侯王將相寧有種耶清
談絕倒古無傳絕倒見上注孟子曰是以後世無傳焉出塵

解悟多爲路傳燈錄讓禪師曰汝等六人同證吾身各契一路此言多
爲路言當開廣不着一邊也隨世功名小着鞭言不用汲汲於
功名也着鞭見上注樂天詩青雲上了無多路却要徐驅穩着鞭白首相
逢恐無日幾時書札到林泉選詩客從遠方來惠我一
書札老杜詩時應問衰病書疏及滄浪

送黃生無寄二謝二首

南第諸兄蚤相見南第猶言南宅也南史元凶劭傳有此字別
時託子以無倦南史謝弘微傳叔父混爲韻語以獎勸靈運等並有
戒厲之言唯弘微獨盡褒美曰微子基微尚無倦由慕藺勿輕一簣少進往必千仞

后山詩意謂黃生諸兄以其弟訖之爲其好學盖知所慕向也百年論交見子知老杜詩論交翻恨晚百歲言其久要也左傳曰他日吾見子面而已今吾見子之心矣一朝取別寧吾願老杜詩取別何草草按十二國史云宓子賤爲單父宰行過揚晝取別淵明歸去來辭曰富貴非吾願妙歲遠遊真所難言其不懷安也肯為得官近長安唐人語曰欲得官近長安聖作詩書端有意猶須用心科舉外意譏王氏經術其送邢居實序論之詳矣

又

城西兩謝俱能文穰丞精悍吾所聞謝景初字師厚二子悰愔皆知名穰縣令屬鄧州漢書嚴延年爲人短小精悍每讀吾詩得人意南史何遜傳沈約曰吾每讀卿詩一日三復猶不能已後漢禰衡爲黃祖作書記輕重疏密各得其體祖曰處士正得祖意如祖腹中之所欲言也使不能文已可人世說謝安少時請阮光祿道白馬于時謝不即解阮語重相諮盡阮乃歎曰非但能言人不可得正索解人亦不可得禮記雜記曰管仲遇盜取二人焉上以爲公臣曰所與遊辟也可人也我昔謝公門下士早年妄作功名意如今老寄潁河東九泉雖深愧此公謝公即師厚退之送陸暢詩我實門下士力薄蠅與蚊受恩不即報永負相中墳暢蓋長源之子也此詩畧采其意

次韻蘇公西湖徙魚三首

窮秋積雨不破塊霜落西湖露沙背退之詩嗷嗷鳴鴈鳴且飛窮秋南去春北歸又詩時秋積雨霽西京雜記董仲舒曰太平之時雨不破塊大魚泥蟠小魚樂揚子曰龍蟠於泥蚖其肆矣莊子曰鯈魚出遊從容是魚樂也老杜詩小魚脫漏不可紀半死半生猶戢戢大魚傷損皆垂頭屈強泥沙有時立高丘覆杯水如帶言水淺而丘露其狀如此爾雅釋丘曰如覆敦者敦丘注云敦盂也何遜雜詩溢水縈如帶魚窮不作搖尾憐退之與韋舍人書若俛首帖耳搖尾而乞憐者非我之志也公寧忍口不忍鱠樂天詩忍心兩三日莫作破齋人東坡元韻云老守縱饞那忍鱠脩鱗失水玉參差柳子厚鏡歌曲日手撥天芳截脩鱗莊子曰吞舟之魚湯而失水晚日搖光金破碎退之詩竹影金瑣碎此借用以言鱗鬣映日而光也咫尺波濤有生死安知平陸無灘瀨老杜觀打魚歌云咫尺波濤永相失又詩終然灘瀨戲[?]此身寧供刀几用着意更須風雨外御史言蘇公舊詩有聞諱而喜之語公遂其外補得潁州后山詩意或謂此後篇又云防有任公釣江海亦此意也史記樊噲曰人方爲刀俎我爲魚肉續世說曰周玄豹有袁許之術見王都曰形若經魚難免刀杌都竟被殺東坡詩天公自着意是間相忘不為小左傳蹇叔曰必死是間莊子曰魚相忘於江湖

濠上之意誰得會莊子與惠子遊於濠梁之上莊子曰儵魚出遊從容是魚樂也惠子曰子非魚安知魚之樂莊子曰子非我安知我不知魚之樂

枯魚雖泣悔可及古樂府曰枯魚過河泣何時復還入作書與魴鱮相教慎出入莫待西江與東海以上四句皆終前意言外郡亦足爲樂優游卒歲可以避禍也莊子曰周顧視車轍中有鮒魚問之對曰我東海之波臣也君豈有斗升之水而活我哉周曰我且南遊吳越之王激西江之水而迎子可乎鮒魚忿然曰君言此曾不如索我於枯魚之肆

又

赤手取魚如拾塊孫樵與王霖書曰如赤手捕長蛇 又李商隱詩日洞庭魚可拾不用更垂罾布網鳴舷攻腹背後趙王泰誅拚閔曰若我出戰必腹背受敵豈知激濁與清流唐書王珪傳曰激濁揚清吳志賀劭傳曰遂使清流變濁北夢瑣言朱全忠賜舊相裴樞等自盡李振曰此輩正謂清流宜投黃河永爲濁流魯直詩我亦洗湔與清流恐懼駢頭羣翠帶易曰貫魚以宮人寵王弼注云駢頭相次似貫魚也老杜詩水荇牽風翠帶長居士仁心到魚鳥此句法用行葦詩仁及草木之意文選四子講德論曰恩及飛鳥列子曰天之於民厚矣植五穀生魚鳥以爲之用會有微生化餘膾左思吳都賦曰雙則比目片則王餘注云越王鱠魚未盡因以其半棄之爲魚遂無一面寧容網目漏吞舟晉書顧和答王導曰明公作輔寧使網漏吞舟何緣採聽風聞以察察爲政世說劉文幹答魏文帝曰亦由陛下網目不疏誰能烹鮮作苛碎老子曰治大國若烹小鮮我亦江湖釣竿手杜牧之詩惆悵江湖釣竿手却遮西日向長安悞逐輕車從下瀨漢武帝紀公孫賀爲輕車將軍甲爲下瀨將軍鮑明遠詩後逐李輕車生當得意落鷗邊後漢梁竦曰生當封侯死當血食后山反而用之故下句云云列子曰海上之人從鷗鳥遊漚鳥之名者百數而不止其父曰汝取來吾玩之明日之海上漚鳥舞而不下文選子虛賦云雙鶬下李善注引爾雅曰落也談苑載鄭文寶詩云雙溪時落海邊鷗何用封侯墮鳶外後漢馬援傳援擊交趾破之封新息侯從容謂官屬曰吾從弟少游常哀吾慷慨多大志當吾在浪泊西里間虜未滅之時仰視飛鳥站站墮水中卧念小游平生時語何可得也不如此意今得所用孟子校人事得其所哉之意置身暗與神明會退之贈李觀詩曰北極有羈羽南溟有潛鱗川原浩浩隔影響兩無因風雲一朝會變化成一身誰言道里遠感激疾如神世說謂晉武帝山濤不學孫吳而暗與之會徑須作記戒鯨鯢太白枯魚過河泣曰作書報鯨鯢勿恃風濤勢防有任公釣東海莊子曰任公子有大鈎巨緇五十犗以爲餌投竿東海已而大魚牽巨鈎而下任公子得若魚離而腊之

又

詩成落筆驥歷塊不用安西題紙背此兩句指東坡詩語俊快書復推奇也漢書王褒傳曰駕齧膝驂乘旦過都越國蹶如歷塊柳子厚詩云書成欲寄庾安西紙背應勞手自題注云家有右軍書每紙背庾翼題云王右軍六紙小家厚歛四壁立拆東補西裳作帶此兩句自言窮於衣食也後漢陳蕃曰小家畜産百萬之資寒山子詩與道殊懸遠拆東補西爾左傳曰樂桓子請帶於叔孫豹豹召使者裂裳帛而與之曰帶其褊矣堂下觳觫牛何罪見孟子太山之陽人作膾莊子曰盜跖膾人肝而餔之同生異趣有如此餅懸覺聞終一碎史記李斯傳曰異趣以爲高退之送惠師詩云去矣各異

趣何爲浪占巾漢書陳遵傳揚雄作酒箴曰觀瓶之居居井之眉處高臨深動常近危一旦還礙爲瓽所轠身提黃泉骨肉爲泥自用如此不如鴟夷云云此詩言仁與不仁趨向各異而不仁者鮮有不及如餅與鴟夷所居不同要之鴟夷保全而餅終不免也瓽音丁浪反井以磚爲甃者也流水長者今公是雨花散亂投金瀨金光明經曰流水長者自在光王之子也見有一池其水枯涸於其池中有十千魚遂將二十大象載皮囊盛河水瀉至池中水遂彌滿又爲施食解說十二因緣并稱說寶勝佛名後十千魚同日命終生忉利天是諸天子復至本處空澤池所復雨天華使從此沒還忉利宮法華經曰彌勒當知爾時彌勒菩薩豈異人乎我身是也求名菩薩汝身是也吳越春秋曰伍子胥伐楚還栗陽

瀨水上欲報自殺婦人以百金不知其家投金瀨水中而去人言充庖須此輩老杜鷄詩充庖爾輩堪盧仝放魚歌曰此輩肥脆爲絶尤慈觀更須容度外法華經偈曰悲觀及慈觀此引用當作去聲讀南史謝朏傳曰殺之則成其名正應容之度外賜墻及肩人得視此后山自言其詩淺近也下有荅魏衍詩亦云我詩淺短子貢墻衆目俯視無留藏按魯論賜之墻也及肩窺見室家之好公才槃槃一都會晉陽秋云諺曰大才槃槃謝家安漢書地理志勃碣間一都會有憐其窮與不朽我亦牽聯書玉海意謂好事者或以此詩附見東坡集中是與之以不朽之名也不朽字見左傳退之張法曹墓碣曰若爾吾東必求夫子銘是爾與

吾不朽也又荅元稹書曰足下與甄濟父子俱宜牽聯得書南史張融自名其集爲玉海今以比東坡集

次韻蘇公西湖觀月聽琴

清湖納明月遠覽無留雲選詩璇題納明月嵇康琴賦曰情舒放而遠覽退之詩何限青天無片雲人生亦何須東坡詩我生亦何須一飽方想滅按蕭子顯齊書裴昭明曰人生一身之外亦復何須有酒與桐君陶隱居本草序有桐君藥錄此借用意謂琴也自醉寧問客用陶淵明意見下注一盃復一盃太白詩一盃一盃復一盃平生今不飲意得同酣醺后山以戒律止酒高僧白密傳云神

頷意得頷盡言前清言氷玉質劉禹錫聯句云清言如氷五選龍貫珠璣壞衲山水紋東坡嘗被衲衣蓋金山了元師所贈也彈精有後悟自言根領會之不早故碑竭其精思也畜耳無前聞言聞所未聞也老杜曰畜眼未見有禮記檀弓曰何居我未之前聞也潛魚避流光水至清則無魚蓋此意也文選袁宏三國名臣序贊曰潛魚擇淵上林賦曰擊流光曹子建詩明月照高樓流光正徘徊歸鳥投重昏老杜詩仰羨黃昏鳥投林羽翮輕文選頭陀寺碑曰曜慧日於康衢則重昏夜曉信有千丈清不如一尺渾四句皆勸蘇公含垢納污之意涉頴詩亦云至潔而納汙此水真吾師蘇公送魯元翰詩云皎皎千丈清不如尺水渾故

后山言卬有以卬之老杜詩信有人間行路難

次韻蘇公涉頴

衝風不成寒楚辭衝風至兮揚波注衝隘也脫木還自奇文選謝莊月賦曰洞庭始波木葉微脫坐看白日晚起行清頴湄楚辭九歌曰白日晼晚其將入兮文選虞陽子詩曰飛孤白日晚三冗未為得馮諼曰狡兎三窟僅得免死晉書王衍謂弟澄敦曰卿二人在外而吾留此足以為三窟矣司馬相如傳楚亦未為得也一舟不作癡二句似託意以坡避謗請郡為得策晉傳咸傳揚濟與咸書曰生子癡了官事官事未易了也了事正作癡復為快耳詩意謂放情物外非俗吏所為路暗鳥

遺音周易小過飛鳥遺之音江清魚美姿後漢李固傳搔頭弄姿老杜林熱鳥開口江渾魚掉頭守定怪物變莊子曰宇泰定者發乎天光意行覺舟遲列子管夷吾曰姿意之所欲行劉禹錫蠻子歌曰腰斧上高山意行無舊路此借用其字謂神遊八表非楫櫂所及公與兩公子妙語含風漪兩公子謂兩歐陽也漢書賈捐之傳曰君房下筆言語妙天下退之韓詩曰卷送八尺含風漪此借用以言風行水上自然成文也但怪笑談劇漢書揚雄口吃不能劇談莫知賓主誰後漢書龐德公傳注曰司馬德操嘗詣德公值其渡沔上先人墓德操徑入其堂呼德公妻子使速作黍須臾德公還直入相就不知何者是客也東坡詩明日德公當上冢

不知誰主復誰賓得句未肯吐鬱鬱見睫眉魯直詩李侯有句不肯吐又云眉間鬱鬱似陰功劉禹錫詩依依見眉睫按莊子曰向吾見若眉睫之間因以得汝矣相從能幾何行樂當及茲漢書楊惲傳人生行樂耳古詩曰為樂當及時何能待來茲生忍自作難猶言徒自苦也太白詩迴山轉海不作難百憂間一嬉詩云我生百憂莊子盜跖篇曰人上壽百歲中壽八十下壽六十除病瘦死喪憂患其中開口而笑者一月之中不過四五日而已耳時尋赤眼老傳燈録廬山歸宗寺智常禪師以目有重瞳遂將藥手按摩目眥俱赤世號赤眼歸宗東坡喜從僧遊故有此句不探黃口兒晉書王澄脫衣上樹探鵲鷇而弄之

劉琨謂澄外雖散朗而內實動俠以此處世難得其死家語曰孔子見羅雀者所得皆黃口小雀曰大雀善驚而難得小雀貪食而易得北史崔悛傳崔暹啓悛竊言文襄帝寫黃口小兒**解公頭上巾一洗七年緇**昭明太子作陶淵明傳曰取頭上葛巾漉酒李太白詩豈負頭上巾沈休文新安江水詩曰絲吾隔泥滓豈假濯衣巾願以潺湲水沾吾纓上塵選詩京洛多風塵素衣化成緇緇黑色也蘇公謫居黃州九七年爲庚塵所汚多矣**至潔而納汚**左傳曰川澤納汚**此水真吾師**老杜詩痛飲真吾師**須公曉二子**列子曰因往曉之司馬遷書曰以曉左右**人自窮非詩**歐公作梅聖俞詩集序曰非詩之能窮人殆窮者而後工也兩歐陽不肯作詩故欲以此曉之

再次韻蘇公示兩歐陽

公詩周魯後謂歐公詩可繼周詩魯頌也**曳曳垂天雲**壯子曰鵬怒而飛其翼若垂天之雲**府中顧長康**晉書顧愷之字長康桓溫引爲參軍甚見親昵詩意以比趙德麟德麟時簽判潁州按東坡從潁詩亦曰趙陳兩歐陽同參天人師觀妙各有得共賦泼額詩**風味如麴君**開天傳信記曰葉法善與朝士數人會元真觀有人請麴秀才突入坐中少年秀美語論不凡葉疑其非人潛飛小劍擊之應手墜地乃一酒榼中有美醞共飲之皆曰麴生風味不可忘也**非公無此客**晉書謝安見桓溫既出溫問左右頗嘗見我有如此客否**請壽兩山樽**漢書樓護傳王邑居樽下稱賤子上壽周禮司尊彝曰其再獻用兩山樽**叔季大儒後**謂叔弼季默兩歐陽也荀子曰大儒可爲三公**偏醒亦同醺**言其清而不隘老杜詩漁父忌偏醒南史羊偑傳不飲酒而好賓游終日獻酬同其醉醒**心與栢石堅**退之詩栢生兩石間**章成綺繡文**老杜詩揮翰綺繡揚歐公詩亦云東家大守詩尤美組織文章爛如綺按漢哀帝紀止織綺繡**多難獨不補少戇今無聞**兩句后山自謂也老杜詩多難身何補漢高帝紀曰王陵小戇魯論曰四十五十而無聞**時無古今異智有功名昏**史記平原君贊曰利令智昏後漢馬援傳論曰援戒人之禍智矣而不能自勉於讒隙豈功名之際理固然乎夫利不在身以之謀事則智慮不私已以之斷義必厲云云

可使百尺底不作數斗渾四句皆勸公絜身高退之意前漢溝洫志曰涇水一石其泥數斗詩意謂功名之昏人猶泥之濁水

次韻蘇公勸酒與詩

五士三不同煩公以詩許東坡守潁時趙德麟作簽判后山爲學官其兄傳道來過而歐陽叔弼季默家居於潁東坡送傳道詩所謂五君從我遊是也兩歐陽以新免毋喪不肯作詩后山以持律不飲酒故云三不同**強酒古所譏**孔叢子曰平原君強子高酒曰堯舜千鍾孔子百觚古之聖賢無不能飲也吾子何辭焉子高曰聖賢以道德燕人未聞以飲也后山此句自解其不飲**妙語神其吐**謂詩可以感鬼神也左傳曰神其吐之乎此句勸兩

歐陽作詩也
自念每累人舉扇無我污
兩歐陽以后山不飲酒故不作詩因有累人之句晉書王導傳導不平庾亮常遇西風塵起舉扇自蔽曰元規塵汚人
復使兩歐陽縮手不分付
退之祭柳子厚文曰大匠旁觀縮手袖間
平生西方社
此以下后山自述高僧慧遠傳劉遺民雷次宗等依遠游止乃於精舍無量壽像前建齋立誓共期西方樂天詩曰南祖心應學西方社可投
努力須自度
古詩努力加餐飯遺教經曰當念無常之火燒諸世間常求自度
不憂龜九頭
法苑珠林云唐趙文信暴死三日復蘇自說閻羅王令引出庾信乃見一大龜身一頭九作人語云我爲生時好作文章妄引佛經雜揉俗書又誹謗佛法故受此苦
肯爲語一誤
此句本用百丈野狐話而借用謝安傳中語按僧問前百丈云大修行人還落因果無丈曰不落因果以語謬故墮野狐趣後百丈爲更之曰不昧因果晉書謝安語安語未嘗誤而忽一誤衆異之尋覺
頓悟而漸修
修一作進
從此辭世故
楞嚴經曰理則頓悟乘悟併銷事非頓除因次第進傳燈錄圭峯禪師傳曰顯頓悟資於漸修陶淵明詩終身與世辭文選嵇康書曰世故繁其慮七不堪也
公看萬金產寧能一朝具
言證果位亦因進修之漸也退之詩指渠相告言此是萬金產
兩生文章家
此以後屬兩歐陽柳子厚於楊憑書曰丈人以文律通流當世鼎列天下號爲文章家
風紀鳴蟬賦
歐公有鳴蟬賦又有跋云予因學書起作賦草宅兒一視而過

獨小子棐守之不去此兒必能爲吾此賦也因以予之
請公堅城壘
世說謝胡兒語庾道季曰諸人暮當就卿談可堅城壘
兵來後無數
前漢閩粵王傳曰漢兵衆強即幸勝之後來益多禮記聘義曰燕與時賜無數

次韻蘇公督兩歐陽詩

吟聲正可候蟲鳴
柳子厚詩門掩候蟲秋東坡詩云欲遣何人賡絕唱滿階桐葉候蟲吟
酒面猶須作老兵
言二君自可作詩尚何須待我飲耶晉書謝奕嘗逼桓溫飲溫走避之奕遂引溫不真帥共飲曰失一老兵得一老兵
豈有文章妨要務
文選揚修荅臨淄侯牋曰若乃銘功景鐘書名竹帛斯自雅量所畜也豈與文章相妨害哉晉書謝安傳王羲之曰虛談廢務浮文妨要吳志陸抗傳曰無用兵馬以妨要務
孰知詩律自前生
孰與熊同后山多用孰知字按資治通鑑慕容翰曰且吾孰知步夜干之爲人老杜詩曰詩律羣公問王維詩曰宿世謬詞客前生應畫詩
向來懷璧真成罪
左傳曰匹夫無罪懷璧其罪此句本用懷寶迷邦之意而借用此語以譬二子不肯出詩未免爲累也
未必舍光不屢驚
此言雖欲自晦而固已駭世矣文選崔子玉座右銘曰曖曖内含光莊子曰列禦寇遇伯昏瞀人伯昏瞀人曰奚方而反曰吾驚焉曰惡乎驚曰吾食於十漿而五漿先饋夫内誠不解形諜成光以外鎮人心使人輕乎貴老而整其所患
血指汗顏終縮手
退之祭柳子厚文曰不善爲斲血指汗顏巧匠傍觀縮手袖間

此懷端復向誰傾 老杜詩曰一生衿抱向誰開太白詩曰君心不肯向人傾

次韻蘇公題歐陽叔弼息齋

行者悲故里 漢書高祖紀遊子悲故鄉 居者愛吾廬 陶淵明詩吾亦愛吾廬 生須着錐地 莊子曰堯舜有天下子孫無置錐之地 何頼汗牛書 柳子厚陸文通墓表曰其為書處則充棟宇出則汗牛馬 丈室八尺床稱子閉門居 唐顯慶中王玄策使西域至毗耶離城維摩居士石室以手板縱橫量之得十笏故名方丈維摩經云即以神力空其室内唯置一床以疾而臥樂天間居自題詩曰此是白家翁閉門終老處 百為會有還 龐德公所謂趣舍行止亦人之巢穴也且各得其栖宿而已 一足不願餘 一足字見上注左太沖詠史詩曰飲河期滿腹貴足不願餘 紛紛老幼間失得了懸虛 人生自勿追老或得或失得失皆歸於一空也 客在醉則眠聽我莫問渠 南史陶淵明傳淵明嘗曰我醉欲眠卿可去東坡有詩及是日醉中有客眠何害須信陶潛未苦賢 論勝已絕倒 絕倒見上注 句妙方愁予 楚辭目眇眇兮愁予此借用自恨其詩之不如也 竹几無留塵 選詩巢幕無留燕此用其語律 霜畦有餘蔬 老杜詩霜中登故畦莊子曰鼠壤有餘蔬 相從十五年不為食有餘 用史記馮讙事退之招楊之罘詩日前陳百家書食有肉與魚 時須一俛仰君可待蘧蒢 說文曰蘧蒢粗竹席也王介甫詩云窻明兩不借榻靜一蘧蒢

次韻蘇公竹間亭絕句

后山自注云是夕公畫枯木

竹裏高亭燈燭光 老杜詩竹裏行厨洗玉盤又詩今夕復何夕共此燈燭光 今年復得杜襄陽 晉杜預嘗鎮襄陽今以比蘇公 倏看老蓋千年後 謂畫枯木老杜覔松栽詩日欲存老蓋千年意為覔霜根數寸栽 更想霜林百尺強 因以屬蘇公南史王規傳曰王威明千里絕足百尺無技真俊人也老杜詩四松初栽時大抵三尺強筭家以有餘爲強

寄參寥

吳中詩僧道潛自號參寥子

平生西方願 西方社見上注 擺落區中緣 淵明詩曰擺落悠悠談謝靈運詩日緬邈區中緣 惟於世外人相從可忘年 南史江總傳張纘等與為忘年交 道人貧公徒相識幾生前 老杜詩贊公湯休徒 早作步兵語 晉阮籍為步兵校尉鍾嶸詩品曰籍時雖無雕琢之巧而詠懷之作可以陶冶性靈幽致言在耳目之內情寄八荒之表洋洋乎會於風雅矣 晚參雲門禪 雲門大師文偃見傳燈錄 拾策孤山下一室頗蕭然 孤山在錢塘昭明太子陶潛傳

日環堵蕭然
林昏出幽磬竹杪橫疎煙老杜詩林昏罷
幽磬孫何詩秋磬出疎林
昨日寄書至坐想參寥泉東坡
嘗作參寥泉銘序曰予出守錢塘參寥子在焉卜智果精舍居之鑿石得泉加洌乃
名之參寥泉
此泉如此公遇物作清妍退之月池詩若
不妬清妍却成相映燭
一別今幾時綠首成白顛後漢
蔡邕傳曰華顛胡老
子亦憐我老我豈要子憐老杜詩不
聞八尺常衆目憐
會逢萬里風一繫五湖船老杜
詩安得萬里風又詩永繫五湖舟按南史宗慤曰願乘長風破萬里浪國語曰范蠡
遂乘輕舟以浮於五湖
酌我巖下水咽子山中篇東坡
詩云吾詩堪咀嚼聊送別酒燕

北渚

南蕩不可度北渚風浪生老杜詩春江不可度二月已風
濤又詩牛女年年渡何曾風浪生
向來狐兔迹已復蛟鼉
鳴文選張孟陽詩云狐兔窟其中宋書五行志曰吳孫亮初公安有白鼉鳴

東樿

東阡急雨不成泥老杜詩急雨捎溪足又詩山雨不作泥
度
窮穿青取徑微歐公詩一徑入蒙密已聞流水聲行穿翠篠盡忽見
青山橫老杜詩微徑不復取
邂逅無人成獨往詩曰邂逅相遇

適我願兮莊子德充符注曰夫心之全也遺身形忘五藏忽然獨往而天下莫能離
慇懃有月與同歸老杜詩昨夜月同行

八月十日二首

一夢人間四十年只應炊竈固依然異聞集云
道士呂翁經邯鄲道士邸舍中有少年盧生自歎其貧困言訖即思寐時主人方蒸
黃粱爲饌翁乃探囊中枕以授之生夢自枕竅入其家見其身富貴五十年老病而
卒欠伸而悟呂翁在傍主人炊黃粱尚未熟又退之詩云閭里故依然
兩官
不辦一丘費言俸薄不辦買山錢也時后山再爲學官班固叙傳班嗣
曰棲遲於一丘則天子不易其樂
五字虛隨萬里船言空有詩
名播於異域也北夢瑣言杜荀鶴詩只將五字句用破一生心賈島哭孟東野詩云
塚近登山道詩隨過海船老杜詩下臨不測江中有萬里船

又

人生七十今強半老去光陰已後身老杜詩人
生七十古來稀
更欲置身須世外世間元自不關
人樂天詩應須繩墨機關外安置疎愚鈍滯身又云置心世事外無喜亦無憂

迎新將至澧城莫歸遇雨

早投林野違風雨晚傍塵沙飽送迎言出處勞
逸之異也張華鷦鷯賦曰違鍾岱之林野老杜詩塵沙傍蜂蠆又詩徵君晚節傍風

塵又詩萬里巴渝曲三年實飽聞前漢韓信傳趨拜送迎却愧兩街屠販乍卧聽車馬過橋聲從俗疲苦反不如市人之安逸也東坡詩識君拄杖過橋聲

即事

老覺山林可避人魯論曰與其從避人之士也豈若從避世之士哉正須麋鹿與同群潘岳關中記曰辛孟年七十與麋鹿同羣遊世謂之鹿仙老杜云全生麋鹿羣却嫌鳥語猶多事強營陰晴報客聞此句必有所指北史高阿那肱曰漢兒多事強知星宿東坡詩不會人間閑草木豫人何事管興亡魯直詩竹山虫鳥朋友語詩論陰晴怕風雨

齋居

青奴白牯靜相宜黄魯直云趙子充示竹夫人詩蓋涼寢竹器憇臂休膝似非夫人之職爲名曰青奴傳燈録長沙岑和尚曰貍奴白牯却知有蓋謂水牯牛也此詩借用似言白角簟老罷形骸不自持南史蔡興宗傳沈慶之曰加老罷私門兵力頓闕老杜詩白頭老罷舞猶歌漢書楊王孫傳頭進醫藥厚自持一枕西窻深閉閣漢書韓延壽傳入卧傳舍閉閣思過卧聽叢竹雨來時賈島詩宿客未眠過半夜獨聞山雨到來時

中秋夜東刹贈仁公

盈盈秋月不餘分東坡樂府云三五盈盈還二八漢書律曆志曰商十二月甲申朔旦冬至無餘分葉露懸光可數塵老杜對月詩此時瞻白兔直欲數秋毫此地正須煩一笑要令排户問東隣揶子厚曰塡門排户

十五夜月

向老逢清節歸懷託素暉文選樂府云昭昭素月明暉光燭我床飛螢元失照老杜詩暗飛螢自照傳燈録鹽官和尚曰日下孤燈果然失照重露已霑衣老杜詩重露成涓滴謝莊月賦佳期可以還微露霑人衣稍稍孤光動沉沉萬籟微文選鷗詩單汎逐孤光此借用莊子顏成子游曰敢問天籟南郭子綦曰夫吹萬不同而使其自已也不應明白髮似欲勸人歸老杜月詩能添白髮明詩意謂頭顱如許尚復俯仰世間爲明月所照破也

胡士彦挽詞二首元茂

晩進違前輩後漢孔融論盛孝章書曰今之少年喜謗前輩平生闕異聞魯論曰子亦有異聞乎吾猶識此老天豈喪斯文魯論曰天之將喪斯文也後死者不得與於斯文也善學家傳業退之詩中郎有女能傳業英詞世不群沈約宋書謝靈運傳論曰

英詞動金石老杜詩白也詩無敵飄然思不羣固應譏尚白官序見楊雲漢書揚雄傳雄字子雲或嘲雄以玄尚白而雄解之號曰解嘲注云玄黑色也言雄作玄不成其色猶白故無祿位也老杜詩官序潘生拙后山以楊子云爲楊雲亦猶老杜以司馬長卿爲馬卿也杜詩嘗云多病馬卿無日起

又

此地來何晚經年見未頻老杜詩此地生涯晚又云卷軸來何晚薦賢仍賭命有道可辭貧上句言其材雖爲當世所知而違不達則係於命太白詩丈夫賭命報天子當斬胡頭衣錦還列子曰容有言之鄭子陽者曰列禦寇有道之士也居君之國而窮君無乃爲不好士乎徒弟三千子史記孔子世家教弟子蓋三千焉聲名四十春老杜詩才名四十年又詩龍飛四十春襄陽耆舊內無復姓龐人晉習鑿齒作襄陽耆舊傳老杜詩爲於耆舊內試覓姓龐人謂龐德公也

后山詩註卷第三

后山詩註卷第四

送趙承議令時○令時爲潁州簽判受代而去

先王隱德世難名晚見諸孫也自成趙令時字德麟藝祖之後也故以吳大伯比其先王晉書王湛有隱德人莫能知潁水向來須好句東坡潁州謝上表曰文獻相續有晏殊歐陽修之風道山今日有宗英後漢書學者謂東觀爲道家蓬萊山漢書景十三王叙傳曰四國絕祀河間賢明禮樂是修爲漢宗英林湖更覺追隨盡曹子建詩清夜游西園冠蓋相追隨老杜詩秋覺追隨盡此引用言無復游從之侶巾帽猶堪語笑傾老杜詩羞將短髮還吹帽笑倩傍人爲正冠此反而用之自言其尚未老也老杜集中李之芳詩數語欹紗帽勤苦讀書終不補未須墻角棄長檠神仙傳有年少與蘇子訓鄰居爲太學生諸貴人作計共呼生謂曰子勤苦讀書欲規富貴但召子訓來可不勞而得矣長檠見上注德麟蓋王孫而有儒素風味云

寄李學士格非○格非字文叔

眼看游舊半東都五歲曾無一紙書晉書劉弘傳云得劉公一紙賢於十部從事老杜詩厚祿故人書斷絕平日齊名多早達莫年同國未情疎老杜詩時來如官達歲晚莫情疎稍尋東剎論茲事東剎當在潁州前有東剎贈仁公詩茲事

謂一大事因緣賴有西方託後車託後車見上注李君嘗是西方社中人說與杜郎須着便不應濠上始知魚勸其早歸依佛祖也傳燈錄雲門大師云觸目承當得猶是不着便東坡觀魚臺詩日若信萬殊歸一理子今知我即知魚晉書王坦之傳謝安曰常謂君粗得鄙趣者猶未悟之濠上邪

雪

初雪已覆地老杜詩祇應踏初雪又詩茅簷花覆地晚風仍積威漢書司馬遷書曰積威約之漸也木鳴端自語鳥起不成飛王介甫詩卧聽窾木鳴相撲樂府神弦歌道君曲曰中庭有樹自語梧桐推枝布葉孫子曰鳥起者伏也文選鴈詩曰亂起未成行寒巷聞驚犬鄰家有夜歸王維與裴迪書曰寒生野火明滅林外深巷寒犬吠聲如豹不無慙敗絮陶淵明與子儼等疏曰余嘗感仲孺賢妻之言敗絮自擁何慙兒子按後漢列女傳王霸字仲孺與同郡令狐子伯為友後子伯為楚相而其子為郡功曹令奉書於霸車馬服從雍容如也霸子方耕於野聞客至投耒而歸見令狐子沮怍不能仰視霸目之有愧容客去而久卧不起霸妻曰君少脩清節奈何忘宿心而慚兒女子乎未易泣牛衣言不為兒女悲也漢書王章傳疾病無被卧牛衣中與妻訣涕泣

晚出

應俗敢辭疾衝風寧小驅范曄後漢書王充等傳論曰應俗適事難以常條退之詩不衝風雨即衝埃聊為一日役不憚百金軀鮑照行路難曰非我昔時千金軀雪路無行迹汝南先賢傳曰時大雪洛陽令至袁安門無行路又闕史載皇甫湜嘗因積雪門無行迹氷枝有落鳥樂天鳥夜啼霜滑有風枝日寒門閑蕭瑟寒門亦用袁安事漢書趙廣漢傳長安少年會窮里空舍窮里聽嚱吁

竒晁戴之兄弟

人言婚宦情欲本后山自注古語曰人不婚宦情欲失半我始求脫君已半按列子云語有之曰人不婚官情欲失半人不衣食君臣道息孰知一世如一夢在夢而覺寧待旦退之祭文曰人之生世如夢一覺寒簷凍雨作秋聲凍音東暴雨也楚詞九歌曰使凍雨兮洒塵老杜詩南風作秋聲冷屋風燈挑不明老杜風燈照夜欲三更樽前已作十年語後會未期吾屢驚孟浩然詩平生復能幾一別十餘春一聞七字心已識鉤章棘句天與力退之記夢詩云壯非少者哦七言六字常語一字難又孟郊墓誌云其為詩鉤章棘句掐擢胃腎老杜詩滇張與筆力念子方壯我已衰不見參天二千尺老杜古栢行黛色參天二千尺季也亦有詩百篇叔子擬度

驊騮前曾慥詩選云晁仲之字叔用少受知於陳無已無已贈其兄詩云駸駸擬度驊騮前謂叔用也按善本駸駸作叔子當是叔與季兼指兩人但未知叔用爲叔爲季而曾氏誤以爲一人遂改作駸駸非是南史王僧虔曰弟書如騎騾駸駸常欲度驊騮前鍾嶸詩品亦曰征虜卓卓殆欲度驊騮前端能過我三冬學漢書東方朔曰學三冬文史足用可復參儂一味禪勸其廣學也廣語有僧辭歸宗云諸方學五味禪去宗云我這裏有一味禪爲甚不學僧云如何是一味禪宗便打

寄答王直方

人情校往復屢勉終不近晉嵇康絕交書曰不喜作書而人間多事堆案盈几不相酬荅則犯教傷義欲自勉強則不能久東坡亦云人情重往返不報生禍根新詩已經年知子不我怨退之詩日新詩巳去年生世餘幾何尺箠日取寸莊子曰一尺之箠日取其半萬世不竭懷祿有遐心漢書揚惲傳曰懷祿貪勢不能自退詩云毋金玉爾音而有遐心從俗無遠韻楚詞曰將從俗富貴以偷生乎按曲禮曰禮從宜使從俗晉書庾凱雅有遠韻時從府中歸數過林下飯漢書鮑宣傳曰俱過宣一飯去後漢書第五倫傳光武曰聞卿爲吏不過從兄飯老杜詩僧飯屢過門雲溪友議僧靈徹詩曰林下何曾見一人平生功名意回作香火願北史陸法和曰但從空王佛所與主上有香火因緣三年不舉觴吻頻煙火焮左傳曰鄭火司馬司寇列居火道行火所焮注炙也豈無兩蒼龍霑我一兩潤蒼龍謂團茶法華經言雖一地所生一兩所潤而諸草木各有差別官麤詩未工猛乞無小靳官麤見上注後漢崔烈入錢爲司徒及拜帝曰悔不小靳人生如此耳文字已其閏退之詩人生但如此朱紫安足偕閏謂餘事也下句蓋足此意是身雖臭腐維摩經曰是身不淨穢惡充滿莊子曰神奇化爲臭腐寧作青紫楦朝野僉載唐楊炯常呼朝士爲麒麟楦或問之曰今假弄麒麟者修飾其形覆之驢上宛然異物及去其皮還是驢耳無德而朱紫何以異是永懷忘年友死矣餘令聞后山自注云忘年友邢居實也○南史江總傳張纘等呼爲忘年友詩云令聞令望邢居實死於元祐一三年間年二十七念子頗似之老我何所恨筆談曰歐公詩老我倦鞍馬誰能事吟哦王介甫詩老我孤主恩結草以爲期此文章佳語也

寄侍讀蘇尚書

六月西湖早得秋老杜詩陂唐五月秋二年歸思與遲留選詩遲留法豈輕一時賓客餘枚叟枚叟謂枚乘后山取以自比也謝惠連雪賦曰梁王不悅遊於兔園乃置旨酒命賓友召鄒生延枚叟老杜詩空餘枚叟在應念早升堂在處兒童說細侯此句屬蘇

公後漢郭伋字細侯爲并州牧素結恩德及後行部有兒童數百各騎竹馬道次迎拜經國向來須老手晉書石苞傳景帝曰苞有經國才猷東坡詩老手便劉郡有懷何以到壺頭後漢馬援南擊交趾軍至浪上與賊戰破之從容謂官屬曰吾從弟少游常哀吾慷慨多大志曰士生一世但取衣食裁足致求盈餘但自苦耳當吾在浪泊西里間下潦上霧毒氣熏蒸仰視飛鳶跕跕墮水中卧念少游平生時語何可得也其後年六十二自請征五溪進營壺頭暑甚中病卒遥知丹地開黃卷謂蘇公在經筵也北史周紀曰掖旁丹地有衆如雲老杜詩閣道通丹地按漢書梅福傳注曰以丹淹泥塗殿上地晉書褚陶曰聖賢備在黃卷中解記清波沒白鷗此篇又勸蘇公高退蘇公在潁和子由詩有明年兼與士龍去萬頃滄波沒兩鷗之句

寄亳州林待制 希

湖海相望闕寄聲雲林過雨未全晴劉禹錫竹枝歌曰東邊日出西邊雨道是無晴却有晴右山反其意而用之言聲問闕然近於寡情也文選枚乘七發曰游涉乎雲林杜牧之詩自古雲林遠市朝青衫作吏非前日晉書嵇康曰聞道士遺言餌术黃精令人久壽意甚信之游山澤觀魚鳥心甚樂之一行作吏此事便廢白首論文笑後生言見笑於後生也老杜詩晚將末契託年少當面論心背面笑又云更覺前賢畏後生似聽兒童迎五馬古樂府陌上桑曰使君從南來五馬立踟躕此五馬本事所出也後人臆說妄矣兒童用後漢郭伋事稍修書札問專城書札見上注陌上桑又曰四十專城居一聞苦李蒙莊句史記老子楚苦縣人莊子蒙人按亳州衛真縣本苦縣城東有賴鄉祠老子所生之地亳州雖有蒙城縣然莊子爲蒙漆園吏當在今曹之究朐云不復人間世後名晉書張翰傳曰使我有身後名不如即時一盃酒

卧疾絕句

老裏何堪病再來愁邊不復酒相開老杜詩愁邊有江水又云何以開我愁一生也作千年調此句未分其遂死也寒山子詩云人是黑頭虫剛作千年調鑄鐵作門限鬼見拍手笑兩脚猶須萬里回老杜詩兩脚但如舊開天傳信記萬回師之兄戍安西萬回覲之朝往夕返以其萬里而迴故謂之萬迴也

南軒絕句

少日書林頗著勳揚雄長楊賦曰并包書林退之復志賦朝馳騖乎書林魯直詩四會有黃令學古著勳多按曹子建書曰豈徒以翰墨爲勳績哉風俗通曰蓋嚴揚輝勳著王室蜀志杜微傳曰著勳於竹帛莫年貪佛替論文老杜詩老夫貪佛日又詩故看浮查替入舟王介甫詩乞得膠膠擾擾身江湖波浪替埃塵銅鑪瓦枕芒鞋裏此外惟須對此君老杜詩多病所須惟藥物微軀此外更何求晉書王徽之指竹曰何可一

日無此君

獨坐

文章平日事風竹暮年須老杜詩文章千古事又詩嗜酒愛風竹衰疾懸知此老杜詩時應念衰疾懸謂遼夏也退之詩後日懸知漸齒莽霜毛不更除退之詩斗覺霜毛一半加玉臺新詠寶月詩日情人為君除白髮老杜詩紅顏愁落盡白髮不能除一丘吾欲往一丘見上注百畝有如無言不足為養也魯論日有若無荀子日有之不如無之魑魅須游子老杜懷李白詩日魑魅喜人過乾坤着腐儒老杜江漢詩乾坤一腐儒扣門聞啄木退之詩丁丁扣門疑啄木鳥名也喚酒有提壺歐公詩獨有花上提葫蘆勸公沽酒花前傾蓋門逕無行迹秋來不遺鋤逸史皇甫湜常因積雪門無行迹三輔決錄張仲蔚所居蓬蒿沒人老杜詩草茅無徑欲教鋤此反而用之

寄送定州蘇尚書元祐八年九月蘇公知定州於時宣仁聖烈太后上昇時事漸變故此詩意勸公省事高退

初聞簡策侍前旒簡策謂作侍讀時淮南子曰王者冕而前旒所以蔽明又見衣冠送作册世說羅友答桓溫曰旦出門逢一鬼大揶揄云我祇見汝送人作郡何以不見人送汝作郡北府時清惟

可飲晉書郗愔在北府徐州人勁悍桓溫云京口酒可飲兵可用深不欲愔居之此借用以言定武在河北也齊書謝朏為吳興與弟淪於征虜亭別指淪口曰此中惟宜飲酒老杜詩時清獨茹芝西山氣爽更宜秋晉書王徽之為桓沖騎兵參軍沖日卿在府日久比當相料理徽之不答直高視以手版柱頰云西山朝來致有爽氣耳此借用以言太行李商隱詩故鄉雲水地歸夢不宜秋

功名不朽聊通袖海道無違具一舟此兩句皆拈出東坡語以勸之意謂功成名遂自延不朽改可縮手袖閒而遂湖海之本志也東坡沁園春詞有云用舍有時行藏在我袖手何妨閒處看八聲甘州詞有云約他年東還海道願謝公雅志莫相違按晉書謝安雖受朝寄東山之志始末不變及鎮新城造泛海之裝欲須經略粗定自江道還東遂遇疾篤自以本志不遂深自慨失老杜詩平生江海心宿昔具扁舟枉讀平生三萬卷貂蟬當復自兜牟退之詩鄴侯家多書插架三萬軸南史周盤龍為散騎常侍齊武帝戲之曰貂蟬何如兜牟對曰貂蟬出於兜牟

寄答李方叔豸

平生經世策寄食不資身言其謀策可以經綸當世而反不能資一身也莊子曰其不可經於世亦遠矣漢書韓信傳寄食於漂母無資身之策孰使文章著老杜云名豈文章著能辭轍跡頻意謂有文如此安能免棲棲旅人哉退之進學解云孟軻好辯孔道以明轍環天下卒老

于行左傳曰周行天下將皆必有車轍馬跡焉帝城分不入漢書陳咸
傳咸滯於郡守時王音輔政信用陳湯咸數賂遺湯子書曰即蒙子公力得入帝城
死不恨分謂隔絶也老杜詩關庭分未到舟楫有光輝書札詢何人
此句蓋終上意漢書淮南王安傳曰爲中詞長安注偵伺也子未知吾
懶吾寧覺子貧此反濠上知魚之意而用之文選嵇康書曰人之相
知貴識其天性老杜詩近有義省容知子懶是真

智寶院後樓懷胡元茂前有胡士彥挽詞即元茂也

晚渡呼舟疾杜牧之杜秋詩云却喚松江渡寒城着霧深
昏鷗明鳥道老杜野望詩孤城隱霧深老杜雨詩云白鳥去邊明南中
八志云交趾郡治龍編縣自興古鳥道四百里風葉亂霜林李商隱詩
風葉共成喧久客登樓目文選王粲登樓賦曰情眷眷而懷歸兮孰
憂思之可任平原遠而目極兮蔽荊山之高岑老杜詩天畔登樓眼中年懷
舊心晉書王羲之傳謝安曰中年以來傷於哀樂與親友別輒作數日惡文選
向秀思舊賦序云經嵇康舊廬鄰人有吹笛者發聲寥亮追思曩昔遊宴之好感音
而歎故作賦云猶須一長笛領覽自霑襟終上句末盡之
意謂本自悲愴尚何須聞笛耶老杜云不須吹急管衰老易悲傷

元日

老境難爲節寒梢未得春曲禮六十曰耆指使疏引賀瑒
云耆至也至老之境也又曰六十至老境而未全老老杜詩爲冬不亦難杜牧之詩
丁香閑結春梢一官無利害百慮孰疎親老杜詩時危關
百慮按易係辭曰一致而百慮老子曰名與身孰親積雪無歸路扶
行有醉人望鄉仍受歲回首望松筠謝玄暉詩
有情知望鄉老杜詩望鄉應未已李嘉祐詩白頭空受歲丹陛不朝天松筠猶松楸
意謂丘墓也老杜詩窮秋正搖落回首望松筠此借用

放懷

施食鳥鳶喜金光明經云施食之緣獲長壽報長安志云興善寺素和
尚齋時烏鵲就掌中取食老杜詩得食皆除鳥雀馴持經鳥鼠聽戒殺
文載郭氏新說曰拓皐永寧之雀立化於松枝東城郭氏之鼠坐化於蓮葉豈非垂
誦經功德自有所解悟而然歟杖藜矜矍鑠後漢馬援自請擊五溪蠻
夷帝愍其老援據鞍顧眄以示可用帝笑曰矍鑠哉是翁也顧影怪伶
俜魏志何晏行步顧影文選潘岳寡婦賦曰少伶俜而偏孤注單子貌門靜
行隨月窻虛臥見星擁衾眼未穩艱阻飽
曾經老杜詩平生耽勝事吁駭始曾經

絶句

此生精力盡於詩末歲心存力已疲淮南子曰

宋景公時造弓人九年乃成而進之弓人歸家三日而卒蓋匠者心力盡於此弓矣故溫公通鑑序云臣之精力盡於此書不共盧王爭出手盧王謂盧照鄰王勃東坡詩云詩句對君難出手却思陶謝與同時陶謝謂淵明靈運老杜詩焉得思如陶謝手令渠述作與同遊又曰揚馬宜同時

送伯兄赴吏部改官

先子初增秩年侵鬢已皤漢書循吏傳序增秩賜金念兄今善繼此別喜如何以其善繼先子之志故以別爲喜也親老家仍困門衰仕未爭家語子路曰家貧親老不擇祿而仕晉書李密表云門衰祚薄猶須教兒子早要中文科

寄張文潛舍人

令代張平子後漢書張衡字平子善屬文雄深次子長劉禹錫序柳子厚集曰韓退之評其文雄深雅健似司馬子長名高三俊上翰林志曰李紳李德裕元稹同在禁署時號三俊此借用以指蘇公客黃秦晁也官立右螭傍唐書張次宗傳文宗詔左右史立螭頭下記宰相奏劉按實錄文潛元祐八年冬自著作佐郎除起居舍人即右史也紹聖元年四月以直龍圖閣知潤州此詩蓋春時所作車笠吾何恨壯户錄載風土記越人結交盟曰卿乘車我戴笠後日相逢下車揖我步行卿乘馬後日相逢卿當下飛騰子莫量老杜贈高適詩飛騰無那故人何時平身早

達未用夢凝香右山自注曰來書云補郡之樂發於夢寐○晉書張載曰時平則才伏世亂則奇用退之詩太平時節身難遇此反其意而用之韋應物刺蘇州有詩曰兵衛森畫戟燕寢凝清香

後湖晚坐

水淨偏明眼老杜詩水淨樓陰直又云吾與汝曹俱眼明城荒可當山樂天詩亭巻太高君莫折東家留取當西山青林無限意白鳥有餘閑身致江湖上王介甫與執政書曰及今愈思自致江湖之上又有詩曰委質山林如許國台山謂身致亦介甫委質之意名成伯季間伯李似指二蘇門下諸君台山嘗作佛指記曰予以文義名次四君蓋謂此也魏文帝典論曰傅毅之於班固伯仲之間耳晉書王湛傳王濟對武帝曰臣叔殊不癡山濤以下魏舒以上湛曰欲處我於季孟之間乎目隨歸鴈盡嵇康詩曰手揮五絃目送歸鴈坐待莫鴉還老杜詩有待至昏鴉

春興

東風作惡不成寒野水穿沙自作灘王介甫詩睡過東風作惡時細草無端留客臥文選丘希範詩細草藉龍騎老杜詩邂逅無端出餞遲鄭谷曲江春草詩云香輪莫輾青青破留與遊人一醉眠繁枝有意待人看退之詩春風也是多才思故揀繁枝折贈

君又云榴花不發待郎歸老杜詩寒江流甚細有意待人歸

次韻回山人贈沈東老二首前篇屬回山人

一杯領意不須沽老杜詩領客珍重意六字持身已有餘導引有六字氣謂噓呵呬嚧呵呼也黃庭經曰至道不煩司馬相如過宜春宮賦曰持身不謹按列子曰子知持後則可言持身矣癡子不知天上樂法華經曰癡子捨我五十餘年庫藏諸物當如之何神仙傳彭祖問石生曰何不服藥仙去對曰天上多有至尊相奉甚難更苦人耳李商隱作李賀小傳曰賀將死有緋衣人持二板書召賀曰帝城白玉樓立召爲記天上差樂不苦也先生今解世間書退之石鼎聯句詩序曰彌明謂劉師服曰吾不解世俗書弟子爲書吾句

又後篇屬沈東老

隨世功名非所望稱家豐儉不求餘老杜詩稱家隨豐儉按禮記檀弓曰稱家之有無後漢馬援傳曰士生一世但求衣食裁足致求盈餘但自苦耳青衫出指論奇字漢書揚雄贊劉棻嘗從雄學作奇字白髮挑燈寫細書言其高年而眼能明也退之短檠歌日夜書細字綴語言

送李忠二首當是其兄傳道之子

老眼元多淚春風見此行又爲貧賤別老眼固自多淚況重以別離之感耶貧賤別見上注更覺急難情常棣詩脊鴒在原兄弟急難斗食吾堪老漢書百官表百石以下有斗食佐史之秩注云斗食月奉十一斛一說日食一斗二升詞場爾向榮老杜詩詞場繼國陶淵明歸去來辭曰木欣欣以向榮借此用未須憐野鶩法書苑曰庾翼善草隸少與王羲之齊名弟子皆效之羲之後進內外宗尚翼甚不平在荆州與都下人書云兒輩乃輕家雞愛野雉皆學逸少東坡詩野鶩家雞定誰美家法付宣城齊書謝朓爲宣城太守善詩家法謂靈運惠連皆朓之族父以詩知名後漢儒林傳序各以家法教授

又

經史三年學揚子曰古之學者三年通一經聰明一旦開揚子曰天降生民倥侗顓蒙恣于情性聰明不開老杜詩大兒聰明到能添老樹巔崖裏小兒心孔開貌得山僧及童子把文甘潦倒老杜詩把文驚小陸此用小陸以比孝忠也晉嵇康與山濤書曰足下素知吾潦倒麤疏不切事情此借用以自況也數日待歸來左傳曰行則數日而反退之詩屈指數日嬉嬰孩數字作上聲讀士患聲名早東坡和仲子追詩曰養氣勿吟哦聲名忌太早官今歲月催自言老於微官也有親須薄祿臨路尚徘徊言惜別眷眷之意以親養故不能與之俱去也鮑照放歌行曰今君有何疾臨路獨遲迴

以柱杖供仁山主二首

錯節孤根勁有餘坐床須按起須扶 後漢虞詡傳不逢盤根錯節何以知利器選詩石梁有餘勁 一生用底令相贈更問林間有此無 趙州臨還化以拂子送與王鎔曰此是老僧一生用不盡底事見趙州語錄

又

洗足投筇只坐禪厭尋歧路費行纏 金剛經云洗足已數坐而坐東坡詩已辨布襪費行纏 老來不復人間事不用山公更削圓 桂苑叢談曰潤州甘露寺有僧道行孤高李德裕應問日以方竹杖一贈焉方竹出大宛國堅實而方正節根鬚牙四面對出及再鎮浙右其僧尚在問日前所奉竹杖無恙否僧喜對曰已規圓而漆之矣公嗟惋彌日前輩詩曰削圓方竹杖漆却斷紋琴

項城道中寄劉令使修溪橋 項城屬陳州

老怯危橋泥沒膝 老杜詩虛疑皓首衝泥怯盧仝放魚歌曰天雨曼陁羅花深沒膝 喜聞吾黨政如春 謝承後漢書李燮拜京兆民謠曰我府君道教舉恩如春威如虎 須君不惜千金費 孫子曰興師十萬日費千金文選古詩曰愚者愛惜費但為後世嗤 此後寧無我輩人 言必有好事者繼之晉書石苞傳許允曰卿是我輩人

碓磨寨 唐書黃巢圍陳州人大飢倚死墻塹賊俘以食日數十人乃列百巨碓糜皮骨於臼并啖之

以人為食殺為戲自昔無聞尓所先信有忘身一言盡獨能遺臭萬人傳 東坡富公碑銘曰以殺為嬉漢書五被傳吳王曰男子之所死者一言耳劉原甫說云此言所死雖不同等是死耳晉書桓溫傳溫曰既不能流芳後世不足復遺臭萬載耶老杜詩將詩不必萬人傳

寄張宣州 耒

與世情將盡懷仁老未忘 書云懷于有仁此借用言獨於仁賢未能忘情 故人今五馬 見上註 高處謾三長 唐書孟郊傳李觀論其詩曰高處在古無上平處下顧二謝又劉子玄言作史有三長謂才學識 詩豈江山助 言宣州詩本天成不用借助唐書張說傳說謫岳州而詩亦悽惋人謂江山助云 名成沈鮑行 老杜詩沈鮑得同行謂沈約鮑照 肯為文俗事 後漢陳忠上疏曰諸郎多文俗事又隗囂傳論曰徒以文俗自喜 打鴨起鴛鴦 此用宣州故事魏泰詩話呂士隆知宣州好笞官妓官妓皆欲逃去會杭州一妓到士隆喜之留不使去一日郡妓復犯小過士隆欲笞之妓訴曰某不敢辭罪但妓不能安也士隆憫而捨之梅聖俞作莫打鴨篇曰莫打鴨打鴨驚鴛鴦鴛鴦新向池西落不比孤洲老禿鶬禿鶬而欲

遠飛去又況鴛鴦羽翼長杜牧之詩鷩夢起鴛鴦然此詩意不特爲妓女發

送倫化主

赤髭白足可憐生高僧傳佛陀耶舍爲人赤髭善解毗婆沙時人號曰赤髭毗耶沙又云釋曇始足白於面雖跣涉泥水未嘗沾濕天下咸稱白足和尚劉禹錫送僧序曰備將迎者皆赤髭白足之侶傳燈錄忠國師曰幸自可憐生須要个護身符子作麼躡蹻擔囊壯此行史記虞卿傳躡蹻擔簦要致雪峯千五百傳燈錄雪峯義存禪師學者冬夏不減千五百人不妨無識謝宣城以比張宣州也齊書謝眺爲宣城郡太守杜詩云詩接謝宣城

西湖

小徑才容足列子曰泰豆乃立木爲塗僅可容足張湛注云纔得安脚寒花知自香老杜詩寒花只暫香官池下鳧鴈老杜有官池春鴈詩漢昭帝紀黃鵠下建章宮太液池中文選劉公幹詩曰方塘含白水中有鳧與鴈荒塚上牛羊古樂府曰今日牛羊上丘壠有子吾甘老東坡詩有子萬事足老杜詩吾老甘貧病無家去未量老杜詩無家問消息作客信乾坤三年哦五字草木借輝光老杜詩擁別借輝光

別月華嚴

寓世生同里隨方去有情漢書盧綰傳與高祖同里生后山借用其意來爲百年別不惜片時程老杜詩繫帆何惜片時程齋鉢須勤供經鐘莫倦鳴勸其接物利生也當來第三會此界却逢迎釋氏書彌勒當來下生於龍華樹下三會說法度人三水小憒云東都僧從練臨終呼門人戒曰人生難得惡道易論惟有歸命釋尊勵精梵行龍華會上當復相逢戰國策曰燕太子逢迎却行

送吳先生謁惠州蘇副使

吳先生當是吳遠游蘇公嘗有書與之

聞名欣識面言吳君欲識東坡也老杜詩李邕求識面傳燈錄夾山惟儼傳李翺曰見面不如聞名此反而用之異好有同功吳君方外之士與后山異趣而好賢之意則同故云同記曰與仁同功其仁未可知也此用其字我亦憖吾子后山不能往見蘇公此所以有愧於吳君也人誰恕此公老杜寄李太白詩衆人皆欲殺吾意獨憐才東坡詩平生我亦輕餘子晚歲人誰念此公百年雙白鬢時東坡年五十九老杜詩百年雙白鬢一別五秋螢萬里一秋風言神交心契與風間也老杜詩瞿塘峽口曲江頭萬里風煙接素秋蓋亦此意按通鑑秦使閻負謂張讙曰晉王與君鄰藩雖山河阻絶風通道會爲說任安在依然一禿翁漢書霍去病傳衛青日衰而去病日益貴故人門下多去事去病輒得官爵惟獨任安不

背去文灌夫傳與長孺共一禿翁注言無官位版綬也末句佑山自謂不負蘇公之門時亦坐黨事廢錮故云禿翁

別圓澄禪師

法施老人卧不出呼我取別行問疾十二國史曰魯宓子賤爲單父宰行過揚畫取別維摩經云汝行詣維摩詰問疾磨盤

拭筯勸一飽少待湏臾莫倉卒磨盤拭筯蓋俗間語老杜詩低頭拭小盤維摩經香積品云若欲食者且待湏臾當令汝得未曾有食老杜詩忍待明年莫倉卒

早年着眼覷文字退之詩不如覷文字丹鉛事點勘萬卷初無一言契傳燈錄香嚴依溈山祐和尚和尚曰汝未出胞胎時本分事道將一句來師偏檢所集諸方語句無一言可將酧對又五洩山靈默禪師謁石頭和尚先自約曰若一言相契我即住不然便去多

生綺語未經懺樂天香山寺白氏洛中集記曰願以今生世俗文字之業狂言綺語之過轉爲將來世世讚佛乘之因轉法輪之緣按釋氏書綺語蓋口中四業之一謂綺飾文詞過有增華也半世虛名足爲累退之詩士生爲名累此去他来尚有緣頭童齒豁恐無年退之進學解頭童齒豁竟死何裨世說王珣歎曰人固不可以無年慇懃

三請久住世法華經曰世尊告舍利佛汝已慇懃三請豈得不說華嚴經普賢行願品曰七者請佛住世弊惡可念未可捐華嚴經十

迴向品曰菩薩不以衆生其性弊惡邪見瞋濁難可調伏便即棄捨不脩迴向平

生准擬西行計老着人間此何意西行謂願生極樂國高僧傳慧持謂慧遠曰若滯情愛聚者本不應出家今既割欲求道正以西方爲期耳

他年佛會見頭陁知是當年老居士傳燈錄傳大士傳曰有天竺僧嵩頭陁謂曰我與婆尸棄佛所發誓今兜率衣鉢見在因命臨水觀其影見大士圓光寶蓋此詩以嵩頭陁比圓澄以傳大士自況

別觀音山主

離合應生理文選陸士衡詩離合非有常譬彼弦與括老杜詩人生有離合豈擇衰老端文選袁宏三國名臣序贊曰生理不可不全李善注引鵩鳥賦曰生生之理足矣此借用言人生之常理過逢豈近緣老杜詩數爲姻婭過逢地情親見今日語妙記當年情親語妙並見上注

閉户安禪主衝風逆水船兩句言行藏勞逸各異也法華經偈曰安禪合掌老杜詩蕭灑共安禪又詩春多逆水風不應清夜月故作別時圓老杜宿贊公房詩云相逢成夜宿朧月向人圓而東坡水調詞云不應有限何事長向別時圓

離頴

河市千人聚長安萬年縣有千人聚關中記曰宣帝以倡優雜伎千人樂思后園今所謂千人鄉者是也此詩借用寒江百丈牽老杜詩寒

江動夜扉又詩百丈牽江色吾生能幾日此地費三年後周蕭穆勞歌曰百年能幾許公事罷平生老杜詩爲客費多年東坡詩人生不滿百一別費三年叢竹防供爨池魚已割鮮當是東坡去潁後代者韓川變其舊政向也從魚今乃割鮮行將及竹矣后山所歎意蓋不止此也東坡有請罷學士劄子曰及蒙擢爲學士便爲韓川等攻擊不已以至羅織訛言謂之誹謗西都賦曰割鮮野食拙勤終不補他日愧無傳樂天詩教頻莫如靜補拙莫如勤孟子曰是以後世無傳焉

湖上

湖上難爲別梅梢已着春林喧鳥啄啄退之詩剝剝啄啄有客至門風過水鱗鱗樂天詩小橋裝鴈齒輕浪甃魚鱗楚詞曰魚鱗鱗兮媵予緣有三年盡釋氏云諸法從緣生緣離法即滅情無一日親言情之相親生於久也此浮屠所以不三宿桑下白頭厭奔走何地與爲鄰莊子曰吾誰與爲鄰

舟中二首

惡風橫江江卷浪黃流湍猛風用壯退之感二鳥賦云窺黃流之奔猛老杜詩初聞龍用壯字本出易大壯卦疾如萬騎千里來歐公秋聲賦曰又如赴敵之兵銜枚疾走不聞号令但聞人馬之行聲氣壓三江五湖上東坡詩氣壓鄴侯三萬籤周禮曰其川三

江其浸五湖岸上空荒火夜明舟中坐起待殘更老杜詩空荒咆熊羆又詩江船火獨明此借用以言憐火少年行路今頭白不盡還家去國情言行藏進退其皆有所迫非本志也

又

野火燒原雉昏雊退之詩原頭火燒靜兀兀野雉畏鷹出復没詩云雉之朝雊黃塵漲天牛亂鬪蜀都賦曰黃塵漲天江間無日不風波老去何時脫奔走老杜詩江間雖炎瘴又云舟中無日不沙塵詩書滿腹不及口後漢書趙壹詩云文籍雖滿腹不如一囊錢東坡詩平生五千卷一字不救飢遮日寧辭釣竿手言雖入帝城無益也杜牧之詩惆悵江湖釣竿手却遮西日向長安愧爾茅簷炙背人高適詩愧爾東西南北人嵇康書曰野人有快炙背而美芹子者欲獻之至尊歐公玉堂集序云暴茅簷之朝日仰目青天搔白首其言縱適也老杜詩舉觴白眼望青天又詩出門搔白首

規禪停雲齋

淨居衆天人宮殿隨所適欲界十天色界十八天無色界四天共三十二天初禪二禪三禪各三天四禪九天凡一十八天皆屬色界而三禪有三天一淨居天二無淨居天三遍淨居天此天無想無證思食則食至想衣則衣

來宮殿隨身如意而有事見正法念處經等蓋皆持戒作福者生於此天因以比覩
禪也法華經亦曰一時五百萬億國土諸梵天王與宮殿俱少仕老不
歸重門閉榛棘自歎其無淨居之福緣也道人秀叢林
大論云譬如大樹叢聚是名爲林二樹不名爲林如一一比丘不名僧僧聚處得名
叢林妙語出禪寂老杜詩身猶縛禪寂是身如浮雲隨
處同建立維摩經是身如浮雲須臾變滅安老杜如浮
雲安可限南北圓覺經偈曰皆從立華嚴經曰譬如三千大千世
界建立一切處所平生與二子嗜好用一律二子必皆
詩僧一律見上注我此復助緣語綺已多責語綺見上

注何年一把茅據坐孤崒嵂呵佛罵祖師
傳燈錄德山宣鑒禪師抵溈山溈曰是伊將來有把茅蓋頭罵佛罵祖去在又龍罩
曰可中有一个漢他時向孤峯頂上立吾道在老杜詩好烏啼巖扃高岳前崒嵂
塗糊千五百傳燈錄三聖荅雪峯云一千五百善知識話頭也不識古
寺和尚曰淨地上不要點汙人家男女后山所謂塗糊蓋此意也

后山詩註卷第四

后山詩註卷第五

荅晁以道

轉走東南復帝城帝城見上注后山嘗游江淛元祐初來京師此
句追記其事故人相見眼偏明退之詩相見眼偏明十年
作吏仍餬口作吏見上注顏魯公帖云一作緣受替北歸中止金陵闔
門百口幾至餬口字本出左傳兩地爲隣關寄聲退之詩兩地無
千里因風數寄聲冷眼尚堪看細字白頭寧復要
時名老杜詩秋山眼冷常夢稀東坡詩問龍乞水歸洗眼要看細字鏑殘年
熟知范叔寒如此熟知見上注又老杜詩熟知芳齋絕低小史記
范睢傳須賈曰范叔一寒如此哉未覺嚴公有故情唐書杜甫
傳甫依嚴武於劍南武以世舊待甫甚善北齊書趙彥深被沙汰袁聿修猶故情存
問往來按漢書陳勝傳客出入愈益發舒言勝故情

病起

今日秋風裏何鄉一病翁老杜詩多病秋風落力微
須杖起法燈禪師擬寒山子詩曰棒節似力微禮記檀弓曰杖而後能起
心在與誰同歐公詩老去自憐心尚在古樂府東飛伯勞歌曰空留可
憐誰與同此借用災疾資千悟孟子所謂人之有德慧術智者常存
乎疢疾是也晉書天文志五星同色天下偃兵百姓安寧不見災疢此借用傳燈錄

仰山云若昱宗門下上根大智一聞千悟得大揔持寬親并一空同予
大通無慾無徳也華嚴經云願一切衆生於怨於親等心攝受皆令安樂智慧清淨
傳燈錄曇藏禪師見大蟒不避曰毒無實性激發則強慈苟無緣冤親一揆其蟒俟
然不見百年先得老晉嵇康養生論曰從衰得白從白得老三
敗未為窮列子管仲歎曰吾嘗三戰三北鮑叔不以我為怯知我有老母
也晉書陶侃謂庾亮曰古人三敗君今始二此用老杜百年渾得醉一月不梳頭之
句法皆落句也

九月九日魏衍見過

節裏能相過談間可解憂漢書楊雄解嘲曰或立談間而
封侯解憂見孟子致踈君未肯得此我何由莊子漁父
篇子路問孔子曰由得為役久矣未嘗見夫子遇人如此其威也漁父何以得此乎
語到君房妙見上注詩同客子游南史謝弘微傳謝靈
運小名客兒按靈運有九月九日從宋公戲馬臺集詩一經從白首
楊子曰古之學耕且養三年通一經又曰童兒習之白粉如也李白詩白首太玄經
萬里有封侯後漢班超傳相者曰祭酒布衣諸生耳而當封侯萬里之
外

別黃徐州

姓名曾落薦書中老杜詩名玷薦賢中元稹詩名落公卿口又王
仲舒作李君房制詞曰籍藉名字落人談中刻畫無盐自不工
晉周顗傳庾亮謂顗曰諸人咸以君房樂廣顗曰何乃刻畫無鹽唐突西施一
日虛聲滿天下李綽輦下歲時記劉賓客賀王魏公知舉詩曰一日
聲名遍天下蒲城挑李屬春官東坡答劉涯書曰向在科場時不得已作應用文不
幸為大傳寫以此得虛名滿天下十年從事得途窮晉書職官
志州置諸曹從事等負后山以亳州可户為裴授故云爾晉阮籍傳率意獨駕不由
徑路車迹所窮輒慟哭而反文選顏延之五君詠曰途窮能無慟白頭未
覺功名晚以屬徐州也老杜詩男兒功名遂亦在老大時青眼常
蒙今昔同晉阮籍能為青白眼范諷詩云惟有南山與君眼相逢不改舊
時青衰疾又為今日別數行老淚洒西風衰疾
見上注

次韻答晁無斁

女生願有家名妾以不聘田里亦慕君又
惡不由正大率用孟子意禮記內則曰聘則為妻奔則為妾欲行
不問塗用阮籍事見上注已破寧顧甑後漢郭太傳孟敏荷
甑墮地不顧而去林宗見而問其意對曰甑已破矣視之何益時后山罷潁學耕
蚕無一廛漢書楊雄傳有田一廛庀井要三徑晉書陶潛
謂親朋曰聊欲弦歌以為三徑之資可乎老杜詩井竈任塵埃還家憂患

餘老杜詩斯文憂患餘挽鬚兒女競老杜詩生還對童稚似欲忘飢渴問事競挽鬚誰能即嗔喝十年寧有此一寒可無命老杜詩不爲困窮寧有此此借用言還家之樂十年所無一寒見上注命詩意謂離合貧富蓋皆有平生晁夫子得士公室慶謂作諸侯客也公室見魯論稍無車馬音復作賓客請車馬音見孟子論文到韓李謂韓愈李翺也似指東坡以下數句皆足此意老杜詩論文到崔蘇念舊說蘇鄭謂蘇源明鄭虔皆老杜故人也老杜嘗有詩曰故舊誰憐我平生鄭與蘇又云早歲與蘇鄭痛飲形相親長年斷消息獨語誰和應意謂東坡在嶺所也老杜詩中原消息斷退之與孟郊書云余言之而聽者誰歟余唱之而和者誰歟東坡詩獨唱無人和退之送鄭權序曰撞搪號呼以相和應此生恩未報他日目不瞑退之詩祇緣恩未報豈謂生足藉左傳曰荀偃卒視不可含欒桓子撫之乃瞑受含歸臥無好懷扣門有佳聽詩來霜雪後更覺天宇淨老杜詩天宇清霜淨少好老未工揚子曰或問吾子少而好賦持刃授子柄漢書梅福傳倒持太阿授楚其柄

次韻無斁偶作二首

肩聳三峯峻國朝雜記長孫無忌嘲歐陽詢聳膊成山字埋肩不出頭郭緣生述征記曰華山有三峯直上數千仞眉龐八字橫退之詩夜闌縱押闔哆口疎眉龐漢武故事宮人畫八字眉此借用玄談人絕倒見上注家法句新清老杜詩更得新清否遙知對屬忙八俊先張子後漢黨錮傳曰指天下名士爲之稱號三君八俊又曰張儉爲黨魁諸公少賈生漢書賈誼傳天子議以誼任公卿之位絳灌東陽侯馮敬之屬盡害之乃毀誼曰洛陽之人年少初學事欲擅權紛亂諸事於是天子後亦疎之已傳烏鵲喜欲聽鶺鴒聲鵲一作鴝○此句當屬其兄無咎老杜云浪傳烏鵲喜深負鶺鴒詩

又

此老三年別何時萬里迴亦似屬東坡元祐壬申別於潁州至紹聖乙亥三年矣更無南去鴈鴈不過衡山無從寄聲於嶺外也猶見北枝梅言東坡過嶺未歸白氏六帖云大庾嶺梅花南枝落北枝開會有哀籠鳥文選潘岳秋興賦曰池魚籠鳥有江湖山藪之思李畋獻呂文靖生日詩曰此身若得西歸去尤勝開籠放雀兒寧須溺死灰漢書韓安國傳獄吏田甲辱安國安國曰死灰獨不復燃乎甲曰燃則溺之聖朝無棄物老杜詩聖朝無棄物老病已成翁神宗於東坡嘗有人材難得不忍終棄之之詔故此詩引用與子賦歸哉欲其來歸之意也殷其雷詩振振君子歸哉歸哉此亦賦詩斷章之意

古墨行并序

晁無斁有李墨半丸云裕陵故物也往於秦少游家見李墨不爲文理簡如金石亦裕陵所賜王平甫所藏者潘谷見之再拜云真廷珪所作也世惟王四學士有之與此爲二矣嗟乎世不乏奇乏之識者耳數爲長句寧無數同作○永裕陵神宗所葬

秦郎百好俱第一烏丸如漆姿如石趙壹非草書曰十日一筆月數丸墨蕭子良書曰仲將之墨一點如漆文房四譜云李超本易水人唐末居於歙造墨尤妙其堅如玉其文如犀巧作松身與鏡面借美於外非良質文選琴賦曰良質美乎潘翁拜跪摩老眼一生再見三歎息禮記曰一唱而三歎了

知至鑑無遁形圓覺經云曾不了知如幻境界衛夫人帖云仰憑至鑑大不可言東坡詩道人胷中水鏡清萬象起滅無逃形王家舊物秦家得舊物借用王獻之青氊事君今所有亦其亞伯仲小低猶子姪老杜詩天廐真龍此其亞魏志衛臻傳注郭林宗論許兹與文生此二人非徒兄弟乃父子也黃金白璧孰不有古錦句囊聊可敵謂世人蓄金璧固多而未必可當此墨惟詩囊差可當之耳唐書李賀傳每出從小奚奴背古錦囊遇所得投囊中睿思殿裏春夜半燈火闌殘歌舞散睿思蓋神宗便殿在垂拱殿後自書細字答邊臣萬里風塵入長筭元祐中蘇轍等

上所編神宗皇帝御製集內四十卷皆賜中書密院及邊臣手札言攻守救計哲宗爲之序曰其指授諸將應變制宜雖在千萬里之外而盡得其形勢之要先後緩急之機皆如在目前而無遺畫云又按光武紀一札十行細書成文退之詩夜書細字綴語言文選陸士衡弔魏武帝文曰長筭屈於短日遠迹頓於促路初聞橋山送弓劍帝王世紀曰黃帝葬于上郡陽周之橋山漢書郊祀志黃帝鑄鼎既成有龍下迎帝小臣持龍髯龍髯拔墮墮皇帝之弓老杜詩先帝弓劒遠寧知玉盌人間見南史沈炯行經漢武通天臺爲表奏之其略曰茂陵玉盌遂出人間此借用以比裕陵遺墨夜光炎炎衝斗牛會有太史占星變晉書張華傳雷煥曰斗牛之間頗有異氣史記

天官書曰常星之變不見歐公仁宗御飛白記曰今賜書之藏于子室也吾知將有望氣者言榮光起而屬天者必賜書之所在也人生尤物不必有左傳曰天有尤物足以移人苟非德義則必有禍時一過目驚老醜文選張景陽詩忽如鳥過目南史昭明太子傳曰讀書過目皆憶柳子厚乞巧文獨溺臣心使甘老醜念子何忍還磨研少待須臾圖不朽魏衍注曰少游之墓嘗許先生爲他日墓誌潤筆先生嘗語衍作此時少游尚無恙然終先逝去衍謹書○少待須臾見上注文選蔡邕作郭有道碑曰乃相與推先生之德以謀不朽之事而退之馬府君行狀曰記立言之君子而圖其不朽焉按左傳穆叔曰其次有立言雖久不廢此之謂不朽明窻淨几

風日暖有愁萬斛才八斗日晉書王羲之傳裴几滑淨度信愁賦日且將一寸心能容萬斛愁謝靈運云天下才共有一石曹子建獨得八斗徑須脫帽管城公脫帽謂去其管弢也退之毛頴傳秦皇帝封諸管城號管城子後因進見上將有任使拂拭之因免冠謝云云小試玉堂揮翰手史記孫武傳曰可以小試勒兵乎歐公詩似取王堂揮翰手却來南畝把鋤犂

次韻晁無斁除日述懷

世學違從衆老杜詩困學違從衆名家最近天老杜自注其詩曰俚語云城南韋杜去天尺五又詩陽關已近天感時猶壯志得句起衰年老杜詩感時花濺淚又詩休起我病微笑索題詩又云竭爲報各衰年袁酒無何飲漢書袁盎傳盎爲吳相兄子種說以日飲無何陶琴不具弦陶琴見上注樂天詩周易休閑卦陶琴不上弦平生揮翰手幾見絕韋編史記孔子世家曰孔子讀易韋編三絕

次韻無斁雪後二首

閑閤春雲薄開門夜雪深閑閤見上注江梅猶故意故意字借用范睢事湖鴈起歸心隋薛道衡詩曰人歸落鴈後思發在花前草潤留餘澤窻明度積陰老杜詩輕鳥度層陰又云積陰帶奔濤慇懃報春信屋角有來禽老杜詩百舌來何處重占只報春又詩紅稠屋角花尚書故實云王內史有求來禽帖來禽言味甘來衆禽裕作林禽此借用其字耳

又

取性無通介隨時有異同魏志徐邈傳或問盧欽徐公當武帝之時人以爲通自在涼州及還京師人以爲介何也欽荅曰往者毛孝先崔季珪用事貴清素之士于時皆變易車服以求名高而徐公不改其常故人以爲通比來天下奢靡轉相放效而徐公雅尚自若不與俗同故前日之通乃今日之介也是世人之無常而徐公之有常也東坡詩亦云通介寧隨薄俗移雪餘蓋地白退之詩榆莢車前蓋地皮春淺着梢紅樂天詩令年春淺遊人少杜默詩春着花梢猶半紅寄食虛長筭魏衍注云時先生寄婦翁郭槩大夫曹州使宅晁時爲州教官論詩闕近功上句用韓信事見上注長筭亦見上注相看不相棄賴有古人風魏志毛玠傳太祖賜以素屏風素憑几曰君有古人之風故賜君古人之服

贈魏衍三首當是自曹暫還徐所作

妙年文墨秀儒林老眼今晨得再明文選陳思王表曰終軍以妙年使越漢書有儒林傳歷塊過都聊可待老杜詩歷塊過都見汝曹事見上注未須回首一長鳴鹽鐵論曰騏驥

負鹽車垂頭於太行之坂見伯樂則噴而長鳴退之詠馬詩不知何故翻驤首牽過開門妄一鳴

又

崔蔡論文不足過劉禹錫序柳子厚集曰韓退之評其文雄深雅健似司馬子長崔蔡不足多也按後漢崔瑗蔡邕皆能文
新詩平處到陰何唐書孟郊傳云李觀論其詩曰高處在古無上平處下顧二謝老杜詩頗學陰何苦用心按南史陰鏗何遜皆能詩
寧須萬户權輕重杜牧之詩曰誰人得似張公子千首詩輕萬户侯史記律書云世儒闇於大較不權輕重
不待千篇一已多世說衛玠朝阮宣子曰一言可辟何假於三宣子曰苟是天下之望亦可無言而辟復何假一南史陸虁傳云此兒必荀門基所謂一不爲少此並用其意

又

敏捷爲文筆不休老杜詩敏捷詩千首飄文帝典論云下筆不能自休
何妨縮手小遲留縮手見上注
名駒已自思千里宋書高祖曰謝方明可謂名家駒魯連子徐劫言於田巳曰劫弟子魯溫年十二然千里駒也
老子終當讓一頭歐公與梅聖俞書云讀蘇軾書不覺汗出快哉快哉老夫當避路放出一頭地也

贈寇國寶三首

承家從昔如君少得士於今孰我先易曰開國承家老杜詩承家節操尚不泯又云文章並我先
口擬說詩心已解世間快馬不須鞭傳燈錄外道問佛不問有言不問無言世尊良久外道讚歎云世尊大慈大悲開我迷雲令我得入外道去後阿難問佛云外道有何所證而言得入佛云如世間良馬見鞭影而行樂府梁朝歌曰快馬不須鞭

又

往歲黃童今寇君高文要學亦多聞後漢黃香傳京師號曰天下無雙江夏黃童此借用以比黃預又寇恂傳潁川百姓遮道曰願從陛下復借寇君一年此借用以比國寶
留年看擧天南翼韓鄂四時纂要曰鹿骨酒久服長胃留年莊子曰鵬之背不知其幾千里也怒而飛其翼若垂天之雲是鳥也海運則將徙於南冥南冥者天池也
過目先空冀北群退之送溫造序云伯樂一過冀北之野而馬羣遂空

又

虎子墮地氣食牛尸子曰虎豹之駒雖未成文已有食牛之氣老杜詩小兒五歲氣食牛魯直詩渥洼騏驎兒墮地志千里
雀兒浴處魚何求退之詩云蝦蟇跳過雀兒浴此縱有魚何足求
可奈我衰才亦盡南史丘靈鞠傳王儉曰丘公仕官不進才亦退矣又江淹任昉人皆謂之才盡
正須二子與同游謂黃寇二君

次韻春懷

老形已具臂膝痛
此借用彭越傳反形已具之語林逋詩覽照老已具開樽人向稀
春事無多櫻笋來
老杜詩溪邊春事幽樂天詩百年夜分半一歲春無多韓偓櫻桃詩注曰秦中謂三月爲櫻笋時輦下歲時記曰四月自堂廚至百司廚通謂之櫻笋廚
敗絮不溫生蟣虱
敗絮見上注漢書嚴安曰介冑生蟣虱
大杯覆酒著塵埃
晉元帝紀帝頗以酒廢事王導以爲言帝命酌引觴覆之於此遂絕陶淵明傳曰塵爵恥虛罍
衰年此日常爲客舊國當時只廢臺
老杜至日詩年年此日常爲客又登高詩萬里悲秋常作客百年多病獨登臺后山所指謂徐州戲馬臺也
河嶺尚堪供極目
文選王粲登樓賦平原遠而極目兮蔽荊山之高岑
少年爲句未須哀
王介甫詩意氣未宜輕感槩文章尤忌數悲哀

河上

背水連漁屋
背水借用韓信事老杜詩漁屋架泥塗
橫河架石梁
唐人羊士諤詩行披煙彩入激瀾橫石梁
窺巢爲鵲競
鵲巢多爲鳥所窺奪
過雨艾蒿光
老杜詩庭幽過雨霑東坡樂府云日暖桑麻光似發風來蒿艾氣如薰
鳥語催春事窗明報夕陽
退之送孟郊序云以鳥鳴春南部煙花錄陳后主詩夕陽如有意偏傍小窗明老杜詩人扶報夕陽
還家慰兒女歸路不應長
時自徐還曹

題柱二首 并序

永安驛廊東柱有女子題五字云無人解妾心日夜長如醉妾不是瓊奴意與瓊奴類讀而哀之作二絕句

桃李摧殘風雨春
楊炯少姨廟記曰古木摧殘尚辨三花之樹
天孫河鼓隔天津
史記天官書織女天女孫也爾雅河鼓謂之牽牛晉志曰天漢起東方經尾箕之間謂之漢津古樂府華山畿曰隔津歎牽牛語織女離淚溢河漢陸系有所思曰只看今夜裏那似隔天津
主恩不與妍華盡
樂天後宮詞曰紅顏未老恩先斷斜倚薰籠坐到明或作王建宮詞
何限人間失意人
士不遇多矣何獨一女子哉劉禹錫詠古詩曰一朝復得幸應知失意人

又

從昔嬋娟多命薄
東坡詩自昔佳人多命薄
如今歌舞更能詩
麗情集元載寵姬薛瑤英能詩書善歌舞
孰知文雅河陽令
文選夏侯常侍誄曰俗疵文雅李善注引大戴禮曰天子不知文雅之辭晉書潘岳爲河陽令
不削瓊奴柱下題
青瑣高議載瓊奴姓王氏王郎中幼女父死失身於趙奉常家爲主母淩辱道出淮上書其事於驛壁見者哀之王平甫爲作歌云

蠅虎

物微趣下世不數老杜詩物微世競棄又詩人物世不數后山此篇蓋有所指隨力捕生得稱虎唐書安祿山與史思明俱爲捉生東坡詩窻間守宮稱蠍虎匿形注目搖兩股史記越世家曰鷙鳥之擊也必匿其形卒然一擊勢莫禦卒然及莫禦字皆見孟子十中失一八九取周禮醫師十全爲上十失一次之吻間流血腹如鼓元稹詩腹脹看成鼓却行奮臂吾甚武漢書猶却行而求及前人史記殷紀湯曰吾甚武故稱武王明日淮南作端午言恃勇而不知及禍也世傳淮南王安萬畢術云以五月五日取蠅虎杵汁拌豆豆自踊躍可以擊蠅

陶朱公廟史記曰范蠡變名姓適齊爲鴟夷子皮之陶爲朱公陶即定陶今曹州濟陰縣乃其地也

千篇奏牘謾多知史記東方朔至公車上書凡用三千奏牘老杜鸚鵡詩紅觜謾多知百戰收功未出奇孫子曰百戰百勝非戰之善也史記白起贊曰料敵合變出奇無窮此兩句言陶朱公智勇雖多猶未足道要以身退爲勝耳名下難居身可辱史記越世家范蠡以爲大名之下難以久居乘舟浮海變姓名自謂鴟夷子皮耕于海畔苦身戮力父子治產魯論柳下惠少連降志辱身矣却將湖海換西施湖海當謂越國分封之地國語范蠡反至五湖辭於王曰臣不復入越國矣王曰子聽吾言與子分國不聽吾言身死妻子爲戮蠡曰君行制臣行意遂乘輕舟以浮於五湖杜牧之詩云西子下姑蘇舸逐鴟夷

次韻晁無斁夏雨

咫尺隔山海晉書王戎傳嘗經黃公酒壚下過曰今日視之雖近邈若山河樂天詩懶慢不相訪隔街如隔山作書問如何老杜詩道甫問訊今何如蟻垤既畜糧蛙窟如鳴鼉淮南子曰蟻知爲垤鳴鼉見上注張籍詩天欲雨有東風南溪白鼉鳴窟中積暑復一雨斧斫仍手摩斧斫手摩本俗間語鉤窻欲懸麻老杜詩雨脚如麻未斷絕出門已橫河晉傅玄雨詩曰湍深激墻隅門庭若決河人言月離畢未必致滂沱史記有若傳孔子既沒弟子思有若狀似孔子立爲師問曰孔子當行使弟子持雨具已而果雨弟子問曰夫子何以知之夫子曰詩不云乎月離于畢俾滂沱矣昨暮月不宿畢乎他日月宿畢竟不雨有若不能對后山意亦謂今夏之雨非必以月離畢所致東皋繁草木蘭艾不同科此亦法華經一雨所潤而諸草木各有差別之意淵明歸去來詞曰登東皋而舒嘯南史鮑昭日丈夫豈可遂蘊智能使蘭艾不辨老杜詩喧靜不同科字本出魯論驚魚畏密罟孟子注曰數罟密網也獨鳥鳴南柯何遜詩獨鳥赴行查老杜詩獨鳥怪人看異聞集載南柯

夢事蓋古槐南枝也稍無虫飛喧復覺蟬語多因聲
作好惡與物殊未和樂天聞早鶯詩云鳥聲信如一分別在人
情卧聞夜來雨歸種故山禾老杜詩不意遠山雨夜來
復何如百年須下澤後漢馬援傳援謂官屬曰吾從弟少游常哀吾慷
慨多大志曰士生一世但取衣食裁足乘下澤車御款段馬爲郡掾吏守墳墓鄉里
稱善人斯可矣萬里付長羅漢書常惠與烏孫兵擊匈奴克獲封長羅
侯先生斷百好尚以詩作魔樂天詩惟有詩魔降未得
每逢風月一閑吟傳燈錄兗州降魔掃師傳秀師問曰汝翻作魔耶縮子萬
言手聽渠七字哦太白與韓荊州書云日試萬言倚馬可待縮手

見上注退之詩夜夢神官與我言羅縷道妙角與根柢非必者哉七言六字常語一
字難○語一作言室邇人則遠詩云其室則邇其人甚遠燕默
勞者歌文選謝叔源詩曰悟彼蟋蟀唱此勞者歌注韓詩曰伐木廢則朋
友之道缺勞者歌其事思君得老瘦文選古詩曰思君令人老歲月
忽已晚老杜云所向泥活活思君令人瘦觸熱生積痾言思君欲往又
畏暑而不能行也老杜詩觸熱生病根後漢竇融傳曰是生積病不得遂瘳

寄無斁

敬問晁夫子官池幾許深文選夏侯湛東方朔畫贊曰敬
問蠖蠖長沙法帖有云王珉敬問官池見上注已應飛鳥下列子曰海

上之人有好漚鳥者每旦之海上從漚鳥
遊漚鳥之至者數百而不止其父曰吾聞
漚鳥皆從汝遊汝取來吾玩之明日之海
上漚鳥舞而不下此詩言飛鳥下以見無
斁忘機之意漢昭帝紀黃鵠下建章宮太液池復作卧龍吟晉書習鑿
齒傳曰西望隆中想卧龍之吟按蜀志諸葛亮傳亮躬耕隴畝好爲梁父吟徐庶謂
先主曰諸葛孔明者卧龍也此詩借用以言無斁高卧吟嘯要非池中物也老杜詩
風雨時時龍一吟待我中痾愈魯直詩百痾從中來同君把
臂臨老杜詩臨江把臂難再得泥塗無去馬退之書云泥水馬弱
不敢出不果鞠躬親問而以書悚息左深老杜詩去馬來牛不復辨夏木有
來禽唐李嘉祐詩云陰陰夏木轉黃鸝此引用以寄鸞鳴求友之意來禽見上

注

次韻別張芸叟

中年為別更堪頻中年別見上注四海為家託一
身老杜詩有無家別此別時須問生死孰知詩力
觧窮人老杜詩此別還須各努力漢書蒯通傳曰使人候問其死生退之詩
行當掛其冠生死一相訪詩窮見上注

宿深明閣二首

窈窕深明閣晴寒是去年老將灾疾至樂天
詩性將時共背病與老俱來灾疾見上注人與歲時遷此句屬魯直紹

聖初言者以神宗實録多失實召魯直至陳留問狀因寓佛寺題其所居爲深明閣自此遂謫默中老杜詩甘與歲時還

默坐元如在退之詩默坐念語笑元如在謂神交心契如在其前

孤燈共不眠文選謝惠連詩孤燈暖幽慢老杜詩燈影照無睡又詩不眠瞻白兔

莫年身萬里賴有故人憐魯直與張叔和書云某至黔州將一月矣曹守張倅相待如骨肉時曹譜伯達守黔中張穊茂宗作倅皆京洛人老杜云鏡中衰謝色萬一故人憐

又

縹緲金華伯人間第一人金華伯謂魯直按葛洪神仙傳云黃初平年十五家使牧羊有道士將至金華山居石室中四十餘年其兄初起行索初平初平叱白石皆起成羊文選海賦云神仙縹緲

劇談連晝夜史記淳于髡傳一語連三日三夜無倦世說衛玠與謝琨達旦微言因病篤

應俗費精神應俗見上注老杜詩應接衰精神王介甫詩可憐無益費精神按揚雄解嘲曰但費精神於此而煩學者與彼

時要平安報老杜詩夕烽來不近每日報平安

反愁消息真老杜詩反畏消息來寸心亦何有又云難知消息真

墻根霜下草又作一番新此句蓋有所指退之詩曰白露下衆草蕭蘭共憔悴青青西墻下已復生滿地又詩墻根菊花可沽酒

東山謁外大父墓

土山宛轉屈蒼龍下有槃槃蓋世翁槃槃見上注漢書項羽傳力拔山兮氣蓋世

萬木刺天元自直文選張平子南都賦曰森蕁蕁而刺天

叢篁侵道更須東老杜詩叢篁低地碧樂天古原草詩曰遠芳侵古道齊民要術曰竹性愛西南引諺云東家種竹西家治地此言更須東謂自已侵道不須復東引也

百年富貴今誰見一代功名託至公龐丞相墓誌銘蓋司馬溫公所作曾子固謝歐陽舍人譔先大父誌銘書曰後之作銘者苟託之非人則書之非公與是不足以行世而傳後

少日拊頭期類我文選沈約詩平生少年日後漢吳祐傳父恢拊其首曰吳氏世不乏季子矣楊子曰螟蛉之子殪而逢果蠃日類我類我久則肖之矣拊頭字見魏志劉廙傳

莫年垂淚向西風王介甫詩莫年垂淚對桓伊

次韻晁無斁冬夜見寄

寒窻冷夜欲生塵短枕長衾却自親按唐書讓皇帝傳玄宗友愛嘗製大衾長枕將與諸王共之后山意謂索居離羣衾枕特自親而已

老子形骸從薄暮此句后山自道後漢馬援傳頗哀老子使得遨遊文選豫章行曰促促薄暮景亹亹觧克禁李善注云景之薄暮喻人之將老也

先生意氣尚青春此句以屬無斁文選潘尼贈陸機詩予涉素秋子登青春李善注云素秋喻老青春喻少也

覆杯不待回丹

頻言不借紅於醉面也覆杯見上注
危坐猶能作直身後漢書茅容避雨樹下危坐愈恭孟郊詩愛得曲身成直身
城郭山林兩無得暮年當復幾霑巾言出處皆不如志可爲流涕也歐公集古錄跋韓退之題名曰謂著山林與著城郭無異等語宜爲退之之言按今世所傳退之與大顛書云苟非所戀著則山林閑寂與城隍無異

寒夜有懷晁無斁

同好共城郭十日不一顧老杜詩可恨鄰里間十日不一見顏色
人事雖好乖淵明答龐參軍詩序曰人事好乖便當語離
吾生亦多忤老杜詩人事多錯迕與君永相望
閶門對妻子歲月不可度文選曹子建表曰四節之會塊然獨處左右惟僕隸所對惟妻子高談無所與陳發義無所與展老杜詩劒南歲月不可度漢書谷永傳曰閶門高枕
閉目寧用遮言廢書不觀也傳燈錄僧問藥山何故看經山云且圖遮眼
停杯仍下筯言雖止酒尚能強飯李太白詩停杯投筯不能食拔劒四顧心茫然何曾日食萬錢猶言無下筯處
獨無區中緣區中緣見上注又李太白詩曰杳無區中緣
永懷巖下趣老杜詩盛論巖中趣
平生三徑資安得一朝具三徑資見上注
萬里初歷塊前驅告曛暮言出仕未幾而遽得罪謝靈運詩朝遊窮曛黑
歸懷屬有思退之秋懷詩丈夫屬有念事業無窮年

棄世不待怒莊子曰夫欲免爲形者莫如棄世棄世則無累
老境厭逶遲人情費將護禮記六十耆指使疏引賀瑒云耆至也至老之境也文選江淹別賦曰車逶遲於山側注云逶遲少留貌
向來張長公吾亦從茲去漢書張釋之傳子摯字長公官至大夫不能取容當世遂不仕漢高祖紀曰吾亦從此逝矣
燈花頻作喜老杜詩燈花何太喜
月色正可步老杜詩思家步月清宵立
預恐何水曹明朝有新句梁何遜爲水部

除夜

七十已強半所餘能幾何退之詩年皆過半百來日苦無多老杜詩百年能幾何唐摭言崔櫓梅花詩云強半瘦因前夜雪
懸知暮景促懸知見上注柳子厚書曰長來覺日月益促歲歲更甚
更覺後生多老杜詩所謂坐深鄉里敬
適世名爲累易曰遯世無悶老杜詩疎嬾爲名誤退之詩士生爲名累
留年聽作魔盧仝守歲詩曰年去留不住年來也任他石曼卿詩曰已爲物象係詩瘦更被春陰長睡魔作魔見上注
西歸端着便着便見上注
老子不婆娑晉書陶侃傳曰老子婆娑正坐諸君輩王述亦曰致仕之年不爲此公婆娑之事

后山詩註卷第五

后山詩註卷第六

寄鄧州杜侍郎

南陽老幼如雲屯連日城東候使君南陽即鄧州陸士衡詩胡馬如雲屯後者排前旁捷出退之楊燕奇碑文曰乘釁應會捷出神怪爭先見面作慇懃退之與李翺書曰若景星鳳凰之始見爭先覩之爲快六年重來已白髮一日再見面青春道傍過者怪相問按實録元祐五年正月宣祕閣杜紘知鄧州自此六年而再至老杜詩道傍過者問行人共言杜母真吾親後漢杜詩傳遷南陽太守人方於召信臣故爲之語曰前有召父後有杜母使君雖老心尚壯後漢馬援言老當益壯文采風流諸謝上老杜詩文采風流今尚存諸謝謂江左謝氏名家從昔杜陵人老杜詩名家無出杜陵人盛德于今丈人行漢書蘇武傳曰漢天子我丈人行也我昔卧病老彭城畫船鳴鼓千里行致書饋奠初未識饋奠當是后山居憂時丁寧勞苦如平生漢書張耳傳曰勞苦如平生歡人言此事今未有古人中求還得否晉書王衍傳晉武帝問王戎曰夷甫當世誰比戎曰當從古人中求耳南史張緒傳王儉嘗云緒過江所未有比士可求之耳不知陳仲弓黄叔度能過之否乎忘年屈勢不虛辱公取爲德吾何取公取之取一作自〇忘年友見上注退之書曰厚意不可虛辱此借用漢書韓信傳曰公小人爲德不竟老杜詩賢者貴爲德菊潭之水甘且潔潭上秋花照山白請公酌此壽百年後漢書地理志南陽酈侯國注曰縣北八里有菊水飲者上壽百二三十漢司空王暢太傅袁隗爲南陽令縣月送三十餘石奕長爲此邦伯廣雅曰藹藹奕奕盛貌文選陸士衡贈馮文羆詩云奕奕馮生神仙傳王遠導從威儀奕奕如大將軍老杜同元使君舂陵行序曰得結輩十數公落落然參錯天下爲邦伯孰先一州後四方退之送陸歙州序曰或謂先一州而後天下豈吾君吾相之心哉重金疊蓋登廟堂歸田録國朝兩府金帶佩魚謂之重金春明退朝録國初兩制出入重戴請從今日至雲來月三十斛輸洛陽爾雅玄孫之子爲來孫仍孫之子爲雲孫杜君濮州鄄城人後徙洛陽

寄提刑李學士

石渠金馬青雲上言李君嘗爲館職班固兩都賦序曰內設金馬石渠之署東里西門濟水邊東里子產西門豹皆古循吏今以此李君濟水邊言其持節於鄉部也上冢過家真樂事後漢岑彭傳有詔過家上冢平時持節貴當年言其未老也文選韋弘嗣博奕論曰君子恥當年而名不立成家舊學諸儒問漢書司馬

遷傳曰成一家言脱手新詩萬口傳東坡詩云新詩如彈丸脱手不暫停又云詩句明朝萬口傳范叔一寒今若此相逢猶得故人憐並見上注

寄杜擇之后山自注云杜寄惠近詩

詩家兩杜昔無隣文采風流世有人魯直詩云詩家二杜見仍雲謂審言子美俱能詩也疾置送詩驚老醜漢書劉屈傳乘疾置以聞老醜見上注坐曹得句自清新漢書薛宣傳坐曹治事清新見上注興來不假江山助見上注目過渾如草木春李太白上裴長史書曰他人之文猶山無煙霞春無草樹

李白之文光明洞徹句句動人又太白詩云令行草木春農馬智專吾不讓退之與于頔書曰伏蒙示詩云云昔齊君行而失道管子請釋老馬隨之樊遲請學稼孔子請問之老農夫馬之智不賢於夷吾農之能不聖於尼父且云爾若聖賢之能多農馬之智事故也今愈從事於文實專且久則其贊王公之能而稱大君子之美不爲僭越也衡陽紙貴子能頻郭受寄杜員外詩云衡陽紙價頓能高盖用左思事而後山又用杜家事

次韻晁無斁春懷

城郭朝陽散積陰郊原注目日青深老杜詩注目寒江倚山閣按吳志賀邵傳云壯敵注目年衰鷗鷺如今是

老杜詩身許麒麟晝年衰鷗鷺羣夢斷邯鄲何處尋見上注語鵲飛烏春稍稍重簾深院晚沉沉不辭杖屨衝泥雪未有瓊琚報好音元稹詩冒雨衝泥黑地來詩云投我以木瓜報之以瓊琚又云懷我好音

寄晁無斁

稍聽春鳥語可嚀又見官池出斷氷老杜詩便覺鶯語太可嚀雪後踏青誰與共盧公乾饋餉儀日三月三日上踏青鞋花間着語老猶能雪竇禪師頌古舉德山到潙山法堂話着語云勘破了也老杜詩不堪驅使菊花前比反其意而用之笑談莫

倦尋常聽山院終同一再登今日已知他日恨搶榆况得及飛騰莊子逍遥遊篇鵬之徙於南冥也水擊三千里摶扶摇而上者九萬里蜩與鷽鳩笑之曰我快起而搶榆枋時則不至控於地而已矣奚以之九萬里而爲老杜詩飛騰無奈故人何

別寶講主

此地相逢晚他方有勝緣樂天詩曾經感劫壞今遇勝緣修呪功先服猛高僧傳天竺僧金剛仙掛錫清遠峽蛟螭作妖則誦呪以禁之周禮服不氏掌養猛獸而教擾之戒力得扶顛大莊嚴論云我昔聞諸比丘入海採寶舡舫破壞有一年少比丘捉得一板便說偈云云于時

海神感其精誠即接以年置於岸上合掌日比丘我今歸依堅持戒者扶顛見魯論憖息三支論高僧傳云優婆塞支謙者漢末游洛受業於支亮亮受業於支讖世稱天下博知不出三支重叅二祖禪后山自註云趙州臨濟皆曹人也夜床鞋脚別何日着行纏尊宿云大脩行人上宗即與鞋履爲別此言着行纏盖以人命呼吸須勸其早遊方叅學也

還里自曹歸徐

曠士愛吾廬遊子悲故鄉謂淵明之曠達高祖之英雄皆不能無鄉里之念事並見上註鮑昭詩小人自齪齪安知曠士懷慷慨四方志老杜詩丈夫四方志老衰但悲傷老杜詩少壯不努力老大徒傷悲虛名自成誤老杜詩多爲才名誤失得略相當退之詩得失相乘除得少失有餘後漢書匈奴傳論曰寇雖破折而漢之疲耗略相當矣暮年還家樂未覺道里長太白蜀道難曰錦城雖云樂不如早還家后山前有詩云還家慰兒女歸路不應長閭里喜我来老杜詩隣舍喜我歸沽酒携葫蘆選詩鞍馬塞衢路史記車馬塞康莊荀卿傳開第於康莊之衢爭前借言色後漢馬后傳曰假借温言求坡奏疏云臣嘗疾程頤之奸未嘗假以辭色草木亦晶光老杜瘦馬詩失主錯莫無晶光向来千人聚見上註一老獨徜徉后山自謂也詩云不憖遺一老俾守我王退之盤谷序云終吾生以徜徉手開南陽阡松栢鬱蒼蒼紹聖二年七月后山葬其兩親於彭城大父之兆次至是三年矣故此詩有南陽阡之語漢書原涉傳涉父爲南陽太守父死涉大治起家舍買地開道立表署曰南陽阡選詩鬱鬱澗底松永顧守一丘謂守先人丘墓也老杜詩永願坐長夏脫身萬里航漢書高帝紀脫身人間至軍萬里航言世路風波也平生功名念倒海浣我腸太白詩倒海索明月史記扁鵲傳湔浣腸胃款段引下澤斷弦更空觴並見上注空觴用晉元帝事尚恐北山南有文移路傍南齊周顒字彥倫隱於鍾山後應詔出爲海鹽令欲過此山孔稚珪假山神之意作北山移文以却之其文見於文選

答魏衍黃預勉予作詩

我詩淺短子貢墻衆目俯視無留藏前漢書孔光傳曰智謀淺短老杜詩目短曹劉墻句中有眼黃別駕黃魯直謫涪州別駕魯直自許元祐間字云字中有筆猶禪家句中有眼又六言詩云拾遺句中有眼洗滌煩熱生清涼老杜詩洗滌煩熱足以寧君軀又詩清涼破炎毒人言我語勝黃語扶豎夜燎齊朝光后山答秦覯書言之詳矣晉書王述傳謂子坦之曰人言汝勝我定不及也庭燎詩曰夜如何其夜未央庭燎之光老杜詩朝光入戶牖三年不見萬里外安得奮身置汝傍時魯直在黔中退之詩三年不

見兮使我心苦老杜詩安得送我置汝傍邇來諸子復秀發曾未幾見如端章諸子謂魯直兒姪詩云未幾見兮突而弁兮魯論端章甫註謂衣玄端冠章甫剩欲摧藏讓頭角選詩扶風歌曰抱膝獨摧藏豈是有意群兒傷退之詩不知羣兒愚那用故謗傷於人無怨我何憾何一作亦○言不必畏謗傷而退讓也有作魯直傳者日公胷中炳踈初無怨恩按晉書安平獻王孚傳曰未嘗有怨於人愛者尚衆猶吾鄉后山言鄉士同臭者如魏衍黃預輩皆愛黃詩安知他鄉無人哉平生不自解嘲誚漢書揚雄有解嘲禍來亦復非周防言遷貶之禍出於意外老杜病馬詩當時歷塊誤一蹶委

棄非汝能周防我衰氣索不自振正賴好語能恢張漢書孫寶傳候文惟寶氣索選詩酒酣氣益振智論曰諸外道中設有好語如虫蝕木偶然成文文選皇甫謐三都賦序日並務恢張其文博誕空類詩家小魏新有聲新有詩聲見上註舊傳秀句西里黃西里當是黃預所居後生學行闕師友臨路不進空迴遑鮑昭放歌行曰今君有何疾臨路獨遲迴魏志夏侯尚傳註日許允欲往見大將軍臨出門迴遑不定看君事業青雲上聽渠螟蟘生膏肓青雲上用范睢事大田詩註曰食心曰螟食葉曰螣恒害田中之稚禾此引用以譬後生不親師友自賊其良心也膏肓見第一卷註

老栢三首 有序

勝果院後庭有栢見之二十年矣踈瘦如故余寓其舍數以水溉之遂有生意

庭栢無生意摧殘二十秋老杜詩羣橘少生意按晉書殷仲文傳文顛大司馬府中老槐歎曰此樹婆娑無復生意稍霑杯水潤莊子覆杯水於坳堂之上已與歲寒謀言已作千歲計也歲寒見魯論黃裏青青出黃裏見第一卷註王建新移小竹詩云嫩綠卷新葉殘黃依故林莊子曰受命於地唯松栢獨也在冬夏青青愁邊稍稍瘳愁邊見上第二卷註退之遠遊聯句云外患蕭蕭去中悒稍稍瘳會看笙鶴下老杜詩人傳有笙鶴時過此山頭按列仙傳王子喬好吹笙作鳳鳴七月七日

乘白鶴駐緱氏山頭暮雀莫深投老杜詩暮雀意何如退之枯樹詩依投絕暮禽

又

英姿帶枯槁勁節關和柔范曄後漢書二十八將論曰英姿茂績委而勿用漢書霍去病以和柔自媚於上物理有興壞人情成去留老杜詩物理固自然漢書司馬遷傳曰稽其成敗興壞之理文選嵇康琴賦曰委性命兮任去留后山嘗作修佛殿記云物有盛衰人有向背向盛背衰人則逐物雖然向則盛背則衰物亦有賴於人焉稍看棲鳥集聊待晚風秋鮮道庭前栢何曾識趙州僧問

趙州和尚祖師西來意州云庭前柏樹子又有老宿忽拈杜枚謂僧曰要識趙州麼這裏是趙州歲月那能託風霜亦飽經老杜詩老樹飽經霜槁乾仍故節退之韓洪碑銘曰槁乾四呼終莫敢濡齊已松詩云蠹依乾節死蛇入朽根盤潤澤出新青潤澤字出孟子劉禹錫竹詩曰新青拼故葉色與江波共老杜梔子詩無情移得汝貴在映江波聲留靜夜聽王建新移小竹詩云色經寒不動聲與靜相宜輝輝垂重露點點綴流螢以露比流螢此體謂之影對如無可詩云聽雨寒更靜開門落葉深以落葉比雨聲也又曰微陽下喬木遠燒入秋山以微陽比遠燒也老杜螢詩曰偶經花蘂美輝輝又詩曰日暮拾流螢

魏衍見過

暑雨不作凉爽風秖自高大車詩秖自塵兮我老亦衰疾奈此正鬱陶尚書鬱陶乎予心魏侯有新語高處近風騷隱几聆五字未覺歷日勞老杜詩劣於漢魏近風騷吳志呂蒙傳治土山乂歷日乃成灑然墮氷井薛瑩後漢書靈帝光和六年冬北海琅邪井氷厚丈餘又晉庾倏有氷井賦言藏氷也起粟竪寒毛趙飛燕外傳夜雪露立體亡軫粟東坡雪詩凍合玉樓寒起粟高僧誌僧會傳趙綉見塔放光肅然毛竪晉書夏統傳曰聞君之談不覺寒毛盡戴○誌一作康三山已在目世說句中郎登北固望海云雖未覩三山便使人有凌雲之意老杜詩青山若在眼後漢馬援傳曰虜在吾目中矣萬象誰能逃文選頭陀寺碑曰萬象已陳李善注引孝經鉤命決曰地以舒形萬象咸載東坡詩萬象起滅無逃形歷險見絕足家語曰歷險致遠馬力盡矣魏文帝與孫權書中國信多馬其知名絕足亦少老杜詩選羣絕足信殊傑過口味豚膏歐公詩云更吟君句勝啗炙周禮庖人注云豪臊家膏也願為夏雷鳴退之送孟東野序云以雷鳴夏莫作飢鳶號南史曹景宗傳曰箭如餓鴟叫東坡讀孟郊詩曰何苦將兩耳聽此寒虫號

次韻螢火

年侵觀物化共被歲時催陸機詩後途隨年侵七月詩注日春女悲秋士悲感其物化也莊子曰且吾與子觀化而化及我熠熠孤光動翩翩度水來東山詩注曰熠熠燐也燐螢火也文選鴈詩單泛逐孤光樂天詩獨立棲沙鶴雙飛照水螢稍能穿幔入已復受風回老杜螢詩隨風隔幔小又詩輕燕受風斜投卷吾衰矣言醫書也按晉書車胤貧無燈火以絹囊盛螢火以照書夜讀微吟予狀共文選魏文帝燕歌行曰短歌微吟不能長

次韻夏日江村

漏屋簷生菌臨江樹作門荀子曰隱於窮閻漏屋捲

簾通鷰子老杜詩簾戶每宜通鷰子織竹護鷄孫老杜崔宗文封鷄孫詩云織籠曹其內令入不得擲我寬螻蟻遺彼免孤兔厄退之詩云那瑕更護鷄窠鄰按後漢高鳳傳妻令鳳護鷄向夕微一作風涼進相逢故意存一作霑衣汗垢存○淵明詩向夕長風起老杜詩樹濕風涼進何當加我歲從子問漢書司馬遷傳曰汗未嘗不發背沾衣也乾坤孔子曰加我數年五十以學易可以無大過矣

次韻觀月

風雲隨落日河漢欲回天詩云倬彼雲漢昭回于天魏文帝雜詩曰天漢回西流隔巷如千里謝莊月賦隔千里兮共明月

還家已再圓選詩顧眄一不再圓老杜詩羈栖愁見裏二十四回明此用其意簾疎分細細江淨共娟娟老杜詩石瀨月娟娟他日吾何適聽詩說去年退之詩元日新詩已去年

次韻夏日

江上雙峯一草堂門閑心靜自清涼老杜詩萬里橋西一草堂詩書發冢功名薄莊子曰儒以詩禮發冢麋鹿同群歲月長見上注句裏江山隨指顧用張說事見上注劉禹錫詩相形面勢從指畫言下變化隨顧盼樂天詩下轄隨指顧舌端幽眇致張皇舌端見韓詩外傳退之進學解曰張皇幽眇

莫欺九尺鬚眉白老杜詩張公一生江海客身長九尺鬚眉蒼東坡詩錦里先生自笑狂莫欺九尺鬚毛蒼解醉佳人錦瑟傍老杜詩爛醉佳人錦瑟傍

夏日有懷日一作夜

臥念張居士當是負山居士張仲連後漢書馬援傳曰臥念少游平生時語何可得也逃名老石根後漢書法真傳郭正稱之曰逃名而名不我逢老杜詩老夫困石根學詩端得瘦本事詩李白杜甫云飯顆山前逢杜甫頭戴笠子日卓午借問別來太瘦生總爲從前作詩苦識字郎空搏老杜詩子雲識字終投閣又云已畏空搏愁此言白山意謂無好事載酒以過子雲者鳴笛夜宜遠燈花曉更繁老杜詩頭白燈明裏何煩花燼繁未須哀老子後漢書馬援爲隴西太守諸曹時白外事援曰此丞掾之任何足相煩頗哀老子使得遨遊此借用也復守丘園前詩云西歸端着便老子不婆娑與此同意丘園見易賁卦

送杜擇之

兩父論詩伯仲間兩父謂杜審言子美皆能詩而擇之可爲伯仲也文選魏文帝典論曰傅毅之於班固伯仲之間爾去思今識謝家安晉書謝安除吳興太守在官無當時譽去後爲人所思世說注晉陽秋云諺曰大才槃槃謝家安揚州獨步王文度後來出人郗嘉賓曠懷亦苦中

年別言謝安最號曠達而中年之別不免作數日惡也壯安劉焯懷抱不曠歸翼仍愁行路難老杜詩歸翼會高風古樂府有行路難四壁未堪風雨夕四壁見上注百圍已試雪霜寒莊子曰大木百圍之竅穴魯論曰歲寒然後知松栢之後凋也欲逃富貴疑無地世說謝安在東山時兄弟已有富貴者劉夫人戲謂安曰大丈夫當不如此安捉鼻曰恐不免耳東坡詩長疑安石恐不免千丈竿頭試手看富貴則履危機故以尋橦爲喻樂天贈牛思黯詩曰百尋竿上擲身難傳燈錄長沙岑禪師偈曰百丈竿頭不動塵雖然不入未爲真百丈竿頭須進步十方世界是全身又五洩山靈默禪師云汝試下手着

楊夫人挽詞元注云晁無咎母

初說南奔道路長湖邊丹旐已飛揚南奔當是從無咎遷謫老杜詩云丹旐飛飛日初轉發閬州樂天詩丹旐何飛飛揚素驂亦悲鳴百年積慶鍾連璧易曰積善之家必有餘慶南史陸暐與弟恭之並有時譽洛陽令見之歎曰僕以年老更覩雙璧此用以此無咎兄弟也晉書夏侯湛潘岳行止同輿京師謂之連璧此借用其字左傳曰天鍾美於是注云鍾聚也十念收功到淨方謂西方觀絳幔未經親宋母幔一作帳○晉書韋逞母宋氏受其父周官音義後盧壺欲就宋氏家立講堂置生員百二十人隔絳紗幔而受業時稱韋氏宋母綠衣猶記識黃裳南部新書曰潘孟陽母劉晏之女問未坐綠衣少年何人曰補闕杜黄裳夫人曰此人全別必是貴人欲圖不朽須詮載退之馬府君行狀曰訖立言之君子而圖其不朽焉不朽見古墨竹注淵明飲酒詩序云紙行遂多辭既詮次今代誰堪著石章詛楚文曰敢數楚王熊相之背盟犯詛著諸石章

栢山栢一作栢

平江如抱貫秦洪雙嶺馳來欲並雄老杜詩清江一曲抱村流秦洪雙嶺皆在徐州漢書南粤王傳曰兩雄不俱立兩賢不並世是物皆爲萬世計老杜詩是物關兵氣賈誼過秦論曰始皇以爲闕中之固子孫帝王萬世之業也闔棺猶有一朝窮老杜詩曰丈夫蓋棺事始定而桓魋石槨竟不免發掘東坡守徐州時有遊桓山記言之詳矣韓詩外傳曰學而不已闔棺乃止林巒特起終有汙有作爲○林巒雖秀披竟坐桓魋爲辱也東坡温泉詩曰幸免妃子汙老杜詩兵氣漲林巒文選西京賦曰隆崛崔崒李善注引埤蒼曰崛特起也美惡千年竟不空世間公論雖久而不泯也后山作温公挽詞亦曰若無天下議美惡併成空尚有風流羊叔子稍經湔洗與清風后山自注云有東坡記刻石○用羊叔子登峴山事以比東坡江山之辱賴此一洗也魯直詩我亦洗湔與清流劉禹錫詩東陽本是佳山水何況曾經沈隱侯

答顏生

煩君臨問我何堪漢書張禹傳車駕自臨問之剩欲從君十日談高適詩尋經剩欲飜史記秦昭王遺平原君書寡人願與君爲十日之飲世說謝胡兒語庾道季曰諸人暮當就卿談老退不應稱敏捷謂作詩樂天詩云多病長齋詩老退爭禁年少洛陽才老杜詩敏捷詩千首顏蒼寧復借紅酣謂止酒鄭谷詩衰顏酒借紅王介甫詩荷花落日紅酣世間公器毋多取莊子曰名公器也不可多取樂天詩曰名爲公器毋多取句裏宗風却飽參句中有眼見上注傳燈錄道悟和尚傳曰師唱誰家曲宗風嗣阿誰又歸宗義柔禪師曰事須飽叢林

陋巷遠孫還好學用顏氏事南史顏延之傳云少孤貧居負郭好讀書無所不覽後爲光祿勳又云江右稱潘陸江左稱顏謝未容光祿擅東南

送劉主簿羲仲羲仲字壯輿

平生師友豫章公矻矻談君口不空豫章謂魯直退之答楊子書曰東野矻矻說足下不離口故不待相見相信已熟既相見不要約已相親半面相看吾已了詩意見上句注中後漢應奉傳注奉嘗詣彭城袁賀賀時出行閉門造車匠於內開扇出半面視奉奉即委去後數十年於路中見車匠識而呼之魏志陳矯傳注文帝曰朕心故已了連城增價子何窮史記秦昭王請以十五城易趙璧文選魏文帝與鍾大理書曰不損連城之價又廣絕交論曰顧盼增其倍價三千奏牘諸儒上用東方朔事見第二卷注四百菴寮一歲中兩句言儒佛不相妨劉氏家於南康廬山之下山有三百六十庵詩意謂日遊一庵足了一歲欲其徧歷叢林也杜牧詩南朝四百八十寺多少樓臺煙雨中此借用二父風流皆可繼謗禪排道不須同羲仲蓋道原之子疑之之孫二父皆排訾釋老故后山勸以惟此兩事不必同先世也東坡題黃魯直所作劉咸臨墓誌銘後云咸臨不喜佛其父道原尤甚咸臨名和叔即羲仲之弟晉書庾峻傳蘇林曰君二父孩抱經識獨至今日此借用

鰏目

溪響飢魚食川明柱影斜驚禽穿竅竹噪鶂立浮查談苑載僧行肇詩云聽錫樵停斧窺禪鳥立查老杜詩故立浮查潛入舟谷暗山藏雨林喧雀啅虵鄉閭等行路何處更爲家言雖居鄉亦無生理也

晚望

黑雲映黃槐更著白鳥度何遜詩夕鳥已西度蟬鳴不餘力史記虞卿傳曰秦不有餘力矣蛙腹能許怒韓非子曰越王慮伐吳欲人之輕死也出見怒蛙乃爲之式曰爲其有氣力故也退之月蝕詩

日蟆蛙拘送主府官帝著下腹當其蟠許謂如許稱目有佳思側徑無好步謝靈運詩側徑既窈窕俗諺謂速行無好步與來成獨往獨往見上注又淮南王莊子要略曰江海之士山谷之人輕天下細萬物而獨往意得誰與賦晉書郭璞客傲曰忘意非我意意得非我懷世說庾子嵩作意賦從子文康曰若有意耶非賦所能盡若無意耶復何所賦答曰正在有無之間

送高推官

先生鍾舊德先生謂烈武韓王高瓊澶淵之役勳德最著大府冠群能老杜詩大府才能會過手無難事逢人有異稱人人皆稱其有異能也東坡謝獎諭表日累忝優寄卒無異稱按風俗通曰封祈還陵長洽無異稱薦賢餘一鶚言不爲書世所知夙記契千燈金剛經云然燈佛與我受記作是言汝於來世當得作佛維摩經云無盡燈者譬如一燈然百千燈看挽秦梁纜頭數不勝秦梁即秦洪也晉鄧攸有惠政罷郡日人入水攀其船不忍別此云頭頭數不勝言挽留者之多也漢書張耳傳頭會箕斂注曰吏到其家人頭數數出穀以箕斂之

和黃預感秋

宿雲護朝霜秋陽佐殘暑退之詩宿雲寒不捲李嘉祐詩升漢初過斗寒雲正護霜韓偓詩雲護鴈霜籠曉月雨連鶯曉落殘梅蝿凝驅復來退之詩癡如遇寒蠅又送窮文曰蠅營苟苟驅去復還汗下拭莫禦世說何平叔美姿儀魏文帝疑其傅粉夏月令食湯餅汗出以巾拭之轉皎白也庭梧自黃隕風過成夜語詩曰桑之落矣其黃而隕古樂府云中庭有樹自語梧桐推枝布葉幸是可鄰生晉書孫綽種一株松常自守護鄰人謂之曰樹子非不可憐但永無棟梁日耳此借用以言庭梧也傳燈錄忠國師曰幸自可憐生胡然遽如許言搖落之速詩云胡然而天也後漢左慈傳老叢人言曰遽如許黃生多新詩如盆甕抽緒歐公詩問其別後學初若甕緒抽按文選張茂先詩將抽厥緒禮記曰夫人繅三盆手唱高難欸乃宋王對楚王問曰其曲彌高其和彌寡元結集有欸乃曲欸音襖乃音靄棹船聲也柳子厚詩欸乃一聲山水綠雋永得㕮咀漢書蒯通傳通論戰國時說士權變亦自序其說號雋永注肥肉也言其論甘美而義味深長也本草序例曰凡湯酒膏藥舊云㕮咀者禹錫云即細切之義㕮音父此引用以言藥劑之寡味雋永安得比之意合無古今漢書鄒陽傳意合則骨肉爲兄弟選詩云誰謂古今殊異代有同調揆暗有迎拒鄒陽傳又曰明月之珠夜光之璧以暗投人於道衆莫不按劍相眄名成弟子韓黃預從學於后山老杜贈曹霸詩曰弟子韓幹早入室價重先生楮謂預詩可高紙價也退之毛穎傳曰穎與會稽楮先生友善意謂紙也向來得斯人孰謂予齟齬韻書曰齒

不正曰齟齬楚詞曰圜鑿而方枘兮吾固知齟齬而難入晚炊鄰僧來退之寄盧仝詩至今鄰僧乞米送晝拾狙公茅莊子狙公賦芧曰朝三而暮四衆狙皆怒老杜詩歲拾橡栗隨狙公兩句皆言貧之貧甘酸皆適口霜黃未登俎言預未見用於世如黃棋未包貢以登於俎也世說魏武帝令曰前有大梅林饒子甘酸淮南子曰此皆不快於耳目不適於口腹老杜詩登俎黃甘重門有曲逆車漢書陳平傳以席為門多長者車轍平後封曲逆侯謗甚北山女楚辭抽思曰好姱佳麗兮牂獨處此異域既惸獨而不羣兮又無良媒在其側道卓遠而日忘兮願自申而不得望北山而流涕兮臨流水而太息王逸注曰左右媒妁莫行薦也寧為溝中斷莊子曰百年之木破為犧尊青黃而文之其斷在溝中比犧尊於溝中之斷則美惡有間矣其於失性一也不作太倉鼠史記李斯傳斯少時見厠中鼠食不絜近人犬數驚恐入倉食積粟居大廡之下不見人犬之憂歎曰人之賢不肖譬如鼠矣在所處耳老退無好懷續明燃兩炬老退見上注老杜詩庭前把燭嗔兩炬按後漢書龐參傳交縛兩炬搔首不成眠寒蟲促機杼詩曰搔首踟躕東坡詩玉堂清冷不成眠王介甫促織詩云只向貧家促機杼幾家能有一鉤絲

和顏生同游南山

竹杖芒鞋取次行琳琅觸目路人驚東坡廬山詩芒鞋青竹杖自掛百錢游世說有人詣王太尉遇王安豐丞相大將軍別屋見季胤平子還語人曰今日之行觸目見琳琅珠玉當年此日仍為客是歲在鄉里作重陽故也老杜至日詩云年年此日常為客又九日詩云世亂鬱鬱久為客病目今來喜再明張籍詩三年病眼今年校免與風光便隔生筋力高堪供是事登臨那得總無情言筋力尚可登臨也樂天詩登山與臨水猶未要人扶世說許掾好遊山水而體便登涉時人云卿非徒有勝情亦有勝具維摩經云且置是事已知名世徒為爾謂詩名無益也樂天詩云詩稱國手徒為爾命壓人頭不奈何可復緣渠太瘦生老杜詩知君苦思緣詩瘦太瘦生見上注

贈慧僧和同往南山

驥騄同群鴻鴈行登臨端為作重陽魏文帝典論曰咸以自騁驥騄於千里南臺二謝風流絕二謝有九日讌馬臺詩見上注準擬歸來古錦囊老杜詩春來準擬開懷久古錦囊見上注

栢

用直寧論世名成不待官老杜古栢行曰正直元因造化功此云寧論世言世常惡直而木以直為用也秦始皇封太山遇雨避樹下遂封松為五大夫故樊宗師絳守園亭記以栢為蒼官老杜詩身退豈待官低枝緣

我有魏文帝詩曰低枝拂雨蓋偃蓋到誰看抱朴子曰天陵偃蓋之松酉陽雜俎曰世傳松千歲方頂平偃蓋傳燈錄道幽禪師偈曰不知何代人得見此老松秀色有新故英姿無暑寒要為千歲計豈慮萬牛難老杜古柏行大廈如傾要梁棟萬牛回首丘山重魯直詩剪伐萬牛難

謝端硯

王家舊物群偷後石出蠻溪百丈深晉書王獻之謂偷兒青氊我家舊物可特置之羣偷驚走揮翰吾非玉堂手見古墨行注斷金君有古人心易係辭二人同心其利斷金

捕狼

一狼將四子二嶺走千羊北史于日磾傳見熊將數子前漢西域傳曰失一狼走千羊意得無前敵史記始皇本紀侯生曰始皇意得欲從漢書袁盎傳絳侯趨出意得甚退之猛虎行曰共矜無當對氣性縱以乘無前見上注時乖闕後防後漢趙咨傳曰古人時同即會時乖即別此借用又退之詩時命雖乖心轉壯老杜病馬詩委棄非汝能周防寧知射生手唐書兵志肅宗置彍前射生手已發弩機張書曰若虞機張會使烏鳶飽空令豺虎傷莊子曰上為烏鳶食詩云投畀豺虎老杜詩抵令故舊傷

和魏衍元夜同登黃樓

車馬競清夜退之詩適與佳節會士女競光陰選詩清夜遊西園人物秀三楚選詩三楚多秀士注曰江陵為南楚吳為東楚彭城為西楚登臨得免俗茲樓豈時睹晉阮咸曰未能免俗聊復爾耳同來兩稚子冠者亦四五魯論曰冠者五六人童子六七人落落俱可人頗亦厭歌鼓晉書王澄謂王衍曰誠不如卿落落穆穆可人見上注山月出未高潛鱗動寒渚言潛魚未為月所照故游泳自如也退之詠月詩未高蒸遠氣詩曰魚在于渚或潛在淵檣燈接稀星奪目粲不數宋王高唐賦曰煌煌熒熒奪人目睛魏侯轉物手百好趨就敘楞嚴經曰若能轉物即同如來禹貢注曰四國皆就次序得句未肯吐秀氣出眉宇用莊子庚桑楚事見上注王縉古別離曰含辭未及吐淚落蘭叢中枚乘七發曰陽氣見眉宇之間水淨納行影選詩璇題納明月山空答脩語歐公詩空山答人語夜氣稍侵肌退之李花詩蒼茫夜氣生相遮文選應璩與岑文瑜書曰剪瓜宜侵肌鳥駭去其侶楚辭招隱士曰禽獸駭兮亡其曹清游豈有極喜事戒多取世間可喜之事要不可極意也投靜未免喧東坡詩說靜故知猶有動無閑底處更求忙老杜詩喧靜不同科于今豈非古蘭亭叙曰俛仰之間

已爲陳迹

永懷寂寞人南北忘所在橫嶺限魚鳥作書欲誰與寂寞人謂東坡言其身世兩忘不知謫在海外也揚雄傳曰惟寂寞自投閣情生文自哀世說孫楚除妻服作詩示王武子王曰未知文於情生情於文生覽之悽然增伉儷之重山谷詩曰意不及此文生哀政與此句相反意動足復佇歐公詩足雖欲往意已休此反而用之恨不能往見東坡也憑檻共一點望舒已侵午文選登樓賦曰憑軒檻以遙望楚辭前望舒使先驅註云月御也午謂夜分樂天詩月午方徘徊退之詠月詩當午覺輪亭

和元夜

笳鼓喧燈市車輿避火城國史補曰元日冬至宰相列燭多至數百炬謂之火城此借用彭黃爭地勝后山自注云彭祖樓黃樓○寰宇記魏刺史王延明移彭祖廟於城東北樓謂彭祖樓黃樓見上注文選頭陀寺碑曰信楚都之勝地也汴泗迫人情退之詩汴泗交流郡城角正謂徐州梅柳春猶淺老杜詩天邊梅柳動相見幾回新關山月正明樂府有關山月王褒詩曰關山夜月明賦詩隨落筆端復可憐生謂首章可愛也

和魏衍同遊阻風

舊說東風未世情不應作意斷人行羅鄴賞春詩云年年點檢人間事惟有春風不世情老杜詩戍鼓斷人行絕須一怒催新句莊子曰大塊噫氣其名爲風是唯無作作則萬竅怒號老杜詩片雲頭上黑應是雨催詩此用其意更可多憂促短生文選古詩曰人生不滿百常懷千歲憂謝靈運豫章行曰短生旅長世恍覺白日歌勝日着忙端取怪以行樂作忙事似爲天所陸也元稹詩却着閑行是忙事數人同傍曲江頭着忙蓋亦俗語僧寶傳楊歧會禪師問僧曰一喝兩喝後作麼生曰看這老和尚着忙晉書衛玠傳遇有勝日親友時請一言無不咨嗟妙年得此未須驚言行樂之日尚多懸知出處非吾事已復星河爛熳晴即孟子行止非人所能爲之意非吾事見莊子東坡雪夜獨宿詩云天公用意真難會又作春風爛熳晴老杜詩三峽星河影動搖

和魏衍同登快哉亭奕城集有此亭記亭在黃州不知此詩屬何處也詳此詩意終篇皆屬二蘇

經時不出此同臨小徑新權草舊侵此句似言時之所棄欲傍江山看日落老杜詩雲裏獨看西日落不堪花鳥已春深老杜詩春來花鳥莫深愁來牛去馬中年眼似用謝安中年別作惡事○老杜江漲詩去馬來牛不復辨蓋用莊子事此借用以言老眼之昏眩朗月清風萬里心世說劉尹云清風朗月輒思玄度玄㝃許詢字也萬里心當屬東坡老杜詩老鶴萬里心故着連峯

當極目回看幽逕遶雙林謝靈運詩連峯競千仞極目見上注雙林借用傅大士事意謂僧院

登快哉亭

城與清江曲泉流亂石間夕陽初隱地暮靄已依山老杜詩田舍清江曲度鳥欲何向太白天涯有度鳥老杜詩遠欲何向途奔雲亦自閑終自無心故也登臨興不盡稚子故須還以稚子候門之故不盡興而還

招黃魏二生

出門不雨即偶風閉門値睡極力攻似鬭

湯鼎作吟聲已賀勝敵收全功方作煮茶想而聽魔已失去幾於不戰而勝也文選阮元瑜書曰喜得全功長享其福却思二子共一笑撥棄舊語無新工淵明詩撥棄且莫念退之書曰惟陳言之務去卒行好步不兩得能致公等我何窮居貴富者未必能致天下之英才故曰不兩得亦用東坡上梅直講書意魏詩黃筆今未有顧我獨得神所鍾南史沈約傳謝玄暉善爲詩任彥昇工於筆左傳曰天鍾美於是徑須相就踏泥潦已辦煑餅澆油葱老杜詩速須相就飲一斗玉臺新詠隴西行日促令辦麤飯崔寔四民月令曰立秋無食煑餅東坡詩一杯湯餅潑油葱

后山詩註卷第六

后山詩註卷第七

春夜

宿鳥一枝足爭林終日鳴莊子曰鷦鷯巢於深林不過一枝庭花當戶發蜀志先主誅張裕曰蘭生當門不得不鋤江月向人明晉書劉伶傳卿今日作此面向人耶老杜詩朧月向人圓烏度清溪影老杜詩烏影度寒塘風回晚市聲魯直詩市聲故在耳夢中無好語池草爲誰生南史謝靈運每有篇章對族弟惠連輒得佳句嘗於永嘉西堂思詩竟日不就忽夢見惠連即得池塘生春草大以爲奇

和三日

苦遭年少強追陪病眼看花更覆杯老杜詩老年花似霧中看覆杯見上注夾岸萬人傾國出清江一注兩山開老杜清明詩著處繁華矜是巳長沙千人萬人出又詩胡爲傾國至周禮匠人曰兩山之間必有川焉遊人欲盡驚鷗下晚日猶須惡雨催猶須若曰尚何須也更恐明年有離別折花臨水共徘徊

登燕子樓

元和中張建封鎮武寧盼盼者徐之奇色建封納之於燕子樓後又爲起新樓建封薨盼盼誓不他適樂天爲作詩曰黃金不惜買娥眉揀得如花四五枝歌舞教成心力盡一朝身去不相隨

綠暗連村柳司空圖詩綠樹連村暗王介甫詩楊柳鳴蜩綠暗紅明委地花樂天詩霜降春林竹委地韓偓哭花詩云今見妖紅委地時畫梁初着燕薛道衡詩空梁落燕泥廢沼已鳴哇東坡詩廢沼哇蟈蛙鷗沒輕春水老杜詩白鷗沒浩蕩又云鷗輕故不還舟橫着淺沙韋應物詩云野渡無人舟自橫相逢千歲語猶說一枝花一枝花見題註傳大士頌云時人皆不識喚作一枝花

和魏衍三日二首

林花女頰紅春水瓜頭綠老杜詩色好梨勝頰步蹇我三休文選謝宣遠詩蹇步愧無良賈誼新書楚王作中天之臺三休而後至其上來周君一足一足見上注苦嗟所歷小不盡千里目文選海賦曰徒識觀怪之多駭乃不悟所歷之近遠唐人詩曰欲窮千里目更上一層樓按文選顏延年詩傷哉千里目莫景向昏鴉老杜詩有待至昏鴉又云歸蓋取荊門枚乘兔園賦曰脩竹檀欒夾于池水魯直詩還尋窗竹徑中歸歸途取脩竹

又

堤沙泥盡未及塵韓偓詩輕寒著背雨淒淒九陌無塵未有泥此

反而用之江波不動風生汶溫庭筠湖陰曲云吳波不動楚山晚
劉禹錫云瀼西春水縠紋生虎頭魚尾不知數謂競艑也虞世
基水土記曰梁孝元作神歠艦頭畫虎豹以助軍威朱旗一點來奔
雲文選班固燕然山銘曰朱旗絳天劉禹錫汎舟詩曰指揮船舫點紅旗春
容已老有餘態鄭文寶詩灞陵春色老於人歐公詩譬如夭韶女老
自有餘態祓禊雖古無前聞晉書束晳傳武帝問摯虞三日曲水
之義對曰漢徐肇以三月初生三女至三日俱亡村人以為怪乃招携之水濱洗祓
遂因水以汎觴其義起此束晳曰虞小生不足以知臣請言之云云前聞見上注
踏青摸石修祓祝一本脩作脩○老杜詩江邊踏青罷摸石蓋俚
巷俗楊元素本事詞載海雲故事是也漢書文帝紀除祕祝落日帶雨
催行人賈島詩落日恐行人聽詩對月兩不厭頻覺
過目徒紛紛退之詩紛紛過目何由記老杜詩世上兒子徒紛紛君
不見天寶杜陵翁屈宋才堪作近鄰老杜有麗
人行蓋天寶中上已所作老杜又有詩云不薄今人愛古人清詞麗句必為鄰竊攀
屈宋宜方駕恐與齊梁作後塵

荅魏衍惠朱櫻

開門先得故人書退之詩不枉故人書無由汎江水稍喜
提携起覆盂言故人書來慰其寂寞如提起久覆之盂也漢書東方朔
傳云安於覆盂此借用其字得句有誰知我在嘗新此
日賴吾徒老杜朱櫻詩金盤玉筯無消息此日嘗新任轉蓬傾籃
的皪露朝露樂天放魚詩傾盞瀉地上東坡詩霧雨不成點映空疑有
無時於苑上見的皪走明珠按上林賦曰宜笑的皪出袖熒煌得寶
珠東坡謝賜御書詩云袖有明珠三十四會薦瑛盤驚一座
以比魏衍後漢明帝宴羣臣太官進櫻桃以赤瑛盤賜羣臣月下視之盤與桃同色
羣臣皆笑云是空盤事見藝文類聚太白詩山盤薦霜黎莧腸藜口未
良圖退之詩腸肚集藜莧○老杜詩邂逅豈即非良圖字本出左傳

和魏衍聞鶯

春力着人朝睡重魯直如夢詞云門外鶯啼楊柳春色着人如酒
○東坡詩美人如春風着物物不知葉底黃鸝鳴自送老杜詩隔
葉黃鸝空好音退之詩清歌緩送感行人按古今樂錄曰凡歌曲終皆有送聲綠
幕朱欄日觀明回廊側户風簾動退之短檠歌黃
簾綠幕朱戶閉風露氣入秋堂涼太山記東南巖名日日觀此借用言臺觀之向日
者選詩風飄入雙燕上四句言富貴家聞鶯初不領略任其自鳴耳昨夜春
回到寒谷好鳥飛來把脩竹寒谷以言貧家謂魏衍也
劉向別錄曰燕有寒谷不生黍稷鄒衍吹律於其間煖氣乃至草木發生○老杜詩
西來有好鳥為我下青冥又詩棲枝把翠梧整翰厲觜初一鳴

文選鮑照蕪城賦云飢鷹厲吻已落君詩專妙獨元稹作杜子美
墓銘敘曰盡古今之體勢而兼人人之獨退紅着綠春事殘
魯直連理松枝詩云紅紫事退獨參天後時獨立知何言老杜
詩恐兩後時難獨立退之聞鶯詩曰共矜初聽早誰貴後聞頻樂天詩鶯雛爲說不
分明葉底技頭謾饒舌側聽不盡已飛去劉禹錫百舌吟曰數
聲不盡又飛去何許相逢綠楊路懷抱此時誰與論退之晚菊
詩曰此時無與語棄置奈悲何韓偓雨詩日此時高味共誰論擁鼻吟詩空佇立

和黃生春盡遊南山

逐勝缺勇功樂天詩逐勝移朝宴留歡放晚衙孫子曰善戰者無智名
無勇功餞春無少色言無少年惜春之意堯典寅餞納日孟郊詩萬
物無少色兆人皆老憂此借用出門欲何向坂丸隨所擊
漢書蒯通傳曰猶如坂上走丸百年餘幾何十步復一息
言其老憊也漢書王褒傳曰萬里一息同來二三子楚楚頗
脩飾詩云蜉蝣之羽衣裳楚楚行前強老夫徑捷疲峻
陂漢高帝紀曰令一人行前文選阮嗣宗詩捷徑從狹路山門開煙
霏禪房閑岑寂文選廣絕交論曰煙霏雨散李善注引陸機賦曰騰
煙霧之霏霏唐人常建詩云禪房花木深文選舞鶴賦去帝鄉之岑寂李善注云岑
寂猶高靜口燥沾茗椀久厄此為德文選陸機文賦云始

躑躅於燥吻伽藍記王濛好茶人至輒飲之士大夫以爲水厄逐日下西
山草露荒不識列子曰夸父欲追日影逐之於隅谷之際漢書楊雄
反離騷曰恐日薄於西山文選沈約詩曰夢中不識路回溪轉鈎曲
門徑入繩直文選潘安仁詩回溪縈曲阻莊子徐無鬼曰曲者中鈎潘
安仁籍田賦曰遐千繩直故人喜領客內愧積腸臆老杜
詩領客珍重意所來為親舊掃除稱寥闃老杜詩所來爲
宗族亦不爲盤飧疾風無末勢漢書韓安國傳曰衝風之衰不能起
毛羽強弩之末不能入魯縞過雨有餘瀝老杜詩頭風吹過雨史記
淳于髡傳曰侍酒於前時賜餘瀝高花初欲然退之楸樹詩看吐高
花萬萬層選詩山櫻發欲然平荷已如拭老杜詩菱葉荷花靜如拭
因君感衰盛醜好移頃刻魯直詩醜好隨手翻交新
厭區區話舊聽歷歷談間十一二四座已
傾側歷歷見上注漢書司馬相如傳一座盡傾茅屋漏風霜山
田帶沙礫尚能哀此老舉手哀此老見
上注文選左太冲詠史詩曰習習籠中鳥舉翮觸四隅漢書成帝紀曰黃霧四塞
君如澗底松追拔出天壁左太冲詠史詩曰鬱鬱澗底松
老杜詩東得平崗出天壁學詩有新功黃魏共推激后山
自注云生與魏衍黃預游○魯直詩杜郎覓句有新功老杜詩風騷共推激

楝花
密葉已成蔭高花初着枝選詩密葉成翠幄高花見前篇
注幽香不自好寒艶未多知唐人崔涯黃葵詩嫩葵戔
黃色幽香寒淡姿李商隱詩春風雖自好春物太昌昌○葵一作蘖會見垂
金彈聊容折紫緌西京雜記韓嫣好彈以金爲丸禮記曰玄冠紫
緌自魯桓公始也粉身非所恨猶復得聞思粉身謂以
此花爲香老杜丁香詩晚墮蘭麝中休懷粉身念黃魯直論香有所謂聞思者蓋取
楞嚴經觀音所言從聞思修入三摩地因以名香云

和黃充實榴花
春去花隨盡紅榴暖欲然欲然見上注後時何
所恨後時見上注孔紹石榴詩曰只爲來時晚開花不及春樂天對晚開夜合
花詩後時誰肯顧惟我與君憐處獨不祈憐退之畫記曰居閒處獨東
坡樂府曰石榴半吐紅巾蹙待浮花浪蘂都盡伴君幽獨葉葉自相偶
古樂府宋子侯董嬌嬈詩曰花花自相對葉葉自相當按榴花多有雙葉重重
久更鮮東坡樂府又曰濃艶一枝試着取芳心千里似束流珠沾
署雨改色淡朝煙樂府長史變歌曰凌霜不改色枝葉永流榮老
杜詩城郭朝煙淡此借用以言煙籠而色淡也着子專寒酒酒譜曰頓
孫國有安石榴取汁停盆中數日成美酒移根擅花權孔紹永石榴詩
云可惜庭中樹移根逐漢臣按博物志張騫使西域還得安石榴唐劉賁策曰宰相
權造化之柄愧非無價手東坡詩曰惟有此詩非昔人君更往求無
價手刻畫竟難傳老杜詩詞人取佳句刻畫竟難傳

和黃預久雨
甲子仍逢夏朝野僉載曰夏雨甲子乘船入市連朝雨脚
垂老杜詩雨脚如麻未斷絕黑雲玄甲駐班固燕然銘曰玄甲耀日
鐵騎冷官馳魏志注曰曹公列鐵騎五千爲十里陣老杜詩合昏排鐵
騎冷官謂陰官也退之祈雨詩曰陰官想駿奔映日還蒙霧懸麻
却散絲古詩春雨如散絲頹墻通犬豕破柱出蛟
螭世說夏侯泰初倚柱作詩時暴雨霹靂碎柱神色無變退之詩飛雷着壁搜蛟
螭野潤風光秀涼生枕席宜老杜詩野潤煙光薄選詩
風光草際浮樂天詩風來入房戶夜中枕席冷撥雲開日月噀水
出虹蜺貧可留須捷揚雄方言曰南楚凡人貧衣被醜敝謂之
須捷或謂之褸裂此引用言雨中解衣以供薪米之費雖皆弊亦不復行也息
當記扊扅顏氏家訓曰樂府載百里奚妻辭曰百里奚五羊皮憶昔時烹
伏雌炊扊扅今日富貴忘我爲案蔡邕月令章句曰鍵門牡也所以止扉或謂之剡
移此句言雨中婦以門牡爲炊故苦食淡異時不可忘也蒼頭行冒雨
漢書鮑宣傳蒼頭廬兒注漢名奴爲蒼頭元稹詩冒雨衝泥黑地來地一作也赤

腳齒衡泥詩好退之詩一婢赤脚老無齒老杜詩歷疑皓首衡泥怯
書工手聲生吻退之石鼎聯句序曰每營度欲出口吻聲鳴益悲
衰年着胝樂天詩秉筆手生胝按莊子讓王疏曰每自力作故生胼胝

得佳句懷抱頓能移

和黃預病起

似聞藥病已投機傳燈錄伏牛禪師曰非心非佛是藥病對治句又洞山崇教禪師云言無展事句不投機承宗者喪滯句者迷○迷一作遂
牛鬭蛇妖頓覺非晉書殷仲堪父嘗患耳聰聞牀下蟻動謂之牛鬭樂廣有親客久闊不復來廣問其故答曰前在坐蒙賜酒方欲飲見盃中有蛇意甚惡既飲而疾時廣聽事壁上有角漆畫弓似蛇廣意杯中蛇即弓影也復置酒於前處謂客曰酒中復有所見否答曰所見如初廣乃告其所以客豁然意解沉痾頓愈
李賀固知當得疾唐書李賀母探錦囊中見所書詩多即怒曰是兒欲嘔出心乃已耳
沈侯可更不勝衣南史沈約傳曰老病百日數旬革帶常應移孔約死謚隱侯東坡樂府曰沈郎多病不勝衣按禮記檀弓曰文子其中退然如不勝衣
驚逢白壁山千仞言其清瘦如玉山孤聳也太白天馬歌曰白壁如山誰敢沽此借用晉顧愷之作王衍畫贊曰巖巖清峙壁立千仞
會見黃金帶十圍歐公詩喜君新賜黃金帶後漢虞詡晉庾敳後周庾信皆腰帶十圍
只信詩書端作祟史記田叔贊褚先生曰久乘富貴禍積爲祟老杜詩蛟龍苦爲祟魯直詩亦有湯餅作祟之語
孰知瘦羜亦能肥前漢陳平爲人長大美色人或謂平貧何食而肥若是其嫂疾之曰亦食糠覈耳注覈音紇

何郎中出示黃公草書四首　魯直

龍蛇起伏筆無前老杜詩龍蛇動篋蟄銀鉤書法苑曰李邕書始變右軍行法頓挫起伏
江漢淵田語更妍老杜詩洞庭揚波江漢田說文曰淵回水也文選潘岳閑居賦曰圓海回淵
好事無須一賞足歐公菱溪大石記曰好奇之士聞此石者可以一賞而足何必取而去也哉
藏家不以萬人傳老杜詩將詩不必萬人傳

又

此詩此字有誰知
盡省郎官自崛奇通典曰漢儀尚書郎奏事明光殿省中以胡粉塗壁畫古賢烈女退之詩西城員外丞心跡兩崛奇
罪大從來身萬里謂魯直謫居戎州文退之詩我今罪重無歸望直去長安路八千
政成今見麥三岐謂何郎中三岐麥蓋當時實事

又

四海聲名何水曹梁何遜爲水部魯直詩四海聲名習主簿
新詩舊德自相高郭受寄老杜詩云新詩海內流傳困舊德朝中屬望

勞一官早要稱三字三字謂知制誥盧氏雜說曰不由三字直拜中書舍人者謂之撻額裹頭王禹偁詩摘毫終要居三字出郡應須借一麾二鬢何須着兩毛何須一作誰敎○退之詩郎署何須歎兩毛

又

當年闕里與論詩闕里孔子所居孔子嘗謂子貢子夏可與言詩后山亦學詩於黃公云晚歲何山斷夢思太白詩君留洛北愁夢思時魯直還謫蜀中妙手不為平世用高懷猶有故人知孟子曰禹稷當平世故人謂何郎中

和黃預感懷

壁立無堪佐子貧謾脩簡牒効慇懃老杜詩懶慢無堪不出村史記過秦論曰以佐公上之急漢書司馬遷書曰未嘗銜盃酒接慇懃之歡起臨明鏡看生意老杜詩勳業頻看鏡晉書殷仲文曰此樹婆娑無復生意卧向晴簷共白雲退之詩月落風景曠出歸偃前簷晴雲如擘絮新月似磨鎌蘇子美詩卧看青天行白雲逸氣不應供潦倒晉書王廙傳曰政足舒其逸氣耳潦倒見上注劇談脫或致紛紜漢書揚雄傳口吃不能劇談注云劇疾也南史朱异傳梁武帝曰脫致紛紜恐無所及但令蘇晉禪妨醉老杜詩蘇晉長齋繡佛前醉中往往愛逃禪不患何山病破葷南史何胤二兄求點並棲遁世號點為大山胤為小山胤侈於味食必方丈周顒勸令食菜

陳留市隱者有引

陳留市有工力隨其所得為一日費父子日飲于市醉負以歸行歌道上女子抵手為節有問之者不對而去江季恭以為達為作傳倩予賦之

陳留人物後疑有隱屠耕老杜詩陳留風俗衰人物世不數屠耕朱亥之流斯人豈其徒滿腹一杯羹言易足也莊子曰偃鼠飲河不過滿腹漢書項羽傳高祖曰幸分我一杯羹婷婷小家子與翁同醉醒史記西門豹傳巫行視小家女好者南史羊侃傳終日獻酬同其醉醒漢書霍光傳樂成小家子薄暮行且歌列子曰林類拾穗行歌蜀志秦宓傳曰接輿行且歌問之諱姓名老杜詩問之不肯道姓名子豈達者歟槁竹聊一鳴今所謂擊竹也淮南子曰槁竹有火弗鑽不爇老生何所因稍稍聲過情魏志管輅傳曰老生常談耳孟子曰聲聞過情君子恥之閉門十日雨吟作飢鳶聲莊子曰子輿與子桑友而霖雨十日子輿裹飯而往食之至子桑之門則若歌若哭鼓琴曰父邪母邪天乎人乎退之詩日閉門長安三日雪詩書工發冢見上注刀鑷得養生魯直作此詩亦曰養生霜刀在閣人清鏡空莊子曰吾聞庖丁之言得養生焉飛走不同穴

言出處異趣如飛走不同我方學孔子之歷聘未能從斯人游也孔突不
暇黔一作聖有不暖席接淅去齊行○淮南子曰孔子無墨突墨子無暖席漢
書班孟堅荅賓戲曰孔席不暖墨突不黔

寄秦州曾侍郎肇

八年門第故違離千里河山費夢思夢思見上
注淮海風濤真有道莊子曰孔子觀於呂梁見一丈夫遊之孔
子曰請問蹈水有道乎泰州屬淮南麒麟圖畫豈無時麒麟閣見
漢書蘇武傳孫推罵僮志曰僮何知吾豈獨無時文選三國名臣贊序曰有道無時
孟子所以與嗟今朝有容傳河尹老杜詩有容傳河尹逢人問孔

融謂河南尹李膺以比唐之河南韋尹也是處逢人說項斯南部
新書楊敬之贈項斯詩曰幾度見詩詩盡好及親標格過於詩平生不解藏人善到
處逢人說項斯三徑未成心已具世間惟有白鷗
知太白詩心靜海鷗知○下有曾子開和故人南北歎乖離忽把清詩慰所思松
茂雪霜無改色鷄鳴風雨不愆時習書子已通科斗窺食語方逐鷺斯便欲去爲林
下交懶隨年少樂新知下注云無已書言作尚書傳故云

答顏生見寄

闕然車馬不聞音莊子曰今者闕然數日不見車馬有行色孟子
日百姓聞王車馬之音行路艱危已備更左傳曰險阻艱難備

嘗之矣問舍求田真得計魏志張邈傳劉備謂許汜曰今天下
大亂帝王失所望君憂國忘家有救世之意而君求田問舍言無可采王介甫詩無
人語與劉玄德問舍求田意取高莊子曰於魚得計臨流據石有餘
清晉書謝安傳安常往臨安山中坐石室臨濬谷悠然歎曰此亦伯夷何遠淵明
歸去來辭曰臨清流而賦詩道學傳任敬至甘泉峴山據石○老杜詩府中有餘清
江山滿目開新卷韋杜諸人得細評退之詩應
須韋杜家家到只有今朝一日閑○老杜詩鄉里衣冠不乏賢杜陵韋曲未央前
閑處着身容我老忙中見記識君情司空圖休
亭歌曰賴是長休教閑處着

和黃預七夕

盈盈一水不斯須經歲相過自作蹊自作一作
固自古詩迢迢牽牛星皎皎河漢女盈一水間脉脉不得語文選楊脩書曰曾不
斯須少留思慮坐待翔禽報佳會玉臺新詠載歌辭曰東飛伯勞
西飛燕黃姑織文長相見徑須飛雨洗香車李商隱七夕詩曰已
駕七香車追騰水部陳篇上何遜嘗爲水部郎有七夕詩曰仙車
駐七襄鳳駕出天潢月映九微火風吹百和香劉禹錫詩曰從今紙貴後不復詠陳
篇陳調陳言收拾愚溪作賦餘愚溪謂柳子厚謫永州時所居
之溪也子厚有愚溪對又有乞巧文蓋楚騷之類信有神仙足官

府退之詩曰上界真人足官府我寧辛苦守殘書退之詩我寧詰屈自世間安能隨汝巢神仙辛苦守殘書蓋用神仙蘇子訓傳中事見第一卷注傳燈錄龍牙頌曰食罷展殘書漢書劉歆移文曰專己守殘

贈鄭户部

千載歸來遼海東江山如舊里閭空續搜神記云遼東城門華表柱忽有白鶴來集人或欲射之鶴歌曰有鳥有鳥丁令威去家千年今始歸城郭猶是人民非何不學仙塚纍纍户部蓋后山同里后山作白鶴觀記云徐州有白鶴泉故此詩用遼東鶴事時平未覺身難遇學澹依然說不窮退之詩太平時節身難遇時平見第二卷注後漢戴憑傳帝令羣臣能說經者更相難詰義有不通輒奪其席以益通者憑遂重坐五十餘席故京師爲之語曰解經不窮戴侍中着繡晝行真細事魏志夏侯玄傳注云許允爲鎮北將軍大將軍日所謂着繡晝行退之閔已賦云固哲人之細事此借用言鄭君不以名位誇媲鄉里下車磬折得深衷說苑常樅謂老子曰過故鄉而下車子知之乎老子曰非謂其不忘故耶樅曰嘻是也退之詩里門先下敬鄉人蓋亦用漢書石慶事曲禮疏云身僂折如磬之背故云磬折顔延之五君詠云頌酒雖短章深衷自此見此借用言鄭君加敬鄉人可見其忠厚篤實之意聖朝未有徐州相剩作功名跨數公后山自注云世稱青州王相濮州李相而吾州自開國至今才有劉李二公爲執政爾車千秋踰於前後數公

九日不出魏衍見過

九日登臨迫閉藏老懷無恨自凄涼素問曰冬三月是謂閉藏山頭落帽風流絕晉書孟嘉爲桓溫參軍九日溫燕龍山風吹嘉帽墮落嘉不之覺壁面稱詩語笑香后山自注云南山有二謝詩石○秦少游亦有花氣侵人語笑香之句衝雨肯來尋此老退之詩不衝風雨即衝埃老杜秋述曰常時車馬之客舊雨來今雨不來子魏子獨踽踽然來汙漫其僕夫拂床聊待熟黃粱黃粱事見上注獨無樽酒為公壽正使秋花未肯黃后山自注云是日無菊

送魏衍移沛

積雨斷行路重江未安流胡為冒艱險迫此帛米謀退之盧殷墓誌曰鄭餘慶數以帛米周其家歲晏風作横未寬為子憂老杜詩蛟螭深作横卒然託異縣所得如所求古樂府他鄉各異縣輾轉不相見主人如古入待士禮亦優人情樂新知豈不懷舊丘楚詞樂莫樂兮新相知我貧無四壁愛爾胡能留子也尚不容吾代諸公着勿云百里遠已作

千山愁念子捨我去誰復從我游諸石吾未識因子卜可不能此已可尚尚一作喜終焉致綢繆退之送董邵南序云聊以吾子之行卜之也

送河間令元注云子固甥

今日中年令當年太守孫後漢魯恭為中年令獨能憐此老肯避席為門漢書陳平傳家貧郭窮巷以席為門然門外多長者車轍寒日風濤壯選詩春江壯風濤邊城簿領繁選詩沉迷簿領書平生子曾子白首得重論子曾子謂曾鞏子固列子曰子列子居鄭圃四十年其後劉禹錫作子劉子傳

次韻何子温祈晴二首

夜半風回雨脚收萬家和氣與雲游樂天詩風驅雨脚回漢書王褒傳曰德與和氣游後漢張衡東京賦曰澤從雲游蕭條寒巷荒三徑文選西征賦曰街里蕭條晉書陶潛歸去來曰三徑就荒松菊猶存突兀晴空聳二樓二樓謂燕子與黃樓也老杜詩句時眼前突兀見此屋勝日登臨輕一醉下鄉民勢肯同憂兩句此暗用謝安事上句取老杜詩謝安不倦登臨費之意下句即簡文帝所謂安石既與人同樂必不得不與人同憂者也勝日見上注書曰下民昏墊江空峽響魚龍落盡放青青極目秋老杜詩水落魚龍夜

又

九虎當關信不傳楚辭虎豹九關啄害下人些晉書嵇康曰當關呼之不置燒煙才上已回天唐張玄素傳魏徵曰張公論事有回天之力驅除霧雨還朝日朝一作晴○漢書王莽贊曰帝王之驅除云爾老杜詩未辭添露雨又詩侵陵雪色還萱草畜縮濤波復二川漢書息夫躬傳曰王嘉健而畜縮劉禹錫詩曰支川讓其派蓄縮空南委二川謂汴泗○支一作文奪目光華開秀句宋玉高唐賦曰煌煌熒熒奪人目精光華見詩序南史顏延之傳鮑照曰君詩若鋪錦列繡亦雕繢滿眼老杜詩最傳秀句寰區滿堆場藁秸驗豐年劉禹錫詩場黃堆晚稻禹貢注云秸藁也從今更上中和頌漢書王褒傳作中和樂職宣布詩少費將軍九萬牋語林曰王右軍為會稽謝公就乞牋紙庫中有九萬枚悉與之

寄潭州張芸叟二首

湖嶺一都會西南更上游都會上游並見上注秋盤堆鴨脚歐公有鴨脚詩退之詩火齊磊落堆金盤春味薦猫頭潭州有猫頭笋禮記庶人春薦韭宣室來何暮漢書賈誼為長沙王太傅歲餘文帝思誼徵之至入見上方受釐坐宣室因感鬼神事而問鬼神之本誼

具道所以然之故至夜半文帝前席既罷日吾久不見賈生自以爲過之今不及也

後漢廉范傳曰廉叔度來何暮長沙即今潭州

蒸池得借留寰宇記衡州衡陽縣吴之臨蒸以蒸水名老杜詩衡岳江湖大蒸池疫癘偏然蒸水亦在潭州之境借留用寇恂事見上注得借留猶言安得久借留也

孰知爲郡樂東坡詩古稱爲郡樂

莫作越鄉憂越鄉猶離鄉也左傳宋人曰懷璧不可以越鄉鮑照詩云誰令忘古節貽此越鄉憂

又

去國如前日爲邦得舊游霜甘先落手老杜詩破甘霜落爪

春鴈幾回頭南嶽有回鴈峯此句謂因鴈之回起北歸之意也

只道風沙惡唐張謂長沙上風碑曰適甲所謂沙上之地雲陽之墟可以長往可以隱居者焉老杜詩形勝有余風土惡

寧知賈宋留賈誼嘗爲長沙傳潭州湘陰縣有汨羅水屈原自沉於此宋玉嘗爲文招之

賦詩真有助借用張說事見上注

弔古不同憂意謂屈原也不同憂蓋用反騷之意

送曹秀才

甲第衣冠後東遷歲月侵漢書高祖詔列侯食邑皆賜大第室注甲乙次第故曰第

情親期一諾用季布事見上注

急病闕千金國語魯語曰賢者急病而讓夷○讓一作壤

孰並還家

樂見上注

毋忘在莒心新序鮑叔牙爲桓公壽曰願公無忘在莒時

時能記衰病聲迹到雲林老杜詩時應問衰病盡疏及滄浪又詩雲林得尔曹

送王元均貶衡州兼寄元龍二首

先生英氣蓋區中先生謂王平甫也漢書項羽傳力拔山兮氣蓋世

命與仇謀得老窮退之進學解命與仇謀取敗幾時老杜詩窮老無兒孫

又見長身有家法退之孔戣墓銘曰孔世三十八吾見其孫白而長身

可辭短簿怒吾公晉書郗超傳超爲桓溫參軍王恂爲溫主簿皆爲溫所重府中語曰髯參軍短主簿能令公喜能令公怒超髯恂短故也此借用言其高材復如乃公不合於世宜乎不免薄領之賤也左傳曰吾公在壑谷

石頭路滑行能速傳燈錄道一禪師傳鄧隱峯辭師師云什麽處去對云石頭去師云石頭路滑石頭謂南岳希遷和尚所居也用衡山故事言其道學之勝

宣室歸來語未終見上注謂爲帝所知不待語之盡也

宛洛風塵莫回首選詩曰京洛多風塵又云宛洛佳遨遊

直須留眼送歸鴻老杜詩留眼共登臨文選嵇康詩目送歸鴻手揮五絃劉孝綽詩洞庭春水綠衡陽旅鴈歸

又

先生秀句滿天東老杜詩最傳秀句寰區滿王平甫江東人二

子緣渠再得窮〔渠謂詩也取詩能窮人意再謂再世〕**詩禮向來甚葵家**〔發家見上注蓋指呂惠卿以經義見用也初惠卿事平甫之兄安石知父子平甫負氣惡其儉巧數面折之惠卿切齒及安石罷相引惠卿輔政惠卿欲逐代安石恐其復來乃因鄭俠獄陷安國安國時爲著作郎放歸田里歲餘復官發病卒〕**孫劉能使不為公**〔此句似指當時排元均者蓋承上句再得窮下以故國山河終之能使謂不能也○孫劉亦指惠卿魏志辛毗傳毗曰吾立身自有本末就與孫劉不平不過不作三公而已謂孫資劉放也孟子曰臧氏之子焉能使予不遇哉〕**炎方瘴癘避軒豁**〔老杜詩開襟驅瘴癘又詩南斗避文星退之南海碑去乾端坤倪軒豁呈露〕**故國山河開始終**〔此句用野人獻塊於公子重耳之意王介甫始開國於荊元均世父也衡山乃荊州之地今雖遷謫終爲興時封國之祥歟漢書韋賢成傳曰封侯故國老杜詩山河誓始終〕**傳語元龍要相識江湖春動有來鴻**〔后山自注云元龍亦謫金陵○晉書王忱曰張祖希欲相識自可見詣此詩反而用之言書尺之間相見已了不待相詣也來鴻用蘇武傳書事顏氏家訓亦以尺牘爲千里面目老杜詩鴻雁幾時到江湖秋水多謝玄暉詩邊渚有來鴻〕

后山詩註卷第七

后山詩註卷第八

杜侍郎挽詞三首〔紘兄紞〕

美政真吾母〔荀子曰儒者在本朝則美政離騷經曰既莫足與爲美政兮後漢杜詩爲南陽太守人方於召信臣曰前有召父後有杜母〕**名家更杜陵**〔老杜詩名家無出杜陵人〕**于張從昔少**〔漢于定國張釋之皆持法平據紘傳曰議獄以傳經義又曰紘言配隷與編管太家因悉裁其法省百二十有餘科〕**魯衛至今稱**〔魯論曰魯衛之政兄弟也又曰民到于今稱之此句及後棠棣傳兩馮君竝指杜紘紞蓋紘之兄也〕**絲竹中年好**〔晉書王羲之傳謝安謂羲之曰中年以來傷於哀樂與親友別輒作數日惡羲之曰頃正賴絲竹陶寫恒恐兒輩覺損其歡樂之趣〕**詞華夙世能**〔老杜詩詞華哲匠能王維詩夙世謬詞客〕**周南棠棣傳平世幾人登**〔周南今洛京也唐書循吏傳賈敦頤爲洛州司馬人爲立碑弟敦實爲長史人復立碑其側號棠棣碑老杜詩青佾幾人登〕

又

驥騄方懷遠松筠忽有秋〔魏文帝典論曰咸以自騁驥騄於千里書盤庚云乃亦有秋此借用以言歲晚〕**雍容名士數**〔後漢黨錮傳序曰指天下名士爲之稱號〕**終始法家流**〔前漢藝文志曰法家者流〕**凜凜驚千載**〔見溫公挽詞注〕**堂堂閱一丘**〔魯直韓憲肅挽

詩曰堂堂萬丈表直作閑佳城能令羊季子不肯過西州晉書謝安傳羊曇爲安所知安薨後不樂彌年行不由西州路后山嘗有寄鄧州杜侍郎詩頗述知己之意

又

身去風流在人難玉石分王石言不爲世所知也屈原曰同糅玉石兮一槩而相量鮑照見賣玉器者詩曰涇渭不可雜珉玉當早分平生才一見治行已多聞老杜詩大賢爲政即多聞更覺知音少呂氏春秋曰伯牙鼓琴意在山鍾子期曰巍巍乎意在水子期曰湯湯乎子期死伯牙遂絶絃以世無知音還脩地下文王隱晉書載蘇韶已死見其弟節問地下事韶言顔回卜商今爲修文郎他年九原淚仍是兩馮君漢書馮奉世傳野王與弟立相代爲太守吏民歌之曰大馮君小馮君兄弟繼踵相因循

黄預挽詞四首

敏慧仍江夏風流更妙年江夏黄童見上注貧焚酒家劵酒家劵用漢高祖紀折劵棄責事焚劵用史記馮驩事病得里胥錢漢書食貨志曰里胥平旦坐於右塾退之詩里胥上其事精爽來鷹隼左傳曰心之精爽是謂魂魄老杜詩魏侯骨聳精神緊華嶽峯尖見秋隼○神一作爽清明瀉澗瀍退之書曰奴隷亦知其清明書禹貢曰伊洛瀍澗無兒傳素業退之詩中郎有女能傳業伯道無兒可保家王介甫作王逢原挽詞亦云中郎舊業無兒付晉書陸納傳恕其兄子曰汝不能光益父叔乃復穢我素業耶有淚徹黄泉退之詩滴地淚到泉左傳曰不及黄泉無相見也

又

骨秀神仙數詩清雅頌才老杜詩自是君身有仙骨又詩神仙才有數識高懸日月老杜詩名與日月懸韻勝絶塵埃陶淵明詩少無適俗韻文選頭陁寺碑日道勝之韻虛往實歸去就堪同事用孔顔用行舍藏之意摧殘盡一哀西京賦曰撲叢爲之摧殘禮記檀弓孔子曰予入而哭之遇於一哀而出涕曾子問日皆哭不歸盡一哀了知天上去不似世間來華嚴經曰了知如是悉是虛妄天上去用李賀事見下注

又

志大期千里魏武帝歌曰老驥伏櫪志在千里身宜置一丘晉書顧愷之爲謝鯤象在石巖裏云此子宜置丘壑中英詞眞蓋世英詞弁蓋世字並見上注爽氣已橫秋晉書王徽之曰西山朝來致有爽氣耳此借用其字文選北山移文云爽氣橫秋地要黄金骨太白詩云三載夜郎還於兹鍊金骨雲實禪師頌肅宗問忠國師語云鐵椎擊碎黄

金骨天地之間更何物天成白玉樓李商隱作李賀小傳云賀將死時有緋衣人持一板書召賀曰帝成白玉樓立召爲記天上差樂不苦也少頃遂絕

平生斵泥手斤斧恐長休白山自謂也莊子曰郢人堊漫其鼻端若蠅翼匠石運斤成風聽而斲之盡而鼻不傷元君招匠石曰嘗試爲寡人爲之匠石曰自夫子之死也吾無以爲質矣

又

玉筯凝潮後唐李陽冰李潮皆能篆張懷瓘書斷曰如科斗玉筯偃波之類共五十二般舒元輿玉筯篆志曰秦丞相斯變頡籀文爲玉筯篆絲桐

藝業餘史記曰敬仲世家田又何爲乎絲桐之問文選謝宣遠詩中堂起絲桐

遠途憎早悟用老杜文章憎命達之意建康實錄陸雲謂周處曰君前途尚遠且患志之不立何患名之不彰南史梁室始興王憺之子曄嘗目送之曰吾所深憂其過俊發恐必無年曠度得中踈恢廓者人或以爲踈文選夏侯湛東方朔畫贊曰遠心曠度子逝今何還吾生孰

與居豈無文士傳未有茂陵書文士傳乃張騭所作三國志注間見之漢書司馬相如病免居茂陵既死有遺札書言封禪事

秋懷四首

積雨不受暑既晴還得秋老杜詩脩竹不受暑未免

困河魚左傳曰河魚腹疾將奈何寧如喘吳牛世說滿奮畏風荅晉武帝曰臣如吳牛見月而喘牛畏熱見月疑是日所以喘也此句謂受疾不如受熱風梧有先聲漢書韓信傳兵法固有先聲而後實巢燕無

後留謝瞻九日詩巢幕無留燕人生行樂爾漢書楊惲傳曰人生行樂爾須富貴何時一經今白頭見上注

又

小雨斷復續回斜落晚風寒心生蟋蟀秋

色傍梧桐老杜詩小雨夜復密回風吹早秋草與遙山碧

花欺晚照紅口須談世事目已失飛鴻晉書王猛見桓溫面談當世之事目送飛鴻見上注

又

山斷開平野老杜詩山豁何時斷河回殺急流漢書溝洫志曰分殺水怒選詩淮泗馳急流登臨須向夕風雨更宜

秋急急後飛鴈翩翩不下鷗老杜詩急急能鳴鴈輕輕不下鷗列子曰漚鳥舞而不下晚舟猶小待莫雀已深投老杜詩暮雀意何如退之社樹詩云依依絕暮禽

又

黎埒當千户爾雅埒丘注曰謂丘邊有界埒史記貨殖傳安邑千樹棗燕秦千樹栗此其人皆與千户侯等魚防擁萬頭文選劉公幹詩流波

爲魚防寧須一網盡不爲百人留仁宗時御史劉元瑜劾進奏院事一時名士皆貶斥語執政曰已爲相公一網打盡窗雨點急水老杜詩點水蜻蜓款款飛驚風擘繫舟東坡詩盡日舟横擘岸風百年供轉徙因病得夷猶言常困於羇旅今因病而得閑也晉書陶潜云我性不狎世因疾守閑楚辭君不行兮夷猶注猶豫也

送法寶禪師

平生夫鐵脚道價喧宇宙長蘆應夫禪師初參圓通秀秀遣作化主至一郎中有娼女爲母所迫入其房不肯去師跏趺達旦以錢遺之仍索火焚其布單而去叢林因爲之夫鐵脚張無盡嘗爲作鐵笛引云望禮東南雲吾今獨何後老杜詩每望東南雲令人幾悲吒世說注曰惠遠名被流沙彼國衆僧皆稱漢地有大乘沙門每至燃香禮拜輒東向致敬晚始識其子瑤林一枝秀晉書王曰王衍神姿高徹如瑤林瓊樹傳燈錄宗派有別出一技初聞飲光笑傳燈錄摩訶迦葉此云飲光勝尊佛書云世尊拈花迦葉微笑遂付以正法眼藏復作空生瘦空生即須菩提也今年退後禪袖手不肯又真成菩薩魔后山嘗作請月老再往薦福疏有曰倦於利生亦菩薩之魔事按般若經曰或說法要辯過量生或所欲說未盡便止當知是爲菩薩魔事未免化城咎法華經言有一導師導衆至珍寶處道中化作一城云云意謂暫爲止息之地非究竟處白月玄清光大鍾得辭扣月不容不照鍾不容不扣師亦如是老杜謁文公詩大珠懸玷翳白月當虛空文選江文通詩秋月懸清光禮記善待問者如撞鍾扣之以小者則小鳴扣之以大者則大鳴知止一何勇隨緣豈無復老子曰知止不殆漢書東方朔傳曰一何壯也佛書曰隨緣赴感靡不周豐基兩禪子三請期一觀三請見上注翩然挈瓶盂百里往相就貫休詩一瓶一鉢垂垂老萬水千山得得來古寺風雨餘觸目初邂逅夙昔有淨緣歡然宛如舊教我早自異業成誰得救世故已備嘗躊躇復何候鑽火勿停手時來自渠透魯直詩木鑽石槃未渠透毛詩夜未央注曰猶言夜未渠央也渠音其據反殷勤禮白足白足見上注傳燈錄迦葉聞世伽偈頭面禮足吾爲太山溜言修證之功在乎積久也漢書枚乘傳泰山之霤穿石

贈趙奉議

爲惠不必廣但問與者誰受施何用多名義以爲貧樂天詩相知不在多但問同不同此句頗用其律文選崔子王座右銘曰受施慎勿忘王粲詩從軍有苦樂但問所從誰平生師友間四海參寥師一窮無四壁百代有千詩吳僧

道潛自號參寥子善詩爲東坡所稱晉書習鑿齒傳云四海習鑿齒千詩見上注

再逐越淮江三年魯中歸參寥子紹聖初坐累遷逐初無贊公色贊公見老杜詩本京中大雲寺主謫秦州安置杜嘗有詩云贊公釋門老放逐來上國還爲世塵嬰頗帶憔悴色不異淨名衣言返初服也維摩經曰維摩詰雖爲白衣持奉沙門清淨律行淨名即維摩詰才如得風鷁左傳曰六鷁退飛過宋都風也已復觸藩羝周易大壯卦羝羊觸藩羸其角路貧誰肯憐語妙君所知我徃立談間欬若白受繒乃知仁者聽不待辛苦詞言聽言之易如白受繒也禮記甘受和白受采儀禮昏禮注曰以白造繒曰縛庚信哀江南賦曰不無危苦之詞趙侯名教士晉書樂廣曰名教內自有樂地勁氣噴長霓退之書云勁氣沮金石曹子建七啓曰慷慨則氣成虹霓論吐天下公而合吾所私所私謂參寥明窻弄文墨妍語含英姿要與識者論且避群兒癡漢書蕭何傳曰徒持文墨議論退之詩不知羣兒愚那用故謗傷舊好無新功終年此交綏左傳趙宣子曰秦以勝歸我何以報乃皆出戰交綏注云兩退曰交綏未須堅百戰當即建降旗史記張儀傳曰輕走易北不能堅戰孫樵與王霖書曰誠謂足下怪於文方舉降旗且太誇朋從間

元日雪二首

半夜風如許後漢左慈作老戲語曰盡如許平明雪皓然晉書王徽之傳夜雪初霽月色清朗四望皓然簾疎穿瑣細竹壓更嬋娟樂天詩北窻竹嬋娟按楚辭曰嬋娟脩竹窘兔走留跡飢烏鳴乞憐遥忻炎海上還復得新年末句謂東坡在海外無恙也老杜詩南遊炎海甸

又

度臘闕三白一作閱三白○樂天詩度臘都無好霜霰朝野僉載曰正月三白田公笑赫赫三白謂三得雪也開正還積陰沈約宋書南郊樂登歌曰開元守正禮存樂舉○守一作首炊煙茅舍濕噪雀暮枝深短髮千方誤中年萬里心言終老無成而悔壯年之妄念成書着巖穴或有後人尋此句用楊雄草玄意漢書司馬遷曰僕誠以著此書藏之名山莊子曰其隱巖穴也難爲於布衣之士

次韻黃生

入竹投窻夜有聲似違殘臘作初正三更爽氣侵危坐老杜詩竹京侵卧內後漢茅容避雨樹下危坐愈恭萬里回風逼發生爾雅回風謂之飄老杜雨詩當春乃發生呵筆

小吟撩我老開元天寶遺事曰李白對明皇撰詔誥時大寒筆凍帝勅宮嬪執牙筆呵之王介甫詩云物華撩我有新詩閉門高臥見君情用袁安事見上注只今剩作驚人句頗覺吟邊意未平退之送東野序云物不得其平則鳴

答黃生

水泥斷道雪塞門遠坊累日無行人蜀志劉焉傳曰米賊斷道魯直詩明朝醉起雪塞門柳子厚詩斷道水絜臥聞喧呼誰叫閽漢書楊雄甘泉賦選巫咸兮叫帝閽此借用稚子往問鹿駭奔文選笛賦曰莫不張耳鹿駭小弁詩曰鹿斯之奔維足伎伎黃生學詩用力新急手疾口如翻盆北齊書魏收敏速之手邢邵所不逮東坡詩文如翻水成老杜詩白帝城下雨翻盆衝風踏凍送七言要令寒屋回春溫是時積陰又黃昏叫閽索火驚四鄰杜牧之李賀集序曰太和五年十月中半夜時舍外有疾呼傳緘書者某曰必有異亟取火來及發之果集賢學士沈公子明書一通邇來結字穩且勻晉書衛恒曰杜氏甚得筆勢而結字小踈豈不見我參寥君參寥子能詩意黃生近必見之故爾頓進也典略袁奉高曰御見吾叔變耶嗟吾老矣心尚存後來得子空馬群歐公贈王介甫詩云老去自憐心尚在後

來誰與子爭先徑須赤手縛麒麟如老杜掣鯨鮑之意謂大手筆也孫樵與王霖書曰譬王川子月蝕詩韓吏部進學解莫不拔地倚天句句欲活讀之如赤手捕長蛇不施鞚勒騎生馬急不得暇莫不捉搦四大海水一口吞四大海水之語佛經多有之傳燈錄馬祖謂龐居士云待汝一口吸盡西江水即向汝道丈夫意氣抗浮雲班固答賓戲曰仲尼抗浮雲之志道逢其人兩手分兩句后山自言於詩學無所慚惜得人則分付也傳燈錄歸宗曰遇人則途中授與姤婦揣膺王右軍言世人之不廣也羊欣筆陣圖曰王羲之年十二見前代筆說於其父枕中竊而讀之父因與之不旬月書便大進衛夫人見之曰此兒必用筆訣近見其書便有老成之智流涕曰此子必蔽吾名墨藪曰鍾繇見蔡邕筆法於韋誕生上搥胸三日因嘔血此詩參用其事列子曰甘蠅學射於飛衛飛衛高蹈揣膺曰汝得之矣此用其字南史王誕傳宋明帝使虞通之撰姤婦記按戰國策曰從妻言之未免為姤婦

雪後

送往開新雪又晴故留臘白待春青左傳曰送往事居元稹詩曰臘雪殘消春又歸逆新別故欲沾衣稍回衫色伸梅怨併得朝看與夜聽已覺庭泥生鳥迹還惰田事帶朝星呂氏春秋曰巫馬期為單父令帶星而出入莫年功力歸持律不易騷人故獨醒吳士陸抗

傳曰大貴損功力史記屈原曰衆人皆醉而我獨醒

送張蘄縣

接禄才餘歲為邦近故園案圖三萬户漢書陳平傳高祖問御史曲逆户口幾何對曰始秦時三萬餘户鎮靜五千

言史記老子著書五千餘言言道德之意雪盡春泥滑風生沙

水昏老杜詩枝藜入春泥又詩天寒沙水清猶須放琴客坐

席稍能温張君必有故妾事因以戚之按麗情集顧况有宜城放琴客詩序曰琴客宜城之愛妾也宜城請老愛妾出嫁不禁人之欲而私耳目之娛達者也歌曰南山闌干千丈雪七十非人不煖熟此引用言席方暖煖何須遷逐之也

送何子温移亳州三首

治出龍城守退之詩曰寄書龍城守謂柳州也名高水部

郎見上注清明人共識退之答崔羣書曰青天白日奴隷亦知其清明風味獨難忘開天傳信記曰麹生風味不可忘也其詳見上注

骨立秦書瘦老杜小篆歌曰苦縣光和尚骨立苦縣在今亳州鬚

粘檜窗香亳州地多古檜歐公亳州詩云蜂採檜花村落香唐羅鄴早行詩旋呵鞭手凍粘鬚烹鮮師老耳老子曰治大國若烹小鮮亳州明道宮乃老子始生之地曳尾肯蒙莊莊子蒙人事見上注莊子曰楚王使大夫二人謂曰願以境內累矣莊子曰楚有神龜死已三千歲矣王巾笥而藏之廟堂之上此龜者寧其死為留骨而貴乎寧其生而曳尾於塗中乎傳燈録僧問洞山和尚為先師設齋還肯先師也無

又

青襟曾誦賦詩青青子衿注青衿青領也學子之所服皓首始

登門文選李陵書云丁年奉使皓首而歸意得寧論晚老杜詩論交翻恨晚此反而用之高適詩男兒貴得意何必相知早心交不待言莊子曰四人相視而笑莫逆於心遂相與友吳志孫權曰孤與子瑜可謂神交向

来期北上可復改南轅台山自注云嘗請湖越而得亳○期北上欲其漸近帝城也左傳曰令尹南轅反旆又曰王告令尹改乘轅而北之晝

地數佳政老杜詩倒屣喜旋歸畫地未所歷文選曹子建與吳季重曰在彼自有佳政叢談何處村劉向說苑有叢談篇老杜詩慟哭秋原何處村

又

復作中年别仍懷後日憂關山遮極目退之西山詩為遮西望眼王粲登樓賦云平原遠而目極兮蔽荊山之高岑汴泗

只東流退之詩汴泗交流郡城角謂徐州也東坡送歐陽王濟詩出處年來恨不齊一樽臨水記分携江湖咫尺吾將老汝顧東流子却西政好遭頻

借老杜詩權宜借寇頻後漢寇恂傳潁川百姓遮道曰願從陛下復借寇君一年

詩清得暗投 暗投見上注得暗投猶言安得暗投也 會看靈壽杖 漢書孔光傳詔賜太師靈壽杖 扶出富民侯 漢書車千秋傳千秋爲丞相封富民侯

送詹司業

學舍論交二十年白頭相對固依然才難 才難見魯論 孰為吾君惜果滿寧容我輩先 謂證果位也南史謝靈運謂孟顗曰丈人生天當在靈運前成佛必在靈運後此反而用之 熟路長驅聊緩步 退之送石處士序云猶駟馬駕輕車就熟路而王良造父爲之先後也此借用謂功名之途 百全一發不虛弦 漢書晁錯傳云此其計不百全豈發乎老杜詩鳴弦不虛發此借用言藏器待時 故懷未盡還成別飽慣人間不更憐

西郊二首

紅綠相催春事闌可能無意待人看不因送客那能出衰疾經年一據鞍 老杜詩送客逢花可自由蜀志先主見髀裏肉生慨然流涕此句頗采其意據鞍見馬援傳

又

攢眉歛目抵風沙暗度城西十里花 樂府蔡琰胡笳十八拍云攢眉向月兮撫雅琴 歷肆側聽長短句 雲溪友議曰崔涯張祜齊名每題詩倡肆元稹樂府古題序云句度短長之數聲韻平上之差 綠溪斜着兩三家 此句終上句之意東坡詩竹籬茅屋趁溪斜老杜詩江深竹淨兩三家

寄亳州何郎中二首

西南日下共浮雲 西南謂日暮時文選李少卿與蘇武詩曰携手上河梁遊子暮何之又詩曰仰視浮雲馳奄忽互相踰風波一失所各在天一偶江淹擬李陵詩曰攜酒送征人踟躅在清宴日暮浮雲滋握手淚如霰 人事難群喜勸分 淵明贈龐參軍詩序曰人事好乖便當語離左傳曰振廩勸分此借用其字 已度城陰先得向 何遜詩城陰度塹黑昏鴉接翅稀 不應從俗未忘肇 謂何徽也見上注兩句皆用何氏事 松篁有節元宜晚 禮記曰如松栢之有節 桃李無蹊只自薰 漢書李廣傳贊桃李不言下自成蹊許渾詩冬草只自薰 欲入帝城須帝力 用陳咸事見上注漢書張教傳曰秋毫皆帝力也 且尋詩社著詩勳 孫魴沈彬同遊李建勳之門爲詩社歐公詩云唱高誰敢投詩社魯直詩學古苦勳多魏志注曰示感懷而著鴻勳

又

西原追送未成句赫赫傳聲已迫人 孟浩然詩重陽未成句漢書何武所居無赫赫名後常見思 剩欲鈔詩寄來

使高適詩尋經剩欲翻老杜詩鈔詩聽小胥尚能拂席致嘉賓史記孟子傳曰平原君側行撇席注拂也音匹結反孰知簡易歸劉向漢書劉向爲人簡易無威儀誰使循良作寇恂見上注

他日入東尊一壑少留餘地許爲隣晉宋間人多以性會稽爲入東南史何徹傳賣園宅欲入東遂居若邪山漢書叙傳班嗣曰漁釣於一壑則萬物莫奸其志王介甫詩我亦莫年專一壑

寄答泰州曾侍郎

千里馳詩慰別離詩來吟詠轉悲思老杜詩愁極本憑詩遣興詩成吟詠轉悽京漢書趙幽王傳曰王悲思靜中取適庸非計前輩謂作文淨中一葉故此反其意老杜詩取適南巷翁林下相從會有時雲溪友議僧靈澈詩曰相逢盡道休官去林下何曾見一人魏志崔琰曰會當有變時生理只今那得說老杜詩我在路中央生理不得論交情從昔見於斯漢書鄭當時傳一貴一賤交情乃見舍毫欲下還休去懷抱何由得細知退之荅侯繼書云欲致一書聞足下并自書其所懷含意連辭將發復已卒不能成就其說陸機文賦曰或含毫而邈然

送提刑李學士移使東路據實錄元符二年二月提點京東西路刑獄李昭玘從京東東路

襟抱從前相向開倡酬于此未多陪老杜詩一生衿抱向誰開身更寵辱談彌勝老子曰寵辱若驚高僧傳支遁謂王濛曰貧道與君別來多年君語了不長進后山此句反其意用之路別東西意自哀文選謝玄暉辭隋王牋曰岐路西東或以歔唈注引淮南子楊朱泣岐事故柳子厚重別劉夢得詩曰二十年來萬事同今朝岐路忽西東后山徐州人徐州屬京東西路隱几忘言終不近莊子曰南郭子綦隱几而坐仰天而噓荅然似喪其耦又曰智北遊於玄水之上適遭無爲謂三問而不荅問乎狂屈狂屈曰予中欲言而忘其所欲言反見黃帝而問焉黃帝曰彼無爲謂真是也狂屈似之我與若終不近也此句后山自述白頭青簡兩相催唐劉子玄曰頭白可期汗青無日此借用自言變歲月於文字間也後漢吳祐傳父恢欲殺青簡以寫經書老杜詩干戈衰謝兩相催孰知衰老難爲別聲問應須續續來漢書蘇武傳曰有聲問來樂天琵琶行云低眉信手續續彈

和鄭戶部寶集文室二首

遠遊遊則遠屈原遠遊曰悲時俗之迫阨兮願輕舉而遠遊此借用言主僧偏參也安心心已安傳燈錄僧神光問達磨曰我心未寧乞師與安達磨曰將心來與汝安曰覓心了不可得達磨曰我與汝安心竟茅茨更何事一坐五年寬傳燈錄汾州無業禪師曰古得道人得意

之後茅茨石室向折脚鐺子裏煮飯喫過三十二十年樂天詩一坐十五年林下秋復春

客來問法要示以無所還楞嚴經曰今當示汝無所還地

勿云空生默聽者不勝言空生謂須菩提也般若經須菩提於巖中宴坐帝釋散花曰我聞尊者善談般若云云須菩提曰我於般若未曾談着一字帝釋曰尊者無說我亦無聞無說無聞是名真說般若

又

貴有空王章空王佛也章印也謂傳佛心印觀佛三昧海經云住念佛者心印不壞信心銘觀心空王貧無置錐地見上注衝風窻

自語古樂府中庭有樹自語涴壁虫成字東坡詩書窻涴壁常

漫篤蚤成字見下注向隅有知音說苑曰今有滿堂飲酒者一人向隅獨泣則一堂之人皆不樂矣此借用言面壁也按傳燈錄達摩寓止于嵩山少林寺面壁而坐終日默然人莫之測又忠國師曰墻壁瓦礫熾然常說故東坡贈月老詩云拱手但默坐墻壁方詩詩右山用此意謂無情亦解說法不可謂墻壁無知也

闥門接強對傳燈錄趙州和尚見一真定師王公不下禪床曰第一等人來禪床上接中等人來下禪床接末等人來三門外接東坡詩安排詩律追強對按吳志陸抗傳曰外樂強對只道庭前栢西來本無意庭栢見上注傳燈錄大梅云西來無意

隱者郊居

高齋繚繞雙溝謝玄暉有郡内高齋閑坐時老氣軒昻盖九州老杜詩老氣橫九州不為江山開悒快老杜詩已知出郭少塵事更有澄江銷客愁又詩汀洲稍踈散風景開悒快正縁風味得淹留風味見上注劉安招隱士曰攀桂枝兮聊淹留招携好客供談笑老杜詩強將笑語供主人拆補新詩擬獻酬鍾嶸詩品曰拘攣補衲蠹文已甚寒山子詩與道殊懸遠拆東補西爾楚次詩云嚴驛交錯歐公詩更約多為詩准備恐防梅老敵難當小摘自鋤稀菜甲旁觀虛作不堪憂老杜客至詩自鋤稀菜甲小摘為情親魯論曰人不堪其憂

覽勝亭

斷岸通橫水老杜詩決渠當斷岸吹花滿繫船老杜詩吹花困懶傍舟楫中年擅幽獨輟食買林泉楚詞曰幽獨處乎山中草木真宜主江山故作妍升沉有流

轉且復賦歸田元稹詩升沉或異勢張平子有歸田賦

何太冲挽詞二首一作太中

課最三川守漢書宣帝紀課殿最以聞注云最凡要之首也言課居首也又倪寬傳課更以最史記李斯之子由為三川守名成萬石君漢書石奮傳景帝曰石君及四子皆二千石人臣尊寵迺集其門凡號奮為萬石君

平生欠一識聲烈即多聞見上注兜率真歸處樂天詩海山不是吾歸處歸即歸諸兜率天琴臺只斷雲老杜詩琴臺日暮雲傷心今夜月忍便到初墳漢元帝詔爲初陵注未有名故曰初此用其字

又

哀挽諸儒競老杜詩哀挽青門道晉書郗超傳及死貴賤操筆爲誄者四十餘人豐碑故吏繁禮記曰公室視豐碑此借用其字按後漢諸碑多門生故吏所立素車紛雨泣周禮車僕注曰素車以白王堊車也老杜詩路人紛雨泣○王一作土丹旐與風翻老杜詩丹旐飛飛日

幾地留遺愛孔子曰子產古之遺愛他年作九原禮記趙文子與叔譽觀于九原文子曰死者如可作也吾誰與歸注作起也涕流耆舊盡不獨爲鄉園何遜詩鄉園不可見江水徒自清

送大兄無寄趙團練

貧有分離苦官無早晚宜上句見第一卷註樂天詩命苟未來且求食官無高卑及遠邇又為千里別未覺十年遲此一聯足成破題之意分屬兩句十年遲見下注日與江山遠風連草木悲平生劉子政見可共論詩劉向字子政漢宗室也以屬趙君

寄襄州程大夫

中年為吏晚專城不獨身榮府亦榮專城見上注江漢風流見羊杜晉羊祜杜預皆鎮襄陽老杜詩江漢風流萬古情相門經術有韋平漢韋賢平當父子皆以明經至宰相史記孟嘗君傳曰相門有相十年一別音書絶萬里相看骨肉情杕杜詩序曰骨肉離散令代龐公入城府定將懸榻與逢迎後漢龐公傳龐公居峴山之南未嘗入城府峴山在今襄州又徐穉傳陳蕃特爲置一榻去則懸之

送檢法趙奉議

三歲公門不屢過作牋時得問如何晉書龔玄之未嘗至公門及茲去去翻為恨文選蘇武詩參辰皆已沒去去從此辭向使常常肯為多悔向來不數見也孟子曰欲常常而見之勇銳閉房猶着酒老杜詩昔何勇銳今何愚白虎通曰人生六十閉房者何也法六月陽氣衰也禮記內則注曰妾五十始衰閉房不復出御切深疾惡反傷和退之歐陽生哀辭曰其文章切深魏志陳矯傳陳登曰清修疾惡有識有義吾敬趙元達老杜施子詩曰與道氣傷和一本傷作相贈言竊取仁人號贈言謂勸其止酒與和易也暗用管輅別傳諸葛樂事見下卷王察院挽詞注家語子路將行孔子曰贈汝以言乎史記孔子世家

孔子過周問禮老子送之曰富貴者送人以財貧賤者送人以言吾不能富貴竊仁人之號送子以言善聽君居長者科左傳所謂惟善人能受盡言

送建州鄭户部

清江畫舸照新晴鐃鼓喧喧聒市鳴樂府題解漢有鐃歌鼓吹昔日布衣今着繡晝繡晝行見上註他年鶴化只空城鄭蓋徐州前輩故用丁令威化鶴事見上註還朝不待三年最漢書嚴助傳曰助爲會稽太守願奉三年計最得郡何妨萬里行成都記萬里橋諸葛亮送費禕使吴别於此禕曰萬里之行始於此矣歲禄二千親八十世間誰有此時榮漢太守秩二千石

送張秀才

學又三年積三年學見魯論功收一日長蜀志龐統曰吾似有一日之長擅場推老手張平子東京賦曰秦政利觜長距終得擅場杜子美詩畫手看前輩吴生遠擅場歐公詩老手尚能工剪裁附尾得諸郎史記伯夷傳顔回雖篤學附驥尾而行益顯南史王僧虔傳曰此烏衣諸郎坐處度鳥界晴碧老杜詩身在度鳥上又詩雪嶺界天白過雲回夕黄老杜詩絶壁過雲開錦繡又詩錦城曛日黄孰知詩有驗謂詩能窮人莫愠路無糧魯論孔子在陳絶糧子路愠見莊子曰吾無糧我無食

后山詩註卷第八

后山詩註卷第九

晁無咎畫山水扇

前生阮始平晉阮咸爲始平太守顏延之五君詠曰屢薦不入官一麾乃出守蓋謂咸也無咎亦數補外云黃魯直詩前身鄴下劉公幹今日江南庾子山今代王摩詰唐王維字摩詰工詩善畫繪工以爲天機所到學者不及也偃屈蓋代氣萬里入方尺南史齊竟陵王子良之孫賁於扇上圖山水咫尺之內便覺萬里爲遠老杜山水圖歌云咫尺應須論萬里朽老詩作妙南史沈慶之詩曰朽老筋力盡徒步還南崗此借用以言樹石險絕天與力老杜詩溟張與筆力君不見杜陵老翁語湘娥增悲真宰泣老杜有山水障歌云不見湘妃鼓瑟時至今斑竹臨江活又云元氣淋漓障猶濕真宰上訴天應泣又云湘娥簾外悲

奉陪趙大夫游桓山

後水喧江落渾黃老杜詩寒江舊落聲渾黃謂汴水也元稹有酒章曰濟滄滄而縷貫將奈兮萬里之渾黃晚雲障日作微涼東坡詩峯多巧障日笙歌聲裏旌旗動羅綺叢中語笑香勸相秋郊開稔熟易井卦曰君子以勞民勸相開謂導迎之如禮記所謂有開必先摩挲苔壁吊荒亡詩意屬桓司馬後漢書薊子訓摩挲銅人孟子曰流連荒亡風流一代今山簡有底樽前着葛強晉書山簡傳簡鎮襄陽每出嬉遊有童兒歌曰舉鞭問葛強何如并州兒強家在并簡愛將也后山以自比老杜詩花飛有底急底猶言何等見顏師古糾謬正俗

寄曹州晁大夫

東方千騎貴當年白髮居頭也自賢古樂府陌上桑曰東方千餘騎夫婿居上頭又曰四十專城居此詩言不必盛年出守而後爲賢也文選韋弘嗣博奕論曰君子恥當年而功不立東坡詩直爲鱸魚也自賢肯費精神修客主言不飾厨傳以稱過使客也王介甫詩可憐無益費精神稍回功譽入童篇退之詩餘事作詩人虛名不救飢腸厄晚歲仍遭水疾纏此以下皆后山自述老杜詩虛名但蒙寒溫問泛愛不救溝壑辱東坡詩平生五千卷一字不救飢按世說曰愍度道人立心無義權救飢耳左傳曰風淫水疾老杜詩尚纏漳水疾死去不爲天下惜晉書王坦之荅謝安書曰天下之寶故爲天下所惜鏡中當有故人憐老杜詩鏡中衰謝色萬一故人憐

送馮翊宋令

三楚風流信有人三楚見上注風流謂屈宋先聲令已徹咸秦咸陽秦所都寧爲雞口官無小雞口見上注左傳曰國無小退之藍田丞廳壁記曰官無卑顧材不足塞職欲試牛刀

久要新牛刀見魯論莊子曰庖丁解牛十九年而刀刃若新發於硎細肋臥沙勸下筋馮翊沙苑監有臥沙細肋羊下筋見上注長芒刺眼莫露唇長芒似指首蓿沙苑多有之唐薛令之詩曰初日上團團照見先生盤盤中何所有首蓿長闌干老杜詩藤枝刺眼新山西豪傑知吾老山西一作西州○後漢皇甫規自以西州豪傑不得豫黨人以后山與曾樞密書考之熙寧間常客游秦中云為說猶堪舉萬鈞言其尚強健也孟子曰今日舉百鈞則爲有力人矣

嗟哉行

張生服石為石奴啓顏錄云後魏時諸王貴臣多服石藥皆稱石發此云爲石奴言爲石所使也下潦上乾如渴烏後漢馬援傳曰下潦上霧此借用李蘭刻漏法曰以銅爲渴烏以引器中水太白天馬歌尾如流星首渴烏一朝僨蹶須入扶伏毒未動風出虛此生所得與昔殊退之作李干墓誌略曰余不知服食說自何世起殺人不可計而世慕尚之益至臨死乃悔後之好者又曰彼死者皆不得其道也我則不然始病曰藥動故病病去藥行乃不死矣及且死又悔嗚呼可哀也已韓子作志還自屠退之作李干墓誌敘以藥敗者數人以爲世誡然躬自蹈之故樂天有詩曰退之服硫黃一病訖不痊吳越春秋國人作離別之詞曰天道祐助兮吳卒自屠白笑未竟人復吁樂天詩序曰予與故刑部李侍郎早結道友以藥術爲事詩曰金丹同學都無益姹女丹砂燒即飛是樂天嘗從事於金石也以身濟欲未必愚欲久而速反所圖李干墓誌有曰蘄不死乃速得死謂之智可不可也嗟哉偉然二大夫謂韓與白也漢書疏廣傳曰賢哉二大夫

夜句三首

過雨作秋清歸雲放月明曾直詩今夜黛放春月明入簾搖竹影塞耳落洪聲徐州有百步洪

又

老樹仍孫秀秋蟾只獨明何須夜來雨却聽枕前聲夜來雨見上注

又

短短長長柳三三五五星唐人王建詩長長南山松短短北澗揚詩曰嘒彼小星三五在東東坡樂府曰旋抹新妝者使君三三五五棘離門斷雲當極目不盡遠峯青唐錢起湘靈鼓瑟詩曰江上數峯青

送孝忠落解南歸孝忠蓋后山兄子

妙年失手未須恨白壁深藏可自妍後漢劉子訓傳常抱鄰家嬰兒故失手墮地而死藏壁用魯論韞櫝之意莊子曰良賈深藏若

虛

短髮我今能種種左傳盧蒲嫳曰余髮如此種種余奚能爲注曰種種短也曉粧他日看娟娟老杜詩曉粧隨手抹東坡與潘三失解後飲酒詩曰千金弊帚人誰買半額蛾眉世所妍顧我自爲都眊操憐君欲鬬小嬋娟千金市帚寧論價魏文帝典論曰我有弊帚享之千金萬户分侯信有年漢書李廣傳文帝曰惜廣不逢時令當高祖世萬户侯豈足道哉退之剥啄行日徃退不及來不有年清白傳家有如此後漢楊震傳使後世稱爲清白吏子孫太白詩丈夫立身有如此按禮記儒行曰其特立有如此者歸途囊盡不留錢老杜詩囊空恐羞縮留得一錢看此反而用之

寄單州張朝請

平生天上張公子尚記門間半面人老杜贈張四學士詩云天上張公子宮中漢客星半面見上注聲烈與風來不盡文選琴賦曰聲烈遐布東京賦曰聲與風翔澤從雲遊此用其字退之書曰名聲隨風而流此用其意音書無使去難頻老杜詩風塵荏苒音書絕又詩欲問平安無使來一言悟主心猶壯漢書車千秋特以一言寤意旬月取宰相封侯百巧成窮髮自新東坡詩宛丘先生不自絶更笑老崔窮百巧聞說監河收貸粟定傾東海活窮鱗莊子曰莊周家貧貸粟於監河侯監河侯曰諾我將得邑金將貸子三百金可乎莊周曰昨周來有中道而呼者周顧視車轍中有鮒魚焉周問之對曰我東海之波臣也君豈有斗升之水而活我哉周曰諾我且南遊吳越之王激西江之水而迎子可乎鮒魚曰吾得斗升之水然活耳君乃言此曾不如早索我於枯魚之肆左傳曰陳氏以公量貸而以家量收之姚嗣宗詩可惜作窮鱗

謝憲臺趙史惠米

平生忍欲今忍貧閉口逢人不少陳退之詩枚皐即召窮且忍俸薄身清趙都史也能作意向詩人老杜詩作意莫先鳴又詩獨能無意向漁樵

和趙大夫鹿鳴宴集

趙侯詩律近風騷雅意推賢荅聖朝漢書蕭望之雅意本朝老杜詩未有涓埃荅聖朝鴻鴈着行過渭水老杜鴈詩却過清渭影高起洞庭羣東坡詩旅鴈何時更着行鳳凰覽德下虞韶漢書賈誼傳曰鳳凰翔于千仞兮覽德輝而下之尚書蕭韶九成鳳凰來儀三千著籍今爲盛漢書儒林傳序曰成帝末增弟子員三千人後漢儒林牟長傳曰諸生著錄前後萬人魯論曰唐虞之際於斯爲盛九萬論程不作遥莊子曰搏扶搖而上者九萬里太白詩迴山倒海不作難不讀世書談世事卧看君自致青雲史記范睢傳須賈曰賈不意君能自致於青雲之上賈不敢復讀天下之書不敢復與天下之

事晉書王衍傳曰口不論世事李善注文選辯命論云劉孝摽自謂坐致青雲

和朱智叔鹿鳴席上

三楚風流秀士林英詞從昔動脩門三楚風流見上注英詞謂屈宋風騷沈約宋書謝靈運傳論曰英詞潤金石楚詞招魂曰魂兮歸來入脩門注脩門郢城門也郢蓋楚之所都充庭初識蒼龍璲通典曰武太后長壽三年始令舉人獻歲元會列於方物前以備充庭東坡詩雙蜿蟠蜿龍纏棟蓋言禁殿也賜醴行露白獸樽晉禮志曰正會設白獸樽於殿庭若有能直言則發此樽飲酒已上薦書輕一鶚見上注輕字讀如身輕一鳥過之輕更憑詩力化群鯤莊子曰北溟有

魚其名爲鯤化而爲鳥其名爲鵬鵬之背不知其幾千里也怒而飛其翼若垂天之雲培風背負青天而後乃今將圖南千年遼鶴空城郭見上注誰見宗公有異孫台山自注云漢大司空朱浮蕭人也○蕭縣今屬徐州魏志王粲傳蔡邕倒屣迎粲曰此王公孫有異才

酬智叔見贈

老去斯文不更論却因夫子話師門師門謂曾氏後漢桓榮傳曰下則去家慕鄉求謝師門清談不待傾三語晉書阮瞻傳瞻字宣子王戎問曰聖人貴名教老莊明自然其志同異瞻曰將無同戎即命辟之時謂三語掾世說又載衛玠嘲宣子曰一言可辟何假於三宣子曰苟

是天下之望亦可無言而辟復何假一勝日何知共一樽勝日見上注老杜詩不謂生戎馬何知共酒盃蘇武詩我有一樽酒將以贈遠人逐北我方塡坎井莊子曰蠻氏觸氏相與爭地而戰伏尸數萬逐北旬有五日而後反左傳曰鄭伐宋宋師敗績狂狡輅鄭人鄭人入于井莊子曰獨不聞夫埳井之蛙乎圖南誰得料鵬鯤見上注過逢爲說侯芭在老杜詩數爲姻婭過逢地侯芭見上注卧揖生衣犢有孫老杜詩歸揖生衣卧陸龜蒙詩樹有交柯犢有孫

再酬

鄉里衣冠不絕人見上注近天尺五只淸門

尺五見上注老杜詩將軍魏武之子孫於今爲庶爲淸門論文正可簪雙筆漢書趙充國傳張安世本持橐簪筆注謂備顧問漢儀尚書令僕丞郎月給大管筆一雙澆舌行看賜上樽東坡詩澆子談天口漢書賜丞相養牛上尊酒注糯米一斗酒一斗爲上尊瓊玖每蒙先木李木瓜詩投我以木李報之以瓊玖蜩鳩方共笑飛鵾飛鵾見上注莊子曰鵬之徙於南溟也水擊三千里搏扶搖而上者九萬里蜩與鸒鳩笑之曰我決起而飛槍枋時則不至而控于地而已矣奚以之九萬里而南爲固知賢傑當傳世下里朱陳亦有孫文選宋玉對楚王問曰客有歌於郢中者其始曰下里巴人徐州蕭縣有朱陳村兩姓爲婚姻見白樂天

詩

敬酬智叔三賜之厚無戲楊李曹二首

龍爭虎據竟成塵後漢班固合賓戲曰七雄虓闞分裂諸夏龍戰虎爭魏陳琳檄曰豪傑縱橫熊據虎跱只有青樓與白門后山自注云青樓燕子樓也○杜牧之詩贏得青樓薄倖名魏志張邈傳呂布自稱徐州刺史太祖征布布與其麾下登白門樓兵圍急乃下降令宰才高先得句令宰謂智叔爲咸平令也老杜詩急看令宰仙使君情重數開樽退之詩使君數開筵又云主人情更重空使劒鋒摧東坡樂府亦有主人情重之句江山故國難留鶴科斗荒池可着鯤謂智叔將出仕也退之峽石西泉詩曰聞說旱時求得雨只疑科斗是蛟龍可着鯤猶言安可着鯤也直使領須渾作白未應投鑷愧諸孫后山自注云智叔有歎白頭詩○樂天詩蒲領白髭鬚南史鬱林王紀齊高帝笑曰豈有爲人作曾祖而拔白髮者乎即擲鏡鑷

又

險韻廋詞費討論晉語曰有秦客廋辭於朝注云廋隱也謂以隱伏譎詭之言問於朝也魯論曰世叔討論之真持布鼓過雷門漢書王尊傳曰毋持布鼓過雷門注雷門謂會稽也有大鼓越擊此鼓聲聞洛陽

更看九日臺頭句謂二謝詩見上注以比智叔元稹詩更看吹帽落臺頭未用三人月下樽太白詩舉杯邀明月對影成三人后山不飲故云鏡裏黃花明白髮海邊赤脚踏長鯤言其已老欲爲世外之遊也老杜詩能添白髮明又詩赤脚踏層冰東坡詩脚踏赤鯨公從來相戒莫打鴨可打鴛鴦最後孫此句屬楊理曹打鴨事見上注後篇寄晁大夫詩亦曰只今容有名駒子則此所謂鴛鴦孫蓋名家之後也公長短句中南鄉子引引戴昉之子瑩詩意似指此

酬智叔見戲二首

百念皆空習尚存稍修香火踏空門槌腰摩腹非春事樂天詩小奴搥我足小婢搥我背信老態也老杜詩自知白髮非春事割愛投閑覆玉樽老杜詩割愛酒如繩退之進學解投閑置散覆樽見上注白髮情多猶可染后山自注云來詩有白髮之歎○南史謝靈運傳何長瑜以韻語序臨川王義慶僚左云陸展染白髮欲以媚側室青青不解久星星行復出驂鸞與盡却乘鯤退之所謂我寧屈曲自世間安能從汝巢神山也江淹別賦曰驂鸞騰天乘鯤蓋用李白騎鯨魚之意上界紛紛足官府退之詩上界真人足官府豈如散仙鞭笞鸞鳳終日相追陪也容河鼓過天孫爾雅曰河鼓謂之牽牛史記天官書曰織女天女孫周處風土記曰七月初七日河鼓織女二星辰相會

又

雨花風葉未宜春私柳官渠白下門 晉書陶侃識武昌官柳此云私柳反而用之白下本在金陵此句所指當是天徐州白門也

毋度清溪嘲短髮 老杜云莫話清溪髮蕭蕭白映杭后山後有詩云只欲泥行過白下萬一簷蹤見一班前有詩云歷肆側听長短句一緣溪斜看兩三家當是白門傍溪狹斜所在也

時容使席近芳樽 晉書阮籍等贊曰劉畢芳樽之友

雄蜂雌蝶元非偶 李商隱柳枝詩曰花房與蜜脾蜂雄蛺蝶雌同時不同類那復更相思左傳曰齊大非吾偶

野馬遊塵不佐鯤 言無復少年之氣助其狂心也莊子曰野馬也塵埃也生物之以息相吹也注曰此皆鵬之所憑以飛者耳野馬者遊氣也漢書食貨志曰或累萬金而不佐公家之急

若許成功當封賞 后山自注云事具李待制席上篇○按后山詩話韓綠公安撫陝西李待制師中過之李有詩名席上使爲官妓賈愛卿賦詩曰願得貔貅十萬兵犬戎巢穴一時平歸來不用封侯印只問君王乞愛卿

請看子子與孫孫 意謂老矣此事當付之後生前漢元后傳王翁孺曰吾聞活千人有封子孫子子孫孫見尚書及詩

送智叔令咸平

二謝將能事重陽只故臺 老杜詩孰知二謝將能事頗學陰何苦用心

固須衝節去便恐帶秋回 言重九已近不肯少留奕秀之貞若與秋俱回誰復繼二謝者

敏捷才無盡 老杜詩敏捷詩千首才盡見上注

鋪張意有開 退之云鋪張對天之閑休此借用言詩意開廣也

猶須記袠疾書與鴈同來 並見上注

九月九日夜雨留智叔

騎臺九日登臨處只有歸人醉扶路 晉書羊曇傳謝安薨後行不由西州路嘗因石頭大醉扶路唱樂不覺至州門以馬策扣扉誦曹子建詩曰生存華屋處零落歸山丘慟哭而去

千年二謝孰可代我每苦留君只去 后山罷潁學除彭澤令未赴丁母憂寓僧舍既除喪猶不言仕者四年

花粗只爲前人惜 上篇有日可打鶯鴦最後孫粗與麄同

曲誤不解丞卿怒 此兩句亦戲揚理曹也吳志周瑜傳曰曲有誤周郎顧後漢靈帝紀童謡曰梁下有懸鼓我欲擊之丞卿怒此借用

只消着帽受西風不待風流到新句 反用孟嘉落帽事言免貽白髮之嘲也此句以屬智叔老杜詩吹面受和風

九月九日與智叔鵰堂宴集夜歸

鵰堂從昔有惡客酒盡不去仍復索 王堂閑話日徐州使宅有鵰堂蓋多妖孤故畫鵰於中東坡在徐州王鞏過之自謂惡客故此詩引用老杜詩指點銀瓶索酒嘗

欲留歌舞盡客意風雨和更作三厄 漢書翟方進傳曰危亂漢朝以成三厄此借用其字

佳

辰難得客更難我窮無酒為君歡只欲泥行過白下萬一簾踈見一斑史記夏本紀曰泥行乘橇孫光憲詞曰半路長裙宛約行晚簾踈處見分明東坡樂府曰十里春風誰指似斜日映透簾斑晉書王獻之傳門生曰此郎管中窺豹時見一斑

城南夜歸寄趙大夫

書生作意一斑足杜陵據鞍兩眼寒東坡詩杜陵飢客眼長寒蹇驢破帽隨金鞍隔花臨水時一見只許腰肢背後看風雨喚人歸去好老杜詩江草日日喚愁生免教街吏報平安芝田錄牛奇章公帥維揚杜牧在幕中夜微服逸遊後牧以拾遺召公以縱逸爲戒牧始隱諱公取一篋皆街子輩報帖云杜書記平善老杜詩每日報平安

席上勸客酒

稍開襟袍使心寬大放酒腸須盞乾世說輕詆門曰中郎衿抱未虛韓孟同宿聯句云爲君開酒腸顛倒舞相飲唐詩人又曰酒腸俱逐洞庭寬珠簾十里城南道肯作當年小杜小杜即杜牧之也牧之詩云春風十里揚州過捲上珠簾總不如看

戲寇君二首

老杜秋來眼更寒蹇驢無復逐金鞍見上注一本作杜老南隣却有新歌舞借與詩人一面看文選左太冲詩南隣擊鍾磬北里吹笙竽本事詩云喬知之有婢名窈娘武延嗣留之如之爲詩曰君家閨閣不曾難好將一歌舞借人看文選三國名臣贊序曰定交一面李善注引崔寔本論曰徒以一面之交定臧否之決

又

南隣歌舞隔墻聽想對朝窻暈倒青東坡詩倒暈連眉秀嶺浮退之詩白咽紅頰長眉青莫望喚人看嫋娜老杜詩喚人看騕褭不嫁惜娉婷只憑幽夢寄叮嚀退之詩幽夢感湘靈又詩浪憑青鳥通可嚀

絕句四首

秋床歸臥不緣愁病與衰謀作老仇并見上注數樹直青能爾瘦退之詩杏花兩株能白紅東坡雜錄載張子野歲語琴妓曰此箏不見許時乃亦黒瘦耶一軒殘照為誰留老杜詩前軒頹晚照又云不知明月為誰好

又

芒鞋竹杖最關身散髮披衣不待人三兩作鄰堪共活老杜詩此地兩三家周禮五家為隣五千插架未為貧北史崔瞻傳曰不讀五千卷書者無入此室退之詩插架三萬軸

又

昬昬嗜睡元非病續續題詩不奈閑東坡詩喚取昬昬嗜睡翁本事詩韋莊云誰知閑臥意非病亦非眠樂天琵琶行低肩信手續續彈

作意買山還得笑世說支遁就深公買仰山深公曰未聞巢由買山而隱日

多方拔白却成斑應璩老詩曰拔白自洗蘇樂天詩啼衿與愁鬢此日兩成斑

又

晉當快意讀易書抱朴子曰陸子十篇誠爲快書又曰嵇生云毋讀二陸之文未嘗不廢書而歎恐其卷之竟也史記李斯傳曰快意當前適觀而已矣

客有可人期不來退之詩曰所期終莫至日暮與誰回可人見上注又見蜀費禕晉桓溫傳

世事相違每如此晉書羊祜曰天下事不如意十居七八

好懷百歲幾回開老杜詩懷抱何時得好開東坡詩笑口幾回開

騎驢二首

復作騎驢不跨驢此生斷酒未須扶叢林謂叅禪人有二病一是騎驢覓驢二是騎却驢不肯下識得驢了騎却不肯下此一病更是難醫若解放下方喚作無事道人后山此句豈謂是耶未須扶見下句注

獨無錦里驚人句老杜詩錦里先生烏角巾又云爲人性僻耽佳句語不驚人死不休魯直有杜子美浣花醉圖詩云宗文守家宗武扶落日蹇驢馱醉起

蓋世傳老杜畫像如此

也作梁園畫作圖王立之詩話云雙井黃叔達字知命自江南來京師與彭城陳履常俱謁法雲禪師於城南夜歸過龍眠李伯時時知命着白衫騎驢道中搖頭而歌履常負杖挾囊于後一市皆驚以爲異人伯時素善畫因寫以爲圖邢惇夫作夜歸圖詩此詩末句追記此事也履常即后山舊字梁園謂汴京梁孝王兔園所在也

又

衝籬突市不逡巡掠面驚風撲眼塵東坡詩四山眩轉風掠耳

出手推敲寧避尹唐宋遺史賈島一日於驢上得句云鳥宿池中樹僧敲月下門始欲着推字又欲着敲字鍊之未定引手作推敲之勢京兆尹韓愈方出島不覺衝至第三節

題門吟詠不逢人本事詩云崔護清明日遊城外叩一莊門求飲有一女子以杯水遺護意屬甚厚明年思其人復往叩戶又無人應因書一絕于門云去年今日此門中人面桃花相映紅人面只今何處在桃花依舊笑春風退之詩百里不逢人

壽安縣君挽詞

兩大推平日左傳鄭忽曰齊大非吾偶又懿氏妻曰物莫能兩大

三從播後聲儀禮喪服傳曰婦人有三從之義無專用之道故未嫁從父既嫁從夫夫死從子

憂勤登上壽言雖憂勤而不損壽也事見下注國語曰不憂年之不登莊子曰上壽百歲

簫鼓閉佳城西京雜記云滕

公得石槨銘曰佳城鬱鬱三千年見白日吁嗟滕公居此室總在千人從松楸十里行文選蔡伯喈作陳太丘碑曰總麻設位哀以送之遠近會葬千人以上任彥昇求立竟陵王碑表曰松檟成行哀榮動鄉里點筆競諸生魯論曰其生也榮其死也哀

寄曹州晁大夫晁端仁字堯民

隨絮隨風花作塵黃樓桃李不成春樂天詩春盡絮飛留不得隨風好去落誰家太白詩曰平生種桃李寂滅不成春只今容有名駒子困倚闌干一欠伸此篇蓋言徐州風物后山嘗有詞并序云晁大夫增飾披雲初欲壓黃樓而張馬二子皆當年樽下世所謂英英盼盼者盼卒英嫁而盼之子瑩頗有家風而曹妓未有顯者黃樓不可勝也作南鄉子以歌之曰風絮落東鄰點綴繁枝旋化塵關鏁玉樓巢燕子冥冥桃李摧殘不見春流轉到如今翡翠生兒翠作衿花樣腰身宮樣立婷婷困倚闌干一欠伸又自注曰周昉畫美人有背立欠伸者最爲妍絕東坡爲賦續麗人行也按此詩風絮以屬英塵花以屬盼名駒子以屬瑩瑩之母蓋馬氏名駒子見上注李太白詩解釋春風無限恨沉香亭北倚闌干樂天詩回頭一欠伸

寄題披雲樓披雲在曹州后山婦翁郭槩爲郡時所作后山爲之記

使君高會荅清秋漢書項羽傳飲酒高會老杜詩報荅風光知有處增飾披雲作勝遊退之和劉虢州詩序云亭臺島渚劉兄頗復增飾從子弟而遊其間按西都賦曰世增飾以崇麗九日再逢堪一笑后山清平樂詞云一歲相逢兩節自注云是歲閏九月兩作重陽以曆考之蓋元符二年也終朝百過更深憂憂短髮不堪落帽也老杜詩不眠瞻白兔百過落烏紗此借用落霞孤鶩知才盡王勃九日游滕王閣序云落霞與孤鶩齊飛秋水共長天一色事具唐書才盡見上注踈雨微雲怯語道孟浩然集序云浩然游秘省諸英華賦詩作會浩然云微雲淡河漢踈雨滴梧桐舉坐閣筆文選魏文帝與吳質書曰公幹有逸氣但未遒爾注遒盡也言未盡美賓主縱賢終少在只今未可壓黃樓注具前篇傳燈錄米倉和尚曰猶欠少在

絕句

木搖電繞雷取龍王充論衡曰雷電折樹取龍按龍若於天所使遁逃不遠則非神物天不取也北夢瑣言曰世言乘龍者於行雨而多竄匿爲雷神捕之或在古木及簷楹之內伏蛙號蚓瀆空魯直王照泉詩勿令水源濁魚蝦來寄中生子歲月多往往隱蛟龍王照不見影盤桓蝸螺宮一朝搯源去枯瀆草蒙茸黑雲黃槐度白鳥映日急雨回斜風秦中歲時記槐花黃舉子忙

寄黃充

俗子推不去可人費招呼世事每如此我
生亦何娱嵆康書曰不喜俗人而嘗與之共事晉書鄧攸傳吳人歌曰鄧侯挽不留謝令推不去黄生後來秀純茂靜者徒不
見動經月來亦不須史東坡詩懶者常似靜靜豈懶者徒文選古詩曰既來不須史人事已好乖可復自作踈見上
注予雖向人懶勝處不可孤王介甫詩寄語讀書人吹吹非勝處老杜詩更長燭明不可孤追此田事休仍當秋雨
餘深知阻泥濘步屐意何如老杜詩相邀愧泥濘騎馬到堦除又云步屐過東籬

寄張大夫

只應青眼老尚記白頭翁一别今何向三
年信不通不應書字倦未有北來鴻禮記月令孟春仲秋皆曰鴻鴈來而孟春注曰鴈自南方來將北反其居肯作彭城
守何時馬首東左傳曰余馬首欲東

懷遠此詩屬東坡

海外三年謫天南萬里行東坡以紹聖四年丁丑謫昌化軍安置至元符二年己卯蓋三年矣樂天詩雲雨三年别風波萬里行生前
只爲累身後更須名言生前尚以名爲累死後亦復何須晉書

張翰傳曰使我有身後名不如即時一盃酒未有平安報空懷
故舊情斯人有如此無復涕縱横太白詩丈夫立身有如此一呼三軍皆披靡

答田生

酒亦有何好人今未肯忘此篇大抵戒田生好酒而勉以學也晉書孟嘉傳桓溫曰酒有何好而卿嗜之苟無愁可解何必
醉爲鄉劉几作解愁曲陳慥作無愁可解以反之其末句曰若須待醉了方解開解時問無酒怎生醉唐王勣有醉鄉記樂天詩無過學王勣惟以醉爲鄉賸
欲論奇字奇字見上注終能諱秘方言欲以文章真訣授

之無所隱也孫樵與王霖書曰嘗得爲文真訣於來無擇無擇得於皇甫持正持正得於韓吏部退之然樵未嘗與人言及文章且懼得罪於時今足下有意於此而自疑尚多其可無言乎后山上二蘇公詩亦云請公别試囊中方退之李虛中墓誌曰於蜀得秘方直饒肌骨秀正要畫眉長謂美質亦須刻畫之也盧仝秋夢行曰長眉入鬢何連娟肌膚白玉秀且鮮王臺新詠秦嘉詩曰城中皆半額非妾畫眉長

早起

隣雞接響作三鳴殘點連聲殺五更退之詩雞三號更五點文選沈休文作安陸昭王碑曰男女老幼大臨街衢接響傳聲不踰時

而達于四海劉夢得詩郡樓殘黠聲寒氣挾霜侵敗絮退之詩咸風挾惠氣西京雜記曰淮南王安著鴻烈解云字中皆挾風霜敗絮見上注賓鴻將子度微明禮記月令鴻鴈來賓老杜詩輕鳥度曾陰又詩雲月遞微明有家無食違高枕老杜詩無食問樂土又詩晝省香爐違伏枕又詩散地逾高枕按史記張儀傳曰大王高枕而卧百巧千窮只短檠百巧短檠皆見上注翰墨日疎身日遠世間安得尚虛名老杜詩才微歲老尚虛名又云不堪祗老病何得尚浮名

和黃充小雪

度臘侵春亦未遲紛紛款款意猶微樂天詩度臘都無苦霜霰迎春却有好風光老杜詩點水蜻蜓款款飛露衣帶潤元無見着物還消不待睎秦韜玉春雪詩片纔着地輕輕陷力不禁風旋旋消湛露詩曰湛湛露斯匪陽不晞注云晞乾也賸欲打窗連夜聽未須迷鴈斷行飛樂天詩蕭蕭暗雨打窗聲老来才盡無新語只欲煩君急手揮漢書陸賈造新語

后山詩註卷第九

后山詩註卷第十

寄張學士舜民

湖海三年別譙徐一日間譙郡亳州也經時猶未見凡事信多難退之詩曰關山遠別固其理寸步難見始知命理極邦須說世說何晏聞王弼名因條勝理語弼曰此理僕以爲理極可得復難否情生不自還終上句之意謂相與忘言如晉阮脩所謂就令相見亦何所說然念舊之情不能自已也晉書郭文曰情由憶生不憶故無情漢書原涉曰知其非禮然不能自還此借用從来闕聲問相見若爲顏老杜詩從來不寄一行書聲問見上注後漢馬援傳曰將難爲顏乎

謝趙使君送烏薪

欲落未落雪迫人將盡不盡冬壓春老杜詩扲浮欲盡不盡雲江動將崩未崩石風枝氷尾有去烏遠坊窮巷無来人忽聞叩門聲遽速驚雞透籬犬升屋張籍樂府曰家家雞犬驚上屋使君傳教賜新炭世說劉惔遺傳教覓張孝廉舡妓圍那解思寒谷開元天寶遺事日申王每冬月苦寒令宮女密圍而坐謂之妓圍寒谷見上注老身曲直不足言冷窻凍壁作春溫孟郊謝人送炭詩煖得曲身成直身史記田敬仲世家曰大弦濁以春溫者君也定知和氣家家

到不獨先生雪塞門雪塞門用袁安事見上注

雪中寄魏衍

薄薄初經眼輝輝已映空老杜螢火詩偶經花蘂美輝輝又詩鳴雨既過漸細微映空搖颺如散絲融泥還結凍落木復沾叢老杜詩泥融飛燕子意在千山表情生一念中用王徽之雪夜忽憶戴逵意以比魏衍句山送衍移沛詩有日勿云百里遠已作千山愁東坡詩古人應在千山外不寄梅花遠信來情生見上注樂天與元微之書曰平生故人去我萬里瞥然塵念此際暫生遥知吟榻上不道絮因風晉書謝道韞傳雪驟下謝安問何所似朗曰散鹽空中差可擬道韞曰未若柳絮因風起東坡雪詩柳絮才高不用鹽詭反而用之

送澶州録曹宋參軍

宦遊男子事訪別故人情能吏於今少春風及此行英雄餘戰伐澶州蓋萊公却敵處犴獄寄廉平韓詩外傳曰鄉亭之獄曰犴朝廷之獄曰獄漢書刑法志緹縈上書曰臣父爲吏齊中稱其廉平未肯輕衰疾人來闕寄聲

和范教授同遊桓山

送客尋山已自仙行談坐笑復忘年平郊走馬斜陽裏漢書張敞傳過走馬章臺街唐人詩窄衫短帽斜陽裏

破屋傳杯積水邊退之詩破屋數間而已矣老杜詩傳杯不放杯洗壁留名題歲月登高看句記山川風流幕下諸公子縮手吟邊更覺賢一本作題名留歲月縮手見上注

早春

度臘不成雪迎年還得春氷開還舊綠魚喜躍脩鱗禮記月令孟春東風解凍魚上氷柳及年年發愁隨日日新老懷吾自異不是故違人南史沈懷文素不飲酒又不好戲宋孝武謂故欲異已謝莊嘗戒曰卿每與人異亦何可久懷文曰非欲異物性之所不能耳此詩末句頗采其意

徐僊書三首

徐清字靜之蓬萊女官也下西里王氏詩作謝體書劲黃魯直妍妙可喜欲作三絕句

蓬壺仙子補天手筆妙詩清萬世功列子曰歸墟有五山一曰岱輿二曰員嶠三曰方壺四曰瀛州五曰蓬萊又曰天地一物也物自不足故昔者女媧氏練五色石以補其闕李賀詩筆補造化天無功肯學黃家元祐脚信知人厄非天窮柳子厚集載劉禹錫詩日日臨池弄小雛還思寫論付官奴柳家新樣元和脚且盡薑芽斂手徒東坡

海市詩曰信我人厄非天窮魯直見廢於世而仙真喜學其書此特厄於人耳

又

詩成已作客兒語筆下還為魯直書客兒謝靈運小名見南史謝弘微傳豈是神仙未賢聖不隨時事向人踈退之詩乃知仙人未賢聖此反而用之不隨時事謂於元祐黨禁中肯學黃書也唐高蟾詩云君恩秋後葉日日向人踈

又

金華牧羊小家子金華見上注太白詩金華牧羊兒乃是紫煙客卜家見上注西真攘桃何代兒漢武故事西王母指東方朔曰仙挑三熟此兒已三偷之矣東坡樂府曰曼倩風流緣底事當時愛被西真喚作兒詩着海山書落爪向來何免世人疑詩可以罥之海山書落筆而後快必非瘦鬼也后山作領師字序載徐清事曰吾里中少年每歲首替飾箕帚召紫姑以藏一歲有神下焉曰吾蓬萊仙伯徐君也喜句畫有求必答下筆不休云云世人或疑徐君乃紫姑之類未必以仙官待之故后山引牧羊攘挑為喻以言神仙有時而混迹不必疑也退之祭湘君文曰且虞海山之波霧瘴毒為災老杜詩破甘霜落爪此借用謂筆畫從手爪而落亦暗用神仙傳中麻姑鳥爪事

寄酬咸平朱宣德智叔

寘寘超世網蔚蔚秀儒林楊子曰鴻飛冥冥弋人何慕焉選詩曰世網嬰我身他日熟看面今詩初得心左傳曰他日吾見子之面而已今吾見子之心矣白頭無故意異代有同音趣異則至老不相知意合則異世可同調漢書鄒陽傳語曰有白頭如新傾蓋如故何則知與不知也史記范雎傳曰戀戀有故人之意選詩曰誰謂古今殊異代可同調詩曰莛磬同音短綆徒施巧終然莫汲深莊子曰綆短不可以汲深此引用以終上意言平日知朱君之未盡也

咸平讀書堂為朱智叔作

昔人三百篇善世已有餘魯論誦詩三百授之以政不達使於四方不能專對雖多亦奚以為後生守章句不足供囁嚅退之送李愿序曰口將言而囁嚅一登吏部選筆硯隨掃除東坡密州謝上表曰塵埃筆硯漸忘舊學之淵源閉閤畫眉嫵漢書張敞傳為婦畫眉長安中傳張京兆眉嫵注云嫵音嫵隔屋聞歌呼老杜詩隔屋喚西家借問有酒不漢書曹參傳相舍後園近吏舍參遊後園聞吏醉歌呼奉公用漢律寧復要詩書後漢任延曰履正奉公臣之節也漢書朱傳曰如太守漢吏奉三尺律令以從事耳亡奈生所言聖人道何也俛首出跨下枉此七尺軀言屈身於要貴也漢書韓信傳俛出跨下荀子曰何足美七尺之軀者哉今代陶朱公不

作大梁屠史記范蠡傳蠡去止於陶自謂陶朱公又魏公子無忌傳侯嬴爲大梁夷門監者謂公子曰朱亥賢者世莫能知故隱屠間耳朱智叔時治咸平故引以喩之咸平肆京師即古大梁計然特未用意得輕全吳史記貨殖傳范蠡既雪會稽之恥乃喟然而歎曰計然之策七越用其五而得意注曰計然者范蠡之師也名研為邦得畿縣政窩自計踈寧書下下考唐書陽城傳爲道州刺史觀察使數誚責州當上考功第旋自署曰撫字心勞催科政拙考下下不奉急急符元次山舂陵行云督郵傳急符來往跡相追退之曲江祭龍文曰急急如律令用意簿領外藥室課典謨選詩沉迷簿領書平生五千卷

還舍不問途言記問精博如行熟路也近事更漢唐稍以詩自娛更謂更閱復作無事飲醉臥擁青奴退之詩幕中無事惟可飲蓋用史記犀首事青奴見上注桃李春事繁軒窻書景舒鳴屋鳩渴雨窺簾燕哺雛休吏散篇帙漢書薛宣傳曰日至休吏謝靈運詩散帙問所知風篁獻笙竽文選月賦云風篁成韻退之聯句云折篁嘯遺笙太白詩三千雙蛾獻歌笑文選左太冲詩壯里吹笙竽欣然一啓齒斯民免爲魚能一笑對古人者必不陷溺其民矣漢書司馬相如傳亡是公欣然而笑莊子曰吾君未嘗啓齒左傳曰微禹吾其魚乎

絕句二首

里中餽杏得嘗新馬上逢花始見春漢書陳平傳曰里中社平爲宰食貨志曰社閭嘗新馬上逢花蓋用前輩賣花擔上看挑李之意勤苦著書如此吏世間枉是最閑人南史梁宗室傳南平王偉之子恭好賓友酣宴終辰時元帝居蕃勤心著述恭每謂日時人不好懽興乃仰眠牀上看屋梁而著書豈如臨清風對朗月登山泛水肆意酣歌也

又

窩窩丹房疊疊花一枝臨路爲人斜丁寧語鳥傳春意白下門東第幾家退之詩浪憑青鳥通叮嚀樂天詩柳巷當頭第一家

春懷示鄰里

斷牆着雨蝸成字老屋無僧燕作家老杜詩林花着雨臙脂落酉陽雜俎睿宗爲冀王寢室壁間蝸迹成天字襄陽記楊顒曰請爲明公以作家譬之剩欲出門追語笑却嫌歸鬢着塵沙借用元規塵污人之意風翻蛛網開三面呂氏春秋曰湯見置四面網者湯拔其三面置其一面祝曰昔蛛蝥作網今人學之欲高者高欲下者下吾取其犯命者雷動蜂窠趁兩衙子虛賦雷動焱至禅

雅云蜂有兩衙應潮錢昭度詩云黃蜂衙退海潮上白蟻戰酣山雨來屢失
南隣春事約只今容有未開花后山前有戲寇君詩
日南隣歌舞隔墻聽此云未開花蓋亦以戲寇容有猶言豈容復有也

歸雁二首

弦矢千夫志瀟湘萬里秋弦矢謂射雁也成公綏雁賦曰過雲夢而妖遊兮投江湖而中憩寧為寶箏柱李義山詩日十三弦柱雁行斜肯作置書郵用蘇武事晉殷羨為豫章太守都下人士因其發書百餘函皆投之水中曰殷洪喬不作置書郵老杜詩肯作置書郵遠道勤相喚莊子曰吾固不辭遠道而來顏見老杜雁詩雲裏相呼疾羇懷誤作愁劉禹錫竹枝歌曰巫峽蒼蒼煙雨時清猿啼在最高枝箇裏愁人腸自斷由來不是此聲悲聊寬稻粱意寧復網羅憂劉孝標絕交論曰分雁鶩之稻粱

又

作計胷懷早淮南子曰雁從風而飛以愛氣力銜蘆而飛以避矰繳玉臺新詠焦仲卿詩曰作計何不量文選于寶晉論曰邪辟銷於胷懷又南史蕭惠開常曰人生不能行胷懷雖壽百歲猶爲夭也為生去住頻管子桓公曰鴻鴈春壯而秋南固違陰嶺雪不盡洞庭春陰嶺謂匈奴陰山老杜詩苦涉陰嶺冱巧作斜行字樂天詩一雁點青天字一行

魯直詩風外竹斜行催歸去國人隋薛道衡人日思歸詩曰入春纔七日離家已二年人歸落雁後思發在花前此言去國人謂南遷諸公將北還也是歲二月癸亥詔永州安置范純仁等皆內徙知時如有信儀禮曰下大夫相見以雁注云雁取知時決起亦相親此用雁奴事莊子曰蜩與鸒鳩笑之曰我決起而飛老杜詩相親相近水中鷗

和寇十一晚登白門

重門傑觀屹相望退之詩隆樓傑閣磊嵬高表裏山河自一方左傳曰表裏山河必無害也小市張燈歸意動按宋書張暢傳彭城有小市門魯直詩晚市張燈明遠近輕衫當戶晚風長選詩曰彼服羅裳衣當戶理清曲孤臣白首逢新政東坡詩喜聞新園政是歲徽考登極遊子青春見故鄉遊子見上注富貴本非吾輩事江湖安得便相忘言當貴固不可期而江湖之志亦未遂也莊子曰魚相忘於江湖

謝寇十一惠端硯

百工營材先利器書斷載三輔決錄曰韋誕字仲將諸書並善都官觀始就詔令仲將題署御筆墨皆不任用因奏工欲善其事必先利其器若用張芝筆左伯紙及臣墨兼此三具又得臣手然後可以逞徑丈之勢方寸千言市道居貨如作贅史記廉頗傳曰天下以市道交作贅當是作貿按史

記呂不韋傳秦子楚爲質子於趙不韋見
而憐之曰此奇貨可居或云漢書食貨志
始皇發閭左之戍應劭注曰秦時謫戍先
發吏有過及贅壻賈人故台山引用言秦
云賈人與贅壻一等也書生之於
筆硯亦猶工之利器賈之居貨云書生活
計亦酸寒斷塼半瓦寧求備退之詩活計
似鋤劚東坡
詩習氣一洗儒生酸
書曰與人不求備端溪四山下龍淵鬱
積中州清淑氣退之送廖道士序曰郴之
爲州當中州清淑之氣蜿
蟺扶輿磅
礴而鬱積金聲玉骨石爲容東坡硯銘曰
玉德金聲而寓於
斯河江屈流雲作使言此石中含江河
之潤蒸而爲雲以
導苔其秀潤之氣老杜詩屈注蒼江流陸
龜蒙辭詩曰只憑風作使全仰柳爲都

滑如女膚色馬肝西京雜記曰文君肌膚
柔滑如脂硯譜蘇易簡
云端溪硯水中石色青山半石色紫山絕
頂石尤潤如猪肝色者佳漢書郊祀志曰
文成食馬
肝死耳夜半神光際天地漢書宣帝紀
曰神光並見
或興于谷郊祀志
曰有羨光上屬天諸天散花百神喜知有
聖人當出世聖人謂徽考徽考初封端
王元符三年十月遂升端州
爲興慶軍周昭王二十四年四月八日夜
天地震動恒星不見太史奏西天聖人出
世沒入投深索千丈莊子注曰沒人謂能
驚沒於水底索人讀如
求索之
索探頷適遭龍伯睡莊子曰千金之珠
必在九重之淵而
驪龍頷下子能得珠者必遭
其睡也列子有龍伯之國轆轤挽出萬

人負千歲之藏一朝致琢爲時樣供翰墨
十襲包藏百金貴一本負作貸○闞子曰
宋之愚人得燕石于梧
臺之側藏之以爲大寶革匱十重中十
襲退之藤杖歌曰纍重包裹自題署比
行萬里更衆目寇卿好事不計費寇嘗爲
太常少
卿見
下注南隣居士卿之孫豐粹相從不爲異
退之王承福傳云捐豐粹有
時一去一來而不可常者耶似憐陶瓦磨
竈煤輟贈不減前人志東坡種松詩曰
萬竈飛青煤人
言寒士莫作事鬼奪客偷天破碎南史劉
祥傳褚
彥回曰寒士不遜老杜挑竹杖引云
路幽必爲鬼神奪退之有瘞破硯文龜玉

韞匵與無同龜玉及韞匵並見魯論東
坡詩皆之不見與無同錦
衾還客弃佳惠老杜詩錦衾卷還
客始覺心和平衆所欲
得當有緣天獨於予可無意敢書細字注
魚虫退之詩爾雅注蟲
魚定非磊落人要傳華嚴八千偈
隋經籍志云沙門支法領從于闐國
得華嚴三萬六千偈此云八千未詳

再和寇十一二首

南山樓觀揷穹蒼林杪青燈出上方文選
顏延
年詩樓觀眺豐潁爾雅曰穹蒼蒼天也謝
靈運詩俛視喬木杪老杜詩上方樓閣曉
字本出
維摩經形勝自如諸老逝漢書高祖紀田
肯曰秦形勝之

國也危山寇希軍集序曰大父鹽鐵府君外大父韻公與文忠蔡公好太常少卿寇君蔡之出也遊二父之間而輩先君大功名隨盡二流長劉夢得詩曰人世幾回悲往事山形依舊枕寒流二流謂泝泗馬游從昔哀吾老馬游事丞見上注王粲當年賦異鄉王粲在荊州作登樓賦曰雖信美而非吾土兮曾何足以少留文選東門行曰一息不相知何況異鄉別少日幻心今淨盡圓覺經云衆生幻心還依幻滅大事詩劉禹錫再遊玄都觀詩日桃花淨盡菜花開多生綺語未全忘東坡詩多生綺語磨不盡

又

與世相違孰自量淵明歸去來辭世與我而相違孰自量言自知甚審貧身無策謾多方漢書韓信傳寄食於漂母無資身之策莊子曰惠施多方其書五車逢場作戲真呈拙傳燈錄馬祖道一傳鄧隱峯辭師云石頭去師云石頭路滑對云竿木隨身逢場作戲便去石頭云云隱峯無語歸來師云向汝道石頭路滑誤筆成蠅豈所長曹不興畫屏風誤落筆點素因就以爲蠅孫權以爲生蠅舉手彈之名字不歸青史筆老杜詩古人日已遠青史字不泯曹子建表云名挂史筆形容終老白雲鄉趙飛燕外傳曰成帝呼合德爲溫柔鄉曰吾老是鄉矣不能効武帝求白雲鄉也何須五斗輕千里賴有斯人未肯忘晉書陶潛傳曰吾不能爲五斗米折腰拳拳事鄉里小兒王介甫詩賴有斯人慰寂寥

與寇趙約丁塘看花寇以疾不赴有詩用其韻

早年學苦斷過從晚歲逢春意未窮欲共元劉爭着語元稹劉禹錫也着語見上注不堪姚魏已隨風歐公牡丹釋名曰姚黃者千葉黃花出於民姚氏家又曰千葉肉紅花出於魏相仁浦家錢思公嘗曰人謂牡丹花王今姚黃真爲王而魏紅乃后也坐無上客席虛左曲禮曰上客起史記魏無忌傳從車騎虛左自迎侯生贈有英詞囊不空英詞見上注老杜詩囊空恐羞澁障日長須釣竿手釣竿手見上注歸來無計駐青驄開元天寶遺事曰長安俠少每至春事飾綾馬以錦韉金絡並轡於花樹下往來遇好花則駐馬而飲梁武帝歌曰青驄白馬紫絲轡詩意謂雖閑居猶負春色

和寇十一同游城南阻雨還登寺山

雨阻遊南步泥留逐北情逐北見上注此借用稍看飛霧斷復作遠山橫野潤膏新澤老杜詩野潤煙花蕚樓明納晚晴選詩斂題納行月歸宜有佳思紗帽壓香英

三月二十二日榴花盛開戲作絶句

五月榴花忽見春白頭喜遇一番新退之詩五月榴花照眼明可能略不解春意后山嘗有詠榴花長短句云葉葉枝枝緑暗重重密密紅滋芳心應恨得春遲不會春工着意只有尋枝摘葉人謂尋雙葉也傳燈録僧問風穴云尋枝摘葉即不問如何是直截根源

和寇十一雨後登樓

秀嶺歸雲裏華譙夕照中莊子盛鶴列於麗譙之間漢書項籍傳譙門注云謂門上爲高樓以望敵也登臨初不數吟笑近多同麥秀知春力人和驗歲豐預爲逃暑約一快楚臺風魏文帝典論袁紹子弟三伏之際有避暑飲宋玉風賦楚玉遊於蘭臺之宮宋玉景差侍有風颯然而至王乃披襟而當之曰快哉此風

答寇十一惠朱櫻

故人憐一老輟食寄三山韓偓櫻桃詩曰合充鳳食留三島誰許鶯偷過而湖厚味非貧具左傳曰厚味實腊毒先嘗貴客間老科朱櫻詩曰金盤玉筯無消息此日嘗新任轉蓬后山自以安於田里有媿子美之飄零也老杜詩又曰客間頭最白甘酸俱可口衰白不宜頹甘酸見上注莊子曰柤梨橘柚皆可於口衰白見上注妙句那能繼情深未覺慳法帖紀瞻書云粉二斗所謂物微意全者也

雙櫻絶句

並蔕隨宜奸老杜詩並蔕芙蓉本自雙後漢和帝詔曰隨宜疏導連心稱意紅太平廣記趙旭幽居廣陵有一女呼青夫人扣柱歌曰仙郎獨邀青童會結情羅帳連心花王介甫詩荷花稱意紅只堪驚老眼持此與誰同古樂府曰空留可憐與誰同

謝趙生惠芍藥三絶句

郁郁芬芬十里君紅紅白白數枝春魯直詩白白紅紅相間開要將結習惱鶖子送與毗耶彼上人維摩經云維摩詰室有一天女以天花散諸菩薩大弟子上至大弟子便著不墜天謂舍利佛曰結習未盡花着身耳鶖子即舍利佛以其母眼明静如鶖鷺眼故也維摩經又云毗耶離城中有長者名維摩詰又云佛告文殊師利汝行詣維摩詰問疾文殊言彼上人者難爲酬對

又

從微至老走風塵喜見鄉園第四春書堯典疏曰舜居虞地以虞爲氏故從微至著常稱虞氏鄉園見上注獨舞東風

醉西子政緣無語却宜人芍藥有號醉西施若退之牡丹詩云對客偏含不語情羅隱牡丹詩若教解語應傾國任是無情也動人東坡詩不如此花不解語世間言語元非真老杜詩宜人獨桂林

又

九十風光次第分天憐獨得殿殘春吳融白牡丹詩賦若裁雲薄綴霜春殘獨自殿羣芳東坡詩唯餘木芍藥獨自殿殘春一枝贍欲簪雙髻未有人間第一人老杜詩昭陽殿裏第一人

寄隣絕句

借子翩翩果下駒春園隨處小踟躕後漢濊國出果下馬注曰高三尺乘之可於果樹下行元稹詩長安三月花垂草果下翩翩紫騮好可能灸背春風裏卧把青銅摘頷鬚灸背并鏡鑷事並見上注退之詩若摘頷底髭

寄寇十一

隣里相望信不通時因得句寄怱怱畫樓着燕春風裏畫樓謂燕子樓楊柳藏鴉白下東古樂府步出白門前楊柳可藏烏按徐州有白門度日守窻令節換老杜詩痛飲狂歌空度日又詩別離驚節換退之詩安居守窻螢經旬無使覺門空老杜詩經旬出飲獨空牀又詩欲問平安無使來又詩客子念故宅三年門巷空錦囊佳麗隣徐庾贍欲同君賦惱公錦囊用李賀事見上注賀集有惱公篇首句宋王愁空斷嬌嬈粉自紅蓋艷詩也按北史庾信傳父肩吾與徐陵文辭奇艷世號徐庾體

和酬魏衍

闃然聲問略相同百里之間一水通春與多多高紙價漢書韓信傳曰多多益辦紙價見上注離懷一一逐歸鴻老杜鴈詩雙雙瞻客上一一皆人飛不憂寒餓成吾老稍喜朝庭記此公此公當謂東坡夢每見君心亦了不因新句覺情東魏志陳矯傳注文帝曰朕心故已了

觸目絕句

果下翩翩跨紫騮見上注踏花濺水見風流唐人樂府去挿花走馬月明中踏殘紅撫言載裴虔餘詩云從教水濺羅式濕知道巫山行雨歸可無雙璧千金聚付與狂兒取次游琴操曰王昭君既至單于大悅遣使報送白璧一雙鮑昭白紵曲曰千金顧笑買芳年

元符三年七月蒙恩復除棣學喜而

戒詩

老作諸侯客貧為一飽謀老杜詩早作諸侯客蓋用范雎事淵明詩傾身營一飽少許便有餘折腰真耐辱折腰見上注唐司空圖稱耐辱居士捧檄敢輕投後漢毛義家貧以孝行稱府檄以義為郡守義以手捧檄而入喜動顏色張奉薄之後義母亡遂不仕奉歎曰往日之喜乃為親也退之詩君今從署天涯吏投檄北去何難哉早作千年調見上注早謂壯歲中懷萬斛愁注見上莫年隨手盡心事許溟鷗樂天詩百年隨手盡謝玄暉詩心事俱已矣江上徒離憂

送姚先生歸宜山三絶

鄭公龍變不容親猶有先生不絶塵后山自注云鄭乃姚之師姚亦不復見○莊子載孔子曰吾見老子其猶龍耶司馬遷史記論彭越魏豹曰雲蒸龍變莊子又有奔軼絶塵之語定力不為生死動始知天地有閑人大智度論曰以業力故入生死以定力故出生死

又

老逢厭運乞前官乞字作去聲讀前官謂復除學官也病遇先生得內丹修真祕訣老君曰含和鍊藏吐故納新上入泥丸下注丹田此內丹也一飽有期吾事了千年不死後人看終上句之意分屬兩句東坡詩一飽未敢期

又

宇定心清面發丹下床投杖覺輕安宇定見上注圓覺經曰遇善境界得心輕安此身已許壺丘子壺丘子以比姚列子見神巫而心醉以告壺丘子然後列子自為未始學而歸三年不出他日爭尋靖長官靖長官以自況東坡送范景仁詩末句云試與劉夫子重尋靖長官自注曰劉几云曾見人嵩山幽絶處眼光如貓意其為靖長官也按張師正括異志靜長官真定人登明經第一且棄妻子遊名山數年不歸洛下靳襲者於其家常帷一榻枕褥甚潔人詢其故曰以待靜長官靜今隱嵩少間歲或一至或再至靳氏以神仙事之近世曾慥作集仙傳曰應靜不知何許人唐僖宗時為登封令既而棄官學道遂升仙去隱其姓而以名顯故世謂之靜長官元祐中劉几嘗遇於嵩高山中二說未知孰是然師正以靖為靜豈又自有一靜長官耶

上趙使君

老氣崢嶸蓋九州老杜詩老氣橫九州治聲騰涌逐雙流蜀都賦帶二江之雙流此借用以言汴泗向來置醴蒙殊遇漢書楚元王傳穆生不嗜酒元王常為設醴后山亦戒酒故云蜀志諸葛亮表日蓋追先帝之殊遇此借用此日彈冠媿少留漢書王吉傳吉與貢禹為友世稱王陽在位貢公彈冠時后山甫赴棣學老杜所謂尚憐終南山回

首清渭濱亦遲遲未忍別去也千里山連環故國東坡放鶴亭記曰彭城之山岡嶺四合隱然如大環獨缺其西十二劉禹錫詩曰山圍故國周遭在

中秋月好傍黃樓老杜詩中天月色好誰看不應為米

輕鄉里定復還從馬少游並見上注

送鄭祠部

持節還家未白頭有親八十更何求老杜詩微軀此外更何求又隨急詔朝天去李宗閔作王播墓碑曰令上踐祚急詔徵公歐公詩云驛騎頻來急詔隨不為寒鄉盡歲留鮑昭東武吟曰僕本寒鄉士四着儒冠甘送老后山再除徐學一除

潁學令又除棣學東坡詩送老甕盬甘似蜜數經奇運得銷憂漢書李廣傳大將軍以為李廣數奇毋令獨當單于得銷憂猶言安得銷憂老杜詩感動幾銷憂擬登碣石臨朝日浩蕩滄溟沒白

鷗亦后山自述如老杜今欲東入海之意古樂府碣石篇云東臨碣石以觀滄海又云日月之行若出其中

后山詩註卷第十

后山詩註卷第十一

和寇十一同登寺山

度暑無好懷憑危略幽致衣冠蔚如林從

我才一二茲山昔深登歲月誰得記尚有

名勝流不與金石悴孰知千載後我與子

復至老杜詩南陌既留歡此山亦深登晉書王導傳曰帝親觀禊導及諸名勝皆騎從羊祜傳每風景必造峴山嘗謂鄒湛等曰自有宇宙便有此山由來賢達勝士登此遠望如我與卿者多矣皆湮滅無聞使人悲傷煙昏倏見燈

洪蔡疑無地魯直詩龍移山發洪楚詞曰下崢嶸而無地領略

章句手江文通擬古詩云領略歸一致老杜詩云迴帆覬延賞佳處領其要章句手謂二謝之流割據英雄志老杜丹青引英雄割據雖已矣又劍門詩至令英雄人高視見霸王并吞與割據極目不相讓彭城自楚漢以來多有割據者后山於徐州修學記言之詳矣興壞容一瞬今昔當幾

喟漢書司馬遷傳曰稽其成敗興壞之理文選撫四海於一瞬退之詩於焉徵今昔喟音丘愧反大息也魯論夫子喟然歎曰園山缺西北放月

不可制歸懷納清境夜榻成良寐山缺見上注

魯直有放目亭賦零落壁間詩豈特彼所愧東坡遊戲馬臺有書西軒壁詩豈特二謝所愧作者皆在其下風也文選魏文帝書曰數年之

間零落殆盡

會逢南過適不問西來意按前卷有詩和

寇寸一同遊城南阻雨還登寺山則此山

未極南遊之勝歟老杜哭韋之晉詩曰南

過駁倉卒過字作平聲讀此借用后山又

有詩云衆渡南登稱意遊傳燈錄南嶽讓

禪師與坦然禪師問嵩山安如何是

祖師西來意安曰何不問自己意

謝孫奉職惠胡德墨

奚李風流盡法傳外諸孫李廷珪本奚姓風流盡見上注

常山陳贍子懷抱自高擧執云勝潘翁惟

眉山公言眉山翁謂東坡嘗題贍墨云陳贍墨潘谷不逮老杜詩云惟梁

孝王都此用其句律擧音丘言反擧也四海未盡識一變歸

九原胡郎少年子外家與刑存一點落鬆

漆重價壓璵璠蕭子良書曰仲將之墨一點如漆左傳定公五年注

曰璵璠美王君所佩孫侯磊落人情義久益惇退之詩定

非磊落人曹子建詩親交義在惇解囊贈玄圭熟知師白

猨玄圭借用禹錫事吳越春秋越王問劍於處女處女將見王道逢袁公公曰聞

子善劍術女子曰願試也公即挽竹以刺女女擧杖擊之公即上樹化爲白猿孫奉

職武人故用此事我貧不解書下筆輒自嗟嵇康書曰

性不便書方言曰嗟恚也不欲應而強答一云愁也良寶不受辱隱

黙面稱寃南史庾肩吾傳梁簡文帝與湘東王書論文體麗靡曰徒以煙

墨不言受其驅染紲札無情任其搖璧歐公作蔡君山墓誌曰媼色有寬吾不可不

爲理

登寺山

晴山堪着眼別意不成秋小作三年別聊

爲五斗謀要須乘下澤不待到壺頭預恐

登臨處長思馬少游並見上注

答寄魏衍

徃昔敦朋好猶能作報書西京賦視往昔之遺館老

衰運得懶老杜詩百年渾得醉疎宻略相如謂不問交友之

魏疎皆一不報書也等名墮網中蝶劉禹錫詩哀我墮名網有如翾

飛蟲陸龜蒙蠹化曰橘之蠹化爲胡蝶甚可愛也須臾犯螢蝺而膠之人雖甚憐不

可解而縱矣天下大橘也名位大羽化也茍滅德忘公崇浮飾徼得不爲大螢蝺而

膠矛之身隨氷底魚東坡詩拙於林間鳩懶於氷底魚塡門

車馬客左席爲君虛魏志王粲傳蔡邕貴重朝廷常車騎塡巷

聞粲在門倒屣迎之漢書鄭當時傳贊云賓客塡門選詩門有車馬客左席見上注

拱翠堂后山自注云蕭邑富人實敦禮即泉山作此堂規制宏麗無咎作記

千年茅竹蔽幽奇一日堂成四海知退之宴喜

亭記日斬茅而嘉樹列發石而清泉激又日蔽於古而顯于今柳子厚法華西亭記
日廡之外有大竹數萬又其外山形下絶然而薪蒸篠蕩蒙雜擁蔽吾意伐而除之
必有見焉便有文公來作記尚須我輩與題詩
文公謂無咎也李賀高軒過日西京才子文章公下句言已有佳配尚何須詩耶
至人但有經行處寶蓋仍存朽老枝似是東坡
經塗曾畫枯木於此蓮經曰經行林中華嚴經曰阿僧祇寶經行處劉禹錫謝寺雙
檜詩曰龍象界中成寶蓋鴛鴦瓦上出高枝朽老見上注能事向來非
促迫經年安得便嫵遲自言作詩久方如約也老杜詩十日
畫一水五日畫一石能事不受相促迫王宰始肯留真迹此借用其意世說簡文爲
桓事動經年得過桓公患遲常加勤勉太宗曰一日萬機那得爲速此頗用其語

贈田從先

詩意當是田君失解後作
衣冠魯國動成群憂患相從只有君莊子曰舉
魯國而儒服何謂少乎王介甫哭王令詩布衣阡陌動成羣卓犖高才獨見君落
筆如流寧蹈襲晉書陶侃傳筆翰如流未嘗壅滞退之樊紹述誌云
不蹈襲前人一言一句行前應敵卻紛紜後漢耿恭擊車師奮
而起曰請行前上馬引兵比入漢書夏侯勝傳曰讀書疎略難以應敵又王莽傳遣
儒生能顓對者王咸使匈奴咸應敵縱橫單于不能屈魏志高貴鄉公命羣臣賦詩
和逌陳騫等作詩稽留有司奏免官詔曰吾廣延詩賦以知得失而乃爾紛紜良用

反仄其原逌等愧非伏老成和伯漢書儒林伏生傳孝文聞伏生
治尚書欲召之時年九十餘老不能行又歐陽生傳生字和伯事伏生由是尚書世
有歐陽氏學喜有侯芭守子雲見上注意氣有餘
功用少相望千里定能勤勉田生以學也南史王僧虔論
書云宋文帝書天然勝羊欣功夫少於欣法書苑曰孫過庭草書功用雖少而天材
有餘此用其意韓非子問辯篇曰言行者以功用爲之的彀者也末句欲其不憚千
里之勤而來問學

別鄉舊

數有中年別寬爲滿歲期中年別見上注老杜詩縱死時
猶寬漢書尹翁歸傳曰滿歲爲真得無魚口厄古樂府烏生八九子
云鯉魚乃在洛水深淵中釣魚尚得鯉魚口東坡和放魚詩云哀哉若魚竟坐口遠
愧知幾穆生醴聊復傷門踦漢書段會宗傳曰終更亟還亦足以復鴈
門之踦注云踦隻不耦也音居宜反齒脫心猶壯韓平子問叔鄉曰剛
與軟孰堅對曰臣年八十矣齒再脫而舌尚在魏武帝歌曰烈士暮年壯心不已
秋清意自悲宋玉九辯曰悲哉秋之爲氣也又曰沉寥兮天高而氣清
王介甫詩青天白日春常好白髮朱顏意自悲平生郡文學鄧禹
得三爲後漢馬武傳鄧禹曰臣少嘗學問可郡文學博士史記荀卿三爲祭
酒后山教授徐頴棣三州故云

和李使君九日登戲馬臺

登高能賦屬吾儕漢書藝文志曰登高能賦可以爲大夫不用傳杯擊鉢催南史王僧孺傳蕭文琰與丘令楷江洪等共打銅鉢立韻響滅則詩成九日風光堪落帽中年懷抱更登臺并見上注江山信美因人勝王粲登樓賦曰雖信美而非吾土黃菊逢辰滿意開魯直詩爲公滿意説江湖二謝風流今復見千年留句待君來東坡詩此中有句無人見留與襄陽孟浩然

與魏衍寇國寶田從先二姪分韻得坐字

将老蒙誤恩受吊不受賀陸機嘆逝賦曰予將老而爲客後漢劉表傳曰數受吊不受賀唐書岑文本亦云欲起尚遲回積一日閑習成隨向來二三子相與守寒餓一日不可無三歲安得過晉書王徽之曰何可一日無此君高僧支遁傳謝安曰終日戚戚觸事惆悵惟遲君來以晤言消之一日當千載耳是時秋益高夜永月初破退之詩新月懸半破漏鼓已再更坐者餘幾箇酒薄多可强談勝堅莫拙世説謝胡兒語庾道季曰諸人暮當就卿談可堅城壘漢書匈奴傳曰破堅拔敵如彼之難也簷昏讀字細林缺占星大老杜詩仰看明星當空大吴吟未至慢慢謂南朝慢體如徐庾之作魯直嘗效其體楚語不假些楚辭宋玉招魂曰魂兮歸來去君之恒幹何爲四方些説文云語辭也懷遠已屢歎遠謂遷謫諸人如蘇黃等論昔先急唾昔謂紹聖元符之間孫真人千金方載黃帝雜忌法曰凊旦聞惡事即向所來方三唾之吉身世喜相違見上注真成蟻旋磨晉書天文志日月東行而天牵之以西沒譬之於蟻行磨石之上磨左旋而蟻右去平生陳孟公歲晚不驚坐自言其無復平日豪氣也漢書陳遵傳時有與遵同姓字者每至人門曰陳孟公坐中莫不震動既至而非因號其人曰陳驚坐

和黃生出遊三絶句

右坊左里遠相求東度南登稱意遊皆是日實錄已着連峯妨目極不應疾雨使心休目極用王粲賦意見上注

又

諸郎聯璧萬人看新有詩聲伯仲間並見上注作意登臨還得句此生寧復要長閑謝靈運有登臨海嶠詩孟郊詩夜學曉未休苦吟神鬼愁如何不自閑心與身爲讎

又

賸欲登臨強作歡，衣冠未動意先闌。從今泉石非吾事，只借君詩細細看。（東坡詩作堤捍水非吾事）

盤馬山（后山自注云山頂數丈無草木相傳漢祖盤馬於此）

耕桑戰伐飽曾經，廟毁村荒不乞靈。（老杜詩老樹飽經霜左傳曰顧乞靈於臧氏）尚有君王盤馬跡，至今草木不能青。（退之詩杏花兩株能白紅）

爛石村

亂石何年爛，千林昨夜黄。曉耕來鳥雀，麥壠縱牛羊。投老須微禄，（晉書王羲之傳曰懷祖投老可得僕射老杜詩耽酒須微禄）持身闕寸長。（司馬相如過宜春宮賦曰持身不謹楚詞卜居曰尺有所短寸有所長）洗心聞古語，時事信難量。（后山已洗滌當世之念忽有起廢之除故云爾洗心借用易係辭語退之詩哀情逢古語按漢書陳湯傳曰不出五日當有吉語聞文選崔子玉座右銘曰悠悠故難量）

別叔父峴山丞

父子無知已，扶携共白頭。（退之董溪墓誌曰父子間自爲知己）又爲千里別，未使寸心休。鳥雀空庭曉，風霜落木秋。近親零落盡，更覺別離愁。（魏文帝與吳質書曰何圖數年之間零落殆盡言之傷心）

從寇生求茶庫紙絶句

南朝官紙女兒膚，（南朝謂李后主南史阮孝緒不書官紙成父之請白女膚見上注老杜詩恰似十五女兒腰）王版雲英比不如。（素問有王版論要篇漢書鼂錯傳曰刻於王版樂天服雲母散詩云曉服雲英漱井花）乞與此翁元不稱，他年留待大蘇書。（大蘇謂東坡魯直和王炳之惠玉版紙詩云不特歸埽蘇公門乃令小人今拜辱）

黄樓絶句

樓上當當徹夜聲，（黄樓有東坡所書子由黄樓賦碑當當搨碑聲也東坡墨妙亭詩空齋晝靜聞登登）與人何事有枯榮。（晉書謝玄傳叔父安謂子姪曰子弟亦何豫人事而正欲使其佳選詩俛仰見榮枯后山意謂此碑本不關人而亦隨時輕重時黨禁初開也）已傳紙貴咸陽市，（紙貴見上注史記呂不韋傳著呂氏春秋布咸陽市門懸千金其上有能增損一字者予千金）更恐書留後世名。（後世名見上注前詩有曰生前只爲累身後更須名）

酬顔生惠茶庫紙

破卵剝膜肌理滑老杜詩肌理細膩骨肉勻削玉作版光氣熏禮記曰君子於玉比德氣如白虹天也老子尚堪哦七字退之記夢詩曰壯非少者哦七言六字常語一字難阿買頗能書八分退之詩阿買不識字頗能書八分此借用似言其子也

黃樓

樓以風流勝蘇子由黃樓賦敘曰熙寧十年八月彭城大水余兄子瞻適為彭城守水未至使民具畚鍤畚土石以為水備水既去而民益親即城之東門為大樓堊以黃土曰土實勝水徐人相勸成之情緣貴賤移厄於紹聖黨禍屏亡老畢篆市茇大蘇碑黃樓賦乃畢仲詢篆東坡書至是遂廢焉更覺江山好難忘父老思父老思見上句注只應千載後覽古勝當時謂人情貴耳賤目文選盧子諒有覽古詩

答黃生魏衍注云時初冬尚無冬衣先生以背子贈之堅不受到家以朱氏所贈二死寄之因作詩

我無置錐君立壁春黍作糜甘勝蜜荀子曰無置錐之地又曰猶以戈春黍選詩曰斧水持作糜東安詩送老虀鹽甘似蜜綈袍不受故人意史記范雎傳須賈曰范叔一寒如此哉乃取其綈袍以賜之范雎曰公之所以得無死者以綈袍戀戀有故人之意樂餌肯為兒輩屈老子曰樂與餌過客止晉書王羲之曰恒恐兒輩覺割白鷺股何足難食鷫鷞肉未為失暮年五斗得千里有愧寒餐背朝日暮年五斗后山自謂

寒夜

閉户風將雨玉臺集序云金星與婺女爭華通宵浪打頭東坡詩生平賀老慣乘舟騎馬風前怕打頭蓋吳中有打頭風若為中夜聽復作別時愁宿鴈鳴漁火村舂急暗投老杜詩宿鴈聚圓沙退之詩漁火聚星點老杜詩村舂雨外急暗投借用鄒陽語謂夜舂也不應田二頃能使寸心休史記蘇秦曰使我有洛陽負郭田二頃吾豈能佩六國相印乎

贈周秀才二首

與君世好自比隣后山自注云宣古與大父外大父游君其孫也豐悴相從久更親○漢書孫寶傳祭竈請比隣急駕一作棹小舟來取別固知風味似前人豐悴取別見上注

又

早逢異人得異術究窮咎休出頃刻相逢拍手問由來怪我今年有陰德魏衍注云問嘗謂先

生命未甚合故有陰德之語○摭言裴晉公質狀眇小有相者曰郎君若不至貴即當餓死一日遊香山寺有婦人以父被罪假得玉帶二犀帶二以賂津要致於欄楯忘收之而去度得而授之後見相者曰必有陰德及物前途萬里非某所知也度果位極人臣

五子相送至湖陵

中年患別多作別早日諱窮常得窮莊子孔子曰我諱窮久矣而不能免命也勿云一水四十里衣冠塞

郭何人同周生子病輟身出劉子遠來今

幾日石家仲叔好少年頗能厭俗從吾律

南史何妃傳曰楊郎好年少后山持戒律頗嚴魏君不獨相從早

自君之來吾却掃魏衍字昌世后山之門人也江淹恨賦曰閉關却掃歲月磨人孰能久反覆看渠難得好言世世態淺薄也東坡詩非人磨墨墨磨人老杜詩人生反覆看亦醜湖陵古城

風日寒情義乃知生別難選詩淚爲生別滋高懷

已爲故人盡交道應留後代看老杜詩高懷見物理後漢王丹曰交道之難未易言也老杜詩孝子忠臣後代看

湖陵與劉生別

觸寒歷險來特特愧無以當欣有得歷險見上

注貫休詩萬水千山得得來退之書云顔無以當之如何向來憂患不

相捨知子用心堅鐵石人畏有心事無難

此語雖鄙理則然漢書李廣賛曰此言雖小可以喻大君今

意在翰墨間他日人爭讓一先以棊爲喻言高一着也樂天詩何處春深好春深博奕家一先爭破眼六聚鬬成花

寄滕縣李奉議

滕大夫伯陽父孫魯論孟公綽不可以爲滕薛大夫史記老子傳姓李名耳字伯陽烹小鮮治大國原原本也老子曰治大國若烹小鮮

一得何用五千言老子曰侯王得一以爲天下貞史記老子傳曰言道德之意五千餘言弛灾決獄人不寃周禮大司徒大荒大札則令邦國移民通財舍禁弛力薄征緩刑漢書于定國傳曰民自以不寃

盛氣走訟畏討論史記趙世家曰太后盛氣而胥之入終

歲斂吏不到門子弟無賴皆西奔漢書高祖紀曰始大人常以臣無賴踵門父老如雲屯拊髀跳踉走

兒孫莊子曰有孫休者踵門而詫子扁慶子又曰鴻蒙拊髀爵躍絳幘

翠節歌唄喧法華經曰歌唄頌佛德畫盆戴頂煙如

焚繡縹緣軸箱帕繁曲躬叉手前致言老杜詩聽婦前致詞畜眼未見耳不聞老杜嚴中丞詩畜眼未見有

暮年何以答此恩請誦華嚴壽我君 晉書束晳傳衆作歌曰束先生通神明請天三日甘雨零何以疇之報束長生

住鴈

斷岸通横水枯荷着早霜一陂堪度歲數鴈不成行市遠無矰繳 家語漁者曰天暑市遠淮南子鴈銜蘆而飛以避矰繳 年豐足稻粱 稻粱見上注 中原有佳氣不必到衡陽 似指當世事後漢光武紀氣佳哉鬱鬱葱葱

寓目

曲曲河回復 山海經曰河百里一小曲千里一大曲吳都賦曰潮波汨起回復萬里 青青草接連 選詩曰青青河畔草老杜詩野水春來更接連 去帆風力滿來鴈一聲先 吳都賦五臣注曰舉颿者挂席用風力也按颿與帆同老杜詩一聲何處送書鴈 野曠低歸鳥江平進晚牽 老杜詩江平不肯流又云百丈牽江色 望鄉從此始留眼未須穿 文選謝玄暉詩有情知望鄉阮嗣宗師零落從此始老杜詩新愁眼欲穿

野望

霜葉紅於染吹花落更馨平江行詰曲 李羣玉詩厭穿詰曲崎嶇路 小徑夾葱青 選詩招隱曰峭蒨青葱間竹栢

得其真 度鳥開愁眼遥山入畫屏畏人惟可飲從俗却須醒 老杜詩畏人成小築惟可飲見上注楚詞卜居曰將從俗富貴以偷生乎

寄單州呂侍講 希哲

往時三呂共脩途 呂許公三子希哲希績希純老杜詩牽迫限脩途 擬上青雲近玉除 選詩凝霜依玉除山谷詩垂上青雲却佐州 中道勒迴奔電足 崔豹古今注曰秦始皇有馬名追電東坡往山詩中途勒破千里足 今年還直邇英廬 邇英殿講筵所在陸機詩厭直承明廬 縱談尚記華嚴夜枉道難隨刺史車 老杜過韋氏莊詩曰枉道祇從入吟詩許更過 遣與寬為七字語尋人聊代一行書 老杜詩遣興莫過詩又云相看過半百不寄一行書

寄沛縣姜承議 台山自注云姜乃潛之孫以捕寇改官預作隱居自號金城居士

平生曾國老先生晚見諸郎識老成 姜潛蓋石介守道門人見於歐公所作守道墓誌 怪有武功蒙寵錫果緣陰德貫神明 漢書武帝紀奏置武功賞官以寵戰士賈誼書孫叔敖母曰有陰德者天報以福此借用言姜君善醫 金池已作歸田

記金池當是所居地名王版方書濟物情素問有玉版論要篇

姜必善醫者上句陰德亦謂此百里飢寒獨顏闔忍令一

物不敷榮后山自注云顏闔謂魏衍○莊子曰顏闔自飯牛魯君使人以幣先焉晉書王羲之傳日頃植桑果今盛敷榮

寄兖州張龍圖文潛二首

去國遭前政還家未白頭初文潛坐黨論監黃州酒稅時紹聖四年也老杜詩破膽遭前政百年當晚遇樂天詩晚遇何足言白髮駛朱紱一辱獨先收老杜詩一辱泥塗遂晚收齒脫空

餘舌齒脫見上注說苑曰常樅有疾老子問之樅張口曰吾舌存乎曰然吾齒有乎曰亡舌存以柔齒亡以剛此句以下皆后山自述顏衰早着秋晉書顧悅之與簡文帝同年而髮早白帝問其故對曰蒲柳常質望秋先落三

為郡文學大勝鄧元佚見上注元佚鄧禹謚也

又

賸喜開三面旋聞乞一州三面見上注乞字作去聲讀

力難隨鳥翼行復立螭頭上句自言不能往見下句言文潛當復爲舊官老杜詩獨把漁竿終遠去難隨鳥翼一相過螭頭見上注今日

麒麟閣漢書蘇武傳宣帝圖畫功臣於麒麟閣當年鸚鵡洲後漢禰衡傳江夏太守黃祖大會賓客人有獻鸚鵡者衡攬筆作賦文不加點後衡言不遜祖遂令殺之今鄂州江夏有鸚鵡洲即其地也黃州與鄂相望故后山用此

事寄書愁不達書達得無愁老杜詩寄書長不達况乃未休兵

家山晚立

遶舍苔衣積唐人劉滄詩莎徑晚煙凝竹塢石池春色染苔衣倚

墻棃頰紅老杜詩色好棃勝頰地平宜落日野曠自

多風蘇子由詩山滿長空宜落日唐人王昌齡詩曠野饒悲風禹迹千

年後家山一顧中左傳日茫茫禹跡未休喚土偶史記孟嘗君傳孟嘗君將入秦蘇代謂日木偶人謂土偶人日天雨子將敗矣土偶人日我生於土敗則歸土今天雨流子而行未知所止息也孟嘗君乃止已復

遂飄蓬曹子建詩轉蓬離本根

寒夜

一夜風澎浪中宵月脫雲歸田錄日江南有大小孤山江側有澎浪磯世俗轉爲彭郎到窻貧少睡遠響倦多聞

星火遠相亂江山氣不分早雞先得便退之詩歸來得便即遊覽盧仝詩揚州蝦蟹忽得便斷鴈屢鳴群老杜孤鴈詩飛鳴聲念羣僧祇律日天帝釋化爲羔子鳴羣喚母

鴈二絕句

來往違寒暑飛鳴在稻粱文選謝靈運詩嗷嗷雲中鴈舉翻有委羽求涼弱水湄違寒長沙渚詩鴻鴈于飛注曰鴻鴈知避陰陽寒暑未知溟海大不肯過衡陽衡山有迴鴈峯

又

截水無留影天衣懷禪師語曰譬如鴈過長空影沉寒水鴈無遺蹤之意水無涵影之心太白詩寶刀截流水文選江文通詩云寒郊無留影哀空有斷群老杜鴈詩行斷不堪聞翅開先作字行斷不成文老杜鵝詩翅開遭宿雨行斷見前句注太玄文首曰鴻文無範說者謂鴻鴈之飛偶有文字之象而無法也

山口

重霧真成雨踈簾不隔風青林擁紅樹家鶩雜賓鴻退之鬪詩春風紅樹驚眠處陶隱居注本草云鶩即是鴨鴨有家有野又尸子云野鴨爲鳧家鴨爲鶩賓鴻見上注東坡詩野鴈雜家鶩漁屋渾環水晴湖半落東往來成一老猶在半途中老杜詩生涯能幾何常在羇旅中禮記中庸曰半塗而廢雪竇頌云如今要見黃頭老剎剎塵塵在半塗

晚泊

清切臨風笛深明隔水燈老杜詩清切歌聲上堆塲穿鳥雀暗溜入溝塍堆塲見上注西都賦曰溝塍刻鏤年使扶行老舡催趂渡僧左傳曰絳縣老人有與疑年使之年老杜詩扶行幾屐穿茲遊恐未已着句續先曾異聞集沈亞之夢中作舞辭曰欲疑着辭不成語東坡詩聊亦記吾曾

夜雨

十月天猶雨三更月失明盧仝月蝕詩偏使一目盲司馬遷書曰左氏失明厥有國語溟濛才洒潤點滴不成聲左傳吳都賦日迴眺溟濛闢户風煙入投林鳥雀輕老杜詩投林翎翻輕旅懷終易感倐起別離情江文通別賦曰行子腸斷百感悽惻

宿合清口

風葉初疑雨樂天詩葉聲落如雨晴窗誤作明杜荀鶴雪詩日先於曉色報窗明此用其意穿林出去鳥舉棹有來聲老杜詩遲遲出林翻深渚魚猶得寒沙鴈自驚正月詩曰魚在于沼亦非克樂潛雖伏矣亦孔之昭老杜詩宿鴈聚圓沙卧家還就道自計豈蒼生言其出處皆以貧故自爲計爾非爲蒼生也晉書阮裕曰吾少無官情兼拙於人間故曲躬二郡豈以騁能私計故耳又謝安傳桓溫請爲司馬高崧戲曰卿屢違朝旨高卧東山人言安石不肯出將如蒼生何蒼生

今亦將如卿何漢書張敞傳曰便歸卧家

宿泊口

弱柳經寒色懸流盡夜聲莊子曰呂梁懸水三十仞流沫四十里更長疑曉少霜落怯寒生東坡詩老人無睡漏聲長樂天詩稍稍夜寒生急急占星度歐公詩山浦轉帆迷向背夜江看斗辨西東搖搖苦舫傾梁書江革濟江惟以一舸舸艫偏欹不得安人或謂曰當移從重物以進輕艫革既無物乃於西陵岸取石千斤以實之風濤無盜賊恩重覺身輕文選顏延年詩春江壯風濤老杜詩況兼水賊繁特戒風波駛謝靈運擬鄴中詩曰知深覺命輕注引孔坦表曰士死知遇恩令命輕潘安仁寡婦賦曰懼身輕而施重

野望

山開兩岸柳水遠數家村王介甫詩高下數家村地勢傾崖口風濤嚙石根柳子厚鈷鉧潭記曰冉水自南奔注抵山石屈折東流盪擊益暴齧其涯故旁廣而中深石根見上注平林霜着色畫家有着色山東坡詩誰見將軍着色山沙岸水留痕老杜詩冬水各依痕賸寄還鄉泣難招去國魂楚詞有招魂篇

宿桀城

卧埋塵葉走風煙齒豁頭童不記年退之進學解頭童齒豁起倒不供聊應俗高低莫可只隨緣言其身世興廢相仍也傳燈錄優波毱多曰若因地倒還因地起退之詩帝欲長令戰故遣起且僵不供猶不辨也南史張興世傳曰朝廷遣褚彥回就赭圻行選戰板不供由是有黃紙札世傳樂府曲曰高來不可低來不可魏野詩生計紙隨緣通通遠鼓三行夜周禮鼓人注司馬法曰昏鼓四通為大鼜夜半三通為晨戒又宮正擊柝注曰暮行夜以比直宿者隱隱平湖四接天元稹詩洞庭瀰漫接天迴枕底濤波蓬上雨故將羈旅到愁邊愁邊見上注

顏市阻風二首

水到西流闊風從北極來聲驅峽口坼力拔嶺根摧老杜江漲詩大聲吹地轉漢書項籍傳曰力拔山兮氣蓋世三秦記長安正南秦嶺嶺根水流為秦川突兀重重浪轟豗處處雷言浪聲如雷此體謂之影對前卷論之詳矣木玄虛海賦曰驚浪雷奔退之聖德詩曰衆樂並作轟豗融冶順流看過舫更着快帆催用劉禹錫沉舟側畔千帆過之意

又

萬古梁山泊今年末掾舡阻風無着雪費日亦忘年老杜詩所畬應費日解纜不知年又詩費日係舟長按史玄經

文首曰彫鐫之文徒貴日也莊子曰忘年忘義世事元相忤衰懷忍自煎老杜詩回腸杜曲煎又云膏以明自煎晚來聲更惡老杜喜雨詩晚來聲不絕應得夜深聞始覺畏途邊莊子曰夫畏塗者十殺一人則父子兄弟相戒也老杜詩盡室畏途邊

晚坐

柳弱留春色梅寒讓雪花張祜詩河流側讓關溪明數積石月過戀平沙選詩流水戀舊臺病減還憎藥年侵却累家後歸栖未定不但只昏鴉末句自憐未知税駕之地老杜詩夜來歸鳥盡啼殺後栖鴉

寒夜

留滯常思動艱虞却悔來漢書司馬遷傳太史公留滯周南老杜詩削跡共艱虞又云留滯才雖盡艱危氣益增寒燈挑不焰元稹詩殘燈無焰影幢幢殘火撥成灰前輩詩撥盡寒爐一夜灰凍水滴還欹風簾掩復開老杜詩風簾掩不定熟知文有忌情至自生哀王介甫詩文章尤忌數悲哀世說孫楚除婦服作詩王武子見之曰未知文生於情情生於文覽之悽然使人增伉儷之重魯直詩云意不及此文生哀

絕句

雲海冥冥日向西春風欲動意猶微魏衍云丙蒿塗二字未注王子飛云趙誠伯本作欲動一云春風看意力猶微○退之詩雲水蒼茫日向西老杜詩台州地闊海冥冥雲水長和島嶼青又詩今朝臘月春意動樂天詩雖有東南風力微不能吹無端一棹歸舟疾驚起鴛鴦相背飛劉禹錫詩無端陌上狂風急驚起鴛鴦出浪花老杜詩檣烏相背發

禮武臺坐化僧

后山自注云時呂希哲作單州守臺屬單州

至入本無心莊子云不離於真謂之至人起滅因衆緣佛書云諸法從緣生緣離法即滅維摩經云但以衆法合成此身起唯法起滅唯法滅化盡悲願在留形此臺巔家語曰化窮數盡謂之死密嚴經偈云如來以悲願普應諸有緣如淨月光明無處不周遍聞名與致敬獲福皆無前維摩經云維摩詰稽首世尊足下致敬無量千年一鉢水宿疾幾人痊驍雄兗州軍馬步餘數千一呼可摧山四合如垂天莊子曰翼若垂天之雲老幼十八村頃刻理無全哀鳴寄香火毀塔投其塼魯論曰鳥之將死其鳴也哀默塔謂兗軍盛怒忽驚奔如有所見然等觀同一子豈特

此所憐涅槃經云佛視衆生猶如一子羅睺羅想作七種羯磨為欲示惡行之人有果報故我來已再見童稚亦虔虔南史王僧虔之子慈與蔡興宗子約入寺約曰衆僧徒今日可謂虔虔焚火觸暗室青燈已婠妍始讀壁間碑妙力隱不傳世說司馬太傅問謝車騎惠子五車何以無一言入玄謝曰當是妙處不傳頗恨語未工安得筆如椽晉書王珣夢人以大筆如椽與之云此當有大手筆事歸路雲月黑濤波隔長川溪翁停舟待相喚聲相連解纜風泊岸中流水入舡退之羅池碑曰度中流兮風泊之鶡冠子曰中流失船一壺千金款側

脚不停竟脫蛟魚次樂天詩浮出蛟龍涎字書次與涎同與壞如有待適當使君賢定能選妙士拂塵起熏煙南史劉之遴題其子墓曰梁妙士之墓此借用昔承靈山囑早契少林禪丐我一片石併刻維摩篇退之黃陵廟碑刺史張愉自京師往與愉故善謂曰丐我一碑石載二妃廟事且令後世知有子名庾信自南朝至北方惟愛温子昇所作韓山寺碑曰惟韓山寺一片石堪共語餘若驢鳴狗吠耳維摩篇謂此詩也右山持戒律故以維摩自況

晚興

去國猶能別逢人始欲愁南史王會傳會稽內史劉懷敬

之郡送者傾都惠亦造別還過從弟球球問向何所見惠言唯覺逢人耳晉書王承傳承東渡江每遇艱險處之夷然既至下邳登山北望嘆曰人言愁我始欲愁矣不干遮極目自是怯回頭退之西山詩寫遮西望眼參是懶囬頭樂天詩淚眼凌寒凍不流每經高處即囬頭布網收魚㮽連筒下釣鈎爾雅㮽謂之涔注聚積柴木於水中魚得寒入其裏藏隱㮽音桑感反蘇子由詩漁艇縱橫逐釣筒誰初教鮮食澤竭未能休尚書暨益奏庶鮮食說苑曰竭澤以取魚非不得魚爲明年無魚故也亦見呂氏春秋

宿齊河

燭暗入初寂寒生夜向深潛魚聚沙窟墜鳥滑霜林樂天烏夜啼云霜滑有風枝稍作他方計初回萬里心鮑方計意謂西方極樂國回心言無復四方之志漢書賈誼傳曰使天下回心而鄉道還家只有夢更著曉寒侵老杜詩天寒不成寐無夢有歸魂

別劉郎魏衍注云宣義之壻六年之別先生喪母劉喪父故其詩哀甚

一別已六載相逢有餘哀公私兩多事灾病百相催真誥載楊羲手帖云公私匆匆灾疾見上注無酒與

君別有懷向誰開老杜詩一生懷抱向誰開深知百里
遠肯爲老夫來

趙巖

一市萬人聚四衝千里逕胡然不作邑兼
自可成橋群盜去無跡諸豪壓不驕老杜詩壯
士修不驕由來天下事浮議易傾搖必嘗有欲置縣於此
以鎮服豪傑盜賊而爲異議所奪者盤庚曰而胥動以浮言

雞籠鎮

河市新經集雞籠舊得名初聞北人語北史
日詔斷北語一從正音意作故鄉聲其意但欲作鄉聲如莊舃不忘
越吟也客久艱難極情忘去就輕空虛仍廢
忘何以慰諸生文選應休璉詩避席跪自陳賤子實空虛魏文帝紀
評注曰人少好學則思專長則善忘樂天詩舊遊多廢忘

后山詩註卷第十一

后山詩註卷第十二

除官十一月除祕書省正字

扶老趨嚴名徐行及聖時端能幾字正漢書
地理志曰幼者扶老而代其任明皇雜錄劉晏以神童爲祕書正字上問曰爲正字
正得幾字對曰餘字皆正惟朋字未正敢恨十年遲樂天初除知制
誥與三舍人中書同宿詩云莫怪不如君氣味此中來校十年遲肯着金
根謬尚書故實曰韓昶退之子也性闇劣爲集賢校理史傳有金根車輒以誤
悉改根爲銀字寧辭乳媪譏南史何承天除著作佐郎年已老而諸佐
郎並名家年少荀伯子嘲之呼爲媪母此用其事余捷子曰梁人呼書卷爲黃媪言
其怡神養性如乳媪也此借用其字向來憂畏斷不盡鹿門
期月老杜詩鹿門携不遂又云空有鹿門期鹿門在襄陽杜鄉里也后山此句言雖
免黨錮之憂而失其高隱本趣

題王平甫帖

早聞英氣擅家聲晚得諸郎識老成漢書司馬
遷云李陵既生降隤其家聲諸郎謂二子旊斿可恨治朝無此老
却嫌晚進不同生晉書謝混傳混爲劉裕所誅宋受禪謝晦謂裕
曰恨不得謝益壽奉璽紱裕曰吾亦恨之使後生不得見其風流足知落
筆千言疾謂作文老杜詩集賢學士如堵牆觀我落筆中書堂按曾子固

柴平甫文云操紙爲文落筆千字尚想揮毫一坐傾謂作字老
杜詩張旭三盃草聖傳揮毫落紙如雲煙未信哲人窮五字謂詩
不能窮人檀弓日哲人其萎乎二難還復以詩鳴世說陳太丘論
其二子曰元方難爲兄季方難爲弟退之送孟東野序曰東野始以其詩鳴

和李文叔退朝

朝流駮汗蒸雙猊退之聖德詩曰駮汗如雨此借用淮南子日山
雲蒸柱楚潤東坡荅西掖諸公詩曰雙猊蟠礎龍纏棟風捲屯雲散
萬蹄陸機詩胡馬如雲屯此借用以言朝士之歸任使輕衫污
嬌色可令纖手洗春泥東坡詩分無纖手裁春勝王介甫詩

春泥滿眼路崎嶇

和謝公定雨行逢賣花

逢花駐馬尚多情天不違人旋作晴開元天寶
遺事日長安俠少每至春時飾綾馬於花下往來遇好花則駐馬而飲王仲宣詩人
欲天不違何恨不合并不使近詩增紙價得知春入
鳳凰城郭受與老杜詩春興不知凡幾首衡陽紙價頓能高劉禹錫詩南山
宿雨晴春入鳳凰城

酬王立之二首

王直方字立之名姓頗見於魯直集中魯直嘗有寄立之問梅花詩

頗有亭前玉色梅情知不肯破寒開謝無逸溪
堂集有題王立之頗有亭詩曰蘇黃兩王人落筆傳九州按南史謝晦傳時謝混風
流爲江左第一宋武帝曰一時頓有兩玉人耳王立之家有蘇東坡黃豫章元祐中
所題字因取宋武帝語以名亭云似憐憔悴兩公客獨倚
東風遺信來西公謂蘇黃也后山蓋蘇黃之客魏志曰馬超遺信請和
又世說林公詣謝東陽朗時新病起體未堪勞母王夫人在壁後遺信令還

又

重梅雙杏巧相將不爲遊人只自芳家語曰蘭
生深林不以無人而不芳應怪詩翁非老手相逢不作
舊時香詩翁后山自謂老手謂蘇黃歐公詩老手尚能工剪裁范諷詩云惟
有南山與君眼相逢不改舊時青

送謝朝請赴蘇幕

好合同黃卷詩云妻子好合此借用文選陸士衡贈曹文熊亦云疇昔
之遊好合纏綿情親須白頭老杜詩童稚情親四十年須白頭謂不待
白頭而情已親胡然落丹墨不坐致公侯丹墨謂簿領北
史蘇綽始制文案程式朱出墨入及計帳戶籍之法退之詩符師弄刀筆丹墨交橫
揮此借用山合遮西顧一作沙軟留徐步魏本云丙藁塗上四字不注
潮回趁急流平生湖海興日夜逐行舟老杜

詩平生湖海心宿昔具扁舟

和謝公定觀秘閣文與可枯木

斯人不復有累世或可期每於丹青裏一見如平時壞障塵得入慘淡令人悲墨客落欲盡嚴顏終不移老杜詩慘淡壁飛動到今色未填又云畫色久欲盡蒼然猶出塵文選傳毅舞賦曰嚴顏和而怡懌世說桓公曰萬石撓弱常才有何嚴顏難犯朽老莫使年朽老見上注左傳曰縣老人有顛毳年使之年石心烏銅皮晉書夏統傳賈充曰此吳兒木人石心也念此猶少作未盡氷霰姿文選楊修荅臨淄王牋云修家子雲老不曉事強著一書悔其少作北枝把異鵲老杜詩棲鼓翅翠梧意定了不疑莊子曰莊周遊乎雕陵之樊覩一異鵲言無繞樹未安之態東坡畫鴈詩野鷲見人時未起意先改君於何處看得此無人態情哉不得語胷次幾興衰用賈誼服不能言之意文選王仲宣詩惜哉空爾爲其字本出史記宓不齊傳莊子曰喜怒哀樂不入于胷次一為要貴役可復辭畫師唐書閻立本傳閣外傳呼畫師閻立本羞帳汗流隱奧雖可惜塗抹復見遺言與可不爲要貴所役聊自寄其意爾書在秘閣世固不多見而亦免塗抹之污文選七命曰吞響乎幽山之窮奧李善注曰奧隱處也盧仝示添丁曰忽來案上翻墨汁塗抹詩書如老鴉謝

佚名家子感慨形苦詞庾信哀江南賦云不無危苦之詞豈惟語畫工勁特頗似之何當補諫列一吐胷中奇退之代張籍書曰何由致其身於其人之側一吐出胷中奇乎

和饒節詠周昉畫李白真

君不見浣花老翁醉騎驢熊兒捉轡驥子扶金華仙伯哦七字好事不復千金模成都浣花溪老杜入蜀所居熊驥杜之二子也嘗有詩云熊兒幸無恙驥子最憐渠魯直有老杜浣花醉圖詩云浣花酒船散車騎野墻無主看桃李宗文捉轡宗武扶落日蹇驢馱醉起后山謂魯直詩語已自寫生不須指金模畫也金華見上注老杜詩云諸公乃仙伯青蓮居士亦其亞斗酒百篇天所借李太白荅湖州迦葉司馬問白是何人詩曰青蓮居士謫仙人酒肆藏名三十春老杜詩李白一斗詩百篇又詩天廐真龍此其亞英姿秀骨尚可似逸氣高懷那得畫後漢二十八將論曰英姿茂績老杜八哀詩曰復見秀骨清逸氣見上注周郎韻勝筆有神畫斷云周昉窮丹青之妙畫美人子女爲古今冠絶張彥遠畫記云張懷瓘云吳道玄之畫下筆有神解衣盤礴未必真莊子曰宋元君將畫圖衆史皆至舐筆和墨在外者半有一史後至者儃儃然不趨受揖不立因之舍公使人視之則解衣盤礴臝君曰可矣是真畫者也一朝寫此英妙質似悔只

識如花人太白詩金屏笑坐如花人醉色欲盡王色起分明尚帶金井水摭言曰太白在翰林應詔草白蓮花序及宮詞十首時方大醉中貴人以水沃之稍醒白於御前索筆一揮文不加點王色見禮記玉藻老杜詩硯寒金井水按荊州記益陽有金井爲紗白紵真天人不用更着山巖裏晉書顧愷之爲謝鯤像在石巖裏云此子宜置丘壑中平生潦倒飽丘園禁省不識將軍尊袖手猶懷脫靴氣豈是從來骨相屯文選西征賦曰禁省鞫爲茂草唐書李白傳曰白嘗侍帝醉使高力士脫鞾力士素貴恥之擿其詩以激揚貴妃帝欲官白妃輒沮止退之詩自歎虞翻骨相屯仰視雲

空鴻鵠舉眼前紛紛那得顧用嵇康詩目送歸鴻之意是非榮辱不韓詩外傳曰黃鵠一舉千里老杜詩紛紛輕薄何須數到處正恐朝來有新句魯直浣花醉圖詩曰兒呼不蘇驢失腳猶恐朝來有新作勿言身後不要名尚得吳侯費百金身後名見上注晉書謝安傳曰餔饌亦屢費百金江西勝士與長吟饒節字德操江西人後爲僧名如璧法嗣頴州薦福月晉書羊祜登峴山曰由來賢達勝士登此多矣後來不憂身陸沉莊子曰方且與世違而心不屑與之俱是陸沉者也是其市南宜僚耶注云人中隱者是無水而沉也

謝王立之送花

過雨生泥風作塵馬蹄聲裏度芳辰城南居士風流在時送名花與報春時送一作尤遣一作時遣老杜詩頭風吹過雨又詩百舌來何處重重只報春此借用李白詩名花傾國兩相歡

和參寥明叟覓隣家花二首

短墻春色過隣家行不逢人只見花唐人王駕詩曰蛺蝶飛來過墻去應疑春色在隣家下句用崔護事見上注新綠葱葱紅蔌蔌魯直詩黃鸝惟見綠葱葱元稹連昌宮詞曰風動落花紅蔌蔌却成粧面映青紗太白烏夜啼曰機中織錦秦川女碧紗如煙隔窗語

又

滿城桃李一番新深院繁枝別得春從此詩翁有新語不須紅濕少城闉老杜詩曉看紅濕處花重錦官城又云更歷少城闉

和張奉議贈舅氏龐大夫

朝下公門不曳裾晉書龔玄之未曾至公門曳裾見上注身寬心遠等林居淵明詩心遠地自偏傳家聲烈三公

後三公謂龐相國籍退之詩不見三公後貯腹平生萬卷餘北史崔㥄傳胷中貯千卷書老杜詩年少方萬卷餘藤架倚春聽老杜詩露裛思藤架顫悲歌云臨春風聽春鳥別時多見時少石
池迎日數遊魚柳子厚石潭記曰潭中魚可百許頭皆若空遊無所依日光下徹影布石上王介甫詩行數魚儵賓共樂人言酷類牢之
舅晉書何無忌傳桓玄曰何無忌劉牢之甥酷似其舅未有新詩錦
不如老杜詩白髮絲難理新詩錦不如

和舅氏公退言懷

追陪強韻愧難過應接前聞覺未多南史王筠傳能用強韻前聞見上注老杜詩衰軫應接多盛禮無虛摩詰席唐書王維字摩詰名盛於開元間豪英貴人虛左以迎舊詞猶可雪
兒歌北夢瑣言韓定辭詩云麗詞堪與雪兒歌馬式問其事對曰雪兒李密愛姬每賓朋文章有奇麗者付雪兒協律歌之手開新徑延徐步
眼趁高梧上碧蘿風雨入懷泥滿眼時須
好語滌煩痾王介甫詩春泥滿眼路崛嶔

欽聖憲肅皇后挽詞二首

神宗后向氏建中靖國元年正月崩三月加諡五月葬永裕陵

二妃端協帝神宗在潁邸治平三年納后爲妃魏收後魏書曰二妃嬪嬀虞道克昌任姒配周周室用光二妃謂堯女娥皇女英也協帝借用舜典字三
后共興周三后謂太姜太任大姒以比國朝慈聖曹后宣仁高后及欽聖皆嘗臨朝有聖德決策天同力收功語不流元符三年正月哲宗上僊太后夜半定策翌日召徽考自端邸入立廷臣皆不預焉蘇子由作宣仁諡冊文曰大策中定與天爲謀羅隱詩曰時來天地皆同力語不流謂大臣帖服無敢流言如誣謗宣仁時也權宜從殺禮太后不敢當山陵之禮止稱山園詩曰殺禮而多昏此借用老杜詩權宜借寇頓末
命尚深憂書曰皇后憑玉几導揚末命深憂謂以天下爲憂鬱鬱
佳城閉終天配壽丘佳城見上注文選顏延年宋元后哀策文曰夷體壽原注漢景帝作壽陵云云此借用以指裕陵

又

復辟先元約元符三年正月太后權同處分軍國事候祔廟禮畢還政至七月一日手書可不候祔廟止從靈駕發引罷同聽斷書曰朕復子明辟長
年損積憂文選陸士衡歎逝賦曰嗟人生之短期孰長年之能執禮記文王世子注云文王以憂勤而損壽此借用傳曰積憂薰心春移栢城仗樂天陵園妾詩曰栢城盡日風蕭瑟仙去帝鄉遊莊子曰乘彼白雲至於帝鄉
德並塗莘敏退之王用誌銘曰蜀塗莘摯正妃之門謝承三夫人箴曰塗山翼夏有莘翼殷蓋謂禹娶塗山氏女湯娶有莘氏女老杜詩學並盧

王敏功臨馬鄧優後漢明德馬后肅宗尊爲太后常與帝旦夕言道政事和熹鄧后迎立殤帝太后臨朝又定策立安帝千秋修故事車馬戒如流後漢馬后紀太后詔曰前過濯龍門上見外家問起居者車如流水馬如游龍但絶歲用以默愧其心文選樂府曰車馬若川流

欽慈皇后挽詞二首欽慈皇后陳氏徽宗之母元祐四年六月崩建中靖國元年正月追尊爲皇太后三月諡曰欽慈五月陪葬永裕陵祔太廟神宗室奉安神御于景靈西宮坤元殿

二祧從孝祀禮記注二祧謂文武廟也文武俱在應遷之例特爲功德而留此借用以比神宗五典載虞嬪堯典曰釐降二女於嬀汭嬪于虞堯典即五典之一顯號追先志建中靖國元年正月欽聖太后崩遺詔追尊皇太妃陳氏爲皇太后陰功見後人后蓋京兆人贈太保祁王懷德之女懷德沉勇有功於國後漢鄧后傳曰叔父陔言常聞活千人者子孫有封兄訓修石河歲活數千人天道可信家必蒙福承顏親不待魯論色難注曰承順父母顏色爲難韓詩外傳曾子曰子欲養而親不待罔極痛如新詩曰欲報之德昊天罔極未有如椽筆光容可得陳晉書王恂夢人以大筆如椽與之云此當有大手筆事俄而孝武崩哀冊謚議皆珣所草

又

靈岳占佳氣琳宮閟寶衣膺期符寶曆錫號煥皇扉靈岳謂嵩山事具西京崇福宮記大抵謂后被遇徽宗御裏神宗有禱于嵩山崇福遂生徽宗乃詔洛師修宮極而大之真誥協昌期日登王霄琳房皇扉謂堯母門日月堯同數后以元豐五年十月十日誕生徽宗皇帝漢書武帝鉤弋夫人傳任身十四月生昭帝上日昔堯十四月而生命其門曰堯母門謳歌啓與歸事見孟子傷心五雲去不見六龍飛孝經援神契曰德至山陵則景雲出景雲五色雲也老杜重經昭陵詩云再窺松柏路還見五雲飛六龍見易乾卦謂徽宗登極

大行皇太后挽詞二首代人作欽聖太后

德名三后並曹后高后并后爲三皆有聖德母道兩朝尊兩朝謂哲廟徽廟勇決高千古危疑定一言謂定策之謀出於獨斷章惇異議竟不得行老杜詩勇決冠垂成文選王元長策秀才文曰餘烈千古先期還政事隆禮改山園并見上注哀挽西郊道雲愁晝亦昏西郊道謂往西京祔葬周以洛爲東郊於宋朝則國西

又

扶日行黃道扶日見上注晉志云黃道日之所行也魯直王文恭挽詩

云賓口行黃道乘雲上紫微莊子曰乘彼白雲至于帝鄉晉志云紫微大帝之坐天子之常居也憂勞形未命未命見上注恭儉見陳衣周禮春官司服曰大喪廞衣服注廞陳也禮記喪大記曰凡陳衣者實之篋布德開刑網禮記月令云命相布德和令漢書刑罰志云禁網踈闊和戎戢武威左傳魏絳謂和戎有五利老杜詩丕承戢武威要知懷惠處行路涕交揮懷惠見魯論家語敬姜曰二三子無揮涕

追尊皇太后挽詞二首代人作欽慈太后

彤管書陰教靜女詩傳云古者后夫人必有女史彤管之法箋云彤管筆赤管也禮記曰后修女順母道也注云母者施陰教於婦黃圖戴德容黃圖天子之圖籍如三輔黃圖是也周禮九嬪掌教九御婦德婦言婦容婦功漢宮先夢日漢書景帝王后傳武帝方在身時后夢日入其懷代邸近乘龍謂徽宗自端邸即位漢書薄姬傳高祖召欲幸之對曰昨暮夢龍攄妾胷上曰是貴徵也吾爲汝成之遂生文帝初封代王文帝紀曰奉天子法駕迎代邸易乾卦曰時乘六龍以御天也喬岳藏遺服謂嵩山崇福宮見上注青門啓故封后以元祐九年葬於開封縣多慶院之東至是改葬老杜詩哀挽青門去按三輔黃圖曰長安城東出南頭第一門曰霸城門或曰青門此借用退之大行皇后挽詞曰因山託故封從今祠百世東坡高太后挽詩云原廟故應祠百世先王何止活千人請廟配商宗周頌注曰清廟者祭有清明者之德之宮也商宗謂神宗商頌曰烈文祀中宗玄鳥祀高宗

又

典冊尊徽號欽慈煥德名徽號字見禮記後人借用揚子曰君子德名爲幾終身聞舜慕孟子曰大孝終身慕父母五十而慕者予於大舜見之矣歷月見堯生見上注世說外國貢奇香一著人則數月不歇兵衞嚴天仗車輿轉帝城故奩脂澤在哀感倍皇情後漢光烈陰后紀明帝夢先帝太后如平生歡明旦上探視太后鏡奩中物感動悲涕令易脂澤裝具左右皆泣莫能仰視

王察院挽詞二首監察御史王回也

施報終何在窮通共一空史記伯夷傳曰天之報施善人其何如哉兩言成益友左傳鄭子太叔卒晉趙簡子哭甚哀曰黃父之會夫子語我九言云云此用其意管輅別傳曰諸葛樂與輅別戒以二事言御性樂酒雖溫克然不可保寧當節之御有水鏡之才所見者妙禍如膏火不可不慎此借用其事史記平原君傳毛遂曰從之利害兩言而決魯論曰益者三友百代仰高風孟子曰百世之下聞者莫不興起文選陸機漢功臣贊曰悠悠遐風千載是仰夏侯湛東方朔畫贊曰想先王之高風終始無遺恨老杜

（詩毫髮無遺恨）恩榮託至公（建中靖國元年正月王覿曾肇等奏故監察御史王回學術深醇氣守剛毅臺官言回交結王浩遂除名勒停送本鄉居住陛下嗣位命爲監察御史方始供職得病而亡不得擢發素蘊以報陛下眷遇之意云詔補一子太廟齋郎老杜詩恩榮同拜手）不應埋直氣會見吐長虹（曹子建七啓曰慷慨則氣成虹蜺）

又

良貴官何與（孟子曰人之所貴者非良貴也趙孟之所貴趙孟能賤之）長年死不亡（老子曰死而不亡曰壽）身須禦魑魅（左傳曰投之四裔以禦魑魅老杜詩從來禦魑魅多爲才名誤）氣已懾豺狼（後漢張綱傳豺狼當道安問狐狸）不盡胷中蘊猶堪地下郎（地下郎見上注）豈惟吾道慶編簡亦輝光（編簡謂史策）

贈吳氏兄弟三首

一長未可衆入師（柳子厚答韋中立書曰假令有取爲衆人師且不敢况敢爲吾子師乎）萬里元隨八馬蹄（列子曰周穆王肆意遠遊命駕八駿之乘升崐崘之丘賓于西王母老杜詩崐崘虞泉入馬蹄）不解征西諸子弟却憐野鶩厭家雞（南史王僧虔傳庾征西翼書少時與右軍齊名右軍後進庾猶不分在荆州與都下人書云小兒輩賤家雞皆學逸少書野鶩見上注）

又

才隨年盡不重奇每愧諸郎索近詩旋作七言供一笑自癡那得使人癡（才盡見上注歐公詩云詩篇自覺隨年老玉臺新詠明月篇曰秀色隨年衰）

又

得失蚩妍只自知略容千載有心期（老杜詩文章千古事得失寸心知文選陸機文賦序曰妍蚩好惡可得而言退之詩開卷讀且想千載若相期選詩中道遇心期右山此意謂世無知音特與古人相期於千載之上耳）恨君不見金華伯（金華伯謂魯直見上注東坡詩恨君不識顔平原）何處如今更有詩（退之詩風霜滿面無人識何處如今更有詩）

和吳子副智海齋集

法筵應供賴三車（文殊云法筵龍象衆三車謂羊鹿牛以比三乘事見蓮經）堆案抽身輟筭沙（嵇康書曰人間多事堆案盈几樂天詩抽身去得無東坡詩笙歌叢裏抽身出永嘉證道歌云入海筭沙徒自困）度暑好風開樂國（淵明詩微雨從東來好風與之俱樂國謂西方極樂國）脫塵新句散餘霞（謝玄暉詩餘霞散成綺）僧奩手

汙空留迹佛几堆紅拂委花蓮經曰香風時來吹去委花更雨新者趙師民詩委地露花啼曉恨客含黃粱應未熟且容秋蝶夢南華黃粱見上注莊子曰昔者莊周夢爲蝴蝶栩栩然胡蝶也按通典唐天寶元年封莊子號南華真人

舅氏新齋

堂因竹栢有花與歲時闌欲作中年計長留別眼看管子曰百年之計種之以木別眼謂不以凡花視之也色侵杯酒重老杜竹詩色侵書帙晚又詩重碧拈春酒子熟落聲乾李商隱詩霜野物聲乾只有林園主相期耐歲寒退之詩山翁自是園林主

上晁主客后山自註云時與無咎對酒及門而闇者辭焉

兩疏父子共含香不獨家榮國有光兩疏見上注應劭漢官曰尚書郎含雞舌香贖欲展懷因問疾老杜詩展懷詩論魯問疾見上注孰知相對只銜觴此句蓋用竹林阮籍阮咸事以比二晁晉書阮咸傳云諸阮皆能飲太白詩無由共銜觴年侵身要無人健節近花須滿意黃老杜詩年侵腰脚衰漢書韓信傳身辱於跨下無兼人之勇從昔竹林須小阮只今未可棄山王小阮謂阮咸籍之兄子以比無咎山王謂山濤王戎后山以自比沈約宋書曰顔延之作五君詠以述竹林七賢山濤王戎以貴顯被黜東坡詩他年五君詠山王一時數

和鮮于大受崇先觀餞別曾元忠

此別未爲遠兩都東西州情親有乖隔江湖成阻脩兩都謂東京西洛班固有兩都賦退之序曰人之於南海若東西州焉詩云道阻且脩后山意謂相去雖近而別意則遠世說袁彥伯爲謝安南司馬既自悽惘歎曰江山遼落居然有萬里之勢脫塵度翠窗徐行當尋幽各有情別懷共此一日留退之詩此日足可惜此酒不可嘗捨酒去相語共分一日光意合豈待約酒盡不更求闕詞固未可忍手亦何猶后山自注云是日題壁坐有黃冠師未解逍遙遊退之送張道士詩云臣非黃冠師南史劉歊年十二讀莊子逍遙篇曰此可解耳客問之隨問而答皆有條理興來我與共醉罷君當休南史陶潛傳若先醉便語客我醉欲眠卿可去僧房火可親此樂行且謀老杜詩隨意宿僧房退之詩燈火稍可親萬事自糾紛高懷元一丘老杜詩萬事糾紛猶絕粒

答王立之

每逢無可語暫阻即相求前輩詩相見又無事不來還憶

君晉書阮脩意有所思率爾褰裳不避晨夕至或無言但欣然相對解卷初
增氣開懷得寫憂詩云以寫我憂昏煙宜帶雨風
樹更添秋絕唱猶多和先衰却後酬文選宋王
對楚王問曰客有歌於郢中者其曲彌高其和彌寡

又和過田承君

寺古專宜僻居深自作幽退之詩僻寺境遂幽興來
寧憚遠句苦不緣愁太白詩白髮三千丈緣愁似箇長逸
氣無前足此以馬爲喻老杜馬詩云所向無空闊無前見上注虛懷
不繫舟老杜詩虛懷任屈伸莊子曰汎若不繫之舟虛而遨遊者也逢
人難晤語冒雨亦相求

贈石先生

多方作計老如期魯直詩萬端作計身愁苦劉禹錫詩與老無期
約到來如等閑百疾交攻還得衰嵇叔夜養生論日積損成衰從
衰待白晚有勝緣逢異士勝緣見上注後漢种暠傳山澤不必
有異士異士不必在山澤生須快意闕前知謂丈夫生當快意恨
知之晚也晉書周顗曰人生幾時但當快意耳迫人鬢領紛紛白
樂天詩滿頭白髭鬚臨事迴遑種種遲漢書翟方進号遲頓不及
事分我刀圭容不死退之詩金丹別後知傳得乞取刀圭救病
身他年鶴馭得追隨江文通別賦曰駕鶴上漢驂鸞騰天

送晁無咎守蒲中

一麾出守自多奇顏延之五君詠阮咸詩云屢薦不入官一麾乃
出守四十專城古亦稀古樂府曰四十專城居老杜詩人生七十
古來稀解榻坐談無我輩用徐穉事見上注老杜詩高人屢解
陳蕃榻魏志郭嘉說太祖曰劉表坐談客耳晉書劉惔傳桓溫問惔會稽王談更進
耶惔曰極進然第三流耳溫曰第一復誰惔曰故在我輩鋪筵踏舞久
崔徽元稹崔徽歌序曰蒲女崔徽善舞有容艷崔敬中當使蒲徽一見爲動敬
中使罷言旋徽不得從狂累月樂天詩妓筵勉力爲君鋪又曰只是堂前欠一人退
之詩艷姬踏筵舞的桃作劇聊同俗的桃當是河中故事樂天
詩吳兒多白皙好爲蕩舟劇遇事當前莫後幾定命録魏元忠
有善相者謂之曰公當位極人臣然命多蹇剝時有憂惧不足爲虞但可當事便行
聞言則應元忠累遭譴責憶相者之言事未嘗屈其志文選嵇康書曰遇事便發
魏志荀彧傳曰袁紹失在後機無咎起於謫籍自吏部郎中出守故以魏元忠事勸
之聖世急才常患少后山自云神宗御筆曰治世常患難得人
才棧羊篩酒待公歸棧羊本俗間語東京記曰晉寧坊有棧羊
務毛詩釃酒有藇注以筐曰釃以藪曰湑

題明蔡高軒過圖高軒過李賀所作見上注宗室士暕

字明發
滕王蛺蝶江都馬王建宮詞日內中數日無呼喚傳得滕王蛺蝶
圖按畫斷云嗣滕王湛然畫蛺蝶雀兒曲畫精理歐公歸田錄以爲滕王元嬰誤矣
老杜詩國朝以來畫鞍馬神妙獨數江都王按名畫記江都王緒霍王元軌之子善
書畫鞍馬擅名一紙千金不當價老杜詩未覺千金滿高價尹文
子曰魏王得玉召王工問其價王工曰此無價以當之異才天縱非
力能畫工不是甘為下南史王僧虔論書曰孔琳之書天然
縱放唐書王維善畫繪工以爲天機所到學者不及也老杜詩畫師不是無心學
今代風流數大年含毫落筆開山川米芾畫史

曰宗室令穰字大年作小軸甚清麗文選陸士衡文賦曰或含毫而邈然忽忘
朽老壓塵底却怪梟鴻墮目前朽老謂木石見上注
老杜畫障歌堂上不合生楓樹怪底江山起煙霧此用其意爾來八二
復秀出八二當是明發行第李涉詩云唐氏一門今五葉聲華殷殷皆如鍾
就中十一最年少別有俊氣橫心胷右山云八二亦十一之比也萬里河
山才咫尺見上注眼前安得有突兀復似天
地初開闢老杜畫鶻行初驚無拘攣何得立突兀尚書考靈耀曰天地開
闢耀蒲舒光明窗寫出高軒過便逐愈湜聞吟
哦晚知書畫真有益却悔歲月來無多世說

戴安道好畫范宣子以爲無用戴爲范畫南都賦圖范看畢咨嗟以爲有益然始重
畫退之詩來日苦无多官禁脩嚴斷過訪時於僻寺
逢稅鞅周禮士師之職二曰官禁李商隱詩嚴城清夜斷經過僻寺見上注
老杜詩野稅林下鞅秀潤如行琮璧間世說曰裴叔則如王山上
行光映照人周禮太宗伯以蒼璧禮天以黃琮禮地清明似引星辰
上禮記曰清明在躬曾南豐作老蘇哀辭曰其輝光明白若引星辰而上也按法
言曰明星皓皓者已也引而高之者天也憂悲愉佚百不平退之
送高閑序曰往時張旭善草書不治它技喜怒窘窮憂悲愉佚怨恨思慕酣醉無聊
不平有動於心必於草書發之河擘太華東南傾此句言攄寫之

俊快也郭緣生述征記曰華山與首陽本同一山河神巨靈擘開太華以通河流
平生秀句寰區滿掇拾餘棄成丹青王立之詩
話載張嘉甫晁無咎高軒過圖題跋頗言明發兼詩畫之工老杜作王維詩云最傳
秀句寰區滿平湖遠嶺開精神斗覺文字生清
新退之詩斗覺霜毛一半加機雲別傳曰雲善屬文清新不及機未許二
豪今角立二豪謂滕王江都劉伶酒德頌曰二豪在側焉如蜾蠃之與螟
蛉後漢徐穉傳曰角立傑出要知旁有衛夫人衛夫人蓋尚書
郎李充母以夫姓自稱李衛王羲之嘗從學書或云明發之妻亦能畫故以衛夫人
比之二豪謂大年明發

七四〇

送歐陽叔弼知蔡州

潁陰為別悔怱怱十載相望信不通 老杜詩所思凝行潦九里信不通 晚遇聖朝收放逸旋遭官禁限西東 法華經曰汝是放逸之人此借用其守官禁見上注老杜詩岸高瀼滑限西東 又為太守專淮右贊喜郎君頗若翁 若翁猶言乃翁謂六一居士亦嘗知蔡州蔡州在淮西 梅柳作新詩興動 老杜詩天邊梅柳樹相見幾回新又云東閣官梅動詩興 可令千里不同風 語林曰陳元方云周公孔子異代而出周旋動靜萬里同風傳燈錄玄沙傳雪峯曰君子千里同風

送晁堯民守徐

中年為別不堪憂束髮登門到白頭南省望郎仍國士 漢建尚書百官府名曰南宮蓋取天上南宮太微之象退之孔毅墓誌曰臣與孔毅同在南省李商隱詩望郎臨古郡孫樵高郎中誌銘曰鶯行望郎錦川星使史記豫讓傳曰智伯以國士待我 東方千騎更吾州 古樂府日出東南隅行曰東方千餘騎夫壻居上頭東坡守徐和范祖禹詩云吾州下邑生劉季誰數區區張與李后山徐人故云吾州 彭翁老壽終遺骨 徐州彭城縣故大彭國彭祖所封也彭門記曰殷之賢臣彭祖顓頊之玄孫至殷末壽及七百歲今墓猶存 燕子飛來只故樓 燕子樓晁

上注 知己難逢身易老須公置醴我歸休 置醴見上注莊子許由曰歸休乎君子無所用天下為

送王定國通判河南

孤身十載客都城 退之詩孤身無所齎此句后山自述言十年前未得官時 白社雙林諱姓名 白社雙林見上注諱姓名用後漢書韓伯休意 授館不為他日計 國語曰司里授館此借用退之鄭羣墓誌曰俸祿入門與其所過逢飲酒舞歌連日夜不厭或分挈以去一無所愛惜不為後日毫髮計留也 解衣真出故人情 用須賈綈袍事見上注韓信曰漢王解衣衣我 翹材以定延枚叟 言為相君所知西京雜記公孫弘開東閣分三館一日欽賢次日翹材次日接士文選謝惠連雪賦曰召鄒生延枚叟 宣室終須記賈生 言為人主所知事見上注 萬里歸來髮如漆 定國編置全州元符三年得歸老杜詩汝伯何由髮如漆 了知句畫更新清 年顏不衰詩句字畫當亦稱是老杜詩更得新清否還知對屬忙

后山詩註卷第十二　終

宋文承五季之弊其詩綺靡刻削岀晚唐下至歐陽永叔始起而變之逮蘇子美梅聖俞起而詩又變黄山谷陳后山起而又一變黄陳雖號江西派而其風骨逼近老杜宋詩盖至此極矣然予尤酷愛后山嘗攜其遺稿過漢中令生徒録過用便旅覧而憲副朱公恨世無完集不與歐黄諸家並行遂屬知府袁君宏加板刻焉顧舛訛太甚兼有脱簡嘉其志而惜其費盖不獨予然也丙辰歳予南歸獲完本於江東故家朱公喜得如重寶復以屬袁君遂再板以行精繕奚翅什百而為功為惠固不尠矣自今讀后山詩固驚其雄健清勁幽邃雅淡有一塵不染之氣夷考其行矯厲凌烈窮餓不悔則詩又特其緒餘耳后山自謂不及山谷晦翁以山谷詩近浮薄乃后山所無然豈獨詩哉愛其詩而不師其人固非二君板行之意而况并其詩未必知也

弘治丁巳秋九月朔石淙楊一清識

山谷詩集注（二）

提要

《山谷詩集注》二十卷，宋黄庭堅撰，任淵注，日本東京大學東洋文化研究所藏日本翻宋本。傅氏雙鑑樓舊藏。每半葉九行十六字，左右雙邊，雙魚尾，白口。前有許尹『黄陳詩集序』。是書收黄庭堅之詩始于元豐元年（一〇七八年）。任淵根據北宋最早流傳的《豫章集》重新系年編次並注釋。

黄陳詩集注序

大凡以詩名世者一句一字必月鍛季鍊未嘗輕發必有所考昔中山劉禹錫嘗云詩用僻字須要有来去處宋考功詩云馬上逢寒食春来不見餳嘗疑此字僻因讀毛詩有瞽注乃知六經中唯此注有此餳字而宋景文公亦云夢得嘗作九日詩欲用餻字思六經中無此字不復為故景文九日食餻詩云劉郎不肯題餻字虛負人間一世豪前輩用字嚴密如此此詩注之所以作也

本朝山谷老人之詩盡極騷雅之變後山從其游將寒冰焉故二家之詩一句一字有歷古人六七作者蓋其學該通乎儒釋老莊之奧下至於醫卜百家之說莫不盡摘其英華以發之於詩始山谷来吾鄉倘徉於巖谷之間余得以執經焉暇日因取二家之詩略注其一二第恨窮陋弗詳其秘姑藏於家以待後之君子有同好者相與廣之政和辛卯重陽日書

六經所以載道而之後世而詩者止乎禮義道之所存也周詩三百五篇有其義而亡其辭者六篇而已大而天地日星之變小而虫鳥草木之化嚴而君臣父子別而夫婦男女順而兄弟群而朋友喜不至瀆怨不至亂諫不至訐怒不至絕此詩之太略也古者登歌清廟會盟諸侯季子之所觀鄭人之所賦與夫士大夫交接之際未有舍此而能達者孔子曰為此

詩者其知道乎又曰不學詩無以言蓋詩之用於世如此周衰官失學廢大雅不作久矣由漢以来詩道浸微陵夷至于晋宋齊梁之間哇淫甚矣曹劉沈謝之詩非不工也如刻繒染縠可施之貴介公子而不可用之黎庶陶淵明韋蘇州之詩寂寞枯槁如叢蘭幽桂可宜於山林而不可置於朝廷之上李太白王摩詰之詩如亂雲敷空寒月照水雖千變萬化而及物之功亦少孟郊賈島之詩酸寒儉陋如蝦蝻蜆蛤一啖便了雖咀嚼終日而不能飽人唯杜少陵之詩出入今古衣被天下藹然有忠義之氣後之作者未有加焉

宋興二百年文章之盛追還三代而以詩名世者豫章黄庭堅魯直其後學黄而不至者後山陳師道無己二公之詩皆本於老杜而不為者也其用事深密雜以儒佛虞初稗官之說雋永鴻寶之書牢籠漁獵取諸左右後生晚學此祕未覩者往往苦其難知三江任君子淵博極群書尚友古人暇日遂以二家詩為之注解且為原本立意始末以曉學者非若世之箋訓但能標題出處而已也既成以授僕欲以言冠其首予嘗患二家詩興寄高遠讀之有不可曉者得君之解玩味累日如夢而寤如醉而醒如痿人之獲起也豈不快哉雖然論畫者可以形似而捧心者難言聞絃者可以數知而至音者難說天下之理

涉於形名度數者可傳也其出於形名度數之表者不可得而傳也昔後山答秦少章云僕之詩豫章之詩也然僕所聞於豫章願言其詳豫章不以語僕僕亦不能為足下道也嗚呼後山之言殆謂是耶今子淵既以所得於二公者筆之於書矣若乃精微要妙如古所謂味外味者雖使黃陳復生不能以相授子淵尚得而言乎學者宜自得之可也子淵名淵嘗以文藝類試有司為四川第一蓋今日之國士天下士也紹興乙亥冬十二月鄱陽許尹謹敘

山谷詩集注卷第一

豫章黃庭堅　魯直

庭堅字魯直號山谷老人

古詩二首上蘇子瞻

前篇以梅屬東坡○東坡報山谷書云古風二首託物引類得古詩人之風其推與如此故置諸篇首云

江梅有佳實，託根桃李場。文選古詩云冉冉孤生竹結根太山阿此句倣其體老杜有江梅詩又有詩云欲發照江梅吳淑事類梅賦云亦果中之嘉實文選趙景真與嵇茂齊書曰壯士之慨難以託根場謂場圃寒山子詩昨晚何悠悠場中可憐許上為桃李逕下作蘭蓀渚此句並摘其字山谷詩律妙一世用意高遠未易窺測然置字下語皆有所從來孫華老云老杜詩無兩字無來歷劉夢得論詩亦言無來歷字前輩未嘗用山谷屢拈此語蓋亦以自表見也第恨淺聞未能盡知其源委姑隨所見箋於其下庶幾因指以識月象外之意學者當自得之

桃李終不言，朝露借恩光。漢書李廣傳贊曰桃李不言下自成蹊此借用言江梅為桃李所忌文選樂府曰入門各自媚誰肯相為言此用其意白樂天有木詩曰風烟借顏色雨露助華滋文選江淹上書大王惠以恩光顧以顏色此用其字下皆倣此詩意謂東坡見嫉於當世獨為人主所知耳

孤芳忌皎潔，冰雪空自香。退之詩異質忌處群孤芳難寄林文選顏

延年祭屈原文云物忌堅芳人諱明絜鮑
明遠詩艶陽桃李節皎絜不成妍樂府陳
蘇子卿梅花落曰只言
花是雪不悟有香来
古来和鼎實此物
升廟廊
老杜詩古来才大難為用文選潘
安仁詩王生和鼎實書曰若作和
羹爾惟鹽梅文選古詩曰此物何足貢但
感別經時愼子曰廊廟之材蓋非一木之
枝
歳月坐成晩煙雨青已黄
文選古詩曰
思君令人老
歳月忽已晩玉臺新詠鮑照雜詩曰煙雨
交將夕從此遂分形周處風土記云夏至
前雨名黄梅雨初學記曰梅熟
而雨曰梅雨江東呼為黄梅雨
得升桃李
盤以遠初見嘗
韓退之李花詩氷盤夏薦
碧實脆韓詩外傳田饒曰
黄鵠無五德君猶貴之以其
所從来者遠矣東坡盞蜀人
終然不可口
擲置官道傍
選詩終然謝天伐老杜病橘
詩紛然不適口豈只存其皮
莊子曰柤梨橘柚皆可於口李賀詩擲置
黄金解龍馬官道傍用世說王充不趣道
傍苦李意詩意謂東
坡棄置於外郡也
但使本根在棄捐果
何傷
君子之於世視其所立何如不在遇
不遇也左傳曰葛藟猶能庇其本根
文選古詩曰棄捐勿復道努力加
飡飯○左傳曰一扶女庸何傷

又

後詩松以屬東坡茯苓以屬
門下士之賢者菟絲以自況
青松出澗壑十里聞風聲
文選左太冲詠
史詩鬱鬱澗底
松離離山上苗顔延年詩松風遵路急宋
玉高唐賦曰不見其底虚聞松聲詩意謂

東坡以大材而沈下僚其
蓋世之名則不可掩也
上有百尺絲下
有千歳苓
淮南子說山訓曰千年之松下
有茯苓上有兎絲注云茯苓千
歳松脂也兎絲生其上而無根一名女蘿
又按頬弁詩蔦與女蘿施于松栢注云女
蘿兎絲松蘿也正義則曰陸璣云今菟
絲蔓連草上生非松蘿松蘿自蔓松上生
事或當然陶隱居注本草菟絲條亦云舊
言下有茯苓上有兎絲今未必爾讀山谷
此句當不以
辭害意也
自性得久要為人制頽齡
此
句
指茯苓按本草木部茯苓陶隱居注曰爲
藥無朽蛀嘗得昔人所埋計三十年而色
理無異明其真全不朽矣而本經言久
安魂養神不飢延年圓覺經曰圓覺自性非
性性有曽論曰久要不忘平生
之言陶淵明詩菊為制頽齡
小草有遠
志相依在平生
此句以下並指菟絲按
絲在本草草部世說桓溫
問謝安遠志又名小草何以一物而有二
名郝隆曰處則為遠志出則為小草此特
借用以指菟絲言其不依附凡木所志
遠矣左傳曰輔車相依平生見上注
醫
和不並世深根且固蔕人言可醫國何用
太早計
本草菟絲條掌禹錫注引抱朴子
云菟絲之草下有伏兎之根無此
兎則絲不生實不屬也此詩借用而本經
言菟絲久服明目輕身延年詩意謂依附
賢者足以自樂至其不為當世所知則亦
自重難進而未嘗汲汲也晉語平公有疾
秦伯使醫和視之文子曰醫及國家乎對
曰上醫醫國其次疾人固醫官也老子曰
是謂深根固蔕長生久視之道史記孔子
弟子傳曰孔子皆後之久不並世莊子曰且

汝亦太早計

小大材則殊氣味固相似

左傳曰今譬於草木寡君在君君之臭味也明皇雜錄高力士詠薺詩曰夷夏雖有殊氣味終不改

醇道得蛤蜊復索舜泉舜泉已酌盡官醞不堪不敢送

青州從事難再得牆底數樽猶未眠商略督郵風味惡不堪持到蛤蜊前

世說桓公有主簿善別酒有酒輒令先嘗好者謂青州從事惡者謂平原督郵注云青州有齊郡平原有鬲縣從事謂到齊下督郵謂到鬲上住也漢書李夫人傳曰佳人難再得張籍詩酒盡卧空瓶開元傳信記曰麴生風味不可忘也此反而用之世說孫興公許玄度共

在白亭樓商略先往名達

次韻王稚川客舍二首

嵤户萌切或作嶸

彭山黄氏有山谷手書此詩云王紘稚川元豐初調官京師寓家鼎州親年九十餘矣嘗閲貴人家歌舞醉歸書其旅邸壁間云鴈外無書為客久蛩邊有夢到家多書堂玉佩縈雲響不及桃源欸乃歌余訪稚川於邸中而和之

五更歸夢常苦短一寸客愁無奈多

孟郊詩一夕九起嗟夢短不到家文選短歌行日来日苦短去日苦長庾信愁賦曰且將一寸心能容萬斛愁五更字從黄氏本而別本或作五湖

慈母每占烏鵲喜家人應賦扊扅歌

黄氏本作慈母不嗔烏鵲語閨人應賦扊扅歌元注曰百里奚仕秦其妻歌曰百里奚五羊皮憶別時烹伏雌炊扊扅今日富貴忘我為又按西京雜記陸生曰乾鵲噪而行人至老杜詩浪傳烏鵲喜

又

身如病鶴翅翎短心似亂絲頭緒多

王介甫折翼鶴詩云每恰今日長垂翅却悔當時誤剪翎退之南山有高樹行曰路遠翅翎短不能持汝歸樂府華山畿曰腹中如亂絲老杜詩玉壘題詩心緒亂太白詩繰絲憶君頭緒多坡詩病後空驚鶴瘦

此曲朱門歌不得湖南湖北竹枝歌

老杜詩爲公歌此曲歐公詩朱門歌舞爭新態竹枝歌見下注

王稚川既得官都下有所盼未歸予戲作林夫人欸乃歌二章與之

黄氏有山谷手寫舊本題云余復代稚川之妻林夫人寄稚川時稚川在都下有所顧盼留連未歸也

竹枝歌本出三巴其流在湖湘耳欸乃湖南歌也

欸音襖乃音藹

花上盈盈人不歸棗下纂纂實已垂

黄氏本前章曰花上盈盈人不歸棗下纂纂實已垂尋師訪道魚千里蓋世功名黍一炊按初學記歌門載劉敬叔異苑曰臨川甄包死數年忽詣南豐見沈道襲歌笑每歌輒作

花上盈盈正聞行當歸不聞死復生文選潘岳笙賦歌曰棗下纂纂朱實離離宛其死矣化爲枯枝人生不能行樂死何以虛謚爲李善注引古咄唶歌曰棗下何欑欑榮華各有時棗欲初赤時人從四邊來棗適今日賜誰能仰視之什邡張氏有山谷手書此詩與今本正同唯一二字稍異實已毎作實已稀又有跋云宋時有鬼女至人家歌花上盈盈曲聲悲怨不可聽潘岳閑居賦中歌曰棗下纂纂云云所援引小有抵梧蓋隨所記憶略舉大槩耳

臘雪在時聽馬嘶長安城中花片飛張氏本作聽嘶馬老杜詩一片花飛減却春風飄萬點正愁人長安蓋借言汴京

又

從師學道魚千里蓋世成功黍一炊黃氏本後章曰臥氷泣竹慰母飢天吳紫鳳補兒衣臘雪在時聽嘶馬長安城中花片飛四句蓋舊所作後方改定今附見於此庶知前輩有日新之功也後漢李固傳步行尋師不遠千里晉書夏侯湛傳曰古之人厥乃千里尋師漢書項羽傳曰力拔山兮氣蓋世莊子曰功蓋天下而似不自已張氏本有山谷跋云魚千里蓋陶朱公養魚法允魚遠行則肥池中養魚慮其瘦故於池中聚石作九島魚繞之日行千里黍炊即淳于棼夢富貴百年於蟻穴中破夢起坐舍中炊黃粱猶未熟也山谷之說如此予按齊民要術載陶朱公養魚經曰以六畝地爲池池中有九洲六谷求鯉魚內池中云云又按吳越春秋范蠡曰會稽之山有魚池水中有三江四瀆之派九溪六谷之齋

山谷本引用此說特以意加損爾然詩意則謂千里訪道如魚之回旋往復徒自苦耳不若歸而求之有餘師劉向新序丘吾子曰吾有三失少好學問周遍天下還後吾親亡一失也山谷蓋用此意又按異聞集道者呂翁經邯鄲道上邸舍中有少年盧生自歎其貧困言訖思寐時主人方炊黃粱爲饌翁乃探懷中枕以授生枕兩端有竅生夢中自竅入其家見其身富貴五十年老病而卒欠伸而悟顧呂翁在傍主人炊黃粱尚未熟山谷所引蟻穴夢自是一事亦見異聞集當是記意不審耳詩意則謂功名政復蓋世豈若蔽水奉親之樂耶

日日倚門人不見

看盡林烏反哺兒戰國策齊王孫賈之母謂賈曰汝朝出而晚來則吾倚門而望暮出而不還則吾倚廬而望錢起詩曲終人不見文選東晳補南陔詩曰嗷嗷林烏受哺于子李善注云純黑而反哺者烏也老杜詩舟鶂排風影林烏反哺聲

詠史呈徐仲車元注曰仲車以聵弃官

哲宗實錄曰徐積楚州人治平四年擢進士第事母孝篤鄉閭化之積字仲車山谷同年生也

諸葛見益州釋耒答三顧蜀志諸葛亮傳亮躬耕壠畝先主詣亮三往乃見上跪後主曰先帝不以臣卑鄙猥自枉屈三顧臣於草廬之中先主傳曰建安十九年復領益州牧文選沈休文安陸王碑曰農夫釋耒按鹽鐵論曰儒者釋耒耜而學不驗之語

川流恨未平武功原上路

諸葛亮傳建興十二年據武功五丈原與
司馬宣王對於渭南其年八月卒老杜武
侯廟詩曰功蓋三分國名成八陣圖江流
石不轉遺恨失吞吳此借用以不得滅魏
為恨杜微對諸葛輿致但求去傾心倚經綸
坐上漫書疏蜀志杜微傳微字國輔先主定蜀微常稱聾閉門不出丞
相亮領益州牧選迎皆妙簡舊德以微為
主簿固辭轝而致之亮以微不聞人語坐
上與書微自乞老病求歸亮又與書曰君
但當以德輔時耳不責君軍事拜為諫議
大夫以從其志仲車並聾故以此事戲之白鷗渺蕪葭霜鶴在
指呼借問諸葛公如何迎主簿老杜詩白鷗沒浩蕩
萬里誰能馴又詩莫作翻雲鶻聞呼向禽
急按通典選舉門陳依梁制諸州迎主簿

得未壯而仕○何遜詩可憐雙
白鷗朝夕水上遊蕪葭字見詩

宿舊彭澤懷陶令

彭澤今屬江州故城在縣東四
十里昭明太子作陶淵明傳謂
親朋曰聊欲弦歌以為三徑之
資可乎執事者以為彭澤令歲
終會郡遣督郵至縣淵明即日
解印綬去職南史隱逸傳曰陶
潛字淵明或云字深明名元亮
潛魚願深眇淵明無由逃彭澤當此時沉
冥一世豪莊子曰鳥獸不厭高魚鱉不厭深夫全其形生之人藏其身也
不厭深眇而已矣正月詩曰魚在于沼亦
匪克樂潛雖伏矣亦孔之炤箋云池魚之

所樂而非能樂其潛伏於淵又不足以逃
甚炤炤易見以喻時賢者在朝廷道不行
無所樂退而窮處又無所施也楊子曰蜀
莊沉冥宋子京詩云虛負詩中一世豪
司馬寒如灰禮樂卯金刀東晉司馬氏末年禮樂征伐自
劉裕出范文正公作狄梁公碑云武暴如
火李寒如灰漢書王莽傳曰夫劉之為字
卯金刀也歲晚以字行更始號元亮凄其望諸
葛骯髒猶漢相老杜詩凄其望呂葛蜀志建安二十五年傳聞漢帝
見害先主發喪制服二十六年四月即皇
帝位改元章武以諸葛亮為丞相後漢趙
壹傳曰伊優北堂上抗髒倚門邊注云抗髒亢婞直之貌也時無益州
牧指揮用諸將益州牧見上注老杜詩指揮若定失蕭曹字出陳平

傳平生本朝心歲月閱江浪南史陶潛傳曰自以曾祖
晉世宰輔恥復屈身後代自宋武帝王業
漸隆不復肯仕所著文章皆題其年月義
熙以前明書晉氏年号自永初以來唯云
甲子而已漢書蕭望之雅意本朝文選孔
文舉論盛孝章書云歲月不居時節如流空餘詩語工落筆九
天上謂非世間語也太白詩欬唾落九天隨風生珠玉此句頗采其意孫子曰
善攻者動於九天之上向來非無人此友獨可尚孟子
曰以友天下之善士為未足又尚論古之
人頌其詩讀其書不知其人可乎是以論
其世也是尚友也屬予剛制酒無用酌杯盂書曰矧汝
剛制于酒欲招千歲魂斯文或宜當楚詞宋玉有招魂篇

集部　第一冊

王介甫詩云狂言豈宜當按韓退之詩吁嗟苦駑緩但懼失宜當

題山谷石牛洞

石牛洞在舒州三祖山皇祐中王荆公通守舒州嘗題詩云水冷冷而北出山靡靡以旁圍欲窮源而不得竟悵望以空歸故山谷亦擬作

司命無心播物祖師有記傳衣 灊山在舒州懷寧縣北有九天司命眞君祠山谷寺在縣西有三祖僧璨大師塔漢書賈誼賦曰大鈞播物坱圠無垠傳燈録達磨傳以袈裟授慧可曰内傳法印以契證心外付袈裟以定宗旨汝今受此衣用以表明其化無礙吾滅後二百年衣止不傳法周沙界

白雲橫而不度高鳥倦而猶飛 退之詩雲橫秦嶺家何在老杜詩野留行地日江入度山雲漢書韓信傳曰高鳥盡良弓藏淵明歸去來辭曰鳥倦飛而知還

題灊峰閣 閣在舒州提刑司

徐老海棠巢上 元注云徐佺樂道隱於藥肆中家有海棠數株結巢其上時與客巢飲其間

王翁主簿峰菴 元注云王道人參禪四方歸結屋於主簿峰上嘗有毛人至其間問道

梅蘤破顏冰雪綠叢不見黃柑 樂天詩一放狂歌一破顏東坡和李公擇梅花詩云何人慰流落嘉藹天爲種又懷公擇詩云我有同舍郎官居在灊岳遺我三寸柑照坐光卓犖時公擇作淮西憲使治所在舒州

次韻公擇舅

昨夢黃粱半熟立談白璧一雙驚鹿要須野草鳴鷗本願秋江 黃粱見上注史記虞卿傳曰說趙孝成王一見賜黃金百鎰白璧一雙唐人王建六言詩曰再見封侯萬户立談賜璧一雙嵇康絕交書曰禽鹿志在豐草

贛上食蓮有感

蓮實大如指分甘念母慈 爾雅荷芙蕖其華菡萏其實蓮其根藕其中的的中薏注曰蓮謂房也的蓮中實也南山有臺詩疏引陸機草木疏云枸樹似白楊有子著樹端大如指此借用其字詩意謂枳指也唐本草亦曰丹砂其次大者如棋指晉書王羲之傳曰率諸子抱弱孫有一味之甘割而分之以娛目前○念母字見詩渭陽

共房頭觺觺更深兄弟恩 王子年拾遺記曰西王母見穆天子進素蓮一房百子詩曰其角觺觺此借用

實中有么荷拳如小兒手令我念衆鶵迎門索梨栗 么荷謂小葉太白詩曰初拳幾枝蕨圖經本草曰菰根歲久者中心生白臺如小兒臂謂之菰手此句頗采其意禰正平鸚鵡賦曰憫衆鶵之無知淵明歸去來曰稚子候門又責子詩曰通子垂九齡但覓梨與栗○公詩有蕨芽已作小兒拳

之句、張閣見之云、此忍人也。時閣爲河內推官、與通判葛蘩皆蔬食誦經、故有此語
王直方云、今此亦云、公荷拳如小兒手、兩用皆有妙處　蓮心政自苦
食苦何能甘甘飡恐腊毒素食則懷慙　爾雅的中薏注曰、中心苦、陸機草木疏曰、里語云、苦如薏是也。晉書謝安傳曰、正自不能不爾耳。國語曰、厚味實腊毒。伐檀詩曰、不素飡兮
蓮生於泥中不與泥同調　維摩經曰、譬如高原陸地不生蓮華、卑濕淤泥乃生此華。選詩曰、異代可同調
食蓮誰不甘知味良獨少　中庸曰、人莫不飲食也、鮮能知味也。晉書桓伊歌曰、爲臣良獨難
吾家雙井塘十里秋風香安得同袍子歸制衣芙蓉裳　雙井在洪州分寧縣。詩曰、豈曰無衣、與子同袍。此借用王介甫和俞秀老詩亦曰、解我葱珩脫孟勞、暮年甘與子同袍。離騷曰、製芰荷以爲衣、集芙蓉以爲裳

秋思寄子由

黃落山川知晚秋小蟲催女獻功裘　禮記月令曰、草木黃落。春秋考異郵曰、立秋促織鳴。宋均注曰、趣織、蟋蟀也。立秋女功急、故趣之。周禮司裘、季秋獻功裘。注云、人功微麤、謂狐青麛裘之屬
老松閱世臥雲壑挽著滄江無萬牛　老杜詩、雲壑布衣鮐背死。又古栢行、大廈如傾要梁棟、萬牛回首丘山重

贈別李次翁

利欲熏心隨人翁張國好駿馬盡爲王良　韓退之送高閑序曰、利欲鬪進、有得有喪。易艮之九三曰、艮其限、列其夤、厲薰心。老子曰、將欲張之、必固翕之。盡爲王良、言流俗之隨逐世好、不能特立獨行也
不有德人俗無津梁　莊子苑風曰、願聞德人。張湛注列子曰、體道窮宗、爲世津梁。江文通詩曰、道喪涉千歲、津梁誰能了。世說、庾亮嘗入佛寺、見臥佛曰、此子疲於津梁。于時以爲名言
德人天遊秋月寒江　莊子曰、天之穿之、日夜無降、人則顧塞其竇。胞有重閬、心有天遊。室無空虛、則婦姑勃谿；心無天遊、則六鑿相攘。寒山子詩曰、吾心似秋月、碧潭清皎潔
映徹萬物玲瓏八窗　言心之虛明如此。韻書曰、玲瓏、明見。禮記明堂位疏引孝經援神契曰、明堂八窗四闥

於愛欲泥如蓮生塘處水超然出泥而香孔竅穿穴明冰其相維乃根華其本舍光　圓覺經曰、愛欲爲因、愛命爲果。維摩經曰、示有妻妾婇女、而常樂遠利五欲於泥。又曰、譬如高原陸地不生蓮華、卑濕淤泥乃生此華。超日經曰、如蓮華不着水、心清淨超於彼。詩曰、金玉其相。注云、相、質也。竅穴冰相、皆謂藕。文選崔子玉座右銘曰、在涅貴不緇、曖曖內含光
大雅次翁用心不忘日閱月學旅人念鄉能如斯蓮說可小康　漢書河間獻王贊曰、夫惟大雅、卓爾不羣。孟子曰、必有事焉而勿正、心勿忘、勿助長也。旅人念鄉、言不忘也、如鍾儀莊舄之類是已。詩曰、汔可小康。此借用言僅可居安

耳。在俗行李容容堂堂唐有容容堂堂之謡，此借用傳燈録
坦然問慧安國師曰，如何是自已意。師曰，當觀密作用。又誌公頌曰，丈夫運用堂堂
逍遥自在無妨。左傳行李之往来，供其困乏。觀物慈哀落民愛
莊曾論曰，臨之以莊則敬。又云，不莊以落之，則民不敬。成功萬年付
之面墻草衣石質與世低昂欲成遠大事業，當如少林
之面壁，自求已事也。雖草衣木食，鐵石其心，然未嘗違丗，亦與之俯仰，聊同其波耳。
唐黄蘗禪師傳心法要曰，勤苦修行，草衣木食。又權德輿有草衣禪師宴坐記。漢書
司馬遷書曰，故且從俗浮沉，與時俯仰。楚詞曰，服偃蹇以低昂。

演雅

桑蠶作繭自纏裹蛛蝥結網工遮邏樂天詩，燭
蛾誰救護，蠶繭自纏縈。呂氏春秋，湯祝網曰，蛛蝥作網，今人學之。符子曰，公子重耳
遊大澤之中，見蜘蛛布網曳繩，執豕而食之。顧舅犯曰，此蟲也德薄矣，而猶役其智
云云。燕無居舍經始忙蝶爲風光勾引破詩曰，
經始勿亟。老杜詩，傳語風光共流轉。又落花詩云，影遭碧水潛勾引。樂天柳詩，勾引
春風無限情。老鶴銜石瘦水飲稗蜂趂衙供蜜
課司馬相如上林賦曰，雙鶬下。注云，鶬鴰也。梅聖俞詩，不比西池老禿鶬。樹萱録
曰，嘗見數鳥銜山間碎石，登於樹杪，俄復入水，又銜石登樹者數四。處士楊存素曰，
是鸛伏卵，多入水，其體冷濕，還取礜石耳。按博物志云，鸛，水鳥也，伏卵時，卵冷則不

沸，取礜石用繞卵，以助煖氣。陶隱居注本草礜石條，亦引此說。又按陳藏器本草云，
鸛巢中以泥爲池，含水滿池中，養魚及蛇，以哺其子。山谷以爲老鶴，未諭。禆雅曰，鵲
有兩衙應潮。唐書食貨志曰，主户内有課口者爲課户。鵲傳吉語安
得閑鷄催晨興不敢卧陸賈新語曰，乾鵲噪而行人至。漢書
陳湯傳曰，不出五日，當有吉語聞。孫穀子云，鷄一名司晨。氣陵千里蠅
附驥枉過一生蟻旋磨後漢書曰，蒼蠅之飛不過十步，若附
驥尾，日馳千里。晉書天文志，周髀家云，譬之於蟻行磨石之上，磨左旋而蟻右去，磨
疾而蟻遲，故不得不隨磨以左廻焉。蝨聞湯沸尚血食雀喜
宮成自相賀淮南子曰，湯沐具而蟣蝨相弔，大厦成而燕雀相賀。晴
天振羽樂蜉蝣空穴祝兒成蜾蠃蜉蝣詩曰，蜉蝣
之羽，衣裳楚楚。注，蜉蝣，渠略也，朝生夕死。七月詩曰，七月莎鷄振羽。法言曰，螟蠕之
子殪而逢蜾蠃，祝之曰，類我類我，久則肖之矣。注謂，螟蠕，蟲也。蜾蠃，蒲盧也。桑蟲子
始生，而蒲盧取之於木空中，七日祝而化之，以變爲巳子。蛣蜣轉丸賤
蘇合飛蛾赴燭甘死禍莊子齊物論注曰，蛣蜣之智在於轉
丸，而笑蛣蜣者乃以蘇合爲貴。按爾雅，蛣蜣，蜣蜋也。南史傳亮傳，直宿禁中，覩夜蛾
赴燭，作感物賦以寄意。井邊蠹李螬苦肥枝頭飲露
蟬常餓孟子曰，井上有李，螬食實者過半矣。徐廣雜注曰，侍臣加貂蟬，取飲
露而不食也。天螻伏隙録人語射工含沙須影

過本草螻蛄一名蟪蛄一名天螻陶隱居注曰此物頗協神鬼昔人獄中得其力
者今人夜忽見出多打殺之言爲鬼所使也博物志曰江南溪水中有射工蟲長一
二寸口中有弩形氣射人影不治則殺人春秋莊公十八年有蜮跡謂含沙射人影
訓狐啄屋真行怪蠨蛸報喜太多奇退之射訓
狐曰有鳥夜飛名訓狐矜凶挾狡誇自呼乘時陰黑止我屋聲勢慷慨非常麤禮記
中庸曰素隱行怪行音下孟反東山詩注曰蠨蛸長蚑也跡云河内人謂之喜毋此
虫來著人衣當有親客至有喜也嵇康絶交書曰足下傍通多可而少怪鸕鷀
密伺魚蝦便白鷺不禁塵土涴涅槃經曰如人有怨
逐伺其便詩義疏曰鷺水鳥也好而潔白謂之白鷺退之詩頗書巖上石勿使塵泥

山谷一　十六

涴老杜詩冷蘂疎枝恐不禁絡緯何嘗省機織布穀未
應勤種播戴子曰莎雞古今注一名促織一名絡緯謂其鳴如紡績織
緯也老杜詩布穀處處催春種按爾雅鳲鳩鴶鵴注曰今布穀也孟子曰耰降播種
五技鼯鼠笑鳩拙百足馬蚿憐鱉跛荀子曰鼫
鼠五技而窮歐公詩衆鳥笑鳴鳩爾拙固無匹不能取巧婦以共營家室博物志曰
百足一名馬蚿莊子曰蚿憐蛇楚辭曰駟跛鱉而丁山吾固知其不能外荀子曰豈
若跛鱉之與六驥足哉老蚌胎中珠是賊醯雞甕裏
天幾大三輔決錄孔融見韋元將與其父書曰不意雙珠出於老蚌淮南子曰
明月之珠蚌之病而我之利莊子田子方篇曰孔子見老聃告顏回曰丘之於道也

其猶醯雞與微夫子之發吾覆也吾不知天地之大全也注云醯雞者甕中之蠛蠓
此吾全於老聃猶醯雞之與天地矣談苑劉師道詩醯雞舞甕天螳蜋當
轍恃長臂熠燿宵行矜照火恃一作怒莊子曰猶螳蜋
之怒臂以當車軼則必不勝任矣音義曰軼音轍詩曰熠燿宵行注云熠燿燐也螢火
也提壺猶能勸沽酒黃口只知貪飯顆提壺
鳥名梅聖俞四禽言云提壺蘆沽美酒風爲賓樹爲友山花撩亂目前開勸尒今朝
千萬壽家語孔子見羅雀者所得皆黃口小雀曰大雀善驚而難得小雀貪食而易
得摭言李白詩飯顆山頭逢杜甫伯勞饒舌世不問鸜鵒
纔言便關鍵七月詩曰七月鳴鵙注云鵙伯勞也劉禹談錄白居易玉蘂

山谷一　十七

花詩曰不緣啼鳥春饒舌青瑣仙郎何得知曲禮曰鸚鵡能言不離飛鳥劉夢得和
樂天鸚鵡詩曰誰遣聰明好顏色事須安置入深籠春蛙夏蜩更嘈
雜土蚓壁蟫何碎瑣七月詩曰五月鳴蜩注蜩螗也嘈雜作
嘈囋文選東京賦云奏嚴鼓之嘈囋音才達反孟子曰夫蚓上食槁壤下飲黃泉酉
陽雜俎曰張周封言壁上白瓜子化爲白魚韻書曰蟫音淫衣白魚也韓孟聯句竹
影金瑣碎江南野水碧於天中有白鷗閑似我
盧仝詩水泥碧天色老杜詩飄零何所似天地一沙鷗○萊公詩野水無人渡

戲和答禽語

南村北村雨一犁新婦餉姑翁哺兒田中

啼鳥自四時催人脫袴著新衣著新替舊
亦不惡去年租重無袴著東坡樂府曰一歸去歸去江上
犂春雨晉書列女傳謝安曰王郎逸少子
不惡汝何恨也前漢食貨志曰租挈重注
云收田租之約令也○東坡在黃州日效
梅聖俞體作五禽言布穀云南山昨夜雨
西溪不可渡溪邉布穀兒勸我脫布袴不
辭脫袴溪水寒水中照見催租瘢東坡自
注云土人謂布穀為脫却
布袴先生此詩大相類也

贈鄭交

山谷有招清公詩跋云草堂鄭
交處士隱處小塘芙蕖盛開使
雛伏鴛鴦卵與人馴狎不驚畏
老禪延恩長老法安師懷道遯

世清公少時蓋依之數年今觀
跋意即此詩但題不同爾鄭交
字子通見於山
谷書尺及題跋

高居大士是龍象草堂丈人非熊羆大士謂靈
源叟惟清清蓋晦堂之法嗣山谷與歐陽
元老帖云清師歸所受業院武寧之高居
想甚得所也武寧屬洪州蓮經曰文殊師
利語彌勒及諸大士如我惟村今佛世尊
欲說大法傳燈録達磨傳曰波羅提法中
龍象按智度論云龍象言其力大龍水行
中力大象陸行中力大故今以負荷大法
者比之龍象史記齊世家曰呂尚年老以
漁釣干周西伯西伯將獵卜之曰所獲非
龍非彲非虎非羆所獲霸王之輔果遇於
渭水之陽載與俱歸立為
師按六韜以非虎為非熊
不逢壞衲乞香

飯唯見白頭垂釣絲上句謂清公未至延
息下向指鄭交四分
律云一切上色衣不得畜當壞作迦沙色
智度論云五比丘曰佛當著何等衣佛言
應著衲衣金剛經曰爾時世尊食時著衣
持鉢入舍衛大城乞食維摩經曰化菩薩
以滿鉢香飯與維摩詰老杜詩江
邉老病雖無力強擬晴天理釣絲
鴛鴦終日愛水鏡菡萏晚風彫舞衣襄陽記曰司馬德操為水
鏡晉書樂廣傳衛瓘曰此人之水鏡也趙
嘏詩曰紅衣落盡渚蓮愁書曰𣶒之舞衣
開徑老禪來煮茗還尋密竹逕中歸江淹擬陶
淵明詩云開徑望三益老杜寄贊上人詩
云柴荊具茶茗逕路通林丘謝靈運詩連
巖覺路塞密
竹使徑迷

平陰張澄居士隱處三詩

仁亭

無心經世網有道藏丘山選詩曰世網嬰我身養生
息天黥劓不印歲寒莊子大宗師篇意而
子曰庸詎知造物之
不息我黥而補我劓管子曰十年之計樹
之以木印謂驗其信然必相符合也○論
語歲寒然後知
松柏之後凋
德人墻九仞強學窺一斑
莊子曰德人者居無思行無慮不藏是非
善惡禮記儒行曰夙夜強學以待問晉書
王獻之傳客曰此郎管中窺豹時見一斑
○論語夫子之墻數仞書為山九仞孟子
掘井九
仞
張侯大雅質結髮闖儒關大雅見上
注李廣傳

曰臣結髮而與匈奴戰董仲舒傳曰太學
賢士之關關音丑甚反韻書注云馬出門
良退之詩闖然入
其戶三稱天之言
奇贏忽諸偶老大嘗艱
難
漢書食貨志曰操其奇贏日游都市霍
去病傳曰常留落不耦左傳曰險阻艱
難備嘗之矣詩意謂張君少年進取如射
利者往往逢時遇合既老知世故之多艱
遂絕意於
仕進也
築亭上雲雨日月轉朱欄
文選
頭陀
寺碑曰層軒延袤上出雲霓西都賦
曰軼雲雨於天半虹霓迴帶於棼楣
牀敷
聽萬籟我家頗寬閑
寶積經偈云亦不爲
求天玉女及諸衣食
床敷事又云床敷綵女資坐具張拙頌云
凡聖含靈共我家退之書云耕於寬閑之
野
牧羊有坦途亡羊自多端
傳燈錄大安
禪師曰安在

潙山三十年只看一頭水牯牛若落路入
草便牽出若犯人苗稼即鞭撻調伏既久
可憐生受人言語如今變作个露地白牛
常在面前終日露迴迴地趕亦不去也退
之詩近來自說尋坦途猶上青雲路又騁
列子曰揚子之鄰人亡羊既率其黨又請
揚子之豎追之揚子曰嘻亡一羊何追者
之衆鄰人曰多歧路既反問獲羊乎曰亡之
矣曰奚亡之曰歧路之中又有歧焉吾不
知所之所以反也公都子曰大道以多歧
亡羊學者以多方喪生楚辭曰多端膠加
○莊子問臧何事則挾策讀書問穀何事
則博塞以遊其
爲亡羊則一也
市聲鏖午枕常以此心觀
世故紛紜能亂人意以此心觀之當不戰
而勝也漢書霍去病傳曰合短兵鏖皐蘭
下注云世俗謂盡死殺
人爲鏖糟音意曹反

復庵

春粮出求仁行李彌宇宙客渺愁人馬
莊子曰適百里者宿春粮論
曰求仁而得仁行李見上注詩
飢僕夫瘦
曰我馬瘏矣我僕
痡矣云何吁矣
歸來一丘中萬事不改
舊
漢書敘傳班嗣曰漁釣於一壑則萬物
不奸其志栖遲於一丘則天下不易其
樂傳燈錄曰不改舊時人只改舊時行履
處此詩大抵與後卷贈柳展如第八首同
意
禾黍鋤其驕牛羊鞭在後
甫田詩無田
甫田維莠驕
驕莊子曰養生者如牧
羊視其後者而鞭之
隱几天籟寒六鑿
忽通透
莊子齊物論曰南郭子綦隱几而
坐曰汝聞人籟而未聞地籟汝聞

地籟而未聞天籟夫又外物篇胞有重閬
心有天游室無空虛則婦姑勃谿心無天
游則六鑿相攘司馬彪云
謂六情攘奪鑿音在報反

亭泉

水德通萬物發源會時亨伏坎非心願成
川且意行
易蒙卦曰山下出泉蒙又曰蒙
亨以亨行時中也又坎卦曰有
孚唯心亨行有尚彖曰唯心亨乃以剛中
也東坡易傳云所遇有難易然而未嘗不
志於通是水之心也物之窒我者有盡而
是心無已則終必勝之故水之所以至柔
而能勝物者維不以力爭而以心通也不
以力爭故柔外以心通故剛中劉禹錫詩
腰斧上高山意行
無舊路此借用
栖遲林丘下欲濯無塵

纓女栖遲見前注。杜詩。石門斜日到林丘。孟子曰。滄浪之水清兮。可以濯我纓。文選北山移文曰。今見解蘭縛塵纓。沈休文新安江水詩曰。紛吾隔泥滓。豈假濯衣巾。願以濯溪水。沾君衣上塵。**杖藜逢載酒一瓢酌餘清**莊子曰。原憲杖藜而出。漢書揚雄傳曰。時有好事者載酒肴從游學。逸士傳。許由隱箕山。以手捧水飲之。人遺一瓢。得以操飲。謝詩。密林含餘清。

留王郎丗弼

王純亮字丗弼。山谷之妹壻。見於黃氏丗譜

河外吹沙塵江南水無津言南北相望之遠。文選謝靈運詩。河洲多沙塵。風悲黃雲起。書曰。若涉大水。其無津涯。**骨肉常萬里**

寄聲何由頻角弓詩序曰。骨肉相怨。漢書趙廣漢傳曰。界上亭長寄聲謝我。**我隨簡書來顧影將一身**詩曰。畏此簡書。曹子建責躬表曰。形影相弔。五情愧赧。資治通鑑。晉李密言。吾獨立於丗。顧影無儔。退之詩。念汝將一身。西來曾幾年。何晏行步顧影。見魏志。○**留我左右手奉承白頭親**晉書郤續傳。續諫成都王穎討長沙王乂曰。兄弟如左右手。**小邦王事略蟲鳥聲無人**小邦謂德安鎮。詩曰。王事靡盬。謝靈運詩曰。虛館絕諍訟。空庭來鳥雀。退之琴操曰。四無人聲。**王甥解鞍馬夜語雞喚晨**爾雅曰。姊妹之子爲甥。**母慈家人肥女惠男垂紳**禮記禮運曰。父子篤。兄弟睦。夫婦和。家之肥也。王介甫作鄭女墓誌曰。吾女生惠異甚。按惠與慧同。禮記玉藻曰。童子之節也。緇布衣錦緣錦紳。又曰。紳垂足。**有田爲酒事豚韭及秋春**酒事謂麴蘖事。見下茗事注。禮記王制曰。庶人春薦韭。秋薦黍。韭以卵。黍以豚。**生涯得如此舊學更光新**莊子曰。吾生也有涯。易曰。君子以篤實輝光日新其德。**索去何草草小留慰艱勤**老杜詩。明君適萬里。取別何草草。**百年才一炊六籍經幾秦**百年一炊。用邯鄲夢事。見上注。選東京賦注曰。蓋六籍所不能談。李善注引封禪書曰。六經載籍之傳。王介甫虔州學記曰。周道微。不幸而有秦。燒詩書。殺學士。然是心非獨秦也。當孔子時既有欲毀鄉校者矣。介甫又著桃源行曰。天下紛紛經幾秦。**要知曾中**

有不與迹同陳莊子曰。機心存於胷中。又天運篇。老子曰。六經先王之陳迹也。豈其所以迹哉。**郢人懷妙質聊欲運吾斤**莊子曰。莊子過惠子之墓。謂從者曰。郢人堊漫其鼻端若蠅翼。使匠石斲之。匠石運斤成風。聽而斲之。盡堊而鼻不傷。郢人立不失容。宋元君聞之。召匠石曰。嘗試爲我爲之。匠石曰。臣則嘗能斲之。雖然。臣之質死久矣。自夫子之死也。吾無以爲質矣。

送王郎

酌君以蒲城桑落之酒庾信詩。蒲城桑落酒。灞岸菊花秋。按續古今注云。索郎酒。桑落時美。故因以爲名。齊民要術。載釀桑落酒法。亦以九月。或云。桑落河名。非也。○杜詩。坐開桑落酒。**泛君以湘纍秋菊之**

英漢書揚雄作反騷曰欽弔楚之湘纍注謂屈原赴湘死故曰湘纍楚辭曰夕飡秋菊之落英

贈君以黔川點漆之墨黔音伊漢舊縣今屬歙州墨譜云江南黔歙之地有李廷珪墨尤佳廷珪本易水人唐末渡江居歙造墨有名蕭子良荅王僧虔書云仲將之墨一點如漆

送君以陽關墮淚之聲王維詩勸君更盡一杯酒西出陽關無故人李商隱詩斷腸聲裏唱陽關墮淚碑見晉書羊祜傳

酒澆胷次之磊隗世說王遜問王忱阮籍何如司馬相如忱曰阮籍胷中磊隗故須澆之言同相如唯有酒異莊子曰喜怒哀樂不入於胷次

菊制短世之頹齡淵明詩菊爲制頹齡班固幽通賦道脩長而世短

墨以傳萬古文章之印

歌以寫一家兄弟之情印如釋氏所謂傳佛心印詩曰以寫我憂王仲宣詩冀寫憂思情

江山千里俱頭白骨肉十年終眼青山谷此對極有妙處前輩多使之老杜云別来頭併白相對眼終青東坡云讀書頭欲白相對眼終青又曰身更萬事巳頭白相對百年終眼青又曰看鏡白頭知我老平生青眼爲君明又曰故人相見尚青眼新貴如今多白頭又曰江山萬里將頭白骨肉十年終眼青其用青眼對白頭非一而工拙各有異耳

連牀夜語雞戒曉書囊無底談未了文選趙景真荅嵇茂齊書曰鳴雞戒旦則飄爾晨征顏師古注急就章曰有底曰囊無底曰橐世說衛玠與謝鯤達旦微言太白詩語笑未了風吹斷

有功翰墨乃如此何恨遠別音書少文選詩粲粲翰墨場

炒沙作糜終不飽楞嚴經曰若不斷婬修禪定者如蒸砂石欲成其飯經百千劫秖名熱砂何以故此非飯本砂石成故世說曰賓客詣陳太丘使元方季方炊二人听客議論忘著箄皆成糜佛書又云譬如說食終不能飽

鏤冰文章費工巧鹽鐵論曰內無其質而外學其文若畫脂鏤冰費日損功考工記曰工有巧

要須心地收汗馬孔孟行世日杲杲謂道義戰勝胷中開明乃曉然見聖賢用心處史記晉世家文公曰矢石之難汗馬之勞此復受次賞孟子曰子夏子張子游以有若似聖人欲以所事孔子事之曾子曰不可江漢以濯之秋陽以暴之皜皜乎不可尚矣注曰秋陽周之秋夏之五月六月盛陽也

皜皜甚白也皜音杲詩曰其雨其雨杲杲出日山谷荅王雱書曰想以道義敵紛華之兵戰勝久矣古人云并敵一向千里殺將要須心地收汗馬之功讀書乃有味

有弟有弟力持家婦能養姑供珍鮭老杜同谷歌云有弟有弟在遠方古樂府曰健婦持門戶南史庾杲之傳任昉戲曰誰謂庾郎貧食鮭常有二十七種鮭音戶佳反切韻曰魚名出吳志

兒大詩書女絲麻公但讀書煮春茶禮記曰治其絲麻

次韻劉景文登鄴王臺見思五首

劉孝孫字景文其父平死於趙元昊之難鄴中記魏武於銅雀園立三臺

黄濁歸大壑漣漪遶重城郭璞注爾雅曰河所受渠多衆
水溷淆宜其濁黄漢書谷永傳黄濁四塞
此借用其字列子曰渤海之東不知幾億
萬里有大壑焉實惟無底之谷名曰歸墟
八紘九野之水莫不注之詩曰河水清且
漣漪西風一横笛金氣踰高明杜牧之詩深秋簾幕千家
雨落日樓臺一笛風漢書五行志曰金氣
病則木沴之老杜詩大火運金氣荊揚不
知秋劉禹錫秋螢引曰夜光寂寥金氣靜
文選笙賦李善注引淮南子曰寗戚擊牛
角而疾商聲歌曲商金聲清故以爲曲王
逸注楚辭九辯曰秋天高朗氣清明也
歸鴉度晚景落鴈帶邉聲老杜詩輕鳥度層陰文選李陵
書曰邉聲四起平生知音處別離空復情知音見後篇注

老杜詩遠送從此別青山空復
情按謝玄暉詩嬋娟空復情

又

舊時劉子政憔悴鄴王城把筆已頭白見
書猶眼明漢書劉向字子政用以比景文寰宇記故鄴城在相州鄴縣東
魏武帝受封於此呼爲北都平原秋樹色沙麓暮鐘聲
用老杜寄李白詩渭北春天樹江東日暮
雲句律平原今德州山谷是時監德州德
平鎮寰宇記沙麓在魏州元城縣東即漢
書元后傳王翁孺徙居之地今爲北京與
相州相接歸鴈南飛盡無因寄此情管子桓公曰夫鴻鴈
春北而秋南不失其時楚辭曰鴈雝雝而
南飛漢書蘇武傳天子射上林中得鴈足

有繫帛書老杜詩相憶
無南鴈何時有報章

又

繫匏兩相憶極目十餘城繫匏見魯論文選古詩云下有
長相憶楚辭曰目極千里兮傷心悲按德
與相俱在河北漢書吾丘壽王傳曰連十
餘城之守積潦千斗極山河皆夜明劉禹錫詩積潦搜山
趾司馬相如子虛賦曰上干青雲杜牧詩
觚稜拂斗極左傳曰恒星不見夜明也
白璧按劍起漢書鄒陽傳曰明月之珠夜光之璧以闇投人於道衆莫
不按劍相眄者何則無因而至前也朱絃流水聲記曰朱絃疏越一倡
而三歎有遺音者矣呂氏春秋伯牙鼓琴
意在山鍾子期曰巍巍乎意在水子期曰

湯湯乎鍾期死伯牙遂絶絃以世無知音乖逢四時爾木石了
無情達人之於窮通猶木石之於寒暑初無喜慍也莊子曰古之得道者窮亦
樂通亦樂所樂非窮通也道德於此則窮
通爲寒暑風雨之序矣樂天李夫人詩四
人非木石皆有情名士
傳曰阮籍了無愧色

又

茗花浮曾坑陸羽茶經曰沫餑者湯之華也華之薄者曰沫厚者爲餑
輕細者曰花東坡和曾仲錫詩云君
家新致雪坑茶自注云近得曾坑茶酒泛
酌宜城周禮酒正泛齊注曰泛者成而滓浮泛泛然如宜城醪矣疏云宜城
說以爲地名故曹植酒賦曰宜城醴醪
蒼梧縹清劉香以爲酒名未知孰是路

尋西九曲 此篇以末句考之，蓋追記汴京州西舊游，而此句述其經行之地。按宋次道東京記，閶闔門外福昌坊有九曲子巷。山谷所指或當謂此。人似
漢三明 後漢段熲傳：熲字紀明，與皇甫威明、張然明並知名顯達，京師稱爲涼州三明。范曄贊曰：山西多猛，三明儷蹤。千户非無相 後漢班超詣相者，相者曰：燕頷虎頭，飛而肉食，萬里侯相。後封定遠侯。景文將家子，故用三明及此事。五言空有聲 退之石鼎聯句序曰：校書郎侯喜新有能詩聲。何
時郭池晚照影寫閑情 蜀中舊本雙井前集絕句中有景文見招會宿州西郭園詩，文選王仲宣詩曰：日暮遊西園，冀寫憂思情。曲池揚素波，列樹敷丹榮。陶淵明有閑情賦。此借用其字

又

公詩如美色，未嫁已傾城 漢書李夫人傳：李延年歌曰：北方有佳人，絕世而獨立。一顧傾人城，再顧傾人國。嫁作蕩子婦，寒
機泣到明 言其中年之詩多哀傷也。選詩曰：昔爲倡家女，今爲蕩子婦。北夢瑣言，徐月英送人詩云：枕前淚與堦前雨，隔箇窗窗滴到明。○唐人吳融作寒機曉擶織賦，此引用 綠琴蛛網遍，絃絕不成聲 傳玄琴賦序曰：蔡邕有綠綺琴，天下名器也。玉臺新詠，徐悱贈內詩曰：網蟲生錦薦。禮記檀弓：子夏既除喪而見，予之琴，彈之而不成聲。想見鴟夷子，江湖萬
里情 言未逢知己也。杜牧之詩：西子下姑蘇，一舸逐鴟夷。○史記載范蠡佐越王既霸，乃乘扁舟浮江湖，自號鴟夷子。

次韻吳宣義三徑懷友

佳眠未知曉，屋角聞晴哢 王羲之帖云：向宅上靜佳眠。都不知足下來門。老杜詩：紅稠屋角花。退之送鄭校理詩曰：鳥哢正交加，楊花共紛泊。○廣記：鄭郊謁友人於陳蔡，路逢一家，有竹兩竿。鄭爲詩曰：家上兩竿竹，風吹常梟梟。家中賡之曰：下有百年人，長眠不知曉。又古詩：春眠不覺曉，是處聞啼鳥。萬
事頗忘懷，猶牽故人夢 老杜夢李白詩曰：故人入我夢，明我長相憶。又詩：春渚日落夢相牽。采蘭秋蓬深，汲井短綆凍 香草蔽於蓬艾，冽井窮於短綆，言薦引之難也。老杜詩：君不見才士汲引難，恐懼棄捐忍羈旅。又詩：露井凍銀床。○莊子曰：綆短不可以汲深。起看冥飛鴻，
乃見天宇空 法言曰：鴻飛冥冥，弋人何慕焉。選詩曰：昭昭天宇闊。甚
念故人寒，誰省機與綜 史記范雎傳：須賈曰：范叔一寒如此哉。又云：以綈袍戀戀，有故人之意。韻書云：綜，機縷也。在者天一方，日
月老賓送 文選蘇子卿詩曰：良友遠離別，各在天一方。書堯典曰：寅賓出日，寅餞納日。注云：賓，導也。餞，送也。往者不可言，古栢守翁
仲 水經注曰：鄗南千秋亭壇廟之東，枕道有兩石翁仲，南北相對。又按魏志明帝景初元年，鑄銅人二，號曰翁仲。此引用言冢間石人也。

送劉季展從軍鴈門二首 鴈門今代州

劉郎才力能百戰，蒼鷹下韝秋未晩。東觀漢記曰、趙勤字孟鄉、太守桓虞署爲督郵、於是貪令自責、還印綬去、虞歎曰、善吏如使良鷹、下韝命中。千里荷戈防犬羊，十年讀書厭藜莧。詩曰、荷戈與殳。文選劉越石表曰、敢肆犬羊。李善注引漢名臣奏曰、應劭議以爲鮮卑隔在漢北、犬羊爲群。南史沈攸之曰、早知窮達有命、恨不十年讀書。退之詩、肚腸集藜莧。試尋北產汗血駒，莫殺南飛寄書鴈。兩句皆用鴈門事。左傳曰、冀之北土、馬之所生。史記蘇秦傳說秦惠王曰、北有代馬。索隱云、代郡兼有胡馬之利。後漢書王符傳、有以貨得鴈門太守者、皇甫規問鄉前在郡食鴈美乎。老杜詩、汝休枉殺南飛鴻。史記、漢使謂單于曰、天子射上林中得鴈、足有繫帛書。○杜詩、騂騮作駒已汗血。

人生有祿親白頭，何能一日無甘饌。禮記內則曰、由命士以上、父子皆異宮、昧爽而朝、慈以旨甘。謂有親而不可無甘旨之奉也。禮記曰、七十非肉不飽。一日無甘饌之向、非取此意耶。

又

石跌谷中玉子瘦，金剛窟前藥草肥。寰宇記、仙人山在代州五雲縣東南石巖上、有人坐跡、山腹石上有手跡、山下石上有雙脚跡、皆西向立。張天覺清涼傳曰、夢遊五臺山金剛窟。按寰宇記、五臺山在代州五臺縣東北、內經以爲清涼山。東坡送天覺河東提刑詩曰、西登太行嶺、北望清涼山、餘光入巖石、神草出茅菅、能令墜指兒、虬鬚茁水顏。又詩曰、憑君說與埋輪使、速寄長松作解嘲。皆謂此草也。仙家耕耘成白璧，道人煮掘起風癱。絳囊璀璨思盈斗，竹畚香甘要百廛。搜神記曰、陽雍伯嘗設義漿以給行旅。一日有人飲訖、懷中取石子一斗與之曰、種此可生美玉。遂得白璧一雙。癱音肥。韻書曰、風病也。百廛謂百束。到官莫道無來使，日日北風鴻鴈歸。老杜曰、欲問平安無使來。禮記仲秋之月、鴻鴈來。

題宛陵張待舉曲肱亭

仲蔚蓬蒿宅，宣城詩句中。三輔決錄注曰、張仲蔚平陵人、所居蓬蒿沒人。淵明詩曰、仲蔚愛窮居、遶宅生蓬蒿。齊書謝朓爲宣城郡守、善詩文、選贈荅詩中多有朓宣城所作。宛陵即今宣州、故用此事。人賢忘巷陋，境勝失途窮。論語子曰、飯蔬食飲水、曲肱而枕之、樂亦在其中矣。亭名蓋取之。山谷此句、使顏子在陋巷、不堪其憂、回也一簞食一瓢飲、不改其樂、夫子曰、賢哉回也事。蓋用此以盡曲肱之意。晉書阮籍傳、率意獨駕、不由徑路、車迹所窮、輙慟哭而反。顏延之五君詠曰、途窮能無慟。此借用。寒菹書萬卷，零亂剛直胷。言胷中所有、惟蔬飯與書相雜。新序、楚惠王食寒蔬而得蛭、因吞之。偃蹇勳業外，嘯歌山水重。後漢書蔡邕傳、董卓曰、我力能族人。蔡邕遂偃蹇者、不旋踵矣。晉書謝鯤曰、猶不廢我嘯歌。○嘯歌字出毛詩。

其嘯也歌晨雞催不起擁被聽松風姚嗣宗詩崆峒山叟笑不語。靜聽松風春晝眠。南史陶弘景特愛松風

山谷詩集注卷第一

山谷詩集注卷第二

寄裴仲謀

交游二十年義等親骨肉禮記曰交遊稱其信也退之詩譬如親骨肉呂氏春秋曰父母之於子此謂骨肉之親。老杜詩義均骨肉地風雨漂我巢公亦未有屋鴟鴞詩曰予室翹翹風雨所漂搖箋云巢之翹翹而危以其所託枝條弱也寄聲來問安足音到空谷漢書趙廣漢傳曰寄聲謝我禮記文王世子問內豎之御者曰今日安否何如莊子曰逃空虛者聞人足音跫然而喜詩曰在彼空谷我家輦轂下薪桂炊白玉司馬遷書曰待罪輦轂下戰國策蘇秦曰使臣食玉炊桂。張志和曰樵青使薪蘭桂竹裹煎茶在官與影俱衣綻鬢曲局曹子建上責躬詩表曰形影相弔綻音文莧切衣縫解也采綠詩曰予鬢曲局天機行日月春事勤草木文選潘安仁詩曰曜靈運天機四節代遷逝注云曜靈日也按莊子曰天其運乎地其處乎日月其爭於所乎孰主張是孰維綱是孰居無事推而行是意者有機緘而不得已邪意者其運轉而不能自止邪老杜詩溪邊春事幽念公篤行李野飯中道宿說文云篤馬行頓遲左傳曰亦不使一个行李告于寡君注曰行李行人也。又云行李之往來供其匱乏驚沙卷旆旗烏尾城角譌一作烏尾訛城角文選王子淵四子講德論曰甲士寢而旆旗仆又魏都賦曰旆旗

躍笠按於與旌同後漢靈帝紀注云桓帝
之初京都童謠曰城上烏尾畢逋儀禮士
虞禮曰祝入尸謖注云謖起
也音縮老杜詩城頭烏尾訛騷騷家治具
夫子且歸沐言治具之忽速禮記檀弓曰
騷騷爾則野注謂太疾漢書
灌夫傳曰魏其夫妻治具注謂辦具酒
食○萬石君傳曰每五日洗沐歸謁親作
書寄後乘為我遣臣僕孟子曰後車數百
乘書曰我罔為臣
僕起居太夫人并問相與睦元注云相睦
兒名老杜詩
起居八座太夫人按後漢書岑彭傳曰大
長秋以朔望問太夫人起居漢書文帝紀
注云列侯妻稱夫人列侯死子復為列侯
乃得稱太夫人相字瞭然小字小德睦行
第三十三後嫁舒
城李去華文伯

山谷十二　二

寄黃幾復元注云乙丑
年德平鎮作
我居北海君南海寄鴈傳書謝不能山谷
嘗有
跋云幾復在廣州四會予在德州德平鎮
皆海濱也按輿地廣記四會舊屬廣州凞
寧六年割隸端州此詩元豐末所作猶云
廣州蓋欲表見南海之意爾山谷古詩亦
云四會有黃令尤傳曰君處北海寡人處
南海惟是風馬牛不相及也劉禹錫詩謫
在三湘最遠州邊鴻不到水南流按楚辭
招魂巫陽曰謝不能王逸注頗失其義若
漢書項籍傳陳嬰謝不
能則此詩所用之意
桃李春風一杯酒
江湖夜雨十年燈兩句皆記憶往時游居
之樂今既十年矣晉書

張翰傳曰使我有身後
名不如即時一杯酒
持家但有四立壁
治病不蘄三折肱漢書司馬相如傳曰家
徒四壁立左傳齊高彊
曰三折肱知為良醫此借用言
其諳練卌故不待困而後知也
想得讀書
頭已白隅溪猿哭癉溪藤東坡詩讀書頭
欲白相對眼終
青老杜詩殊方日落玄猿哭故國霜
前白鴈來四會在廣東故云癉溪

神宗皇帝挽詞三首

文思昭日月神武用雷霆堯典曰聰明文
思易曰神武而
不
殺
制作深垂統憂勤減受齡禮記曰周公
制禮作樂孟
子曰君子創業垂統為可繼也禮記文王
世子篇武王曰夢帝與我九齡文王曰我

山谷十二　三

百爾九十吾與爾三焉
注云文王以憂勤損壽
孫謀開二聖末命
對三靈詩曰胎厥孫謀以燕翼子二聖
謂宣仁太后哲宗皇帝元結
中興頌曰二聖重歡書顧命曰道揚末命
文選班固典引曰荅三靈之蕃祉李善注
謂三靈天地人
出春秋元命苞
今代誰班馬能書汗簡青
班馬謂遷固樂天行韓愈制曰立詞措意
有班馬之風後漢吳祐傳注曰殺青者以
火炙簡令汗取其青易書後
不蠹謂之殺青亦謂之汗簡

又

釣築收賢輔天人與聖能杜牧華清宮詩
曰釣築乘時用
易曰人謀鬼謀百姓與能○釣築用太公
釣渭濱傳說築傳巖事蓋言帝用人如

商高宗周
文王也
輝光唐六典度越漢中興百世
神宗廟千秋　永裕陵元豐三年始政官制至五年頒行上
句謂官制一新有光於唐之六典下句言
政事法度過於漢宣帝中興也六典唐玄
宗時所撰李林甫等所注蓋一代官制也
書首載玄宗勅曰法以周令作為唐典取
諸簡易所貴易從漢書宣帝贊曰功光祖
宗業垂後嗣可謂中興侔德商宗周宣矣
楊雄傳贊曰則必度越諸
子矣　永裕　神宗陵名　帝鄉無馬跡空
望白雲乘莊子曰千歲厭世而去乘彼白
雲至于帝鄉左傳曰周穆王周
行天下將必
有車轍馬跡

又

昔在基皇極師臣論九疇師臣謂王介甫
以武王訪箕子
比之也洪範曰皇建其有極
又曰天乃錫禹洪範九疇　丘陵或為谷
天地不藏舟上句言丘山之類人將安仰
下句言大化推移有形者所
不得遯然聖人未嘗喪其存也詩曰高岸
為谷深谷為陵莊子曰藏舟於壑藏山於
澤謂之固矣然而夜半有力者負之而走
昧者不知也藏小大猶有遯若夫藏天下
於天下而不得所遯是恒物之大情也故
聖人將遊於物之所不得遯而皆存
河洛功無憾幽燕策未收神廟元豐二年
四月命宋用臣
導洛通汴以代河渠謂之清汴漕輓遂無
留滯嘗有收復幽燕之謀既開端緒而未
收功也張舜民小說云　神廟於崇政殿
後設二十四庫以儲金帛諸路分將置都
作院河北設五都倉講好高麗然功未施
而上賓是天未欲幽薊之民歸中國乎
嗣皇朝萬國任姒正興周嗣皇謂　哲宗
初立任姒謂
宣仁太后垂簾聽政思齊詩曰思齊太任
文王之母思媚周姜京室之婦太姒嗣徽
音則百
斯男

王文恭公挽詞三首

王珪字禹玉
實録有傳
先皇憑玉几末命寄元勲謂
書顧　神廟顧託
命曰皇后
憑玉几導揚末命後漢書陳俊傳注賜俊
璽書曰將軍元勳大著元豐八年春神
廟寢疾二月珪於御榻前請建東宮三月
甲午立　哲宗為皇太子戊戌珪宣遺制
皇太子即皇帝
位事具實録　賓日行黃道攀髯上白雲
上句謂策立　哲宗下句謂未幾而公亦
薨也堯典曰寅賓出日注云寅賓道也晉天
文志曰黃道日之所行王介甫作韓魏公
挽詩云親扶日轂上天衢漢郊祀志黃帝
鑄鼎於荊山下既成有龍垂胡髯下迎黃
帝黃帝上騎群臣後宮從上龍七十餘人
小臣不得上乃悉持
龍髯白雲見上注　四時成歲律五色補
天文上句言藏用下句言補衮莊子曰四
時殊氣天不私故歲成五官殊職君
不私故國治此借用列子曰
女媧練五色石以補天闕　不謂堂堂去
今成馬鬣墳堂堂見魯論薛能詩青春背
我堂堂去禮記檀弓曰從若
斧者焉馬鬣封之謂
也注云封築土為壟

又

宥密深黃閣光輝極上台昊天有成命詩曰夙夜基命而宥密注云宥寬密寧也行寬仁安靜之政然前輩多作機密用之沈約宋書云朱門洞啓當陽之正色三公與天子禮秩相亞故黃閣以示謙晉書天文志西近文昌二星曰上台

藏舟移夜壑華屋落泉臺藏舟見上注曹子建詩生存華屋處零落歸山丘劉禹錫酬樂天詩曰華屋坐來能幾日夜臺歸去便千秋李嘉祐哭韋給事詩仁兄與恩舊想爾泣泉臺

雨紼誰為挽寒笳故作哀儀禮曰吊於葬者必執引若從柩及壙皆執紼注云廟中曰紼在塗曰引庚中丞昭君辭曰朔障裂寒笳韓退之詩踰梁下坂笳鼓咽老杜吹笛詩故作發聲微

傷心具瞻地無復袞衣來節南山詩赫赫師尹民具爾瞻破斧詩曰是以有袞衣兮無以我公歸兮注云謂成王所賫來袞衣

謝送碾壑源揀牙

矞雲從龍小蒼璧元豐至今人未識西京雜記曰雲外赤內青謂之矞雲雲二色曰矞亦瑞雲也矞音以律反易曰雲從龍按張舜民小說云溉寧末神廟有旨下建州製密雲龍其品又高於小團

壑源包貢第一春緗奩碾香供玉食第一春謂元豐元年建州茶以北苑壑源為上沙溪為下書曰厥包橘柚錫貢又曰惟辟玉食

睿思殿東金井欄甘露薦桃天開顏睿思蓋甘神宗便殿在垂拱殿後太白詩絡緯秋啼金井欄按戴延之西征記曰太極殿上有金井闌金博山鹿盧蛟龍負山於井上陸羽顧渚山記載王智深宋録曰豫章王子尚訪曇濟道人於八公山道人設茶茗子尚味之曰此甘露也何言茶茗焉老杜詩天顏有喜近臣知選詩開顏披心胷

橋山事嚴庀百局補袞諸公省中宿史記黃帝葬橋山注曰橋山在上郡此句謂作神宗裕陵也孟子注曰事嚴喪事急左傳曰官庀其司老杜詩諸公袞袞登臺省魏都賦曰禁臺省中建閭對廊○詩袞職有闕惟仲山甫補之

中人傳賜夜未央雨露恩光照宮燭庭燎詩曰夜如何其夜未央又蓼蕭箋曰露者天所以潤萬物喻王者恩澤不為遠則不及也杜詩氣得神仙迥恩承雨露低退之詩宮燭驪

山醒按周禮宮正曰宮中廟中則執燭

右丞似是李元禮好事風流有涇渭右丞謂李清臣後漢書黨錮傳序學中語曰天下模楷李元禮元禮名膺事具本傳晉書王徽之傳曰似是馬曹老杜詩偶坐似是商山翁好事見孟子及漢書楊雄傳風流謂得前賢之流風遺俗故前漢書趙充國等贊曰風聲氣俗自古而然今之歌謠慷慨風流猶存耳嵇康琴賦亦曰體制風流莫不相襲而李善注引淮南子及仲長統昌言似非佳語善又注沈休文所作謝靈運傳論曰在下祖習如風之散如水之流蓋此兩字或美或惡隨所用之意何如耳任彥昇詩伊人有涇渭非余揚濁清按谷風詩注曰涇渭相入而清濁異

肯憐天祿校書郎親教家庭遺分似漢書楊雄傳校書天祿閣

上敕謂戒敕也退之詩曰寫吾此詩持送似

春風飽識太官羊

不慣腐儒湯餅腸春風謂茶國史職官志太官令屬光祿寺掌膳羞割烹之事老杜詩百年麤糲腐儒飡又云老樹飽經霜○漢紀高祖曰腐儒幾敗乃翁事

搜攪十年燈火讀令我胷中書傳香盧仝茶歌曰三椀搜枯腸惟有文字五千卷退之詩曰炎風日搜攪南史沈攸之傳曰早知窮達有命恨不十年讀書退之詩燈火稍可親簡編可卷舒北史崔㥄傳伯猷歎曰胷中貯千卷書使人那得不畏服史記趙奢傳曰括徒能讀其父書傳

已戒應門老馬走客來問字莫載酒莊子曰杖藜而應門晉李密陳情表曰內無應門五尺之僮又文選司馬遷書曰太史公牛馬

走李善注云走猶僕也言為太史公掌牛馬之僕漢書楊雄傳劉棻嘗從雄學作奇字又曰有時有好事者載酒肴從游學

以小團龍及半挺贈無咎并詩用前韻為戲

談苑曰建州茶李氏別令取其乳作片或号曰金挺

我持玄圭與蒼璧以暗投人渠不識書曰禹錫玄圭周禮曰以蒼璧禮天柳子厚新茶詩圓方麗奇色圭壁無纖瑕暗投見鄒陽傳渠具上注渠猶晉人言伊蓋梁陳以来語庚信詩有無事教渠更相失之句老杜憶第詩亦云吟詩正憶渠

城南窮巷有佳人不索賓郎常

晏食佳人謂無咎山谷後詩有云城南晁正字南史劉穆之少貧好往妻兄江氏家乞食食畢求檳榔江氏戲之曰檳榔消食君乃常飢何忽須此穆之為丹陽尹乃令廚人以金柈貯檳榔一斛以進妻兄弟戰國策顏燭曰晚食以當肉

赤銅茗椀雨斑斑銀粟翻光解破顏韓孟聯句曰茗椀纖纖捧歐公詩輕寒漠漠侵駞褐小雨斑斑作燕泥銀粟謂茗花老杜詩將軍且莫破愁顏樂天詩一放狂歌一破顏

上有龍文下棊局探囊贈君諾已宿棊局謂團茶下隱隱有此文蓋籤痕莊子曰胠篋探囊此借用其字魯論曰子路無宿諾

此物已是元豐春先皇聖功調玉燭易蒙卦曰蒙以養正聖功也爾雅曰四氣和謂之玉燭注云道光照

晁

子胷中開典禮平生自期莘與渭易繫辭曰觀其會通以行其典禮此借用言典章文物開陳於胷次也孟子曰伊尹耕於有莘之野史記齊世家西伯遇太公於渭之陽老杜詩自比稷與契

故用澆君磊隗胷莫令鬢毛雪相似澆胷見上注老杜詩更憶鬢毛斑退之詩兩鬢雪白趨埃塵劉禹錫詩今宵帝城月一望雪相似

曲几團蒲聽煮湯煎成車聲繞羊腸柳子厚有斬曲几文王介甫詩獨坐隱團蒲文選魏武苦寒行曰羊腸阪詰曲車輪為之摧注引呂氏春秋九山曰太行羊腸其山盤紆如羊腸在太原晉陽北樂天詩夢尋来路繞羊腸王立之詩話曰東坡見山谷此句云黃九怎地得不窮故晁無咎復和云車聲出鼎繞九盤如

此佳句誰能識雞蘇胡麻留渴羌不應亂我官焙香本草水蘇一名雞蘇胡麻一名巨勝東坡云即今油麻也俗人煑茶多以此二物雜之拾遺記曰晉有羌人姚馥但言渴於酒群輩呼爲渴羌肥如瓠壺鼻雷吼幸君飲此勿飲酒蜀志張裔傳雍闓假鬼教曰張府君如瓠壺外雖澤而內實麁退之石鼎聯句序曰道士倚墻鼻息如雷鳴元稹詩鼻息吼春雷

和答外舅孫莘老

西風挽不來殘暑推不去晉書鄧攸傳吳人歌曰紞如打五鼓鷄鳴天欲曙鄧侯挽不留謝令推不去出門厭韡帽稅駕喜巾屨史記李斯曰吾未知所稅駕方言曰舍車曰稅老杜詩松下丈人巾屨同偶坐似是商山翁柳子厚詩室空無侍者巾屨喜掛壁道山鄰日月清樾深牖户道山見上注鄰日謂在天上字林曰樾樹陰也淮南子曰盥汻交流喘息薄喉當此之時茠越下則脫然而喜矣注云楚人樹上大本小如車蓋狀爲越言多蔭也詩曰綢繆牖户同舍多望郎閑官無窘步漢書直不疑傳誤持同舍郎金去孫樵作康郎中誌曰鴛行望郎錦川星使離騷曰桀紂之披猖兮夫惟捷徑以窘步注云窘急也劉禹錫詩悠悠關塞內來往無閑步此反而用之少監巖壑姿宿昔廊廟具晉書謝鯤傳曰或問論者以君方庾亮何如荅曰端委廟堂使百僚準則鯤不如亮

一丘一壑自謂過之謝靈運詩巖壑寓耳目阮嗣宗詩宿昔同衣裳老杜詩當今廊廟具劊厦豈云缺行趁補衮職黼黻我王度詩衮職有闕仲山甫補之左氏思我王度式如玉式如金此引用歸休飲熱客觴豆從調護莊子許由曰歸休乎君予無所用天下爲此借用以言休假啓顔録程季明有嘲熱客詩曰今代愚癡子觸熱到人家禮記曰七十觴酒豆肉漢書張良傳曰煩公幸卒調護太子此亦借用浩然養靈根勿藥有神助孟子曰吾善養吾浩然之氣太玄經曰藏心於淵美厥靈根易曰無妄之疾勿藥有喜老杜詩云詩應有神助寄聲舊僚屬訓告及匕箸如古詩上有加餐食之意漢書趙廣漢傳曰界上亭長寄聲謝我蜀志先主傳曰先主方食失匕箸尚憐書諌紙玉唾灑新句樂天詩月諌紙二百張歲愧俸錢三十萬玉唾見上注北焙碾玄璧谷簾煮甘露北焙即建溪高品文選劉越石詩握中有玄璧乃自荊山璆張又新煎茶水記云陸羽以廬山康王谷水第一陳䎘俞廬山記曰康王谷有水簾飛泉被崖而下甘露見上注何時臨書几剝芡談至暮韓信傳大王乃肯臨臣退之詩水果剝菱芡東觀漢記曰尹敏與班彪相厚每相與談常晏暮不食晝即至冥夜徹旦世說孫安國往殷中軍許共論往反精苦賓主遂至暮志食

次韻定國聞蘇子由卧病績溪

炎洲冬無氷，十月雷虺虺。東方朔十洲記曰炎洲在南海中此借用績溪隷歙州蓋江南之地左傳襄公二十八年春無氷梓慎曰今兹宋鄭其饑乎終風詩曰虺虺其雷注云暴若震雷之聲虺虺然

及春瘧癘行，老杜詩瘧癘三秋孰可忍按周禮疾醫曰四時皆有癘疾

用人祭非鬼，注謂氣不和之疾用人蓋楚俗如此如左傳所謂宋公使邾文公用鄫子于次睢之社注謂殺人而用祭也魯論曰非其鬼而祭之諂也

巫師司民命，藥石不入市。退之譴瘧鬼詩詛師毒口牙舌作霹靂飛符師弄刀筆冊墨交横揮史記扁鵲傳曰其在骨髓雖司命無奈之何此借用周禮曰髭鬣薛暴不入市

溪弩潛發機，土風甚不美。博物志曰江南山谿水中有射工蠱長一二寸口中有弩形氣射人影不治則殺人傳曰千鈞之弩不爲鼷鼠而發機左傳鍾儀樂操土風荀子曰人情甚不美

山谷十二　十二

蘇子卧江南，感歎中夜起。陸士衡詩中夜起歎息老杜詩中夜起坐萬感集又詩身欲奮飛病在牀按李令伯表曰劉嬰疾病常在牀蓐劉子曰人之將疾者必不甘魚肉之味學記曰雖有嘉肴勿食不知其旨也

聞道病在牀，食魚不知旨。

寒暑戰胷中，士窮有如此。老杜詩瘧癘三秋孰可忍寒熱百日相交戰韓非子喻老篇子夏曰兩者戰於胷中未知勝負故臞此借用禮記儒行曰其特立有如此者

此公天機深，爵禄心已死。莊子曰嗜欲深者天機淺此反而用之列子曰黃帝與容成子居空桐之上同齋三月心死形廢

養生遺形骸，觀妙得骨髓。莊子曰外其形骸文選何敬祖詩曰奚用遺骨骸志在得魚老子曰常無欲以觀其妙傳燈錄達磨傳謂門人道育得吾骨慧可得吾髓

后皇蒔嘉橘，中歲多成枳。士不變於熙豐者鮮矣楚辭橘頌曰后皇嘉樹橘徠服兮受命不遷生南國兮注言橘受命於江南不可移徙種於北地則化而爲枳也考工記曰橘踰淮而北爲枳東京賦曰蓂莢爲難蒔也故曠世而不覿

佳人何時來，爲笑啟玉齒。楚辭曰聞佳人兮召予神異經曰玉女投壺天爲之笑則電故老杜詩云每蒙天一笑長使物皆春郭璞游仙詩曰靈妃顧我笑粲然啟玉齒

湔祓瘴霧姿，朝趍去天咫。戰國策汗明說春申君曰今僕居鄙俗之日久矣君獨無湔祓僕也退之詩纔開還落瘴霧中左傳曰天威不違顏咫尺唐書城南韋杜去天尺五

山谷十二　十三

諸公轉鴻鈞，國器方薦砥。老杜詩八荒開壽域一氣轉洪鈞漢書王褒頌曰賢者國家之器用也所任賢則趨舍省而功施普器用利則用力少而就效衆故工人之用鈍器也勞筋苦骨終日矻矻及至巧冶鑄干將之璞清水淬其鋒越砥斂其咢水斷蛟龍陸剸犀革忽若彗汜畫塗矣

詩寫予心，莊語不加綺。詩云矢詩不多維以遂歌文選張茂先詩寫心出中誠莊子曰以天下爲沉濁不可與莊語佛氏口之四業有所謂妄言綺語退之城南聯句亦云綺語洗晴雪

次韻子由績溪病起被召寄王定

國
蘇子由欒城集中有荅王定國
問疾詩云五年竄南荒頑質不
伏病即此韻也
種萱盈九畹蘇子憂國病嵇叔夜養生論曰合歡蠲忿萱
草忘憂離騷曰予既滋蘭之九畹注云十二畝爲畹此句言種萱雖多不足以解蘇
子之憂蓋所憂在天下也文選江淹擬潘岳詩曰消憂非萱草永懷寧夢寐炎
蒸臥百戰山立有餘勁老杜詩吾老抱疾病家貧臥炎蒸又
詩癰癘三秋孰可忍寒熱百日相交戰孫子曰百戰百勝非善之善者也禮記王藻
日山立時行選詩曰石梁有餘勁斯人廊廟器不合從遠

山谷二　一四

屏蜀志許靖傳評曰蔣濟以爲大較廊廟器也禮記曰屏之遠方歐公表曰亂國
之讒已蒙於遠屏江湖搖歸心毛鬢侵老境左傳曰三
國敗諸侯之師乃搖心矣又史記蘇秦傳曰心搖搖然如縣旌而無所終薄禮記曰
六十者指使踈引賀瑒云耆至也至老境之境也杜詩人生五馬貴莫受二毛侵艱
難喜歸來如晴月生嶺春秋閔公元年書季子來歸公羊傳
云其曰來歸何喜之也初晴之月人所喜規淵明詩素月出東嶺禮記曰月生於西
仍懷阻歸舟風水蛟鰐橫選詩天際識歸舟杜詩蛟之橫
出清泚又蛟嶠深作橫補袞諫官能用儒吾道盛詩曰
袞職有闕仲山甫補之唐垂拱二年置補闕二員掌供奉諷諫揚子曰如用眞儒無

敵於天下○論語曰參乎吾道一以貫之上書詆平津蠹葉粉
記省漢書汲黯傳面觸公孫弘徒懷詐飾智以阿人主取容按弘封平津侯又
息夫躬傳上疏歷詆公卿大臣王介甫執政領三司條例上以子由爲之屬介甫欲
遣八使子由以書抵介甫及陳陽叔指陳其決不可者且以請補外介甫大怒將加以
罪陽叔止之奏除河南推官會張文定知淮陽以學官辟云事見穎濱遺老傳至
今民社計非事頰舌競魯論曰有民人焉有社稷焉易咸卦
之上六曰咸其輔頰舌象曰滕口說也漢書張良傳曰此難以口舌事方來
立本朝獻納繼晨瞋易困卦曰朱紱方來注謂能招異方此用
其字言自遠方來也孟子曰立乎人之本朝班固兩都賦序曰日月獻納人材

山谷二　十五

包新舊王度濟寬猛新舊謂欲兼用熙豐人材也嘉祐治平之
政近於寬熙寧元豐之政近於猛要當相濟易泰卦曰包荒用馮河左傳曰思我王
度式如玉式如金又曰寬以濟猛猛以濟寬政是以和○王直方詩話云先生嘗有
詩云人材包新舊王度濟寬猛建中初又曰閑姦有要道新舊隨宜收又云不須要
出我門下實用人材是至公大抵言朝廷用人也必開曲突謀滿慰
傾耳聽漢書霍光傳人爲徐生上書曰客有過主人者見其竈直突傍有積
薪客謂主人更爲曲突遠徙其薪不者且有火患漢書伍被傳曰天下引領而望傾
耳而聽斯文呂與張泉下亦蘇醒呂謂中丞呂誨獻可
張謂監察御史裏行張戩天祺按實録王安石傳呂誨劉述劉琦錢顗孫昌齡范純

何呂公著孫覺李常胡宗愈張戩王子韶陳薦程顥皆論列變法非是以次罷去山谷詩意謂元祐初召用諸人而獻可天祺皆前死矣然朝廷選用諫官一時政亦新可伸其憤懣之氣於泉下也獻可字四年五月卒天祺亦相繼云老杜詩斯文崔魏徒以我似班揚淮南子注云泉下有黃壚山退之作王適墓誌曰擿埴吧痒民獲蘇醒

天聰四門闢國勢九鼎定書說命惟天聰明惟聖時憲舜典闢四門達四聰史記周紀太史公曰武王營洛邑成王使召公卜居居九鼎焉左傳曰武王定鼎於洛邑

身得遭太平分甘守閑冷山谷自謂也退之詩太平時節身難遇○孟子曰分定故也晉書謝道韞曰爲天分有限耶分字蓋取此

天津十年面想見頎而整謂子由也劉談錄裴晉公度微時羈寓洛中常乘蹇驢入皇城方上天津橋時淮西不庭已數年矣有二老人倚橋柱而立云適憂蔡州未平須待此人爲將僕者聞之具述其事裴公曰見我龍鍾相戲耳其後竟平淮西詩曰猗嗟昌兮頎而長兮注云頎長皃整謂秀整見下注

何時及國門休暇過煮茗屈原九章哀郢曰出國門而軫懷其字本出周禮元次山醉歌曰因休暇則載酒於湖上

燒燈留夜語鴻鴈看對影對影謂東坡老杜詩鴻鴈影來連峽內太白詩對影成三人此借用

但恐張羅地頗復多造請漢書鄭當時傳曰先是下邽翟公爲廷尉賓客亦填門及廢門外可設雀羅張湯傳造請諸公不避寒暑

維此禮部公寒泉秘舊井謫去久

羸瓶召還汲脩綆東坡元豐八年秋召爲禮部郎中易井卦曰汔至亦未繘井羸其瓶凶初六曰井泥不食舊井無禽九五曰井列寒泉食太史公屈原傳亦引此說退之詩曰汲古得脩綆

太任洊齋宮陛下天統慶太任謂宣仁思齊詩曰思齊太任文王之母漢書刑法志曰宣帝常幸宣室齋居而決事陛下謂指廟漢書高帝紀贊曰協于火德自然之應得天統矣○蔡邕曰群臣與天子言不敢指斥呼陛下者言因卑達尊之意也

日月進亨衢經緯寒耿耿日月以言二聖易曰何天之衢亨杜詩日月繼高衢單襄公曰經緯不爽天之象也選詩云秋河曙耿耿

西走巳和戎南遷無哀郢左傳魏絳曰和戎有五利無哀郢謂遷客皆還也楚辭屈原九章有哀郢曰去故鄉而就遠兮遵江夏以流士又曰揖齊揚以容與兮哀見君而不再得郢蓋楚所都也

誰言兩逐臣朝轡天街並文選君子行曰逐臣尚何有字本出法言晉書天文志曰昴畢之間爲天街○按實錄元豐八年子由自績溪召還爲右司諫而東坡亦以是時被召此句蓋言二公得還朝

王子寬炎洲萬死保軀命王子謂定國炎洲謂嶺表東方朔十洲記曰炎洲在南海中此借用言定國嘗謫賓州柳子厚詩萬死投荒十二年

還家頗故紅信亦抱淵靜東坡與定國書曰君實嘗云王定國瘴煙窟裏五年面如紅玉不知道能如此乎山谷後詩有遺憐鬚鬢綠之句亦同此意文選謝靈運詩曰兼抱濟物性莊子曰抱神以靜形將自正又曰其居也淵而靜

秘屋待車音掃門親當帚柄文選曹子建應詔書曰爰暨帝
室秘此西墉李善注云秘猶舍也孟子曰百姓聞王車馬之音掃門用漢書魏勃事
淮南子曰彗出而授殷人其柄行當懷書傳載酒求是正
載酒見上注後漢安帝紀詔五經傳士是正文字端如嘗橄欖苦
過味方永歐公詩又如食橄欖眞味久愈在王立之詩話曰歐陽公謂梅
聖俞詩始讀之則歎莫能及後數日乃漸有味何止橄欖回味久方覺永按陸羽茶
經注曰味長謂之雋永雋味也永長也

次韻李之純少監惠硯

黃公山下黃雞秋持節恤刑曾少休寰宇記曰

汝州葉縣有黃城山太白詩黃鷄啄黍秋正肥書曰惟刑之恤哉小人負
弩得開道掃葉張飲林巖幽山谷熙寧間嘗爲葉縣尉
漢書司馬相如傳曰縣令負弩矢先驅又曹參傳曰乃取酒張坐飲相傳有
石非地產列仙持來自羅浮周禮曰以地產作陰德此
借用漢書司馬相如傳列仙之儒羅浮山記曰羅浮二山合躰在曾城傳羅二縣之境茅
君內傳曰羅浮山之洞周迴五里名曰朱明曜眞天酒酣步出雲雨
上南撫方城西嵩丘史記藺相如傳秦王飲酒酒酣孟郊遊終
南龍池寺詩曰步出白日上坐依清溪邊列子曰化人之宮出雲雨之上而不知下
之據寰宇記葉縣有方城山左傳所謂楚國方城以爲城即此也嵩山在西京與汝

州西北之境相接林端乃見石空洞猛獸贔屭踞
上頭晉書周顗傳曰此中空洞無物吳都賦曰巨鼇贔屭首冠靈山此借用以
言石之狀古樂府陌上桑曰東方千餘騎夫婿居上頭老杜詩陳山氣濛鴻宮殿居
上頭鳥道兎流謀挽致萬牛不動五丁愁南中
八志云交趾郡治龍編縣自興古鳥道四百里李白蜀道難曰西當太白有鳥道爾
雅曰兎子拋其跡流音岡老杜詩萬牛回首丘山重蜀王本紀曰秦王欲伐蜀以
路不通乃刻五石牛置金其後蜀人以爲便金王使五丁力士拖牛成道道家
蓬萊見仙伯我亦洗湔與清流蓬萊見上注仙伯謂
之純老杜詩諸公乃仙伯漢書昌邑王賀傳曰以湔洒大王退之詩懼終莫洗湔吳

志賀邵傳曰遂淀清流變濁北夢瑣言朱全忠賜裴樞等自盡李振曰此輩自謂清
流宜投黃河永爲濁流探囊贈研頗宜墨近出黃山
非遠求乃知此山自才美物欲致用當窮
搜魯論曰如有周公之才之美易曰備物致用立成器以爲天下利莫大乎聖人
迷邦故令成器晚不琢元非匠石羞魯論曰懷
其寶而迷其邦老子曰大器晚成莊子曰匠石之齊至乎曲轅

送舅氏野夫之宣城二首

籍甚宣城郡風流數貢毛寰宇記曰宣城本漢舊縣漢順
帝立宣城郡即今宣州漢書陸賈傳名聲籍甚注云狼藉甚盛左傳芋尹無宇曰食

士之毛誰非君臣**霜林收鴨脚，春網薦琴高。**歐公有謝梅聖俞寄銀杏詩云鴨脚雖百箇得之誠可珍又云霜野摘林實京師寄時新聖俞即宣州人琴高鯉魚也列仙傳琴高爲宋舍人後乘赤鯉見其弟子歐公亦有琴高魚詩○後山嘗有句云霜林堆鴨脚春味薦貓頭今山谷乃有此句雖各極其妙豈非儌此耶

共理須良守，今年輟省曹。漢書循吏傳宣帝曰庶民所以安其田里而忘歎息愁恨之心者政平訟理也與我共此者其惟良二千石乎後漢志曰世祖分尚書凡六曹

平生割雞手，聊試發硎刀。魯論曰割雞焉用牛刀莊子曰刃若新發於硎

又

試說宣城郡，停盃且細聽。晚樓明宛水，春騎簇昭亭。寰宇記宣州漢爲宛陵縣按地理今有宛溪水

杷稏豐圩戶，桁楊卧訟庭。杜牧之詩罷亞百頃稻西風吹半黃自注云罷亞稻名按切韻兩字皆從禾東坡錄奏單鍔吳中水利狀曰諸縣高原陸野之鄉皆有塘圩或三百畝五百畝爲一圩蓋古人停蓄水以灌民田按今宣州有化成惠民圩等人戶莊子曰桁楊接摺音義云械夾頸及脛者謝靈運詩虛館絕諍訟空庭來鳥雀謝玄暉詩高閣常晝掩荒堦少諍辭按玄暉嘗守宣城故山谷用此事

謝公歌舞處，時對換鵝經。言以燕處易榮觀之樂齊書謝朓字玄暉爲宣城郡太守太白廬山謠曰謝公行處蒼苔沒老杜詩回首可憐歌舞地按文選

鮑照蕪城賦曰歌堂舞閣之基晉書王羲之傳山陰有道士養群鵝云爲寫道德經當舉群相贈耳

送范德孺知慶州

乃翁知國如知兵，塞垣草木識威名。乃翁謂文正公仲淹仁廟時趙元昊反公自請守鄜延從知慶州又爲環慶路經略安撫使次策取横山復靈武而元昊稱臣請和慶曆中爲參知政事楊子法言曰使知國如知莽則吾以樗里疾爲蓍龜漢書陳勝傳曰今假王驕不知兵權老杜詩一書寄塞垣深唐書張萬福傳德宗曰朕謂江淮草木亦知爾威名乃翁見漢書項羽傳

敵人開戶玩處女，掩耳不及驚雷霆。孫子曰始如處女敵人開戶後如脫兔敵不及拒唐書李靖傳曰兵機事以速爲神震霆不及掩耳震霆魏志作疾雷

平生端有活國計，百不一試薶九京。文選孫楚與孫皓書曰愛民活國俗本多作治國非是又按南史王廣之子珍國爲南譙太守高帝手敕云卿愛人活國甚副吾意柳子厚作呂衡州誄曰萬不試而一出焉猶爲當世甚重禮記晉獻文子曰從先大夫於九京注謂晉卿大夫之墓地在九原京蓋字之誤

阿兄兩持慶州節，十年騏驎地上行。阿兄謂文正仲子忠宣公也忠宣名純仁字堯夫神宗熙寧七年十月知慶州元豐八年哲宗即位又自河中徙慶事具實録及曾子開所作公墓誌南史張融哭張緒曰阿兄風流頓盡老杜詩肯使騏驎地上行

潭潭大

度如卧虎邊頭耕桑長兒女後漢書鄧禹傳沉深有大度退之詩潭潭府中居此借用卧虎言不動聲色為敵人所畏如北史王羆傳所謂老羆當道卧貉子安得過者也後漢書董宣傳曰京師號為卧虎此借用老杜詩邊頭公卿仍獨驕又詩別家長兒女前漢書藝文志曰勸耕桑以足衣食食貨志曰為吏者長子孫高帝紀呂公曰此非兒女子所知

折衝千里雖有餘

論道經邦政要渠晏子春秋范昭謂晉平公曰齊未可并吾欲試其君晏子知之吾欲犯其樂太師知之於是輟伐齊謀孔子聞之曰不出樽俎之間而折衝千里之外晏子之謂也書曰茲惟三公論道經邦老杜憶弟詩吟詩正憶渠

妙年出補父兄處公自才力應時須文選曾植

求自試表曰終軍以妙年使越楞嚴經彌勤菩薩言今得授記次補佛處漢書司馬遷傳曰願竭其不肖之才力老杜詩竇氏檢察應時須

春風旍旗擁

萬夫幕下諸將思草枯旍與旌同文選王子淵四子講德論曰甲士寢而旍旗仆文選李陵書曰涼秋九月塞外草衰張祜詩草枯鷹眼疾按禮記月令孟夏行冬令則草木早枯

智名勇功不入眼可用

折箠笞羌胡孫子曰善戰者無智名無勇功世說謝安問殷浩眼往屬萬形萬形入眼否後漢書鄧禹傳光武曰赤眉來東吾折箠笞之竇融傳曰河西斗絕在羌胡中○漢書張良字子房無智名勇功

題王黃州墨跡後

王禹偁字元之咸平中自西掖謫知黃州

掘地與斷木智不如機舂聖人懷餘巧故為萬物宗易繫辭曰斷木為杵掘地為臼臼杵之利萬民以濟傳陽晉諸公贊曰杜預作連機水碓由此洛下穀米豐賤孟郊城南聯句曰機舂潺湲力考工記曰智者創物巧者述之老子曰淵兮似萬物之宗

世有斲泥手或

不待郢工言匠手雖巧亦必待能受之質也莊子曰莊子過惠子之墓謂從者曰郢人堊漫其鼻端若蠅翼使匠石斲之匠石運斤成風聽而斲之盡堊而鼻不傷郢人立不失容宋元君聞之召匠石曰嘗試為我為之匠石曰臣則嘗能斲之雖然臣之質已死久矣自夫子之死也吾無以為質矣吾無與言之矣此篇上六句

蓋言黃州鋒穎太甚惜其不能藏用也郢人漢書音義作擾人服虔云擾人古之善塗墍者

往時王黃州謀國極匪躬朝聞不及

夕百壬避其鋒漢書昭帝紀詔曰往時令民共出馬禮記四郊多壘注曰厚其謀人之國不能安也易曰王臣蹇蹇匪躬之故晉書傅玄傳玄天性峻急每有奏劾或值日暮捧白簡整冊竦踊不寐坐而待旦於是貴游懾氣臺閣生風此句頗采其意書曰何畏乎巧言令色孔壬注謂甚佞也漢書王商傳張匡曰百姦之路塞禍福傳曰莫敢觸其鋒

九鼎安盤石一身轉孤蓬謂國安而身危九鼎見上注荀子富國曰國安于盤石壽于箕翼注云盤石盤薄大石也文選曹子建詩轉蓬離本根飄飖隨長風又鮑昭蕪城賦曰孤蓬自振元飄之

當作三點賦謂貺商滁黃也在黃州作竹樓記曰四年之間奔走不暇未知明年又
在何處東坡作元之畫像贊曰元之以雄文直道獨立當世方是時朝廷清明無大
姦慝然公猶不容於中耿然如秋霜夏日不可狎玩至於三黜以死蓋元之初爲司
諫知制誥跣雪徐鉉與商州副團召歸爲翰林學士孝章后崩不成服元之以爲非
坐訕謗出守滁州召還知制誥撰太祖徽号玉冊語涉輕訕時相不悅奏黜黃州
州幾徙蘄未遂卒

浮雲當日月白髮照秋空

淮南子曰日月欲明而浮雲蓋之蘭芷欲脩而秋風敗之文選古詩曰浮雲蔽白日遊子不顧反

諸君發蒙耳汲直與臣同

漢汲黯傳淮南王謀反懼黯曰黯好直諫守節死義至說公孫弘等如發蒙耳賈指之傳曰置之爭臣則汲直

山谷二　二十四

注汲黯方直故世謂之汲直東坡畫贊亦引汲黯公孫弘事太宗嘗面戒元之曰
卿文章不下韓柳但剛不容物人多沮卿使朕難芘

題王仲弓兄弟巽亭

大隗七聖迷

莊子曰黃帝將見大隗乎具茨之山方明爲御昌寓驂乘
張若習朋前馬昆閽滑稽後車至於襄城之野七聖皆迷無所問途跡云大隗至人
也按寰宇記大隗山在許州長社縣具茨山在許州陽翟縣北仲弓蓋許人

許田連城重

春秋鄭伯以璧假許田文選魏文帝與鍾大理送王玦書曰價
越萬金貴重連城寰宇記魯城在許州長社縣鄭伯請以太山之祊易許田即此城
也

里中多佳樹與世作梁棟

漢書陳平傳曰里中社平

[illegible]左傳曰季孫氏有嘉樹老杜古柏行大廈如傾要梁棟萬牛回首丘山重

市門行清渠濮水可抱甕

史記貨殖傳刺繡文不如倚市門丈
杜詩清渠一邑傳按水經曰濮水出河南密縣大隗山東南入于潁說文濮音與纖
反玉篇濮音處記反莊子曰漢陰丈人抱甕灌畦

翬飛城東南隱几撫群動

斯干詩如翬斯飛莊子曰南郭子綦隱几而坐又曰俛仰之間
而冉撫宇宙淵明詩曰入群動息

人境要俱爾我乃得兵用

傳燈錄涿州紙衣和尚問臨濟如何是人境俱不奪曰王登寶殿野老唱歌師
曰如何是人境俱奪并汾絕信獨處一方師於言下領旨深入三玄三要之門叙仰
山云百丈得大用黃蘗得大機

烏衣之雲孫昆弟不好弄

山谷二　二十五

世說王導曰元規若來吾角巾還烏衣注引丹陽記曰烏衣之起吳時烏衣營處所
也江左初立琅耶諸王所住按寰宇記烏衣巷在今建康上元縣爾雅曰仍孫之子
爲雲孫注云言輕遠如浮雲左傳夷吾弱不好弄

木末風雨來卷箔醉賞從

離騷曰搴芙蓉於木末王勃滕王閣序珠簾暮捲西山雨

事常超然觀樂與賢者共

老子曰雖有榮觀燕處超然南有嘉
魚詩序曰太平之君子至誠樂與賢者用之此借用

人登斷壠求我目歸鴻送

孟子曰有賤丈夫焉必求龍斷而登之以左右望而罔市利注
云龍斷謂堁斷而高者也文選嵇康詩曰目送歸鴻手揮五絃

溪毛亂錦[illegible]作蟲響機綜

左傳曰澗溪沼沚之毛還之詩[illegible]曰蟬碎錦纈鮑照白

紵曲曰寒光蕭條候蟲急劉禹錫秋聲賦曰夜蟲鳴兮機杼促韻書曰綜機縷也

世紛甚崢嶸，胷次欲空洞。文選顔延年作陶淵明誄曰遂乃觧躰世紛結志區外李善注引嵇康詩世務紛紜廣雅曰崢嶸高貌楚辭曰下崢嶸兮無地莊子曰喜怒哀樂不入於胷次晉書周顗傳王導嘗枕顗膝而指其腹曰卿此中何所有也荅曰此中空洞無物然足容卿輩數百人

讀書開萬卷，謀國妙百中。老杜詩讀書破萬卷史記養由基射楊葉百發百中

儻無斲鼻工，聊付曲肱夢。斲鼻工見上注魯論曰曲肱而枕之樂亦在其中矣

寄尉氏倉官王仲弓

嘯臺有佳人，玄鬢鑑笄珥。寰宇記阮籍臺在開封陳留縣東南籍每追名賢携酌長嘯登此左傳曰昔有仍氏女生鬒黑而甚美光可以鑑名曰玄妻樂正后夔取之列子曰正蛾眉設笄珥

登高歌一曲，聽者傾城市。漢書李夫人傳李延年歌曰北方有佳人絕世而獨立一顧傾人城再顧傾人國

門無行媒迹，草木倚憔悴。禮記曰男女非有行媒不相知名老杜詩絕代有佳人幽居在空谷自云良家子零落依草木又云天寒翠袖薄日暮倚脩竹史記屈原傳顔色憔悴

人物方眇然，誰能委圭幣。王羲之帖曰蔡公遂委篤深可憂當今人物眇然而艱疾若此令人短氣左傳曰鄭徐吾犯之妹美公孫楚聘之矣公孫黑又使強委禽焉晉禮志太康八年有司奏大婚古者以皮馬為庭實天子加以穀圭諸侯加大璋漢書文帝詔曰朕獲執犧牲珪幣此借用其字

山谷詩集注卷第二

山谷詩集注卷第三

有惠江南帳中香者戲荅六言二首

洪駒父香譜有江南李主帳中香法以鵝梨汁蒸沉香用之

百鍊香螺沉水寶薰近出江南一穟黃雲繞几深禪想對同參

選詩豈意百鍊剛化作繞指柔此借用香螺謂螺甲見下篇注唐本草注曰沉水香出天竺單于二國木似櫸柳重實黑色沉水者是傳燈錄第二十二祖摩拏羅至西印土焚香而月氏國王忽覩異香成穗按韻書穗亦作穟法華經曰皆得深妙禪定傳燈錄又曰馬祖同參九人

螺甲割崑崙耳香材屑鷓鴣斑欲雨鳴鳩日永下帷睡鴨春閑

唐本草曰蠡類生雲南者大如掌青黃色取靨燒灰用之今合香多用謂能發香復來香煙按韻書蠡亦作螺韓鄂四時纂要載脩甲香方曰取大甲香如崑崙耳者酒煮蜜熬入諸香等用倦游錄云高竇等州產生結香山民見香木曲幹斜枝以刀斫成坎經年得雨水漬復鋸取之刮去白木其香結爲斑點亦名鷓鴣斑禮記月令鳴鳩拂其羽李商隱詩睡鴨香爐換夕薰

子瞻繼和復荅二首

置酒未容虛左論詩時要指南迎笑天香滿袖喜公新赴朝參

史記滑稽傳曰齊威王置酒後宮史記魏公子無忌傳曰無忌從車騎虛左自迎侯生東京賦曰幸見指南於吾子李善注引桓譚上便宜曰管仲桓公之指南老杜詩顚倒朝參懶樂天詩時暑放朝參

迎燕溫風旎旎潤花小雨斑斑一炷煙中得意九衢塵裏偷閑

禮記月令季夏之月溫風始至此借用韻書曰旖旎旌旗從風皃此亦借用歐公詩輕寒漠漠侵駞褐小雨斑斑作燕泥樂天詩馬入九衢塵又詩鬧裏偷閑且勤飲

有聞帳中香以爲熬蝎者戲用前韻二首

海上有人逐臭天生鼻孔司南

呂氏春秋曰人有臭者其親戚兄弟妻妾無能與居自苦而居海上人有悅其臭者晝夜隨而不去曹子建與楊德祖書曰海畔有逐臭之夫列子曰海上有人好鷗鳥者傳燈錄南泉云父母已生子鼻孔在什麼處韓非子曰先王立司南以端朝夕注云指南車也

但印香嚴本寂不必叢林徧參

楞嚴經香嚴童子白佛言見諸比丘燒沉水香香氣寂然來入鼻中我觀此氣非木非空非煙非火去無所着來無所從由是意銷發明無漏如來印我得香嚴號塵氣倏滅妙香密圓我從香嚴得阿羅漢祖庭事苑曰梵語貧婆此云叢林大論云譬如大樹叢聚是名爲林諸比丘和合故僧聚處得名叢林傳燈錄玄沙傳雪峯召曰備頭陀何不徧參去師曰達磨不來東土二祖不往西天雪峯肯之

我讀蔚宗香傳文章不減二班誤以甲爲

淺俗却知齋要防閑南史范曄字蔚宗撰
和香方序曰麝本多
忌過分必害沉實易和盈斤無傷棗膏昏
鈍甲煎淺俗惟無助於馨烈乃彌增於尤
疾也詩意謂蔚宗之論失於甲而得於麝
詩序曰魯桓公不能防閑文姜二班謂彪
固後漢書班彪傳贊曰
二班懷文裁成帝墳

謝公擇舅分賜茶三首

外家新賜蒼龍璧北焙風煙天上來明日
還山破寒月先甘和夢聽春雷外家謂母
家史記呂
右紀曰呂氏皆以外家惡而幾危宗廟北
焙謂建溪北苑官焙漢書竇章傳學者稱
東觀爲老氏藏室道家蓬萊山盧仝茶歌
曰手閱月團三百片退之詩新月憐半破

又石鼎聯句序云道士倚墻睡鼻
息如雷鳴元稹詩鼻息吼春雷
文書滿案惟生睡夢裏鳴鳩喚雨來乞與
降魔大圓鏡眞成破柱作驚雷漢書刑法
志曰文書
盈於几閣文選嵇康書曰人間多事堆案
盈机魔以言睡鏡以比茶降魔見佛書如
楞嚴經優波離言親見如來降服諸魔制
諸外道是也楞嚴經又曰立大圓鏡空如
來藏世說曰夏侯玄嘗倚柱讀書時暴雨
霹靂破所倚柱玄色無變楚辭曰凌驚雷
軼駭電乙字作去聲讀○梁元帝金樓子
有人讀書握卷即睡梁人謂書爲黃妳言
其怡神養性如乳媪也東
坡詩引睡文書信手翻
細題葉字包青箬割取魚郎春信來拚洗

一春湯餅睡亦知清夜有蚊雷隋蕭大圜
竹花賦曰
縹枝承露緗箬來風說文注曰楚謂竹皮
曰箬音而勺反玉篇云竹葉也秦少游作
李公擇行狀曰次女適郊祀齋郎丘楫詩
言此茶本欲留遺其壻今乃見分也退之
詩割取乖龍左耳來魏詩清夜游西園漢
書中山靖王傳曰聚蟲成雷○柳子厚詩
青箬裹鹽
歸洞客

送碧香酒用子瞻韻戲贈鄭彥能

便糴王丞送酒來○王詵晉卿
尚蜀國公主其家酒名碧香彥
能名
僅
食貧好酒嘗自嘲日給上尊無骨相詩曰
三歲
食貧漢賜丞相上尊酒糯米一
斛酒一斛爲上尊骨相見上注大農部丞
送新酒碧香窮比主家釀漢書食貨志曰
桑弘羊請置大
農部丞數十人分部主郡國東坡詩碧香
近出帝子家漢書衛青傳曰季與主家僮
衛媼通老杜詩主家陰洞細晉
書何充傳云令人欲傾家釀應憐坐客
竟無氊更遭官長頗譏謗老杜戲簡鄭廣
文詩廣文到官
舍繫馬堂階下醉則騎馬歸頗遭官長罵
才名四十年坐客寒無氊賴有蘇司業時
時與酒錢文選孔文舉書今之
少年喜謗前輩或能譏評孝章銀杯同色
試一傾排遣春寒出帷帳晉書王衍傳每
捉玉柄麈尾與
手同色此借用其字老杜詩乾愁要
排遣漢書文帝贊曰帷帳無文繡浮蛆

翁翁盃底滑，坐想康成論泛盃。周禮酒正辨五齊之名一曰泛齊二曰醴齊三曰盎齊鄭康成注云泛者成而滓浮泛泛然如今宜成醪盎猶翁也成而翁翁然葱白色如今酇白翁音烏動反重門著關不為君，但備惡客來仇餉。周易曰重門擊柝以待暴客漢書陳遵傳曰每大飲賓客滿堂輒關門元次山集以不飲者為惡客孟子曰葛伯率其民要其有酒食黍稻者奪之不授者殺之有童子以黍肉餉殺而奪之書曰葛伯仇餉此之謂也

送鄭彥能宣德知福昌縣

往時河北盜橫行，白晝驅人取城郭。往時見上注橫行見孟子漢書賈誼曰白晝大都之中剽吏而奪之金唯聞不犯鄭冠氏，犬臥不驚民氣樂。冠氏縣屬大名府後漢岑熙遷魏郡太守人歌曰狗吠不驚足下生氂漢書賈誼傳曰德數洽而民氣樂秖今化民作鋤耰，田舍老翁百不憂。老杜詩秖今年纔十六七賈誼過秦論曰鉏耰棘矜注云耰摩田器也南史宋武帝紀孝武曰田舍翁得此已爲過矣老杜詩吾知徐翁百不憂唐太宗以鄭公爲田舍翁銅章去作福昌縣，山中讀書民有秋。漢官儀曰縣令秩六百石銅章墨綬福昌縣屬西京書曰乃亦有秋詩意謂使民安於田里無飢寒之感少非文俗吏所能也退之詩曰出宰山水縣讀書松桂林福昌愛民如父

毋，當官不擾萬事舉。詩曰豈弟君子民之父母左傳曰當官而行何強之有用才之地要得人，眼中虛席十四五。不知諸公用心許，魯恭卓茂可人否。退之詩侍從近臣有虛位公今此去何時歸後漢魯恭爲中牟令專以德化爲理後至侍中司徒卓茂爲密令吏人親愛而不忍欺光武以茂爲太傅

顯聖寺庭枸杞

仙苗壽日月，佛界承雨露。誰爲萬年計，乞此一抔土。管子曰百年之計樹之以木漢書張釋之傳曰假令愚民取長陵一抔土何以加其法乎注云抔音步侯反謂手掬之也乞字去聲讀○本草枸杞一名地仙扶疏上翠蓋，磊落綴丹乳。漢書劉向傳曰梓樹生枝葉扶疏上出屋蜀志先主傳曰桑樹童童如小車蓋陸機詩疏云枸杞子秋熟正赤文選宋玉風賦枳句來巢李善注引司馬彪曰枸子似乳著其葉而生此借用去家尚不食，出家何用許。本草枸杞條陶隱居注曰俗諺云去家千里勿食蘿摩枸杞言其強盛陰道也政恐落人間，采剝四時苦。言在僧坊則不用食此故免采剝之害東坡先生後杞菊賦曰吾方以杞爲糧以菊爲糗春食苗夏食葉秋食花實而冬食根庶幾乎西河南陽之壽養成九節杖，持獻西王母。本草枸杞一名仙人杖一名西王母杖老杜詩安得仙人九節杖拄到玉女洗頭盆按真誥楊羲夢蓬萊仙翁拄赤

九節杖而
視白龍

次韻子瞻贈王定國

遠志作小草，鼂衣生陵屯。但爲居移氣，其
實何足言。遠志小草見上注。列子曰：若鼂
爲鶉，得水土之際則爲鼂蠙之
衣，生於陵屯則爲陵舄。注云：隨所生之處
而變者也。孟子曰：居移氣，養移體。詩意謂
士當特立獨行，不以窮達所居之異而易
其操。定國本貴公子，嘗坐東坡累遷謫賓
州，頗能自勵云。名下難爲久，醜好隨手飜。言名士
實往往隨世俯仰，作賢作佞也。史記范蠡
曰：大名之下難以久居。國史纂異閻立本
見張僧繇舊畫曰：名下定無虛士。列子曰：
賢愚好醜，成敗是非，無不消滅。老杜詩：時
來展材力，先後無醜好。又詩：飜手作雲
覆手雨。漢書韓信傳曰：公隨手亡矣。百
年炊未熟，用異聞集邯鄲枕中夢事，見上。蓋世成功黍一炊。注一垤
蟻追奔。異聞集載南柯太守淳于棼事云：棼疾，夢見二使者扶生入宅南古
槐穴中，前行數十里，有大城，門樓題曰大
槐安國。其王以女瑤芳妻生，使爲南柯郡
守。在郡二十年，有檀蘿國來伐，王命生征
之，敗績。生妻病死，王謂生可覺歸。生上車
行，俄出一穴，見本里閭巷，入其門，見己身
卧堂廡下，發悟如初。夢中倏忽若度一世
矣。遂呼二客尋古槐下穴，見大穴洞然明
朗，有積土壤以爲城郭臺殿之狀，有蟻數
斛隱聚其中，中有小臺，二大蟻處之，即槐
安國都邑也。又窮一穴，直上南枝，亦有土
城小樓，即南柯郡也。宅東一里澗側有大
檀樹，藤蘿擁織，旁有蟻穴，檀蘿之國豈非

此耶。山谷喜用此事，故具載之。東山詩注
曰：垤，螘冢也。追奔用莊子蝸角蠻觸相戰
伏尸逐北之意。文選李陵書曰：追奔逐北。夏日遶山永，戎葵茂
墻藩。後漢書竇章傳：學者稱東觀爲老氏藏室、道家蓬萊山。爾雅：菺，戎葵。注云：
今蜀葵也，似葵，華如木槿華。歐陽詹詩云：
芭蕉一葉妖，戎葵一花妍，莫無材實資，手
植堦墀前。漢書揚雄甘泉賦曰：電倏忽於墻藩。注云：藩，籬也。王子吐佳
句，如蠶絲出盆。晉書胡毋輔之傳：王澄曰：彥國吐佳言，如鋸木屑。又
孫綽傳：作天台山賦，示范榮期，每至佳句，
輒云：應是我輩語。歐公詩：問其別後學，初
若蠶抽緒。禮記曰：夫人繅三盆手。風姿極灑落，雲氣畫罍
樽。晉書王衍傳：風姿詳雅。注：淹擬許徵君詩曰：五難既灑落。周禮司尊彝注曰：山
尊，罍也，亦刻而畫之，爲山雲之形。屬有補袞章，自當寵頻
煩。司馬溫公嘗薦定國，句或指此。屬，音之欲反，近也。左傳曰：屬有宗祧之事於武
城。詩曰：袞職有闕，仲山甫補之。老杜詩：三顧頻煩天下計。按漢書王莽傳注曰：鄭重
猶頻煩也。鄙夫無它能，上車問寒溫。老杜詩：鄙夫行衰謝。
字出魯論。史記孟嘗君傳：代舍客馮驩無
他伎能。通典曰：祕書郎自齊梁之末，多以
貴游子弟爲之，無其才實，當時諺曰：上車
不落則著作，體中何如即祕書。本出顏
氏家訓。山谷時在館中，故用此事。惟思窮山去，抱犢長兒
孫。漢書嚴安傳曰：窮山通谷。又文選王康琚反招隱詩曰：放神青雲外，絕迹窮山
裏。唐人王維歸山歌曰：入雲中兮養雞，上
山頭兮抱犢。嬾不才兮妨賢，嫌既老兮貪

祿山谷蓋采此意按神仙傳王烈入河東
抱犢山中見一石室有素書兩卷與嵇康
共往讀之而寰宇記載潞州壺關縣有抱
犢山道書福地紀云抱犢山在上黨東南
乙地有石城高十丈有草名玉照取其葉
服之二三日不飢又按山水志云抱犢山
北嶽佐命之山也後魏葛榮亂百姓抱犢
於山上因名寒山子詩曰丈夫莫守困無
錢即經紀養得一牸牛生得五犢子犢子
又生兒積數無窮已寄語陶朱公富與君
相似陸龜蒙詩曰五年重到舊山村樹有
交柯犢有孫老杜詩自從盛酒長兒孫

次韻張詢齋中晚春 詢字仲謀

學古編簡殘懷人江湖永非無車馬客心
遠境亦靜 書曰學古入官漢書劉歆傳曰經或脫簡傳或間編詩曰嗟我

山谷詩三　九

懷人寘彼周行選詩門有車馬客淵明詩心遠地自偏 挽蔬夜雨畦
煮茗寒泉井 老杜詩夜雨剪春韭易曰井冽寒泉食 春去不
窺園黃鸝頌三十請 漢書董仲舒傳三年不窺園老杜詩隔葉黃鸝
空好音周禮司儀曰及出車送三請三進再拜 六朝無物望補外儻
天幸 孟子曰立乎人之本朝後漢第五倫傳曰有損事望注云望物望也唐書
馬周傳曰或京官不稱職始出補外莊子漁父篇孔子曰今者丘得遇也若天幸然
漢書伍被傳曰儻可以僥幸 想乘滄浪舫濯髮晞翠嶺
楚辭漁父鼓枻而去歌曰滄浪之水清兮可以濯吾纓滄浪之水濁兮可以濯吾足
又遠遊曰朝濯髮於湯谷兮夕晞余身乎九陽文選張平子思玄賦曰旦余沐於清

三祖信心銘云歸根得旨隨照失宗

源兮晞余髮於朝陽李善注云晞乾也山東曰朝陽○老子新沐晞髮於庭

次韻答晁無咎見贈

翕翕一臼炎 謂權門炙手可熱曾不幾時世說謝安在東山兄弟已有
富貴者集翕家門傾動人物韓退之作鄭羣誌曰不爲翕翕熱○詩云翕翕訿訿
耽耽萬年永 言守正而寡欲可爲不朽計也易頤之六四曰虎視耽耽
其欲逐逐無咎注觀其自養則履正察其所養則養陽頤爻之貴斯爲盛矣 四
海仰首觀 一作榮名響六合 頃復歸根靜 榮華之不可恃
如此老子曰萬物並作吾以觀其復夫物芸芸各歸其根歸根曰靜靜曰復命 時
雨瀉玉除潢流漲天井 周禮小祝逆時雨禮記孔子曰天降

山谷詩三　十

時雨山川出雲老杜詩雨瀉暮簷竹除謂殿階選詩曰凝霜依玉除陸士衡詩曰豐
注溢脩霤潢潦浸階除左傳曰潢汙行潦之水退之詩曰是時新晴天井溢誰把長
劍倚太行天井蓋水名乃水經注所謂經堯城西流入汾水者也此借用 性不
耐衣冠人門踈造請 世說王丞相世不耐酒南史張敷曰臣世
不耐雜造請見上注 煮餅臥北窗保此已徼幸 陶淵明與
子疏曰常言五六月中北窗下臥遇涼風暫至自謂是羲皇上人意識淺罕謂斯言
可保日月逝往機巧好疎緜求在昔眇然如何世說劉眞長爲丹陽尹許玄度就劉
宿床帷新麗飲食豐甘許曰若此保全殊勝東山劉曰卿若知吉凶由人吾安得保
此此詩兼采其意崔寔四民月令曰立秋無食煮餅及水溲餅禮記問喪曰徼幸復

及也空餘見賢心忍渴望梅嶺蜀志諸葛亮傳亮答先主曰將軍總攬英雄思賢如渴世說曰魏武帝行失道三軍皆渴帝令曰前有大梅林饒子甘酸可以解渴士卒聞之口皆水出後漢書鍾離意傳曰孔子忍渴於盜泉之水白氏六帖曰大庾嶺上梅南枝落北枝開老杜詩短日行梅嶺

次韻答張文潛惠寄文潛有初到都下供職寄黃九詩即此韻文潛名耒

短褐不磷緇甯戚飯牛歌曰短褐單衣適至骭列子力命篇北宮子曰朕衣則短褐世說注蔡洪與周俊書曰張暢居磨涅之中無緇磷之損其字本出魯論老杜詩亦云但取不磷緇文章近楚辭老杜詩縱使盧王操翰墨劣於漢魏近風騷史記屈原傳曰原既死之後楚有宋玉唐勒景差之徒皆好辭而以賦見稱漢書地理志曰故世傳楚辭未識想風采別去令人思退之詩吾未識子時已覽贈子篇綠想風采於今已三年按漢書霍光傳天下想聞其風采世說謝太傅云安北見之乃不使人厭然出户去不復使人思安北王坦之也此反其意而用之老子曰五色令人目盲斯文已戰勝凱歌偃旍旂謂文潛試中學官魯論曰天之未喪斯文也韋應物詩曰決勝文場戰已酣周禮大司馬若師有功則左執律右秉鉞以先愷樂獻于社注謂兵樂曰愷司馬法曰得意則愷歌示喜也按字書愷與凱同旍與旌同見上注晉書石勒載記曰偃藏旗幟寂若無人君行魚上冰忽復燕啣兒月令孟春魚上冰文選潘安仁詩我來冰未泮時暑忽隆熾學省得佳士催來費符移文潛元祐初爲太學博士文選沈休文有學省愁卧詩注云學省國學也晉書任愷傳孫倫以淑行致稱爲清平佳士王猛傳郡縣已被符管攝漢書劉歆傳移書太常博士方觀追金玉如許遽言歸棫樸詩追琢其章金玉其相此引用以言學省作成人材也後漢左慈傳老人立而言曰遽如許詩云言旋言歸文潛元韻曰五日長安塵故山夢中歸故此句廣其意南山有君子握蘭懷令姿此句當以屬二蘇文潛蓋其門下士也小雅曰南山有臺北山有萊樂只君子邦家之基漢官儀尚書郎懷香握蘭東坡元祐初爲禮部郎中故山谷用此事謝靈運詩云想見山阿人薛蘿若在眼握蘭勤徒結折麻心莫展李善注曰握蘭以相贈問也末句蓋終此意選詩云煌煌發令姿但應潔齋俟勿詠無生詩宋玉登徒子好色賦秦章華大夫曰臣嘗從容鄭衛溱洧之間羣女出桑臣觀其麗者因稱詩曰遵大路兮攬子袪贈以芳華辭甚妙於是處子含喜微笑竊視流眄復稱詩曰寤春風兮發鮮榮潔齋俟兮惠音聲贈我如此兮不如無生因遷延而辭避李善注謂贈以芍藥欲結恩情而女不受詩曰知我如此不如無生恨之辭也山谷引用意謂蘭草之芳馨非芍藥凡草之比知我者必以是爲好姑脩潔以俟之可也士之干世政如女之從人不可自獻故山谷以此爲况○龐居士頌大家團欒頭共說無生話

同錢志仲飯籍田錢孺文官舍

帝籍開千畝農功先九州禮記月令曰藏帝籍之收於神
倉國語曰宣王即位不籍千畝五經要義曰天子籍田千畝率公卿親耕所以先百
姓而致孝敬左傳曰政如農功王孫守耒耜吏隱極風流
錢氏蓋吳越王鏐之後漢書韓信傳曰吾哀王孫而進食禮記月令孟春之月天
子親載耒耜躬耕帝籍汝南先賢傳曰鄭欽吏隱于蟻陂之陽老杜詩吏隱適情性
玆焉其窟宅風流見上注永夏豐草木五雲衛郊丘書曰
日永星火以正仲夏屈原懷沙曰陶陶孟夏兮草木莽莽孝經援神契曰德至山陵
則景雲出景雲五色雲也郊丘謂南郊之圓丘文選石闕銘曰輿建庠序啓設郊丘
牛羊卧籬落賓客解衣裘汲井羞熟啜撓

山谷詩三　十三

溪供甘柔退之詩欲將層級壓籬落謝靈運詩激澗代汲井史記張儀傳
趙襄子與代王飲陰告厨人曰即酒酣樂進熱啜國語曰公父文伯飲南宮敬叔酒
羞鼈焉左傳曰澗溪沼沚之毛退之詩野蔬拾新柔又祭女拏文曰飲食柔甘倒
截收蓮的剖蚌煮鷄頭韻書曰截輔弓箭室也音义爾雅曰
荷芙蕖其實蓮其中的注云的子也周禮注芡雞頭一名鴈頭退之聯句云鴻頭排
刺芡歐公食雞頭詩云剖蚌得珠從海匧按蜀志秦宓奏記曰剖蚌求珠野日
草光合水風荷氣浮老杜詩野日荒荒白選詩風光草際浮韋
應物詩雨微荷氣涼稻畦下白鷺林樾應鳴鳩李嘉祐詩
曰漠漠水田飛白鷺陰陰夏木囀黃鸝林樾見上注主人發清賞況

復佳同遊歸扇障小雨眞成一賜休障字作平
聲讀南史劉祥傳褚彦回以腰扇障日退之詩天街小雨潤如酥漢律有賜告有予告
見漢書馮野王傳又薛宣出教曰日至吏以令休所由來久老杜詩眞成浪出遊

次韻曾子開舍人游籍田載荷花歸

維王調玉燭時夏雨我田爾雅曰四氣和謂之玉燭注云
道光照詩曰雨我公田遂及我私壁掛蒼龍骨溜渠故濺
濺龍骨謂水車王介甫詩曰龍骨長乾掛梁梠李商隱詩伊水濺濺相背流三
推勸根本百穀收皁堅禮記月令孟春之月天子親載耒耜
躬耕帝籍天子三推漢書文帝詔曰農天下之本也其開籍田朕親率耕大田詩曰

山谷詩三　十四

既方既皁既堅既好注實未堅者曰皁官司極齊明崇丘見
升煙左傳曰分之官司彝器禮記曰齊明盛服又月令孟春以元日祈穀于上
帝注謂以上辛郊祭天也甘泉賦崇崇圓丘隆隱天兮周禮大宗伯注曰燔燎而升
煙所以報陽也繫馬西門柳憶聽去夏蟬文選劉琨詩繫
馬山下松陸機詩寒蟬鳴高柳剝芡珠走盤鈎魚柳貫鮮
退之詩水果剝菱芡博物志曰鮫人泣而成珠蒲盤杜牧注孫子序曰猶丸之走盤
石鼓文曰其魚維何維鱮與鯉何以貫之維楊與柳〇六一居士雞頭詩剖蚌得珠
從海匧掃堂延枕簟公子氣翩翩自爾欲繼
往咀心如蹇泉禮記內則云斂枕簟席史記太史公曰平原君翩

翩濁世之佳公子也。紫微樂暇日披襟
退之詩水紋浮枕簟
詠風漣唐開元五年改中書爲紫微省元
祐初予開爲中書舍人宋玉風賦
曰有風颯然而至王乃披襟而當之詩曰
河水清且漣漪注云風行水上成文曰漣
。孟子壯者以暇
日修其孝悌忠信紅粧倚荷蓋水鏡寫明
蠲文選古詩曰娥娥紅粉粧玉臺新詠梁
武檮衣詩曰翡翠低紅粧青箱雜紀曹
修已詩荷葉罩芙蓉圓青映嫩紅佳人南
陌上翠蓋立春風退之詩曲江千頃波秋
靜平鋪紅蕖蓋明鏡水鏡見上梁元帝
從軍行曰山虛和鏡管水淨寫樓舡美
物有佳實翦房助加籩國語曰三女爲粲
夫粲美物也衆以
美物歸汝而何德以堪之周禮籩人
曰加籩之實菱芡㮚脯此以借用珠宮

紫貝闕足此水府仙楚辭九歌曰紫貝闕
兮朱宮文選木玄虛
海賦曰水府之內極深之庭鬱鬱冠蓋宅
樂府題解伯牙作水仙操
追奔易彫年文選古詩曰洛中何鬱鬱冠
帶自相索長衢羅夾巷王侯
多第宅又左太冲詩曰冠蓋蔭四術朱輪
竟長衢追奔見上注鮑照舞鶴賦曰急景
彫能從物外賞眞是區中賢文選張平子
年歸田賦曰苟
縱心於物外又焉知榮辱之所如退之詩
窮探極覽頗恣橫物外日月本不忙漢書
司馬相如大人賦曰迫區中仍聞載後乘
之隘陜兮舒節出乎北垠
孟子曰後車數十乘李商隱
籠燭照嬋娟詩蠟照半籠金翡翠文選西
京賦曰增嬋娟以跐豸注云姿態妖蠱也
王立之詩話載此詩一本云令君誠重客

食前頗加籩西漢足臙仕東觀多臞仙何
時載尊俎空入觀少年及此歸沐早少休
從事賢傳觴定可
醉下縉出嬋娟

送劉士彥赴福建轉運判官

秋葉雨臨來宜鴻天資高樂天詩葉聲落
如雨孟郊詩商
葉墮乾雨揚子曰鴻飛冥冥弋人何慕焉
零陵先賢傳諸葛亮謂劉巴曰足下天資
高車馬氣成霧九衢行滔滔此已下四句
亮大率用文選
左太冲詠史詩意所謂濟濟京城內赫赫
王侯居冠蓋蔭四術朱輪竟長衢寂寂揚
子宅門無卿相輿是也史記天官書曰車
氣乍高乍下騎氣卑而布漢官典職曰正
旦作樂漱水成霧樂天詩
馬入九衢塵滔滔見魯論中有寂寞人靈

府扃鎖牢文選郭景純遊仙詩曰青溪千
餘仞中有一道士漢書揚雄傳
京師爲之語曰惟寂寞自投閣莊子曰不
可入于靈府注云靈府者精神之宅淵明
詩曰形迹憑化往靈府長獨閑淮南子曰
中扃外閉何事之不節歐公詩始知文景
基扃西風持漢節騎從嚴弓力漢書蘇武
牢傳曰杖漢
節牧羊唐人詩云大雪維閩七聚落嬛獨
滿弓刀單于夜遁逃
困吏饕周禮職方氏掌七閩之人民莊子
曰九落之事疏云九州聚落之事
書曰無虐縈獨而畏高明按嬛與縈同。
縉雲氏有不才子天下之民以比四凶謂
之饕餮注曰貪財士弊禾黍惡水須鱗介
爲饕貪食爲餮
勞漢書溝洫志曰且溉且糞長我禾黍退
之祭文曰覼鱗介之驚透按周禮大司

徒曰川澤宜鱗物墳衍宜介物汝墳詩注
曰魚勞則尾赤樂記土弊則草木不長水
煩則魚鼈不大山谷南驅猳仁氣百城共
此兩句蓋本諸此
一陶禮鄉飲酒曰天地溫厚之氣始於東
北而盛於東南此天地之仁氣也漢
書賈琮傳曰爲冀州刺史百城聞風
自然竦震○崔駰達旨坏冶一陶察人
極涇渭閒俗及豚羔文選任彥升哭范僕
射詩云伊人有涇渭
非余揚濁清李善注引孫綽曰涇渭殊流
雅鄭異調禮記入境問俗周禮庖人曰春
行羔豚膳膏香末句謂官閒得勝日杖屨
求民疾苦委曲詳盡
之林皋晉書衛玠傳曰遇有勝日親友時
請一言曲禮曰君子欲伸撰杖屨
莊子曰山林歟皋壤歟人閒閑忠厚物外
使我欣欣然而樂此歟

訪英豪上句一作功名付簪紱○英
豪之士往往隱約於山林
次韻韓川奉祠西太一宮四首春
明
退朝錄曰天聖
中建西太一宮
萬靈未對甘泉五福閒祀迎年旍旗三游
半偃風馬雲車闖然漢書郊祀志曰黃帝
接萬靈於明廷明廷
者甘泉也又曰武帝定郊祀之禮祠泰一
於甘泉就陽位也詩意謂皇家未接萬靈
而特祀五福以爲民祈年之故爾五福謂
五福太一蓋十神之一太一金鏡經具載
其詳郊祀志又曰立泰畤壇秋及臘閒祠
又曰黃帝爲五城十二樓以候神人名曰
迎年注謂若云祈年也又曰爲伐南越告
禱泰一以牡荊畫幡象泰一三星爲泰一

縿旗命曰靈旗顏氏家訓曰按說文勿者
州里所建之旗象其柄及三游之形禮樂
志郊祀歌曰靈之車若玄雲靈之下若風
馬退之詩闖然入其戶三稱天之言字出
公羊哀
六年傳
白髦下金神節青祝攜御鑪香百禮盡修
亳祀九歌不取沉湘晉語曰虢公夢在廟
有神人面白毛虎爪
執鉞立於西阿公覺召史嚚占之對曰如
君之言則蓐收也注云西方白虎金正之
官青祝謂內出青詞以香薰之乃授祠官
使祭告也詩曰以洽百禮漢書郊祀志曰
亳人謬忌奏祠泰一方曰天神貴者泰一
泰一佐曰五帝於是天子令太祝立其祠
長安城東南郊王逸楚辭章句曰九歌者
屈原所作沉湘之閒俗信鬼而好祠歌舞

之樂其辭鄙陋因爲作九歌之曲文選運
命論曰屈原以之沉湘○楚辭九歌有東
皇太一有湘君湘夫人
豈獨取東皇太一耶
紫府侍臣鳴玉霜臺御史生風官燭論詩
未了知秋自屬梧桐抱朴子曰項曼都自
言到天上過紫府金
牀几晃晃昱昱禮記曰行則鳴佩玉崔篆
御史箴曰簡上霜凝筆端風起後漢巴祗
與客暗坐不然官燭末句意謂論詩得趣
不覺其爲秋夕也世說鄭玄語服子愼曰
吾久欲注春秋傳尚未了王介甫詩
只聽蟲聲已無夢五更桐葉強知秋
泰壇下瑞雲黃雨師灑道塵香禮記曰燔
柴于泰壇
祭天也下瑞謂降瑞也退之詩生祥下瑞
無時期漢書郊祀志武帝迎鼎至甘泉至

中山晏温有黃雲爲東都賦曰雨師汎灑
風伯清塵○唐史天子之行風伯清塵雨
師灑道

便面猶承墜露金鉦半吐東牆便面謂扇見漢書張敞傳西都賦曰抗仙掌以承露離騷曰朝飲木蘭之墜露東坡詩樹頭初日掛銅鉦老杜詩初日翳復吐

次韻王荊公題西太一宮壁二首

風急啼烏未了雨來戰蟻方酣楊大年詩風來玉宇烏先覺按淮南子曰烏鵲識歲之多風去喬木而巢扶枝老杜詩啼烏爭引子木由詩語笑未了風吹斷錢昭度詩白蟻戰酣山雨來按焦貢易林曰蟻封穴戶大雨將至韓非子曰趙晉戰于鄗陵酣戰之時子反渴而求飲**眞是眞非安在人間北看成南**莊子曰彼亦一是非此亦一是非果且有彼是乎哉果且無彼是乎哉楞嚴曰如人以表爲中時東看則西南觀成北表體既混心態雜亂在熙豐則荊公爲是在元祐則荊公爲非愛憎之論特未定也

晚風池蓮香度曉日宮槐影西白下長干夢到青門紫曲塵迷言荊公厭京洛風塵而思金陵山水公詩蓋云三十六陂煙水白頭想見江南法華經曰如淨池蓮花莊嚴涅槃經曰如日垂沒山陵堆阜影現東移理無西逝此詩采其意反而用之王摩詰輞川有宮槐陌寰宇記白下縣故城在金陵上元縣城西本江乘縣白石壘齊武帝移琅邪居之文選吳都賦曰長干延屬李善注云江東謂山岡間爲干建鄴之南有山其間平地吏民居之故号爲干按今金陵城南門外有長干寺荊公詩有白下長干何可見風塵愁殺庾蘭成之句故此詩引用唐人樂府云紫陌青門三十六宮春晝永三輔黃圖曰長安城東出南頭第一門曰霸城門民見門色青名曰青城門

有懷半山老人再次韻二首

荊公所居在鍾山之半故号半山

短世風驚雨過成功夢迷酒酣追念熙寧間一時建立之事今已墮渺茫如醉鄉夢至其所可傳則有不朽者在後兩句終此意班固幽通賦曰道脩長而世短文選運命論曰風驚塵起散而不止老杜詩村晚驚風度庭幽過雨霑左太冲詩酒酣氣益振**草玄不妨準易論詩終近周南**上句謂其經學下句謂其詩漢書揚雄傳曰雄方草創太玄有以自守贊曰以爲經莫大於易故作太玄文選左太冲詩曰寂寂揚子宅門無卿相輿言論準仲尼辭賦擬相如魯論曰人而不爲周南召南其猶正牆面而立也歟

啜羹不如放麑樂羊終愧巴西韓非子曰樂羊爲魏將而攻中山中山之君烹其子而遺之羹樂羊坐於幕下而啜之盡一杯文侯謂堵師贊曰樂羊以我故而食其子之肉荅曰其子而食之且誰不食樂羊罷中山文侯賞其功而疑其心韓非子又曰孟孫獵得麑使秦西巴載之持歸其母隨之而啼秦西巴弗忍而與之孟孫大怒逐之居三月復召以爲子傅曰夫不忍于麑又且忍吾子乎故曰巧詐不如拙誠樂羊以有功見疑秦西巴以有罪益信按呂惠卿叛荊公

發其私書有勿使上知之語山谷意謂惠卿之忍政如樂羊判公之過當與西巴同科也蘇子由彈惠卿章蓋云放麑違命也推其仁則可以託國食子徇君也推其忍則至於弑君西巴他書或作巴西非是

欲問老翁歸處帝鄉無路雲迷

莊子曰千歲厭世而去乘彼白雲至於帝鄉神考眷遇荆公終始不衰升遐之一年而公亦薨詩意謂神考威靈在天公當從之非讒邪所能間也

和答錢穆父詠猩猩毛筆

雞林志云高麗筆蘆管黃毫健而易乏舊云猩猩毛或言是物四足長尾善緣木蓋狖毛或鼠鬚之類耳

愛酒醉魂在能言機事踈

猩猩事通典於哀牢國言之甚詳蓋出於華陽國志及水經注唐文粹載裴炎猩猩說大率本此其略云阮研使封溪見邑人云猩猩在山谷間數百爲羣人以酒設於路側又愛著屐里人織草爲屐更相連結猩猩見酒及屐知里人設張則知張者祖先姓字乃呼名罵云奴欲張我捨之而去復自再三相謂曰試共嘗酒及飲其味逮乎醉因取屐而著之乃爲人所擒獲刺其血染毳罽隨鞭箠輸之至於一斗退之詩愁狖酸骨死怪花醉魂馨曲禮曰猩猩能言不離禽獸易曰幾事不密則害成

平生幾兩屐身後五車書

上句已具前注晉書阮孚傳曰未知一生能著幾兩屐下句謂作筆寫書晉書張翰傳曰使我有身後名不如即時一杯酒莊子曰惠施多方其書五車

物色看王會勳勞在石渠

列仙傳曰關令尹知老子當過物色而留之昭明太子集文選諸賦有物色門若雪月之類是也汲冢周書有王會篇鄭玄曰王城既成大會諸侯及四夷也唐書黠戛斯傳李德裕上言貞觀時顏師古請如周史臣集四夷朝事爲王會篇令黠戛斯大通中國宜爲王會圖以示後世以松扇詩考之猩毛筆蓋穆父使高麗所得禮記曰昔者周公旦有勳勞於天下班固西都賦曰天祿石渠典籍之府

拔毛能濟世端爲謝楊朱

孟子曰楊氏爲我拔一毛而利天下不爲也列子楊朱篇禽子問楊朱曰去子體之一毛以濟一世汝爲之乎楊子曰世固非一毛之所濟選詩端爲誰苦辛

戲詠猩猩毛筆

山谷有此詩跋云錢穆父奉使高麗得猩猩毛筆甚珍之惠子要作詩蘇子瞻愛其柔健可人意每過子書案下筆不能休此時二公俱直紫微閣故子作二詩前篇奉穆父後篇奉子瞻

桄榔葉暗賓郎紅朋友相呼墮酒中

花間集歐陽炯南鄉子詞曰路入南中桄榔葉暗蓼花紅本草桄榔生嶺南山谷賓郎生南海墮酒中見上注

政以多知巧言語失身來作管城公

老杜鸚鵡詩紅觜謾多知退之詩惜哉此子巧言語又毛穎傳曰封諸管城號管城子易曰臣不密則失身按劉夢得和樂天鸚鵡詩曰誰遣聰明好顏色事須安置入深籠與此詩意同而山谷語尤工

明窗脫帽見蒙茸醉着青鞋在眼中

謂去其管

弢觀蒙茸之狀如見其飲酒著屐時老杜詩脫帽露頂王公前此借用如退之毛穎傳所謂免冠謝也詩曰狐裘蒙茸著鞵見上注老杜詩青鞵布襪從此始選詩薜荔若在眼老杜詩漢武旌旗在眼中

束縛歸來儻無夢筆時

猶作黑頭公

意謂東坡起自謫籍也鮑叔牙曰使管仲無忘束縛於魯時毛穎傳曰聚其族而加束縛焉晉書諸葛恢名亞王導庾亮謂曰明府當作黑頭三公又王珣傳桓溫曰王掾當作黑頭公按此史古弼傳弼頭尖帝常名之曰筆頭時人呼爲筆公故山谷於筆詩參用此事

山谷詩集注卷第三

山谷詩集注卷第四

奉和文潛贈無咎篇末多以見及以既見君子云胡不喜爲韻

山谷嘗寫答邢居實詩及此詩與徐師川曰後八詩頗得意者故謾錄往或與潘洪諸友讀之

龜以靈故焦雉以文故翳

老杜詩瘵有用而割膏以明自煎此用其意周禮天龜曰靈屬左傳曰衞侯將如五氏卜過之龜焦爾雅素質五采皆備成章曰翬注云翬亦雉屬潘安仁射雉賦序曰習媒翳之事李善注曰翳者所隱以射者也

本心如日月利欲食之既

孟子曰此之謂失其本心寒山子詩吾心似秋月碧潭清皎潔退之送高閑序曰利欲鬬進有得有喪春秋桓公四年襄公二十四年皆書日有食之既杜預注云既盡也劉原父請觀歐陽永叔五代史詩曰仲尼日月也薄食爲之既論語曰君子之過也如日月之蝕焉東坡謂本心者道心也

後生玩華藻照影終沒世

魯論曰後生可畏楊子曰今之學者非獨爲之華藻也又從而繡其鞶帨文選潘正叔詩云玩爾清藻味爾芳風博物志曰山雞有美毛自愛其色終日映水目眩則溺死漢書司馬遷書曰鄙沒世而文采不表於後沒世字本出魯論

安得八紘罝以道獵衆智

文選張平子思玄賦曰結典籍而爲罟兮歐儒墨以爲禽此用其意曹子建與楊德祖書曰吾王設天網以該之頓八紘以掩之楊子曰

獵德而得德蓋學道者惡衆
智之爲害故欲獵而去之
談經用燕說束棄諸儒傳 此句指熙寧經學穿鑿之弊韓
非子曰先王有郢書而後世多燕說又曰
郢人有遺燕相國書者當是時夜書火不
明因謂持燭者曰舉燭云而過書舉燭舉
燭非書意也燕相受書而說之曰舉燭者
尚明也尚明者舉賢而用之燕相白王大
說國以治治則治矣非書意也今世學者
多此類退之詩春
秋五傳束高閣
濫觴雖有罪末派瀰九
縣 言非荆公之罪諸儒穿鑿遂至失其本
源明皇孝經序曰濫觴於濮按家語曰
夫江始出於岷山其源可以濫觴及其至
江津不舫舟不避風不可以涉非惟下流
多故耶退之詩東都漸瀰漫派別百川導
後漢書光武贊曰九縣飆回三精霧塞

山谷四　十二

張侯眞理窟堅壁勿與戰 晉書劉惔傳簡文帝曰張憑勃
窣爲理窟漢書項羽
傳漢王堅壁不與戰
難以口舌爭水清石
自見 漢書張良傳曰此難以口舌爭也古
樂府艷歌行曰夫壻從門來斜倚西
北眄語卿且勿眄水清石自見
野性友麋鹿君非我同群 潘岳關中記曰
辛孟年七十與
麋鹿同群遊世謂之鹿仙陸暢詩野性從
來偏愛月劉孝標絶交論獾與麋鹿同群
文明近日月我亦不如君 言張侯文采可
以入侍易曰文
明以正人文也漢書蕭曹贊曰依日月之
末光蜀志龐統傳曰陶冶世俗甄綜人物
吾不及卿論帝王之祕策攬倚伏之
要最吾似有一日之長此頗采其意
十載

長相望逝川水沄沄 逝川見魯論退之詩
浪波沄沄去松柏在
高岡
何言談絶倒茗椀對鑪薰 避詩何言相
遇易此歡信
可珍晉書衛玠傳王澄每聞玠言輒歎息
絶倒語曰衛玠談道平子絶倒韓孟聯句
曰茗椀纖纖捧應劭漢官儀曰尚書郎
入直女侍史二人執香爐燒薰以從
比寺鎖齋房塵鑰時一啓鼠張跫然來連
璧照書几 此寺謂汴京酺池寺山谷寓几
研於此酺池見下注金縢曰啓
籥見書莊子曰夫逃虛空者藜藋柱乎鼪
鼬之徑踉位其空聞人足音跫然而喜矣
又況乎昆弟親戚之謦欬其側者乎晉書
夏侯湛傳湛與潘岳同輿接茵時謂連璧
庭栢鬱葱葱紅榴罅多子 後漢光武紀曰
氣佳哉鬱鬱葱

山谷四　十三

葱蜀都賦曰榛栗罅發此借用其
字北史魏收傳曰石榴房中多子
時參吐
佳句幽處萬籟起 吐佳句見上注唐人常
建詩竹徑通幽處莊子
齊物論子游曰敢問天籟子綦曰夫吹萬
不同而使其自已也咸其自取怒者其誰
耶老杜詩萬
籟眞笙竽
先皇元豐末極厭士淺聞 實錄呂公著傳
曰時科舉專用
王安石經義士無自得學而朝廷文詞之
官漸艱其選神宗以答高麗書不稱旨
蓋嘗以爲言又東坡答張文潛書亦曰近
見章子厚言先帝晚年甚患文字之陋
欲稍變取士法特未暇爾漢書儒
林傳序曰小史淺聞弗能究宜
只今舉
秀孝天未喪斯文 元祐元年四月詔執政
大臣各舉文學政事行

詔之臣、可充館閣之選者三人、於是畢仲
游及晁補之張耒等皆召試學士院。晉書
孔坦傳曰秀孝到不策試普加除署秀孝
謂秀才孝廉也此借用。魯論曰天之未喪
斯文也。老杜詩只
今未醉已先悲
晁張班馬手崔蔡不足
云班馬謂遷固崔蔡謂瑗邕劉禹錫作柳
子厚集序云韓退之曰雄深雅健似司
馬子長崔蔡不足多也文選沈休文
恩倖傳論曰西京許史蓋不足云
當今
橫筆陣一戰靜楚氛法書衛夫人有筆陣
圖老杜詩筆陣獨掃
千人軍左傳曰一戰
而霸又曰楚氛甚惡
張侯窘炊玉僦屋得空壚戰國策曰蘇秦
之楚三日乃得
見王曰楚國之食貴於玉薪貴於桂今使
臣食玉炊桂漢書司馬相如傳注曰賣酒

山谷四　四

之處累土爲壚以居酒器形如鍛壚據張
文潜集有初到都下供職寄黃九詩曰僦
舍酒家樓稚壚卷其旗鼠
壞敗最欺守翁嗅群兒
但見索酒郎不
見酒家胡此句以譏文潜老杜詩馬上誰
家白面郎臨階下馬坐人床不
通姓字麄豪甚指點銀瓶索酒嘗玉臺新
詠載辛延年羽林詩曰昔有霍家姝姓馮
名子都依倚將軍勢調笑酒家
胡胡姬年十五春日獨當壚
雖肥如瓠
壺肯中殊不麄漢書張蒼傳曰身長大肥
白如瓠蜀志張裔傳雍闓
假鬼教曰張府君如瓠壺外雖澤而內實
麄不足殺令縛與吳晉書王湛傳王濟曰
臣叔殊
不癡
何用知如此文采似於菟穀梁曰
何用見
其是齊侯也又後漢鄧晨傳光武曰何用
知非僕耶漢書司馬遷傳曰鄙沒世而文

采不表於後左傳
曰楚人謂虎於菟
荊公六藝學妙處端不朽王安石字介甫
元豐三年封荊
國公初熙寧八年三月命知制誥呂惠卿
修撰經義以安石提舉子雱同修撰八年
所撰詩書周禮義成送國子監鏤板頒行
之元豐三年八月安石又上改定誤字焉
世說司馬太傅問謝車騎惠子五車何以
無一言入玄謝曰當是妙處不傳左傳叔
孫豹曰其次立言雖久
而不廢此之謂不朽
諸生用其短頌
復鑿戶牖世說曰周弘叔巧於用短杜
方叔拙於用長此借用其字
孔安國注魯論曰吾黨之小子於大道妄
作穿鑿以成文章明皇孝經序曰希升堂
者必自開戶牖
注云言穿鑿也
譬如學捧心初不悟已

山谷四　五

醜莊子師金曰西施病心而矉其里其里
之醜人見而美之歸亦捧心而矉其里
其里之富人見之堅閉門而不
出貧人見之挈妻子而去之
玉石恐俱
焚公爲區別不書曰火炎崑岡玉石俱
焚魯論曰譬諸草木區
以別
矣
吾友陳師道抱獨門掃軌陳師道字履常
一字無已徐州
人文行甚高來京師樞密章惇欲一見之
而不可退之詩曰吾友柳子厚其人藝且
賢淵明詩曰顧我抱茲獨僶俛四十年後
漢書杜密傳曰劉勝閉門掃軌無所干及
晁張作薦書射雉用一矢易旅之六五曰
射雉一矢亡終
以譽命王弼注云射雉以一矢而復亡之
明雖有雉終不可得矣此云用一矢言爲

國之有人材猶射雉之有矢也世說注引虞預晉書陸機薦戴淵於趙王倫曰蓋聞繁弱登御然後高墉之功顯孤竹在肆然後降神之樂成按易公用射隼于高墉之上獲之無不利繁弱弓名也山谷蓋用此意但改射隼爲射雉繁弱爲一矢耳

吾聞舉逸民故得天下喜魯論曰舉逸民天下之民歸心焉○雲漢詩天下喜於王化復行

兩公陳堂堂此事可摩壘兩公謂晁張孫子曰勿擊堂堂之陣左傳曰致師者御靡旌摩壘而還注云摩近也老杜詩氣摩屈賈壘目短曹劉牆

次韻荅邢敦夫敦夫名居實邢恕和叔之子少能文諸公多稱之

山谷四　六

爲山不能山過在一簣止魯論曰譬如爲山未成一簣止吾止也注云簣土籠也

溼洼騏驎兒墮地志千里漢書元鼎四年馬生渥洼水中韻書曰騏驎白馬黑脊傅玄豫章行曰男兒當門戶墮地自生神此借用東坡作王大年哀詞云驥墮地走虎生而斑魏武帝歌曰老驥伏櫪志在千里

岷江初濫觴入楚乃無底書禹貢曰岷山導江濫觴見上注列子曰渤海之東有大壑焉實惟無底之谷

將升聖人堂道固有廉陛魯論曰由也升堂矣未入於室也漢書賈誼傳曰陛九級上廉遠地則堂高意謂學者不當躐等而升進道必以漸也邢敦夫好大略小幼日便爲塗遠之計山谷書其文卷論之詳矣

邢子好少年如世有

源水南史何妃傳曰楊郎好年少此借用孟子曰原泉混混不舍晝夜盈科而後進放乎四海有本者如是注云有原本也

方求無津涯不作蛙井喜書曰若涉大水其無津涯莊子秋水篇公子牟曰子獨不聞夫埳井之蛙乎謂東海之鱉曰擅一壑之水而跨跱埳井之樂此亦至矣

兒中兀老蒼趣造甚奇異退之詩田巴兀老蒼憐汝矜爪觜晉書向秀傳曰發明奇趣

過閻王公門袖中有漫刺漢書鄒陽傳何之門不可曳長裾後漢禰衡傳陰懷一刺既無所之適至於刺字漫滅

別來閱河山望遠每瞶袂淵明詩情通萬里外形迹滯江山宋玉高唐賦曰其少進也若姣姬揚袂障日而望所思

斯文嘗千載有志常寡遂陶淵明詩曰道喪向千載魏文帝與吳質書曰德璉才學足以著書美志不遂良可痛惜漢書武帝策董仲舒曰群生寡遂

後生文楚楚照影若孔翠言玩末而忘本詩曰蜉蝣之羽衣裳楚楚照影見上注楚辭曰孔蓋兮翠旌注云孔雀之羽爲車蓋

不應太玄草賭價咸陽市漢書揚雄傳曰雄方草太玄有以自守泊如也史記呂不韋傳著呂氏春秋布咸陽市門懸千金其上有能增損一字者予千金

雨作枕簟秋官閑省中睡夢不到漢東著枕乃爲祟柳子厚詩清泠集濃露枕簟淒已知文選沈休文有學省臥詩此借用左傳漢東之國隨爲大時和叔謫隨州敦夫侍焉左傳楚昭王有疾卜之曰河爲祟

聞君肺

山谷四　七

韵今促趣玉篇催 古亦作趣

渴減頗復佳食罷讀書得新功來鴈寄一字 駮夫病肺嘔血山谷嘗有詩云肺熱今好否微凉生井桐樂府伊州歌曰征人去日殷勤囑歸鴈來時早寄書○老杜詩親朋無一字○東坡詩一哦肺渴減再讀頭風痊

和邢惇夫秋懷十首

殘暑已儆裝好風方來歸 張平子思玄賦曰簡元辰而儆裝李善注云儆始也春秋閔公元年書季子來歸左傳曰嘉之也 未能踈團扇且復製秋衣 班婕妤怨詩行曰裁爲合歡扇團圓似明月常恐秋節至凉風奪炎熱弃捐篋笥中恩情中道絶爾詩曰七月流火九月授衣楚詞曰製芰荷以爲衣 高蟬遽如許長吟送落暉 後漢傳老紙人語曰遽如許文選陸士衡擬古詩曰大耋嗟落暉 相戒趣女功莎蟲能表微 春秋考異郵曰立秋促織鳴宋均曰趣織蟋蟀也立秋女功急故趣之爾詩曰五月斯螽動股六月莎雞振羽十月蟋蟀入我牀下箋云言此三物之如此著將寒有漸非卒來也禮檀弓曰季武子寢疾蟜固不說齊衰而入見曰斯道也將亡矣士唯公門說齊衰武子曰不亦善乎君子表微注云表猶明也此詩借用言莎蟲戒寒如履霜之辯早 曩時高唐客暮雨朝行雲 宋玉高唐賦曰先王嘗游在於高唐夢見一婦人曰妾巫山之女也爲高唐之客聞君游於高唐願薦枕席王因幸

之去而辭曰妾在巫山之陽高丘之阻旦爲朝雲暮爲行雨朝朝暮暮陽臺之下 陰居懷天匹楚觀夢紛紜 文選洛神賦曰雖潛處於太陰長寄心於君王李善注云太陰衆神之所居賦又云歎匏瓜之無匹兮詠牽牛之獨處謝惠連詩雲漢有靈匹彌年闕相從高唐賦曰楚襄王與宋玉遊於雲夢之臺又曰上至觀側地蓋底平本草人參條注藥性論云患人虛而多夢紛紜 我欲覩光儀齋明焜爐薰 選詩曰脈脈阻光儀禮中庸曰齊明盛服 劇談錄曰唐昌觀有女子折玉蘂花騰空而去嚴休復有詩曰終日齋心禱玉宸魂銷眼冷未逢真 天高萬物肅誰爲帝子魂 文選張景陽雜詩曰龍蟄暄氣凝天高萬物肅楚詞湘夫人曰帝子降兮北渚目渺渺兮愁予李善注高唐賦引襄陽耆舊傳赤帝女曰姚姬未行而卒葬於巫山之陽山谷此詩意若思古人而不得見故託興於此

七均師無聲五和常主淡 唐志祖孝孫定律一宮二商三角四變徵五徵六羽七變宮其聲由濁至清爲一均淮南子曰無音者聲之大宗也又曰無聲而五音鳴焉無味而五味和焉禮記王制曰五味異和和音胡卧反揚雄解嘲曰大味必淡 芸芸觀此歸一德貫眞濫 老子曰夫物芸芸各歸其根又曰萬物並作吾以觀其復魯論曰一以貫之退之詩古聲久埋没無由見眞濫 夢臨秋江水魚蝦避窺覘 明月本無心誰令作寒鑑 言本無意於當世人忌其照見之也如明月之

鑑物豈其心哉退之鏡潭詩魚蝦不用避只是照蛟龍又寄盧仝詩每騎屋山下窺瞰渾舍驚怕走折趾東坡晚年詩亦曰明月本自明無心孰爲境挂空如水鑑寫此山河影

王度無畦畛包荒用馮河 王度見上注漢書韓安國傳曰聖人以天下爲度莊子曰彼且無町畦亦與之爲無町畦又曰汎汎乎其若四方之無窮其無所畛域退之詩文夫終莫生畦畛易泰卦之九二包荒用馮河不遐遺朋亡得尚于中行注謂包含荒穢受納馮河者也用心弘大無所遐棄故曰不遐遺也

秦收鄭渠成晉得楚材多 亦前詩人材包新舊之意○漢書溝洫志韓聞秦之好興事欲罷之無令東伐使水工鄭國閒說秦令鑿涇水以溉

田中作而覺秦欲殺鄭國鄭國曰始臣爲閒然渠成亦秦之利也秦以爲然卒使就渠○左傳聲子使於晉還如楚令尹子木與之語問晉大夫與楚孰賢對曰雖楚有材晉實用之子木曰夫獨無族姻乎對曰雖有而用楚材實多

用人當其物不但軸與薖 莊子曰言而當物則終日言而盡道此借用考槃詩曰考槃在阿碩人之薖注云薖寬大皃一云飢意又曰考槃在陸碩人之軸注云軸進也一云病也

六通而四闢玉燭四時和 莊子曰六通四闢於帝王之德此借用以言當如舜之闢四門廣致衆賢也玉燭見上注漢書劉向傳曰衆賢和於朝則萬物和於野

相如用全趙留侯開有漢 史記藺相如傳曰事趙惠文王

留侯世家曰漢六年封張良爲留侯

名登太山重功略天下半 史記藺相如傳太史公曰藺相如名重太山其處智勇可謂兼之矣留侯世家高帝曰運籌帷幄中決勝千里外此子房功也吳都賦曰濯注乎天下之半此借用

讓頗封韓彭事成群疑泮 相如傳曰相如爲上卿位在廉頗右廉頗宣言曰我見相如必辱之相如聞不肯與會每朝時常稱病不欲與廉頗爭列相如出望見廉頗引車避匿曰吾所以爲此者先國家之急而後私讎也留侯世家曰漢王問良吾欲捐關以東棄之誰可與共功者良曰黥布彭越此兩人可急使韓信可屬大事即欲捐之捐之此三人則楚可破卒破楚者此三人力也易曰遇雨之吉群疑亡也北史儒林傳序曰積滯群疑渙然冰釋詩曰迨冰未泮

天道

當曲全小智驚後患 老子曰曲則全枉則直莊子曰小智閒閒又曰不忍一時之傷而驚萬世之患此詩與前篇皆救朋黨之漸

慶州家子忠勇橫八區 慶州謂范德孺見上注漢書蕭育傳以育名父子著材能文選辯亡論曰忠勇百世又左太冲詠史詩曰英名擅八區老杜詩直氣橫乾坤

許身媲稷契初不學孫吳 老杜詩許身一何愚自比稷與契晉書山濤傳不學孫吳而闇與之合

荷戈去防秋面皺鬢欲踈 荷戈見上注老杜寄董嘉榮詩曰聞道君牙帳防秋近赤霄楞嚴經波斯匿王曰迫於衰耄髮白面皺

雖折千里衝豈藁事樞 折衝見上注退之南海廟碑詩曰胡不均弘俾執事樞○范文正公篤於忠亮雖喜功名而

不爲朋黨早歲排呂申公勇於立事其徒因之矯厲過直公不喜也自睦州還朝出領西事恐申公不爲之地無以成功乃爲書自咎解仇而去其後以參知政事安撫陝西申公既老居鄭相遇於塗文正身歷中書知事之難有悔過之語於是申公欣然相與語終日申公問何爲亟去朝廷文正言欲經略西事耳申公曰經制西事莫如在朝廷之便文正爲之愕然事見蘇黃門龍川志知此然後知山谷之詩有味也

謝公蘊風流詩作鮑照語謝公當是師厚師厚名景初南陽人南史鮑照字明遠文辭贍逸嘗爲古樂府文甚遒麗絲虫縈草紙筆力挾風雨言遺藁雖爲蛛絲所縈而翰墨英特之氣終不可掩西京雜記淮南王著鴻烈自云字中皆挾風霜老杜詩筆落驚風雨萬里投諫

書石交化豺虎世方用賢髦先成泉下土師厚爲成都路提刑坐燕飲事爲言者所攻熙寧五年遂以罪廢觀此詩語似有所因蘇秦傳曰此所謂棄仇讎而得石交者也班固漢書張耳陳餘述曰張陳之交游如父子據國爭權還如豺虎文選張孟陽七哀詩曰昔爲萬乘君今爲丘山土

今白首虢州堂堂古遺直虢州未詳左傳孔子曰叔向古之遺直許國輸九死補天鍊五色晉書周札傳王導議札札與臣等便以身許國死而後已文選曹子建表曰輸能於明君楚辭曰雖九死其猶未悔列子曰天地亦物也物有不足故昔者女媧鍊五色石以補其闕頗修諫貲缺人壽無金石文選古詩曰人生非金石豈能長壽考

西風壯夫淚多爲程顥滴韓絳作明道程先生墓誌曰伯淳諱顥元豐八年六月卒自元豐以來論賢士大夫宜在天子左右者君必預焉實錄曰御史中丞呂公著薦顥授太子中允權監察御史裏行後謫監汝州酒稅哲宗即位召爲宗正丞未行以疾卒顥深有經濟之意不幸早死士大夫識與不識莫不哀傷按實錄顥與李常孫覺熙寧中嘗言青苗不便皆外任云

吾友陳師道抱瑟不吹竽退之詩曰吾友柳子厚其人藝且賢又荅陳商書曰齊王好竽有求仕於齊者操瑟而往立王之門三年不得入客罵之曰王好竽而子鼓瑟瑟雖工如王不好何文章似揚馬欬唾落明珠謂揚雄司馬相如後漢趙壹歌曰埶家多所宜欬唾自成珠固

窮有膽氣風壑嘯於菟固窮見上注退之送張道士詩曰臣有膽與氣不忍死茅茨老杜詩將軍膽氣雄歐公病暑賦云陰壑慘慘多悲風秋來入詩律陶謝不枝梧老杜詩曰詩律群公閒儒門舊史長又曰陶謝不枝梧風騷共推激陶謂淵明謝謂靈運

邢子卧北窻吟秋意必悰卧北窻見上注漢書廣陵厲王胥傳歌曰出入無悰爲樂亟注云悰亦樂也讀書用意苦嘔血老杜詩更覺陰何苦用心左傳曰伏弢嘔血漢書項籍傳高祖曰必驚乃翁欲烹乃翁幸分我一杯羹安得和扁輩爲浣學古腸醫和見左傳扁鵲見史記扁鵲傳曰上古俞跗漸浣腸胃漱洗五藏書曰學古入官肺

熱今好否微涼生井桐〔鮑照詩時危各奔命終然肝肺熱老杜詩高秋蘇肺氣魏明帝詩雙桐生空井〕

謝公定和二范秋懷五首邀予同作

西風一葉脫迹已不可掃〔淮南子曰見一葉落而知歲之將暮謝莊月賦曰洞庭始波木葉微脫文選北山移文曰或飛柯以折輪乍低枝而掃迹此引用言秋葉之變衰不復可掃迹也〕巷有白馬生朝回焚諫草〔後漢書張湛常乘白馬光武每見輒言白馬生且復諫矣老杜詩朝回日日典春衣又詩避人焚諫草騎馬欲雞棲唐書馬周焚章表曰管晏暴君之過取身後名吾不為也魏志陳群傳注曰前後密陳得失每上封事輒削其草袁子

曰夫仁者愛人施於君謂之忠施於親謂之孝其本一也故君親有過諫而不入求之反覆不得已而言不忍宜也君子謂陳群於是乎長者矣〕誰云事君難是亦父子間所要功補袞不言能犯顏〔意已見上注禮記檀弓曰事親有隱而無犯事君有犯而無隱注云隱謂不稱揚其過失無犯謂不犯顏而諫○語曰為君難為臣不易又曰事君難進而易退詩曰袞職有闕惟仲山甫補之〕四會有黃令學古著勳多〔謂有功於此道也四會縣隸端州黃令名介字幾復山谷為作誌銘書說命曰學于古訓乃有獲曹子建書曰豈徒以翰墨為勳績此反其意而用之風俗通曰蓋嚴楊惲勳著王室〕白頭對

紅葉奈此搖落何〔宋玉九辯曰悲哉秋之為氣也蕭瑟兮草木搖落而變衰古詩水流何太急深宮盡日閑慇懃謝紅葉好去到人間〕雖懷斲鼻巧有斧且無柯〔斲鼻見上注伐柯詩注曰柯斧柄也〕安得五十絃奏此寒士歌〔言其聲之悲也漢書郊祀志曰黃帝命素女鼓瑟帝悲不止故破五十絃為二十五絃莊子曰曾子居衛捉衿而肘見納屨而踵決曳屣而歌商頌聲滿天地若出金石南史劉祥傳褚彥回曰寒士不遜〕采蓮涉江湖采菊度林藪〔言用心之苦也古樂府詩曰江南可采蓮選詩曰涉江采芙蓉淵明詩曰采菊東籬下班固典引曰鋪核仁義之林藪〕插鬢不成妍誰憐飛蓬首〔言無知已也老杜佳人詩

曰摘花不插髮采栢動盈掬選詩曰皎不成妍詩曰自伯之東首如飛蓬豈無膏沐誰適為容山谷受知於謝師厚從之學詩作此詩時師厚已死〕平生耦耕地風雨深稂莠〔耦耕字見魯論南史陶淵明傳夫耕於前妻鋤於後山谷前娶師厚之女先死矣詩云不稂不莠○劉向封事稂莠與蓬蒿並興〕謝公遂如此永袖絕絃手〔王羲之帖云蔡公遂委篤晉書王廙字世將廙卒明帝曰世將復至於此退之祭子厚文曰太匠傍觀縮手袖間呂氏春秋曰鍾期死伯牙遂絕絃以世無知音〕往日孫陽翟才可任遺補〔張方回家本有山谷自注云孫貫字公素○陽翟縣屬許州唐書百官志武后置左右補闕拾遺掌供奉諷諫溫造

傳舒元褒曰遺補雖甲侍臣也擊強如摧枯食蘗不知苦後漢龐參傳曰拔薤欲吾擊強宗漢書異姓侯王表曰摧枯朽者易爲力樂天詩三年爲刺史飲冰復食蘗屬者鉄諌垣時論或未許漢書李尋傳曰屬者頗有變改注云屬者謂近時也音之欲反舊唐書元稹傳旣居諌垣不欲碌碌自滯退之會合聯句曰君才誠倜儻時論方洶溶儻可假一邦使民作鄒魯一邦見魯論祕閣法帖有李斯篆曰使父子爲鄒魯按脩水集有山谷跋孫陽翟公素十詩云世笑予詩論公素不實曰公素能擊強則請聞命至於使民作鄒魯則吾不知也予告之曰公素之擊強亦以其害善良奪長吏之柄耶將不及閭阜白并擊無罪爾然則以今之偷一切以規自免萬事決於老吏之口者爲能使斯民作鄒魯邪

用智常恨耄用決常恨早用人要當及其壯時元祐之用諸老熙寧之用新進皆不免有遺恨也十二國史曰齊子奇年十八齊君任爲東阿旣行矣而君悔爲使人追之使者不追還曰臣見子奇所與同載者白首矣夫老者之智少者之決此必能理東阿左傳劉子曰諺所謂老將知而耄及之者其趙孟之謂乎推轂天下士誠心要傾倒漢書鄭當時傳曰其推轂士及官屬丞史誠有味其言也世說庾公謂孫興公曰衛永風韻雖不及卿諸人傾倒處亦不近海宇日清明廟堂勤洒掃書曰永清四海詩曰會朝清明又曰子有廷內弗洒弗掃此借用○語曰洒掃進退抑末也何

爲陳師道白髮三徑草陳師道已見上注嵇康高士傳曰蔣元卿還杜陵荆棘塞門舍中有三逕不出按三輔決錄蔣詡字元卿

送謝公定作竟陵主簿竟陵縣隸復州

謝公文章如虎豹至今斑斑在兒孫謝公謂師厚公定蓋其子也東坡作王大年哀詞曰驥墮地走虎生而斑視其父子以考我言文選七命曰拉虎摧斑李善注云斑虎文也上林賦曰被斑文老杜詩終老無兒孫○論語棘子成曰君子質而已矣奚以文爲子貢曰虎豹之鞹猶犬羊之鞹晉書此郎管中窺豹時見一斑歐公歸田錄云時号文中虎竟陵主簿極多聞萬事不理專討論多聞見魯論後漢書胡廣傳萬事不理問

伯始魯論曰世叔討論之此借用以言專意問學澗松無心古須文選張景陽詩鬱鬱澗底松酉陽雜俎曰鬣天球不琢中粹溫松言五粒者粒當言鬣自有一種名鬣皮無鱗甲而結實多書曰天球河圖在東序禮記曰大圭不琢琢音篆刻也文選顏延年陶徵士誄曰貞夷粹溫落筆塵沙百馬奔劇談風霆九河翻老杜詩觀我落筆中書堂又詩塵沙立暝途又詩奔騰獻荔支百馬死山谷文選七發曰沌沌渾渾狀如奔馬漢書揚雄傳曰口吃不能劇談晉書郭象傳王衍每云聽象語如懸河瀉水注而不竭退之詩淚如九河翻肯中恢疏無怨恩當官持廉且不煩老子曰天網恢恢疏而不失此摘其字用之史記范雎傳一飯之德必償

睚眦之怨必報退之聽琴詩昵昵兒女語
恩怨相爾汝左傳曰當官而行何強之有
退之盧丞誌銘曰能持廉名
漢書翟方進傳居官不煩苛
吏民欺公亦
可忍慎勿驚魚使水渾漢書曹參傳屬其
後相曰以齊獄市
為寄慎勿擾也淮南子曰使葉落者風搖
之使水濁者魚撓之老杜詩汲多井水渾
漢濱耆舊今誰存駟馬高蓋徒紛紛安知
四海習鑿齒枉勿看度南山雲襄陽在漢
上習鑿齒
作襄陽耆舊傳云漢末嘗有四郡守七都
尉二卿兩侍中朱軒高蓋會山下因名冠
蓋山里曰冠蓋里按晉書習鑿齒襄陽人
為桓溫主簿溫曰徒三十年讀書不如一
詣習主簿桑門釋道安與鑿齒初相見道
安曰彌天釋道安鑿齒曰四海習鑿齒人
謂佳對又王徽之傳以手板拄頰云西山
朝來致有爽氣此借用○漢書于公曰少
高大門閭令容駟馬高蓋車
老杜詩世上餘子徒紛紛

奉答謝公定與榮子邕論狄元規

孫少述詩長韻

謝公遂如此宰木已三霜謝公謂謝師厚
已見上注公羊
傳曰若爾之年者宰上之木拱矣注云宰
家也老杜詩十暑岷山葛三霜楚户砧
無人知句法秋月自澄江老杜詩佳句法
如何山谷作黃
氏二室墓誌云庭堅之詩卒從謝公得句
法按玄暉詩云澄江靜如練故用以屬師
厚盧仝詩曰謝朓澄江今
夜月也應憶着北山夫
二子學邁俗窺

杜見牖窗二子謂狄孫文選石季倫思歸
引序曰余少有大志夸邁流俗
元稹作杜子美墓誌曰李白尚不能歷其
藩翰況堂奧乎魯論曰窺見室家之好舒
元輿悲剡藤文曰今九牧士人自言
能見文章户牖者其數與麻竹相多
試斲
郢人鼻未免傷手創言二子猶未極其妙
手也斲鼻見上注退
之祭子厚文曰不善為斲血指汗顏
老子曰代大匠斲者希不傷其手矣
蟹胥
與竹萌乃不美羊腔言二子尚有好奇之
病如嗜異饌而弃常
珍也周禮庖人共祭祀之好羞注曰謂若
荊州之鮺魚青州之蟹胥按說文曰胥蟹
醢也爾雅曰筍竹萌
退之詩酒壺綴羊腔
自往見謝公論詩得
濠梁從謂往日得濠梁言有所悟入也晉
書王坦之傳謝安曰常謂君粗得鄙
趣者猶未悟之濠上耶按莊子與惠子遊
於濠梁之上莊子曰儵魚出游從容是魚
樂也惠子曰子非魚安知魚之樂莊子曰
子非我安知我不知魚之樂惠子曰我非
子固不知子矣子固非魚也子之不知魚
之樂全矣莊子曰請循其本子曰汝安知
魚樂云者既已知吾知之而問我我知之
濠上也○杜詩谷口應相得濠梁同見招
世方尊兩耳未敢築受降張平子東京賦
曰客所謂末學
膚受貴耳而賤目者也李善注引桓子新
論曰世咸尊古卑今貴所聞賤所見漢書
曰武帝遣公孫敖築塞外受降城
又按唐書張仁愿築三受降城
丹穴鳳
凰羽風林虎豹章言文章有種性也蜀志
秦宓曰虎生而文炳鳳
生而五色豈以五采自飾畫哉山海經曰
丹穴之山有鳥名曰鳳凰老杜詩風林纖

月落易曰雲從龍風從虎小謝有家法聞此不聽冰後漢書儒林傳序曰各以家法教授不聽冰言其不疑也述征記曰河冰合須狐聽而行漢書文帝紀注曰狐之爲獸其性多疑每渡冰河且聽且渡故言疑者稱狐疑冰字韻與章字韻不協蓋詩人旁用他韻如退之此日足可惜詩是也又按玉臺新詠徐幹雜詩曰沈陰結愁憂愁憂爲誰興念與君生別各在天一方良會未有期中心摧且傷不聊憂飡食慊慊常飢空端坐論無爲髣髴君容光此詩與與方空皆不同韻蓋古詩多如此相思北風惡歸鴈落斜行言無因寄書也文選古詩客從遠方來遺我一書札上言長相思下言久離別唐人王建詩就中一夜東風惡老杜詩落鴈浮寒水○張祜詩萬人齊指處一鴈落寒空

贈送張叔和埴字叔和洛中人張燾龍圖之後娶山谷季妹

張侯温如鄒子律能令陰谷黍生春劉向別録曰燕有谷地美而寒不生五穀鄒衍吹律而温至黍生今名黍谷有齊先君之季女十年擇對無可人山谷父名庶字亞夫終於大理寺丞有四女嫁叔和者其季也采蘋詩有齊季女注云齊敬也左傳曰則猶有先君之適若而人後漢書梁鴻傳孟光擇對不嫁禮記孔子曰管仲遇盜取二人焉上以爲公臣曰其所與遊辟也可人也又見蜀費褘晉桓温傳箕帚掃公堂上塵家風孝友故相親漢高帝紀呂公曰臣有息女願爲箕帚妾後漢曹世叔妻傳遺令曰執箕帚於曹氏注云言主賤役事舅姑詩曰張仲孝友廟中時薦南澗蘋兒女衣袴得補紉召南采蘋序曰大夫妻能循法度也其詩曰于以采蘋南澗之濱又曰于以奠之宗室牖下注云宗室大宗之廟也左傳曰蘋蘩薀藻之菜可薦於鬼神禮記内則曰衣裳綻裂紉箴請補綴两家俱爲白頭計蔡公與人意甚眞言以歲寒相期漢書鄒陽傳曰有白頭如新傾蓋如故老杜詩甚知文人眞退之詩與人常不欵吏能束縛老姦手要使鰥寡無顰呻退之上李實書曰老姦宿贓消縮摧沮顰呻謂蹙頞愁歎○退之韓弘碑曰察其顰呻但回此光還照己平生倦學皆日新世出世間本無二致能束縛老姦者竟是誰耶傳燈録雲居義能曰回光返照看身心是何物書曰德日新我提養生之四印君家宗門有三印謂印空印水印泥山谷作雲峯悦禪師語録所有更贈君序云不受然燈記別自提三印正宗今云四印亦猶此意謂忍默平直也黄庭經曰子能守一萬事畢子自有之持勿失此云君家所有亦其意也先德蓋云是汝屋裏事百戰百勝不如一忍孫子曰百戰百勝非善之善者也晉書朱伺傳曰兩敵共對惟當忍之彼不能忍我能忍是以勝耳老蘇先生權書曰一忍可以支百勇○書曰必有忍其乃有濟萬言萬當不如一默史記龜策傳曰十言十當十戰十勝傳曰十語九中不如一默無可簡擇眼界平三祖信心銘曰至道無難唯嫌簡擇但莫憎愛洞然明白心經曰無

眼界乃至無意識界圓覺經云譬如眼光照了前境其光圓滿得無憎愛不藏秋毫心地直楞嚴經曰十方如來同一道故出離生死皆以直心言直故如是乃至終始地位中間永無委曲之諸相傳燈錄十七祖偈曰心地本無生秋毫見孟子我肱三折得此醫自覺兩踵生光輝言涉世既久始信此理自覺入道有漸也左傳曰三折肱為良醫華嚴經夜摩天宮偈讚品曰爾時世尊從兩足趺上放百千億光明李長者論曰十信足下輪中放光十住足指端放光此十行之中足趺上明次第隨位昇進一光本踵作種或引乾峯示衆云法身有三種病二種光須是一一透得始解穩坐殊失此詩本意文選沱彥龍詩傳瑞生光輝莊子眞人之息以踵東坡詩八部猶光輝團蒲日靜鳥

吟時爐薰一炷試觀之欲其清心以觀四印之妙用團蒲見上注傳燈錄宗永禪師頌曰南臺靜坐一爐香亘日凝然萬慮忘歐公詩宴坐忘言一炷香

送顧子敦赴河東三首

頭白書林二十年印章今領晉山川後漢儒林傳序曰孝和亦數幸東觀覽閱書林河東古晉地也紫參可掘宜包貢青鐵無多莫鑄錢本草云人參王補五藏安精神定魂魄生上黨山谷注云潞州太行山所出謂之紫團參按潞州即上黨屬河東又按河東大通監西冶歲煉青鐵十餘萬事見韓魏公家傳紫參按本草別載一條功用極少上

注乃言人參故指為潞州所產又紫團參乃牡蒙之一名也勸課農桑誠有道折衝樽俎不臨邊後漢張堪為漁陽守勸農桑折衝樽俎見晏子春秋具上注文中子曰折衝樽俎可矣何必臨邊也要知使者功多少看取春郊處處田欲其務本業以厚民家在江東不繫懷愛民憂國有從來月斜汾沁催驛馬雪暗岢嵐傳酒杯左傳曰有自來矣水經曰汾水出太原汾陽縣北管涔山又曰沁水出上黨泹縣謁戾山按輿地廣記管涔山在今憲州沁水縣在今澤州漢書文帝紀詔太僕見馬遺財足餘皆給傳置注云傳置驛也退之詩翻翻走驛馬輿地廣記河東有岢嵐軍蓋因岢嵐山水為名老

杜詩舊日重陽日傳杯不放杯塞上金湯唯粟粒胷中水鏡是人才漢書食貨志晁錯言神農之教曰有石城十仞湯池百步帶甲百萬而亡粟弗能守也後漢書光武贊曰金湯失險杜牧之阿房宮賦曰釘頭磷磷多於在庾之粟粒水鏡見上注遙知更解青牛句一寸功名心已灰言學道有得慈懷於功名也老子曰功成名遂身退天之道按關令內傳曰尹喜嘗登樓望東極有紫氣曰應有聖人過京邑果見老君乘青牛車來過張文潛感遇詩亦曰我師青牛書不淨慮處先灰心見莊子杜詩丹心一寸灰攬轡都城風露秋行臺無妄譏衣篝後漢范滂傳滂為清詔使登車攬轡慨然有澄清天下之志應劭漢官儀曰尚書郎入直臺中

女侍史二人執香爐燒薰以從入臺中給
使護衣服說文曰篝落也可薰衣比魏有
行臺尚書謂在
外不在朝廷也 虎頭墨妙能頻寄馬乳蒲
萄不待求 杜詩何年碩虎頭滿壁畫滄
洲按歐陽詢藝文類聚引世說
碩愷之爲虎頭將軍然今世說不載而歷
代名畫記云愷之小字虎頭未知孰是晉
書愷之傳云尤善丹青江文通別賦云淵
雲之墨妙嚴樂之筆精退之蒲萄詩若欲
蒲盤堆馬乳莫辭添竹引龍鬚按本草蒲
萄注蜀本圖經云子有似馬乳者○白樂
天云燕姬酌蒲萄謂
太原出蒲萄酒也 上黨地寒應強飲兩
河民病要分憂 上黨今潞州周禮考工記
曰強飲強食兩河謂河東
河北 猶聞昔在軍興日一馬人間費千牛 元
豐
四年陝西用兵河東困於征調故十耕牛
之費僅給一戰馬淮南子曰殺罷牛可以
贖良馬之死莫之爲也殺牛必亡之數
山谷略采此意亦欲子敦愛惜民力

山谷詩集注卷第四

山谷詩集注卷第五

元祐元年作 司馬文正公挽詞四首

元祐開皇極功歸用老成 詩曰雖無老成
人尚有典刑
惟深萬物表不令四時行 魏志曹爽傳注
引魏氏春秋何
晏嘗曰惟深也故能通天下之志夏侯太
初有焉按此語本出易繫辭孟郊詩迥出
萬物表按文選北山移文曰亭亭物表皎
論曰其身正不令而行又曰天何言哉四
時行焉按晉書褚裒傳謝安曰
裒雖不言而四時之氣亦備 日者傾三
接天乎奪兩楹 言入對未久遽爾薨謝爲
可哀也左傳曰日衛不睦
注云往日也漢書高帝紀立吳王詔曰日
者荆王兼有其地易晉卦曰晝日三接
左傳姜氏哭而過市曰天乎仲爲不道禮
記檀弓子夏曰天乎予之無罪也檀弓又
載孔子曰予夢坐奠兩
楹之閒予殆將死也 堂堂寧復有埋玉
慟佳城 東坡祭韓魏公文曰巍巍堂堂寧
復有之晉書庾亮傳將葬何充歎
曰埋玉樹於土中使人情何能已西京雜
記滕公駕至東都門馬不肯前以足跑地
滕公使掘地得石槨有銘曰佳城鬱
鬱三千年見白日吁嗟滕公居此室
國在多艱日人如大雅詩 訪落詩曰未堪家
多難漢書贊曰夫
惟大雅卓尔不群河閒獻王近之矣注謂
明哲保身此引用蓋以仲山甫比公非特
取明哲保身而已
○毛詩國步多艱 忠清俱沒世孝友是生知
沒世音至死不敗○哲廟題
溫公碑首曰清忠粹德之碑 加璧延諸老

鵙主兎久伯勞也

橐弓撫四夷 公爲宰相招聘諸儒如程頤等自布衣爲講讀又戒勑西鄙不生邊事漢書申公傳上使使束帛加璧迎申公詩曰載櫜弓矢漢書陳平傳曰宰相外鎮撫四夷内親附百姓

公身與宗社同作太平基 謂宗廟社稷之靈相之於幽而公助之於明也南山有臺詩序曰得賢則能爲邦家立太平之基

獻納無虛日居然迹已陳 班固兩都賦序曰日月獻納左傳曰府無虛月三都賦曰居然而辨八方按文子云形之與名居然别矣王羲之蘭亭序曰俛仰之間已爲陳迹

清班區玉石實曆順星辰 言上流品不雜下言燮理有方書胤征曰玉石俱焚魯論曰區以别矣堯典曰曆象日月星辰

更化思鳴鵙遺書似獲麟 漢書董仲舒曰更化則可善治鵙詩曰七月鳴鵙此引用言以農桑爲王業根本遺書謂資治通鑑言可配春秋也杜預春秋左傳序余以爲感麟而作作起獲麟則文止於所起

易名無異論今代兩三人 易名謂作謚檀弓曰請所以易其名者本朝謚文正惟王曾范仲淹及公爾温公嘗駁夏竦謚云文正謚之至美無以復加雖以周公之才不敢兼取況如竦者豈易克當

毁譽蓋棺了于今名實尊 言人死則毁譽亦隨而泯獨公死後其名尤重老杜詩丈夫蓋棺事始定孟子曰先名實者爲人也

哀榮有王命終始酌民言 朝廷用公於久外恤公於既歿皆取天下之公論也晉論子張問子貢曰夫子之得邦家者其生也榮其死也哀○禮記曰上酌民言

蟬冕三公府深衣獨樂園公心兩無累憂國愛元元 言公無窮達之異其心一於憂國愛民而已選詩曰咄此蟬冕 客按漢官云侍中冠惠文冠加金貂附蟬爲文貂尾爲飾謂之貂蟬公依禮記作深衣每出朝服乘馬用皮篋貯深衣隨其後入獨樂園則衣之事具邵氏聞見錄公有獨樂園記曰熙寧四年迂叟始家洛六年買田二十畝於尊賢坊北闢以爲園命之曰獨樂 戰國策蘇秦曰制海内子元元

次韻子瞻武昌西山

東坡集此詩序云元祐元年十一月二十九日與翰林承旨鄧聖求會宿玉堂偶話舊事聖求嘗作元次山窪樽銘刻之巖石因爲此詩請聖求同賦

漫郎江南酒隱處古木參天應手栽 元次山自釋曰始自稱猗玗子將家瀼濱乃自稱浪士及有官時人以爲浪者亦漫爲官乎呼爲漫郎及家樊上漫遂顯焉文自注曰言郎者爲作尚書郎樊在武昌縣西五里按寰宇記武昌今屬鄂州孟郊詩隱士多隱酒此言信難刋文選曹子建詩刜棘上參天

石坳爲尊酌花鳥自許作鼎調鹽梅 元次山杯樽銘曰郎亭西乳有聚石石臨樊水漫叟劇石顛以爲亭石有窊顛者因脩之以藏酒命爲杯樽作銘云云老杜詩春來花鳥莫深愁書曰若作和羹爾惟鹽梅

平生四海蘇太史酒澆不下胷崔嵬 東坡嘗爲

山谷五 二十

山谷五 二十

直史館故云太史、晋書、習鑿齒
傳曰、四海習鑿齒、酒滉見上注黃州副使
坐閑散諫疏無路通銀臺東坡嘗責授黃
州副團、退之進
學解曰、拔閑置散乃分之宜○國朝會要
云、銀臺司掌受天下奏狀東京記云、淳化
四年八月置　知
銀臺通進司鸚鵡洲前弄明月江妃起
舞襪生埃寰宇記鸚鵡洲在鄂州江夏縣
大江之東、按黃州與鄂州相望
小說載鬼詩曰城市多囂塵還山弄明月
文選蜀都賦曰娉江妃與神游曹子建洛
神賦曰凌波微步羅襪生塵
史記項羽傳項莊拔劍起舞次山醉魂招
鬓髿步入寒溪金碧堆退之詩怪花醉魂
馨楚辭有宋玉招
魂、寰宇記云樊山在鄂州西山東十步有
岡岡下有寒溪文選陸機連珠曰金碧之

山谷五　四

巖必辱鳳舉之使盧仝
詩青空鑿出黃金堆洗湔塵痕飲嘉客
笑倚武昌江作鑑誰知文章照今古野老
爭席漁爭隈莊子曰、舍者與之爭席、爾雅
隩隈、郭璞注云、今江東呼爲
浦淮南子曰、
漁者不爭隈鄧公勒銘留刻畫刻削銀鈎
洗綠苔鄧潤甫字聖求後更名溫伯嘉祐
中爲武昌令、樂天詩、題詩此巖壁、
雲覆莓苔封、退之石鼓
歌、剜苔剔蘚露節角琢磨十年煙雨晦
摸索一讀心眼開琢磨謂聖求所刻銘、晉
賢書曹娥碑後云、漢議
郎蔡邕聞之來觀、夜闇、手摸其文而讀之、
國史纂異許敬宗曰、若遇曹劉沈謝暗中
摸索亦可識、後漢書王常傳、曰聞陛下即
位河北心開目明、歐公石篆詩曰、見之但

覺心
眼開謫去長沙憂服入歸來杞國痛天摧
東坡謫黃州凡七年元豐八年召還時裕
陵已成、漢書賈誼爲長沙傳、三年有服飛
入誼舍、不祥鳥也、誼既已適居自傷悼乃
爲賦以自廣、列子曰、杞國有人憂天地崩
墜玉堂却對鄧公直北門喚仗聽風雷翰林
志凡當直之法、著爲條例、題于北廳之西
門、唐書百官志曰、乾封以後、始号北門學
士、五代史李琪傳曰、唐故事、御紫宸殿乃
自正衙喚仗、由閤門而入、百官隨以入見、
謂之入閤、風雷以
言號令、見周易山川悠遠莫浪許富貴
崢嶸今鼎來穆天子傳、西王母爲天子謠
曰、白雲在天、山陵自出、道里
悠遠山川間之、將子無死、尚能復來、天子
荅之曰、予歸東土、和理諸夏、萬民均平、

山谷詩五　五

吾願見汝、比及三年、將復而野、此句頗采
其意、朝野僉載唐咸亨中謠曰莫浪語阿
婆嗔、老杜亦云、將詩莫浪傳、漢書匡衡傳
曰、無說詩匡鼎來、注云、鼎方也、又賈捐之
傳曰、石
顯鼎貴萬壑松聲如在耳意不及此文生
哀萬壑松聲、何遜富貴者事、情因文生、自
爾感槩言東坡詩語之妙足以動蕩如
此也、蓋東坡首章曰、請公作詩寄父老、往
和萬壑松風哀、左傳曰、言猶在耳、文曰孤
始願不及此、世說孫楚除服作詩示王武
子王曰、未知文於情生、情於文生、覽之悽
然增伉儷之重、此用
其意、謂情於文生也
子瞻詩句妙一世乃云效庭堅體
蓋退之戲效孟郊樊宗師之比以

文滑稽耳恐後生不解故次韻道之子瞻送楊孟容詩云我家峨眉陰與子同一邦即此韻

我詩如曹鄶淺陋不成邦鄭氏詩譜云周武王封叔振鐸於曹今濟陰定陶是也檜國居溱洧之間祝融氏名黎其後八姓惟妘姓檜者處其地焉左傳季子觀樂自鄶以下無譏焉注曰季子聞鄶曹二國歌不復譏之以其微也周禮大宗伯注云子男不執圭者未成國衡門詩注曰言淺陋也公如大國楚吞五湖三江周禮職方氏揚州其川三江其浸五湖李太冲吳都賦曰或吞江而納漢伽藍記王肅曰芊比齊魯大邦魚比邾莒小國此詩略用其意

赤壁風月笛玉堂雲霧窗謂東坡無窮達之異也東坡謫黃州凡五年嘗游赤壁有前後賦按鄂州蒲圻縣有赤壁山黃州亦有之杜牧之詩何人教我吹長笛與倚春風弄月明元祐元年東坡自中書舍人遷翰林學士玉堂見上注太白詩歸來桃花巖得憩雲窗眠退之詩雲窗霧閣事慌惚○山谷題東坡贊曰東坡之酒赤壁之笛又東坡赤壁賦曰客有吹洞簫者赤壁之笛意取此乎

句法提一律堅城受我降老杜詩覓句新知律退之樊宗師銘曰由漢迄今用一律此借用其字言自提一家之軍律也受降城見上注

枯松倒澗壑波濤所舂撞萬牛挽不前公乃獨力扛枯松以自況太白蜀道難曰枯松倒掛倚絕壁退之詩洪濤舂撞禹穴幽按禮記學記注曰舂容謂重撞擊也老杜古柏行曰大厦如傾要梁棟萬牛回首丘山重漢書鄒陽傳曰使有自悔不前之心退之詩龍文百斛鼎筆力可獨扛

諸人方嗤點渠非晁張雙老杜戲為絕句曰今人嗤點流傳賦不覺前賢畏後生按于寶晉紀總論曰蓋共嗤點以為灰塵則可以而相詬病矣晁無咎張文潛皆蘇公門下士

但懷相識察牀下拜

老龐選詩一心抱區區懼君不識察蜀志龐統傳注引襄陽記曰諸葛孔明為臥龍龐士元為鳳雛司馬德操為水鏡蓋皆龐德公題品之語也德公襄陽人孔明每至其家獨拜於牀下

小兒未可知客或許敦龐誠

堪婿阿巽買紅纏酒缸終上句相知之意且欲為其子求婚於蘇氏柳東坡或嘗以此許之也山谷在黔中與王瀘州帖云小子相今年十四骨氣差厖厚以此帖觀之在京師時三四歲矣阿巽蓋蘇邁伯達之女東坡之孫山谷雖有此言其後契闊竟不成婚嫁范子功之孫渠渠字巽叟敦文學士蘇符仲虎伯達之子也其詩云爾左氏成十六年傳曰民生敦厖漢書匈奴傳曰願壻漢氏以自親說文曰缸瓶也老杜詩茗飲蔗漿攜所有瓷甖無謝玉為缸今人定婚者多以紅綵纏酒壺云

柳閎展如蘇子瞻甥也其才德甚美有意於學故以桃李不言下自成蹊八字作詩贈之

山東曰朝陽

𥘉君文武甚睨視萬人豪公羊傳伍子胥挾弓而去楚以
干闔廬闔廬曰士之甚武之
甚左傳楚子西曰光又甚文老氣鼓不作
卷旗解弓力老杜詩老氣横九州左傳曰一鼓作氣退之送鄭尚書序
曰府帥必左握刀右屬弓矢上為朝陽桐下為澗溪毛
言必為世用所遇何如耳朝陽桐謂可
作琴瑟以薦清廟卷阿詩曰梧桐生矣于
彼朝陽注曰梧桐本生山岡太平而後生
朝陽左傳曰澗溪沼沚之毛可薦于鬼神
可羞于王公囊中有美實期子種蟠桃期之以遠大不
欲其汲汲於人知也東坡和山谷詩蓋云
期君蟠桃枝千歲終一嘗山海經曰東海
有度索山上有大桃樹屈盤三千里曰蟠
桃漢武帝故事西王母以桃七枚獻帝帝
欲留核種之王母笑曰此桃
一千年生華一千年結實
浮陽愧嘉魚荀子曰儵鉢者浮陽之魚也胠於沙而思水則無逮矣注
云謂此魚好浮於水上就陽也說苑宓子
賤為單父宰陽晝謂曰夫扱綸錯餌迎而
吸之者陽橋也其為魚也薄而不美若存
若亡若食不食者魴也其為魚也厚味希
子識之宓子賤曰善於是未至單父有軒
蓋迎之者交接於道子賤曰車驅之車驅
之夫陽晝之所謂陽橋者至矣詩曰南有嘉魚烝然罩罩道傍多苦李
晋書王戎傳戎與群兒戲於道側見李樹
多實等輩競趣戎獨不往曰樹在道邊而
多子必苦李也世説以道邊為道傍古來賢達人不爭咸陽
市老杜詩古來賢達士寧受外物牽咸陽市用史記呂不韋著呂氏春秋事見上

復斎漫録云
潘子真詩話言
霜威能折綿
之句余問山谷
對氣方凝酒
清冰正折綿
更有甚於此

注吾子富春秋儀禮冠禮曰願吾子之教之也注云吾子相親之辭
子男子之美稱漢書齊襄王傳曰皇帝春秋富注云比之於財方未匱竭日月
東趨水言年少當惜日也孔文舉論盛孝章書曰歲月不居時節如流尚書
大傳曰百川趨於東海一本作東逝水按
老杜詩不見堂前東逝波蓋用魯論逝川
意潛聖有王音聞道而已矣潛聖謂孔子易曰潛龍勿
用下也王弼注曰龍潛而勿用必窮處於
下也文王明夷則主可知矣仲尼旅人則
國可知矣正義亦曰言聖人於此潛龍之
時在卑下也孟子曰孔子之謂集大成金
聲而玉振之司馬相如長門賦曰得尚君
之玉音魯論曰朝聞道夕死可矣○詩曰
無金玉爾音
而有遐心

霜威能折綿風力欲冰酒太白詩天霜下嚴威醫書謂大
寒唯酒不冰西京雜記曰漢天子以酒為
書滴取其不冰此詩謂綿可折而酒可冰
霜風之慘可知也勤子來訪道榾然我何有勤謂勞煩
左傳曰子母勤姑歸惠子謂莊子曰剖之
以為瓢則瓠落無所容非不呺然大也吾
為其無用而掊之寢興與時俱由我屈伸肘傳燈錄大
寂禪師曰只如今行住坐卧應機接物盡
是道又法眼禪師曰出家人但隨時及節
便得寒即寒熱即熱欲知佛性義當觀時
節因緣○又僧問棗山請師直指師乃垂
足曰舒縮一任老僧此詩皆采其意詩曰載寢載興飯羹自知味如
此是道不中庸曰人莫不飲食也鮮能知味也傳燈錄道明禪師曰如人

飲水冷
暖自知
任世萬鈞重載言以爲軒魯論曰士不可
以不弘毅任重
而道遠漢書司馬遷傳子曰吾欲載之空
言不如見之行事之深切著明也揚子曰
天之道不在仲尼乎仲尼駕
説者也左傳注曰軒大夫車空士又誤來世
聖達欲無言魯論又曰予欲無
言左傳曰聖達節咸池浴日
月深宅養靈根淮南子曰日出於暘谷浴
於咸池黃庭曰後有密户
前生門出日入月呼吸存灌溉五華植靈
根七液洞流衝廬間○唐史取日虞淵洗光
咸
池胷中浩然氣一家同化元浩然氣見孟
子張拙悟道
於石霜作頌曰光明寂照遍河沙凡聖含
靈共我家莊子曰同於大通此謂坐忘注

山谷五　十

云與變化爲體而無不通也太白詩心將
元化并廬仝詩盤礴化元搜萬類按楞嚴
經曰研
究化元
陸沉百世師寄食魯柳下莊子曰方且與
世違而心不屑
與之俱是陸沉者也注云人中隱者是無
水而沉也孟子曰聖人百世之師也伯夷
柳下惠是也唐書宰相世系表曰柳氏出
自姬姓魯孝公子夷伯展無駭生禽字季
爲魯士師謚曰惠食
采於柳下遂姓柳氏我今見諸孫風味窺
大雅老杜詩且復尋諸孫穀梁傳元年傳
汗熙曰風味之所期古猶今也又世
説注高逸沙門傳曰支遁居會稽晉哀帝
欽其風味○漢書贊曰夫惟大雅卓爾不
群大雅久不作圖王忽成霸太白詩大雅
久不作吾衰

竟誰陳王風委蔓草戰國多荊榛
栢譚新論曰圖王不成亦可以霸偉哉居
移氣蘭鮑在所化莊子曰偉哉夫造物者
將以予爲此拘拘也居
移氣見孟子家語子曰與善人居如入芝
蘭之室久而不聞其香則與之化矣與不
善人居如入鮑魚之肆久
而不聞其臭亦與之化矣
聖學魯東家恭惟同出自邴原別傳曰原
遊學詣孫崧崧
曰君捨鄭君所謂以鄭爲東家丘也原曰
君謂僕以鄭爲東家丘必以爲西家愚夫
邪左傳曰則我周之自出老杜贈盧五
丈詩恭惟同自出妙選異高標此借用乘
流去本遠遂有作書肆賈誼鵩鳥賦曰乘
流則逝莊子曰悲
夫百家往而不返必不合矣揚子
曰好書而不要諸仲尼書肆也日中駕

山谷五　十一

肩來薄晚常掉臂史記孟嘗君傳馮驩曰
朝趨市者平旦側肩爭
門而入日暮之後掉臂而不顧所期物忘
其中文選鮑照蕪城賦曰車掛轊人駕肩
徒嚚終無贏歸矣求己事後句言奔走勢
利之途終無所
得不如講求爲己之學也左傳曰賈而欲
贏而惡嚚乎孟子曰子歸而求之有餘師
傅大士十勸曰生死已事須汲汲傳燈錄
僧問道吾已事未明乞和尚指示師良久
曰不如且各合
口免相累及
清潤玉泉冰選詩清如玉壺冰晉書衛玠
傳曰婦翁冰清女婿玉潤十
洲記瀛洲有玉膏
山出泉如酒味高明秋景晴宋玉九辯
曰沈寥兮
天高而氣清李善注云
秋天氣朗體清明也妙年勤翰墨銀鈎

蒴藋 上切姆卓 下切直角

灑縱橫 晉書索靖草書狀曰草書之爲狀也婉若銀鈎漂若驚鸞 藍田
生美璞未琢價連城思爲萬乘器柱下貴晚
成 京兆記曰藍田出美玉如藍故曰藍田 江表傳孫權見諸葛恪奇之謂其父瑾
曰藍田生玉眞不虛也漢書鄒陽傳曰蟠
木根柢輪囷離奇而爲萬乘器者以左右
先爲之容也老子曰大器晚成按神仙傳
老子周武王時爲柱下史連城見上注
八方求道渺渺困多蹊 淮南子曰天地之間九州八極
注云八方之極也列子曰大道以多岐亡羊學者以多方喪生 歸來坐虛
室夕陽在吾西 孟子曰子歸而求之有餘師莊子曰虛室生白此借
用其字法眼禪師金剛經四時般若頌曰
理極忘情謂如何有喻齊到頭霜夜月任
運落前溪菓熟兼猿重山長似路迷舉頭
殘照在元是住居西此用其意謂道在邇
而求之遠也 君今秣高馬夙駕先鳴雞 漢廣詩言秣其
馬老杜詩高馬勿捶面定之方中詩星言
夙駕○退之盤谷序云膏吾
車兮秣吾馬 愼勿取我語親行乃不迷 趙州語云自作
活計莫取我語陶淵明詩曰願君取我言
此反而用之欲其躬行而允蹈也退之祭
田横文曰苟余行之不迷

戲詠蠟梅二首

山谷書此詩後云京洛間有一種花
香氣似梅花五出而不能晶明
類女功撚蠟所成京洛人因謂
蠟梅木身與葉乃類蒴藋竇高
州家有灌叢能香一園也王立

之詩話云蠟梅山谷初見之
戲作二絕緣此盛於京師
金蓓鎖春寒惱人香未展雖無桃李顏風
味極不淺 集韻曰蓓蕾始華也蓓音倍蕾音磊樂天詩愁鎖鄉心掣不開
老杜詩韋曲花無賴家家惱殺人桃李顏
本作桃杏紅後改之太白詩松栢本孤直
難爲桃李顏風味見上注晉書
庾亮曰老子於此處興復不淺
體薫山麝臍色染薔薇露披拂不滿襟時
有暗香度 林逋梅詩小園烟景正淒迷陣
陣寒香壓麝臍陶隱居注本草
云麝形似麞食柏葉或有夏食蛇蟲多至
寒香滿入春患急痛自以脚剔出人有得
之者此香絕勝雷公云用蹄尖彈臍此香
價與明珠同楊文公談苑云金陵宮中人
接薔薇水染生帛一夕忘收爲濃露所漬
色倍鮮翠按今嶺南薔薇露染衣輒黃莊
子曰風起北方一西一東孰居無事而披
拂是文選陸士衡詩循形不盈衿林逋梅
花詩暗香浮動月黃昏披拂不滿襟一本
作不盈懷按文選古詩云馨香盈懷袖路
遠莫致之

蠟梅

天公戲翦百花房奪盡人工更有香埋玉
地中成故物折枝鏡裏憶新粧 翦花房謂其作蠟樂
天詩點綴花房小樹頭末句蓋有所寄駙
馬都尉王詵晉卿尚蜀國公主公主下世
故有埋玉之句新粧用壽陽公主梅花粧
之意風俗通云張伯偕仲偕兄弟形皃相

類。仲偕妻新粧鏡中。忽見伯偕問
曰。今日粧飾好否。此略采其意

從張仲謀乞蠟梅

聞君寺後野梅發香蜜染成宮樣黃不擬
折來遮老眼欲知春色到池塘寺謂官寺。老杜詩。江
路野梅香。傳燈錄。僧問藥山。爲什麼看經。
師曰。我只圖遮眼。老杜詩。皇天無老眼。謝
靈運詩。池塘生春草。此
引用言仲謀當有詩興

賈天錫惠寶薰乞詩予以兵衛森
畫戟燕寢凝淸香十字作詩報之
十字蓋韋應物詩。山谷云。天錫
作意和香。自然有富貴氣。覺諸
人家香。殊
寒乞也

險心游萬仞躁欲生五兵隱几香一炷靈
臺湛空明　莊子曰。人心險於山川。陸士衡
文賦曰。精鶩八極。心游萬仞。詩
意謂躁欲之害。攻伐正性。故曰生五兵。周
禮夏官司兵掌五兵五盾。注謂戈盾戟酋
矛夷矛。莊子曰。南郭子綦隱几而坐。又曰
不可內於靈臺。注云。心也。陶淵明詩云。夜
景湛虛明。退之祭文
云。航北湖之空明

晝食鳥窺臺宴坐日過砌俗氛無因來煙
霏作輿衛　鳥窺臺。謂作生臺以施食。日過
砌。謂僧律過中卽不食也。文選
謝靈運詩。兼抱濟物性。而不纓垢氛。李善
注。謂世事皆惡不相纓繞。不雜塵霧。劉孝
標廣絶交論曰。煙霏雨散。注引陸機賦。騰
煙霧之霏霏。易大畜之九三曰。閑輿衛利
有攸往。山谷意謂。香煙隔去俗氛。便足
以當兵衛耳。輿猶衆也。不用古易師說

石蜜化螺甲榠櫨煮水沉博山孤煙起對此
作森森　山谷有此十詩。跋云。賈天錫意和
其法斫沉水。如小博投。以榠櫨液
漬之。三日乃煮去其液。溫水沐之。螺甲磨
去齟齬。以胡麻膏熬之。色正黃則以蜜湯
剸洗。又屑紫檀。靑木香。稍入婆律膏及麝
以棗肉合之。作摹如龍涎香狀。按本草石
蜜絛。陶隱居注云。卽崖蜜也。唐本草云。蠡
類生雲南者。大如掌。靑黃色。取䴢燒灰用
之。今合香多用。謂能發香復來香煙。須酒
蜜漬方可用。本草木瓜條。陶隱居注曰。榠
櫨大而黃。可進酒。圖經云。道家生壓汁和
甘松等作濕香。唐本草注曰。沉水香出天

竺單于二國。與靑桂雞骨棧香同是一樹。
葉似橘。經霜不凋。木似櫸柳。重實黑色。沉
水者是。漢故事曰。諸王出閤則賜博山香
爐。呂大臨考古圖云。爐象海中博山。下盤
貯湯使潤氣蒸香。以象海之四環。古詩云。
博山爐中百和香。鬱金蘇合與都梁。對此
作森森。謂博山百和之香與此寶薰對燒
有森然畏敬之意。歐公詩。孤煙起晴嵐。文
選懷舊賦。栢
森森以攢植

輪囷香事已郁郁著書盡誰能入吾室脫
汝世俗械　漢書天文志曰。若煙非煙。若雲
非雲。郁郁芬芬。蕭索輪囷。是謂
慶雲。此借用以言香之煙。莊子大宗師篇
子桑戶死。孔子曰。彼又烏能憒憒然爲世
俗之禮。以觀衆人之耳目哉。子貢曰。然則
夫子何方之依。孔子曰。丘天之戮民也。注

云以方内爲桎梏韻書云械桎梏也

賈侯懷六韜家有十二戟天資喜文事如我有香癖賈侯當是將家子按太公兵法有六韜凡戟天子二十四諸侯十二唐制三品已上門列棨戟史記商君贊曰天資刻薄人也穀梁云有文事者必有武備晉杜預有左傳癖

林花飛片片香歸衙泥燕閉閤和春風還尋蔚宗傳老杜詩林花着雨燕支落又詩風吹花片片鄭谷燕詩曰閑机硯中窺水淺落花徑裏得泥香選詩曰思爲雙飛燕銜泥巢君室山谷書小宗香云南陽宗茂深閉閤焚香蔚宗傳見上注

山谷五　十六

公虛采蘋宮行樂在小寢香光當發聞色敗不可稔上句言其悼亡采蘋詩序曰大夫妻能循法度也禮記玉藻曰大夫退然後適小寢釋服注云小寢燕寢也公羊注亦云諸侯皆有三寢一曰高寢二曰路寢三曰小寢漢書楊惲傳曰人生行樂耳楞嚴經大勢至法王子云如染香人身有香氣此則名曰香光莊嚴我本因地發聞字見書呂刑左傳萇弘曰毛得必亡是昆吾稔之日也注云稔熟也惡積與桀同誅此借用以言聲色之禍

床帷夜氣馥衣桁晩煙凝瓦溝鳴急雪睡鴨照華燈孫子曰夜氣歸此借用老杜詩翡翠鳴衣桁樂天詩倏如瓦溝霜李商隱詩睡鴨香爐換夕薰楚詞華燈錯些

雉尾映鞭聲金鑪拂太清班近聞香早歸來學得成退之元日朝回詩曰金鑪香動螭頭暗玉珮聲來雉尾高古今注曰殷高宗有雉雊之徵服飾多用翟尾故有雉尾扇鞭聲謂警蹕道家有三清太清其一也老杜詩朝罷香煙携滿袖樂天詩十三學得琵琶成

衣篝麗紈綺有待乃芬芳當念眞富貴自薰知見香說文曰篝落也可薰衣樂府梁王筠行路難曰已繰一繭催衣縷復擣百和薰衣香漢書班固自叙曰在於綺襦紈袴之閒麗謂香氣附著之莊子曰列子御風此雖免乎行猶有所待者也選詩云言笑吐芬芳樂天詩爲報高蓋車恐非眞富貴圓覺經曰自薰成種佛書有解脫知見香

山谷五　十七

次韻張仲謀過酺池寺齋 詢

十年醉錦幄酴醾照金沙敧眠春風底不去留君家王介甫詩云酴醾一架最先來夾水金沙次第栽濃綠扶踈雲對起醉紅撩亂雪爭開

是時應門兒紫蘭茁其牙只今將弟妹嬉戲索羊車應門兒見上注退之馬少監誌曰幼子娟好靜秀瑤環瑜珥蘭茁其牙退之詩少長聚嬉戲不殊同隊魚晉書衛玠傳總角乘羊車入市

忽書滿窻紙整整復斜斜劉禹錫詩小兒弄筆不能嗔涴壁書窻且賞勤盧仝添丁詩閑來案上翻墨汁塗抹詩書如老鴉杜牧之臺城曲云整整復斜斜隨旗簇晚沙

平生悲歡事頭緒亂

如麻太白詩繰絲憶君頭緒多漢書天文志死人如亂麻苟祿無補報幾成來食嗟苟子曰偷合苟容以持祿養交漢書貢禹傳曰非復能有補益所謂素餐尸祿之臣也禮記檀弓曰齊大飢黔敖爲食於路以待餓者而食之有餓者蒙袂輯屨貿貿然來黔敖左奉食右執飲曰嗟來食揚其目而視之曰予唯不食嗟來之食以至於斯也從而謝焉終不食而死喜君崇名節青雲似有涯漢書樓護傳論議常依名節又後漢書許劭傳少峻名節選詩努力崇明德史記范睢傳須賈曰賈不意君能自致於青雲之上莊子曰吾生也有涯我夢江湖去釣舡刺蘆花莊子曰漁父刺舡而去延緣葦間江濱開園宅畦蔗蒔棃柤周禮載師曰以

場圃任園地以宅田任近郊之地張平子南都賦曰其園圃則有諸蔗薑蕃莊子曰柤棃橘柚皆可於口夢驚如昨日炊玉困京華文選潘安仁詩念此如昨日郭璞詩京華游俠窟炊玉見上注公來或藜羹我不疵瑕莊子曰孔子窮於陳蔡之間藜羹不糝左傳曰予取予求不汝疵瑕深念煩鄰里忍窮禁貸賒言不欲稱貸以治具退之詩被皐即召窮日忍周禮泉府曰凡賒者祭祀無過旬日喪紀無過三月凡民之貸者以國服爲之息夜談簾幕冷霜月動金蛇張蟠漢記曰永昌太守鑄黃金爲蛇獻梁冀此借用以形容簾之飾月也○東坡詩夜談空說劍即是桃李月春蟲語交加談笑之歡溫然似春選詩艷陽

桃李節退之送鄭校理詩鳥哢正交加揚花共紛泊我亦無酒飲一室可盤蝸魏志邴原傳注魏略曰焦先作一瓜牛廬淨埽其中營木爲床布草蓐其上裴松之云瓜當作蝸蝸牛螺虫之有角者也俗或呼爲黃犢要公共文字朱墨勘舛差退之詩不如覷文字丹鉛事點勘按北史蘇綽制文案程式朱出墨入之法此借用文選蜀都賦曰舛錯縱横非復少年日聲名取嫭姱漢書韓安國傳嫭鄙小縣注曰嫭夸姹也諸阮有二妙能詩定自嘉何時來煮餅蠏眼試官茶晉書阮咸傳曰諸阮居道北此詩用其字二妙謂阮渾阮咸以比仲謀子姪也按阮籍之子渾少慕通達籍曰仲容兄豫此流汝不得復爾咸字仲容籍

之兄子也又衛瓘傳云與索靖俱善草書時號一臺二妙此借用世說王含作廬江王敦曰家兄在郡定嘉又謝太傅舉酒勸謝景重曰故自佳故自佳○東坡煎茶詩蟹眼已過魚眼生

山谷詩集注卷第五

山谷詩集注卷第六

元祐二年丁卯春作

常父惠示丁卯雪十四韻謹同韻賦之

春皇賦上瑞來寧黃屋憂王子年拾遺曰伏犧以木德稱王故曰春皇是謂太昊文選謝惠連雪賦曰盈尺則呈瑞於豐年漢書高帝紀曰紀信乘王車黃屋左纛注謂天子車以黃繒爲蓋裏○文選范曄詩黃屋非堯心又漢書堯以天下爲憂下令走百神大雲庇九丘史記管仲傳曰下令於流水之源詩云懷柔百神佛經曰慈意妙大雲又京房易飛候曰視西方有大雲五色其下賢人隱也書序曰九州之志謂之九丘丘聚也風聲摎仁氣艷艷生尾溝仁氣見禮記退之詩威風挾惠氣又詩屋角月艷艷樂天詩富貴來不久倏如尾溝霜寒花舞零亂素裏照皇州韓詩外傳曰凡草木花多五出雪花獨六出宋書曰大明中元日雪花降殿庭上以爲嘉瑞太白詩我舞影凌亂選詩曰春色滿皇州千門委圭璧曉日不肯收文選謝惠連雪賦曰既因方而爲圭復遇圓而成璧元年冬無澤疢處長螟蟊後漢明帝詔曰冬無宿雪春不奧沐祐帝詔曰頃雨澤不沾漢書五行志曰辟不思導利茲謂無澤此借用其字翼奉傳曰巢居知風穴處知雨○爾雅釋虫曰食心曰螟食根曰蟊食葉曰蟘食節曰賊兩宮初旰食補袞獻良籌兩宮謂宣仁太后及哲廟漢書灌夫傳曰辟睨兩宮間左傳伍員曰楚君大夫其旰食乎詩曰袞職有闕仲山甫補之有道四夷守無征萬邦休左傳曰天子有道守在四夷書曰萬邦咸休耆年秉國論涇渭極分流書文侯之命曰罔或耆壽俊在厥服予則罔克文選王元長曲水序曰耆年闕市井之遊此借用漢書薛宣傳曰謀王體斷國論元祐初宰輔多老成故云爾涇渭分流言流品不雜也已見上注老杜詩濁涇清渭何當分輟耒入班品逸民盡歸周輟耒謂起自田里如莘野之事楚辭九辯曰農夫輟耕而容與皇甫湜祭柳子厚文云驟閱班品按通典自魏以下官有九品而梁又更定十八班歸周用伯夷本公事見孟子股肱共一體閒不容戈者文選王褒四子講德論曰君爲元首臣爲股肱明其一體相須而成前漢枚乘書曰閒不容髮晉書閻纘傳曰一日不朝其閒容刀書費誓曰鍛乃戈矛人材如金玉同美異剛柔金柔玉剛要皆美材當兼收而並用也政須衆賢和乃可蹴共吺漢書劉向曰衆賢和於朝則萬物和於野共謂共工吺謂驩兜古文驩作鴅兜作吺書舜典曰流共工于幽州放驩兜于崇山改弦張敝法病十九已瘳漢書董仲舒曰琴瑟不調甚者必解而更張之乃可鼓也爲政而不行甚者必變而更化之乃可理也退之詩癘疫每潛遘十家無一瘳王指要不匿蝕非日月蓋盤庚曰王播告之修不匿厥指孟子曰古之君子其過也如日月之食民皆見之及其更

也。民皆仰之桑林請六事河水問九疇呂氏春秋曰。昔殷湯尅夏而大旱。湯乃身禱於桑林。剪其髮劘其手。自以爲犧。用求福於上帝。淮南子注曰。桑山之林。能興雲致雨。故禱之。後漢書周舉傳曰。成湯遭災。以六事尅已。注引帝王紀曰。湯伐桀後。大旱七年。使人持三足鼎祝於山川曰。政不節邪。使人疾邪。苞苴行邪。讒夫昌邪。宮室營邪。女謁行邪。何不雨之極也。書洪範。王訪于箕子。箕子乃言曰。我聞在昔。鯀陻洪水。汩陳其五行。鯀則殛死。禹乃嗣興。天乃錫禹洪範九疇

天意果然得玄功與吾謀漢書息夫躬傳曰。民心說而天意得矣。吳融雪詩曰。自憐曾未至聊復賦玄功此物有嘉德辟

在麥秋左傳曰。謂其上下皆有嘉德。無違詩曰。大人占之。衆維魚矣。實維豐年。禮記月令。孟夏麥秋至近臣知天喜玉色動冕旒

館無他事作詩配崇丘老杜詩。天顏有喜近臣知。玉色見禮記。玉藻。詩小雅曰。崇丘萬物得極其高大也。有其義而亡其辭。文選束晳有補亡崇丘詩

詠雪奉呈廣平公宋盈祖

連空春雪明如洗忽憶江清水見沙上句舊作春空晴碧來飛雪。沙以喩雪。劉禹錫浪淘沙辭曰。卷起沙堆似雪堆。退之詩。山淨江空水見沙

夜擁疎疎還密密曉看整整復斜斜淵明詩。密密堂前柳。杜牧之栽竹詩云。歷歷羽林影。疎疎煙露姿。又臺城曲云。整整復斜斜。隨旗簇晚沙

風回共作婆娑舞天上能開頃刻花共字舊作解又作乍。曹子建洛神賦曰。飄飄兮若流風之回雪。老杜詩急雪舞回風。詩東門之枌注云。婆娑。舞也。本事詩。陸暢雪詩曰。天人寧底巧。翦水作飛花。沈玢續仙傳。郗七七詩云。解醞逡巡酒。能開頃刻花

政使盡情寒至骨不妨桃李用年華退之詩。無心花裏鳥。更與盡情啼。又詩。感謝情至骨。歐公雪詩。應憐鐵甲冷徹骨。四十餘萬屯邊兵

次韻宋楙宗僦居甘泉坊雪後書懷

漢家文史宋公孫漫逐班行謁帝閽揚雄甘泉賦曰。選巫咸兮叫帝閽

燕頷封侯空有相蛾眉傾國自難昏後漢班超傳。相者曰。生燕頷虎頸。飛而食肉。萬里侯相也。離騷曰。衆女嫉余之蛾眉兮。謠諑謂余以善淫。漢書李延年歌曰。北方有佳人。絕世而獨立。一顧傾人城。再顧傾人國

家徒四壁書侵坐馬聳三山葉擁門漢書司馬相如傳曰。家徒四壁立。元稹望雲騅歌曰。髆聳三山尾梢直。山谷此句用官清馬骨高之意。僧無可詩。開門落葉深。劉禹錫詩。風驅葉擁堦

安得風帆隨雪水江南石上對窪尊老杜詩一日過海收風帆。雪浪見上。雪水注。元結有窪尊銘。今在武昌。其詳具上注。

和答子瞻和子由常父憶館中故事

東坡詩序。大抵謂近歲館中同舍不復飲酒賦詩之樂。詩用房字韻

一蘇上連璧三孔立分鼎 蘇時分掌內外制連璧見上注三孔謂文仲緯父武仲常父平仲毅父元祐間俱進用三孔新淦人兄弟皆有名當世漢書蒯通傳曰三分天下鼎足而立此借用東坡詩蓋云自君兄弟還鼎立知有補柳子厚文叔仲鼎列天下

少小看飛騰中年嗟遠屏 選詩曰少小嬰憂患老杜詩飛鸞無那故人何遠屏見上注

風撼鶺鴒枝波寒滇鴈影 常棣詩曰鶺鴒在原兄弟急難禮記兄弟之齒鴈行老杜詩鴻鴈影連來峽內鶺鴒聲急到沙頭

天不懖斯文俱來集臺省 魯論曰天之未喪斯文也正月詩曰夭夭是椓注謂椓破之老杜詩諸公袞袞登臺省

日月黃道明桃李春晝永 晉天文志云黃道日之所行也老杜詩閶闔開黃道衣冠拜紫宸

山谷六　五

時平少犴獄地禁絕鼃黽 晉書張載搉論曰時平則才伏韓詩外傳曰鄉亭之獄曰犴朝廷之獄曰獄退之釋言曰職親而地禁國語范蠡對王孫曰吾鼃黽之與同渚周禮蟈氏掌去鼃黽

頗懷修故事文會陳果茗 漢書魏相傳曰好觀漢故事魯論曰以文會友晉書陸納傳謝安詣納納所設惟茶果而已

當時群玉府人物殊秀整 穆天子傳曰群玉山先王之所謂策府世說曰李元禮風格秀整高自標持柳子厚文森然炳然若開群玉之府

下直馬闐闐杯盤具俄頃 下直見上注蜀都賦曰車馬雷駭轟轟闐闐老杜送王評事詩曰家貧無供給客位但箕帚俄頃羞頗珍寂寞人散

後共醉凌波襪誰窺投轄井 凌波襪見上注漢書陳遵傳每大飲賓客滿堂輒關門取客轄投井中

天網極恢疏道山悲簿領何曾歸閉門燈火坐寒冷 老子曰天網恢恢疏而不失文選劉公幹詩曰沉迷簿領書回回自昏亂○蓬萊道山天帝圖書之府也

欲觀太平象復古望公等 唐書牛僧孺傳曰太平無象詩曰車攻宣王復古也史記平原君傳曰公等錄錄老杜詩致君堯舜付公等

賤子託後車當煩煮湯餅 漢書樓護傳主邑稱賤子上壽文選魏文帝與吳質書曰文學託乘於後車○老杜詩賤子請具陳

雙井茶送子瞻 雙井在洪州分寧縣山谷所居也

山谷六　六

人間風日不到處天上玉堂森寶書 梁四公記曰羅子春為梁武帝入龍洞求珠得食如花藥膏飴食之香美齋食至京師得人間風日乃堅如石不可食此句全用其字龍濟頌云日月不到處特地好乾坤玉堂見上注文選江淹擬休上人詩曰寶書為君掩李善注引道學傳曰夏禹撰真靈之要集天官之寶書

想見東坡舊居士揮毫百斛瀉明珠 蘇公元豐二年謫黃州築室於東坡自號東坡居士老杜八仙歌曰揮毫落紙如雲煙○盧綝四王起事曰張方劫晉帝西遷輦真珠百餘斛

我家江南摘雲腴落磑霏霏雪不如 神仙傳太真夫人曰九轉丹四名朱光雲碧之腴文選苦寒行雪落何霏霏李善注引詩曰雨雪霏霏老杜詩

槇云東坡下句相念可説江湖美辛有鱠有茗可喜

新詩錦不如爲君喚起黄州夢獨載扁舟向五湖老杜詩衆鶵爛熳睡喚起霑盤飧杜牧詩十年一覺楊州夢贏得青樓薄倖名越語曰范蠡乗輕舟以浮於五湖此云獨載言不與西子俱也

和答子瞻公時疾目

一月空回長者車報人問疾遣兒書文選陶淵明詩窮巷隔深轍頗回故人車顔延年詩林閭時晏開亟回長者轍按漢書陳平傳曰門多長者車轍山谷以病目不出故云維摩經曰佛告文殊師利汝行詣維摩問疾老杜詩愛竹遣兒書

翰林貽我東南句窗間默坐得玄珠静女詩云貽我彤管玄珠以比東坡之詩東坡謝山谷餽雙井茶詩末句云明年我欲東南去畫舸何時宿太湖莊子曰黄帝遊乎赤水之北還歸遺其玄珠使知索之而不得使離朱謑詬索之而不得也乃使象罔象罔得之

故園溪友膾腹腴遠包春茗問何如禮記少儀曰羞濡魚者進尾冬右腴注曰腴腹下也老杜設鱠歌曰偏勸腹腴愧年少

玉堂下直長廊靜爲君滿意説江湖翰林誌曰每下直出門相謔謂之小三昧出銀臺乗馬謂之大三昧西京賦曰長廊廣廡退之書云敢避其煩黷懷不滿之意於受恩之地哉

子瞻以子夏丘明見戲聊復戲答子瞻詩云誦詩得非子夏學紬史正作丘明書天公戲人亦薄

山谷六　七

槇云閤門井谷簾泉爲才可則誤矣谷簾井是才一定谷簾井方濟時而免云云詩人則事如究洲云云言黃而地肥作云云罵力者言東坡今在此

相故遺幻翳生明珠

化工見彈太早計端爲失明能著書史記賈誼傳曰造化爲工莊子曰且汝亦太早計見卵而求時夜見彈而求鴞炙漢書司馬遷書曰左氏失明厥有國語史記曰虞卿非窮愁亦不能著書

邇來似天會事發淚睫見光能隕珠盧仝月蝕詩曰蝦蟇敢將天眼睛又云當時常星沒星雨如拼瑑似天會事發吐唱誅姦強柏子新論曰孟嘗君淚下承睫博物志曰鮫人泣而成珠老杜詩自眩隕雜花

喜公新賜紫琳腴上清虚皇對久如眞誥詩曰厳此紫瓊腴又曰玉華餞琳腴黄庭内景經曰上清紫霞虚皇前太上大道玉晨君務成子注云虚皇者紫清太素高虚洞曜三光元道君内號也對久如謂奏對久之南有嘉魚詩烝塵也塵然猶言久如也維摩經曰舍利弗言天止此室其已久如王介甫詩看雲坐久久如

請天還我讀書眼願載軒轅訪鼎湖雲溪友議載王梵志詩曰還爾天公我還我未生時東坡詩讀書眼如月罅隙靡不照軒轅謂神宗時山谷修實録史記封禪書曰黄帝鑄鼎於荆山之上鼎既成有龍垂胡髯下迎黄帝後代因名其處曰鼎湖漢書司馬遷傳贊曰接其後事訖于大漢揚雄傳曰太史公記六國歷楚漢訖麟止

山谷六　八

省中直舍懷子瞻用前韻

閤門井不落第二競襲谷簾定誤書舊本云閤

門井似谷簾水可憐不載竟陵書○東京
記曰文德殿兩挾有東西上閤門亭嘗聞
故老云東上閤門之東有井絶佳傳燈錄
潙山曰思而知之落在第二頭唐書陸羽
傳羽字鴻漸復州竟陵人羽嗜茶著經三
篇陳舜俞廬山記曰康王谷有水簾飛泉
破巖而下者二三十派其高不可計其廣
七十餘尺陸鴻漸茶經嘗第其水爲天下
第一按張又新煎茶水記載爲李季卿論
水次第有二十種以廬山康王谷水第一
歐公作大明水記頗
疑其與羽經相反云 思公煮茗共湯鼎蚯
蚓竅生魚眼珠 退之集彌明石鼎聯句曰
時於蚯蚓竅微作蒼蠅鳴
茶經候湯有三沸如魚目微有聲爲一沸
選詩魚目笑明月李善注引雒書曰秦失
金鏡魚
目大珠 買身九州之上腴爭名餘中沃焚

如 上腴謂京師班固西都賦曰華實之毛
則九州之上腴法華經曰澍甘露法雨
滅除煩惱燄夫朝市爭名之士肝肺內熱
何異爲烈焰焚炙哉易離卦之九四曰突
如其來如焚如 但恐次山胸磊隗終便酒舫石魚
湖 元注云元次山石魚湖歌曰石魚湖似
洞庭夏水欲滿君山青疾風三日作大
浪不能廢人運酒舫詩意謂東坡無爭名
之病不用飲茶而胸中磊隗政須以酒澆
之耳磊隗用阮籍事晁
上注便字作平聲讀

以雙井茶送孔常父

校經同省並門居無日不聞公讀書故持
茗椀澆舌本要聽六經如貫珠 按實錄元
祐元年五

月以秘書省正字孔武仲爲校書郎古樂
府東飛伯勞歌曰誰家女兒對門居晉書
殷仲堪傳曰三日不讀道德經便覺舌
本間強樂記曰歌者纍纍乎端如貫珠 心
知韻勝舌知腴何似寶雲與眞如 史記呂
不韋傳
曰子楚心知所謂文選頭陀寺碑曰道勝
之韻虛往實歸歐公雙井茶詩曰寶雲日
注非不精爭新棄舊世人情○鄉
文脫細故於胸中味道腴於舌端 湯餅作
魔應午寢慰公渴夢吞江湖 作魔謂睡魔
魔藏禪師傳秀師曰此無山精木怪汝難
作魔耶唐文粹有何諷夢渴賦曰奔九江
走五湖末句曰以吾此夕之一夢見自古
不足者之心左太冲吳都賦曰或吞江而
納
漢

常父答詩有煎點徑須煩綠珠之
句復次韻戲答

小鬟雖醜巧粧梳掃地如鏡能檢書 老杜
詩檢
書燒
燭短 欲買嬋娟供煑茗我無一斛明月珠
老杜詩曰嗅人肴聚梟不嫁惜娉婷嶺表
錄異曰昔梁氏女有容皃石季倫爲交趾
採訪使以眞珠三斛買之即綠珠
也此句以荅綠珠之戲用韻極工 知公家
亦闕掃除但有文君對相如 掃除謂箕帚
妾漢書司馬
遷書曰爲掃除之隸樂府題解云司馬相
如將聘茂陵人女爲妾文君作白頭吟以
自絶相
如乃止 政當爲公乞如願作箋遠寄宮亭

推三言我筆於慶也當有文章不得取冨貴矣

湖。戲謂當求之於神。錄異傳曰、盧陵歐陽明從賈客道經彭澤湖、每以船中所有、投湖中。後忽見一人來候明云、是青洪君。明甚怖。吏曰、無可怖。青洪君感君前後有禮、故要君必有重遺。君勿取、獨求如願爾。明既見青洪君、乃求如願。使逐明去。如願者、青洪君婢也。明將歸。所願輒得、數十年大富。荊州記曰、宮亭即彭蠡澤也、謂之彭澤湖。○初學記載查道元與天公牋。言其奴高安云云。此借用祕閣王獻之帖云政當隨事豁之

戲呈孔毅父

管城子無食肉相孔方兄有絕交書 退之毛穎傳曰、秦皇帝使蒙恬賜之湯沐、而封諸管城、號管城子。後漢班超傳、相者曰、飛而食

山谷六　十一

肉、萬里侯相。晉書魯褒錢神論曰、親之如兄、字曰孔方。文選、有嵇康與山濤絕交書

文章功用不經世何異絲窠綴露珠 文選應璩百一詩曰、文章不經國。史記伯夷傳曰、功用既興、然後授政。莊子曰、其不可與經於世、亦遠矣。退之聯句云、絲窠掃還成。文選別賦曰、秋露如珠

校書著作頻詔除猶能上車問何如忽憶僧床同野飯夢隨秋鴈到東湖 按實錄、山谷元豐八年四月為校書郎、元祐二年正月為著作佐郎。漢書谷永傳曰、免不正之詔除。上車何如、見上注。曾子固徐孺子祠堂記曰、按豫章圖記、章水北歷南塘、其東為東湖。豫章蓋山谷鄉里

謝黃從善司業寄惠山泉 從善名降一名隱

錫谷寒泉犢右俱并得新詩蠆尾書 張又新煎茶水記載、劉伯芻較水之與茶宜者、凡七等、以無錫惠山寺石泉為第二。法書苑、索靖草書絕代、名曰銀鉤蠆尾。犢音妥、圓而長曰犢。犢石、所以澄水也。山谷有從人乞楊華店井水帖云、取井傍十數石、置瓶中、令水不濁

急呼烹鼎供茗事晴江急雨看跳珠 晉書孔群曰、今年得七百石米、不足了麴蘗事。此云茗事、亦其比也。東坡詩、白雨跳珠亂入船

是功與世滌羶腴令我屢空常晏如 唐常景使西蕃、烹茶帳中、謂蕃人曰、滌煩療渴、所謂茶也。屢空見魯論。漢書揚雄傳、無儋石之儲、晏如也

安得左轓清潁尾風爐煮餅臥西湖 漢書景帝紀、長吏千石至

山谷六　十二

六百石、朱左轓。注云、轓、車之蔽也。漢書灌夫傳曰、潁水清、灌氏寧。左傳、楚子次于潁尾。杜預注云、潁水之尾。按今潁州有西湖。陸羽茶經曰、風爐以銅鑄之、如古鼎形、凡四窓、以備通飆漏燼之所

次韻奉酬劉景文河上見寄

省中岑寂坐雲窻忽有歸鴻拂建章 省中、謂祕書、退之詩、雲窻霧閣事慌惚。建章、漢宮名。選詩曰、玉繩低建章

惟一石友琢磨佳句問潛郎 老杜詩、鎖客珍重意。文選潘岳詩曰、投分寄石友。淇奧詩注云、如玉石之見琢磨。張平子思玄賦曰、尉尨眉而郎潛

邊憐部曲風沙裏不廢平生翰墨場 部曲、翰墨

（場荒見下注。老杜詩縞素漢漢開風沙）想見哦詩裁春茗句

人懷抱絕關防（晉書劉惔傳曰今日作此而向人耶。劉禹錫詩曰心術去機關。老杜詩延州秦北戶關防猶未已）

見諸人唱和酴醾詩輒次韻戲詠

梅殘紅藥遲此物共春歸（謝玄暉詩紅藥當階翻）名

字因壺酒風流付枕幃（王立之詩話云酴醾本酒名也。世所開花本以其顏色似之故取其名。按唐書百官志良醞署令進御則供酴醾桑落之酒。顗書曰幃囊也。今人或取落花以爲枕囊）墜鈿香徑草飄雪

淨垢衣（玉臺新詠吳均採蓮詩錦帶雜花鈿。○酉陽雜俎辨疕松曰博雅云在壁曰昔邪在垣曰垣衣）王氣晴虹發沈材鋸屑霏（虹氣及沈香皆見上注。晉書胡毋輔之傳曰彥國吐佳言如鋸木屑霏霏不絕）直知

多不厭何忍摘令稀（老杜詩不厭傷多酒入脣文詩可忍醒時雨打稀○李泌傳曰種瓜黃臺下瓜熟子纍纍一摘使瓜好再摘使瓜稀摘稀字取此也）常恨金沙學顰時正可揮（謂金沙俗惡如里人效西施之顰也。王介甫詩故作酴醾架金沙漫栽似矜顏色好飛度雪前開。揚子曰倚門墻則麾之。揮與麾同）

次韻秦覯過陳無己書院觀鄙句之作（覯字少章即少游之弟。無己蓋陳後山舊字）

陳侯大雅姿四壁不治第（漢書司馬相如傳曰家徒四壁立。霍去病傳曰上爲治第令視之。大雅見上注）碌碌盆盎中見此

古罍洗（儀禮士冠禮注曰洗承盥洗者棄水器也。水器尊卑皆用金罍及大小異。東坡詩置之盆盎間）薄飯不能羹墻陰老春薺（王介甫詩薄飯午不羹空爐夜無炭。文詩獨飯墻陰轉。本草薺味甘。陶隱居注曰葉作葅羹亦佳。詩云誰謂荼苦其甘如薺是也）惟有文字性萬古抱

根柢（維摩經曰文字性離。此借用言其天資能文蓋自夙世也。漢書鄒陽傳曰蟠木根柢輪囷離奇）我學少師承坎井可窺底（范曄後漢書儒林傳序曰若師資所承宜標名爲證者乃著之云。圭峯禪師作禪門師資承襲圖亦云若要辨諸宗師承須知有傍有正。莊子曰子獨不聞夫埳井之蛙乎。音義云埳音坎）何因蒙賞味相享當牲醴（言秦君賞味其詩如享之以牲醴也。南史謝覽傳武帝目送良久自此仍被賞味。左傳曰王享有體薦。又曰王享晉侯醴）試問求志君文章自有體（無己有求志齋。文選魏文帝典論曰文以氣爲主氣之清濁有體不可以力強而致。後漢書伏湛傳霸傳論曰誠知宰相自有體）玄鑰鑠靈臺渠當爲君啓（文選頭陁寺碑曰玄關幽鍵感而遂通。莊子曰不可內於靈臺。注云靈臺者心也。書金縢曰啓籥見書。劉禹錫贈會禪師詩曰靜見玄關啓欣然與心會）

陳留市隱（并序）

陳留江端禮季共曰陳留市上有刀鑷工年四十餘無室家子姓惟一女年七歲矣日以刀鑷所得錢與女子醉飽則簪花吹長笛肩女而歸無一朝之憂而有終身之樂疑以爲有道者也陳無己爲賦詩庭堅亦擬作

市井懷珠玉往來人未逢乘肩嬌小女邂逅此生同懷珠玉見下注往來一本作賈胡按後漢書馬援傳曰伏波類西域賈胡談苑曰江南掘得石記有詩云東鄰嬌小女騎虎踏河水養性霜刀在閱人清鏡空時時能舉酒彈鑷送飛鴻漢書梅福傳常讀書養性爲事又蓋寬饒傳仰視屋而歎曰此如傳舍所閱多矣陸士衡歎逝賦曰世閱人而爲世又演連珠曰鏡無畜影故觸形則照清鏡見上注嵇康詩曰目送歸鴻手揮五弦

晁張和荅秦覯五言予亦次韻

山林與心違日月使鬢換文選沈休文詩江海事多違嵇叔夜幽憤詩事與願違遘茲淹留儒衣相詬病文字奉娛玩禮記儒行篇魯哀公問孔子曰夫子之服其儒服歟云云孔子曰衆之命儒也妄常以儒相詬病漢書司馬遷書曰文史星歷近乎卜祝之閒主上所戲弄倡優畜

本一適之

之自古非一秦六籍蓋多難見上六籍經幾秦注漢書陳勝傳曰秦未云而誅趙王將相家屬此生一秦左傳司馬侯曰或多難以固其國詩書或發冢熟念令人惋莊子曰儒以詩禮發冢晉書王羲之傳遺殷浩書曰此可熟念後漢書馮衍傳曰愁令人不賴生王羲之帖亦云令人短氣韓非子曰外內悲惋老杜詩感時撫事增惋傷秦君鐵本學驥子已血汗山谷有荅少章帖云學問之本以自見其性爲難老杜詩別養驥子憐神俊文詩驊騮作駒已汗血按顏延年天馬狀曰降靈驥子又按漢書大宛國多善馬馬汗血言其先天馬子也相期發天衢伯樂嘗一盼易曰何天之衢亨春秋後語曰蘇代欲見齊王謂淳于髡曰人有駿馬欲賣之見伯樂曰比三旦立於市人莫與言願子還而視之去而顧之臣請獻一朝之價伯樂如其言一旦而馬價十倍今臣欲以駿馬見於王莫臣先後足下有意爲臣伯樂乎士爲欲心縛寸勇輒尺懦魯論曰棖也慾焉得剛老子曰不敢進寸而退尺要當觀此心日照雲霧散扶疎萬物影宇宙同璀璨易云聖人以此洗心退藏於密楞嚴經不知色身外泊山河虛空大地咸是妙明中所現物而圓覺經亦有六塵緣影之說司馬相如傳曰雲布霧散文選曰垂條扶疏文選琦樹璀璨置規豈惟君亦自警弛慢楚語曰其以規爲瑱也又曰吾憖寘之於耳文選嵇叔夜書曰吾自以不如嗣宗之賢而有弛慢之闕

劉晦叔洮河綠石研 晦叔名昱，洮州，唐臨洮郡，後陷吐蕃，熙寧中收復

久聞岷石鴨頭綠，可磨桂溪龍文刀，莫嫌文吏不知武，要試飽霜秋兔毫 岷州，本臨洮縣地，李白詩，遥看漢水鴨頭綠，桂溪在閩越境上，曹毗魏都賦曰，劒則龜文龍藻，漢書曰，可謂文吏，老杜鵰賦曰，至如千年孽狐，三窟狡兔，持古冢之荊棘，飽荒城之霜露，法書苑曰，歐陽通以象牙犀角爲筆管，狸毫爲心，覆以秋兔翰，鮑照飛白書銘曰，秋毫精勁，霜素凝鮮，法書苑，王羲之題筆陣圖後曰，紙者陣也，筆者刀稍也，故此詩暗用以足上句之意

山谷六 十七

以團茶洮州綠石研贈無咎文潛

晁子智囊可以括四海，張子筆端可以回萬牛 漢書，晁錯號智囊，賈誼過秦論曰，囊括四海，韓詩外傳，避文士之筆端，老杜古柏行曰，萬牛回首丘山重 自我得二士，意氣傾九州 言足以強人之意，歐公詩，自吾得二生，黎黎獲雙琪，史記晏嬰傳曰，意氣揚揚甚自得也，此借用其字 道山延閣委竹帛，清都太微望冕旒 道山，見上注，劉歆七略曰，武帝廣獻書之路，百年之間，書積如丘山，故外有太常博士之藏，內則延閣廣內秘室之府，列子曰，穆王以爲清都紫微鈞天廣樂帝王之居，史記天官書曰，太微三光之廷，其內五星五帝座 貝宮胎寒

弄明月，天網下罩一日收 楚辭九歌曰，貝闕兮珠宮，左思吳都賦曰，蚌蛤珠胎，與月虧全，太平廣記鬼詩，還山弄明月，文選曹子建與楊德祖書曰，人人自謂握靈蛇之珠，家家自謂抱荊山之玉，又曰，吾王設天網以該之，頓八紘以掩之，老子曰，天網恢恢，踈而不失，詩曰，烝然罩罩 此地要須無不有，紫皇訪問冨春秋 此地，謂館閣，晉書杜預傳，朝野稱美，號曰杜武庫，言其無所不有也，紫皇，謂哲廟，晉書天文志曰，紫微宮鉤陳口中一星，曰天皇大帝，漢書齊襄王傳曰，皇帝春秋冨，注云，比之於財，方未匱竭 晁無咎贈君越侯所貢蒼玉璧，可烹玉塵試春色，澆君胷中過秦論，斟酌古今來活國 越侯謂建州守臣，建州，即閩越之地，蒼璧謂團茶，周禮春官曰，以蒼璧禮天，樂天詩曰，新茶碾玉璧，澆君胷中，見上注，過秦論見賈誼新書，詩曰，酌先祖之道以養天下，周語曰，而後王斟酌焉，班固典引曰，斟酌道德之淵源，活國見上注 張文潛贈君洮州綠石含風漪，能淬筆鋒利如錐，請書元祐開皇極，第入思齊訪落詩 退之筆詩曰，卷送入尺含風漪，此借用言洮研之溫潤，樂天詩曰，紫毫筆尖如錐兮利如刀，晉書祖納傳曰，汝穎之士利如錐，山谷作溫公挽詞云，元祐開皇極，功歸用老成，思齊以比宣仁太后，訪落以比哲宗，按思齊詩曰，思齊大任，文王之母，訪落序曰，嗣王謀於廟也，箋謂成王始即政，故於廟中與群臣謀政事，班固兩都賦曰，第從臣之嘉頌，

山谷六 十八

謝王仲至惠洮州礪石黃玉印材

仲至名欽臣

洮礪發劍虹貫日印章不琢色蒸栗 莊子曰刀刃若新發於硎漢書鄒陽傳曰荊軻慕燕丹之義白虹貫日禮記曰大圭不琢魏文帝與鍾繇書曰玉書稱玉黃侔蒸栗 磨礱頑鈍印此心佳人持贈意堅密 漢書梅福傳曰爵祿者天下之厎石高祖所以厲世磨鈍也此借用觀佛三昧海經曰佳念佛者心印不壞傳燈錄曰馬祖密受心印○漢書晁錯傳曰甲不堅密與祖裼同見上 佳人鬢彫文字工藏書萬卷胸次同日臨天閑豢真龍新詩得意

挾雷風 歐公表曰風霜所迫鬢髮彫殘劉禹錫詩會書團扇上知君文字工周禮校人天子十有二閑馬六種國語史墨曰古有豢龍氏此借用以言群牧老杜驄馬行曰天廄真龍此其亞西京雜記淮南王著鴻烈傳自云字中皆挾風霜 我貧無句當二物看公倒海取明月 太白詩曰回山倒海不作難退之詩婆娑海水南簸弄明月珠

次韻文潛同遊王舍人園 王舍人名棫字才元

移竹淇園下買花洛水陽 漢書溝洫志曰下淇園之竹以爲揵按淇奧詩曰綠竹猗猗說詩者以爲王芻非今竹蘇子由作詩傳從漢書說歐陽公有洛陽風俗記載牡丹事甚詳 風煙二十年花竹可迷藏 樂天詩山麻花竹幽樂天又有詩云十三行坐事調品不肯迷頭白地藏玉溪生有美一人賦曰豈不懷於羞澁恐致恨於迷藏 九衢流車馬相值各忽忙 樂天詩舟辭三峽雨馬入九衢塵後漢馬后傳曰車如流水馬如游龍老杜詩無乃太忽忙 豈有道邊宅靜居如寶坊 後漢曹褒傳明帝曰諺言作舍道邊三年不成楞嚴經曰譬如人靜居華嚴合論云大集經在於欲界上色界下安立寶坊集諸人天 幅巾延客酒妙歌小紅裳 後漢符融傳幅巾奮褏談辭如雲 主人有班綴衣拂御爐香 歐公詩玉殿霜清綴曉班賈至詩衣冠身染御爐香

常恐鶗鴂鳴百草爲不芳 離騷曰使鶗鴂之先鳴兮百草爲之不芳 故作龜曳尾頗深漆園方 莊子曰莊子釣於濮水楚王使大夫二人往先焉曰願以境內累子矣莊子曰楚有神龜死已三千歲矣王巾笥而藏之廟堂之上此龜者寧其死爲留骨而貴乎寧其生而曳尾於塗中二大夫曰寧生而曳尾塗中莊子曰往矣吾將曳尾於塗中按史記莊子傳嘗爲蒙漆園吏莊子雜篇曰天下之治方術者多矣 初開蝸牛廬中置師子牀 蝸牛廬用焦先事智度論云佛爲人中師子凡佛所坐若牀若地皆名師子座楞嚴經云即時如來將罷法座於師子牀攬七寶几○維摩經云其室廣博悉皆包容三萬二千師子座舍利佛言如是小室乃容受此

高廣之座

買田宛丘間江漢起濫觴宛丘、今陳州、濫觴見上注、言為歸老之漸也

今此百畝宮冬溫夏清涼記曰、儒有一畝之宮、東坡超然臺記、夏涼而冬溫

身閑閱世故宇靜發天光漢書蓋寬饒仰視屋歎曰、此如傳舍、所閱多矣、文選潘正叔迎大駕詩云、世故尚未夷、莊子曰、宇泰定者、發乎天光

安肯聲利場牽黃臂老蒼言不獵取聲利也、文選鮑明遠詩、五都矜財雄、三川養聲利、南史張充方出獵、左臂鷹、右牽狗、遇張緒舡至、便放紲耩、東坡樂府曰、老夫聊發少年狂、左牽黃、右擎蒼○史記李斯謂子由、牽黃犬出上蔡東門

張侯筆端世

三秀麗齋房作詩盛推賞明珠論斛量掃

山谷十 廿一

花坐晚吹妙語益難忘楚辭九歌曰、采三秀於山間、注云、芝也、漢志、芝房歌曰、齋房產草、九莖連葉、王立之詩話云、張文潛先與李公擇輩來予家、作長句、後數日再同東坡來、東坡讀其詩、歎息云、此不是喫煙火食人道底言語、蓋其間有汲井消午醉、掃花坐晚涼、衆綠結夏帷、老紅駐春妝之句也、故山谷次韻亦云、掃花坐晚吹、妙語益難忘、立之名直方、撼之子也、文選劉公幹詩、投翰長歎息、綺靨不可忘、玉臺新詠、相逢狹路間、易知復難忘

重游樊素病捧心不能妝晁無咎謝王立之送蠟梅詩、芳菲意淺姿容淡、憶得素兒如此梅、自注云、立之家小鬟、雲溪友議云、白居易有妓樊素善歌、小蠻善舞、爲詩曰、櫻桃樊素口、楊柳小蠻腰、此借用、以比素兒、捧心見上注○曾端伯詩選載李商老云、王

正字、官名也

言天下太平方邦各朝正字卑宮為乎命乎然而其樂多矣

直方高貲有園在城南、事諸名流、具杯盤出聲妓以娛客、故山谷詩云、重來樊素病捧心不能妝、張文潛云、執板歌一聲、坐客無留觴、皆爲皓齒蛾眉設

來者猶可追聽我歌楚狂楚狂接輿歌曰、往者不可諫、來者猶可追、此借用其語

臥陶軒元注云、爲晁無咎作

陶公白頭臥宇宙一北窗但聞窗風雨平陸漫成江淵明與子儼等疏曰、吾年過五十、少而窮苦、又曰、五六月中北窗下臥、遇涼風暫至、自謂是羲皇上人、平陸成江、謂陵谷變遷、當晉宋之際乎、淵明停雲詩曰、八表同昏、平陸成江

卯金扛九鼎把菊醉胡床

山谷六 廿二

劉裕盜晉之神器、故曰扛九鼎、左傳楚子問鼎大小輕重、漢書曰、項羽力能扛鼎、昭明太子作淵明傳曰、嘗九月九日出宅邊菊叢中坐久之、滿手把菊、忽值王弘送酒至、即便就酌而醉歸、晉書桓伊傳、下車踞胡床

城南晁正字國器無等雙漢書韓安國傳曰、天子以爲國器、史游急就章曰、像飾刻畫無等雙

日月麗宸極大明朝萬邦易曰、日月麗乎天、文選劉越石勸進表曰、宸極失御、禮記曰、大明生于東、書曰、協和萬邦

曉嚴夢逢逢假版未通班晉書華譚傳曰、謹奉還所假左丞相軍諮祭酒版、文選陸機有謝内史表、李善注云、凡王封拜謂之板官、又按隋百官志、陳有板諮議參軍、板長史之類、假板、蓋班品之卑者、隋志又言梁武帝定九品十八班、此詩言未通班、蓋

列於隅品也老杜詩通籍微班忝劉子玄史通忤時篇曰僕少小從仕早躡通班曉嚴謂戒曉嚴警之鼓樂天詩曰閶門曉嚴旗鼓出退之詩不踏曉鼓朝安眠聽逢逢

萬卷曲肱裏肯中湛秋霜文選袁陽源詩云義分明於霜李善注引仲長統昌言曰絜若清冰嚴若秋霜亦有好事人叩門提酒缸用揚雄事見上注欲眠不遣客佳處更難忘南史淵明曰我醉欲眠卿可去東坡作醉眠亭詩曰醉中有客眠何害須信淵明苦未賢

次韻寄晁以道以道名説之濟北人

河漢牛與女咫尺不得語歡然共秋盤以慈不忘故文選古詩云迢迢牽牛星皎皎河漢女又云盈盈一水間脉脉不得語左傳天威不違顏咫尺前漢董仲舒傳驩然有恩以相愛北史楊椿傳曰吾兄弟同盤而食我友在天末問天許見否雲雨隔九關日月不我與上八句言以道留落於外相望不啻牛女之遠安得見之也文選陸士衡詩曰借問歎何爲佳人眇天末楚詞招魂曰虎豹九關啄害下人些盧仝茶歌曰天上群仙司下土地位清高隔風雨魯論陽虎曰日月逝矣歲不我與注謂年老歲月已往念公坐臞禪守心如縛虎此以下言以道從事禪學未能超脫也魏志呂布傳縛虎不得不急老杜詩身猶縛禪寂遺教經心之可畏甚於惡獸頗思携溪書舉棹臨南

畝○維摩經曰有菩薩問維摩詰言居士父母妻子親戚眷屬悉爲是誰維摩詰以偈答曰智度菩薩母方便以爲父一切衆導師無不由是生法喜以爲妻慈悲心爲女善心成實男畢竟空寂舍肇法師注云法喜謂見法生内喜也世人以妻色爲悦菩薩以法喜爲悦後漢梁鴻傳妻子爲具食不敢仰視舉按齊眉左傳曰冀缺耨其妻饁之相敬如賓詩曰同我婦子饁彼南畝不聞犯齋收猶聞畫眉詡後漢周澤字稚都爲太常卧疾齋宫其妻哀澤老病闚問所苦澤大怒以爲干犯齋禁收送詔獄漢書張敞傳爲婦畫眉長安中傳張京兆眉憮孟康注云憮音詡北方人謂媚好爲詡良爲鼻祖來渠伊爲伴侶漢書揚雄傳反離騷曰有周氏之蟬嫣兮或鼻祖於汾隅注云鼻始也此句借用言心爲萬法之祖而以道於法喜愛着之深若曰與心俱生不可弃去然不知爲法所縛則有人有法二見未忘未免於封執之病故末句爲破除之使超然獨立不與萬法爲侶也詹玠唐宋遺史曰張崇帥盧州計口率渠伊錢楞嚴經偈曰心如工技兒意如和技者五識爲伴侶妄想觀技衆按寒山子詩云我貴天然物獨一無伴侶覓他不可見出入無門户故學道者要當不存一法乃可我有桂溪刀聊憑東風去斷其法執故以刀爲喻婆娑論曰佛言我聖弟子能以慧刀斷諸結縛文選李陵書曰時因北風復惠德音樂天枯樹詩幸有西風易凴仗

次以道韻寄范子夷子默正平正思二范蓋文正公諸孫

鼓缶多秦聲琵琶作胡語是中非神奇根
器如此故言范君根器不同有所從來也史記藺相如傳曰趙王聞秦王
善爲秦聲請奏盆缻秦王以相娛樂又漢
書楊惲傳曰家故秦也能爲秦聲仰天拊
缶而歌烏烏劉熙釋名曰琵琶本胡中馬
上所鼓老杜古跡詩曰千歲琵琶作胡語
分明怨恨曲中論荘子曰神奇化爲臭腐
臭腐復化爲神奇根器字出釋氏書如守
護國界主陁羅尼經云如來悉知彼衆生種種根器范公秉文德斷國
極可否范公謂文正公詩曰濟濟多士秉文之德漢書薛宣傳曰謀王體斷國論極可否此謂獻可替否不詭隨也至今管樞機大度而
少與此句當屬忠宣公按實録元祐元年二月范純仁同知密院少與言其不

黨漢書蓋寬饒傳曰多仇少與蟬嫣世有人風鑒嘯兩虎
兩虎謂二范君蟬嫣見前篇注應劭曰蟬嫣連也言與周氏相連也楚辭曰虎嘯而
谷風至歐公病暑賦曰陰壑慘慘多悲風史記陳軫傳兩虎方且食牛小心
學忠孝鄙事能壠畝魯論曰吾少也賤故多能鄙事持論
不蘧蒢奉身謝謗訕漢書嚴助傳曰朔皐持論不根新臺詩籧
云籧蒢口柔常觀人顏色而爲之辭故不能俯左傳曰臣之祿君實有之義則進否
則奉身而退漢書楊雄傳曰尚泰奢麗誇詡頗知城南園文會
英俊侶何當休沐歸懷茗就煎煑魯論曰以文會
友漢書枚皐傳曰與英俊並游又張安世傳曰休沐未嘗出老杜詩强飯蓴添滑端

居若讀煎
僧景宣相訪寄法王航禪師
抱犢稍退鳧鶩行倦禪時作橐駝坐退之藍田
丞廳壁記曰文書行吏抱成案詣丞鳧鶩行以進東陽夜怪録云王洙避雪佛廟見
一老僧着皁裘背及肋有搭白補處明日視之乃橐駝也忽憶頭陁雲
外人閑門作夏與僧過文選王簡棲有頭陁寺碑李善注云
頭陁斗藪也言斗藪煩惱也前人詩云頭陁雲外僧氣多圓覺經曰若經夏首三月
安居一絲不掛魚脫淵萬古同歸蟻旋磨傳燈
録南泉問陸亘十二時中作麽生陸云寸絲不掛師云猶是堦下漢老子曰魚不可

脫於淵此特借用其語以言航游戱自在如魚之脫於釣絲也晉書天文志周髀家
云天旁轉如推磨而左行故日月實東行而天牽之從西沒譬之於蟻行磨石之上
磨左旋而蟻右去磨疾而蟻遲故不得不隨磨以左回焉山谷借用意謂沉迷世故
隨物所牽如蟻之旋磨今古皆然視雲外超脫之人良可歎也山中雨熟
瓜芋田喚取小僧休乞錢張方回家本山谷自注云智航
道人任嵩山法王寺數道小僧景宗到都城因宗還寄之○景宣蓋法王化主老杜
詩楊枝晨在手豆子雨已熟言賛公道力深妙楊枝揮洒便能致雨以熟豆田山谷
意謂法王亦當如是不必遣化也蜀都賦曰瓜疇芋區老杜詩徑轉山田熟
次韻子瞻送顧子敦河北都運二首

儒者給事中顧公甚魁偉漢書百官表曰給事中亦加官所加或大夫博士議郎掌顧問應對史記張良世家太史公曰予以爲其人計魁梧奇偉經明往行河商略頗應史漢書平當傳曰以經明禹貢使行河又薛宣傳曰湛自知罪贓皆應記世說孫興公許玄度共商略先往名達勞人又費之國計安能已元豐中河決大吴神宗知故道不可復因導之北流水性已順至元祐初文潞公呂汲公主回河之議勞民費財竟無益也事具蘇子由潁濱遺老傳荀子富國篇曰上下俱富交無所藏之是知國計之極也成功渠有命得人斯可喜孟子曰若夫成功則天也閭阻飢餘惡少驚邑里書曰黎民阻飢漢書尹賞

山谷六　廿七

傳曰舉雜長安中輕薄少年惡子退之詩鬩牆惡少惡難似○南史陳方泰與諸惡少年群聚游逸無度云啓鑰探珠金奪懷取姝美啓鑰見上注莊子曰將爲胠篋探囊發匱之盜而爲守備則必攝緘縢固扃鐍穀梁傳云猶曰取之其母之懷中而殺之云爾詩曰靜女其姝注云姝美色也部中十盜發一二書奏紙漢書咸宣傳曰盜發覺而弗捕吏恐不能得坐課累府府亦使不言西連魏三河東盡齊四履史記貨殖傳曰昔唐人都河東殷人都河內周人都河南夫三河在天下之中若鼎足王者所更居也文選宣德皇后令曰地狹乎四履李善注引左傳管仲曰賜我先君履東至于海西至于河南至于穆陵北至于無棣此豈小事哉何但行

治水使民皆農桑乃是眞儒耳魏志荀或傳注引獻帝春秋太祖曰此豈小事而吾志之前漢書地理志曰豳詩言農桑衣食之本甚備揚子曰用眞儒無敵於天下今代顧虎頭骨相自雄偉顧虎頭見上注退之詩自歎虞翻骨相也不令長天官亦合丞御史唐光宅元年改吏部爲天官漢書百官表曰御史有兩丞秩千石一曰中丞能貧安四壁無慍可三已左傳曰貴而能貧魯論曰令尹子文三仕爲令尹無喜色三已之無慍色○司馬相如家徒四壁立昨來立清班國士相顧喜樂天詩早接清班登玉陛左傳曰國士在且厚不可當也何因將

山谷六　廿八

使節風由按千里周禮掌節曰凡邦國之使節老杜詩六月風日冷漢書魏相傳曰按治郡國汲黯不居中似非朝廷美漢書汲黯傳曰以數直諫不得久留內又曰臣願爲中郎出入禁闥補過拾遺臣之願也太任錄萬事御坐留諫紙太任見上注舜典曰納于大麓注云麓錄也納舜使大錄萬機之政樂天詩諫紙忽盈箱對之終自愧發政恐傷民天步薄冰履孟子曰今王發政施仁又曰文王視民如傷天步履冰並見詩蒼生憂其魚南畝多被水左傳曰微禹吾其魚乎詩曰饁彼南畝公行圖安集信自勿信耳鴻鴈詩序曰萬民離散不安其居而能勞來還定安集之高士傳孔子曰吾之

信顔回非獨今日所信者自猶不可信漢書趙充國傳曰百聞不如一見

慈孝寺餞子敦席上奉同孔經父

八韻

日永知槐夏，雲黃喜麥秋。歐陽公詩話載趙師民詩云麥天晨氣潤槐夏午陰清王介甫詩繰成白雪桑重綠割盡黃雲稻正青禮記月令麥秋至

同朝國士集，賜沐吏功休。孟子曰得侍同朝甚喜漢書薛宣傳曰日至吏以令休

祇園冠蓋地，清與耳目謀。梵云祇園此言勝氏梵云僧伽藍摩此云衆園由祇陁太子園造佛精舍因以為名柳子厚小丘記曰清冷之狀與目謀瀯瀯之聲與耳謀

晴雲浮茗椀，飛雹落文楸。陸羽茶經曰沫餑者湯之華也如晴天爽朗有浮雲鱗鱗然茗椀見上注飛雹謂棊聲文楸謂棊局北夢瑣言日本國王子入貢出本國如楸玉局冷暖棊子蓋玉之著者如楸木色

一客衆主人，醉此顧虎頭。虎頭持龍節，排河使東流。禮記曾子問曰衆主人卿大夫士房中皆哭不踊此借用其字周禮掌節曰澤國用龍節孟子曰排淮泗而注之江

厥田惟上上，桑麻十數州。計功不汗馬，可封萬戶侯。禹貢雍州厥田惟上上左傳曰諸侯言時計功漢書蕭何傳曰上以何功最盛先封為鄼侯食邑八千戶功臣皆曰蕭何未有汗馬之勞顧居臣等上何也又李廣傳曰令當高祖世萬戶侯豈足道哉

三度雨

次韻張昌言給事喜雨

三雨全清六合塵，詩翁喜雨句凌雲。爾雅注曰雨三日以上為霖文選潘岳閑居賦曰微雨新晴六合清朗東都賦曰雨師汎灑風伯清塵○司馬相如賦飄飄然有凌雲之氣

垤漂戰蟻餘追北，柱擊乖龍有裂文。學記曰蛾子時術之注云蛾蚍蜉也微虫爾時術其功乃成大垤也東觀漢記曰沛獻王輔善易永平五年少雨上以易林占之其繇曰蟻穴封戶大雨將至上以問輔云云古今五行記曰後魏顯宗天安元年兗州有黑赤蟻鬬赤蟻斷頭而死時齊明帝自立大為魏軍所破賈誼過秦論曰追亡逐北世說夏侯泰初倚柱作詩霹靂破柱神色無變退之樹雞詩云割取乘龍左耳來北夢瑣言曰世言乘龍苦於行雨而多竄匿為雷神捕之或在古木及簷楹之內○孟郊詩厚冰無裂文

減去鮮肥憂至食，偏宗河嶽起鑪薰。上句謂朝廷以旱故減常膳孟郊詩豪人飫鮮肥書曰惟辟玉食下句謂徧走群望以禱雨雲漢詩曰靡神不宗

聖功惠我豐年食，未有消埃可報君。老杜詩未有消埃荅聖朝

山谷詩集注卷第六

山谷詩集注卷第七

送李德素歸舒城　李樂字德素，隱舒州龍眠山。

僧夏莫閒途，麥秋宜煮餅。僧夏，他本或作槐夏，非是。韋應物詩曰：安居同僧夏，清夜諷道言。莊子曰：七聖皆迷，無所問塗。北寺句休歸，長廊六月冷。簟斷寒泓浪，茶破蒼壁影。比寺即醐池寺。退之簟詩曰：卷送八尺含風漪。○坡詞：簟紋如水帳如煙。山谷謝送碾壑源揀芽斎雲從龍小蒼璧。李侯為我來，遽以歸期請。青衿廢詩書，白髮違定省。荒畦當鉏灌，蠹簡要蒐整。挽衣不可留，決去事幽屏。此數句大抵用退之送張道士詩意。退之又有詩云：胡為久無成，使以歸期告。子衿詩注云：青衿，青領也，學子之所服。禮：父母在，衣純以青。曲禮曰：昏定而晨省。莊子曰：漢陰丈人方將為圃畦，鑿隧而入井，抱甕而出灌。穆天子傳曰：暴蠹書於羽陵。老杜詩：書籤藥裹封蛛網。天憖獮德網，日饎養賢鼎。老子曰：天網恢恢。揚子曰：獮德而得德。此借用，言網羅賢俊也。易鼎卦曰：聖人大亨以養聖賢。泂酌詩曰：可以餴饎。注云：饎，酒食也。音熾。此士落江湖，熟思令人癭。南史劉之遴傳曰：之遴時落侯景所。孟郊詩：長安日下影。又落江湖中。漢書趙充國傳曰：但恩惟兵利害，至熟悉也。魏志賈逵傳注曰：逵與典農校尉爭公事，不得理，乃發憤生癭。胸中吉祥宅，膜外榮辱境。莊子曰：瞻彼闋者，虛室生白，吉祥止止。又曰：辨乎榮辱之境。又德充符注：夫至足者，不以憂患驚神，若皮外而過去。醫書曰：膈膜自心肺之下，與脊腹相著，以遮蔽濁氣。膜外，一本作券外。莊子曰：券內者行乎無名，券外者志乎期費。注云：券，分也。○華嚴經云：瞻仰吉祥宅。婆娑萬物表，藏刃避肯綮。萬物表，見上注。莊子庖丁為文惠君解牛曰：批大郤，導大窾，因其固然。技經肯綮之未嘗，而況大軱乎。又曰：提刀而立，為之四顧，為之躊躇滿志，善刀而藏之。音義曰：肯綮，猶結處也。綮音苦挺反。人生要當學，安宴不徹警。左傳曰：宴安酖毒，不可懷也。又曰：軍衛不徹警。古來惟深地，相待汲脩綆。易繫辭曰：夫易，聖人之所以極深而研幾也。惟深也，故能通天下之志。脩綆，見上注。

詠李伯時摹韓幹三馬，次蘇子由韻，簡伯時兼寄李德素

太史瑣窗雲雨垂，試開三馬拂蛛絲。太史，當謂子由。作起居郎，居左史之任。文選鮑照詩：玉鈎隔瑣窻。老杜趙公堂詩：落架垂雲雨。此引用，言其在天上也。文選江淹擬張華詩云：玉臺生網絲。李善注引論衡曰：蜘蛛輕絲以網飛蟲。李侯寫影韓幹墨，自有筆如沙畫錐。書訣墨藪褚河南曰：用筆當如印印泥，如錐畫沙。欲其藏鋒，畫乃沉着，當其用鋒，常欲透過紙背。絕塵超日精爽緊，若失其一望路馳。西京雜記：文帝有良馬九匹，一名絕塵。王子年拾遺曰：周穆王八龍之駿

四名越影逐日而行老杜詩魏侯骨聳精
爽緊䮸子徐無鬼曰天下馬有成材若卹
若失若喪其一若是者超軼絶塵不知其所選詩四牡向路馳
馬官不語
臂指揮乃知仗下非新羈言其馴服如此必非新自西極
來者老杜詩馬官厮養森成列臂指揮即
無并詩所謂麾之以肱䮸子徐無鬼曰吾
相馬直者中繩曲者中鉤方者中矩圓者
中規是國馬也而未若天下馬也山谷蓋
用此意唐書李林甫傳曰不見立仗馬乎
終日無聲而飫三品芻豆新羈之馬見丸
選
吾嘗覽觀在坰馬駑駘成列無權奇史記
封禪書曰後有君子得以覽觀焉駉詩曰
駉駉牡馬在坰之野漢書天馬歌曰志俶
儻精權奇籋
浮雲晻上馳
紆懷胡沙英妙質一雄可誇

十萬此雖漢書天馬歌曰天馬來從西極涉
流沙九夷服文選西征賦曰終軍
山東之英妙此借用老杜天育驃騎歌曰
當時四十萬疋馬張公歎其材盡下故獨
寫真傳世人見
之座右久更新
決非皁櫪所成就天驥生
駒人得之元次山詩曰豈欲皁櫪中爭食
粃與贊漢書元鼎四年馬生渥
注水中作天馬之歌顏延之赭白馬賦曰
漢道亨而天驥呈才漢書西域傳曰大宛
國多善馬馬汗血言其先天馬子也孟康
注曰言大宛國有高山其上有馬不可得
因取五色母馬置其下與集生駒皆汗血
因號曰天馬子云家語孔子曰人遺弓人
得之此借用詩意若曰老於中朝之士與
來自釣築者其英傑之氣故自不同如伏
下馬與渥
注之驥也
千金市骨今何有戰國策郭隗
謂燕昭王曰
古之人君遣使者齎千金市千里馬於他
國末至馬已死買其首五百金以歸天下
知君之好也於是朞年而千里之馬至者
三焉王誠欲致士先從隗始隗且見事況
賢於隗者乎文選孔文舉書曰燕
君市駿馬骨乃欲以招絶足也
士或不
價五羖皮史記秦本紀曰繆公聞百里奚
賢欲重贖之恐楚人不與乃請
以五羖羊皮贖
之楚人遂與之
李侯畫隱百僚底初不自
期人誤知老杜詩有才無命百僚底王維
詩夙世謬詞客前身應畫師不
能捨餘習偶
被時人知
戲弄丹青聊卒歲亦如閱世
老禪師謂其得游戲三昧文選謝惠連詩
丹青覽雕煥李善注引張綱集曰
圖形丹青謝曰優哉游哉聊以卒歲漢書
蓋寛饒傳曰此如傳舍閲人多矣老杜詩
勢閲人代速代即
世也避諱故云

次韻子瞻和子由觀韓幹馬因論
伯時畫天馬
于闐花驄龍八尺看雲不受絡頭絲西河
驄作蒲萄錦雙瞳夾鏡耳卓錐東坡九馬
圖贊引云
元祐初熈河游師雄擒猾羌大首領鬼章
青宜結以獻時西域貢馬首高八尺龍顱
而鳳膺虎脊而豹章出東華門入天駟監
振鬣長鳴萬馬皆瘖明年羌温溪心有良
馬願以饋太師潞國公詔許之蔣之奇爲
熈河帥西蕃有貢駿馬汗血者之奇爲請
乞不以時入事下禮部軾時爲宗伯判其
狀云朝廷方却走馬以糞正復汗血亦何

所用事遂寢輒嘗私請於承議郎李公麟
畫當時三駿馬之狀而使鬼章青宜結效
之藏於家伯時公麟字也按漢書西域傳
于闐國王治西域通典云在葱嶺之北二
百餘里西河當謂熙河之地周禮曰馬八
尺以上爲龍老杜高都護驄馬行曰青絲
絡頭爲君老何由却出橫門道謝莊舞馬
賦曰養雄神於綺文西京雜記曰霍光妻
遺淳于衍蒲萄錦顏延之赭白馬賦曰雙
瞳夾鏡兩權協月傳燈録仰山傳香嚴曰
去歲無卓錐之地長楸落日試天步知有四極無
由馳文選詩走馬長楸間詩曰天步艱難爾雅四極注曰四方極遠之國老杜天
育驃騎歌曰嗚呼徤步無由騁電行山立氣深穩可耐珠
韉白玉羈崔豹古今注曰秦始皇有名馬躡景追電顏延之赭白馬賦曰

異體峯生殊相逸發山立字見禮記玉藻
老杜畫馬圖引曰碩視清高氣深穩談苑
曰劉鋹自結真珠鞍勒爲戲龍之狀李侯一顧歎絕足領略
古法生新奇春秋後語蘇代曰人有駿馬欲賣之見伯樂曰比三旦立
於市人莫與言願子還而視之去而顧之
臣請獻一朝之價伯樂如其言一旦而馬
價十倍魏文帝與孫權書曰中國雖多馬
其知名絕足亦少世說康僧淵忽往殷深
源許遂及義理語言辭旨自若領略粗舉
一往圖詣文曰支道林才藻新奇花爛映
發一日真龍入圖畫在坰群雄望風雌老杜
丹青引贈曹霸云詔謂將軍拂絹素意匠
慘澹經營中斯須九重真龍出一洗萬古
凡馬空真龍蓋用新序葉公事曹霸弟子沙苑丞喜作肥

馬人笑之丹青引云弟子韓幹早入室亦能畫馬窮殊相幹惟畫肉不畫
骨忍使驊騮氣彫喪張彥遠畫記曰韓幹
官至太府丞尤工鞍馬初師曹霸後自獨
擅此云沙苑丞未詳李侯論幹獨不爾妙畫骨相遺
毛皮晉書王獻之傳謝安問君書何如君家尊答曰故當不同安曰外論不爾
答曰人那得知高僧支道傳謝安曰九方
堙之相馬略其玄黃而取其駿逸退之詩
自歎虆翻骨相屯又詩未能去毛皮翰林評書乃如此賤肥
貴瘦渠未知老杜詩云書貴瘦硬方通神而東坡詩曰杜陵評書貴瘦
硬此論未公吾不憑況我平生賞神駿僧中云是道
林師高僧傳支道林嘗養馬人有譏之者曰愛其神駿聊復蓄爾見世說

次韻答王眘中

有身猶縛律傳燈録誌公歌曰律師持律自縛杜詩身猶縛禪寂無
夢到行雲宋玉高唐賦曰昔者先王嘗游高唐晝寢夢見婦人曰妾在巫
山之陽高丘之阻朝爲行雲暮爲行雨朝朝暮暮陽臺之下俗裏光塵
合眼中涇渭分老子曰和其光同其塵退之與崔群書曰懼足下以
爲吾不致黑白於胸中涇渭見上注老杜詩濁涇清渭何當分我寧江南
秀一見空馬群離騷曰朝搴阰之木蘭注云搴取也退之送溫造序
云伯樂一過冀北之野而馬群遂空夸士慕鐘鼎寒儒守典
墳言所見之偏也漢書賈誼服鳥賦曰夸者死權又選劉孝標廣絕交論曰書王

椎言五年論蜀而岸已老然其心堂ゝ矣感此詩謂東坡才而論黄司惜其謂宋辱不公受謂東坡氣論而不置懷也今當不盡ゝ意

牒而刻鍾鼎左傳臧武仲曰作彝器以銘其功烈注謂鍾鼎爲宗廟之常器此句引用言夸士徇功名也文選江文通擬鮑照詩曰堅儒守一經左傳曰左史倚相讀三墳五典

吾欲超萬古乃如負山蚊 莊子曰猶涉海鑿河而使蚊負山也

能來商略此趺坐對爐芬 商略見上注連經云結加趺坐文選江文通擬古詩云膏爐絶沉燎注云爐薰爐也取其芬香故加膏之

子瞻去歳春侍立邇英子由秋冬閒相繼入侍作詩各述所懷予亦次韻四首 仁宗乾興初日御殿之西廡詔孫奭馮元等勸講祖宗故事以雙日延見儒臣至此雖隻日亦令執經入侍景祐二年正月癸丑詔置邇英延藝二閣書無逸篇于屏邇英在迎陽門之北東向事具實録東京記曰崇政殿西有邇英閣東有延藝閣講諷之所又按國朝春二月至端午秋八月至冬至遇隻日邇英閣輪官講讀 此篇亦言東坡事耳

赤墀歸來入紫清堂堂心在鬢彫零 太白春日行曰深宮高樓入紫清按上皇玉帝吟玉清之隱書曰上景發晨暉金霄鬱紫清翰林志云時以居翰苑者謂凌玉清遡紫霄漢書蕭望之贊曰望之堂堂折而不撓歐公表曰風霜所迫鬢髮彫殘

江沙踏破青鞋底却結絲絇侍禁庭 寒山子詩曰浪行朱雀門踏破麻鞋底老杜詩青鞋布襪從此始周禮屨人注曰屨有絇有繶有純者飾也絇謂之拘著舄屨之頭以爲行戒按經筵中皆繫絲鞋故云樂夫詩却著青袍侍玉除 此篇亦言東坡事耳

肯蟠萬卷夜光寒筆倒三江硯滴乾 言筆力有餘傾倒三江之水不足以供其翰墨如漢書朱安世所謂南山之竹不足受我辭也禹貢曰三江既入西京雜記曰以玉爲研以酒爲滴隋書鄭譯傳上令李德林立作詔書高熲戲謂譯曰筆乾劉禹錫詩莫怪詩成無淚滴盡傾東海也須乾

大似不蒙稽古力只今猶着侍臣冠 言其猶未大用後漢桓榮爲太子少傅大會諸生陳其車馬印綬曰今日所蒙稽古之力也

對掌絲綸罷記言職親黃屋傍堯軒 絲綸謂中書令舍人翰林學士取禮記王言如絲其出如綸之意記言謂起居郎及舍人即古之左右史禮記曰動則左史書之言則右史書之又曰左史記言右史記事東坡自右史遷中書舍人翰林學士相繼子由自左史爲舍人唐昭宗時封舜卿從子渭對掌內外制文選范曄詩黃屋非堯心杜牧之詩几席延堯舜軒墀立禹湯

鴈行飛上猶回首不受青雲富貴吞 劉禹錫寄楊給事詩曰青雲直上無多地却要斜飛取勢回廬仝月蝕詩奈何萬里光受此吞吐厄

樂天名位聊相似却是初無富貴心只欠小蠻樊素在我知造物愛公深 東坡詩云定似香山

老居士、世緣終淺道根深自注曰出處老少大略似樂天、雲溪友議載樂天詩曰櫻桃樊素口、楊柳小蠻腰、蓋其家二姬也

再次韻四首

隆儒殿閣對橫經咫尺清都雨露零 子由對 禁中 沾雨露恩 春明退朝録曰、隆儒殿在邇英閣後叢竹中、謝承後漢書曰、董春橫經捧手、李白上裴長史書曰、橫經籍書、左傳曰、天威不違顏咫尺、列子曰、穆王及化人之宮、以爲清都紫微鈞天廣樂帝之所居雨露見上注詩曰零雨其濛、又曰零露泥泥

見說文星環北極人間無路仰天庭 老杜詩南斗避文星、史記天官書曰、中宮天極星環之、匡衛十二星藩臣、皆曰紫宮、曹子建詩、衆星環北辰、漢書揚雄解嘲曰、未仰天庭又法言曰仰天庭而知天下之居卑也哉

風檣倒影日光寒堯日當中露正乾 退之詩暑眠風檣、揚雄甘泉賦曰、歷倒影而絕飛梁、注云、在日月之上、日月返從下照故其影倒、史記堯紀曰、就之如日詩曰湛湛露斯、匪陽不晞注云晞乾也諸侯唯天子賜爵、肅敬承命、有似露見日而晞

殿上給扶鳴漢履螭頭簪筆見秦冠 兩句皆紀述經筵事、給扶、謂當時元老、簪筆謂左右史、退之作韓弘碑曰、進見上殿拜跪給扶贊、漢書鄭崇傳、每見曳革履、哀帝笑曰、我識鄭尚書履聲、唐百官志云、起居郎及舍人若仗在紫宸内閣則、夾香案分立殿下、直第二螭首、和墨濡筆即坳處、時號螭頭、漢書趙充國傳曰張安世持橐簪筆、秦冠見杜後惠文注、後漢志法冠一曰柱後、執法者服之、或謂之獬豸冠此借用耳

萬國歸心天不言諸儒爭席異臨軒 魯論曰天何言哉、四時行焉百物生焉、文曰、天下之民歸心焉、後漢戴憑傳、光武正旦朝會畢、令群臣說經者、更相難詰有不通者、輒奪其席、以益通者、憑遂重坐五十餘席莊子曰、舍者與之爭席矣、異臨軒言講道雍容非若軒陛之嚴分也、漢書史丹傳曰、天子自臨軒檻上、隤銅丸以擿鼓、又晉書輿服志曰、臨軒大會則陳乘輿車輦於殿庭

聖功典學形歌頌更覺曹劉不足吞 書說命念終始典于學、歌頌指二蘇詩曹植劉楨皆魏文帝時文士、元稹作老杜墓銘序曰、言奪蘇李氣吞曹劉老杜詩、犬戎何足吞

延和西路古槐陰不隔朝宗夙夜心 東京記曰崇政殿南有延和殿東坡作延和殿奏新樂賦曰、邇英傍矚念故老之不來、文謝賜御書詩注云、邇英閣前有雙槐樛枝屬地如龍形、書曰、江漢朝宗于海詩云、夙夜匪懈、以事一人、詩意謂、講筵親近、可傾盡忠赤之心也

公有胸中五色線平生補袞用功深 杜牧之郡齋獨酌詩曰、平生五色線願補舜衣裳、退之書曰、用功深者、其收名也遠

次韻子瞻題郭熙畫山 郭若虛圖畫見聞誌云、郭熙河陽溫人、熙寧初、爲御書院藝學、工畫山水寒林

黃州逐客未賜環江南江北飽看山 元豐二年

東坡責授黃州團練副使本州安置史記李斯傳曰乃除逐客之令荀子曰聘人以珪問士以璧召人以瑗絕人以玦反絕以環陶淵明詩飢寒飽所更

玉堂臥對郭熙畫發興已在青林間

鑑城遺事淳化二年十月太宗飛白書玉堂之署賜學士承旨蘇易簡按翰林誌時以居翰苑者謂凌玉清遡紫霄亦曰登玉署玉堂爲元祐元年秋東坡遷翰林學士老杜詩雲山已發興玉佩仍當歌歐公詩行歌招野叟共步青林間

郭熙官畫但荒遠短紙曲折開秋晚江村煙外雨脚明歸鴈行邊餘疊巘

山谷有跋惠崇九鹿圖云得意於荒寒平遠亦翰墨之秀也短紙言所畫但小景未盡江南之勝故下句云云漢書李廣傳欲上書報天子曲折老杜詩錦里煙塵外江村八九家又詩雨脚如麻未斷絕選詩連郭疊巘崿公劉詩注曰巘小山別於大山也

坐思黃柑洞庭霜恨身不如鴈隨陽

米芾書史曰唐人摸王右軍一帖云奉橘三百顆霜未降未可多得韋應物詩云書後欲題三百顆洞庭更待滿林霜蓋謂此也老杜詩君看隨陽鴈亦有稻粱謀按書禹貢注曰隨陽之鳥鴻鴈之屬

熙今頭白有眼力尚能弄筆映窻光

孟郊詩傾盡眼中力抄詩過與人歐公詩眼力雖已疲心意殊未倦退之寄盧仝詩往年弄筆嘲同異詭辭驚衆怪不已韓偓詩窻裏日光飛野馬

畫取江南好風日慰此將老鏡中髮

江南蓋山谷鄉里樂天詩春城好風日退之詩白髮忽滿鏡

但熙肯畫寬作程十日五日一水石

老杜戲題山水圖歌曰十日畫一水五日畫一石能事不受相促迫王宰始肯留眞跡

題郭熙山水扇

郭熙雖老眼猶明便面江山取意成

漢書張敞傳以便面拊馬注云若今沙彌所持竹扇

一段風煙且千里解如明月逐人行

言扇雖小而畫有風煙千里之勢扇中江山常與人俱如月在天處處皆逢也老杜詩烱如一段清冰出萬壑又詩風煙含越鳥西都賦閶闔且千蘇味道詩明月逐人來

題惠崇畫扇

郭若虛圖畫見聞誌云僧惠崇建陽人工畫鵝鴈鷺鷥尤工小景善爲寒汀煙渚蕭灑虛曠之象

惠崇筆下開江面萬里晴波向落暉梅影橫斜人不見鴛鴦相對浴紅衣

老杜丹青引曰將軍下筆開生面向落暉謂日將暮林逋梅詩曰疎影橫斜水清淺暗香浮動月黃昏錢起詩曲終人不見杜牧之齊安後池絕句曰鴛鴦相對浴紅衣山谷意謂此清絕之境人所不到雙鴛擅而有之

題鄭防畫夾五首

惠崇煙雨歸鴈坐我瀟湘洞庭欲喚扁舟歸去故人言是丹青

王介甫詩畫史紛紛何足數惠崇晚出吾

最許旱雲六月漲林莽移我倏然墮洲渚
老杜山水障歌曰、悄然坐我天姥下、耳邊
已似聞春猿、柳渾詩曰、汀州采白蘋、日落
江南春、洞庭有歸客、瀟湘逢故人、丹青見
上注
能作山川遠勢白頭惟有郭熙欲寫李成
驟雨惜無六幅鵝溪　南史竟陵王子良之孫賁、嘗上圖山水、咫
尺之內、便覺萬里為遙、郭熙見上注、名畫
評曰、李成營丘人、世業儒、能畫山水林木、
當時稱第一、有於曹武惠王第、見成山水
圖、愛之不已、作詩曰、六幅冰綃挂翠屏、危
峯疊嶂鬪崢嶸、山谷跋郭熙山水曰、熙因
為蘇才翁家摹六幅李成驟雨、從此筆墨
大進、鵝溪在今
潼川、畫絹所出

徐生脫水雙魚吹沫相看晚圖　莊子曰、魚不可脫於
淵、莊子曰、泉涸魚相與處於陸、相呴
以濕、相濡以沫、不若相忘於江湖　老矣
箇中得計作書遠寄江湖　山谷託以自況、莊子曰、於魚得
計、古樂府曰、枯魚過河泣、何時復
還入、作書與魴鱮、相教慎出入
折葦枯荷共晚紅榴苦竹同時睡鴨不知
飄雪寒雀四顧風枝　老杜詩、菱荷枯折隨
風濤、莊子曰、為之四
顧、退之竹詩、風枝未飄吹、露粉先
含淚、又柳子厚詩、風枝散陳葉
子母猿號槲葉山南山北危機　世說曰、桓
公入蜀、至
三峽中、部伍有得猿子者、其母緣岸哀號、
雋韻曰、槲樕木名、音縠、後漢法真傳曰、將

在北山之北、南山之南矣、文選趙景眞書
曰、常恐風波潛駭、危機密發、蕭太園云、北
山之北、弃絕人間、南
山之南、超踰世網　世故誰能樗里彀中
皆是由基　世故見下注、史記樗里子傳、滑
稽多智、秦人號曰智囊、淮南子
說山訓曰、楚王有白蝯、王自射之、則搏矢
而熙、使養由基射之、始調弓矯矢、未發而
蝯擁柱號矣、莊子曰、遊於羿之彀中、
中央者中地也、然而不中者命也

題小雀捕飛蟲畫扇

小蟲心在一啄間得失與世同輕重　莊子曰、澤
雉十步一啄、
百步一飲　丹青妙處不可傳輪扁斲輪
如此用　世說、司馬太傅問謝車騎、惠子五
車、何以無一言入玄、謝曰、當是妙

處不傳、莊子曰、相公讀書於堂上、輪扁斲
輪於堂下、曰、以臣之事觀之、斲輪徐則甘
而不固、疾則苦而不入、不徐不疾、得之於
手而應於心、口不能言、有數存焉於其間、
古之人與其不可傳也死矣、然
則君之所讀者古人之糟粕已

題畫孔雀

桄榔暗天蕉葉長終露文章與世綱　歐陽烱南
鄉子曲曰、路入南中、桄榔葉暗蓼花紅、老
杜古柏行、不露文章世已驚、○選詩、世網
嬰我身　故山桂子落秋風無因雌雄青雲上
文選謝靈運詩、故山日已遠、風波豈還時、
樂天詩注曰、杭州天竺寺、每歲中秋、月中
有桂子墮、玉臺新詠吳邁遠樂府曰、可憐
雙白鶴、雙雙絕塵氛、連翩弄光景、交頸遊

青雲逢羅復逢繳雌雄一旦分又按李太
白白紵詞曰願爲天池雙鴛鴦一朝飛去
青雲
上

睡鴨

山雞照影空自愛孤鸞舞鏡不作雙 博物志曰
山雞有美毛自愛其色終日映水目眩則
溺死王介甫詩山雞照緑水自愛一何愚
異苑曰劉賓國王得一鸞三年不鳴夫人
懸鏡照之覩影悲鳴中宵一奮而絕言孤
鸞見影以謂其雌乃歌舞庾信詩曰青田
樹上一黃鵠相思樹下兩鴛鴦無事教渠
更相失不及
從來莫作雙 天下真成長會合兩鳧相倚
睡秋江 徐陵鴛鴦賦曰山雞映水那相得
孤鸞照鏡不成雙天下真成長會

合無勝比翼兩鴛鴦山谷非蹈襲者以徐
語弱故爲點竄以示學者爾至其末語用
意尤深非徐所及唐人杲融池上雙鳧詩
曰可憐翡翠歸雲髻莫羨鴛鴦入畫圖幸
是羽毛無取處一生安穩老菰蒲意雖佳
而語陋山谷兼用二人之長政如臨淮王
用郭汾陽部曲一經
號令氣色益精明云

小鴨

小鴨看從筆下生幻法生機全得妙 王維畫山水
墨訣曰春夏秋冬生於筆下樂天畫竹詩
曰不根而生從意生不笋而成由筆成楞
嚴偈曰非幻成幻法列子曰萬物皆出於
機皆入於機注云生於此者或死於彼死
於彼者或生於此楞嚴經
曰生機全破此借用其字 自知力小畏滄

波睡起晴沙依晚照 老杜小鵝詩翅開遭
宿雨力小困滄波又
詩前軒
頹晚照

題劉將軍鴈二首

滕王蛺蝶雙穿花東丹胡馬散長沙 名畫記曰
嗣滕王湛然善畫蝴蝶王建宮詞云內中
數日無呼喚寫得滕王蛺蝶圖盖謂此也
老杜詩穿花蛺蝶深深見劉道醇聖朝名
畫評曰古今爲蕃馬者亦數胡瓌得其肉
東丹得其骨注云東丹王贊華契丹人郭
若虛圖畫見聞誌曰東丹王善畫本國人
物鞍馬然而馬尚豐肥筆乏壯氣按五代
史四夷附録曰契丹阿保機攻勃海取其
扶餘一城以爲東丹國以其長子突欲爲
東丹王後奔于唐明宗賜其姓爲東丹而

更其名曰慕華後賜姓李名贊華工畫頗
知書穆天子傳時人歌曰黃之池其馬歕
沙黃人
威儀 祁連將軍一筆鴈生不並世俱名
家 漢書匈奴傳有祁連將軍田廣明又按
霍去病傳注曰祁連山即天山也匈奴
呼天爲祁連今引用以比劉君退之詩曰
吾與東野生並世如何復躡二子蹤按史
記孔子弟子傳曰孔子皆後之不並世
漢書藝文志云傳齊論者唯王陽名家
將軍一失萬人看雪灑晴空碎羽翰乞與
失群沙宿鴈筆間千頃暮江寒 言劉君悔
其射鴈有
慈哀不忍之心寓於丹青以見意焉乞字
作去聲讀張祜詩萬人齊指處一鴈落寒
空班固西都賦曰風毛雨血灑野蔽天戰
國策曰鴈從東方來更羸以虛發而下之

曰飛徐者故瘏痛也鳴悲者父失群也老
杜詩宿鴈聚圓沙又詩波濤萬頃堆琉璃

題劉將軍鵝

箭羽不霑春水綸文時印平沙想見山陰
書罷舉群驅向王家樂天放鴈詩云拔汝
翅翎為箭羽大篆盖
周宣王時史籀所作談藪吳均詩鴈足印
黃沙老杜詩平沙列萬幕晉書王羲之傳
山陰道士好養鵝羲之求市之道士云為
寫道德經舉群相贈爾羲之欣然寫畢籠
鵝而歸

題晁以道雪鴈圖

飛雪灑蘆如銀箭前鴈驚飛後回眄憑誰
說與謝玄暉莫道澄江靜如練李太白烏
棲曲銀箭
金壺漏水多此借用又詩解道澄江靜如
練令人長憶謝玄暉此反而用之言不若
於此景物中
道出一句也

坡十一有二首

次韻子瞻題無咎所得與可竹二
首粥字韻戲嘲無咎人字韻詠竹

十字供籠餅一水試茗粥晉書何曾傳蒸
餅上不拆作十
字不食朝野僉載曰侯思止食籠餅必令
縮葱加肉籠餅即饅頭蔡君謨茶錄曰建
安鬪茶以水痕先者為負耐久者為勝故
較勝負之說相去一水兩水又云茶古不
聞晉宋已降吳人採葉煑之名茗粥
忽憶故人來壁間風動

竹唐李益竹窻聞風詩開
簾風動竹疑是故人來舍前粲戎葵舍
後荒苜蓿戎葵見上注漢西域傳漢使采
蒲萄苜蓿種歸○閩川名士傳
薛令之詩曰初日上團團照見先
生盤盤中何所有苜蓿長闌干此郎如
竹瘦十飯九不肉東坡詩可使食無肉不
可使居無竹無肉令人
瘦無竹令人俗晉書王
獻之傳此郎管中窺豹
地下文夫子風流絕此人能和曉煙色幻
出歲寒身文同字與可妙於墨竹老杜詩
地下蘇司業又哭李嶧詩一代
風流盡修文地下深傳燈錄七佛偈曰
身從無相中受生猶如幻出諸形象
馬鬣松成拱鵝溪墨尚新禮檀弓子夏曰昔
者夫子言之曰吾
見封之若堂者矣見若坊者矣見覆夏屋者
矣見若斧者矣從若斧者焉馬鬣封之謂
也左傳曰爾墓之木拱矣與可嘗有詩曰
擬將一段鵝溪絹掃取寒梢萬尺長鵝溪
見上注
應懷斲泥手去作主林神斲泥見上
注華嚴經
卅主妙嚴品有十主林神所謂布華如雲
主林神及擢幹舒光生芽發耀吉祥淨業
垂布燄藏清淨光明可意雷音光香普遍
妙光迥曜華葉光味主林神論曰主林神
是法王子住主力波羅密明說法
如林廣多覆蔭故是法師位也

次韻文潛休沐不出二首

風塵車馬逐得失兩鬧心惟有張仲蔚門
前蓬藋深仲蔚見上注莊子曰夫逃虛空
者藜藋柱乎鼪鼬之徑藋音徒

釆反

自公及歸沐舉頭詩書林詩曰退食自公晉書魏舒傳叔父衡歎曰舒堪數百户長我願畢矣揚雄長楊賦曰并苞書林墻東作

瘦馬萬里氣駸駸張方回家本有山谷自注云文潛喜畫馬○用生烈子曰伯樂相馬採之於瘦聖人相士取之於跡詩曰載驟駸駸

與丗自少味閑關非有心退之詩吾老丗味薄後漢馬援傳曰過是欲少味矣文選顔延年五君詠曰劉伶善閉關懷情滅聞見文中子或問陶元亮子曰放人也歸去來有避地之心焉五柳先生傳則幾於閉關矣喻藏身也

戎葵一笑粲露井百尺深上句並見上注古詩曰桃生露井上盧全詩轆轤無綆井百尺

著書洒風雨枯筆東如林老杜詩筆落驚風雨又詩丗亂戟如林

蘇公歎妙墨逼人太駸駸法帖衛夫人書云衛有弟子王逸少甚能學衛眞書咄咄逼人筆勢洞精字體遒媚南史王僧虔傳子敬謂中令云弟書如騎騾駸駸常欲度驊騮前

奉同子瞻韻寄定國

風雲開古鏡淮海尉冰紈退之詩長安雨洗新秋出極目古鏡開塵匣言天宇開明也謝玄暉詩澄江靜如練樂天繚綾詩曰金斗熨波刀剪紋漢書地理志曰齊地織作冰紈書曰淮海惟楊州定國時爲楊倅王孫醉

短舞羅襪步微瀾楚辭曰王孫遊兮不歸陶岳零陵記曰長沙定王入朝於上前自爲短舞曰臣國小地狹不足回旋曹子建洛神賦曰凌波微步羅

襪生塵

老驥心雖在白鷗盟已寒魏武帝歌曰老驥伏櫪志在千里烈士暮年壯心不已文選謝玄暉詩翻浪揚白鷗列子曰海上有人好鷗鳥者旦而之海上從鷗鳥游鷗鳥至者百數其父曰吾聞鷗從汝游試取來吾從玩之曰諾明旦之海上鷗鳥舞而不下文選江文通雜體詩曰亹亹玄思清胄中去機巧物我俱亡懷可以狎鷗鳥而李白鳴皐歌曰白鷗兮飛來長與君兮相親山谷諸詩多用此意左傳曰盟若可尋亦可寒也

斯人氣金玉視世一鼠肝漢書天文志曰下有積泉金寶上皆有氣不可不察地鏡圖曰黃金氣赤黃千萬斤以上光大若鏡盤禮記曰君子於玉比德焉氣如白虹天也莊子曰偉哉造化將以汝爲鼠肝乎以汝爲虫臂乎

南歸脫蟲蠱入對

隨孔鸞退之永貞行曰蠱虫群飛夜撲燈又和張十一憶昨行曰蚊蛇茹蠱不擇死忽有飛詔從天來又詩明庭集孔鸞曷取於鳧鷖按司馬相如上林賦曰道孔鸞促鵷儀又按山海大荒南經曰南方有鸞鳥有翠鳥有孔鳥注云孔雀也忽

以口語去鼓舩下驚湍東坡以十科薦國其後言者謂定國詒事東坡遂自宗正丞出倅揚州事具東坡奏議漢書司馬遷傳曰僕以口語遇遭此禍文選褚淵碑曰鼓棹則滄波振蕩潘安仁詩驚湍激巖阿收身薄

冰釋置杌太山安退之詩收身歸關東期不到死迷詩曰如履薄冰老子曰渙若冰將釋楚辭曰故高枕而自適○漢書枚乘傳曰易於反掌安於大山

右土花藥麗海門天水寬王禹偁瓊花詩序云揚州

后土廟有花一株，潔白可愛，俗謂之瓊花。東坡樂府云：后土祠中玉蘂，蓬萊殿後鞓紅。淵明時運詩云：花藥分別此。借用其意。○張舜民南遷録云：潤州甘露寺東眺海門，北見揚州。退之詩：天水淼相圍。

伐木思我友，知人良獨難。伐木詩見小雅。知人見皋陶謨。晉書桓伊傳撫箏歌怨詩曰：爲君既不易，爲臣良獨難。蓋曹子建所作。

遙憐鬢須鬢綠，猶堪耐悲歡。孟郊詩：酒人皆倚春鬢綠，病叟獨藏秋髮白。○文選任彥昇詩：悲歡不自持。

次韻王定國揚州見寄

清洛思君晝夜流，北歸何日片帆收。未生白髮猶堪酒，垂上青雲却佐州。神廟元豐中，導洛水入汴河，謂之清汴。揚州水所過之地也。詩意謂相思之心與水無極。盧仝聞貶韓職方有感詩曰：力小垂垂上，天高又不登。

飛雪堆盤鱠魚腹，明珠論斗煮雞頭。老杜設鱠歌曰：無聲細下飛碎雪，有骨已剁觜春蔥。偏勸腹腴愧年少，軟炊香飯緣老翁。落碪何曾白紙濕，放筯未覺金盤空。退之詩：火齊磊落堆金盤。本草：雞頭實一名芡。圖經曰：其形類雞頭，故以名之。劉夢得泰娘歌曰：斗量明珠鳥傳意。

平生行樂自不惡，豈有竹西歌吹愁。行樂不惡，並見上注。杜牧之詩：斜陽竹西路，歌吹是揚州。

往歲過廣陵值早春嘗作詩云春風十里珠簾卷髣髴三生杜牧之

紅藥梢頭初繭栗，揚州風物鬢成絲。今春有自淮南來者，道揚州事，戲以前韻寄王定國二首 杜牧之贈別詩：娉娉嫋嫋十三餘，荳蔲梢頭二月初。春風十里揚州過，卷上珠簾總不如。又有詩云：觥船一棹百分空，十載青春不負公。今日鬢絲禪榻畔，茶煙輕颺落花中。紅藥謂揚州芍藥。禮記王制曰：祭天地之牛角繭栗。此借用以言花苞之小。末句謂風物如此，借其身之老也。

淮南二十四橋月，馬上時時夢見之。揚州屬淮南。杜牧之寄揚州韓判官詩曰：二十四橋明月夜，玉人何處教吹簫。文選樂府曰：遠道不可思，夙昔夢見之。

想得揚州醉年少，正圍紅袖寫烏絲。醉年少，謂定國。開元天寶遺事曰：申王冬月令宮女密圍而坐，謂之妓圍。異聞集霍小玉傳云：取朱絡縫繡囊中，出越姬烏絲欄素叚三尺，以授李生。生素多才思，援筆成章。

日邊置論誠深矣，聖處時中乃得之。言不必求入帝城，第日飲無何可也。劉昭幼童傳曰：晉明帝，元帝子。元帝問長安何如日遠。答曰：日遠。不聞人從日邊來，只聞人從長安來，居然可知。帝異之。明日又以爲日近。帝問何故，答曰：舉頭不見長安，只見日。以是知近。置論，謂置而不論。莊子曰：言之淺

矣不言深矣魏志徐邈傳趙達問以曹事邈曰中聖人達言之太祖太祖甚怒鮮于輔進曰平日醉客謂清者爲聖人濁者爲賢人邈性脩慎偶醉言耳後文帝幸許昌問邈曰頗復中聖人否邈對曰時復中之帝大笑退之詩不到聖處寧非癡孟子曰以意逆志是爲得之

莫作秋蟲促機杼貧家能有幾絇絲欲其緩於追利也王介甫促織詩只向貧家促機杼幾家能有一絇絲

次韻錢穆父贈松扇穆父名勰按本傳元豐七年使高麗松扇蓋奉使時所得王雲雞林志云高麗松扇揭松膚柔者緝成文如櫻心亦染紅間之或言水柳皮也

銀鉤玉唾明蠒紙松箑輕涼并送似銀鉤見上注本出詩欬唾落九天隨風生珠玉法書要録王羲之蘭亭序用蠶繭紙鼠鬚筆揚雄方言曰扇自關而東謂之箑退之誰氏子詩曰寫吾此詩持送似

可憐遠度幘溝婁魏志東夷傳曰高句麗漢時賜鼓吹伎人常從玄菟郡受朝服衣幘高句麗令主其名籍後稍驕恣不復詣郡於東界築小城置朝服衣幘其中歲時來取之今胡猶名此城爲幘溝婁溝婁者句麗名城

適堪今時襬襶子初學記載程曉伏日詩云今世襬襶子觸熱到人家搖扇髀中疼流汗正滂沱李白贈王屋山人魏萬詩亦云五月造我語知非儓儗人按儓儗謂癡人而襬襶謂不曉事人襬音耐襶音戴見集韻此句山谷以自道

文人玉立氣高寒文選桓温薦譙元彦表曰抗節玉立誓不降辱退之作劉統軍墓誌曰仍世北邊樂其高寒

三韓持節見神山使高麗必從海道通典曰馬韓後漢時通焉有三種一曰馬韓二曰辰韓三曰弁韓其後皆爲百濟新羅所并史記封禪書曰自威宣燕昭使人入海求蓬萊方丈瀛洲此三神山者其傳在海中諸僊人及不死之藥皆在焉

合得安期不死藥使我蟬蛻塵埃間薛能詩賴有詩情合得嘗封禪書又云李少君言上曰臣嘗游海上見安期生後漢書逸民傳論曰蟬蛻囂埃之中按史記屈原傳曰蟬蛻於濁穢退之詩未免捶楚塵埃間

戲和文潛謝穆父松扇

猩毛束筆魚網紙松柎織扇清相似山谷有猩毛筆詩蓋亦穆父高麗所得雞林志云高麗有褚紙光白可愛號白硾紙博物志曰漢桓帝時蔡倫始擣魚網造紙此借用柎當作柿說文削木札樸者也音芳廢反

動搖懷袖風雨來想見僧前落松子文選班婕妤怨歌行曰出入君懷袖動搖微風發老杜雙松圖歌曰業裏松子僧前落

張侯哦詩松韻寒六月火雲蒸肉山讀詩雖清寒如松風之韻而體則肥熱如肉山之蒸退之藍田丞廳壁記曰對樹兩松日哦其間此因松扇故及之初學記載盧思道納涼賦曰火雲赫而四舉撈嚴經曰爲綻爲爛爲大肉山有百千眼無量咂食文潛頗肥故山谷詩有雖肥如瓠壺陳後山有詩人要瘦君則肥之句傳燈録載一通判禮一僧問宗旨僧曰不要你肉山倒地

持贈

小君聊一笑不須射雉彀黃間戲謂文潛
之肥如賈
大夫之陋、漢書東方朔傳、歸遺細君、注曰、
朔自比於諸侯、謂其妻曰小君、左傳曰、昔
賈大夫惡、取妻三年、不言不笑、御以如皋
射雉獲之、其妻始笑、文選潘安仁射雉賦
曰、捧黃間以密彀、
注云、黃間弩名、

謝鄭閎中惠高麗畫扇二首

閎中名穆、雞林志云、高麗疊紙
爲扇、銅獸鐶加以銀飾、亦有
畫人
物者、

會稽內史三韓扇分送黃門畫省中晉王
述王
羲之皆爲會稽內史、按職官志、諸王國以
內史掌太守之任、此引用以屬閎中、元豐

三年守越州、告老、元祐初入爲國子祭酒、
事具實錄本傳、越州即會稽也、三韓見上
注、晉志曰、給事黃門侍郎俱管門下衆事、
或謂之門下省、蔡質漢官典職曰、尚書省
中皆以胡粉塗壁、畫古賢烈女、此借用、按
實錄、元祐五年十月、詔移祕書省國史案
就見今置局處、專掌國史實錄、編修日曆、
以國史院爲名、隸門下省、山谷時爲史官、
故
云、
海外人煙來眼界全勝博物注魚蟲文
選
曹子建詩、千里無人煙、心經曰、乃至無
眼界、退之詩、爾雅注蟲魚定非磊落人、
蘋汀游女能騎馬傳道蛾眉畫不如詠扇
中所
畫如此、柳渾詩、汀州采白蘋、碩人詩曰、
螓首蛾眉、王介甫詩、眉目分明畫不如寶
扇眞成集陳隼史臣今得殺青書陳隼見
上注、劉
向戰國策叙曰、皆定以殺青書、可繕寫、應
劭風俗通、按劉向別錄曰、殺青者直用青
竹簡
書耳、

山谷詩集注卷第七

山谷詩集注卷第八

次韻王炳之惠玉版紙

王侯鬚若緣坡竹，哦詩清風起空谷。王褒髯奴
辭曰、離離若緣坡之竹、鬱鬱若春田之苗。王立之詩話曰、潘十云炳之得此詩、大以
為憾。古田小紙惠我百，信知溪翁能解玉。古田
隸福州。晉書何曾傳、人有小紙為書者、敕記室勿報。唐舒元輿弔剡藤文曰、剡溪上
多古藤、溪中多紙工、刀斧斬伐無時。鳴碪千杵動秋山，裹糧
萬里來輦轂。裹糧、一作裹囊。碪與砧同。擣繒石也。詩曰、乃裹餱糧于橐
于囊。司馬遷書曰、待罪輦轂下。儒林丈人有蘇公，相如子
雲再生蜀。晉書王沈傳、裴秀為儒林丈人。蘇公謂東坡。漢書司馬相如、揚
雄皆蜀郡成都人。往時翰墨頗橫流，此公歸來有
邊幅。南史庾肩吾傳曰、文章橫流、一至於此。李陽冰作李白集序曰、盧黃門云、
陳拾遺橫制頹波、天下質文翕然一變。左傳曰、富如布帛之有幅。後漢隗囂傳論曰、
坐飾邊幅。小楷多傳樂毅篇，法書苑云、右軍樂毅論、智永以為正
書第一、梁世模出、天下珍之。高詞欲奏雲門曲。退之詩、高詞媲
皇墳。周禮大司樂注曰、雲門、黃帝之樂。莊子曰、黃帝張樂於洞庭之野、其卒無尾、其
始無首、一變化齊一、不主故常、天機不張、而五官皆備、此之謂天樂。不持去
掃蘇公門，乃令小人今拜辱。漢書高五王傳、魏勃常獨

掃齊相國舍人門外、舍人怪之、勃曰、欲以求見相君。曲禮注云、自外來而拜、拜見也、
自內來而拜、拜辱也。去騷甚遠文氣卑，畫虎不成書
勢俗。老杜詩、縱使盧王操翰墨、劣於漢魏近風騷。魏文帝典論曰、文以氣為主。
又曰、孔融體氣高妙、此友而用之。後漢馬援傳曰、畫虎不成、反類於狗。晉書衛恒傳、
為四體書勢。退之石鼓歌曰、羲之俗書趁姿媚。董狐南史一筆無
誤，掌殺青司記錄。左傳、太史書曰、趙盾弒其君。孔子曰、董狐古之
良史也、書法不隱。又崔杼弒莊公、太史書曰、崔杼弒其君。崔子殺之。其弟嗣書而死
者二人。南氏聞太史盡死、執簡以往、聞既書矣、乃還。一筆無猶撫言載皇甫湜書
所謂詩未有駱賓王一句也。風俗通曰、殺青作簡、書之新竹、有汗、後皆蠹、故作簡者
於火上炙乾之。山谷時為史官、故云。雖然此中有公議，或辱
五鼎烹羊薇。言史之所書、富貴者或辱、而貧賤者反榮。漢書主父偃傳
曰、丈夫生不五鼎食、死則五鼎烹耳。注謂牛羊豕魚麋。項羽傳曰、卒食半菽。顧
公進德使見書，不敢求公米千斛。退之答元稹書
曰、足下年尚強、嗣德有繼、將大書特書、不一書而已也。易曰、君子以進德修業。文選
張景陽詩、君紬宜見書。晉書陳壽謂丁儀、丁廙子曰、可覓千斛米、當為尊公作佳傳。

謝王炳之惠石香鼎

薰鑪宜小寢，鼎製琢晴嵐。香潤雲生礎，煙
明虹貫巖。江文通擬休上人詩曰、膏鑪絕沈燎。李善注云、鑪、熏鑪也。歐公

詩曰、孤煙起晴嵐、湔南子曰、山雲蒸、柱礎潤、傳燈錄、慧忠國師化去、有白虹貫于巖壑、呂溫詩、空巖起白虹

法從空處起、人向鼻端參 宗鏡錄曰、若離此眞空之門、無有一法建立、楞嚴經、香嚴童子言、見諸比丘燒沉水香、香氣寂然、來入鼻中、我觀此氣、非木非空、非煙非火、去無所著、來無所從、由是意銷、發明無漏、如來印我得香嚴號、又孫陀羅難陀言、世尊教我觀鼻端白、此借用

一炷聽秋雨、何時許對談 維摩經曰、令二大士文殊師利維摩詰共談、必說妙法、雪竇頌前三三語曰、誰謂文殊是對談○按傳燈錄語、僧問法眼禪師云、維摩與文殊對談何事

次韻柳通叟寄王文通

故人昔有凌雲賦、何意陸沉黃綬間 凌雲賦見上注、後漢景丹傳曰、何意二郡良爲我來、莊子則陽篇、仲尼曰、是陸沉者也、注曰、人中隱者、譬無水而沉也、漢書朱博傳注曰、丞尉職卑皆黃綬云

頭白眼花行作吏、兒婚女嫁望還山 老杜詩、頭白眼暗坐有胝、肉黃皮皺命如綫○又詩、眼花落井水底眠、嵇康絶交書曰、一行作吏、此事便廢、後漢書向長字子平、男女婚嫁畢、遂恣意、游五岳名山

心猶未死杯中物、春不能朱鏡裏顏 上句、言飲興未衰也、淵明詩曰、天運苟如此、且進杯中物、樂天詩、白髮逐梳落、朱顏辭鏡去、又云、獨有病眼花、春風吹不落、此用其意

寄語諸公肯湔祓、割雞令得近鄉關 文選廣絶交論曰、翦拂使其長鳴、李善注云、與湔祓同、割雞謂爲令宰、北史庾信傳、常有鄉關之思○割雞、字見魯論

送張天覺得登字

張侯起巴渝、翼若垂天鵬 莊子曰、鵬之背不知其幾千里也、怒而飛、其翼若垂天之雲、古樂有巴渝舞、巴渝、蜀地也、天覺蓋蜀人

歷詆漢諸公、霜風拂觚稜 漢書伍被傳、上疏歷詆公卿大臣、霜風謂天覺熙寧中嘗爲監察御史裏行、崔篆御史箴曰、簡上霜凝、筆端風起、西都賦曰、設壁門之鳳闕、上觚稜而棲金爵

去國行萬里、淡如雲水僧 天覺自御史、得罪監荆南商稅、周易流演題曰、雲水僧仟英撰、又僧問鷲嶺如何是境中人、師云、大殿毗盧佛、堂中雲水僧

歸來頭亦白、小試不盡能 天覺除開封推官、議役法不合、乞外任、乃除河東路提刑、史記孫武傳曰、可以小試勒兵乎

湖海尚豪氣、有人議陳登 魏志張邈傳曰、陳登字元龍、劉表與劉備共論天下人、許汜曰、陳元龍湖海之士、豪氣不除

持節三晉邦、與刑寄哀矜 三晉謂韓魏趙、河東蓋晉之故地、書曰、象以典刑、注謂法用常刑、魯論曰、如得其情、哀矜而勿喜

公家有閒日、禪窗閱香燈 左傳曰、公家之利、知無不爲、法華經、經行禪窟

因來叙行李、斬寄老崖藤 肇法師答劉遺民書曰、君與法師當數有文集、因來何少、又曰、冀行李數有承問、舒元輿悲剡谿古藤文曰、剡谿多

古藤、鄒中多絕工刀斧斬伐無時

次韻徐文將至國門見寄二首

槐催舉子著花黃、來食邯鄲道上粱
秦中歲時記云、進士下第、當年七月、復獻新文求解、故語曰、槐花黃、舉人忙。邯鄲事見上注。漢書文帝指愼夫人新豐道曰、此走邯鄲道也

便欲掃床懸麈尾、正愁喘月似燈光
上句、謂拂榻以待共談、故懸麈尾也。世說滿奮畏風、在晉武帝坐上、有琉璃屏、實密似疏、奮有寒色、帝笑、奮答曰、臣如吳牛見月而喘、謂吳牛畏熱、見月疑是日、所以喘也。老杜詩、今夕復何夕、共此燈燭光。世說殷中軍爲庾公長史、下都、王丞相自起解帳帶麈尾語殷曰、身今自當與君共談析理、既共清言、遂達三更、丞相歎曰、正始之音、正當爾耳。山谷意謂、欲與文將夜語、恐其觸暑而來、畏見燈光、如俔月而喘也

千頭剖蚌明珠熟、百尺垂絲鱠縷長
歐公食雞頭詩云、剖蚌得珠從海底、千頭借用襄陽記李衡千頭甘橘事、潘岳西征賦曰、華魴躍鱗、素鱮揚鬐、饔人縷切、鸞刀若飛、應刃落俎、靃靃霏霏

柳下石門君有此、可能衝熱厭清涼
意謂徐君何苦舍林泉之樂、奔走於名利之途。孟子曰、不賢者雖有此、不樂也。此用其字

博士王揚休碾密雲龍同事十三人飲之戲作

茶如月露

亂雲蒼壁小盤龍、貢包新樣出元豐
並見上注

王郎坦腹飯牀東、太官分物來婦翁
晉書王羲之傳、郗鑒使門生求女婿於王導、導令就東廂徧觀子弟、門生歸曰、一人在東牀坦腹食、獨若不聞。鑒曰、正此佳婿耶、訪之、乃羲之也。遂妻之。國史職官志、翰林司掌供果實茶茗、屬太官令

棘圍深鎖武成宮、談天進士雕虛空
國朝試進士、多在武成王廟、熙豐間進士高談性命、溺於虛無、元祐初、其習猶在。史記荀卿傳曰、騶衍之術、迂大而閎辯、騶奭文具難施、故齊人頌曰、談天衍、雕龍奭。佛氏婆沙論曰、欲畫虛空、令成五色、只益自勞

鳴鳩欲雨喚雌雄、南嶺北嶺宮徵同
言程文聲調一律也。歐公詩曰、天將陰、鳴鳩逐婦鳴中林、鳩婦怒啼無好音

午窓欲眠視濛濛、喜君開包碾春風、注湯官焙香出籠
官焙、即建谿北焙

非君灌頂甘露椀、幾爲談天乾舌本
蓮經偈云、世尊慧燈明、我聞受記音、心歡喜充滿、如甘露見灌、華嚴經頌云、則蒙十方一切佛手以甘露灌其頂、甘露及舌本、並見上注。晉書蔡謨傳、謨嘗曰、卿讀爾雅不熟、幾爲勸學死

荅黃冕仲索煎雙井并簡揚休

冕仲名裳

江夏無雙乃吾宗、同舍頗似王安豐
後漢黃香傳、博學能文章、京師號曰、天下無雙、江夏黃童。老杜詩、吾宗老孫子。李邕詩亦云、吾宗固神秀。漢書直不疑傳曰、其同舍有告歸、晉書王戎封安豐侯、善發談端、賞其要

桃花落如雨○上
四句述故鄉、景

會、此引用以
蜀王揚休
能澆茗椀湔祓我風袂欲挹浮丘翁
湔祓見上注。文選郭璞游山詩云、左挹浮丘袖、右拍洪崖肩。李善注引列仙傳曰、浮丘公接王子喬以上嵩高山
吾宗落筆賞幽事秋月下照澄江空
落筆見上注。老杜詩、幽事頗相關。又云、幽事亦可悅。秋月澄江、言詩之清絕如此
家山鷹爪是小草敢與好賜雲龍同
山谷家於雙井、歐公雙井茶詩云、西江水清江石老、石上生茶如鳳爪。此云鷹爪、亦其比也。小草見上注。周禮天官玉府曰、凡王之好賜共其貨賄。注謂有所善則賜予之
不嫌水厄幸來辱寒泉湯鼎聽松風夜堂朱墨小燈籠
伽藍記曰、王濛好茶、人至輒飲之、士大夫甚以為苦、每欲候濛、必云今日有水厄。東坡試院煎茶詩曰、蟹眼已過魚眼生、颼颼欲作松風鳴。北史蘇綽制文案程式、朱出墨入之法。此借用。南史宋武帝紀、壁上掛葛燈籠
惜無纖纖來捧椀惟倚新詩可傳本
韓孟聯句云、茗椀纖纖捧

再答冕仲

丘壑詩書雖數窮田園芋栗頗時豐
老子曰、多言數窮。此借用○老杜詩、錦里先生烏角巾、園收芋栗不全貧
小桃源口雨繁紅春溪蒲稗沒鳧翁
小桃源、在雙井山谷所居之地。李賀詩、桃花亂落如紅雨。選詩云、蒲稗相因依。史游急就章云、春草雞翹鳧翁濯顏。師古注曰、鳧者水中之鳥、翁、頸上毛也。東坡詩、新苗未沒鶴
投身世網夢歸去酌山鼓聲雷隱空
選詩曰、世網嬰我身
秋堂一笑共燈火與公草木臭味同
左傳曰、今譬於草木、寡君在君、君之臭味也
安用茗澆磊隗胷他日過飯隨家風買魚貫柳雞著籠
磊隗胷見上注。漢書鮑宣傳曰、俱過宣一飯去。晉書夏侯湛傳、潘岳作家風詩。老杜詩、稱家隨豐儉。魚貫柳見上注
更當力貧開酒椀走謁鄰翁稱子本
力貧猶言力疾。魏志曹爽傳注、司馬宣王謂李勝曰、今當與君別、因欲自力設薄主人。退之祭李使君文曰、雖掾俸之酸寒、要拔貧而為富。世說、江盧奴直喚人取酒、自飲一椀。老杜詩、邊酒排金盌。稱子本、謂稱貸於鄰家以治具。孟子曰、又稱貸而益之。漢書貨殖傳曰、齊貸子錢家。退之作柳子厚墓誌曰、其俗以男女質錢、約不時贖、子本相侔、則沒為奴婢

戲答陳元輿

實錄、元祐二年八月、陳軒為主客郎中。軒字元輿

元益元輿當為汀州守元祐二年公四十三作之

平生所聞陳汀州蝗不入境年屢豐
漢書高帝紀曰、平生所聞劉季奇怪富貴。後漢魯恭、公沙穆皆蝗虫避境。周頌桓詩曰、屢豐年
東門拜書始識面鬢髮幸未成老翁
退之送石洪序曰、拜受書札於門內。小借用、當是拜詔於東上閤門。魏文帝與吳質書曰、志意

何時復類昔日已成老翁但未白頭耳官甕同盤厭腥膩茶
甌破睡秋堂空周禮天官外饔掌賓客飧饔之事自言不
復蛾眉夢枯淡頰與小人同詩曰螓首蛾眉退之詩旅
宿夢婉娩藥山云一切處放教枯淡去但憂迎笑花枝紅夜
窻冷雨打斜風秋衣沉水撥薰籠太白詩妾似井
底花開花向君笑樂天詩蕭蕭暗雨打窻聲顔師古注急就章曰篝一名笿亦以爲
薰籠銀屏宛轉復宛轉意根難拔如薤本樂天
長恨歌曰珠箔銀屏迤邐開釋民有六根之說意根其一也後漢龐參傳曰拔大本
薤者欲吾擊強宗也

再答元輿
君不能入身帝城結子公又不能擊強有
如諸葛豐漢書陳咸傳與陳湯書曰幸蒙子公力得入帝城死不恨又諸
葛豐傳爲司隷校尉刺舉無所避擊強見前篇注法當憔悴百寮
底五十天涯一秃翁晉書石勒載記勒嘗閒鄴食其勸立六國
後大驚曰此法當失何得遂成天下老杜詩冠蓋滿京華斯人獨顦顇百寮底見上
注漢書灌夫傳曰與長孺共一秃翁注謂無官位版授問君何自
爲郎便殿作賦聲摩空漢書馮唐傳文帝曰父老何自爲郎
李賀高軒過曰殿前作賦聲摩空偶然樽酒相勞苦牛鐸

調與黃鍾同漢書張敖傳曰勞苦如平生歡晉書荀勗傳及掌樂乃曰
得趙之牛鐸則諧矣北史長孫紹遠傳曰聞浮屠上鐸鳴雅合黃鍾牛鐸山谷以自
況黃鍾以比元輿謂貴賤雖異調韻則同安得朱轓各憑熊江
南樓閣白蘋風勸歸啼鳥曉窻籠朱轓見上注後
漢輿服志曰公列侯安車朱斑輪倚鹿轂伏熊軾柳惲詩曰汀洲採白蘋日落江南
春宋玉風賦曰風起於青蘋之末古樂府前溪歌曰當曙與未曙百鳥啼窻前男
兒邂逅功補衮鳥倦歸巢葉歸本意謂功名之會
時來則偶爲之初不必經意至於稅駕之地則不可不早計也詩曰邂逅相遇適我
願兮陶淵明歸去來辭曰鳥倦飛而知還韓詩外傳曰詩云代馬依北風飛鳥棲故

巢皆不志本之謂也文選鮑明遠詩別葉早辭風李善注引翼氏風角曰木落歸本
水流向東

次韻晁仲考進士試卷
少年迷翰墨無異蟲蠹木翁論云佛言善說無失無過佛
語諸外道中設有好如虫蝕木偶然成文諸生程藝文承詔
當品目文選韋弘嗣博弈論曰設程試之科李善注引說文曰程品也前漢
書有藝文志文選沈休文恩倖傳論曰品目少多隨事俯仰牀敷設籍
篚賦納忽數束牀敷見上注書曰敷納以言左氏僖二十七年傳作
賦納以言注云賦猶取也退之詩比携一束書變名溷甲乙謄寫

失句讀謂糊名謄録、莫知某甲某乙也、史記任少卿曰、某子甲何爲不來乎、
漢書藝文志曰、俗師失其讀、公羊序亦曰、失其句讀晝寢過白駒夜
几跋紅燭莊子曰、人生天地之間、如白駒之過郤、忽然而已、郤亦作隙、曲
禮曰、燭不見跋、劉禹錫詩、最宜紅燭下鈎深思嘉魚攻璞頻
良玉易曰、鈎深致遠、詩曰、南有嘉魚、又曰、它山之石、可以攻玉、漢書董仲舒傳曰、
曰、良玉不琢談天用一律呻訊厭重複一作佔畢厭重
複○談天見上注、退之樊宗師銘曰、由漢迄今用一律、學記曰、今之教者、呻其佔畢、
多其訊、注謂今之師自不曉經之義、但吟其所視簡之文、多其難問也絲布
澁難縫快意忽破竹樂府、綠珠懊儂歌曰、絲布澁難縫、令儂十

山谷八　十一

指穿、史記李斯傳曰、快意當前、適觀而已矣、晉書杜預傳曰、譬如破竹、數節之後、皆
迎刃而解聖言裨曲學割裂綴邪幅漢書轅固傳曰、無曲
學以阿世、采菽詩曰、赤芾在股、邪幅在下、南史陸厥傳、沈約曰、以洛神比陳思他賦、
有似異手之作、士衡雖云煥若縟錦、寧有濯色江波、其中復有一片、是衛文之服、此
句用其意注金無全巧竊發或中鵠莊子曰、以金注者昏、
考工記梓人注曰、鵠所射也、以皮爲之、射義曰、射者各射已之鵠、射中則得爲諸侯
翟公辟廱老薪槱茂棫樸棫樸、詩序曰、棫樸、文王能官人
也、詩芃芃棫樸、薪之槱之、謂山林茂盛、萬民得而薪之、賢人衆多、國家得用蕃興
御史威降霜行私不容粟崔篆御史箴曰、簡上霜嚴、筆端

錢當作鞭
晉書[illegible]

風起、漢書孫寶謂侯文曰、今鷹隼始擊、以成嚴霜之威吏部提英鑒
片善蒙采録唐書、高季輔爲吏部侍郎、帝賜金背鏡一、以况其清監、退
才進學解曰、占小善者率以録博士刈其楚銓量頗三復
漢廣詩、言刈其楚、注謂、以喻取女之尤高潔者、三復、見魯論因人亦成
事賤子眞碌碌史記平原君傳、毛遂曰、公等碌碌、所謂因人成事者
也、漢書樓護傳、王邑稱賤子上壽
王聖美三子補中廣文生聖美名子韶、王氏
王家人物從來遠今見諸孫揔好賢最盛
於江左三級定知魚尾進一鳴已作鴈行連

山谷八　十二

三秦記、河津一名龍門、兩傍有山、水陸不通、江海大魚薄集龍門下、上則爲龍、不得
上、點額暴腮、魏志鄧艾傳、將士魚貫而進、北里志、名妓萊兒呼趙光遠爲一鳴先輩、
按、史記滑稽傳、齊威王曰、此鳥不飛、一飛冲天、此鳥不鳴、一鳴驚人、禮記曰、兄弟之
齒鴈行○雪竇頌、三級浪高魚化龍、癡人猶戽野塘水愧無藻鑑能
推轂頗卷囊書當贈錢老杜詩、持衡留藻鑑、按晉太康制云
藻鑑銓衡、漢書鄭當時傳曰、其推轂士、誠有味其言也歸去雄誇向
兒姪含中犢子贊狂顛老杜詩、憶年十五心尚孩、健如黃犢
走復來、晉書石季龍載記、少時數彈人、石勒將白母王殺之、王曰、快牛爲犢子時、多
能破車、汝當小忍之、青箱雜記、張師錫老兒詩曰、長思當弱冠、悔不贖狂顛

次韻游景叔聞洮河捷報寄諸將四首

景叔名師雄張舜民作种誼墓誌云初王師拓土至枹罕始建州縣唃氏餘種獨董氈尚存退保青唐其首領鬼章誘殺知河州景思立董氈遂復其國王師亦不復西神宗命李憲攻鬼章十餘年不能得竟以漢爵縻之歲有廩賜元祐初鬼章有窺覬故土之心與夏國陰相結連約分其地自引兵城洮州結屬羌爲內應知岷州种誼刺得其情條具攻取十利聞于朝朝廷遣將作監丞游師雄就商利害師雄議與誼合帥臣劉舜卿不得已從之乃遣總管姚兕統熙河軍趙講朱城誼出哥龍

蜿敗賊于邦令谷追奔至洮州賊入城拒守晨霧蔽野誼親鼓之鬼章坐佛寺拱手就執捷報至遣近侍奏告　裕陵命以鬼章檻車送京師

千仞溪中石轉雷漢家萬騎擣虛回孫子曰如轉圓石於千仞之山者勢也太白蜀道難曰崩崖轉石萬壑雷史記衛青傳曰去病將萬騎出隴西有功孫武傳孫臏曰批亢擣虛呂氏春秋決積水於千仞之溪定知戲馬胡雛入看即稱觴都護來禮記曰獻車馬者執策綏晉書石勒載記王衍曰向者胡雛吾觀其聲視有奇志後漢書班超傳上疏曰臣超竊冀西域平定陛下舉萬年之觴其後超爲都護

中原日月九夷知不用禽胡釁鼓旗書曰通道于九夷八蠻○老杜詩禍轉亡胡歲勢成禽胡月左傳知罃曰二國治戎臣不勝其任以爲俘馘執事不以釁鼓使歸即戮君之惠也更向天階舞干羽降書剩破一年遲鬼章雖就擒其子孫部族猶足以陸梁於邊阿里骨及溫溪心皆未臣順恐諸將狃勝徼功故欲以文德來之也東坡奏議述其事甚詳書曰舞干羽于兩階七旬有苗格楚辭曰攀天階而下視樂天詩此中來較十年遲

漢得洮州箭有神斬關禽敵不逡巡後漢書耿恭傳以毒藥傅矢虜中矢者瘡皆沸大驚曰漢兵神眞可畏也孫子曰小敵之堅大

敵之禽也賈誼過秦論曰秦人開關延敵九國之師逡巡而不敢進將軍快上屯田計要納降胡十萬人漢書趙充國傳爲蒲類將軍先零反充國願馳至金城圖上方略上屯田奏曰萬人留田順天時因地利以待可勝之虜此坐支解羌虜之具也明年充國奏言羌本可五萬人軍凡斬首七千六百級降者三萬一千三百人請罷屯兵振旅而還後漢書皇甫規傳曰高可以滌患下可以納降

遙知一炬絕河津生縛青宜不動塵張舜民作游師雄墓誌云分兵爲兩道姚兕將而左攻講朱城斷黃河飛橋青唐十萬之衆不得度种誼將而右破洮州禽鬼章及大首領九人此詩所云青宜即鬼章青宜結也

晉書王濬傳、吳人以鐵鏁絕江、濬作火炬燒之、融液斷絕、船無所礙。漢書曹參等傳皆有絕河津之語。老杜詩、黄門飛鞚不動塵。付與山河印如斗、忍爲鼠子腹心人。言鬼章嘗受爵命、乃與夏國相結、有窺故土之意。晉書周顗傳曰、取金印如斗大繫肘。吳志孫權傳注、魏帝詔曰、此鼠子自知不能保爾許地也。後漢書寇恂傳曰、隗囂將高峻遣皇甫文出降、恂斬之曰、文峻之腹心、殺之則峻亡其膽。

和游景叔月報三捷

漢家飛將用廟謀、復我匹夫匹婦讎。漢書李廣傳、匈奴號爲飛將軍。孟子曰、湯居亳、與葛爲鄰、葛伯仇餉、爲其殺是童子而征之。四

海之內皆曰、非富天下也、爲匹夫匹婦復讎也。眞成折箠禽胡月、不是黄榆牧馬秋。折箠、已見上卷注。老杜北征詩曰、勢成禽胡月。賈誼過秦論曰、胡人不敢南下而牧馬。史記云、秦却匈奴、樹榆爲塞。幄中已斷匈奴臂、軍前可飲月氏頭。漢書張良傳曰、運籌帷幄之中。西域贊曰、通西域以斷匈奴右臂。張騫傳、匈奴破月氏王、以其頭爲飲器。顧見呼韓朝渭上、諸將不用萬户侯。漢宣帝甘露二年、呼韓單于來朝、上登渭橋、咸稱萬歲。李廣傳、文帝曰、令廣當高祖世、萬户侯豈足道哉。○老杜詩、顧見北地傳介子、老儒不用尚書郎。

次韻崔伯易席上所賦因以贈行二首 別本云、次韻穎守崔伯易席上贈別諸同舍

迎新與送故、渠已不勝勤。別本云、傾城迎五馬、財力已三勤。○漢書黃霸傳曰、數易長吏、送故迎新之弊、及姦吏緣絕簿書盜財物、所易新吏又未必賢。三勤見穀梁、謂民勤於力、勤於財、勤於食。注言曰、民有三勤、此借用其字。民賣腰間劍、公寬柱後文。漢書龔遂傳、爲渤海太守、民有帶持刀劍者、使賣劍買牛、賣刀買犢、曰、何爲帶牛佩犢。又張敞傳、弟武曰、吏民彫敝、且當以柱後惠文治之耳。秦時獄法吏冠柱後惠文、武意欲以刑法治梁。諸郎投賜沐、高會惜臨分。別本云、同僚欣賜沐、張飲惜臨分。○漢書石奮傳曰、長子建爲郎中令、少子慶爲內史、每五日洗沐歸謁親、入子舍、高會見上

汪、謝承後漢書曰、王奐爲漢陽太守、范冉於道候別之、奐曰、可共到前亭宿息、以敘分隔。退之詩、臨分不汝誑、有路即歸田。去國雖千里、分憂即近君。別本云、看即追嚴助、還疑借冦君。○能爲天子分憂、即與在朝廷無異。老杜同元使君舂陵詩序曰、當天子分憂之地。劉禹錫詩、受譴時方久、分憂政未成。

又

老惜交情別、追隨車馬勤。老杜詩、惜別到文場。漢書鄭當時傳、翟公曰、一死一生、乃知交情。追隨見上注。臨朝思共理、治郡復斯文。漢書成帝紀曰、臨朝淵默。黃霸傳、功名損於治郡時。共理字見上注。斯文、謂以儒雅飾吏。訟息常休吏、民貧更勸分。漢書薛宣

傳曰、及日至休吏、有傳曰、振廩勸分西湖十頃月自比漢封
君歐陽自𨜶還潁有詩曰、都將二十四橋月換得西湖十頃秋、史記貨殖傳曰、齊
魯千畝桑麻、渭川千畝竹、此其人皆與千戶侯等、又曰、今有無秩祿之奉、爵邑之入、
而樂與之比者、命曰素封、漢書貨殖傳曰、秦漢之列侯封君、食租稅、千戶之君、則二
十萬

同子瞻韻和趙伯充團練

金玉堂中寂寞人仙班時得共朝眞言伯充宗
室子、居富貴、而自處如寒素也、老子曰、金玉滿堂、莫之能守、富貴而驕、自遺其咎
兩宮無事安盤石萬國歸心有老臣兩宮謂
宣化、哲廟、漢書竇嬰傳曰、有如兩宮奭將軍、老臣、謂文呂諸公、萬國歸心、用孟子
大老意、盤石、見上注家釀可供開口笑侍兒工作捧
心顰晉書何充傳、劉惔云、見次道飲、令人欲傾家釀、莊子盜跖曰、其中開口而
笑者、一月之中不過四五日而已矣、捧心顰見上注醉鄉乃是安身
處付與升平作幸民醉鄉、見上注、左傳曰、善人在上、則國無幸
民、此借用、樂天詠興詩序曰、頹然自適、蓋河洛間一幸人也

戲答趙伯充勸莫學書及爲席子
澤解嘲椒盎琖賞
平生飲酒不盡味五鼎餽肉如嚼蠟選詩、賓飲
不盡觴、孟子曰、繆公之於子思也、亟問亟餽鼎肉、子思不悅、楞嚴曰、當橫陳時、味如
嚼蠟我醉欲眠便遣客三年窺牆亦面壁南史
陶潛傳曰、潛若先醉、便語客云、我醉欲眠卿可去、宋玉登徒子好色賦曰、此女登牆
闚臣三年、至今未許也、傳燈錄、達磨寓止嵩山少林寺、面壁而坐、終日默然、此借用
空餘小來翰墨場松煙免穎傍明窗選詩棄棄
翰墨場、鮑照飛白書銘曰、沾此瑤液、染彼松煙、免穎見退之毛穎傳也偶隨
兒戲灑墨汁衆人許在崔杜行漢書周亞夫傳、文帝
曰、鄉者覇上棘門、如兒戲耳、盧仝示添丁云、忽來案上、翻墨汁、塗抹詩書如老鴉、按
王子年拾遺記云、浮提國獻神通善書二人、出肘間金壺、壺中有墨汁、如淳漆灑地
及石、皆成篆隸科斗之字、羅叔景趙元嗣者、與伯英並時、見稱於西州、而矜巧自與、
衆頗惑之、故伯英自稱上比崔杜不足、下方羅趙有餘、崔謂崔瑗、杜謂杜度、晉書王
羲之傳、自稱我書比鍾繇、當抗行、比張芝草、猶當鴈行也、老杜詩、沈鮑得同行晚
學長沙小三昧幻出萬物眞成狂國史補曰、長沙
僧懷素自言、得草聖三昧、傳燈錄、毗婆尸佛偈曰、身從無相中受生、猶如幻出諸形
像龍蛇起陸雷破柱自喜奇觀繞繩床陰符
經曰、地發殺機、龍蛇起陸、世說、曰、夏侯玄常倚柱讀書、時暴雨霹靂破所倚柱、衣服
焦然、玄色不變、讀書如故、此並借用、以言草書之變態、墨藪云、蔡邕得用筆法、大叫
歡喜、晉書劉毅傳、嘗聚摴蒱擲雉、大喜褰衣繞床叫、太白作懷素草書歌曰、吾師醉

後倚繩床須臾
掃盡數千行家人罵笑寧有道污染黃
素敗粉牆書斷曰張芝字伯英性好書凡
家之衣帛皆書而後練北史盧
詢祖於黃素楷書勳薄東坡詩書窻涴壁
常遭罵任華懷素草書歌曰粉壁搖晴光
素屏凝曉霜待　師
揮灑兮不可忘誠不如南鄰席明府蛛
網鎖硯蝸書梁席君蓋京師醫者與山谷
寓舍相鄰山谷書帖中所
謂席三即其人也文選左太冲詩南鄰擊
鍾磬漢書龔遂傳曰明府且止願有所白
文選張景陽詩曰蜘蛛網四屋杜牧之
詩蝸涎纛畫梁老杜詩云虫書玉佩蘚懷
中探丸起丸死才術頗似漢太倉漢書尹
賞傳曰
相與探丸爲彈此借用史記扁鵲傳曰吾
非能生人也此當生者越人能使之起耳

山谷八　十九

楚辭曰雖九死其猶未悔史記太倉公淳
于意受公乘陽慶禁方爲人治病決死生
多驗感君詩句喚夢覺邯鄲初未熟黃粱喚夢
覺熟黃粱
並見上注身如朝露無牢強玩此白駒過
隙光漢書蘇武傳曰人生如朝露何久自
苦如此維摩經曰是身如芭蕉中無
有堅遺教經曰世實危脆無牢強者莊子
厚書曰前過三十七年與瞬息無異後所
得者其不足把
翫亦已審矣從此永明書百卷自公退
食一爐香傳燈錄杭州永明寺智覺禪師
延壽著宗鏡錄一百卷其序曰
舉一心爲宗照萬法如鏡編聯古製之深
義撮略寶藏之圓詮云云羔羊詩曰自公
退食傳燈錄守安禪師頌曰南臺
靜坐一爐香亘日凝然萬慮忘

謝景叔惠冬筍雍酥水梨三物

玉人憐我長蔬食走送廚珍自不嘗晉書
衛玠
傳見者以爲玉人老杜詩鳴鞭走送煩漁
父又詩御廚絲絡送八珍此借用魯論曰
不敢
嘗秦牛肥膩酥勝雪漢苑甘寒梨得霜
秦牛謂犛牛也見漢書西南夷傳三秦記
曰漢武帝御宿園有大梨如五升瓶落地
則破名含消梨老
杜詩紅梨迥得霜冰底斲春筀筍籜豹文
解籜餵寒玉退之詠筍詩看皮虎豹存選
詩云初篁苞綠籜樂天詩聲
聲麗曲敲寒玉老杜詩分明饌玉思按
左思吳都賦云矜其宴居則珠服玉饌見
他桃李憶故園嘵獠應殘遶窻竹古今詩
話唐人

山谷八　二十

詩曰見他桃李樹思憶故園春山谷此詩
舊本云惠文綠籜包一束園丁破凍取寒
玉堅冰封節春未回不怕南風吹作竹盖
用樂天食筍詩且食勿踟蹰南風吹作竹
之
意

再答景叔

女三爲粲當獻王三珍同盤乃得嘗國語
周語
曰三女奔密康公公母曰必致之王夫粲
美物也衆以美物歸女而何德以堪之周
禮曰獻賢能之書于王世說柿公曰同槃
時尚不相助況復危難此借用其字薛能
詩賴有詩情合得嘗甘寒下澆藜莧腸冷我詩句挾
風霜並見
上注小人食珍敢取足都城一飯炊

白玉。左傳曰、願以小人之腹、爲君子之心
饜而已。禮記曰、庶人無故不食珍
前漢食貨志曰、錢金以鉅萬計、皆取足大
農、退之答元稹書曰、勤已取足、炊玉見上
注 賜錢千萬民猶飢、雪後排簷凍銀竹 實錄
元祐二年十二月乙酉、以大雪寒、出錢百
萬、令開封府賜貧民、亦見蘇子由奏議、本
白詩、白雨映寒
山、森森似銀竹

次韻幾復和答所寄

海南海北夢不到、會合乃非人力能 退之送李
正字序曰、離十三年、幸而集處、得燕而舉
一觴、此天也、非人力也、孟子曰、非人之所
能爲也 地褊未堪長袖舞、夜寒空對短檠燈

漢書長沙定王傳注曰、景帝後二年、諸王
來朝、有詔更前稱壽歌舞、定王但張褏小
舉手、左右笑其拙、上怪問之、對曰、臣國小
地狹、不足回旋、史記范睢傳贊曰、長袖善
舞、退之有短檠歌、言
書生寒苦之狀也 相看鬢髮時窺鏡、曾
共詩書更曲肱、作箇生涯終未是、故山松
長到天藤 言其未能歸隱、文選謝
靈運詩、故山日月遠

寄上叔父夷仲三首

少年有功翰墨林、中歲作吏幾陸沉 選詩
寄辭
翰墨林、陸
沉、見上注 庖丁解牛妙世故、監市履豨知
民心 解牛、言其游刃有餘地也、見莊子、晉
書桓石秀傳、謝安訪以世務、嘿然不
荅、或問之、石秀曰、世事此公所諳、吾尚何
言哉、文選潘正叔迎大駕詩曰、世故尚未
夷、莊子曰、正獲之問於監市履豨也、每下
愈況、注云、豨大豕也、監市之履豕、以知其
肥瘦者、愈履其難肥之處、愈知豕
肥之要、此借用言知民之肥瘠也 萬里書
來兒女瘦、十月山行冰雪深、夢魂和月繞
秦隴、漢節落毛何處尋 揚文公談苑載、菩
薩蠻詞、有月和殘
夢圓之句、漢書蘇武傳、杖漢節牧羊、臥起
操持節旄盡落、蔡琰胡笳曰、生死不相知
兮何
處尋
艱難聞道有歸音、部曲霜行璧月沉 漢書李廣
傳曰、無部曲行陳、南史
張貴妃傳、璧月夜夜滿 王春正月調玉燭

使星萬里朝天心 注 春秋書春王正月、杜預
注曰、周王之正月也、玉
燭見上注、後漢李郃傳、和帝遣二使到益
部、投候館、吏李郃舍、郃問二君發京師時
知朝廷二使耶、問何以知之、郃
指星云、前有二星向益州分野 頗令山海
藏國用、乃見縣官恤民深 漢書吳王濞贊
曰、擅山海之利
韓詩外傳曰、王者藏於天下、按漢昭帝時
賢良文學願罷鹽鐵無與民爭利、桑弘羊
以爲家人有寶器、尚猶柙而藏之、況天地
之山海乎、文學曰、庶人藏於家、諸侯藏於
國、天子藏於海內、是以王者不蓄下藏於
人、縣官謂天子、見漢書霍光傳注、禮記曰
家宰制國用、必於歲之杪 經心隴蜀封疆守、必有人材
備訪尋 晉書謝道韞傳、嘗譏謝玄學植不
進曰、爲塵務經心、爲天分有限邪

又退之書曰前古之興云未嘗不經於心史記天官書曰中國山川其維首在隴蜀

關塞雪欲嗣音燕鴈拂天河鯉沉老杜詩天寒關塞深詩曰子寧不嗣音燕鴈用蘇武事見上注老杜詩長歌燕鴈燈前落河鯉用文選古詩呼童烹鯉魚中有尺素書之意詩曰豈其食魚必河之鯉東都賦曰旌旗拂天

百書不如一見面幾日歸來兩慰心終上句之意漢書趙充國傳曰百聞不如一見世傳退之與大顛帖曰所示廣大深迥如此讀來一百遍不如親面而對之詩曰以慰我心

弓刀陌上望行色兒女燈前語夜深退之送鄭尚書序曰府帥必戎服左握刀右屬弓矢帕首袴鞾迎于郊古樂府有陌上桑辯子曰車馬有行色老杜詩云厨人語夜闌退之詩悄悄深夜語

更懷父子東歸得

江頭柳十尋漢書疏廣傳謂兄子受曰豈如父子相隨出關歸老故鄉晉書桓温傳見少時所種柳皆已十圍慨然曰木猶如此人何以堪沈懷遠南越志曰宋昌縣有棘竹長十尋

山谷詩集注卷第八

山谷詩集注卷第九

考試局與孫元忠博士竹間對窻夜聞元忠誦書聲調悲壯戲作竹枝歌三章和之劉禹錫竹枝辭引曰余來建平里中兒聯歌竹枝吹笛擊鼓以赴節含思宛轉有淇濮之艷昔屈原居沅湘其民迎神辭多鄙陋乃為作九歌故余亦作竹枝辭九篇

南窻讀書聲吾伊北窻見月歌竹枝古樂府東飛伯勞歌曰南窻北牖挂月光樂録曰諸調曲皆有辭有聲有辭者若其歌詩也聲者若羊吾羊吾夷伊那何之類也近世鄭茂倩編樂府於相和歌辭叙引中亦載此語

我家白髮問烏鵲他家紅粧占蛛絲山谷太夫人於時無恙故東坡試院中詩有云美君懷中雙橘紅西京雜記陸生云乾鵲噪而行人至蜘蛛結而百事喜老杜詩浪傳烏鵲喜深負脊令詩

屋山啼烏兒當歸玉釵罥蛛郎馬嘶去時燈火正月半階前雪消萱草齊退之寄盧仝詩每騎屋山下窺瞰蜀志姜維傳注孫盛雜記曰維得母書令求當歸老杜詩螢鑑緣帷徹蛛絲罥鬢長麗情集鸎鸎傳楊巨源詩曰清潤潘郎玉不如中庭蕙草雪銷初

勃姑夫婦喜相喚街頭雪泥即漸乾已放游絲高百尺不應桃李尚春寒歐公詩曰病識陰晴

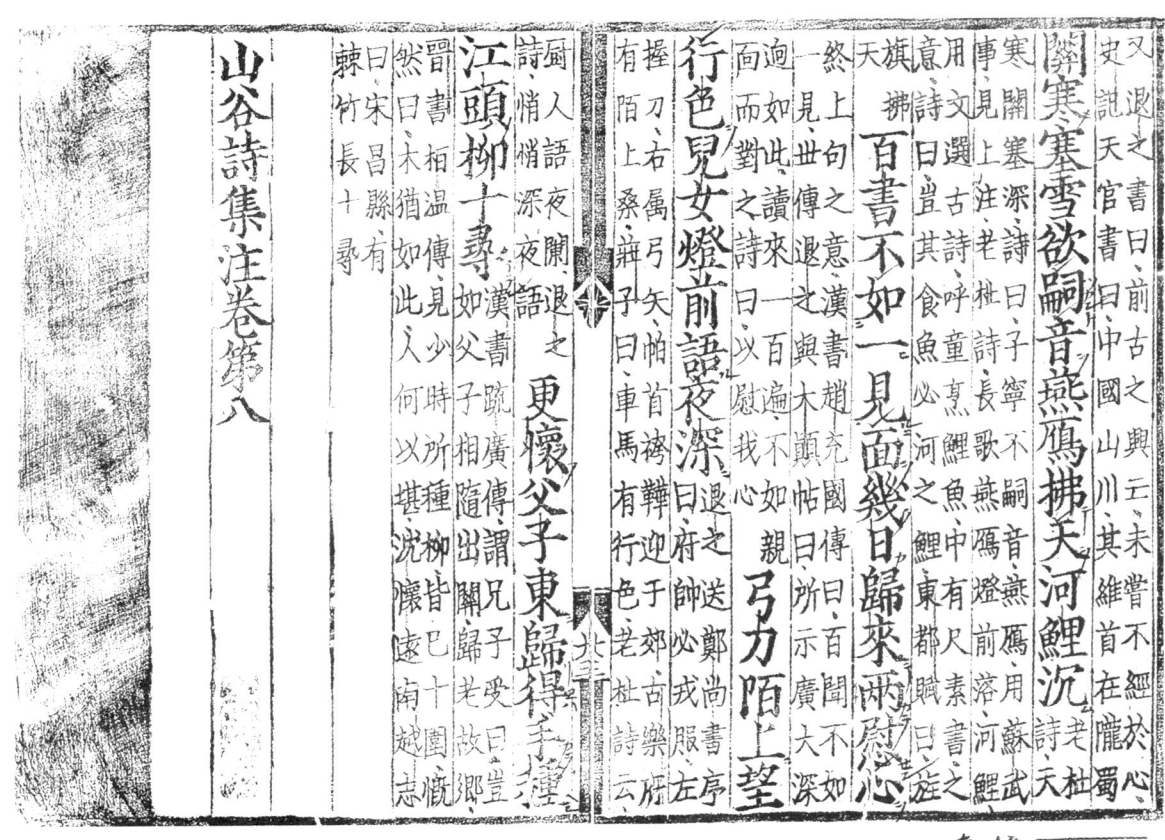

似勃姑。又曰。天雨止鳩呼婦還鳴且喜。老杜詩。街頭酒價常苦貴。庾信燕歌行曰。洛陽游絲百丈連。黃河春氷千片穿。又云。數尺游絲即橫路

觀伯時畫馬禮部試院作

儀鸞供帳饕蟲行。翰林濕薪爆竹聲。風簾官燭淚縱橫 上三句言供擬之寒陋也。供張弊壞。卒徒以爲臥具。故有貪饕之蟲行於其間。國朝會要曰。儀鸞司在拱宸門外。嘉平坊掌奉供帳之事。翰林司在大寧門內。掌供御酒茗湯菓及游幸宴會內外筵設。神異經曰。山臊畏爆竹聲。後漢巴祗與客暗坐。不燃官燭。李商隱詩曰。風簾殘燭隔霜清。老杜詩曰。四座淚縱橫

木穿石槃未渠透。坐窻不遨令人瘦。貧

馬百賷逢一豆 言鏁宿甚久。出院未有期。鬱鬱自苦。如貧馬之得渡。眞誥曰。太極老君與傅先生木鑽使穿一石。磐厚五尺。許積四十七年而石穿。遂得神丹。庭燎詩注曰。夜未央猶言夜未渠央也。音義曰。渠音其遽反。元次山詩曰。豈欲皀櫪中。爭食粃與賷。自注云。麩糠中可食者。下没反。牛馬食餘草節。曰賷。下諫反。按集韻。賷音何間反。莝餘草也。又侯襇反

眼明見此玉花驄。徑思着鞭隨詩翁。城西野桃尋小紅 老杜詩。吾與汝曹俱眼明。又丹青引曰。先帝天馬玉花驄。畫工如山貌不同。一本作五花驄。按老杜高都護驄馬行曰。五花散作雲滿身。晉書劉琨傳曰。常恐祖生先吾著鞭。詩翁謂東坡。老杜詩。點注桃花舒小紅

題伯時畫揩痒虎

猛虎肉醉初醒時。揩磨苛痒風助威 俗言虎食狗則醉。禮記內則曰。疾痛苛痒。注云。苛疥也。退之畫記。馬有痒磨樹者

枯楠未覺草先低。木末應有行人知 老杜詩。樂府勑勒歌曰。風吹草低見牛羊。老杜詩。我行已水濱。我僕猶木末。此詩謂行人居高見風生草低。因覺其有虎也

題伯時畫觀魚僧

橫波一網腥城市。日暮江空煙水寒 退之詩。長網橫江遮紫鱗。歐公作蘇子美墓誌。載當御史劉元瑜語曰。爲相公一網打盡

時萬事心已死。猶恐魚作故時看 列子曰。同齋三月。心死形廢。山谷舊跋此畫爲玄沙畏影圖。按傳燈錄。玄沙宗一大師姓謝氏。幼好垂釣。年甫三十。忽慕出塵。乃棄釣舟。落髮後得法於雪峯

題伯時頓塵馬

竹頭搶地風不舉。文書堆案睡自語 戰國策。秦王謂唐且曰。布衣之怒。免冠徒跣。以頭搶地耳。司馬遷書亦曰。見獄吏則頭搶地。元稹詩。滿眼文書堆案邊。眼昏偸得暫時眠。元次山寱論曰。寐中寱言。眯所知也。韻書云。寱睡語也

忽看高馬頓風塵。亦思歸家洗袍袴 老杜詩。高馬勿捶面。韋應物詩。亂髮思一櫛。垢衣思一換。時山谷在試院中。故

有思歸之語

題伯時畫嚴子陵釣灘

後漢書逸民傳：嚴光字子陵，少與光武同游學。及光武即位，使聘之，三反而後至。除為諫議，不屈，乃耕於富春山。後人名其釣處為嚴陵瀨焉。

平生久要劉文叔，不肯為渠作三公。

魯論曰：久要不忘平生之言，亦可以為成人矣。注云：久要，舊約也。後漢帝紀：光武諱秀，字文叔。

能令漢家重九鼎，桐江波上一絲風。

汲黯曰：夫以大將軍有揖客，反不重耶？此句蓋用此意。漢書宣帝曰：漢家自有制度。史記平原君傳曰：毛遂使趙，重於九鼎大呂。嚴光傳注曰：桐廬縣南有嚴子陵漁釣處。按桐廬

今屬嚴州。東漢多名節之士，賴以久存，迹其本原，政在子陵釣竿上來耳。

題伯時畫松下淵明

此篇與上卷卧陶軒詩大抵同意。洪州本無山字一韻，而以彈字為第二韻，疑脫誤也。

南渡誠草草，長沙慰艱難。

南渡謂晉元帝渡江本甸金陵。

詩曰：晉家南渡日，此地舊長安。退之桃源行曰：覊馬南渡開新主。晉書陶侃傳：蘇峻平，吳封長沙郡公，薨後成帝下詔曰：作藩于外，八州肅清，勤王于內，皇家以寧。昭明太子作陶淵明傳曰：曾祖侃，晉大司馬。又云：自以曾祖晉世宰輔，恥復屈身後代，自宋武帝王業漸著，不復肯仕。

終風霾八表，半夜失前山。

張淵方畫家本有此兩句，蓋言晉宋市朝之變也。詩曰：終風且霾。注謂終日風為終風，霾，土雨也。淵明詩曰：八表同昏，平陸成江。莊子曰：藏山於澤，夜半有力者負之而走。蜀中舊本元作平生憂曾葛，採菊見南山，言淵明初名元亮，本慕諸葛孔明，有當世志，晚年耻屈身異代，始自放於山林也。蜀志諸葛亮傳曰：自比管仲、樂毅。淵明詩曰：採菊東籬下，悠然見南山。

遠公香火社，遺民文字禪。

高僧傳曰：彭城劉遺民、豫章雷次宗等依遠遊山，遠乃於精舍無量壽像前建齋立社，共期西方，乃令遺民著其文。又陳舜俞廬山記曰：遺民與什、肇二師好揚推經論，文義之華，一時所挹。樂天詩：本結菩提香火社。維摩經曰：有以音聲語言文字而作佛事。傳燈錄：達磨傳道副曰：如我所見，不執文字，不離文字，而為道用。東坡寄辯才詩：有臺閣山林況無異，故應文字不離禪之句。

雖非老翁事，幽尚

亦可觀。

下句蜀中舊本作幽況亦可觀，今本當是後來所改。蓋詩意謂陶雖不入社，然常往來其間，以諸人志尚幽遠，亦有可觀故也。廬阜雜記曰：遠師結白蓮社，以書招淵明。淵明曰：弟子性嗜酒，若許飲即往矣。遠許之，遂造焉。因勉令入社，陶攢眉而去。廬山記曰：陶元亮居栗里山，阿陸脩靜亦有道之士，遠師嘗送此二人，與語道合，不覺過虎溪。淵明傳又曰：時周續之入廬山事釋惠遠，彭城劉遺民亦遁迹匡山，淵明又不應徵命，謂之潯陽三隱。退之詩：豈敢尚幽獨，與世實參差。魯論曰：雖小道必有可觀者焉。

松風自度曲，我琴不須彈。

用左太冲招隱詩：非必絲與竹，山水有清音之意。文選顏延年詩：松風遵路急。漢書元帝贊曰：自度曲被歌聲。淵明傳曰：不解音律，而畜無弦素琴一張，每酒酣適，輒撫弄以寄意。

客來欲開說觴至，不得言。漢書曹參傳曰：度客欲有言，復飲酒，終不得開說。梁孝王傳曰：有所關說於帝。

出禮部試院，王才元惠梅花三種，皆妙絕，戲答三首邵氏辨誣云：王棫，京師人，有口辯，與邢恕共謀誣造諸人，變立事。其子直方不以父為然，每與士大夫言父晚年病心云。棫字才元，直方字立之。

城南名士遣春來，三月乃見臘前梅。定知鎖著江南客，故放綠陰春晚回。山谷有此詩，跋云：州

南王才元舍人家有百葉黃梅，妙絕。禮部鎖院，不復得見。開院之明日，才元遣送數枝。蓋是歲大雨雪，寒甚，故梅亦晚開耳。又一跋云：元祐初，鎖試禮部，阻春雪，還家已三月。王才元舍人送紅黃多葉梅數種，為作三詩，付王家素素歌之。宗室趙子湜家有此錄本，惜其翰墨不可復見，因附于此。鄭谷詩曰：坐中亦有江南客，莫向春風唱鷓鴣。

舍人梅塢無關鎖，攜酒俗人來未曾。用韓退之竹洞詩意。嚴維詩：柳塘春水慢，花塢夕陽遲。元稹崔徽歌曰：吏感徽心關鎖開。文選嵇康書曰：不喜俗人。舊時愛菊陶彭澤，今作梅花樹下僧。此句山谷自道，言其持律不飲，無復把菊待酒之意。元稹詩：禪僧偶向花前定。滿樹狂風滿樹花。

病夫中歲屛杯杓，百葉緗梅觸撥人。拂殺官黃春有思，滿城桃李不能春。史記項籍紀曰：沛公不勝杯杓，不能辭。說文緗字注云：帛淺黃色也。觸撥字一本作料理。王立之詩話曰：觸撥字初作故惱，其後改焉。按樂天櫚花詩：香塵擬觸坐禪人。又詩：撐撥詩人興，勾牽酒客歡。宮黃謂黃本官書。退之詩：杏花兩株能白紅。又曰：廉纖晚雨不能晴。

王立之承奉詩報梅花已落盡，次韻戲答

南枝北枝春事休，榆錢可穿柳帶柔。白氏六帖

云：大庾嶺頭梅，南枝落，北枝開。漢書食貨志注：應劭曰：漢鑄莢錢，今民間榆莢錢是也。

定是沈郎作詩瘦，不應春能生許愁。南史沈約傳：謝玄暉善為詩，任彥昇工於筆，約兼而有之。約以書陳情於徐勉，言已老病，百日數旬，革帶常應移孔，以手握臂，率計月小半分。欲謝事，求歸老之秩。本事詩：李白戲杜甫曰：借問別來太瘦生，總為從前作詩苦。庾信愁賦云：攻許愁城終不破，盪許愁門終不開。

乞姚花二首歐公牡丹釋名曰：姚黃者，千葉黃花，出於民姚氏家。

正是風光嬾困時，姚黃開晚落應遲。老杜詩：春

光癩困倚微風東坡梅詩曰也知
早落坐先開此句反其意用之欲雕好
句乞春色日曆如山不到詩言方脩史未
暇苦思雕刻
詩語也文選任彥昇作王文憲集序曰豈
直雕章縟采而已哉唐貞元之末朝廷政
令著於日曆國史職官志云著作郎及著
作佐郎掌修撰九宰執時政記左右史起
居注所書會集修纂以爲一代之典按實
録章惇言先帝日曆始自熙寧二年正月
至三年終係元祐中秘書省官孔武仲黃
庭堅司馬康修纂劉歆七畧曰武帝廣獻
書之路百年之
間書積如丘山
青春日月鳥飛過汗簡文書山疊重樂天
詩百
年青天過鳥翼下句意見前篇注後漢吳
祐傳注曰殺青者以火炙簡令汗取其青

易書復不蠹謂之殺青亦謂之汗簡文選
沈休文詩山嶂遠重疊留賦曰窊嵬礧重
乞取好花天上看宮衣黃帶御爐烘天上
謂史
局李賀詩宮衣水濺黃賈至詩衣冠
身染御爐香烘音呼公反說文尞也

效王仲至少監詠姚花用其韻四
首

映日低風整復斜綠玉眉心黃袖遮古樂
府王
僧孺朱鷺曲曰映日上金堤又敕勒歌曰
風吹草低見牛羊杜牧之詩云整整復斜
斜隨旗簇晚沙庾信謝娘詩云大梁城
眉心濃黛直點額角輕黃細安
裏雖罕見心知不是牛家花大梁即汴
京歐公牡

丹釋名曰牛黃亦千葉出於民牛氏家比
姚黃差小史記呂不韋傳曰子楚心知所
謂
九疑山中萼綠華黃雲承韈到羊家眞筌
虫蝕詩句斷猶託餘情開此花眞誥曰萼
綠華降羊
權家云是九疑山得道女羅郁也黃雲非
本事止以形容此花如前詩黃袖後詩黃
鵠爾文選謝靈運擬阮瑀詩曰風悲黃雲
起李善注引淮南子曰黃泉之埃上爲黃
雲
仙衣襞積駕黃鵠草木無光一笑開司馬
相如
子虛賦曰鄭女曼姬被阿錫揄紵縞襞積
褰縐鬱橈谿谷注謂即今之裙𧝐漢書烏

孫公主歌曰願爲黃鵠兮歸故鄉樂天長
恨歌曰回眸一笑百媚生六宮粉黛無顏
色
人間風日不可奈故待成陰葉下來人
間
風日見上注杜牧之
詩綠葉成陰子滿林
湯沐冰肌照春色海牛壓簾風不開後漢
百官
志公主所食湯沐曰國縣莊子曰肌膚若
冰雪郭璞爾雅注曰冰雪脂膏也長恨歌
曰春寒賜浴華清池温泉水滑
洗凝脂杜牧之詩金槃犀鎮帷直言紅塵
無路入猶傍蜂須蝶翅來蓋以戲仲至老
杜詩花蘂上蜂
須又詩塵
沙傍蜂蠆

寄杜家父二首

紅紫爭春觸處開，九衢終日犢車雷言看花者之多。車聲如雷。漢書雋不疑傳曰，有一男子乘黃犢車。司馬相如長門賦曰，雷隱隱而響起，聲象君之車音閑情欲被春將去，鳥喚花驚只麼回淵明有閑情賦。退之詩，鳥喚昏不醒。傳燈錄永嘉證道歌曰，不可得中只麼得云

風塵點汙青春面，自汲寒泉洗醉紅。徑欲題詩嫌浪許，杜郎覓句有新功上兩句謂揷花水中。老杜詩。畫圖省識春風面。又示宗武詩，覓句新知律。○山谷答洪駒父書曰，想鈎深索隱，有日新之功

王才元舍人許牡丹求詩

聞道潛溪千葉紫，主人不翦要題詩。欲搜佳句恐春老，試遣七言賒一枝歐陽牡丹釋名曰，潛溪緋以地著。又云，左花千葉紫花，出民左氏家。末句言詩成倉卒未足以當此花之價，李涉詩，冥搜得詩窮

謝王舍人翦狀元紅狀元紅亦牡丹名

清香拂袖翦來紅，似繞名園曉露叢。欲作短章憑阿素，緩歌誇與落花風老杜詩，名園依綠水。王立之詩話曰，山谷與余詩云，欲作短歌憑阿素丁寧誇與落花風。其後改歌字作章字，改丁寧字作緩歌字。按，顏延之五君詠曰，頌酒雖短章，深衷自此見。樂府，隋丁六娘十索詩曰，寄語落花風，莫吹花落盡。阿素謂王立之家小鬟素素也。已見上注。退之詩，清歌緩送感行人

戲答陳季常寄黃州山中連理松枝二首龍丘子陳慥季常本眉山人，家於黃州岐亭

故人折松寄千里，想聽萬壑風泉音。誰言五鬣蒼煙面，猶作人間兒女心老杜詩，萬壑樹聲滿千巖秋氣高。文選頭陁寺碑曰，崖谷共清風泉相喚。酉陽雜俎曰，世言松五粒者，粒當言鬣。自有一種名鬣皮，如鱗甲，而結實多新羅，多此種。史記呂公謂呂媼曰，兆兒女所知

老松連枝亦偶然，紅紫事退獨參天退之詩，黃黃蕪菁花，桃李事已退。老杜古柏行曰，黛色參天二千尺金沙灘頭鏁子骨，不妨隨俗暫嬋娟傳燈錄僧問風穴如何是佛，穴曰，金沙灘頭馬郎婦。世言觀音化身，未見所出。按續玄怪錄，昔延州有婦人，頗有姿皃，少年子悉與之狎昵，數歲而歿，人共葬之道左。大曆中有胡僧敬禮其墓曰，斯乃大慈悲喜捨，世俗之欲無不徇焉，此即鎖骨菩薩，順緣已盡爾。衆人開墓以視其骨，鈎結皆如鏁狀，爲起塔焉。馬郎婦事，大率類此

次韻子瞻送李豸李豸字方叔陽翟人，素爲東坡

所知元祐三年東坡知貢舉得
程文異之謂必方叔擢置第一
既開牓非是東坡悵然作詩送
方叔有與君相從非一日筆勢
翩翩疑可
識之句

驥子墮地追風日未試千里誰能識東坡作王
大年哀詞曰驥墮地走虎生而斑雀豹
古今注曰秦始皇七馬有追風躡景習
之實録蒙皇祖斯文如女有正色李翔字習之作
皇祖楚金實録乞銘於韓退之其文瑰奇
具見於集中山谷引李氏事以比方叔法
言曰女有色書亦有色乎曰有女惡華丹
之亂窈窕也書惡淫辭之淈法度也○莊
子曰孰知天下之正色哉今年持橐佐春官遂失此人

山谷九　十二

難塞責漢書趙充國傳張安世本持橐簪筆唐書王勃傳武后見駱賓王檄
曰宰相安得失此人漢書公
孫弘傳曰終無以報德塞責雖然一鬨有
奇偶博懸於投不在德射利於市得失有命如六博之投勝
負偶然初不豫人之賢否也法言曰一鬨
之市必立之平漢書李廣傳大將軍陰受
上指以爲李廣數奇注云言命隻不耦合
也史記蔡澤曰博者或欲大投或欲分功
注引班固弈指云博
懸於投不必在行君看巨浸朝百川此
豈有意潢潦前莊子曰大浸稽天而不溺書曰江漢朝宗于海退之
詩潢潦無根源朝蒲夕已除老杜詩此豈有意仍騰驤願爲霧豹懷
文隱莫愛風蟬蛻骨仙言無以速化爲事列女傳陶荅子妻
曰南山有玄豹霧雨七日不下食者何也
欲以澤其毛衣而成其文章故藏以遠害
選詩蕭瑟含風蟬夏侯湛東方
朔畫贊曰蟬蛻龍變棄俗登仙

次韻宋楙宗三月十四日到西池

都人盛觀翰林公出遨翰林公謂東坡東坡
詩中有和宋肇遊西池即此韻
金狨繫馬曉鶯邊不比春江上水船金狨謂狨
毛金色○國朝禁從皆跨狨鞍老杜詩曰
百丈誰家上水船又按摭言朱梁時姚洎
爲學士一日梁祖問及裴延裕曰頗知其
人思敏洎曰向在翰林號下水船梁祖曰
卿便是上水船也洎
甚慙此詩頗用其意人語車聲喧法曲

山谷九　十三

光樓影倒晴天唐書禮樂志初隋有法曲其聲清而近雅玄宗酷愛
法曲選坐部伎子弟三百教於梨園文選
天台賦序曰或倒影於重溟李善注謂山
臨水而影倒老杜渼陂臺詩曰顛倒白閣影宋子京詩樓影壓池天人間化
鶴三千歲海上看羊十九年神仙傳蘇仙公者桂陽人
有數十白鶴降于門遂昇雲漢而去後有
白鶴來止郡城東北樓上人或挾彈彈之
鶴以爪攫樓板似漆書云城郭是人民非
三百甲子一來歸吾是蘇君彈我何爲按
洞仙傳仙公即蘇耽此引用以言東坡蓋
神仙中人漢書蘇武傳匈奴徙武北海上
武杖漢節牧羊留匈奴十九歲此引用以
言東坡黃州之謫老杜詩蘇武看羊陷賊
庭還作遨頭驚俗眼風流文物屬蘇仙蜀人

喜游樂謂成都帥爲遨頭此借用東坡樂
府云身閑誰有酒試問遨遊首老杜詩文
采風流今尚存左傳曰文物以紀之
蘇仙見前注今郴州之東有蘇仙山

韓獻肅公挽詩三首 獻肅其先眞定人其祖魯公葬於許父忠憲公始居太廟之通衢事具李清臣所作韓太保墓表

鬱鬱高陽里生才世不孤 後漢書光武紀曰氣佳哉鬱鬱葱葱又荀淑傳有八子時人謂之八龍苑康改其里曰高陽里謂高陽氏有才子八人也獻肅盖忠憲公億之子忠憲八子曰綱綜絳繹維縝緯緬多爲聞人絳縝皆爲丞相維爲門下侍郎魯論曰德不孤必有鄰○晉書韓門之德不孤

八龍歸

月旦三鳳繼天衢 八龍見首句注後漢書許劭傳曰與從兄靖共覈論鄉黨人物每月輒更其品題汝南俗有月旦評焉三鳳謂絳縝維也唐書薛收傳元敬收德音號河東三鳳易曰何天之衢亨

梁壞吾安仰人亡道固臞 檀弓子貢曰太山其頹則吾將安仰梁木其壞哲人其萎則吾將安放夫子殆將病也蓋寢疾七日而沒下句謂老成云亡後生無所師法利欲戰於胷中而道不勝故如子夏之臞也韓非子曰子夏見曾子曾子曰何肥也對曰戰勝故肥也吾入見先生之義則榮之出見富貴之樂又榮之兩者戰於胷中未知勝負故臞今先生之義勝故肥

空令湖海士愁絶莫生芻 湖海士山谷自謂魏志徐邈傳曰陳元龍湖海之士豪氣不除後漢書徐穉傳郭林宗母死穉往弔之置生芻一束於廬前而去林宗曰詩不云乎生芻一束其人如王吾無德以堪之○老杜詩放歌頫愁絶

物產元希世風流更折衝決疑京兆尹富國太司農 文選魏都賦曰山川之卓詭物產之魁殊靈光殿賦曰邈希世而特出折衝見上注漢書雋不疑爲京兆尹有一男子自謂衛太子不疑曰昔蒯聵違命出奔輒距而不納春秋是之衛太子得罪先帝此罪人也遂送詔獄獻肅英宗朝權知開封府挾日除三司使○按范純仁所作公墓誌云公任開封府推官有男子冷清自稱皇太子言其母常得幸掖庭有娠出而生清都人聚觀洶洶吏收捕不敢急一府驚疑莫知所決清竟止流近郡公上疏引方遂詐稱戾太子事論奏甚切

天子遣中使獨以問公追清伏誅

遠業終三事仁聲達九宗 後漢書伏湛等贊曰中興以後名相以任職取名者豈非先遠業後小數哉三事謂三公詩曰三事大夫獻肅哲宗即位檢校太傅進封康國公仁聲見孟子左傳曰懷姓九宗注云懷姓唐之餘民九宗一姓爲九族太玄經聚首亦曰九宗之好此引用蓋取莊子澤及三族之意又按拾遺記漢王溥積粟十庚九族宗親皆仰其衣食

方祈酌周斗何意輟秦春 行葦詩酌以大斗以祈黃耇史記商鞅傳趙良曰五羖大夫死秦國舂者不相杵選詩任昉哭范雲曰輟舂哀國鈞後漢書景丹傳曰何意三郡良爲吾來

淚盡才難日斯人遽隕傾冰枝憂木稼食

昴恨長庚漢書五行志春秋成公十六年
雨木冰或曰今之長老名木冰
爲木介舊唐書寧王卧疾引諺語曰木稼
達官怕必大臣當之吾其死矣已而果然
春秋佐命期曰蕭何稟昴星而生漢書鄒
陽傳曰衛先生爲趙畫長平之事太白食
昴○韓魏公將薨京師木稼陝西道中山
崩覆居民數十家今於上有韤山大王祠
是也故荆公作魏公挽詩有曰木稼惟聞
達官怕山頹果見哲人萎最爲絕唱今公
詩亦曰冰枝憂木稼同記此事也惟
梁壞吾安仰亦必有記特人不知耳名與
具茨重心如潁水清具茨山及潁水皆在今許州具茨見上注
太常郎官湖詩曰風流若未減名與此山
俱漢書灌夫傳曰潁水清灌氏寧又鄭崇
傳曰臣心如水堂堂萬夫表直作閉佳城並見上注老杜

詩直作鳥窺龍

次韻子瞻以紅帶寄王宣義

王淮奇字慶源眉之青神人東坡叔丈人也晚以累舉恩得官
參軍但有四立壁初無臨江千木奴四壁見上
注襄陽記李衡於武陵龍陽洲上種橘千
樹臨死敕兒曰吾州里有千頭木奴不責
汝衣食歲上一疋絹亦足用矣白頭不是折腰具桐帽棕
鞋稱老夫老杜詩黃帽映青袍非供折腰具郭若虛圖畫見聞誌曰隋朝
用桐木黑漆爲巾子裹於幞頭之內曲禮
曰大夫七十而致仕若不得謝適四方乘
安車自稱曰老夫嘗見山谷答蜀人楊明
叔簡云桐帽本蜀人作以桐木作而漆之

如今之帽三十年前猶見之棕鞵本出蜀
中今南方叢林亦作蓋野夫黃冠之意明
叔寫此詩貧於山谷故其言云爾○按蘇
叔黨所作王元直墓表云季父慶源官於
雅州以論事不合取官長怒憂以罪去謀
於公公笑曰古人不肯束帶見督郵彼何
人哉慶源服其語即謝病去滄江鷗鷺野心性陰壑虎
豹雄牙須言山林之遂性不受制於人也文選任彥昇詩滄江路窮此老
杜詩盤渦鷺浴底心性又詩云陰壑生靈
籟月林散清影退之詩又嘗疑龍蝦果誰
雄牙鬚鸕鶿作裘初服在猩血染帶鄰翁無
西京雜記司馬相如以鸕鶿裘貰酒說文
云鸕鶿西方神鳥離騷曰進不入以離尤
兮退將復修吾初服唐文粹裴炎猩猩說
云刺其血染毳罽隨鞭箠輸之至於一斗

其說出於華陽國志昨來杜鵑勸歸去更待把酒聽
提壺梅聖俞四禽言子規云不如歸去春山云暮萬木兮參雲蜀天兮何處人
言有翼可歸飛安用空啼向高樹又提壺
云提壺蘆沽美酒風爲賓樹爲友山花撩
亂目前開勸爾今朝千萬壽當今人材不乏使天上二
老須人扶時文潞公呂申公皆以大老平章軍國重事左傳曰日君之使
使臣司司馬老杜詩云此生已愧須
人扶○韓洪碑進見上殿拜跪給扶兒無
飽飯尚勤書婦無複褌且著襦退之詩云詩書勤乃
有世說韓康以絹與范甯云人寧可使婦
無褌晉書韓伯傳伯數歲母爲作襦令捉
熨斗而謂之曰且着襦尋當作複褌伯曰
不復須火在斗中而柄尚熱今既着襦下

亦當煖社甕可漉溪可漁更問黃雞肥與癯
杜牧之詩、社甕爾來嘗。昭明太子陶淵明傳曰、取頭上葛巾漉酒。李白詩、白酒初熟
山中歸、黃雞啄黍秋正肥林間醉着人伐木猶夢官下
聞追呼聞伐木喧譟之聲、猶以為追呼也。唐人詩云、漁翁醉着無人喚。史記
鄧都傳曰、身固當奉職死節官下萬釘圍腰莫愛渠富貴
安能潤黃壚隋書楊素傳、賜萬釘寶帶。列子曰、死後餘名、豈足潤枯骨
淮南子曰、上際九天、下契黃壚、高誘注云、泉下有壚山
聽宋宗儒摘阮歌唐書元行冲傳、有人破古冢、得
銅器、似琵琶、身正圓。行冲曰、此阮咸所作器也。命易以木。弦之、

其聲清亮、樂家遂謂之阮咸
翰林尚書宋公子文采風流今尚爾翰林尚書
當是宋景文、公老杜丹青引曰、文采風流今尚存自疑耆域是前
身囊中探丸起人死高僧傳、耆域天竺人、周流華竺、靡有常所、
神奇任性、迹行不常、汝南滕永文兩脚攣屈、不能起行。域取淨水一杯、楊柳一枝、拂
水舉手向永文而呪。如此者三。因以手搦永文膝、令起。即行如故。老杜詩、囊中藥未
陳、餘見上注皃如千歲枯松枝落魄酒中無定
止盧仝與馬異詩曰、此骨縱橫奇又奇、千歲萬歲枯松枝。樂天詩曰、皃將松共瘦。
心與竹俱空。漢書酈食其傳、家貧落魄、無衣食業得錢百萬送酒

家一笑不問今餘幾昭明太子作陶淵明傳曰、顏延之留二萬
錢與淵明、淵明悉遣送酒家、稍就取酒。漢書疏廣傳、問其家金餘尚有幾所、趣賣以
共具手揮琵琶送飛鴻促絃聒醉驚客起嵇康
詩曰、目送歸鴻、手揮五弦寒蟲催織月籠秋獨鴈叫群
天拍水此以下四韻、皆形容曲聲。爾雅、蟋蟀蛬。注云、今促織也。杜牧之詩曰、
煙籠寒水月籠沙。退之詩、一叫群猿。又云、海氣昏昏水拍天楚國羈臣
放十年漢宮佳人嫁千里史記屈原傳曰、令尹子蘭短屈
原、頃襄王怒而遷之。楚辭大招序曰、屈原放流九年。漢書匈奴傳、元帝以後宮良家
子王嬙字昭君、賜單于。按琴曲有沉湘及昭君云深閨洞房語恩

怨紫燕黃鸝韻桃李文選江文通別賦云、歎幽閨之琴瑟。楚辭
曰、姱容脩態、亘洞房。退之聽穎師琴詩、昵昵兒女語、恩怨相爾汝。樂天琵琶引曰、間
關鶯語花底滑、幽咽泉流冰下難楚狂行歌驚市人漁父
挐舟在葭葦魯論曰、楚狂接輿歌而過孔子。莊子曰、漁父杖挐而引其
船。又曰、刺船而去、延緣葦間。孔子待水波定、不聞挐音而後敢乘問君枯
木著朱繩何能道人意中事樂天琵琶引曰、低眉信手
續續彈、說盡心中無限事。後漢禰衡傳、黃祖曰、處士此正得祖意、如祖腹中之所欲
言也君言此物傳數姓玄璧庚庚有橫理文選
劉越石詩、握中有玄璧、乃自荊山璆。橫理謂若琴之斷文。漢書文帝紀曰、代王卜之

兆得大横，占曰：大横庚庚，予為天王。注云：庚庚，横貌。

閉門三月傳國工，身今親見阮仲容。周禮考工記輪人曰：可規可萬，謂之國工。注云：國之名工。此借用，謂傳於教坊樂工也。晉書阮咸字仲容。我有江南一丘壑，安得與君醉其中。曲肱聽君寫松風。一丘壑見上注。按琴曲有風入松。

自門下後省歸臥酺池寺觀盧鴻草堂圖

元豐八年，以門下中書外省為後省。唐書隱逸傳：盧鴻字顥然，居嵩山，玄宗備禮徵之，辭還山，賜隱居服，官營草堂。

黃塵逆帽馬辟易，歸來下簾臥書空。不知繡鞍萬人立，何如盧郎駕飛鴻。逆謂迎也。漢書項籍傳曰：人馬俱驚，辟易數里。注云：開張而易其本處。王吉傳敘曰：嚴君平得百錢足自養，則閉肆下簾而授老子。晉書殷浩傳：雖被放黜，口無怨言，但終日書空，作咄咄怪事四字而已。談苑曰：宰相使相賜繡寶相花韉，參政副樞繡盤鳳雜花韉。文選陸士衡詩曰：息駕歸鴻羽。郭璞游仙詩曰：赤松臨上游，駕鴻乘紫煙。

題子瞻寺壁小山枯木

張方回家本云：題子瞻酺池寺亭書齋旁畫木石壁兩首。

爛腸五斗對獄吏，白髮千丈濯滄浪。金樓子殺米遠云：周𦙶腹中有三斗爛腸。此云五斗，未詳，或字誤耳。漢書周勃傳曰：安知獄吏之貴。對獄吏，謂東坡元豐間下御史臺獄。太白詩：白髮三千丈，緣愁似个長。濯滄浪見上注。謂謫黃州時。却來獻納雲臺表，小山桂枝不相忘。文選謝玄暉詩：獻納雲臺表，功名良可收。李善注引後漢書肅宗詔賈逵入講尚書南宮雲臺。楚辭淮南王劉安有招隱士，序曰：淮南小山之所作也。其詞曰：攀援桂枝兮聊淹留。

又

海內文章非畫師，能回筆力作枯枝。豫章從小有梁棟，也似鄭公雙鬢絲。老杜詩：海內文章伯。又詩：溟漲與筆力。唐書閻立本傳：閣外傳呼畫師閻立本。文選曹顏遠詩曰：樓鳥去枯枝。南史王儉傳：袁粲見之曰：栝柏豫章雖小，已有棟梁氣矣。老杜贈鄭虔詩：鄭公樗散鬢成絲，酒後猶稱老畫師。詩意謂東坡豫章梁棟之材，亦效鄭公樗櫟之散木，遊戲於小筆也。

題子瞻枯木

折衝儒墨陣堂堂，書入顏楊鴻鴈行。折衝見上注。○荀子禮論曰：儒者使人兩得之也，墨者使人兩喪之也，是儒墨之分也。孫子曰：勿擊堂堂之陣。顏謂魯公，楊謂凝式。晉書王羲之傳：自稱我書比鍾繇當抗行，比張芝草猶當鴈行也。第一句元作文章日月與爭光，後改焉。胸中元自有丘壑，故作老木蟠風霜。此兩句元作筆端放浪有江海臨潑

梔木鮑風霜。晉書謝鯤傳曰，或問論者，以君方庾亮何如。答曰，端委廟堂，使百僚準則，鯤不如亮。一丘一壑，自謂過之。漢書鄒陽傳曰，蟠木根柢，輪囷離奇。世說注引支氏逍遥論曰，至人乘天正而高興，遊無窮於放浪。

和子瞻戲書伯時畫好頭赤

李侯畫骨不畫肉，筆下馬生如破竹。老杜丹青引曰，幹惟畫肉不畫骨。此反而用之。破竹言其神速。晉書杜預傳曰，今兵威已振，譬如破竹，數節之後，皆迎刃而解。秦駒雖入天仗圖，猶恐真龍在空谷。立仗馬見上注。老杜詩云，曉隨天仗入，暮惹御香歸。老杜丹青引云，斯須九重真龍出，一洗萬古凡馬空。白駒詩曰，皎皎白駒，在彼空谷。精神

權奇汗溝赤，有頭赤烏能逐日。後漢馬援傳注，銅馬相法曰，汗溝欲深長。前漢書渥洼馬歌曰，霑赤汗，沫流赭。志倜儻，精權奇。籋綠赤烏須曰，赫赫赤烏，惟日之精。此借用言馬頭赤，如日中烏，故能逐日也。王子年拾遺記曰，周穆王八駿，四名越影，逐日而行。○東坡詩，亭言御馬好頭赤。安得身為漢都護，三十六城看歷歷。後漢西域傳曰，武帝時，西域內屬，有三十六國，漢置使者校尉領護之。宣帝改曰都護。退之詩，歷歷想行店。○歷歷字韻，東坡莫教優孟卜葬地，厚衣薪櫬入銅歷，黃門黃金絡頭依圉人，俛聽北風懷所歷。山谷詩又如此，與寄各異而奇。

詠伯時畫太初所獲大宛虎脊天馬圖。漢書禮樂志，天馬歌曰，天馬徠，出泉水，虎脊兩，化若鬼。

筆端那有此千里，在肯中四蹄雷電去。顧馬群空。老杜畫馬贊曰，四蹄雷電，一日天地，雖貌古今。注曰，秦始皇有馬，名追電。退之送溫造序曰，伯樂一過冀北之野，而馬群遂空。誰能乘此物，超俗駕長風。世說注，魏氏春秋曰，時謂王戎未能超俗也。南史宗慤曰，願乘長風破萬里浪。逸材歸戀勤，歲在執徐同。漢武帝太初三年，貳師將軍李廣利伐宛，得其善馬。四年春還京師。按是歲庚辰。爾雅，歲在辰曰執徐。故天馬歌云，天馬徠，執徐時。伯時畫此馬，蓋在元祐三年戊辰。

詠伯時畫馮奉世所獲大宛象龍

圖

黨良家子挽強如畜肘，三十學春秋。豈莎車首。漢書馮奉世，上黨良家子，選為郎。年三十餘，學春秋。本始中，擊莎車。莎車王自殺，傳其首長安，得其名馬象龍而還。周勃傳戟手。注曰，如今挽強司馬，左屈肘如戟形。誰言馮光祿，不如甘延壽。雖無千户封，乃得六龍友。宣帝議封奉世，蕭望之獨以其矯制違命，不宜受封。上以奉世為光祿大夫，奉世死後，甘延壽以誅郅支單于封為列侯，於是杜欽上疏追訟奉世前功。上以先帝時事，不復録。漢志渥洼注馬歌曰，今安匹，龍為友。易乾卦曰，時乘六龍以御天也。

題竹石牧牛 并引

子瞻畫叢竹怪石，伯時增前坡牧兒騎牛，甚有意態，戲詠

野次小崢嶸，幽篁相依綠。阿童三尺箠，御此老觳觫。楚辭曰：命處幽篁兮。晉書羊祜傳：阿童復阿童。此借用。莊子曰：一尺之捶，日取其半，萬世不竭。觳觫見孟子。石吾甚愛之，勿遣牛礪角。牛礪角尚可，牛鬭殘我竹。左傳子皮曰：愿，吾愛之，不吾叛也。此用其語律。退之石鼓歌曰：牧童敲火牛礪角。唐人李涉詩云：無柰牧童何，放牛喫我竹。

山谷九　六四

題伯時天育驃騎圖二首 老杜有天育驃騎歌。天育，唐廐名也。

玉花照夜今無種，櫪上追風亦不傳。明皇別傳曰：上乘照夜白。玉花驄，老杜丹青引曰：先帝天馬玉花驄，畫工如山貌不同。又觀畫馬圖引曰：曾貌先帝照夜白。又徒步歸行曰：須公櫪上追風驃。想見真龍如此筆，蒺藜沙晚草迷川。丹青引曰：斯須九重真龍出，一洗萬古凡馬空。末句歎此物埋沒於沙草荒涼之地。蒺藜蓋同州沙苑監所出，本草所謂生馮翊平澤或道傍。馮翊即今同州。老杜詩：沙晚鶺鴒寒。

明窗盤礴萬物表，寫出人間真乘黃。邂逅今身猶姓李，可非前世江都王。畫史槃礴見上注。老杜觀畫馬圖引曰：國初已來畫鞍馬，神妙獨數江都王。將軍得名三十載，人間又見真乘黃。按名畫記，江都王緒，霍王元軌之子。伯時與王皆李姓。王維詩曰：夙世謬詞客，前生應畫師。

姨母李夫人墨竹二首 米芾畫史云：朝議大夫王之才妻南昌縣君李氏，尚書公擇之妹，能臨松竹木石等畫，見本即爲之，卒難辨。山谷蓋公擇甥也。

深閨靜几試筆墨，白頭腕中百斛力。老杜詩：三尺角弓兩斛力。榮榮枯枯皆本色，懸之高堂風動壁。文選魏都賦曰：英辯榮枯。又顏延年詩：逸翮見榮枯。唐書柳仲郢傳曰：醫有本色官。老杜山水圖歌曰：挂君高堂之素壁。張彥遠畫記言，僧宗偃畫樹石曰：重質隱地，清飈藹堂。此言風動壁，亦兼用李益竹窗聞風詩：開門風動竹之意。○文選阮嗣宗詩：回風吹四壁。

山谷九　廿五

小竹扶疏大竹枯，筆端真有造化鑪。漢書司馬相如賦曰：垂條扶疏。後漢五行志：桓帝初童謠曰：小麥青青大麥枯。此用其語律。韓詩外傳曰：避文士之筆端。老杜詩：勝決風塵際，功安造化鑪。按莊子曰：今一以天地爲大鑪，造化爲大冶。人間俗氣一點無，健婦果勝大丈夫。退之王仲舒墓誌曰：公所爲文章無世俗氣。僧貫休東林寺詩曰：田地更

無塵一點古樂府隴西行曰健婦持門戶勝一大丈夫○老杜詩縱有健婦把鋤犂

次韻子瞻子由題憩寂圖二首

任氏舊注元無此詩但存其目爾今以楊氏補注增入

松含風雨石骨瘦法窟寂寥僧定時楊曰圓覺經曰深禪定窟李侯有句不肯吐淡墨寫出無聲詩補注詩意謂伯時寄詩於畫用東坡韓幹冊青不語詩之意

龍眠不似虎頭癡補注伯時自號龍眠居士顧愷之小字虎頭時稱癡絕東坡詩誰知癡虎頭楊曰山谷題伯時憩寂圖云或言子瞻目伯時爲前身畫師流俗人不領便是語病伯時一丘一壑不減古人誰當作此癡計子瞻此語是

眞相知筆妙天機可並時楊曰杜詩劉侯天機精愛畫入骨髓按王維畫思入神至山水平遠雲勢石色繪工以爲天機所到學者不及補注吳沈友善屬文有口辯兼武事時言其筆之妙估之妙力之妙蘇仙漱墨作蒼石應解種花開此詩補注借用仙傳蘇仙翁字以言東坡

山谷詩集注卷第九

山谷詩集注卷第十

元祐三見坡廿一卷

次韻答曹子方雜言

酺池寺湯餅一齋盂曲肱懶著書寰宇記曰酺池在開封府浚儀縣西北古大梁城內梁孝王作按浚儀後更名祥符東晳餅賦曰充虛解戰湯餅爲最時山谷持戒律甚嚴故有齋盂之句曲肱用邊韶晝眠意史記虞卿傳曰非窮愁亦不能著書○論語飯蔬食飲水曲肱而枕之樂亦在其中矣

騎馬天津看逝水滿船風月憶江湖按東京記崇坊西有天漢橋橋南朱雀門與宣德門相直此詩云天津蓋唐之洛都有天津橋因借用爾○傳燈錄船子和尚詩云滿船空載月明歸

往時盡醉冷卿酒侍兒琵琶春風手冷卿如因話錄以祠部爲冰廳老杜以廣文爲冷官之類以下句考之謂光祿卿也按實錄元祐三年七月文及爲光祿少卿及蓋潞公之子此詩所指豈其人耶漢書爰盎傳注曰侍兒婢也王介甫明妃曲曰黃金捍撥春風手豫章外集文有和子方雜言亦及此事或云冷姓也

竹間一夜鳥聲春明朝醉起雪塞門鳥聲春謂琵琶啄木聲也錄異傳曰大雪丈餘洛陽令至袁安門無有行路退之詩藍田十月雪塞關

當年聞說冷卿客黃須鄴下曹將軍魏志任城威王彰太祖之子大破烏丸歸功諸將太祖喜持彰鬚曰黃鬚兒竟大奇也老杜有觀曹將軍畫馬圖引此借用○曹植居鄴下一時從其游者名鄴下之學挽弓

石八不好武讀書郎看三十二峯雲 唐書張弘靖傳士挽
兩石弓左傳顔高之弓六鈞注云六鈞百八十斤老杜詩挽弓當挽強又詩將軍不
好武稚子總能文蘇子美詩卧看青天行白雲華山記云其三峯直上晴霽可觀
誰憐相逢十載後釜裏生魚甑生塵 退之詩樽
酒相逢十載後我爲壯夫君白首後漢書范冉字史雲爲萊蕪長所止單陋有時絕
粒窮居自若閭里歌之曰甑中生塵范史雲釜中生魚范萊蕪 冷卿白首
太官寺樽前不復如花人 按通典太官掌百官之饌屬光
祿卿太白詩金屏笑坐如花人 曹將軍江湖之上可相忘
春鋤對立鴛鴦雙無機與遊不亂行何時

山谷十　二十

解纓濯滄浪 莊子曰魚相忘於江湖爾雅曰鷺春鋤文選江淹擬張綽
詩曰亹亹玄思清胷中去機巧物我俱忘懷可以狎鷗鳥蓋用列子事莊子山木篇
曰孔子逃於大澤入獸不亂群入鳥不亂行濯纓見上注 喚取張侯來
平章茶煑餅坐僧房 張侯似是張仲謀言欲與之共往僧
房商略歸計也按外集有送曹子方兼簡張仲謀詩唐書郭正一傳曰平章事自正
一等始此借用其字老杜詩隨意宿僧房

坡七

次韻子瞻和王子立風雨敗書屋有感 王適字子立蘇子由婿從其婦翁學
婦翁不可撾王郎非嬌客 後漢第五倫傳光武戲謂倫曰
聞君爲吏撾婦翁寧有之耶魏志武帝紀令曰第五伯魚三娶孤女謂之過婦翁按
今俗間以婿爲嬌客 十年爲從學苦淡共陋厄 漢書叔孫
通傳曰呂后與陛下攻苦食淡左傳曰困窮陋厄 燕雀豈鴻漸犬
羊睨麟獲 此以下指子由漢書陳勝傳曰燕雀安知鴻鵠之志易曰鴻漸
于木春秋哀公十四年西狩獲麟 遇逢涇渭分昨夢春冰
釋 涇渭春水並見上注〇東坡亦有此詩釋字韻云我琴終不絃無攫故無釋各
極其妙也 平生五車書才吐二三策 莊子曰惠施多方其
書五車二三策見孟子 已作謗薰炙金朱果何益 子由
在臺諫數論事不爲當世所喜老杜詩北里富薰天按揚雄甘泉賦曰燎薰皇天此

山谷十一　三十

借用其字法言曰紆朱懷金之樂不如顔氏子之樂 君窮一窻下風
雨更削跡 此以下述子立莊子山木篇孔子曰吾再逐於魯伐木於宋削
跡於衛又見盜跖篇 詩工知學進詞苦見意迫 庾信哀江
南賦序曰不無危苦之詞惟以悲哀爲主 俗情傲秦贅婦舍不
爨席 漢書賈誼傳曰秦人家貧子壯則出贅老杜詩倚著如秦贅淮南子曰墨
突不暇黔孔席不及煖 南治從東家不聞被嘲劇 魯論
南容三復白圭孔子以其兄之子妻之又曰子謂公冶長可妻也以其子妻之東家
見上注蜀都賦曰劇談戲論南史謝靈運傳輕薄少年凡人士並爲題目皆加苦言
劇句 師儒並世難日月過箭疾 周禮天官曰師以賢得民

儒以道得民、史記仲尼弟子列傳曰、孔子數稱藏文仲柳下惠然皆後之不並世、樂天詩、年光同激箭、老公今未有田把筆耕 杜詩破敵過箭疾

六籍 後漢班超傳注曰、安能久事筆耕乎

嘲小德

中年舉兒子漫種老生涯 晉書王羲之傳謝安曰、中年以來傷於哀樂、史記孟嘗君傳曰、君所以不舉五月子者何、莊子曰、吾生也有涯

學語囀春烏塗窻行暮鴉 一作學語春蟲聒書窻秋鴈斜○老杜詩、驥子好男兒、前年學語時、樂府柳顧言陽春歌曰、春鳥一囀有千聲、按周禮羅氏仲春羅春鳥、劉禹錫詩、小兒弄筆不能嗔、淤壁書窻且賞勤、盧仝示添丁云、忽來

案上飜墨汁、塗抹詩書如老鴉、行音胡剛反

欲嗔王母惜稍慧

女兒誇 爾雅父之妣為王母、時山谷母夫人無恙

解著潛夫論

不妨無外家 沙一作待渠能小艇、伴我釣煙沙○後漢王符傳曰、安定俗鄙庶孼、而符無外家、為鄉人所賤、隱居著書、以譏當世失得、不欲章顯其名、故號曰潛夫論

戲答張祕監饋羊

細肋柔毛飽臥沙 煩公遣騎送寒家 同州沙苑監有佳羊、俗謂之細肋卧沙、曲禮羊曰柔毛、老杜詩、大官喜我來、遣騎問所須。○文選魏文帝書曰、今遣騎到鄴、世說王經母曰、汝本寒家子

忍令無罪充

來賓鳴洛神賦翩若驚鴻

庖宰留與兒童駕小車 孟子曰、若無罪而就死地、則牛羊何擇焉、韓孟闘雞聯句曰、義肉恥庖宰、晉書衛玠傳、總角乘羊車入市、見者以為玉人、漢書車千秋傳、朝見得乘小車。○法華經火宅喩、長者語其子、有鹿車羊車大白牛車

戲答王定國題門兩絕句

非復三五少年日 把酒償春頰生紅 摭言薛逢語新進士曰、老婆三五少年時、也曾東塗西抹來、退之嘲少年曰、直把春償酒、都將命乞花。○又華山女云、白咽紅頰長眉青

白鷗入羣頗相委 不謂驚起來賓鴻 莊子曰、入獸不亂羣、委謂諳識也、世說司馬徽人有委認徽猪者、退之與柳中丞書亦曰、與賊不相諳委、禮記月令、季秋鴻鴈來賓、此句當是山谷往見定國不遇、而姬妾有避之者、來鴻或是其名字

頗知歌舞無竅鑿 我心塊然如帝江 山海經曰、天山有神、狀如黃囊、赤如丹火、六足四翼、渾沌無面目、是識歌舞、實惟帝江、或作鴻江也、莊子曰、日鑿一竅而渾沌死、又曰、彫琢復樸、塊然獨以其形立

花裏雄蜂雌蛺蝶 同時本自不作雙 李義山柳枝詞曰、花房與蜜脾、蜂雄蛺蝶雌、同時不同類、那復更相思、老杜詩、並蔕芙蓉本自雙、此反其意、不作雙見上注

清人怨戲效徐庾慢體三首

秋水無言度 荷花稱意紅 選詩曰、涉江采芙蓉、王介甫詩

斗帳句解一
小帳也形如覆斗

荷花稱意紅、按漢書
倪寬傳奏事稱意
主人敬愛客催喚出
房龍
選詩云公、子敬愛客終宴不知疲、老
杜詩遣人向市賒香粳、喚婦出房親
自饌、梁元帝巫山詩無
因謝神女、一爲出房龍
一斛明珠曲何時
落塞鴻
一斛珠見上注、禮記曰、歌者纍纍
乎、端如貫珠、鮑照京洛篇霜歌落
塞
鴻
莫藏春笋手且爲剝蓮蓬
杜牧之微吟
曰、骰子巡巡
裹手拈、無因得見玉纖纖、東
坡樂府曰、指尖露春笋纖長
翡翠釵梁碧石榴君帬褶紅
庾信蕩子賦、珮
珠翠的、釵梁粟
鈿、樂府黃門歌曰、點黛
方初月、縫裙學石榴
隙光斜斗帳香字
冷薰籠
樂府魏收永世樂曰、綺窗斜影入
上客酒湏添、文景融愁閨怨曰、斜

山谷十　六

光隱西壁暮雀上南枝、文長樂佳曰、紅羅
複斗帳四角垂明璫香字謂香篆薰籠見
上注、王建宮詞曰、紅顏未老
恩光斷斜倚薰籠坐到明
聞道西飛燕
將隨北固鴻
古樂府曰、東飛伯勞西飛燕
黃姑阿母時相見、江總歌南
飛烏鵲北飛鴻、弄玉蘭香時會同、按寰宇
記、北固山、在潤州丹徒縣北、此云北固鴻
未詳、恐
字誤
鴛鴦會獨宿風雨打船篷
終上句
之意、東
山詩敦彼獨宿、老杜詩雨來霑席上風急
打船頭、杜牧之詩春半平江雨、圓多破蜀
羅聲、眠蓬底客寒過、釣來簑○老
杜詩、合歡尚知時、鴛鴦不獨宿
障羞羅袂薄承汗領巾紅
南史劉璠傳曰
羞面見人、扇障
何益、玉臺新詠雜詩曰、舉袖且障羞、回梳
理亂髮、文選洛神賦曰、抗羅袂以掩涕、方

言曰、帍褋謂之被巾注云、婦人領
巾○退之詩、白布長衫紫領巾
晚風斜
蠆髮逸艷照窻籠
都人士詩曰、卷髮如蠆、
注、蠆螫虫也、尾末捷然、
似婦人髮、末曲上卷然、文選鮑
照詩、娥眉蔽珠櫳、玉鈎隔瑣窻
胡琴抱明
月寶瑟陣歸鴻
劉禹錫泰娘歌曰、低鬟緩
視抱明月、纖指破撥生胡
風、言其善琵琶也、此借用、文選沈休文詩
曰、象筵鳴寶瑟、劉禹錫傷秦姝行言其善
箏曰、玫瑰寶柱秋鴈行、按瑟亦
有柱、文中子謂膠柱調瑟是也
倚壁生蛛
網年光如轉蓬
着琴瑟久不御也、文選江
淹擬張司空詩曰、蘭徑少
行迹、玉臺生網絲、淮南子曰、聖人觀轉蓬
而爲車、此借用、以言年運而往、如車轂之
轉、傷美人
之遲暮也

山谷十　七

呈外舅孫莘老二首
九陌黃塵烏帽底五湖春水白鷗前
三輔
舊事
曰、長安城中八街九陌、退之詩、青雲自
守、奚事九衢塵、又詩雖有九陌無塵埃、樂
府讀曲歌曰、不知烏帽郎是誰、越語曰、范
蠡遂乘輕舟以浮於五湖、老杜詩、時危兵
甲黃塵裏、日短江湖白
髮前、此頗用其語律
扁舟不爲鱸魚去
收取聲名四十年
晉書張翰傳、齊王冏辟
爲掾、因見秋風起、乃思
吳中菰菜蓴羹鱸魚膾曰、人生貴得適志
何能羈宦數千里、以要名爵乎、遂命駕而
歸、俄而冏敗、人謂見幾、老杜詩夫子
獨聲名、又贈鄭虔詩、才名四十年
竟尾社
湖中有明月淮南草木借光輝
沈存
中筆

談曰嘉祐中楊州有一珠甚大天晦多見
初出于天長縣陂澤中後轉入甓社湖後
又在新開湖中九十餘年居民行人常常
見之珠大如拳爛然不可正視十餘里間
林木皆有影如日初照此詩引用以比華
老按華老高郵軍人高郵本属楊州云漢
書鄒陽傳曰明月
之珠夜光之璧
故應剖蚌登王府不若
行沙弄夕霏
用莊子龜寧曳尾之意蜀志
秦宓奏記曰剖蚌求珠周禮
鄉大夫曰登于天府又天府掌共王之佩
玉珠玉書曰王府則有歐公鸚鵡螺詩曰
紅螺行沙夜生光又曰一螺千金價誰量
豈若泥下追含漿文選謝靈運詩曰雲霞
收夕霏李善
注霏日氣也

以天壇靈壽杖送華老

王屋千霜老紫藤扶公休沐對親朋異時
駟馬安車去拄到天壇願力能
王屋山在
絳州垣曲
縣千霜謂經千歲之星霜老杜詩三霜楚
戶砧禮記大夫七十而致事適四方乘安
車自稱曰老夫老杜詩云安得仙人九節
杖拄到玉女洗頭盆太白寄王屋山人孟
大融詩曰願隨夫子天壇上閑與仙人掃
落花圓覺經曰皆依無始清淨願力李通
玄華嚴論曰地前菩薩是凡夫故故有地
前成佛者推爲誓願力能非本法故詩言
老而益健能爲方外
之游蓋由願力所致

戲答俞清老道人寒夜三首
王立之詩
話山谷云金華俞清老字子中
二十年前與余共學於淮南元
豐甲子相見於廣陵自云荆公
欲使之脱逢掖着僧伽棃奉香
火於半山寺予名之紫琳字
清老無妻子之累云去作半山
道人似不爲難事然生龜脱筒
亦難堪忍後數年見之儒冠自
若也因嘗戲和清老詩云云按
山谷跋此詩云予瞻屢哦此詩
以爲
妙也

索索葉自雨月寒遥夜闌
樂天詩乾葉不
待黄索索飛下
來又云葉聲落如雨月色白似霜楚詞曰
覩杪秋之遥夜老杜詩夜闌更秉燭○雨
當如春秋雨螽之雨從去聲非葉聲落如
雨故前輩論深院無人杏花雨非四雨數
馬嚙車鐸鳴群動不遑安
晉書荀勗傳逢
趙賈人牛鐸識

其聲淵明詩曰日入群動息文
選束晳南陔詩曰心不遑安
有人夢超俗去髮脱儒冠平明視清鏡政爾良獨難
言其未能忘形也超俗見上注退之詩猶
思脱儒冠文詩脱冠翦頭髮項羽傳平明
漢軍乃覺之樂天詩晨興照清鏡形影兩
寂寞曹子建集怨歌行曰爲臣良獨難
聞道一稊米出身縛簪纓
莊子河伯曰聞
道百以爲莫己
若者我之謂也文北海若曰計四海之在
天地不以稊米之在太倉乎音義曰小米
也一曰稊草也北山移文曰今見解
蘭縛塵纓○文選詩云出身蒙漢恩
懷我伐木友寒衾夢丁丁
伐木丁丁見詩小雅
富貴但如此百年半曲肱
退之詩人生但如此朱紫
安足惜下句用邯鄲夢事

見上注曲肱見魯論早晚相隨去松根有伏苓唐趙嘏詩
早晚粗酬身事了水邊歸去一閑人老杜詩知子松根長伏苓遲暮有意來同煑
牧羊金華山早通玉帝籍神仙傳曰皇初平年十五家使
牧羊有道士將至金華四十餘年其兄初
起見之問羊何在初平叱白石皆起成羊
數萬頭皇字他書或作黃山谷先世居金
華故云漢元帝紀令從官給事宮司馬中
者得為大父母父母兄弟通籍樂天詩但
恐長生須有籍仙臺試為撿名看○漢書
通籍至今風低草觗觗見白石樂府敕勒歌曰天蒼
蒼野茫茫風吹草低見牛羊無羊詩曰爾
羊來思其角觗觗音阻立反角壓皃亦作
戢　金華風煙下亦有君履迹何為紅塵裏
領鬚欲雪白金華屬婺州清老亦金華人班婕妤賦曰思君兮履綦注
云綦履迹也西都賦曰紅塵
四合樂天詩滿頷白髭鬚

祕書省冬夜宿直寄懷李德素山谷
有題薛鷗老家李西臺書云德
素舒城李案也浮沉於俗操行
如古人往時隱龍眠山駕青牛
往來皖公三祖自燒古松作墨
云云故此詩末句
有占少微之語

曲肱驚夢寒皎皎入牖下文選古詩明月何皎皎又詩安
寢北堂下明
月入我牖出門問何祥岑寂省中夜左氏
傳十六年隕石于宋五六鷁退飛過宋
都宋襄公曰是何祥也吉凶焉在文選舞
鶴賦去帝鄉之岑寂漢書昭帝紀共養省
中注引蔡邕云本為禁中孝元皇后父名
禁改曰省中姮娥攜青女一笑粲萬瓦李商隱詩青女
素娥俱耐冷月中霜裏鬭嬋娟王充論衡
曰羿請不死之藥於西王母羿妻姮娥竊
以奔月託身於月是為蟾蜍淮南子曰至
秋三月青女乃出降以霜雪注曰青女天
神青腰玉女主霜雪也穀梁傳曰軍人粲
然皆笑注云粲然盛笑宋景文筆記云
粲明也知萬衆皆啓齒既白以粲義包之懷我金玉人幽獨
秉大雅晉書王戎傳戎曰山濤如璞玉渾金人皆欽其寶莫知名其器楚詞
曰幽獨處乎山中大雅見上注古來絕朱弦蓋為知音者
見上注同床有不察而況子在野文選張華女史箴曰
苟違斯義則同衾以疑此句略采其意言
世無知音雖在傍近猶不識察況遠外乎
山谷作羅漢贊又曰我觀閻浮提衆生同
床猜忌若冰炭史記田叔傳曰田仁與任
安二人同床臥書曰君子在野獨立占少微長懷何由寫
魯論曰他日又獨立晉書天文志少微四
星在太微西士大夫之位也一名處士明
大而黃則賢士舉楚詞曰情慨慨而
長懷文選張茂先詩寫心出中誠
歲寒知松柏魯論曰歲寒然後知松柏之後凋也
群陰彫品物松柏尚桓桓易曰品物流形書曰勖哉夫子
尚桓桓注云桓
桓武貌老去惟心在相依到歲寒
文選陸機演連珠曰勁陰殺節不彫
寒木之心歐公詩老去自憐心尚在霜鬚

御史府雨立太夫官 漢書朱博為御史大夫其府列柏樹崔篆御史箴曰簡上霜凝筆端風起文選嘯賦曰騁羽則嚴霜夏彫勵漢官儀秦始皇封太山逢暴雨賴得抱樹因封其樹為五大夫松史記滑稽傳優旃曰陛楯郎汝雖長何益幸雨立

犧象溝中斷徽弦爨下殘 莊子曰百年之木破為犧尊青黃而文之其斷在溝中美惡有間矣其於失性一也左傳曰犧象不出門謂犧尊象尊也後漢蔡邕傳吳人有燒桐以爨者邕聞火烈之聲知其良木請而為琴時號焦尾琴晉書陶潛傳畜素琴一張絃徽不具莊子曰純樸不殘孰為犧尊○退之木居士詩為神詎比溝中斷遇賞還同爨下餘

光陰一鳥過翦伐萬牛難 文選别賦曰明月白露光陰往來杜牧之詩長空碧杳杳萬古一飛鳥選詩人生瀛海內忽如鳥過目老杜詩身輕一鳥過甘棠詩曰勿翦勿伐老杜古柏行大廈如傾要梁棟萬牛回首丘山重

春日輝桃李蒼顏亦豫觀 言老成坐閱新進也太白詩松柏本孤直難為桃李顏歐公醉翁亭記曰蒼顏白髮頹然乎其間

東觀讀未見書 後漢黃香傳京師號曰天下無雙江夏黃童肅宗詔香詣東觀讀所未嘗見書

漢規群玉府東觀近宸居 穆天子傳曰群玉山先王之所謂策府通典曰後漢圖書在東觀按和帝紀永元十三年幸東觀覽書林閱篇籍文選曰景屬宸居漢書東方朔傳曰令規以為苑

詔許無雙士來觀未見書 見題注

皇文開萬卷家學陋三餘 魏略曰董遇字季直善左氏傳從學者云苦渴無日遇言當以三餘或問三餘之意遇言冬者歲之餘夜者日之餘陰雨者又月之餘

竹帛森延閣星辰繞直廬 文選曹子建求自試表曰名稱書於竹帛李善注字出墨子漢書藝文志注引七略曰內則有延閣廣內祕室之府外則有太常太史博士之藏老杜詩聽履上星辰文云乾坤繞漢宮西都賦曰周廬千列注云直宿曰廬

諸生起孤賤天子自吹噓 後漢班超傳相者曰祭酒布衣諸生耳而當封侯萬里之外黃香上疏曰江淮孤賤愚蒙小生老杜詩唯待吹噓送上天漢魏志鄭渾曰孔公緒能清談高論噓枯吹生○柳子厚詩雲風相吹噓

頗以多聞力論思補帝裾 說命曰王人求多聞時惟建事班固西都賦序曰朝夕論思日月獻納補帝裾用補袞意魏志辛毗傳言冀州民不可從帝不答起入內毗隨而引其裾此借用其字

被褐懷珠玉 文選阮籍詠懷詩曰被褐懷珠玉顏閔相與期按家語子路問孔子曰有人於此被褐而懷玉何如孔子曰國無道可也國有道則袞冕而執玉

國士懷珠玉通津不易扛 國士見史記豫讓傳不易扛言其重慎之至也禮記曰執玉不趨又曰受珠玉者以掬淵明詩彈冠乘通津但懼時我遺

櫝藏心有待褐短義難降 子貢曰有美玉於斯韞匵

而藏諸求善賈而沽諸子曰沽之哉沽之
哉我待賈者也義難降言不可屈○孟子
雖褐寬博吾不惴焉寗
戚歌短布單衣長止骭寶唾歸青簡晴虹
貫夜窻韓孟城南聯句曰寶唾拾未盡按
後漢趙壹傳咳唾自成珠文果
嵇傳父恢守南海欲殺青簡以寫經書
禮記曰君子於玉比德氣如白虹天也直
言方按劍豈是故迷邦按劍見上注魯論
陽貨謂孔子曰懷
其寶而迷其
邦可謂仁乎彈雀輕千仞連城買一雙莊子
曰以隋侯之珠彈千仞之雀世必笑之選
詩曰連城既偽往荊王以真還謂秦以十
五城易趙璧也史記虞卿說
趙孝成王一見賜白璧一雙安知籃縷底左傳曰蓽路藍縷以啓
山林明月珠見上注漢志曰
明月弄寒江

日月如合璧莊子曰藏珠於
淵左傳曰予犯投其璧於河
欸塞來享元祐三年夏人遣使謝
封冊故以命題按漢書
宣帝紀曰欸塞來享注
云叩塞門來服從也
前朝夏州守來欸塞門西五代史李仁福
傳唐僖宗時有
拓跋思敬者爲夏州偏將後以與破黃巢
功賜姓李氏拜夏州節度使思敬卒弟思
諫立思諫卒子彝昌立彝昌爲其將所殺
軍中迎仁福立之不知其於思諫爲親疎
也其子彝超立彝興繼立世有夏銀綏宥靜
等五州之地至元祐元年夏國主秉常卒
子乾順
承襲聖主敷文德降書付狄鞮書曰帝
乃誕敷
文德舞干羽于兩階七旬有苗格禮記王
制曰西方曰狄鞮北方曰譯注云狄之言

知
也氊裘瞻白月剺面帶金犀史記蘇秦傳
曰燕必致旃
裘狗馬之地後漢耿秉傳匈奴聞秉卒舉
國號哭或至黎面流血注云黎即剺割也
音力私反此借用以言祈哀請命漢書匈
奴傳文帝遺單于黃金犀毗一注云要中
大帶也○法言被我純
繪帶我金犀不亦享乎殿陛舞干羽邊亭
息鼓鼙干羽見上注後漢書祭彤傳論曰
臥鼓邊亭樂記曰君子聽鼓鼙之
聲則思將
帥之臣永輸量谷馬不作觸藩羝史記
貨殖
傳曰至用谷量牛馬此借用以言夏人入
貢易大壯卦曰羝羊觸藩羸其角此借用
以言不
犯塞聲勢常相倚今聞定五溪退之平
淮西碑
曰凡叛有數聲勢相倚吾強不支汝弱奚
恃定五溪謂南夷底定也後漢馬援傳劉

尚擊武陵五溪蠻夷注云武陵有
五溪謂雄溪蒲溪酉溪撫溪辰溪
憶邢惇夫惇夫本末具上注有呻
吟集行於世東坡云惇
夫自爲童子所與交皆諸公長
者百不一見遂與草木共盡
詩到隨州更老成江山爲助筆縱橫惇夫
父恕
爲起居舍人坐教高公繪爲書忤太后
意元祐元年正月謫知隨州惇夫侍焉老
杜詩毫髮無遺恨波瀾獨老成唐書張說
傳謫岳州而詩益悽惋人謂得江山助云
老杜詩凌雲
健筆意縱橫眼看白璧埋黃壤何況人間
父子情晉書庾亮傳將葬何充歎曰埋玉
樹於土中使人情何能已世說注王
王愆期謂陶侃曰賢子越騎酷沒天下爲
公痛心況慈父情耶漢書張禹傳曰不勝

父子
私情
次韻秦少章晁適道贈答詩
二子論文地陰風雪寒盧後漢袁安傳注曰大雪積地洛陽令至袁安門無有行路退之詩藍田十月雪塞關寧穿東郭履不遺子公書史記滑稽傳東郭先生貧困飢寒行雪中履有上無下足盡踐地莊子曰衣敝履穿漢書陳萬年傳子咸予陳湯書曰即蒙子公力得入於帝城死不恨也士固難推挽時聞有詔除上句用鄭當時推轂士之意退之誌云無相知有氣力得位者推挽漢書谷永曰兔不正之詔除劉禹錫詩金門通籍真多士黃紙除書每日聞○左傳襄十四年臧武仲見衛侯曰二子者或輓之或推之欲無入得乎文晉書鄧攸傳挽不來謝令推不去蓋參而用之負暄眞得計獻御恐成疎列子曰宋有田父暨春東作自曝於日顧謂其妻曰負日之暄獻之吾君將有重賞莊子曰於魚得計退之詩食芹雖云美獻御固已癡

次韻答秦少章乞酒
朝事鞍馬早吏曹文墨拘文選鮑明遠詩曰日晏罷朝歸鞍馬塞衢路劉公幹詩曰職事相塡委文墨紛消散漢書司馬相如傳曰豈特委瑣齷齪拘文牽俗初無尺寸補但於朋友疎漢書李廣傳曰終無尺寸功諸葛豐傳曰獨恐未有云補魯論曰朋友數斯疏矣此借用豈如簞瓢子臥起一床書簞瓢見魯論漢書蘇武傳曰扶漢節牧羊臥起操持巢山子詩曰家中何所覩惟見一床書炙背道堯舜雪文選嵆康絕交書曰野人有快炙背而美芹子者欲獻之至尊注引列子曰宋有田父負日之暄云云孟子道性善言必稱堯舜步出城東門野鳥吟廢墟梁甫吟曰步出齊東門遥望蕩陰里里中有三墳纍纍正相似頗知富貴事勢窮心亦舒因見廢墟知富貴之不可常故雖處窮而其心休然也退之王承福傳曰吾操鏝以入於富貴之家有年矣有一至者焉又往過之則爲墟矣又曰雖勞無愧吾心安焉楚辭哀郢曰聊以舒吾憂心老杜詩坦然心神舒詩來獻窮狀水餅嚼冰蔬左傳曰晉文公使曹人獻狀南史何戢傳高帝好水引餅戢每設上焉斗酒得醉否將腹如瓠壺漢書楊惲傳曰烹羊炰羔斗酒自勞老杜詩百年渾得醉莊子曰魏王大瓠之種非不呺然大也音義曰虛大曰呺瓠壺見上注亦可召西舍從渠非博徒史記魏公子無忌傳魏有隱士曰侯嬴年七十家貧爲大梁夷門監者公子從車騎虛左自迎侯生又曰公子聞趙有處士毛公藏於博徒薛公藏於賣漿家公子乃閒步往從此兩人游甚歡

后山詩集注卷第十

山谷詩集注卷第十一

頤軒詩六首 并序

高君素作頤軒請予賦詩予爲説其義曰在易之頤觀頤自求口實其傳曰觀頤觀其所養也自求口實觀其自養也單豹巖棲谷飲有孺子之色而虎攻其外張毅擊跽曲拳養人間之譽而疾攻其内養虎者不以全物與之牧羊者去其敗羣視其後者而鞭之養鷹者飢之是謂觀其所養盡物之性也庖丁不以肯綮嬰其解牛之刀痀僂丈人不以萬物易蜩之翼匹夫之志不可奪於三軍之帥是謂觀其自養盡己之性也詩云如切如磋如琢如磨求盡性而已君素樂善能貧將求學問日新之功故作頤軒以養其正吉乃以觀頤自求口實六字作詩以勸戒之

金石不隨波松竹知歲寒冥此芸芸境回向自心觀王充論衡曰湍瀨之回沙轉石而大石不動者是石重而沙輕大儒俗吏並在世俗有似於此唐論曰歲寒然後知松柏之後彫也老子曰夫物芸芸各歸其根華嚴經有十回向老杜詩回向心地初四十二章經曰斷去欲愛識自心源

知足是靈龜無厭乃朶頤虛心萬物表寒暑自四時老子曰知足不辱易頤之初九曰舍爾靈龜觀我朶頤凶注云朶頤者嚼也居養賢之世不能貞其所履以全其德而舍其靈龜之明兆羨我朶頤而躁求凶莫甚焉老子又曰虛其心實其腹魯論曰天何言哉四時行焉百物生焉

無外一精明六合同出自公能知本原佛亦不相似楞嚴偈曰諸幻成無性六根亦如是元依一精明分成六和合一處成休復六用皆不成傳燈録永嘉證道歌曰本源自性天真佛又南陽忠國師若是恩大佛亦不作又雲居禪師廣語云僧問既無纖毫可得名爲何物師曰本無名字曰還有相似者否師曰無相似者世号無比獨尊

辱莫辱多欲樂莫樂無求人生強學耳萬古一東流楚辭曰悲莫悲兮生別離樂莫樂兮新相知此用其律禮部儒行曰夙夜強學以待問老杜詩不廢江河萬古流此借用其字言逝川之速如此不可不惜日也杜牧之詩萬古一飛鳥樂天詩年光東流水

樞機要發遲飲食戒味厚漁人溺於波君

子溺於口。易曰言行君子之樞機樞機之發榮辱之主也國語曰厚味實腊毒顚卦之大象曰君子以愼言語節飲食故此向及之禮記曰小人溺於水君子溺於口大人溺於民皆在其所褻也此詩舊本云小人溺於水君子溺於口古來犯時幾惟此沒梁斗按秦再思紀異錄曰高騈命酒佐醉壽改一字令騈曰口有似沒梁斗壽曰川有似三條椽

涇流不濁渭種桃無李實養心去塵緣光明生虛室。谷風詩曰涇以渭濁湜湜其沚傳云涇渭相入而清濁異箋云涇水以有渭故見渭濁湜湜持正良俗諺曰種李不成桃種禾不生豆近世圓悟禪師克勤嘗以此兩語作頌孟子曰養心莫善於寡欲圓覺經曰妄認四大爲自身相六塵緣影爲自心相又曰此虛妄心若無六塵則不能有四大分解無塵可得於中緣塵各歸散滅畢竟無有緣心可見莊子曰虛室生白

寺齋睡起二首 韓池寺

小黠大癡螳捕蟬有餘不足夔憐蚿。退之送窮文曰驅我令去小黠大癡莊子曰莊周觀異鵲執彈而留之覩一蟬方得美蔭而忘其身螳蜋執翳而搏之見得而忘其形異鵲從而利之見利而忘其眞又曰夔憐蚿蚿憐蛇蛇憐風風憐目目憐心音義云夔一足獸蚿馬蚿虫多足詩意謂巧詐之相傾智愚之相角與此數虫何異得失竟退安在哉老子經有餘者損之不足者補之發

食歸來北窗夢一江風月趁魚船。羔羊詩曰自公退食北窗夢見上注林逋秋江寫望詩曰最愛蘆花經雨後一蓬煙火飯漁船○東坡樂府一竿風月釣江湖

桃李無言一再風黃鸝惟見綠忽忽。桃李一再經風無復顏色紅紫事退逐成綠陰意謂卒卒京塵中未嘗得細見春物也漢書李廣贊曰桃李不言下自成蹊漢書司馬相如傳曰爲鼓一再行

人言九事八爲律儻有江船吾欲東。漢書主父偃傳曰所言九事其八爲律又韓信傳高祖曰吾亦欲東耳安能鬱鬱久居此乎此皆借用謂世途狹隘動觸法令寧自放於江海也退之詩法吏多少年磨淬出角圭將舉汝愆尤以爲己階梯收身歸關東期不到死迷○左傳襄十五年余馬首欲東

記夢

洪駒父詩話曰予嘗聞山谷一云此篇記一段事也嘗從一貴宗室携妓女游某寺酒闌諸妓皆散入僧房中主人不怪也故有曉然夢之非紛紜之語僧慧洪冷齋夜話以爲山谷元祐初畫卧酺池寺夢與一道士游蓬萊覺而作此詩頃與余同宿湘江舟中親爲言之兩說未知孰是

衆眞絕妙擁靈君曉然夢之非紛紜。眞誥眞胄世譜云興寧三年衆眞降楊羲家漢書公孫弘傳曰愚心曉然見治道之可以行也夢紛紜見上注

窗中遠山是眉黛席上榴花皆舞裙。文選謝玄暉詩曰窗中列遠岫西京雜記曰文君姣好眉色如望遠山樂府黃

黃大臨字元明自号寅庵谷之兄也

刻木蘭以爲檝

門倡曰佳人俱絶世握手上春
樓黙黛方初月縫裙學石榴
借問琵琶
得聞否靈君色莊妓搖手
文選曹子建樂
府云借問誰家
子色莊見魯論漢書許后傳曰且使妾搖
手不得僧慧洪冷齋夜話曰山谷夢有兩
一玉人導升殿主者衣絳衣仙女擁侍中有
一女方整琵琶山谷極愛其風韻顧之忘
揖主者主者色莊故其詩曰試問琵琶可
聞否靈君色莊妓搖手今山谷集語不同
蓋後更易之耳○李靖謁越國公楊素有
妓執紅拂立於前是夕妓遂奔靖靖將歸
太原行次靈石旅舍妓方理髮髮長委地
有虬鬚客乘驢而來投革囊於前取枕欹
卧看妓理髮靖方刷馬怒甚未決妓熟觀
其面一手握髮一手映身搖示靖令勿怒
急梳頭拜客以兄呼之
兩客爭棋爛斧柯
見太平廣記此借用

山谷十一　五

一兒壞局君不呵
述異記晉王質詣信安
石室山伐木見數童弈
碁而歌俄頃謂質曰何不去質起視斧柯
爛盡既復歸無復時人矣亦見水經漸江
水注魏志王粲傳觀人圍碁局壞粲爲
覆之漢書李廣傳霸陵尉醉呵止廣
杏
梁歸燕語空多柰此雲窻霧閣何
司馬相
如長門
賦曰飾文杏以爲梁○樂天詩翩翩兩玄鳥
本是雙飛燕彼矜杏梁貴此嗤茅棟賤退
之華山女詩云雲窻霧閣事恍惚重
重翠幔深金屏○樂府有燕歸梁之名

同元明過洪福寺戲題

洪福僧園拂紺紗舊題塵壁似昏鴉
洪福
在汴
京東坡詩曰玉仙洪福花如海摭言王播
詩曰三十年前塵撲面如今始得碧紗籠

北方無梅故未嘗先嚬眉南方多梅故
詩說

法書苑曰鄔彤善草書如寒林
棲鴉○老杜詩有待至昏鴉
春殘已是
風和雨更著游人撼落花
舊本有山谷序
云三月中同呂
元明畢公叔至洪福寺見元明壁間舊題
云與晉之醉後使騎升木撼花以爲笑戲
題樂天詩颭
颭風和雨

戲答晁深道乞消梅二首
王立之
詩話云
消梅京師有之不以爲貴因余
摘遺山谷山谷作數絶遂名振
于長安晁深之字深道
後改名詠之字知道

青莎徑裏香未乾黃鳥陰中實已團
驚物
化之
速也唐人劉滄詩莎徑晚煙凝
竹塢歐公詩綠陰黃鳥春歸後
蒸豆作烏

山谷十一　六

鹽作白蜀閩丹杏薦牙盤
齊民要術有作
白梅與作烏梅
法此用其字○令人作糟梅雜以蒸豆取其
色黑圖經本草梅實條曰以鹽殺白梅入
藥用漢書谷永傳曰蜀閩以特進領城門
兵注云蜀近也音之欲反退之李花詩曰
氷盤夏薦碧實脆盧氏雜說曰御廚進饌
用九飣食以牙盤九枚裝食味於其間詩
意謂當梅實槁悴失性之時丹杏方蒙獻
御之寵與老成屏棄而新進晛用何異哉
北客未嘗眉自顰南人誇說齒生津
筆談
載沈
存中茶論詩云誰把嫩香名雀舌定知北
客未曾嘗按唐獨孤及有招北客文世說
曰南人學問如牖中見日○顰眉謂梅酸使
人攢眉也○世說又載魏武帝行失道三軍
皆渴帝令曰前有大梅林饒子甘
酸可以解渴士卒聞之口皆水出
磨錢和

蜜誰能許去帶供鹽亦可人 令人漬蜜梅法磨一二銅
錢置其下顏色益鮮誰能許謂寒家不辨
此也漢書食貨志曰或盜摩錢質而取鋊
蜀志費禕傳曰君信可人必能辨賊
者也字出禮記此借用謂恱可人意

以梅饋晁深道戲贈二首

帶葉連枝摘未殘依稀茶塢竹籬間 陸羽顧渚
山記曰漫石塢巨石中生紫茗赭石瑪生卷茶 相如病渴應須此 相如遠山及魏武亭並
莫與文君蹙遠山 見上注蹙遠山即前詩
顰眉之意
渴夢吞江起解顏詩成有味齒牙間 唐文粹有
何諷夢渴賦曰奔九江走五湖手不暇於
斡運心不息於躊躇吳都賦曰或吞江而
納漢列子曰老商始一解顏而笑漢書鄭
當時傳曰誠有味乎其言也叔孫通傳曰
何足置齒牙間哉 前身鄴下劉公幹今由江南庾
子山 以終上句詩成之意文選謝靈運擬
魏太子鄴中集有劉楨詩按魏志王
粲傳劉楨字公幹魏文帝與吳質書曰公
幹五言詩妙絕當時梁江淹雜躰詩序曰
關西鄴下既已早同河外江南頗為異法
北史文苑傳庾信字子山事梁與徐陵並
為抄撰學士文並綺艷故世號徐庾躰後
留長安作哀江南賦○梁顧摠始為縣吏
一夕遇二人稱是王粲徐幹云昔與公同
府公劉楨也仍誦其遺文摠悟以遺文數
篇投令令待之甚厚時謂死劉
楨猶庇得生顧摠見太平廣記

次韻子實題少章寄寂齋

虛名誤壯夫今古可笑閔 文選古詩曰虛名復何益老杜
詩從來魑魅多為才名誤法言曰壯夫
不為也退之答崔立之書曰君子小人之
所憫笑 宛裹萬里歸書載五車稇安知衡門
下身與天地準 後漢馬援傳曰要當以馬革裹屍還葬爾莊子曰惠
施多方其書五車齊語曰垂橐而往稇載
而歸注言重而歸也稇絭也陳詩曰衡門
之下可以棲遲注謂橫木為門
言淺陋也繫辭曰易與天地準 秦晁兩美
士內行頗修謹 漢書鄭當時傳曰內行
修石奮傳曰馴行孝謹 余
欲遣之深抽琴去其軫 退之詩吾欲盈其
氣不令見麾幢此
用其律孟子曰君子深造之以道韓詩外
傳曰孔子南游適楚至於河谷之隧有處
子佩瑱而浣者孔子抽琴去其軫以授子
貢曰善為之辭以觀其語此借用以明寄
寂之意 寄寂喧闃閒此道有汲引 莊子曰冥冥之中獨
見曉然無聲之中獨聞和焉故深之又深
而能物焉注云視聽而不寄之於寂則有
闇昧而不和窮其原而後能物物山谷蓋
用此意○老杜詩無生有汲引又劉向封
事禹稷皋陶傳相汲引不為比周 獄戶閧笞榜市聲囂嘲
矙 文選江淹上書曰含憤獄戶漢書張敖
傳曰吏榜笞數千榜音彭魏文帝典論
曰孔融理不勝詞至乎雜以嘲戲退之詩
亦云初喧或紛爭中靜雜嘲戲○莊子曰
齊桓公矙然而笑矙音勅忍反 二生對曲肱圭玉發右蘊

文選王褒四子講德論曰美玉蘊於碔砆
凡人視之怢焉良工砥之然後知其和寶
也 小大窮鵬鷃短長見椿槿 莊子曰冥海有鳥焉其名
爲鵬背若太山翼若垂天之雲摶扶搖羊
角而上者九萬里絕雲氣負青天然後圖
南且適南冥也斥鷃笑之曰彼且奚適也
我騰躍而上不過數仞而下翱翔蓬蒿之
間此亦飛之至而彼且奚適也此小大之
辨也又曰朝菌不知晦朔蟪蛄不知春秋
上古有大椿者以八千歲爲春以八千歲
爲秋音義曰菌朝生暮落潘尼云木槿也
欲聞寂時聲黃鍾在龍笥 鍾雖未擊聲音歷然○楞嚴經
曰佛語阿難聲銷無響汝說無聞若實無
聞聞性已滅同于枯木鍾聲更擊汝云何
知知有知無自是聲塵或無或有豈彼聞
性爲汝有無聞實云無誰知無者陸機文

賦曰和寂寞以求音呂氏春秋曰黃鍾宮
律之本也禮記曰夏后氏之龍簨虡韻書
簨亦作箕○東坡法雲寺
鍾銘曰鳴寂寂時鳴

次韻孫子實寄少游 一本云用寄寂齋韻○秦
觀字少游高郵軍人

薛宣欲吏雲季氏或招閔 漢書朱雲傳薛宣爲丞相雲往
見之宣謂曰在田野亡事且留我東閤可
以觀四方奇士雲曰小生迺欲相吏邪宣
不敢復言東坡詩薛宣眞欲吏朱雲魯論
曰季氏使閔子騫爲費宰閔子騫曰善爲
我辭焉如有復我者則吾必
在汶上矣注謂重來召我 此公曾中秋
萬物欲收稛 此公指少游莊子曰正得秋而萬寶成 賣藥偈

知名草玄非近準 後漢逸民傳韓康字伯休賣藥長安市時有女
子從康買藥康守價不移女子怒曰公是
韓伯休那乃不二價乎康歎曰我本欲避
名今小女子皆知有我何用藥
爲下句見上草玄不妨準易注 才難不易
得志大略細謹 才難及不易得皆見魯論史記酈食其傳曰舉大事
略細謹少游嘗教授蔡州顧官妓婁婉及
陶心見者詞中往往寄意王立之詩話秦
少儀云少游極怨山谷此句謂言蔡州事
少人知者魯直詩語重人既見此語遂使
吹毛耳 士生要弘毅天地爲蓋軫 魯論曰士不可以不
弘毅任重而道遠考工記曰蓋之圓也以象天也軫之方也以象地也 驥來
鹽車驂并下短綆引 言賢材難識拔而深遠者未易汲引也戰

國策汗明見春申君曰夫驥之齒至矣服
鹽車上大行中坂遷延負轅不能上伯樂
遭之下車攀而哭之解紵衣而冪之於是
俯而噴仰而鳴聲造於天欣伯樂之知已
也莊子曰褚小者不可以懷大綆短者不可以汲深 難甘呼爾食聊
寄粲然囅 孟子曰嘑爾而與之行道之人弗受注云嘑爾猶呼爾咄啐之
貌也粲然見上注 誰能借前籌還婦用束縕 漢書張良
傳臣請借前箸以籌之退之詩茲道誠可
尚誰能借前籌蒯通傳客謂通曰先生知
梁石君東郭先生何不進之於相國乎通
曰里毋非談說之士也束縕乞火非還婦
之道也然物有相感事有適可臣請乞火
於曹相國○韓非子人有亡其豚肴者意
其婦而逐之鄰嫗聞之束葦而詣之曰昨
夜狗爭骨須火以燭之主毋悟乃還其婦

吾聞調羹鼎異味及枌堇 左傳鄭子家曰他日我如此必嘗異味。禮記內則曰堇荁枌榆免薧滫瀡以滑之。注云荁堇類也。冬用堇、夏用荁、榆白曰枌。堇音謹

豈其供王羞而弃會稽筍 退之詩幸當擇珉玉寧有弃珪璧此用其意。詩曰豈其食魚必河之魴。周禮膳夫掌王之食飲膳羞。醢人曰加豆之實筍菹魚醢。爾雅曰莽竹萌。文曰東南之美者有會稽之竹箭焉

戲書秦少游壁 觀此詩意、當是少游過南京有所盼。王翁待少游厚、欲令從歸而其家難之也。此篇因有秦氏鳥故事、遂皆寄言衆禽、以爲戲。丁令威以指少游、鸜鵒以指所盼者、秦氏庭鳥以指少游之細君。雅鳥之兄言其所生子已長矣。宋都今南京。宋父指南京主翁。末句戲謂少游異時富貴雖有姬妾何傷、以開廣細君之意也

丁令威化作遼東白鶴歸朱顔未改故人非 續搜神記遼東華表柱有鶴歌曰有鳥有鳥丁令威去家千年今來歸城郭猶是人民非何不學仙冢纍纍

微服過宋風退飛宋父擁篲待來歸誰饋百牢鸜鵒妃 孟子曰孔子微服而過宋。春秋僖公十六年六鷁退飛過宋都。左傳曰風也。昭公二十五年鸜鵒之巢遠哉遥遥稠父喪勞宋父以驕。注謂稠父昭公死外故喪勞、宋父定公代立故以驕。此詩皆用宋事、但摘取宋父鸜鵒及百牢字用之、不取其意也。史記孟軻傳曰騶子如燕昭王擁篲先驅請列弟子之坐而受業。來歸見上注。左傳哀公七年吳人曰宋百牢我、魯不可以後宋。注云吳過宋得百牢。此詩引用謂南京主翁以所盼者代百牢而饋之也。蓋老杜嘗有詩云有鳥名鸜鵒肉味不足充鼎俎、故用以戲之。妃匹也。退之猛虎行曰朝怒殺其子暮還食其妃

秦氏鳥生八九子雅烏之兄畢逋尾 古樂府云烏生八九子端坐秦氏桂樹間。爾雅曰鸒斯鵯鶋。注云雅烏也。小而多羣。後漢靈帝紀注童謡曰城上烏尾畢逋

憶炊門牡烹伏雌未肯增巢今妬棲 顏氏家訓云樂府載百里奚妻辭曰百里奚五羊皮憶別時烹伏雌炊扊扅今日富貴忘我爲案蒸。邕月令章句曰鍵關牡也、所以止扉、或謂之剡移。此詩引用言少游細君亦必怨望不肯增烏巢以容鸜鵒也

莫愁野雉疎家雞但願主人印纍纍 恐以新間舊也。法書苑云庾翼字稚恭善草隷、在荆州與都下書云小兒輩乃輕家雞愛野鶩、皆學逸少。漢書石顯傳民歌之曰牢邪石邪五鹿客邪印何纍纍綬若若邪。注云纍纍重積也。主人謂少游

贈秦少儀 少儀名覿少游之弟。王直方詩話少儀好爲詩初不甚工、既而以所業見山谷、山谷贈此詩。當時交游間多以言爲過。然少儀緣此詩思大發、非復往時、交游亦刮目視之

汝南許文休馬磨自衣食但聞郡功曹滿世名籍籍 蜀志許靖字文休、汝南平興人、少與從弟劭俱知名、而私情不

協劭爲郡功曹排擯靖不得齒叙以馬磨
自給漢書陸賈傳名聲籍甚又劉寵傳
曰事籍籍如此何
謂秘也此借用
渠命有顯晦非人作通
塞
文選有寧顯寧晦之
語易曰知通塞也
秦氏多英俊少游
眉最白
蜀志馬良字季常兄弟五人並有
才名鄉里爲諺曰馬氏五常白眉
最良良眉中有
白毛故以稱之
頻聞鴻鴈行筆皆萬人敵
禮兄之齒鴈行項羽劍一人敵不足
學學萬人敵杜詩麒麟閣畫鴻鴈行
吾早
知有靚而不知有靚少儀袖詩來剖蚌珠
的皪
靚字少章剖蚌見上注文選舞賦曰
珠翠的皪而照燿李善注引說文曰
的皪珠
光也
乃能持一鏃與我箭鋒直
文選射雉
賦曰擊

山谷十一

十三

牙低鏃列子曰紀昌學射於飛衛既盡衛
之術乃謀殺衛相遇於野二人交射中路
矢鋒相觸而墜於地而塵不揚於是二子
泣而投弓相拜於塗請爲父子其後叢林
有箭鋒相拄之語蓋出於此洪覺範僧寶
傳載曹山寶鏡三昧曰羿以巧力射中百
步箭鋒相直
巧力何預
自吾得此詩三日臥向壁
世
說
王東亭轉臥向壁歎曰人固不可以無年
此借用自恨知少儀之晚向壁愧歎也
挽士不能寸推去輒數尺
左傳曰夫二子
者或輓之或推
之此句止用其字老子曰不敢進寸而退
尺孟子曰賢不肖之相去其間不能以寸
才難不其然有亦未易識
魯論曰才難不
其然乎史記范
睢傳曰人固不易
知知人亦未易也

送少章從翰林蘇公餘杭

東南淮海惟楊州國士無雙秦少游
周禮
職方
氏東南曰楊州禹貢曰淮海惟楊州高郵
軍屬淮南路漢書韓信傳蕭何曰諸將易
得至如信
國士無雙
欲攀天關守九虎但有筆力回
萬牛
楚辭曰攀天階而下視招魂曰虎豹
九關啄害下人些注謂天門九重使
虎豹執其開閉啄齧欲上之人也歐公詩
曰輿來筆力千鈞重老杜古柏行曰萬牛
回首丘
山重
文學縱橫乃如此故應當家有季
子
後漢周舉傳曰五經縱橫周宣光老杜
詩凌雲健筆意縱橫樂天詩當家美事
堆身上何啻林宗
與細傺當音去聲
時來誰能力作難鴻鴈

山谷十一

十四

行飛入道山
樂府孫綽碧玉歌曰感郎不
作難又太白詩曰回山倒海
不作難又老杜詩麒麟閣畫鴻鴈行鴈行
道山皆見上注○南史齊時來之運坡詩時
來或作
鵬騫
斑衣兒啼眞自樂從師學道也不
惡
事親從師皆有可樂者列女傳曰老萊
子老養二親行年七十嬰兒自娛着五
色綵衣嘗取漿上堂跌仆因臥地爲小兒
啼史記循吏傳曰老人兒啼晉書謝道韞
傳謝安曰王郎逸少
子不惡汝何恨也
但使新年勝故年即
如常在郎罷前
言少章儻從蘇公問學日
新即所謂以志養志者何
必以不遠其親爲孝哉王立之詩話謂山
谷此句蓋有深意玉臺新詠血灑雜詩曰
惟見君行久新年非故年唐人顧況有囝
哀閩曰郎罷別囝吾悔生汝囝別郎罷心

攙血下。隔地絕天。及至黃泉。不得在郎罷
前。青箱雜記云。閩人謂父爲郎罷。謂子爲
囝

題淨因壁二首

瞑倚團蒲挂鉢囊 舊作晝夢長 半窻疎箔度微
凉 傳燈録雲門傳曰。高掛鉢囊拗折拄杖 蕉心不展待時雨
葵葉爲誰傾太陽 唐餘録路德延芭蕉詩云。心似倒抽書。退之詩
升堂坐階新雨足。芭蕉葉大梔子肥。時雨
見上注。曹子建表曰。若葵藿之傾太陽。雖
不爲之回光。然終向之者誠也。盖用淮南
子意。文選鮑明遠詩端爲誰苦辛。唐詩芭
蕉不展丁香結。同
向東風各自愁

山谷十 十五

門外黃塵不見山此中草木亦常閑簷聲
如度薄冰過催粥華鯨吼夜闌 劉禹錫詩門外黃塵
人自走。甕頭清酒我初開。莊子曰。北面而
不見冥山。簷聲見漢書鄭崇傳。詩曰。如履
薄冰。華鯨。謂齋魚之藻飾者。釋氏要覽曰
今寺院木魚或取鯨魚一擊蒲牢爲之大
鳴也。按文選東都賦曰。發鯨魚鏗華鍾。又
潘岳西征賦曰。華魴躍鱗。又老杜詩。夜闌
更秉燭

六月十七日晝寢

紅塵席帽烏韡裏想見滄洲白鳥雙 選詩曰。復
協滄洲趣。又老杜詩。河間雙白鷗 馬齕枯萁諠午枕夢成

風雨浪翻江 聞馬齕草聲遂成此夢也。楞
嚴經曰。如重睡人眠熟床枕。
其家有人於彼睡時擣練舂米。其人夢中
聞舂擣聲。別作他物。或爲擊鼓。或爲撞鐘。
此詩略采其意。以言江湖之念深。兼想與
因遂成此夢。文選汧馬督誄曰。萁稃空虛

北窻

生物趨功日夜流園林才夏麥先秋 莊子曰。生
物之以息相吹。文選孔文舉論盛孝章書
曰。歲月不居。時節如流。禮記月令。孟夏麥
秋至 綠陰黃鳥北窻簟付與來禽安石榴 末句
盖有所寄。言物化各用事於一時。姑聽其
自然耳。歐陽詩。綠陰黃鳥春歸後。尚書故
實曰。王內史書帖。有與蜀郡太守書。求櫻
桃來禽日給藤子。來禽。言味甘來衆禽。俗

山谷十 十六

作林禽。博物志云。張騫使西域。還得安石
榴。蘇子美詩。別院深深夏簟清。石榴花發
透簾明

趙子充示竹夫人詩盖凉寢竹器
憩臂休膝似非夫人之職予爲名
曰青奴并以小詩取之二首

青奴元不解梳粧合在禪齋夢蝶牀 公自
有人同枕簟肌膚冰雪助清涼 文選嵇康琴賦序曰
似。元不解聲音。夢蝶。見上注。山谷鼓盆已
久。故用莊子夢蝶事。退之詩。冰紋浮枕簟
莊子曰。藐姑射之山。有神人焉。肌膚若
冰雪。東坡樂府曰。冰肌玉骨自清涼

穠李四弦風拂席，昭華三弄月侵床。我無紅袖堪娛夜，政要青奴一味涼。元注云：冬夏青青竹之所長，故命曰青奴。穠李、昭華，貴人家兩女妓也。昭華蓋王晉卿駙馬家吹笛妓。老杜詩：紅袖沆前魚。歐公詩：欲將何物招嘉客，唯有新秋一味涼。

范蜀公挽詞二首

蜀公諱鎮，字景文。東坡爲作墓誌，今採摭以證此詩。

信道雖常爾，知人乃獨亨。言公篤於信道，蓋其常德，至於知人之明，獨心通意曉，乃得之於天也。易曰：有孚維心亨。公事神宗，復爲翰林學士，知通進銀臺司。王介甫爲政，欲改常平爲青苗法，公三上疏爭之。其後議論益不

合，年六十三即致仕。此詩所謂知人，蓋指介甫。書林身老大，諫紙字欹傾。公在仁宗朝已爲學，書林見上注。退之詩曰：莫道官閑身老大。樂天與元稹書曰：身是諫官，月請諫紙。又老杜詩：作詩呻吟內，墨淡字欹傾。鼇去三山動，人危五鼎烹。言公既去，國本自此搖矣。方公請致仕時，介甫自草制，極口詆公，聞者皆爲公懼。列子曰：歸墟中有五山，帝使巨鼇十五戴之，五山始峙而不動。龍伯國之大人一釣連六鼇，於是二山流於北極。漢書主父偃傳曰：大丈夫生不五鼎食，死則五鼎烹耳。保全天子聖，几杖送餘生。言神宗終覆護之，使得終其壽考。又老杜詩：淺把涓涓酒，深憑送此生。選詩：餘生幸已多。

公在昭陵日，文章近赤墀。空嗟伏生老，不侍邇英帷。永昭，仁宗陵名。公事仁宗，已掌內外制，蓋先朝舊臣，獨不見容於當世，此詩所歎也。漢書梅福傳曰：涉赤墀之塗。又儒林傳：伏生故爲秦博士，孝文時求能治尚書者，欲召之，時伏生年九十餘，不能行。邇英閣，經筵所在。公在神宗時兼侍讀，已而致仕。去國幾三虎，聞韶待一夔。誰言蓋棺了，新樂鎖蛛絲。韓子曰：龐共與太子質於邯鄲，謂魏王曰：夫市無虎明矣，然而三人言成市虎。今夫邯鄲去魏遠於市，議臣者過三人，願王察之。公與劉几論樂不合，既而請太府銅自爲新樂，比李照樂下一律。有旨二聖御延和殿，召執政同觀，賜詔嘉獎。樂奏三日而公薨。聞韶見魯論。呂氏春秋：魯哀

公問於孔子曰：樂正夔一足矣。又老杜詩：書籤藥裹封蛛網。蓋棺了見上注。詩意謂公以新樂卒不見用爲恨也。

宗室公壽挽詞二首

山谷嘗有贈宗室景道字跋云：余與宗室挑宮有葭莩故，曩與宣州院公壽景珍嘗共文酒之樂。

昔在熙寧日，葭莩接貴游。漢書中山靖王傳曰：葭莩之親。注云：葭，蘆葉也；莩者，其筩中白皮，至薄者也。喻相著。周禮師氏曰：凡國之貴遊子弟學焉。注云：王公之子弟。題詩奉先寺，橫笛寶津樓。東京記曰：奉先資福禪院在明義坊。寶津樓在天苑坊，與金明池心亭榭相直。天網

恢中夏賓筵禁列侯但聞劉子政頭白更清修言禁網雖云踈闊至宗室獨加嚴密故賓客不復往來如向時但聞其白首清修之賢而已文選任彥昇表曰值齊網之弘強賓客之禁李善注引用後漢書建武中禁網尚寬諸王既長各招引賓客漢書高帝紀注云通侯舊曰徹侯後改曰列侯劉向字子政漢宗室也七十二卒○魏志陳矯傳陳登曰清修疾惡有識有義吾敬趙元達矣老子曰天網恢恢疎而不失又詩有賓之初筵

昧旦鳴珂路春朝禁殿班書曰先王昧爽丕顯坐以待旦唐書車服志曰三品以上珂九子四品七子五品六子又張嘉祐傳弟嘉貞爲相嘉祐任金吾將軍時號所居坊曰鳴珂里周禮春見曰朝○裴度未遇時絶句不然鳴珂游帝都不然絶粒升天衢

方看分寶玉何意作丘山書旅獒曰分寶玉于伯叔之國時庸展親文選張孟陽七哀詩曰昔爲萬乘君今爲丘山土

燕入風榮舞花開日笑顔選詩曰風燕入雙燕儀禮注曰榮屋翼也太白詩妾似井底桃開花向君笑空餘杜陵淚

一爲漢中潛老杜集中多有與漢中王瑀往還詩瑀盖唐宗室

出城送客過故人東平侯趙景珍墓

朱顔苦留不肯住白髮政爾欺得人樂天詩鏡裏朱顔看已失又詩留春不肯住醉能詩曰青春背我堂堂去白髮欺人故故生王直方詩話云魯直常言少時誦薛能詩云青春背我堂堂去白髮欺人故故生孫莘老問云此何人詩公曰老杜莘老云杜詩不如此後公云庭堅因莘老之言遂曉老杜詩高雅大體此句所以鉞薛能之膏肓亦

嬋娟去作誰家妾

意氣都成一聚塵文選西京賦曰增嬋娟以跐豸注云姿態妖蠱也樂天詩歌舞教成心力盡一朝身去不相隨史記晏子傳意氣揚揚甚自得也寒山子詩云始憶八尺漢俄成一聚塵黄泉無曉日青草自知春

今日牛羊上丘隴當時近前左右嗔古樂府曰繡幕圍香風年節朱絲桐不知理何事淺立經營中護惜加窮綺䙓防託守宮今日牛羊上丘隴當時近前面發紅老杜麗人行云愼莫近前丞相嗔

花開鳥啼荊棘裏誰與平章作好春樂天勸令公開宴詩曰宜須數數謀歡會好作開成第二春

黄頴州挽詞三首

恭惟同自出累世復通家老杜贈盧五丈詩曰恭惟同自出妙選異高標此借用言族姓同出也後漢孔融傳謂李膺曰與君累世通家

恵沫霑枯涸忠規補過差莊子曰泉涸魚相與處於陸相呴以濕相濡以沫文選本太冲詩曰塊若枯池魚陸士衡辯亡論曰忠規武節宋玉登徒子好色賦曰揚詩守禮終不過差

膏中明主右仕路困風沙尚有平生酒秋原灑菊花玉石見上注

濡

臨民次公老論事長輿通魯論曰居敬而行簡以臨其民
漢書黃霸字次公爲潁川守晉書和嶠字長輿潘安仁閑居賦序曰昔通人和長輿
之論予也固謂拙於用多袖有投虛刃時無斲鼻工文選
天台山賦曰投刃皆虛按莊子庖丁解牛上注曰遊刃於空斲鼻見上注風流
前輩近名實後人公文選孔融論盛孝章書曰今之少年喜謗前輩歐公詩後世苟不公至今無聖賢○晉書孫綽風流爲一時之冠不謂
三日別今成萬事空吳志呂蒙傳曰士別三日即刮目相待樂天詩百年隨手過萬事轉頭空
公與汝陽守人閒孝友稀脊令鳴夜雨棠

山谷廿　廿二

棣倚春暉脊令見上注棠棣詩曰棠棣之華鄂不韡韡凡今之人莫如兄
弟粉省雙飛入泉臺相與歸蔡質漢官典職曰尚書郎
奏事明光殿省中皆以胡粉塗壁畫古
賢烈女又老杜哭李嶧詩云青瑣陪雙入
泉臺見上注禮記曰死者如可作也吾誰
與歸○唐人謂不由貢外而至郎中者爲
粉署襄鄰作土山頭土山頭其詩曰誰知哀笳宛丘道衰涕不
勝揮老杜詩哀挽青門道宛丘今陳州家語云公父文伯卒敬姜曰二三子無揮
涕王肅曰揮涕者涕流以手揮之選詩淚下不可揮

樂壽縣君呂氏挽詞二首

歸裳衣楚楚家世印纍纍詩曰蜉蝣之羽衣裳楚楚漢書
石顯傳曰印何纍纍綬若若耶劉滋未第
時夢人持印滿匣令吞之至十四枚止見漢書
印纍纍出於腹上來作箕帚婦不忘蘋藻詩高帝
紀呂公曰臣有息女願爲箕帚妾采蘋詩
序曰大夫妻能循法度也其詩曰于以采
蘋南澗之濱于以采藻于彼行潦居然成萬古何遽謁三
醫列子曰季梁得疾七日大漸其子謁
三醫一曰矯氏二曰俞氏三曰盧氏騎
省還秋直霜侵鬢腳衰文選潘岳秋興賦
序曰余春秋三十有二始見二毛以太尉掾兼虎賁中郎將
寓直于散騎之省岳又有悼亡詩三首
剪髻賓筵盛齊眉婦禮閑老杜送王評事詩云自陳剪髻
鬟鬻市充杯酒謂王珪母也蓋用晉書陶
侃母事退之祭裴太常文曰方丈之食每

山谷十　廿一

盛於賓筵後漢書梁鴻傳曰
孟光舉按齊眉閑謂閑習也謂宜俱白髮
詩曰君子偕老選詩今爲丘山土大夢驚胡
蝶何時識佩環莊子曰且有大覺而後有大夢胡蝶見上注列女傳
齊孝孟姬曰妾聞妃后踰國必乘安車輜
軿下堂必從傅母保阿進退則鳴玉佩環
漢書皇后紀論曰動有環佩之響此詩
引用蓋古之婦容皆如此不特后妃也哀
歌行欲絕丹旐雨班班老杜詩丹旐飛飛
日初傳發閬州雨班班見上注

叔父給事挽詞十首給事名廉字夷仲實錄有傳

元祐宗臣考十科公居八九未爲多功名

身後無瑕點孝友生知不琢磨 宗臣謂溫公。漢書蕭曹贊曰。爲一代之宗臣。溫公爲相。乞以十科舉士。一曰。行義純固可爲師表。二曰。節操方正可備獻納。三曰。智勇過人可備將帥。四曰。公正聰明可備監司。五曰。經術精通可備講讀。六曰。學問該博可備顧問。七曰。文章典麗可備著述。八曰。善聽獄訟盡公得實。九曰。善治財賦公私俱便。十曰。練習法令能斷請讞。○論語生而知之。詩云如切如磋。如琢如磨

平生治獄有陰功忠孝臨民父母同贛上樵夫談卓令宣城老吏識于公 贛上。今虔州。宣城。今宣州。掾廉傳。中進士第。調宣州司理參軍。移虔州會昌令。後漢卓茂傳。茂爲密令。使人親愛而不忍欺之。漢書于定國傳。于公曰。我治獄多陰德。未嘗有所冤。子孫必有興者

三晉山河數十州頻年水旱不能秋我公出把司農節粟麥還於地上流 王安石薦廉爲司農寺勾當公事。神宗召見。稱旨。遂命體量河東河北災傷。除本寺丞。推行荒政十二事。漢書地理志曰。晉爲韓魏趙所滅。三家自立爲諸侯。是爲三晉。唐劉晏傳曰。自言如見錢流地上

更生若訟石中書宰掾非人欲引裾兩猾論兵幾敗國同時御史更誰如 廉嘗爲監察御史裏行。此詩中事。傳所不載。杜牧之作李給事詩曰。可憐劉校尉。曾訟石中書。按漢書。劉向本名更生。中書官官弘恭石顯弄權。更生使其外親上變事。又上封事云云。魏志辛毗傳。文帝欲徙冀州土豪十萬戶實河南。毗以爲非。帝不答。起入內。毗隨而引其裾。帝遂徙其半。漢書張良傳。漢王罵曰。豎儒幾敗乃公事。老杜詩。論兵遠壑靜。王介甫作王侍御墓碣曰。其言多同時御史所不能言者

曾發公家鉅萬錢灊中撫循却生全三齊水後皆禾稼不殺耕牛更可傳 河決曹村兼充京東體量安撫。活飢民二十五萬人。漢書食貨志曰。京師之錢。累百鉅萬。又田儋傳曰。田榮盡并三齊之地。注謂齊及濟北。膠東。可傳見孟子

晉地無戎臥賊曹民兵賜芻解弓刀六年講武儒冠在不踏金門着戰袍 元豐三年團教三路民兵。廉以提點河東刑獄兼提舉。明年秋上親召閱澤州保甲。補官者五十八人。進秩一等。七年十月。罷提刑專領保甲。元祐初召爲戶部郎中。○左傳曰。無戎而城。讎必保焉。通典曰。兩漢有決曹賊曹掾。主刑法。歷代或謂之賊曹。或爲法曹墨曹。漢書揚雄傳曰。歷金門上玉堂有日矣。古樂府木蘭詩曰。脫我戰時袍。着我舊時裳

筆容百萬轉風雷獨料王師不戰摧三窟飛書公對獄元豐天子照姦回 王師伐夏國。命廉兼河東轉運判官。王中正將兵。調發倉卒。廉上言。師必無功。既而中正軍潰。以轉運承

方歸罪於廉奏之上遣中貴人就詰狀廉謝不辨乃下獄月餘上察其情止奪一官中正官官故用魚朝恩觀軍容事史記甘茂傳樂羊返而論功文侯示之謗書一篋漢書張安世傳曰上書三篋後漢書廣陵思王荆傳曰作飛書封以方底漢書劉向傳曰恭顯白拳蕭望之詣獄置對泰誓曰崇信姦回注云回邪也

隴上千山漢節回掃除民蜮不爲災蜀茶揔入諸蕃市胡馬常從萬里來廉爲吏部郎中會御史論陸師閔摧茶六害請通商復券馬如舊制遣廉按其實廉請罷熙河秦鳳涇原如故勿改以制蕃市而許東路通商禁南茶無侵陝西以利蜀貨定撥馬歲以萬八千爲額所奏皆可即拜都大提舉茶馬公事漢節見上注詩曰爲鬼爲蜮○左傳曰有蜚不爲災

廊廟從來不在邊黃扉青瑣慶登賢除書未試回天筆何意佳城到馬前元祐六年十一月廉自陝西都轉運召拜給事中論議引大體朝廷稱焉左傳曰五大不在邊五細不在庭唐郭承嘏爲給事中文宗謂宰臣曰承嘏久在黃扉漢書故事黃門郎日暮入對青瑣門故謂之夕郎注云刻爲連瑣文而青塗之唐書張玄素傳魏徵曰張公論事有回天之力後漢書馬后傳曰何意老志復不從哉佳城見上注○白樂天詩黃紙除書無我名

榮祿常思澤九宗山摧梁壞併成空一百年

遺恨誰昭洗他日諸郎有父風莊子曰鄭人緩爲儒河潤九里澤及三族九宗見上注文選謝脁詩中區咸已泰輕生諒昭洒按洒與洗同○廉之四子叔豹叔向叔夏叔敖○禮記泰山其頽乎梁木其壞乎

寂住閣

元注云陳留宿一堂因書爲寂住閣贊

莊周夢爲胡蝶胡蝶不知莊周莊子曰昔者莊周夢爲胡蝶栩栩然胡蝶也俄然覺則蘧蘧然周也不知周之夢爲胡蝶歟胡蝶之夢爲周歟

當處出生隨意急流水上不流楞嚴經曰一切浮塵諸幻化相當處出生隨處滅盡文選頭陁寺碑李善注曰意生身謂菩薩言能變化生死隨意往生文選古詩曰淮泗馳急流肇法師物不遷論云仲尼曰回也見新交臂非故如此則物不相往來明矣既無往返之微朕有何物而可動乎然則旋風偃嶽而常靜江河競注而不流復何怪哉

深明閣

象踏恒河徹底日行閻浮破冥若問深明宗旨風花時度窗櫺上兩句言深與明涅槃經云聲聞緣覺及大菩薩同在佛所聞佛說一味之法然其所詣各有淺深譬象馬兎三獸渡河兎渡則浮馬渡及半唯大香象徹底截流華嚴經曰譬如日出於閻浮提先照一切須彌山等然後普照一切大地如來亦爾大智日光無所分別又頌曰譬如日出閻浮提光明破闇悉無餘傳燈錄壽禪師曰欲識永明旨門前一湖水日照光明生風來波

浪𣊬又達磨傳曰外付袈裟以
定宗旨說文曰櫺楯間子也

山谷詩集注卷第十一

山谷詩集注卷第十二

竹枝詞二首 并跋

撐崖拄谷蝮蛇愁入箐攀天猿掉頭言山路險絶如此即後詩所謂蛇倒退胡孫愁也郭璞注爾雅云蝮蛇細頸大頭焦尾一名反鼻楚辭曰攀天階而下視元稹樂府有夔上天詩曰攀天上天攀未得太白蜀道難曰黃鶴之飛尚不得猨猱欲度愁攀緣老杜詩巢父掉頭不肯住

鬼門關外莫言遠五十三驛是皇州鬼門關在峽州路寰宇記云黔州東北至東京三千八百六十五里杜牧之詩故鄉七十五長亭謝玄暉詩春色滿皇州

浮雲一百八盤縈落日四十八渡明一百八盤及四十八渡皆自峽州往黔中路名山谷書萍鄉縣廳亦曰略江陵上夔峽過一百八盤涉四十八渡詩本或作四十九渡非是

鬼門關外莫言遠

四海一家皆弟兄子夏曰君子敬而無失與人恭而有禮四海之內皆兄弟也○荀子四海之內若一家

古樂府有巴東三峽巫峽長猿啼三
聲淚霑裳但以抑怨之音和為數疊
惜其聲今不傳予自荊州上峽入黔
中備嘗山川險阻因作二疊與巴娘

令以竹枝歌之前一疊可和云鬼門關外莫言遠五十三驛是皇州後一疊可和云鬼門關外莫言遠四海一家皆弟兄或各用四句入陽關小秦王亦可歌也 紹聖二年四月甲申 予既作竹枝詞夜宿歌羅驛夢李白相見於山間曰予往謫夜郎於此聞杜鵑作竹枝詞三疊世傳之不子細憶集中無有請三誦乃得之

一聲望帝花片飛萬里明妃雪打圍 蜀記曰昔人有姓杜名宇號曰望帝宇死俗說云化爲子規子規鳥名也又謂之杜鵑李商隱詩莊生曉夢迷胡蝶望帝春心託杜鵑楚詞曰恐鶗鴂之先鳴兮使百草爲之不芳顏師古注揚雄反離騷云一名子規一名杜鵑花片飛見上注明妃即王昭君避晉氏諱後人因改焉亦見上注五代史四夷附録耶律德光言我在上國以打圍食肉爲樂按屬人以游獵爲打圍 馬上胡兒那解聽琵琶應道不如歸 劉熙釋名云琵琶胡中馬上立所鼓推手前曰琵引手却曰琶因以爲名傳玄琵琶賦序曰故老云漢烏孫公主念其行道思慕使知音者於馬上奏琵琶以慰之此詩以琵琶爲明妃事蓋承前人之誤子規聲若云不如歸去此引用以終上句之意

竹竿坡面蛇倒退摩圍山腰胡孫愁 蛇倒退胡孫愁皆峽路地名摩圍山屬黔中 杜鵑無血可續淚何日金雞赦九州 老杜杜鵑行曰其聲哀痛口流血所訴何事常區區李賀詩亦曰杜鵑口血老夫淚韓非子曰卞和泣盡繼之以血太白詩我愁遠謫夜郎去何日金雞放赦回談苑曰杜鵑言肆赦樹金雞不知起於何代關東風俗傳云司馬膺之曰按海中星占天雞星動爲有赦蓋王者以天雞爲度隋書刑法志北齊肆赦日令武庫設金雞及鼓於闕門或云起於西京呂光未知孰是究其旨西方主兌兌爲澤雞者巽之神巽爲号令故合是二物制其形揭於長竿使衆人覩之也

命輕人鮓甕頭船日瘦鬼門關外天北人墮淚南人笑青壁無梯聞杜鵑 人鮓甕在歸州岸下老杜無家別云久行見空巷日瘦氣慘悽文選琴賦曰青壁萬尋張湛列子注曰班輸爲梯可以陵雲

和答元明黔南贈別 山谷書萍鄉縣廳曰初元明自陳留出尉氏許昌渡漢沔略汴闕上巖峽過一百八盤涉四十八渡送余安置于摩圍山之下淹留數月不忍別士大夫共慰勉之乃肯行揜淚握手爲萬里無相見期之別

萬里相看忘逆旅三聲清淚落離觴 老杜詩相

看俱襄年左氏僖二年傳曰保於逆旅注云客舍也古樂府曰巴東三峽巫峽長猿啼三聲淚沾裳朝雲往日攀天夢夜雨何時對榻涼上句謂與元明同來巫峽也朝雲夢見上注元稹樂府有夢上天詞曰攀天上天攀未得韋應物詩寧知風雨夜復此對床眠○東坡詩夜雨何時聽蕭瑟急雪脊令相並影驚風鴻鴈不成行上句謂元明同憂患下句言其別去詩曰脊令在原兄弟急難老杜詩急雪舞回風又詩沙晚脊令寒選詩云驚風扶輪轂又沈休文詠胡中鴈詩曰亂起未成行唐宋遺史有女子作詩送兄云所嗟人異鴈不作一行飛歸舟天際常回首從此頻書慰斷腸謝玄暉詩天際識歸舟王仲宣詩回首望長安蔡琰胡笳曰日東月西兮徒相望不得相隨兮空斷腸文選魏文帝燕歌行曰念君客游思斷腸

題驢瘦嶺馬鋪　知命

老馬飢嘶驢瘦嶺病人生入鬼門關後漢書班超傳上跪曰但願生入玉門關此借用病人甘作五溪卧老馬猶思十二閑後漢書馬援傳劉尚擊武陵五溪蠻夷注云武陵有五溪按通典黔中涌謂之五溪注云謂酉辰巫武沅等溪也魏武帝歌曰老驥伏櫪志在千里周禮校人曰天子十有二閑馬六種

行次巫山宋楙宗遣騎送折花廚醞　知命

攻許愁城終不開青州從事斬關來庾信愁賦曰攻許愁城終不破蕩許愁門終不開青州從事見上注左傳曰犯門斬關喚得巫山強項令插花傾酒對陽臺後漢董宣傳曰敕強項令出宋玉高唐賦曰朝朝暮暮陽臺之下謂巫山神女也○東坡詩任子折花插滿頭

次韻楙宗送別二首

一百八盤天上路去年明白送流人一百八盤見上注小詩話別堪垂淚却道情親不得親盧仝寄外兄詩云何處堪惆悵情親不得親

別駕柴門閑一春艱難顛沛不忘君何時幽谷回天日教保餘生出瘴雲山谷謫涪州別駕唐書杜甫傳當冠亂挺節無所汚為歌詩傷時撓弱情不忘君魯論曰顛沛必於是易曰入于幽谷老杜詩願枉長安日光暉照北原文選嵇康書欲離事自全以保餘年老杜詩瘴雲終不滅

戲答劉文學　知命

人鮓甕中危萬死鬼門關外更千岑人鮓甕鬼門關見上注漢書趙后傳曰今兒安在危殺之矣注云猶今人言險不殺爾問

言詩語之妙必可如其父也

君厎事向前去要試平生鐵石心 顔師古匡謬正俗云問曰謂何物爲厎音丁兒反厎義何訓答曰此本言何等物其後遂省但言直云等物爾音都禮反又轉音丁兒反應璩百一詩云用等稱才學以是知去何而稱等其來已久今人不詳根本乃作厎字非也老杜詩生死向前去魏武帝令長史王必曰忠能勤事心如鐵石國之良吏也

光祖者李公擇子也

外姪李光祖往見尚垂髫今觀寄嗣直小詩已可愛因次韻 知命

昔別長安未裹頭如今詩句可消愁 老杜詩昔別君未婚又詩去時里正與裹頭又詩更有澄江銷客愁 外家未覺風流遠他日相期到益州 自注云李公擇終於益州帥○言異時當造益州之閫域老杜詩習池未覺風流盡

山谷十二　六

上南陵坡 知命

風飡水宿六千里蛇退猨啼百八盤 選詩風飡委松柏又詩水宿淹仮暮 上得坡來揔歡喜摩圍依約見峯巒 摩圍山在黔州老杜詩青惜峯巒過

題小猿叫驛 知命

大猿叫罷小猿啼箐裏行人白晝迷惡藤牽頭石齧足嫗牽兒墮淚錄續我亦下行

啼或作愁

莫啼哭 退之琴操曰涉其淺兮石齧我足 元稹連昌宮辭曰色管龜茲轟錄續

省之語也

建始施州縣名

馬上口號呈建始李令 知命

驛亭新似眼波明箐路開如掌樣平誰與長官歌美政風搖松竹是歡聲 老杜詩今日明人眼臨池好驛亭宋玉招魂曰娛光眇視目曾波些王逸注云目采眇然若水波而重華老杜詩秦川對酒平如掌

次浮塘驛見張施州小詩次其韻 仲謀

知命

歎息施州成老醜當年玉雪瑩相照 退之馬少監墓誌曰姆抱幼子立側肌肉玉雪可怜 舊時去天一尺五今日萬里聽猿叫 老杜詩自注云城南韋杜去天尺五

山谷十二　七

將次施州先寄張十九使君三首 知命

書來日日覺情親今信施州是故人許我投名重入社放狂作惱未應嗔 老杜詩情親獨有君東坡詩投名入社有新詩

收拾從來古錦囊今知老將敵難當 唐書李賀

傳從小奚奴背古錦囊遇所得書投囊中
囊中漢書韓信傳曰其鋒不可當
尚有毛錐子花底樽前作戰場五代史弘肇傳恨蕭
告等因曰安朝廷定禍亂直須長槍大劍
若毛錐子安足用哉史記平原君傳曰賢
之處世譬若錐之處囊中其末立見老杜
詩花底山蜂遠趂人又詩下馬古戰場丁
晉公有詩戰詩云物華如陣
筆如鋒流謝曹劉是七雄
一別施州向十霜傳聞佳句望風降空拳
不易當堅敵振臂猶思起病瘡老杜詩十暑岷山葛
三霜蕤戶砧漢書李陵傳矢盡道窮士張
空拳注云弓弩拳也又匈奴傳曰眞中國
之堅敵按孫子曰小敵之堅大敵之
禽也李陵書振臂一呼創病皆起

和張仲謀送別二首　知命

夜郎自古流遷客聖世初投第一人不是
施州肯回首五溪三峽更誰親唐書李由傳長流夜
郎夜郎即今之珍州其地與黔中相接潕
瀘恨賦曰遷客海上流戍隴陰五溪見上
注峽程記曰三峽者即明月峽巫山峽廣
澤峽其瞿塘灩澦燕子屏風之類皆不係
三峽
數
五溪三峽漫經春百病千愁逢故人何處
看君歲寒後欲將兒女更論親肯與黨錮連姻其氣
節亦可
尚矣

次韻答清江王簿趙彥成　知命

日轉溪山幾百遭厭聞虎嘯與猿號劉禹錫詩
百匝千遭繞郡城此用其字老杜詩熊羆
咆我東虎豹號我西淮南子虎嘯而谷風
至又曰白猨
擁柱而號
笙歌忽把二天酒風雨猶驚
三峽濤後漢蘇章傳遷冀州刺史故人爲
清河太守爲設酒肴甚歡太守喜
曰人皆有一天
我獨有二天
已作齊民尋要術安能痛
飲讀離騷後魏賈思勰作齊民要術言田
家種植之事世說王孝伯言痛
飲讀離騷自
可稱名士
看君自是青田質清唳猶堪
徹九皐永嘉郡記沐溪去青田九里中有
一雙白鶴多云神所養晉書陸機

傳曰華亭鶴唳豈可復
聞乎詩云鶴鳴于九皐

宋楙宗寄夔州五十詩二首　知命

五十清詩是碎金試教擲地有餘音方今
臺閣稱多士且傍江山好處吟老杜詩云清詩近道
要晉書謝安傳桓溫以安所作簡文謚議
示坐賓曰此謝安石碎金也又孫綽傳作
天台山賦以示范榮期云卿試擲地當作
金石聲通典曰後漢事歸臺閣○史記屈
原傳曰行
吟澤畔
五十清詩一段冰持來恰得慰愁生自張
壁間行坐看更教兒誦醉時聽老杜詩爛如一段清

冰出萬壑。又詩。江草日日喚愁生。又詩。行坐白頭吟。又有醉時歌

碑同峴首千年石詩到夔州十絶歌他日

巴人懷叔子時時解着手摩挲 晉書。羊祜傳。祜字叔子。襄陽百姓。於峴山建碑。望者莫不流涕。杜預因名爲墮涙碑。老杜有夔州歌十絶句。退之石鼓歌曰。誰復着手爲摩挲

題蘇若蘭回文錦詩圖

千詩織就回文錦如此陽臺莫雨何亦有

英靈蘇蕙手只無悔過竇連波 晉書竇滔妻蘇氏名蕙字若蘭。滔苻堅時。爲秦州刺史。被徙流沙。蘇氏思之。織錦爲回文旋圖詩。以贈滔。宛轉旋環以讀。詞甚悽惋也

次韻楊明叔四首

楊明叔惠詩格律詞意皆薰沐去其舊

習予爲之喜而不寐文章者道之器也

言者行之枝葉也故次韻作四詩報之

耕禮義之田而深其耒明叔言行有法

當官又敏於事而卹民故予期之以遠

者大者

魚去游濠上鵩來止坐隅 濠梁見上注。漢書賈誼傳曰。誼爲長沙傅三年。有服飛入誼舍。止於坐隅。服似鴞。不祥鳥也。誼迺爲賦以自廣

吉凶終我在憂樂與生俱 上句。終鵩來之意。下句。終魚樂之意。服賦曰。禍兮福所倚。福兮禍所伏。憂喜聚門兮。吉凶同域。書曰。惟吉凶不僭在人。莊子至樂篇曰。人之生也。與憂俱生。壽者惛惛。久憂不死。何之苦也。涅槃經。摩耶臨終。佛至其所慰諭曰。身所經處。與苦樂俱。當修涅槃。永離苦樂。詩意謂吉凶憂樂。皆因我有。苟能無我。彼何從生。山谷與王子飛書曰。人固與憂樂俱生者也。於其中有簡擇取捨。以至於六鑿相攘。日尋干戈。古之學道者。深探其本。以無諍三昧治之。所以萬事隨緣。是安樂法

決定不是物方名大丈夫 圓覺經曰。生決定信。傳燈録南泉廣語云。大德莫認心認佛。設認得是境。被他喚作所知愚。故江西大師云。不是心。不是佛。不是物。且教你後人恁麼行履。孟子曰。此之謂大丈夫。同安禪師十玄談曰。丈夫皆有衝天氣。不向如來行處行

今觀由也果

老子欲乘桴 並見魯論。由也。以比明叔。老子。山谷自謂。言明叔志趣勇決。必能相從浮於東海也。後漢馬援傳云。頗哀老子。使得遨遊。山谷和楊明叔偶字韻七詩。皆謂之頌。今彭山黃氏有此眞蹟二頌。此集所無。當是晩年刪去

道常無一物學要反三隅 老子曰。道常無名。傳燈録六祖偈曰。菩提本非樹。明鏡亦非臺。本來無一物。何假拂塵埃。反三隅見魯論

喜與嗔同本嗔時喜自俱 嗔喜雖殊。本同一性。衆狙喜怒。即可見矣。傳燈録。龍樹偈曰。於法心不證。無嗔亦無喜

心隨物作宰人謂

我非夫也。心隨物轉，物反爲主，非大丈夫事
也。楞嚴曰：一切衆生，從無始來，迷
己爲物，失於本心，爲物所轉。傳燈錄第二
十二祖付法偈曰：心隨萬境轉，轉處實能
幽。隨流認得性，無喜亦無憂。圓覺經曰：由
有無始本起無明，爲己主宰。傳燈錄玄沙
廣語曰：如許多田地，敎誰作主宰。左傳襄
享曰：命爲軍帥，而卒以非夫。注云：非丈夫
也
利用兼精義還成到岸桴 易曰：精義入神，以致用也。
利用安身，以崇德也。佛書以波羅蜜爲到彼岸
全德備萬物大方無四隅 莊子曰：而況全德之人乎。孟子
曰：萬物皆備於我矣。反身而誠，樂莫大焉。
老子曰：大方無隅。淮南子曰：經營四隅，爲
誘。注云：隅，方也。
身隨腐草化名與太山俱 謂聞道而死，雖
與草木俱腐，固有不亡者存。謝靈運詩：一
隨往化滅，安用空名揚。此反而用之。禮記
月令曰：腐草化爲螢。此借用。史記藺相如
傳：太史公曰：相如名重太山。選詩曰：名與
天壤俱。
道學歸吾子言詩起老夫 禮記中庸曰：尊德性
而道問學。注云：道，猶由也。問學，學誠者也。
魯論曰：起予者商也。始可與言詩已矣。
無爲蹈東海留作濟川桴 史記魯連傳曰：則連有蹈東海
而死爾。此借用言不必乘此桴以浮於海，
留爲濟川之具，可也。書說命曰：若濟巨川，
用汝作舟楫。
匹士能光國三孱不滿隅 禮記曰：匹士太
牢而祭，謂之攘。
文選辨亡論曰：風雅則諸葛瑾、張承、步騭
以名聲光國。晏子春秋曰：五子不滿隅一

子滿朝。按黃氏本，有山谷自注，亦引此語，
但以五爲三爾。詩意謂豪傑之士雖少，足
以爲邦家之光；孱儒之夫
雖衆，曾不足充滿一隅也。
竊觀今日事君與古人俱 黃氏本作今者事，此云今日當
是晚年所改。言士之可以光國
者，今世未見，獨明叔可期以古人也。左傳
曰：今日之事我爲政。此借用老杜詩生還
今日事。莊子曰：成而上比者，與古
爲徒。○禮記：古人與稽，今人與居。
氣類鸎求友精誠石望夫 文選任彥升作王文憲
集序曰：許與氣類。伐木
詩曰：嚶其鳴矣，求其友聲。詩人相承，以嚶
爲鸎。莊子曰：眞者精誠之至也。不精不誠，
不能動人。又注曰：鄭人緩精誠之至，故死
爲秋柏之實。劉義慶幽明錄曰：武昌北山
上有望夫石，狀若人立。古傳云：昔有貞婦，
其夫從役，攜弱子餞送此山，立望夫而化
爲石。因以名焉。
雷門震驚手待汝一援桴 望其扸發聲名
於當世也。荀子曰：聲名之剖發於天地之
間，豈不如日月雷霆然哉。漢書王尊傳曰：
毋持布鼓過雷門。注云：雷門，會稽城門也。
有大鼓，越擊此鼓，聲聞洛陽。易曰：震驚百
里。史記司馬穰苴傳曰：援枹鼓之急則忘
其身。枹亦作桴。按禮運疏引皇氏云：桴謂
擊鼓之物。右援桴而
鼓。音義云：桴，鼓槌也。

再次韻 并引

廢墜老懶衰墮多年，不作詩，已忘其體
律。因明叔有意於斯文，試舉一綱而張
萬目，蓋以俗爲雅，以故爲新，百戰百勝

如孫吳之兵棘端可以破鏃如甘蠅飛衛之射此詩人之奇也明叔當自得之公眉人鄉先生之妙語震耀一世我昔從公得之爲多故今以此事相付

窮奇投有北鴻鵠止丘隅我已魑魅禦君方燕雀俱 窮奇魑魅之語山谷以自況鴻
鵠燕雀之語以屬明叔退之詩我來禦魑魅自宜味南烹按左傳太史克曰少皞氏有不才子謂之窮奇舜臣堯流四凶族渾敦窮奇檮杌饕餮投諸四裔以禦魑魅巷伯詩曰取彼譖人投畀豺虎豺虎不食投畀有北綿蠻詩曰綿蠻黃鳥止于丘隅注綿蠻小鳥皃丘隅非鴻鵠所宜止也漢書陳勝傳曰
燕雀安知鴻鵠之志

山谷十二　十四

道應無蔕芥學要盡工夫 漢書賈誼服鳥賦曰德人無累知命
不憂細故蔕芥何足以疑子虛賦注曰蔕芥刺鯁也南史王僧虔云宋文帝書天然勝於欣功夫少於欣此並借用孔毅甫雜録曰工夫或作功夫魏志
王肅傳泰極已前功夫尚大

莫斬猿狙杙明堂待棟桴 黃氏本山谷自注曰靈光
殿賦云荷棟桴之高驤○言當養成其材勿小用之也莊子曰宋有荊氏者宜楸柏桑其拱把而上者求狙猴之杙者斬之音義云杙音以職反欲以栖狙猴也班固西都賦曰列棼橑以布翼荷棟桴以高驤注引爾雅棟謂之桴山谷以西都爲靈光誤

謫居黔南十首 摘樂天句○近世
曾慥端伯作詩選載潛邠老事云張文潛晚喜樂天詩邠老聞其稱美輒不樂嘗誦山谷十絕句以爲不可跂及其一云老色日上面歡悰日去心今既不如昔後當不如今文潛一日召邠老飯預設樂天詩一帙置書室牀枕間邠老少焉假榻翻閱良久纔悟山谷十絕詩盡用樂天大篇裁爲絕句蓋樂天長於敷衍而山谷巧於剪裁自是不敢復言端伯所載如此必有依據然敷衍剪裁之說非是蓋山谷謫居黔南時取樂天江州忠州等詩偶有會於心者摘其數語寫置齋閣或嘗爲人書世因傳以爲山谷自作然亦非有意與樂天較工拙也詩中改易數字可爲作詩之法故

山谷十二　十五

因附見於此前五篇今豫章
集有之後五篇得之脩水集

相望六千里天地隔江山十書九不到何用一開顏 此樂天集第十卷中寄行簡詩
元作相去六千里地絕天邈然
十書九不達
何以開憂顏

霜降水反壑風落木歸山冉冉歲華晚昆蟲皆閉關 此十一卷中歲晚詩後兩句元
作冉冉歲將晏物皆復本源

冷淡病心情暄和好時節故園音信斷遠郡親賓絕 此十一卷中
花下對酒詩

山郭燈火稀峽天星漢少年光東流水生

訃南枝鳥 此十一卷中西樓夜詩
眞㒩齊遠近委順隨南北歸去誠可憐天
涯住亦得 此十一卷中委順詩
老色日上面歡悰日去心今既不如昔後
當不如今 此十一卷中東城尋春詩歡悰元作歡情
嘖嘖雀引雛梢梢笋成竹時物感人情憶
我故鄉曲 此第十卷中孟夏思渭村舊居詩
苦雨初入梅瘴雲稍含毒泥秧水畦稻灰
種畬田粟 與前篇同

輕紗一幅巾小簟六尺床無客盡日靜有
風終夜涼 此十一卷中竹窻詩
病人多夢醫囚人多夢赦如何春來夢合
眼在鄉社 一本作秋來何所夢合眼見鄉社。樂天集第十卷寄行簡詩。元作渴人多夢飲。飢人多夢飡。春來夢何處。合眼到東川

贈黔南賈使君

緑髮將軍領百蠻橫戈得句一開顏 孟郊詩。酒
人皆倚春髮綠。病叟獨藏秋髮白。通典曰。
後漢有領烏桓校尉。詩曰。因時百蠻。南史
榮𡊮祖傳曰。曹操曹丕上馬橫槊。下馬談
論。元稹作老杜墓誌叙曰。曹氏父子往往
橫槊賦詩。戰國策曰。衛行人燭過。免冑橫
戈而進。老杜詩。今代橫戈矛。謝靈運詩。開
顏披心肯 少年地下傳書客老去空同問道山
別本注云。信臣家世有北園在崆峒山下。
氣象雄壯。花木茂密。○漢書張良傳。游下
邳地上。有一老父出一編書曰。讀是則爲
王者師。旦日視其書。迺太公兵法。莊子曰。
黃帝聞廣成子在於空同之上。往見之曰。
敢問至道之精。按寰宇記云。禹跡之内。山
名崆峒者三。其一在臨洮。其二在安定。其
三在汝州。黃帝問道之山。專指汝州。然此
詩所用。未必汝州也 春入鶯花空自笑秋成棃棗爲
誰攀 兩句皆言故園無主之意。老杜詩。鸎花隨世界。又詩。庭前八月棃棗熟。文選謝靈運詩。攀林摘葉卷 何時定作風光
鮑明遠詩。端爲誰辛苦

主待得征西鼓吹還 言使君平定西夷。功名已立。始歸故園也。
老杜詩。傳語風光共流轉。暫時相賞莫相
違。退之詩。山公自是林園主。魏志注。曹公
令曰。欲望封侯作征西將軍。南史曹景宗
傳。破魏師振旅凱入。賦詩曰。去時兒女悲。
歸來笳鼓競。借問行路人。何如霍去病。吴
志諸葛恪傳。孫權令恪備威儀。作鼓吹導
從歸家

次韻雨絲雲鶴二首 晉張協詩。騰雲似涌煙。密雨如散絲

煙雲杳靄合中稀霧雨空濛密更微 舊作隔雲
朝日看餘輝。六合空濛密更微。○歐公峴
山亭記曰。草木雲煙之杳靄。出沒於空曠

有無之閒。退之詩。杳靄深谷攢青楓
楚詞曰。霧雨滛滛。選詩。空濛如薄霧 **園客**
蠒絲抽萬緒蛛蝥網面罩群飛 蠒絲。舊作蠒盆。○神
仙傳曰。園客者。種五色香草。忽有五色蛾
集其上。有一女自來。助客養蠶。得蠒大如
瓮。繅訖。此女與客俱仙去。文選。張茂先詩
將抽厥緒。列子曰。擾擾萬緒起。矣蛛蝥見
演雅注。論衡曰。蜘蛛細絲以網飛虫。退之
祭柳子厚文曰。羣飛刺天。罩字如詩所謂
烝然罩罩 **風光錯綜天經緯草木文章帝杼機**
謝玄暉詩。風光草際浮。錯綜見易繫辭。又
左傳序曰。進不成爲錯綜經文。以盡其變
國語云。經緯不爽。天之象也。北史祖瑩傳
曰。文章須自出機杼。成一家風骨。文選。鄭
泰機詩曰。不得秉杼機 **願染朝霞成五色爲君王補坐朝衣** 杜牧之詩曰。平生五色線。願補舜衣裳。詩曰。袞職有闕。惟仲山甫補之

右一

幾片雲如薛公鶴精神態度不曾齊 老杜詩。洮
雲片片黃。又詩。薛公十一鶴。皆寫青田眞
低昂各有意。磊落如長人。按張彥遠名畫
記。薛稷字嗣通。善花鳥人物雜畫。畫
鶴知名。孟子曰。物之不齊。物之情也 **安知**
隴鳥樊籠窓便覺南鵬羽翼低 禰衡鸚鵡賦曰。閉以
雕籠。注云。隴坻出此鳥。淵明詩。久在樊籠
裏。復得反自然。莊子曰。鵬翼若垂天之雲
海運則將徙於南冥 **風散又成千里去夜寒應上九**

天栖 相鶴經曰。飛則一舉千里。唐撫言。揚
衡詩。一一鶴聲飛上天。孫子曰。善攻
者動於九天之上。廣雅有九天名。亦曰九野 **坐來改變如蒼狗**
試欲揮毫意自迷 老杜詩。天上浮雲似白衣。須臾改變如蒼狗。又
曰。危時暫相見。衰白意都迷。
按列子曰。穆王意迷心喪

跋

從斌老乞苦筍 黃斌老。文湖州之妻姪。見於山谷題
南園苦筍味勝肉籜龍稱冤莫採錄 盧仝寄男
詩曰。籜龍正稱冤。莫殺入汝
口。丁寧囑託汝。汝活籜龍不 **煩君便致蒼**
玉束明日風雨皆成竹 禮記。玉藻曰。大夫佩水蒼玉。樂天食
筍詩。且食勿踟躕。南風吹作竹

次韻黃斌老所畫橫竹

酒澆胷次不能平吐出蒼竹歲崢嶸 酒澆胷次
見上注。退之送高閑序曰。酣醉無聊不平
有動於心。於草書發之。鮑明遠舞鶴賦曰
歲崢嶸而愁暮。注云。歲之將暮
猶物之高。此引用以言歲寒 **臥龍偃蹇**
雷不驚公與此君俱忘形 蜀志。諸葛亮傳徐庶謂先主曰
孔明臥龍也。此借用以比竹。偃蹇見上注
莊子曰。疾雷破山風振海。而不能驚。晉書
王徽之寄居空宅。便令種竹。曰。何可一日
無此君耶。老杜詩。忘形到爾汝。痛飲眞吾
師。按莊子曰。養志者忘形 **晴窓影落石泓處松煤淺染**

玉篇寀户枕切
寀也古文審也

飽霜兔避之毛穎傳以瓦硯爲弘農陶泓此云石泓即石硯可知歐公詩谷泉含石泓飽霜兔見上注中安三石使盈蟠亦恐形全便飛去名畫記云張僧繇於金陵安樂寺畫四龍不點眼睛每云點之即飛去人以爲誕妄因請點之須臾雷霆破壁二龍上天二龍不點眼者見在此借用以終臥龍之意南史卞彬傳袁嘏曰我詩須大材迮之不爾便飛去此云三石即借用大材之意莊子曰形全精復與天爲一老杜詩沉吟屈蟠樹

次韻謝黃斌老送墨竹十二韻

古今作生竹能者未十輩東坡先生作文與可畫偃竹記曰竹之始生一寸之萌耳而節葉具焉自蜩腹蛇蚹以至於劍拔十尋者生而有之也今畫者乃節節而爲之葉葉而累之豈復有竹乎漢書敍傳曰使者十輩來吳生勤枝葉筌寀遠不逮山谷有道臻師畫墨竹序曰墨竹始於近世不知其所師承初吳道子作畫運筆作卷不加丹青已極形似故世之精識博物之士多藏吳生墨本至俗子乃衒丹青耳意墨竹之師近出於此山谷又跋臻師墨竹以嫩篁翠篠極難爲工能妙者惟吳生耳所以求與可多作老竹枯木霜風寒雀挾帶煙雨以助其筆勢江南李氏勸圖作竹葉其畫與褚柳正書同法劉道醇名畫評曰黃筌字要叔蜀中人善丹青尤好花竹翎毛凡所操筆皆迫於真與其子居寀從孟昶歸朝居寀字伯鸞亦善畫竹有父風蘇易簡得筌墨竹圖李宗諤作贊其序曰工丹青花竹者必用五色推筌以墨染竹獨得意於寂寞間魯論曰耻

躬之不逮也江南鐵鉤鎖最許誠懸會山谷自注曰世傳江南李主作竹自根至梢極小者二鈎勒成謂之鐵鈎鎖自云惟柳公權有此筆法按唐書公權字誠懸劉道醇名畫評曰南唐後主李煜好金索書有唐希雅者嘗學之兼與縱奇因其戰掣之勢以爲竹樹與山谷之說小異今因附見燕公灑墨成落落與時背國朝燕肅侍郎雅善墨竹米芾畫史曰肅字穆之師李成後漢耿弇傳光武曰將軍前在南陽建此大策常以爲落落難合班固答賓戲曰功不得背時而獨彰樂天詩性將時共背譬如刳心松中有歲寒在寒山子詩曰有樹先林生計年逾一倍根遭陵谷變葉爲風霜改咸笑外彫殘不憐內文彩皮膚既脫落唯有眞心在蓋用涅槃經語也此句頗采其意歲寒見魯論湖州三百年筆與前哲配文同字與可元豐二年出守湖州未至而卒詩言與可追配柳誠懸於三百年也退之感二鳥賦曰盍求配於古人規模轉銀鉤幽賞非俗愛言與可以褚柳正書之法變而作竹銀鉤見上注披圖風雨入咫尺莽蒼外漢志芝房歌曰披圖按諜南史齊竟陵王子良孫賁常於扇上圖山水咫尺之內便覺萬里爲遥老杜詩咫尺應須論萬里莊子音義曰莽蒼草野色也上莫浪反下七蕩反吾宗學湖州師逸功已倍李白詩吾宗固神秀禮記學記曰善學者師逸而功倍有來竹四幅冬夏生變態離騷詩曰有來雖雖司馬相如子虛賦曰殫觀衆物之變態張衡西京

賦曰命般爾之巧匠盡變態乎其中李善注云變奇也態巧也預知更入神後出遂無對畫品曰吳道子才通思遠下筆如有神助易曰精義入神世說習鑿齒曰樂令無對於晉世吾詩被壓倒物固不兩大撫言曰楊汝士於楊嗣復坐上詩後成而最佳元白歎服汝士醉歸語其子弟曰吾今日壓倒元白左傳周史曰物莫能兩大

用前韻謝子舟爲予作風雨竹

子舟詩書客畫手睨前輩退之詩借問讀書客胡爲在京師老杜詩畫手看前輩吳生遠擅場捲袂拍其肩餘力左右逮山谷自注引郭璞詩云左挹浮丘袖右拍洪崖肩○論語行有餘力漢志民有餘力摩拂造化鑪經營鬼神會造化鑪見上注謝赫畫品謂畫有六法五曰經營置位老杜詩意匠慘淡經營中老杜閬山歌曰那知根無鬼神會已覺氣與嵩華敵光煤疊亂葉世與作者背謂俗工如此看君回腕筆猶喜漢儀在言得前輩筆法也墨藪載筆髓云須手腕輕虛索靖敘草書曰命杜度運其指使伯英回其腕後漢光武紀曰不圖今日復見漢官威儀歲寒十三本與可可追配東坡王元之畫像贊引曰足以追配此六君子者小山蒼苔面突兀謝憎愛小山謂竹下山石也盧仝石請客詩曰竹弟雖讓客不敢當客恩自慚埋没久滿面蒼苔痕又石答竹曰蒼蘚印我面雨露皴我皮此故不嫌我突兀蒙相知文選嵇康養生論曰愛憎不施於情風斜兼雨重意出筆墨外謂絕去翰墨畦逕也老杜詩飛燕受風斜又雨詩曉來紅濕處花重錦官城畫斷曰王宰畫山水樹石出於象外吾聞絕一源戰勝自十倍此句以下言胸中高勝則游戲筆墨自當不凡陰符經曰絕利一源用師十倍說者謂至靜之極不爲死生所亂故戰則必勝也榮枯轉時機生死付交態選詩曰俛仰見榮枯山谷若物之榮枯各隨時盛衰任天機自運爾漢書鄭當時傳翟公曰一死一生乃知交情一貧一富乃知交態山谷此句言處死生之變我初無心從彼世情自作異見狙公倒七芋勿用嗔喜對莊子狙公賦芋曰朝三而暮四衆狙皆怒曰然則朝四而暮三衆狙皆悅名實未虧而喜怒爲用亦因是也嗔喜見上注高僧支遁傳喻道論曰道林識清體順而不對於物此物當更工請以小喻大漢書司馬相如上書諫獵云鄙諺曰家累千金坐不垂堂此言雖小可以喻大

再用前韻詠子舟所作竹

森蔚一山竹壯士十三輩元次山詠木魅曰見榛梗之森梢楚辭曰蔚櫹槮之可哀集韻蔚音宵蔚槮草木茂皃壯士蓋用杜牧之十萬丈夫之意○熟觀此詩子舟所作竹必十三枝故前篇有歲寒十三本今又有壯士十三輩之語自予雲夢去草莽肯下逮司馬相如子虛賦曰

交錯糾紛上下青雲樛木詩注曰木枝以下垂故葛藟得纍而蔓之喻后妃能以意下逮衆妾

虛心聽造物顛沛風雲會詩意謂竹君無心但聽命於造物雖風雨之變顛沛偃仆亦任其自然爾莊子曰其心閒而無事跰𨇤而鑑于井曰嗟乎造物者又將以予為此拘拘也注謂任自然之變班固答賓戲曰彼皆躡風雲之會履顛沛之勢文選李重䟽曰值風雲之會文選詩曰藹藹風雲會此並借用按魯論注曰造次急遽顛沛偃仆雖急遽偃仆不違仁詩云顛沛之揭本實先撥

榮枯偶同時終不相棄背榮枯見上注張詩序曰華落色衰復相棄背

誰云湖州沒筆力今尚在老杜詩溟漲與筆力

阿筌雖墨妙好以桃李配黃筌多作夾竹桃李文選別賦曰淵雲之墨妙

國工裁主意冷淡恐不愛黃筌蓋孟蜀時待詔國工見上注裁謂量度摭言曰裴度夜宴聯句白樂天曰筌歌鼎沸勿作此冷淡生活

予舟落心畫榮觀不在外落謂落筆法言曰書心畫也老子曰雖有榮觀燕處超然

耆年道機熟增勝當倍倍維摩經天女答舍利佛曰我止此室如耆年解脫柳子厚詩老僧道機熟李通玄華嚴論多有倍倍增廣之語

祖述今百家小紙弄姿態禮記曰仲尼祖述堯舜小紙見何曾傳見上注後漢李固傳曰固獨胡粉飾貌搔頭弄姿槃旋偃仰從容冶步宋玉神女賦曰瓌姿瑋態世說注文士傳曰張華為人少威儀多姿態

雖云出湖州卷置懶開對謂失與可本意

非公筆如椽孰能為之大晉書王珣傳曰夢人以大筆如椽與之既覺語人云此當有大手筆事魯論曰赤也為之小孰能為之大此借用

元符三年

戲詠子舟畫兩竹兩鸜鵒

風晴日暖搖雙竹竹間相語兩鸜鵒鸜鵒之肉不可肴人生不材果為福老杜冬狩行有鳥名鸜鵒力不能高飛逐走蓬肉味不足登鼎俎胡為見羈虞羅中莊子山木篇弟子問於莊子曰昨日山中之木以不材得終其天年淮南子曰塞上之人馬無故亡而入胡人皆弔之其父曰此何遽不為福乎

子舟之筆利如錐千變萬化皆天機樂天詩曰紫毫筆尖如錐兮利如刀晉書祖納傳曰汝潁之士利如錐列子云千變萬化老杜歌曰劉侯天機精愛畫入骨髓

未知筆下鸜鵒語何似夢中蝴蝶飛眞假夢覺為一為二達者必能辨莊子曰昔者莊周夢為蝴蝶栩栩然蝴蝶也自喻適志俄然覺則蘧蘧然周也不知周之夢為蝴蝶與蝴蝶之夢為周與

山谷詩集注卷第十二